세계외교사

김 용 구

서울대학교출판문화원

Diplomatic History

Kim, Yongkoo

SEOUL NATIONAL UNIVERSITY PRESS

서문

이 책은 기존『세계외교사』를 완전히 재구성하고 다시 집필한 것이다. 1989년에 처음 세상에 내어 놓은『세계외교사』상, 하 두 권은 200자 원고지 3,000매 정도의 분량으로 육필로 쓴 필자의 마지막 책이었다. 원고 뭉치와 문헌 카드를 들고 사찰이나 수도원을 전전하면서 끝맺을 수 있었기에 남다른 애정을 갖게 된 지적 산물이기도 하다. 상, 하 두 권을 한 책으로 통합하면서 약간 보완을 하고는 평생 처음 병원을 찾은 적도 있었다. 그런데 사랑과 미움이 같은 것임을 곧 알게 되었다. 책이 세상에 나와 독자들의 사랑을 받게 되자 필자에게는 미움의 대상이 되었다. 출판사에서 인쇄를 거듭할 때마다 필자에게는『세계외교사』를 다시 재편해야 한다는 강박감이 더해갔다. 새로이 세계외교사를 집필한다는 계획을 글 쓰는 인생 역정의 마지막 단계에 올려놓고는 정신적인 위안의 도피처를 찾았다.

그러나 이 도피처도 허망한 것이었다. 정년 다음해인 2003년에 한림대학교에서 세계외교사 강의를 시작하자 몇 가지 절실한 이유에서 세계외교사를 새로 쓰게 되었다.

첫째로 기존『세계외교사』의 서술체계를 더 이상 그대로 방치할 수 없었다. 이 서술체계는 외교사 교과서의 전형적인 형식을 따랐기에 유럽중심주의를 무의식적으로 수용하였기 때문이다. 필자는 정년퇴직하면서『외교사란 무엇인가』(도서출판 원, 2002)란 책을 세상에 내어 놓아 외교사 저술에 나타난 강대국 중심의 서술을 길게 논박한 바 있다.

둘째로 유럽중심주의의 서술을 극복하는 길을 비교문명권의 시각에서 찾아야 한다고 필자는 주장한 바 있는데 이런 관점에 따라 기존『세계외교사』를 재구성하였다. 세계외교사 인식에 있어서 비교문명권의 입장에 관해서는 위의『외교사란 무엇인가』와『세계관 충돌과 한국 외교사, 1866~1882』(문학과지성사, 2001) 제1장「세계외교사를 어떻게 볼 것인가」에서 자세히 적은 바 있다. 세계외교사는 여러 문명권들의 충돌의 역사라는 기본 명제에 입각해 새로운『세계외교사』의 목차를 재구성하였다. 유럽문명권의 세계 팽창, 유럽과 이슬람의 대립, 그리고 유럽과 사대질서의 충돌을 새로운 장절로 삼았다. 다만 유럽과 슬라브 문명권의 투쟁은 19세기 이후 세계외교사의 핵심이어서 따로 장절로 분리해 서술하기가 힘들어 유럽문명권의 통시적인 서술에 포함시켰다.

셋째로 이 책에서는 조선과 세계외교사의 접목에 관하여 상당한 지면을 할애하였다. 한국에서 외교사를 익히는 근본 목적이 우리의 역사적 대외인식 경험을 추적하는 데에 있기 때문이다. 필자는 이것을 '대외인식의 역사적 질병'이라고 불러 왔다. 한편 『세계관 충돌과 한국 외교사, 1866~1882』는 절판되어 독자들이 이제 손쉽게 접할 수 없게 되었으므로 제5장에 그 요지를 적어 놓았다. 그리고 이 역사적 질병의 연구를 독자들이 더 천착하는 데에 도움을 주기 위해 「부록」에 따로 조선 관련 기간, 미간 외교문서들의 소재를 밝혀 놓았다.

끝으로 세계외교사의 서술에는 여러 국제적인 사건들이 등장한다. 따라서 독자들은 사건 설명의 늪에 빠져 외교사 흐름의 전체적인 의미를 놓치게 되는 위험이 있다. 이에 30여 개에 달하는 절(節) 앞에 '이끄는 글'을 마련하여 그 절의 외교사적인 의의를 설명하였다. 이것은 필자의 외교사 해석에 관한 생각이기도 하다.

이미 발표한 책을 다시 쓰고 보완한다는 것이 얼마나 고된 작업이라는 사실을 절감하였다. 단시일에 끝낼 수 있으리라는 당초의 구상은 환상이었다. 그럼에도 필자가 이 새로운 『세계외교사』를 완성할 수 있었던 것은 한림대학교가 마련해 준 학문적인 여건 때문이었다. 이 자리를 빌려 다시 감사드린다.

2006년 4월
봉의산 기슭에서
필자 씀

범례

1. 조선은 1895년에, 중국은 1912년에 그리고 일본은 1872년에 양력을 채택하였으나, 이 책에서는 그 이전의 음력을 모두 양력으로 환산해 적었다. 1917년 소련 혁명 이전의 제정 러시아력(曆)도 양력으로 환산하였다. 제정 러시아력은 양력보다 12일이 앞서 있다.
   이들 날짜를 모두 양력으로 환산시킨 것은 19세기에 접어들면서 세계 모든 지역의 문제들은 세계외교사와 연결돼 있기 때문이다. 다만 독자들이 동양 자료를 검색하는 데 도움을 주기 위해 중요한 날짜인 경우 음력을 병기하였다.
2. 중국과 일본의 인명, 지명은 모두 원음으로 표기하였다. 러시아어의 영문 알파벳 전자(轉字)는 *The Current Digest of Post-Soviet Press* 방법에 의거하였다. 한글 표기는 한국 교육인적자원부 편수자료에 따랐다. 그러나 각 장 말미에 실린 「주요문헌」 중 중국과 일본의 연구들은 한글음 순서에 따라 배열하였다.
3. 본문에 쓰인 해협이란 낱말은 보스포루스-다르다넬스 해협을 가리킨다.

차례

제2장_유럽 열강의 세계팽창

제3장_이슬람과 세계외교사

제4장_유교권과 세계외교사

지도

제 1 장

중세와 근대 질서의 충돌

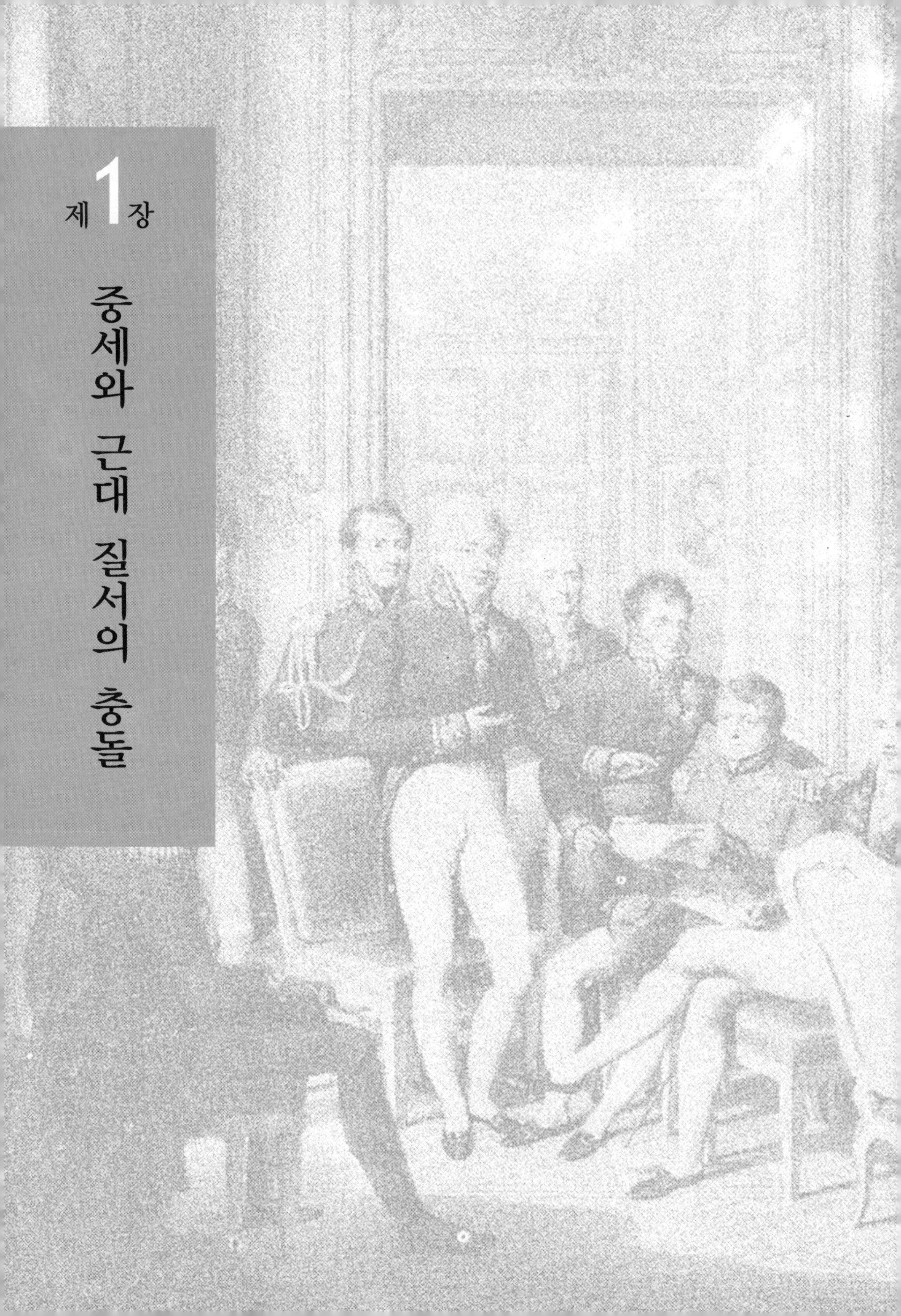

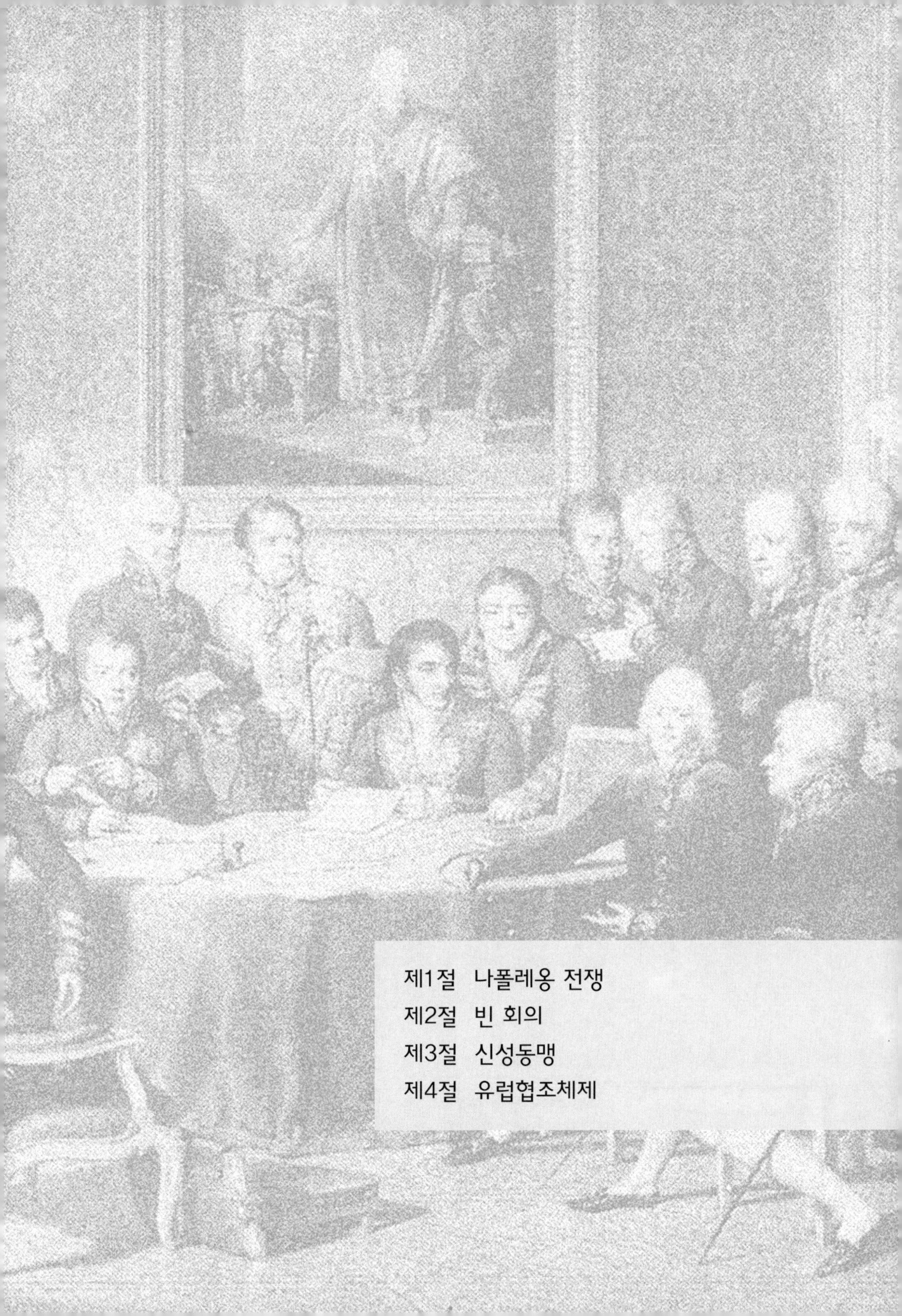

제1절 나폴레옹 전쟁
제2절 빈 회의
제3절 신성동맹
제4절 유럽협조체제

나폴레옹 전쟁

제 1 절

1792년 4월 프랑스와 오스트리아, 프로이센의 전쟁은 중세와 근대 질서의 충돌로 야기된 사건이었다. 1618~1648년 30년 전쟁을 마무리한 베스트팔렌 평화조약으로 유럽 국제사회에서는 중세 질서가 종식된 것으로 묘사해 1648년이 마치 근대의 시발점인 양 서술하는 것이 외교사 교과서들의 일반적인 경향이다. 물론 이때부터 근대적인 요소들이 등장해 유럽 외교사에 강력한 영향력을 미쳤다. 그러나 이에 못지않게 여러 중세적인 요소들이 그대로 존속해 근대적인 질서와 공존하면서 충돌하였다. 1792년의 전쟁은 이런 충돌로 인한 최후의 폭력적인 표현이었다.

19세기의 특징을 근대국가의 완성과 그 세계적인 전파라고 한다면 19세기는 1792년으로부터 시작돼 제1차 세계대전이 발발한 1914년에 끝나는 '긴 19세기'라고 규정할 수 있다. 20세기가 1917년 러시아 혁명으로부터 시작돼 1991년 구소련의 붕괴로 끝나 '짧은 20세기'로 규정되는 것과는 대조된다.

1792년의 전쟁은 물론 인민 주권을 제창한 프랑스 혁명으로부터 촉발되었다. 공화정과 군제제의 대립은 국제정치의 명분 충돌로 이어지지 않을 수 없었다. 그러나 혁명 프랑스는 1792년의 전쟁에서 머물지 않았다. 기존 질서를 부정한 세력은 그 자체의 자제력으로 정지하지는 않는다. 중세 질서를 타파한다는 명분으로 출발한 전쟁은 유럽 국제정치 질서 전체를 와해하기에 이른다. 나폴레옹 전쟁이 그것이다. 중세와 근대의 충돌은 대격동을 거쳐서야 조정되었다.

이 역사적인 시점에 중국 대륙에서도 획기적인 변화가 일어난다. 18세기는 중국이 중앙아시아와 동남아시아로 팽창하는 시기였으나 19세기에 들어오면서 중국의 연안과 북쪽 대륙 지역에서 영국과 러시아와 충돌하게 된다. 중국 해양 무역이 아직은 중국의 입장에서 볼 때 출초(出超)의 현상을 유지해 멕시코 달러가 중국으로 유입되고 있었다. 그러나 영국을 위시한 서양 열강들은 이런 현상이 지속되는 것을 묵과할 수는 없었다. '아편'이 국제정치 무대에 등장하게 된다. '아편'이야말로 중국과 동남아시아를 전복시켜 파괴시킨 귀중한? 상품이었다.

조선에서도 극적인 변화가 일어났다. 1800년 정조(正祖)가 승하하면서 외국 문물의 도입이 차단됐다. 한반도는 세계사 흐름에서 정신적인 고아로 전락해 '오지사고'(奧地思考)가 형성되기 시작한다.

1. 혁명 프랑스와 유럽

1792년 전쟁

1789년 프랑스 혁명의 발발이 유럽 열강에 대한 위협으로 곧 연결되지는 않았다. 혁명 프랑스가 외교의 새로운 형식을 표방하고 국제정치의 기존 규범을 변혁시키려고 하자 유럽 열강들과 충돌하게 되었다. 프랑스의 외교관들은 공화정과 국민을 대표한다고 자처해 군주제를 대변하는 다른 외교관들과 자신들을 구별하려고 하였다.

다음의 일화가 이런 사정을 잘 말해 주고 있다. 1797년 12월에서 다음해 4월에 걸쳐 오스트리아와 프랑스 사이에 라스타트Rastatt 회의가 열리고 있을 때였다. 프랑스 대표들은 비스킷 위에 설탕으로 만든 혁명 깃발인 삼색기(三色旗)를 올려놓았다. 이것을 본 오스트리아 대표 메테르니히K. von Metternich는 경악을 금치 못했다. 그는 부인에게 "그 밉살스런 색깔을 보는 순간 나는 식욕을 모두 잃어 버렸다."고 말하였다. 혁명 프랑스가 기존 외교 관행이나 관례를 무시하고 경멸한 것은 1917년 러시아 혁명 이후 소련 외교관들이 부르주아 국가들의 외교 관례에 대한 태도와 매우 흡사하다.

혁명 프랑스의 이런 새로운 국제정치 태도로 인해 나타난 최초의 국제 문제가 바로 알자스-로렌 문제였다. 알자스-로렌 지방은 1648년 베스트팔렌 조약으로 프랑스에 귀속됐지만 이 지역을 지배했던 여러 소군주들에게 부여되었던 사법(司法)이나 교회 문제에 관한 특권은 존속되었다. 그런데 1790년 8월 초 국민입헌의회Assemblée Nationale Constituante가 봉건적인 제도의 철폐를 가결하게 되자 신성로마제국의 몇몇 군주들이 갖고 있던 봉건적인 특권이 문제로 등장하였다. 과거 프랑스 군주들이 체결한 조약이 이 입헌의회의 결의에 의해 제약될 수 있느냐 하는 문제였다. 1790년 10월 28일 메를랭 드 두애M. de Douai는 다음과 같이 의회에서 말하고 있다.

> 당신과 당신의 알자스 형제들을 결합시키는 합법적인 권원(權原)은 작년 이 의회에서 이루어진 사회계약뿐입니다. … 알자스 인민들의 동의 없이 체결된 조약들은 그들이 동의하지 않은 권리에 대하여 어떠한 합법성도 부여하지 못합니다. … 간략히 말하자면 국민의 권리를 규율하는 것은 군주들의 조약들이 아닙니다.

혁명 프랑스가 주장하는 국민주권과 민족자결 원칙이 만일 현실 정치세계에 적용된다면 유럽의 모든 국제정치 질서는 크게 동요되지 않을 수 없다. 알자스 지방의 성직(聖職) 군주들은 프랑스의 이런 이론적인 입장이 신성로마제국의 모든 질서 자체에 관계된다는 것을 잘 알고 있었다. 이들 군주들이 주장하는 것은 근대적인 의미의 주권Souveranität이라기보다는 영토적 최고권을 뜻하는 전통적인 의미의 지배권Landeshoheit이었다. 이 전통적인 이론에 의하면 신성로마제국의 군주들은 확립된 권리와 관습에 따라 자신의 영토 안에서 최고권을 향유하지만 그 영역 내의 다른 권위자들Herrschaften과 영역 밖의 권위자들, 예를 들면 황제, 제국의회, 교회 등과 통치권을 분할해 보유한다는 것이다. 이것은 신성로마제국의 구성과 밀접한 관련을 갖고 있었다.

알자스-로렌과 비슷한 사건이 아비뇽Avignon 지방에서도 일어났다. 아비뇽은 프랑스 영토가 아니었고 교황이 직접 통치하는 지역이었다. 그런데 1790년 6월 이 지역에서 교황의 행정청을 축출하고 프랑스에 합병해 줄 것을 국민입헌의회에 요청하는 반란이 일어났다. 그리고 동일한 법적 지위를 갖고 있던 콩타 브내생Comptat Venaissin 지방도 같은 요청을 하였다. 이번에는 페시옹Pétion de Villeneuve이 메를랭의 발언과 유사한 연설을 하였다.

> 교황청은 인민의 희망에 반해 아비뇽을 다시 보유할 수는 없습니다. 아비뇽은 그 인민들이 교황을 그들 지배자로 희망하지 않기 때문에 더 이상 교황에 속하는 것이 아닙니다. … 아비뇽은 아비뇽 사람들이 프랑스인이 되고자 원하기 때문에 프랑스에 속하는 것입니다.

1791년 9월 프랑스 의회는 결국 두 지역의 병합을 가결하였다. 프랑스 주재 오스트리아 대사 메르시F. Mercy d'Argenteau는 이 결정으로 프랑스는 이제 모든 유럽 정부들에게 전쟁을 선포한 것과 같다고 말하였다.

그러나 이들 분쟁이 곧 무력충돌로 발전하지는 않았다. 알자스 지방의 소군주들은 분쟁을 일으키기에는 힘이 없었고 신성로마제국도 그러기에는 그 조직이 너무 이완되어 있었다. 그리고 프랑스는 국내 문제에 몰두하였고 다른 강대국들은 폴란드의 분할과 같은 유럽 동부 문제에 몰두하고 있었기 때문이다.

그런데 1791년 6월 하순 루이 16세와 그 가족이 해외로 도피하려다 프랑스 동북부 지방에 있는 바렌Varennes에서 발각돼 파리로 압송되는 사건이 발생하였다. 이 사건을 계기로 오스트리아와 프로이센은 프랑스에 대항하는 공동 연합을 구성하게 되었다. 7월 6일 레오폴드 오스트리아 황제는 파두Padua에서 유럽의 모든 군주들에게 회한(回翰)을 발송해 프랑스 왕가의 안전을 위하여 공동으로 대처하자고 제의하였다. 한편 7월 25일에는 오스트리아와 프로이센은 폴란드 문제의 해결에 관한 빈 협정을 체결하였고 이를 계기로 레오폴드와 프리드리히 빌헬름은 색스니Saxony 지방에서 회동해 8월 27일 역사적인 필니츠Pillnitz 선언을 발표하였다. 이 선언에서 양국은 프랑스 국왕 문제는 유럽 전체의 관심사로 유럽 전체가 프랑스 혁명에 공동으로 대처해야 된다고 천명함으로써 프랑스 간섭의 단서를 만들어 놓았다. 프랑스 국민들은 이 선언을 일종의 협박으로 받아들였고 열강에 대한 적개심이 더욱 고조되었다.

이에 오스트리아와 프로이센은 1792년 2월 7일 프랑스에 대한 동맹을 체결하였고 4월 20일에는 프랑스가 드디어 오스트리아에 전쟁을 선포하였다. 이로써 향후 20여 년 간에 걸친 유럽 전쟁이 시작돼 유럽의 정치질서를 획기적으로 변모시키게 되었다.

1792년 전쟁의 원인

1792년 전쟁에 관한 관심은 제1차 세계대전 이후 급격하게 냉각되었다. 최근에도 아레틴K.O.F. von Aretin, 개글리어도J.G. Gagliardo, 블래닝T.C.W. Blanning, 슈뢰더P.W. Schroeder의 훌륭한 업적들이 있지만 제1차 세계대전 이전에는 더 많은 연구들이 있었다.

이 전쟁의 원인에 관해서는 여러 가지 견해들이 있다. 란케O. von Ranke와 그 제자들은 공화정과 군주제의 상반된 이데올로기의 전쟁으로 보는 견해를 계속 견지해 왔다. 최근에는 테일러A.J.P. Taylor도 같은 견해를 주장하고 이 전쟁을 매우 근대적인 전쟁으로 보고 있다. 또 이 방면에 훌륭한 업적을 낸 맥케이D. McKay와 스콧H.M. Scott도 같은 의견이다.

이런 해석과는 반대로 혁명 프랑스의 외교정책도 구체제의 프랑스 전통을 그대로 계승한 것이며 1792년 전쟁은 오스트리아에 대한 전통적인 혐오정책의 결과로 보는 견해도 있다. 그리고 프랑스 혁명이 발발한 이후 1792년까지 전쟁이 없었던 것도 이데올로기보다는 소위 국가이성raison d'Etat이 국제 관계의 지배적인 역할을 했다는 것을 입증한다는 견해도 있다. 프랑스 혁명사의 권위자인 시벨H. von Sybel과 소렐A. Sorel이 여기에 속한다.

1792년의 전쟁은 특정한 국가의 정책으로 말미암아 발발했다는 견해도 있다. 특히 프로이센과 프랑스의 정책이 문제로 되고 있다. 많은 학자들은 프로이센의 영토 팽창 정책을 전쟁 원인으로 지목하고 있는데 시벨, 테일러, 그리고 힌체O. Hintze도 여기에 동조하고 있다. 한편 프랑스의 책임, 특히 브리소J.P. Brissot와 같은 지롱드Gironde 당에 전쟁의 책임을 돌리는 견해도 있는데 소불A. Soboul이 대표적인 학자다. 그런가 하면 드로J. Droz, 블래닝은 열강들의 오산(誤算)이 전쟁을 유발시켰다고 주장한다.

2. 나폴레옹 전쟁(1)

전쟁 명분의 논쟁-겐츠와 오트리브

유럽 국제 사회의 기본 명분인 세력 균형 원칙이 나폴레옹이 등장하면서 파괴되는 것이 아닌가 하는 의구심이 유럽에 팽배하였다. 나폴레옹에 대항하는 연합국들은 나폴레옹을 세력균형의 파괴자로 규정하였고 나폴레옹은 영국이 유럽 질서를 해체한다고 공격하였다.

오트리브A.M. d'Hauterive 백작과 겐츠F. von Gentz의 논쟁이 이를 대표하였다. 오트리브는 1800년 가을에 『공화력(共和曆) 제8년 말 프랑스의 상황에 대하여』*De l'Etat de la France à la Fin de l'An VIII*를, 그리고 겐츠는 1801년에 『프랑스 혁명 전후 유럽의 정치적 상황에 대하여』*Von dem politischen Zustande von Europa vor und nach der französischen Revolution*를 발표하였다.

1799년 프랑스 외상이 된 탈레이랑Ch.M. de Talleyrand의 정치 담당 책임자가 된 오트리브의 글 요지는 다음과 같다. 진정한 세력균형은 영토와 군사력의 균형이 아니라 해양과 통상의 균형이다. 그런데 영국은 특히 위트레히트 조약 이후 해양을 독점해 유럽 국가 체제를 파괴하는 근본 원인이 되고 있다. 지금 영국은 대륙 균형과 해양 균형을 유지시킬 수 있는 유일한 세력인 프랑스를 소멸시키려고 최후의 공격을 하고 있다. 따라서 대륙 국가들은 프랑스와 단결해 해양법을 개정해야 된다.

겐츠는 훗날 메테르니히의 비서가 되고 빈 회의의 실무를 맡았다. 그런데 그가 이 책자를 집필할 때는 프로이센의 관리 생활을 하고 있었다. 그는 한동안 프로이센의 중립 정책에 대해서는 침묵을 지켰으나 1798년 프랑스에 대한 제2차 동맹이 형성된 이후로는 그 정책을 비판하기 시작하였다. 그는 이 책에서 프랑스 혁명이 유럽의 국가 체제를 파괴한다는 버크E. Burke의 견해에 깊이 동조하였다. 겐츠는 이런 혁명에 대항하는 유럽 국가들의 태도 자체에 문제가 있다고 지적하고 있다. 마치 전통적인 전쟁을 수행하는 것으로 착각하기 때문에 제1차 프랑스에 대한 연합coalition이 실패했다고 지적하였다. 동맹alliance은 유럽 체제 안에서 개별 국가들의 이해에 따라 단결하는 형식이지만 연합coalition은 유럽 전체의 이해에 의해 단결하는 형식이라고 두 개념을 구별하였다. 겐츠는 세력균형을 영토적인 측면과 군사적인 측면에서 분석하고 그 파괴자는 혁명 프랑스라고 규정하였다.

제1차 연합(1793~1797년)

1792년 전쟁의 발발로부터 나폴레옹 제국이 붕괴될 때까지 프랑스에 대항하는 열강들의 연합이 여러 차례 형성되었다. 연합이 몇 차례에 걸쳐 형성됐는가는 학자들에 따라 의견이 분분하나 본 저서에서는 4차에 걸쳐 이루어졌다는 학계의 일반적인 견해를 따른다. 이러한 연합들은 전통적인 세력균형 정책에 입각해 결성되었고 어느 편이 더 많은 보상을 주느냐에 따라 열강들은 정책의 향방을 결정하곤 하였다.

1792년 4월 20일 프랑스가 오스트리아에 전쟁을 선포하자 9월에는 프로이센 군대가 파리 동쪽 발미Valmy까지 진격해 프랑스의 존망이 풍전등화의 형세에 놓이게 되었다. 9월 20일 3만 6,000의 프랑스 군대와 7만 3,000의 프로이센 군대가 역사적인 회전(會戰)을 하였다. 그러나 우세하던 프로이센이 전염병으로 고통을 받게 되고 오스트리아와 프로이센은 프랑스 국내에서 혼란이 야기될 것이라고 기대해 관망하는 태도를 취하였다. 오스트리아와 프로이센은 프랑스로 진격하는 것보다는 제2차 폴란드 분할에 더 관심을 갖고 있었다. 폴란드가 프랑스의 구원자였다. 발미 회전은 혁명 프랑스가 거둔 최초의 승리였으며 구체제 프랑스의 최후 승리였다.

발미 승리가 있은 다음날 프랑스는 군주제를 폐지하고 공화정을 선포하였다. 프랑스는 현존하는 정부들을 전복하려는 모든 인민에게 원조를 제공하겠다는 폭탄선언을 11월에 발표하였고 1793년 1월 21일 드디어 루이 16세를 처형하였다. 이때부터 프랑스는 대외팽창의 길을 걷게 된다. 사보이Savoy, 니스Nice, 그리고 벨기에를 합방하였고 2월 1일에는 영국, 네덜란드, 스페인에 대해 전쟁을 선포하였다.

프랑스의 행동은 먼저 영국을 자극하였다. 유럽 대륙에서는 강대국들 사이에 세력균형이 유지되도록 하고 자국은 자유로이 해외 진출을 도모한다는 것이 영국의 전통적인 정책이었는데 이러한 기본 입장이 위협받게 되었다. 그리하여 영국을 중심으로 하는 프랑스에 대한 연합이 결성되었다. 오스트리아, 프로이센, 바덴Baden, 뷔르템베르그Würtemberg, 바바리아Bavaria, 포르투갈, 피에드몬트Piedmont, 교황령(教皇領)Papal States, 그리고 나폴리 왕국이 연합에 참여하였고 러시아는 프랑스와 무역을 단절하였다. 그러나 프랑스는 예상과는 달리 곧 패망하기는커녕 오히려 대외 팽창의 길을 넓혀 갔다. 따라서 연합은 오래 계속되지 못하고 와해하게 되었다.

캄포 포르미오 조약(1797년 10월 18일)

프로이센이 먼저 연합에서 이탈하였다. 러시아가 폴란드 방면으로 진출하자 불안을 느낀 프로이센은 1795년 4월 5일 프랑스와 바젤Basel 조약을 체결해 프랑스와 화해하는 길을 택하였다. 이 조약에 의해 프로이센은 라인 좌안(左岸)을 프랑스에 양보하였고 그 대가로 라인 우안(右岸)에 있는 교회영지(敎會領地)가 세속화되자 보상을 받게 되었다. 프로이센은 이때부터 10년 동안 중립을 지켰다.

러시아와 오스트리아도 연합에 남아 있는 것보다는 다른 곳에서 보상을 얻고자 하였다. 1795년 1월 제3차 폴란드 분할이 보상의 대상이었다. 이와 같이 1795년의 합의들은 프랑스의 침략을 묵인하면서 다른 지역에서 보상을 추구하는 전통적인 외교정책의 산물이었다.

한편 프랑스는 1795년 10월부터 5집정관 정부Directoire 시대에 접어들면서 영국과 오스트리아에 대한 전쟁에 더욱 박차를 가하였다. 영국을 직접 공격할 수 없던 나폴레옹은 오스트리아의 영향권에 있던 이탈리아로 진격하였다. 이탈리아 침공이 성공을 거두게 되자 오스트리아는 결국 1797년 10월 18일 프랑스와 캄포 포르미오Campo Formio 조약을 체결해 양국의 전쟁상태가 종식되었다.

프랑스의 이탈리아 원정군 사령관 나폴레옹과 오스트리아 대표 코벤즐L. Cobenzl이 체결한 캄포 포르미오 조약은 본조약과 비밀조항으로 구성돼 있는데 그 내용이 방대하고 모호해서 훗날 이를 실천에 옮기기에는 곤란하였다. 주요 내용을 보면 다음과 같다.

(1) 오스트리아는 벨기에를 프랑스에 할양한다.

(2) 프랑스는 이오니아Ionia 군도를 보유한다.

(3) 오스트리아는 알프스 남부 공화국République cisalpine을 승인한다.
(4) 오스트리아는 베니스Venice, 이스트리아Istria, 달마치아Dalmatia를 보유한다.
(5) 한 달 이내에 라스타트Rastatt에서 회의를 개최해 양국의 문제를 논의한다.

그리고 비밀조항에서는 다음과 같은 내용을 합의하였다.

(1) 라인 좌안을 프랑스에 할양하는 것을 오스트리아는 동의한다. 이 할양과 관련해 프로이센이 보상을 받지 않도록 양국은 서로 협력한다.
(2) 잘츠부르크Salzburg 일대를 오스트리아에 할양하는 데에 프랑스는 영향력을 행사한다.

이 조약에서 말한 알프스 남부 공화국이란 포Po 강 남부 공화국République cispadane과 포 강 북부 공화국République transpadane을 합쳐서 1797년에 프랑스가 설립한 위성 국가였다. 포 강 남부 공화국은 모데나Modena, 볼로냐Bologna 등 포 강 남부 지역에, 포 강 북부 공화국은 밀라노Milano 등지에 나폴레옹이 1796년에 설립한 위성 국가들이었다.

영국의 주도로 형성된 제1차 연합은 캄포 포르미오 조약 체결로 완전히 해체되었다.

제2차 연합(1798~1801년)

나폴레옹이 1798년 5월부터 이집트를 침공하게 되자 오토만 제국에 중대한 이해관계를 갖고 있던 러시아와 정면으로 충돌하였다. 이에 영국은 러시아로 하여금 프랑스에 대한 연합에 앞장서 줄 것을 종용하였다. 두 나라는 1798년 12월 29일 상트 페테르부르크 조약을 체결해 영국은 4만 5,000의 러시아군 형성에 필요한 보조금을 제공하는 데 합의하였다. 이 조약에 오스트리아, 포르투갈, 오토만 제국이 참여하였다. 그런데 이번의 연합 형성에는 프로이센이 참여하지 않았고 연합 가맹국들이 프랑스와 단독 평화를 체결하는 것을 금지하지 않았다는 것이 특징이다.

러시아가 처음으로 전투에 참여했다는 것이 무엇보다 획기적인 일이다. 훗날 나폴레옹 제국을 멸망시킨 것은 영국의 돈과 러시아의 기병(騎兵)이었기 때문이다. 프랑스 혁명에 대해 캐서린Catherine II Alekseevna(러시아명은 Ekaterina Alekseevna, 1729~1796, 1762년부터 여제) 여제(女帝)는 극도의 혐오감을 갖고 있었다. 루이 16세의 바렌Varennes 지방 도피 사건 이후 그녀는 프랑스 대리공사를 한 번도 접견하지 않았으며 루이 16세의 처형 이후에는 대리공사를 추방하였고 양국의 1787년 무역협정을 프랑스에 합법적인 정권이 들어설 때까지 그 실행을 연기토록 하였다. 러시아에 있는 프랑스 국민을 축출했고 프랑스 선박의 러시아 항구 정박이나 러시아 선박의 프랑스 항구 정박도 금지시켰다. 그러면서도 러시아는 프랑스와의 전투에는 참여하지 않았다. 캐서린의 정책은 열강들로 하여금 프랑스와 대결토록 하고 자국은 국내 문제, 특히 폴란드 경영에 전념하려는 것이었다.

1796년 11월 그녀가 사망하고 그의 아들 파벨 1세Pavel Petrovich(영어로는 Paul I, 1801년까지 황제 재위)가 즉위하자 그는 더욱 프랑스 문제에 개입하지 않았다. 농민폭동의 진압과 폴란드 문제에 몰두하지 않을 수 없기 때문이다. 그러나 캄포 포르미오 조약으로 프랑스가 이오니아 군도에 진출해 발칸 반도에 접근하자 러시아의 태도는 변하기 시작하였다. 이집트의 원정, 그리고 폴란드 지역에 나폴레옹이 위성 국가를 건설하려고 하자 파벨 1세는 행동을 취하게 된다.

영국의 피트W. Pitt the Younger(1759~1806, 수상 재직; 1783~1801, 1804~1806) 수상은 1798년 11월 위의 상트 페테르부르크 조약을 교섭하던 중 러시아 정부에 유럽 개편안을 제안하였다. 이 제안은 전쟁 목적을 처음으로 명백히 밝힌 점에서 중요하며 훗날 빈 회의 결정의 큰 골격이 이미 나타나 있다는 점에서 중요한 문건이다. 프랑스는 혁명 이전의 국경으로 돌아갈 것, 네덜란드 공화국을 다시 회복하고 더 강화시킬 것, 오스트리아는 '오스트리아령(領) 네덜란드'를 상실하는 대가로 이탈리아 지역에서 보상을 받을 것, 프로이센은 독일 지역 내에서 보상을 찾을 것, 그리고 사르디니아Sardinia는 사보이를 되찾게 되고 강력한 공화국으로 창설될 것이 그 주요 내용이다.

루네빌 조약(1801년 2월 9일)

영국, 러시아, 오스트리아 3국은 네덜란드, 독일, 스위스, 이탈리아에서 수행할 전투 계획을 수립하였고 처음에는 어느 정도 성과를 거두었다. 그러나 러시아가 오스트리아의 군사활동에 반발하고 모든 군사적인 부담을 러시아만이 떠맡고 있다고 판단해 1799년 10월 연합에서 이탈하였다. 오스트리아도 1800년 말 호헨린덴Hohenlinden 전투에서 패하게 되자 1801년 2월 9일 프랑스와 루네빌Lunéville 조약을 체결해 연합에서 이탈하였다. 나폴레옹의 형 조세프Joseph-Bonaparte와 오스트리아 대표 코벤츨이 체결한 이 조약으로 신성로마제국은 사실상 붕괴되었다. 이 조약의 주요 내용은 다음과 같다.

(1) 신성로마황제는 라인 좌안을 프랑스에 할양하는 것에 동의한다. 이 할양으로 손실

을 보는 군주들은 독일 내에서 보상을 받는다.

(2) 프랑스 위성 국가인 바타비아 공화국République Batave, 헬베티아 공화국République Helvétique, 알프스 남부 공화국, 그리고 리구리아 공화국République Ligurien을 승인한다.

(3) 오스트리아의 영향권에 있던 투스카니Tuscany 대공국(大公國)을 스페인 영향권에 있던 파르마Parma에 할양하고 스페인은 그 대가로 미국의 루이지애나Lousiana 지방을 프랑스에 양여한다.

(4) 캄포 포르미오 조약에서 약속한 오스트리아에 대한 양보를 보장한다.

이 조약에서 말한 바타비아 공화국République Batave은 프랑스가 1795년 네덜란드를 점령한 이후 붙인 명칭인데 1806년에는 나폴레옹의 동생 루이Louis를 국왕으로 하는 네덜란드 왕국으로 명칭을 변경하였다. 헬베티아 공화국은 1798~1803년 프랑스가 스위스를 재편하면서 붙인 명칭이고 알프스 남부 공화국, 그리고 리구리아 공화국은 1797년 프랑스가 제노아Genoa 연안 지역에 세운 위성 국가로 1805년까지 지속되었다.

이 조약으로 나폴레옹은 프랑스가 스페인으로부터 받은 루이지애나 지역을 1803년에 미국에 매각하였다. 당시 루이지애나라고 부른 지역은 미시시피 강과 로키 산맥 사이의 지역으로 현재 루이지애나 주보다 훨씬 광활한 대지였다.

아미앵 조약(1802년 3월 27일)

이제 프랑스와 전쟁을 수행하고 있는 국가는 영국뿐이었다. 나폴레옹이 이집트를 계속 점령하는 것이 불가능하다고 판단해 포르투갈 공격을 결심하게 되자 영국마저도 프랑스와 화해를 모색하게 되었다.

그리하여 1802년 3월 27일 영국과 프랑스는 유명한 아미앵Amiens 조약을 체결하였다. 이 조약에서 영국은 트리니다드Trinidad와 실론Ceylon을 제외하고 모든 해외 식민지를 프랑스 또는 프랑스 동맹국에게 양여하고 몰타Malta로부터 군대를 철수키로 하였다. 이 조약은 영국이 프랑스에게 양보할 수 있는 최대한의 내용을 담고 있었다. 그러나 프랑스는 더욱 팽창의 길을 걷게 되어 이 조약은 곧 종료되지만 이것이 양국의 유일한 화평조약이었다. 터키도 프랑스와 평화조약을 체결하였다. 프랑스군은 이집트로부터 철수하고 터키 황제에게 이집트를 돌려주기로 합의하였다. 유럽은 오랜만에 평화상태로 돌아왔다.

그러나 아미앵 조약은 일종의 휴전 조약에 불과하였다. 영국에서는 곧 이 조약에 대한 비판이 일어났다. 전투의 중단으로 영국의 대외무역은 오히려 감소하였고 프랑스에게 너무 많은 것을 양보했다는 것을 자각하였기 때문이다. 한편 프랑스는 영국과의 평화 상태를 이용해 해외 진출을 더욱 도모하자 영국 무역과 충돌하게 되었다. 또 프랑스는 유럽 대륙의 지배에 박차를 가하고 있어서 영국 내에서는 나폴레옹에 대한 비판이 날로 높아 갔다. 반면 프랑스 국내에서는 그의 인기가 절정에 달해 1802년 8월 두 번째 국민투표에서 그는 종신 총통이 되었다. 이와 같은 양국 관계로 보아 평화상태가 오래 지속될 수는 없는 일이었다. 결국 1803년 5월 영국이 전쟁을 선포해 유럽은 다시 전쟁상태로 돌아갔다.

제3차 연합 전선(1805~1807년)-영국과 러시아

1804년 5월 영국에서는 피트 내각이 다시 들어서고 프랑스에서는 12월의 국민투표로 나폴레옹이 황제가 되었다. 이에 영국은 다시 프랑스에 대한 연합을 형성하게 된다. 러시아도 영국과의 동맹을 원하였다. 1801년 황제에 오른 알렉산드르 1세는 나폴레옹이 근동 지역에 진출하려고 하자 프랑스에 적대감을 갖게 되었고 그의 외상인 차르토리스키A.J. Czartoryski(1770~1861)도 철저한 친영론자였다. 황제와 외상에 관해서는 다시 후술한다.

러시아는 1804년 9월 황제의 측근인 노보실체프N.N. Novosiltsev(1768~1838)를 영국에 특사로 파견해 동맹 체결을 타진하였다. 그가 지니고 간 훈령은 차르토리스키 외상이 작성한 것으로 그의 유럽 개편안이 잘 나타나 있다. 슈뢰더P.W. Schroeder 교수는 이 문서를 세 가지 항목으로 나누어 다음과 같이 설명하였다.

(1) 러시아는 숭고한 목적을 갖고 영국과 함께 침략자를 격퇴하며 전쟁 목적을 논의하고 유럽에 지속적인 평화와 질서를 회복한다. 이것은 윌슨W. Wilson과 같은 사상을 나타내고 있다.

(2) 사르디니아, 스위스, 네덜란드는 확장돼 회복되어야 한다. 네덜란드를 세습적으로 지배하는 총독은 영국과 러시아가 합의해 선출한다. 프랑스는 모든 침략을 포기하고 군주제로 복귀한다. 프랑스의 군주는 영국과 러시아가 선정한다. 오스트리아와 프로이센은 신성로마제국으로부터 분리되며 나머지 독일 국가들과 이탈리아는 영국과 러시아의 보호하에 연방으로 조직된다. 영국과 러시아의 일반적인 목적은 자연국경의 보장과 동질적인 인구로 국가들을 구성하고 국가들의 연합을 결성해 국제법의 규칙을 준수케 하며 법을 파괴하는 자에 대해 제재를 가하는 것이다. 이 부분은

러시아의 구체적인 목적을 기술하고 있는데 이것은 루스벨트F. Roosevelt를 연상시킨다.

(3) 영국과 러시아는 오스트리아가 전쟁에 참여해 전쟁의 주요 부담을 맡을 때까지 전투에 참가하지 않는다. 또 양국은 타국의 질시를 피하기 위해 획득할 이득을 미리 밝히지 않는다. 러시아는 터키와 프로이센에 대항하기 위해 주력부대를 한동안 유보해야 된다. 이 항목은 스탈린J.V. Stalin의 정책과 같이 매우 교활하다.

이와 같은 러시아의 제안에 대해 영국은 1805년 1월 19일 반대 제안을 하였는데 이 제안은 세 가지 기본 입장에 입각하고 있다.

(1) 프랑스는 혁명 이전의 상태로 복귀한다.
(2) 프랑스의 확장에 대비해 효과적인 방어 장치를 형성한다.
(3) 모든 국가의 안전과 유럽 공법 체계의 재건을 위해 일반적인 합의를 도모한다.

이러한 영국의 제안을 갖고 노보실체프는 러시아로 돌아왔고 협상은 상트 페테르부르크에서 차르토리스키 러시아 외상과 영국 대사 레브슨-가우어G. Leveson-Gower 사이에 진행되었다. 난항을 거듭한 끝에 1805년 4월 영국 대사가 sub spe rati(본국 정부의 동의를 전제로)의 형식을 빌려 조약 체결에 합의하였다.

오스트리아는 러시아와 이미 비밀합의가 있던 관계로 이들 세 나라는 자연스럽게 결속되었다. 이에 제3차 연합이 결성되었다. 그러나 연합군은 이번에도 나폴레옹 군대에 의해 패퇴되었다. 물론 해전에서는 넬슨H. Nelson(1758~1805)의 승리에서 보듯이 영국 해군이 승전했으나 대륙의 사정은 이와는 반대였다. 울름Ulm 전투에서 크게 승리한 나폴레옹은 1805년 11월 빈에 입성하였다. 그리고 12월 아우스터리츠Austerlitz 전투에서 러시아와 오스트리아 연합군을 대파하였다. 러시아군은 후퇴하였고 오스트리아는 프랑스에 휴전을 구하였다.

한편 1795년 이래로 중립을 지켜 오던 프로이센도 하노버 문제로 1806년 9월 프랑스에 전쟁을 선언하였다. 그러나 10월 예나Jena, 아우에르슈타트Auerstaat 전투에서 프랑스군은 승리를 거두고 나폴레옹은 베를린에 입성하였다. 그는 여기에서 영국 봉쇄를 선언하는 이른바 '대륙체제'를 알리는 베를린 칙령을 발표하였다. 제3차 연합도 와해되었다.

3. 나폴레옹 전쟁(2)

나폴레옹 제국

이제 나폴레옹은 유럽 전역을 실질적으로 지배하게 되었다. 그는 자신이 북 이탈리아 왕국의 왕을 겸하고 측근의 장군 유젠느Eugène de Beauharnais를 부왕(副王)으로 삼았다. 베스트팔렌 왕국은 나폴레옹 동생 제롬Jérôme이, 네덜란드 왕국도 동생인 루이가, 나폴리 왕국은 여동생 카롤린의 남편 뮈라J. Murat가, 그리고 스페인 왕국은 형 조세프Joseph가 국왕으로 있었다. 현재 보스니아-헤르체고비나 연안 지역에 일리리아 주Provinces Illyriennes를 건설해 나폴레옹이 직접 통치하였다. 그리고 라인 연방국Confédération du Rhin과 바르샤바 대공국Grand Duché de Varsovie이라는 방대한 국가를 만들어 그의 위성 국가로 만들었다.

나폴레옹은 여기에 머물지 않았다. 프로이센을 패배시킨 이후 그는 계속 동진해 비스툴라Vistula 강을 넘어 러시아와 대치하였다. 나폴레옹은 1807년 6월 프리드란트Friedland 회전에서 승리해 쾨니히스베르크Königsberg와 니멘Niemen 강까지 점령하고는 러시아와 휴전에 들어갔다.

니멘 강 위의 한 선박에서 나폴레옹은 러시아 황제 알렉산드르 1세, 프로이센 국왕 프리드리히 빌헬름을 만나 1807년 7월 7일 틸지트Tilsit 조약을 체결하였다. 이 조약은 러시아와 프로이센에게는 실로 굴욕적인 것이었다. 러시아는 바르샤바 대공국, 나폴리 왕국, 네덜란드 왕국, 베스트팔렌 왕국, 그리고 라인 연방국을 승인하였다. 프로이센은 라인 강과 엘베 강 사이에 위치한 모든 지역을 프랑스가 자유로이 사용할 수 있도록 허용하였다. 그리고 1772년 이후 폴란드로부터 얻은 모든 영토를 바르샤바 대공국에 넘겨주었다. 프로이센도 나폴레옹의 세 형제들의 국왕 지위를 인정하였다. 그리고 프로이센은 모든 항구와 육지를 영국 무역에 폐쇄할 것에 동의하였다.

이런 '대륙체제'를 유지하는 것은 유럽 대륙을 영국 무역에 봉쇄하는 것을 의미한다. 그리하여 포르투갈을 대륙체제에 편입시키기 위해 프랑스는 포르투갈 침공을 단행하였다. 이에 영국은 포르투갈에 상륙해 프랑스와 대적하는 '반도 전쟁Peninsular War'을 수행했는데 웰링턴A. Wellesley, Duke of Wellington(1769~1852) 장군 휘하의 영국군은 프랑스군을 격파시켜 무적이라는 프랑스군의 신화를 깨뜨렸다. '반도 전쟁'은 나폴레옹 제국의 붕괴를 예고하였다.

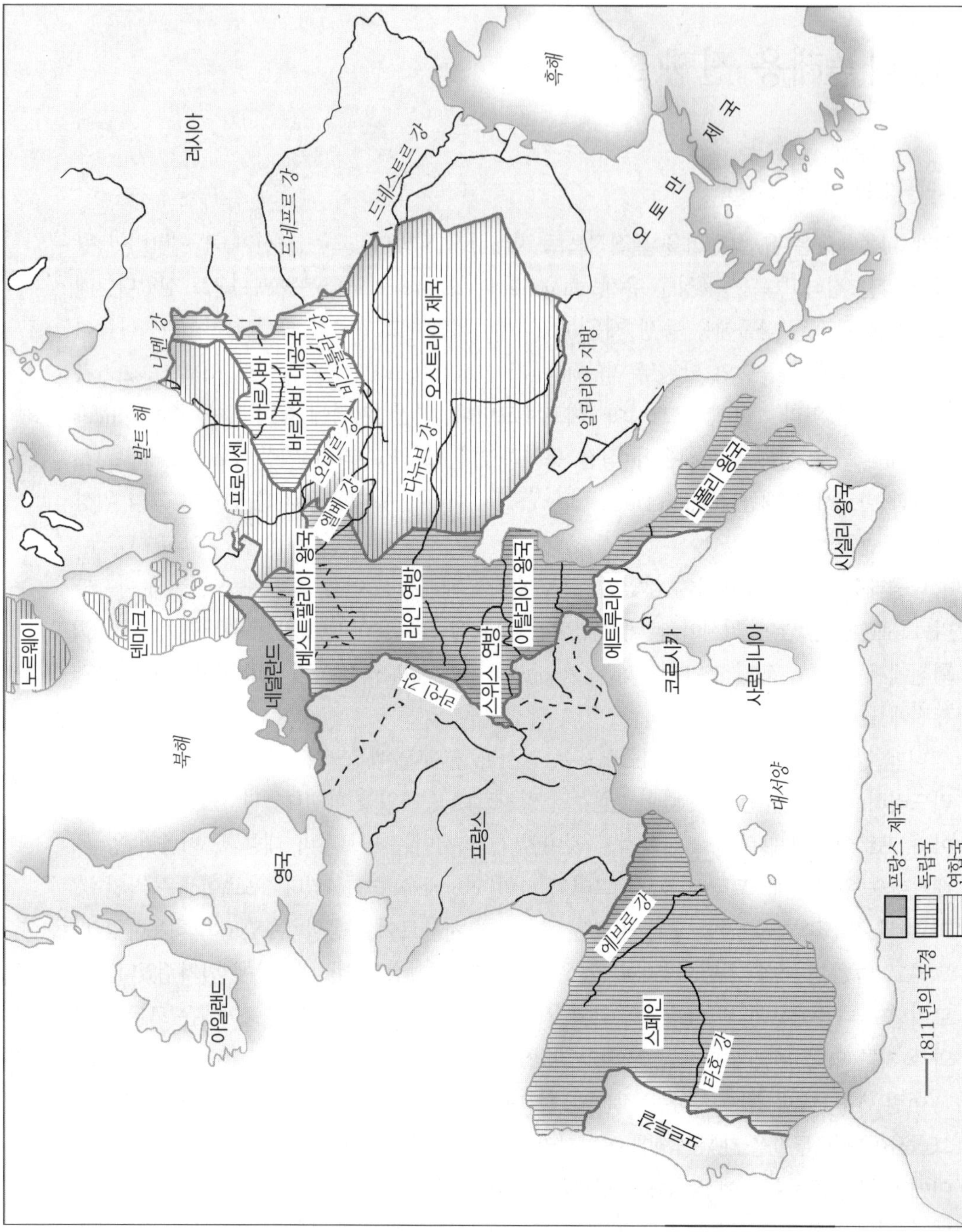

1807~1812년의 유럽

1812년 프랑스-러시아 전쟁

1810년 4월 나폴레옹과 오스트리아 황제 프란시스 1세Francis I의 딸 마리 루이스Marie Louise의 결혼을 계기로 러시아와 프랑스의 관계는 악화되기 시작하였다. 러시아는 프랑스와 오스트리아의 밀착을 바라지 않고 있었기 때문이다. 또 대륙봉쇄 문제에 관해서도 프랑스와 러시아는 대립하였다. 알렉산드르 1세는 영국 상품이 중립국 국기를 게양한 선박에 의해 수송되는 경우 러시아 항구에 입항하는 것을 허용하였다. 그리고 육로로 수송돼 수입되는 프랑스 상품에 대해서 세금을 부과하였다. 더욱이 나폴레옹이 서 갈리시아West Galicia 지방을 바르샤바 대공국에 편입시키자 러시아는 이를 폴란드의 부활이라고 의심하게 되었다. 양국의 동맹 관계는 1811년에 이르러 깨졌다.

1812년 초 나폴레옹은 러시아에 대한 전쟁에 오스트리아는 6만 명, 프로이센은 2만 명의 병력을 동원키로 이들과 합의하기에 이르렀다. 그러나 오스트리아와 프로이센은 러시아에게 자기들은 불가피하게 병력을 동원할 뿐이며 프랑스에게는 최소한의 협력만을 제공하겠노라고 비밀리에 통보하였다. 당시 나폴레옹의 군대는 60만 명을 헤아렸는데 프랑스인은 그 절반에 불과하였고 나머지는 이탈리아인, 폴란드인, 스위스인, 독일인 등으로 구성되어 있었다.

나폴레옹은 드디어 1812년 6월 니멘 강을 건너 러시아를 침공해 9월에는 모스크바를 점령하였다. 그러나 모스크바는 모두 불타 버린 쓸모없는 도시로 변해 있었다. 알렉산드르 1세에게 휴전을 제의했다가 거절당한 나폴레옹은 하는 수 없이 모스크바에서 철수하기 시작하였다. 귀로에는 쿠투조프M.I. Kutuzov(1745~1813) 휘하의 군대, 코작 기병, 민병들의 공격, 그리고 추위까지 프랑스군을 강타하였다. 니멘 강을 다시 넘어온 것은 겨우 10만 명에 불과하였다. 나폴레옹은 불과 8천 명의 군대를 이끌고 파리로 돌아왔다. 1812년 12월의 일이다. 나폴레옹 제국의 몰락이 눈앞에 다가온 것이다.

제4차 연합(1813년 6월~)

나폴레옹이 파리로 돌아오자 프로이센은 곧 프랑스와의 동맹 관계를 청산하였다. 프로이센은 러시아와 1813년 2월 28일 칼리쉬Kalisch 조약을 체결해 동맹 관계를 수립하였다. 러시아는 프로이센이 장차 1806년의 국경으로 돌아가고 북부 독일 지방에서 더 확장할 수 있다고 동의하였다.

이 조약은 6월에는 영국, 러시아, 프로이센, 오스트리아 4개 국가의 합의로 발전하였다. 여러 합의로 구성된 라이헨바흐 협정들Reichenbach Conventions이 그것인데 그 주요 내용은 다음과 같다.

(1) 영국과 프로이센의 합의(6월 14일): 동맹 체결과 전쟁 수행에 대한 영국의 보조금 지급
(2) 영국과 러시아의 합의(6월 15일): 영국의 러시아에 대한 보조금 지급
(3) 러시아, 프로이센, 오스트리아의 동맹조약(6월 27일): 나폴레옹이 평화 제의를 거절하는 경우 오스트리아는 전쟁에 참여한다. 바르샤바 대공국은 3국간에 분할한다. 프로이센의 국경은 1806년 현재로 한다. 일리리아 지방은 오스트리아에 돌아간다.

오스트리아는 아직도 명분상 프랑스의 동맹국이었다. 그러나 메테르니히K. von Metternich(1773~1859)는 프랑스의 동맹자가 아니라 연합국과 프랑스의 조정자로서 행동하였다. 그는 나폴레옹에게 3개 항목의 평화 조건, 즉 ① 바르샤바 대공국의 해체, ② 프랑스가 북부 독일에서 합방한 지역의 반환, ③ 일리리아 지방을 오스트리아에게 반환할 것을 제안하였다. 나폴레옹은 딜레마에 빠지게 되었다. 수락한다면 또 다른 조건이 제시될 것은 자명한 일이고 거절하자니 평화의 파괴자라는 누명을 쓰게 되었다.

이 평화 조건의 제안으로 프랑스와 연합국은 1813년 6월 4일 휴전이 일단 성립되었다. 그러나 만일 나폴레옹이 이 평화 조건을 7월 20일까지 수락하지 않을 경우 오스트리아는 프랑스에 전쟁을 선포하기로 연합국과 합의하였다.

드레스덴 회의(1813년 6월 26~30일)

휴전기간 동안에 나폴레옹과 메테르니히는 역사적인 회담을 가졌다. 드레스덴Dresden에 머물고 있던 나폴레옹은 메테르니히에게 만날 것을 제의해 두 사람의 역사적인 만남이 6월 26일에서 30일 동안 드레스덴에서 있었다. 6월 26일 첫 번째 회견에 관해 메테르니히는 그의 일기에서 다음과 같은 흥미 있는 회상을 하고 있다.

메테르니히가 나폴레옹의 숙소에 도착하자 프랑스 장군들은 두 사람의 회견에 모든 희망을 걸고 있다고 말하였다. 그들은 전쟁에는 이미 패배했다고 생각하고 있었다. 베르디에르L.A. Berthier 장군은 프랑스는 평화만을 희망한다고 회담장에 들어가는 메테르니히에게 말하였다.

이날의 회견은 무려 9시간이나 계속되었다. 저녁 8시 30분경 메테르니히는 "폐하는 패배하였습니다. 여기에 오면서 나는 그러리라 예감했지만 이제는 그것을 확신합니다"라는

말을 나폴레옹에게 남기고 회담장을 나왔다. 프랑스 장군들이 모두 그의 곁으로 몰려 왔다. 그들은 메테르니히의 표정을 읽으려고 노력했으나 그는 말없이 계속 걸어갔다. 주위에 아무도 없자 베르디에르는 황제와의 회견에 관해 물었다. "그는 모든 것을 내게 설명했지만, 이제 그 사람과는 모든 것이 끝났소"라고 메테르니히는 대답하고 나폴레옹의 숙소를 떠났다.

드레스덴의 회견은 아무런 성과도 없이 끝났으나 프라하Prague 회의 개최에는 합의하였다. 7월 초 메테르니히, 프로이센의 훔볼트W. von Humboldt, 프랑스의 콜랭쿠우르A.A.L. de Caulaincourt의 회의는 처음부터 어떤 기대를 갖고 모인 것은 아니었다. 다만 휴전기간을 8월 10일까지 연장하는 데에는 합의하였다. 그러나 휴전기간이 끝날 때까지 나폴레옹은 아무런 회답도 보내지 않았다. 오스트리아는 예정대로 프랑스에 전쟁을 선언했고 프랑스는 문자 그대로 사면초가의 형세에 놓이게 되었다.

연합군은 먼저 나폴레옹이 주둔하고 있던 드레스덴을 공략코자 했으나 반격을 당하였다. 이 전투가 나폴레옹이 독일 지방에서 거둔 최후의 승리였다. 프랑스 군대에 속해 있던 외국인 부대들의 이탈이 시작되었다. 8,000명의 바바리아군이 이탈한 직후인 8월의 라이프치히Leipzig 회전에서 나폴레옹은 크게 패하였다. 그는 11월 초 40만의 군대만을 이끌고 라인 강을 건너 프랑스로 되돌아갔다.

한편 연합국들은 영국이 그동안 계속 주장하던 연합국의 단결을 약속하기에 이르렀다. 보조금 지급 조약을 6월에 체결한 것은 전술한 바와 같다. 9월 9일에는 러시아, 오스트리아, 프로이센 3국이 테플리츠Teplitz 조약을 체결해 단결을 다짐하고 프랑스와 단독으로 강화를 하지 않기로 약속하였다. 영국이 10월 9일 이 조약에 가입하였다.

나폴레옹이 라인 강을 넘어 프랑스로 돌아가자 연합국은 다시 그에게 평화 조건을 제시하였다. 그러나 나폴레옹이 이를 거절하자 끝까지 전쟁을 수행할 것을 결의하고 프랑스 영토 공격을 시작하였다. 한편 프랑스 남부 전선에서는 영국-스페인 연합군이 피레네 산맥을 넘어 프랑스에 진격하고 있었다.

쇼몽 조약(1814년 3월 1일)

1814년에 들어서면서 연합군은 연전연승을 거듭하며 파리로 향하였다. 2월 초 라 로디에르La Rothière 전투에서 패한 나폴레옹은 오브Aube 강 서쪽으로 후퇴하였다. 이에 연합국들은 2월 5일 샤티옹Châtillon에서 전쟁 중 마지막 회의를 개최하였다. 이 회의에서 연합국들은 프랑스의 국경을 1792년 현재의 상태로, 즉 프랑스가 전쟁으로 얻은 모든 영토를 포기하라고 나폴레옹에게 제의했으나 이번에도 그는 거절하였다.

이렇게 되자 카슬레이, 메테르니히, 네셀로데, 하르덴베르크, 연합국 대표들은 3월 9일 그 유명한 쇼몽 조약을 체결하였다. 체결 일자를 3월 1일로 앞당겨 놓기로 하였다. 이 조약문은 후에 있을 4국 동맹의 모체가 되었을 뿐 아니라 과거 1세기 동안 세력균형론자들이 주장하던 원칙들을 하나의 조약으로 합의한 최초의 문건이었다. 그리고 이 조약은 지금까지 보아 왔던 단순한 동맹조약의 차원을 넘은 것이었다. 전쟁이 종식된 이후에도 프랑스가 다시 침략 행위를 하지 못하도록 예방하는 장치를 구상했다는 점에서 일반적인 동맹 조약과는 다른 성격을 갖고 있다. 이런 점에서 쇼몽 조약은 국제연맹과 국제연합의 원초적인 기원을 이루는 문건이라고까지 찬양하는 견해도 있다. 이 조약은 특히 카슬레이의 구상을 성문화시킨 것으로서 그 자신이 이 조약을 가리켜 '나의 조약' my treaty이라고까지 불렀다.

전문(前文), 17개 조항, 그리고 3개 비밀조항으로 구성된 쇼몽 조약의 주요 내용은 다음과 같다.

(1) 전문: 유럽의 평화 유지는 '정당한 세력균형' juste équilibre에 의해서만 이루어진다.
(2) 연합국이 현재 제의한 평화 조건을 프랑스가 거절하는 경우 연합국은 끝까지 전쟁을 수행하고 각자 15만의 병력을 전선에 투입한다.
(3) 연합국은 공동 합의에 의하지 않고는 프랑스와 단독 강화를 결코 체결하지 않는다.
(4) 영국은 1814년도의 보조금으로 500만 파운드를 제공하고 러시아, 오스트리아, 프로이센 3국은 이를 균등하게 분배해 제공받는다.
(5) 전쟁이 종식된 이후에도 유럽의 평화 유지를 위해 필요한 조치를 취한다. 만일 연합국 중 어떤 나라가 프랑스의 침략을 받으면 다른 연합국들은 먼저 평화적인 방법으로 침략을 당한 국가를 지원한다. 이 방법이 실효를 거두지 못하면 각 연합국은 5만의 보병과 1만의 기병을 동원해 지원한다. 영국이 이런 병력을 지원할 수 없으면 보조금의 지불로 대신할 수 있다. 이 경우 보병은 1인당 20파운드, 기병은 30파운드로 계산한다.
(6) 조약의 효력 기간은 20년으로 하고 그 후에도 사정이 허락하면 3년 더 연장한다.

그리고 비밀조항은 다음과 같다.

(1) 독일, 스위스, 이탈리아, 스페인, 그리고 네덜란드에 관하여 그동안 이루어진 합의들

을 확인한다.

(2) 스페인, 포르투갈, 스웨덴, 그리고 네덜란드를 이 조약에 가입토록 초청한다.

(3) 프랑스와 평화를 체결한 이후에도 1년 동안 군대를 준비 태세로 유지한다.

퐁텐블로 협정(1814년 4월 11일)

한편 라 로디에르 전투 이후 3월에는 웰링턴A.W. Wellington 장군이 보르도Bordeaux를 점령하였다. 3월 하순 아레-쉬르-오브Arais-sur-Aube 전투에서 승리한 연합군은 파리로 진격을 개시해 3월 31일 드디어 파리 입성에 성공하였다. 프랑스 장군들은 나폴레옹이 내린 파리 방어 명령을 무모한 것이라고 거절하였다. 나폴레옹은 최후의 수단으로 그의 아들에게 양위한다고 발표했으나 연합국은 무조건 퇴위를 주장하였다. 그리하여 4월 11일 퐁텐블로Fontainebleau 협정이 체결되고 나폴레옹은 퇴위해 엘바 섬으로 격리되었다. 엘바는 코르시카 동북 연안과 이탈리아 본토 사이에 위치한 조그마한 섬으로 현재 행정구역으로는 이탈리아의 투스카니Tuscany에 속하고 있으나 당시에는 프랑스에 귀속된 지역이다.

나폴레옹은 이 협정에 서명한 후 1812년 이래 지녀 온 독약을 복용했으나 하루 만에 깨어나는 희극을 연출하기도 하였다. 하여간 이 협정의 내용은 러시아의 알렉산드르 1세의 낭만주의적인 주장 때문에 매우 관대하였다. 나폴레옹은 엘바 섬의 주권자이며 매년 200만 프랑의 생활비를 프랑스 정부로부터 지급받고 400명의 인원을 대동할 수 있었다. 황후에게는 파르마Parma, 플라첸타Placenta, 구아스탈라Guastalla 공국들이 주어졌다. 그리고 나폴레옹의 아들은 로마의 왕이 되었다. 그러나 루이 18세는 자신이 이 협정을 서명하지 않았다는 이유로 위의 생활비를 제대로 지급하지 않았고 이 때문에 나폴레옹은 엘바 생활에서 경제적인 곤경에 처하게 되었다. 이 섬에서의 생활과 탈출에 관해서는 다시 후술한다.

제1차 파리 평화조약(1814년 5월 30일)

파리에 입성한 연합국들은 프랑스와 평화조약을 체결했는데 이 합의를 제1차 파리 평화조약이라고 부른다. 나폴레옹이 엘바 섬을 탈출한 후 워털루 회전에서 패전해 체결된 조약을 제2차 파리 평화조약이라고 불러 구별해 붙인 명칭이다. 제1차 조약에는 영국, 러시아, 오스트리아, 프로이센, 스웨덴, 스페인, 포르투갈, 프랑스 8개국이 형식상 서명 국가였다. 33개 조항의 본조약과 비밀합의 6개 항으로 구성된 이 조약의 주요 내용은 다음과 같다.

(1) 전문(前文): 이 조약은 정당한 세력의 분배로써 영구 평화를 이룩해야 한다.
(2) 프랑스는 원칙적으로 1792년의 국경선으로 돌아간다.
(3) 네덜란드 왕국을 창설한다.
(4) 독일은 연방의 형태로 구성한다.
(5) 이탈리아는 여러 독립 국가들로 구성토록 한다.
(6) 스위스는 다시 독립을 얻는다.
(7) 영국은 몰타Malta, 토바고Tobago, 세인트 루치아St. Lucia, 모리셔스Mauritius, 로드리그Rodrigues, 세셸 군도Les Sechelles를 획득한다.
(8) 모든 구체적인 문제들은 2개월 이내에 빈에서 개최될 일반 회의에서 결정한다.

비밀조항에서는 다음 사항들이 결정되었다.

(1) 프랑스가 포기한 영토의 처분과 유럽의 진정한 세력균형체제 형성을 위한 모든 문제들은 연합국이 서로 합의한 원칙들에 입각해 결정한다.
(2) 사르디니아는 포Po 강, 테시노Tessino, 라고 마기오레Lago Maggiore를 국경선으로 하는 강화된 지위를 갖되 사보이는 프랑스에 반환한다.
(3) 스위스의 독립은 열강이 보장한다.
(4) 네덜란드는 강화되며 라인 좌안의 일부를 보유한다. 라인 좌안의 나머지 지역은 프로이센과 그 밖의 독일 제후들에게 보상으로 주어진다.

이와 같이 프랑스의 재침에 대한 봉쇄망이 형성되었다. 이것은 1799년 피트 내각의 등장 이래 영국의 기본 구상이었다. 제1차 파리 평화조약을 체결한 열강의 대표들은 영국정부의 초청으로 6월 초 런던에 모두 모여 평화의 회복을 자축하였다. 런던의 사교계는 특히 알렉산드르 1세에게 주목했으나 그의 비사교적인 행동으로 크게 실망하였다. 더욱이 그는 빈 회의 개최 이전에 러시아에 다녀와야 한다고 고집하였다. 열강은 7월 이내에 개최키로 합의한 회의를 9월로 연기하지 않을 수 없었다.

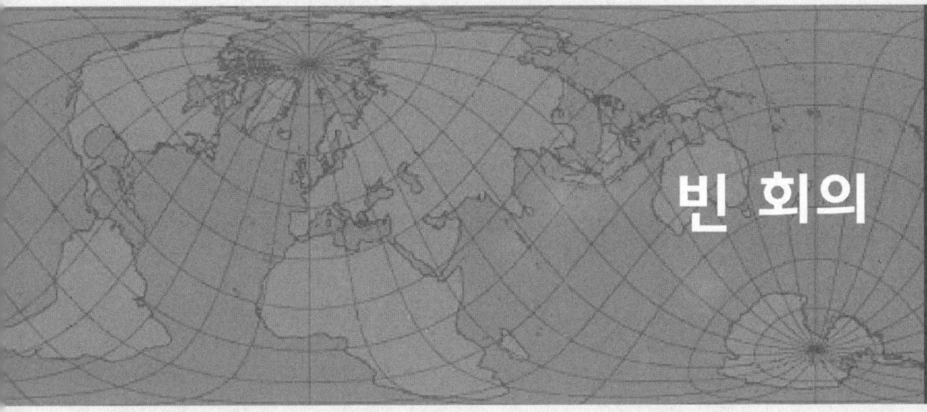

빈 회의

제 2 절

1814년 9월 빈에서는 역사상 그 유례를 찾아볼 수 없었던 대규모 국제회의가 열렸다. 유럽 열강의 대표들이 한자리에 모두 모여 국제문제를 토의한다는 것은 18세기 사람들로서는 상상할 수도 없었고 불가능하다고 여긴 일이었다. 그런 불가능한 일이 20여 년의 나폴레옹 전쟁을 거쳐 현실로 나타났다. 빈은 오스트리아 제국의 수도이자 얼마 전 사라졌으나 근 천년 동안 유럽 정치사에 막대한 영향력을 끼친 신성로마제국의 수도이기도 했으며 파리, 런던과 함께 유럽 최대의 도시이기도 하다.

유럽 국제사회에서 중세적인 요소들을 상당히 제거시킨 빈 회의는 유럽 국제정치 구조를 변혁시켰다. 혁명 프랑스의 재발을 방지하기 위한 봉쇄 장치가 마련돼 프랑스는 이제 최대 강대국이라는 18세기의 영광을 상실하였다. 이때부터 '프랑스의 영광'la gloire française은 프랑스 사람들의 이루어질 수 없는 정신적인 위로의 용어로 전락했다. 오스트리아는 최대 강국이라는 대열에 머물 수 있었으나 영토가 너무나 광활해 취약해졌고 인구의 구성이 너무나 다양해 허약하게 되었다. 프로이센은 아직 최대 강국의 대열에는 미치지 못하였다. 1870년 통일을 기다려야만 하였다.

빈 회의의 결과로 최대 강국으로 등장한 것은 영국과 러시아였다. 두 나라가 이제 세계를 제패할 수 있는 국제정치적인 여건이 마련되었다. 영국은 유럽 대륙이 세력균형 원칙으로 유지되는 동안 해외 시장으로 자유로이 진출할 수 있게 되었다. 빈 회의에서 획득한 해외 식민지를 시작으로 영국은 세계 시장을 지배할 수 있는 요충지를 모두 확보하였다. 19세기 국제정치 질서의 특징이기도 하다.

러시아는 발칸 지역을 그들의 세력범위로 인정받아 중앙아시아, 시베리아, 동북아 지역 진출에 총력을 기울일 수 있게 되었다. 이제 세계외교사는 영국과 러시아의 충돌이라는 측면을 고려하지 않고는 이해할 수 없게 되었다. 세계는 두 나라의 영향권으로 분리되기 시작했다. 중국, 조선, 그리고 일본 지역이 영국의 영향권으로 편입되기 시작한 것은 기억해야 한다.

1. 빈 회의의 구성과 기본원칙

춤추는 회의

1814년 9월 빈에서는 세계역사상 그 유례를 찾아볼 수 없는 대규모 회의가 열렸다. 이 회의는 100년 후의 베르사유 회의와 자주 비교되지만 축제의 분위기나 참석자들의 명성에서는 단연 빈 회의가 으뜸이었다. 열강의 대표단들은 그들 부인은 물론이고 친지들, 그리고 심지어 정부(情婦)들까지 대동하였다. 그리고 모험가, 떠돌이, 부랑자, 소매치기들까지도 빈 시가지를 메웠다. 인구 25만 명의 빈은 9월 한 달 동안 1만 6,000여 명의 외지인이 몰려들었다. 오스트리아 조정은 연일 축제 준비에 여념이 없었고 호프부르크Hofburg 궁과 쇤브룬Schönbrunn 궁에서 주로 열린 이런 축제로 왕정의 재정은 핍박을 받게 되었다.

빈 회의는 린뉴C.-J. de Ligne(1735~1814) 공의 말대로 "군주들의 휴일"이었다. 러시아와 오스트리아의 원수(元帥)를 지낸 바 있는 그는 빈 회의 도중 세상을 떠났다. 80세의 노령에도 불구하고 어떤 부인과 한밤중의 밀회를 즐기다 걸린 감기 때문이었다. 그는 눈을 감으면서도 자신의 장례식을 빈 회의 참석자들에게 보여 주어 또 하나의 흥밋거리를 만들어 기쁘다는 유머를 잃지 않았다. 그의 유명한 표현대로 "회의는 나아가지 않고 춤을 추고"Le Congrès ne marche pas, il danse 있었을 뿐이다.

빈 회의는 20여 년에 걸친 나폴레옹 전쟁을 마무리짓는 평화회의였다. 그러나 이 회의는 단순한 전후처리에 그친 것은 아니었고 춤만 추고 있었던 것은 더욱 아니다. 베스트팔렌 회의, 베르사유 회의, 그리고 제2차 세계대전을 마무리한 여러 국제회의와 함께 세계외교사의 흐름에 있어서 하나의 큰 분수령을 만들어 놓았다.

빈 회의에 대한 평가는 후술하는 바 같이 여러 견해가 있다. 국제정치사의 향방에 대한 영향은 그 어떤 국제회의보다 이 회의가 더 크게 미쳤다고 생각한다. 이 회의를 거치면서 영국과 러시아는 세계로 팽창할 수 있게 되었고 유럽세계가 이슬람이나 중국의 문화권을 압도하게 되었다. 그리고 오늘날 국제정치구조의 역사적인 성격은 가깝게는 이 회의 결정들로부터 유래된다고 볼 수 있다.

회의 참석자 범위 문제

1814년 9월에 개최된 빈 회의는 1815년 6월 9일 최종의정서를 채택할 때까지 한 번도 전체회의를 열어보지 못한 특이한 모임이다. 여기에는 그럴 만한 이유가 있다. 먼저 이 회의에는 이해하기 힘든 대표들이 많이 참여하였다. 이런 점은 회의 참석자의 범위에 관한 제1차 파리 평화조약 제32조의 규정이 모호한 데 기인한다.

> 이번 전쟁에 어떤 편에서 참여했건 이들 모든 국가들은, 앞으로 2개월 이내에 일반 회의에서, 본 조약의 규정들을 완료하게 될 합의들을 규율하기 위해 대표들을 빈에 파견한다.

따라서 강대국들은 물론이고 여러 공국들도 솔선해 초청에 응했다. 빈 회의에서 인정된 전권대표들의 면면을 살펴보면 흥미로운 점도 있다. 19명에 이르는 파리 평화조약 8개 서명국 대표들이 전권대표로 인정된 것은 당연한 일이다. 이 밖에도 법왕을 비롯한 그 밖의 주권자들을 대표하는 27명의 전권들, 독일의 여러 국가들을 대표하는 42명의 전권들,그리고 나폴레옹 전쟁 중 합병당한 여러 가문(家門)을 대표하는 사절들이 있었다.

전술한 바와 같이 나폴레옹은 유럽의 정치 판도를 일대 개편해 그의 제국을 형성했는데 이 중의 하나가 라인 강과 엘베 강 사이에 있는 방대한 지역에 걸친 이른바 라인 연방 Confédération du Rhin이었다. 그런데 이 지역에는 신성로마제국의 황제로부터 직접 그들의 영유지(領有地)를 받았던 많은 군주, 백작, 기사들이 있었는데 이들은 위의 연방이 형성되자 다른 군주들의 주권하에 들어가게 되었다. 그리고 이들 합병당한 군주들을 고급귀족 Standesherren이라고 불렀다. 이들이 기왕의 지위에 관련된 여러 요구를 하게 된 것은 쉽게 짐작할 수 있으며 빈 회의 중 강대국 대표들은 이와 같은 복잡한 요구들 때문에 골머리를 앓고 있었다.

이들 고급귀족은 집단적으로 어떤 한 사람을 그들의 대표로 삼는 경우도 있었다. 예를 들면 게르트너F. von Gärtner 남작은 42개의 군주들을 대표해 그의 직함이 "42 군주 및 백작의 전권대표"였다. 이 밖에도 여러 단체들을 대표하는 50명 정도의 대표들이 있었다. 예를 들면 단치히Danzig 시, 마인츠Mainz 시, 프랑크푸르트의 유태인 단체, 그리고 가톨릭 단체, 한자 동맹의 도시들Hanseatic towns 등이다. 따라서 이 모든 대표들을 한자리에 모아 전체회의를 개최한다는 것은 어려웠을 뿐 아니라 현실성이 없었다는 것을 곧 알 수 있다. 따라서 회의의 주요한 결정들은 강대국들의 회의에서 이루어졌고 국제정치의 강대국 중심의 구조가 확고하게 되었다. 이제 이들 강대국 대표들의 면면을 살피기로 하자.

영국

영국의 대표는 카슬레이R.S. Castlereagh(1769~1822) 자작(子爵)이었다. 그는 피트W. Pitt가 1804년 다시 수상이 되자 전쟁상secretary of state for war, 그리고 1812년부터는 외상이 되었다.

그러나 그는 비운의 정치인이었다. 빈 회의 이후 그는 과로와 반대자들의 비난으로 극도로 피로해 정신적인 불안 상태에 놓였다. 그리고 1815~1819년 유럽 국제정치의 반동적인 질서를 창출한 장본인으로 오해되어 바이런, 토마스 무어, 쉘리와 같은 낭만주의자들로부터 견디기 어려운 비판을 받았다. 더욱이 동성연애자라는 날조된 소문이 그를 괴롭혔다. 그가 베로나Verona 회의에 참석하기 위해 유럽으로 떠나기 직전인 1822년 8월 어느 날 아침, 켄트Kent의 별장에서 목이 잘린 시체로 발견되었다.

빈 회의 도중에 카슬레이는 세 사람의 유럽 주재 영국 대사들의 도움을 받았다. 그의 이복동생 프로이센 주재 대사 스튜어트C. Stewart는 괴팍하고 바보 같았으나 카슬레이는 그에게 깊은 동정심을 갖고 있었다. 러시아 주재 대사 캐스카트W.S. Cathcart는 알렉산드르 1세와 친분이 두터웠으며 러시아 문제 처리에 있어서 카슬레이를 보좌하였다. 네덜란드 주재 대사 클랜카티R.T. Clancarty는 유능한 외교관이었고 카슬레이에게 많은 도움과 자문을 주었다. 영국 대표단의 규모는 유럽 정치에서 차지하던 비중과는 달리 고작 10여 명의 막료들로 구성되었다.

러시아

러시아의 황제 알렉산드르 1세Aleksandr Pavlovich(1777~1825, 1801년에 황제 즉위)는 훌륭

한 교육을 받았으나 우유부단한 면을 지닌, 그리고 말년에는 비운의 운명을 지닌 황제였다. 캐서린 여제(女帝)는 손자 알렉산드르를 위해 스위스의 라 아르프F.C. La Harpe를 초빙하였다. 라 아르프는 장 자크 루소를 숭배한 공화론자였으며 그의 교육은 일생 알렉산드르에게 영향을 미쳤다. 캐서린은 성격 파탄자인 아들 파벨Pavel Petrovich(후에 Paul I)을 제치고 손자인 알렉산드르에게 왕위를 물려주려 하였다. 그러나 캐서린이 1796년에 갑자기 세상을 떠나고 왕위는 파벨이 계승해 러시아는 어두운 역사의 시절을 맞게 되었다. 황제 퇴위 움직임이 있게 되었고 드디어 1801년에 폴 1세는 암살을 당했는데 알렉산드르는 이런 음모를 사전에 알고 있었고 이런 사실이 그를 일생 동안 괴롭혔다.

알렉산드르 1세는 황제에 즉위하자 국내 개혁에 전념했지만 귀족들의 반대에 부딪쳤다. 진정한 개혁은 노예제 폐지로부터 시작돼야 하는데 러시아 인구의 4분의 3이 노예라는 사실 하나만 보더라도 그 실현이 얼마나 어려웠던 것인가를 알 수 있다. 결국 황제는 그의 여동생 예카테리나 파블로브나Ekaterina Pavlovna가 이끄는 보수 집단의 노선을 따르게 된다.

그러나 외교 문제에 있어서는 황제는 적극적이었다. 그의 선친이 단절시킨 영국과의 유대를 다시 강화하였다. 빈 회의 이후 1820년대 일련의 국제회의를 이끌면서 알렉산드르는 극도의 정신적인 회의와 실의에 빠져 퇴위하겠노라는 말을 공개적으로 하였다. 평생 사이가 좋지 않았던 황후가 병을 앓게 되자 알렉산드르는 아조프Azov 해 근처 타간로그Taganrog로 함께 휴양을 떠나는 마지막 부부애를 보여 주였다. 이곳에서 알렉산드르는 폐결핵(또는 말라리아)에 걸려 급사하였다. 그리하여 그가 시베리아로 몰래 잠적하였다는 전설을 낳게 하였다.

러시아의 대표단은 매우 찬란하였다. 알렉산드르 1세는 유럽의 구세주로 자처하였고 모든 사람들의 추앙을 한몸에 받고 있었는데 그의 위상에 걸맞은 저명한 보좌관들을 대동하고 1814년 9월 25일 프로이센 국왕과 함께 빈에 도착하였다. 외상 네셀로데K. von Nesselrode(1780~1862)는 베를린에서 교육을 받고 프로이센, 네덜란드, 프랑스의 러시아 해외 공관에서 근무하였다. 그는 1814년 8월 외무 책임자가 되어 카포 디스트리아와 함께 외상직을 공유했고 1822년부터는 홀로 외상직을 맡은 후 1856년 5월에 사임한 러시아의 최장수 외상이었다.

1815~1822년 네셀로데와 함께 외상을 지낸 카포 디스트리아I.A. Capo d'Istria(또는 Capodistria, Kapodistria, 1776~1831)는 일리리아 군도의 중심지인 코르푸Corfu 섬 출신으로 1809년 이후 러시아 외무성에서 근무하였다. 그 후 알렉산드르의 신임을 얻어 1815년 9월에 외상을 맡아 7년 동안 황제의 실질적인 외무 자문역을 맡았다. 네셀로데는 외무성

의 행정을 맡는 데에 그쳤다. 카포 디스트리아는 그 후 그리스 문제에 적극 개입할 것을 주장하다 뜻을 이루지 못해 1822년 스스로 물러나게 된다.

알렉산드르 1세는 외교 전반에 걸쳐서 외상의 자문을 구한 것이 아니라 문제의 성격에 따라서 여러 보좌관의 의견을 물었다. 폴란드 문제에 관해서는 차르토리스키A.J. Czartoryski(1770~1861)의 자문을 받았다. 폴란드 귀족 출신인 그는 알렉산드르 1세와 오랜 친분 관계를 갖고 있던 친구 사이였다. 그의 집안은 폴란드 민족운동의 상징인 까닭에 젊은 나이에 러시아에 볼모로 살게 되었다. 그는 이때부터 당시 황태자였던 알렉산드르 1세 내외와 가까운 사이가 되었으나 황태자비와의 염문으로 사르디니아로 추방당하였다. 그러나 알렉산드르가 황제가 되자 1804년에 그를 외상으로 기용하였다. 그런데 빈 회의 도중 황후와 사랑이 재연돼 알렉산드르와는 돌이킬 수 없이 멀어지게 되었다. 빈 회의에서 결정된 어느 정도 자유스런 폴란드의 법적 지위는 그의 작품이었다.

독일 문제에 관해서는 프로이센에서 러시아로 망명한 저명한 개혁자 슈타인H.F.K. von Stein의 의견을 존중하였다. 그는 황제에게 직언과 거친 말투를 서슴지 않은 것으로도 유명한데 메테르니히와 하르덴베르크의 독일 이익에 반하는 문제 해결에 실망해 정치 일선에서 물러난다.

프랑스, 이탈리아 문제는 포조 디 보르고C.A. Pozzo di Borgo가 보좌하였다. 그는 코르시카 태생으로 나폴레옹의 코르시카 정책에 반대해 영국으로 도피하여 외교관으로 봉직하였다. 그러나 곧 러시아의 외교관으로 변신하였고 빈 회의 이후 프랑스, 영국 주재 러시아 대사를 역임하였다.

그리고 스위스의 라 아르프는 스위스 문제에 대해 보좌하였다. 이러한 범세계적인 막료 중에서 러시아 사람은 라주모프스키A. Razumovskii 한 사람뿐이었는데 그는 외교관으로서가 아니라 베토벤의 후원자로 더 잘 알려져 있다.

오스트리아

극단적인 보수주의자인 오스트리아 황제 프란시스Francis(1768~1835)는 유럽의 정치 질서에 관해서는 외상인 메테르니히의 의견을 따랐다.

메테르니히K. von Metternich(1773~1859)는 오스트리아를 다시 유럽 정치의 중심 국가로 만들었고 1848년 2월 혁명으로 정치 일선에서 물러날 때까지 유럽의 보수적인 국제정치 질서를 창출한 장본인이다. 나폴레옹 전쟁 중 그는 색스니, 프로이센, 프랑스 주재 오스트리아 대사를 역임했으며 1809년부터는 외상을 맡아 오스트리아의 외교정책을 40년 동안이나 관장하였다. 이 기간 동안 유럽 외교사에 그가 미친 영향은 실로 대단하였다.

겐츠F. von Gentz(1764~1832)는 메테르니히의 개인 자문역Hofrat으로 빈 회의의 모든 실무를 담당하였다. 빈 회의를 적극적으로 평가하는 학자들은 겐츠의 역할을 모두 찬양한다. 베르사유 회의 진행이 원만치 못했던 것은 실무를 맡았던 클레망소G. Clemenceau의 막료 듀타스타의 무능으로 돌리는 것과 대조된다.

베센베르크J.P. von Wessenberg는 메테르니히의 차석(次席)이었고 이탈리아 문제의 전문가인 빈다F. von Binder, 통계 전문가 후델리스트J. von Hudelist, 그리고 군사 문제 전문가 라데츠키J.W. Radetzky가 핵심 막료들이었다.

프로이센

국왕 프리드리히 빌헬름이 직접 참석했으나 하르덴베르크K.A. von Hardenberg(1750~1822)가 프로이센을 대표하였다. 그는 하노버와 브륀즈빅크Brünswick에서 관리 생활을 하다가 1791년 이후 프로이센에 정착하였다. 1804년 외상이 되어 중립 유지에 노력했으나 틸지트 조약이 체결된 후 잠시 관직에서 물러났지만 1810년에는 다시 재상의 자리에 올랐다. 그는 거의 귀가 먹어서 훔볼트W. von Humboldt의 도움을 받지 않을 수 없었다. 크네제벡K.F. von dem Knesebeck 장군은 군사 문제 전문가로 참여했고 호프만J.G. Hoffmann은 통계 전문가로 통계위원회를 이끌었다.

프랑스

유명한 탈레이랑Ch.M. de Talleyrand(1754~1838)이 프랑스를 대표하였다. 그는 5두 정치를 이룩해 패전국 프랑스를 다시 유럽의 강대국 대열에 들게 한 노련한 외교관으로 널리 평가받고 있다. 1797년 이후 10년 동안 프랑스의 외상을 맡았으나 나폴레옹의 러시아, 스페인 정책에 반대하여 두 사람은 격론을 벌이기도 하였다. 나폴레옹의 퇴위 이후 그는 부르봉 왕가와 연합국의 교량 역할을 맡았다.

1814년 9월 23일 그는 빈의 카우니츠Kaunitz 호텔에 여장을 풀었는데 그의 회고록에 보면 카우니츠란 이름으로 좋은 징조를 예감하게 되었다고 한다. 카우니츠는 파리 주재 오스트리아 대사의 이름인데 1752년 그는 프랑스와 비밀 동맹을 체결한 바 있었다. 하여간 그의 예감은 적중하였다.

탈레이랑의 차석은 독일 문제 전문가 달베르크E.J. de Dalberg였고 노아이유A. Noailles,

라 베나르디에르J.B. de La Besnardière와 같은 막료들이 있었다.

5대 강국의 대표들 이외 많은 대표들이 빈에 체류하고 있었다. 스페인은 형편없는 인물로 알려진 라브라도르D.P.G. Labrador가, 포르투갈은 팔멜라D.P. Palmella가, 그리고 스웨덴은 뢰벤힐므G. von Löwenhielm가 대표하였다. 나폴리 왕국에서는 두 개의 대표단이 파견되었다. 하나는 뮤라J. Murat의 입장을, 다른 하나는 정통의 부르봉 왕가를 대표해 난맥상을 보였다. 법왕은 콘살비E. Consalvi 추기경을, 오토만 제국은 마브로제니 파샤Mavrojeni Pasha를 대표로 파견하였다.

정치 위원회

모든 대표들이 한자리에 모인 전체회의는 겐츠의 말대로 1815년 6월 9일 최종 의정서acte final를 채택할 때까지 한 번도 열리지 않았다. 모든 문제는 처음에는 4대 강국이 결정하였다. 이런 강대국 중심의 국제문제 해결 방식은 제1차 파리 평화조약의 비밀 조항에서 이미 합의된 사항이다. 비밀 조항 제1조를 보면 프랑스가 포기한 영토의 처리와 유럽의 세력균형 체제 유지에 관한 모든 문제는 연합국인 4대 강국들이 합의한 원칙들에 입각해 장차 열릴 회의에서 결정한다고 되어 있었다. 국제정치의 강대국 중심의 성격이 국제법 규칙으로 명문화됐으며 이것은 훗날 국제연맹의 이사회나 국제연합의 안전보장이사회의 구성 원칙을 이미 예고하고 있다.

이런 4대 강국 중심 체제에 대해 탈레이랑이 반론을 제기해 와해시킨 것은 유명한 일이다. 그는 먼저 모든 참가국들이 참석하는 전체회의에서 유럽의 문제들이 결정돼야 한다고 선전함으로써 4국 이외의 국가들로부터 지지를 받았다. 그리고 회의의 주도는 4국이 아니라 파리 평화조약 서명 국가인 8개 국가들이 담당해야 한다는 명분을 내세웠다. 이 명분은 설득력이 있어서 1814년 말에 이르러 8국 위원회가 구성돼 형식상 빈 회의를 주도하게 되었다.

그런데 후술하는 바와 같이 빈 회의의 최대 현안인 색스니 문제로 인해 4대국이 영국-오스트리아와 러시아-프로이센으로 대립하게 되었고 1815년 1월 3일에는 영국과 오스트리아가 프랑스를 끌어들여 3국 동맹을 체결하는 형세로까지 발전하였다. 이렇게 되자 러시아와 프로이센도 결국 프랑스를 포함한 5국 위원회의 결성에 동의하였다.

"…이제 [프랑스에 대한] 연합은 영원히 와해되었습니다. 프랑스는 이제 유럽에서 고립돼지 않으며 2대 강국[영국, 오스트리아]과 연합하고 있습니다."라고 탈레이랑은 루이 18세에게 보고하였다. 카우니츠 호텔에 들어가면서 느낀 예감이 적중하였다.

이때부터 회의의 모든 결정은 5국 위원회에서 행해졌고 8국 위원회는 형식적으로 소집되었다. 5국 위원회가 41차에 걸쳐 회의를 개최한 반면에 8국 위원회는 불과 9차에 걸쳐 모임을 가졌을 뿐이다. 최종의정서를 작성한 기초위원회도 5국 위원회가 구성하였다.

전문위원회

4국 위원회와 5국 위원회가 특수한 문제를 처리하는 데에는 전문위원회의 연구에 의존하였다. 빈 회의에서는 ① 독일 위원회, ② 노예무역 위원회, ③ 스위스 위원회, ④ 투스카나Tuscany 위원회, ⑤ 사르디니아, 제노아 위원회, ⑥ 부이용Bouillon 공국 위원회, ⑦ 국제하천 위원회, ⑧ 외교석차 위원회, ⑨ 통계 위원회, ⑩ 기초위원회와 같은 10개의 전문위원회가 있었다.

이들 전문위원회들은 그 구성과 지위가 서로 달랐다. 어떤 위원회는 강대국들만이 대표를 파견하였고 또 어떤 위원회에는 군소 국가들의 대표 파견도 허용하였다. 그리고 국제하천 위원회의 경우와 같이 처음에는 강대국들의 대표만으로 구성됐다가 후에 연안 국가들의 대표들을 참여시킨 예도 있다. 특히 주목을 끄는 것은 통계위원회였다. 탈레이랑이 4대 강국과 함께 회의를 하게 된 것은 이 위원회가 처음이었다. 통계 위원회는 나폴레옹이 점령한 지역의 조사와 주민의 인구조사 업무를 맡고 있었는데 카슬레이의 제안으로 프랑스를 포함한 5대 강국의 대표로 구성하였다. 이러한 전문위원회가 연구 검토한 자료들이 4국 위원회, 5국 위원회의 결정에 참고 자료가 되었다.

기본 원칙

나폴레옹 전쟁의 전후 문제를 처리하는 빈 회의의 기본 원칙은 무엇이었나? 기본 원칙의 전제는 유럽의 국제정치 질서는 전쟁 이전의 현상유지status quo ante bellum로 돌아가야 한다는 것이다. 다시 말하자면 전쟁이 발발한 1792년 이전의 정치질서로 돌아가야 한다는 전제다. 이 대전제로부터 세력균형 원칙과 정통주의legitimacy 원칙이라는 빈 회의의 2대 기본 원칙이 나왔다.

세력균형 원칙의 개념에 관해서는 이미 앞에서 서술한 바 있다. 그런데 1815년 이 원칙의 현실적인 의미는 크게 보아 두 가지다. 첫째로 프랑스가 다시 강대국이 되어 유럽의 국제정치 질서를 파괴하지 못하도록 예방할 수 있는 장치를 어떻게 강구하느냐 하는 것, 둘째로는 나폴레옹이 개편한 유럽의 국경선을 어떻게 다시 획정하느냐 하는 문제였다.

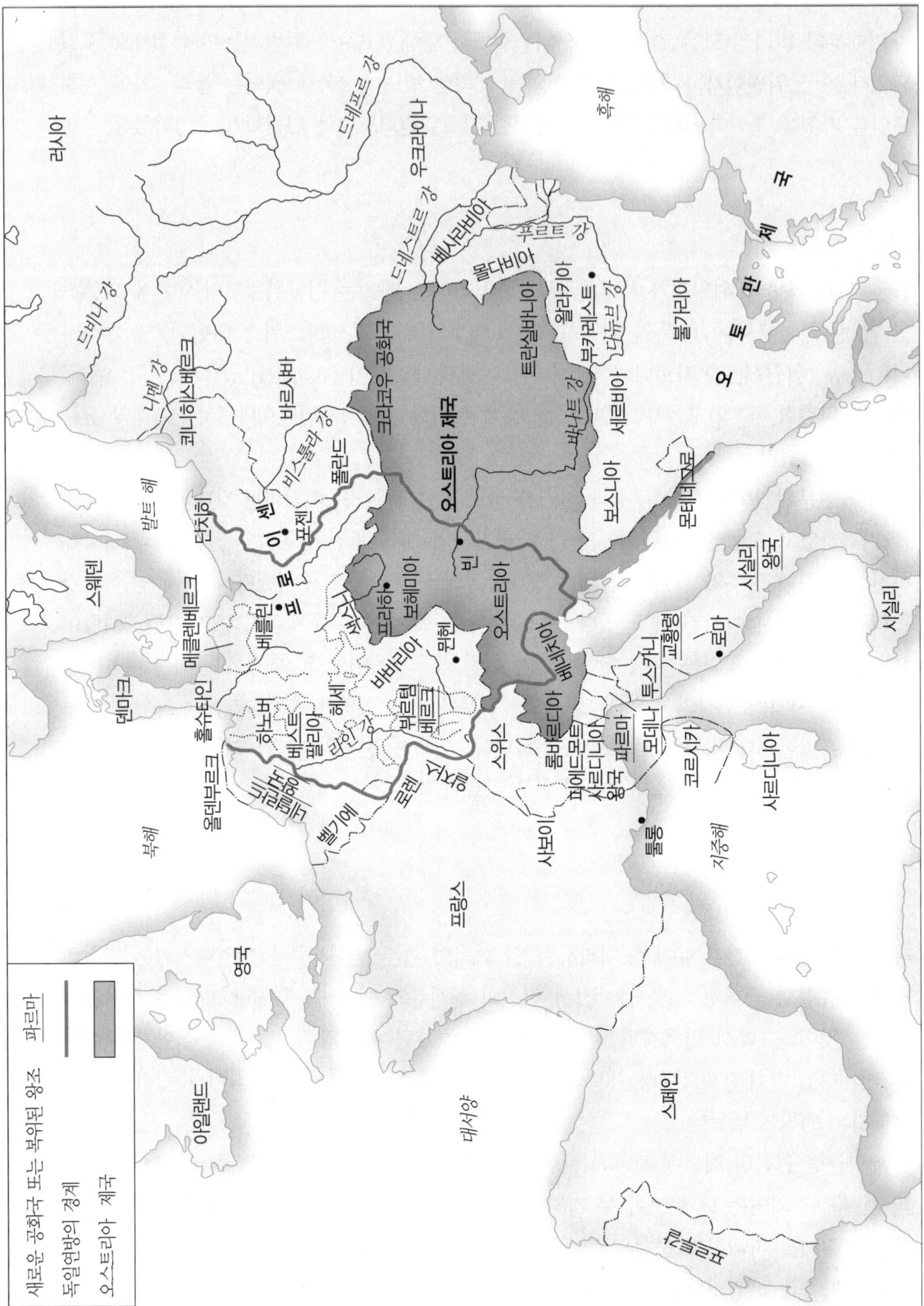
새로운 공화국 또는 복위된 왕조 파르마
독일연방의 경계
오스트리아 제국
러시아
드네프르 강
우크라이나
흑해
드비나 강
쾨니히스베르크
니멘 강
바르샤바
비스툴라 강
폴란드
크라코우 공화국
오스트리아 제국
트란실바니아
몰다비아
베사라비아
드네스트르 강
프루트 강
왈라키아
부카레스트
다뉴브 강
불가리아
오토만 제국
세르비아
보스니아
바나트 강
몬테네그로
발트 해
단치히
프로이센
포젠
스웨덴
메클렌베르크
베를린
작센
프라하
보헤미아
빈
오스트리아
덴마크
홀슈타인
하노버
베스트팔리아
헤세
바바리아
뮌헨
뷔르템베르크
라인 강
올덴부르크
네덜란드
벨기에
로렌
알자스
스위스
롬바르디아
베네치아
피에몬트
사르디니아 왕국
파르마
모데나
투스카니
교황령
로마
시실리 왕국
시실리
코르시카
사르디니아
사보이
툴롱
지중해
북해
영국
아일랜드
대서양
프랑스
스페인
포르투갈
1815년의 유럽

프랑스의 재흥을 방지하려는 결정들은 카슬레이의 구상과 거의 일치하고 있다. 프랑스 북쪽의 경우 네덜란드를 강화하고 프로이센을 라인 강 방면으로 진출시킨다는 결정, 프랑스의 동쪽으로는 바바리아, 바덴, 뷔르템베르크를 강화하고 남쪽으로는 스위스를 중립국으로 만들고 사르디니아를 강화시킨다는 결정들은 모두 카슬레이가 오래전부터 구상했었다.

국경 획정의 문제는 매우 복잡한 것이지만 유럽의 국제 정치질서 수립에 근본적인 문제였다. 근대국가는 영토국가이기 때문에 베스트팔렌 조약 이후 평화조약들의 거의 모든 규정들은 영토에 관계되는 것들이었다. 빈 회의에서 체결된 조약들도 예외는 아니다. 영토 획정의 기준은 먼저 프랑스를 효과적으로 봉쇄한다는 것과 열강들의 상호 보상을 무난히 이룩할 수 있느냐 하는 것이다. 사실 세력균형 원칙이라는 것은 강대국들이 군소 국가나 주변 지역을 상호 보상이라는 정치적인 편의에 의해 임의로 분할하거나 합병하는 것을 전제로 하였다. 러시아가 폴란드의 거의 모든 지역을, 오스트리아가 이탈리아를, 프로이센이 포메라니아Pomerania, 색스니, 폴란드의 일부, 그리고 독일의 서부 지역 등을, 스웨덴이 노르웨이를, 그리고 영국이 주요 해외 식민지와 하노버에서 특권을 보유하게 된 것들은 모두 상호 보상이라는 정치적인 편의에 입각하였다. 새로운 지역을 보유해 확장하는 것은 당시의 사정으로 본다면 국력의 증강을 의미한다. 군인, 세금, 자원을 새로 얻는 것이기 때문이다. 그 지역 주민들의 동의가 필요한 것은 19세기 후반에 등장한 정치 명분이다.

'전쟁 이전의 현상유지' 라고 하는 대전제에서 나온 또 하나의 기본 원칙이 이른바 정통주의 원칙이다. 이 원칙은 나폴레옹 전쟁으로 말미암아 퇴위한 기왕의 왕조들을 복귀시키는 것을 의미한다. 따라서 슈타인 등 극소수 정치인들이 주장한 민족주의적인 요구는 거부되었고 빈 회의 결정들이 반동적이라는 비판을 받게 되었다.

빈 회의에서 이들 원칙들은 그런대로 잘 적용되어 20년의 전쟁을 겪었으나 유럽의 정치질서의 옛 모습이 어느 정도 재현되었다. 그러나 오랫동안 유럽 정치질서의 핵심이었던 신성로마제국이 사라지고 이 제국을 구성했던 300여 개의 공국들이 39개의 공국으로 개편된 것은 혁명적인 일대 변혁이 아닐 수 없다. 소위 정통주의 원칙이 독일 지역에서는 거의 적용되지 않았다.

2. 빈 회의의 결정들

폴란드와 색스니

빈 회의의 최대 현안은 폴란드와 색스니 문제였다. 이 두 지역은 서로 인접한 지역이 아니지만 전쟁 중 열강들이 이들을 연결시켜 거론했기 때문에 밀접한 관련을 갖게 된 것뿐이다. 색스니는 오랫동안 나폴레옹과 연합했기 때문에 열강들이 보상을 위한 대상 지역으로 여겨 왔다.

나폴레옹의 몰락이 눈앞에 다가오자 열강들은 그가 건설했던 바르샤바 대공국을 비롯한 폴란드의 장래에 관해 여러 가지 합의를 하였는데 이들 내용들이 상반된 경우도 있고 모호한 경우도 있었다.

폴란드 문제는 일차적으로 러시아, 오스트리아, 프로이센, 동유럽 3개국의 관심사였다. 이들 3국이 1813년에 체결한 칼리슈, 라이헨바흐, 테플리츠 등 일련의 조약에서 장차 폴란드는 이들 세 국가에 분할되며 구체적인 것은 향후 우호적인 합의에 따른다고 막연히 규정하였다. 그런데 1814년 9월 28일 열강이 빈에서 회동한 지 얼마 안 되어 알렉산드르 1세는 프로이센에게 색스니 전역을 약속하고 러시아는 폴란드 전역을 병합한다고 천명하였다. 이때부터 1815년 2월 8일 이 문제가 타결될 때까지 열강의 대립은 심각해졌고 한때 전운이 감돌기도 하였다.

폴란드 문제의 해결은 러시아의 태도가 가장 큰 관건이었다. 역사적으로도 그렇고 현실적으로 러시아의 군대가 폴란드, 색스니에 주둔하고 있어서 더욱 그러하였다. 그런데 러시아는 1814년 8월에 가서야 유럽 일반에 관한 기본 입장을 밝혔다. 러시아는 폴란드 대공국의 거의 모든 지역을, 프로이센은 색스니를 비롯해 포젠Posen, 쿨므Kulm 지방을 보유한다는 내용과 오스트리아는 독일 남부의 일부 지역, 북부 이탈리아, 일리리아 지방을 병합한다는 내용이었다. 동유럽 3국에게만 보상 원칙을 철저하게 적용한 구상이었다.

알렉산드르는 폴란드 전 지역을 확보해야 된다고 강조하였다. 그는 러시아의 희생과 공헌으로 유럽에는 다시 평화가 회복됐기 때문에 정당한 대가를 받아야 한다고 믿었고 그렇게 공언하기도 하였다. 이것은 마치 제2차 세계대전 이후 스탈린이 취한 태도와 유사하였다. 러시아가 바르샤바를 포함한 폴란드의 거의 전 지역을 보유하는 것이 폴란드인에게 유리하고 그들 민족의 존재를 보존할 수 있으며 이 문제로 인한 유럽의 분열을 예방할 수 있다는 것이다. 그리고 프로이센이 독일 지역에서, 오스트리아가 이탈리아 지역에서 보상을 받기 때문에 러시아가 폴란드를 보유한다는 것은 당연하다는 논리였다.

이 문제로 후술하는 바와 같이 영국과 오스트리아가 크게 반대하였고 1814년 10~11월은 알렉산드르와 카슬레이 영국 외상의 논쟁으로 시간을 보내게 되었는데 이때에도 알렉산드르의 핵심적인 논지는 다음과 같았다. 유럽은 '자연적'인 균형이 필요하다. 자연적인 균형이란 모든 국가들이 그의 특수한 기능과 역할에 부응하는 권력을 보유할 때 가능하다. 독일의 군소 국가들은 독일 내의 균형을 유지하기 위한, 오스트리아와 프로이센은 독일과 이탈리아의 균형을 위해, 그리고 러시아는 동유럽, 중부 유럽, 동남 유럽, 중동 그리고 아시아에 있어서 그 책임을 다하기 위해 필요한 권력을 보유해야 한다. 러시아는 비록 유럽에서는 강대하다 하더라도 영국의 경우와 같이 상공업의 지배, 해외 식민지의 보유, 그리고 공해(公海)를 지배하고 있지 못하다는 것이다.

러시아가 폴란드에 진출한다는 것에 먼저 오스트리아가 반대하였다. 러시아 군대가 빈으로부터 불과 175마일 밖에서 항상 주둔하는 것은 오스트리아의 안보 자체의 문제였다. 더욱이 만일 러시아의 계획대로 러시아 지배하에 입헌적인 폴란드 왕국을 건설한다면 그것은 폴란드 민족주의를 배양시키고 이것이 곧 다민족 국가인 오스트리아의 내분으로 비화될 것은 자명한 일이었다. 그리고 프로이센이 색스니를 보유하는 경우 프로이센과의 국경선이 250마일에서 450마일로 길어지게 된다. 따라서 러시아가 폴란드를, 프로이센이 색스니를 갖는 것은 오스트리아로서는 최악의 사태를 초래하게 되는 것이었다. 그리하여 오스트리아는 이 중 어느 하나를 우선 반대해야만 하였다.

영국도 러시아가 폴란드 전역을 보유하는 것에 반대하였다. 영국은 순수한 세력균형의 입장에서 반대하였다. 러시아를 될수록 동쪽으로 물리쳐 오스트리아를 러시아에 대항케 하고 프로이센을 색스니, 폴란드, 라인 강 지역에서 강화시켜 프랑스에 대적시킨다는 구상을 갖고 있었다. 1814년 10~11월에 있었던 러시아 황제와의 논쟁에서 카슬레이는 이런 세력균형론에 입각하였다.

메테르니히는 먼저 영국과 프로이센과 연합해 러시아의 진출을 저지하려고 하였다. 1814년 10월 메테르니히, 카슬레이, 하르덴베르크 세 사람은 러시아의 서부 국경을 비스툴라Vistula 강에서 머물게 한다는 데 합의하였다. 알렉산드르 1세의 분노가 극에 달하였다. 그는 오스트리아 황제와 프로이센 국왕에게 직접 항의하였고 비스툴라 국경선의 합의는 곧 철회되었다.

폴란드 문제가 러시아의 계획대로 타결될 전망이 보이자 메테르니히는 프로이센의 색스니 병합을 반대하는 방향으로 선회하였고 카슬레이가 이에 동조하였다. 프로이센은 처참한 지경에 놓이게 되었다. 만일 색스니 왕국이 재건된다면 오스트리아에 우호적인 국가가 프로이센 국경선에 만들어지는 것이며 외국의 압력으로 색스니를 포기한다는 것은 프로이센의 명예에 관계되는 일이었다. 하르덴베르크는 색스니의 병합을 선언하고 이에 대한 외국의 간섭은 자국에 대한 전쟁 원인casus belli을 구성한다고까지 표명하였다. 이렇게 되자 1815년 1월 3일 영국, 오스트리아, 프랑스 3국의 동맹이 결성되어 각국이 15만 명의 병력을 동원키로 합의하였다. 탈레이랑은 폴란드-색스니 문제로 4국의 분열이 형성되자 영국과 오스트리아 편에 서고 이로써 5국 정치pentarchy가 이룩된 것은 유명한 일이다.

이렇게 되자 러시아와 프로이센은 후퇴하지 않을 수 없게 되었다. 5개국은 카슬레이가 제시한 타협안을 1815년 2월 8일 수락하였다. 러시아는 폴란드의 대부분 지역을 점유하게 되었으나 크라코우Cracow와 그 인근 지역을 동유럽 3국이 감독하는 자유시로 만드는 것에 동의하였다. 오스트리아와 프로이센도 러시아가 계획한 자율적이고 입헌적인 폴란드 왕국의 건설에 동의하였다. 프로이센은 색스니의 2분의 1 지역 점유에 만족해야만 하였고 색스니의 라이프치히와 드레스덴 2대 도시를 포기해 색스니 인구의 5분의 2 보유에 그치게 되었다. 그러나 프로이센은 라이프치히를 포기한 대신에 라인란트 지방에서 새로 5만 명의 인구를 더 흡수하였다. 또 루르, 자르 등 탄광 지대를 보유하게 된 것도 이때부터다.

독일연방의 구성

신성로마제국Sacrum Romanum Imperium, Holy Roman Empire이란 서기 800년 샤를마뉴Charlemagne의 등장으로부터 시작해 1806년 나폴레옹에 의해 해체될 때까지 독일의 군주들이 지배해 온 광활한 지역을 지칭한다. 이 지역을 어떻게 조직하느냐 하는 문제는 폴란드-색스니 문제와 더불어 빈 회의에서 가장 해결하기 어려운 현안이었다.

1815년 당시 이 문제는 독일 내부의 문제이면서 동시에 유럽 전체의 문제였다. 신성로마제국의 지역을 오스트리아와 프로이센 두 나라가 독점적으로 지배하는 것을 바바리아, 뷔르템베르크, 바덴과 같은 중간급 국가들이 도저히 용납할 수 없었고 유럽의 다른 열강들도 동의할 수 없었다. 유럽 전체의 세력균형과 독일 내의 세력균형이라는 '이중의 세력균형' Doppeltes Gleichgewicht에 의해 유지되는 유럽의 '이중의 평화' Doppelte Friedensscherung를 이룩한다는 것이 영국의 입장이었다.

그러나 독일 내에서 이런 세력균형을 유지하는 것은 매우 어려운 일이다. 한 가지 예를 들면 기왕의 라인 연방 국가들의 경우만 보더라도 개별 국가들의 주권, 독일의 단결을 주장하는 소위 애국적인 주장들, 나폴레옹 전쟁 때 소멸된 신성로마제국 직속의 군주나 기사들의 이해관계, 그리고 기왕의 자치 도시들의 주장들 — 이들 모두를 어떻게 조화시키느냐 하는 문제는 그리 간단한 일은 아니었다.

1814년 9월 하순 4대 강국이 빈에서 회동하면서 첫째로 합의한 것이 4국 위원회와 독일 위원회의 구성이었다. 그리하여 10월 16일 독일 위원회 제1차 회의에 오스트리아와 프로이센은 하르덴베르크가 작성한 독일 연방안 12개 조항을 제출하였다. 이 안은 오스트리아와 프로이센의 지배를 강화한 매우 중앙집권적인 구상에 입각하였다. 바바리아, 뷔르템부르크, 바덴과 같은 남부 독일 국가들이 그들의 주권sovereignty을 제한하는 것이라고 반대하였다. 메테르니히는 sovereignty는 외래어이며 독일연방의 구성원리는 독일적인 지배권을 의미하는 통치권Landeshoheit이라고 비판하고 나섰다. 이때까지는 오스트리아와 프로이센이 공동 보조를 취하였으나 폴란드-색스니 문제로 분열이 생기게 되자 남부 독일 국가들의 주권이 보존되게 되었다.

1814년 12월 24일 오스트리아는 매우 이완된 연방안을 제출하였고 이에 대해 프로이센이 다시 반대해 문제는 여전히 해결되지 못하였다. 그러나 나폴레옹이 1815년 2월 엘바섬에서 탈출하자 급전직하로 해결을 보게 되었다. 최종의정서 서명일자 이전까지 합의에 도달해야 된다는 분위기 속에서 메테르니히의 노력으로 프로이센도 결국 양보하였고 바바리아도 완강한 태도를 버리게 되었다. 그리하여 1815년 6월 8일 합의된 독일 연방의 형태는 34개의 군주와 4개의 자유시로 구성된 느슨한 방어 동맹과 유사한 것이 되었다.

독일 연방 구성 국가들의 영토적인 요구는 복잡해 모두 해결되지 못하였다. 바바리아는 1805년과 1809년에 상실한 영토의 회복을 요구했으나 거절당하였고 대신 뷔르템베르크 지방에서 보상을 받고 팔라티네이트Palatinate의 일부 지역을 얻게 되었다. 하노버는 왕국으로 하되 그 국왕은 영국 왕실에서 선출되도록 해 하노버는 이제 영국과 밀접한 관계를 갖게 되었다. 바바리아와 프로이센이 모두 원했던 마인츠Mainz는 헤세Hesse 공국의 주권하에 두되 독일 연방의 요새라는 법적 지위를 갖게 되었다. 그러나 라인 상류 지방에 대한 바덴, 바바리아, 헤세의 영토적인 요구들은 조정되지 못하였다.

네덜란드 왕국의 성립과 북부 유럽

프랑스 북부 지역에 강화된 네덜란드 국가를 건설해 프랑스의 팽창을 저지한다는 것이 영국의 기본정책이라고 여러 번 지적하였다. 이 점은 카슬레이가 유럽 대륙으로 떠나기 이전에 자신이 기초하고 내각의 재가를 받아 놓은 1813년 12월 23일자 내각 각서에 명백히 나타나 있다. 따라서 그의 주장에 따라 1814년 5월 30일 제1차 파리 평화조약에서 더치

Dutch(현재의 네덜란드)와 구오스트리아령 네덜란드(현재의 벨기에)를 통합하여 오렌지가House of Orange의 주권하에 네덜란드를 건설한다고 합의하였다. 구오스트리아 네덜란드 지역은 나폴레옹이 프랑스의 영토로 합병한 지역이기 때문에 전쟁 후에 이 지역이 병합의 대상이 된 것이다.

제1차 파리 평화조약은 기본적인 틀만을 규정한 것이고 구체적인 것은 빈 회의에서 다루게 되었다. 특히 신생 네덜란드의 국왕이 된 윌리엄 1세의 확장 정책과 프로이센의 영토적 요구가 서로 상충돼 난항을 거듭하였다. 프로이센은 신생 네덜란드를 독일 연방의 일원으로 끌어들여 통제하려고 하였다. 그리고 16세기 이래 서로 다른 국가로 존재해 온 더치와 벨기에를 통합한다는 것도 쉬운 일이 아니었다.

유럽의 소위 세력균형이라는 정치적 편의에 따라 적대적인 두 지역을 통합한 결정이 오래 갈 수는 없었다. 드디어 벨기에는 1830년 7월 혁명의 여파를 타고 독립운동을 전개해 1831년 2월 3일 런던에서 개최된 5개국 회의에서 독립을 인정받아 영세중립이 결정되었다. 빈 회의의 결정 사항이 열강의 합의에 의해 처음으로 수정을 보게 되었다.

덴마크는 오랫동안 나폴레옹과 제휴했기 때문에 이에 대한 대가를 치렀다. 기왕의 노르웨이와의 연합은 해체되었고 노르웨이는 스웨덴에 병합되었다. 반면에 스웨덴은 핀란드를 러시아에 양보하였다. 덴마크는 또 스웨덴으로부터 포메라니아Pomerania 지방을 양여받았으나 곧 프로이센의 영토인 라우엔부르크Lauenburg 공국과 교환해 포메라니아 지방은 프로이센 영토가 되었다.

스위스와 이탈리아

열강들은 스위스의 영세중립은 유럽 전체의 이익에, 프랑스 봉쇄 수단에, 그리고 스위스의 전통적인 정책에도 합치된다고 판단하였다. 스위스는 1648년 베스트팔렌 조약으로 독립을 얻은 이래 어떤 전쟁에도 간여하지 않는다는 입장을 견지해 왔으나 나폴레옹은 이를 점령해 종속국으로 만들었다. 따라서 스위스에게 다시 중립국의 법적 지위를 준다는 것은 열강들의 양해 사항이 되었다. 1815년 1월 빈 회의의 스위스 위원회는 '영세중립' neutralité perpétuelle을 권고해 이 용어가 역사상 처음으로 등장하였다.

이 권고에 따라 파리 평화조약 8개 서명 국가들은 1815년 3월 20일 스위스가 동의한다면 영세중립을 인정한다고 선언하였고 스위스도 동의해 영세중립국가로서의 스위스가 탄생하였다. 이 선언에 서명하지 않은 국가들은 제1차 세계대전 후 베르사유 조약 제435조에 가입함으로써 스위스의 영세중립을 인정하게 된다.

이탈리아 반도는 오스트리아의 영향권으로 들어가게 되었다. 베네치아Venetia와 롬바르디Lombardy는 오스트리아 영토로 편입되었다. 베네치아 지방은 1813년에 이미 오스트리아가 점령했으며 벨기에 지역 상실에 대한 보상으로 이는 당연시되었다. 롬바르디 지방은 사르디니아도 희망한 지역이었으나 프랑스에 대한 견제로 오스트리아가 보유하는 것을 반대하는 국가는 없었다.

이 밖의 이탈리아 지역은 사르디니아 왕국, 모데나Modena, 파르마Parma, 루카Luca, 투스카니Tuscany 공국들, 법왕령, 나폴리 왕국, 산 마리노San Marino 공화국, 그리고 모나코Monaco와 같이 9개의 정치 단위로 구성되었다. 오스트리아는 이들 정치 단위에 대해서도 절대적인 영향력을 보유하였다. 오스트리아 황제 프란시스 1세의 동생은 투스카니 공국을, 황제의 딸은 파르마 공국을, 그리고 황제의 손자는 모데나 공국을 통치하였다. 그리고 나폴리 왕국의 페르디난드Ferdinand 국왕은 오스트리아와 동맹 관계에 있었고 로마와도 긴밀한 관계를 갖고 있었다. 따라서 메테르니히의 말대로 이탈리아는 순전히 '지리적인 표현'에 불과했으며 정치적인 의미에서 이탈리아는 존재하지 않았다. 이런 오스트리아의 지배에 대해 '통일 이탈리아'라는 사상이 싹트기 시작했고 나폴리 지역을 중심으로 카르보나리Carbonari와 같은 비밀결사들이 결성돼 통일운동이 전개되었다.

사르디니아 왕국은 프랑스를 남쪽에서 견제하는 보루로 삼게 된 것은 전술한 바 있다. 사르드니아 섬을 중심으로 제노아, 사보이, 니스, 피에드몬트를 보유한 강력한 왕국으로 등장했고 장차 이탈리아의 중심이 될 수 있는 여건을 갖추게 되었다.

이탈리아의 해결 방식은 독일과 매우 달랐다. 독일 지역에서는 오스트리아와 프로이센이 주도 국가가 됐지만 남부 독일국가들의 주권도 인정하였다. 그러나 사르디니아를 제외한 이탈리아 전역은 유럽 전체의 세력균형이라는 원칙 아래서 정치적인 편의에 의해 오스트리아에 대한 보상의 대상 지역이 되었다.

외교관의 등급, 노예무역 그리고 그 밖의 문제들

위에서 열거한 중요한 문제들 이외에 독일 제후의 명칭, 국가들의 부채 문제, 통행세 관계, 국제 하천의 자유 항행과 같은 잡다한 여러 합의가 있었는데 외교관의 등급과 석차, 그리고 노예무역에 관해서는 언급할 필요가 있을 것이다. 외교관의 등급과 석차는 중세 이래 유럽 사회에서는 중대한 분쟁의 불씨가 되어 온 문제였는데 빈 회의에 이르러서야 완전한 해결을 보게 되었다. 먼저 외교관의 등급을 3등급으로 구분했으나 후술할 1818년 엑스-라-샤펠Aix-la-Chapelle 회의에서 제3의 등급으로 변리공사(辨理公使)를 두어 보완하였다. 즉 ① 대사ambassadeur, 법왕이 파견하는 교황대사nuncio, ② 전권공사ministre plénipotentiaire, 법왕이 파견하는 교황공사internuncio, ③ 변리공사ministre résident, ④ 대리공사chargé d'affaire 등인데 같은 직급의 석차는 주차국(駐箚國)에서 임무를 시작한 일시를 기준으로 삼았다. 그리고 조약에 서명하는 전권 대표들의 순서를 프랑스어의 알파벳 순서로 결정하였다. 위의 외교관 등급 중에서 변리공사는 현재에는 거의 찾아볼 수 없는 등급이 되었다. 따라서 1961년 "외교 관계에 관한 빈 협정"에서는 이 등급을 삭제하였다.

노예무역에 대한 조직적인 반대는 18세기 말까지는 존재하지 않았다. 그러나 19세기에 들어서면서 인도주의적인 관점에서, 또는 정치적인 견지에서 반대 운동이 일기 시작하였다. 노예무역 반대는 영국이 앞장서서 줄곧 주장했으나 빈 회의에서 프랑스, 스페인, 포르투갈의 반대에 부딪쳐 끝내 뜻을 이루지 못하였다. 다만 노예무역은 인도(人道)와 보편적인 도덕성에 위배된다는 원칙적인 선언을 1815년 2월에 발표하는 데에 만족해야 하였다. 이 문제로 카슬레이는 국내에서 큰 비판을 받게 되었다.

최종의정서(1815년 6월 9일)

모든 문제들이 거의 해결되자 이미 합의한 중요한 사항을 하나의 조약으로 집약하는 방대한 작업을 겐츠가 6월 초에 끝내 6월 9일 빈 회의의 최종의정서acte final가 서명되었다. 이 최종의정서는 121개 조항에 달하며 부속 문서도 17개에 이르는 방대한 조약이었다. 빈 회의가 소집된 이래 모든 국가들의 대표들이 한자리에 모인 것은 그날이 처음이었다.

그러나 축제는 없었다. 사람들의 관심은 브뤼셀 근교에서 있게 될 나폴레옹과의 일대 전투에 집중되었다. 나폴레옹은 빈 회의 도중인 2월에 엘바 섬을 탈출해 연합군과 다시 전투를 개시하고 있었다. 알렉산드르 1세, 프란시스 1세, 빌헬름 국왕은 이미 빈을 떠나 연합군 사령부가 설치된 하일브론Heilbronn에 체류하고 있었다. 최종의정서는 오스트리아, 영국, 러시아, 프로이센, 프랑스, 포르투갈, 그리고 스웨덴의 대표들이 서명하였고 다른 국가들은, 여러 소군주들과 자유 도시를 포함해, 최종의정서의 가입 조항에 서명하는 형식을 취하였다.

알렉산드르와 카슬레이는 1814년 9월 하순 빈에 오면서 두 달 이내에 모든 문제가 해결되리라고 예측하였다. 그러나 그런 예상과는 달리 회의는 8개월 이상이나 지속되었다. 그리고 나폴레옹의 엘바 섬 탈출로 완전한 전후 처리는 제2차 파리 평화조약을 기다려야만 하였다. 이 문제를 보도록 하자.

3. 제2차 파리 평화조약

나폴레옹의 엘바 섬 탈출(1815년 2월 26일)

나폴레옹은 1814년 5월 4일 엘바 섬에 도착하였다. 엘바는 1802년에 프랑스에 합방되었고 1809년에는 투스카니에 속한 지역이었다. 1814년 4월 11일 체결된 퐁텐블로 Fontainebleau 조약에 의해 나폴레옹은 이 섬의 주권자가 되었다. 그는 이 섬에 도착한 후 이 지역을 다스릴 행정 기구를 조직하고 세관, 병원을 설립하며 요새를 구축하기도 하였다. 어머니는 그의 집 근처에 정착해 생활할 수 있도록 허용되었고 누이동생인 폴린 보르게스Pauline Borghesse도 수주일 이 섬에 체류하였다. 정부(情婦) 월레브스카Marie Walewska 백작 부인이 비밀리에 방문하기도 하였다. 그리고 유럽의 방문객들이 저녁에 초대되기도 하였다. 그러나 유럽 전역을 지배하던 그가 이 조그마한 섬 안에서 틀에 박힌 생활을 한다는 것은 참을 수 없는 단조로움이었다. 매일 저녁 그는 어머니와 도미노 놀이를 하다가 9시면 피아노를 치는데 이것이 잠자리에 드는 신호였다.

그가 엘바 섬을 탈출하려고 결심하게 된 데에는 몇 가지 사연이 있었다. 엘바 섬은 이탈리아 본토와 너무나 가까웠고 뮤라가 지배하는 나폴리 왕국과도 근접하였다. 따라서 프랑스나 오스트리아는 나폴레옹이 아주 가까운 곳에 있다는 사실에 늘 불안을 느끼고 있었다. 사실 나폴레옹은 메테르니히나 루이 18세가 자신을 보다 더 외딴섬으로 옮길 계획을 하고 있다는 정보를 입수하였고 항상 암살의 위험 속에서 생활하였다.

그는 경제적으로도 궁핍한 생활을 하였다. 프랑스 정부가 지불키로 약속한 200만 프랑의 연금을 받아 본 적이 없었다. 프랑스 정부가 이렇게 퐁텐블로 조약을 이행하지 않게 되자 열강들이 항의하였다. 그러나 루이 18세는 나폴레옹을 에이조르스Azores 섬으로 옮긴다면 약속한 연금보다 더 많이 지불하겠노라고 답변하였다. 또 나폴레옹은 그의 부인 마리 루이스가 엘바에 오지 않고 빈에서 나이페르크A.A. von Neipperg와 사랑에 빠져 있고 자신의 아들도 오스트리아의 프란시스 황제가 붙잡아 놓고 있는 것에 분개하고 있었다.

프랑스 국내 사정도 어두웠다. 부르봉 귀족들은 무능했으며 군부도 불안에 떨고 있었다. 대륙봉쇄가 없어진 결과로 프랑스에는 영국 상품들이 범람해 노동자들의 실업 상태가 심각하였다. 프랑스의 인심은 부르봉 왕가와 보나파르트의 지지로 양분되었다. 퇴위한 황제 나폴레옹을 칭송하는 소리가 공공연히 나돌았다. 2월 12일 랭스Reims의 전 부지사 샤불롱F. de Chaboulon이 나폴레옹을 방문해 프랑스 국내 사정과 군대의 동향을 보고하자 급기야 탈출을 결심하게 되었다.

나폴레옹의 호위와 감독은 영국의 캠벨N. Campbell 대령의 소관이었다. 나폴레옹에 관한 그의 보고서들은 투스카니 주재 영국 공사를 거쳐 런던에 도착하도록 되어 있었다. 그런데 세월이 지나면서 캠벨은 나폴레옹 방문을 차츰 게을리 하더니 결국은 이탈리아 본토에서 지내는 시간이 더 많아졌다. 1815년 2월 16일, 캠벨이 이탈리아 본토에 다녀오겠다고 작별 인사를 하는 자리에서 나폴레옹은 28일에 있을 여동생 보르게스가 주최하는 무도회에 참석토록 당부하였다. 28일 저녁 캠벨은 약속대로 엘바 섬으로 돌아왔다. 그러나 나폴레옹은 이미 이틀 전에 700명의 군사를 데리고 어디론가 떠나고 난 뒤였다.

이 소식이 빈에 도착한 것은 3월 7일 새벽이었다. 메테르니히는 그날 새벽 3시까지 자기 집무실에서 영국, 러시아, 프로이센, 프랑스 대표들과 회의를 하였다. 그는 피곤해 어떠한 연락이 와도 자신을 깨우지 말도록 비서에게 당부하고 잠자리에 들었다. 이 명령에도 불구하고 제노아 주재의 영사가 보낸 긴급 전문이 새벽 6시경 그의 침실에 들어왔다. 메테르니히는 겉봉투만을 훑어보고 다시 잠을 청하였다. 그러나 잠이 제대로 오지 않자 전문을 열어 보았다. 7시 30분경이다. 실로 놀라운 사실이 다음과 같이 요약되어 있었다. "영국 감독관 캠벨이 [제노아] 항구에 들어와서 나폴레옹이 엘바 섬에서 사라졌는데 혹시 누가 그를 보지 않았느냐고 물었음. 보지 못했다고 대답하자 영국 함선은 곧 바다로 다시 떠났음."

열강의 대응

그날 오전 10시 4국 대표들은 메테르니히 집무실에 다시 모여 나폴레옹에 대해 공동 대처하기로 결정하였다. 전투의 재개를 이렇게 신속히 결정할 수 있었던 것은 열강의 대표들이 빈에 모여 있었고 각국의 군대들도 전투 태세에 그대로 머물러 있었기 때문이다. 3월 13일 제1차 파리 평화조약에 서명한 8개국은 나폴레옹을 무법자로 낙인찍는 선언을 발표하였다. 그리고 25일에는 쇼몽 조약으로 다시 돌아간다고 천명하였다. 그리고 4대국은 각각 15만의 병력을 동원키로 하고 영국은 500만 파운드의 보조금을 지급하며 개별적으로 나폴레옹과 평화조약을 체결하지 않기로 약속하였다.

한편 프랑스 남쪽 연안에 상륙한 나폴레옹은 알프스를 거쳐 군인, 농민, 노동자들의 환영을 받으면서 파리로 향하였다. 파리는 비교적 부르봉 왕가에 호의적인 것같이 보였으나 네이M. Ney 장군이 나폴레옹 편에 서면서 루이 18세는 벨기에로 도피하였다. 3월 20일 나폴레옹은 파리에 다시 입성하였다.

파리에 돌아온 나폴레옹은 유럽의 평화와 우호를 원한다고 열강에 호소하면서 현존 조약들과 모든 국가들의 독립을 존중한다고 선언하였다. 그리고 열강을 이간시키려고 하였다. 그가 파리에서 입수한 1815년 1월 3일자 영국, 오스트리아, 프랑스 3국 동맹 조약 사본을 알렉산드르 1세에게 보냈으나 별반 효과를 보지 못했다. 한편 국민의 환심을 얻기 위해 자유주의적인 헌법을 약속했으나 국민투표의 결과는 기대와는 달랐다. 500만 명의 투표자 중 찬성은 150만을 조금 상회하고 반대는 5,000 정도에 그쳤으나 거의 모두가 기권을 하였다.

그런데 나폴레옹의 존재 자체는 유럽 전체의 문제였다. 유럽이 인정하지 않으면 프랑스의 지배자로서의 나폴레옹은 존재할 수 없는 일이다. 연합군의 주력 부대들은 브뤼셀 근교로 집결하기 시작하였다.

한편 빈에서는 나폴레옹의 존재를 무시하고 회의는 계속 잘 진행되었다. 나폴레옹의 탈출이 오히려 독일 문제, 폴란드-색스니 문제, 이탈리아 문제, 네덜란드 문제와 같이 중요한 문제들을 해결하는 데에 도움이 된 것은 이미 지적한 바 있다.

나폴레옹의 재등장으로 영국과 프랑스의 화해는 와해되고 러시아가 다시 유럽의 구세주로 행세하게 되었다. 알렉산드르는 프랑스 국민은 그 지배자를 선택할 고유한 권리가 있으나 그런 권리는 유럽의 보호하에서만 가능하다고 주장하였다. 워털루에서 웰링턴이 신속히 전투를 매듭짓고 영국이 먼저 파리에 진주하자 모든 문제는 쉽게 해결되었다. 7월 8일 영국과 프로이센 군대가 점령하고 있던 파리로 루이 18세는 다시 돌아와 복위하였다. 한편 나폴레옹은 파리 교외 말메송Malmaison 성에 머물다가 연합군이 파리에 진주하자 미국으로 도피하려고 하였다. 그러나 악천후와 영국의 해안 봉쇄로 결국 영국 함대에 투항하였다. 7월 15일이었다. 그는 곧 세인트 헬레나St. Helena로 압송돼 그곳에서 생애를 마치게 된다.

제2차 파리 평화조약(1815년 11월 20일)

루이 18세가 다시 복위했으나 프랑스의 정세는 불안하였다. 보나파르트 파와 자코뱅 파에 대한 왕당파들의 복수는 급기야 백색공포로까지 진전됐으며 120만 명에 달하는 외국군의 주둔과 그 비용을 프랑스가 감당해야만 하였다. 프랑스의 경제는 파탄에 직면하였다. 평화 협상은 이런 분위기에서 다시 시작하였다.

프랑스가 다시는 유럽의 평화를 위협하지 못하도록 강력한 예방 조치를 마련하자는 극단론이 대두되었다. 7월 중순 설립된 4국 위원회의 토의는 주로 프로이센의 강경 노선과 영국-러시아의 온건 노선의 논쟁이었다. 오스트리아의 입장은 기본적으로는 영국이나 러시아와 크게 다를 바 없었으나 영토 할양, 배상, 그리고 보장 점령을 주장하였다. 결국 하르덴베르크도 그의 강경 노선에서 어느 정도 후퇴하지 않을 수 없었고 8월 초에 이르러 4국은 의견의 일치를 보게 되었다. 그리고 9월 20일에는 연합국의 강화조건을 탈레이랑의 후임자인 리슐리외Duc de Richelieu(1766~1822) 공도 동의해 제2차 파리 평화조약이 성립되었다.

이번 합의는 본 조약treaty과 4개의 의정서convention가 부속되어 있다. 본 조약의 주요 내용은 다음과 같다.

(1) 프랑스의 국경은 1790년으로 돌아간다.
(2) 장차 최장 5년 동안 15만 병력의 연합군이 프랑스의 동북부 국경 지대의 콩데Condé, 캉브레이Cambray, 아벤느Avesnes, 스당Sedan, 몽메디Montmédy, 티옹빌Thionville, 롱위Longwy 등 18개 요새를 점령한다. 그리고 이 점령에 관해 3년 후 점령의 목적이 달성됐는지 여부를 심의하지만 이 심의의 결과와는 상관없이 보장 점령의 기간은 5년을 넘지 못한다.
(3) 프랑스는 배상금 7억 프랑을 지불한다. 지불 방법은 총액을 4,660여 만 프랑의 15개 지불 분담금으로 나누어 1816년 3월 말부터 시작해 매 4개월마다 지불한다.

본 조약에는 ① 배상, ② 군사 점령, ③ 연합국 신민의 사적인 주장, ④ 영국 신민의 주장에 관한 4개의 의정서가 부속되었다. 그리고 본 조약에는 노예무역을 금지한다는 추가 조항이 있었다.

프랑스의 국경을 1790년으로 돌아가게 한 것은 카슬레이의 주장을 반영한 것이다. 제1차 파리 평화조약이 1792년의 국경으로 확정한 것과 대조된다. 1790년의 국경선으로 복귀함에 따라 프랑스는 네덜란드 왕국과의 일부 국경 지대, 란다우Landau와 자르루이Saarlous의 요새, 주네브 지역, 스위스 국경의 일부 지역, 그리고 사보이의 거의 전역을 상실하게 되었다. 외교사에서 1790년과 1792년의 국경선이라는 용어가 이때부터 사용되었다. 1919년 베르사유 회의에서도 이 문제가 다시 대두된다.

보장 점령이 결정됐기 때문에 이들 지역 이외에 주둔하고 있던 연합군은 21일 이내에 철수하기로 하였다. 프랑스를 보장 점령하는 연합군은 1817년에는 3만 명으로 감축되었다. 후술하는 바와 같이 1818년에 열린 엑스-라-샤펠Aix-la-Chapelle 회의에서 모든 병력의 철수가 결정되었다.

끝으로 기억할 것은 패전국에게 배상금을 부과하고 그 약속 이행과 패전국의 치안을 위해 일정 지역을 전승국들이 보장 점령한 것은 이 조약이 처음이란 점이다.

4국 동맹(1815년 11월 20일)

제2차 파리 평화조약과 함께 같은 날 4국의 동맹과 우호조약이 체결되었다. 프랑스에 대한 동맹체제의 구축은 영국의 기본 정책이었다. 4국 동맹조약이 파리에 있는 영국 공관에서 서명된 것은 의미있는 일이다. 주요 내용을 보면 다음과 같다.

(1) 1814년 3월 1일 쇼몽 조약과 1815년 3월 25일 나폴레옹에 대한 동맹조약의 원칙을 다시 확인하고 장차 위험으로부터 유럽을 보장하기 위해 조약을 체결한다.
(2) 4국은 제2차 파리 평화조약을 성실히 이행하며 1814~5년의 모든 약속을 다시 확인하고 프랑스가 혁명 원칙을 어떠한 형태로든지 다시 들고 나와 타국의 안전을 위협하거나 보나파르트나 그 가족이 프랑스의 지배자가 되는 경우 4국은 서로 협조해 필요한 조치를 강구한다.
(3) 프랑스에 주둔하는 연합군이 공격을 받는 경우 쇼몽 조약에서 규정하고 있는 바와 같이 각국은 6만의 병력을 투입해 침략을 격퇴하고 이 병력이 부족하다고 판단하면 4국은 곧 필요한 증원군을 결정한다.
(4) 4국은 군주들이 직접 참여하거나 대신들을 파견하거나 정기적인 회의를 개최해 공동 관심 문제와 회의와 회의 기간 사이에 발생한 문제들을 토의한다[제6조].

프랑스가 침략을 기도하거나 나폴레옹 가문이 등장하는 경우를 4국의 원조 의무casus foederis 발생으로 규정한 것은 특기할 만하다. 더욱이 제6조에서 규정한 정기회의 개최는 국제사회의 조직화를 도모한 최초의 예라고 볼 수 있어서 그 의의가 크다.

4. 빈 회의 결정의 의의

민족주의 문제

빈 회의의 결정에 관해서 상반된 평가가 있다는 것은 전술한 바 있다. 군주들의 이익을 위해 주민의 요구는 무시됐으며 약소국들의 권익은 강대국의 정치적 편의에 따라 무시됐다는 비판이 있다. 이런 평가와는 달리 빈 회의의 결정들은 당시 국제정치구조에 비추어 보아 매우 훌륭했으며 역사상 그 어떠한 전후 처리보다 우수하다고 보는 견해가 있다.

먼저 빈 회의 결정들이 반(反)민족주의적인 성격을 띠고 있다는 견해를 살펴보자. 폴란드나 이탈리아 문제 처리에 있어서 그러한 점이 두드러진 것은 사실이다. 그러나 반민족주의적인 것은 당시 유럽의 역사적인 현실이 그러한 것이고 빈 회의의 결정은 이러한 현실을 반영하고 있을 뿐이다. 반민족주의라고 비판하는 것은 19세기 중반 이후의 관념으로 1815년 당시의 유럽을 평가하는 비역사적인 관점이다. 민족주의 운동은 1848년 2월 혁명을 거치면서 보편화된 정치 현상이다.

1815년의 유럽은 입헌군주제이건 절대군주제이건 왕족, 귀족들이 지배하는 세계였으며 어떠한 개혁에도 반대하는 반자유주의적인 정권들의 세계였다. 그리고 여기에 교회가 가담해 이른바 '왕위(王位)와 제단(祭壇)의 단결'에 의한 체제였다. 이와 같이 당시의 유럽은 정통적, 불평등적, 반동적인 세계였으며 그러한 현실에서 나온 빈 회의의 결정이 그런 성격을 띠고 있음은 당연한 일이다. 당시 통일 독일을 주장한 사람은 슈타인과 같은 극소수 정치인에 불과하였다. 그러나 프랑스 혁명과 나폴레옹 전쟁으로 유럽 전역에는 법 앞의 평등, 봉건적 잔존의 철폐의 신념이 전파되어 있었다. 다시 말하자면 반동적인 유럽 세계 밑에는 각 계층의 불만이 팽배되었다. 이런 의미에서 빈 결정은 바로 혁명을 잉태했다고 말할 수 있다.

영국과 러시아

빈 회의의 결정들은 기본적으로 전승국인 4대 강국의 이익을 반영하였다. 그러나 거시적으로 보면 그것은 영국과 러시아의 세계 지배를 함축하였다. 먼저 유럽 대륙에서는 열강의 상호 균형을 유지시키면서 자국은 세계로 나아간다는 것이 영국의 기본 구상이었고 빈 회의의 결정은 이를 잘 반영하고 있다. 유럽 대륙에서 영국이 획득한 것은 하노버의 왕위

계승권, 지중해의 몰타, 이오니아Ionia 도서, 북해의 헬리골랜드Heligoland뿐이었으며 해외에서는 네덜란드령이었던 남아프리카와 실론을, 그리고 모리셔스Mauritius와 기아나Guiana를 획득하였다.

그러나 영국으로서는 이런 식민지 획득보다도 유럽 내의 세력균형을 얻은 것이 더 근본적인 이익이었다. 또한 빈 결정들은 정치적인 것과 영토적인 것들이 주류를 이루었다. 다시 말하자면 경제 관계 규정들은 찾아볼 수 없었다. 이것은 당시 유럽이 농업사회였음을 반영하는 것이었으나 이로 말미암아 빈 회의 이후 유럽은 영국 공산품의 지배를 받게 되었다.

러시아는 폴란드의 거의 전역을 장악해 중부 유럽을 석권할 형세를 이루었다. 이러한 위협은 제1차 세계대전까지 지속되었다. 빈 회의에는 터키 대표도 참석했으나 오토만 제국에 관해서는 단 한마디의 규정도 없었다. 이것은 러시아의 이익을 대변해 준 것이다. 러시아가 중앙아시아, 시베리아, 만주 지역으로 확장할 수 있는 여건을 빈 회의는 마련해 주었다.

프랑스

패전국 프랑스는 1790년의 국경으로 돌아가야만 하였다. 패전국으로서 외국군의 주둔을 허용했으나 위대한 국가la grande nation라는 환상을 그대로 갖고 있었다. 따라서 프랑스 국내에서는 라인, 피레네, 알프스로 이어지는 이른바 자연국경론에 집착해 영토의 확장을 주장하는 논의가 일기 시작하였다. '수치스런 빈 조약'의 수정을 요구하는 현상 타파의 국가로 등장하게 된다. 또 하나의 특징은 1815년 이후부터 프랑스는 외교 노선에서 영국과의 적대를 가정하지 않게 됐다는 점이다. 물론 양국 국내에는 서로 비판하고 대립되는 여론이나 단체들이 있었으나 정부의 정책상 프랑스가 영국을 적국으로 상정하지는 않게 되었다.

오스트리아와 프로이센

프로이센도 현상 타파 국가로 되었다. 빈 결정은 남부 독일에 대한 프로이센의 요구를 수용하지 않았기 때문이다. 이런 요구의 충족은 1866년과 1870년을 기다려야만 하였다.

오스트리아는 명분상 최강대국의 하나였다. 독일 연방의 의장국이며 이탈리아 지역을 포함한 광활한 영토를 보유하였다. 그러나 너무나 광활해 취약했으며 너무나 다양한 인종을 포함하고 있어서 허약하였다. 혁명이나 민족주의 운동은 오스트리아에게는 가장 무서운 것이었다. 후술하는 바 같이 1848년 2월 혁명이 이를 잘 말해 주고 있다.

결정들의 효력

빈 회의의 결정들 중 어떤 것은 곧 효력이 상실됐지만 어떤 것은 19세기 내내 그 효력이 계속되었다. 독일과 이탈리아에 관한 규정들은 1856~1871년 사이에 종료되었고 프랑스 국경에 관한 규정은 나폴레옹 3세와 카부르C.B. Cavour(1810~1861)의 협정으로, 그리고 독일의 알자스-로렌 병합으로 변경되었다. 폴란드에게 어느 정도 자율권을 부여했던 빈 규정들은 알렉산드르를 계승한 니콜라이 1세에 의해 사실상 소멸되었고 1830년 7월 혁명 이후 벨기에가 독립되어 네덜란드 왕국에 관한 규정이 사라지게 되었다.

그러나 보다 더 지속적인 효력을 가진 규정들도 있었다. 폴란드의 독립은 제1차 세계대전을 기다려야만 했고 노르웨이와 스웨덴의 병합, 그리고 영국의 주요 해외 식민지도 19세기 동안 계속되었다. 프랑스의 북부 국경, 스위스의 영세중립, 그리고 외교 석차에 관한 규정들이 오늘날까지 효력을 갖고 있음은 다 아는 사실이다.

현실과 이상

20여 년의 전쟁을 종식시킨 빈 회의는 제1 · 2차 세계대전 이후의 전후 처리와 마찬가지로 두 가지 측면을 갖고 있다. 열강의 정치적 이익을 조정하는 현실 정치의 측면과 전쟁의 재발을 방지하려는 미래지향적인 측면이 그것이다. 제1차 세계대전의 전후 처리가 독일에 대한 안보와 함께 국제연맹의 창설을 낳았고 제2차 세계대전 후에는 국제연합의 탄생과 미 · 소의 대립이 함께 나타났다.

1815년 빈 회의도 프랑스의 재흥에 대한 안보와 함께 '유럽협조체제'라고 하는 원시적인 국제협력체제를 창출하였다. 유럽협조체제는 그 성격과 목적에 관해 외교사가들의 비판을 받고 있는 점이 없지 않다. 그러나 그것이 열강의 정기적인 회의를 통해 국제분쟁의 해결을 도모했다는 점에서 국제사회의 조직화에 대한 선구적인 역할을 하였고 이런 면에서 그 의의는 크다고 볼 수 있다. 그러면 이런 협조체제의 정신적인 단결을 이룩한 신성동맹 문제부터 살피기로 한다.

제 3 절 신성동맹

17세기 말 표트르 대제가 서유럽 국가들을 순방한 이후 유럽 국제사회에서는 야만의 국가 러시아 문제가 대두되기 시작하였다. 그런데 야만이라고 천시하던 러시아의 군대에 의해 나폴레옹의 '위대한 군대' la grande armée가 타도된 것은 서유럽 사람들에게는 충격이 아닐 수 없었다. 영국의 돈줄과 러시아의 코작 기병에 의해 평화가 다시 찾아왔다. 이때부터 '슬라브 공포'가 유럽 사회를 지배하게 된다. 이 공포는 1917년 러시아 혁명 이후 '붉음의 공포'로 대체된다. 신성동맹은 러시아가 강대국으로 등장하면서 제안한 유럽 개편 구상이란 점에서 러시아와 러시아적인 것을 이해하는 데에 필수적인 조약이다.

러시아 황제는 귀국하기 며칠 전인 1815년 9월 하순 오스트리아 황제와 프로이센 국왕과 더불어 기독교 정신에 입각해 국제정치 질서를 확립해야 한다는 특이한 조약을 체결한다. 종교를 강조했다고 해서 특이한 것이 아니다. 국제법의 아버지로 불리는 그로티우스도 기독교의 교리에 입각한 평화를 제창하였고 빈 회의 이후 서유럽의 정신적인 풍토에서 볼 때 기독교의 가르침을 제창한 것도 이상할 것이 없다.

획기적인 일은 러시아가 동지이자 잠재적 적국인 오스트리아와 프로이센을 자기편에 포섭하는 것을 외교정책의 기본 방향으로 설정했다는 점이다. 그리고 이런 외교 노선을 전개하는 방식이 매우 '슬라브적'이라는 사실이 특이한 것이다.

러시아로서는 오스트리아나 프로이센이 영국이나 프랑스와 연결되는 것이 가장 우려되는 상황이었다. 이런 점에서 신성동맹은 1870년대의 3제 협상과 같은 맥락에 서 있는 것이다. 이런 연결이 1890년 비스마르크가 퇴임하면서 단절되자 제1차 세계대전으로 나아가게 된다.

1. 신성동맹의 형성

러시아와 새로운 국제정치질서의 모색

빈 회의의 결정으로 전후 질서의 큰 테두리가 결정되자 알렉산드르 황제는 군대를 이끌고 귀국하게 된다. 1815년 9월 26일 러시아로 돌아가기 며칠 전 그는 오스트리아 황제 프란시스와 프로이센 국왕 프리드리히 빌헬름과 함께 국제정치사에 있어서 매우 특이한 한 조약에 서명하였다. 조약의 발표는 추후 세 사람이 합의한 적당한 시점에 하기로 하고 그 이전에는 침묵을 지키기로 약속하였다. 그러나 알렉산드르는 다른 두 사람과 아무런 상의도 하지 않고 이 조약을 발표해 버렸다.

신성동맹Holy Alliance, Sainte Alliance의 기본 구상은 유럽 공법을 기독교의 원칙에 따라 재건하고 기독교의 모든 종파를 통합해 그 위에 국제평화를 이룩하려는 데에 있다. 이런 기본취지만을 본다면 신성동맹은 특이한 조약은 아니다. 그로티우스H. Grotius의 핵심사상도 교파를 초월한 세계 교회주의로 국제평화를 도모하려는 것이고 제1차 세계대전 이후 국제연맹은 소박한 자유민주주의에 입각해 세계질서를 개편하려고 한 것이며 제2차 세계대전 후 국제연합도 전승국의 이데올로기를 반영하는 것이었다. 그러나 신성동맹은 러시아의 사상과 국제정치적 입장을 대변했기 때문에 유럽 사회에서 문제가 된 것뿐이다.

워털루 전투를 끝으로 나폴레옹 전쟁은 종식됐으나 전후의 국제정치 질서를 어떤 원칙으로 재건하느냐에 대해서는 합의가 이루어지지 않았다. 영국은 4국 동맹을 형성해 프랑스를 억제한다는 매우 현실정치적인 구상만을 갖고 있었다. 그러나 유럽의 개편안이나 평화안을 제시할 수 있는 것은 러시아뿐이었다. 당시 러시아는 유럽에 평화를 다시 찾아 준 구세주로 간주됐으며 방대한 군대가 서유럽에 주둔하고 있어서 절대적인 발언권을 갖고 있었다. 알렉산드르는 군주 중의 군주로 추앙되었고 그가 그의 군대와 더불어 귀국하게 되면 서유럽에는 다시 혁명이 일어날 것이라는 불안이 유럽 정가에 팽배하였다.

이런 시점에 러시아의 황제가 유럽의 정치질서 원칙을 천명했다는 것이 의미 있는 일이다. 막강한 러시아 군대와 코작 기병은 서유럽인들에게 두려움의 대상이었던 것은 전술한 바 있다. 그런 러시아의 황제가 나폴레옹 전쟁 후의 정치질서의 향방을 제시했다는 것은 한편 서유럽 정치인들에게는 모욕이며 믿기 힘든 일이었다. 러시아인들은 곰이라고 경멸당하였으며 알렉산드르 자신이 빈 회의 기간 중에 외국인에 예의를 지킬 것과 곰이라고 모욕 받지 말도록 그의 막료들에게 당부할 정도였다.

신성동맹이 문제가 된 다른 이유는 그 형성과정이 알렉산드르 1세의 개인 성품과 관련됐고 그 처리과정이 매우 슬라브적이라는 데 있다. 신성동맹의 평가와 해석에는 후술하는 바와 같이 여러 견해가 있으나 그것이 알렉산드르의 작품이라는 데에는 이견이 없다. 따라서 알렉산드르 개인의 행적을 잠시 추적해 보자.

알렉산드르와 기독교

알렉산드르의 행적이나 성격에 관해서는 적극적인 평가로부터 시작해 매우 비판적인 해석에 이르기까지 여러 견해들이 있다. 알렉산드르는 당초 종교에는 관심이 없었고 황제가 된 이후에도 국민들에게 직접 호소하지도, 대중적인 인기에도 연연하지 않았다. 그러나 시간이 흐르면서 이런 태도에 변화가 일기 시작하였다.

1807년 7월 그가 나폴레옹과 틸지트 조약을 체결해 프랑스와 제휴하자 러시아는 프랑스의 대륙봉쇄체제에 편입되었다. 이에 러시아는 영국은 물론이고 그 밖의 중립국과의 대외무역이 금지돼 특히 곡물수출이 크게 타격을 받았다. 예를 들어 1801년과 1805년 사이에 러시아의 밀[麥]수출이 17만 4,558톤이었으나 1806년과 1810년 사이에는 2만 9,000톤으로 격감하였다. 다른 곡물도 마찬가지였다. 이로 인해 러시아 귀족들의 불만이 고조되었다. 황제는 대중의 지지에 호소하지 않을 수 없었다. 그리하여 1809년 12월 그는 모스크바를 방문해 국민의 호응을 얻으려 하였다. 대중의 지지가 필요한 경우 황제들이 모스크바를 방문하는 19세기 러시아 정치의 전통을 만든 계기가 되었다.

프랑스 군대가 1812년 6월 하순 니멘Niemen 강을 건너 러시아로 진격하자 알렉산드르는 헌금, 군인동원, 그리고 국민의 지원을 받기 위해 7월에 다시 모스크바를 방문하였고 이때에 그가 국민의 지도자로 부상한 것은 획기적인 일이다. 모스크바 함락이 눈앞에 다가오자 나폴레옹과 화평을 모색해야 된다는 일부 의견을 물리치고 그는 끝까지 항쟁할 것을 결의하였다. 그리고 9월 8일에는 '러시아 국민'과 '전지전능한 신'에 호소하는 선언을 발표하였다. 알렉산드르가 국민과 더불어 신에 호소한 것 또한 획기적인 일이다.

1812년 9월 14일 프랑스 군대는 드디어 모스크바에 입성하지만 시내는 불에 타 화염에 휩싸이게 된다. 이 사건으로 알렉산드르는 신에 귀의하게 됐으며 골리친A.N. Golitsyn, 시쉬코프A.S. Shishkov와 더불어 성경을 읽으면서 신의 계시를 경험하게 되었다. "이때부터 나는 다른 인간이 되었다."라고 알렉산드르는 스스로 말하기까지 하였다.

모스크바 함락을 전후해 알렉산드르가 기독교에 심취하게 된 사정과 그의 정신적인 고민은 황후의 시녀였던 스투르자R. de Sturdza의 회고록에 잘 나타나 있다. 극적인 장면을 보자.

> [황제]는 그의 영혼 깊숙이 고뇌를 느끼고 있었으며 어디에서도 위안을 찾을 길이 없었다. 그는 그의 젊은 시절부터 친구였던 골리친에게 자신을 괴롭히고 있는 어두운 구름을 밝게 할 수 있는 것이 아무것도 없다고 고백하였다. 이때가 [나폴레옹이] 모스크바를 점령한 시기였다. 골리친은 성경에서 위안을 찾아보라고 조심스럽게 제안하였다. 황제는 아무 대답도 하지 않았다. 그러나 얼마 후 그는 황후의 방에 들어서면서 성경을 빌려줄 수 있느냐고 물었다. 황후는 크게 놀랐으나 그녀가 갖고 있던 성경을 건네주었다. 황제는 자기 방으로 돌아가 읽기 시작하자 새로운 경지에 도달한 것 같이 느끼게 되었다. 그는 한 손에 연필을 들고 자기 처지에 알맞은 구절에 줄을 쳤다. 그리고는 다시 읽으면서 용기가 샘솟으면서 자신의 잘못을 용서하여 주는 어떤 친구의 목소리를 듣는 것같이 느꼈다. 열성적이면서 진실한 믿음이 그의 마음속에 스며들면서 그는 기독교인이 되려고 굳게 결심하게 되었다. 이런 자세한 사정은 훗날 황제가 나에게 직접 들려준 것이다.

1812년 성탄절에 즈음하여 알렉산드르는 침략자의 격퇴를 발표하면서 러시아 국민이 이런 시련을 극복할 수 있었던 것은 신의 섭리가 있기 때문이라고 말하였다. 그는 12월에는 영국의 경우를 모방해 '러시아 성서회'를 조직하였고 골리친, 코셸레프R. Koshelev와 함께 3인 기도회를 조직하였다. 1813년부터 알렉산드르는 색스니, 실레지아 지방의 모라비아 교도들, 그리고 런던의 퀘이커 교인들과 접촉을 계속하였다. 그리고 1814년 7월 천계설(天啓說, Illuminism)의 이론가 융 슈틸링J.H. Jung-Stilling을 접견하고 모라비아 교의 교리가 기독교의 이상적인 형태라고 찬양하였다. 이때부터 후술할 크뤼데너 부인이 나타날 때까지 알렉산드르, 슈틸링, 스투르자 3인 사이에 신비스런 결합이 한동안 형성되었다.

당시 유럽 사회에는 기독교 부흥에 관한 과격한 이론들이 횡행하고 있었다. 그런 이론들의 핵심은 자비에 대한 강조, 광범한 국제조직에 대한 관심, 그리고 이 세상에 낙원을 수립해야 된다는 천년 평화설에 대한 집념이었다. 그 대표적인 주창자가 신정정치(神政政治)를 이상으로 제시하고 '무명의 철학자' le philosophe inconnu란 별명을 가진 생-마르탱 L.C. de Saint-Martin, 독일의 낭만주의 지도자로서 노발리스Novalis란 필명을 지닌 하르덴베르크 백작F. von Hardenberg, 바아더F.X. von Baader, 그리고 후에 자세히 서술할 크뤼데너 부인이었다.

신성동맹은 바아더의 영향으로 이루어졌다는 견해가 있기 때문에 그에 관해서는 언급할 필요가 있다. 바아더는 1815년 하나의 팸플릿을 발표했는데 그는 그 초고를 그 해 봄 러시아 황제, 오스트리아 황제, 그리고 프로이센 국왕에게 보냈다. 그는 여기에서 영혼의 동맹이 없이는 국가 사이의 동맹은 있을 수 없고 아직 진정한 기독교 국가는 이 세상에 존재해 본 적이 없지만 이제야 비로소 종교, 사랑, 자유의 원칙들이 정치의 영역에 적용될 시기가 됐다고 강조하였다. 그리고 기독교의 통합은 로마 가톨릭, 개신교, 그리고 러시아 정교가 서로 조화되어야 이룩될 수 있다고 강조하였다. 알렉산드르는 1815년 7월 파리로 다시 돌아오면서 바아더의 견해에 깊은 감명을 받았다고 전한다.

성서의 가르침에 따라 이 지상에 평화를 구축하는 것이 자신의 사명이라고 확신하게 된 알렉산드르는 그것을 실천에 옮기기 시작하였다. 그 첫번째의 장엄한 의식이 1814년 4월 10일 파리 시내의 군대사열이었다. 연합군이 파리를 입성한 지 얼마 후의 일이다. 이날 아침 8만의 연합군이 '혁명 광장'(현재 콩코르드 광장)에 모여 알렉산드르의 사열을 받았다. 그리고 루이 16세를 처형한 바로 그 자리에 제단을 설치하고 목사들로 구성된 7개 연대가 찬송가를 합창하였다. 알렉산드르는 제단에 나아가 기도하였고 뒤이어 프랑스의 장군들이 앞 다투어 러시아의 십자가에 입맞추었다. 알렉산드르는 자신이 신의 사명을 받았음을 느꼈으며 프랑스의 불행을 구제해야 된다고 확신하였다. 알렉산드르의 이런 영적인 신념에 더욱 결정적인 계기를 마련한 것이 크뤼데너 부인과의 만남이었다.

크뤼데너 부인

신성동맹의 형성과정에 관해서는 여러 견해가 있으나 크뤼데너J. de Krüdener, Madame de Krüdener 부인이 중요한 역할을 했다는 데에는 의견이 일치돼 있다. 리가Riga 출신인 그녀는 베니스와 덴마크 주재 러시아 대사를 지낸 크뤼데너 백작과 결혼했으나 곧 이혼하고 유럽 각지에서 방탕한 생활로 세월을 보냈다. 그러나 1804년경부터 모라비아 교에 심취해 신비스런 예언자로 명성을 떨치게 되었다. 크뤼데너 부인은 골리친과 스투르자를 통해 알렉산드르와 만날 수 있었다. 1814년 이래 크뤼데너 부인은 골리친과 서한을 교환하였으며 스투르자를 통해서 황후와도 접촉하였다. 크뤼데너를 언제나 동행했던 제네바의 선교사 엠페이타즈H.L. Empaytaz의 회상을 잠시 보자.

> [알렉산드르]는 크뤼데너 부인이 스투르자 양에게 썼던 한 편지의 독송을 들었다. 그는 죄인들을 위하여 예수 그리스도 안에 나타난 신의 연민에 관하여 말하고 있는 크뤼데너 부인의 설득력에 감동하였다. 바로 이 사람이 나의 영혼에 나타나 있는 것을 설명할 수 있으리라고 황제는 혼자 말하였다.
>
> 1815년의 전투가 시작되었다. 알렉산드르는 하이델베르크에 있는 연합군 사령부로 가는 도중 6월 4일 일요일 하일브론Heilbronn으로 들어가도록 하였다. 하일브론에 다가오는 동안 크뤼데너 부인의 편지 속에 담긴 진실들이 그의 기억에 떠올랐고 이 유명한 부인을 만나보고 싶어졌다. 부인이 3개월 전부터 이 근처에 머물고 있었다는 사실을 그는 몰랐다. 부인도 알렉산드르와 얘기하고자 하일브론에 와 있었다.

알렉산드르와 크뤼데너 부인의 역사적인 만남은 1815년 6월 4일 이루어졌다. 이 첫 번째의 만남에 관해 엠페이타즈, 스투르자의 기록, 그리고 크뤼데너 부인의 딸 줄리에트Juliette의 일기 등이 있다. 이 세 가지 기록들은 서로 다른 측면을 묘사한 점이 있으나 알렉산드르가 크게 감동했다는 점은 모두 적고 있다. 이날의 만남은 3시간 동안이나 계속됐으며 황제는 많은 눈물을 흘렸다. 그리고 그녀와의 만남을 계속하겠다고 다짐하였다.

그 다음날 황제는 하이델베르크로 떠났다. 그곳에 도착하자마자 크뤼데너 부인에게 편지를 보내 하이델베르크에 오도록 하였다. 그녀를 10분 정도 걸리는 가까운 곳에 머물도록 하고 이틀에 한 번 정도 저녁 10시부터 새벽 2시까지 종교 토론을 벌였다.

워털루의 승리 이후 알렉산드르는 파리로 다시 돌아왔다. 크뤼데너 부인도 파리에 온 것은 물론이다. 이날이 7월 17일이었고 이때부터 알렉산드르가 귀국하기 위해 파리를 떠나기 직전인 9월 27일까지 크뤼데너 부인의 숙소에서 두 사람은 정기적으로 만난다. 알렉산드르는 엘리제 궁에 머물렀고 크뤼데너 부인은 그곳에서 가까운 몽셰뉴Montchenu 호텔에 있었다.

레이F. Ley 교수는 이 기간에 신성동맹의 구상과 초안이 이루어졌다고 보고 줄리에트의 일기를 중심으로 그들의 만남을 하루하루 추적하였다. 줄리에트의 일기를 보면 이 기간 두 사람의 대화는 주로 몇 가지에 집중되어 있었다. 교회를 다시 재건해야 된다는 것, 이런 기독교 정신으로 인류를 구제해야 된다는 점, 이런 위업을 이룩할 수 있는 사람은 알렉산드르 황제뿐이라는 것, 그리고 패전국인 프랑스를 다시 구원해야 된다는 것이었다.

인류를 구원해야 되는 것이 자신의 사명이라 확신한 알렉산드르에게 결정적인 계기를 마련해 준 사건이 있었다. 1815년 9월 11일 베르튜Vertus 근교 평야에서 15만 러시아 군대의 사열이 있었다. 러시아 군대의 우수함을 서유럽 세계에 과시코자 하였다. 군대의 규율과 사기에 서유럽 정치인들은 경악을 금치 못했다. 이 많은 군대 앞에서 알렉산드르는 기도를 올렸다. 이 사열은 신성동맹의 전주곡이었다. 이날 크뤼데너 부인은 황제 바로 뒤에 있었다. 줄리에트의 일기를 보자.

> 11일 월요일. 사랑하는 황제 알렉산드르의 축제의 날. 우리가 일곱 교회의 제단에 온 것은 얼마나 즐거운 일인가. 엄마, 르제이A. de Lezay 부인, 베르크헴F. de Berckheim, 그리고 나는 볼콘스키P.M. Volkonskii의 사륜마차 안에 있었다. 한 막료가 우리를 알렉산드르 텐트 뒤로 자리를 옮겼다. 우리는 무릎을 꿇고 이 군대와 알렉산드르를 위하여 하느님의 은총이 있기를 빌었다. 12만의 사람들이 동시에 무릎을 꿇고 또 일곱 교회의 제단에서 동시에 성대한 미사를 올리는 것을 보는 것은 장엄한 광경이었다. 우리의 알렉산드르는 깊은 명상에 사로잡혀 있었고 매우 겸허하였다. 프로이센 국왕과 오스트리아 황제는 그의 양쪽에 있었다. 의식이 끝나고 알렉산드르는 쿠를란드 공작 부인, 라주모프스키A. Razumovskii에게 놀랄 만큼 많은 사람들이 모였다고 말하였다. 우리들은 집에 돌아와서 다시 찬송가를 부르면서 기도하였다. 우리들은 기쁨에 차 있었으며 베르크헴은 그가 알렉산드르에게 느낀 사랑과 그를 위한 기도에 관하여 우리에게 얘기했다. … 알렉산드르는 어제 편지에 대한 답례로 매력적인 짧은 서한을 써 보냈다.

이 군대사열이 있은 이후 알렉산드르는 귀국을 서두른다. 그러나 그는 정치적이고 종교적인 고민을 안게 되었다. 러시아 군대가 철수하게 되면 프랑스 국내사정은 불안하게 되고 또다시 혁명의 징조가 보인다는 베르가스N. Bergasse와 샤토브리앙F.R. de Chateaubriand의 계속된 진정이 그를 정치적으로 괴롭혔다. 그리고 종교적으로는 어떻게 하면 패전국 프랑스를 구원할 수 있을까 고민하였다. 이러한 복합적인 상황에서 나온 것이 바로 신성동맹이었다.

2. 신성동맹의 내용

초안

알렉산드르 황제가 신성동맹의 초안을 처음 사람들에게 보여 준 것이 9월 18일일 것이라고 레이F. Ley 교수는 추정하고 있다. 이날 황제는 신성동맹의 초안을 스투르자A. Strudza, 카포 디스트리아, 그리고 크뤼데너 부인에게 보여 주었다. 이날 줄리에트의 일기에는 이렇게 적혀 있다.

> 오늘 그 어느 때보다 많은 사람들이 왔다. 엄마는 사람들로 지쳤다. 스투르자도 왔다. 알렉산드르는 엄마를 위해 스투르자를 얼마간 머물도록 하였다. 베르크헴이 걱정한 것은 엄마가 너무 많은 일에 매달려 있어서 중요한 문제에 관해 알렉산드르와 많이 얘기할 수 없는 것 아니냐 하는 것이었다.

황제의 개인 비서 스투르자는 자신이 최초로 초고를 보았다고 말한 바 있고 그의 누이동생도 자기 오빠가 황제의 명령으로 신성동맹을 작성했다고 회상하고 있다. 그러나 황제는 자신이 종이에 연필로 적은 초안을 아마 여러 사람에게 보여 주었으며 이 과정에서 크뤼데너 부인이 결정적인 역할을 한 것이라고 많은 문헌들이 증언하고 있다.

이때 황제와 가까웠던 샤토브리앙은 신성동맹이란 명칭을 구상한 것은 크뤼데너 부인이라고 말하고 있다. 역사학자 카프피그J.B.A. Capefigue도 자신이 황제가 직접 쓴 초고와 크뤼데너 부인이 수정한 것을 직접 눈으로 보았으며 신성동맹이라는 낱말은 이 부인이 써넣었다고 말하고 있다. 또 샤토브리앙이 9월 18일 크뤼데너 부인에 보낸 편지에서 어제(17일)는 일요일이어서 출판사가 일을 하지 않아 인쇄 견본을 찍을 수 없었다고 적고 있는데 이것이 신성동맹의 인쇄 견본일 것이다.

알렉산드르가 오스트리아 황제에게 초안을 전달한 것은 1815년 9월 19일 아침일 것이라고 레이 교수는 추측하고 있다. 이 문제에 관해 가장 잘 알고 있다는 메테르니히 자신의 회고를 보면 대체로 다음과 같다. 제2차 파리 평화조약을 교섭하고 있던 어느 날 알렉산드르 1세는 메테르니히를 만나 중대한 안건을 놓고 오스트리아의 프란시스 황제와 회견하고 싶다는 의견을 전달하였다. 그는 이 안건이 너무나 중요해서 메테르니히에게도 그 내용을 말할 수 없으며 프란시스 황제를 통해 알게 될 것이라고 덧붙였다.

그로부터 며칠 후 프란시스 황제는 알렉산드르로부터 받은 조약안을 메테르니히에게 보여 주면서 의견을 물었다. 황제도 조약안이 탐탁하지 않다는 의견을 말하였다. 메테르니히는 조약안을 한 번 보고는 조약으로서는 성립될 수 없는 내용이라고 판단하였다. 프란시스 황제는 프로이센 국왕을 만나 의견을 들어보라고 하였다. 국왕도 같은 의견이었다. 우리들은 몇 가지 수정을 하지 않으면 안 된다고 합의하였다. "종교의 외투 밑에 있는 박애의 열망"에 불과한 것이라고 혹평하였다. 그리고 이것은 크뤼데너 부인과 베르가스의 영향으로 태어난 것이라고 단정하였다.

9월 21일 아침 알렉산드르와 프란시스는 이 문제로 회견하고 오후에 다시 수정안을 갖고 메테르니히가 알렉산드르와 한 시간 동안 회견해 타협점을 찾게 되었다. 메테르니히의 수정안에 대해 빌헬름 국왕도 전적으로 동의하였다. 알렉산드르는 이 수정안에 25일 동의하고 세 군주는 26일 역사적인 신성동맹 조약에 서명하였다.

알렉산드르의 원안은 네프W. Näf 교수가 빈의 한 문서고에서 찾아내 1928년 그의 저서로 세상에 알려지게 되었다. 조약의 내용을 살피면서 알렉산드르의 원래의 안이 어떻게 메테르니히에 의해 수정되고 삭제됐는지 살펴보자.

내용

신성동맹 조약은 전문(前文)과 3개 조항으로 구성된 매우 간략한 문건이다. 전문에서는 유럽은 기독교의 가르침에 따라 지배돼야 한다고 강조하고 있는데 (a)~(e) 다섯 군데가 메테르니히에 의해 수정되었다. 전문의 내용은 다음과 같다.

> 지난 3년을 특징지었던 대사건들의 결과로, 특히 신의 섭리에만 신념과 희망을 둔 국가들에게 내려진 축복의 결과로, 열강들이 그 상호관계에 있어서(a) 채택되어야 할 방향은(b) 우리들 구세주의 성스러운 종교가 가르치는 숭고한 진리에 입각할 필요가 있다고(c) 깊은 확신을 얻게 되었다. 이 문서는 온 세상 앞에 자국의 운영에 있어서나 다른 정부와의 정치관계에 있어서나, 신성한 이 종교의 가르침, 정의의 가르침, 사랑과 평화의 가르침 — 이들 가르침은 인간의 제도들을 공고히 하고 그 불완전한 것을 교정하는 유일한 수단으로서 오로지 사생활에만 적용되는 것이(d) 결코 아니라 반대로 군주들의 결의들과 행동에 직접 영향을 미쳐야 하는데 — 을(e) 그들의 유일한 지침으로 삼는다는 확고한 신념을 알리는 것 이외에는 아무런 목적이 없음을 엄숙히 선언하면서 세 군주들은 다음의 조항들에 합의한다.

(a)에 있었던 알렉산드르의 원안은 매우 과격한 것이었다. 즉 "[과거에 채택된 방향은] 절대적으로 변경해야 되며 이런 상호관계를 [숭고한 진리에만] 오로지 입각한 사물의 질서

로 대체하도록 노력하는 것이 시급하다"doit être absolument changée, et qu'il est urgent de travailler à lui subsiter un ordre des choses uniquement fondé로 되어 있었다. 알렉산드르가 기왕의 유럽 정치질서를 변경해야 된다고 확신한 흔적이다.

(b)도 메테르니히가 수정하였다. 원안은 "과거에 채택된"la marche précédement adoptée이란 표현을 사용했는데 "채택할"à adopter이라고 고쳐 과거 질서가 잘못된 것이라는 어감을 없앴다.

(c)도 "진리에 입각해야 된다"는 것을 "진리에 입각할 필요가 있다"qu'il est necessaire d'asseoir라고 고쳐서 종교의 진리에 입각해야만 된다는 강제적인 표현을 완화시켰다.

(d)도 원안에는 "오늘날까지 사람들이 생각한 것같이"comme on l'a pensé jusqu'à ce jour라고 되어 있던 것을 메테르니히가 삭제하였다.

(e)에도 "장차"à l'avenir라는 단어가 있던 것을 메테르니히가 삭제하였다. 구질서를 타파하고 새 국제정치질서를 창설한다는 표현을 모두 삭제하였다.

본문의 내용을 보도록 하자. 제1조에서는 두 곳에서 큰 수정이 가해졌다. 세 나라는 기독교의 원칙에 입각한 우애로 뭉쳐 있어서 서로 지원해야 된다는 것을 강조한 이 조항의 내용은 다음과 같다.

> 모든 인간은 서로 형제라고 가르친 성경 말씀에 따라서 세 군주들(a)은 진실하고 끊을 수 없는 우애의 결속으로 단결되어 있고 세 군주들은 서로가 같은 나라의 사람들이라고 간주함으로써 어떤 경우나 또 어디에서나 서로 원조와 지원을 보내 주며 자신들은 자국의 신민과 군대에 대하여 가장(家長)으로 자처하여 세 군주들이 종교, 평화 그리고 정의를 보호하려고 하는 그런 박애의 정신으로 이들 신민과 군대를(b) 지도한다.

(a)에서 알렉산드르는 "세 체약국들의 신민들은"les sujets des trois parties cotractantes이라고 적은 것을 메테르니히가 신민들이란 용어를 삭제함으로써 이 조약이 군주들의 약속임을 표시코자 하였다.

(b)에는 세 나라 군대에 관한 긴 표현이 있었다. 즉 "(종교, 평화 그리고 정의를 보호하려는) 같은 군대의 일부분으로 서로 간주될 각자 군대"라고 되어 있어서 군대들도 언제나 서로 지원한다는 내용이었다. 메테르니히가 이 문장을 삭제하였다.

제2조에서는 세 나라는 한 가족의 분파로서 구세주가 가르치는 원칙과 의무를 성실히 이행해야 된다고 선언하고 있는데 메테르니히는 몇 가지 수정을 가했으나 정치적으로는 큰 의미가 없는 내용이었다. 조문의 내용을 보면 다음과 같다.

따라서 체약국 정부나 그들 신민이나 그 사이에 유일하게 효력을 갖는 원칙은 서로 원조를 제공하는 원칙, 변함없는 선의로써 상호 애정을 서로 표시하는 원칙, 같은 기독교 국민의 구성원이라고 서로 간주하는 원칙인 것이다. 세 군주들은 신의 섭리에 의하여 한 가족의 세 분파 즉 오스트리아, 프로이센, 러시아를 통치하도록 위임된 것에 불과하다고 생각함으로써 자신들과 자신들의 신민들은 기독교 국민의 일부에 불과하며 이 기독교 국민은 실제로 모든 권력이 귀속되는 신 이외에는 어떠한 주권자도 존재하지 않는다고 고백하는 바이다.

그리고 제3조는 열강의 가입을 권유하는 가입조항으로서 별 문제없이 타결되었다.

3. 신성동맹의 발표와 평가

열강의 가입

1815년 9월 26일 세 군주들은 신성동맹 조약에 서명하고 곧 열강의 가입을 요청하였다. 먼저 세 군주들은 영국의 섭정 조지George(훗날 조지 4세)에 서한을 보내 가입을 요망하였다. 세 군주들의 가입요청 서한은 카슬레이가 9월 28일 리버풀Liverpool, 2nd Earl 수상에게 보낸 신성동맹에 관한 긴 보고서에 부록으로 발송하였다. 카슬레이는 이 보고문에서 신성동맹에 관해 자신의 평가를 자세히 서술하고 있다. 신성동맹은 알렉산드르의 깊은 종교적인 성향에서 비롯됐다는 것, 알렉산드르가 파리에 온 이후 매일 저녁 늙은 광신도인 크뤼데너 부인을 만난 사실, 그리고 신성동맹 조약이란 숭고한 신비주의와 난센스sublime mysticism and nonsense에 불과하다는 것을 설명하고 있다. 그러나 평화를 추구하는 세 군주들의 소박한 희망을 저버릴 수는 없는 일이어서 대신의 부서(副署) 없이 섭정이 홀로 서명하는 것이 좋을 것이라는 의견을 덧붙였다.

그러나 리버풀 수상은 동맹의 숭고한 정신에는 찬성하지만 영국 헌정의 전통으로 보아 그러한 조약의 가입을 섭정이 할 수 없다고 카슬레이에게 의견을 전하고 조지는 10월 6일자로 알렉산드르에게 거절의 서한을 보냈다.

프랑스의 가입에 관해서는 알렉산드르가 다른 두 군주와 상의도 하지 않고 루이 18세에 요청하였다. 알렉산드르는 프랑스에 대한 평화조건을 될수록 완화하려고 고심했는데 11월 20일 제2차 파리 조약의 서명 이전에 신성동맹에 가입하는 것이 바람직하다고 루이에게 말하였다. 루이 18세는 11월 19일자 서한으로 가입을 수락하였다. 알렉산드르는 가톨릭 교도인 루이의 가입에 매우 만족하였다.

공화정인 스위스가 기독교 연합의 일종인 이 신성동맹에 동참했다는 것이 특이하다. 당시 스위스 주재 러시아 대리공사는 바로 크뤼데너 부인의 아들 폴Paul de Krüdener이었다. 폴의 노력으로 스위스는 1817년 1월 27일 러시아에 가입의사를 전달하였다.

사르디니아도 1816년 6월 8일 러시아에 가입의사를 전달했는데 러시아 주재 사르디니아 공사는 메트르J. de Maistre였다. 그는 프랑스 혁명으로 해외에 망명한 유명한 정치이론가였는데 사르디니아의 가입을 전후해 신성동맹에 관한 여러 평을 한 바 있다.

알렉산드르는 1816년 8월에는 미국에게도 가입을 요청하였다. 미국이 주저하는데도 계속 가입을 요구하자 1820년 7월 5일 미 국무장관 애덤스J.Q. Adams는 미국은 1783년 이래로 유럽체제에는 관여하지 않는 것이 기본정책이라고 가입 거절을 분명히 하였다.

영국, 터키, 법왕청을 제외하고는 유럽의 주요 국가들이 모두 가입하였다. 러시아는 독일의 군소 국가들을 포함해 거의 80개 국가에게 가입을 요청하였다. 그러나 가입하는 국가들의 입장에서는 세 군주들에게 각각 가입의사를 표명해야 되기 때문에 여간 불편한 것이 아니었다.

교황만이 이러한 종교적인 동맹에 가입할 수 없다는 입장을 처음부터 분명히 하였다. 그리고 이슬람 국가인 터키에게는 가입을 요청하지도 않았다. 이런 점에서 신성동맹을 제안한 러시아의 진의가 반(反)터키 정책에서 나온 것이 아니냐는 의구심이 팽배하였다. 그리하여 알렉산드르는 신성동맹은 비기독교인에 대해 어떠한 적개심도 함축하지 않고 있다는 내용의 서한을 터키 정부에 전달하였다.

발표

알렉산드르는 파리에서 이 조약을 발표하자고 주장했으나 오스트리아와 프로이센의 반대로 뜻을 이루지 못하였다. 세 군주들은 적당한 시기라고 서로 동의하는 시점에 가서 발표하기로 일단 합의하였다.

그러나 알렉산드르는 러시아에 돌아오면서 이 약속을 지키지 못하였다. 그는 러시아의 신비주의 친구들을 다시 만나게 되고 자신이 구세주라는 것을 러시아 국민들에게 보여주려고 하였다. 1815년 성탄절에 그는 신성동맹의 전문을 발표함과 동시에 자신의 조약 원안에 함축되어 있던 사상을 길게 발표하였다. 유럽 열강들이 지금까지 수행해 온 정책의 비판, 새로운 정치질서의 필요, 그리고 인민의 행복을 위한 헌신을 강조하였다.

그리하여 1816년 2월 2일자 『프랑크푸르트 신문』*Journal de Francfort*, 2월 6일자 『세계 신보』*Moniteur universel*에 신성동맹의 내용이 발표되자 오스트리아와 프로이센의 입장이 난처하게 되었다. 그때까지 오스트리아의 신문이나 잡지에 신성동맹에 관한 기사가 게재되는 것을 금지했던 메테르니히도 침묵을 지킬 수는 없었다. 그는 1816년 11월 5일자 『오스트리아 관찰자』*Österreichscher Beobachter*에 신성동맹에 관해 처음으로 글을 발표하였다. 이 글에서 그는 신성동맹이란 것은 오로지 원칙의 표명이며 군주들의 의사만 표시한 것에 불과하며 대신들의 부서도 없는 문서라고 규정하였다. 따라서 이런 문서로부터는 아무런 법률적인 의무도 나오는 것이 아니며 다른 동맹조약과는 달리 의무규정이 따로 없다고 천명하였다. 다시 말하자면 오스트리아는 이런 신성동맹 조약에 의해 아무런 법적 구속도 받지 않는다는 입장을 명백히 하였다.

평가

위에서 보아 온 바와 같이 성경의 말씀을 현실의 정치세계에 접목시킨 신성동맹의 조약에 관해 자연히 여러 가지 해석이나 평가가 있게 되었다.

신성동맹의 형성과정에서부터 카슬레이, 메테르니히, 겐츠가 이를 비판하고 냉소적인 태도를 가진 것은 앞서 잠시 본 바 있다. 카슬레이는 1815년 9월 28일자 수상 리버풀에 보낸 보고서에서 신성동맹 조약은 "숭고한 신비주의와 난센스"라고 혹평하였다는 것도 전술한 바 있다. 메테르니히도 그의 회고록에서 "공허하고 요란한 유물"이라고 말하고 있다. 겐츠는 신성동맹 조약이란 어떤 실제적인 목표를 갖고 있지 않으며 정치적 무효라고 혹평하면서 "19세기 외교문서집 속에 괴이한 유물로 남을 것"이라고 평가하였다.

1820년 트로파우Troppau 회의 이후 일련의 국제회의에서 각지에서 일고 있던 혁명의 진압을 결의하고 이것이 신성동맹 조약의 결과라고 여겨지자 이 동맹조약 자체에 대한 비판이 거세게 일어났다. 신성동맹은 "인민을 억압하기 위한 군주들의 동맹"이라고 인식되고 이런 해석이 19세기 자유주의 전통과 맞물리어 신성동맹은 인민의 억압, 혁명 세력의 진압, 그리고 반민족주의의 대명사로 불리게 되었다.

아노토G. Hanotaux는 "일종의 제국주의적이고 신비스런 국가의 연합으로서 열강의 프랑스에 대한 동맹"이라고 불렀고 말레A. Malet도 "신민에 대항하는 군주들의 상호 부조사회"라고 꼬집었다. 저명한 외교사학자 부르주아E. Bourgeois 교수나 드비두르A. Debidour 교수도 신성동맹의 부정적인 측면을 강조하였다. 구소련에서 이런 부정적인 견해가 지배적이었던 것은 쉽게 짐작할 수 있다.

신성동맹의 긍정적인 측면을 최초로 부각시키려고 시도한 것은 영국의 필립스W.A. Phillips 교수다. 그는 신성동맹을 좁은 의미로 해석하지 않고 유럽협조체제와 함께 해석하는 입장을 취하였다. 신성동맹을 국제사회의 조직화를 꾀하는 국제기구의 한 선구자로 해석하였다. 이런 견해는 스위스의 트라즈R. de Traz 교수의 연구로 이어졌다. 신성동맹은 제1차 세계대전 후 국제연맹의 창설을 계기로 국제기구의 선구적인 예로 찬양되기 시작하였다. 그리고 제2차 세계대전 후 국제연합이 탄생되자 부르캥M. Bourquin의 연구에서 보듯이 다시 국제기구의 선례로서 신성동맹이 각광받게 되었다. 이런 해석은 신성동맹을 넓은 의미에서 파악하고 그 적극적인 측면을 새로이 내세우려는 시도였다. 좁은 의미의 신성동맹 조약 자체에 관해서도 긍정적으로 해석하려는 새로운 경향이 나타났다. 센크H.G. Schenk 교수는 신성동맹을 제안한 알렉산드르의 의도는 평화와 관용에 입각한 국제질서를 새로 세우려는 순수한 것이었는데 그동안 왜곡돼 왔다고 평가하고 있다. 장 자크 루소가 생-피에르 사L'Abbe de Saint-Pierre의 순수한 의도에서 나온 영구평화안을 발췌하면서 "광인 사이에서 현자로 남아 있으려는 것은 바보스런 일이다."라고 말한 사정에 센크는 비유하고 있다.

신성동맹에 관한 귀중한 자료들을 발표한 베르티에Bertier de Sauvigny나 레이F. Ley 교수도 신성동맹을 긍정적으로 평가하고 있다. 베르티에는 신성동맹은 많은 사람들이 생각하고 있는 것같이 반동적인 것은 아니며 반동적인 것은 타국의 내정 간섭을 규정한 4국 동맹이라고 말하고 있다. 알렉산드르 1세가 스위스나 미국에게 신성동맹 조약에 가입을 요청한 사실 자체가 신성동맹과 공화정치의 양립을 입증하는 것이라고 보았다. 레이 교수도 신성동맹은 알렉산드르의 순수한 동기에서 출발했다는 전제 아래서 그의 사상적인 변천 과정을 자세히 추적하였다.

이런 해석 외에도 신성동맹을 러시아의 팽창정책의 한 표현으로 평가하는 견해가 있다. 4국 동맹은 영국의, 신성동맹은 러시아의 이익을 대변하는 조약으로 파악하고 빈 회의 이후의 유럽협조체제를 이들 두 진영의 대립으로 해석하는 견해가 있다. 피렌느J.H. Pirenne 교수의 견해가 이를 대표하고 있다.

그러면 4국 동맹과 신성동맹으로 대표되는 이른바 유럽협조체제가 현실적으로 어떻게 발전되고 전개됐는지를 살펴보도록 하자.

제 4 절 유럽협조체제

빈 회의 결정은 반(反)민족주의적이며 반동적이라는 비판이 있다. 그러나 그 결정들은 당시의 정치 현실을 반영하는 것으로 반민족주의적인 것은 19세기 초 유럽 사회가 '왕위와 제단(祭壇)의 단결'로 형성됐기 때문이다. 유럽 사회에서 정치운동으로서의 민족주의 문제가 대두되기 시작한 것은 1848년 2월 혁명 이후의 일이다. 또 빈 회의 당시 유럽 사회는 기본적으로 농업사회 단계에 머물러 있어서 빈 회의의 결정은 경제 문제에 관해서는 침묵을 지키고 있다. 대부분의 결정들은 거의 국경선에 관련된 것으로 근대국가의 초기 형태를 반영하고 있다.

그러나 나폴레옹이 유럽 제국(帝國)을 건설하면서 '법 앞의 평등'이라는 근대적인 사상을 전파시켰다. 빈 회의의 결정들은 나폴레옹 전쟁을 거치면서 유럽사회 저변에 파급된 중세질서 저항의식을 도외시하였다. 자유주의 헌법을 요구하는 변혁을 수용할 수 없는 경직된 결정들이었다. 따라서 이미 혁명을 잉태하고 있었다.

빈 회의 결정으로 유럽사회의 조직화가 그 이후 불가피하게 나타난 변혁 요구들을 수용하는 데 어떻게 대처했는지 연구하는 것은 매우 중요한 문제이다. 그것은 1919년 베르사유 조약에 대한 1920년대 수정 요구에 대한 태도나 제2차 세계대전 이후 1950년대 국제정치의 본질 파악에도 시사하는 바가 크다고 여겨진다.

1. 전후처리 — 엑스-라-샤펠 회의

용어의 문제

빈 회의 이후 일련의 국제회의들이 개최되었는데 이를 일컬어 외교사가들은 '회의외교' congress diplomacy, '회의체제' congress system, 또는 '유럽협조' concert of Europe라고 부른다.

외교를 지칭하는 용어로 diplomacy가 등장한 것도 프랑스 혁명을 전후한 시점이었고 그 이전에는 negotiation이 나라의 관계를 지칭하였다. 회의를 가리키는 경우에도 당시 사람들은 여러 용어들을 서로 구별해 사용하였다. 그러나 구체적으로 어떤 차이점이 있느냐에 관해서는 여러 의견이 있다. congress는 강대국이나 약소국가들 모두가 참여하는 회의이고 conference는 단지 강대국만이 참석하는 회의를 지칭한다는 견해가 있는가 하면 전후 평화조약 체결을 위한 회의가 congress라는 의견이 있다. 또 conference는 특별한 주제를 토의하기 위한 모임인데 congress는 유럽 전체 문제를 다루는 유럽의 모임을 가리키는 것이라는 의견도 있다. 그러나 앞으로 우리가 살필 1820년대의 회의들은 congress라고 불렀지만 모두 특수한 문제를 다룬 회의였으며 전후 문제 처리의 모임은 아니었다.

웹스터C. Webster 교수가 지적한 바와 같이 congress는 군주와 대신의 모임이고 conference란 주최국의 외상은 참석하되 주로 주최국에 파견된 대사들의 모임을 지칭하였다. 따라서 1822년 베로나 회의 이후 19세기가 끝날 때까지 congress는 1856년 파리 회의와 1878년 베를린 회의 두 번밖에 개최되지 못하였다. 1849년 프랑스의 새 대통령 루이 나폴레옹이 1815년 빈 조약을 재검토하기 위한 congress 개최를 제안하였는데 이 때 congress를 사용한 뜻은 유럽의 모든 군주들의 회의였다. 또 congress란 모든 군주들의 모임이며 특히 축제나 의식에 더 비중을 두는 회의이고 conference와 같은 규모이지만 합의사항에 도달하지 못하는 모임을 reunion이라고 불렀다.

다음으로 '유럽협조'란 용어는 1830년대부터 쓰이기 시작해 1856년 파리 조약의 조문에 삽입된 이후 1870년대에 들어서면서 유럽에서 크게 유행한 용어였다. 그러나 모든 정치적 용어와 같이 비록 용어 자체는 후에 생겼다 하더라도 그런 용어가 가리키는 정치현실은 이보다 선행하는 것이다. 유럽협조라고 지칭되는 국제정치현실은 특히 나폴레옹 전쟁 말기부터 두드러지게 나타났다. 유럽 문제는 유럽 열강의 합의로 해결해야 된다는 국제정치적인 관행이 확고히 성립하게 되었다. 이러한 관행을 메테르니히는 '동맹', '유럽'의 용어로, 그리고 카슬레이는 '연방' confederacy, '대동맹' 등의 용어로 표현하곤 하였다.

4국 동맹 조약 제6조의 내용과 목적

유럽 열강의 협조라는 정치적인 관행은 1815년 11월 20일 4국 동맹 조약 제6조의 규정으로 국제법적인 제도가 되었다. 소위 '회의외교'를 정착시킨 이 조항의 내용은 다음과 같다.

> 본 조약의 집행을 원활하게 하고 보장하기 위하여, 그리고 현재 세계의 행복을 위하여 4군주들을 이처럼 밀접히 단합시키고 있는 결속을 공고히 하기 위하여, 체약국들은 군주 자신들이 직접 주최하거나 또는 그들 대신들에 의해서, 정기적으로 모임meetings을 소집하여 그들의 공동이해를 협의하고 그리고 [이런 정기적인] 모임과 모임 사이에 모든 국가들의 번영을 위하여 또 유럽의 평화유지를 위하여, 가장 유익하다고 간주된 조치들을 고려하는 데 합의한다.

유럽의 강대국들이 정기적으로 회동해 국제정치 문제를 토의한다고 합의한 것은 유럽 외교사에 있어서 최초의 일이며 획기적인 일이다. 더 나아가 정기적인 회의가 개최되지 않는 시점에서도 서로 유럽의 문제를 상의한다고 약속한 것은 특기할 만한 일이다. 이런 점에서 이 규정은 국제사회의 조직화를 위한 첫 시도였으며 국제연맹이나 국제연합의 선구자라고 볼 수 있다. 다른 하나는 국제정치의 강대국 중심을 명백히 규정했다는 점이다. 이런 점에서 국제연합의 안전보장이사회를 이미 예고한 것이다.

4국 동맹 조약 체결 당시 위와 같은 회의외교가 추구하는 목적이 무엇이냐에 대해서는 대체로 세 가지로 의견이 갈라져 있었다. ① 프랑스에서 다시는 나폴레옹과 같은 독재자가 출현하지 못하도록 예방하고 혁명이 다시 발발하는 것을 방지해야 된다는 견해, ② 1814~1815년에 결정된 국경선을 고수하는 것이 목적이라는 견해, 그리고 ③ 1815년 당시 국제정치질서 전체의 유지가 근본목적이라는 견해가 그것이다. 알렉산드르 I세와 메테르니히는 위의 세 가지 목적을 함께 추구해야 한다고 주장했던 반면에, 카슬레이는 유럽의 연합체제는 단지 ①의 목적만을 달성하면 된다고 주장하였다.

4국 동맹의 규정은 결국 카슬레이의 견해를 반영하게 되었다. 제2조에 보면 혁명적인 원칙이 어떠한 형식을 취하든 다시 프랑스에 나타나서 타국의 평온을 위협하거나 또는 제3조에서 규정하고 있듯이 프랑스가 다시 연합국들을 공격하는 경우에만 4국 동맹 체약국 간에 원조의무casus foederis가 발생한다고 되어 있다. 다시 말하자면 4국 동맹 조약은 혁명 프랑스가 다시 등장해 타국의 평화를 위협하거나 프랑스 국경의 변화가 초래되는 경우에만 동맹이 발동하도록 규정하였다.

이러한 본래의 규정은 시간이 지나면서 변질되고 유럽협조에 틈이 생기게 되었다. 특히 4국 동맹과 프랑스의 관계를 어떻게 설정하느냐에 관해 의견이 대립되었는데 엑스-라-샤펠 회의에서 이 문제가 현실정치의 현안으로 나타났다.

엑스-라-샤펠 회의의 구성 문제

프랑스에 주둔한 연합국의 점령기간이 1818년 11월로 끝나게 되자 4국은 이 문제를 토의하지 않을 수 없었다. 9월 초 4국 동맹 조약 제6조에 의한 정기회의가 처음으로 개최되었는데 참가국의 범위에 관해 처음부터 영국과 러시아가 대립하였다.

러시아는 프랑스와 스페인의 참가를 주장하였다. 러시아에는 프랑스와 동맹을 체결해야 된다고 역설하는 강력한 세력들이 있었는데 프랑스 주재 대사 포조 디 보르고 그리고 네셀로데와 함께 외상을 맡고 있던 카포 디스트리아가 그 대표자들이었다. 카포 디스트리아는 1818년 6월에 4국의 독재를 청산해야 된다고 주장한 바 있다. 포조 디 보르고는 1818년 5월 18일 황제에게 보낸 한 보고문에서 프랑스와 스페인을 정치적으로 파문(罷門)시키는 것은 러시아를 마비시키려는 음모라고 비판하였다. 황제가 7월 10일 포조 디 보르고에게 전한 의견에서는 '일반 동맹'에 프랑스를 참여시키되 프랑스가 기존 조약들을 엄격히 준수한다는 조건이어야 한다고 강조하였다.

프랑스 내에서도 4국 동맹을 와해시키기 위해 먼저 러시아와 협력해야 된다는 의견이 강력하였다. 외상인 리슐리외duc de Richelieu 공이 그 주창자였다. 그는 나폴레옹 시절에 러시아에 망명한 바 있으며 매우 친러적인 성향을 지니고 있었다. 그는 엑스-라-샤펠 회의에 임하면서 자신이 작성한 훈령에서 "프랑스와 다른 국가들의 이익을 위해서 가장 바람직한 정치체제는 5국 동맹의 체제"라고 하면서 4국 동맹을 타파하는 것이 자신의 기본 임무라고 적고 있다.

러시아와 프랑스가 스페인을 회의에 참가시켜야 한다고 주장해서 문제가 더 복잡하게 되었다. 알렉산드르는 스페인을 통해 스페인의 남미지역에 영향력을 행사하려고 하였다. 프랑스는 스페인에 전통적인 이해관계를 갖고 있었고 스페인의 불안정한 국내정치에 간섭함으로써 그 식민지인 남미에 진출하려고 하였다.

러시아와 프랑스의 정책을 영국으로서는 도저히 용납할 수 없었다. 알렉산드르는 엑스-라-샤펠 회의 개최 일자를 9월 중순에서 9월 27일로 연기하면서까지 스페인의 초청을 관철하려고 했으나 영국과 오스트리아의 강경한 반대에 부딪쳐 성공하지 못하였다. 카슬레이는 4국 동맹에 어떠한 국가도 더 가입시켜 이 동맹을 변질시키는 것에 반대했으며 메테르니히도 "유럽의 평온은 본래의 4국 동맹을 그대로 유지하는 것과 밀접히 관련되어 있다."는 것이 그의 지론이었다. 러시아와 프랑스의 결속에 대해 카슬레이는 congress를 개최할 것이 아니라 conference를 소집하자고 제의하였다. 모임의 격을 낮추고 실질적인 토의에 국한하자는 것이었다.

회의가 개최되기 이전에 그 참가 범위와 명칭을 둘러싸고 논쟁이 있었으나 회의가 일단 개최되자 모두들 이 모임을 congress라고 불렀다. 그러나 4국 동맹의 성격과 존속 여부는 프랑스의 대우 문제와 맞물려 그리 간단한 문제는 아니었다.

엑스-라-샤펠 회의(1818년 9~11월)

러시아의 희망에 따라 회의 개최가 연기됐으나 더 이상 연장할 수 없었다. 무엇보다 프랑스 선거법에 따르면 의회의 선거를 1818년 이내에 끝내야 했다. 그리고 리슐리외 공으로서는 선거 이전에 외국군의 철수와 4국과 동등한 위치를 프랑스가 획득하는 것이 급선무였다. 회의 개최 이전에 리슐리외는 카슬레이를 스파Spa에서 만나 이 문제에 대한 영국의 동의를 구하였다. 그러나 4국 동맹에 프랑스가 들어오는 것에 대해 카슬레이는 단호하게 거부하였다. 9월 29일 리슐리외는 알렉산드르 1세를 만나 다시 동의를 구하였다. 그러나 황제도 프랑스 외상이 기대하는 대답을 주지는 않았다. 프랑스는 혁명을 이미 경험했으며 혁명이 다시 일어날 가능성이 있다는 점을 상기시켰다.

따라서 점령군 철수 문제를 먼저 타결해 1818년 10월 9일 4국은 프랑스와 서로 철군협정을 체결하였다. 물론 이 4개의 협정 내용은 동일하였다. 철군의 기한을 늦어도 1818년 11월 30일로 정하였고 1815년 11월 20일 제2차 파리 평화조약 제4조 배상액의 총액을 모두 2억 6,500만 프랑으로 확정하였다.

철군문제가 해결되자 러시아는 유럽정치체제의 변혁이 필요하다고 제의하였다. 이런 제안은 영국의 세계지배에 대한 러시아의 반발을 내포하고 있는 것이다. 철군협정이 서명되기 하루 전인 10월 8일 네셀로데와 카포 디스트리아는 카슬레이와 점령군 사령관 웰링턴에게 비밀각서를 전달하였다. 이 각서는 영국, 오스트리아, 프로이센이 철군 이후 4국 동맹체제의 유지에 관한 러시아의 입장을 문의한 것에 대한 회답이었다.

카포 디스트리아 비밀 각서에서 제안한 이른바 '일반 동맹' 안이 엑스-라-샤펠 회의 중 파문을 일으켰다. 이 '일반 동맹' 제안의 골자는 다음과 같다. 1814~1815년의 조약들로 이루어진 유럽체제는 물질적인 기초와 정신적인 기초에 근거를 두고 있다. 물질적인 기초란 연합국의 프랑스 점령인데 이제 이 기초는 없어지게 되어 정신적인 기초를 더욱 강화해야 된다는 것이다. 정신적인 기초란 (1) 1815년 11월 20일 4국 동맹 조약, 그리고 (2) 1815년에 이루어진 여러 합의들이라는 것이다. 물론 (2)에는 신성동맹 조약이 내포되어 있다. "유럽체제는, 다시 말하거니와, 신의 섭리의 작품인 것이다"라고 강조하고 있다. 알렉산드르는 하나의 선언을 채택해 1815년 조약들의 체약국들을 가입시켜 다음의 사항을 합의하자고 제의한다. (1) 4국 동맹과 일반 동맹은 하나의 불가분의 체제를 형성한다. (2) 이 체제는 모든 권리와 이해들을 보장한다. (3) 이와 별도의 다른 특수한 동맹은 유럽 공법에 있을 수 없다.

이런 제안에 대해 카슬레이가 반대한 것은 말할 필요도 없다. 신성동맹은 국가의 의무를 창출하는 조약이 아니며 4국 동맹을 그대로 유지해야 된다는 것이었다. 카슬레이의 견해는 10월 19일 그가 본국 정부에 보낸 각서에 잘 나타나 있다.

러시아는 이러한 제안과 더불어 실제로 미국과 스페인을 참가시키려는 움직임을 다시 시작하였다. 그러나 오스트리아와 프로이센이 영국의 입장을 지지함으로써 러시아의 계획은 무산되었다.

러시아의 '일반 동맹' 안으로 인한 이견은 일단 조정됐으나 프랑스를 강대국의 대열에서 계속 제외시켜 놓을 수는 없는 일이었다. 그렇게 방치하는 경우 프랑스는 러시아와 손을 잡게 될 것이고 이런 경우를 영국, 오스트리아, 프로이센이 가장 두려워하였다. 그러나 어떤 형식으로 프랑스를 강대국 대열에 참가시키느냐에 대해 의견이 분분했으나 결국 카슬레이의 타협안에 메테르니히가 동의해 타결되었다. 즉 4국 동맹의 원조의무casus foederis는 4국간에 비밀조약으로 계속 유지하고 이 조약 제6조에서 규정한 정기적인 회의에 프랑스를 참여시킨다는 타협안이었다.

10월 19일 4국 간에는 비밀의정서가 성립되었다. ① 4국 동맹 조약 제2조에서부터 5조까지 규정하고 있는 원조의무는 오로지 프랑스에 대한 전쟁의 경우에만 발동하는 것으로서 원형 그대로 유지하고 군사조치에 관한 규정도 그대로 유효하다, ② 이에 관한 4국 간의 합의는 비밀에 부친다, 그리고 ③ 4국 동맹 조약 제6조에 따른 회의에 프랑스를 초청한다는 내용이었다. 4국은 리슐리외 공에게 초청각서를 11월 4일에 보내고 프랑스는 이를 수락한다는 각서를 12일자로 4국에 전달하였다.

회의의 큰 현안들이 타결되자 의정서 작성 작업이 겐츠에 맡겨졌고 4국의 이해를 훌륭히 조정한 문안이 작성되었다. 그리하여 11월 15일 5국 간에 유럽 평화유지에 관한 의정서가 채택되었다.

엑스-라-샤펠 의정서(1818년 11월 15일)의 내용과 의의

이 의정서는 전문(前文), 본문 5개 항목 그리고 부속문서인 5국 정부의 선언으로 구성되어 있다.

전문에서는 프랑스에 유럽체제 내에서 그에 합당한 위치를 부여할 것과 유럽질서를 규정하고 있는 보수적인 원칙들을 보다 더 공고히 할 것을 선언하고 있다. 그리고 본문의 5개 항목 요지는 다음과 같다.

(1) 5국은 기독교의 우애로 뭉쳐진 단결에서 이탈하지 않는다.
(2) 이 단결은 평화의 유지만을 목적으로 하고 있으며 이 평화는 모든 조약의 약속에 대한 종교적인 존중에 근거하고 있다.
(3) 합법적인 국가로 회복된 프랑스는 유럽에 평화를 가져온 현 체제의 유지와 강화에 동의한다.
(4) 위의 목적을 위하여 회의의 개최가 필요한 경우에는 그런 회의 장소와 시기는 사전에 외교통로를 거쳐 결정한다. 만일 회의의 목적이 타국의 이익과 특히 관련된 사항이면 이 회의의 소집은 그 관련 국가의 초청으로 이루어지며 이들 국가의 직접 참여의 권리는 명백히 유보된다.
(5) 이 의정서의 결정사항들은 부속된 5국 정부의 선언에 의하여 모든 국가들에게 공표한다.

'5국 정부의 선언'이라는 독특한 부속문건으로 엑스-라-샤펠 회의의 결과를 세상에 알리게 하였다. 이 선언은 기본적으로 군주들의 약속을 표명하는 형식을 취하였다. 그 내용을 보면 다음과 같다. 철군협정은 제2차 파리 평화협정의 완결로서 5국 군주들은 평화를 보장하는 유럽정치체제의 완성으로 간주한다. 군주들의 이런 긴밀한 단결이 유럽의 평온을 가져오는 것이고 다른 어떤 정치적 연합이나 현존 조약으로 이루어진 관계들의 변동도 있을 수 없다. 군주들은 그 상호관계에 있어서 각국의 독립을 보장하는 국제법의 원칙들을 엄격히 준수한다. 또 각 군주들은 신과 인민에 대한 그들의 의무는 정의, 합의, 절제의 모범을 보여주는 것이다.

이런 내용을 가진 5국 정부의 선언은 국제법과 열강의 독립을 언급한 점에서 영국의 입장을 반영한다고 볼 수 있으나 그 선언이 신을 찾고 있다는 면에서 신성동맹을 강화하고 있다고 할 수 있다. 알렉산드르는 의정서와 5국 정부의 선언이 있던 바로 그날 해외 주재 러시아 공관들에 회한을 발송해 신성동맹의 정신을 다시 한번 강조하고 일반동맹의 내용을 재차 피력하였다.

하여간 엑스-라-샤펠 회의로써 나폴레옹 전쟁의 전후처리는 완전히 끝나게 되었다. 패전국 프랑스는 다시 원상 회복되어 강대국의 지위를 찾게 되었다. 이런 점에서 이 회의는 1925년 로카르노Locarno 회의와 비교된다. 로카르노 조약으로 패전국 독일은 다시 국제사회에 복귀해 국제연맹의 이사국이 돼 제1차 세계대전의 전후처리가 완결되었기 때문이다.

엑스-라-샤펠 회의의 결정으로 프랑스에 주둔한 연합군이 모두 철수하였고 배상문제도 완전히 해결되었다. 그러나 파리가 '혁명의 근원지'라는 신화는 보수 정치인들의 뇌리 속에 깊이 박혀 있어서 4국 동맹이 비밀리에 존속하게 되었다. 이와 같이 4국 동맹과 프랑스를 끌어들인 5두정치pentarchy가 동시에 병존하는 이중구조를 이루게 되었다. 이런 사정도 제1, 2차 세계대전 이후와 유사하다. 제1차 세계대전 이후 국제사회를 조직화한 국제연맹의 규약은 패전국에 대한 평화조약의 일부로 성립된 것이고 국제연합 헌장 제107조는 구적국에 대해 차별규정을 두고 있다.

그러나 외형상으로는 프랑스 재흥의 방지라고 하는 4국 동맹의 명분은 사라지게 되었다. 이에 대신해 열강은 1815년의 조약들로 이루어진 유럽의 질서를 옹호한다는 명분을 내세웠고 그 정신적인 뒷받침이 바로 신성동맹이라고 간주하게 되었다. 이렇게 되자 당시 유럽 전역에서 일고 있던 자유주의적인 움직임과 빈 체제에 대한 반대 운동을 억압하는 이데올로기가 곧 신성동맹이라고 비판을 받게 되었다.

2. 회의외교

빈 체제 반대 움직임과 열강의 탄압

자유주의 운동이나 혁명의 움직임은 특히 오스트리아 존립의 문제로 직결되는 것이다. 광활한 지역에 걸쳐 다민족 국가로 구성된 오스트리아에게 현상변경은 걷잡을 수 없는 소용돌이에 빠져들게 했다. 러시아의 경우도 비슷하였다. 폴란드 경영이 러시아로서는 가장 중대한 문제였고 프로이센은 영토 확장을 도모해야 할 처지에 있어서 군주들의 단결에 호소해야만 하였다. 프랑스는 국내 불만세력 때문에 혁명을 진압하기 위한 해외간섭에 앞장서야 할 처지였다. 문제는 영국의 태도였다. 카슬레이는 외상이면서 동시에 하원의 지도자라는 정치적인 입장이어서 국내 여론에 민감하지 않을 수 없었다. 대륙 정치인들과 너무 친밀하다는 비판을 감안하지 않을 수 없었다. 이제 앞으로는 대륙 국가들과 어떤 정치적인 약속을 해 하원의 토의의 대상이 될 수는 없었고 대륙문제에 깊이 간여할 처지도 아니었다. 그렇다고 대륙 국가들의 간섭 정책에 결코 동조할 수 없는 것이 영국의 기본 입장이었다.

빈 회의 체제에 대한 도전은 엑스-라-샤펠 회의를 거치면서 유럽 각지에서 일어나기 시작하였다. 먼저 독일에서 자유주의 물결이 일기 시작했다. 그런데 메테르니히가 독일의 이런 운동을 아무 거리낌없이 탄압할 수 있었던 것은 영국의 무관심 때문이었다. 카슬레이는 처음부터 독일의 자유주의 운동과 이에 대한 대처는 독일의 문제라고 어느 정도 방관적인 입장을 취하였다.

메테르니히는 1819년 7월 26일 테플리츠Teplitz에 도착해 프로이센의 국왕과 대신들과 자유주의 탄압의 기본방향에 합의하였다. 그리고 8월 6일에서 30일간 칼스바드Carlsbad, Karlsbad, Karlovy Vary에서 독일의 9개국 대신들과 회의를 개최해 일련의 탄압 조치를 결정하였다. 이들 조치는 9월 20일 프랑크푸르트 연방의회에서 연방의 법률로 채택되었다. 경찰의 대학 감시, 언론의 통제와 검열, 그리고 경찰 중앙위원회의 설치가 그 주요내용이었다.

독일에서 성공을 거둔 메테르니히는 다른 지역에서 일고 있는 소요도 탄압하려고 하였고 러시아는 한 걸음 더 나아가 특정한 국가의 단독적인 간섭이 아니라 유럽협조체제의 이름으로 공동으로 간섭할 것을 주장하였다. 그리고 이러한 공동간섭을 토의하기 위한 국제회의의 개최를 요구하였다.

1820년 1월에는 스페인에서 혁명이 일어났다. 스페인 국왕 페르디난드Ferdinand 7세는 1814년 봄 웰링턴 장군이 스페인을 나폴레옹 통치로부터 해방시킨 이후 다시 왕위에 복귀하면서 1812년의 헌법을 채택하겠다고 약속하였다. 그러나 그는 이 약속을 지키지 않았을 뿐 아니라 자유주의 운동을 철저히 탄압하기에 이르렀다. 그는 우매하게도 남미의 구식민지를 다시 탈환하려고 군대를 카디즈Cadiz에 집결시켰다. 그러나 집결한 군대는 도리어 반란을 일으켜 1812년 헌법의 채택을 요구하기에 이르렀다. 국왕은 1823년까지 혁명군의 포로가 되었다.

스페인의 반란은 알렉산드르 1세를 격분시켰다. 그가 스페인을 유럽협조체제에 참가시키려고 했던 사정은 이미 전술한 바 있다. 혁명이 유럽 전역으로 확산되기 이전에 페르디난드 7세를 원조해야 된다고 주장하고 5국의 공동개입안을 카포 디스트리아에게 작성토록 하였다.

그러나 영국이 이런 공동간섭 움직임을 묵과할 수는 없었다. 영국으로서는 확실한 입장의 표명이 필요하게 되었다. 카슬레이는 불간섭을 내용으로 하는 하나의 각서를 작성해 내각의 심의를 거쳐 1820년 5월 5일 이를 확정하고 4개국에 통보하였다. 이 각서는 유럽문제에 대한 영국의 명백한 태도를 밝히고 있는 점에서 중요한 문건이라고 생각된다. 그 핵심내용은 다음과 같다.

> [유럽동맹체제는] 결코 세계의 지배와 타국 내정의 간섭을 목적으로 해서는 안 된다. … 대의제를 채택하고 있는 어떠한 국가도 [이런 간섭원칙에 따라] 행동할 수는 없다. … 영국은 예방이라는 추상적이고 상상적인 원칙에 입각하여 행동할 수도 없다. 유럽동맹체도 당초에는 그러한 목적을 가진 바 없다. 따라서 영국은 유럽동맹체가 현실적인 위험으로부터 위협을 받고 있는 경우에만 행동할 것이다.

이제 유럽협조체제는 간섭이냐 불간섭이냐 하는 문제를 놓고 기로에 서게 되었다.

1820년 7월에는 이탈리아의 나폴리 지방에서 반란이 일어났다. 빈 회의 이후 이탈리아 각지에서는 오스트리아의 지배에 반대하는 여러 비밀결사들이 등장해 정부들을 전복하려는 운동이 일어났다. 이런 비밀결사 중에서 가장 유명한 것이 카르보나리Carbonari였으며 나폴리 지방이 그 활동의 중심지였다. 이 결사에 소속된 페페G. Pepe 장군이 이끄는 혁명군은 스페인 혁명에 고취되어 7월에 반란을 일으켜 국왕 페르디난드 1세에게 자유주의 헌법을 요구하였다. 이러한 사태가 오스트리아에게는 가장 심각한 문제가 아닐 수 없었다. 만일 이런 반란이 독일 내의 소요와 연결된다면 다민족 국가인 오스트리아의 존립 자체에 관련되는 것이었다.

트로파우 회의(1820년 10~12월)와 라이바흐 회의(1821년 1~5월)

스페인의 경우와는 달리 영국은 오스트리아가 이탈리아에 대해 간섭할 수 있는 국제법상의 권리가 있다고 양해하였다. 1815년 5월 페르디난드 1세가 나폴리 국왕으로 복위하면서 오스트리아와 나폴리는 조약을 체결해 오스트리아의 동의 없이 페르디난드는 헌정 질서의 변경을 할 수 없도록 약속하였다. 카슬레이와 웰링턴은 런던 주재 오스트리아 대사에게 이 점을 명백히 이해한다고 말해 주었다.

러시아와 프랑스는 다시 유럽협조체제의 회의를 소집해 공동 개입하려고 추진하였다. 오스트리아가 자국의 세력범위 문제를 국제회의에 회부하는 데 동의할 리가 없었다. 그러나 특히 러시아의 군대가 자국의 북부 국경에 집결되어 있는 상태에서 열강의 동의 없이 이탈리아에 군사적인 개입을 단행한다는 것도 부담이 아닐 수 없었다.

알렉산드르가 프랑스와 함께 국제회의의 소집을 계속 요구하자 메테르니히는 알렉산드르와 직접 회동해 그를 설득시키는 것이 상책이라고 생각하게 되었다.

메테르니히는 영국과 러시아의 대립을 해소하기 위하여 타협안을 마련하여 타결하였다. 즉 회의congress는 오스트리아, 러시아, 프로이센 3군주의 회의로 하고 영국은 옵서버로 참석한다는 형식이었다. 프랑스는 최후 단계에 와서 난처한 입장에 처하게 되었다. 러시아와 손을 잡고 5두정치에서 발언권을 강화하는 것도 중요하지만 러시아와 너무나 밀착돼 반동의 표적이 되는 것도 두려웠다. 그리하여 영국의 경우와 같이 옵서버만을 파견키로 하였다. 프랑스의 옵서버는 오스트리아의 개입을 저지하기 위해 러시아와 협력하라는 훈령을 받았는데 영국의 옵서버인 카슬레이의 이복동생이며 빈 주재 대사 스튜어트C. Stewart는 어떠한 의정서의 채택도 반대하라는 본국 정부의 훈령을 받았다.

트로파우(Troppau. Opava 또는 Oppa라고 칭하는 오데르 강 입구의 체코 도시)와 라이바흐(Laybach, Ljubljana, Lyublyana 등 여러 명칭을 갖고 있는 슬로베니아 지방의 도시) 회의는 메테르니히의 승리로 끝났다. 트로파우 회의의 형식도 오스트리아의 입장을 반영하게끔 고안되었다. 회의는 주로 세 군주의 사적인 모임이었고 영국과 프랑스의 옵서버가 참석하는 형식적인 전체 회의는 간혹 개최될 뿐이었다. 메테르니히는 매일 저녁 알렉산드르와 만나 나폴리 혁명은 파리에서 조종하고 있다는 비밀보고들을 제시하면서 혁명의 근원지는 바로 파리라고 설득하였다. 결국 러시아와 프랑스를 이간시키는 데 성공하였다.

1820년 11월 19일 세 군주들은 '예비 의정서'에 합의하였다. 이 문서는 메테르니히의 정치적인 입장과 알렉산드르의 구상을 그대로 반영하였다. 이 예비 의정서는 원칙(1, 2, 3항목)과 적용(4, 5, 6, 7항목)이라는 두 부분으로 구성되어 있는데 주요 내용은 다음과 같다.

(1) 혁명을 일으켜 타국을 위협한 국가는 다시 법질서와 안정이 회복될 때까지 유럽동맹체에서 제외된다.
(2) 유럽동맹의 국가들은 불법적인 수단으로 야기된 변경을 승인하지 않는다.
(3) 인접국가에게 위험을 초래시킨 국가에 대해서 유럽동맹의 국가들은 그 국가가 다시 유럽동맹의 품안으로 돌아오게 하기 위해 우호적인 항의로부터 시작하여 강제적인 조치에 이르기까지 모든 필요한 조치를 취한다.
(4) 나폴리의 사태가 위 원칙에 위배된다.
(5) 따라서 군사적인 조치를 취하며 점령군은 오스트리아군이 담당한다.
(6) 세 군주들은 특별 전권대표를 임명해 회의를 구성하여 나폴리의 모든 문제를 다룬다.
(7) 트로파우 회의는 나폴리 국왕 문제가 해결될 때까지 그리고 영국과 프랑스가 이 의정서에 동의할 때까지 개최한다.

이들 3국은 여기에서 머물지는 않았다. 그들은 12월 8일 그들의 해외공관에 하나의 회한(回翰)을 발송하였다. 그 내용은 예비 의정서와 비슷한 것이지만 더 구체적인 내용을 담고 있다. 스페인, 나폴리 등지에서 일어난 사태는 평온을 바라는 모든 사람들의 근심거리라고 전제하면서 혁명과 죄악으로부터의 구제는 오로지 1814년, 1815년 그리고 1818년의 모든 협정들에 의해 구성된 동맹체만이 할 수 있다고 말하고 있다. 또 열강은 혁명으로 전복된 정부들을 회복시키고자 노력하였고 동맹 군주들은 폭동으로 성립된 정부를 승인치 않을 것이며 나폴리 사태는 오로지 나폴리 국왕을 교섭의 대상으로 삼는다고 천명하였다.

이렇게 되자 영국정부는 명백한 의사를 밝힐 필요가 있게 되었다. 카슬레이는 1821년 1월 19일 영국의 해외공관에 회한을 발송하였다. 그는 여기에서 위의 세 군주들의 회한이 없었다면 영국 정부는 트로파우 회의에서 이루어진 합의들에 관해 논평조차 할 필요가 없었으나 더 이상 침묵을 지킬 수 없다고 전제하고, 영국은 그런 합의들의 당사자가 결코 될 수는 없으며 예비 의정서라고 하는 것은 국제법의 위반이라고 못박았다. 카슬레이와 메테르니히의 이런 이론적인 대립은 양국의 국가 정책적인 대립으로는 발전하지 않았다. 결국 나폴리 개입에 오스트리아가 열강의 동의를 받게 되었다.

트로파우 회의의 한 가지 흥미 있는 결정은 나폴리 국왕 페르디난드를 회의에 초청한 것이었다. 페르디난드의 요청이 있어야 오스트리아는 간섭할 수 있었기 때문이다. 그리하여 1821년 1월부터 라이바흐에서 다시 회의가 속개되었다. 이런 점에서 라이바흐 회의는 트로파우 회의의 연장이다.

나폴리 의회는 국왕이 헌법과 혁명을 옹호한다는 조건으로 그의 출국을 허용하였다. 그러나 그는 라이바흐에 도착하기도 전에 의회와의 약속을 깨고 다른 이탈리아의 군주들과 함께 그동안 오스트리아가 취한 모든 조치에 동의한다고 선언하였다.

그는 메테르니히가 구상한 개혁안을 갖고 나폴리에 돌아가는 것을 주저하였다. 이에 메테르니히와 겐츠는 페르디난드가 모든 개혁안을 수락하고 오스트리아의 군사개입을 요청한 회의들이 있었던 것처럼 조작하였다. 그리하여 오스트리아군은 큰 어려움 없이 1821년 3월 나폴리 혁명정부를 전복하고 페르디난드를 복위시켰다.

한편 나폴리에 간섭을 하려는 시점에 피에드몬트 지역에서도 혁명이 발발했으나 이 사태도 오스트리아군의 원조를 받은 사르디니아의 정부군이 혁명세력을 진압해 메테르니히가 희망하는 방향으로 해결되었다.

세 군주들은 회의를 끝내면서 5월 12일 발표한 공동선언에서 트로파우 회의의 결정을 다시 확인하고 나폴리와 피에드몬트 지역의 혁명이 유럽 평화를 저해했지만 신의 섭리에 따라 이들을 진압했노라고 세상에 알렸다.

두 차례의 회의를 거치면서 유럽협조체제의 성격은 크게 변모하였다. 본래 4국 동맹의 목적은 1814~1815년의 모든 조약들을 보장하는 것이고 타국의 내정에 간여할 수 있는 경우는 프랑스의 재흥에만 국한되어 있었다. 그러나 트로파우 회의에 이르러서는 혁명에 의해 설립된 모든 정부에 대항하며 이른바 정통정부를 지원하는 것이 유럽협조체제의 목적이 되었다. 이런 점에서 엑스-라-샤펠 회의의 결정과도 다르다. 후자의 경우에는 분쟁 당사국의 요청이 있어야만 타국의 내정 문제를 검토할 수 있었지만 트로파우 회의에서는 일반적인 간섭권을 결정하였다.

영국은 공식적으로는 이들 결정에 반대 입장을 명백히 했으나 간접적으로 그리고 배후에서는 오스트리아의 입장을 지지하였다. 프랑스는 완전히 고립된 사정은 전술한 바 있다. 위의 5월 12일자 공동선언을 발표하면서 세 군주들은 프랑스와 아무런 사전 협의도 거치지 않았다. 트로파우 회의는 러시아, 오스트리아, 프로이센 세 군주의 회의였으며 이들이 바로 신성동맹의 최초 서명국이었다. 그리고 이들 회의에서 이루어진 문건들의 내용이나 표현방식이 알렉산드르의 신성동맹적인 구상을 나타내 주고 있었다. 신성동맹, 유럽협조체제, 반혁명이 모두 같은 의미로 사용되었다.

베로나 회의(1822년 10~11월)

이 회의는 유럽협조체제를 좁은 의미로 해석하는 경우 그 시기의 마지막 회의congress다. 그 참석 인원이나 축제의 규모는 상당하였다. 회의 장소도 당초에는 플로렌스Florence로 결정됐으나 혁명의 분위기가 남아 있다고 해 메테르니히는 오스트리아의 비밀경찰이 장악하고 있던 동북부 이탈리아의 도시 베로나Verona로 변경하였다. 원래 이 회의는 이탈리아 문제를 토의하기 위해 소집되었다. 피에드몬트, 나폴리에서 메테르니히가 제의한 반혁명 조치들이 어떻게 실현되었는가를 토의하려고 하였다.

카슬레이가 이탈리아 문제의 토의를 거절하자 메테르니히는 당시 현안으로 등장한 그리스 문제를 토의하는 빈 주재 열강의 대사 회의를 열고 여기에 카슬레이를 초청해 평화 문제를 논의코자 하였다. 그러나 카슬레이의 8월 12일 자살로 유럽협조체제 자체에 문제가 생기게 되었다. 후임으로는 그의 최대 정적인 캐닝G. Canning이 결정됐으나 임명되기까지는 5주일이나 지체돼 웰링턴이 대표가 되었다. 그리하여 웰링턴은 카슬레이가 작성한 훈령을 갖고 베로나로 떠났으나 곧 캐닝의 훈령도 다시 받게 되었다. 이 훈령은 영국은 어떠한 경우라도 스페인 간섭의 당사자가 되는 것을 금지하였다.

한편 회의의 주제를 이탈리아 문제로 결정했던 당초의 계획도 크게 변질되었다. 회의 개최를 전후해 나타난 그리스 문제와 1820년 이후 스페인 사태의 문제가 야기돼 본래의 의제는 부차적인 것으로 되어 버렸다. 사실 그리스와 스페인 문제는 별개의 것이었으나 이 회의에서는 밀접히 연결되었다. 동방에 대한 러시아의 진출을 저지하기 위해서는 혁명의 진압을 요구하는 러시아의 제안을 토의하지 않을 수 없던 열강의 태도 때문이었다.

스페인에 개입하려는 알렉산드르의 의도에 관해서는 이미 전술한 바 있다. 그런데 1822년 4월 혁명군의 포로가 된 국왕 페르디난드 7세가 알렉산드르에게 구원을 요청하였다. 이 사건으로 알렉산드르는 다시 스페인 개입의 의지를 보여 개입할 국제군의 창설을 제안하고 나섰다. 그는 이런 국제군의 창설로 스페인뿐 아니라 정치상황이 불안한 프랑스의 국내 문제도 해결할 수 있다고 믿었다. 그러나 러시아 군대가 자국의 영토를 통과하는 것을 오스트리아, 프로이센, 프랑스 그 어떤 국가도 묵과할 수는 없었다.

러시아의 제안을 찬성하는 일부 프랑스의 대표들이 있어서 문제가 더욱 복잡하였다. 몽모랑시M. Montmorency는 국제군의 창설을, 라 페로네이P.-L. de La Ferronays, 그리고 유명한 작가이자 영국 주재 대사였던 샤토브리앙F.-R. de Chateaubriand은 프랑스의 독자적인 개입을, 그러나 빈 주재 대사인 카라망V.-L. de Caraman은 개입 자체를 반대해 혼선을 일으켰다.

그리스 독립 문제도 현안이었다. 이 문제는 후술하겠으나 당시 알렉산드르는 독립운동에 부정적인 태도를 갖고 있었다. 이것은 메테르니히의 설득이 주효한 결과이기도 하였다. 알렉산드르는 그리스를 3개의 공국으로 만들고 이들 공국의 법적 지위는 오토만 제국의 다른 공국들과 같은 것으로 하려고 하였다. 다시 말하자면 오토만 제국에 조공을 바치고 터키의 군대를 주둔시키되 일정한 자치를 향유한다는 것이었다. 물론 알렉산드르는 이들 3공국을 그의 영향하에 두려는 의도였다. 러시아의 진출에 오스트리아와 영국이 반대하지 않을 수 없었다. 메테르니히의 역할은 미묘하게 되었다. 간섭을 저지하면서 동시에 러시아와 프랑스를 소외시키지 않게 유럽의 정신적인 단결을 보여 주어야 하되 영국이 떠나갈 정도로 강한 단결은 아니어야 하기 때문이다.

메테르니히는 이런 역할을 훌륭하게 수행할 수 있었다. 그것은 무엇보다 영국의 협력 때문이었다. 사실 빈 체제의 운영은 영국과 오스트리아의 협력이 전제조건이었다. 두 나라의 공동보조로 조건이 충족되어 러시아의 공동간섭안이나 프랑스의 단독개입 주장도 이 회의에서는 저지될 수 있었다.

회의를 끝내면서 러시아, 오스트리아, 프로이센 세 군주들은 그들의 해외공관에 회한을 발송하였다. 여기에서 그들은 혁명 원칙에 단호히 반대한다고 하면서 그리스 혁명을 비판하고 스페인으로부터 그들의 공관을 철수한다고 밝혔다. 이렇게 하여 회의는 메테르니히의 뜻대로 일단 종료하였다.

프랑스군의 스페인 진주

프랑스는 전통적으로 스페인을 자국의 영향권 안에 있다고 여겨 왔다. 베로나 회의를 전후해 스페인 문제를 프랑스가 적극적으로 들고 나오게 된 배경에는 나폴레옹 전쟁 이후의 프랑스 국내사정과 밀접히 관련돼 있다. 나폴레옹이 몰락하자 그의 최고 장군들 18명이 1815년 군법회의에 송치됐고 새로운 지휘관들은 모두 기왕의 귀족층에서 임명되었다. 1818년에는 1만 6,000명의 장교들이 봉급을 반으로 지급 받았고 이들은 일정한 장소에서만 생활해야 되고 특별한 허가를 받고서야 다른 지역에 갈 수가 있었다. 그리고 많은 하사관들은 사병으로 강등돼 투기꾼으로 전락하여 떠돌이 생활을 하든가 카페에 앉아 화려했던 과거를 회상하였다. 그리하여 프랑스 정부로서는 이들 불만 세력을 무마하기 위해 스페인 간섭이 필요했고 또 프랑스의 권위를 높인다고 판단하였다.

베로나 회의가 개최되기 이전부터 프랑스의 무기와 보급품이 스페인의 반혁명군에 공급되었고 프랑스-스페인 국경지역에는 이미 프랑스의 감시군이 파견되었다. 그러나 베로나 회의 중에는 특히 영국의 반대와 프랑스 내부의 의견 불일치로 프랑스 단독 개입이 허용되지는 않았을 뿐이다.

그러나 1823년 1월 프랑스 외상 몽모랑시가 물러나고 샤토브리앙이 그 후임자가 되면서 사정은 변하였다. 샤토브리앙은 프랑스의 영광을 되찾는 데 열성적이었고 장차 프랑스의 내각을 장악하려는 야심에 찬 인물이었다. 그는 프랑스가 단독으로 스페인에 개입해 문제를 해결하려고 하였다. 이렇게 되자 프랑스의 우익들 그리고 군대 내의 자유주의 세력들이 반발하고 영국은 프랑스를 견제하였다. 이에 간섭 세력들은 우익들의 반대가 있자 간섭에 더 박차를 가하였고 영국의 위협이 있자 러시아와의 접근을 더 추진하였다. 프랑스 정부는 1월 말 드디어 스페인에 최후통첩을 보내고 3월 말에는 스페인에 진주하였다. 그리고 9월에 이르러서는 모든 혁명세력이 진압되었다. 프랑스 군대는 그 후 5년간 스페인에 주둔하였다.

프랑스의 단독 개입 움직임이 있자 캐닝은 이를 저지하기 위해 여러 가지 노력을 경주하였다. 조정을 제의한다든가, 스페인 혁명군에게 헌법을 개정토록 요구한다든가, 중립을 선언해 스페인이나 다른 지역에서 영국이 군사행동을 취할지 모른다고 위협하는 등 여러 방향을 모색했으나 허사였다. 그리하여 캐닝은 1823년 3월 31일자로 파리 주재 영국 대사 스튜어트C. Stuart에게 세 가지 조건을 프랑스가 동의하면 영국은 스페인 문제에 중립을 지키겠다고 샤토브리앙과 타협토록 하였다. 세 가지 조건이란 ① 프랑스는 스페인을 영구히 점령하지 않으며, ② 포르투갈의 독립과 국경은 존중하고, ③ 프랑스는 스페인의 아메리카 식민지 문제에 관해 아무런 요구도 하지 않는다는 것이었다. 이에 따라 프랑스는 단독으로 군사개입을 단행할 수 있었다.

트로파우 회의를 계기로 분열을 나타내기 시작한 유럽협조체제는 베로나 회의를 거치면서 끝내 와해될 조짐을 보이게 되었다. 영국의 반대를 무릅쓰고 프랑스가 스페인에 간섭하게 되자 캐닝은 복수할 것을 결심하였다. 그는 유럽협조체제의 붕괴를 공공연히 선언하기에 이르렀다. "동맹 대신에 영국을 읽으시오. 그러면 당신은 내 정책의 실마리를 갖는 것이오."라고 공언하였다. 그는 복수의 계기를 아메리카, 포르투갈 또는 중동 지역에서 찾고 있었다. 그는 먼저 프랑스로부터 다시는 외국에 간섭하지 않겠다는 서면 약속을 빌렐르J. de Villèle 수상과 폴리냑J. de Polignac 런던 주재 대사로부터 받아냈다.

유럽협조의 와해 분위기는 영국과 오스트리아의 협력이 전과 같지 못하게 됐다는 데에도 그 원인이 있다. 유럽협조체제는 알렉산드르, 카슬레이, 메테르니히의 개인적인 유대에 입각한 면도 있었다. 그러나 카슬레이가 세상을 떠나고 1825년에는 알렉산드르마저 사라지자 좁은 의미의 유럽협조체제는 그 역할을 다하게 되었다.

3. 유럽협조체제와 미국 — 먼로주의

배경

1823년 12월 3일 미국 대통령 먼로J. Monroe가 의회에 제출한 연두교서에서 밝힌 몇 가지 원칙을 '먼로주의'라고 부른다. 그런데 당시 미국의 국력으로 보아 이 선언은 확실히 과감한 내용을 지니고 있다고 볼 수 있다. 그러나 그와 같은 선언을 하게 된 배경이 있었는데 하나는 1821년 9월 초 러시아 황제의 칙령이었고 다른 하나는 프랑스가 스페인의 아메리카 구식민지에 영향력을 행사하려는 움직임이었다.

알렉산드르 1세가 스페인을 통해 아메리카 대륙에 영향력을 행사하려는 의도를 갖고 있었음은 전술한 바 있다. 위 칙령은 그런 의도의 정책적인 표현이었다. 이 칙령에 의하면 베링 해협으로부터 시작하여 북위 51도에 이르는 북아메리카 서북연안 전역에서의 상업, 어업, 포경업(捕鯨業) 등의 활동을 러시아 국민에게만 국한해 허용한다는 것이다. 더욱이 외국 선박은 위의 연안뿐만 아니라 연안에서 100마일에 달하는 해역(海域)의 출입을 금지한다는 내용이었다. 미국 정부는 곧 러시아에 항의하였고 먼로의 연두교서에 나오는 비식민원칙(非植民原則)은 당초 러시아를 겨냥한 정책선언이었다.

프랑스가 스페인의 구식민지에 영향력을 행사하려고 하였다는 것은 전술한 바 있다. 프랑스의 스페인 간섭 자체가 캐닝의 정책적 실수였음도 전술한 바 있다. 프랑스의 움직임에 대해 캐닝은 먼저 미국과 함께 대처할 것을 구상하고 공동선언을 제안하였다. 그러나 런던 주재 미국 대사 러시R. Rush는 공동선언의 전제조건으로 이미 독립한 아메리카 대륙의 구식민지 국가들을 영국이 승인할 것을 요구하였다.

이에 캐닝은 프랑스와 직접 교섭하기로 결심하게 되었다. 카디즈Cadiz 사태 이후 그는 런던 주재 프랑스 대사 폴리냑과 일련의 회담을 가진 바 있었고 그 결과 전술한 바와 같이 프랑스는 장차 스페인의 구식민지 지역에 어떠한 영향력도 행사하지 않겠다는 서면약속을 받아내었다. 따라서 영국으로서는 미국과의 공동선언이 필요 없게 되었다.

그런데 영국이 이 프랑스의 약속을 미국에 통고하였는지의 여부에 관해서는 의견이 나누어져 있다. 영국이 미국에 통고했다면 먼로의 연두교서란 이미 프랑스의 양보를 받아낸 영국의 우산 밑에서 이루어진 정책선언이라고 볼 수 있다. 반면에 영국의 통고를 받지 않았다면 미국은 실로 과감한 행동을 하였다고 볼 수 있다. 애덤스Q. Adams의 공적을 높이 평가하는 견해는 물론 후자의 의견에 입각하고 있는 것이다. 미국의 먼로선언으로 유럽 동맹체는 붕괴의 위기에 직면하게 되었다.

내용

미국 외교정책의 기본적인 이데올로기로서의 역할을 하게 될 먼로 대통령의 연두교서의 내용은 세 가지로 집약된다.

첫째, 아메리카 대륙은 유럽 열강의 식민(植民)의 대상이 될 수 없다는 점이다. "아메리카 대륙들은 그들이 지금까지 채택하여 유지해 온 자유롭고 독립적인 환경에 의해서, 어떠한 유럽 국가에 의해서건 간에 장차 그 식민의 주제로서 간주될 수는 없다."

둘째, 아메리카와 유럽의 정치제도는 서로 상이하다고 전제하면서 유럽 국가에 의한 아메리카 대륙 간섭은 비우호적인 것이라고 선언하고 있다. "우리들은 우리 미국과 (유럽) 열강 사이에 존재하고 있는 솔직함과 우호관계에 힘입어, 유럽 열강들이 그들의 체제를 이 서반구(西半球)에 확장하려는 어떠한 기도(企圖)도 우리의 평화와 안전에 위험스러운 것으로 간주한다고 선언하는 바이다. 유럽 국가의 어떠한 식민지나 부속지에 관하여도 우리는 개입하지도 않았고 또 개입하지도 않을 것이다. 그러나 이미 독립을 선언하여 유지하고 있으며 우리가 … 이미 (그 독립을) 인정한 그러한 정부들에 대하여 어떠한 유럽국가도 이들을 억압할 목적으로 … 간섭한다면 우리는 이것을 미국에 대한 비우호적인 경향이라고 간주하는 바이다."

끝으로, 미국은 유럽 열강의 국내 문제에는 전혀 관여하지 않겠다는 점을 천명하고 있다. "… 유럽에 대한 우리의 정책은 유럽 지역을 오랫동안 유린했던 전쟁(나폴레옹 전쟁을 지칭: 저자) 초기에 채택하였던 것과 같이 어떠한 유럽 국가의 국내 문제에도 개입하지 않는다는 것이다. …"

이와 같이 먼로 연두교서의 핵심은 비식민(非植民)과 불간섭 원칙으로 요약될 수 있다.

의의

먼로 대통령의 연두교서의 이러한 내용이 19세기 중반에 이르러 먼로주의라고 불리면서 미국 외교정책의 기본적인 명분으로 등장하였다. 1843년 12월 민주당 전당대회에서 반대당인 휘그 당Whigs을 공격하기 위한 표어로 먼로주의Monroe Doctrine(당시에는 Monroe's Doctrine이란 용어를 사용)를 채택하였다. 휘그 당 소속 국무장관인 웹스터D. Webster는 멕시코로부터 캘리포니아를 획득하는 데 영국이 지원하는 대가로 영국에게 콜롬비아 강 이북의 태평양 연안의 남서지역, 즉 오리건을 양보하려고 하였다.

이와 같은 정치협상을 반대하는 명분으로 먼로주의가 등장하였으며 민주당은 휘그 당의 계획이 "평화를 위태롭게 하며 아메리카 대륙들이 유럽 식민의 대상이 될 수 없다는 먼로주의의 폐기"라고 비난하였던 것이다.

당초 먼로주의는 이와 같이 아메리카 대륙은 유럽 팽창의 대상이 될 수 없다는 소극적인 내용이었다. 그러나 19세기 중엽 이후로 미국은 아메리카 대륙에서 지배적인 위치를 가져야 되며 이러한 미국의 노력에 유럽은 관여할 수 없다는 팽창주의적 명분으로 변모하였다. 이 명분은 미국인들에게는 일종의 종교적인 신념으로 뿌리박게 되었다.

유럽 열강의 내부 문제에는 관여하지 않겠다는 먼로선언의 내용은 20세기에 들어서면서 세계국가로 발돋움한 미국에게는 적용될 수 없게 되었다. 그러나 미국의 국익이 고립을 취하게 되면 그런 고립은 또 먼로주의로써 분식되기도 하였다.

먼로주의란 어떤 고정된 실질을 지칭하는 것이 아니라 특정 시기의 미국 국익을 정당화해 주는 미국 외교정책의 이데올로기라고 볼 수 있다.

주요문헌

(가) 사료

빈 회의와 관련해 열강의 문서고를 본격적으로 열람하기 시작한 것은 웹스터C.K. Webster 교수가 처음일 것이다. 그 후 이 방면에 획기적인 연구를 발표한 것은 크레헤E. Kraehe 교수의 연구(1983)인데 여러 문서고의 현황에 관해서는 이 저서 말미의 문헌해제를 보면 될 것이다. 빈 회의와 신성동맹에 관한 문서집, 외교문서집, 서한집, 회고록 중 중요한 것을 들면 다음과 같다.

Angeberg, Comte d', ed.(원명은 E.J.B. Chodko), *Le Congrès de Vienne et les Traités de 1815*, 4 vols., Paris, 1864. 빈 회의에 관한 여러 조약과 문서를 망라한 중요한 문서집임.

Bertier de Sauvigny, Guillaume de, *La Sainte-Alliance*, Paris, 1972. 소책자이지만 신성동맹에 관한 일급 자료집임.

Campbell, Neil, *Napoleon at Fontainebleau and Elba*, London, 1869. 엘바 섬에서 나폴레옹을 호위한 연합군 책임자의 회고록.

Capodistria, Ioannes Antonios, "Aperçu de ma carrière politique depuis 1798 jusqu'à 1822," *Sbornik russkogo istoricheskogo obshchestva*(러시아 역사협회 논문집), t. III, 1868. 1815~1822년 동안 네셀로데와 외상을 같이 맡아 실질적인 외교정책의 책임을 담당한 카 포 디스트리아의 회고담.

Castlereagh, Viscount, Robert Stewart, *Memoirs and correspondance of Viscount Castlereagh, Second Marquess of Londonderry*, Charles Vaine, 3rd Marquess of Londonderry, ed., 12 vols., London, 1848~1853. 카슬레이의 문서가 빈 회의 연구에 필수적인 것은 물론임. 그러나 웹스터 교수가 카슬레이 가문의 문서들을 검색한 결과 카슬레이의 동생이 편집한 이 서한집에는 중요한 서한들이 누락되고 일부 서한들은 고쳐지고 삭제되었다고 함. 누락된 문건들은 웹스터 교수가 그의 저서 부록에 게재하였음.

Cisternes, R. de, "Les conférences d'Aix-La-Chapelle d'après la correspondance inédite du Duc de Richelieu," *Cosmopolis*, 1897, t. 5, pp. 762-779; t. 6, pp. 150-164. 엑스-라-샤펠 회의 기간 중 리슐리외 공이 루이 18세에 보낸 보고문들임.

Cochelet, L.(Mme Parquin), *Mémoires sur la reine Hortense*, 4 vols., Paris, 1836~1838. 알렉산드르 황후의 측근인 코셀레의 회고록.

Czartoryski, Adam H., *Mémoires du prince Czartoryski et correspondance avec l'Empereur Alexandre Ier*, 2 vols, Paris, 1887. 영어본은 1888년 런던에서 2책으로 나옴. 빈 회의에 관한 중요 자료임.

Empaytaz, H.L., *Notice sur Alexandre, empereur de Russie*, Genève, 1828. 크뤼데너 부인을 자주 대동한 선교사 엠페이타즈의 회고.

Gentz, Friedrich von, *Fragments upon the balance of power*, London, 1806. 독일본의 영역임.

———, *Dépêches inédites du chevalier de Gentz aux Hospodars de Valachie pour servir à l'histoire de la politique européenne [1813 à 1828]*, Anton Prokesch von Osten, ed., 3 vols., Paris, 1876~1877.

———, *Briefe von und an Friedrich von Gentz*, Friedrich Carl Wittichen and Ernst Salzer, eds., 3 vols., Munich, Berlin, 1910~1913. 겐츠의 자료들은 중요함. 그의 서한이나 자료들은 여럿 있으나 위의 세 가지가 기본 자료임.

Humboldt, Wilhelm von, *Wilhelm von Humboldt Gesammelt Wilhelm von Humboldt Gesammelte Schriften*, Albert Leitmann et als., eds., 17 vols., 1903~1936; 재판, Berlin, 1967~1968.

———, *Wilhelm und Caroline von Humboldt in ihren Briefen*, Anna von Sydow, ed., 7 vols., 1907~1918; 재판, Osnabrück, 1968. 빈 회의 당시 프로이센 입장을 알기 위한 기본자료임.

Klüber, Johann Ludwig, ed., *Acten des Wiener Congresses in den Jahren 1814 und 1815*, 9 vols., Erlagen, 1815~1835.

———, *Übersicht der diplomatischen Verhandlungen des Wiener Congresses überhaupt und insonderheit über wichtige Angelegenheiten des deutschen Bundes*, 3 vols., Frankfurt am Mein, 1816. 프로이센의 정치인이며 저명한 국제법학자인 편자의 빈 회의에 관한 이 문서집은 거의 완벽한 것으로 평가받고 있음.

Krüdener, Julie de, *Le Camp de Vertus*, Paris, 1815. 크뤼데너 부인의 딸 줄리에트의 베르튜에서 있었던 러시아 군대 사열의 회고.

Krug, Wilhelm Traugott, *Gespräch unter vier Augen mit Frau von Krüdener*, Leipzig, 1818. 하이델베르크 대학 철학 교수 크루크의 크뤼데너 부인과의 비밀 회견록. 1858년에 출판된 Armand d'Allonville 회고록 13책에도 게재되어 있음.

La Harpe, Frédéric-César de, *Correspondance de Frédéric-César de la Harpe et Alexandre Ier*,

Jean Charles Biaudet & Françoise Nicod, eds., 2 vols., Neuchâtel, 1978~1979. 알렉산드르의 개인 교사였던 공화주의론자 라 아르프의 서한집임.

Hertslet, Edward, *The Map of Europe by Treaty, 1814~1875*, 4 vols., London, 1875. 영국 외무성 사서였던 편자의 이 조약집은 훌륭한 자료집임. 빈 회의와 관련해서는 제1책과 제3책 부록을 참조할 것.

Hurewitz, J.C., *Diplomacy in the Near and Middle East: A Documentary Record*, vol. 1, 1535~1914, N.Y., London, 1956. 이슬람 역사의 권위자인 편자는 각 문서마다 훌륭한 해설을 하고 있음.

Ley, Francis, *Alexandre Ier et sa Sainte-Alliance avec des documents inédits*, Paris, 1975. 이 책은 알려지지 않았던 여러 미간문서들이 소개되고 있음. 또 신성동맹에 관한 미간자료들의 소재도 밝히고 있음(pp. 317-320).

Martens, Fedor Fedorovich, ed., *Recueil des traités et conventions conclus par la Russie avec les puissances étrangères*, 15 vols., St. Petersburg, 1874~1909. 러시아의 저명한 국제법 학자인 편자의 이 조약집은 단순한 조약들의 모음이 아니라 조약체결에 이르는 여러 문건들을 포함하고 있음. 빈 회의와 관련해서도 러시아의 여러 문서들을 게재하고 있음.

Metternich, Clemens Lothar Wenzel von, *Mémoires, documents et écrits divers laissés par le prince de Metternich*, ..., 8 vols., A. de Klinckowstroen, ed., Paris, 1880~1884. 메테르니히의 문서들은 영어, 독일어, 프랑스어로 동시에 출간됐는데 게재된 문서들의 대부분이 원래 프랑스어로 돼 있기 때문에 이들 판본 중 프랑스어로 된 책이 가장 좋음.

Mikhailovich, Grand-Duc Nicolas, *L'Empereur Alexandre Ier*, 2 vols., Saint-Petersbourg, 1912. 이 자료집에는 알렉산드르의 여러 미간 서한들이 수록되어 있음.

Nesselrode, Charles Robert, *Lettres et papiers du chancelier comte de Nesselrode 1769-1850*, 11 vols., A. de Nesselrode, ed., Paris, 1904~1912. 러시아 외상 네셀로데의 자료임. 제2책에는 1814년까지의 자서전이 실려 있음.

Pozzo di Borgo, C.A., *Correspondance diplomatiques du comte Pozzo di Borgo*, 2 vols., Paris, 1890~1897. 특히 러시아의 프랑스, 이탈리아 정책에 관해 중요한 자료임.

Pradt, Dominique de, *The Congress of Vienna*, 1823?. 프랑스 대표단으로 회의에 참가한 사람의 기록임.

Stein, Heinrich Friedrich Karl vom, *Freiherr vom Stein: Briefe und amtliche Schriften*, Erich Bozenhart & Walther Hubatsch, eds., 10 vols., Stuttgart, 1957~1974. 독일문제에 중요한 자료임.

Stourdza, Roxandre, *Mémoires de la comtess Edling(née Stourdza), demoiselle d'honneur de Sa Majesté l'Imperatrice Elizabeth Alexeevna*, Moscou, 1888. 알렉산드르 황후의 시녀였던 스투르자의 회고록.

Talleyrand-Périgord, Charles M. de, *Mémoires, 1754~1815*, Paris, 1982. 이 회고록은 1957년 판

(P.-L. et J.-P. Couchoud, eds.)을 약간 수정한 것임. 탈레이랑의 회고록은 1891~1892년 Broglie 공이 5책으로, 1953~1955년에는 P. Léon이 7책으로 발간한 바 있음. 그러나 탈레이랑의 문서들이 여러 사람들에 의해 발간됐기 때문에 현재 학계에서는 이들 회고록의 진위에 관해 논쟁이 진행되고 있음.

Temperley, Harold & Penson, Lillian M., eds., *Foundations of British Foreign Policy, 1792~1902*, Cambridge, 1938. 빈 회의에 국한된 자료집은 아니지만 이 회의에 관계되는 부분(pp. 1-87)의 문서와 편자들의 해설이 훌륭함.

Webster, Charles K., ed., *British Diplomacy, 1813~1815: Select Documents Dealing with the Reconstruction of Europe*, London, 1921. 영국 문서고Public Record Office에 소장된 미간 문서 중 중요한 문건들의 모음임.

Weil, Maurice-Henri de, *Les dessous du congrès de Vienne*, 2 vols., Paris, 1917. 이 책은 오스트리아 비밀경찰의 문서들임.

Wellington, Arthur Wellesley, *The Dispatches of Field Marshal the Duke of Wellington during His Various Campaigns in India, Portugal, Spain, the Low Countries, and France*, 8 vols., Colonel Gurwood, ed., London, 2nd ed, 1844~1847.

———, *Supplementary Despatches and Memoranda of Field Marshal Arthur, Duke of Wellington*, 15 vols., London, 1858~1872. 이 보충 문서집에는 카슬레이 문서집을 비롯해 다른 문서집에 누락된 중요한 자료들이 게재되어 있음.

(나) 주요연구

빈 회의에 관해서는 흔히 생각하는 바와는 달리 그리 연구들이 많지 않다. 이 회의에 관한 체계적인 연구로는 웹스터C. Webster 교수의 저서(1919)가 최초의 업적일 것이다. 제1차 세계대전이 끝나고 베르사유 회의가 개최되자 빈 회의에 관한 정보를 세상에 알릴 필요가 있어서 베르사유 회의에 영국 대표단의 한 사람이었던 웹스터 교수가 단기간에 저서를 집필하였다. 제2차 세계대전 이후 같은 시대적인 요청에 의해 니콜슨H. Nicolson도 저서(1946)를 내놓았으나 웹스터 연구에 특히 의존하였다. 1957년 출간된 키신저H. Kissinger의 연구는 역사 분석보다는 여러 국제정치이론들이 19세기 초 정치현실에 어떻게 적용되느냐를 검증하려는 것이다.

걸리크E.V. Gulick의 연구(1955)가 중요하다. 이 저서는 세력균형 원칙이 빈 회의 당시 어떻게 적용됐느냐를 분석한 저술인데 회의 당시 여러 현안 특히 폴란드-색스니 문제에 관한 서술이 뛰어난 업적이다. 그리고 책 말미에 쓰여진 문헌해제도 훌륭하다.

사실 주목해야 할 업적은 히틀러 통치시대에 나온 그리방크K. Griewank의 업적(1942)이다. 이 저서의 의도는 히틀러의 '신질서'의 명분을 빈 회의에서 찾으려는 것이었다. 전후 동독의 교수가 된 그는 다시 책제목을 바꾸어 새 저서(1954)를 내놓았는데 이번에는 마르크스주의 사관에 따라서 빈 회의를 일반 국민의 희망을 억압한 지배계급의 회의로 간주하였다. 이런 관점의 차이에도 불구하고 이 연구는 훌륭한 연구로 평가받고 있다.

빈 회의 자체에 관한 것은 아니지만 크레헤E. Kraehe(1983)와 슈뢰더P. Schroeder(1994)를 지적하지 않을 수 없다. 크레헤의 저서는 메테르니히의 연구이지만 빈 회의 자체에 관한 서술이 상당한 부분을 이루고 있다. 그러나 저자는 전형적인 서술적인 방법론을 견지하고 간혹 서술들이 체계적이지 못해 독자들이 통독하기에는 불편한 업적이다.

슈뢰더의 연구는 1756~1763년 7년 전쟁으로부터 1848년 2월 혁명에 이르는 기간의 외교사를 다룬 방대한 업적이다. 저자는 역사학자이면서 국제정치의 여러 이론들에 관해서도 관심을 갖고 역사적인 사건의 서술에 있어서 이런 이론들을 원용해 설명코자 하였다. 이것은 저자의 강점이자 동시에 약점이기도 하였다(Schroeder, 1989). 이 저서는 문서고의 미간문서에 입각한 연구는 아니지만 기존 연구들을 거의 망라한 연구이다.

빈 회의 자체에 관하여는 연구들이 그리 많지 않지만 이 회의에 관여한 인물들에 관해서는 수준 높은 연구들이 많다. 카슬레이에 관해서는 자주 인용한 웹스터 교수의 연구들(1925, 1931)이 독보적이다. 영국의 모든 미간자료들을 섭렵해 카슬레이의 역할을 재구성하였다.

메테르니히에 관한 최고의 고전적인 연구는 스르빅H. von Srbik의 연구(1925)이다. 1925년까지의 연구들은 여기에 모두 망라돼 있고 슈뢰더(1961)가 그 이후의 업적들을 정리하였다. 이 밖에 베르티에G. de Bertier(1959, 1986), 크레헤(1963, 1983)는 불가결한 연구이다.

알렉산드르 1세에 관해서는 여러 연구들이 있으나 다음의 업적들은 그의 생애는 물론 귀중한 자료들을 담고 있다. (1) 쉴데르N.K. Shilder(1903), (2) 나들레르V.K. Nadler(1886~1892), (3) 레이F. Ley(1975). 그리고 알렉산드르 시절 러시아 외교관들에 관해서는 그림스테드P.K. Grimsted(1969)를 볼 것.

쿠수J.-P. Couchoud가 탈레이랑의 회고록을 편집한 1957년 이후 탈레이랑의 연구들 중 다음의 두 연구가 훌륭하다. (1) 타를레E.V. Tarle(1992). 저자는 구소련의 저명한 역사학자인데 그의 사후 1962년에 출간된 저서를 시로트키나V.G. Sirotkina가 긴 서문을 달고 다시 출간한 것임. (2) 버나드J.F. Bernard(1974).

그리고 신성동맹에 관해서는 본문에서 길게 연구동향을 살핀 바 있어 여기에서는 다만 베르티에(1972)와 레이(1975)의 훌륭한 업적을 다시 지적한다.

주요 연구들을 보면 다음과 같다.

Albrecht-Carrié, René, *The Concert of Europe*, N.Y., 1968.

Anderson, Matthew Smith, "Eighteenth-Century Theories of the Balance of Power," in R. Hatton & M.S. Anderson, eds., *Studies in Diplomatic History*, London, 1970.

———, "Russia and the Eastern Questions, 1821~1841," in A. Sked, ed., 1979, pp. 79-97.

———, *The Ascendancy of Europe, 1815~1914*, London, N.Y., 1985.

———, *The Rise of Modern Diplomacy, 1450~1919*, London, 1993.

Aretin, Karl Otmar Freiherr von, *Heiliges Römisches Reich 1776~1806: Reichsvergassung und*

Staatssouveränität, 2 vols., Wiesbaden, 1967.

Austin, Paul Britton, *1812. Napoleon in Moscow*, London, 1995.

Bartlett, Christopher, "Britain and the European Balance, 1815~1848," in A. Sked, ed., 1979, pp. 145-163.

Bély, Lucien, *Les relations internationales en Europe XVIIe-XVIIIe siècles*, Paris, 1992.

Bernard, J.F., *Talleyrand: a Biography*, Capricorn, N.Y., 1974.

Bertier de Sauvigny, Guillaume de, *Metternich et son temps*, Paris, 1959.

———, "Sainte-Alliance et alliance dans les conceptions de Metternich," *Revue Historique* (Avr.-Juin), 1960, pp. 249-275.

———, *Metternich et la France après le Congrès de Vienne*, 3 vols., Paris, 1968~1971.

———, *La Sainte-Alliance*, Paris, 1972.

———, *Metternich*, Paris, 1986.

Blanning, T.C.W., *The Origins of French Revolutionary Wars*, London, 1986.

———, "Rev.: Paul Schroeder's Transformation of European Politics," *The Journal of Modern History*, June, 1996, pp. 437-438.

Bourquin, Maurice, *Histoire de la sainte alliance*, Genève, 1954.

Bridge, Roy, "Allied Diplomacy in Peacetime: the Failure of the Congress 'System'," in Alan Sked, ed., 1979, pp. 34-53.

Bruun, Geoffrey, "The balance of Power during the Wars, 1793~1814," *The New Cambridge Modern History*, IX, 1979, pp. 250-274.

Buchler, Franz, *Die geistigen Wurzeln der Heiligen Allianz*, Frieburg im Brisgau, Gunther, 1929.

Bullen, Roger, "The Great Powers and the Iberian Peninsular, 1815~1848," in A. Sked, ed., 1979, pp. 54-78.

———, "France and Europe, 1815~1848: The Problem of Defeat and Recovery," *ibid*, 1979, pp. 122-143.

Capefigue, J.B., *La baronne de Krüdener et l'empereur Alexandre 1er*, Paris, 1866.

Craig, Gordon A., "Wilhelm von Humboldt as Diplomat," in K. Bourne & D.C. Watt, eds., *Studies in International History*, London, 1967.

Crawley, C.W., "International Relations, 1815~1830," *The New Cambridge Modern History*, IX, 1979, pp. 668-690.

Cresson, W.P., *The Holy Alliance: The European Background of the Monroe Doctrine*, N.Y., 1922.

Dakin, Douglas, "The Congress of Vienna, 1814~1815 and its Antecedents," in A. Sked, ed., 1979, pp. 14-33.

Delbrück, Hans, "Friedrich Wilhelm III und Hardenberg auf dem Wiener Kongress," *Historische Zeitschrift*, LXIII, 1889, pp. 242-265.

Dorpalen, Andreas, "The German Struggle against Napoleon: The East German View," *Journal of Modern History*, XLI, 1969, pp. 485-516.

Dostyan, I.S., *Rossiya i balkanskii vopros: iz istorii russko-balkanskikh politicheskikh svyazei v pervoi treti XIX v.*(러시아와 발칸문제: 1800~1830년 러시아-발칸의 정치관계사), Nauka, Moskva, 1972.

Droz, Jacques, *Europe between revolutions, 1815~1848*, Cornell University Press, 1967.

———, *Histoire diplomatique de 1648 a 1919*, Paris, 1982.

Dupuis, Charles, *Le ministère de Talleyrand en 1814*, 2 vols., Paris, 1919~1920.

Duroselle, Jean-Baptiste, "Le concert européen," *Relations internationales*, Automne, 1984, pp. 271-285.

Dyroff, Hans-Dieter, ed., *Der Wiener Kongress 1814/15: Die Neuordnung Europas*, Nordlingen, 1966.

Emsley, Clive, *Napoleonic Europe*, London, 1993.

Epstein, Klaus, "Stein in German Historiography," *History and Theory*, V, 1966, pp. 241-274.

Fadeev, A.V., *Rossiya i vostochnyi krizis 20-x godov XIX veka* (러시아와 19세기 20년대 동방의 위기), Moskva, 1958.

Ferrero, Guglielmo, *The Reconstruction of Europe: Talleyrand and the Congress of Vienna 1814~1815*, T.R. Jaeckel, trans., N.Y., 1941.

Forsyth, Murray, "The Old European States System: Gentz versus Hauterive," *Historical Journal*, 23/3, 1980, pp. 521-538.

Frey, Linda & Frey, Marsha, "'The Reign of Charlatans is Over': The French Revolutionary Attack on Diplomatic Practice," *The Journal of Modern History*, Dec., 1993, pp. 706-744.

Fugier, André, *La révolution française et l'empire napoléonien*, Pierre Renouvin, éd., *Histoire des relations internationales*, t. 4, Paris, 1954.

Gagliardo, John G., *Reich and Nation: The Holy Roman Empire as Idea and Reality, 1763~1806*, Indiana University Press, 1980.

Georigiev, V.A., *Vostochnyi vopros vo vneshnei politike Rossii, konets XVIII-nachalo XX v.* (러시아 대외정책에 있어서 동방문제, 18세기 말~20세기 초), Moskva, 1978.

Griewank, Karl, *Der Wiener Kongress und die Neuordnung Europas 1814~1815*, Leipzig, 1942.

———, *Der Wiener Kongress und die europaeische Restauration*, Leipzig, 1954.

Grimsted, Patricia Kennedy, "Capodistria and a 'New Order' for Restoration Europe: The

'Liberal Ideas' of a Russian Foreign Minister 1814~1822," *The Journal of Modern History*, 1968, pp. 166-192.

———, *The Foreign Ministers of Alexander I: Political Attitudes and the Conduct of Russian Diplomacy 1801~1825*, Berkeley, 1969.

Gruner, Wolf D., "Was there a Reformed Balance of Power System or Cooperative Great Power Hegemony?," *American Historical Review*, June, 1992, pp. 725-732.

Gulick, Edward Vose, *Europe's Classical Balance of Power: A Case History of the Theory and Practice of One of the Great Concepts of European Statecraft*, N.Y., 1955.

———, "The Final Coalition and the Congress of Vienna," *The New Cambridge Modern History*, IX, 1979, pp. 639-668.

Hinsley, F. Harry, *Power and the Pursuit of Peace: Theory and Practice in the History of Relations between States*, Cambridge, 1963.

Holbraad, Carsten, *The Concert of Europe: A Study in the German and British International Theory*, London, 1970.

Jervis, Robert, "A Political Science Perspective on the Balance of Power and the Concert," *American Historical Review*, June, 1992, pp. 716-724.

Kann, Robert A., "Metternich: A Reappraisal of his Impact on International Relations," *Journal of Modern History*, XXXII, 1960, pp. 333-339.

Kissinger, Henry A., *A World Restored: Metternich, Castlereagh, and the Problem of Peace, 1812~1822*, Boston, 1957.

Kraehe, Enno E., *Metternich's German Policy, I: The Contest with Napoleon 1799~1814*, N.J., 1963.

———, "Raison d'Etat et idéologie dans la politique allemande de Metternich 1809~1820," *Revue d'histoire moderne et contemporaine*, XIII, 1966, pp. 181-195.

———, "From Rhinebund to Deutscher Bund: The Road to European Equilibrium," *Proceedings of the Fourth Annual Consortium for Revolutionary Europe* (Florida State University), 1977, pp. 163-175.

———, *Metternich's German Policy, II: The Congress of Vienna, 1814~1815*, N.J., 1983.

———, "A Bipolar Balance of Power," *American Historical Review*, June, 1992, pp. 707-715.

Krüdener, Paul de, *La Sainte-Alliance et les nationalités*, Paris, 1859.

Krug, Wlhelm Traugott, *La Sainte-Alliance oder Denkmal des Oestreich, Preussen und Russland geschlossenen Heiligen Bundes*, Leipzig, 1816.

Kuznetsova, G.A., "Russkaya diplomatiya na Venskom kongresse,"(빈 회의에서의 러시아의 외교), in Orlik(1995), pp. 117-158.

Langhorne, Richard, "Reflections on the Significance of the Congress of Vienna," *Review of*

International Studies, Oct., 1986, pp. 313-324.

Ley, Francis, *Madame de Krüdener et son temps, 1764~1824*, Paris, 1961.

———, *Bernardin de Saint-Pierre, Madame de Staël, Chateaubriand, Benjamin Constant et Madame de Krüdener*, Paris, 1967.

———, *La Russie, Paul de Krüdener et les soulèvements nationaux, 1814~1858*, Paris, 1971.

———, *Alexandre 1er et sa Sainte-Alliance 1811~1825: Avec des documents inédits*, Paris, 1975.

Mckay, Derek & Scott, H.M., *The Rise of the Great Powers*, 1648~1815, London, 1982.

Nadler, V.K., *Imperator Aleksandr i ideia sviashchennogo soiuza* (황제 알렉산드르와 신성동맹의 사상), 5 vols., Riga & Kharkov, 1886~1892.

Näf, Werner, *Zur Geschichte der Heiligen Allianz*, Berne, 1928.

Nicolson, Harold, *The Congress of Vienna: A Study in Allied Unity, 1812~1822*, N.Y., 1946.

Obermann, Karl, "Der Wiener Kongress 1814~1815," *Zeitschrift für Geschichtswissenschaft*, XIII, 1965, pp. 474-492.

Orlik, O.V., *Istoriya vneshnei politiki, pervaya polovina XIX veka*(대외정책사, 19세기 전반), Moskva, 1995.

———, "Politika Rossii v epokhu revolutsii i kongressov svyashchennogo soyuza"(혁명시기 러시아의 정책과 신성동맹의 회의들), Orlik(1995), pp. 159-188.

———, "Rossiya i vostochnyi krizis 20-x godov"(러시아와 20년대 동방의 위기), Orlik(1995), pp. 189-239.

Phillips, Walter Alison, *The Confederation of Europe: A Study of the European Alliance, 1813~1823, as an Experiment in the International Organization of Peace*, London & N.Y., 1914.

Pirenne, Jacques-Henri, *La Sainte-Alliance: Organization européenne de la paix mondial*, 2 vols., Neuchâtel, 1946~1949.

Renouvin, Pierre, *De 1815 a 1871. L'Europe des nationalités et l'éveil de nouveaux mondes, Histoire des relations internationales*, t. 5, Paris, 1954.

Ritter, Gerhard, *Stein: eine politische Biographie*, Sttutgart, 1958.

Rothenberg, Gunther E., "The Origins, Causes, and Extension of the Wars of the French Revolution and Napoleon," Robert I. Rotberg & Theodore K. Rabb, eds., *The Origins and Prevention of Major Wars*, 1989, pp. 197-221.

Saul, Norman E., *Russia and the Mediterranean 1797~1807*, Chicago, London, 1970.

Schenk, H.G., *The Aftermath of Napoleonic Wars. The Concert of Europe — An Experiment*, London, 1947.

Schroeder, Paul W., "Metternich Studies since 1925," *The Journal of Modern History*, Sept.,

1961, pp. 237-260.

———, "Austria as an Obstacle to Italian Unification and Freedom, 1814~1861," *Austrian History Newsletter*, 2, 1962a, pp. 1-32.

———, *Metternich's Diplomacy in its Zenith, 1820~1823*, Austin, 1962b.

———, "The Collapse of the Second Coalition," *Journal of Modern History*, 59, 1987, pp. 244-290.

———, "An unnatural 'Natural Alliance': Castlereagh, Metternich, and Aberdeen in 1813," *International History Review*, 10, 1988, pp. 522-540.

———, "The Nineteenth Century System: Balance of Power or Political Equilibrium?," *Review of International Security*, 15, 1989, pp. 135-153.

———, "Napoleon's Foreign Policy: A Criminal Enterprise," *The Journal of Modern History*, 54/2, 1990, pp. 147-162.

———, "Did the Vienna System Rest upon a Balance of Power?," *American Historical Review*, 97, 1992, pp. 147-161.

———, *The Transformation of European Politics, 1763~1848*, Oxford, 1994.

———, *Systems, Stability, and Statecraft: Essays on the International History of Modern Europe*, N.Y., 2004.

Shilder, N.K., *Imperator Aleksandr pervyi: ego zhizn i tsarstvovanie* (황제 알렉산드르 1세: 그의 생애와 통치), 4 vols., St. Petersburg, 1897~1898. 1903년 출판본은 2책.

Schlafly, Daniel L., Jr., "Nesselrode," Josef L. Wieczynski, ed., *The Modern Encyclopedia of Russian and Soviet History*, vol. 12, Academic International Press, 1977, pp. 162-165.

Siborne, H.T., *Waterloo Letters*, London, 1993.

Sked, Alan, "Metternich and Federalist Myth," Alan Sked & Chris Cook, eds., *Crisis and Controversy: Essays in Honor of AJP Taylor*, 1976, pp. 1-22.

———, ed., *Europe's Balance of Power 1815~1848*, London, 1979.

———, "The Metternich System, 1815~1848," *ibid*, pp. 98-121.

———, "Metternich's Enemies or the Threat from Below," *ibid*, pp. 164-189.

Sorel, Albert, *L'Europe et la révolution française*, 8 vols., Paris, 1885~1904.

Srbik, Heinrich von, *Metternich der Staatsmann und der Mensch*, 3 vols., Munich, 1925~1954.

———, "Der Ideengehalt des 'Metternichsystems'," *Historisches Zeitschrift*, CXXXI, 1925a, pp. 240-262.

———, "Metternichs Plan der Neuordnung Europas 1814/1815," *Mitteilungen des Insituts fur österreichische Geschichtsforschung*, XL, 1925b, pp. 109-126.

Sweet, Paul R., *Friedrich von Gentz: Defender of the Old Order*, Wisconsin, 1941. 1970년에 재판.

———, *Wilhelm von Humboldt: A Biography*, 2 vols., Columbus, Ohio, 1978~1980.

Sytin, A.N., "Rossiya i padenie imperii Napoleona(러시아와 나폴레옹 제국의 몰락), Orlik(1995), pp. 78-116.

Tarle, E.V., *Taleiran*(탈레이랑), Moskva, 1992.

———, *Nashestvie Napoleona na Rossiyu: 1812 god*(나폴레옹의 러시아 침공: 1812년), Moskva, 1992.

Taylor, A.J.P., "Napoleon: On Himself(1948)," Chris Wringley, ed., *AJP Taylor: From Napoleon to the Second International*, 1993, London, pp. 68-80.

———, "Metternich(1954)," *ibid*, pp. 91-96.

———, "Metternich and His 'System' for Europe(1959)," *ibid*, pp. 97-104.

———, "Wellington: Silly Soldier Man?(1972)," *ibid*, pp. 116-119.

———, "Talleyrand's Cut(1974)," *ibid*, pp. 85-90.

———, "Castlereagh(1981)," *ibid*, pp. 113-116.

Temperley, Harold William, "Canning and the Conference of the Four Allied Governments at Paris, 1823~1826," *American Historical Review*, 30, 1924, pp. 16-43.

———, *The Foreign Policy of Canning, 1822~1827*, London, 1925.

———, "The French Design on Spanish America, 1820~1825," *English Historical Review*, 40, 1925, pp. 34-53.

Traz, Robert de, *De l'Alliance des rois à la Ligue des peuples*, Paris, 1936.

Tulard, Jean, *Le Mythe de Napoléon*, Paris, 1971.

———, "L'Empire napoléonien," M. Duverger, ed., *Le Concept d'Empire*, Paris, 1980, pp. 279-300.

———, *Napoléon*, Paris, 1987.

———, *Nouvelle bibliographie critique des mémoires sur l'époque napoléonienne écrits ou traduits en français*, Paris, 1991.

Walker, Mack, ed., *Metternich's Europe*, N.Y., 1968.

Webster, Charles K., "England and the Polish-Saxon Problem at the Congress of Vienna," *Transactions of the Royal Historical Society*, 3rd ser. VII, 1913, pp. 49-102.

———, *The Congress of Vienna*, Oxford, 1919.

———, *British Diplomacy, 1813~1815: Select Documents Dealing with the Reconstruction of Europe*, London, 1921.

———, *The Foreign Policy of Castlereagh, 1815~1822*, London, 1925.

———, *The Foreign Policy of Castlereagh, 1812~1815*, London, 1931.

웹스터 교수가 1925년 카슬레이 외교정책 연구의 제2책을 발간했을 때에는 카슬레이 가문의 문서인 Londonderry Archives를 열람하려고 신청했으나 허가를 받지 못하였다. 그러나 웹스터 교수는 상당한 분량에 이르는 이 가문의 문서들이 이미 발표됐기 때문에 그리 큰 비중을 두지 않는다고 밝혔다(1925, 서문, p. vii). 그런데 카슬레이 외교정책 제1책을 1931년에 발표할 때에는 웹스터 교수는 카슬레이 가문의 문서들을 검색하였고 그는 여기에서 매우 중요한 자료들을 발굴하였다.

———, *Britain and the Independence of Latin America, 1812~1830*, 2 vols., London, 1938.

Woolf, Stuart, *Napoleon's Integration of Europe*, London & N.Y., 1991.

Zak, L.A., "Iz istorii angliiskoi politiki v otnoshenii Germanii v poslednii period napoleonovskikh voin, 1812~1813,"(1812~1813 나폴레옹 전쟁 말기 독일관계에 있어서 영국정책사에 관하여), *Ucheniye zapiski po novoi i noveishei istorii*(근현대사 학술지), 3, 1957, pp. 467-529.

———, "Iz istorii diplomaticheskoi borba na Venskom Kongresse"(빈 회의에 있어서 외교투쟁사에 관하여), *Voprosy istorii*(역사의 제문제), 1969, pp. 70-82.

김용구, 『춤추는 회의』, 서울, 1997.

전재성, 「19세기 유럽협조체제에 대한 국제제도론적 분석」, 『한국과 국제정치』, 15/2, 1999.

끝으로 먼로주의에 관하여는 다음을 참조할 것.

May, Ernest R., *The Making of the Monroe Doctrine*, Cambridge, Mass., 1975. 국내정치의 측면을 강조한 업적임.

Perkins, Dexter, *The Monroe Doctrine, 1823~1826*, Cambridge, Mass., 1927.

———, *A History of the Monroe Doctrine*, Boston, 1955. 퍼킨스의 이 두 저서는 대표적인 연구로 알려져 있으나 수준 높은 학술 업적은 아님.

제2장

유럽 열강의 세계팽창

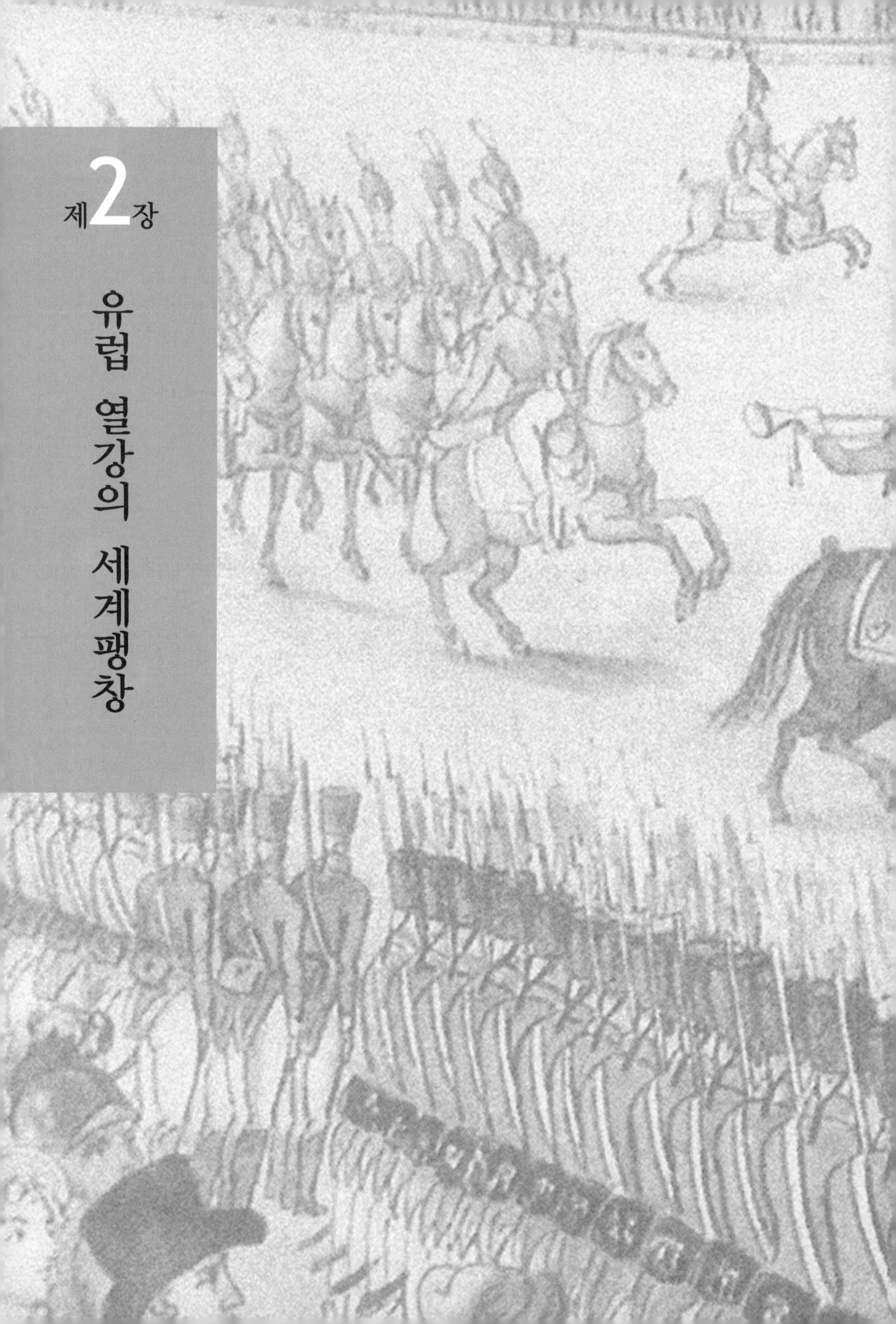

제1절 근대국가
제2절 비스마르크의 동맹체제
제3절 새로운 동맹들의 형성
제4절 세계분할의 완료

제 1 절 근대국가

빈 회의 이후 같은 인종, 같은 언어, 같은 역사 인식에 의해 독립된 정치 단위를 형성하게 된 것은 그리스와 벨기에 문제로부터 시작되었다. 그러나 그리스 독립은 '동방' 문제와 밀접히 관련되었고 벨기에 문제는 빈 체제 수정과 관련돼 있다.

민족주의 운동과 결부돼 단일의 정치 집단을 구성해야 한다는 주장이 현실 국제정치에 나타나 유럽 질서를 획기적으로 변화시킨 것은 이탈리아와 독일의 통일이다. 그러나 유럽 세계에서 근대국가의 형식이 완성된 일은 유럽만의 일이 아니다. 유럽이 세계로 팽창하면서 이런 정치적 형식을 전파하고 강요했기 때문이다. 아편 전쟁 이후 반식민지 상태로 전락한 중국은 이런 형식의 '수입'으로 더욱 질곡의 상태에 머물게 된다.

조선은 프랑스와 미국의 침략으로 이런 '수입'에 처음부터 정신적인 고민의 늪에 빠지게 된다. 이른바 개화파와 위정척사파의 대립이 그것이다.

일본은 비록 '개국'과 '쇄국' 사이에서 갈등을 겪었으나 청조(淸朝)의 등장 이후 사대질서 밖에 존재한 까닭에 이런 '수입'에 순조로울 수 있었다.

유럽 근대국가의 완성과 그 형식의 '수출'은 세계적인 문제로 세계외교사의 주요 과제가 아닐 수 없다.

1. 벨기에 독립

배경

네덜란드와 벨기에는 역사상 한때 통합된 적이 있었다. 그러나 네덜란드는 스페인에 대한 끊임없는 투쟁으로 16세기에 이미 독립을 쟁취했으나 벨기에는 스페인의 통치를 계속 받다가 1713년 위트레흐트 조약에 의해 오스트리아의 영토가 되었다. 이것을 '오스트리아령(領) 네덜란드'라고 부르며 이런 법적 지위가 빈 회의까지 지속되었다. 빈 회의에서 이 지역을 네덜란드와 통합해 강대한 네덜란드 왕국을 건설키로 결정한 사정은 이미 설명한 바 있다.

네덜란드와 벨기에 두 지역은 통일하기에는 다른 점이 많았다. 네덜란드 지역은 주로 상업을 위주로 하고 있는 데 반해 벨기에는 공업지대였다. 네덜란드 사람은 주로 칼빈파에 속했으나 벨기에는 가톨릭 지역이었다. 그러나 네덜란드 국왕 윌리엄 1세는 편입된 벨기에 지역을 마치 피정복 지역과 같이 통치하려는 입장이어서 벨기에의 행정은 네덜란드 관리들에게 모두 맡겼다.

이런 분위기에서 1830년 파리에서 7월 혁명이 발발하자 그 여파는 곧 브뤼셀로 확산되었다. 8월 하순 벨기에에서 반란이 일어났고 네덜란드 군대가 축출되었다. 처음에는 행정 자치만을 주장하던 벨기에의 온건한 요구는 윌리엄 1세의 무능으로 독립운동으로까지 발전하였다. 10월 4일 임시정부는 독립을 선포하고 헌법 제정을 위한 국민의회가 소집되었다. 이 국민의회는 11월 네덜란드 오렌지Orange가(家)의 퇴위를 선언하고 입헌군주제를 선포하였다.

열강의 태도

벨기에의 독립은 빈 회의 체제의 수정을 의미하는 것으로 유럽 열강들, 특히 5대 강국의 공동관심사였다. 7월 혁명이 유럽 정치질서에 남긴 큰 영향 중의 하나는 유럽의 정치판도를 러시아, 오스트리아, 프로이센의 3국의 동유럽과 영국, 프랑스의 2국의 서유럽으로 구분해 놓았다는 점이다. 이런 경향이 뚜렷이 나타난 것이 벨기에 독립 문제였다. 그러나 5대 강국은 그래도 합의에 도달해 전쟁을 회피할 수 있었다는 점에서 벨기에 독립 문제는 19세기 유럽협조체제의 성공 사례로 자주 인용된다.

동유럽 3국은 처음 벨기에 사태에 개입하려고 하였다. 러시아 황제는 개입을 적극 주장했고 메테르니히도 '유럽의 전체적인 파선(破船)'을 방지하기 위해 간섭이 불가피하다는 입장을 취하였다. 프로이센 국왕도 주저했으나 간섭에 반대하지는 않았다. 프로이센 장군들은 러시아 군부와 전략회의를 열기까지 하였다. 네덜란드 국왕 윌리엄 1세는 이들의 간섭을 믿고 강경한 입장을 취하였다.

그러나 영국과 프랑스는 이러한 간섭 시도에 신속히 대처하였다. 양국은 11월 말 런던에서 회의를 개최해 불간섭을 양국의 정책이라고 합의하였다. 그리고 5개국 회의가 열리기 이전에 아무런 행동도 취하지 말 것을 동유럽 3국에 요구하였다.

폴란드 사태

동유럽 3국의 간섭계획은 11월 폴란드에서 반란이 일어나자 무산되었다. 빈 회의에서 결정된 이른바 '회의 폴란드'Congress Poland는 알렉산드르 1세의 낭만주의적인 자유주의 경향의 결과로서 상당한 자치를 폴란드에게 허용하였다. 헌법이 부여되었고 언론, 종교의 자유 그리고 행정적인 자치도 인정되었다. 비록 러시아 장군의 지휘를 받는 지휘계통을 갖고 있었으나 폴란드는 자체의 군대도 보유하였다.

러시아가 벨기에 간섭에 폴란드 군대를 동원하려는 것이 도화선이 돼 폴란드 군대에서 반란이 일어났다. 러시아의 폴란드 수비군이 축출되고 폴란드 임시 정부가 선포됐으며 러시아 로마노프 왕조의 퇴위를 선언하였다. 혁명정부의 국민의회 의장은 바로 차르토리스키였다. 이때부터 1832년 9월 러시아군이 바르샤바를 점령할 때까지 9개월 동안 폴란드군은 러시아에 대항하였다. 결국 러시아 군대가 폴란드를 점령하고 이때부터 폴란드의 러시아화Russification가 시작되었다. 폴란드의 독립은 제1차 세계대전을 기다려야만 하였다.

이와 같이 폴란드의 반란으로 러시아는 벨기에에 간섭할 여력이 없어지게 되었고 오스트리아와 프로이센도 자국에 편입된 폴란드 지역의 동요를 방지하는 데 주력해야만 하였다. '벨기에의 독립은 폴란드 사람에 의해 이룩되었다.'

런던 회의

영국 정부의 주선으로 5개국 회의가 1830년 11월 초 런던에서 개최되었다. 회의가 개최된 직후 영국에서는 내각이 변경됐는데 새로 외상이 된 파머스턴H.J.T. Palmerston은 벨기에 독립에 우호적인 입장을 취하였고 이 지역에서 프랑스의 영향력이 증대되는 것을 저지하려고 하였다.

12월 20일 5개국 회의는 네덜란드 왕국의 해체를 드디어 선언해 벨기에 독립을 사실상 인정하기에 이르렀다. 1831년 2월 3일에는 벨기에에 관한 5개국 의정서가 채택돼 벨기에의 영토 구분 기준과 영세중립이 결정되었다. 그러나 누가 벨기에 국왕이 되느냐 하는 문제로 영국과 프랑스가 대립하였다.

프랑스는 루이 필립Louis Philippe의 둘째 아들 느무르Duc de Nemours 공을 벨기에 국왕에 앉힐 것을 요구했으며 벨기에 의회도 이를 결의하였다. 그러나 파머스턴이 반대하고 나섰다. 전쟁도 불사하겠다는 강경한 입장을 천명하였다. 이에 새로 등장한 프랑스의 페리에르C.P. Périer 내각은 영국에 양보하였고 벨기에 의회도 6월에 삭스코부르가(家)의 레오폴드를 벨기에 국왕으로 선출해 국왕 문제는 일단락되었다.

벨기에 독립은 1831년 11월 15일 5개국 조약으로 최종적으로 확정되었다. 영토가 결정됐고 그 중립은 5개국이 보장하기로 약속하였다. 그런데 이 조약을 네덜란드의 윌리엄 1세가 수년간 그 수락을 거부했지만 벨기에의 독립은 유럽 열강들의 승인을 받은 기정사실이 되었다. 윌리엄 1세도 1839년 4월에 이르러 결국 모든 것을 인정해 벨기에 문제는 완전히 끝나게 되었다. 네덜란드와 벨기에의 국경은 1790년의 경계선으로 하기로 합의되었다. 벨기에는 당초 룩셈부르크 전역을 요구했으나 다만 그 서부지역만을 획득하고 나머지 지역은 대공국으로 하되 네덜란드 국왕이 그 대공(大公)을 겸하게 되었다. 그리고 림부르그Limbourg는 양국이 분할 점유하였다.

의의

벨기에의 독립은 빈 체제에 대한 수정이었다. 그러나 그 수정을 분쟁이나 전쟁을 거치지 않고 열강들의 합의로 이룩했다는 점에서 유럽협조체제의 한 성과라고 볼 수 있다. 이렇게 합의에 의해 벨기에가 독립을 달성할 수 있었던 것은 무엇보다 폴란드 문제로 동유럽 3국이 간섭할 여유가 없었고 영국과 프랑스도 폴란드와 이탈리아 문제에 신중히 대처하고 자제함으로써 동유럽 3국과 마찰을 회피한 데에서 가능하였다.

여기에서 이탈리아 문제라고 한 것은 7월 혁명의 영향으로 1831년 2월 모데나와 파르마의 반란을 시작으로 일어난 이탈리아 각지의 혁명으로 야기된 문제를 말한다. 이 운동은 처음에는 북부 이탈리아의 해방을 목적으로 일어났으나 곧 교황령(敎皇領)까지 확산됐고 오스트리아군이 진입해 질서가 회복되었다. 그러나 교황령에 오스트리아군이 주둔하는 것은 프랑스로서는 묵과할 수 없었으며 프랑스의 개입 위협으로 오스트리아군은 일단 철수하였다. 그러나 1831년 말에 다시 교황령에서 반란이 일어나자 오스트리아군이 다시 진주하게 되었고 프랑스 군대도 안코나Ancona에 주둔하게 되어 1838년까지 외국군이 이 지역에 주둔하였다. 그러나 오스트리아와 프랑스는 무력충돌을 회피하는 신중한 태도를 견지하였다.

벨기에의 독립 문제를 둘러싸고 동유럽 3국과 서유럽 2국이 대립하게 된 유럽의 구도는 그 후 유럽 외교사에 커다란 영향을 미치게 되었다.

2. 2월 혁명과 유럽

2월 혁명

1830년 7월 혁명은 벨기에 독립과 관련되었으나 1848년 2월 혁명은 민족주의 운동을 촉발시켜 유럽은 물론 세계의 국제정치 질서에 큰 영향을 미쳤다. 2월 혁명을 잠시 보도록 하자.

1840년대에 들어서면서 프랑스의 경제는 크게 발전하였다. 1847년의 증기기관 생산은 1830년의 8배, 석탄의 소비는 5배에 달하였다. 그리고 1842년 철도법의 시행으로 각종 토목공사가 크게 번창하게 되었다. 이런 경제성장으로 사회노동 문제가 발생하였고 이런 문제 해결을 위해 급진주의 이론과 함께 공상(空想) 사회주의 이론이 만연되었다.

1846~1847년에 유럽은 농산물 흉작으로부터 시작된 경제공황을 맞게 되었고 이로 인해 실업과 사회불안이 최고조에 달하였다. 이에 기조F.P.G. Guizot 내각은 탄압을 위주로 하는 반동적인 정책으로 대결하였다. 그러자 의회에서는 티에르L.A. Thiers가 중심이 되어 반정부운동이 격화되었고 의회 밖에서는 개혁연회운동(改革宴會運動)이 전개되었다.

이러한 운동을 정부가 금지하자 2월 22일 파리에서 노동자와 학생의 대규모 시위가 있게 되고 24일에는 드디어 루이 필립이 퇴위하게 되어 7월 왕정은 종말을 고하였다.

프랑스는 드디어 공화정이 선포되었다. 라마르틴A. de Lamartine이 이끄는 우파와 루이 블랑Louis Blanc이 이끄는 좌파가 어느 정도 협력관계를 이루고 있었으나 4월의 선거에서 라마르틴의 온건 공화파가 큰 승리를 거두었다. 외상으로 취임한 그는 이미 3월 5일에 「유럽에 보내는 선언문」을 발표해 혁명 프랑스의 외교노선을 다음과 같이 밝혔다.

혁명 프랑스는 결코 대외침략이나 전쟁을 바라지 않으며 각국의 정치 형태는 그 국가들의 국내사정에 따라 선택해야 한다고 강조하였다. 그리고 1815년의 조약들은 무효이지만 그 조약들이 규정하고 있는 영토획정은 국제관계의 기본질서임을 명백히 인정한다고 천명하였다. 그러나 압박받고 있는 인민들의 정당한 요구에 대하여 프랑스는 원조를 제공할 권리가 있음을 또한 분명히 하였다.

2월 혁명과 유럽

1848년 당시 유럽의 현실을 본다면 영국, 프랑스, 벨기에 정도가 자유주의 헌법을 갖고 있었고 그 밖의 모든 국가들의 현실은 1815년과 조금도 다를 바 없었다. 따라서 파리의 자유주의는 혁명을 뜻하는 것이었으나 그 밖의 지역에서는 헌법의 요구와 연결되어 있었다.

파리의 혁명으로 이런 요구는 유럽 전역으로 퍼지게 되었다. 혁명은 파리에서 발생한다는 신화가 현실로 되었다. 독재에 대한 저항세력이 한순간에 밀물이 되어 쏟아져 나온 것이다. "파리가 기침을 하면 유럽은 감기가 든다."

혁명은 곧 빈으로 옮겨 갔다. 부다페스트, 프라하, 빈의 자유주의 요구들이 결집되어 3월 중순, 빈에서 대규모 시위가 있자 메테르니히가 물러나게 되었다. 황제는 자유주의 헌법을 약속하였고 헝가리에게는 거의 독립국가에 가까운 법적 지위가 약속되었다.

이탈리아 전역에서도 혁명이 일어난 것은 물론이었다. 나폴리, 로마, 플로렌스, 튜린에서도 자유주의 헌법이 주어졌고 오스트리아인이 밀라노에서 축출되었다. 베니스는 공화정이 선포되었고 3월 하순 사르디니아는 오스트리아에게 전쟁을 선포하였다.

독일 각지에서도 3월의 베를린 혁명을 비롯해 소요가 만연되었다. 독일에서의 이런 소요는 먼저 통일운동의 성격을 띠었다. 3월 21일 프로이센 국왕이 독일 국민의 대표자라고 선포되었고 보통선거로 구성된 국민의회가 5월 18일 프랑크푸르트에서 개최되었으며 이 의회가 독일연방 의회를 대신하게 된다고 선언하였다.

그러나 여름이 되자 혁명의 주도 계층 사이에 분열이 생기기 시작하였고 혁명이 실패하게 될 징조들이 나타나게 되었다.

프랑스의 노동자들은 4월 선거로 구성된 국민의회를 반대하여 6월에는 드디어 유혈사태가 발생되었다. 카베이냑L. Cavaignac 장군은 무차별 진압을 단행하였고 그 자신이 잠정적인 독재 권력을 행사하게 되었다.

오스트리아에서도 혁명이 서서히 진압되었다. 오스트리아군은 6월에 프라하를 포격하였고 보헤미아 지방은 군사 통치에 들어갔다. 이탈리아에서도 사르디니아 군대가 오스트리아 군대에 의해 격파되었고 오스트리아는 롬바르디아를 다시 회복하였다.

독일에서는 독일 통일이 어떤 형식을 띠어야 하느냐, 독일 통일의 국경을 어떻게 획정하느냐 하는 이른바 대·소 독일의 논쟁으로 시간을 낭비하고 있었다.

구질서의 회귀

1848년 말부터 유럽 각지의 혁명은 실패로 돌아가기 시작해 1851년에 이르러서는 유럽 정치질서는 2월 혁명 이전의 상태로 완전히 돌아갔다.

프랑스에서는 1848년 10월의 대통령 선거에서 루이 나폴레옹Louis Napoléon이 대통령에 당선되자 좌경 공화파를 탄압하기 시작하였다. 그리고 1851년 12월 1일 쿠데타로 그는 사실상의 황제가 되었다.

오스트리아의 사정도 비슷하였다. 슈바르젠베르크F. Schwarzenberg가 재상이 되었고 페르디난드 황제는 18세의 프란시스 요셉Francis Joseph에게 양위하면서 2월 혁명 이전의 질서로 회복하게 되었다. 이 두 사람은 혁명 이후의 약속에 아무런 구애도 받지 않을 수 있었다. 오스트리아의 지배를 강화하는 헌법이 다시 채택되었고 헝가리를 점령하였다. 이에 헝가리는 코수드L. Kossuth를 수반으로 하는 공화국을 선포하고 오스트리아에 대항하였다. 오스트리아는 헝가리의 반란을 러시아의 지원으로 진압할 수 있었다. 1849년 6월 러시아군은 트란실바니아Transylvania를 점령하였다. 헝가리는 항복하지 않을 수 없었다. 그러나 오스트리아는 후술하는 바와 같이 러시아의 이 은혜를 원한으로 갚게 된다.

이탈리아의 혁명은 오스트리아군의 개입으로 진압되었다. 그런데 로마에서는 1849년

2월 공화국이 선포되고 법왕이 축출되는 사태가 다시 일어났다. 이번에는 프랑스군이 개입해 1850년 4월 법왕이 다시 로마로 돌아올 수 있었다. 법왕은 이제 프랑스에 더 의존하게 되었다.

한편 프랑크푸르트 의회는 1849년 2월에 헌법을 채택하고 프로이센 국왕을 독일 황제로 지명하였다. 이것은 오스트리아와 무력 충돌을 거치지 않고는 해결될 수 없는 일이었다. 4월에 프로이센 국왕이 그 지명을 거절하게 되자 프랑크푸르트 의회는 해체되었다. 그러나 1850년에 프로이센은 에르푸르트Erfurt에서 연방 회의를, 오스트리아는 이에 맞서서 프랑크푸르트에서 연방 회의를 개최해 독일연방 의회는 양분되었다. 이에 오스트리아가 프로이센에 응징하려는 강경 자세를 취하게 되자 프로이센은 11월 오스트리아에 굴복하였다. 이를 '올뮈츠Olmütz의 굴욕'이라고 부른다. 독일연방은 2월 혁명 이전의 질서로 환원되었다.

2월 혁명은 영국과 러시아를 제외한 모든 유럽 지역을 한동안 혁명의 소용돌이로 몰고 갔다. 러시아가 혁명에 휩싸이지 않고 도리어 헝가리의 반란을 군사적으로 진압한 사실은 서유럽 사람들에게 코작 기병에 대한 두려움을 다시 한번 심어 놓았다. 파리의 혁명과 더불어 러시아 팽창에 대한 의구심이 유럽에 만연하게 되었다. 이런 의미에서 2월 혁명은 크림 전쟁으로 연결된다.

3. 이탈리아의 통일(1)

이탈리아 문제의 성격

'이탈리아'라고 부르는 용어는 수세기 동안 '지리적인 표현'에 불과하였다. 정치적인 통일체를 의미하는 '이탈리아'의 용어는 상상할 수 없었다. 더욱이 신성로마제국 말기에 이르러서는 이탈리아 반도는 프랑스, 오스트리아, 스페인의 각축장이었다.

이탈리아에게 통일 의지를 불어넣은 것은 프랑스 혁명과 나폴레옹의 영향이었다. 빈 체제에 의해 유럽 국제정치 질서는 외형상 혁명 이전의 상태로 복귀했으나 혁명의 영향은 사라지지 않았다. 그 영향은 지역에 따라 상이하지만 이탈리아와 독일 지역이 특히 깊은 영향을 받았다. 프랑스에 의해 설립된 북 이탈리아 왕국은 말할 필요도 없었고 나폴레옹의 매제 뮈라J. Murat가 지배한 나폴리 왕국이 프랑스의 영향을 많이 받은 것은 당연한 일이었다. 봉건적인 모든 권리가 폐지되었고 법 앞의 평등 사상이 도입되었다.

이와 같은 영향으로 말미암아 반동적인 빈 질서에 항거하는 운동이 1820년대부터 시작돼 1848년 2월 혁명으로 이어졌으나 이탈리아의 자유주의 운동은 열강의 개입으로 모두 실패하게 되었다. 이탈리아에서의 자유주의 운동이란 곧 자유주의 헌법의 채택을 의미하는 것이었고 이탈리아에서는 이러한 헌법채택 운동과 통일을 위한 투쟁이 동일시되었다.

이탈리아 통일의 3방안

2월 혁명의 실패로 다음과 같은 두 가지 통일 방안은 현실성이 없다는 것이 판명되었다. 하나는 법왕을 의장으로 하는 연방체 구성 방안이었다. 지오베르티V. Gioberti가 그 대표적인 주창자였는데 그는 자유주의 법왕으로 알려진 피우스 9세Pius IX에게 큰 희망을 갖고 있었다. 그러나 1848년 11월 로마의 폭동으로 법왕은 나폴리 왕국으로 도피했고 프랑스 군대의 로마 입성으로 다시 로마로 돌아올 수 있었다. 그는 그 후 20년간 프랑스 주둔군에 의해 지위가 유지되었다. 따라서 법왕을 중심으로 하는 통일방안은 아무런 의미도 없게 되었다.

이와는 정반대의 방안이 마치니G. Mazzini의 공화국 건설이었다. 그는 일찍이 카르보나리carbonari에 참여했으며 1831년에는 '청년 이탈리아'라는 혁명단체를 조직해 폭동 계획과 공화국 이론의 전파에 주력하였다. 2월 혁명 이후 밀라노Milano 폭동을 주도했고 로마 공화정에 직접 참여한 바 있다. 그는 이탈리아 전역에서 일거에 폭동을 일으켜 이를 통해 이탈리아 공화국을 창설해야 된다는 구상을 갖고 있었다. 그러나 로마 공화정은 프랑스 군대에 의해 해체되었다. 그의 공화국론은 비록 그 이상은 훌륭한 것이었으나 당시 이탈리아를 둘러싼 국제정치 현실과 이탈리아 국민의 수준으로 보아 실현성이 전혀 없었다.

따라서 사르디니아를 중심으로 이탈리아를 통일시키는 방안이 가장 현실성이 있는 것이었고 당시 이탈리아의 여러 국가 중에서 통일을 주도할 수 있는 국가는 사르디니아뿐이었다.

카부르C. Cavour

카부르는 비스마르크O. von Bismarck와 자주 비교돼 거론된다. 두 사람은 모두 조국을 통일한 위대한 정치인이지만 비스마르크는 무자비하고 부정직한 정치인인 데 반해 카부르는 이지적이며 성실한 정치인으로 표현되고 있다. 더구나 카부르는 비스마르크와는 달리 영국 의회주의의 신봉자이며 국제정치 현실을 바로 직시할 수 있는 능력과 현실 감각이 뛰어난 정치가로 평가받고 있으며 조국의 통일만을 위해 일생을 바친 위대한 인물로 외교사에 서술되어 있다.

그러나 그의 서한집이 발간돼 이를 검토한 학자들 사이에서는 반대의 평가들이 나오고 있다. 그도 비스마르크와 같이 무자비한 정치인이었고 이탈리아 통일을 계획하거나 구상해 본 적도 없었다는 것이다. 그리고 그의 최대 관심은 자신의 정권유지를 위해 가리발디 G. Garibaldi와 같은 과격론자들의 제거에 있었고 북부 이탈리아에서 자신의 지위가 강화되는 것에만 관심을 갖고 있었다고 해석하고 있다. 더욱이 남부 이탈리아 지방에서는 통일을 위한 폭동이 일어나지 않기를 바라고 있었다고까지 그를 비판하고 있다. 온건하고 보수적인 정책을 추구한 것은 프랑스의 지원을 받아 장차 베네치아를 획득할 수 있다고 믿었기 때문이라는 것이다.

통설에 따르면 후술할 가리발디의 시실리 원정이 마치 카부르와의 비밀약속에 의해 이루어졌고 그의 지원을 받고 수행된 것으로 묘사되고 있다. 그러나 사실 카부르는 귀찮은 존재인 가리발디를 시실리로 쫓아 버리려는 것이 주요 목적이었다는 것이다. 가리발디가 시실리로 떠나 버리자 카부르는 프랑스 대사에게 다음과 같이 말한 바 있다. "(가리발디의) 폭동이 진압된다면 우리는 아무런 말도 하지 않을 것이다. 그러나 만일 성공한다면 질서와 권위의 이름으로써 우리는 간섭할 것이다."

이러한 해석에 따르면 카부르의 첫째 목적은 가리발디와 같은 과격파들이 실패하는 것이고 이탈리아의 통일은 부차적이라는 것이다. 가리발디는 언제나 이탈리아를 먼저 내세웠으나 카부르는 그 자신을 먼저 내세웠다. 따라서 가리발디는 승리할 수 있었음에도 불구하고 이탈리아 국왕 앞에 무릎을 꿇었다.

정치인에 대한 평가 자체가 정치적인 것이기 때문에 여러 가지 견해가 있을 수 있다. 카부르에 대한 일반적인 평가와 매우 반대되는 혹독한 평가가 있음을 지적한 것뿐이다.

리소르지멘토Risorgimento

이탈리아 말로 '부활'을 뜻하는 리소르지멘토는 19세기 초부터 이탈리아의 통일운동을 지칭하는 낱말이 되었다. 1847년 카부르가 창간한 신문의 명칭을 리소르지멘토라고 명명한 것도 이런 맥락에서 나왔다.

2월 혁명 이전까지 리소르지멘토 운동은 이탈리아 문제는 이탈리아 사람에 의해 이룩될 수 있다는 전제에 입각하였다. 카르보나리 운동, 그리고 마치니와 지오베르티의 저술이 대표하던 시기였다. 그러나 리소르지멘토 운동은 이탈리아 자체만의 문제가 결코 아니었다. 그것은 빈 체제의 문제이며 열강들의 문제였다.

리소르지멘토 운동은 전술한 바 같이 2월 혁명을 거치면서 피우스 9세에 대한 국민적인 실망과 마치니 공화국론의 비현실성이 노출되면서 사르디니아를 중심으로 통일운동을 전개해야 된다는 방향으로 바뀌게 되었다.

후술하는 바와 같이 1861년 3월 이탈리아 왕국의 창립으로 리소르지멘토 운동은 일단 성공을 거두게 된다. 그 후 1866년 오스트리아 · 프로이센 전쟁을 계기로 베네치아를 회복하고 1870년 9월 프랑스 · 프로이센 전쟁으로 다시 로마를 회복하여 리소르지멘토의 큰 기틀이 잡히게 되었다. 그리고 당시까지 회복하지 못했던 트렌티노Trentino, 이스트리아Istria, 그리고 남부 티롤Tyrol은 제1차 세계대전 후에야 획득함으로써 이탈리아의 리소르지멘토 운동을 완료하게 된다.

카부르와 나폴레옹 3세

카부르가 과연 이탈리아 전역의 통일을 구상했는가 하는 문제는 논쟁의 대상이 되고 있다. 그러나 모든 역사가들은 그가 북부 이탈리아의 통일을 먼저 구상하고 있었다는 점은 인정하고 있다. 그런데 북부 이탈리아의 통일 자체도 오스트리아와의 전쟁을 전제로 가능한 것이었다. 오스트리아가 롬바르디와 베네치아를 점령하고 있었기 때문이다. 따라서 카부르는 동맹국이 필요했는데 그러한 동맹국으로는 영국과 프랑스밖에 없었다. 러시아나 프로이센이 이탈리아 문제로 오스트리아와 전쟁을 할 만큼 이탈리아 문제에 이해관계를 갖고 있지 않았다.

카부르는 영국을 어느 정도 알고 있었다. 당시 파머스턴 수상이 개인적으로 이탈리아 통일에 호의적인 태도를 갖고 있었다손 치더라도 영국의 여론이 또한 호의적이었다 하더라도 영국이 오스트리아와의 전쟁을 감수하면서까지 사르디니아를 지원할 수 없음을 잘 알고 있었다. 사실 영국은 크림 전쟁을 마무리한 1856년 파리 조약에 의한 유럽 정치질서에 만족하고 있었으며 러시아에 대신한 프랑스의 강화를 저지하는 데에 주력하고 있었다. 또 이탈리아 통일에는 동정하더라도 프랑스의 영향으로 통일돼 이탈리아 반도가 프랑스의 영향권에 들어가는 것은 결코 바람직한 일이 아니었다. 이러한 태도는 파머스턴 내각을 이은 더비E.S. Derby 내각에서 더욱 두드러졌다.

따라서 카부르는 프랑스를 선택하지 않을 수 없었고 나폴레옹 3세에 추파를 보내게 되었다. 프랑스는 전통적으로 이탈리아 반도에 이해관계를 갖고 있었다. 특히 나폴레옹 3세는 민족주의 운동에 지원을 보냈고 또 이탈리아 통일에 남다른 관심을 갖고 있었다. 그러나 국내에서는 가톨릭 여론이 강하였고 황후는 그러한 가톨릭 세계의 옹호자였고 발레브스키 외상조차도 이탈리아 통일에는 미온적인 태도를 보였다. 이런 분위기에서 나폴레옹 3세는 비록 개인적으로는 이탈리아 재편에 관여할 의향이 있었으나 공개적으로 지원을 표시할 수 없는 처지였다.

오르시니F. Orsini 사건(1858년 1월)

그러던 중에 오르시니 사건이 일어났고 나폴레옹 3세는 이 사건을 이탈리아 문제에 개입할 수 있는 계기로 삼게 되었다. 1월 14일 이탈리아인 오르시니는 오페라 좌(座)로 가던 나폴레옹 3세와 황후를 암살하려다 실패하였다. 두 사람은 무사했으나 100명 정도가 부상당했고 두 명이 사망한 폭탄 투척 사건이었다. 오르시니는 나폴레옹 3세를 배반자라고 여겨 암살코자 하였다. 젊은 시절에는 이탈리아 통일에 적극적이었으나 황제가 된 후 태도가 변한 것에 격분했던 것이다.

프랑스 정부는 이 사건을 정권과 관련된 문제로 보고 있었으나 나폴레옹 3세는 도리어 오르시니를 영웅시하였고 이를 계기로 이탈리아 문제에 관여코자 하였다. 오르시니는 결국 처형당했으나 이탈리아의 통일을 염원하는 마지막 서한을 나폴레옹 3세에게 보냈다. 나폴레옹 3세는 이 서한을 프랑스 신문은 물론이고 사르디니아 신문에도 게재토록 하였다.

한편 나폴레옹 3세는 영국 정부에 대해 외국 음모자들을 철저하게 단속해 줄 것을 요청하였다. 오르시니가 암살 계획을 영국 국내에서 수립했기 때문이다. 파머스턴 수상이 이 요청에 응하려고 하자 하원의 반대에 부딪치게 되었고 더비 내각이 들어서게 되었다. 보수적인 더비 내각은 이탈리아 문제에는 호의적이지 않았으며 어떠한 소요도 원치 않았다.

카부르는 오르시니 사건이 터지자 나폴레옹 3세의 환심을 사기 위해 국내의 모든 혁명분자들의 탄압과 축출을 단행하였다. 이 사건을 계기로 두 사람은 드디어 만나게 된다.

플롱비에르Plombières의 비밀합의(1858년 7월 20일)

나폴레옹 3세는 그의 친구 물리학자 코노H. Conneau를 튜린Turin으로 보내 엠마뉴엘 국왕과 카부르와 회견케 하였고 여기에서 카부르와 나폴레옹 3세의 플롱비에르 비밀회동이 합의되었다. 카부르는 나폴레옹 3세에 의존하지 않을 수 없게 되었다. 나폴레옹 3세는 매년 여름이면 온천지역인 플롱비에르에서 휴가를 보내곤 하였다.

7월 20일 두 사람은 자국의 내각에도 알리지 않고 비밀리에 그곳 그랜드 호텔에서 4시간 동안 밀담을 나누면서 중대한 음모를 꾸몄다. 발레브스키 프랑스 외상도 물론 이런 회동을 모르고 있었다. 그는 오르시니 사건 이후 이탈리아인들에 대한 검색을 철저히 하고 있었다. 그런데 카부르가 프랑스에 잠입했다는 정보가 입수되자마자 플롱비에르에 체류하고 있던 나폴레옹 3세에게 전보로 이 사실을 알렸다. 나폴레옹 3세는 그랜드 호텔에서 카부르와 만나고 있을 때 이 전문을 받아 보았다. 발레브스키는 이틀 후 신문을 통해 두 사람이 회동한 사실을 알게 되었다.

일반적으로 '플롱비에르 협약'Pact of Plombières이라고 불리는 이날의 합의는 실은 조인된 어떤 문서가 아니라 카부르의 조약 초안에 두 사람이 합의한 것이었다. 이것은 다음해 1월 19일 양국의 조약으로 확정되었는데 그 주요 내용을 보면 다음과 같다.

(1) 오스트리아와의 전쟁은 사르디니아가 도발하고 이 전쟁으로 인한 국제 관계와 전쟁의 국지화(局地化) 노력은 주로 프랑스가 담당한다.
(2) 전후 이탈리아를 다음과 같은 4개의 정치단위로 구성한다: ① 사르디니아, 롬바르디아, 베네치아, 파르마, 모데나 등으로 구성되는 북부 이탈리아 왕국, ② 투스카니를 중심으로 하는 중부 이탈리아 왕국, ③ 로마와 그 주변지역으로 축소된 법왕령, ④ 나폴리 왕국.
(3) 이들 4개의 정치단위는 연방으로 구성되며 법왕이 그 의장이 되나 실제로는 사르디니아가 지배한다.
(4) 프랑스는 사르디니아 영토인 사보이를 합병한다.
(5) 엠마뉴엘V. Emmanuel 국왕의 장녀인 15세의 클로틸드Clotilde 공주는 나폴레옹 3세의 조카인 36세의 제롬Jerome 공과 결혼한다.

그런데 1859년 1월 19일자 양국의 조약에서는 4개 정치단위의 연방에 관해서는 아무런 언급도 없었고 니스Nice를 추가로 프랑스에 할양키로 하였다. 그리고 클로틸드의 결혼은 나폴레옹 3세가 중부 이탈리아의 국왕으로 제롬 공을 앉히려는 계략에서 나온 것이었다.

프랑스 · 러시아의 비밀합의(1859년 3월 3일)

이제 오스트리아와의 전쟁을 위한 기초는 이루어졌으나 열강의 간섭을 배제하는 일이 남았다.

나폴레옹 3세가 가장 경계한 것은 라인 강과 롬바르디 평야에서 동시에 전쟁을 수행하는 남·북 양면전쟁의 가능성이었다. 따라서 오스트리아와 프로이센의 동맹이 체결되는 것을 저지해야 했고 최소한 프로이센의 중립을 확보해야만 되었다. 프로이센 국왕 프리드리히 빌헬름은 1858년에 들어서면서 건강이 극도로 악화되었고 11월에는 결국 그의 동생 빌헬름이 국정을 대리하였다. 빌헬름은 자유주의자로 자처하였고 국제적으로는 영국과의 연결을 구상하고 있었으며 국내적으로는 '독일적인 것'을 강조해 오스트리아와의 친밀을 도모하였다.

따라서 나폴레옹 3세로서는 러시아의 역할에 의존하게 되었다. 러시아의 병력을 오스트리아 동부 국경에 집결시켜 프로이센을 움직이지 못하게 하는 동시에 오스트리아가 모든 병력을 이탈리아 전선에 투입하는 것을 저지시키려는 방안에 프랑스는 착안하였다. 이리하여 1858년 9월 제롬 공이 나폴레옹 3세의 특사 자격으로 당시 바르샤바에 와 있던 러시아 황제 알렉산드르 2세와 회견하게 되었다. 제롬 공은 프로이센이 오스트리아를 지원할 경우 러시아가 프랑스 편에 서서 참전해 줄 것을 요구하였다. 그러나 러시아는 크림 전쟁 때에 오스트리아가 러시아에게 해준 만큼 러시아는 오스트리아와 프로이센을 대해 주겠다는 약속만을 하였다. 다시 말하자면 오스트리아 국경에 7만의 병력만을 주둔시키겠다는 것이다.

제롬 공은 귀국 후에도 몇 차례 러시아에게 교섭을 제의하였다. 만일 러시아가 프로이센이 프랑스를 공격하는 것을 저지해 준다면 프랑스는 영국이 러시아를 공격하는 것을 예방해 주겠다고 제의하였다. 그러나 중동이나 근동 지방이 평온한 경우 영국이 러시아를 공격할 이유가 없었다. 프랑스는 다시 만일 러시아가 전쟁에 참여해 준다면 러시아는 그 대가로 갈리시아를 획득하고 1856년 흑해 비무장 조항의 폐지를 보장하겠다고 제의하였다. 그러나 러시아는 1815년에 수립된 국제정치 질서의 중대한 변경 없이 오로지 흑해 비무장 조항의 폐지만을 희망하였다.

발레브스키 외상은 1859년 1월에서야 제롬 공이 러시아와 접촉한 사실을 알게 되었다. 그는 이런 외교 채널의 단절을 주장하고 제롬을 정치 일선에서 물러나게 하였다. 결국 발레브스키 외상이 다시 러시아와 교섭을 재개하여 3월에 모호한 문구로 작성된 비밀조약이 체결되었다. 프랑스는 장차 흑해 비무장 조항의 철폐를 위해 노력하고 러시아는 프랑스·오스트리아 전쟁에 우호적인 중립을 지키기로 합의하였다.

4. 이탈리아의 통일(2)

전쟁의 도발

나폴레옹 3세는 1858년 후반 러시아와 교섭하는 데에 시간을 보냈다. 비록 조약 체결에는 이르지 못했으나 우호적인 중립은 확실히 기약할 수 있었다. 이런 분위기에서 1858년이 저물고 1859년 정월 초하루 나폴레옹 3세는 프랑스 주재 오스트리아 대사에게 "짐(朕)은 우리와 귀국 정부와의 관계가 과거처럼 우호적이지 않은 것을 유감으로 생각하는 바이다."라는 폭탄적인 발언을 공개적으로 하였다. 이로부터 두 나라 사이에는 전운이 깃들고 열강, 특히 영국이 국제회의를 소집해 이탈리아 문제를 평화적으로 해결하자고 제의하였다.

전술한 바와 같이 더비 내각은 유럽 대륙에서 세력균형이 변경되는 것에 반대하고 현상유지에 가장 적극적이었다. 2월에 코울리H.W. Cowley가 빈에 파견돼 중재안을 제시하였다. 오스트리아는 중부 이탈리아 국가들에 대해 간섭하지 않으며 사르디니아를 중립화한다는 영국의 중재안은 처음부터 성공할 수 없었다. 프랑스나 사르디니아가 평화를 바라고 있지 않았기 때문이었다.

전쟁의 구실을 곧 찾을 수 있었다. 오스트리아의 지배를 받고 있던 롬바르디 사람들이 사르디니아에 잠입해 사르디니아 군인이 되는 것은 분명히 오스트리아에 대한 도전이었다. 따라서 이들을 롬바르디로 귀환시키려는 문제가 전쟁의 구실이 되었다. 오스트리아는 4월 초 군대 동원령을 내리고 4월 23일 사르디니아에게 3일 이내에 무장 해제를 요구하는 최후통첩을 보냈다. 오스트리아는 카부르의 계책에 스스로 말려들었다. 물론 카부르는 이런 최후통첩의 요구를 거절하였다.

빌라프랑카Villafranca 휴전조약(1859년 7월 11일)

오스트리아군은 피에드몬트 지역을 침공하기 시작했지만 신속한 군사행동을 취하지 못해 프랑스군이 전장에 도착하기 이전에 어떤 결정적인 승기(勝機)를 잡지 못하였다. 프랑스와 사르디니아 연합군은 6월 4일 마젠타Magenta 전투에서 승리하였고 6월 24일에는 그 유명한 솔페리노Solferino 전투에서 승리함으로써 오스트리아군을 4각 지대의 요새지Quadrilateral로 후퇴시켰다. 4각 지대의 요새지란 롬바르디와 베네치아에 있는 페스키에

이탈리아의 통일과정

라Peschiera, 베로나Verona, 만투아Mantua, 레냐고Legnago 4개의 요새를 말한다. 당시 오스트리아는 독일인과 체코인으로 구성된 15만 명의 주력부대를 헝가리에 주둔시켜야만 하였다. 반란의 방지와 세금의 징수를 위한 것이었다. 따라서 이탈리아 전선에 투입된 부대는 주로 헝가리인으로 구성돼 있었는데 이들은 이탈리아인 부대, 크로아티아인 부대의 경우와 같이 군기가 문란하고 전의(戰意)가 전혀 없었다. 탈영과 항복을 서슴지 않았기 때문에 전투에 승리할 수는 없었다.

이 전쟁은 특이한 성격을 갖고 있었다. 모든 근대적인 전쟁은 상대방에 대한 불신과 두려움, 그리고 어느 정도 예방의 요소를 갖고 있다. 그러나 프랑스, 사르디니아 그 어느 쪽도 오스트리아의 공격을 두려워할 이유가 없었으며 어떤 두려움 때문에 군사를 동원한 것이 아니라 상대방을 전쟁에 끌어넣기 위한 구실을 만들려고 했던 것이다. 국제법상 정당화될 수 없는 전쟁인데도 모든 역사가들은 이 전쟁의 불가피성을 인정하고 있는 점도 특이한 면이라고 볼 수 있다. 그런데 나폴레옹 3세는 솔페리노 전투를 계기로 태도가 돌변하였다. 7월 11일 그는 빌라프랑카에서 오스트리아 황제 요셉을 직접 만나 휴전에 합의하였다. 물론 카부르와는 아무런 사전 협의도 하지 않았다. 나폴레옹 3세의 태도가 이처럼 급변하게 된 데에는 몇 가지 이유가 있었다. 솔페리노 전투의 참혹상으로 말미암아 전쟁 종결을 결심하게 된 면도 있었겠지만 다음의 세 가지 점이 주요한 원인이었다.

(1) 5월 투스카니, 모데나, 파르마 등지에서 혁명이 일어나 기존 지배자들이 축출되는 사태에 이르렀는데 그 배후에는 카부르와 연결되어 있었다. 따라서 이탈리아 반도 전체가 나폴레옹 3세 자신이 통제할 수 없는 사태로 발전할지 모른다고 우려한 점
(2) 오스트리아가 전투에서 패퇴하자 프랑스에게는 프로이센 문제가 야기되었다. 오스트리아의 대공(大公) 알베르트Albert가 4월에 베를린을 방문해 라인 강 지역에서 프랑스를 공격하는 연합전선의 결성을 제의하였다. 프로이센은 이 제의를 거절했으나 6월 14일에는 6개 군의 군대를 동원해 프랑스를 자극하였다. 따라서 프랑스는 남북 양면전이라는 최악의 경우에 직면할 가능성이 있게 된 점
(3) 오스트리아가 4각 지대의 요새로 후퇴함에 따라 전투가 장기전에 돌입하게 된 점

이런 배경에서 체결된 빌라프랑카 휴전조약의 주요 내용은 다음과 같다.

(1) 오스트리아는 만투아와 페스키에라 요새를 제외한 롬바르디 지방을 프랑스에 할양하고 프랑스는 이 지역을 다시 사르디니아에게 할양할 수 있다.
(2) 오스트리아는 베네치아를 계속 보유한다.
(3) 이탈리아의 구지배자들을 다시 복귀시킨다. 그러나 혁명지도자들은 사면한다.

휴전협정은 11월 10일 취리히Zürich 조약으로 확정되었다. 카부르는 빌라프랑카 휴전조약이 체결되자 프랑스의 배신행위에 격분해 재상 자리를 떠나버린다.

통일의 진전

롬바르디를 사르디니아에게 넘겨주면서 프랑스의 지원은 일단 끝났다. 그 후의 통일과정은 열강들의 직접적인 개입 없이 이탈리아인의 손에 의해 진행되었다.

가을에 이르자 파르마, 모데나, 투스카니 그리고 법왕령에서 혁명 지도자들이 모여 구지배자들의 축출을 결의하고 사르디니아와 합병할 것을 결의하였다. 그러나 사르디니아는 혹시 열강이 개입하지 않을까 우려해 행동을 취하지 못하였다. 그러던 중 카부르가 1860년 1월에 다시 재상에 복귀하고 위 지역들에서는 3월 국민투표를 거쳐 사르디니아와 병합할 것을 결정하자 카부르는 이를 수락하였다. 사르디니아는 곧 프랑스와 튜린Turin 조약을 체결해 사보이와 니스를 프랑스에 할양하였다.

4월에 시실리에서는 나폴리 왕국의 지배계층인 부르봉 왕가에 대한 반란이 일어났다. 마치니 파들의 이 운동은 실패로 돌아갔다. 그러나 5월에 이르자 가리발디는 부하 1,000명을 이끌고 그 유명한 시실리 섬 진격을 시작하였다. 그는 예상을 뒤엎고 시실리 섬의 팔레르모Palermo를 점령해 주민들로부터 열렬한 환영을 받았다. 그는 다시 9월에는 나폴리에 입성하였고 곧 북진해 로마와 베네치아로 진격할 태세를 취하였다.

이렇게 되자 카부르는 딜레마에 빠지게 되었다. 급진론자들의 승리는 자신의 정치적인 기반에 대한 도전이었으며 또 그들에 의해 통일이 된다면 그 후에는 필경 무정부 상태가 오게 될 것이라고 확신하였다. 뿐만 아니라 가리발디가 로마에 입성하게 되면 열강의 간섭이 있게 될 것이 분명하였다. 로마에는 프랑스군이 주둔하고 있었으며 베네치아로 진격하면 오스트리아의 개입을 초래할 것이 확실하였다. 따라서 카부르는 자신이 어떤 행동을 취할 시기에 도달했다고 판단하였다.

마침 법왕령에서 9월에 소요가 일어났고 소요 진압을 구실로 사르디니아군이 진입해 질서를 회복하였다. 사르디니아군은 다시 남하해 나폴리 왕국 영토로 들어가 가리발디군과 대치하게 되었다. 여기에서 가리발디는 자신의 공화국에 대한 열정보다는 조국에 대한 희생으로 빅토르 엠마뉴엘에게 굴복하는 위대한 인간의 한 면모를 보였다. 이로써 로마와 그 부근 그리고 베네치아를 제외하고는 이탈리아는 거의 통일되었다. 1861년 3월 17일 이탈리아 왕국의 탄생이 선포되었고 국왕으로 빅토르 엠마뉴엘V. Emmanuel이 추대되었다.

의의

이탈리아의 통일은 1815년 빈 국제정치 질서의 중대한 수정이자 오스트리아의 심각한 후퇴를 의미하는 것이었다. 이탈리아의 통일은 또한 민족주의의 승리로서 곧 독일의 통일로 이어지게 된다.

오스트리아의 후퇴라는 측면에서는 나폴레옹 3세의 승리라고도 볼 수 있다. 그러나 빌라프랑카 휴전으로 그는 신의 없는 정치인으로 인식돼 그 위신이 실추되었다.

사실 이탈리아의 통일은 크림 전쟁으로부터 시작된 1815년 유럽 정치질서 해체의 완성이라고 볼 수 있다. 메테르니히의 질서는 실은 러시아가 그것을 보장한다는 전제에 입각하고 있었다. 그러나 크림 전쟁으로 러시아가 유럽 질서의 변경을 목표로 삼게 되자 1815년의 질서는 더 이상 유지될 수 없게 되었다. 만일 러시아가 오스트리아에 어느 정도 우호적이었거나 프로이센이 1859년에 라인 지역에서 전쟁을 촉발시켰다면 이탈리아의 통일은 이룩될 수 없었다. 다시 말하자면 물론 이탈리아의 통일은 프랑스의 군대와 영국의 정신적인 지원으로 달성될 수 있었지만 러시아의 1856년 파리 조약에 대한 원한, 그리고 독일연방에서 오스트리아 헤게모니에 대한 프로이센의 질투가 없었다면 성취될 수는 없었다.

5. 독일의 통일(1)

이탈리아의 통일과 독일연방

이탈리아 통일전쟁을 계기로 1815년 빈 회의에서 결정된 독일연방 제도 자체에 대한 문제들이 다시 제기되었다. 독일연방의 군사조직과 상호원조 문제도 재고돼야 할 문제로 등장하였다. 그리고 오스트리아가 보유하고 있는 비(非)독일지역에 관해 독일연방 국가들이 어떠한 책임을 부담해야 되느냐 하는 문제가 심각하게 대두되었다.

더욱이 이 전쟁으로 말미암아 독일의 여론도 크게 두 가지로 나뉘게 되었다. 북부 독일의 자유주의자들은 라살F. Lassalle에서 보듯이 오스트리아를 '이탈리아의 학살자', '독일의 억압자'로 묘사하였다. 이와는 달리 남부 독일의 자유주의자들은 오스트리아 주도하의 대(大)독일의 통일을 주장하면서 프랑스에 대한 투쟁을 주장하였다. 하여간 이탈리아의 통일이 이룩되자 독일에서도 통일의 형태와 방법에 관해서 여러 가지 견해가 있었으나 통일의 당위성이나 명분은 거부될 수 없게 되었다. 1859년 9월 독일민족연합Deutsche Nationalverein이 결성돼 프로이센을 중심으로 하는 통일운동이 크게 전개되었다.

사실 프로이센을 중심으로 하는 정치적 통일의 경제적 기반은 이미 형성돼 있었다. 프로이센 주도로 1834년에 형성된 관세동맹Zollverein이 그것이다. 이 관세동맹의 형성으로 그 구성 국가 사이의 무역이 증진되었고 공업의 발달이 촉진되었다. 영국 주도로 형성됐던 조세동맹(租稅同盟)Steuerverein에 가입한 하노버, 올덴부르크Oldenburg, 브륀즈빅크Brünswick도 1840~1850년대에 프로이센의 관세동맹에 가입해 오스트리아를 제외한 거의 모든 독일연방 지역이 하나의 관세동맹 지역이 되었다.

따라서 정치적으로는 1850년 11월 올뮈츠Olmütz의 굴욕에서 보듯이 프로이센이 후퇴했지만 경제적으로는 오스트리아가 도리어 후퇴하고 있었다. 관세동맹의 관세들이 매우 낮아서 경제 후진의 오스트리아 산업이 경쟁할 수가 없었다. 어쩌면 경제가 발전되면서 자유무역을 추진하였던 프로이센과 아직 낙후된 산업과 국가독점으로 보호가 필요한 경제 구조를 갖고 있던 오스트리아 두 나라 사이에는 화해가 불가능했는지도 모른다. 이런 점에서도 프로이센을 중심으로 한 독일의 통일과 사르디니아 주도하의 이탈리아 통일은 그 성격이 다른 것이다. 프로이센은 사르디니아와는 달리 이미 5대 강국의 하나였을 뿐 아니라 관세동맹으로 하나의 경제 권역을 주도하고 있었다.

빌헬름 1세와 비스마르크O. von Bismarck

1840년에 왕위에 오른 빌헬름 4세는 1850년대 후반에 들어오면서 변덕과 환상에 찬 성격이 광기에 이르게 되고 1858년 여름에는 병석에 눕게 되었다. 그리하여 그의 동생인 빌헬름 1세가 섭정을 하게 되었고 1861년에는 형의 사망으로 왕위를 계승하였다.

빌헬름 1세는 직업 군인으로 성장하였고 군사 문제만이 관심의 대상이었다. 섭정을 하면서 가장 먼저 착수한 것도 군사개혁이었다. 1859년 12월 국방상에 취임한 론A. von Roon이 군사 개혁안을 마련하였다. 이 개혁안의 내용은 크게 보아 두 가지였다. 하나는 군대 복무기간을 2년에서 3년으로 연장한다는 것이고 다른 하나는 예비군Landwehr의 독립성을 폐지한다는 것이었다. 복무기간의 연장이 당시 자유주의 사조에 역행되므로 프로이센 의회가 반대한 것은 쉽게 이해된다. 예비군의 구성원이 전쟁시 동원되고 예비군 장교를 정규군의 장교로 편입시키려는 론의 개혁안 내용 역시 심한 반발에 부딪쳤다. 예비군은 중산계층의 전유물이었으며 예비군 장교는 그들의 꿈이었다. 따라서 프로이센 의회는 론의 개혁안에 반대하였고 그것에 필요한 예산 지출을 거부하였다.

그러자 국왕과 의회의 이런 대립을 해결할 수 있는 인물이 물색되었고 론의 추천으로 당시 파리 주재 대사였던 비스마르크가 재상으로 지목되었다. 그는 1862년 9월 18일 급거 베를린으로 돌아오라는 전보를 받고 20일 베를린에 도착하였다. 그러고는 22일에 재상 취임에 동의하였다. 29일에는 의회의 재정위원회에 출석해 그 유명한 '철(鐵)과 혈(血)'의 정치적 소신을 발표함으로써 철혈재상이라는 이름을 얻게 되었다.

> 독일은 프로이센의 자유주의를 기대하고 있는 것이 아니라 프로이센의 힘을 기대하고 있습니다. 바바리아, 뷔르템베르크, 바덴과 같은 남부 독일국가들은 자유주의에 탐닉해 있으려 하기 때문에 그 누구도 프로이센이 맡을 역할을 이들에게 부담시키려 하지 않을 것입니다. 프로이센은 적절한 시기에 사용할 힘을 보존해야 하며 과거에 그런 시기는 몇 차례 지나쳐 버렸습니다. 빈 조약 이래 우리의 국경은 건전한 민족생활에는 적합치 않습니다. 이 시대의 중대한 문제들은 마치 1848년과 1849년의 오류에서와 같이 연설이나 다수결에 의한 결정들에 의해 좌우되는 것이 아니라 철과 혈에 의해 결정됩니다.

비스마르크는 프로이센 헌정분쟁의 해결과 군사개혁의 추진을 위해 재상에 앉혀졌다. 그러나 그는 이러한 문제들을 해결하는 과정에서 이른바 '독일 문제'에 불가피하게 직면하게 되었다. 프로이센의 헌정 문제와 독일연방의 구성 문제는 뗄 수 없는 관계에 있는 것이며 그것은 오스트리아와의 전쟁을 통해서만이 모두 해결될 수 있는 성질의 것이었다.

엘베Elbe 공국의 문제

비스마르크에게 좋은 기회가 찾아왔다. 이른바 엘베 공국 즉 슐레스비히Schleswig와 홀슈타인Holstein 공국의 문제가 바로 그것이었다.

두 공국들의 대공(大公)은 중세 이래로 덴마크 국왕이 겸하고 있었다. 그런데 빈 조약에 의해 독일연방이 개편되면서 슐레스비히 공국은 연방 구성국이 아니었으나 홀슈타인 공국은 연방 구성국이 되었다. 슐레스비히 공국의 아이더Eider 강 이북 지역은 덴마크인이, 나머지 지역은 독일인으로 구성되어 있었으나 홀슈타인 공국의 주민은 모두 독일인이었다. 2월 혁명이 일어나자 덴마크는 두 공국을 병합하려고 했으나 프로이센의 지원을 받은 두 공국이 덴마크에 저항해 1852년 5월 런던 조약으로 분쟁이 해결되었다. 이 런던 조약에서 두 공국의 기존 법적 지위는 계속 유지된다고 재확인하고 덴마크 국왕 프레데릭Frederick 7세가 남자 후계자가 없는 경우 글뤽스부르크 공Duke of Glüksburg이 왕위를 계승한다고 합의하였다.

그런데 슐레스비히 공국의 합병을 계속 추진해온 프레데릭 7세가 드디어 1863년 3월 이를 합병한다고 선언하였다. 이러한 덴마크의 행동은 덴마크가 슐레스비히의 기존 지위를 인정한다는 런던 조약의 위반이었다. 그리하여 독일연방 의회는 그 취소를 요구하고 나섰다. 11월에 프레데릭 7세가 사망하고 글뤽스부르크 공이 왕위를 계승해 크리스찬 9세Christian IX가 되자 사태는 더욱 복잡하게 되었다. 그의 왕위계승은 런던 조약으로 열강이 인정한 바였으나 아우구스텐부르크 공Duke of Augustenburg이 왕위계승을 주장하고 독일연방 의회가 이를 뒷받침하고 나섰기 때문이다. 아우구스텐부르크 공은 2월 혁명 때에 두 공국이 덴마크에 저항하자 모계(母系)에 속하는 프레데릭 7세의 왕위 명분을 거부하고 자신의 왕위계승을 주장한 바 있었다. 런던 조약으로 왕위계승 문제가 타결되자 그는 금전으로 보상받고 왕위계승 주장을 포기한 바 있었다.

하여간 11월 왕위에 오른 크리스찬 9세가 합병을 적극 추진하게 되자 독일연방군은 12월 홀슈타인에 진주하였다. 1864년 1월 오스트리아와 프로이센은 두 공국의 문제는 양국이 합의해 결정한다는 내용의 조약을 체결하고 덴마크에게 합병을 철회하라는 최후통첩을 보냈다. 덴마크가 이를 거절하자 오스트리아 · 프로이센 연합군은 2월 1일 슐레스비히를 침공해 덴마크와의 전쟁이 시작되었다.

열강의 태도와 런던 회의(1864년 4~6월)

이 문제에 가장 깊은 이해관계를 가진 국가는 영국이었다. 발트 해 입구에 위치한 덴마크가 영국 해군에게 전략상 중요한 위치를 갖고 있음은 쉽게 이해할 수 있다. 덴마크 문제가 한창 시끄럽던 1863년 7월 파머스턴 영국 수상은 덴마크 지원을 공언하였다. 덴마크의 권리를 침해하고 그 독립을 해치려는 자들은 덴마크만을 상대로 하고 있지 않음을 알아야 한다고 호언하였다. 이는 위협적인 언사를 즐겨 사용하던 그의 독특한 일면을 보여 주고 있다. 그러나 영국은 해군을 제외하고 유럽 대륙에 파견할 수 있는 병력은 2만 명 정도의 병력뿐이었다. 따라서 동맹자를 구하지 않을 수 없었다.

영국은 먼저 러시아의 협력을 구했다. 그러나 러시아는 이미 친프로이센 정책으로 방향을 전환하였고 오스트리아에 대한 견제세력으로서 프로이센의 강화를 환영하고 있었다. 러시아의 친프로이센 경향은 크림 전쟁을 계기로 굳어졌으며 특히 1863년 1월 폴란드 반란진압을 계기로 양국관계는 매우 긴밀하게 되었다.

폴란드에서 반란이 일어나자 비스마르크는 알벤스레벤C. von Alvensleben 장군을 1863년 2월 러시아에 파견해 이른바 알벤스레벤 협정을 체결하였다. 양국은 폴란드인의 행동에 관해 서로 정보를 교환하고 필요한 경우 무력 협력도 할 수 있으며 프로이센 영토로 도피하는 폴란드인의 추격을 러시아에 허용한다는 것이 이 협정의 주요 골자였다. 그리고 프로이센은 실제로 상당한 병력을 폴란드 국경에 배치하였다. 사실 이러한 프로이센의 지원으로 영국, 프랑스, 오스트리아의 폴란드 문제 간섭 기도가 좌절되었다. 그리고 훗날 독일의 통일도 이 협정으로 인한 러시아의 우호적인 태도에 크게 힘입게 되었다.

이 협정이 알려지자 프로이센의 자유주의자들은 비스마르크를 더욱 비판하였다. 그러나 비스마르크는 독일연방 구성 문제로 분쟁이 발생하는 경우 프랑스의 간섭이 우려되었고 이런 개입에 대비해 러시아의 협력이 절대로 필요하다고 여겼다. 비스마르크 찬양론자들은 독일 통일을 내다보고 1863년에 이미 러시아와 손을 잡은 것이라고 평가하고 있다.

영국은 다시 프랑스에 눈을 돌렸다. 그러나 나폴레옹 3세는 보상을 요구하였다. '소라인' Little Rhine을 요구하였다. '대라인' Great Rhine이 라인란트 전체를 지칭하는 데 반해 '소라인' 이란 자르 지방을 말하는 것이었다. 이 지역은 프랑스가 1814년 제1차 파리 조약으로 보유했으나 1815년 제2차 파리 조약으로 상실한 지방이었다. 그러나 영국은 이런 요구에 응할 수 없는 일이었다. 발트 해보다는 라인 지방이 영국으로서는 더 중요한 문제였기 때문이다.

이런 와중에서 오스트리아와 프로이센 연합군은 승전을 계속하였다. 1864년 2월 초 슐레스비히에 진입한 양국 군대는 4월 중순 뒤펠Düppel 요새를 탈환하고 덴마크 본토 침공에 이르게 되었다. 이러한 사태에 이르자 영국의 주선으로 런던에서 국제회의가 소집돼 2개월 동안 회의가 계속되었다. 당초 오스트리아와 프로이센은 두 공국을 분리시키려 했으나 나폴레옹 3세의 주장에 따라 민족구성에 따라 분할한다고 합의하였다. 그러나 덴마크가 끝까지 반대해 회의는 아무런 성과 없이 끝났다. 그리고 전투가 다시 시작되었다. 이에 영국 내각은 공국 문제에 더 이상 개입하지 않는다고 발표해 덴마크의 운명은 이제 결정되어 버렸다. 10월 말 빈 평화조약이 체결돼 두 공국은 결국 오스트리아와 프로이센에 완전히 넘겨주게 되었다.

가슈타인Gastein 협정(1865년 8월 14일)

그러나 공국들의 구체적인 법적 지위 문제에 관해서는 오스트리아와 프로이센 사이에 긴 교섭을 거쳐서 결국 가슈타인 협정으로 일단 매듭짓게 되었다. 이 협정에 의해 슐레스비히 공국은 프로이센이, 홀슈타인 공국은 오스트리아가 각각 시정(施政)하기로 하였다. 그리고 홀슈타인 남쪽의 소공국인 라우엔부르크Lauenburg는 프로이센이 오스트리아에게 금전을 지불해 보유하게 되었다. 이 협정으로 오스트리아의 홀슈타인 공국이 프로이센 영토 안에 존재하게 돼 다시 분쟁의 불씨가 되었다.

비스마르크 찬양론자들은 이런 불씨를 비스마르크가 장차 오스트리아와 분쟁을 야기하려고 미리 마련한 것이라고 해석하고 있다. 또 훗날 비스마르크 자신이 자신의 사전 계획이었다고 자랑한 바 있다. 그러나 가슈타인 협정의 그러한 내용은 비스마르크가 아니라 오스트리아가 제안한 것이었다. 하여간 가슈타인 협정으로 프로이센이 오스트리아와 동등한 지위를 확보하게 된 것은 비스마르크의 승리라고 볼 수 있다.

공국 문제 해결로 프로이센은 통일을 향한 발자국을 내딛게 되었다. 이 문제를 계기로 오스트리아와 프로이센의 관계는 극도로 악화되었다. 북부 독일만의 통일도 오스트리아와의 전쟁을 거치지 않고서는 불가능한 것이었다.

6. 독일의 통일(2)
— 오스트리아 · 프로이센 전쟁과 북부 독일연방의 성립

비아리츠Biarritz 회견(1865년 10월)

비스마르크로서는 오스트리아와 전쟁을 하는 경우 오스트리아 · 프랑스의 연결을 저지하는 것이 급선무였다. 그는 10월 피레네 산맥에 있는 휴양지 비아리츠로 나폴레옹 3세를 찾아가 회동한다. 비스마르크 찬양론자들은 이 회동도 그가 나폴레옹 3세를 농락한 것으로 묘사하고 있다. 비스마르크는 나폴레옹 3세에게 어떤 확실한 보상을 주지 않으면서 라인 지방에 대한 보상이라고 하는 미끼를 이용해 오스트리아와 프로이센이 전쟁을 하는 경우 프랑스가 중립을 지키도록 약속을 받았다고 평가하고 있다.

그러나 비스마르크가 나폴레옹 3세에게 아무것도 주지 않은 것은 아니었다. 매우 중요한 약속을 했다고 볼 수 있다. 베네치아에 대한 약속이 그것이다. 오스트리아가 베네치아를 이탈리아에게 돌려주지 않고 계속 보유하면 그것은 자신의 후계자에게 큰 부담을 남겨주는 것이라고 나폴레옹 3세는 믿었다. 따라서 생전에 이 문제를 해결해야 된다고 생각하였다. 나폴레옹 3세에게 베네치아를 준 정치인으로는 비스마르크가 최초였다.

프로이센 · 이탈리아 동맹(1866년 4월 8일)

프로이센으로서는 오스트리아로 하여금 남북 양면전을 하도록 하는 것이 전략상 유리한 것은 말할 필요도 없다. 이와 같은 프로이센 · 이탈리아의 동맹 제의가 루마니아 문제를 계기로 나폴레옹 3세로부터 나오게 되었다.

루마니아 문제를 잠시 살펴보기로 하자. 1856년 파리 회의 당시 몰다비아 공국과 왈라키아 공국 문제가 중요한 의제였다. 나폴레옹 3세는 두 공국의 통합을 주장했으나 열강이 합의하지 못해 주민의 의사를 묻는 선거를 실시토록 결정하였다. 그런데 선거결과 통합을 반대하는 의견이 지배적으로 되자 프랑스, 러시아, 사르디니아가 그 무효를 주장하고 나섰고 이러한 주장에 영국과 터키가 반대하였다. 결국 영국과 프랑스 사이에 타협안이 이루어졌다. 즉 두 공국은 같은 정치적 기구로 연결되지만 명분상 분리돼야 한다는 모호한 타협이었다. 그런데 1859년 1월 몰다비아 공국은 쿠자A. Cuza를 국왕으로 선임하였고 2월에는 왈라키아 공국도 그를 국왕으로 추대해 두 공국은 사실상 통합하게 되었다. 술탄도 1862년에 통합을 인정하게 되어 루마니아라는 신생국가가 탄생하였다.

그런데 1866년 2월 쿠자가 퇴위를 당하는 사건이 발생하였다. 오스트리아가 루마니아를 보유하고 그 대신 베네치아를 이탈리아에게 양여한다는 구상을 프랑스 주재 이탈리아 대사 니그라C. Nigra가 갖게 되었고 이런 구상에 나폴레옹 3세도 동의하였다. 그러나 나폴레옹 3세는 오스트리아가 평화적인 방법으로는 베네치아를 이탈리아에게 넘겨주지 않으리라는 것을 잘 알고 있었다. 따라서 그는 이탈리아로 하여금 프로이센과 동맹을 체결하는 위협적인 방법을 취할 것을 권고하게 되었다.

이와 같이 프랑스, 프로이센, 이탈리아의 의견이 일치해 드디어 베를린에서 프로이센·이탈리아 동맹이 체결되었다. 3개월 이내에 프로이센과 오스트리아 사이에 전쟁이 발발하는 경우 이탈리아는 프로이센 편에 서서 전쟁에 가담해야 되며 그 대가로 베네치아를 약속받았다.

프로이센은 이 동맹을 체결한 다음날 프랑크푸르트 연방의회에 연방 개편안을 제출하였다. 오스트리아에 대한 도전이었다. 또한 6월 6일 홀슈타인의 오스트리아 총독이 홀슈타인 의회를 소집해 홀슈타인의 장래를 토의하자 비스마르크는 이것이 가슈타인 협정의 위반이라고 군대를 홀슈타인에 진주시켜 양국은 결국 충돌하게 되었다.

프랑스·오스트리아 비밀조약(1866년 6월 12일)

오스트리아는 전쟁이 눈앞에 다가오자 나폴레옹 3세가 원하는 모든 것을 주면서 프랑스의 중립을 보장받는 비밀조약을 빈에서 체결하였다. 그 대가로 오스트리아는 전쟁의 승패와는 관계없이 베네치아를 나폴레옹 3세에 할양하고 나폴레옹 3세는 다시 이를 이탈리아에게 돌려주기로 하였다. 그리고 만일 오스트리아가 전쟁에 승리하는 경우 오스트리아가 원

1866년 프로이센 왕국
1866년 오스트리아 · 프로이센 전쟁 후 프로이센이 획득한 영토
남부 독일 국가들, 1866
독일연방 내의 오스트리아 영토, 1815~1866
독일연방 밖의 오스트리아 영토, 1815~1866
1866년 독일연방 경계선
주트란트 반도
덴마크
코펜하겐
말뫼
북해
듀펠
플렌스부르크
슐레스비히
에이더 강
킬
북해-발트해 운하 (1895)
홀슈타인
헬리골랜드
슈트랄준트
로스토크
뤼백
비스마르
라우엔부르크-메클렌부르크-슈베린
스트렐리츠
엠덴
함부르크
브레멘
엘베 강
오데르 강
네덜란드
하노버
베저 강
브란덴부르크
베를린
암스테르담
올덴부르크
로테르담
위트레흐트
오스나브뤼크
하노버
피몬트
마그데부르크
뮌스터
리페
브룬즈비크
안할트
비텐베르크
비젤
베스트팔리아
괴팅겐
칼레
뒤셀도르프
발데크
카셀
라이프치히
브뤼셀
라인 강
프러시아
엘베 강
릴
퀼른
고타
에르푸르트
바이마르
드레스덴
나무르
리에주
아헨
헤세 다름슈타트에 할양
헤세-카셀
투링기안 주
색스니
아라스
라인 지방
엠스
플라우엔
나사우
마인 강
켐니츠
프랑크푸르트
룩셈부르크
모젤 강
에게르
마인츠
밤베르크
스당
헤세-다름슈타트
필젠
랭스
뫼즈 강
하이델베르크
뉘른베르크
보헤미아
파리
베르됭
팔라티네이트
몰다우 강
란다우
메스
로렌 (1871년 합병)
바바리아
센 강
슈투트가르트
스트라스부르
레겐스부르크
뷔르템베르크
보주 산맥
알자스 (1871년 합병)
바덴
울름
다뉴브 강
아우크스부르크
파사우
린츠
뮌헨
인 강
프라이부르크
뮐하우젠
잘츠부르크
프랑스
바젤
오스트리아
브장송
취리히
라인 강
인스브루크
가슈타인
베른
티롤
카린티아
스위스
클라겐푸르트
제네바
보젠
시텐
아디제 강
알프스
우디네
트렌트
사보이 (1860년 프랑스로)
베네치아(1866년 이탈리아령으로)
카니올라
밀란
트리에스테
베로나
롬바르디아(1859년 피에드몬트로)
베니스
론 강
사르디니아 왕국

독일의 통일

스웨덴
발트 해
메멜
메멜 강
틸지트
카우나스
빌나
쾨니히스베르크
굼비넨
민스크
포메라니아
단치히
엘빙
동 프로이센
그로드노
콜베르크
알렌슈타인
서 프로이센
니멘 강
슈테틴
프로이센
비알리스토크
브롬베르크
토른
비스툴라 강
모들린
그녜즈노
러시아 제국
포즈나니
바르샤바
프랑크푸르트
바테 강
칼리쉬
로지
폴란드 왕국
라돔
루블린
부그 강
글로가우
브레슬라우
괴를리츠
슐레지아
오페른
오데르 강
쾨니히그레츠
글라츠
크라쿠프
렘베르크
쉐미슬
프라하
트로파우
올뮈츠
갈리시아
브륀
모라비아
니콜스부르크
카샤우
부드바이저
오스트리아
헝가리 왕국
빈
프레스부르크
부코비나
라브
다뉴브 강
부다페스트
데브레첸
그라츠
쉬툴바이센부르크
그로스바르다인
트란실바니아
마르부르크
헤르만슈타트
드라 강
마로스 강
크로아티아
라이바하
바나트
아그람
슬라보니아
왈라키아
피우메
사베 강
페트로바라딘
브로드

하는 방향으로 독일연방을 개편하고 그러한 개편으로 유럽의 세력균형이 변하게 된다면 사전에 나폴레옹 3세와 협의한다고 합의하였다. 이 밖에도 오스트리아는 라인 강 지역에 중립적인 완충국가의 건설에 반대하지 않는다고 구두로 합의하였다.

프랑스는 베네치아와 라인 강의 완충국가 건설이라는 두 가지 숙원을 동시에 이룩하였다. 그리고 오스트리아의 승리를 확신하고 있었다. 프랑스 외교관 그라몽A. de Gramont은 멘스도르프A. von Mensdorff 오스트리아 외상에게 "우리의 우호적인 중립으로 귀국의 승리는 보장되었다."라고 장담하였다.

오스트리아는 이 조약을 체결한 지 이틀 후에 연방의회에 프로이센 제재를 발의해 통과시켰다. 홀슈타인을 침범한 것이 제재 사유였다. 바바리아, 하노버, 색스니를 비롯한 대부분의 국가들이 오스트리아에 동조하였다. 프로이센 대표는 퇴장하였고 전쟁은 시작되었다. 이탈리아도 6월 20일 오스트리아에 전쟁을 선포하였다.

의외의 승전

프로이센이 공식적인 선전포고 없이 오스트리아 국경을 넘은 것은 특이한 전투의 출발이었다. 슐레지엔Schlesien, Silesia을 거쳐 남진하던 제2군사령관 프리드리히 황태자가 6월 21일 국경에 도착해 가장 가까운 곳에 있던 오스트리아 장교에게 '전쟁상태'로 들어간다고 말하면서 국경을 넘었다. 그리고 전쟁은 7주간의 전투로 비교적 단기간에 끝났다.

주요 전선은 다음과 같은 세 방향에서 구성되었다.

(1) 이탈리아 전선: 이탈리아군은 육전에서는 쿠스토자Custozza에서, 해전에서는 리사Lissa에서 모두 패배하였다.
(2) 하노버 전선: 프로이센은 5만의 병력을 전선에 투입해 하노버군을 곧 항복시키고 친(親)오스트리아의 남부 독일국가로 진격하였다.
(3) 보헤미아 전선: 프로이센 3개 군이 세 방향에서 기쉰Gitschin과 사도바Sadowa(일명 Königgrätz)를 향해 진격하였다. 이 전투는 몰트케H. von Moltke 참모총장이 전보와 철도를 이용해 신속한 병력이동으로 대승하였다.

7월 3일 역사적인 사도바 회전에서 프로이센이 대승해 모든 사람들을 놀라게 하였다. 프로이센이 다발식(多發式) 후장총(後裝銃)을 사용해 엎드려서 쏘는 데 반하여 오스트리아군은 서서 쏘는 전장총(前裝銃)을 사용한 것이 승패의 큰 이유였다.

프로이센의 승리는 특히 나폴레옹 3세를 당황하게 만들었다. 그는 장기전을 예상했고 오스트리아의 승리를 확신하고 있었기 때문에 프로이센의 승리를 가정한 어떠한 조치나 구상도 하지 못했기 때문이다.

니콜스부르크Nikolsburg의 예비평화(1866년 7월 26일)

사도바에서 패배하던 바로 그날 프란시스 요셉 오스트리아 황제는 나폴레옹 3세에게 전문을 보내 베네치아를 할양할 것과 아울러 휴전을 주선토록 의뢰하였다. 그러나 비스마르크는 휴전 성립 이전에 평화조건에 관한 합의가 먼저 있어야 한다고 주장하였고 나폴레옹 3세도 이에 동의하였다. 이에 따라 니콜스부르크에서 예비 평화조건이 합의되었다.

이 예비 평화조건의 주요 내용은 다음과 같다. 하노버, 헤세Hesse, 나사우Nassau, 프랑크푸르트 자유시는 프로이센에 합병되고 마인Main 강 이북의 독일국가들은 북부 독일연방을 구성한다. 따라서 기왕의 독일 연방체제는 해체되고 오스트리아는 독일연방에서 제외된다. 남부 독일국가들은 별도로 연방을 구성할 수 있다.

국왕 빌헬름과 군부는 승리에 도취돼 빈으로 진격하자고 주장하였다. 적어도 오스트리아령(領) 슐레지엔과 색스니의 병합을 요구하였다. 그러나 비스마르크의 판단은 달랐다. 오스트리아를 불구(不具)로 만들어 그 자존심을 상하게 하는 것이 장차 프로이센에게 결코 유리하지 못하다고 여겼다. 그리고 빈으로 진격한다면 반드시 나폴레옹 3세의 간섭을 불러일으키게 되며 프로이센에게 우호적인 국가들도 도리어 반감을 갖게 될 것이라고 판단하였다. 국왕과 군부도 비스마르크의 자제 요청을 받아들이지 않을 수 없었다. 이것은 비스마르크의 훌륭한 판단이라고 평가받고 있다.

베네데티V. Benedetti 초안(1866년 8월)

니콜스부르크 예비 평화조건이 타결되자 나폴레옹 3세는 보상을 요구하고 나섰다. 나폴레옹 3세는 1792년의 국경, 바바리아령 팔라티네이트Palatinate, 또는 라인란트의 헤세, 또는 룩셈부르크를 요구하였다. 그러나 비스마르크는 이러한 과다한 요구에 응해 줄 수는 없었다.

그 후 나폴레옹 3세는 독일 주재 대사 베네데티에게 훈령해 프랑스가 장차 벨기에를 획득하는 데 프로이센의 지원을 받게끔 하라고 훈령하였다. 비스마르크는 그런 요구를 문서로 작성해 줄 것을 제의하였다. 이에 베네데티는 프랑스가 벨기에와 룩셈부르크를 획득하는 데에 프로이센이 지원한다면 프랑스는 남북 독일 연방이 서로 병합하는 것을 승인하고 프로이센과 동맹을 체결하겠다는 내용의 문서를 작성해 비스마르크에게 직접 전해 주었다. 이것을 베네데티의 초안이라고 부른다. 훗날 비스마르크는 이 문서를 영국에 흘려보내 1870년 프랑스·프로이센 전쟁 때에 영국의 여론이 프로이센 쪽으로 기울게 한 바 있다.

프라하 조약(1866년 8월 23일)

오스트리아·프로이센의 전쟁은 프라하 조약으로 완전히 종식되었다. 이 조약은 물론 니콜스부르크의 합의에 입각한 것이었다.

남부 독일국가인 바바리아, 뷔르템베르크, 바덴, 헤세-다름슈타트Hesse-Darmstadt 등의 영토는 변동이 없으나 어느 정도의 배상금을 프로이센에 지불토록 하였다. 오스트리아는 영토의 축소도 배상금의 지불도 하지 않았다. 그러나 독일연방에서 완전히 손을 떼게 되었다. 하노버, 헤세-카셀Hesse-Kassel, 슐레스비히, 홀슈타인, 프랑크푸르트 자유시는 프로이센에 병합되었다.

앞서 본 바와 같이 마인 강 이북의 국가들은 북부 독일연방을 구성하게 되었고 남부 독일국가들도 별도의 연방을 형성해 남북 연방 사이에 조약들을 체결할 수 있도록 하였다. 비스마르크는 프라하 조약 체결 직전에 바덴, 뷔르템베르크, 바바리아 등 남부 독일국가들과 군사동맹을 체결해 프랑스와 분쟁이 일어날 때에 프로이센 편에 서도록 하였다. 베네데티 초안으로 이들 남부 독일국가들이 프랑스의 의도를 의심했던 것이다.

이탈리아는 비록 전투에서는 실패했지만 당초의 약속대로 베네치아를 획득하였다. 그러나 비스마르크는 롬바르디-베네치아 왕국의 행정구획선 이상을 주지 않았다. 따라서 이탈리아는 알프스 산맥의 취약한 국경선을 갖게 되었고 트렌티노와 트리에스테 등 미수복 지역을 갖게 되었다.

이 전쟁으로 비스마르크는 마인 강 이북의 통일이라는 당초의 목적을 달성하였다. 또 이 전쟁으로 그는 의회와의 대립도 종식시킬 수가 있었다. 9월 8일 배상법(賠償法)Bill of Indemnity이 채택됨으로써 의회의 승인을 받지 않고 지출된 기왕의 예산을 모두 추인받았다. 비스마르크는 이제 확고한 정치적 기반을 갖게 되었다.

오스트리아는 이 전쟁에 패배한 후 1867년 10월 국내 정치제도 개혁으로 오스트리아·헝가리의 이중 군주국Dual Monarchy으로 되었다. 오스트리아와 헝가리는 각각 독자적인 내각을 보유하지만 외교, 군사, 전쟁 등 3개 성(省)은 단일화되었고 또 물론 같은 황제로 연결되었다.

7. 독일의 통일(3)
— 프랑스 · 프로이센 전쟁의 배경

룩셈부르크 사건(1867년 4~5월)과 런던 조약(1867년 5월 11일)

오스트리아 · 프로이센 전쟁이 끝난 1866년부터 프랑스 · 프로이센 전쟁이 발발한 1870년까지 나폴레옹 3세는 보상을 추구하느라 시간을 보내었다. 그러나 그는 어떠한 보상도 얻지 못했을 뿐 아니라 외교적인 고립만을 자초하고 말았다.

나폴레옹 3세는 당초의 보상 요구가 비스마르크에 의해 거절되자 그 책임을 외상인 드루앵 드 루이스E. Drouyn de Lhuys에게 전가하고 그를 해임시켰다. 후임으로 임명된 루에르E. Rouher가 다시 보상을 요구한 것은 물론이다. 앞서 본 베네데티의 초안이 그것이었다. 나폴레옹 3세는 적어도 라인 지방에서 어떤 보상을 받든지 또는 중부 독일 지방에서 영향력 강화를 보장받고자 하였다.

나폴레옹 3세의 이러한 보상 외교로부터 나온 것이 이른바 룩셈부르크 사건이었다. 룩셈부르크는 원래 독일연방의 구성원이었으나 북부 독일연방이 새로 탄생되면서부터 연방에서 제외되었다. 그런데도 프로이센 군대는 계속 주둔하고 네덜란드 국왕이 룩셈부르크의 대공을 겸임하였다. 나폴레옹 3세는 이같이 미묘한 법적 지위에 놓이게 된 룩셈부르크에 주목하게 되었다. 마침 네덜란드 국왕은 개인적으로 많은 부채가 있었고 나폴레옹 3세는 그 부채를 변제해 주는 대가로 룩셈부르크를 인수하려는 계획을 추진하였다. 그러나 네덜란드 국왕은 이런 계획에는 프로이센의 동의가 필요하다고 주장하였다.

프로이센이 프랑스의 룩셈부르크 병합을 찬동할 리 없었다. 프로이센 국내에서는 반대 여론이 들끓게 되었다. 이에 네덜란드 국왕은 스스로 이런 계획을 철회해 이 일화는 결국 끝났다. 그러나 프랑스의 룩셈부르크 병합 기도 자체는 국제적인 문제가 아닐 수 없었다. 러시아의 제의에 따라 런던에서 영국, 프랑스, 러시아, 프로이센, 오스트리아, 네덜란드, 벨기에, 이탈리아 등 열강의 회의가 개최돼 런던 조약을 체결하였다.

이 조약에 의해 룩셈부르크는 영세중립국이 되었고 영국, 프랑스, 러시아, 오스트리아, 프로이센이 그 중립을 보장토록 했다. 따라서 프로이센군은 이 조약의 체결로 룩셈부르크로부터 철수해 나폴레옹 3세의 체면을 살려 주었다. 그러나 이 사건을 계기로 프랑스와 프로이센의 관계는 극도로 악화되었다.

열강의 움직임

사실 프랑스는 룩셈부르크 사건이 일어나기 전부터 프로이센을 견제키 위해 러시아와 제휴할 수 있는지 타진하였다. 그러나 프랑스는 프로이센의 위협에 대해 러시아가 협조해 주길 원하는 데 반해 러시아는 프랑스와 프로이센이 우호적인 관계를 유지하면서 중동 문제에서 양국이 자국을 지원해 주길 바라고 있었다. 더욱이 러시아는 오스트리아에 대한 견제세력으로서 프로이센의 강화를 원하기까지 하였다.

러시아는 1868년 3월에 프로이센과 중대한 합의를 하게 되었다. 프랑스와 프로이센이 전쟁을 시작할 경우 러시아는 군대를 오스트리아 국경에 집결시켜 오스트리아를 움직이지 못하도록 한다는 내용이었다. 이 합의야말로 프로이센이 프랑스와 전쟁을 하는 경우 프로이센 동남 국경의 안전을 보장해 준 것이었다.

나폴레옹 3세는 오스트리아와 동맹을 체결코자 몇 차례 시도하였다. 그가 이를 추구한 특별한 이유는 오스트리아가 프로이센에 대해 원한이 있을 것이라는 막연한 추측과 오스트리아가 가톨릭 국가이기 때문에 그런 동맹이 국내여론에 좋은 영향을 미칠 것이라는 데 있었다. 그러나 오스트리아 재상 보이스트F.F. von Beust는 나폴레옹 3세의 이런 접근에 호의적이었으나 헝가리 수상 안드라시G. Andrásy는 프로이센에 대한 복수보다는 발칸 문제에 더 관심을 갖고 있었다. 8월에 있었던 프란시스 요셉 황제와 나폴레옹 3세의 회동에서도 실질적인 문제들은 토의되지 못하였다. 프랑스는 프로이센에 대한 동맹을, 오스트리아는 러시아에 대한 동맹을 원하고 있어서 쉽사리 의견이 조화되지 못하였다.

더욱이 보이스트는 배후의 안전을 위해 이런 동맹에 이탈리아의 참여를 희망하였다. 그러나 이탈리아는 참여의 대가로 로마를 원하였으나 로마야말로 나폴레옹 3세가 스스로 포기할 수 없는 지역이었다. 3국 사이의 설왕설래는 1869년 9월 프란시스 요셉과 빅토르 엠마뉴엘이 나폴레옹 3세에게 보내는 서한으로 끝나고 그 이상의 진전이 없게 되었다. 프랑스가 전쟁에 휘말리는 경우 두 군주들은 나폴레옹 3세를 지원하겠다는 내용의 서한이었다. 그러나 이것은 군주들의 사신(私信)에 불과한 것이지 국가의 의무를 규정하는 외교문서는 아니었다.

세 군주 사이에 서한이 오가고 있을 때 보이스트는 스위스에서 러시아 재상 고르차코프A.M. Gorchakov를 만나고 있었다. 이 자리에서 두 사람은 중동의 평화유지에 합의하고 프랑스와 프로이센의 현안은 그들 스스로 해결토록 한다는 데 의견을 모았다. 더욱이 고르차코프는 러시아는 기회가 오면 1856년 파리 조약의 흑해 비무장 조항을 폐지하겠다고 언급한 데 대해 보이스트는 반대하지 않았다.

프랑스는 결국 최초의 외교노선인 영국과 동맹을 추구하는 정책으로 다시 돌아오고 말았다. 영국은 비스마르크에 대해 의혹의 눈초리를 보냈지만 나폴레옹 3세를 더욱 의심하였다. 1869년 초 프랑스가 벨기에의 철도 일부를 매입하려고 하자 이런 의혹은 더욱 짙어졌다.

1870년 1월 친영론자로 러시아와 교섭하는 데에 반대해 온 다뤼N. Daru가 프랑스 외상이 되었다. 그는 우선 클래런던 영국 외상을 움직여 영국의 취향에 맞는 군축제의를 하였다. 클래런던은 자국의 제안인 양 이것을 비스마르크에 다시 제의하였다. 비스마르크는 그 제안의 원천이 파리임을 잘 알고 있어서 즉각 이를 거절하였다. 그는 영국에게 만일 영국이 해군 군축제의를 받는 경우 어떤 태도를 취할 것이냐고 반문하였다.

이와 같이 프랑스·프로이센 전쟁이 발발할 때까지 나폴레옹 3세는 어떠한 보상도 받지 못했고 오히려 외교적인 고립상태를 자초하였다.

스페인 내란(1868년 9월)과 국왕 옹립 문제

1833년 이사벨라Isabella가 그의 어머니 크리스티나Christina에 의해 섭정이 된 경위에 관해서는 관련 장절에서 설명하였다. 그 후 스페인의 정치는 장군들의 권력투쟁으로 점철되었다. 그러던 중 1868년 초 이사벨라의 무능과 개인적인 스캔들이 신문지상에 공개되는 가운데 그의 총신(寵臣)인 배우 출신 마르포리C. Marfori가 국무장관에 임명되는 사건까지 일어났다. 4월에 수상 나르바에즈R.M. Narváez가 사망하자 군부가 정부를 더 이상 지지하지 않게 되고 내란에 접어들었다. 9월 하순 세라노F. Serrano 장군은 정부군을 타파시켰다.

10월에 세라노와 프림J. Prim 장군이 임시정부를 수립하고 1869년 2월 제헌의회Cortes가 소집되었다. 그리고 6월에는 새로운 헌법이 채택됐으나 정치는 안정을 찾지 못하였다. 가장 큰 현안은 누구를 국왕으로 옹립하느냐 하는 것이었다. 여러 사람들에게 교섭했으나 모두 거절하였고 결국 물망에 오른 것이 호엔촐레른-지히마링겐Hohenzollern-Sigmaringen가(家)의 레오폴드Leopold 왕자였다. 1866년에서 1947년까지 루마니아의 왕위는 이 가문에서 계승되었다. 그 가장(家長)인 안톤K. Anton은 물론 당시에는 생존해 있었고 그의 장남이 바로 레오폴드였고 둘째 아들인 카롤 1세Carol I가 루마니아의 왕자였다. 안톤은 프로이센 국왕과 친척이어서 스페인 국왕이 호엔촐레른 가문에서 나온다는 것은 프랑스로서는 도저히 용납할 수 없음은 쉽게 짐작할 수 있다.

레오폴드 왕위계승 문제와 비스마르크

비스마르크가 언제부터 프랑스와 전쟁을 결심했느냐 하는 문제에 관해 정설이 학계에는 없다. 비스마르크 찬양론자들은 마치 오스트리아와의 전쟁준비나 구실을 엘베 공국들의 문제 처리에서 이미 마련해 놓은 것과 같이 프랑스에 대한 전쟁구실로 스페인 왕위계승 문제를 스페인 내란이 일어나기 이전인 1866년 11월에 이미 착안했다고 말하고 있다. 그런가 하면 그를 비판하는 학자들은 비스마르크가 스페인 왕위계승 문제에 개입한 것은 프랑스의 관심을 피레네 산맥 너머로 돌리게 해 프로이센 서부 국경의 안전을 도모하려는 의도에 불과했다고 말하고 있다.

하여간 비스마르크는 1869년 5월 두 사람의 밀사를 마드리드에 파견해 스페인 국왕은 호엔촐레른 가문에서 나와야 한다는 여론을 조성하기 시작하였다. 그리하여 9월에 프림 장군은 레오폴드에게 최초의 공식적인 제의를 했으나 거절당하였다.

그 후 한동안 이 문제는 잠잠했지만 1870년 2월 프림 장군의 특사인 설러저E. Salazer가 베를린에 파견되면서 다시 표면에 나타났다. 3월 15일 저녁 국왕 빌헬름, 비스마르크, 육군상 론, 참모총장 몰트케, 그리고 안톤과 레오폴드가 저녁회식을 하였다. 이 자리에서 비스마르크는 레오폴드의 왕위 수락을 강력히 요청하였다. 그러나 국왕은 이 문제는 레오폴드 자신이 결정할 문제라는 태도를 견지하였다. 레오폴드는 며칠 동안 심사숙고했지만 결국 거절하겠다고 천명하였다.

비스마르크의 밀사로 마드리드에 다녀온 회어젠von Versen이 다시 공작에 착수해 안톤과 레오폴드를 설득하고 6월 19일 드디어 수락 의사를 받아냈다. 이에 프림 장군의 특사인 설러저는 레오폴드가 수락했다는 사실과 자신은 6월 26일 마드리드에 도착하겠다는 전보를 보냈다. 물론 프로이센의 전신 시설을 이용했고 암호를 사용하였다.

그런데 마드리드 전보국에 근무하던 프로이센 기술자들이 실수로 설러저가 7월 9일에 도착하는 것으로 암호문을 해독하고 말았다. 프림은 그때까지 의회를 아무런 안건도 없이 개회 상태에 둘 수도 없어서 10월 말까지 휴회한다고 선포하였다. 국왕의 옹립에는 의회의 승인이 필요했던 것이다. 설러저는 예정대로 6월 26일 마드리드에 도착해 의회가 10월까지 휴회한 사실을 모르고 레오폴드의 국왕 수락 사실을 친구들에게 발설하고 말았다. 소문은 삽시간에 퍼져 7월 2일 드디어 파리 신문에 이 소식이 게재되자 파리는 흥분의 도가니 속에 빠져들고 말았다. 이때부터 7월 19일 프랑스의 선전포고가 있을 때까지 위기의 날들이 이어졌다.

위기의 날들(1870년 7월 4일~12일)

7월 4일 오후 프랑스의 올리비에E. Olivier 수상과 그라몽A. de Gramont 외상은 파리 주재 프로이센 대사 베르더K. von Werther를 만나 빌헬름 국왕을 직접 알현해 프랑스의 현황과 평화를 보존토록 진언할 것을 당부하였다. 후술하는 바와 같이 올리비에 수상은 외상에 의해 좌우되었고 1870년 5월 다류의 후임으로 외상이 된 그라몽은 프로이센에 대해 강경한 노선을 견지하였다. 전쟁 발발에 대한 일단의 책임이 그에게 있다고 학자들은 말한다.

베르더는 7월 6일 일찍 빌헬름이 머물고 있던 휴양지 엠스Ems에 도착해 그를 배알(拜謁)하였다. 그는 스페인 문제로 인한 프랑스의 사정을 소상히 설명하였고 빌헬름은 사태의 심각성을 인식하게 되었다. 국왕은 이날 오후 안톤에게 프랑스의 사태가 심상치 않음을 알리는 서한을 보냈다.

한편 파리에서는 바로 이 순간에 그라몽 외상이 의회에서 프로이센에 대해 다음과 같은 강경한 연설을 하고 있었다.

> 우리들은 이러한 사태(호엔촐레른 가에서 스페인 국왕을 옹립하는 사태를 지칭: 저자)가 일어나지 않을 것을 진정 바라고 있습니다. 이런 사태를 예방하는 데 우리들은 독일인의 지혜와 스페인 국민의 우호를 믿고 있습니다. 그러나 만일 그런 사태가 발생한다면 우리들은 여러분과 국민의 지지를 굳게 얻어 주저나 허약함이 없이 우리의 의무를 어떻게 수행해야 하는지 알게 될 것입니다.

이런 연설은 분명히 프로이센에 대한 전쟁 위협이었다. 올리비에 내각이 당시 어떠한 극적인 조치를 취하지 않으면 퇴진하게 될 정치적 불안정에 싸여 있다손 치더라도 외상의 이런 발언은 치명적인 것이 아닐 수 없다. 후일 엠스 전보사건이 없었다면 비스마르크는 이날의 그라몽 발언을 전쟁의 구실로 삼을 수 있었을 것이다.

프로이센 국왕은 그라몽의 이 발언으로 불쾌하였으나 베르더의 설명으로 프랑스의 입장을 이해하려고 하였다. 다만 국왕을 배종(陪從)하고 있던 젊은 외교관 아베켄H. Abeken은 양보가 불가능하다는 강경한 의견을 진언하였다. 아베켄은 비스마르크의 조종을 받고 있었다. 국왕은 1856년 파리 조약에 규정된 주선(周旋)을 제3국에 의뢰토록 명령했으나 비스마르크는 그런 주선이 실효를 거둘 수 있도록 신속히 움직이지는 않았다. 비스마르크의 의중을 짐작할 수 있다.

한편 이 중대한 시점에 당사자인 레오폴드의 행방이 묘연하였다. 그는 오스트리아령(領) 알프스 산속으로 잠적하고 있었다. 그는 자신의 운명이 스페인 의회가 개최될 10월에 가서야 결정될 것이라고 믿고 떠나버린 것이었다. 그가 신문을 읽은 것은 7월 13일이었으며 급거 집으로 돌아왔다.

레오폴드의 행방이 묘연한 가운데 그의 아버지인 안톤에게 레오폴드의 왕위 수락 취소를 위한 접촉이 계속되었다. 이런 접촉은 공교롭게도 빌헬름 국왕과 나폴레옹 3세에 의해 동시에 이루어졌다.

빌헬름 국왕은 비스마르크에게는 알리지도 않고 참모본부의 슈트란츠von Strantz 대령을 안톤에게 파견하였다. 나폴레옹 3세는 루마니아 카롤 1세의 파리 주재 심복인 슈트라트J. Strat를 안톤에게 보내었다. 나폴레옹 3세는 수락 취소만을 종용한 것이 아니라 만일 레오폴드가 취소하지 않는다면 그의 아우인 카롤의 재위기간을 단축시키겠다고 협박하였다.

슈트란츠와 슈트라트는 7월 11일 늦은 시간에 안톤을 만나 밤늦게까지 레오폴드의 왕위 수락 취소를 설득하였다. 결국 안톤은 7월 12일 아침 아들의 왕위 수락 취소를 결심하고 그런 의사를 스페인의 프림 장군에게 전보로 알렸다.

비스마르크는 7월 12일 바르진Varzin을 떠나 엠스로 향하고 있었다. 그는 그날 저녁 베를린에 도착해 마침 그곳에 머물고 있던 러시아의 고르차코프 재상을 만난 후에 곧장 자신의 집무실로 향하였다. 그는 여기에서 아베켄의 전보를 받아 보았다. 레오폴드가 왕위를 포기했다는 내용이었다. 그는 의기소침해서 엠스행을 그만두고 베를린에 남아 사태의 진전을 관망키로 하였다.

엠스Ems 전보(1870년 7월 13일)

7월 13일 아침 8시 국왕 빌헬름은 늘 하던 대로 두 시간 동안의 산책길에 올랐다. 국왕의 산책은 시종무관(侍從武官)을 통한 베네데티 프랑스 대사와 의견을 교환하기 위해 잠시 중단되었다. 지난 9일과 11일에도 베네데티는 빌헬름을 알현하고 레오폴드의 왕위 수락 취소를 요구하였다. 이때 국왕은 내심으로는 취소 방향으로 기울고 있었으나 겉으로는 베네데티의 요구를 거절하였다. 그런데 13일 아침에는 시종무관을 통한 의견 교환이 끝나자 베네데티는 국왕의 길을 막고 다시는 레오폴드의 이름이 거론되지 않도록 약속해 달라고 말하였다. 국왕은 이런 무례한 요구에 한편 놀라고 불쾌해서 그와 같은 약속은 할 수 없다고 단언하였다. 그와 작별하고 국왕은 산책을 계속하였다.

베네데티로 하여금 이와 같이 비정상적인 외교활동을 하게끔 훈령한 프랑스 외무성의 실책이 전쟁을 발발시킨 큰 원인이 아닐 수 없다. 그 배경은 대략 다음과 같다.

7월 12일 아침 안톤의 레오폴드 왕위수락 취소결정이 프랑스에 알려지자 프랑스 정부는 아버지의 결정이 과연 아들을 구속할 것인가? 그리고 이 문제로 프랑스가 프로이센으로부터 받은 모욕을 어떻게 보상받을 것인가? 하는 방향으로 생각하게 되었다. 그날 오후 올리비에 수상과 그라몽 외상은 베르더 대사를 만났다. 그라몽은 이번 사태는 빌헬름이 나폴레옹 3세에게 사과문을 보내는 것으로 종결돼야 한다고 말하고 베르더 대사는 이것을 그대로 본국 정부에 알렸다. 그라몽은 개인적인 판단으로 이런 엄청난 요구를 하였다.

이날 저녁 그라몽은 성 클루St. Cloud 궁에서 나폴레옹 3세를 만나 오후에 있었던 일을 보고하고 두 사람은 프로이센으로부터 어떤 확답을 받아야 한다는 데 합의하였다. 이런 극단적인 결정을 하도록 황후 유제니Eugénie가 더욱 부채질하였다. 그리하여 그라몽은 저녁 7시에 그리고 다시 자정에 두 번에 걸쳐 베네데티에 훈령을 보냈다. 그 내용은 호엔촐레른 가의 수장(首長)으로서 빌헬름 국왕은 다시는 레오폴드가 스페인 국왕 취임을 수락치 않겠다는 약속을 받아 내라는 것이었다. 올리비에 수상의 표현대로 "성 클루 궁의 미치광이 즉흥"의 효과가 13일 아침 엠스 공원의 산책길에서 나타난 것이었다.

한편 비스마르크는 전술한 바와 같이 안톤의 결정을 알리는 아베켄의 전문을 받고 실의에 빠져 있었다. 13일 저녁 그는 론 육군상과 몰트케 참모총장과 함께 저녁식사를 하였다. 론과 몰트케는 식욕을 잃었다. 그때 엠스에서 암호 전문이 도착했다는 전갈이 오고 암호 해독이 끝나자 비스마르크는 그 내용을 두 사람에게 읽어 주었다. 그리고는 즉석에서 전보 원문을 축소시켰다. 그는 용어를 변경하거나 삽입시키지도 않고 단지 형식만을 바꾸어 놓았다.

전보 원문은 13일에 있었던 베네데티 대사와 만난 일과 그가 요구한 내용을 빌헬름 국왕이 1인칭으로 서술한 것이었다. 비스마르크는 이것을 3인칭으로 짧게 바꾸어 놓았다. 그것은 몰트케의 말대로 매우 다른 느낌을 주는 내용이 되었다. 베네데티 프랑스 대사가 무례하게 프로이센 국왕에게 엄청난 요구를 해 국왕이 그를 물리치고 다시는 접견치 않겠다는 뜻을 함축한 형식이 되었다. 이런 내용은 프랑스와 프로이센 모두에게 도발적인 성격을 갖는 것이었다. 비스마르크는 신문은 물론이고 모든 해외공관에 알리도록 하였다. 7월 14일 이 전보문이 프랑스에 알려지자 호전적인 분위기로 돌변하였다. 이날은 마침 프랑스 혁명 기념일이었다.

8. 독일의 통일(4)
— 프랑스 · 프로이센 전쟁과 독일 제국의 성립

전쟁의 발발

엠스의 전보가 전쟁 촉발의 한 동기가 됐음은 물론이다. 그런데 프랑스 정부도 이 전보의 진상을 자세히 알아보기도 전에 전쟁을 결정해 버려 일단의 책임을 지게 되었다.

당시 프랑스 국내에서는 시간이 지날수록 전쟁의 승산은 프로이센에게 돌아가게 된다고 판단한 주전론자들이 있었다. 실제로 1867년부터 군사개혁이 단행되었다. 먼저 군 복무기한을 7년에서 9년(최후의 4년은 예비군 복무)으로 연장하였다. 또한 소총을 최신 병기로 대체하기 시작했는데 전쟁이 발발할 무렵에는 소총의 경우 프랑스 군대가 우월한 입장에 있었다.

하여간 프랑스 내각은 7월 14일 오후에 예비군 동원과 국제회의 소집을 결정하였다. 열강에게 평화를 호소하는 일은 7월 초에도 시도했으나 효과는 없었다. 러시아는 친프로이센의 태도를 취하였으며 더욱이 프랑스와 오스트리아가 연합해 승리하는 경우를 가장 두려워하였다. 영국은 아일랜드 문제로 내각이 분열돼 대륙 문제에 깊이 관여할 수 있는 처지가 아니었다. 더욱이 비스마르크가 7월 25일에 1866년의 베네데티 초안을 『타임스』*The Times*지에 공개하자 영국의 여론은 급전직하로 프랑스에 등을 돌리게 되었다. 영국은 벨기에의 중립을 보장한다는 약속을 프랑스와 프로이센으로부터 받아내는 데 주력하였다. 8월에 3국 간에 이런 합의가 이루어졌다. 오스트리아는 프랑스의 지배계층이 극히 호전적이라고 판단하고 프랑스 정부의 평화호소에 이렇다 할 반응을 보이지 않았다. 오스트리아는 중립을 견지키로 하고 개입은 어떤 결정적인 전투가 있은 이후의 일로 미루었다.

한편 7월 14일 저녁 파리의 거리는 전쟁을 외쳐대는 군중으로 들끓고 있었다. 이에 프랑스 내각은 오후에 내린 두 가지 결정, 즉 예비군 동원과 국제회의의 소집이 서로 모순된다는 것을 인식하게 되었다. 따라서 저녁에 다시 회의를 열어 전쟁을 결정하고 말았다.

7월 15일 아침 프랑스 내각은 다시 전쟁에 관한 세부사항을 결정하였다. 이 회의가 끝나고 올리비에 수상과 그라몽 외상은 베네데티 대사를 만났다. 베네데티는 엠스에서 있었던 빌헬름과의 회견에 관해 보고하고 빌헬름이 자신에게 "베를린에서 다시 보자."고 작별인사를 했다는 말까지 전하였다. 그러나 수상과 외상은 빌헬름의 이러한 평화유지의 시사를 묵살해 버렸다. 그리고 오후에 있었던 회의에서 군사동원 비용을 요청함으로써 사실상 전쟁상태에 들어가게 된다.

국왕 빌헬름은 이보다 수 시간 후에 엠스를 떠나 베를린으로 떠났다. 그는 기차 안에서 비스마르크와 한 시간 동안 회의를 하고 포츠담 역의 대합실에서 군사 동원령을 내렸다. 프랑스의 공식적인 선전포고는 7월 19일에 있었다. 전쟁은 시작되었고 전술한 바와 같이 열강들이 관망하는 가운데 전투는 전개되었다.

프로이센의 압승

소총은 프랑스가, 포병은 프로이센이 서로 우세하였다. 그러나 승패는 무기의 우열에만 있는 것이 아니다. 신속한 군대배치와 이동, 우수한 작전계획 그리고 효율적인 참모본부의 활동에서 프로이센이 프랑스를 능가했기 때문에 이길 수 있었다. 전쟁이 선포되자 프로이센은 18일 사이에 이미 46만 명 이상의 군대를 국경지대에 집결시켰다. 이 병력은 당시 동원된 프랑스 군대의 2배에 달하는 것이었다. 프랑스는 전쟁선포 후 23일이 지나서야 예비군들이 군대본영(軍隊本營)에 집결하기 시작하였다.

8월 초에 황태자 프리드리히가 이끄는 부대는 뵈르드Wörth와 바이젠부르크Weisenburg 전투에서 프랑스의 막마옹M.E. MacMahon 원수의 부대를 타파하고 알자스에 진입해 스트라스부르를 공격하였다. 그리고 바젠느A. Bazaine 프랑스 원수의 부대도 슈타인메츠K.F. von Steinmetz 장군의 부대와 칼F. Karl 공의 부대에 의해 메츠Metz에서 포위되었다. 막마옹 원수가 메츠의 포위를 와해시키기 위해 진격하다가 유명한 스당Sedan 전투에서 대패하였다. 그날이 9월 1일이었다. 그 다음날 막마옹 원수는 나폴레옹 3세와 함께 프로이센 군에 항복하고 말았다. 빈에서는 사도바Sadowa를 얘기하지 말고 파리에서는 스당을 말하지 말아야 한다.

스당의 패배가 있자 9월 4일 파리에서는 다시 공화정이 선포되고 강베타L. Gambetta가 이끄는 임시정부가 수립되었고 트로슈L. Trochu 장군이 대통령에 취임하였다. 프로이센 군은 9월 중순부터 파리 공격을 시작하였다. 강베타는 파리를 탈출해 지방에서 프로이센에 대한 저항운동을 주도했다. 한편 트로슈의 무능으로 파리는 절망 상태에 놓이게 되었다. 드디어 1871년 1월 28일 파리가 함락되었다.

비스마르크도 교섭할 상대가 필요해 선거에 의한 합법적인 프랑스 정부의 수립을 바라고 있었다. 2월 선거로 구성된 국민회의는 티에르A. Thiers를 행정부 수반으로 선출하였다.

알자스-로렌의 할양

스당 전투 이후 프로이센이 알자스-로렌의 할양을 요구하지 않았다면 평화조약은 곧 체결됐을 것이다. 알자스-로렌의 할양은 양국의 영원한 적대관계의 상징이 되었다. 이것은 프로이센이 프랑스에게 행한 일종의 범죄행위라고까지 말할 수 있다.

비스마르크는 훗날 알자스-로렌의 할양은 군사적인 안보를 중요시하는 군부의 주장을 받아들인 것이라고 말한 바 있다. 그러나 전쟁 당초부터 그가 이 지역의 할양을 구상했다고 비난하는 견해도 있다. 또한 경제적인 이유로 인해 프로이센이 할양을 주장했다는 견해도 있다. 그러나 알자스-로렌 지역의 철강 등 천연자원에 대해서는 당시에 잘 알려져 있지 않았다. 한 가지 분명한 것은 만일 비스마르크가 끝까지 알자스-로렌의 할양을 반대했다면 그런 요구는 성립될 수 없었다는 점이다. 티에르는 열강의 수도를 순방하면서 할양요구의 부당성을 호소했으나 아무런 성과도 얻지 못했다.

이탈리아와 러시아

스당 전투 이후 이탈리아군은 곧 로마로 진군하였다. 10월 국민투표를 거쳐 로마는 이탈리아에 병합되었고 이탈리아 왕국의 수도로 되었다.

러시아는 1856년 파리 조약의 흑해 비무장 조항을 철폐시키는 숙원을 달성할 수 있었다. 1870년 10월 고르차코프 재상은 흑해 비무장 조항은 국제법상 이른바 사정변경원칙 rebus sic stantibus에 위배된다고 그 폐지를 각국에 통보하였다. 1856년 파리 조약 체결 당시 존재하지도 또 상상하지도 못했던 철갑선이 등장하여 파리 조약 체결 당시의 사정이 근본적으로 변했다는 것이다. 러시아의 이런 통고에 관해 열강이 반대할 상황이 아니었다. 오스트리아는 이미 묵시적인 동의를 한 바 있었고 프랑스와 프로이센은 전쟁 중이었다. 그러나 국제조약의 효력이 어떤 한 나라의 일방적인 통고에 의해 정지 또는 소멸될 수 없다는 것은 유럽 공법(公法)의 확고한 원칙이었다.

따라서 이 문제를 토의하기 위해 1871년 1월에서 3월까지 런던에서 파리 조약 체결국들의 국제회의가 개최되었다. 비스마르크는 혹시 이 회의에서 프랑스 · 프로이센 관계가 거론되지 않을까 우려하였다. 그리하여 양국의 문제가 대두되면 프로이센 대표는 곧 퇴장하라는 훈령을 보냈다. 런던 회의에서는 결국 흑해 비무장 문제만을 취급하였고 고르차코프의 각서를 인정하였다.

독일 제국의 성립(1871년 1월 18일)

프랑스와 전쟁을 치르면서 남북 독일연방의 병합을 요구하는 여론이 독일 국내에서 들끓었다. 이에 비스마르크는 개별 국가들과 접촉해 1870년 11월 말까지 모든 독일국가들과 조약을 체결하였다. 12월 2일에는 바바리아 국왕이 빌헬름에게 황제 칭호를 받을 것을 건의하는 서한을 보냈다.

독일 제국의 성립과 빌헬름의 황제 즉위식이 베르사유 궁 거울의 방Salle des miroirs에서 거행되었다. 이 일 역시 알자스-로렌의 할양과 더불어 프랑스 국민의 자존심을 짓밟은 일이었다. 프랑스는 이 모욕을 제1차 세계대전의 종결식에서 갚았다. 바로 이 거울의 방에서 1919년 6월 28일 독일 대표들은 굴욕적인 베르사유 조약에 서명하였다.

독일 제국은 25개의 정치단위들로 구성되었다. 프로이센, 바바리아, 색스니, 뷔르템베르크의 4개 왕국, 5개의 대공국, 13개의 공국 그리고 함부르크, 브레멘Bremen, 뤼벡Lübeck 등 3개의 자유시가 그것이다. 물론 알자스-로렌은 독일 제국의 영토가 돼 제국 총독Statthalter이 이곳에 임명되었다.

1871년 1월 28일 파리가 함락되자 곧 휴전조약이 체결되었다. 알자스-로렌의 할양은 물론이고 50억 프랑의 배상금 지불과 지불보장을 위해 독일군의 주둔이 결정되었다. 1871년 5월 10일 프랑크푸르트 평화조약이 그것이다.

새로운 유럽 국제정치 질서

이탈리아와 독일의 통일은 하나의 시기를 긋는 역사적인 사건이며 외교사가들은 이를 분기점으로 하나의 시기구분을 하고 있다. 이 시기 이후 유럽 국제정치 질서에 나타난 중요한 새로운 양상은 대개 다음과 같다.

(1) 가장 먼저 들 수 있는 것은 강대국 독일의 등장이다. 1712~1715년 위트레흐트 평화 이후 유럽을 지배해 온 강대국 영국에 도전하는 세력으로서 독일이 등장하였다. 이제부터 강대국 독일을 염두에 두지 않고서는 유럽 정치질서를 이해할 수 없게 되었다. 이런 현상은 한편 프랑스의 상대적인 약화를 의미하는 것이기도 하였다. 여기에 지로R. Girault 교수가 원용한 권력지표를 소개한다. 모든 지표가 그러하듯이 이 지표도 현실세계의 모든 측면을 반영하는 것이 아니라 하나의 추세만을 보여 준다. 지로 교수는 다섯 가지 기준으로 이 권력지표를 작성했는데 각 기준이 권력지표 구성에서 차지하는 비율을 다음과 같이

상이하게 잡았다. ① 인구는 권력 지표의 25%, ② 석탄생산은 20%, ③ 주철(鑄鐵) 생산은 10%, ④ 소맥(小麥) 생산은 25%, ⑤ 무역총액은 20% 등으로 해 작성된 권력지표를 국가별로 보면 다음과 같다.

	1871년경	1885년경	1900년경	1914년경
영국	66.2	62.1	59.8	57.3
러시아	51.0	52.0	53.8	57.6
독일	34.6	42.2	54.6	63.7
프랑스	48.8	48.7	46.2	46.5
오스트리아	26.3	21.7	29.6	27.8

위 지표가 보여 주는 추세에 관해서는 자세한 설명이 필요 없을 것이다. 독일이 급격하게 강대국으로 성장해 제1차 세계대전 직전에는 영국을 앞질러 가장 강대한 국가로 됐으며 프랑스는 그만큼 상대적으로 약화된 처지에 놓이게 된 사실은 기억할 만하다.

(2) 독일과 이탈리아가 통일국가가 돼 강대국 사이에는 이른바 완충지역이 없어지게 되고 열강이 서로 국경을 맞대고 대치하게 됐다는 사실을 들 수 있다. 유럽 대륙에서 그래도 아직 열강들이 서로 맞대고 대치하지 않은 지역은 발칸 반도였다. 따라서 이 지역이 열강들이 영향력을 행사하려는 각축장이 되었다.

(3) 국제무역 면에 있어서는 자유방임주의 시대는 끝나고 신중상주의 시대와 보호무역주의 시대로 접어들면서 관세전쟁이라는 새로운 양상이 나타나게 되었다. 그리고 근대국가가 완성단계에 들어가면서, 또 유럽 대륙에 완충지대가 없어지게 됨으로써, 유럽 열강들은 해외식민지 쟁탈의 경쟁시대로 접어들게 되었다. 1871년 이후 영국과 프랑스의 해외경영을 비스마르크 자신이 묵인하고 또 원하였다. 그런 독일도 1890년 이후로는 이들 국가와 함께 식민지 경쟁에 동참하게 된다. 러시아는 물론 일찍부터 아시아 경영에 나선 것은 말할 필요도 없다. 하여간 아시아·아프리카의 분할이 시작돼 유럽 경제의 원료 공급지가 되었다. 원료 공급지와 식민통치의 대상인 아시아·아프리카의 존재는 유럽 경제의 번영과 자유민주주의의 발전의 기초가 된 것은 물론이다.

(4) 다음으로 전투적인 집단심리의 등장을 들 수 있다. 독일, 이탈리아의 통일로 민족주의는 이제 국제정치의 한 원동력이 되었다. 민족주의와 관련해 실지회복주의(失地回復主義), 범게르만주의, 범슬라브주의 등의 운동으로 인해 국제정치 문제에 있어서 열강들 사이에는 어떤 합의가 형성되기에는 더욱 힘들게 되었다. 신분이나 교육배경 등으로 형성

된 '외교관의 세계'는 제1차 세계대전까지 존재했으나 1870년 이후로는 국제정치 문제들이 '외교관의 세계' 안에만 머물러 있지 않게 되었다.

(5) 외교정책의 수립과 실천에 있어서 여론의 역할을 무시할 수 없게 되었다. 이미 크림 전쟁 때에 영국의 경우에서 보듯이 여론의 중요성이 인식되기 시작한 것은 관련 장절에서 설명한 것과 같다. 그러나 19세기 후반에 이르러 의무교육에 의한 문맹(文盲) 퇴치와 신문의 보급으로 여론의 영향은 크게 증대되었다. 이것이 다시 전투적인 집단심리와 결부돼 국제정치에 있어서 투쟁적인 양상을 띠게끔 하였다. 여론뿐만 아니라 경제의 발달과 해외경영으로 경제단체의 압력이 크게 작동하게 되었다. 또 군사기술의 발달과 병력의 증가로 군부세력이 신장되고 이들의 압력이 국제정치에 대해 절대적인 영향을 미치게 되었다.

프랑스 · 프로이센 전쟁 이후에 나타난 이러한 유럽 국제정치 질서의 변화로 열강들 사이에는 그 어떠한 역사적인 시기보다도 갈등과 알력이 잉태되었다. 그러나 그러한 갈등을 해소시킬 수 있는 유럽 이외의 세계가 아직도 존재하고 있어서 그런 갈등과 모순의 표출이 단지 지연되고 있었을 뿐이다.

제 2 절 비스마르크의 동맹체제

1871년 1월 비스마르크는 베르사유 궁 '거울의 방'에서 독일 제국의 성립을 선포해 프랑스 국민에게 씻을 수 없는 정신적 상처를 안겨주었다. 알자스-로렌의 할양은 프랑스 국민의 민족주의 감정과 함께 독일에 대한 적개심을 심어주었다.

비스마르크는 프랑스의 복수를 두려워하지 않을 수 없었다. 프랑스를 고립시키는 외교적인 장치를 마련하는 것이 무엇보다 급선무였다. 이런 장치의 기본 골격은 독일과 오스트리아의 양국동맹, 독일 · 오스트리아 · 러시아 3국의 3제 협상, 그리고 독일 · 오스트리아 · 이탈리아의 3국 동맹이었다.

이 조약들은 1887년 불가리아 사태로 촉발된 위기에 직면하자 그 약점이 노출되었다. 발칸 지역에서 대립하고 있던 러시아와 오스트리아의 이해를 조정할 수 없었기 때문이다. 비스마르크는 동맹체제를 재정비하지 않을 수 없었다. 영국과 오스트리아의 지중해 협정을 주축으로 하는 여러 협정들, 그리고 3제 협상이 유효 기간 이전에 종료되면서 독일과 러시아 두 나라가 체결한 재보장 조약, 그리고 독일과 이탈리아의 군사 합의들이 주요한 축으로 다시 등장하게 되었다.

비스마르크 체제의 영향은 유럽 대륙에만 머물지 않았다. 독일은 프랑스의 관심을 해외 식민지 획득으로 돌리려 하였다. 프랑스의 인도네시아 병합과 베트남 진출의 터전이 마련되었다. 베트남 진출로 중국과 충돌하게 되고 이는 다시 한반도 정치에 영향을 미치게 된다.

영국과 러시아도 유럽 이외 지역을 향한 팽창에 더욱 박차를 가하였다. 영국의 이집트 병합으로 동양 경영의 큰 바탕이 마련되었고 중앙아시아에서 영국과 러시아의 충돌이 더욱 가열되었다. 이런 대립은 한반도와 무관하지 않았다. 영국의 거문도 점령이 그것이다. 한반도가 본격적으로 세계정치의 틀에 편입되기 시작하였다. 그러나 그것은 파행적인 편입이었다.

1. 1873년 3제 협상(3帝 協商)

비스마르크의 기본 외교 노선

독일의 통일을 성취한 비스마르크의 외교정책 방향은 유럽 정치질서의 현상유지와 프랑스의 고립이라고 하는 두 가지 목적에 집중되었다. 이런 점에서 독일은 러시아와 오스트리아 같이 보수적인 국가그룹에 속하였다. 이에 비해 프랑스, 이탈리아, 그리고 발칸 제국(諸國)들은 현상타파 그룹에 속한다고 볼 수 있다.

비스마르크의 이런 현상유지 정책은 물론 한계점이 있었다. 경제확장과 인구증가에 따라 적극적인 대외팽창을 주장하는 세력들이 국내에 등장했으며 다른 한편 현상유지를 열강에 요구하려면 그들에게 어떤 대가를 지불하지 않으면 안 되었다. 비스마르크의 보수정책은 프랑스의 눈을 해외로 돌리게 해 프랑스의 해외경영을 용이하게 하였다. 뿐만 아니라 그의 정책은 러시아와 오스트리아 사이의 적개심을 해소시킬 수 없었으며 이탈리아와 오스트리아의 마찰도 해결시킬 수 없었다. 이들 국가들의 이견은 현상타파를 통해서만 조정될 수 있었기 때문이다.

독일과 오스트리아의 접근

비스마르크는 그의 기본 외교 노선을 추진하기 위해서 먼저 오스트리아와 러시아에 접근하였다.

오스트리아의 입장에서도 프랑스의 패배를 계기로 독일에게 복수할 수 있는 전망은 전혀 없어졌다. 비스마르크를 그처럼 혐오했던 보이스트F.F. von Beust 재상도 프랑크푸르트 조약이 체결된 지 불과 일주일 후에 요셉 황제에게 독일과 동맹을 체결할 것을 건의하기에 이르렀다. 그는 러시아와 화해하는 것도 독일을 통해서만 가능하다고 판단하였다. 오스트리아의 진로는 장차 유럽의 동남지역으로 나아가는 길밖에 없게 됐다고 보았다. 이와 같은 정책노선은 그의 후임자인 안드라시G. Andrásy에 의해 적극적으로 추진되었다. 헝가리 출신으로서 1871~1879년간 오스트리아 제국의 외교정책을 담당한 그는 처음부터 독일과 동맹을 추진해야 된다고 주장하였다. 그는 트란실바니아 지방 루마니아인들의 분리운동, 트렌티노, 트리에스테 지방에 대한 이탈리아의 요구, 그리고 발칸 지방에서 러시아 세력확장에 대처하는 길은 오로지 독일과 유대를 강화하는 길밖에 없다고 믿었다.

1871년 8~9월 사이에 두 나라 황제들은 재상과 외상을 대동하고 이슐Ischl, 가슈타인Gastein, 그리고 잘츠부르크Salzburg 지방에서 회동해 양국의 본격적인 접촉의 계기를 마련하였다. 이 회동에서 두 나라는 각자의 정책노선을 피력하였다. 비스마르크는 먼저 유럽 정치질서의 현상유지를 강조하고 1864년에 결성돼 당시 전성기를 맞고 있던 사회주의 인터내셔널에 대한 공동 대처의 필요성을 역설하였다. 보이스트 재상은 이런 비스마르크의 주장에 찬동하면서 오스트리아가 장차 유럽의 동남 지역으로 진출하는 경우 독일의 지원을 요청하였다.

독일, 러시아, 오스트리아 세 황제들의 베를린 회동(1872년 9월 6~12일)

독일과 오스트리아의 접근에 어떻게 러시아를 끌어들이느냐는 것이 문제였다. 러시아와 오스트리아 사이에는 여러 가지 현안이 남아 있었기 때문이다. 그러나 3국은 모두 현상유지를 원하고 있다는 점에서는 같은 입장을 갖고 있었다. 3제(帝)의 회동은 어떤 구체적인 합의를 이룩하지는 않았으나 보수적인 황제들의 만남 자체가 큰 의미를 갖는 것이었다.

3제 회동 이후 고르차고프와 안드라시는 계속 베를린에 머물면서 발칸 문제를 논의하였다. 안드라시는 발칸의 슬라브 민족 문제에 러시아가 무관심해 줄 것을 요청하였고 고르차코프는 범슬라브운동에 회의적인 태도를 갖고 있었기 때문에 이에 응했다. 당시 러시아 궁정에는 크게 두 가지 주장이 대립하였다. 하나는 중앙아시아 진출을 위해 유럽에서는 평화정책을 추구해야 된다는 주장과 다른 하나는 중앙아시아보다는 발칸 지역에서 어떤 행동을 취해야 된다는 주장이 그것이다. 고르차코프는 그 어떤 방향을 취하건 간에 독일과 동맹을 결성하는 것이 필수적이라고 판단하였고 이를 위해서는 오스트리아에 접근하는 것이 필요하다고 생각하였다. 두 사람은 베를린 회동에서 발칸 지방의 현상유지에 일단 의견의 일치를 보았다.

독일과 러시아의 군사협정(1873년 5월)

1873년 4월 빌헬름 황제, 비스마르크, 그리고 참모총장 몰트케가 러시아를 방문했는데 이 때에 몰트케와 러시아의 베르크F.F. Berg(독일명은 F.W. Berk) 원수, 두 사람은 군사협정을 체결하였다. 이 협정은 어느 일방이 어떤 유럽 국가의 공격을 받는 경우 타방은 20만의 병력으로 지원한다는 내용이었다. 그러나 러시아는 이 협정을 실제로 이행할 의사는 전혀 없었고 비스마르크도 이 협정의 승인을 거부하였다. 러시아는 다만 폴란드 폭동의 위협과 사회주의 인터내셔널에 대한 의구심 때문에 이 협정을 체결한 데 불과하였다. 따라서 이 조약은 곧 사문화(死文化)되었다.

러시아와 오스트리아의 쇤브룬Schönbrunn 협정(1873년 6월 6일)

차르가 빈을 방문해 중요한 문제는 서로 협의한다는 정치협정인 쇤브룬 협정을 체결하였다. 이 협정에 빌헬름 황제가 10월에 가입해 이른바 1873년 3제 협상이 성립되었고 프랑스의 고립을 목표로 하는 비스마르크의 구상이 최초로 현실화되었다. 그런데 이 3제 협상은 어떤 확고한 약속에 입각한 동맹이 아니라 이완되고 모호한 내용을 갖고 있는 것이었다. 이러한 약속은 어떤 시련에 부딪치면 곧 와해되지 않을 수 없었다. 그 첫 번째 시련이 1875년의 이른바 '조작된 위기'였다.

1875년의 위기

1873년 5월 드카즈L.C.A. Decazes가 프랑스 외상에 취임하면서 독일과 프랑스의 관계가 멀어졌다. 프랑스는 독일에 패배해 상대적으로 약화됐어도 유럽의 한 강대국이었다. 프랑크푸르트 조약에 의한 배상금을 기한 전인 1873년 3월에 모두 지불하였고 독일군도 9월에 모두 철수하였다. 독일에 패배한 이후 프랑스 국내에서는 군비강화에 관해서는 국민적인 합의가 성립되었다. 1872년 5월의 법령으로 국민개병제(國民皆兵制)가 성립되었고 사관학교가 설치됐으며 요새건설을 위한 예산이 확보되었다.

독일은 프랑스의 급속한 회복에 불안을 느꼈고 프랑스와 관계가 악화되자 러시아와 유대를 강화하는 데에 박차를 가했다. 프랑스는 독일의 이런 움직임을 프랑스를 공격하려는 한 조짐이라고 보았다. 1875년 3월 비스마르크는 말(馬)의 수출을 금지시켰다. 말 수출 금지는 전쟁준비의 신호로 볼 수 있는 조치였다. 4월 독일 신문에는 「전쟁은 다가오는가?」라는 논문이 게재되었고 비스마르크의 한 막료는 프랑스 대사에게 예방전쟁론을 역설하기도 하였다. 드카즈 외상은 이 예방전쟁론의 내용을 영국의 『타임스』*The Times* 지에 넘겨주어 독일과 프랑스의 관계는 극도로 악화되었다.

5월에는 드디어 차르와 고르차코프가 베를린을 방문하고 고르차코프는 비스마르크에게 분쟁을 일으키지 말도록 경고하였고 독일 주재 러셀O. Russel 영국 대사도 같은 취지의 경고를 하였다. 이를 계기로 비스마르크는 새로운 교훈을 얻게 되었다. 1873년의 3제 협상이란 쓸모없는 약속이고 프랑스가 독일의 공격을 받는 경우 영국과 러시아가 결코 좌시하지 않는다는 엄연한 사실을 터득하였다. 더욱이 비스마르크의 동맹구축에 관한 초기의 노력은 발칸에서 분쟁이 야기되자 곧 수포로 돌아가고 말았다.

2. 양국 동맹과 3제 협상

베를린 회의 이후의 유럽

러시아와 터키의 전쟁을 마무리한 1878년 베를린 회의에 관해서는 관련 장절에서 설명한다. 이 회의 이후 제1차 세계대전까지 유럽에서는 평화상태가 계속되었다. 이런 평화는 유럽 열강들이 유럽 이외의 지역으로 확장할 수 있기 때문에 가능하였다. 유럽 대륙 안에서도 열강들은 전쟁을 하기보다 돈 버는 일에 너무나 혈안이었다. 영국을 제외한 열강들은 다시 보호관세 무역시대로 돌아가려고 했지만 국제교역은 비교적 자유스런 편이었고 러시아와 터키를 제외하고는 여권(旅券)이란 것이 존재하지 않았다. 비스마르크 체제는 이러한 분위기에서 구축되기 시작하였다.

베를린 회의 이후 독일과 러시아의 관계는 급격히 냉각상태로 빠져들었다. 베를린 회의에서 러시아는 독일의 태도에 크게 실망한 것이다. 이런 냉각 관계를 더 악화시킨 것이 1866년 프라하 조약 제5조를 폐지한다고 독일과 오스트리아가 1879년 2월에 합의한 일이었다. 이 조항은 북부 슐레스비히North Schleswig 지방의 국민투표를 규정한 것인데 러시아는 그 동안 이 규정의 실행을 계속 촉구해 왔었다. 발트 해 입구에 위치한 이 지역이 러시아의 관심 대상이었기 때문이다. 그런데 독일과 오스트리아는 1878년 초 이 조항의 폐지를 비밀리에 합의했다가 1879년 2월에 이를 발표하였다. 이것은 알렉산드르 2세에 대한 도전이 아닐 수 없었다.

독일과 러시아의 관계는 비스마르크가 7월에 외국 농산물 수입을 금지시킴에 따라 더욱 악화되었다. 독일의 이 조치로 말미암아 러시아의 농산물 수출가격은 1880년에 이르러 무려 38%나 하락하게 되었다. 그렇다고 러시아는 공화국인 프랑스와 진정한 의미의 동맹을 체결할 수는 없었다. 또 세계 도처에서 충돌하고 있던 영국과도 유대를 강화시킬 수는 없었다. 단 하나의 선택은 오스트리아와 동맹을 체결하는 것인데 비스마르크가 이 길을 차단하였다. 결국 러시아는 독일에게 동맹을 구걸하게 될 처지에 놓였다.

독일과 오스트리아는 1876~1877년 발칸 위기 때에 이미 접근하였다. 앞서 지적한 프라하 조약 제5조의 폐지 합의도 그런 긴밀한 관계를 보여 주고 있다. 그리고 비스마르크는 안드라시가 퇴임하기 전에 동맹을 체결해 놓을 필요가 있다고 생각하고 있었다. 당시 오스트리아 정부 안에서는 영국과 접근해야 된다는 논의가 일고 있었으며 안드라시조차도 그 가능성을 배제하지 않고 있었기 때문이다.

당시 영국의 디스렐리 내각은 러시아에 대해 강경한 자세를 취하고 있었다. 독일과 오스트리아가 동맹을 교섭하고 있을 당시 비스마르크는 영국 주재 대사인 뮌스터G.H. Münster 공을 통해 만일 독일과 오스트리아가 러시아와 전쟁상태에 들어갈 경우 영국은 어떠한 태도를 취할 것인가를 질문한 바 있다. 디스렐리 수상과 솔즈베리 외상은 독일이 영국의 지원을 기대할 수 있다고까지 답변하였다. 영국의 고립주의 정책에 비추어 볼 때 이런 답변은 실로 놀라운 것이다. 이렇게 되자 비스마르크는 고립된 러시아를 옆에 놓고 오스트리아와 동맹을 추진할 수 있는 좋은 기회를 맞이하였다.

양국 동맹Dual Alliance(1879년 10월 7일)의 교섭과 내용

1879년 8월 비스마르크는 가슈타인에서 안드라시와 만나 새로운 동맹이 필요하다고 역설하였다. 안드라시는 동맹의 필요성은 인정하나 동맹의 가상적국(假想敵國)을 러시아로 해야 된다고 주장했고 비스마르크도 결국 동의하였다.

러시아를 가상적국으로 하는 동맹 체결에 카이저가 강력히 반대하였다. 친러시아적인 빌헬름 1세는 알렉산드르 2세에 대한 개인적인 친분 때문에 이런 동맹 체결에 선뜻 응할 수가 없었다. 두 황제는 양국에 무슨 문제가 있는지 직접 만나서 상의하자고 합의하였다. 그리하여 9월 초에 알렉산더로보Alexanderovo에서 회동했으나 아무런 성과도 거둘 수 없었다. 비스마르크는 카이저를 설득하는 길은 사임 협박밖에 없다고 판단했다. 이 판단은 적중하여 두 차례에 걸친 협박수단으로 결국 카이저의 동의를 받아냈다. 이리하여 체결된 양국동맹의 주요 내용은 다음과 같다.

(1) 두 나라 중 한 나라가 러시아의 공격을 받는 경우 다른 나라는 모든 병력을 동원해 지원한다.
(2) 두 나라 중 한 나라가 러시아 이외의 국가로부터 공격을 받는 경우 다른 나라는 우호적인 중립을 지키되 만일 러시아가 그 공격하는 국가에 가담하는 경우 모든 병력을 동원해 공격받은 나라를 지원한다.
(3) 유효기간은 5년으로 하고 더 연장할 수 있다.

이렇게 볼 때 양국 동맹은 러시아의 침공에 대비한 방어적인 성격을 띠고 있다고 볼 수 있다. 프랑스의 공격에 관해서는 두 나라는 단지 우호적인 중립만 지키기로 약속했으나 프랑스가 러시아와 함께 공격을 감행한다면 물론 두 나라에게는 원조의무casus foederis가 발생한다.

양국 동맹의 의의

이 동맹은 비스마르크 체제의 기본적인 축을 형성하는 것이었다. 1873년에 구축된 제1차 비스마르크의 체제는 오스트리아와 러시아를 동등한 위치에 두고 구축되었다. 그러나 1879년부터 구축되기 시작한 제2차 비스마르크 체제는 그와 같은 동등한 대우에 입각한 것이 아니라 오스트리아를 우위에 둔 동맹체제였다. 다시 말하자면 비스마르크의 동맹체제는 빈을 축으로 구성된 것이었다. 그리고 이 축은 두 제국이 몰락한 1918년까지 지속되었다.

비스마르크는 이 조약의 체결 명분을 러시아의 공격 위험에서 찾았다. 이 점에 관해서는 외교사가들의 견해가 나뉘어져 있다. 비스마르크가 과연 1879년 당시 러시아의 침공을 실제로 두려워하고 있었던가? 그렇다면 구체적으로 어떠한 위험이었을까? 비스마르크는 어떤 구체적인 위협이나 목전의 침공에만 대비한 것이 아니라 그의 머릿속에 그려진 모든 가능한 사태에 대비해야만 했기 때문에 1879년 현재 러시아로부터 구체적인 위험이 없었다 하더라도 장차 있을 수 있는 모든 위험에 대비했을 것이라는 견해가 있다. 이와는 반대로 비스마르크가 실제로 두려워한 것은 러시아의 침공이 아니라 오스트리아가 영국이나 프랑스와 연합하는 일이었고 이런 사태를 저지하기 위해 양국동맹을 체결했다는 견해가 있다.

아무튼 프랑스의 고립과 유럽 정치질서의 현상유지를 목표로 삼고 있는 비스마르크의 외교노선은 이 동맹에 입각해 구축되기 시작하였다.

3제 협상Dreikaiserbund(1881년 6월 18일)의 성립배경

앞서 지적한 바와 같이 러시아는 독일에 원조를 청하지 않을 수 없게 되었다. 독일과 오스트리아의 동맹이 체결된 직후 9월과 10월에 걸쳐서 러시아의 사부로프P.A. Saburov 공을 베를린에 파견해 독일과 동맹교섭을 시도하였다. 당시 비스마르크는 오스트리아와 동맹체결 문제로 러시아의 제안을 수락하지는 않았으나 동맹 가능성에 관해서는 여운을 남겨 놓았다. 사부로프는 독일은 현재 오스트리아와 동맹을 체결하고 있지만 러시아와도 동맹을 체결할 수 있으며 이런 동맹은 오스트리아에 대항하는 성격을 지닐 수도 있다고 비스마르크와 회견한 결과를 본국에 보고하였다.

사부로프는 다음해 1월 독일 주재 대사로 부임하였고 그 후 계속 독일과 동맹교섭을 추진하였다. 사부로프는 슈발로프의 정책노선을 따르고 있었다. 다시 말하자면 범 슬라브 운동에 관해서는 냉담한 태도를 취하고 발칸 문제에 관해서는 오스트리아와 협상해야 한다고 주장하였다. 러시아는 중앙아시아 방면으로 진출해야 된다고 판단하였다. 슈발로프의 반대자가 이그나티예프였다면 사부로프의 반대자는 밀류틴D.A. Milyutin이었다. 밀류틴은 해협 문제에 있어서 영국과 대결하고 발칸 방면으로 진출할 것을 주장해 사부로프 정책을 반대하였다. 그런데 고르차코프는 당시 와병 중에 있었고 실제로 외상의 직무를 수행하고 있던 인물은 그의 보좌관이자 아시아 국장이었던 기르스N.K. Girs(혹은 Giers)였다. 기르스는 1878년 고르차코프가 병석에 누운 이래로 러시아 외무성의 실질적인 책임자가 되었고 1882년에는 외상에 취임해 1895년 사망할 때까지 러시아 외교의 총책임자였다. 그는 그 누구보다도 독일과의 동맹을 주장하고 추진한 인물이었다. 따라서 기르스, 사부로프와 같은 독일 동맹론자들이 러시아 외교방향을 결정했는데 그들은 제3국의 참여 없이 독일과 양국동맹을 원하였다.

한편 비스마르크는 오스트리아를 포함한 3국 협상을 처음부터 구상하였다. 러시아는 결국 비스마르크의 구상에 동의하게 되었고 1880년 초에는 이에 관한 러시아의 초안이 마련돼 사부로프와 비스마르크 사이에 의견교환이 시작되었다. 러시아는 이 초안에서부터 해협의 안전보장을 주장하였고 독일은 해협을 둘러싼 영국과 러시아의 분쟁에 개입되는 것을 꺼리고 그런 조항의 삽입에 반대하였다.

독일, 러시아, 그리고 오스트리아 3국이 동맹을 체결하는 문제에 대해 이번에는 오스트리아가 반대하고 나섰다. 친독론자인 안드라시의 후임으로 외상이 된 하이메를레H.K. von Haymerlé는 친영론자였다. 영국은 중앙아시아 지역에서, 그리고 오스트리아는 발칸 지역에서 우월한 지위를 가져야 한다고 그는 생각하고 그것을 외교정책의 목표로 삼았다.

이런 오스트리아의 영국 접근 시도는 1880년 4월에 있었던 영국의 선거로 무산되고 말았다. 외교 문제가 쟁점이 되었던 이 선거의 결과로 디스렐리 내각은 물러나고 글래드스턴 내각이 들어섰다. 그런데 글래드스턴 수상이나 그랜빌G.L.G. Granville 외상은 새로운 터키 정책을 표방하였다. 터키를 지원한다기보다는 기독교 국가인 러시아를 지원한다는 입장이었다. 러시아와 대결하기보다는 화해를 추구하려는 글래드스턴 내각의 외교정책은 곧 오스트리아의 친영정책 노선의 와해를 의미하였다. 그랜빌 외상은 소아시아Asia Minor 지방의 군사 문제 담당 영사들을 철수시켜 러시아에 화해의 몸짓을 보냈고 베를린 회의에서는 터키에 그리스와 몬테네그로에게 약속한 영토를 양여토록 압력을 가하였다. 여름에 이르러서는 발칸 문제를 둘러싸고 영국과 러시아가 접근하는 기색을 보이자 독일과 오스트리아는 러시아와 교섭을 서두르게 되었다.

이에 1880년 말에는 조약 초안이 마련돼 거의 합의에 도달하였다. 그런데 1881년 3월 알렉산드르 2세가 암살되자 교섭이 잠시 지체됐다가 6월에 베를린에서 비스마르크, 사부로프, 그리고 독일 주재 오스트리아 대사 세체니I. Szechenyi가 이른바 3제 협상의 조약에 서명하였다.

3제 협상의 내용

1873년 제1차 비스마르크 체제를 계승한 3제 협상 조약은 본조약과 추가조항으로 구성돼 있는데 그 주요 내용은 다음과 같다.

(1) 세 나라 중 한 나라가 제4국과 전쟁을 하는 경우 다른 두 나라들은 우호적인 중립을 지킨다. 이 규정은 터키와 전쟁하는 경우에도 적용되지만 이 경우 세 나라들은 반드시 전쟁의 결과에 관해 사전에 합의해야 한다.

(2) 러시아는 오스트리아가 베를린 회의에서 획득한 새로운 지위와 이익을 존중한다. 그리고 오토만 제국의 유럽 영토는 공동합의에 의해서만 그 현상을 변경할 수 있다.

(3) 다르다넬스-보스포루스 해협 봉쇄의 원칙을 다시 확인한다. 터키는 그 어떤 국가에게도 해협에서 전투작전을 허용할 수 없다. 터키가 이를 위반하는 경우 이것은 터키가 이로 말미암아 피해를 받게 될 세 나라 중 한 나라에 대해 전쟁을 일으킨 것으로 간주한다.

(4) 1873년의 독일과 러시아, 그리고 러시아와 오스트리아의 비밀합의는 본조약으로 대체한다.

(5) 추가조항의 내용은 다음과 같다. ① 오스트리아는 필요하다고 인정할 경우 보스니아-헤르체고비나를 병합할 수 있다. ② 1878년 7월 13일 베를린 회의에서 오스트리아와 러시아 대표가 교환한 노비바자르sanjak of Novibazar에 관한 선언은 유효하다. ③ 터키가 동 루멜리아를 병합치 못하도록 한다. ④ 베를린 회의에서 인정된 국경선의 범위 내에서 불가리아와 동 루멜리아는 병합할 수 있다. 그리고 불가리아가 마케도니아에 대해 침략행동을 취하지 못하도록 한다.

3제 협상의 의의

3제 협상은 독일과 오스트리아가 러시아를 끌어들이기 위해 러시아의 요구를 대폭 수용한 조약이다. 반면에 오스트리아는 얻은 것이 별로 없다고 불평할 만한 조약이다.

먼저 러시아의 입장에서 보면 무엇보다 해협봉쇄의 원칙을 재확인한 것이 큰 성과라고 볼 수 있다. 1877~1878년간 러시아 · 터키 전쟁 당시에 영국 함대가 콘스탄티노플을 구원한다는 명분으로 해협에 진입한 바 있다. 뿐만 아니라 베를린 회의에서 영국 대표는 해협 문제에 관해서는 "술탄의 독립적인 결정"에 따른다고 언명한 바 있었다. 이것은 러시아 안보에 대한 직접적인 도전이었다. 이렇게 미묘해진 해협 문제에 대해 봉쇄의 원칙을 다시 확인한 것은 러시아로서는 큰 성과였다. 그리고 산 스테파노 조약에서 한때 규정된 대불가리아 — 즉 불가리아, 동 루멜리아, 마케도니아 등이 합친 — 의 성립은 기대할 수 없으나 불가리아와 동 루멜리아의 합병을 인정한 것은 베를린 조약의 결정을 깨고서 러시아의 희망을 인정한 것이다. 또 이 협상은 오스트리아가 영국과 손을 잡지 않겠다는 러시아에 대한 정치적 약속이기도 하다.

독일은 프랑스의 고립과 유럽 정치질서의 현상유지라고 하는 외교정책의 큰 틀에 이 협상이 공헌한다고 판단하였다. 그리고 독일은 러시아와 오스트리아를 동시에 끌어들임으로써 발칸 지역에서 분쟁이 발생하는 경우 러시아냐 오스트리아냐를 선택하지 않아도 되게 되었다.

오스트리아의 이득이 무엇인지는 분명치 않다. 추가조항에서 규정된 보스니아-헤르체고비나의 합방은 이미 1876년 이래 열강들이 인정해 온 오스트리아의 권리이며 베를린 조약에서도 명백하게 규정된 권리이다. 러시아와의 동맹 체결로 도리어 영국·러시아 분쟁에 휩싸이게 될 외교적인 경직성을 갖게 되었다.

3제 협상은 세 나라의 공동목표 또는 공통이익 위에 구축된 동맹이라고는 볼 수 없다. 이 협상은 발칸 지역에서 전통적으로 대립해 온 러시아와 오스트리아의 잠정적인 화해에 입각하였다. 따라서 이 조약은 러시아와 오스트리아가 발칸 이외의 지역에서 세력을 확장하고 있을 동안에만 작동할 수 있었다. 3년간 유효하기로 된 이 협상은 1884년에 다시 갱신됐으나 1887년에는 결국 종료되고 말았다. 이 조약의 종료로 독일과 러시아 사이의 연결이 끊어졌고 비스마르크는 이 단절을 뒤에서 설명하게 될 재보장조약(再保障條約)으로 다시 연결시켰다.

3. 3국 동맹

3국 동맹Triple Alliance(1882년 5월 22일)의 성립배경

1878년 베를린 회의 이후 이탈리아 정부는 두 가지 외교노선 중의 하나를 선택해야만 하였다. 공화국 체제를 갖고 있는 프랑스와 동맹을 체결해 트렌티노를 위시한 미수복지의 회복을 꿈꾸느냐, 아니면 베를린 회의에서 비스마르크가 권장한 대로 해외로 진출하느냐 하는 두 가지가 그것이다. 이런 점에서 프랑스가 안고 있던 문제와 유사하다.

이탈리아의 입장에서 볼 때 해외 진출은 먼저 튀니지 진출을 의미하였다. 1881년 당시 튀니지에는 이탈리아인이 2만 명이나 살고 있었는 데 비해 프랑스인은 고작 200명 정도였다. 그리고 이탈리아의 자본가들은 튀니스에 철도부설을 계획하고 있었다.

프랑스는 알제의 인근 지방인 튀니지에 이탈리아가 진출하는 것을 묵과할 수는 없었다. 더욱이 베를린 회의 당시 프랑스는 비스마르크와 솔즈베리로부터 튀니지 획득에 대해 약속까지 받았던 처지였다. 프랑스가 점령을 곧 단행하지 않은 것은 해외 진출에 프랑스 여론이 무관심 내지는 반대했기 때문이다. 1881년 여름에 이르자 점령을 주장하는 강력한 그룹들의 압력이 결국 프랑스 정부를 움직이게 되었다. 프랑스 외무성 정치 문제 책임자인 쿠르셀G. de Courcel을 중심으로 하는 외교관들, 튀니지에 경제 진출을 희망하고 있던 은행가, 사업가들이 그런 압력단체의 주역들이었다. 프랑스 정부가 튀니지의 보호통치를 담당한다는 내용의 바르도Bardo 조약을 1881년 5월에 체결하였다. 이와 같은 프랑스의 튀니지 점령에 영국과 독일이 지지를 보냈다.

이탈리아의 해외진출 꿈은 사라지고 말았다. 이탈리아 전역에서는 반프랑스운동이 일어났고 6월에는 마르세유에서 프랑스 노동자와 이탈리아 노동자의 충돌사태가 일어났으며 이탈리아 데프레티스A. Depretis 정부가 프랑스를 정면에서 비난하고 나섰다. 이탈리아로서는 베를린, 빈과 손을 잡지 않을 수 없게 되었다. 베를린과 로마 사이에는 심각한 이해대립은 없었다. 문제는 오스트리아와 이탈리아의 의견 조정이었다. 비스마르크의 말대로 "베를린으로 가는 길은 빈을 통해야만 하였다." 이탈리아 국왕 움베르토 1세Umberto I가 1881년 10월 빈을 방문해 3국 동맹 문제에 관해 의견을 나누었으나 뚜렷한 성과를 거두지 못하였다. 이탈리아는 무엇보다 로마의 안전에 관한 보장을 원하고 있었고 오스트리아는 이탈리아의 미수복탈환운동의 종식을 바라고 있었다.

이탈리아의 요구에 소극적인 반응을 보였던 비스마르크가 1882년 2월에는 돌연 적극적인 자세로 나왔다. 그의 이런 태도 변화는 프랑스에서 강베타L. Gambetta 내각이 1881년 11월에 등장해 영국, 러시아, 그리고 이탈리아와 접근을 시도했기 때문이다. 더욱이 1882년 1월에는 1877~1878년의 러시아–터키 전쟁의 영웅이며 범슬라브주의자인 스코벨레프M.D. Skobelev가 파리를 방문해 러시아와 프랑스의 동맹을 역설한 바 있었다. 그가 비록 공식적인 임무를 띠지 않았다 하더라도 그의 정치적인 비중으로 보아 비스마르크로서는 무관심할 수는 없었다.

이에 비스마르크는 2월 말 오스트리아 외상 칼노키G.S. Kálnoky에게 이탈리아와 동맹교섭 개시를 강력히 요구하기에 이르렀다. 이탈리아는 보장조약을, 오스트리아는 중립조약을 고집해 쉽게 타결이 되지 않았으나 비스마르크가 칼노키에게 이탈리아의 요구를 수락토록 종용해 5월 20일 드디어 빈에서 3국 동맹 조약이 체결되었다.

3국 동맹 조약의 내용

전문(前文)과 3개 조항으로 구성된 이 조약의 내용은 다음과 같다.

(1) 세 나라는 다른 두 나라에 적대하는 동맹에 가입하지 않는다. 그리고 세 나라들은 서로 정치 · 경제 문제에 관해 의견을 교환한다.

(2) 세 나라 중 한 나라의 안전이 세 나라 이외의 나라에 의해 위협을 받아 그 나라가

전쟁을 하게 되는 경우 다른 두 나라들은 우호중립을 지킨다.

(3) 세 나라 중 한 나라 또는 두 나라가 세 나라 이외의 다른 2개국 또는 그 이상의 나라의 공격을 받는 경우 세 나라에게는 원조의무casus foederis가 발생한다.

(4) 이탈리아가 직접적인 도발을 하지 않았음에도 프랑스의 공격을 받는 경우 다른 두 나라들은 모든 군사력을 동원해 이탈리아를 지원한다. 독일이 프랑스의 공격을 받는 경우 이탈리아에게 같은 의무가 발생한다.

(5) 5년간 유효하며 본 조약의 존재를 비밀에 부친다.

3국 동맹 조약의 의의

이 조약은 본질적으로 프랑스를 겨냥한 것이다. 조약 당사국들은 프랑스 이외의 국가로부터 공격을 받으면 우호중립의 의무만이 발생하지만 프랑스가 독일이나 이탈리아를 공격하면 원조의무가 발생하게 되었다.

이탈리아는 프랑스의 공격에 대해 지원을 보장받았을 뿐 아니라 군주제의 보장까지 받았다. 조약 전문(前文)에 보면 "일반평화의 보장을 증진하고 군주원칙을 강화하며 각국의 정치 · 사회질서의 유지를 확보"하는 것이 3국 동맹 조약의 목적이라고 밝히고 있다. 이탈리아가 3국 동맹의 체결을 추진하게 된 동기가 바로 로마의 안전, 국내 과격주의자들의 탄압, 그리고 군주제의 보존에 있었다.

그리고 이탈리아와 관련해 특이한 사항은 이탈리아의 주장에 따라 3국 동맹 조약의 목적은 반영국적인 것이 아니라는 별도의 선언을 3국이 발표한 일이다. 이것은 지중해를 장악한 영국의 그늘 밑에 있는 이탈리아의 지정학적인 입장을 반영하는 것이다. 이런 점에서 3제 협상은 반영국적인 것인 데 반해 3국 동맹은 반영국적인 것이 아니라는 것도 하나의 특색이다.

비스마르크의 입장에서 보면 3국 동맹은 그의 외교정책 노선에 잘 부합되는 것이었다. 프랑스의 고립, 유럽 질서의 현상유지, 그리고 유럽 이외 지역에서의 팽창 권유라는 그의 정책노선을 3국 동맹이 반영하고 있기 때문이다.

오스트리아가 이탈리아의 군주제를 확인해 준 대가로 받은 것은 러시아와 전쟁을 하는 경우 이탈리아의 중립이었다. 3제 협상은 오스트리아와 러시아의 협력을 기초로 하고 있는 데 반해 3국 동맹은 양국의 전쟁을 가정하고 있다.

19세기 후반의 발칸 반도

3국 동맹의 갱신(1887년 2월 20일)

조약 규정상 1887년 5월로 종료되는 3국 동맹을 다시 갱신하려는 교섭이 1886년 11월부터 시작되었다. 그런데 이탈리아의 새로운 요구들을 어떻게 수용하느냐가 현안으로 등장하였다. 이탈리아가 1882년 이래 독일과 오스트리아로부터 받은 푸대접을 다시는 받지 않도록 많은 양보를 요구하고 나섰기 때문이다. 이탈리아는 비스마르크에 의해 과장 선전된 프랑스의 위협을 이용해 많은 요구를 하였다. 무엇보다 이탈리아의 식민지 정책에 대해 독일과 오스트리아가 지지해 줄 것과 발칸 반도에서 이탈리아 이익을 보장할 것을 요구하였다.

비스마르크는 이런 이탈리아의 요구를 수락하려고 했으나 오스트리아가 완강히 반대하고 나섰다. 칼노키 오스트리아 외상은 지중해 문제에 관한 프랑스와 이탈리아 사이의 분쟁에 오스트리아가 본의 아니게 개입되는 사태를 극히 우려하였다. 교착상태에 빠진 교섭은 비스마르크의 새로운 제안으로 돌파구를 찾게 되었다. 1882년의 조약은 수정 없이 그대로 갱신하고 이탈리아의 식민지 요구는 독일과 이탈리아 사이의 조약으로, 이탈리아의 발칸 반도에 대한 요구는 오스트리아와 이탈리아 사이의 조약으로 충족시킨다는 제안이었다. 비스마르크의 이런 절충안으로 1882년의 3국 동맹 조약은 5년간 더 연장하게 되었다.

독일과 이탈리아의 조약으로 이탈리아는 북 아프리카 지역에서 프랑스와 경쟁하는 데에 독일의 지원을 받을 수 있게 되었다. 프랑스의 팽창에 대해 이탈리아가 프랑스에 어떤 행동을 취할 필요가 있거나 심지어는 전쟁을 해야 할 경우 독일은 이탈리아를 지원하기로 하였다. 만일 프랑스가 패전해 이탈리아가 영토의 획득을 도모하는 경우에는 독일은 반대하지 않는다고 약속하였다. 여기에서 영토의 획득이란 코르시카, 사보이, 니스 등을 말하는 것인데 이런 약속은 실로 대단한 보장이었다.

오스트리아와 이탈리아의 조약은 오토만 제국의 현상유지를 규정하고 있다. 그러나 만일 현상 유지가 불가능할 경우 양국은 상호 보상의 원칙에 입각해 합의해야만 영토를 획득할 수 있다고 약속하였다. 물론 오스트리아 군대가 점령하고 있는 보스니아-헤르체고비나는 예외라고 유보하였다. 오스트리아는 발칸 문제로 러시아와 충돌하는 경우 이탈리아의 지원을 희망하고 있어서 이러한 약속을 했지만 오스트리아가 발칸 문제에 있어서 이탈리아에게 동등한 지위를 주게 된 결과가 되었다.

3국 동맹 조약은 1915년까지 오랫동안 존속되면서 유럽 국제정치 질서의 한 축을 형성하였다. 제1차 세계대전이 발발하자 이탈리아는 오스트리아가 전쟁을 도발했기 때문에 3국 동맹 조약의 규정이 발동되지 않는다고 발표하고 1915년 연합국 측과 런던 조약을 체결하고 독일과 오스트리아에 전쟁을 선포하였다.

그 밖의 조약들

양국 동맹, 3제 협상, 3국 동맹으로 구축된 비스마르크의 동맹체제는 다시 오스트리아와 세르비아, 루마니아 사이의 조약들을 낳게 하였다.

반러시아 인사인 세르비아의 밀란Milan 공과 오스트리아 사이에 1881년 6월 28일 비밀 조약이 체결되었다. 세르비아는 오스트리아에 대항하는 어떠한 음모도 하지 않을 뿐 아니라 오스트리아와 협의 없이는 다른 나라와 정치적인 협상도 체결치 않기로 하였다. 그리고 양국 중 한 나라가 제3국과 전쟁을 하는 경우 타국은 중립을 지키기로 하였다. 10년간 유효키로 한 이 조약은 세르비아의 오스트리아에 대한 종속적인 관계를 명문화하였다.

1882년 10월 30일에 체결된 오스트리아와 루마니아의 비밀조약에는 독일도 가입하였다. 이 조약은 루마니아가 1878년 베를린 회의의 결정에 대해 불만을 갖고 있었을 뿐 아니라 러시아에게 위협을 느끼고 있어서 성립되었다. 이 조약으로 루마니아는 트란실바니아 지방에 대한 요구를 철회하였고 외국과 전쟁을 하는 경우에는 오스트리아의 지원을 받게 되었다. 또 오스트리아가 러시아의 공격을 받는 경우에는 루마니아가 지원하도록 하였다. 5년간의 유효기간을 가진 이 조약은 계속 연장돼 1916년까지 효력을 갖게 되었다.

이렇게 구축된 비스마르크 동맹체제는 곧 하나의 큰 정치적인 시련을 맞이하게 되었다. 불가리아 사태와 1887년의 위기가 그것이다. 불가리아 사태는 관련 장절에서 설명하고 여기에서는 후자의 문제에 관해 살펴보기로 한다.

해외진출에 대한 프랑스 국내의 비판

불가리아 사태가 한참이던 시점에 파리가 다시 유럽 정치의 주목을 받았다. 알자스-로렌을 수복하자는 운동이 일어났기 때문이다. 페리J. Ferry가 추진하던 식민지 정책은 여러 계층으로부터 비판을 받았다. 일반 국민들은 인력과 경비를 낭비하는 해외진출에 회의적이었고 대부분의 경제학자들도 식민지 확장은 하나의 사치라고 비판하였다.

페리의 식민지 정책에 대한 강력한 비판은 우파와 좌파에서 동시에 일어났다. 우파들은 해외식민지 경영으로 알자스-로렌이 망각된다고 비판하였다. 알자스-로렌의 회복은 당시 프랑스의 국민적인 합의를 이루고 있었다. 1882년에 우파들의 모임인 애국자연맹La Ligue des patriotes이 결성되자 회원수는 곧 20만을 돌파하였다. 그 회장인 데룰레드P.

Déroulède는 "나는 두 아이를 잃었는데 당신들은 20명의 하인을 두고 있소."라고 절규하였다. '두 아이'란 알자스와 로렌을 가리키고 '20명의 하인'이란 식민지를 일컬음은 물론이다. 좌파에서도 마찬가지였다. 클레망소G. Clemenceau는 페리를 국사범(國事犯)이라고 매도하였다.

이러한 분위기에서 있은 1885년의 선거결과는 프랑스를 앞날을 점칠 수 없는 혼란한 지경에 빠뜨렸다. 물론 우파가 승리했으나 어느 파벌도 압도적인 승리를 거두지 못해 여러 세력들의 연합이 끊임없이 부침(浮沈)하였다. 여론에 호소하는 경향이 나타나게 되었고 여론을 등에 업은 정치세력이 나오게 마련이었다.

불랑제G. Boulanger 국방상

1886년 1월 프레이시네C. Freycinet 수상은 클레망소의 강력한 천거로 불랑제 장군을 국방상에 임명하였다. 불랑제는 실로 파란만장한 생애를 보낸 사람이었다. 일찍이 알제Algiers와 이탈리아 등지에서 군 복무를 하였고 그 후 1870~1871년 독일과의 전쟁에도 참전하였다. 1884년부터는 과격 노선 정치인들의 후광을 받아 정치에 투신하였다. 후술하는 바와 같이 1887년 5월 고블레R. Goblet 내각이 실각하면서 그는 지방의 군 지휘관으로 좌천되었다. 그러나 불랑제 장군의 인기는 더욱 상승해 결국 프랑스 정부는 그를 퇴역시켰으나 그는 다시 의회에 진출하였다. 애국자 연맹의 절대적인 지지를 받아 그의 인기는 절정에 이르게 되었다. 1889년 1월 그가 쿠데타를 일으켜 실권을 잡게 될 것이라고 모두 믿었으나 그는 기회를 놓쳐 도리어 반역죄로 체포되었다. 브뤼셀로 망명해 그곳에 있던 정부(情婦)의 무덤 앞에서 자살로 생애를 마쳤다.

그는 1886년 국방상에 임명되자 곧 군사개혁에 착수하였다. 군인의 복지향상, 조국애를 위한 군사교육, 그리고 군 장비의 개선에 주력하였다. 검은 말을 타고 다니는 미남 국방상은 프랑스 국민에게는 프랑스의 영광과 프랑스인의 자존심을 다시 회복시켜 줄 인물로 추앙되기 시작하였다. 그리고 그의 주변에는 독일에 복수를 하기 위해서는 러시아와 손을 잡아야 한다는 주창자들이 몰려들기 시작하였다.

비스마르크는 프랑스의 이러한 호전적인 태도에 대처해야 된다는 명분으로 독일 제국의회에 40만의 병력을 47만으로 증강할 것을 요청했으나 의회의 반대에 부딪쳐 의회를 해산하였다. 선거로 다시 구성된 의회는 비스마르크의 계획을 그대로 의결하였다.

이렇게 긴장된 양국관계를 더욱 악화시킨 사건이 발생하였다. 슈네벨레G. Schnaebelé 체포사건이 그것이다. 프랑스의 국경수비 관리였던 슈네벨레는 독일과의 국경지역인 판니-쉬르-모셀Pagny-sur-Moselle 지방에서 1887년 4월 20일 독일 관헌에 의해 체포되었다. 그는 실은 국경지역에서 첩보활동을 하고 있었는데 독일 친구의 초청을 받고 독일 지역에 들어갔다가 체포된 것이었다. 그는 독일 법정에서 간첩죄로 기소되었다. 불랑제 국방상은 그의 석방을 위해 병력의 동원을 요구하고 나섰다. 그러나 그레비F.P.J. Grévy 대통령을 위시한 많은 각료들은 불랑제 국방상의 의견에 반대하고 독일 정부의 해명을 기다리도록 하였다. 비스마르크가 4월 30일 슈네벨레를 석방함으로써 이 사건으로 인한 긴장은 사라졌으며 불랑제의 인기는 더욱 상승하였고 독일에 대해 복수할 수 있는 유일한 인물로 여겨지게 되었다. 그러나 5월에 고블레 내각이 실각하자 그도 지방으로 좌천되었고 그의 국방상 시절에 있었던 독일과 프랑스의 긴장상태도 해소되었다.

비스마르크의 태도

1886~1887년 동안 프랑스에서 일고 있었던 불랑제 운동Boulangisme에 대한 비스마르크의 견해에 관해서는 상반된 의견이 있다.

하나는 비스마르크가 실제로 프랑스의 위협을 느끼고 있었다는 견해이다. 이런 견해에 의하면 비스마르크가 프랑스 주재 독일 대사 뮌스터G.H. Münster의 계속된 보고를 믿지 않았다는 것이다. 뮌스터 대사는 프랑스 국민의 일반적인 분위기와는 달리 프랑스 관리들은 모두가 평화적인 태도를 갖고 있다고 계속 비스마르크에게 보고하고 있었다. 그러나 비스마르크는 이런 보고를 믿지 않고 프랑스의 독일 침공 계획이 결실을 맺기 전에 이를 분쇄해야 한다고 믿었다는 해석이다.

다른 견해에 의하면 비스마르크는 프랑스로부터 어떤 위험을 느낀 것이 아니라 다른 정치적인 목적을 달성하기 위해 불랑제 운동을 과대 선전하고 이용했다는 것이다. 당시 프랑스의 군사력으로 보아 프랑스가 단독으로 독일을 공격해 알자스-로렌을 회복할 수 있다고는 도저히 판단할 수 없는 일이기도 하다.

비스마르크가 불랑제 운동을 이용해 병력을 증강한 것은 이미 지적한 바 있다. 비스마르크는 외교적인 면에서도 불랑제 운동을 역이용했다고 볼 수 있다. 프랑스의 이런 운동으로 전쟁위험이 있다고 선전하여 프랑스가 유럽 정치질서의 파괴자라는 이미지를 부각시켰다. 이런 이미지 형성으로 당시 러시아와 프랑스에서 일고 있던 러시아·프랑스 동맹론을 도리어 좌절시킬 수 있었다.

비스마르크는 1885년 불가리아 사태를 계기로 그의 동맹체제가 많은 약점을 갖고 있다는 것을 실감하였다. 이런 약점을 보완하기 위해 그는 불랑제 운동을 이용했다고 볼 수 있다. 비스마르크는 "나는 불랑제를 만들어낼 수는 없었다. 그러나 그는 나에게 매우 좋은 때에 나타났다."라고 회고한 적이 있다.

4. 비스마르크 동맹체제의 재정비

지중해 협정(1887년 2월 12일)

영국의 이집트 점령으로 영국과 프랑스의 관계가 악화되었고 프랑스의 튀니스 점령으로 악화된 프랑스와 이탈리아의 관계는 관세 문제로 더욱 긴장되었다.

영국과 이탈리아의 지중해 협정은 프랑스에 대한 이런 적대감정과 지중해에서 공동보조를 취해야 된다는 인식에 기초하였다. 이 협정은 각서교환의 형식으로 이루어졌다. 처음 이탈리아는 두 나라 중 한 나라가 프랑스와 전쟁을 하는 경우 타국이 원조한다는 규정의 삽입을 주장했으나 영국의 전통적인 외교정책으로 보아 이런 약속은 불가능하였다. 결국 비스마르크의 설득으로 이탈리아는 영국의 입장을 양해하였다. 이 각서 교환에 3월에는 오스트리아가, 5월에는 스페인이 가입하였다. 그리고 이탈리아와 스페인은 또 5월에 각서 교환을 하였고 이 각서 교환에 독일과 오스트리아가 가입하였다. 지중해 협정은 영국과 이탈리아, 영국과 오스트리아, 이탈리아와 스페인 등의 세 가지의 각서 교환을 합친 것이며 이런 각서 교환에 관계 국가들이 가입하였다.

영국과 이탈리아의 각서 교환 내용을 보면 아드리아 해, 에게 해, 흑해를 포함한 지중해의 현상유지를 약속하고 있다. 또 이탈리아는 이집트 문제에 관해서는 영국을, 영국은 북 아프리카 문제에 관해서는 이탈리아를 각각 지지키로 합의하였다. 영국과 오스트리아 사이에 교환된 각서는 중근동에 있어서 양국의 공동이해를 강조하고 있다. 그리고 이탈리아와 스페인의 각서 교환으로 스페인은 이탈리아, 독일, 오스트리아, 그 어느 국가에 대항하는 내용의 합의를 프랑스와 체결하지 않을 것을 약속하였다.

이 지중해 협정을 구성하고 있는 각서 교환들은 모두 프랑스를 가상적국으로 삼고 있으며 영국이 독일, 오스트리아와 연결하게 됐다는 것이 특기할 만하다. 이 협정은 1892년 로즈베리A.P.P. Rosebery가 외상이 되면서 종료되었다.

비스마르크 동맹체제의 근간을 이루고 있던 3국 동맹이 1887년 2월에 다시 갱신된 것도 재정비 작업의 핵심이었음은 물론이다.

재보장조약(再保障條約)Reinsurance Treaty 체결(1887년 6월 18일)의 배경

불가리아 사태로 러시아가 발칸 반도에서 후퇴하게 되면서 러시아 국내에서는 3제 협상에 대한 비판이 크게 일어났다. 3제 협상은 1887년 6월에 그 유효기간이 일단 끝나게 돼 있어서 그 연장 여부를 놓고 러시아 정부에서는 의견이 갈라졌다.

언론인이며 황제의 측근 카트코프M.N. Katkov, 절대주의의 신봉자이며 정부에서 큰 영향력을 갖고 있던 포베도노스체프K.P. Pobedonostsev, 그리고 비쉬네그라드스키I.A. Vyshnegradsky 장상(藏相) 등은 3제 협상을 폐기하고 프랑스와 동맹을 체결할 것을 계속 주장하였다. 1886년 11월 러시아에 새로 부임한 프랑스 대사 라불레이A.R.R.L. de Laboulaye는 알렉산드르 3세의 따뜻한 환대를 받았다. 차르는 "우리에게는 강력한 프랑스가 필요하다. 귀국은 우리가 필요하며 우리는 또 귀국이 필요하다. 프랑스가 이 점을 이해해 주길 바라는 바이다."라고까지 말하였다. 이것은 동맹제의로 볼 수 있는 말이다. 당시 이와 같은 양국 관계의 밀착을 비스마르크는 불랑제 운동의 위험이란 명분으로 저지시킨 바 있다. 이러한 프랑스와의 동맹론에 대해 기르스 외상과 독일 주재 대사 슈발로프 등은 3제 협상의 연장이 더 바람직하다고 반대하였다.

프랑스와 동맹을 체결하느냐 3제 협상을 연장하느냐, 두 진로 사이의 대립은 1887년 4월에 기르스 외상이 타협안을 마련해 해소되었다. 오스트리아를 제외하고 독일과 두 나라만이 조약을 체결하고 이 조약에서는 무엇보다 불가리아에서 러시아의 특수이익을 인정받게 한다는 내용이었다. 차르도 이 타협안에 동의해 5월 슈발로프가 베를린으로 귀임하면서 비스마르크와 새로운 조약 체결에 관해 교섭을 시작하였다. 조약 교섭은 큰 어려움 없이 진행되었다. 불가리아 공(公)이었던 알렉산더의 재등장을 반대하는 러시아의 요구를 독일은 본조약과는 별도로 부속된 비밀 의정서에서 수락하였다. 회의 도중 비스마르크는 1879년의 독일과 오스트리아 사이의 조약 전문(全文)을 처음으로 러시아에게 알려 주었는데 러시아로 하여금 독일과 동맹하든지 결별하든지 양자택일을 강요하기 위해서였다. 비스마르크는 또 당시 러시아 국내에서 일고 있던 반독일, 반오스트리아 분위기에 대해 경고하려는 목적에서 1879년의 위 조약을 1888년 2월에 세상에 공개하였다.

재보장조약의 내용

6개 조항의 본조약과 부속 의정서로 구성된 이른바 재보장조약의 내용은 다음과 같다.

(1) 두 나라 중 한 나라가 제3국과 전쟁을 하는 경우 타국은 우호적 중립을 지킨다. 그러나 두 나라 중 한 나라가 프랑스나 오스트리아에 대해 공격을 취함으로써 전쟁이 발생되는 경우에는 이 조항은 적용되지 않는다.
(2) 독일은 러시아가 발칸 반도에서 차지하고 있는 역사적인 지위, 특히 불가리아와 동루멜리아에서 갖고 있는 지위를 인정한다. 그리고 두 나라는 상호 협의 없이는 발칸 반도 영토의 현상유지를 변경하지 않는다.
(3) 해협 폐쇄의 원칙을 다시 확인한다. 본조약의 유효기간은 3년이며 그 내용은 비밀에 부친다.
(4) 부속 의정서의 내용은 다음과 같다. ① 독일은 불가리아에서 정규적이고 합법적인 정부의 수립을 지원한다. 그리고 알렉산더 공의 재등장에 독일은 반대한다. ② 만일 러시아가 필요하다고 인정하여 흑해의 입구를 방어할 조치를 취하는 경우 독일은 이를 지원한다.

이 조약으로 러시아는 동 발칸 지역에서 우월한 지위 확보에 대해 독일의 보장을 받았고 독일은 러시아가 프랑스에 접근하는 것을 저지할 수 있었다. 이 조약의 내용이 1879년의 독일-오스트리아 조약의 내용과 상치되지 않느냐 하는 법 해석상의 논의가 있다. 그러나 재보장조약과 같은 고도의 정치적인 조약을 법 형식논리로 해석하는 것은 무의미한 일이다.

이 조약은 유효 기간이 3년이어서 1890년에 다시 연장하든지 종료되든지 결정해야 했다. 이번에는 독일에서 그 연장을 반대해 종료토록 방치하였고 러시아는 결국 파리로 가는 길밖에 없게 되었다. 이 점에 관해서는 다시 후술한다. 이 조약의 존재 자체는 1896년에 비스마르크가 세상에 알렸으나 조약 내용의 전모는 1918년에 가서야 알려지게 되었다.

제2차 지중해 협정 또는 근동 앙탕트(1887년 12월 12일)

1887년 7월에 불가리아 의회는 러시아의 반대에도 불구하고 친오스트리아 인물인 페르디난드Ferdinand of Saxe-Coburg를 불가리아 공으로 선임하였다. 이렇게 되자 러시아의 군사개입이 곧 있을 것이라는 소문이 유럽 전역에 퍼지게 되었다.

이와 같은 러시아의 남하 위협에 대비해 이루어진 영국, 오스트리아, 이탈리아 3국 사이의 각서 교환을 제2차 지중해 협정 또는 근동 앙탕트entente라고 부른다. 이번의 각서 교환도 제1차 지중해 협정과 마찬가지로 솔즈베리 영국 외상의 작품이었다. 그리고 이 각서 교환도 1892년 로즈베리가 외상이 되면서 종료되었다. 영국은 처음에는 독일의 참여를 희망했으나 비스마르크는 11월 솔즈베리에게 독일과 오스트리아 조약의 내용을 전하면서 독일이 비록 직접 당사자가 되지는 않지만 확고한 지지를 하겠노라고 약속하였다. 교환 각서의 주요 내용은 다음과 같다.

(1) 동방East의 현상 유지를 보장하며 터키가 외국의 지배를 받는 것을 반대한다.
(2) 터키는 불가리아에서 보유하고 있는 권리를 외국에 양여하거나 외국이 이 지역을 점령하는 것을 허용해서는 안 된다. 터키는 해협이나 소아시아Asia Minor 지방의 권리도 양여해서는 안 된다.
(3) 외국이 그런 양여를 요구하고 터키가 이에 반대할 경우 세 나라들은 그런 터키의 반대를 지원하는 데에 필요한 조치에 관하여 상호 협의한다.
(4) 터키가 만일 그런 양여 요구에 반대하지 않을 경우 세 나라들은 공동으로 또는 개별적으로 필요하다고 인정되는 터키 영토를 점령할 수 있다.
(5) 본 각서의 내용은 사전 협의가 없는 한 어느 국가에게도 알려서는 안 된다.

독일-이탈리아 군사합의(1888년 1월 28일)

1888년에 들어서면서 독일과 이탈리아 사이에는 군사합의가 이루어져 독일과 프랑스가 전쟁을 하는 경우 이탈리아는 군사적인 지원을 할 것을 약속하였다. 이러한 양국의 군사적인 약속은 급속히 밀착된 양국의 경제 관계를 반영하는 것이었다.

이탈리아는 1880년대에 들어오면서 경제 발전을 도모하기 시작하였고 민족 자본이 불충분했던 이탈리아로서는 영국이나 프랑스의 외국 자본에 의존하지 않을 수 없었다.

이탈리아는 정치적으로는 프랑스에 대항하는 3국 동맹의 당사자이지만 1887년까지 경제적으로는 큰 마찰이 없었다.

1886년 12월 이탈리아 정부는 국내 제철업계의 주장에 따라 프랑스와 맺은 무역협정을 폐기할 움직임을 보였다. 1881년에 체결된 이 무역협정은 1892년까지 효력을 갖게 된 조약이었다. 이탈리아 정부의 이런 움직임에 항의해 프랑스 의회가 먼저 그 협정을 폐기할 것을 만장일치로 의결하였다. 이렇게 되자 이탈리아로서는 경제적인 측면에서도 베를린에 더욱 의존하지 않을 수 없게 되었다.

위에서 보아 온 바 같이 프랑스의 고립과 유럽 국제정치 질서의 현상유지를 목표로 하는 비스마르크의 동맹체제는 완성을 보게 되었다. 이것을 도표로 작성해 보면 다음의 그

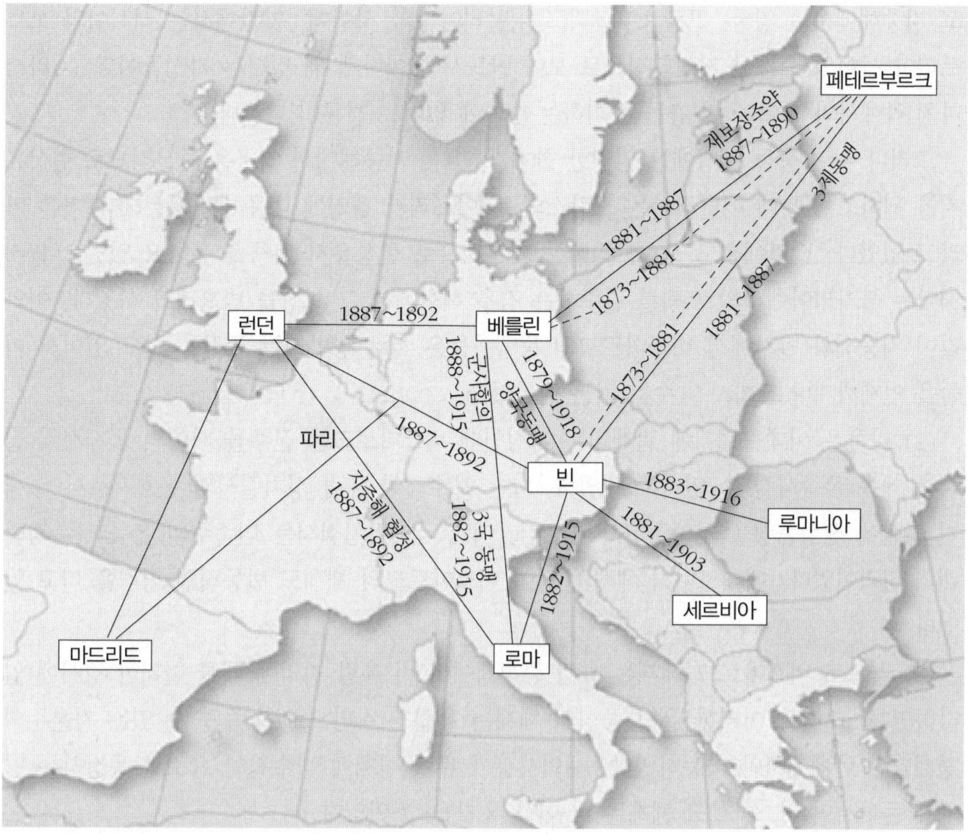

비스마르크 동맹체제

림과 같이 거미줄 같은 비스마르크의 조약망을 쉽게 알 수 있다.

5. 비스마르크 동맹체제의 내재적 모순과 붕괴

비스마르크 동맹체제의 기본 가정

비스마르크의 동맹체제는 다음과 같은 세 가지 기본 가정에 입각해 있었다.

(1) 지정학적인 고려에서 나온 가정들이다. 독일은 유럽 대륙에서 양면전의 위험이 있

고 지중해에서는 영국, 프랑스, 그리고 이탈리아 3국 사이에, 발칸에서는 러시아와 오스트리아 사이의 충돌이 지정학적으로 보아 반드시 일어나게 돼 있다는 가정들이다. 따라서 마치 곡예사와 같이 이런 충돌을 피하는 수밖에 없다는 결론이 나온다.

그러나 이런 충돌 예방에는 엄연한 한계가 있다. 지중해에서 영국은 근본적으로 현상유지를 원하고 있는데 이탈리아는 프랑스의 북 아프리카 경영에 대응하는 응분의 대가를 바라고 있었다. 발칸에서도 오스트리아는 기본적으로 현상유지 정책을 취하고 있었으나 러시아는 불가리아에서의 후퇴를 감수하는 경우 해협에서 그 보상을 받으려고 하였다. 이와 같이 지중해와 발칸에서 비스마르크의 동맹자들은 서로 상반되는 주장을 하고 있어서 이들을 언제까지나 조화시킬 수는 없는 일이었다.

(2) 다음은 이데올로기에 관계되는 가정인데 비스마르크는 군주들 사이의 국제정치 질서를 계속 존속시킬 수 있다고 믿었다. 그는 보수적인 유럽 정치질서의 옹호자로서 19세기 후반에 신성동맹을 구축하고자 하였다. 이런 국제정치질서는 민족주의 운동과는 정반대의 성격이었다. 메테르니히 체제와 같이 비스마르크의 체제도 반동적인 성격을 띠고 있었다.

(3) 끝으로 비스마르크 체제는 유럽 중심적이며 비 유럽 지역에 대한 철저한 경시에 입각하였다. 그러나 이러한 유럽 중심의 체제는 유럽 시장만으로 충족될 수 있는 자본주의 경제발전 단계에서만 가능하였다. 해외시장이 유럽 경제에 필수적인 요소로 등장하는 단계에 들어서면 비스마르크 체제는 더 이상 유지될 수 없었다.

이런 점에 비추어 볼 때 비스마르크는 19세기 최후의 고전적인 외교관이라고 볼 수 있다. 그러나 1890년경에 이르자 이미 20세기의 도래를 예고하는 현대적인 요소들이 등장하기 시작하였다. 그런데 비스마르크 체제가 안고 있던 이러한 내재적인 모순이 현실로 나타나기 이전에 프랑스와 러시아 사이에 새로운 관계가 수립되기 시작하였다. 그것은 비스마르크 체제의 붕괴를 예고하는 것이었다.

프랑스-러시아의 경제적 접근

이탈리아와 마찬가지로 러시아도 경제발전을 위해서는 외국자본의 도입이 불가피하였다. 철도부설, 군비증강 그리고 재정적자를 보충하는 길은 외자 도입의 길밖에 없었다. 러시아의 외자 의존도는 매우 높아서 1886년의 경우 정부지출 중 외자가 차지하는 비율은 32%에 달하였다. 그리고 80년대 중반까지 독일이 최대의 자본 수출국이었는데 러시아의 총 외자 중 60%를 차지하였다.

이런 외자는 대개 5~6%의 이자로 도입됐는데 분제N.K. Bunge 장상(藏相)은 이보다 저렴한 이자의 차관 도입을 획책하기에 이르렀다. 물론 독일을 위시한 영국, 네덜란드가 이 자율의 변경에 동의할 리 없었다. 그런데 프랑스 자본가들이 러시아 투자에 흥미를 보이기 시작하였다. 그러나 분제 후임으로 장상이 된 비쉬네그라드스키는 프랑스 자본 도입에 주저하는 태도를 보였다. 러시아의 이런 관망은 1888년 9월까지 계속되었다.

1888년 10월 파리-네덜란드 은행Banque de Paris et Pays-Bas이 드디어 4%의 이자로 5억 루블의 차관 공여를 러시아 정부와 합의하였다. 프랑스 정부는 이 차관 공여를 승인하면서 혹시 독일 정부를 자극하지 않을까 우려해 러시아와 정치적인 접근을 꺼리고 있었다. 그러나 프랑스 국내에서 불랑제 운동이 퇴색해감에 따라 프랑스-러시아의 정치적인 접근도 자연스럽게 이루어지게 되었다. 이 차관을 계기로 로드스차일드Rothschild가 1889년 3월과 5월에 17억 4,000만 프랑, 1890년 3월에는 7억 6,000만 프랑, 그리고 파리-네덜란드 은행이 다시 1890년 1월에 3억 6,000만 프랑의 차관을 공여키로 하였다. 프랑스 자본의 러시아 투자가 본격화되었다.

프랑스-러시아의 정치적 접근 서곡

이와 같은 경제적 유착으로 프랑스 국내에서는 러시아 붐이 일기 시작하였다. 먼저 러시아 작품들이 번역되기 시작하였다. 1880~1885년 사이 매년 3~4권의 러시아 책이 번역됐으나 1888년에는 25권, 1890년에는 17권의 러시아 작품이 번역되었다. 프랑스 자본가들 중에서도 러시아 시장에 대한 투자가 붐을 이루게 되었다. 코카서스의 석유, 도네츠Donets의 석탄, 그리고 시베리아 횡단철도 부설이 주요 투자 대상이었다.

정치인들과 여론도 러시아 군사력을 높이 평가하기 시작하였고 독일의 위험에 대비해 러시아와 연결해야 된다고 주장하고 나섰다. 1890년 7월에는 러시아로부터 50만 정(挺)의 프랑스 소총 주문이 있었는데 이것이 정치관계에 중요한 전환점이 될 것은 분명한 일이다.

불랑제 운동을 이용해 프랑스-러시아의 접근을 저지했던 비스마르크는 이번에는 영국 카드를 사용하였다. 프랑스와 러시아가 만일 정치적으로 접근하는 경우에는 3국 동맹측은 영국을 끌어들이겠다는 것이었다. 1889년 1월 비스마르크는 솔즈베리 외상에게 정식으로 동맹을 제의하였다. 그리고 8월에는 카이저의 영국 방문을 성취시켰다. 그러나 영국으로서는 대륙의 국가와 동맹을 체결해 유럽 정치의 와중에 들어가는 것은 그 전통적인 외교 노선에서 볼 때 불가능한 일이었다.

비스마르크의 해임

1890년 3월 18일 75세의 노 재상이 젊은 황제 빌헬름 2세로부터 해임을 당하고 궁정을 나서는 장면은 하나의 역사적인 삽화였다. 그러나 그것은 삽화 이상의 역사적인 사건이다. 이 해임이 몰고 온 역사적인 결과는 후술한다.

빌헬름 2세는 자만심에 차 있는 인물로 독일의 영광을 세계에서 찾으려 하였고 이 과업을 달성하는 데에 노 재상의 견제를 받지 않으려 하였다. 황제는 비스마르크에게 알리지도 않고 다른 각료들과 상의하기 시작해 비스마르크와 틈이 생기게 되었다. 비스마르크는 1852년에 제정된 내각령(內閣令)에 위배되는 것이라고 주장하였다. 이러한 두 사람의 대립은 1890년에 종료되는 사회주의자에 관한 법령을 연장하느냐 폐기하느냐 하는 문제로 더욱 첨예화되었다. 비스마르크는 이 법령을 영구화시키려 하였고 황제는 이를 폐기하고 노동자들의 불만을 해소시킬 방안을 구상해야 된다고 판단하였다.

황제와 비스마르크의 대립은 외교정책에서도 나타났다. 재보장 조약의 연장에 관한 문제가 현안이었다. 황제는 물론 그 연장에 반대하였다. 황제뿐만 아니라 독일 외무성의 괴물인 홀슈타인F. von Holstein을 위시해 많은 외교관들이 러시아에 대해 행동의 자유를 주장하였다. 또 당시 참모총장이었던 발더제A. von Waldersee도 러시아군의 군사적인 능력에 관해 회의적인 평가를 하였다.

1890년 초의 이런 분위기에서 황제는 비스마르크에게 1852년에 제정된 내각령의 수정을 명령하였다. 이것은 그동안 재상이 향유해 오던 특권을 박탈하려는 것이었다. 비스마르크는 그 명령을 거부하였다. 따라서 사임이 아니라 해임을 당하고 말았다. 비스마르크가 물러나면서 세계외교사에 한 시기의 구획이 그어지게 되었다. 그것은 무엇보다도 1890년대에 들어오면서 국제정치 질서에 있어서 현대적인 요소들이 나타나기 시작한 데서 찾을 수 있다. 그 두드러진 측면이 유럽 국제정치 질서의 전 세계적인 팽창이라고 볼 수 있다.

비스마르크가 물러난 후 독일 외무성을 파국으로 몰고 간 홀슈타인에 대해서는 모든 외교사가들이 혹평하고 있다. 1890~1906년 동안 독일 외교정책을 실제로 움직였던 그는 괴물이라기보다는 사악하고 정신병자에 가까운 인물로 묘사되고 있다. 그가 독일 외교정책의 향방을 좌우하면서 독일은 전쟁의 길로 치닫게 되었다. 이런 점에서 그가 비록 1906년에 외무성을 떠났으나 제1차 세계대전 발발 책임의 일단이 그에게 있다고 비판받고 있다. 그의 외교적인 실책에 관해서는 후술한다.

새로운 동맹들의 형성

제 3 절

재상 비스마르크가 빌헬름 황제와 의견 대립이 없었더라도 비스마르크 체제는 더 이상 존속할 수 없는 역사적 시점에 도달하였다. 이제 세계외교사의 유럽시대는 끝났기 때문이다. 1890년에 접어들면서 '현대적' 인 특징이 나타나기 시작하였다.

따라서 동맹들이 새로 형성되어 제1차 세계대전을 향해 박차를 가하기 시작한 것도 1890년부터이다. 이렇게 형성된 세력들이 투쟁적인 집단 심리와 결부되어 서로 적대하게 되고 동맹들은 더욱 경직되기 시작하였다. 가장 두드러지게 다시 형성된 세력들의 형성은 영국과 러시아의 대립구조에서 영국과 독일의 대립구조로 바뀌었다는 점이다. 영국의 우월한 세계정치적 지위에 독일이 도전해 제1차 세계대전의 발발이 예고되기 시작하였다.

이런 역사적 성격을 이해하기에는 비스마르크의 후임자들은 국제정치 문제에 있어서는 문외한들이었다. 그들은 먼저 러시아와의 연결을 단절하였다. 이에 러시아로서는 프랑스나 영국으로 가는 길밖에는 없게 되었다. 그리고 식민지 문제로 프랑스는 다시 영국과 연결되었다. 이런 모든 일은 비스마르크 후임자들이 일어날 수 없다고 여긴 것이었다. 그들은 '세계정책' 을 전개하면서 영국과 손 잡을 수 있다는 환상을 갖고 있었다. 그런 환상을 그들이 제1차 세계대전 발발 며칠 전까지도 버리지 못하고 있었던 것은 실로 놀라운 일이다. 따라서 1890년부터 새로 형성되기 시작한 여러 동맹과 협상들의 내용을 검토하는 일은 곧 제1차 세계대전의 성격을 규명하는 일이다.

비스마르크 계승자들이 '세계정책' 을 추진하자 동북아 지역에서도 '독일' 이라는 요소가 등장하였고 중국은 본격적으로 분할의 단계에 들어간다. 일본은 '수입된 국가' 형태인 근대국가의 탈을 수용하는 데에 성공해 1890년 보편 선거로 제국 의회가 성립되었다. 여기에서 한반도를 '이익선' 으로 선언하고 중국과 대립할 것을 공언하였다. 조선은 1880년 이후 '변형된 사대질서' 속에서 고민하였으나 1890년 이후로는 중국과 일본의 각축장으로 변모하였다.

1. 프랑스 · 러시아 동맹

비스마르크 퇴임 후의 유럽 열강

비스마르크의 후임자들은 몇 가지의 가정을 믿고 있었다. 그런데 이러한 가정들이 착오였음이 밝혀지게 되면서 독일은 파국의 길로 치닫게 된다. 먼저 그들은 러시아와 재보장조약을 파기하더라도 러시아와 프랑스는 결코 손을 잡을 수 없을 것이라고 믿었다. 이들 두 나라는 아무런 공통이해 관계가 없기 때문에 그들의 동맹은 있을 수 없다는 것이었다. 러시아에게 중요한 것은 해협과 동북아 지역이었는데 프랑스는 당시 동북아에 어떤 적극적인 이익이 없었고 해협 문제에 관해서도 프랑스는 러시아와 정반대의 입장을 갖고 있다는 것이다. 또한 프랑스에게 가장 중요한 것은 알자스-로렌인데 러시아가 이 지방을 위해 프랑스와 공수동맹을 체결한다는 것은 상상할 수 없다고 판단하였다.

비스마르크의 후임자들은 영국이 프랑스나 러시아 그 어느 국가와도 동맹을 맺을 수 없다고 생각하였다. 영국은 이 두 나라와는 유럽 이외의 지역 도처에서 서로 대립하고 있기 때문에 진정한 우호관계의 수립은 불가능하다고 믿었다. 따라서 그들은 영국은 독일 이외의 국가와는 손을 잡을 수 없다고 믿고 있었고 그들 또한 친영론자(親英論者)들이기도 했다.

이런 판단에서 비스마르크의 후임자들은 1890년 7월에 영국과 식민지 협정을 체결하였다. 독일은 영국이 1815년에 얻은 것인데 거의 쓸모가 없게 된 섬 헬리골랜드Heligoland를 얻는 대신 동아프리카에 대한 여러 가지 주장을 포기하였다. 독일이 영국에 접근하려는 하나의 제스처였다. 그러나 영국은 가까워지기는커녕 오히려 멀어져 갔다. 독일이 영국의 짐을 덜어 주고 친영적인 태도를 분명히 하자 다시 고립정책으로 돌아가고 말았다.

독일은 프랑스에게도 우호의 제스처를 보냈다. 1891년 2월 카이저의 모후(母后)가 프랑스를 방문하였다. 그러나 프랑스의 독일에 대한 감정은 쉽게 사라질 성질의 것이 아니었다. 독일 반대 시위로 모후는 일정을 단축하고 귀국하였다. 불랑제는 없어도 그 정신은 아직 살아 있었다.

이와 같은 독일 · 영국 · 프랑스의 움직임에 러시아는 불안해하였다. 기르스 외상은 근본적으로는 독일과 연결하는 것을 희망하였다. 따라서 독일에 압력을 넣는 수단으로 파리와의 교섭을 시도하였다. 1890년 10월 그는 라불레이A.R.R.L. de Laboulaye 프랑스 대사에게 우호동맹의 체결을 제의하기에 이르렀다. 그러면서 동시에 베를린과도 교섭을 진행하였다.

열강들이 이렇게 새로운 세력형성을 모색하고 있을 때 3국 동맹이 다시 갱신되었다.

3국 동맹의 갱신(1891년 5월 6일)

3국 동맹이 1887년 2월에 갱신되면서 3개의 문서로 구성된 것은 전술한 바 있는데 이때에 3국 동맹은 5년간 유효키로 하였다. 그런데 5년이 되기도 전에 다시 갱신하였다. 이렇게 일찍 갱신하게 된 이유는 이탈리아와 프랑스가 혹시 가까워지지 않을까 독일이 우려했기 때문이었다.

이번의 갱신으로 3국 동맹은 다시 하나의 문서로 합쳐졌고 독일이 더 많은 부담을 짊어지게 되었다. 북아프리카에서 현상유지가 불가능할 경우 이탈리아가 시레네이카Cyrenaica, 트리폴리타니아Tripolitania, 그리고 튀니지에서 보상을 얻을 수 있다고 독일이 승인했으며 이 경우 영국의 동의를 얻는 데에 독일과 이탈리아는 공동으로 노력하기로 하였다. 더욱이 부속 의정서에서는 3국 동맹과 영국의 연결을 말하고 있다. 오토만 제국의 영토나 모로코를 포함한 북아프리카에서 "영국은 원칙상 3국 동맹에 가입하였다."라고 지적하였다.

6월 9일 이탈리아 외상 루디니A. di Rudini는 의회의 연설 도중 영국이 3국 동맹과 연결돼 있으며 프랑스와 러시아는 고립돼 있다고 언급하였다. 이러한 움직임이 러시아와 프랑스를 급격히 가깝게 만들어 놓았다.

프랑스 · 러시아 정치협정(1891년 8월 27일)

3국 동맹이 갱신되자 기르스 러시아 외상은 7월 중순 3국 동맹에 공동으로 대처하자고 프랑스에 다음과 같이 제의하였다.

(1) 유럽 평화를 위태롭게 할 모든 문제에 관하여 양국은 협력할 것
(2) 3국 동맹이 동원하면 양국도 즉시, 공동으로 동원할 것

그러나 기르스 외상은 동맹의 체결보다는 각서 교환의 형식을 주장했으며 유럽 문제에 국한하지 않고 모든 문제를 망라할 것을 희망하였다. 그는 아직도 프랑스와 교섭하는 것을 독일에 대한 압력수단으로 사용코자 하였다.

결국 기르스의 주장대로 8월 27일 다음과 같은 내용의 각서가 교환되었다.

(1) 평화의 유지가 두 나라가 바라는 바이지만 이러한 일반평화를 위태롭게 할 문제가 발생하면 이에 관하여 양국은 서로 협의한다.
(2) 평화가 위협을 받게 되는 경우 특히 두 나라 중 한 나라가 침략의 위협을 받는 경우 두 나라는 필요한 조치에 관하여 합의하도록 한다.

이 각서교환은 그 내용으로 보아 하나의 예비적인 합의에 불과한 것이었다.

군사협정 초안의 성립과정(1892년 8월 17일)

1891년 가을까지 대신, 외교관, 그리고 군인의 접촉 등 여러 차원에서의 양국 교섭이 진행되었다. 그러나 1891~1892년 겨울부터는 주로 군인들이 주역으로 등장했고 프랑스가 앞장섰다. 프랑스는 독일에게 대항하는 길은 러시아와 군사동맹을 체결하는 길밖에 없다고 결론을 내렸다. 1892년 2월 프랑스 참모총장 미리벨M.J. de Miribel 장군이 조약의 초안을 작성해 러시아에 전달하였다.

러시아는 다시 주저하기 시작하였다. 알렉산드르 3세는 소극적이었는데 그는 부왕(父王)인 알렉산드르 2세와는 달리 독일에 대해 혐오감을 갖고 있었고 오스트리아에 대해서도 그의 선생인 포베도노스체프K.P. Pobedonostsev의 영향으로 일종의 적개심을 갖고 있었다. 그가 3제 협상의 연장에 미온적이었던 것도 이런 연유에서였다. 또한 그는 프랑스의

정치제도에 대해서도 대단한 혐오감을 갖고 있었다. 부왕(父王)이 암살된 이후 이른바 '자유주의적인 것'을 탄압해 왔다. 기르스 외상도 전술한 바와 같이 독일과의 연결을 기본적인 외교방향으로 생각하고 있었다. 일단 프랑스와 군사협정을 체결하면 러시아는 전쟁을 하지 않을 수 없는 위험에 빠지게 된다고 판단하였다. 람스도르프도 같은 생각을 갖고 있었다.

러시아에서 프랑스와 연결해야 한다고 주장한 그룹은 오브루체프N.N. Obruchev로 대표되는 군부였다. 오브루체프는 1850년대에 이미 육군사관학교 교수를 역임했으며『군사논문집』*Voenny sbornik*을 창간하였다. 그런데 이 잡지에 혁명가의 논문이 게재된 것이 화근이 돼 잠시 파리에 가 있게 되었다. 그는 이때 프랑스 여인과 결혼하였고 그 후 휴가 때마다 프랑스를 찾는 친프랑스론자로 알려졌다. 그는 1881년부터 줄곧 육군참모총장직을 맡고 있었다.

프랑스에서도 브와데프르R. le M. de Boisdeffre 육군참모차장이 중심이 된 군부가 러시아와 연결을 담당하고 있었다. 브와데프르는 1879년에 러시아 주재 무관에 임명되어 일찍이 러시아에 관심을 갖기 시작하였다. 그 후 브와데프르는 미리벨 장군이 참모총장이 되자 참모차장이 되었고 미리벨이 퇴임한 1894년 이후로는 참모총장이 되었다.

브와데프르 일행은 1892년 8월 1일부터 17일까지 상트 페테르부르크에 머물면서 군사협력을 논의한 끝에 군사협정 초안에 합의하였다.

처음 브와데프르는 독일만을 대상으로 하는 초안을 작성하였다. 3국 동맹 또는 독일만이 동원돼도 프랑스와 러시아는 동원한다. 무력침략의 경우 프랑스는 14일 이내에 130만의 병력을, 러시아는 80만의 병력을 독일에 집중시킨다. 러시아는 또 80만의 병력을 오스트리아 국경에 집결시킨다는 내용이었다.

그러나 독일만을 가상적국으로 하는 이런 프랑스 구상에 러시아가 동의할 수는 없었다. 러시아는 독일뿐만 아니라 오스트리아에 대한 전쟁에도 프랑스의 지원이 필요하였다. 그리고 독일에 대한 불확실한 전쟁에 구체적인 동원계획을 수립하는 것에 반대하였다. 결국 타협안이 마련되었다. 오스트리아가 독일의 지원을 받아 러시아를 공격하는 경우에 프랑스의 지원이 약속되었고 반면에 앞으로 있을지 모를 전쟁의 경우에도 동원될 병력을 구체적으로 규정토록 하였다.

군사협정 초안의 내용

군사협정 초안은 전문(前文)과 본문 7개 조항으로 구성되어 있다. 전문에서는 평화와 방어전쟁만을 목적으로 삼는다고 천명하고 본문의 내용을 다음과 같이 구성하였다.

(1) 만일 프랑스가 독일의, 또는 독일의 지원을 받는 이탈리아의 공격을 받는 경우 러시아는 가능한 모든 병력을 사용하여 독일을 공격한다. 만일 러시아가 독일의, 또는 독일의 지원을 받는 오스트리아의 공격을 받는 경우 프랑스는 가능한 모든 병력을 사용하여 독일을 공격한다.
(2) 3국 동맹의 군대나 또는 그중 어떤 국가의 군대가 동원되는 경우 프랑스와 러시아는 사전의 협의를 거치지 않고 즉각적으로, 그리고 동시에 모든 군대를 동원하여 국경지대에 집결시킨다.
(3) 독일에 대하여 사용할 병력은 프랑스는 130만, 러시아는 70만 또는 80만으로 한다. 이들 병력은 신속히 전투에 투입되어 독일로 하여금 동서 양면전을 하도록 해야 한다.
(4) 프랑스와 러시아 참모본부는 위 조치들의 집행을 원활히 하기 위하여 언제나 협력한다. 양국 참모본부는 평시에 보유하고 있거나 보유하게 될 3국 동맹 군대에 관한 모든 정보를 서로 교환한다. 전시에 정보교환의 수단과 방법에 관하여는 사전에 연구한다.
(5) 프랑스와 러시아는 단독으로 평화를 체결하지 않는다. 그리고 이 협정의 유효기간은 3국 동맹의 기간과 같이 하며 본 협정의 내용은 절대적으로 비밀에 부친다.

군사협정 초안의 비준(1893년 12월 27일, 1894년 1월 4일)

1892년 8월 17일에 서명된 군사협정 초안은 16개월이 지난 1893년 12월 27일에 가서야 기르스 외상이 그 비준각서를 러시아 주재 프랑스 대사 몽테벨로G.L.L. Montebello에게 전달하였다. 몽테벨로 대사는 1894년 1월 4일 프랑스의 비준각서를 기르스 외상에게 전달하였다.

이렇게 비준이 지연된 것은 러시아의 미온적인 태도 때문이었다. 전술한 바와 같이 알렉산드르 3세는 프랑스의 공화정을 혐오하고 경멸하였다. 당시 프랑스 정계를 떠들썩하게 만든 파나마Panama 스캔들은 프랑스 의회정치의 치부를 드러내는 것이라고 간주하였다. 수에즈 운하 창설자인 레셉스F. de Lesseps가 회장으로 있던 파나마 회사에 프랑스 사람들이 많은 투자를 하였다. 그런데 이 회사가 부패와 경영부실로 1889년에 결국 파산하였다. 1892년 11월에 가서야 프랑스 정부는 법적 조치를 취했는데 그 조사과정에서 이 회사는 그동안 국회의원과 언론기관에 상당한 돈을 상납한 것이 밝혀졌다.

기르스가 원래 독일과 동맹할 것을 주장한 것은 앞서 지적한 바 있다. 그는 알렉산드르

3세의 태도를 이용해 독일에 대한 접근을 다시 시도하였다. 그리하여 1892년 6월에 알렉산드르 3세와 빌헬름 2세가 킬Kiel에서 회동했으며 다음해 1월에는 빌헬름 2세와 러시아 황태자 니콜라이가 회동하였다. 그러나 양국의 쟁점인 관세 문제를 타결하지 못하였다. 기르스의 말대로 관세전쟁은 '비극적인 것'이었다.

그런데 1893년 봄부터 프랑스와 러시아가 다시 가까워질 여건이 조성되기 시작하였다. 비쉬네그라드스키I.A. Vyshnegradsky 후임으로 위테S.Yu. Vitte(또는 Witte)가 장상(藏相)이 되면서 프랑스와 새로운 무역협정을 체결하였고 1893년 9월에는 프랑스 은행과 4억 1,800만 프랑의 공채를 연이율 4%로 모집하는 데 합의하였다. 이것은 1891년 10월 공채모집이 실패한 후 처음 있는 공채모집 합의였다. 이를 계기로 프랑스 언론은 다시 러시아와 동맹해야 한다고 선전하기 시작하였다.

프랑스 언론의 이러한 선전에 독일이 민감해하지 않을 수 없었다. 카프리비G.L. von Caprivi 재상은 새로운 군사법안을 제국의회에 제출하였다. 이것이 거부되자 새로운 선거에 의해 의회가 다시 조직되도록 하였다. 비스마르크의 수법을 배운 것이다. 새로 구성된 의회는 1893년 7월 군사법안을 통과시켰다. 프랑스는 독일의 군비증강에 관한 자세한 정보를 러시아에 전달하였다. 러시아 군부도 프랑스 군부의 의견에 동의를 표시하였다. 기르스 외상은 더 이상 비준을 연기시킬 수 없게 되었다.

프랑스·러시아 동맹은 하나의 역사적인 사건이었다. 이제 유럽은 프랑스·러시아 동맹 대 3국 동맹으로 양분되었다. 영국은 다시 고립정책으로 돌아갔다.

그러나 프랑스·러시아 동맹은 한동안 동맹조약의 내용대로 움직이지 않았다. 동맹을 추진하던 사람들이 곧 역사의 무대에서 사라졌기 때문이다. 알렉산드르 3세는 1894년 11월에, 기르스는 1895년 1월에 세상을 떠났다. 니콜라이 2세는 아시아 진출론자였으며 위테는 러시아, 독일, 프랑스의 대륙동맹론자였다. 새로 외상이 된 로바노프A.B. Lobanov-Rostovski는 프랑스를 좋아했으나 영국이나 오스트리아에도 그에 못지않게 친근감을 갖고 있었다.

프랑스에서도 1894년 5월 듀피Ch.A. Dupuy 내각이 들어섰고 아노토G. Hanoteaux가 외상이 되었다. 그는 1898년 6월까지 프랑스 외교를 담당했는데 그는 페리J. Ferry 노선을 따르는 식민지 경영론자였다.

프랑스·러시아 동맹체제는 식민지나 발칸 지역에서 불협화음이 일어나기도 했으나 이 동맹으로 유럽이 양분돼 제1차 세계대전으로 나아가게 됐다는 점에서 획기적인 사건이라고 볼 수 있다.

2. 유럽 열강의 새로운 외교

독일의 세계정책Weltpolitik

비스마르크가 물러나자 빌헬름 2세는 '새로운 코스'로 세계정책의 추진을 선언하였다. 이 정책은 1897년경부터 현실적으로 전개되기 시작하였다.

1897년 6월 재상 호엔로헤C. zu Hohenlohe-Schillingsfurst는 일부 각료들을 교체하였다. 외상에는 뷜로B. von Bülow, 해군상에는 티르피츠A. von Tirpitz가 기용되었다. 이들은 카이저와 홀슈타인과 함께 독일을 파멸로 이끈 장본인들이다.

뷜로는 비스마르크 이후 독일에서는 외교관계에 가장 밝은 외상이었다. 1873년에 외무성에 들어간 이래 주요한 지역의 대사를 두루 거쳤다. 1878년 베를린 국제회의 때에는 비스마르크의 비서를 지낸 바 있다. 그는 1900~1909년 재상을 맡지만 오로지 카이저의 비위를 맞추는 데 급급하였다. 그리고 사회주의와의 투쟁은 불가피하다고 믿고 이를 위해 모든 세력을 규합해야 된다고 믿었다. 미켈J. von Miquel이 주창하던 반(反)사회주의 세력 규합 정책Sammlungspolitik의 지지자였다. 그는 이 정책의 성공을 위해서는 조국애의 새로운 창출이 필요하다고 생각했고 세계정책과 해군 확장이 그 수단이라고 판단하였다.

독일 해군의 확장은 티르피츠에 의해 추진되었다. 그는 16세에 해군에 들어가 일생을 그곳에서 마쳤다. 그는 일찍이 독일 해군에서 어뢰 전문가로 잘 알려졌다. 1887년 빌헬름 2세가 황태자 시절 영국을 방문했을 때 티르피츠는 어뢰 함대를 이끌고 그를 수행하였다. 이를 계기로 카이저의 신임을 얻게 되어 1896년에는 동아시아 함대 사령관이 되었다. 후술하는 바와 같이 독일이 칭다오(靑島)를 조차(租借)하게 된 것은 그의 발상에서 나온 것이었다. 그는 1916년까지 해군상에 재직하면서 독일 해군의 확장을 추진해 영국과 대결하였다.

티르피츠는 독일의 적은 영국이며 영국과 대결하려면 강력한 전함이 있어야 한다고 믿었다. 이것은 해군 증강을 주장하는 자들의 공통된 견해였다. 1897년 6월 그가 카이저에 제출한 의견서에서도 독일의 가장 위험한 적은 영국이며 영국에 대적하려면 가능한 한 많은 전함을 보유해야 한다고 역설하고 있다. 그는 매헌A.T. Mahan 이론의 추종자였다. 그의 해군 확장은 미켈의 정책과 아주 잘 부합되었다.

이러한 배경으로 티르피츠는 그의 선임자들이 상상조차 할 수 없던 해군 확장 계획안을 의회에 제출해 그 동의를 얻어냈다. 1898년 3월의 일이다. 전함 19척, 연안무장함(沿岸武

裝艦) 8척, 대순양함 12척, 소순양함 30척을 위시해 어뢰정, 연습함의 건조에 필요한 4억 마르크의 예산을 확보하였다.

이 예산안을 의회에 제출하면서 호엔로헤 재상은 해군병력의 평화적 목적을 강조했지만 해군법안은 그 출발부터 영국을 겨냥한 것이었다. 티르피츠의 해군 확장 계획안은 드디어 영국을 협상 테이블로 나오게 하였다. 그러나 그의 논리는 두 가지 가정에 입각하고 있었다. 해군 확장에 필요한 재정적인 능력을 독일이 보유하고 있다는 것과 영국은 독일 이외의 국가와는 동맹을 체결할 가능성이 없다는 가정들이 그것이다. 그러나 이런 가정이 잘못된 것이라면 티르피츠의 정책은 성공할 수 없었다.

영국 · 독일의 해군교섭

영국은 기본적으로 '2개국 기준'Two-Power Standard을 정책목표로 갖고 있었다. 가상적국 2개국의 해군력을 합친 정도의 해군력을 보유해야 된다는 것이다. 영국은 독일이 해군 확장을 완화한다면 독일이 유럽 대륙에서 지위를 강화하는 것에 동의할 방침이었다. 이런 전제에 입각해 영국은 1901년까지 몇 차례 독일과 교섭을 시도하였다. 당시 솔즈베리 내각의 식민지상이었던 체임벌린J. Chamberlain이 이 문제를 담당하였다.

독일에서 해군법이 통과된 그 다음날인 1898년 3월 29일, 체임벌린은 영국 주재 독일대사 하츠펠트P. Hatzfeldt에게 양국의 방어동맹 체결을 제의하였다. 영국은 동북아 지역에서 러시아와의 대립이 심각해지자 독일의 지원이 필요하기도 하였다. 그런데 이런 동맹제의에 솔즈베리 수상 자신이 소극적이었으며 체임벌린은 미국을 참여시키는 것이 어떠냐고 다시 독일에 제의하였다. 독일은 영국의 진의를 의심하게 되었다. 독일은 영국이 다른 국가와는 동맹을 체결할 수 없기 때문에 더 많은 대가를 받을 때까지 기다리려고 하였다.

영국은 1899년 10~11월에 다시 독일에 교섭을 제의하였다. 10월 사모아Samoa 섬에서 내란이 일어나 열강 사이에 분쟁이 야기되자 체임벌린은 이를 계기로 독일에 교섭을 제의하였다. 사모아에 있는 조그마한 두 개의 섬인 우폴루Upolu와 사바이Savaii를 영국에 양여한다면 영국은 아프리카에 있어서 많은 양보를 독일에 하겠노라고 제의하였다. 또 이와함께 식민지에 관한 모든 현안 문제도 토의하자고 하였다. 그러나 독일은 이를 묵살하였다. 두 섬의 양여를 독일 해군성에서 반대하였다. 하츠펠트 대사는 홀슈타인에게 "만일 우리의 외교정책이 티르피츠 씨의 견해에 좌우된다면 우리는 이 세상에서 아무런 성공도 거두지 못할 것"이라고 불만을 토로하였다. 독일 외교정책은 점차로 해군성에 의해 지배받기 시작하였다. 11월에 카이저와 뷜로 재상이 영국을 방문하였다. 체임벌린이 다시 교섭을 제의했으나 독일은 냉담한 반응을 보였다. 당시 보어Boer 전쟁으로 독일에서는 반(反)영 무드가 팽배해 있었고 뷜로는 강력한 해군력을 보유하면서 좀 더 관망하려는 입장을 가졌다.

1900년 6월에 독일에서는 제2차 해군법이 통과되었다. 이 해군법의 기본구상은 "최강의 해군을 보유하고 있는 적도 중대한 손실을 받아야 공격할 수 있게끔 독일도 강력한 전함을 보유해야 된다."는 것이었다. 그리고 이 해군법이 완성되는 경우 영국과 독일의 해군력은 2 : 1에서 3 : 2로 되게 되었다.

20년 이내에 38척의 전함을 건조한다는 내용이었다. 가장 강력한 육군을 갖고 있는 독일이 다시 강력한 해군을 동시에 보유하게 되는 것은 영국에게는 가장 큰 위협이 되었다.

1901년 3월부터 다시 교섭이 시작되었다. 랜스다운H.C.K.P.-F. Lansdowne 외상과 체임벌린은 방어동맹의 체결을 제의했으며 여기에 일본도 참여시킬 것을 제의하였다. 독일은 이번에도 기다리면 더 많은 양보를 얻어낼 수 있다고 판단해 영국의 제의에 냉담하였다. "홀슈타인의 위대한 '아니오'"가 있었을 뿐이다.

교섭이 실패하게 된 또 하나의 원인으로는 에카르드슈타인H. von Eckardstein 일등서기관의 태도를 들 수 있다. 하츠펠트 대사는 당시 와병 중이어서 실제 교섭은 그가 맡고 있었다. 그의 부인은 영국인이었으며 그는 광신적인 영국동맹론자였다. 그리하여 그는 본국 정부에 영국과 있은 회담을 과장되게 보고하였다. 독일 정부로 하여금 영국이 독일과 동맹 체결을 무척 바라고 있다는 인상을 갖게끔 하였다. 따라서 기다리면 더 많은 것을 얻을 수 있다고 판단하게 하였다. 한편 그는 영국에게도 독일이 영국과 동맹을 원하고 있다는 인상을 심어 주었다. 영국에게 독일이 동맹을 내심 바라면서도 요구하는 것이 너무 많다고 판단하게끔 하였다.

그런데 1901년 3월 15일 뷜로 재상은 의회에서 1900년 10월 양쯔 강(揚子江) 합의는 만주에는 적용되지 않는다고 선언해 영국을 실망시켰다. 양쯔 강 합의란 양국이 영향력을 미칠 수 있는 지역에서는 문호개방 정책을 준수하고 모든 영토 야심을 포기하기로 합의한 문서였다. 이제 이 합의가 만주에는 적용되지 않는다고 선언함으로써 만주에서의 문호개방에 반대한 것이었다. 현실적으로는 당시 만주를 점령하고 있던 러시아의 지위를 인정한다는 것이었다. 이런 선언은 양국 교섭의 실패를 예고하였다. 영국은 5월 29일자 솔즈베리의 각서에서 다시 고립정책으로 돌아갈 것을 천명하였다.

이탈리아 루디니A. di Rudini 재상의 새로운 외교노선

후술하는 바와 같이 크리스피F. Crispi 내각은 아두아Adua 전투에서 패배하자 곧 물러나고 루디니 내각이 들어섰다. 루디니는 ① 아프리카에서의 평화유지, ② 유럽에서는 다시 민족주의적 과제인 아드리아 연안 문제의 해결, ③ 일반적으로는 경제건설을 위해 평화적인 태도를 견지한다는 기본노선을 추구하였다. 이런 정책노선에 베노스타V. Venosta 외상, 루자티L. Luzzatti 재무상이 전폭적인 지지를 보냈다.

이탈리아 경제는 1889년부터 후퇴하기 시작해 1893~1894년에는 특히 심각한 경제곤란에 직면하였다. 당시까지 주로 독일 자본이 들어오고 있었으나 이것으로는 불충분해 이탈리아는 프랑스 자본을 필요로 하였다. 이탈리아와 프랑스는 오랜 현안이었던 튀니스 문제가 1896년 7월에 타결됨에 따라 급속도로 가까워졌다. 이탈리아는 드디어 튀니스의 프랑스 보호령을 인정하였고 그 대신에 튀니스에 거주하는 이탈리아인에게 줄 몇 가지 특권을 얻어냈다. 이탈리아인들은 그들 자신의 학교, 제도 등을 그대로 유지해 프랑스인으로 자동적으로 귀화되지 않게 하였다.

1898년 11월에는 10년을 끌어 온 관세전쟁에 종지부를 찍는 새로운 무역협정이 체결되었다. 이런 양국의 교섭은 로마 주재 프랑스 대사 바레르C. Barrère와 베노스타 외상이 담당하였다. 두 사람의 노력으로 1900년 12월에 중대한 합의가 이루어졌다. 이탈리아는 모로코에 무관심하고 프랑스는 리비아에 무관심désintéressement할 것에 합의하였다. 이런 내용의 교환각서는 3국 동맹에 대한 중대한 수정을 의미하는 것이었다. 북아프리카에서 이탈리아가 프랑스와 분쟁이 야기될 경우 독일이 이탈리아를 지원한다는 3국 동맹의 내용은 아무런 의미도 없게 되었다. 이탈리아가 3국 동맹의 일원이면서 동시에 프랑스와 손을 잡은 이중외교였다.

이런 각서 교환 사실은 베노스타의 후임인 프리네티G. Prinetti 외상이 1901년 12월 의회에서 밝혀 세상에 알려졌다. 이에 이탈리아와 3국 동맹의 관계가 새삼 논란이 되었다. 뷜로는 이런 이탈리아의 행동을 "본처가 있는 남편이 다른 여인과 잠시 춤을 추는 것tour de valse"에 비유하면서 애써 무시하려고 하였다.

그러나 프랑스와 이탈리아는 춤 한 번 춘다는 비유보다 더욱 가까워지고 있었다. 1902년 6월에는 극적인 합의를 보게 되었다. 3국 동맹이 6월에 4차로 갱신되면서 독일·이탈리아의 군사협정이 종료되자 6월 30일에는 프랑스·이탈리아 사이에 각서 교환이 있게 된 것이다. 다만 이 각서 교환이 3국 동맹의 갱신과 거의 같은 시점에 이루어졌기 때문에 각서 교환 일자를 11월 1일로 늦추어 적어 놓았을 뿐이다. 각서 교환의 주요 내용은 다음과 같다.

(1) 두 나라 중 한 나라가 제3국의 직접, 간접 침략의 대상이 되는 경우 다른 나라는 중립을 지킨다.
(2) 두 나라 중 한 나라가 직접적인 도발에 의해서 전쟁을 일으키지 않을 수 없는 경우에도 다른 나라는 중립을 지킨다.

이런 내용은 분명히 3국 동맹의 내용과 배치되는 것이다. 3국 동맹은 방어동맹이기 때문에 이 각서 교환의 내용과 논리상 양립될 수 있다고 강변할 수 있으나 정치현실로 볼 때 두 문서의 양립은 불가능한 것이다. 이 각서 교환의 내용은 1920년까지 알려지지 않았다. 하여간 푸앵카레R. Poincaré의 말대로 이탈리아가 무엇을 하려고 하는지 그 누구도 확실히 알 수 없게 되었다.

프랑스 델카세 외상의 외교노선

전술한 바와 같이 프랑스·러시아의 관계는 동맹조약 체결 이후 한동안 그리 밀접하지는 않았다. 그러나 1898년 6월 델카세T. Delcassé가 외상이 되면서 양국은 긴밀해졌다. 델카세는 1905년 6월 모로코 사태로 외상직을 물러날 때까지 프랑스의 외교정책을 주도했는데 프랑스 학자들은 이 시기를 비스마르크 체제에 대응하는 델카세 체제의 시기라고 부른다.

델카세는 몇 가지 기본적인 외교노선을 추구하였다. 첫째 이탈리아를 3국 동맹에서 떼어내려고 노력하였다. 이런 노력은 결실을 맺어 앞에서 본 바와 같이 프랑스와 각서 교환까지 하게 되었다. 둘째로 그는 특히 1902년 이후부터는 영국과 우호를 증진하는 데에 주력해 후술할 영국·프랑스 협상을 성공시켰다. 셋째로 델카세는 러시아와의 관계 증진을 위해 노력하였다.

델카세는 1899년 8월 그리고 1901년 5월 두 차례에 걸쳐 러시아를 방문해 양국의 동맹을 공고히 하였다. 1899년 8월 러시아를 방문할 때에는 1891년 8월의 양국 정치협정의 내용을 수정한다는 각서를 서로 교환하였다. 1891년의 협정은 그 목적을 '일반평화의 유지'maintenance of general peace라고 표시했는데 이번 방문에서 그 목적을 '세력균형의 유지'maintenance of equilibrium라고 표현하였다. 이것은 단순한 용어의 변경만을 의미하는 것은 아니다. 세력균형이란 현상변경도 포함하는 개념이며 그런 현상변경의 수단에는 전쟁도 내포하고 있음은 물론이다. 구체적으로 발칸에서는 러시아의 이익을, 라인 강에서는 프랑스의 활동을 서로 지지한다는 것을 뜻하였다. 이런 점에서 이번의 각서교환은 중대한 의미를 갖는 것이었다. 효력기간도 무기한 존속된다고 합의하였다.

경제관계 분야에서도 양국의 관계는 긴밀해졌다. 1901년 5월 로드스차일드Rothschild가 러시아에 4억 2,500만 프랑의 차관공여를 한 것도 델카세 외상의 친러시아 정책의 영향이었다. 군사분야의 협력도 밀접해졌다. 1899년 델카세가 러시아를 방문했을 때 전략적인 가치를 갖고 있는 철도를 러시아가 부설토록 하려는 프랑스 군부의 희망을 러시아에 전달하였다. 위테도 오렌부르크-타슈켄트Orenburg-Tashkent의 철도부설에 동의하였다. 이 철도의 목적은 만일 중앙아시아에서 영국과 러시아가 충돌할 경우 러시아군의 신속한 이동을 위한 것이었다.

양국의 참모총장들은 1900년 7월 군사협력에 관한 의정서에 서명하였다. 영국과 러시아 사이에 분쟁이 발생할 경우 프랑스는 15만의 병력을 만슈Manche 연안에 집결시킨다. 그리고 영국과 프랑스 사이에 분쟁이 야기되는 경우 러시아는 투르키스탄Turkestan을 공격한다는 것이었다. 이 합의는 델카세가 1901년 러시아를 방문했을 때에도 재확인한 사항이었다. 양국의 이런 밀접한 관계수립의 배경에는 독일 · 러시아의 관계가 크게 악화된 사정이 있었다.

러시아 · 독일의 관계악화

티르피츠의 해군확장 정책으로 독일은 영국과 대립했을 뿐 아니라 러시아와도 관계가 악화되었다.

먼저 해군확장과는 무관한 일이지만 티르피츠의 칭다오(青島) 조차(租借) 건의로 러시아와 대립하게 되었다. 티르피츠는 동아시아 함대 사령관으로 임명되면서 군사기지를 물색하라는 명령을 받았다. 그가 부임하기 전에는 아모이Amoy, 삼사Samsah 만 그리고 저우산 군도 등이 후보지였다. 그러나 티르피츠는 이들 지역을 직접 돌아보고 나서 군사기지로서는 모두 부적당하다고 판단하고 뤼순(旅順) 맞은편 자오저우 만(膠州灣)의 칭다오를 건의하였다. 1897년 11월 독일이 이곳을 점령함으로써 러시아를 긴장시켰다.

다음으로 그의 해군확장에 재정적인 지원을 보낸 동 엘베Elbe 지주들이 보상을 요구하고 나섰다. 그들의 요구는 러시아에서 들어오는 곡물에 대해 관세를 인상하라는 것이었다. 1902년의 관세인상으로 양국 관계는 극도로 악화되게 되었다.

또한 1899년 러시아의 제안으로 소집된 헤이그Hague 평화회의에서 독일은 군축을 앞장 서서 반대해 니콜라이 2세를 실망시켰고 양국 관계는 더욱 멀어지게 되었다.

무엇보다 러시아와의 관계를 결정적으로 악화시킨 계기는 독일의 중근동 진출이었다. 물론 독일의 이 지역 진출은 1880년대 이후부터 있어 왔으나 1898년 10월 카이저는 다마스쿠스Damascus와 예루살렘Jerusalem을 방문해 러시아를 크게 자극하였다. 1899년에는 바그다드Bagdad 철도부설권을 획득하고 카이저는 '나의 철도' 라고 공언하고 나섰다. 또 뷜로 재상은 "페르시아 만까지 1인치씩 뚫고 나아가자"라고 말할 정도였다. 1911년 독일 · 러시아 사이에 이 철도 문제가 타결될 때까지 양국 긴장의 한 근원이 되었다.

비스마르크가 물러나면서 유럽 정치판도는 크게 변모하였다. 프랑스 · 러시아가 동맹관계에 들어갔고 독일의 영국 · 러시아 관계는 대립의 양상을 보이기 시작하였다. 이탈리아가 이중외교의 줄다리기 노선을 취하게 되자 독일에게는 오스트리아만이 믿을 수 있는 동맹국으로 남게 되었다. 영국은 그런 대로 고립의 정책을 고수하고 있었으나 유럽 외교 시대가 지나고 명실공히 세계정치에 직면하게 되자 동맹국을 찾지 않을 수 없게 되었다.

3. 영 · 일 동맹과 영국 · 프랑스 협상

영 · 일 동맹의 배경

영국이 '영예로운 고립' 을 버리고 동북아의 섬나라 일본과 동맹을 체결한 것은 하나의 역사적인 사건이었다. 영국은 19세기 말 수년 동안 세계도처에서 열강과 충돌하였다. 수단Sudan에서는 프랑스와, 만주에서는 러시아와 대결하였고 해군확장과 바그다드 철도 문제로는 독일과 대립하였다. 그리고 보어Boer 전쟁을 계기로 전 세계에 확산된 반영(反英) 무드로부터 벗어나야만 했다. 아울러 영국 군사력의 재검토가 이루어졌다. 영국으로서는 동맹국을 찾지 않을 수 없는 시점에 도달한 것이다.

한편 일본은 1900년 중국의 의화단(義和團) 사건과 이로 인한 러시아의 만주점령으로 어떤 결정적인 정책노선을 택하지 않을 수 없었다. 러시아와 협상을 하든지 아니면 러시아와 대결하든지 둘 중의 하나를 선택해야만 되었다. 러시아와 대결하는 경우 동맹국 없이는 불가능한 일이었으며 그럴 경우 동맹국으로서는 세계 최강의 해양국가인 영국이 가장 적절한 대상임은 말할 필요도 없다.

일본의 입장

러시아가 계속 만주에 주둔하게 되자 일본은 먼저 러시아와 협상을 시도하였다. 만주에서는 러시아의 특수권익을, 조선에서는 일본의 특수권익을 서로 인정하자는 것이었다. 이른바 만한교환론(滿韓交換論)이 그것이다. 이 논리는 이미 러시아가 뤼순, 다롄(大連)을 조차할 당시 니시 도쿠지로(西德二郎) 외상이 로젠 공사에게 제의한 바 있었다. 물론 러시아가 거절하였고 뒤이어 니시·로젠 협정이 체결되었는데 이에 관해서는 따로 서술하기로 한다.

러시아가 만주를 점령하자 일본은 다시 만한교환론을 들고 나왔다. 러시아주재 공사인 고무라 주타로(小村壽太郎), 외상인 아오키 슈조(靑木周藏) 등이 앞장을 섰다. 훗날 이들은 태도를 바꾸어 열렬한 영·일 동맹론자가 되었다. 그런데 러시아는 만주점령을 기정사실로 인정하고 조선을 중립화할 것을 일본에게 요구하였다. 만주를 배타적인 영향권으로 만들기 위해서는 그 인접지역인 한반도가 중립지역이 되는 것이 필요했던 것이다. 1901년 1월의 일이다. 고무라, 아오키 등은 만한교환론이 비현실적인 것임을 깨닫게 되었다. 러시아에게 만주를 영향권으로 인정해 주어도 언젠가는 조선에 대해서도 같은 요구를 해올 것이 분명했기 때문이다. 다시 말하자면 만주와 조선이 별개의 문제가 아니라 하나의 문제란 것을 깨달은 것이다. 물론 당시 일본 국내에는 끝까지 러시아와 교섭할 것을 주장하는 그룹들이 있었다. 이토, 이노우에 같은 원로 정치인들이 그들이다.

그러나 러시아와는 협상이 결코 성공할 수 없고 영국과 손을 잡고 러시아에 대항하는 길밖에 없다고 주장하는 그룹이 강력히 대두되기 시작하였다. 앞서 언급한 고무라, 아오키 등은 물론이고 야마가타 아리토모(山縣有朋), 가쓰라 다로(桂太郞), 가토 다카키(加藤高明) 등이 그 주축세력이었다. 따라서 1901년 6월 제1차 가쓰라 내각이 성립되었고 외상에 고무라가 취임하였다. 이 내각의 최대임무는 러시아에 대결하기 위해 영국과 어떻게 교섭을 전개해야 되느냐 하는 것이었다.

영국의 입장

전술한 바와 같이 영국은 그 영예스런 고립정책을 포기하지 않을 수 없었다. 이 정책은 국제정치의 모든 핵심 문제가 유럽에 국한돼 있는 역사적인 시점에서나 가능한 정책이었다. 러시아가 만주전역을 점령하고 철수하지 않는 것은 전 세계에 걸쳐 러시아와 대립하고 있던 영국에게는 하나의 위협이 아닐 수 없었다. 더욱이 중국-러시아 사이에 만주관계 교섭이 진행되고 이와 더불어 비밀합의가 있다는 끈질긴 소문은 일본뿐만 아니라 영국을 크게 자극하였다. 그런데 전술한 바와 같이 1901년 3월 독일 재상 뷜로는 1900년의 양쯔 강 합의가 만주에는 적용되지 않는다고 선언해 영국을 더욱 당황케 만들었다. 양쯔 강 합의가 만주에는 적용되지 않는다는 것은 러시아의 만주점령을 인정한다는 것이었다. 이제 영국은 동북아 문제에 있어서 동맹국을 찾지 않을 수 없게 되었다.

영국에서 일본과 동맹을 체결할 것을 특히 주장한 그룹은 해군이었다. 해군은 동북아 해역에서 러시아와 프랑스의 해군력에 대항하기 위해서는 일본과 동맹을 맺는 것이 절대적으로 필요하다고 여겼다. 영 · 일 동맹의 얘기가 본격적으로 나올 무렵인 1901년 9월에 영국 해군상 셀본W.W. Selbourne이 해군성의 의견을 다음과 같이 밝힌 바 있다. 미국이 해군 건설에 총력을 기울이든가 영국이 프랑스 · 러시아 양국과 전쟁을 하는 경우 영국의 전통적인 2국 기준 정책은 계속 지탱할 수 없다. 일본과 동맹을 체결한다면 영국은 중국 해역에 최소한의 해군력만 보유하면 될 것이다. 현재 이곳에 배치된 해군력을 보면 영국은 1급 전함 4척, 순양함 16척이고 프랑스 · 러시아 양국은 1급 전함 7척, 2급 전함 2척, 순양함 20척이다. 만일 일본과 동맹하게 되면 이곳에는 영 · 일의 전함이 11척이 될 것이라고 밝혔다.

해군성뿐만 아니라 랜스다운 외상을 위시한 외교관들도 일본과 동맹을 체결할 것을 추진하고 나섰다. 일본에서와 마찬가지로 영국에서도 동맹 추진세력이 강력하게 대두되었다.

영 · 일 동맹 체결과정

영국과 일본의 접촉은 독일이 영국, 독일, 그리고 일본의 3국 동맹을 제의한 것으로부터 비롯되었다. 전술한 바와 같이 뷜로 재상의 양쯔 강 합의관계 선언으로 영국 · 독일의 관계가 긴장되자 영국과의 동맹 추진자인 에카르드슈타인 독일 대리공사가 3국 동맹을 랜스다운 외상에게 제안하였다. 이 제의는 본국 정부의 훈령에 입각한 것이 아니라 에카르드슈타인 개인의 구상에 불과하였다. 하여간 랜스다운 외상, 에카르드슈타인 서기관 그리고 하야시 다다스(林董) 일본공사는 3~4월에 이 문제에 관해 수차 회담을 갖고 토의하였다. 그러나 4월 중순 독일 외무성을 실질적으로 지배하고 있던 홀슈타인이 3국 동맹안이 독일에게 아무런 이득도 주지 않는다고 교섭중단을 훈령해 이 문제는 소멸되었다.

그러나 독일을 제외한 영 · 일 양국의 교섭은 그 후 계속되었다. 1901년 6월 가쓰라 내각이 성립되고 9월에는 고무라가 외상에 취임하면서 양국의 교섭은 박차를 가하였다. 고무라 외상은 10월 초순 런던의 하야시 공사에게 동맹을 교섭하라고 훈령하였다.

이에 따라 하야시 공사는 10월 16일 랜스다운 외상과 최초로 공식적인 회담을 갖게 되었다. 이 회담 이후 랜스다운 외상은 동맹 초안을 작성해 10월 하순 영국 내각의 심의에 부쳤다. 그러나 영국 내각은 러시아의 태도를 보다 더 자세히 알 필요가 있다고 이 초안을 심의하지 않았다. 영국은 일본과의 접근을 꾀하면서 동시에 이런 접근이 러시아에 어떤 영향을 미치며 러시아가 영국에게 무엇을 주려고 하는지 시험하려고 하였다.

일본도 영국과 교섭하면서 한편 러시아와도 접촉을 계속하였다. 러시아 협상론자인 이토가 러시아와 직접 교섭할 것을 끝까지 주장하였다. 이토는 예일Yale 대학 창립 200주년 기념식에 초청을 받아 9월에 미국으로 떠났는데 그는 이 기회에 러시아에 들러 직접 러시아와 만주, 조선 문제를 타결하려고 하였다. 물론 일본 국내에서는 영국과의 동맹론이 우세했으나 이토의 동의가 필요하였다. 11월 중순 파리에 머물고 있던 이토에게 런던 주재 공사 하야시가 영 · 일 접근에 관해 동의를 구했는데 그 자리에서 이토는 영국과의 동맹에는 원칙상 동의하지만 러시아와의 교섭은 계속한다는 입장을 취하였다.

한편 영국은 러시아로부터 받을 것이 별로 없음을 간파하고 11월 초 일본과의 동맹을 결정하고 러시아와의 접촉을 중단할 것을 결의하였다. 일본 정부도 12월 6일 원로회의에서 영국과의 동맹을 원칙적으로 승인하였다.

11월 초 랜스다운 외상이 하야시 공사에게 제안한 최초의 영국 초안은 다음과 같은 내용을 담고 있었다. 양국 중 일방이 전쟁을 하는 경우 타방은 중립을 지킨다. 그러나 일방이 2개국 이상과 전쟁을 하는 경우 타방은 일방을 지원해 전쟁에 참여한다. 양국은 사전 협의 없이는 제3국과 협정을 체결하지 않는다. 각국의 이익이 위태로울 때 서로 협의한다. 양국의 해군은 평시에도 공동으로 행동하며 항구와 저탄(貯炭) 시설을 서로 이용한다. 조선은 타국에 의해 병합되지 않는 것이 바람직하다고 막연히 규정되었다. 그리고 하야시에게 구두로 조약의 적용이 인도까지 확장되는 것이 바람직하다고 전달하였다.

12월 중순 일본의 반대제안이 있었다. 영국 제안과 특히 다른 것은 다음의 두 가지였다. ① 각 체약국은 극동에서 최대의 해군력을 보유한 그 어떠한 국가보다 효율적으로 우월한 해군력을 유지하도록 노력한다. ② 조선에서 우월한 지위를 보호 · 증진하기 위하여 필요한 조치를 일본이 취할 수 있음을 영국은 인정한다.

이후 양국의 교섭은 비교적 순조롭게 진행되었다. 그동안 주요한 심의내용은 중국과 조선에 있어서 양국의 이익을 어떤 방식으로 표현하느냐 하는 문제와 양국의 해군협력 문제를 어떻게 합의하느냐 하는 것이었다. 해군협력 문제는 별도 각서 교환의 형식을 취하도록 합의하였다.

제1차 영 · 일 동맹조약의 내용(1902년 1월 30일)

영 · 일 양국을 20여 년 간 동맹관계로 묶어 놓은 역사적인 제1차 동맹조약은 전문(前文)과 6개 조항으로 구성된 비교적 간략한 문서였다. 전문에서는 양국이 극동Extreme East에서 현상유지와 일반적인 평화의 유지를 희망하고 중국 제국과 조선 제국의 독립과 영토보전 그리고 상공업상 모든 국가들의 기회균등 유지에 특히 관심을 갖는다고 규정하고 있다. 원래 영국 초안에 의하면 극동 대신에 동아시아East Asia, 그리고 청 제국, 조선 제국 대신에 단순히 중국, 조선으로 표현된 것을 일본의 요청으로 수정하였다. 일본은 보다 명확하게 규정하려고 하였다. 6개 조항의 내용은 다음과 같다.

(1) 영국은 주로 중국에서, 일본은 중국에서 보유한 이익과 더불어 조선에서 정치, 무역, 상업상 특수한 이해관계를 갖고 있다. 따라서 제3국의 침략행위나 중국, 조선에서 야기된 소요사태시 두 나라 신민의 생명과 재산보호를 위하여 필요한 간섭이나 양국의 이익이 위태롭게 되어 이를 보호하기 위한 필요한 조치를 취할 수 있다.

(2) 두 나라 중 한 나라가 전쟁을 하는 경우 다른 나라는 중립을 지킨다. 그리고 다른 국가들이 두 나라 중 한 나라의 적국에 가담하는 것을 저지한다.

(3) (2)의 경우 제3국이 참전하는 경우 두 나라 중 다른 나라는 참전하여 원조하고 공동으로 전쟁을 수행하며 상호 합의하여 평화를 체결한다. [다시 말하자면 일본이 러시아와 전쟁을 하는 경우 영국은 중립을 지키지만 프랑스가 러시아 편에 가담해 참전한다면 영국은 곧 일본 편에 가담해 참전한다는 것이다.]

(4) 두 나라는 상호 협의 없이 위의 이익들을 해치는 합의를 다른 국가와 체결하지 않는다. [영국의 제안에는 "상기의 이익에 관하여"라고 포괄적으로 규정했는데 일본이 "상기의 이익을 해치는"이라는 좁은 의미의 규정으로 수정 요청하였다. 이로써 일본은 러시아와 협상할 수 있는 길을 터놓았다.]

(5) 상기 이익들이 위태로울 때 두 나라는 서로 통보한다.

(6) 5년간 유효하며 폐기하려면 유효기간 만료 1년 전에 통보해야 한다.

같은 날 랜스다운 외상과 하야시 공사는 해군협력에 관한 각서를 교환하였다. 양국 해군은 평시에 서로 협력하며 상대국의 항구에 입항, 저탄 시설을 서로 이용한다. 그리고 현재 양국은 어떤 제3국보다 우월한 해군력을 극동해역에서 보유하고 있으며 장차 그런 해군력을 계속 유지하도록 노력한다는 내용이었다. 이 교환각서는 비밀에 부쳐졌다.

영 · 일 동맹 조약은 세계 최강국인 영국이 그 전통적인 영예로운 고립을 버리고 처음으로 동맹국을 갖게 된 역사적인 사건이었다. 한반도에서 일본의 우월한 지위가 인정되었고 영국의 지원을 받은 일본은 러시아와 대결할 수 있어서 러일전쟁의 서곡을 마련하였다. 반면에 일본은 영국 · 러시아의 세계정치적인 대립에 끼어들게 되었다. 그러나 제2차 영 · 일 동맹 이후부터 양국의 관계는 크게 진전되지 못하였다.

하여간 영 · 일 동맹의 결성은 프랑스 · 러시아 양국으로서는 무관할 수 없는 일이었다. 따라서 1902년 3월 프랑스 · 러시아 양국은 중국에 관해 다음과 같이 선언하였다. "제3국의 침략적인 행동이나 중국에서의 새로운 사태로 중국의 영토보전과 자유스런 발전이 위태롭게 되어 양국 이익이 위협을 받는 경우 양국은 이 이익을 보호하기 위한 수단에 관하여 상의한다." 그러나 프랑스는 당시 영국과의 대결을 생각한 것은 결코 아니었으며 도리어 영국과 협상을 추진하게 된 것은 후술한다.

제2 · 3차 영 · 일 동맹

일본이 러시아와의 전쟁에서 승전을 계속하고 있던 1905년 2월 고무라 외상이 영 · 일 동맹 체결 3주년 기념회에서 동맹의 갱신의사를 밝히자 영국도 이에 동의해 1905년 8월 제2차 영 · 일 동맹 조약이 체결되었다. 그 주요 내용은 다음과 같다.

(1) 동아시아와 인도의 평화유지, 양국의 영토권 보존, 특수이익의 옹호 그리고 청 제국의 독립, 영토보전, 상공업상의 기회균등을 목적으로 한다. [영국의 희망에 따라 동맹조약의 적용범위가 인도까지 확대되었고 조선 제국이란 구절은 삭제되었다.]

(2) 두 나라 중 한 나라가 전쟁을 하는 경우 다른 나라는 곧 원조해 참전한다. [제1차 동맹이 방어동맹인 데 반해 제2차 동맹은 공수동맹의 성격을 띠었다.]

(3) 일본은 조선에서 정치, 군사, 경제의 우월한 이익을 보유하고 있으며 이 이익들을 옹호하기 위해 필요하다고 인정되는 지도 · 감독 · 보호의 조치를 취할 수 있다. [영국은 일본이 한국에서 보호권을 설치하는 것을 승인하였다.]

(4) 영국은 인도의 국경 안전에 대해 특수이익을 갖고 있으며 이를 보호하기 위해 필요한 조치를 취할 수 있다.

(5) 조약의 효력기간은 10년으로 한다.

러일전쟁 이후 만주에서 미국 · 일본의 대립, 1907년 영국 · 러시아 협상의 성립, 영국 · 미국의 총괄적인 중재조약 체결 등의 사정으로 제2차 영 · 일 동맹을 갱신할 필요가 생겼다. 그것은 미국을 영 · 일동맹 조약의 대상에서 제외하고 영국 · 러시아 협상의 성립으로 인도 관계규정이 필요없게 됐기 때문이다. 1911년 7월에 성립된 제3차 영 · 일 동맹 조약의 주요 내용을 보면 다음과 같다.

(1) 두 나라 중 한 나라가 제3국과 총괄적인 중재조약을 체결하는 경우 그 나라는 그 제3국과 교전할 의무는 없다. [미국과 일본이 전쟁하는 경우 영국은 미국에 대해 전쟁을 하지 않는다는 것이다.]
(2) 조선 관계의 규정을 삭제하였다. [한일합방 이후의 일이니 당연한 일이다.]
(3) 인도 관계규정도 삭제된 것은 영국 · 러시아 협상이 성립됐기 때문이었다.
(4) 10년간 유효하기로 규정하였다.

영 · 일동맹은 결국 워싱턴 회의 중인 1921년 12월에 체결된 태평양도서사국조약(太平洋島嶼四國條約)으로 종료되었다. 이 4국조약에 관해서는 후술하겠으나 이 조약의 발효일자가 1923년 8월이니까 영 · 일 동맹은 무려 20년 6개월간 지속되었다. 오랜 기간 이 동맹조약은 양국의 외교방향에 큰 영향을 미쳤으나 제2차 동맹 이후로는 프랑스 · 일본 협약, 러시아 · 일본 협약, 영국 · 러시아 협상, 미국 · 일본의 갈등으로 그 의의는 크게 감소되었다.

영국 · 프랑스 협상Entente 성립의 배경

보어Boer 전쟁 이후 영국이 국방체계를 재검토하면서 동맹국을 찾게 되었다. 일본과 동맹을 체결한 이후에도 유럽에서 프랑스와 접근을 도모하였다. 독일과 있은 해군교섭이 결렬된 후 1903년부터 랜스다운, 체임벌린, 밸푸어A.J. Balfour, 크로머E. Cromer 등은 프랑스에 접근할 것을 결심하였다.

프랑스 외상 델카세는 특히 1902년부터 영국에 접근하는 일에 박차를 가했다. 영국 접근의 주제로 모로코 문제를 들고 나왔다. 프랑스의 모로코 경영은 당시 당연한 것이라고 여겼다. 그러나 열강이 이것을 명백히 인정한 것은 아니었다. 이탈리아와는 1900년 각서 교환으로 이를 인정받았다. 프랑스는 스페인의 동의를 얻으려고 시도했으나 영국의 동의 없이 스페인을 움직일 수 없었다. 프랑스는 1902년 6월 영국에게 이 문제에 관한 교섭을 제의하였다.

이런 분위기에서 양국을 결정적으로 결속시킨 것은 러시아 · 일본의 대립이었다. 이 대립이 전쟁으로 발전될 경우 프랑스 · 러시아 동맹, 영 · 일동맹이 현실적으로 발효될 우려가 나타났다. 따라서 영국과 프랑스는 그들 각자의 동맹국들 때문에 전쟁에 휩싸이게 될 사태를 예방해야만 했다. 캉봉P. Cambon의 말대로 "… 극동의 전쟁이 없었다면 우리들의 합의는 가능하지 않았을 것이다."

영국 · 프랑스 협상의 내용(1904년 4월 8일)

1903년 7월부터 시작된 양국의 교섭은 한 개의 공개된 협정, 두 개의 선언, 그리고 비밀조항으로 구성된 협상에 합의하는 데 성공하였다. 주요 내용은 다음과 같다.

(1) 모로코와 이집트에 있어서 각자의 지위를 서로 인정한다. [영국은 프랑스가 모로코에서 질서유지와 개혁을 주도할 권리가 있음을 인정하였다.]

(2) 프랑스는 위트레흐트Utrecht 조약에서 획득한 뉴펀들랜드New Foundland에서의 어업권을 포기한다. 그 대가로 코나크리Konakry 맞은편의 로스Iles de Los 군도를 획득한다.

(3) 감비아Gambia와 세네감비아Senegambia의 국경을 수정한다.

(4) 뉴헤브리디스New Hebrides 군도를 양국이 공동관리condominium하며 태국Siam에서의 양국 세력범위를 확정한다.

(5) 비밀조항으로서 모로코의 지위변경이 있는 경우 스페인의 이익을 보장한다고 규정하였다. [이 조항은 1911년까지 비밀이 유지되었다. 프랑스와 스페인 양국은 1904년 10월 각자의 세력범위를 정하는 데 합의하였다.]

이 협상은 독일이 결코 상상할 수 없는 것으로 가정한 영국과 프랑스의 접근을 마련한 획기적인 조약이었다. 이런 점에서 이 협상은 식민지 문제에 국한된 단순한 합의 이상의 의미를 갖고 있는 것이다. 이 조약으로 영국은 프랑스를 위협적인 존재로 더 이상 간주하지 않게 되었고 프랑스 또한 영국을 자기편에 끌어들였고 이탈리아의 중립도 보장받게 되었다. 이렇게 되자 독일의 입장에서 보면 믿을 수 있는 동맹국은 오로지 오스트리아 한 나라밖에 없게 되었고 이런 사정이 제1차 세계대전의 발발원인이 되었다.

세계분할의 완료

제 4 절

1890년대부터 유럽 정치가 온 세계에 확산되었다. 유럽의 문제를 유럽 대륙 차원에서 해결할 수 없게 되었다. 유럽 시대는 끝났고 비유럽의 문제들을 해결하지 않고는 유럽의 정치가 안정될 수 없는 역사적 단계에 접어들었다. 세계 어느 지역의 문제이건 간에 이제는 그 지역적인 성격을 넘어서 전 세계적인 의미를 지니게 되었다. 다시 말하자면 유럽 정치가 온 지표로 확산되어 세계는 강대국들의 국제정치 '틀'에 들어가게 되었다.

이런 과정에서 근대국가는 자기모순의 단계에 접어들게 된다. 근대국가 형식은 15세기 서유럽 사회에서 나타나기 시작했으나 정치집단의 원형으로 인식되어 전 세계로 확산되기 시작한 것은 1848년 2월 혁명 이후의 일이다. 이런 원형이 변형 단계에 접어들었다는 것이다.

근대국가는 식민지 국가, 경제국가, 그리고 군사국가라는 특징을 지니고 있다. 식민지 국가로서의 근대국가 완성이 유럽 열강의 세계 팽창의 완료이다. 경제국가로서 근대국가의 발전과정은 좀 더 복잡한 문제를 잉태하고 있다. 자본은 그 성격상 국경을 초월하고 있다. 단지 이윤에 따라 움직일 뿐이다. 이와 같은 자본의 무국경성은 밖으로는 제국주의적인 팽창을 낳았고 안으로는 계급의 갈등을 초래하였다. 계급 또한 무국경성을 지녀서 모체인 근대국가에 대항하게 된다. 공산주의 운동이 대두하게 된 것이다.

군사국가로서 근대국가의 발전은 또 필연코 군부세력의 등장과 그 강화를 낳게 하였다. 이런 현상은 19세기 중엽부터 나타나기 시작하였으나 1890년대부터는 정치세력을 압도하는 현상이 일어나는 경우도 있게 되었다. 또 군사기술의 발달로 한 나라의 안보를 그 나라 자체만의 능력으로는 지킬 수 없는 단계에 접어들었다. 전쟁 위험을 목전에 둔 일시적인 군사동맹이 아니라 군사안보 일반을 염두에 둔 일반적인 군사동맹의 필요성이 대두되었다.

이제 온 지표는 하나가 되었다. 그러나 단순한 의미의 하나가 아니라 유럽 열강에 의한 분할의 결과로 하나가 되었다는 데에 문제의 심각성이 있다. 아편전쟁으로 시작된 유럽 열강의 동북아 진출은 1894년 중일전쟁과 1904년 러일전쟁으로 완료된다. 이 지역에 진출했던 유럽 열강들은 다시 그들의 유럽 대륙으로 돌아가 분쟁을 계속한다.

1882년 영국의 이집트 병합으로 유럽의 아프리카 분할이 본격적으로 시작되어 1902년 보어 전쟁의 종식으로 이 지역의 잠식도 끝난다. 그러자 분할의 먹이를 찾아 유럽 열강은 다시 지중해와 발칸으로 돌아간다. 이제 폭력장치의 도화선이 유럽 대륙으로 다시 회귀하였다.

1. 유럽 열강의 아프리카 분할

이집트 문제

유럽 이외의 국가들이 근대화, 다시 말하자면 서구화하기 위해서는 자금이 필요한데 그런 자금의 조달은 외국의 차관에 의존하지 않을 수 없다. 외국 자본에 의한 개발에서 나오는 이익으로 차관의 원리금을 상환한다는 것이 여의치 못한 것은 자명한 일이다. 19세기 유럽 이외 지역의 기술 수준이나 국제경제 사정으로 보면 그런 상환은 불가능한 일이었다. 상환이 불가능하면 외국의 내정간섭을 불러일으키게 되었고 결국 국권을 상실하게 된다. 그 대표적인 예로서 19세기 후반 이집트를 들 수 있다.

이집트 문제가 세인의 주목을 끌게 된 것은 1875~1876년의 일이다. 이스마일Ismail 이집트 태수(太守)가 취한 근대화 정책으로 인해 발생한 영국과 프랑스 부채의 상환이 불가능하게 되었고 이집트의 재정상태가 악화되면서 국제정치의 심각한 문제로 대두되었다.

이스마일은 수에즈 운하를 비롯해 철도, 통신시설, 항만을 건설하면서 재정의 압박을 받게 되었다. 1873~1874년의 경제후퇴로 파리에서 공채를 모집하는 것도 실패하였다. 이에 영국과 프랑스 채권자들은 이집트 재정에 대한 관리를 주장하게 되었다. 채권자는 프랑스의 재정신용crédit financier, 일반협회société générale 두 은행기관과 영국의 고션Goschen 은행이었다. 그런데 디스렐리 영국 수상이 1875년 11월 이스마일이 소유하고 있던 수에즈 운하 주식의 43%를 매입해 영국 정부는 최대의 단일 주주가 되었다. 영국과 프랑스는 이집트 문제에 너무 깊이 개입되게 되었다.

드디어 1876년 11월 영국의 고센과 프랑스의 주베르Joubert 은행가들은 이집트 경제를 공동으로 지배키로 합의하였다. 부채금고(負債金庫)caisse de la dette가 결성되고 영국인과 프랑스 인, 각각 1명이 그 책임자가 되었다. 또 이집트 내각에서는 영국인과 프랑스 인이 각각 재정상과 공공사업상을 직접 맡게 되어 이집트 군 장교들의 저항운동을 야기시켰지만 이러한 와중에도 양국의 공동지배는 1882년까지 계속되었다.

이스마일이 그 나름대로 외국의 지배에 대항하게 되자 영국과 프랑스는 술탄에 압력을 가해 이스마일을 퇴위시키고 튜픽Tewfik을 새로운 태수로 삼도록 하였다. 또 영국과 프랑스는 다른 국가들이 이집트에 관여하는 것을 반대키로 합의하였다.

마침 프랑스에서는 1881년 11월 강베타 내각이 들어서서 영국과 협력할 것을 주장하였고 이집트 문제를 양국 화해의 좋은 기회로 이용코자 하였다. 그리하여 양국은 1882년 1월 하나의 각서를 이집트에 전달하였다. 이 각서에서 양국은 현재 민족주의자들의 압력을 받고 있는 튜픽 태수를 지지하는 입장을 분명히 하였다. 만일 이집트의 현존체제가 더 위험을 받게 되면 간섭하지 않을 수 없다고 경고하였다. 이것을 '강베타 각서'라고 부른다. 강베타는 결국 이 각서 문제로 실각하게 되었고 튜픽은 민족주의자들의 결속된 세력에 직면하게 되었다. 또한 독일은 이 문제로 영국과 프랑스가 긴밀하게 되자 국제회의의 소집을 요구하였다. 1882년 6월 콘스탄티노플에서 열강의 대사회의가 개최되기는 했으나 이 문제를 해결할 수는 없었다.

한편 이집트의 국내사태도 혼미하였다. 1881년 2월 아라비A. Arabi가 이끄는 군 장교들의 반란이 있은 이래 외국지배에 대한 저항이 계속되었다.

강베타 각서 문제로 저항은 더욱 격렬해졌다. 이에 튜픽은 민족주의자들로 구성된 사미M. Sami 내각을 구성케 하는 한편 아라비를 국방상에 임명하였다. 이렇게 되자 영국과 프랑스 양국은 이 내각의 해체를 요구하는 최후통첩을 튜픽에게 보냈다. 결국 튜픽은 굴복하게 되었다. 이에 알렉산드리아에서는 외국인에 대한 폭동이 일어났고 영국 총영사가 부상당하는 사태가 발생했다. 글래드스턴 수상은 어떤 형태이건 행동을 취하지 않을 수 없었다.

영국의 이집트 점령

1882년 7월 글래드스턴은 군사행동을 결심하였다. 내각에서도 군사행동을 지지하는 의견이 우세하였다. 수에즈 운하의 자유 운행 보장을 위해 군사개입이 필요하다는 의견이 지배적이었다. 군사행동을 취하기 전에 영국은 프랑스와 이탈리아에 공동보조를 요청하였으나 이들은 군사개입이 초래하게 될 국제적인 여파를 우려해 군사동원을 기피하였다. 특히 프랑스의 프레이시네 내각은 이 문제를 둘러싸고 의회의 반대에 부딪혀 물러나게 되었다.

영국은 단독으로 군사행동을 취하여 7월 11일 알렉산드리아를 포격하였고 9월에는 텔-엘-케비르Tel-El-Kébir에서 아라비 군대를 격파하고 카이로를 점령하였다. 1883년 1월 그랜빌 외상은 열강에 회한(回翰)circular을 보내 이집트에서 태수의 권위가 회복되는 대로 철군하겠다고 선언하였다. 그러나 영국은 괴뢰 태수들을 앞세워 그 군사점령을 무려 1954년까지 계속하였다.

영국이 이집트를 점령하면서 직면했던 어려움은 수단Sudan의 반란이었다. 수단은 이집트가 1820년대에 점령한 지역이었다. 그런데 이집트가 외세에 지배되자 수단의 지배자 마디Mahdi 이슬람교도인 무하마드 아하마드Muhammad Ahmad가 반란을 일으켜 마디 국가Mahdist State를 1881년에 건설하였다. 영국은 이집트 점령 후 이 지역의 점령을 시도하지 않을 수 없었다. 그러나 의외로 수단군이 영국·이집트 연합군을 격파하자 영국은 수단 점령을 포기하고 말았다. 1898년 키치너H.H. Kitchener 장군이 수단을 점령할 때까지 마디 국가는 존립하였다.

영국의 이집트 점령은 1870년 프랑스-프로이센의 스당Sedan 전투와 1904년 러일전쟁 기간 사이에 있었던 가장 큰 사건이었다. 이집트 점령으로 영국은 인도로 가는 통로를 확보해 동 지중해와 중동을 지배하게 되었다. 또한 이집트의 점령으로 러시아와는 해협에서 대치할 필요가 없어졌으며 프랑스와 동맹을 체결할 필요성도 사라지게 되었다. 그리하여 프랑스와 러시아의 동맹이 체결되는 길을 터놓게 되었다.

아프리카의 분할

영국의 이집트 점령은 프랑스와 맺은 공동지배 약속을 정면으로 위반한 것이었다. 그로부터 1898년 파쇼다Fashoda 사건까지 두 나라는 식민지 문제로 크게 대립하게 되었다.

영국이 이집트를 점령하기 전에는 유럽 열강 사이에는 아프리카 문제에 관해 일종의 신사협정(紳士協定) 같은 것이 있었다. 아프리카 현지에서 유럽 상인들이나 관리들의 분쟁에는 국가들이 직접 개입하지 않는다는 것이었다. 그러나 이제 그런 신사협정의 시대는 끝나게 되었다. 유럽 본국 정부들이 아프리카 현지 분쟁에 직접 개입하게 되는 이른바 아프리카 대륙의 유럽 정치화 시대가 열렸다.

영국과 프랑스는 독일의 지원이 필요하였고 독일은 그들 나름대로 영국과 프랑스의 대립을 이용하려고 하였다. 비스마르크가 프랑스의 해외경영을 적극 지원한 것은 프랑스로 하여금 알자스-로렌을 잊게 하려는 의도와 함께 영국과 대립시키려는 계략이 숨어 있었다. 그리고 독일 자체도 식민지 획득에 직접 나섰다. 비스마르크는 식민지 경영을 경멸했으나 영국과 프랑스가 이 문제로 대립하고 아프리카 분할에 나서게 되자 지상(紙上)의 식민지나마 획득해 두려고 하였다.

먼저 서아프리카 연안에서 영국, 프랑스, 독일의 각축전이 벌어졌다. 1882년 11월 프랑스 의회는 그동안 브라자S. de Brazza가 체결한 조약들을 비준하였고 브라자는 1875년 이래 콩고 강 입구를 탐험해 왔고 토착 군주들과 여러 조약들을 체결하였다. 이 조약들을 프랑스 정부가 인정함으로써 스탠리 풀Stanley Pool 선(線) 이북지역이 프랑스의 보호령이 되었다. 프랑스는 또 세네갈Sénégal-니제르Niger-마그레브Maghreb로 연결되는 남북철도 부설을 계획했지만 사하라 사막의 철도 부설에 기술적인 문제가 있게 되자 포기하였다. 대신에 콩고-차드Tchad로 연결되는 동서철도를 부설키로 하였다. 그리고 라플렌느T. Laplène로 하여금 상아 해안Ivory Coast에서 활동을 강화토록 하였고 니제르 남부지방에서 프랑스 영사들의 활동을 적극적으로 전개토록 하였다.

영국 정부는 프랑스 정부가 브라자의 조약들을 비준하자 포르투갈과 조약을 체결해 이에 맞섰다. 콩고에 관한 포르투갈의 오래된 주장들을 인정해 주는 대신에 포르투갈은 이 지역에서 영국이 자유스런 무역활동을 하도록 승인하였다.

독일 정부는 영국·프랑스 대립에서 프랑스를 지원키로 하였다. 따라서 영국·포르투갈의 조약을 거부하고 이 문제에 관한 국제회의의 소집을 제의하였다. 독일은 동시에 식민지 획득을 추진하였다. 뤼더리츠F.A.E. Lüderitz가 안그라 페케나Angra Peguena에서 갖고 있던 이권을 독일 정부가 인정하였고 1884년 4월에는 이 지역에 보호령을 설치하였다. 7월에는 토고랜드Togoland와 카메룬Cameroon의 보호령 설치를 선언하였다.

열강들의 아프리카 진출 방향을 크게 보면 다음과 같다. 영국은 케이프 콜로니에서는 북쪽으로, 케냐에서는 서쪽으로, 이집트에서는 남쪽으로 진출해 파쇼다로 지향하였다. 프랑스도 세네갈과 프랑스령 콩고에서 동쪽으로, 그리고 지부티Djibouti에서는 서쪽으로 진출해 역시 파쇼다로 향하였다. 그리고 독일은 카메룬과 독일령 서남아프리카에서 콩고 자유국가 방향으로, 그리고 독일령 동아프리카에서 역시 콩고 자유국가 방향으로 팽창하였다.

베를린 회의(1884년 11월 15일~1885년 2월 26일)—속임수의 협약marché des dupes

유럽 열강들은 아프리카의 연안으로부터 내륙지방으로 그 세력범위를 확장하고 있었다. 따라서 아프리카의 내륙, 특히 콩고의 전통적인 분지(盆地)에 관한 열강의 이해조정과 콩고 강, 니제르 강의 자유 운행에 관해 합의가 필요하였다. 콩고에 관하여는 벨기에 국왕 레오폴드 2세Leopold II가 일찍이 관심을 갖고 1876년에 아프리카 국제협회Association internationale africaine를 창립해 콩고에 대한 탐험을 전개하였고 이 협회는 콩고 지역 개발에 관한 중심기구가 되었다. 그는 또 1882년에는 콩고 국제협회Association internationale du Congo를 결성해 열강은 콩고에 관한 여러 조약을 이 협회와 체결한 바 있었다.

독일이 이런 문제들을 토의하기 위한 국제회의의 소집을 제의하였고 프랑스가 적극 호응해 회의가 이루어졌다. 식민지 문제에 관한 양국의 화해 무드를 반영한 것이다. 영국, 프랑스, 독일, 오스트리아, 러시아, 벨기에, 덴마크, 스페인, 이탈리아, 네덜란드, 포르투갈, 스웨덴, 터키, 미국과 같은 모든 주요 국가들이 참여한 최초의 식민지 관계 국제회의였다. 모든 국가들은 서로 속이고 그리고 자국이 이익을 보았다고 생각하였다. 이런 점에서 이 회의는 사기꾼들의 모임이었다고 비난받아 마땅하다. 미국이 유럽 국제회의에 참석한 것도 특기할 만한 일이다.

회의의 목적은 콩고 분지, 콩고 강, 니제르 강 그리고 아프리카 연안에서 새로 영토를 취득하는 경우 발생할 분쟁을 토의하는 것이었다. 일반 의정서acte général의 주요 내용은 다음과 같다.

(1) 콩고 분지는 중립지역으로서 열강들의 기회균등, 자유운행, 무관세의 자유무역이 보장되며 레오폴드 2세가 콩고 자유국가Congo Free State의 군주가 된다.
(2) 콩고 강, 니제르 강의 자유 운행이 보장된다.
(3) 노예무역이 폐지된다.
(4) 아프리카 연안에서 새로운 식민지를 획득하거나 보호령을 설치하려면 그 지역에서 유효한 점령이 선행되고 적절한 권위가 행사되어야 한다.

베를린 회의의 합의로 중앙아프리카 지역에서 열강 간의 중대한 분쟁은 사라지게 되었다.

아두아Adua(또는 Adowa) 전투(1896년 3월)

영국의 아프리카 정책의 중심이 이집트였음은 말할 필요도 없다. 이집트란 실제로는 나일 강을 의미한다. 나일 강 수원(水源)의 확보가 이집트 지배의 관건이기 때문이다. 이런 이유로 후술하게 될 파쇼다Fashoda 사건이 발발하였다.

나일 강의 확보라는 관점에서 영국은 이탈리아의 에티오피아 방면의 진출을 환영하고 지지하였다. 그러나 프랑스는 이탈리아의 진출에 반대하였다. 더욱이 1894년에는 지부티Djibouti–아디스아바바Addis Ababa의 철도부설권을 획득해 이탈리아의 진출을 정면에서 반대하였다. 이탈리아의 진출이 영국과 프랑스의 대립을 불러일으킨 것이다.

이탈리아는 에리트레아Eritrea를 경영한 후 에티오피아 내정에 간여하기 시작해 1889년에는 에티오피아 황제 메넬레크N. Menelek와 우치알리Uccialli 조약을 체결하였다. 이탈리아는 이 조약에 의하여 에티오피아에 대한 보호령 설치권을 획득했다고 주장하였다. 그러나 메넬레크는 에티오피아의 공용어인 암하라Amhara 어로 된 조약문의 해석에 의해 이탈리아의 주장을 배척하였다. 그리하여 협상은 결렬되었고 무력충돌로 발전하였다.

전쟁이 발발하자 이탈리아군은 패전의 고배를 마시게 되었다. 크리스피F. Crispi 수상은 이 패전으로 이탈리아의 명예는 물론이고 자신의 정치적 운명이 파멸될 것을 잘 알고 있었다. 그는 결정적인 승리를 획득하라고 군부에 명령하였다.

결과는 이탈리아의 참패로 돌아갔다. 유럽 열강의 식민지 진출에 있어서 유럽 국가가 비유럽 국가에 의해 패배한 보기 드문 전례를 남겼다. 3월 1일 아두아 전투가 바로 그것이다. 2만 5,000명의 이탈리아군은 10만 명의 에티오피아군에 의해 완전히 패퇴하여 모든 이탈리아군은 전사하였거나 포로가 되었다. 이 전투로 이탈리아는 평화를 모색하지 않을 수 없었으며 아디스아바바 조약을 메넬레크와 체결해 에티오피아의 독립을 승인하였다.

아두아 전투로 크리스피 내각은 붕괴되었다. 그의 퇴진은 이탈리아 외교정책에 하나의 문제점을 제기하게 되었다. 3국 동맹은 그다지 믿을 만한 것이 못 되고 프랑스와의 대결을 회피해야만 한다는 것을 자각하였다. 그리고 아프리카 진출도 일단 중단하지 않을 수 없었다.

파쇼다Fashoda(현재는 Kodok) 사건(1898년 9월)

1880년대부터 본격적으로 시작된 아프리카 식민지쟁탈에 있어서 앞장섰던 영국과 프랑스

두 국가가 결국 정면으로 대립한 것이 바로 파쇼다 사건이었다. 이 사건은 이집트 경영을 위해 나일 강의 지배가 절대적이었던 영국의 이해와 지부티-가봉Gabon을 동·서로 연결하는 프랑스의 이해가 충돌한 사건이었다.

사실 양국은 오래 전부터 아프리카의 여러 곳에서 대립해 왔다. 프랑스는 영국의 이집트 경영을 아직 공식적으로 인정하지 않았으며 에티오피아 문제로 양국이 대립한 것은 앞에서 살펴본 바와 같다. 영국은 또 벨기에와 교섭해 콩고의 인접지역을 조차하려고 하였다. 이 조차 계획은 독일과 프랑스의 반대에 봉착해 무산되었다.

이러한 분위기에서 프랑스는 나일 강 상류에 원정대를 파견하려고 하였다. 그레이 영국 수상은 1895년 3월 이런 파견을 비우호적인 행동으로 간주하겠다고 선언하였다. 그러나 아노토G. Hanoteaux는 11월에 원정대 파견을 강행키로 결정하였다. 그 후 2년 10개월이 지난 1898년 7월에 파쇼다에 도착하였다. 그곳에 프랑스 국기를 게양하였다.

한편 영국은 1896년 3월에 키치너 장군으로 하여금 수단을 정복토록 하였다. 이런 결정은 에티오피아에서 이탈리아가 후퇴하게 되자 나일 강 상류를 확보할 필요에서 나온 것이었다. 그도 1898년 9월에 파쇼다에 도착해 양국 군대가 대치하게 되었다.

키치너는 프랑스 원정대장 마르샹J.B. Marchand에게 후퇴할 것을 주장하였고 마르샹은 본국 정부의 명령 없이는 후퇴할 수 없다고 맞섰다. 양국은 19세기 후반의 최대위기에 직면하게 되었다.

영국은 나일 강을 반드시 지배해야 될 처지에 있었다. 따라서 프랑스는 싸우든지 후퇴하든지 선택해야만 되었다. 프랑스는 당시 드레퓌스Dreyfus 사건으로 정치적인 혼란을 겪고 있어서 파쇼다에서 영국과 군사적인 충돌을 감행할 수 없는 처지였다. 결국 델카세 외상은 후퇴하기로 하였다. 11월 3일 프랑스군이 철수해 양국의 위기는 사라졌다. 프랑스는 이 사건으로 영국과 독일의 적대감정을 동시에 수용할 수 없다는 것을 실감하게 되었다.

파쇼다 사건의 정치적인 해결은 1899년 3월에 가서야 이루어졌다. 프랑스는 캉봉P. Cambon을 영국으로 파견해 나일 강 유역의 모든 프랑스 주장을 포기하기로 하였고 그 대신에 쓸모 없는 사하라 지역에 관한 프랑스의 주장이 확인되었다.

보어Boer 전쟁(1899년 10월~1902년 5월)

이 전쟁은 영국이 트란스발Transvaal 지방과 오렌지 자유국가Orange Free State를 케이프 콜로니Cape Colony에 병합시키려고 한 데에서 발생하였다. 영국은 결국 곤경에 빠지게 되었고 외교적인 고립을 맛보게 되었다.

'보어'란 네덜란드 농민을 말한다. 영국이 1815년 5월 30일의 파리 조약으로 케이프 콜로니를 획득하기 이전인 17세기 중엽부터 네덜란드인은 이곳에 진출하였다. 그 후 영국이 이곳에 진출하게 되자 보어들은 북쪽으로 이주하게 되었고 트란스발과 오렌지 자유국가 주민들의 주류를 이루고 있어서 영국의 케이프 콜로니 당국과 계속 충돌해 왔다. 그러나 트란스발과 오렌지 자유국가는 그동안 세인의 주목을 끌지 못한 벽지의 미개발 지역이었으나 1880년대 중엽 이곳에서 금광과 다이아몬드가 발견되면서부터 유럽의 모험가들이 모여들었다.

1890년 7월 케이프 콜로니의 수상이 된 로즈C. Rhodes는 반(反)보어주의자이며 또한 철저한 식민지 확장주의자였다. 그는 1886년에 남아프리카 금광회사Gold Fields of South Africa를 창설하였고 그가 주도하는 영국 남아프리카 회사The British African Company는 영국 정부로부터 특허charter를 받았다. 그는 체임벌린J. Chamberlain 식민상의 비호를 받고 있었다. 트란스발을 케이프에 병합시키려는 첫 번째 시도가 그의 친구인 제임슨L.S. Jameson의 트란스발 침공사건(1895년 12월~1896년 1월)이었다. 제임슨은 보어의 반격으로 격퇴되었다. 제임슨은 영국에 송치, 재판에 회부돼 가벼운 형을 받았고 로즈는 한동안 정계에서 물러나 있었다. 그리고 트란스발의 승리를 축하해 독일의 카이저가 트란스발 즉 남아프리카 공화국 대통령 크루거P. Kruger에게 축전을 보낸 사건은 영국과 독일의 관계를 긴장시킨 하나의 일화였다.

로즈 후임인 밀너A. Milner도 반보어주의자였다. 그런데 1898년 2월 크루거가 5년 임기로 다시 대통령에 당선되었다. 이에 분규가 재연되었다. 영국은 크루거가 이 지역에서 영국 세력을 완전히 제거할 것이라고 믿었고 또 크루거는 영국이 트란스발을 병합하리라고 확신하였다. 크루거는 영국군이 증강되기 이전에 행동하는 것이 유리하다고 판단하였고 영국도 제임슨의 치욕을 설욕코자 하였다. 1898년 10월 크루거는 영국에 최후통첩을 보냈고 오렌지 자유국도 트란스발에 동조하였다. 영국은 물론 최후통첩을 거절하였다.

영국은 곧 승리하리라고 믿었다. 그리고 당초의 영국 여론도 사회주의자들이나 노동조합 등을 제외하고는 모두 이 전쟁에 찬동하였다. 그러나 전쟁은 의외로 3년이나 끌었고 이렇게 전쟁이 장기화되자 국내여론은 물론이고 국제여론도 영국을 비판하는 쪽으로 돌아서게 되었다.

이 전쟁은 1902년 5월 베레니깅Vereeniging 조약으로 종식되었다. 이 조약으로 영국은 결국 트란스발과 오렌지 자유국을 식민지로 만들 수 있었으나 다음의 두 가지를 통감하게 되었다. 하나는 영국군의 비능률성에 관한 것이고 다른 하나는 외교적인 고립의 현실이었다. 보어 전쟁을 계기로 영국은 군사제도 개편에 착수했고 외교정책을 전반적으로 재고하게 되었다.

한편 동양에 있어서도 유럽 열강에 의한 분할이 진행되고 있었다. 아편전쟁 이후 중국은 반식민지로 전락하게 되고 1894년 일본과 전쟁을 치른 후에는 본격적으로 분할의 단계에 접어든다. 조선의 운명도 마찬가지였다. 그런데 1890년에서 20세기 초까지 유럽 대륙은 비교적 평온하였다. 그 주요 원인은 그들이 유럽 이외의 지역 경영에 혈안이 되어 있었기 때문이었다.

2. 제1차 모로코 위기와 알헤시라스 회의

모로코 문제

중세 이후 독립을 유지해 온 모슬렘 국가 모로코는 1880년 7월 마드리드 협정으로 열강에 개방되었다. 유럽 열강은 물론 미국도 참여한 이 협정에서 모로코의 독립과 영토보전은 확인됐지만 외국인들에 대한 특권이 규정돼 있어서 형식상의 주권만이 인정됐을 뿐이다.

열강에게 개방됐다 하더라도 모로코가 프랑스의 세력범위에 속해 있음을 19세기 말엽에는 그 누구도 의심치 않았다. 물론 영국과 스페인이 지브롤터Gibraltar 해협 맞은편 북부 모로코에 일정한 이해관계를 갖고 있었다. 독일은 비스마르크 시대부터 모로코 자체에 대한 관심이나 이해보다는 다른 지역에서 요구를 획득할 수 있는 보상의 지역으로 간주하였다. 다시 말하자면 독일은 모로코를 특정국가의 세력범위로 인정해 주는 대가로 자신의 요구를 관철할 수 있다고 믿었다.

프랑스의 우월한 지위는 20세기에 들어서면서 열강의 명시적인 승인을 얻게 되었다. 앞에서 본 바와 같이 1900년 12월 이탈리아와 체결한 조약, 그리고 1904년 4월 영국과 맺은 조약이 그 대표적인 예이다. 그런데 델카세 프랑스 외상은 독일에 대해서는 강경한 입장을 취하였다. 열강의 승인을 먼저 얻어 기정사실로 만들어 독일로 하여금 인정케 하려고 하였다.

독일은 당시의 사정으로 보아 독일 포위망이 곧 형성될 단계라고 판단하였다. 따라서 먼저 영국 · 프랑스 협상을 깨뜨려야 한다고 생각하였고 그 기회를 모로코 문제에서 찾게 되었다. 홀슈타인은 다음과 같이 말한 바 있다. “물질적인 이유뿐만 아니라 더 나아가 명예 때문에서라도 독일은 프랑스의 모로코 점령 기도에 항의해야 한다. … 만일 우리가 모로코에서 짓밟힌다면 다른 곳에서도 그와 같은 대우를 자초하게 될 것이다."

카이저의 탄지에르Tangier 방문(1905년 3월 31일)

카이저는 뷜로 재상과 홀슈타인의 강력한 주장에 따라 지브롤터 맞은편 모로코의 항구 탄지에르를 마지못해 방문하였다. 그는 모로코에서 독일의 이익을 옹호하겠다고 천명하였다. 이것은 프랑스에 대한 정면 도전이었다. 파리는 흥분의 도시가 되었고 모든 사람들은 전쟁이 임박했다고 믿게 되었다.

뷜로와 홀슈타인의 의도는 무엇이었는가? 당시 이 두 사람이 지배하고 있던 독일 외교는 새로 형성된 영국·프랑스 협상이 어느 정도 공고한 것이며 그 본질이 무엇인지 시험하려고 하였다. 또 가능하면 이때에 그것을 붕괴시키려고 하였다. 그리고 홀슈타인은 더 나아가 이 기회를 이용해 프랑스와 예방전쟁을 구상했을 것이라는 견해도 있다. 사실 홀슈타인은 예방전쟁의 신봉자였다. 1887년 독일 참모총장 발더제A. von Waldersee는 러시아와 오스트리아의 전쟁을 촉발시키려는 비밀계획을 갖고 있었고 홀슈타인도 이에 찬동하였다. 이것을 저지한 것이 비스마르크였고 그의 후임자인 카프리비G.L. von Caprivi도 독일 군부의 이런 예방전쟁 계획을 저지하려고 노력하였다. 홀슈타인은 1897년 독일 내정이 혼란하게 되자 다시 전쟁의 도발을 구상한 바 있다.

홀슈타인은 1905년이란 시점이 프랑스에 대해 예방전쟁을 수행할 절호의 시기라고 판단했을 가능성이 있다. 영국은 보어 전쟁 후유증으로 지쳐 있었고 러시아는 일본과 전쟁 중이었다. 전쟁이 일어날 경우 프랑스는 고립된 상태에서 독일과 대적하게 될 것이었다. 독일군은 프랑스 군에 비해 월등하다고 자인하였다. 참모총장 슐리펜A. von Schlieffen은 그의 절친한 친구였으며 그들은 자주 만나 국제정세를 토의하곤 하였다. 이들은 뷜로와 티르피츠가 추진하는 해군확장과 세계정책은 유럽에서 독일의 지위가 확고해진 뒤에 추진해야만 할 정책 노선이라고 비판하였다. 홀슈타인은 1909년 그의 친구인 란켄O. von der Lancken에게 독일을 협공할 포위Einkreisung를 타파하려고 카이저가 탄지에르를 방문했다고 솔직히 말한 바 있다.

국제회의의 소집

뷜로는 마드리드 협정 당사자들의 국제회의 소집을 요구하고 나섰다. 프랑스는 물론 이런 제의를 반대하였다. 독일은 국제회의가 소집되면 프랑스는 고립되고 독일은 자신의 지위가 강화되리라고 믿었다. 오스트리아와 이탈리아는 독일을 지원할 것이고 러시아는 러일 전쟁 초부터 독일이 베푼 지원 때문에 호의적인 태도를 취할 것이다. 그리고 영국과 스페인은 이런 국제회의를 계기로 프랑스에게 허용한 귀찮은 약속들로부터 탈피하려고 할 것이고 미국은 중국에서와 같이 모로코에서도 문호개방정책을 주장할 것이다. 이 모든 것으로 보아 독일에게 절대적으로 유리할 것이라고 믿었다. 그러나 독일의 예상은 빗나갔다.

영국은 지브롤터 맞은편 모로코 연안에 독일이 진출하는 것을 묵과할 수 없었다. 5월 영국은 프랑스에게 이 문제에 관한 비밀회의 개최를 제안하였다. 델카세는 이것을 동맹제의로 간주하고 찬동했으나 루비에르P.M. Rouvier 수상이 반대해 무산되었다.

6월 6일 프랑스에서는 역사적인 내각회의가 열렸다. 델카세는 독일이 단지 협박만 하고 있기 때문에 영국과 공동으로 이에 대처해야 한다고 주장하였다. 그러나 루비에르를 비롯한 모든 각료들은 러시아가 현재 동북아에서 패전하고 있는 마당에 영국과 어떤 공동행동을 취하게 되면 곧 독일과의 전쟁을 부채질하게 되고, 프랑스는 전쟁준비가 돼 있지 않기 때문에 위험을 피하기 위해서는 독일과의 협상해야 한다고 주장하였다. 그러자 델카세는 사임하고 말았다. 뷜로의 위협정책이 결국 델카세를 물러나게 하였다. 루비에르가 외상을 겸직하고 독일과 교섭에 임하였다.

독일은 이런 외교상의 승리를 슬기롭게 이용하지 못하고 위협과 협박으로 일관하였다. 뷜로에게 공Prinz의 작위를 수여해 프랑스를 모독하기도 하였다. 프랑스는 하는 수 없이 7월 초 국제회의 소집에 동의하였다. 그런데 9월에 양국이 합의한 회의일정은 프랑스의 의견이 대폭 수용되었는데 그것은 독일이 프랑스의 뵈르쾨Björkö 조약 가입을 희망했기 때문이었다. 이 문제에 관해 잠시 살펴보기로 한다.

뵈르쾨 조약(1905년 7월 24일)

모로코 문제로 한참 시끄러울 때 카이저는 차르를 뵈르쾨 만(灣)에서 만나 이른바 뵈르쾨 조약을 체결하였다. 모로코는 카이저의 진정한 관심사는 아니었다.

두 군주가 서명한 조약안의 내용은 ① 두 나라 중 한 나라가 유럽의 어떤 국가로부터 공격을 받을 경우 다른 나라는 유럽에서in Europe 모든 병력으로 지원하며, ② 조약의 발효시기는 러시아와 일본이 평화조약을 체결한 이후로 하며, ③ 조약이 발효하면 러시아는 프랑스의 가입을 전력을 다해 도모토록 한다는 것이었다.

뷜로는 당초 이런 구상에 반대했으나 대륙연합의 가능성을 생각하고 찬성하였다. 그리하여 모로코를 프랑스의 세력범위로 인정하는 대가로 뵈르쾨 조약에 프랑스의 가입을 얻어내려고 하였다. 그러나 러시아는 이런 내용의 조약에 흥미를 가질 수 없었다. 이 조약이 전적으로 유럽에 국한돼 있어서 일본과 대립하거나 세계 각지에서 영국과 대결하는 데에 아무런 도움이 되지 못하기 때문이었다. 위테, 람스도르프 모두가 반대하였다. 한편 프랑스도 이런 조약에 가입할 의사가 없음을 러시아에 전달하였고 러시아는 11월에 뵈르쾨 합의의 폐기를 카이저에게 통고하였다. 독일과 러시아 사이의 거리는 다시 멀어지게 되었다. 대륙연합의 구상이 깨어지자 독일이 영국·프랑스 연합에 대항하는 길은 모로코 문제에 관한 국제회의 소집의 길밖에 없게 되었다.

알헤시라스Algeciras 회의(1906년 1월 16일~4월 7일)

국제회의 소집에 관한 독일의 구상은 뜻대로 이루어지지 못했다. 영국은 독일이 모로코 북쪽 연안에 진출하려는 움직임에 민감한 반응을 보였다. 1905년 12월에 외상이 된 그레이E. Grey는 적극적인 프랑스 동맹론자였다. 1906년 1월 초 그는 영국주재 독일대사 볼프-메테르니히P. Wolff-Metternich에게 다음과 같이 명백히 말한 바 있다. "영국 국민은 영국·프랑스 합의로 말미암아 프랑스가 독일과 전쟁에 휩싸이게 되는 것을 묵과하지는 않을 것이다. 그리고 그럴 경우 영국 정부는 보수, 자유 그 어떤 정부이건 간에, 프랑스를 지원하지 않을 수 없을 것이다." 영국이 대륙 문제에 깊이 간여하기 시작한 것이다. 사실 영국, 프랑스의 육·해군 수뇌들은 1905년 12월부터 비공식적인 접촉을 해왔다.

러일전쟁 초부터 러시아를 지원한 독일은 러시아의 후원을 믿었다. 그러나 뵈르쾨 조약 폐기로 양국은 다시 멀어지게 되었다. 뿐만 아니라 러시아는 전쟁으로 파탄된 경제 재건을 위해 프랑스의 도움을 바라고 있었다. 그리하여 알헤시라스 회의에서 러시아가 프랑스를 지지하는 대가로 러시아 공채 모집에 프랑스가 협력하기로 합의하였다. 이탈리아는 3국 동맹에 회의(懷疑)를 품었고 1900년에 프랑스와 맺은 약속을 고수하려고 하였다.

결국 오스트리아만이 독일 편에 서게 되었다. 독일은 고립되었으면서도 자신의 주장을 조금도 양보하려 하지 않았다. 오스트리아의 중재로 3월에 타협안이 마련되어 최종의정서가 채택될 수 있었다. 이때가 바로 홀슈타인이 물러날 시점이었다.

미국을 포함해 13개국이 서명한 최종 의정서의 주요 내용은 다음과 같다.

(1) 모로코의 주권, 독립, 영토보전, 그리고 무역자유와 평등을 확인한다.

(2) 경찰조직은 프랑스와 스페인이 담당한다. 알제 국경지역의 경찰조직은 프랑스가 독자적으로 담당한다.

(3) 국립은행을 설립하고 프랑스가 이 은행을 통제한다.

이렇게 볼 때 모로코의 국제적인 성격과 문호개방이 규정돼 있어서 독일의 입장이 반영된 것 같으나 실은 프랑스의 특수이익이 모두 국제적으로 승인을 받았다. 독일은 영국·프랑스 협상을 붕괴시키기 위해 모로코 사태를 일으켰지만 결과는 독일의 의도와는 반대로 영국·프랑스 협상을 강화시켰고 독일의 고립을 자초하였다.

3. 영국·러시아 협상

배경

세계 도처에서 대립을 보여 온 영국과 러시아가 하나의 협상entente을 이룬 것은 세계외교사의 큰 사건이었다. 이 협상의 성립으로 3국 협상이 형성되었다. 이 협상의 주역은 그레이와 이즈볼스키 두 외상이었다.

그레이는 1905년 12월~1916년 5월 동안 외상을 맡은 최장수 영국 외상 중의 한 사람이었다. 그는 일찍부터 아시아 문제는 러시아와 타협해야 한다고 믿었다. 무엇보다 인도 방어의 부담이 급증하고 있었기 때문이다. 또 러시아가 일본에 패배해 약화되자 독일이 급격히 팽창정책을 추진하려는 것을 저지할 필요가 있었고 이를 위해서도 러시아와 연결하는 것이 중요하였다.

독일은 1905년 11월 다시 새로운 해군법을 발표하였다. 이에 의하면 1900년에 결정된 모든 함대의 톤수를 다시 증가시키고 6척의 순양함, 47척의 구축함의 건조를 목표로 삼고 있었다. 이에 대한 영국의 반응이 1906년 2월에 진수한 드레드노트Dreadnought였다. 12인치 포 10문을 장착한 이 함정은 당시로서는 최신 최강의 전함이었다. 이에 대해 독일은 5월에 다시 6척의 순양함 건조와 드레드노트 형 전함 건조 계획에 입각해 킬Kiel 운하 확장공사를 발표하였다.

1907년 1월 영국 외무성 고위관리 크로우E. Crowe가 작성한 각서는 독일이 이렇게 우월한 해군력을 보유하는 것은 영국의 존립과 양립되지 않는다고 강조하였다. 그리고 강력한 육군과 아울러 우월한 해군을 동시에 보유한 국가는 있을 수 없다고 못박고 있다.

1907년 6~10월간 개최된 제2차 헤이그 평화회의는 이런 영독 해군경쟁이 직접적인 계기가 돼 소집된 모임이었다. 영국은 군축을 제의했으나 독일은 이것이 그들의 해군확장을 저해하는 방안이라고 거부하였다. 따라서 영국은 러시아에 접근하는 것을 더욱 원하게 되었다.

한편 러시아도 영국과 교섭하는 데 적극적이었다. 이즈볼스키는 영국동맹론자였다. 러시아는 독일의 바그다드 철도부설 계획과 페르시아 진출에 큰 불안을 느끼고 있었다. 이즈볼스키가 외상으로 임명되기 바로 직전인 4월에 러시아는 프랑스와 1900년, 1901년에 체결한 반영(反英)적인 군사협정을 폐기하는 데 동의하였다. 그는 러시아의 기본 외교방향을 발칸과 해협에 두고 이를 위해서는 아시아의 평온이 선결 문제라고 생각했다. 그리하여 일본과는 7월에 제1차 러일협약을 체결하였다. 이런 배경에서 영국과 러시아는 아시아 문제에 관해 협상을 체결하였다.

영국 · 러시아 협상의 내용(1907년 8월 31일)

이 협상도 영국 · 프랑스 협상과 마찬가지로 광범위한 내용을 담고 있는 것은 아니었다. 주요 합의의 대상은 티베트, 아프가니스탄, 그리고 페르시아에 관계되는 것이었는데 그 주요 내용은 다음과 같다.

(1) 티베트의 중국 종주권은 인정되며 티베트의 영토보전을 확인하고 두 나라는 이에 침투하지 않는다.
(2) 러시아는 아프가니스탄이 그의 세력범위가 아님을 인정하고 영국을 통해서만 아프가니스탄과 교섭한다. 그리고 영국은 아프가니스탄의 현재 지위를 변경하지 않으며 그 내정에도 간섭치 않는다.
(3) 페르시아를 세 지역으로 분할한다. 북부지역은 러시아의 세력범위로, 동남지역은 영국의 세력범위로, 그리고 중간지역은 중립지역으로 한다.

협상 체결을 전후해 양국은 두 개의 각서를 교환하였다. 1907년 4월에 교환된 각서에서 영국은 장차 해협의 지위가 러시아에 유리하게 변경되는 데 동의하였다. 그리고 러시아는 8월 29일의 각서에서 페르시아 만(灣)에서 영국이 우월한 지위가 있다고 인정하였다.

이제 3국 협상은 하나의 조약으로 결성된 동맹조직은 아니었으나 독일은 독일 포위의 악령이 현실로 나타난 것이라고 판단하였다. 그리하여 해군확장에 더욱 박차를 가하게 되었다.

4. 보스니아-헤르체고비나 합병

러시아와 오스트리아의 발칸 진출

알헤시라스 회의로 전쟁의 검은 구름이 깃들기 시작했다면 오스트리아의 보스니아-헤르체고비나 합병으로 세계대전의 폭우가 눈앞의 현실로 다가왔다.

20세기에 접어들면서 러시아와 오스트리아가 다시 발칸으로 진출해 발칸 분쟁이 재연되었다. 러시아는 아시아 지역에서 영국 · 일본과 타협하고는 다시 발칸과 해협 문제에 주력하게 되었다.

이즈볼스키가 러시아 외상에 취임하는 시기에 오스트리아에서도 외상이 교체되었다. 골루초브스키A. von Goluchowski 후임으로 아렌탈A. Aehrenthal이 외상이 돼 1912년까지 재임하였다. 그는 야망과 교활함을 겸비한 외교관으로 오스트리아 제국의 명예를 다시 회복하려고 노력한 마지막 사람 중의 하나였다. 또 같은 시기에 참모총장으로 콘라드F.F. Conrad von Hötzendorff가 임명되었다. 그도 아렌탈과 마찬가지로 제국의 명예를 되찾으려고 노력한 인물이었으며 전쟁을 국제분쟁 해결의 주요 수단이라고 믿는 예방전쟁 신봉자였다.

세르비아의 정책변경

이런 분위기에서 세르비아의 정책이 친(親)오스트리아에서 반(反)오스트리아로 급변하자 문제는 심각해졌다.

오스트리아의 지원으로 1882년에 세르비아 국왕이 된 오브레노비치Obrenovich가(家)의 밀란Milan이 생존하고 있을 때는 친오스트리아 정책이 계속되었다. 그가 1889년에 그의 아들 알렉산더 1세Alexander I에게 양위한 이후 세르비아 내정은 혼돈을 거듭했으나 친오스트리아 정책에는 변함이 없었다. 그러나 1901년에 밀란이 사망하고 1903년에는 알렉산더 1세가 피살되면서 문제가 발생하였다.

세르비아 의회는 카라게오르게비치Karageorgevich가의 피터 1세Peter I를 국왕으로 선출하였다. 그리고 과격파인 파시치N. Pashich의 내각이 구성되면서 반오스트리아, 친러시아 정책을 추구하게 되었다. 오스트리아와 세르비아 관계가 악화된 것은 물론이다. 이에 오스트리아는 세르비아 수입물에 대해 관세인상 조치를 취하였다. 세르비아의 총 수출의

93%를 오스트리아가 수입하고 있었다. 그런데 세르비아 수출의 주요 품목인 가축 수입을 오스트리아가 금지하자 이른바 돼지전쟁Pig War이 시작돼 양국의 관계는 극도로 긴장되었다. 세르비아는 살로니카를 거쳐 독일 등지에 수출함으로 겨우 경제 파탄을 모면할 수 있었다.

청년 터키당의 혁명

오스트리아는 문제를 일거에 해결하려고 하였다. 보스니아-헤르체고비나를 합병하고 노비바자르를 거쳐 살로니카에 이르는 철도를 부설해 세르비아와 마케도니아를 단절시킨다는 정책을 취하였다. 오스트리아는 1908년 1월 러시아의 반대에도 불구하고 철도부설을 발표하였다. 러시아도 다뉴브에서 알바니아 해안에 이르는 철도를 부설하겠다고 맞섰다. 만일 7월에 청년 터키당의 혁명이 일어나지 않았다면 철도부설 계획을 둘러싼 분쟁에 국한됐을지 모른다.

단결과 발전 위원회, 즉 청년 터키당의 혁명은 먼저 마케도니아에서 일어났다. 혁명 진압을 위해 파견된 오토만 터키의 정부군이 혁명군에 투항하였다. 술탄은 모든 책임을 대신들에게 돌리고 1876년의 헌법을 다시 부활시켰다. 이렇게 되자 혁명군과 술탄은 화해를 하게 되었다. 보스니아-헤르체고비나 두 지역에서는 터키 의회에 보낼 대표를 선출하였고 터키의 이 지역에 대한 주권은 강화될 것이 분명해졌다.

부흘라우Buchlau 회견(1908년 9월)

오스트리아는 보스니아-헤르체고비나 합병을 정부의 정책으로 결정하였다. 그런데 이 합병은 1878년의 베를린 조약의 수정을 의미하였다. 베를린 조약은 오스트리아의 점령만 규정하였고 두 지역에 대한 명분상의 주권은 술탄에 있다고 명시돼 있었다. 따라서 이를 수정하려면 베를린 조약 당사국들의 동의, 특히 러시아의 승인이 필수적이었다.

아렌탈이 이즈볼스키에게 회담을 제의하였다. 오스트리아는 먼저 노비바자르 지방에서 철수하고 이를 전제조건으로 보스니아-헤르체고비나 그리고 해협 문제를 토의할 것을 제안하였다. 이즈볼스키는 대신들의 반대에도 불구하고 차르의 동의만 얻고 오스트리아와 회담에 임하였다. 그는 오스트리아의 합병을 승인해 주고 그 대가로 해협의 지위를 러시아에 유리하게 변경하려고 하였다.

두 사람은 9월 16일 보헤미아 지방 부흘라우에 있는 러시아 주재 오스트리아 대사의 개인 저택에서 회견하였다. 그곳에서 이즈볼스키는 오스트리아가 보스니아-헤르체고비나를 합병하는 것에 동의하고 아렌탈은 러시아 군함이 특정한 조건에서 해협을 통과하는 것에 반대하지 않는다고 동의하였다. 그러나 이날의 합의는 매우 모호한 것으로 곧 양국의 분쟁으로 발전하였다.

오스트리아의 보스니아-헤르체고비나 합병(1908년 10월 6일)

부흘라우 회담 후 이즈볼스키는 유럽 열강을 순방하면서 해협지위 변경에 협력을 구하였다. 독일과 이탈리아를 거쳐 10월 4일 파리에 도착하였다. 그가 그곳에 머무는 동안 오스트리아는 6일에 일방적으로 보스니아-헤르체고비나 합병을 발표하였다. 해협 문제가 타결되기 전에 합병 선언이 있게 되자 이즈볼스키는 당황하였다.

처음부터 해협 문제 토의를 반대해 온 스톨리핀P.A. Stolypin 재상은 차르와 이즈볼스키의 사전 묵계를 비로소 알게 되었다. 스톨리핀은 보스니아-헤르체고비나 합병이 범슬라브 운동과 양립될 수 없다는 이유로 재상을 사임하겠다고 나섰다. 이즈볼스키는 결국 본국 정부로부터 비판을 받게 되었다.

한편 이즈볼스키는 런던을 방문해 영국의 도움을 청하였다. 그러나 영국도 해협의 지위 변경에 찬성하지 않았다. 1907년 4월에 있었던 영국과 러시아의 교환각서는 단지 외교적인 수사에 불과하였다. 그는 독일에서도 아무것도 얻지 못하게 되자 모든 책임을 아렌탈에게 전가하려고 하였다. 아렌탈이 기만했다고 비난하고 나섰고 합병 문제를 심의하기 위한 국제회의 소집을 제의하였다. 물론 오스트리아가 반대하였다. 독일이 오스트리아의 입장을 적극 비호함으로써 이즈볼스키의 제안은 무산되었다.

결국 합병 문제는 오스트리아와 터키의 합의로 타결되는 형식을 취하게 되었다. 1909년 1월 22일 예비합의, 2월 26일 최종합의로 터키는 오스트리아의 합병을 승인하였고 그 대가로 240만 파운드의 보상금을 받았다.

독일과 오스트리아의 밀착

보스니아-헤르체고비나 합병이 남긴 중요한 영향으로 독일과 오스트리아의 양국 동맹이 더욱 확고해졌고 공격적인 성격을 띠게 되었다는 점을 먼저 들 수 있다.

뷜로는 합병에 관해 사전협의가 없었던 점을 불쾌하게 생각했지만 독일로서는 동맹국으로서 오스트리아만이 남게 돼 이를 지원하지 않을 수 없는 입장이었다. 지금까지 독일은 오스트리아에게 발칸에서 모험주의 노선을 자제토록 권고해 왔으나 이때부터는 독일이 오스트리아의 그런 노선에 끌려 다니게 되었다. 뷜로는 아렌탈에게 "귀하가 취하는 어떠한 결정도 적절한 것이라고 간주할 것"이라고까지 말하였다.

그리고 그는 오스트리아가 독일에게 절대적으로 필요한 이유를 다음과 같이 밝힌 바 있다.

> (우리에 대하여) 오스트리아가 신뢰를 잃고 떠나버린다면 우리의 지위는 실로 위험하게 될 것이다. 우리 두 나라가 같은 입장을 갖고 있는 한, 그 누구도 쉽게 우리 진영을 공격할 수 없다. 무엇보다 동방 문제에 관하여 (독일)보다 더 절실하고 방대한 이해관계를 갖고 있는 오스트리아에 대하여 반대입장을 취할 수는 없다. 보스니아-헤르체고비나 문제에 관하여 반대하거나 불만스런 태도는 있을 수 없는 일이다.

더욱이 합병 사건을 계기로 양국 동맹은 그 방어적인 성격에서 공격적인 성격을 띠게 되었다. 1909년 1월 위기가 고조되고 있을 때 콘라드 오스트리아 참모총장은 몰트케H.J.L. von Moltke 독일 참모총장에게 만일 오스트리아가 세르비아를 공격하는 경우 독일군은 무엇을 할 것인가 질문하였다. 이에 대해 몰트케는 만일 오스트리아가 세르비아를 공격하고 러시아가 세르비아를 지원하는 사태가 발생한다면 독일은 이것으로 원조의무casus foederis가 발동한다고 답변하였다. 몰트케는 더 나아가 독일은 이 경우 슐리펜Schlieffen 계획에 따라 행동하게 될 것이라고 덧붙였다. 후술하는 바와 같이 슐리펜 계획이란 독일의 모든 주력부대를 프랑스 공격에 투입, 6주 이내에 승리하고 그 후 동부전선으로 진격한다는 작전이었다. 이 답변은 발칸의 전쟁을 유럽 전 지역에 걸친 전면전쟁의 시초로 간주하고 있다는 독일 참모본부의 입장을 나타내고 있는 것으로 중요한 것이다. 이와 같이 독일과 오스트리아의 동맹은 공격적인 동맹체제로 전환되었고 발칸의 분쟁을 단지 국지전으로 보지 않게 됐다는 것은 특기할 만한 변화이다.

독일과 러시아의 관계 악화

독일의 이런 오스트리아 지원은 곧 독일과 러시아의 적대관계를 의미하는 것이었다. 오스트리아의 합병 결정을 러시아가 수락토록 독일이 앞장서서 압력을 가하였다. 독일 정부는 1909년 3월 21일 다음과 같은 내용의 훈령을 러시아 주재 독일 공관에게 보냈다.

> 이즈볼스키 씨에게 우리는 가부의 대답을 원하고 있다고 말할 것. 우리는 회피적인 답변이나 조

> 건이 붙은 답변, 또는 모호한 답변은 거절로 간주하지 않을 수 없다고 말할 것. 그리고는 우리는 물러서서 사태가 그대로 전개되도록 함. 더 이상의 사태에 대한 책임은 전적으로 이즈볼스키 씨에게 있음.

러시아는 최후통첩과도 같은 이 위협에 굴복하지 않을 수 없었다.

세르비아의 굴욕적 선언(1909년 3월 31일)

러시아가 굴복하자 세르비아의 운명은 굴복 이상의 것이 되었다. 오스트리아는 세르비아로 하여금 다음과 같은 굴욕적인 선언을 하도록 하였다.

> 세르비아는 보스니아-헤르체고비나에서 야기된 기정사실fait accompli에 의하여 자신의 권리가 침해되지 않았다고 인정한다. … 세르비아는, 열강의 권고에 의해서, 지난 가을 이래 (보스니아-헤르체고비나) 병합에 관하여 취해 온 항의와 반박의 입장을 버릴 것을 이미 약속하였고 오스트리아에 대한 현재의 정책노선을 변경하여 앞으로는 선린에 입각하여 행동할 것을 약속하는 바이다.

범행자술서와 같은 이 선언은 세르비아의 자존심을 유린하였다. 이로써 독일, 오스트리아 대(對) 러시아, 세르비아 사이에는 넘을 수 없는 벽이 놓이게 되었다. 그리고 러시아로서는 영국과 프랑스에 더 접근하지 않을 수 없게 되었다. 한편 영국과 프랑스는 이 합병 문제에 관해 항의 이상의 행동을 취할 수는 없었다. 단지 국제적인 합의가 어떤 한 국가의 자의적인 행동으로 변경될 수 없다는 그레이 외상의 항의에 그치고 말았다.

이탈리아

독일과 오스트리아는 밀착하게 됐으나 이탈리아는 3국 동맹에서 더욱 멀어지게 되었다. 3국 동맹에 대해 이미 회의적인 태도를 보여 온 이탈리아는 합병 사건을 계기로 3국 동맹으로부터 더욱 물러서게 되었다. 1909년 10월 24일에는 러시아와 라코니지Racconigi 비밀조약을 체결하였다. 이탈리아는 발칸의 현상유지에 동의하였고 러시아는 트리폴리에서 이탈리아의 지위를 인정하였다.

보스니아-헤르체고비나 합병 사건을 계기로 독일, 오스트리아 대(對) 3국 협상 진영의 대립이 첨예화되었고 이탈리아는 한 걸음 물러서는 세계대전 직전의 현상이 이미 나타나게 되었다.

5. 제2차 모로코 위기

아가디르Agadir 사건(1911년 7월 1일)

제1차 모로코 위기는 1905년 3월 31일 카이저가 탄지에르 항구를 방문해 일어났는데 제2차 모로코 위기는 1911년 7월 1일 독일 전함 판터Panther 호가 모로코 서안 아가디르 항구에 나타남으로써 일어났다.

독일이 전함을 모로코 항구에 파견하게 된 데에는 모로코 내정이 혼돈하게 되자 프랑스, 독일이 다 같이 강경 정책을 취하게 된 데에서 비롯되었다. 모로코에서는 내란이 끊임없이 일어났는데 1908년 7월에는 국왕 압둘 아지즈Abdul Aziz 군대가 그의 아우인 물레이 하피드Mulay Hafid에게 패배당하고 페즈Fez가 점령당하게 되었다. 그런데 독일이 하피드를 지지하게 되자 모로코 내란이 국제적인 간섭을 야기할 위험에 직면하였다.

이에 프랑스가 1911년 4월 페즈 점령을 결정하였다. 이런 강경 노선은 베르토H.M. Berteaux 육군상을 위시해 모로코에서 근무한 바 있는 소수군인들의 영향을 받아 채택되었다. 이런 정책은 프랑스가 기왕에 취해 오던 온건 노선과는 판이하게 다른 이른바 '모험주의 외교' 정책이었다.

프랑스의 정책 변화에 대해 독일 외상 킨데를렌-배헥터A. von Kinderlen-Wächter가 강경하게 대처함으로써 제2차 모로코 위기가 발생하게 되었다.

킨데를렌-배헥터는 1879년부터 외교관 생활을 해왔고 비스마르크와 개인적으로 친분을 가진 마지막 외교관이었다. 그는 홀슈타인의 친구였으며 자신을 강경파라고 즐겨 부를 정도였다. 보스니아-헤르체고비나 합병 이후 1909년 3월 러시아 주재 독일 공관에 보낸 최후통첩과도 같은 훈령은 그가 작성한 것이었다. 그의 이런 태도는 온건하고 우유부단한 베드만-홀베크T. von Bethmann-Hollweg 재상의 태도와는 대조를 이루었다. 따라서 외상은 모든 외교 정책의 실상을 종종 재상에게는 알려주지 않고 직접 카이저에게 보고하고 결정하였다.

킨데를렌-배헥터는 프랑스의 페즈 점령 결정이 있자 프랑스에게 보상을 요구해야 된다고 카이저에게 진언하였고 '독일 상인을 보호한다'는 구실로 군함 파견을 건의하였다. 이런 건의에 따라 7월 1일 아가디르 항구에 독일 전함 판터 호가 출현하였다.

프랑스 · 독일의 모로코 합의(1911년 11월 4일)

바로 그날 프랑스에서는 새로운 내각이 형성되었다. 대(對)독일 화평론자인 카이오J. Caillaux가 수상으로, 외상에는 셀브J. de Selves가 임명되었다. 그런데 7월 15일 독일은 드디어 보상을 구체적으로 제시하였다. 킨데를렌-배헥터는 독일 주재 프랑스 대사 캉봉J. Cambon에게 지도를 보여 주며 프랑스령(領) 콩고 전 지역을 가리켰다. 20일에 그는 이 요구를 공식적으로 발표하였고 그 관철을 위해 군사조치까지 취하겠노라고 위협하였다.

독일의 구체적인 요구가 알려지자 영국의 태도는 경화되었다. 이런 영국의 태도는 킨데를렌-배헥터의 예측과는 정반대의 것이었다. 그는 아가디르 사건을 일으키면 영국, 러시아가 독일에 화해를 구하게 될 것이므로 프랑스를 쉽사리 고립에 빠뜨릴 수 있다고 판단하였다.

7월 21일 그레이 외상은 독일 대사에게 독일의 요구는 지나친 것이며 아가디르에서의 행동에 관해서는 설명이 필요하다고 단호한 태도를 전달하였다. 같은 날 친독일 인사로 알려진 로이드 조지D. Lloyd George 장상의 유명한 맨션 하우스Mansion House 연설이 있었다. "영국의 이익이 근본적으로 영향을 받는 지역에서 아무런 고려도 받지 못한다면 그런 대가로 얻어진 평화란 강대국으로서는 견디기 어려운 모욕"이라고 천명해 독일의 요구를 묵과할 수 없는 것이라고 밝혔다.

독일은 후퇴하지 않을 수 없었다. 독일은 모로코 문제로 전쟁을 할 수는 없었고 처음부터 협박 이상을 계획한 것도 아니었다. 그리하여 11월 4일 프랑스와 합의에 도달하고 아가디르 사건은 일단락되었다. 이 합의로 프랑스령 콩고의 2개 지역과 차드Chad 호 근처의 독일령 1개 지역을 서로 교환토록 했으며 독일은 프랑스의 모로코 보호통치를 인정하였다. 프랑스는 1912년 3월 보호통치를 선언하였다.

이탈리아의 트리폴리Tripoli 합병(1911년 11월 5일)

열강은 트리폴리가 이탈리아의 세력범위에 속하며 이탈리아는 장차 필요한 조치를 취할 수 있다고 인정하였다. 그런데 제2차 모로코 위기가 일어나자 이탈리아는 더 늦기 전에 트리폴리 합병을 단행해야 된다고 판단하였다.

1911년 9월 28일 터키에 최후통첩을 보냈으나 거절되자 양국은 다음날부터 전쟁상태에 들어갔다. 트리폴리 전쟁이 발발되었다. 이탈리아군은 승전을 거듭해 트리폴리와 지중해 연안의 도시들을 장악하고 11월 5일 합병을 선언하였다. 그러나 도시들 이외의 지역에서는 터키군의 저항이 계속되었다.

이탈리아군은 1912년 초부터 시리아 연안에 대해 함포 사격을 시작했고 5월에는 도데카네스 열도Dodecanese Islands를 점령하였다. 이탈리아와 터키는 7월부터 로잔에서 평화교섭을 시작해 10월 18일 로잔 조약을 체결하였다. 터키는 트리폴리를 이탈리아에 양여하였고 이탈리아군은 도데카네스 열도로부터 철수키로 합의하였다. 그러나 이탈리아군의 철수는 1946년에야 이루어졌다.

모로코와는 달리 트리폴리의 상실은 오토만 제국의 분할을 의미하는 것이었다. 따라서 이것은 곧 발칸 반도에 영향을 미치게 되었다.

전쟁 불가피 의식의 만연

아가디르 사건이 미친 중요한 영향은 국제분쟁은 이제 평화적인 수단으로는 해결될 수 없다는 의식이 만연하게 되었다는 점이다.

대(對)독일 화평론자인 카이오J. Caillaux 수상은 독일과 모로코 협정을 체결하고 곧 물러났다. 그의 후임은 프랑스 근대 정치사에 있어서 가장 유능한 정치인 중의 하나인 푸앵카레R. Poincaré였다. 1912년 1월 수상이 된 그는 그 누구보다도 프랑스 조국애를 강조하면서 대(對)독일 강경 노선을 표방하였다.

한편 독일에서도 프랑스와 모로코 협정을 체결한 것은 결국 독일의 실패였다는 비판이 고조되었다. 베드만-홀베크 재상은 보수정당, 애국단체, 그리고 군부로부터 비난을 받게 되었고 이 사건을 계기로 그의 영향력은 급격히 떨어졌다. 독일의 주요 정책들이 그가 참석하지 않는 군사위원회에서 결정되곤 하였다. 티르피츠A. von Tirpitz는 모로코 협정으로 독일은 손해만 자초했다고 비판하였고 영국과 대결하는 길은 해군확장밖에 없다고 주장하였다. 그는 1920년이 되면 독일은 영국과 동등한 해군력을 보유하게 된다고 천명하였다. 이제 영국과 충돌하게 될 것은 필지의 사실이었다.

열강은 다시 군비경쟁에 몰두하게 되었고 동맹국들 사이에는 군사협력이 증진되었다. 프랑스와 러시아는 1912년 7월에, 영국과 프랑스는 1912년 11월에 각각 해군협력에 관해 합의하였다. 프랑스는 1913년 2월 군복무 3년제를 채택하였다. 이 문제는 다시 후술키로 한다.

이와 같이 군비증강에 박차를 가하면서 분쟁은 무력수단에 의해 해결해야 된다는 정치적인 분위기가 조성되었다. 정의와 평화의 명분보다는 권력과 재물을 중시하는 풍토가 이루어진 것이다.

6. 영 · 독 해군교섭

전술한 바와 같이 독일의 해군 확장은 뷜로와 티르피츠의 공동작품이었다. 해군 증강이 영국과의 현안으로 등장하자 두 사람 사이에 의견이 갈라지게 되었다. 영국과의 교섭을 직접 맡은 뷜로의 입장으로서는 해군확장 계획을 어느 정도 수정하지 않을 수 없었으나 티르피츠는 조금도 양보하려 하지 않았다.

독일 내부에서 두 사람의 이견도 문제였지만 해군교섭에 임하는 영국과 독일 양국 사이에도 기본적 입장의 차이가 있었다. 독일은 먼저 일반적인 정치협정을 체결하자는 입장이었고 영국은 우선 해군협정을 무조건 체결하자는 태도였다. 이런 차이로 인해 1907년 제2차 헤이그 평화회의에서 영국의 해군 군축안이 독일에 의해 거부된 사실은 전술한 바가 있다.

헤이그 평화회의 이후 독일은 다시 해군확장에 박차를 가했다. 전함의 수명을 25년에서 20년으로 단축하고 장차 퇴역하는 전함은 드레드노트 형 전함으로 대체한다고 발표하였다. 그러나 티르피츠는 새로운 해군법령의 구체적인 내용은 밝히지 않았다. 이렇게 되자 영국의 여론은 독일에 대해 강경 태도로 선회해 해군 예산을 증액하는 결과를 낳았다. 양국의 해군 경쟁은 끝없이 계속될 전망이었다.

1909년 4월 킨데를렌-배혝터는 영국에게 정치 협정안을 제시하였다. 그 내용을 보면 ① 양국은 서로 전쟁을 하지 않는다, ② 양국은 서로 적대하는 동맹에 가입하지 않는다, ③ 양국 중 일방이 전쟁을 하는 경우 타방은 우호적 중립을 지킨다는 것이었다.

영국은 자국의 외교적인 자유를 속박하면서 해군 문제에 관해서는 아무런 약속도 하지 않는 협정안에 동의할 리 없었다. 그레이 외상은 독일의 태도를 다음과 같이 요약하였다. “킨데를렌-배혝터가 말하는 영 · 독 협상이란 독일이 유럽에서 헤게모니를 수립하는 데 도움을 줄 것이며 그런 목적에 도움을 준 연후에는 그 협상은 그리 오래 지속되지 않을 것이다.”

뷜로는 티르피츠로부터 양보를 얻어내려고 하였다. 그러나 티르피츠는 양보할 수 있는 것은 해군확장 속도를 조금 늦출 수 있는 것뿐이라고 답변하였다.

데일리 텔레그래프*The Daily Telegraph* 신문 사건과 뷜로의 사임

티르피츠로부터 아무런 양보도 얻어내지 못한 뷜로는 위협의 수단으로 사표를 제출하였다. 그런데 의외로 카이저는 그의 사표를 수리하였다. 그 배경에는 그동안 두 사람의 불화가 있었고 데일리 텔레그래프 지(紙) 사건으로 사이가 더욱 악화됐던 사정이 있다.

1908년 10월 28일자 데일리 텔레그래프 신문에 카이저의 무분별한 인터뷰 기사가 게재되었다. 영 · 독 관계에 관해 독일 국민은 반영(反英)적이지만 자신은 친영적이라고 선전하였다. 이 기사가 영 · 독 양국의 국제 문제로 비화하였고 독일 국내에서는 카이저 비판이 고조되었다. 카이저는 뷜로에게 자신을 옹호해 줄 것을 부탁하였다. 그러나 제국 의회에서 뷜로는 그런 부탁을 실행에 옮기지 못하였다. 7월 14일 사표는 수리되고 후임에 베드만-홀베크가 임명되었다.

베드만-홀베크 재상과 영 · 독 해군교섭

베드만-홀베크가 이때부터 1917년 7월까지 재상에 머물러 있었기 때문에 역사학자들 사이에는 제1차 세계대전의 발발 문제와 관련해 그에 대한 평가도 구구하다. 전쟁의 책임을 그에게 전가시키는 견해가 있는가 하면 군부로부터 무시당해 주요 정책 결정에는 책임이 없다고 하거나 또는 군부의 꼭두각시 노릇을 한 것에 불과하다는 평가도 있다. 그런데 그는 성실하고 유능한 관료로 국내 문제 처리는 잘했으나 외교 문제에는 문외한이어서 여러 가지 실수를 범했다는 것이 대부분의 견해이다.

재상은 독일의 기본적인 외교 방향을 3국 동맹은 공고히 하고 영국과는 우호를 증진하는 데에 두었다. 그는 해군경쟁은 방대한 예산이 소요되는 무익한 것이란 것을 잘 알고 있었다. 그러나 그는 외교 문제에는 큰 성과를 거둘 수 없었는데 여기에는 몇 가지 원인이 있었다. 카이저가 외교 문제에 무모하게 참여한 점, 외상의 완고한 태도, 티르피츠와의 대립, 그리고 자신의 미숙한 외교 수완 등이 그것이었다.

베드만-홀베크는 영국과 교섭하면서 처음부터 너무 많은 것을 요구하였다. 재상취임 직후 그는 영국대사 고션W.E. Goschen을 만난 자리에서 다음과 같이 말하였다.

> 해군협정에 관한 토의는 그것이 (양국의) 일반적인 합의의 일부가 되고 또 양국 정부뿐만 아니라 여론에 있어서도 양국은 서로 적대적이거나 침략적이 아니라는 확신 위에서 진행되지 않는 한 아무런 결과도 가져오지 않을 것이다.

이와 같이 정치협정을 우선 체결해야 된다는 종래의 독일 입장을 되풀이하였고 영국은 이것을 자국의 외교적인 자유를 제한하려는 것으로 판단하였다.

하여간 베드만-홀베크는 특히 아가디르 사건 이후 영국과 교섭하는 일을 서둘렀다. 그는 이 사건을 계기로 군부가 군비증강에 주력하는 것에 쐐기를 박아야 된다고 생각하였고 러시아와 어느 정도 관계가 개선됨에 따라 영국을 협상 테이블에 끌어들일 수 있다고 판단하였다. 사실 영국은 독일과 러시아가 접근하게 되자 불안을 느끼고 있었다.

독일과 러시아의 접근

러시아 외상 이즈볼스키의 후임으로 사조노프S.D. Sazonov가 1910년 9월 외상에 취임하면서 독일과의 접근이 시작되었다. 당시 러시아 정부 안에는 두 그룹이 있었다. 하나는 러시아는 경제적인 곤란에 봉착하고 있어서 평화 정책을 추구해야 되며 독일과도 타협해야 된다는 그룹이었고 다른 하나는 해협 문제 해결에 주력해야 된다는 그룹이었다. 차르는 아직 확고한 입장을 취하지 않고 있었다. 사조노프는 첫 번째 그룹을 지지하였다.

독일과 타협해야 한다는 그룹의 권유에 따라 차르는 1910년 11월 포츠담을 방문하였다. 카이저, 베드만-홀베크, 킨데를렌-배헥터 외상과 회담을 거쳐 이른바 포츠담 예비합의가 이룩되었다. 독일은 북부 페르시아 지방에서 러시아에 자유행동을 인정하였고 러시아는 독일의 바그다드 철도 부설에 더 이상 반대하지 않으며 이 철도와 기타 페르시아 철도들과의 연결을 주선토록 합의하였다. 이런 예비합의는 1911년 8월 상트 페테르부르크에서 맺은 포츠담 협정으로 완결되었다.

이에 영국은 불안과 함께 실망을 느꼈다. 그러나 독일과 교섭을 다시 시작하였다. 영국과 러시아를 이간시키려는 독일 정책이 일단 결실을 맺었다.

홀데인의 독일 방문(1912년 2월 8일~12일)

양국의 교섭이 가능한 것인지 먼저 개인 차원에서 타진되었다. 카이저의 측근 발린A. Ballin과 영국인 카셀E. Cassel이 접촉해 양국의 해군 교섭이 주선되었다. 영국 정부는 육군상 홀데인R.B. Haldane을 독일에 파견키로 결정해 본격적인 해군 문제 토의에 임하였다. 그가 받은 훈령의 내용은 다음과 같다.

(1) 기본적인 것: 영국 해군의 우위성은 기본적이라고 인정할 것. 현행 독일 전함계획은 증강되지 말 것. 가능하면 지연시킬 것.
(2) 독일의 식민지 문제에 영국은 간여하지 않음. 이 문제에 관하여는 독일과 협력할

의향이 있음.

(3) 서로 적대하는 동맹에 가입하지 않는 문제를 토의할 수 있음.

독일은 종전의 입장을 되풀이하는 다음과 같은 제안을 하였다.

(1) 두 나라는 서로 적대하는 동맹에 가입하지 않는다.

(2) 두 나라 중 한 나라가 제3국과 전쟁을 하는 경우 다른 나라는 적어도 우호적인 중립을 지키며 분쟁의 국지화에 노력한다. 그리고 독일은 새로운 해군증강 계획을 수정할 수는 없지만 건함 속도는 늦출 수 있다.

이에 대해 그레이는 다음과 같은 의견을 제시했는데 이것이 영국이 할 수 있는 최대의 양보라고 볼 수 있다. "영국은 도발 받지 않는 공격을 하지 않을 것이며 침략정책을 추구하지도 않을 것이다. 독일에 대한 침략은 영국이 당사자이거나 당사자가 될 어떠한 조약이나 동맹의 내용이 아니다." 그러나 그레이의 이런 제안은 독일이 공격적인 행동을 취할 경우에는 적용되지 않는 것으로 독일을 만족시킬 수는 없었다.

영 · 독 해군교섭의 실패

사실 양국의 교섭은 처음부터 성공할 수 없는 것이었다. 무엇보다 티르피츠는 어떠한 양보도 있을 수 없다는 입장을 고수하였고 카이저도 티르피츠를 지원하고 있었기 때문이었다.

영국 주재 독일 대사 볼프-메테르니히P. Wolff-Metternich는 영국이 해군군축의 의향이 있다고 본국 정부에 보고하였고 베드만-홀베크 재상은 이 보고를 믿었다. 그런데 영국 주재 해군무관 비덴만W. Widenmann 대위는 영국의 모든 행위는 독일을 속이려는 것이라고 보고하였다. 그가 티르피츠에 의해 조종되고 있었음은 물론이다. 카이저는 비덴만 대위의 보고가 정확한 것이고 볼프-메테르니히는 소박한 인간이라고 판단하였다. 영 · 독 해군교섭은 베드만-홀베크와 티르피츠의 대립에서 재상이 패배해 처음부터 성과를 기대할 수 없었다.

따라서 홀데인의 임무는 실패로 돌아갔다. 독일은 3월 8일 새로운 해군법령을 발표하고 해군증강을 도모하였다. 영국도 7월에 대응책을 발표하였다. 영국은 장차 해군 증가분을 독일의 2배로 하고 영국과 독일의 건함 비율을 8 : 5로 한다는 내용이었다.

해군 문제에 관한 양국의 교섭은 이것으로 결렬되었고 다시 재개되지 못한 채 세계대전을 맞이하였다. 그러나 식민지와 철도 문제에 관한 양국의 교섭은 계속되었다. 영국의 이런 불분명한 태도로 말미암아 독일은 세계대전 직전까지 영국과 교섭하는 일에 연연하였다. 이런 측면에서 보면 영국에게 세계대전을 사전에 예방치 못한 책임이 있다고 볼 수 있다.

영국, 프랑스, 러시아의 해군협력

영 · 독 해군교섭은 실패했으나 양국의 계속된 접촉으로 프랑스는 불안하였다. 그리하여 1912년 7월 16일 러시아와 먼저 해군협정을 체결하였다. 이것은 1893년의 군사협정을 보완하고 양국의 해군협력을 보다 더 긴밀히 할 것을 규정하였다. 더욱이 이 협정은 3국 협상 국가들의 해군 분업을 예견하고 있었다. 영국은 북해, 프랑스는 지중해, 그리고 러시아는 발트 해와 흑해의 방위를 맡도록 구상하였다.

영 · 독 해군교섭이 실패하자 영국과 프랑스의 해군협력이 두드러지게 되었다. 영국 해군상 처칠W. Churchill은 1912년 3월에 몰타에 주둔한 대부분의 지중해 함대를 영국 해역과 지브롤터로 이동시킨다고 발표하였다. 그리고 9월에는 프랑스가 브레스트Brest의 함대를 툴롱Toulon으로 이동시켰다. 이런 재배치는 대서양은 영국이, 지중해는 프랑스가 서로 관장한다는 것이었다.

이와 같은 양국의 해군협력은 11월 12일 그레이 외상이 캉봉J. Cambon 대사에게 직접 건넨 서한에서 그 절정을 보게 되었다.

> 최근 영국과 프랑스의 육 · 해군 전문가들은 왕왕 서로 협의해 왔다. 이러한 협의가 장차 양국 중 일방이 타방을 군사력으로써 지원하느냐의 여부를 결정하는 자유를 제한하지 않는 것이라고 이해되어 왔다. 이러한 협의가 아직 일어나지도 일어날 수도 없는 어떤 사태에 관한 양국 정부의 약속이 아니며 또 그렇게 간주할 수 없다고 우리들은 동의하였다. 예를 들면 현재의 프랑스 · 영국 해군의 배치는 (장차) 전쟁 중에 협력하겠다는 약속에 근거하고 있는 것은 아니다.
>
> 그러나 만일 양국 중 일방이 제3국의 도발하지 않는 공격을 예측할 중대한 이유가 있다면 그럴 경우 그 국가는 타방이 군사지원을 의뢰할 수 있는지의 여부를 아는 것이 근본적으로 중요하다는 것을 귀하는 지적하였다.
>
> 본인은 만일 양국 중 한 정부가 제3국의 도발하지 않는 공격이나 일반적인 평화를 위태롭게 할 사태가 예견된다는 중대한 이유가 있다면 양국은 침략을 저지하고 평화를 보존하기 위하여 공동행동을 취할 것인지, 그럴 경우 공동으로 취할 조치가 어떤 것이 준비되어 있는지 곧 상의해야 된다고 동의하는 바이다. 만일 이런 조치들이 행동을 내포한다면 참모본부들의 계획들을 곧 고려해야 될 것이고 양국 정부들은 이런 계획에 어떤 효과를 부여해야 될 것인지를 결정하게 될 것이다.

이 내용은 제1차 세계대전 말까지 비밀에 부쳐졌으며 러시아 정부에게도 1914년 초에야 알려주었다.

7. 발칸 전쟁

세르비아와 불가리아의 동맹조약(1912년 3월 13일)

이탈리아가 일으킨 트리폴리 전쟁은 발칸 전쟁을 이미 잉태하고 있었다. 발칸 제국들은 발칸의 터키 영토를 때늦기 전에 서로 차지하려고 하였기 때문이다.

세르비아와 불가리아는 1908년부터 동맹을 교섭해 왔으나 진전을 보지 못하고 있다가 트리폴리 전쟁의 발발에 자극돼 1911년 10월부터 본격적으로 교섭을 진행하였다. 그러나 불가리아가 동맹의 목적을 오스트리아와의 전쟁보다는 터키와의 전쟁에 두고 마케도니아를 자치령으로 하자고 주장해 한동안 지연되었다. 결국 3월에 체결된 비밀조약에서는 마케도니아를 분할키로 하였다. 터키에 대한 전쟁에서 승리하는 경우 세르비아는 북부 마케도니아를, 불가리아는 로도페Rhodope 산맥의 동남 지역을 각각 점유한다고 합의하였다. 그리고 이른바 분쟁지역으로 불리는 중앙지역은 차르의 중재에 회부토록 하였다. 그리고 세르비아는 노비바자르 지방을 병합키로 합의하였다.

이와 같은 조약상의 합의 이외에 불가리아는 트레이스Thrace와 콘스탄티노플을, 세르비아는 알바니아를 점령해 아드리아 해의 진출을 구상하였다.

그리스와 불가리아의 동맹조약(1912년 5월 29일)

그리스가 먼저 동맹을 제의했지만 크레타 섬 문제로 분쟁에 말려드는 것을 불가리아가 주저해 시간이 지연되었다. 따라서 조약에는 크레타 문제로 인한 전쟁은 규정하지 않았고 마케도니아에 관한 그리스의 요구도 후일로 미루었다. 여기에서 크레타 섬 문제란 1896~1897년에 일어난 이곳의 반란으로 그리스와 터키가 전쟁을 하게 되고 그리스가 패전한 결과 이 섬이 자치령으로 되었으나 계속 그리스와 터키 사이의 분쟁으로 남아 있는 것을 말한다.

몬테네그로는 서명은 하지 않았으나 터키에 대한 전쟁을 목적으로 하는 이 동맹을 적극 지지한다고 발표하였다.

그리스는 조약에 아무런 규정도 없는데도 전쟁이 발발하면 살로니카와 콘스탄티노플을 획득할 수 있기를 희망하였다. 그리하여 세르비아, 불가리아, 그리스, 몬테네그로 사이에 발칸 동맹이 형성됐지만 각국의 희망이나 계획이 서로 상충되어 동맹 그 자체가 또 하나의 불씨를 마련하였다.

러시아

발칸 동맹은 러시아의 후원으로 이루어진 것이었다. 그런데 1911년 11월 스톨리핀 재상이 사망하였고 사조노프 외상마저 와병 중이어서 러시아 외교는 일선 외교관들이 움직이게 되었다. 일선 외교관들도 두 그룹으로 나뉘었다. 하나는 러시아가 무엇보다 먼저 해협 문제를 해결해야 된다고 주장하는 그룹인데 터키 주재 러시아 대사 차리코프N. Charykov가 그 대표자였다. 차리코프는 해협 문제 해결을 위해 터키가 발칸 동맹에 가입하고 그 대가로 유럽에 있는 터키 영토의 현상유지를 보장한다는 구상으로 1911년 10~12월 적극적인 외교활동을 전개하였다. 그러나 사조노프 외상의 거부로 그의 활동은 모두 무산되었다. 그의 행동을 '차리코프의 연'Charykov Kite이라고 부른다. 다른 그룹은 먼저 발칸 국가들에 대한 지원을 강화해야 한다는 주장을 내세웠다. 벨그라드 주재 대사 하르트비그N.H. Hartvig, 소피아 주재 대사 네클루도프A.V. Nekludov 등이 그 대표자였다. 이들의 지원으로 발칸 동맹이 형성된 것이다.

이런 대립은 정책상의 순위에 관한 의견 차이에 불과하였고 발칸 지역에 대해 러시아의 지위를 강화해야 된다는 근본 취지에는 모두 동의하였다.

러시아는 발칸 동맹의 구체적인 내용을 동맹국인 프랑스에게도 상세히 알려주지 않았다. 프랑스가 그 내용을 정확히 알게 된 것은 1912년 8월 푸앵카레 수상이 러시아를 방문했을 때였다. 그는 세르비아-불가리아 비밀조약 전문을 보고 사조노프 외상에게 다음과 같이 말하였다. "독일이 러시아를 공격하지 않는다면 프랑스는 발칸 문제로 러시아에 군사원조를 제공하지 않을 것이다." 1892년의 프랑스-러시아 군사협정만을 다시 확인해 주었다.

제1차 발칸 전쟁(1912년 10월~1913년 5월)

발칸의 국가들은 이탈리아-터키 전쟁이 끝나기 전에 터키에 대한 요구들을 관철시키려고 하였다. 불가리아는 8월 14일 터키에게 마케도니아의 자치를 요구하는 각서를 전달하였다. 열강은 발칸 국가들에게 자중할 것을 권고하고 터키에게는 마케도니아의 개혁을 요구하려고 하였다. 그러나 열강의 행동이 결실을 맺기 이전에 몬테네그로는 10월 8일 터키에 전쟁을 선포하였다.

세르비아군과 불가리아군이 승전을 계속하였다. 불가리아군은 10월 하순 콘스탄티노플 방어의 최후선인 차탈자Chatalja 선까지 진격해 콘스탄티노플을 눈앞에 두게 되었다. 세르비아군도 알바니아 북부를 거쳐 아드리아 해에 도달하였다. 11월 초순의 일이다.

여기에서 알바니아의 독립 문제가 대두되었다. 오스트리아는 세르비아의 아드리아 해 진출을 묵과할 수는 없었다. 따라서 알바니아의 독립을 지지한다고 천명하였다. 이탈리아는 이 문제에 관해서는 오스트리아와 같은 입장이었다. 독일은 처음부터 오스트리아를 지지하였다. 베드만-홀베크는 의회에서 "오스트리아가 그의 이익을 추구하는 과정에서 … 러시아의 공격을 받는다면 독일은 싸우게 될 것"이라고 밝혔다. 결국 독립국가로서 알바니아가 탄생하였다.

공개적으로 세르비아를 지지하고 있던 러시아는 내면적으로는 세르비아에게 러시아의 원조를 기대하지 말라고 충고하였다. 전쟁 준비가 되어 있지 않던 러시아가 후퇴하지 않을 수 없었다. 알바니아 위기는 모면되었다.

12월 3일 그리스만 제외하고 불가리아, 세르비아, 터키 사이에는 휴전이 성립되었고 17일에는 런던 회의가 개최되었다. 런던에서는 발칸 국가들의 회의와 열강의 대사회의가 동시에 열렸다. 알바니아의 지위와 국경, 에게 해 제도the Aegean Islands, 노비바자르 문제 등이 토의되었다.

그런데 1913년 2월 터키에 쿠데타가 발생해 베이E. Bey가 이끄는 극우파들이 정권을 잡고 발칸 국가들에 대한 양보를 반대하게 되자 전투는 다시 계속되었다. 그러나 전세는 터키에 불리하게 되었고 결국 5월 30일 런던 회의의 결정으로 제1차 발칸 전쟁은 종식되었다. 터키는 에노스-미디아Enos-Midia 선 서부의 모든 유럽 지역과 크레타 섬도 포기하였다. 알바니아, 에게 해 섬들 문제는 열강의 결정에 맡기기로 하였다.

제2차 발칸 전쟁(1913년 6월~8월)

런던 회의 결정에 대해 발칸 국가들의 이해가 서로 상충되어 다시 전쟁이 발발하였다.

6월 1일 세르비아와 그리스는 불가리아에 대항하는 동맹을 체결하였다. 아드리아 해 진출이 좌절되고 불가리아와 약속한 마케도니아 지역조차 얻지 못하게 된 세르비아가 이

동맹의 결성을 추진하였다. 그런데 6월 말 불가리아 장군 사보프M. Savov가 정부의 승인도 없이 세르비아와 그리스를 공격해 제2차 발칸전쟁이 발발되었다. 불가리아 정부는 사보프의 행동을 승인하지 않았으나 세르비아와 그리스는 사전에 계획한 대로 진격하였다. 루마니아와 터키도 불가리아에 선전포고하였다. 불가리아는 사면초가가 되었고 8월 12일 부카레스트 조약이 체결돼 전투는 종식되었다.

이 조약으로 터키는 아드리아노플을 다시 얻게 되었고 루마니아는 남부 도브루자를 획득하였다. 마케도니아는 세르비아와 그리스 양국에 분할되어 불가리아는 마케도니아로부터 축출되었다. 에게 해에 이르는 카발라Kavalla도 그리스에 양여되었다. 불가리아는 이제 현상타파 국가가 되었고 세계대전이 발발되자 독일, 오스트리아 편에 가담하게 되는 길이 여기에서 마련되었다.

발칸 전쟁으로 오스트리아와 세르비아의 관계는 더욱 악화되었다. 알바니아의 건설과 관련해 양국은 화해할 수 없는 적대관계로 되었다. 그리고 발칸 전쟁은 러시아와 오스트리아의 전쟁으로 확산될 위험을 내포하게 되었다. 독일은 오스트리아의 지지를, 프랑스는 러시아의 지원을 분명히 하였다. 그럼에도 불구하고 발칸 전쟁은 국지전으로 종식되었다. 사라예보Sarajavo 사건 이후에도 독일과 오스트리아는 분쟁을 국지화시킬 수 있다고 믿었다. 그러나 그들의 판단은 착오였다.

8. 제국주의 세력 미국의 등장

제1차 범미회의(1889년 10월~1890년 4월)

유럽 열강의 세계 분할에 미국이 뒤늦게 참여하였다. 그 중요한 과정을 살펴보자.

1880년대까지 라틴 아메리카에 대한 무역이나 경제관계는 영국이 우월한 지위를 갖고 있었다. 아르헨티나, 브라질, 멕시코, 칠레의 광산이나 철도부설에 영국은 많은 투자를 계속 해왔다. 라틴 아메리카 국가들의 대외무역은 실은 영국해군, 런던에서 결정되는 국제수송료, 그리고 1차 상품가격에 의존되었다.

여기에 미국이 끼어들기 시작한 것이 1890년대에 들어오면서부터였고 그런 계기가 바로 1차 범미회의(汎美會議)라고 볼 수 있다. 이런 회의는 블레인J.G. Blaine이 오래 전부터 구상한 것인데 그가 미국 국무장관이 되자 실현을 보게 된 것이다. 산토 도밍고Santo

Domingo를 제외한 모든 미주국가들이 참여한 회의였다.

블레인이 제창한 두 가지 주요한 것이 이루어지지 못하였다. 첫째로 블레인은 미주국가들 사이에 관세동맹을 체결하고 유럽에 대한 무역량을 감소시키려고 하였다. 그런데 미국 이외의 미주국가들은 이런 대담한 조치의 실현성에 의심을 나타내 결국 채택되지 못하였다. 다만 개별 국가들 사이에 호혜적인 통상조약을 체결하는 것을 권장한다는 것에만 합의하였다. 또 한 가지 블레인은 국제분쟁의 해결을 위한 중재조약의 체결을 주장하였으나 이것 또한 결실을 보지 못하였다. 다만 미주국가들의 정보교환과 협력증진을 위한 기구로서 범미연합Pan-American Union이 창설되었다. 미국은 이 회의를 시발로 미주 문제에 적극적으로 개입하기 시작하였다.

미국 · 스페인 전쟁의 발발(1898년 4월)

1894년 미국은 관세인상 조치의 하나로 설탕에 비교적 높은 관세를 부과하였다. 이런 조치는 곧 쿠바 경제에 타격을 주었고 1895년에 이르러 설탕의 과잉생산으로 쿠바는 경제 파탄에 직면하게 되었다.

이렇게 되자 스페인 지배에 항거하는 혁명운동이 쿠바에서 일어나게 되었다. 이에 대해 스페인 본국 정부는 강경정책으로 대응하였다. 웨일러V. Weyler 장군을 파견하여 반란진압에 나서게 되었는데 그는 반란군을 지원하는 일반 민간인을 방치하고는 반란진압이 불가능하다고 판단하여 일반인을 철조망 수용소에 격리시켰다. 이런 격리정책으로 미국의 호전여론이 더욱 격화되었다.

한편 스페인 본토에서는 1897년 자유주의 내각이 들어서면서 웨일러를 소환하고 쿠바에 어느 정도의 자치를 허용하였다. 그러나 이런 유화정책은 역효과를 가져왔다. 쿠바의 반란이 더욱 격렬해졌고 스페인의 왕당파Loyalists들은 더욱 강경한 정책을 주장하게 되었다.

이때 미국 정부는 미국인의 생명과 재산을 보호한다는 명분으로 전함 메인the *Maine* 호를 1898년 1월 아바나Havana에 파견하였다. 그런데 2월 15일 메인 호가 원인불명의 사고로 폭발하여 250명의 사망자가 발생하였다. 이 사건으로 전쟁결정을 주저하던 맥킨리W. McKinley 대통령도 4월 24일 스페인에 전쟁을 선포하였다.

전쟁은 두 곳에서 이루어졌다. 쿠바, 푸에르토리코의 카리브 해the Caribbean, 그리고 스페인 식민지인 마닐라였다. 당시 해군성 차관이었던 루스벨트T. Roosevelt는 홍콩에 있던 극동해군 사령관 듀이G. Dewey에게 마닐라 점령을 명령하였다. 영국은 처음부터 친미적인 태도를 취하였으나 독일은 반미적인 행동을 취하여 듀이의 마닐라 침공이 있자 해군을 파견해 방해하기도 하였다. 스페인의 호소로 오스트리아가 주축이 돼 맥킨리 대통령에게 6개국 공동서한을 전달하였다. 그러나 그 어느 국가도 무력개입을 각오하면서까지 미국의 전쟁결정의 철회를 요구하지는 못하였다.

파리 평화조약(1898년 12월 10일)

전쟁은 장기화되지 않았다. 스페인은 이제 미국과 대적할 만한 상대가 되지 못하였다. 스페인은 미국주재 프랑스 대사 캉봉J. Cambon을 중재자로 선임하였다. 그와 미국 정부 사이에 8월 중순 다음과 같은 내용의 휴전조약이 체결되었다.

(1) 스페인은 쿠바를 떠난다.
(2) 푸에르토리코, 마리아나스Marianas, 괌Guam을 미국에 할양한다.
(3) 평화조약이 체결될 때까지 마닐라의 시, 만, 항구를 미국이 점령한다.

강화회의인 파리 회의에 파견된 미국 대표들은 모두 팽창주의자들이었다. 이것은 물론 맥킨리 대통령의 의도에서 나온 것이었다. 강화회의에서 필리핀, 푸에르토리코의 할양 그리고 쿠바의 독립이 결정되었다.

회의에서 쟁점이 되었던 것은 쿠바의 향방에 관한 것이었다. 미국은 스페인의 식민통치 종식에만 만족하였고 스페인은 미국이 할양받기를 희망하는 역설적인 주장을 하였다. 그 누구도 쿠바가 걸머지고 있던 부채 4억 달러를 승계받지 않으려 했기 때문이었다. 미군이 주둔하면서 시정권(施政權)을 갖고 있다가 1901년 6월 미국과 쿠바 사이에 조약이 체결되어 쿠바의 법적 지위가 결정되었다.

(1) 쿠바의 주권은 인정한다. 그리고 쿠바는 그 독립을 저해할 조약을 체결하지 않는다.
(2) 쿠바는 과다한 채무에 관한 약속을 하지 않는다.
(3) 미국은 쿠바의 독립과 질서유지를 위하여 개입할 권리가 있다.
(4) 관타나모Guantánamo를 미군기지로 만든다.

미국은 당초부터 필리핀을 병합할 계획으로 마닐라를 점령한 것은 아니었다. 그러나 일단 점령하게 되자 미국 내에서 차제에 병합해야 된다는 여론이 비등해졌다. 아시아 진출을 위한 군사기지로서, 무역확장을 위한 교두보로서, 미국문명을 미개인들에게 전파해야 한다는 자만심에서 병합을 주장하였다. 결국 병합이 결정되고 스페인에게 2,000만 달러의 대가가 지불되었다.

그런데 스페인은 그 후 캐롤라인 군도the Caroline Islands, 마리아나 군도the Mariana Islands 등을 독일에 매각함으로써 스페인의 식민지는 이제 아프리카에 국한되었다.

문호개방정책Open-Door Policy의 선언(1899년 9~11월)

미국은 필리핀을 병합해 동북아시아에 진출할 수 있는 확실한 교두보를 마련하였다. 그러나 당시 중국은 중일전쟁 이후 열강에 의해 분할돼 있었다. 이런 상황이 중국 진출에 늦은 미국에게 불리한 것은 물론이다. 그러나 아직 미국의 중국 무역은 보잘것없어서 그 전체 무역량의 겨우 2%를 차지하고 있을 뿐이었다.

미국을 충동질해 중국의 문호개방정책을 선언토록 한 것은 영국이었다. 당시 영국이 최대의 중국 무역 국가였으며 중일전쟁 후 중국의 정치적 분할이 영국의 이익에 배치된 것은 물론이다. 영국 정부가 공식적으로 미국에 요청하였으나 거절당했다. 그런데 미국의 정책결정에 히피슬리A.E. Hippisley와 록힐W.W. Rockhill이 결정적인 역할을 하였다. 히피슬리는 오랫동안 중국 해관에 종사하였고 록힐은 중국에서 외교관 생활을 하였으며 한때 조선 주재 공사를 지낸 바 있다. 1899년 여름 이들이 대통령과 국무장관에게 문호개방에 관한 비망록을 제출하였고 이것이 공식적으로 채택되었다.

헤이J. Hay 국무장관은 1899년 9월 6일 영국, 독일, 러시아 정부에 문호개방에 관한 각서 전달을 시작으로 11월까지 여러 국가에게 같은 내용의 각서를 전달하였다. 그 주요 내용은 다음과 같다.

(1) 중국 내의 세력범위 또는 조차지 내에서 그 어떠한 국가도 조약항 또는 기득권에 관여할 수 없다.
(2) 중국의 관세율이 이런 세력범위 안에서도 적용되며 관세는 중국 해관이 징수한다.
(3) 그런 세력범위 안에서 항세(港稅), 철도운임 등 자국민을 위한 편파적인 호혜조치를 취하지 않는다.

최초의 헤이 선언은 매우 소극적인 내용을 담고 있었다. 열강의 기득권을 그대로 인정하고 있으며 중국의 영토보전도 언급하지 않고 광산, 철도부설권에 관하여도 침묵을 지키고 있었다.

그런데 의화단(義和團) 사건의 발발로 열강의 베이징 공관들이 포위되자 이들 공관의 구출에 2,500명의 미군이 참가해 큰 역할을 담당하게 되었다. 미국의 발언권이 강화된 것이다. 이에 헤이 국무장관은 1900년 7월 3일자로 열강에 회한(回翰)을 발송하였다. 이 회한에서 비로소 중국의 영토보전과 행정상의 실체(實體)보전이 미국의 기본정책이며 중국의 모든 지역에 있어서 평등하고 차별 없는 무역을 보장해야 된다고 천명하였다. 미국은 이 회한에 대한 열강의 답변을 요구하지 않고 다만 자신의 정책을 발표할 뿐이었다. 독자적인 정책을 실천할 자신감을 얻게 되었던 것이다.

제국주의 노선의 채택

1904년 12월 의회에 보낸 연두교서에서 루스벨트T. Roosevelt 대통령은 다음과 같이 말하고 있다.

> 다른 지역에서와 마찬가지로 미주에서도 고질적인 비행(非行)으로 말미암아 어떤 문명국가의 개입이 결국 초래될 수 있다. 서반구에 있어서는 미국이 먼로주의에 입각하여 이러한 비행이나 무능이 극악한 경우에는 비록 미국이 원하지 않더라도 국제경찰력을 행사하지 않을 수 없게 된다.

먼로주의의 명분으로 미주에서의 제국주의적인 팽창을 선언하고 있는 것이다. 루스벨트는 1900년에 다음과 같이 말한 바 있다. "… 나는 언제나 서아프리카의 격언을 좋아한다. '부드럽게 얘기하고 큰 채찍을 갖고 다녀라. 그러면 너는 멀리 갈 수 있을 것이다." 미국의 이른바 '큰 채찍'Big Stick 외교의 시대가 온 것이다.

주요문헌

(가) 사료

통일에 관해서는 프랑스, 프로이센, 그리고 오스트리아의 다음과 같은 기본적인 외교문서가 있다.

Les Origines diplomatiques de la guerre de 1870~1871: Recueil de documents officiels publiés par le Ministère des Affaires Etrangères, 29 tomes, Paris, 1910~1932.

Die Auswärtige Politik Preussens 1858~1870, 10 vols., Oldenburg, 1932~1939.

Quellen zur deutschen Politik Oesterreichs 1859 bis 1866, 6 vols., Wien, 1934~1936.

개인문서

통일 문제에 관한 다음과 같은 개인 문서가 있다.

Bert, A., ed., *Nouvelles lettres inédites*, Rome, 1889. 카부르의 서한집임.

Bismarck, Otto von, *Gedanken und Erinnerungen*, 2 vols., Stuttgart, 1898.

Goblet, René, "Souvenirs de ma vie politique," *Revue politique et parlementaire*, 1928~1931.

Holstein, Friedrich von, *The Holstein Papers: The Memoirs, Diaries, and Correspondence of Friedrich von Holstein, 1837~1909*, Norman Rich & M.H. Fisher, eds., 4 vols., Cambridge, 1955~1963.

Omodeo, Adolfo, *L'Opéra politica del conte di Cavour*, 2 vols., Florence, 1945.

Waldersee, Alfred von, *Denkwürdigkeiten*, 3 vols., Stuttgart, 1922~1923 & Briefwechsel, Berlin, 1928.

Whyte, Arthur J., The Political Life and Letters of Cavour, 1848~1861, London, 1930.

William II, Ereignisse Gesalten aus den Jahren 1878~1918, Leipzig, 1922.

그리고 러시아 측의 회고록으로서 다음과 같은 것이 있다. 고르차코프 재상은 아무런 회고록도 남기지 않았다. 기르스 외상의 회고록은 미국에서 발표되었으나 그의 스웨덴 주재대사 시절인 1873~1875년간에 국한된 것이다.

Charles and Barbara Jelavich, eds., *The Education of a Russian Statesman: The Memoirs of Nicholas Karlovich Giers*, Berkeley, 1962.

Lamsdorff, Vladimir, *Dnevnik*(일기), 1886~1890, Moscow, 1926.

그리고 이그나티예프는 다음의 글을 남겼다.

"Zapiski Grafa N.P. Ignatieva o prebyvanii v Konstantinoplie v 1864~1874"(1864~1874년간 콘스탄티노플 체류에 관한 이그나티예프 백작의 일기), *Russkaya starina*, 1914, 4월.

"Zapiski Grafa N.P. Ignatieva"(이그나티예프 백작의 일기), *Istoricheskii vestnik*, 1914, 1~7월.

"Poezdka Grafa N.P. Ignatieva po evropeskim stolitzam pered voinoi 1877~1878"(1877~1878 전쟁 이전 이그나티예프 백작의 유럽 수도들에의 여행), *Russkaya starina*, 1914, 3~9월.

사부로프의 회고록은 영국에서 출간되었다.

Simpson, J.Y., *The Saburov Memoirs, or Bismarck and Russia*, Cambridge, 1929.

그리고 보이스트 오스트리아 외상과 크리스피 이탈리아 수상도 다음의 회고록을 남겼다.

Beust, Friedrich Ferdinand von, *Memoirs of F. F. von Beust*, 2 vols., London, 1887.

Crispi, Francesco, *Memoirs*, T. Palamenghi-Crispi, ed., 3 vols., London, 1914.

프랑스 · 러시아 동맹에 참여한 인물들의 주요 회고록을 보면 다음과 같다.

Ribot, Alexandre, *Journal d'Alexandre Ribot et correspondances inédites*, Paris, 1936.

———, *Letters to a Friend: Recollections of My Political Life*, London, 1925.

———, "Alliance Franco-Russe," *Revue d'histoire de la guerre mondiale*, Juillet, 1937.

Freycinet, Charles de, *Souvenirs, 1878~1893*, Paris, 1913.

위테의 회고록은 러일전쟁 관계 장을 볼 것.

영국 · 독일 교섭 관계자들의 회고록으로는 다음을 참조할 것.

Bülow, Bernhard von, *The Memoirs*, 4 vols., Boston, 1931~1932.

Hohenlohe, Chlodwig zur, *Denkwürdigkeiten der Reichtskanzlerzeit*, 1931.

Tirpitz, Alfred von, *Erinnerungen*, Switzerland, 1919.

Eckardstein, Hermann F. von, *Lebenserinnerungen und politische Denkwürdigkeiten*, Leipzig, 1920.

Lord Newton, *Lord Lansdowne*, London, 1929.

카프리비는 회고록을 남기지 않았다.

영 · 일 동맹에 관여한 山縣有明, 伊藤博文, 桂太郎, 靑木周藏의 사문서는 이미 언급한 바 있음. 外務省 編, 『小村外交史』(東京, 1966)은 귀중한 자료임.

林董의 회고록인 『後は昔の記』(東京, 1970)는 오류가 많아 주의할 것.

(나) 주요연구

이탈리아 통일에 관해서는 다음 세 업적이 중요하다.

Matter, P., *Cavour et l'unité italienne*, 3 vols., Alcan, 1922~1927.

Bono, G. Del, *Cavour e Napoleone III, 1859~1860*, Turin, 1941.

Smith, Denis Mack, *The Making of Modern Italy, 1796~1866*.

———, *Cavour and Garibaldi, 1860: a Study in Political Conflict*, Cambridge, 1954.

비스마르크 시대의 유럽외교사에 관한 연구로서는 다음을 참조할 것.

Bonnin, Georges, *Bismarck and the Hohenzollen Candidature for the Spanish Throne*, London, 1957.

Howard, Michael, *The Franco-Prussian War*, N.Y., 1961.

Langer, William L., *European Alliances and Alignments, 1871~1890*, N.Y., 1956. 이 훌륭한 업적은 1931년에 초판이 나오고 재판은 1950년에 나왔음. 오래된 연구이지만 아직도 길잡이가 되고 있으며 각장 말미에 소개되어 있는 문헌목록은 연구자들에게 도움이 됨.

Lord, Robert H., *The Origins of the War of 1870*, Harvard, 1924.

Kennan, George F., *The Decline of Bismarck? European Order. Franco-Russian Relations, 1875~1890*, Princeton, 1979. 비록 프랑스 · 러시아 관계에 국한된 연구이지만 Langer와 비견될 수 있는 업적은 되지 못한다.

Medlicott, William N., *The Congress of Berlin and After*, London, 1938.

Sumner, Benedict H., *Russia and the Balkans, 1870~1880*, Oxford, 1937.

그리고 앞서 들은 A.J.P. Taylor, Pierre Renouvin, René Girault, Jacques Droz, 그리고 *The New Cambridge Modern History* XI의 관계 장절을 참조할 것.

알자스-로렌 문제는 역사학자들의 끊임없는 논쟁의 대상이 되어 왔다. 이 문제에 관하여 W. Lipgens, Lothar Gall, R. Buchner, Eberhard Kolb 등이 다시 논쟁을 벌인 바 있다. *Historische Zeitschrift*, 1964년호, 1968년호 그리고 1969년호를 볼 것.

비스마르크 개인에 관한 연구들에서도 물론 이 시대의 외교사 문제를 다루고 있다. 1980년에 비스마르크 연구를 발표한 Lothar Gall은 자신의 연구가 제2차 세계대전 이후 열일곱 번째 비스마르크의 생애에 관한 업적이라고 말하고 있다. 이 많은 연구 중에서도 다음 몇 가지만을 지적한다.

Eyck, Erich, *Bismarck: Leben und Werke*, 3 vols., Zurich, 1941~1944.

Crankshaw, Erich, *Bismarck*, London, 1981.

Gall, Lothar, *Bismarck, der weisse Revolutionär*, Ullstein, 1980.

Craig, Gordon A., "Bismarck and his Ambassadors: The Problem of Discipline," *Foreign Service Journal*, June, 1956.

러시아의 동방정책에 관한 구소련의 연구에 관하여는 다음을 참조할 것.

Vostochnyi vopros vo vneshnei politike Rossii(러시아 대외정책에 있어서 동방 문제), Moskva: Nauka, 1978, s. 192-283. 앞서 제1장의 주요문헌에서 언급하였음.

Beskrovny, L.G., "Ot San-Stefano do Berlinskogo Kongressa(K diplomaticheskoi istorii Russko-Turetskoi voiny 1877~1878 gg.)"(산 스테파노에서 베를린 회의까지(1877~1878년간 러시아 · 터키 전쟁의 외교사를 위하여)), *Mezhdunarodnye otnosheniya i vneshnyaya politika SSSR*(국제관계와 소련의 대외정책), Moskva: Nauka, 1977, s. 138-149.

프랑스 · 러시아 동맹에 관해서는 다음의 연구를 참조할 것.

Boisdeffre, P. de, *Le Général de Boisdeffre et l'Alliance Franco-Russe, 1890~1892*, Paris, 1954.

Girault, René, *Emprunts russes et investissements français en Russie, 1887~1914*, Paris, 1973.

Jakobs, Peter, *Das Werden des französisch-russischen Zweibundes, 1890~1894*, Wiesbaden, 1968.

Kennan, George F., *The Fateful Alliance: France, Russia and the Coming of the First World War*, Manchester, 1984.

Khvostov, V.M., *Franko-russkii soyuz i ego istoricheskoe znachenie*(프랑스 · 러시아 동맹과 그 역사적 의의)(1955년 로마 역사학대회 발표논문).

Langer, William, *The Franco-Russian Alliance*, Chicago, 1930. Langer의 주저(主著) 중의 하나임.

———, *The Diplomacy of Imperialism, 1890~1902*, N.Y., 1960. 관계 장절을 볼 것.

Manfred, A.Z., *Stanovlenie russko-frantsuzskovo soyuza*(러시아 · 프랑스 동맹의 형성), Moskva, 1975.

Nolde, Boris, *L'Alliance Franco-Russe*, Paris, 1936. 저자는 소련혁명 후 프랑스로 이주한 러시아의 법학자임. 고전적인 연구이지만 아직도 가치가 있음.

영 · 일 동맹에 관해서는 다음의 연구를 참조할 것.

Galperin, A.L., *Anglo-Yaponskii Soyuz*(영 · 일 동맹), Moskva, 1947.

Grenville, J.A.S., *Lord Salisbury and Foreign Policy: The Close of the 19th Century*, London, 1964.

Monger, G.W., *The End of Isolation: British Foreign Policy, 1900~1907*, London, 1963.

Nish, Ian H., *The Anglo-Japanese Alliance: The Diplomacy of Two Island Empires, 1894~1907*, Cambridge, 1966, 1985.

———, *Alliance in Decline: A Study in Anglo-Japanese Relations, 1908~1923*, London, 1972.

Romanov, Boris, "Proiskhozhdenie anglo-yaponskovo dogovora 1902"(1902년 영 · 일 조약의 기원), *Istoricheskie zapiski*, no. 10, 1941.

鹿島守之助, 『日英外交史』, 東京, 1957.

———, 『日本外交史』. 제6, 8, 9권이 영 · 일 동맹 관계인데 이 연구들은 학술연구로서는 수준에 못 미치는 것들임.

유럽 열강의 아프리카 분할에 관하여 다음의 훌륭한 논문집이 있음.

Förster, Stig, Wolfgang J. Mommsen, Ronald Robinson, eds., *Bismarck, Europe and Africa: The Berlin Africa Conference 1884~1885 and the Onset of Partition*, Oxford, 1988. 베를린 회의뿐만 아니라 회의를 전후한 아프리카 분할을 여러 측면에서 다룬 전문논문들의 모음임.

이 밖에 다음 것을 참조할 것.

Vergniol, C., *Fashoda: Les Origines de la Mission Marchand*, Paris, 1936.

Renouvin, Pierre, *Les Origines de l'expédition de Fachoda*, Paris, 1948.

Brown, R.G., *Fashoda Reconsidered: The Impact of Domestic Politics on French Policy in Africa, 1893~1898*, London, 1970.

미국 대외정책에 관한 훌륭한 길잡이로서는 다음의 것들이 있다.

Hogan, Michael J., *Paths to Power: The Historiography of American Foreign Relations to 1941*, Cambridge, 2000.

LaFeber, Walter, *The American Search for Opportunity, 1865-1913*, *The Cambridge History of American Foreign Relations*, Vol. II, Cambridge, 1993.

Perkins, Bradford, *The Creation of a Republican Empire, 1776-1865*, *The Cambridge History of American Foreign Relations*, Vol. I, Cambridge, 1993.

1898년 미국 · 스페인 전쟁에 관해서는 다음의 것들을 참조할 것.

Beisner, Robert L., *Twelve Against Empire: The Anti-Imperialists, 1898-1900*, N.Y., 1975(1968).

Morgan, H. Wayne, *America's Road to Empire*, N.Y., 1965.

Trask, David F., *The War with Spain in 1898*, N.Y., 1981.

Venzon, Anne Cipriano, *The Spanish-American War: An Annotated Bibliography*, N.Y., 1990.

미국과 중국 관계에 관하여는 제4장을 볼 것.

제3장

이슬람과 세계외교사

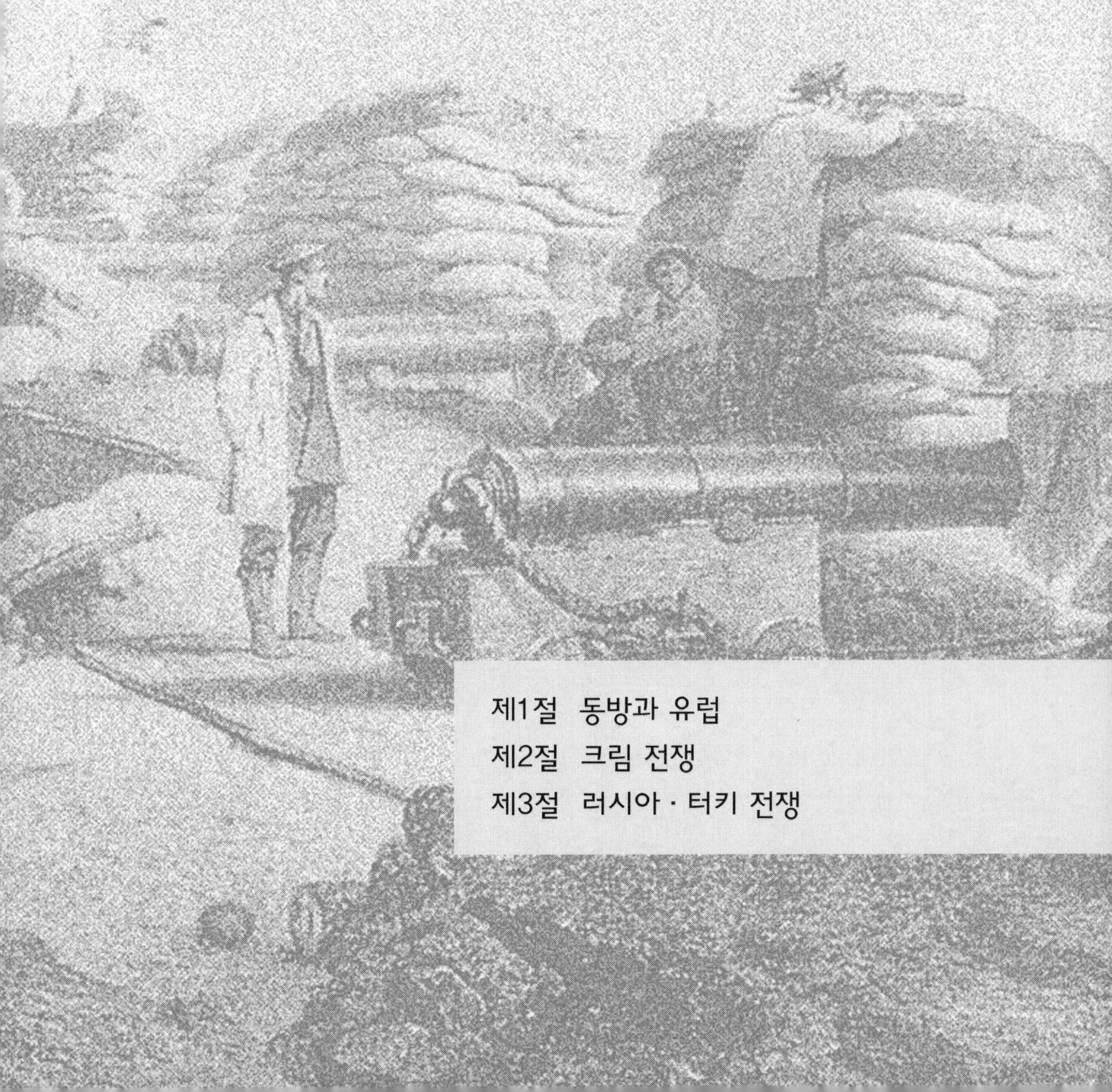

제 1 절 동방과 유럽

Orient와 East는 모두 동방을 뜻한다. Orient는 '태양이 뜨는 곳'이란 의미로 라틴어의 oriens에서 유래되었다. East는 고대 세계에서는 그리스어를 사용하는 지역을 지칭해 라틴어를 사용하는 West와 대비시켰으나 훗날 Orient와 같은 뜻으로 사용하였다. 이 두 낱말은 서양의 동쪽, 즉 문명의 중심 지역과는 거리가 먼 지역이란 막연한 뜻으로 사용되었다.

15세기 중엽 이슬람의 오토만 제국이 비잔티움을 멸망시키고 유럽 본토로 진격하면서 기독교와 이슬람은 사활을 건 투쟁을 계속한다. 이슬람의 병사들은 한때 빈의 중심 시가까지 진격하였다. "아시아는 '빈 중심가'에서 시작한다."는 메테르니히의 말은 실감나는 경구(警句)이다.

오토만 제국과 그 지배에 들어간 유럽 지역 문제를 '동방 문제'라고 부른다. '동방 문제'는 매우 중립적인 어감이 있으나 그 내용은 유럽과 오토만 터키 사이에 수백 년에 걸친 살육을 담고 있다. '동방 문제'라고 가치 중립적으로 호칭하는 것 자체가 유럽 중심주의의 표현이기도 하다.

따라서 유럽 외교사의 향방은 이슬람과의 투쟁을 염두에 두지 않고서는 이해될 수 없다. 이 점을 특히 강조한 사람은 저명한 역사학자인 피렌느H. Pirenne(1862~1935)로 이를 '피렌느 명제'라고도 부른다.

두 문명권의 투쟁은 유럽 문명권과 이슬람 문명권이 갖고 있던 독특한 세계관의 충돌이기도 하다. 이슬람의 세계관은 온 세계를 신앙인umma 및 이들과 동맹을 체결한 자들dhimmis의 공동체인 '이슬람의 영토' dar al-islam와 비신앙인의 지역인 '전쟁의 영토' dar al-harb로 구분하고 있다. 그리고 이 두 영토 사이의 관계는 평등과 호혜에 입각한 것이 아니고 언제나 '전쟁 상태'로 간주되었고 조약은 단지 '휴전' hudna에 불과해 단기간의 효력만 가지는 것으로 인식되었다. 이슬람의 영토를 확장하는 것은 신앙인의 의무이며 이를 성전(聖戰)jihad이라고 불렀다.

이렇게 볼 때 유럽 외교사가 세계외교사의 성격을 띠기 시작한 것은 16세기 이슬람과의 만남에서부터이다. 그리고는 17세기 슬라브와의 조우, 그리고 19세기 유교권과의 충돌로 이어졌다고 볼 수 있다.

1. 동방 문제

문제의 성격

오토만 제국은 1453년 비잔티움 제국을 멸망시킨 이후 계속 유럽 본토로 진출하였는데 유럽 열강들이 이에 어떻게 대처하느냐 하는 것이 바로 동방 문제였다. 16세기에 이르러 오토만 제국은 대체로 다뉴브 강을 사이에 두고 유럽 열강과 대치하게 되자 많은 기독교인을 그의 신민(臣民)으로 보유하게 되어 문제는 복잡하게 되었다.

16세기 이후부터는 유럽 열강이 강성해졌는 데 반해 오토만 제국은 쇠퇴의 길을 걷게 되었다. 따라서 그때까지 오토만 제국의 유럽 진출을 저지하고 있던 오스트리아와 러시아가 도리어 오토만 제국에 대해 침략적인 정책을 추구하게 되었다. 이런 점에서 1699년 1월의 카를로비츠Karlowitz 조약은 획기적인 것이었다. 이 조약으로 오스트리아는 헝가리, 트란실바니아Transylvania, 크로아티아Croatia, 그리고 슬로베니아Slovenia 지방을 획득하였다. 한편 러시아는 남하정책을 계속해 1700년에는 아조프Azov 지방을 획득하였다. 그 후에도 오토만 제국을 향한 팽창이 계속돼 보스포루스-다르다넬스Bosphorus-Dardanelles 해협의 진출과 터키 내정에 간여할 수 있는 기반을 마련하였다. 이것이 유명한 쿠츠크 카이나르지Kuchuk Kainarji, Küçük Kaynarca 조약이다.

다뉴브 강의 실리스트리아Silistria 부근의 한 촌락인 쿠츠크 카이나르지에서 1774년 7월 러시아와 터키가 체결한 이 조약의 주요 내용은 다음과 같다. 러시아는 지금까지 터키가 배타적으로 관할하고 있던 흑해에서 자유로운 운행의 권리를 갖게 되었고 보스포루스-다르다넬스 해협을 통과할 권리도 획득하였다. 그리고 러시아는 콘스탄티노플에 그리스 정교 교회(正教教會)를 건립할 권리를 갖게 되었고 교회를 위해 러시아 정부는 터키 정부에 요구들을 제출할 권리를 획득하였다. 쿠추크 카이나르지 조약의 해석이 훗날 크림 전쟁의 불씨가 되었다. 이 밖에도 크림 반도의 주권은 터키에 속하지만 독립적으로 자치를 할 수 있게 되었고 몰다비아Moldavia와 왈라키아Wallachia를 다시 터키에 돌려주되 터키는 관대한 통치를 할 것을 약속하였다.

1798년 나폴레옹이 이집트를 점령하고 한때 시리아에 관심을 보였으나 나폴레옹 전쟁은 오토만 제국의 운명 자체와는 별로 관계가 없었다. 나폴레옹 전쟁의 와중에 러시아는 1806년부터 터키와 전쟁을 벌였고 1812년 부카레스트Bucharest 조약을 맺었다. 19세기에 들어와 두 나라가 치른 최초의 무력 충돌이었다. 이 전쟁의 결과로 러시아는 베사라비아Bessarabia를 다시 획득하였다.

터키는 빈 회의에 대표를 파견했지만 러시아의 희망에 따라 터키 문제에 관해서는 아무런 토의도 없었음은 이미 설명한 바 있다.

1774년 쿠츠크 카이나르지 조약 이후 오토만 제국의 팽창은 일단 저지돼 위축되었지만 그 영역은 실로 광활하였다. 발칸 반도뿐만 아니라 이라크, 아라비아 반도로부터 시작해 리비아에 이르는 전 지역이 그 영역에 속하였고 현재의 튀니지와 알제리 지역도 명분상 콘스탄티노플과 연결돼 있었다.

이런 방대한 지역을 보유한 오토만 제국이 약화되자 그 지역이 유럽 열강들의 팽창 대상이 되었다. 먼저 발칸 지역이 분쟁의 핵심으로 등장하였다. 발칸에서는 여러 종족들의 반목이 끊일 사이가 없었고 또 서로 유럽 열강들을 배후세력으로 갖고 있었기 때문에 문제는 매우 복잡하였다.

열강의 태도

유럽 열강 중에서도 러시아가 발칸 문제에 있어서 특수한 이익을 갖고 있었다. 이것은 러시아가 오랫동안 발칸 문제에 관여했다는 단순한 사실에 기인하는 것만은 아니다. 러시아는 그리스정교의 보호국이며 발칸 지역 주민의 대부분이 슬라브 인종이라는 두 측면에서 볼 때 러시아는 발칸 문제와 언제나 연결돼 있다.

오스트리아는 러시아와 함께 오토만 제국의 유럽 진출을 저지한 세력이었다. 그러나 오토만 제국이 쇠약해지자 발칸 지역에서 러시아와 경쟁하는 위치에 놓이게 되었다.

러시아와 오스트리아 다음으로 이 지역에 관심을 가진 나라는 프랑스였다. 프랑스는 가톨릭의 보호국이었다. 그런데 프랑스는 러시아의 해협진출 저지에는 영국과 공동보조를 취했으나 그 밖의 문제에 관해서는 서로 경쟁적인 입장에 있었다. 영국은 오토만 제국의 현상유지가 그 국익에 합치되는 것으로서 현상유지 정책의 충실한 이행자였다. 프로이센은 거의 이해관계를 갖고 있지 않았고 이 지역에 관심을 갖게 된 것은 한참 뒤인 비스마르크 퇴진 후의 일이다.

이런 열강의 각축은 1923년 오토만 제국이 붕괴되고 공화국 터키가 탄생됨에 따라 사라지게 된다. 그러나 제1차 세계대전 발발의 직접적인 계기가 발칸 문제에서 비롯되었듯이 이른바 동방 문제는 19세기 전 기간에 걸쳐서 유럽 외교의 한 핵심 문제였다.

2. 그리스 독립

그리스 문제

그리스의 독립은 1821년 3월 몰다비아와 모레아Morea 지방에서 일어난 독립운동을 시발점으로 해 1830년 2월 런던 회의에서 열강의 승인을 받을 때까지 10년이나 걸려서 쟁취되었다. 또 그것은 영국, 러시아, 프랑스가 벌인 그리스 독립 지지정책의 승리이기도 하다. 오토만 제국은 발칸에서 하나의 독립국가의 탄생을 인정하게 되어 19세기 동방 문제가 본격적으로 유럽 외교무대에 나타나게 되었다.

그리스 독립을 위한 비밀결사로서 입실란티A. Hypsilanti가 이끌고 있던 필리케 헤타이리아*Philiké Hetairia, Philikí Etaireía*는 1814년에 러시아 황제의 묵인으로 오데사에서 결성되었다. 1821년의 폭동도 이 비밀결사가 주도한 것이다. 이를 계기로 러시아가 발칸에 진출하게 되자 영국과 오스트리아가 우려해 당분간 그리스 문제가 거론되지 않는 것이 상책이라고 러시아는 판단하였다. 따라서 그리스 문제를 안건으로 하는 국제회의의 소집을 저지하였고 그리스 대표들이 베로나 회의에 참석하는 것을 반대하였다. 발칸 문제를 다루지 않는 대신에 스페인 문제를 다루게 된 사정은 이미 언급한 바 있다.

영국과 오스트리아는 베로나 회의에서 그리스의 합법적인 지배자는 오토만 제국의 황제라는 사실의 확인을 러시아로부터 받아내는 데 성공하였다. 그리고 러시아는 열강과 협의하지 않고 독자적인 행동을 취하지 않겠다고 약속하였다. 그리스 문제는 유럽 열강들의 국제 문제가 된 것이다.

영국 · 러시아 의정서(1826년 4월 4일)

베로나 회의를 마치고 본국에 돌아온 알렉산드르 1세의 태도는 돌변하였다. 그는 그리스 문제를 위한 국제회의의 개최를 다시 제안하였다. 1824년 봄과 1825년 봄 두 차례에 걸쳐 러시아에 주재하는 열강 대사들의 모임이 있었다. 그러나 영국은 이 회의의 참석 자체를 거부하였고 러시아의 구상이 열강의 동의를 받을 수 없어서 대사들의 회의는 아무런 결실을 보지 못하였다. 러시아의 구상은 그리스를 3개의 공국으로 나누고 이들 공국을 발칸의 다른 공국들과 같은 법적 지위를 갖게 하자는 것이었다. 즉 터키에 조공을 바치고 터키 수비대의 주둔을 허용하자는 것이었다. 그러나 열강들은 이런 구상은 사실상 그리스를 러시아의 보호지역으로 만들게 된다고 판단해 반대하였고 그리스도 거부하였다. 그리스는 1821년 1월에 이미 독립을 선언하였고 자유주의적인 헌법을 채택하고 있었다.

그러나 그리스 독립운동은 그 내분이 심각해 자체 분열이 일고 있었다. 이런 분위기에서 터키는 이집트의 모하메드 알리Mohammed Ali에게 그리스 독립운동의 진압을 요청하였다. 알리의 아들인 이브라힘Ibrahim은 1825년 2월 10만의 병력을 이끌고 모레아에 상륙하였다. 이제 그리스의 반군이 이브라힘의 군대를 장기간 대적할 수 있다고 믿는 사람은 아무도 없었다.

따라서 영국은 러시아와 직접 교섭하는 길을 택하였다. 1825년 12월 니콜라이Nikolai가 황제에 등극하는 것을 계기로 웰링턴을 러시아에 파견해 그리스 문제를 협상토록 하였다. 그 결과 1826년 4월 4일에 의정서가 성립되었다. 그리스는 터키의 종속국이지만 자치지역의 법적 지위를 갖는다는 내용이었다. 그리고 영국과 러시아는 이런 조건에 입각해 그리스와 터키의 중재를 맡겠다고 천명하였다. 이 의정서는 비록 양국의 합의였으나 다른 열강에도 통고하였다. 그러나 터키는 이브라힘의 승전 분위기에서 이 의정서에 의한 양국의 중재를 거절하였다.

러시아 · 터키 전쟁(1828~1829년)

터키가 중재를 거부하자 영국, 러시아, 프랑스 세 나라는 1827년 7월 6일 런던 조약을 체결하였다. 이 조약은 1개월 이내에 터키가 세 나라의 중재조건을 수락하지 않으면 그리스에 영사를 파견하겠다는 내용을 담고 비밀조항에서는 공동행동을 취할 것에 합의하였다. 그리스에 영사를 파견한다는 것은 그리스의 독립을 사실상 승인하는 것이었다. 그런데 터키 황제는 그리스 독립군을 반란군으로 간주했기 때문에 이들의 중재는 성공할 수 없게 되었고 이들 세 나라는 분쟁에 스스로 개입하게 되었다. 이런 분위기 속에서 발생한 것이 나바리노Navarino 만(灣) 사건이었다.

보급물자를 수송하는 이집트 함대들이 나바리노에 정박하고 있었는데 영국, 러시아, 프랑스의 함대가 1827년 10월 대부분의 이들 함대를 격침시켜 버렸다. 터키는 외국의 무력간섭에 반대한다고 선언하였고 세 나라 대사들은 모두 콘스탄티노플을 떠났다. 러시아는 1828년 4월 터키에 전쟁을 선포하였고 프랑스는 세 나라의 이름으로 유럽의 공동이익을 보호한다는 구실 아래 모레아에 원정군을 파견한다고 선언하였다.

전면전쟁으로까지는 발전하지 않았다. 러시아와 터키 사이에는 전투가 계속됐지만 다른 열강들은 평화적으로 문제를 해결해야 된다는 태도를 견지하였다.

러시아의 남진은 계속되고 1829년 8월에는 아드리아노플을 점령해 오토만 제국은 붕괴 직전에 이르게 되었다. 이에 터키는 협상에 임하지 않을 수 없게 되었다. 러시아도 그들 군대에 전염병이 만연돼 고통을 겪고 있었을 뿐 아니라 더 진격해 콘스탄티노플을 점령한다면 열강이 반드시 개입할 것을 알고 있었다. 따라서 러시아도 터키와 협상하게 되었다. 그리하여 9월 14일에 아드리아노플 조약이 체결되고 전쟁상태는 종식되었다.

아드리아노플 조약 제10조에 보면 터키가 1827년 7월의 런던 조약과 1829년 3월의 런던 의정서를 준수한다고 되어 있다. 런던 의정서는 영국, 러시아, 프랑스 세 나라가 그리스의 국경선을 정하고 그리스 국왕으로서는 이들 세 나라의 지배가문(支配家門)에 속하지 않는 기독교 군주를 추대한다는 내용이었다. 따라서 터키는 그리스의 독립을 국제법적으로 승인하게 되었다.

러시아와 터키 사이에 평화조약이 체결되자 그리스 문제는 1830년 2월 3일 런던 의정서의 채택으로 곧 해결되었다. 그런데 이 의정서가 규정한 국경선을 그리스는 거절하였다. 그리고 국왕으로 추대된 삭스 고부르그 가(家)의 레오폴드Leopold of Saxe-Goburg도 국왕의 자리를 거절하였다. 그리하여 그리스에서는 카포 디스트리아가 독재를 하게 되었다.

1832년 3월에 열강은 바바리아 국왕의 둘째 아들인 오토Otto를 그리스 국왕으로 선출하게 되었고 그리스의 국경도 볼로-아르타Volo-Arta 선까지 확장함으로써 타결을 보게 되었다.

3. 동방의 위기

제1차 위기(1832년 12월~1833년 7월)

그리스 독립 문제의 연장으로 이른바 동방의 위기들이 일어나게 되었다. 그리스 독립운동을 진압하기 위해 터키가 이집트의 지원을 요청한 것은 전술한 바와 같다. 모하메드 알리는 근대 이집트의 창시자라고 볼 수 있다. 군대의 근대화와 경제개혁을 추진하였고 그러한 근대화 정책수행에 유럽의 고문단과 기술자들을 초빙했는데 이들의 대부분은 프랑스인이었다.

알리는 그리스 반군 진압의 대가로 모레아의 관할권pashalik을 요구하였다. 그러나 그리스의 독립으로 모레아가 그리스 영토가 되자 알리는 시리아의 관할권을 대신 요구하고 나섰고 이 문제로 터키와 전쟁을 하게 되었다. 1832년 12월 코니아Koniah, Kongà의 전투에서 이집트 군이 터키의 주력부대를 대파함으로써 오토만 제국은 붕괴 위험에 직면하였다.

오토만 제국의 전면적인 개편은 유럽 열강의 합의를 거치지 않고 이루어질 수 있는 일이 아니었다. 그리스 독립 이후 영국과 러시아는 오토만 제국의 현상유지에 관해 일종의 묵시적인 합의를 갖고 있었다. 그리고 프랑스도 비록 이집트에서 큰 이익을 갖고 있지만 오토만 제국의 와해 자체를 바라고 있지는 않았다.

붕괴 직전의 터키를 구원해 준 것은 러시아였다. 터키 지원을 선언하고 1833년 2월에는 러시아 함대가 해협에 출현하였다. 러시아의 이런 움직임에 영국과 프랑스가 좌시할 수는 없었다. 양국은 4월에 함대를 스미르나Smyrna에 파견하였고 터키와 이집트의 중재를 자청하고 나섰다. 터키는 열강의 요구에 응하지 않을 수 없었다.

열강의 간섭에 특이한 점은 프랑스는 이집트에 우호적인 입장에서 간여하였고 러시아는 터키를 지원하는 입장에서 개입했다는 점이다. 그 결과로 이집트는 시리아의 관할권을 갖게 되었고 터키는 더욱더 러시아에 의존하게 되었다.

운키아르 스켈레시 조약(1833년 7월 8일)과 뮌헨그래츠 합의(1833년 9월 18일)

분쟁이 해결되자 러시아 함대는 철수했으나 빈손으로 돌아가지는 않았다. 터키와 운키아르 스켈레시Unkiar Skelessi, Hünkar Iskelesi 조약을 체결하였다. 이 조약은 일종의 동맹

조약이었으나 러시아의 이익을 반영하였다. 두 나라 중 한 나라가 공격을 받는 경우 다른 나라는 육·해군의 지원을 제공하기로 합의하였다. 그러나 터키는 이런 군사적 지원의 대가로 모든 외국 군함에게 해협을 폐쇄하는 조치를 취하기로 비밀조항에서 규정하였다. 이 조약은 8년간 효력을 갖도록 하였다.

한편 러시아는 오스트리아와도 뮌헨그래츠Münchengrätz 합의를 체결하였다. 여기에서 오스트리아는 오토만 제국에 대한 러시아의 정책을 지지하고 러시아는 중앙 유럽에서 오스트리아 정책을 지지하기로 합의하였다. 그리고 오토만 제국의 분할은 사전에 양국이 합의해야 된다고 규정하였다.

러시아의 이런 진출에 대해 영국이 불만을 느끼고 있었음은 물론이다. 그러나 당시 영국은 이베리아 반도 문제에 몰두하고 있었기 때문에 러시아에 대해 강경하게 대처하지 못하였다. 이베리아 반도 문제란 스페인과 포르투갈의 국왕계승 문제를 가리킨다. 프랑스 군대의 개입으로 다시 왕위에 오른 스페인 국왕 페르디난드 7세가 1833년 9월에 사망하자 살리 법Salic law에 따라 그의 동생인 돈 카를로스Don Carlos가 왕위를 계승하게 되어 있었지만 왕후인 크리스티나Christina가 그의 딸 이사벨라Isabella에게 왕위를 계승시키기 위해 자유주의 세력을 규합하고 정권을 장악하였다. 포르투갈에서도 비슷한 상황이 전개되었다. 국왕인 존John이 1826년에 사망하면서 브라질에 있던 돔 페드로Dom Pedro에게 왕위를 물려주려고 했으나 페드로가 사양하고 딸인 마리아Maria에게 왕위를 물려주고 자유주의 헌법을 채택하였다. 그런데 그의 동생인 돔 미겔Dom Miguel에게 섭정을 맡긴 것이 불씨가 되었다. 돔 미겔은 자신이 국왕이 되려고 쿠데타를 일으켰기 때문이다. 결국 1833년에 마리아가 국왕으로 복위되었다. 이런 이베리아 반도의 국왕계승 문제에 대해 영국과 프랑스는 자유주의 세력인 크리스티나와 마리아를 적극 지원하였다.

따라서 영국의 파머스턴 외상은 러시아의 진출에 관망하는 정책을 취하게 되었고 러시아도 그들의 유리한 입장을 최대한 이용하려고 하지 않고 온건한 정책을 취하였다. 따라서 1830년대 후반의 동방은 비교적 조용하였다.

제2차 위기(1839년 4월~1840년 10월)

터키 황제 마흐무드Mahmud 2세는 1832년의 굴욕을 설욕하기 위해 부국강병정책을 추진하였다. 육군은 프로이센의, 해군은 영국의 자문을 받아 군사개혁을 단행하였다. 그리하여 터키는 자국 군대의 군사력을 과신하고 1839년 4월 이집트의 관할하에 있던 시리아를 공격하여 두 번째의 동방위기가 발발하게 되었다. 그러나 전세는 터키의 기대와는 정반대였다. 6월 네시브Nesib 전투에서 이집트의 이브라힘이 대승하였고 7월에 이르러서는 터키 함대가 자진해 이집트에 투항하는 사태가 발생하였다.

열강의 태도와 영국 · 프랑스의 대립

열강은 이런 사태에 대해 처음에는 공동으로 대처하였다. 1839년 7월 영국, 프랑스, 러시아, 오스트리아 그리고 프로이센 5개국은 동방 문제에 관해 자신들은 의견의 일치를 보고 있으며 자신들의 동의 없이는 어떠한 결정도 하지 말 것을 터키에 통고하였다. 그러나 5개국은 곧 의견의 일치를 보지 못했고 특히 영국과 프랑스의 불화가 심각해졌다. 프랑스는 당초부터 시리아를 이집트에게 주려는 입장이었던 반면에 영국은 터키에게 돌려주어야 한다는 입장이었다.

이와 같은 양국의 불화는 프랑스에 티에르L.A. Thiers 내각이 들어서면서 더욱 심화되었다. 티에르는 터키로부터 양보를 얻어내 이집트의 시리아 관할권을 기정사실로 만들어 버리려는 강경한 정책을 택하였다. 그는 알리에게 열강의 어떠한 제안도 거부하라고 촉구하였다. 프랑스는 1830년 알제 점령 이후로 지중해에서의 이익을 인식하기 시작하였다. 그리고 국내에서 루이 필립이 외교정책 면에서 후퇴했다는 비난을 받고 있었기 때문에 적극적인 외교정책의 과시가 필요하였다.

영국으로서는 프랑스의 알제 점령은 묵과할 수 있었으나 알제-나일-시리아로 연결되는 지역에서 프랑스의 영향력이 확대되는 것을 그냥 두고 볼 순 없었다. 이에 파머스턴 외상은 단호하게 대처하였다. 프랑스를 제외한 영국, 러시아, 오스트리아, 프로이센 4국만이 1840년 7월 15일 런던 조약을 체결하였고 이 사실을 알리에게 통고하였다. 이것은 알리에게 보낸 최후통첩과 같은 것이었다. 그 내용은 다음과 같다. 알리는 이집트와 남부 시리아의 세습적인 지배자로서의 지위를 가진다. 그러나 크레타Creta 섬, 북부 시리아, 메카Mecca, 메디나Medina는 포기해야 하며 억류한 터키 함대도 반환해야 한다. 만일 이집트가 이 제안을 10일 이내에 수락하지 않으면 남부 시리아 보유의 제안은 철회한다. 그리고 또다시 10일 이내에 이 제안을 수락하지 않는다면 모든 것은 철회되고 터키 황제는 다른 필요한 조치를 취할 자유를 가진다.

이 조약이 파리에 알려지자 프랑스에서는 일대 소란이 일어났다. 티에르는 영국이 예전의 나폴레옹에 반대했던 연합전선을 다시 부활시키고 있다고 비난하였다. 프랑스의 여론도 흥분하였다. 전쟁이 임박하고 있다고 유럽의 신문들은 전했다. 알리는 프랑스의 지원을 믿고 4국의 제안을 거절하였다.

1840년 8월 영국 함대가 시리아 연안에 출동하였고 9월에는 베이루트 포격이 시작되었다. 프랑스는 전쟁이냐 평화냐를 선택해야 할 시점에 도달하였다. 루이 필립은 10월에 티에르를 사임시키고 그 후임에 친영론자인 기조F.P.G. Guizot를 외상에 기용함으로써 전운이 겨우 사라지게 되었다.

한편 알리는 시리아로부터 철수하지 않을 수 없었고 영국 함대는 알렉산드리아Alexandria에 출동하였다. 알리는 영국에 굴복하지 않을 수 없었다. 내피어C. Napier 제독은 11월에 알리와 알렉산드리아 협정을 체결하였다. 이집트는 시리아에 대한 주장을 포기하고 터키 함대를 반환하며 알리는 이집트의 세습군주로 만족해야만 하였다.

프랑스를 다시 유럽협조체제에 복귀시키는 일만이 남게 되었다. 이집트 문제와는 별개인 해협 문제로 5국이 합의하는 형식으로 자연스럽게 이루어졌다. 1841년 7월의 해협조약이 그것이다. 평시에 터키는 모든 외국 군함에 해협을 폐쇄하고 터키가 전쟁상태에 있는 경우 그의 동맹국 함대에게만 출입이 허용된다는 내용이었다.

제2차 동방 위기는 영국의 완전한 승리로 끝났다. 러시아의 우월한 지위는 일단 물러나고 유럽 전체가 오토만 제국을 감독하게 되었고 그 영토보전도 유럽 전체의 관심사가 된 것은 특기할 만한 일이다.

제 2 절 크림 전쟁

1853~1856년 영국, 프랑스, 사르디니아, 터키의 연합군이 러시아를 침공한 사건은 유럽 문명권과 슬라브 문명권의 투쟁을 웅변적으로 나타내는 무력 충돌이었다. 표트르 대제가 17세기 초 서유럽을 방문한 이후 러시아의 근대화에 박차를 가하였으나 유럽 세계의 안목으로는 한갓 야만인의 나라에 불과하였다.

그러나 나폴레옹을 타파한 것은 영국의 돈줄과 함께 러시아의 기병들이었다. 러시아 황제는 유럽을 구원한 구세주로 추앙되었고 그가 파리에 입성한 것을 기념한 '알렉산드르 1세의 다리'는 지금도 파리의 센 강 다리 중 가장 아름다운 곳이다. 빈 회의 이후 한동안 유럽 전역에는 러시아 군대들이 주둔하였고 이들 군대가 철수하면 유럽의 정세는 불안하다고 아부하는 서유럽 정치인들이 차르 주위에 넘쳐났다. 신성동맹은 이런 분위기에서 탄생한 러시아적인 유럽 개편안이었다.

서유럽 세계에게는 이런 일은 하나의 모욕이었다. 그러면서도 러시아에 대한 공포가 자리잡게 되었다. 이런 공포 의식은 1991년 구소련의 해체 시기까지 지속된다. 1815년 이후 정치적으로나 경제적으로 급성장하는 러시아에 대해 서유럽 세계는 위기의식을 갖게 되었다. 크림 전쟁은 러시아에 대한 예방전쟁의 성격을 지니고 있는 슬라브 봉쇄containment 정책의 무력적인 표현이다. 크림 전쟁을 '승려들의 전쟁,' '가장 불필요했던 전쟁'으로 묘사하는 것은 서유럽 세계의 이런 침략적인 의도를 은폐하는 이론에 불과하다.

아무런 이유도 없이 조국이 외국 군대에 의해 유린당하는 것은 러시아 지식인으로서는 참을 수 없는 일이었다. 니콜라이 다닐레프스키Nikolai Ya. Danilevsky(1822~1885)의 『러시아와 유럽』(초판 1871년, 6판 1995년)은 유럽 세계가 왜 슬라브 공동체를 공격하고 핍박하는지 비교문명권의 입장에서 설명한 울분의 저서이다. 이 책은 구소련 붕괴 이후 현재 러시아 사람들의 정신적 위안이 되고 있다.

다닐레프스키는 유럽 세계가 슬라브 문명권에 저항하는 데에 필요하다면 언제라도 이교도를 이용한다고 역설한 바 있다. 크림 전쟁에 터키가 참전한 대가로 오토만 제국은 1856년 파리 조약 제7조에 의해 유럽 국제사회의 구성원이 되는 혜택을 받는다. 그러나 지금 터키의 유럽 연합EU 가입 문제에서 보듯이 이슬람 국가인 터키에 대해 강력한 회의(懷疑)가 유럽인의 정신구조 속에 자리하고 있는 것을 우리들은 보고 있다.

1. 전쟁 원인론

성지관할 문제

크림Krym, Crimea 전쟁의 원인에 관해서는 후술하는 바와 같이 여러 가지 견해가 있다. 그러나 그 직접적인 발단은 이른바 성지관할(聖地管轄) 문제였다. 따라서 먼저 이 문제를 살펴보기로 한다.

로마 가톨릭의 보호국인 프랑스가 성지관할의 특권을 얻게 된 것은 18세기 중엽 오토만 제국과 체결한 일련의 영사재판 조약들에서 비롯되었다. 이들 조약에 의해 프랑스는 오토만 제국에 있는 로마 가톨릭 시설에 대한 보호권과 팔레스타인에 있는 성지들의 감독권을 보유하게 되었다.

한편 러시아도 그리스정교에 관해 이와 유사한 특권을 갖고 있었다. 이런 특권이 규정되었다는 1774년의 쿠츠크 카이나르지 조약의 해석은 후술하는 바와 같이 간단한 문제는 아니다. 그런데 그리스정교의 신도 수는 그 후 계속 증가해 로마 가톨릭교도를 훨씬 능가하였고 팔레스타인의 성지관할도 사실상 그리스정교로 넘어가게 되었다.

이로부터 양측은 여러 가지 종교의식을 둘러싸고 분규가 발생하게 되었다. 어느 편이 어떤 교회에서 먼저 미사를 집행할 수 있는가, 어느 편이 등불을 들 것인가, 어느 편이 먼저 어떤 문을 통과할 것인가 하는 문제들이었다.

프랑스 정부는 이런 종교의식 문제에는 침묵을 지켜 오다가 1840년대 이후 레반트Levant 지방에 프랑스 가톨릭 신부들이 증가하면서 다시 문제가 발생하였다. 더욱이 국내

정치 기반을 가톨릭 세력에 의존하게 된 나폴레옹 3세가 이 문제를 들고 나옴으로써 심각한 국제정치 문제가 되었다.

그러나 이 문제는 간혹 묘사되고 있듯이 단순한 종교의식 차원의 사소한 문제는 결코 아니었다. 그것은 당시 오토만 제국의 정치 · 종교제도에서 볼 때 가장 큰 정치적인 문제와 연결돼 있었다.

밀레트Millet

터키어로 '같은 종교를 믿는 사람들'을 의미하는 '밀레트'는 오토만 제국의 독특한 정치제도를 지칭한다.

오토만 제국에서는 상당한 규모의 종교단체들이 이른바 밀레트라고 칭하는 공동체로 구성돼 있었는데 이들은 지역적인 단위가 아니라 오토만 제국 전역에 흩어져 있는 같은 종교에 속하는 모든 사람들을 포괄하였다. 이 밀레트들은 자신의 법정, 감옥, 학교, 병원 등을 소유하였다. 또 술탄을 위해 세금을 징수할 권리가 있을 뿐 아니라 자체의 지출을 위해 세금을 부과할 권리도 있었다. 이렇게 볼 때 밀레트는 술탄의 세속적인 지배의 한 도구라고 볼 수 있다. 그리스정교의 신도들은 오래전부터 밀레트로 인정돼 왔으나 로마 가톨릭교도들은 1847년에 이르러서야 그런 인정을 받게 되었다.

1844년에 실시된 인구통계에 의하면 그리스정교도 수는 1,300만 명으로 오토만 제국 전체 인구의 3분의 1에 해당되는 방대한 숫자인데 로마 가톨릭교도는 불과 100만 명에도 미치지 못하였다. 비록 이 인구통계가 정확한 것은 못 된다 하더라도 대체적인 추세는 알 수 있다. 이렇게 볼 때 그리스정교의 수장(首長)인 콘스탄티노플의 총주교(總主教)patriach가 갖고 있던 엄청난 권한을 쉽게 이해할 수 있다.

총주교는 종무원(宗務院)synod에서 선출되지만 술탄의 인준을 받도록 돼 있었다. 따라서 이런 인준을 받기 위해서는 술탄에게 많은 헌금을 바쳐야만 했다. 그리고 총주교는 또 그 나름대로 그들 하부조직으로부터 금품헌납을 요구하였다. 이렇게 볼 때 총주교를 변경한다는 것은 술탄에게는 돈줄이 되는 것이었다. 15세기 이후 오토만 제국이 멸망할 때까지 총주교는 모두 159명이었는데 그중에서 132명이 그 직에서 추출됐거나 또는 강제로 퇴위를 당해 임기를 제대로 마치지 못하였다. 따라서 오토만 제국 내에 있는 그리스정교의 보호자로 자처하는 러시아의 요구는 매우 민감한 사안이었다.

프랑스의 성지관할 요구

프랑스가 그리스정교에 사실상 부여된 성지관할권을 다시 들고 나온 것은 단순한 종교적인 차원의 문제는 아니다. 이 지역에서 러시아의 영향력을 추출하거나 그것에 대항하려는 도전이 아닐 수 없다. 나폴레옹 3세는 실추된 프랑스의 명예와 영광을 되찾는 것을 정치슬로건으로 들고 나왔다. 그리하여 1851년 5월 라 발레트La Valette를 콘스탄티노플에 특사로 파견해 근 1세기 동안 거론치 않았던 성지관할권을 요구하고 나섰다.

터키 정부는 이 문제가 러시아의 근본적인 이익에 관계되고 있음을 잘 알고 있었다. 따라서 프랑스는 그들의 요구를 관철키 위해 터키 정부에 협박도 하고 러시아의 반대가 있는 경우 터키를 지원하겠노라고 부추기기도 하였다. 터키 정부는 결국 1852년 12월 프랑스의 모든 요구를 수락하였다. 이 기회에 프랑스의 지원을 배경으로 수세기에 걸친 러시아의 위협을 제거하려는 목적도 없지 않았다.

이와 같은 술탄의 결정은 러시아로서는 묵과할 수 없었다. 러시아는 그리스정교의 기득권 회복과 이에 관한 새로운 조약의 체결을 위해 1853년 2월 멘시코프A.S. Menshikov를 특사로 콘스탄티노플에 파견하였다. 프랑스는 3월 사이프러스 섬 동쪽에 있는 살라미스Salamis까지 해군을 출동시켰고 4월 초 영국의 주전론자 스트랫퍼드Stratford Canning가 터키 주재 대사로 부임하였다. 러시아가 5월 말 다뉴브 공국인 몰다비아와 왈라키아의 점령을 선언하자 영국의 지원을 받은 터키 정부는 10월 드디어 러시아에 전쟁을 선포해 크림전쟁이 시작되었다.

이렇게 발발된 이 전쟁을 19세기 대부분의 역사가들은 종교전쟁으로 취급하였다. '승려들의 다툼', '가장 불필요했던 전쟁'으로 묘사하기도 하였다. 이런 견해는 19세기 역사서술의 특징이다. 그러나 현재 크림 전쟁을 단순한 종교전쟁으로 보는 견해는 극히 드물다. 다른 전쟁의 경우와 같이 크림 전쟁의 원인에 관해서도 여러 가지 견해가 있는데 이들을 요약하면 다음과 같다.

러시아 정부 또는 영국 정부에 책임이 있다는 견해

크림 전쟁을 러시아의 남진정책의 소산으로 보고 전쟁의 책임이 러시아 정부에 있다는 견해가 있다. 러시아나 구소련 학자들을 제외한 유럽과 미국의 대다수 학자들이 이런 견해를 견지하고 있으며 특히 친프랑스 학자들이 전통적으로 이런 입장을 옹호하고 있다. 들로르T. Delord, 루세C. Rousset, 드리오E. Driault 등의 오래된 연구로부터 시작해 최근 알

브레흐트-카리에R. Albrecht-Carrié, 르누뱅P. Renouvin 등이 그 대표적인 지지자들이다.

이들에 의하면 러시아는 특히 1840년대에 들어오면서 적극적인 남하정책을 추진했다는 것이다. 경제적인 활동을 보면 1830년 이래로 오데사Odessa 등 흑해의 항구들을 통한 무역이 발전하기 시작하였다. 1840년의 보리 수출은 1832년의 수출량보다 2배 증가되었다. 그리고 그리스정교의 보호권 확립에 박차를 가하였다. 1843년에는 페테르스부르크 소재 종교 아카데미에서는 시리아와 팔레스타인 지방에 신부들을 파견하기 시작하였다. 뿐만 아니라 오토만 제국 내정에 대한 간섭이 자주 일어났다. 1848년 몰다비아, 왈라키아 등지에서 일어난 자유주의 운동을 러시아가 신속히 진압한 것은 술탄을 위한 조치가 아니라 이들 공국이 그래도 명분상 술탄의 주권하에 있는 것이 러시아가 이 지방을 통제하기 편리하기 때문이었다. 이와 같이 오토만 제국에 대한 정치 · 경제 · 종교적인 팽창의 결과로 영국 · 프랑스와 충돌하게 되어 전쟁이 발발했다는 것이다.

반대로 전쟁 발발의 책임이 영국 정부에 있다는 견해가 오래전부터 있어 왔다. 영국이 중근동 지방의 경제적인 이익을 옹호하기 위해 전쟁을 일으켰다는 경제적인 해석은 퍼리어S.J. Puryear의 연구에 이미 나타나 있다. 드로J. Droz도 크림 전쟁의 기원을 러시아와 서유럽 국가들의 전통적인 적대감의 결과로 보고 있는데, 특히 1838년 영국 · 터키의 무역조약 그리고 보리 수출 항구로서 오데사의 발전 등으로 영국과 러시아가 경제적으로 대립하게 된 것을 전쟁의 원인으로 삼고 있다.

영국의 경제진출이라는 단순한 경제요인을 중요시하지 않더라도 당시 영국 정부의 외교정책 수립이나 그 집행과정에서 나타난 혼미한 상태가 적어도 전쟁의 한 원인이 됐다는 것을 인정하는 학자들이 많다. 당초 애버딘Aberdeen 내각은 친러시아적인 태도를 보였기 때문에 러시아로 하여금 터키 문제에 있어서 영국의 지원을 기대토록 하였다. 그 후 한동안 영국 내각은 동방 문제에 관해 의견의 통일을 보지 못한 상태로 있기도 하였다. 주전론자인 파머스턴과 러셀J. Russell이 영국 내각을 좌우하게 되었고 여론도 반러시아로 기울게 되면서 크림 전쟁이 발발했다는 것이다.

구소련의 학자들은 영국과 프랑스가 중근동 지방에 진출한 경제적인 팽창에서 전쟁의 원인을 찾고 있음은 물론이다.

나폴레옹 3세 또는 스트랫퍼드에게 책임이 있다는 견해

킹레이크A.W. Kinglake의 고전적인 연구에서 보듯이 나폴레옹 3세의 전쟁책임론이 오래전부터 있었다. 그러나 나폴레옹 3세가 처음부터 전쟁의 도발을 획책했다고는 볼 수 없을 것이다. 그에게 책임이 있다면 그가 기존 국제정치 질서를 변혁시키려고 한 점과 성지관할 문제를 처음으로 거론한 사실 그리고 후술하는 바와 같이 프랑스 내각의 반대에도 불구하고 해군을 살라미스까지 출동시킨 결정 등일 것이다.

러시아의 니콜라이 1세도 한동안 그의 팽창주의적인 정책과 태도로 비판받았으나 플로린스키M. Florinsky의 연구에서 보듯이 그의 오토만 제국에 대한 정책은 근본적으로 현상유지에 있다고 보는 견해들이 많다.

전쟁책임과 관련해 현재까지 가장 논란의 대상이 되고 있는 인물이 콘스탄티노플 주재 영국대사였던 스트랫퍼드이다. 그는 사촌형인 조지 캐닝의 도움으로 대학 시절에 이미 외무성에 일자리를 얻었다. 그는 12년 동안이나 국회의원 생활을 했지만 그의 명성은 오랜 외교관 생활을 통해 얻어졌다. 그는 근 24년을 터키 주재 외교관으로 보냈으며 영국 정치인 중에서 오토만 제국 문제에 가장 정통한 사람으로 알려져 있었다. 그가 1832년 러시아 대사로 임명되자 러시아 정부는 그가 평소 갖고 있던 반러시아적인 태도를 이유로 아그레망agrément을 거부하였다. 이 문제를 계기로 그는 더욱 반러시아적인 입장을 갖게 되었다. 그는 외상이 아니면 프랑스 주재 대사의 자리를 희망했으나 그 어느 것도 얻지 못하고 작위만을 받았다. 그런데 동방 문제가 다시 시끄러워지자 애버딘 내각은 1853년에 그를 다시 콘스탄티노플 대사로 임명하였다. 친러시아적인 애버딘이 반러시아적인 인물인 그를 터키 대사로 임명한 이유에 관해서는 여러 해석이 있다. 아마 애버딘 내각은 골치 아픈 인물을 먼 곳으로 보내려고 했는지도 모른다.

하여간 그가 임지에 부임하면서 터키 정부의 모든 외교정책 결정은 그와 사전에 협의하게 되었다. 그가 이런 지위를 이용해 터키 정부로 하여금 러시아에 적대적인 정책을 취하게끔 했다고 많은 학자들이 비판하고 있다. 일반적으로 외교사가들은 그를 기만적이고 위압적인 인물이며 표리부동할 뿐 아니라 본국 정부의 훈령까지도 교묘히 무시한 외교관으로 묘사하고 있다.

이와 같은 일반적인 견해는 영국의 유명한 외교사학자인 템펄리H. Temperley에 의해 처음으로 반박되기 시작하였다. 허클레스J.L. Herkless의 연구도 같은 취지의 논문이다. 이들에 의하면 스트랫퍼드는 기만적인 인물이 아니었으며 분쟁을 일으키려고 터키 대사를 수락한 것도 아니라는 것이다. 또 후술할 빈 노트를 터키 정부에 제시하면서도 그 수락을 성의껏 설득했으며 영국 함대의 파견도 끝까지 반대했다고 한다. 그가 콘스탄티노플에 파견된 것은 여론의 힘에 의한 것이었으나 그는 결코 이런 세력을 이용하지도 않았다. 그가 내각과 충돌하게 된 것은 서로 각자가 무엇을 하고 있는가에 대한 오해가 있었기 때문이라는 것이다. 영국 내각이 그의 동기를 의심했기 때문에 역사가들이 계속 전쟁의 책임을 그에게 묻고 있는 것이라고 말하고 있다. 이처럼 일각에서 스트랫퍼드의 명예회복을 위한 노력이 있기는 하지만 일반적으로는 전쟁에 이르게 되는 과정에서 그의 책임이 크다고 보고 있다.

전쟁의 우발적인 성격을 강조하는 견해

크림 전쟁의 발발은 그 누구의 책임도 아니며 열강들이 우연히 전쟁에 휩싸이게 됐다는 전쟁의 우발성을 강조하는 견해가 있다. 전쟁은 결코 사전에 계획되지도 않았고 열강들이 평화를 유지하기 위해 진지하게 노력했음에도 불구하고 전쟁이 발발하게 됐다는 것이다. 마틴K. Martin, 모니에L. Monnier, 위첼D. Wetzel 등의 연구가 이에 속한다.

러시아에 대한 예방 전쟁으로 보는 견해

크림 전쟁은 서유럽 세력이 갖고 있던 러시아 공포로 말미암아 발발됐다는 것이다. 러시아에 대한 잠재적이고 전통적인 공포가 특히 2월 혁명 이후로 현실적인 위험으로 인식되면서 러시아를 영구히 약화시키려는 영국, 프랑스의 예방전쟁의 성격을 띠고 있다고 보고 있다. 이런 점에서 크림 전쟁은 최초의 대(對)러시아 봉쇄정책의 소산이라는 것이다.

따라서 크림 전쟁은 초기단계의 냉전이며 반러시아 전쟁이라는 것이다. 2월 혁명 이후 유럽 대륙이 프랑스의 영향으로 다시 혁명의 소용돌이에 휩싸이든지 또는 러시아의 코작기병에 의해 점령되든지 두 가지 길 중의 하나가 될 가능성이 현실화된 마당에서 영국이 유럽의 코작화(化)를 예방한 전쟁이 바로 크림 전쟁이라는 것이다. 테일러A.J.P. Taylor, 리치N. Rich 등이 주장하고 있는 견해이다.

크림 전쟁은 여러 가지 요인들이 복합적으로 작용해 발발하였다. 비록 예방전쟁적인 성격을 띠고 있다 하더라도 당시 영국 · 러시아 정부의 미숙한 외교정책 수행, 나폴레옹 3세의 도전적인 외교활동, 스트랫퍼드의 호전적인 활동, 그리고 특히 영국 여론의 충동 등이 전쟁발발의 원인이 되었을 것이다.

2. 전쟁으로 가는 외교

차르와 세이무어G. Seymour 회견(1853년 1~2월)

1852년 12월 터키 정부가 프랑스의 요구를 수락하자 니콜라이 1세는 러시아 남부지방에 주둔한 병력에 동원령을 내리고 흑해 해군을 경비태세에 들어가도록 하였다. 그는 이를 계기로 오토만 제국을 분할하려는 생각도 했으나 외상 네셀로데의 반대로 취소하였다. 그리고 외상의 건의에 따라 터키에 특사를 파견해 문제를 해결키로 결정하였다. 고위 인사를 특사로 파견하고 위협적인 교섭을 강행한다면 터키는 반드시 러시아의 요구를 수락할 것이라고 판단하였다.

니콜라이 1세는 이런 특사 파견이 성공을 거두려면 먼저 영국의 협력이 필요하다고 판단해 러시아 주재 영국 대사 세이무어와 수차례에 걸쳐 회견하였다. 차르는 처음 러시아는 영토의 야망이 전혀 없다는 점을 강조해 영국을 안심시키는 데 성공하였다. 그런데 2월에 들어서자 차르는 개인의 견해임을 전제로 오토만 제국의 분할을 거론하였다. 세르비아와 불가리아를 독립국가로 만들고 영국은 이집트를 보유한다는 내용이었다. 그런데 당시 다뉴브 공국인 몰다비아와 왈라키아는 러시아의 영향권에 속해 있었기 때문에 영국은 이런 구상이 발칸 반도를 사실상 러시아 영향권 밑에 두려는 계획으로 받아들였다. 니콜라이 1세는 자신의 계획에 오스트리아도 동의하고 있다고 암시하였다.

외교사가들은 이 두 사람의 회견을 매우 중시해 왔다. 영국이 세이무어의 보고를 받고 반러시아 정책으로 급선회했다고 설명하고 있다. 그러나 당시 애버딘 내각은 그의 보고에 그다지 큰 비중을 두지 않았으며 영국이 반러시아 정책을 취하게 된 것은 그 후 파머스턴이 내각을 주도하고 난 다음이었다.

멘시코프의 파견(1853년 2~5월)

러시아는 영국 정부와 아무런 타협도 보지 못한 상황에서 터키와 교섭에 들어가게 되었다. 특사의 요건인 황제 측근으로서 고위 인사이며 위압적인 외모 등을 모두 갖춘 멘시코프A.S. Menshikov가 특사로 선임되었다. 1805년 외무성에 들어간 이래 그는 외무성과 군부의 요직을 맡았고 핀란드 총독으로 있다가 이번에 특사로 임명되었다. 터키와의 미묘한 외교교섭에 군인의 배경을 갖고 있는 그를 선출한 것이 잘못이었다는 비판이 있다. 그러나 그의 임무는 교섭이 아니라 위협에 있었다.

멘시코프가 받은 훈령의 내용을 보면 당시 러시아의 터키 정책을 알 수 있다. 이 훈령은 형식상 외무성이 작성한 것이지만 그 내용은 니콜라이 1세의 견해를 반영하고 있는 것으로 알려져 있다. 그 주요 내용은 다음과 같다.

(1) 오토만 제국에 있어서 러시아 권리를 다시 확인하고 프랑스에 허용한 양보를 취소시킬 것.
(2) 러시아는 결코 새로운 것을 요구하고 있는 것이 아니라 수세기 동안 보유해 온 권리와 특권을 요구하고 있을 뿐이란 것을 주지시킬 것.
(3) 이런 권리와 특권을 규정하는 새로운 조약을 터키와 체결할 것. 이 조약에는 "오래전부터 그리스정교에 주어진 면제, 권리 그리고 자유"를 명백히 규정하고 "러시아 대신들은 과거와 같이 앞으로도 콘스탄티노플과 그 외 지역의 교회와 성직자들을 위하여 대변할 권리가 있음"을 분명히 할 것.
(4) 총주교를 위시한 모든 교회 지도자들은 자유로이 선출되고 그들은 직무수행에 아무런 방해도 받지 않으며 특히 총주교들은 종신으로 임명토록 할 것.
(5) 터키가 이런 조건을 거절하면 외교관계의 단절을 경고하고 그래도 3일 이내에 수락치 않으면 콘스탄티노플을 떠날 것.
(6) 만일 터키가 프랑스의 보복을 두려워한다면 대(對)프랑스 동맹을 제의할 수 있음.

이런 훈령의 내용이 당시 오토만 제국의 밀레트 제도와 관련해 생각해 볼 때 엄청난 요구임은 말할 필요도 없다.

멘시코프 훈령의 문제점

그런데 이와 같은 내용의 훈령이 단순히 기득권을 확인한 것에 그치는 것인가, 다시 말하자면 이런 내용이 러시아와 터키의 기존 조약들에 과연 규정돼 있었는가 하는 문제가 있다. 러시아가 기존 조약으로 제시하고 있는 것은 1774년 쿠츠크 카이나르지 조약과 1829년의 아드리아노플 조약이었다. 그러나 후자는 기독교 보호에 관해서는 아무런 언급이 없고 단지 기왕의 조약들을 확인한다는 것만을 말하고 있다. 문제는 쿠츠크 카이나르지 조약의 제7조인데 이 조항도 실은 새로 건립될 교회에 관련된 것이다. 그 내용은 다음과 같다.

오토만 제국은 기독교와 그 교회들을 항상 보호할 것을 약속하며 러시아 제국 왕정의 대신들이 콘스탄티노플에 건립될 교회와 이 교회에서 근무하는 사람들을 위하여 대변할 수 있음을 동의하고 이런 대변이 진정한 우호적인 인접 국가의 이름으로 신뢰할 만한 사람으로부터 나온 것으로 받아들일 것을 약속하는 바이다.

이와 같이 미비하고 불명확한 규정에도 불구하고 니콜라이 1세와 네셀로데 외상은 오토만 제국의 모든 그리스정교 교회와 교도들을 위해 대변할 수 있는 조약상의 권리를 러시아가 보유한다고 믿었다. 러시아 외무성 관계자가 쿠츠크 카이나르지 조약의 내용을 확대 해석해 보고했기 때문이다.

훈령의 구체적인 내용이 열강에게 중요한 것은 아니었다. 열강들이 중요하게 생각한 것은 러시아가 터키에게 새로운 조약을 요구한 사실 자체였고 그런 조약으로 터키가 러시아의 보호 밑에 들어가지 않느냐 하는 우려에 있었다. 따라서 열강들은 그런 위험이 있다고 크게 선전하였다.

스트랫퍼드와 멘시코프

멘시코프는 콘스탄티노플에 도착한 후 터키 외상인 후아올 에펜디Fuaol Effendi를 방문조차 하지 않았다. 그가 프랑스에 모든 것을 양보한 장본인이라는 이유에서였다. 결국 외상이 경질돼 리파트 파사Rifaat Pasha가 그 후임이 되었다. 그러나 터키 정부는 지연 전술을 쓰면서 러시아의 요구들을 열강에 알리고 열강과 러시아를 서로 대립시키는 정책을 취하였다. 멘시코프는 이런 외교 전술의 함정에 빠져들고 말았다. 일설에는 멘시코프는 협박과 기만으로 터키 정부를 압도했기 때문에 실패했다고 설명하고 있다. 그러나 다른 견해에 의하면 그가 실패한 원인은 도리어 강압적이고 강경하게 터키 정부에 대처하지 못하고 지연 작전에 말려들어서 '아주 단기간'만 터키에 체재토록 명령받은 훈령을 어기고 3개월이나 콘스탄티노플에서 지체했기 때문이라고 설명하고 있다.

멘시코프가 콘스탄티노플에서 터키 정부와 교섭을 매듭짓지 못하고 시간을 보내고 있을 때 스트랫퍼드가 1853년 4월 5일 그곳에 도착하였다. 이로부터 터키 정부를 가운데 두고 영국과 러시아는 줄다리기 외교 교섭을 벌이게 되었다.

스트랫퍼드의 목적은, 그가 받은 훈령에 따르면, 터키 정부에 자중을 권고하고 평화적으로 분쟁을 해결하는 데 있었다. 그리고 만일 터키의 존립 자체에 관계되는 긴박한 위험이 있는 경우 몰타Malta에 주둔하고 있는 해군에게 준비태세를 요구할 수 있는 권한이 부여되었다. 그러나 해협까지 해군을 접근시키려면 반드시 런던의 특별훈령을 받도록 하였다. 그러나 그는 후술하는 바와 같이 터키 정부에게 자중을 권고하기보다는 반대로 터키로 하여금 러시아에 강경한 입장을 취하도록 종용하였다.

그는 터키에 도착하자 좁은 의미의 성지 문제는 러시아의 요구에 응하도록 하고 그 외의 문제는 모두 거부토록 터키 정부에게 권고하였다. 따라서 성지 문제는 5월 5일에 타결됐으나 그 밖의 문제는 전혀 합의에 도달되지 못하였다.

이에 멘시코프는 이날 러시아의 요구사항을 5일 이내에 수락하라는 최후통첩을 보냈다. 터키에 도착한 후 처음으로 보인 강경한 태도였다. 그러나 그날의 요구에는 그리스정교를 위한 러시아 대신들의 대변권에 관해서는 아무런 언급도 없었다.

그럼에도 스트랫퍼드는 이것을 거절토록 터키에 종용했으며 5월 13일에는 터키 외상으로 레시드 파샤Reshid Pasha가 취임하였다. 그는 친영론자이자 스트랫퍼드의 조종을 받고 있던 인물이었다. 이제 터키 정부의 외교정책은 스트랫퍼드와 합의를 먼저 거쳐야만 되었다.

5월 17일 터키 정부는 러시아의 요구를 거부키로 결정하였다. 멘시코프는 외교 단절을 통보하고 5월 20일 최후의 제안을 내놓았다. 이 제안에는 러시아 대신들의 대변권이나 새로운 조약 체결에 관해서는 아무런 언급도 없었다. 다만 자유로운 종교활동을 보장하는 터키 정부의 각서만을 요구하였다. 그리고 이 각서에서는 그리스정교가 이미 오래전부터 향유해 온 특권과 면제를 앞으로도 보장한다는 것만을 요구하였다. 그러나 이런 최후의 제안도 스트랫퍼드의 배후조종을 받은 터키 정부는 그 다음날 거부하였다. 이날 멘시코프는 콘스탄티노플을 떠났다.

러시아의 최후통첩(1853년 5월 31월)

러시아는 곧 터키에 최후통첩을 보냈다. 이 통첩에서 러시아는 8일 이내에 멘시코프의 5월 20일자 요구를 수락치 않으면 러시아군은 국경을 넘을 것이라고 터키에 통고하였다. 그러나 러시아군이 실제로 국경을 넘어 다뉴브 공국들을 점령한 것은 7월 초의 일이다.

이렇게 되자 영국의 여론은 러시아 비판으로 비등하였다. 스트랫퍼드는 더욱 강경한 정책을 본국 정부에 건의하게 되고 클래런던G.W.V. Clarendon 외상도 강경파인 파머스턴 편으로 가담하게 돼 영국 내각은 주전론이 주도하게 되었다. 6월 2일에는 몰타에 주둔하고 있던 영국 해군을 베시카Besika 만까지 진출토록 명령하였다. 프랑스도 이런 강경한 영국 노선에 동조해 이미 살라미스에 출동한 해군을 영국 해군과 베시카 만에서 합류토록 결정하였다. 이제 빈 회의 이후 처음으로 열강들이 참전하는 대전쟁의 전운이 동방의 하늘을 뒤덮게 되었다.

프랑스, 오스트리아, 프로이센의 태도

영국과 러시아를 중심으로 서술했으나 다른 열강들에게도 동방 문제가 무관심한 것은 아니었다.

당초 이 문제는 나폴레옹 3세의 동방진출로부터 발생하였다. 그의 기본 외교노선은 영국과 협력을 증진하는 것이었고 특히 동방 문제에 있어서는 영국과 공동보조를 취하는 것이 필요하였다. 그리고 나폴레옹 3세는 영국이 오토만 제국 문제에 적극적으로 개입하는 것을 누구보다도 바라고 있었다. 멘시코프가 콘스탄티노플에서 터키 정부와 교섭을 벌이고 있을 때 터키 정부는 영국과 프랑스에 지원을 요청한 바 있다. 이런 요청에 먼저 응한 것은 나폴레옹 3세였으며 그는 내각의 반대에도 불구하고 툴롱Toulon에 있던 해군을 살라미스까지 출동토록 3월에 결정한 바 있다. 영국의 적극적인 개입을 유도하려는 것이었다.

열강 중에서 평화를 가장 희망한 국가는 오스트리아였다. 오토만 제국의 현상유지를 고수하면서 이탈리아와 독일연방 지역에서 우월한 지위를 계속 보존하는 것이 오스트리아의 최대 목표였다. 은퇴해 있던 메테르니히는 후배 외교관들에게 충고하였다. "우리가 고수해야 할 유일한 정치노선이란 모든 조약을 유지하고 동방 문제로 인하여 유럽 전쟁이 야기되는 것을 방지하는 것이다." 그러나 만일 전쟁이 발발한다면 오스트리아는 신속히 전쟁 종식에 노력해야 하며 어떠한 경우에도 동·서 어느 편에 서서 전투에 적극적으로 개입하지 말 것을 그는 강조하였다. 그러나 러시아는 1854년 봄까지 오스트리아는 자신의 편에 서 주리라 확신하였다. 1848년 2월 혁명 때 입은 은혜를 잊지 않고 있으리라고 믿었다.

사실 오스트리아는 동방 문제로 전쟁이 발발하는 경우 난처한 입장에 처하게 되어 있었다. 동·서 어느 편에 서서 전쟁에 참여하는 경우 오스트리아의 동남 국경지대인 발칸 반도가 주 전장(戰場)이 될 것이며 그럴 경우 전쟁의 승패와 관계없이 오스트리아는 전쟁의 참화를 입게 될 것이다. 그리고 발칸의 전쟁이 민족주의와 연결된다면 다민족국가인 오스트리아 제국의 존립 자체에 직접 관계되는 문제로 확산될 것이다. 오스트리아는 너무나 이 문제에 깊이 관련돼 있어서 중립정책을 취하게 됐으며 그리고 이렇게 직접적인 관련을 갖고 있는 국가가 중립정책을 취했기 때문에 전후에는 동·서 어느 편이건 간에 오스트리아를 달갑게 여기지 않았다.

당시까지 동방 문제에 가장 이해관계가 적은 국가는 프로이센이었다. 프로이센은 아직 오스트리아의 뒤를 따르고 있었다. 오스트리아가 너무 깊이 관련돼 중립을 견지했다면 프로이센은 무관심했기 때문에 중립을 지킬 수 있었다.

터키의 최후통첩(1853년 7월 17일)

러시아가 터키에 최후통첩을 보낸 5월 31일 바로 그날 니콜라이 1세는 프랑스 대사 카텔바자크A. Castelbajac에게 나폴레옹 3세에 직접 서한을 보내 중재에 나서 줄 것을 부탁하였고 오스트리아에게도 같은 부탁을 하였다.

오스트리아는 곧 반응을 보였다. 콘스탄티노플 주재 대사 브룩K.L. Bruck에게 터키 정부가 러시아의 5월 20일자 요구를 수락토록 설득하라고 훈령하였다. 그러나 스트랫퍼드는 터키 정부를 조종해 도리어 러시아에 최후통첩을 발송토록 하였다. 이 최후통첩은 ① 러시아의 다뉴브 공국 점령 비판, ② 터키 외상이 네셀로데 러시아 외상에 보내는 서한, ③ 비모슬렘교도의 특권을 인정한다는 최근의 술탄 칙령 등 3개 문서로 구성되었다. 이 문서들은 7월 29일 빈에 도착하였다. 당시 콘스탄티노플에서 직접 페테르스부르크에 이르는 전선(電線)이 가설돼 있지 않았고 빈을 경유해야만 되었다. 그러나 바로 그때 빈에서는 열강의 대사들이 중재 초안을 마련하고 있던 중이어서 오스트리아 정부는 이들 문서를 러시아에 전달조차 하지 않았다.

빈 각서Wien Note(1853년 7월 28일)

니콜라이 1세의 중재호소에 나폴레옹 3세는 6월 하순에야 반응을 보여 중재 초안을 마련하였다. 그는 중재 초안을 영국과 오스트리아에 발송했으며 러시아의 동의도 받았다. 이 프랑스 초안을 기초로 오스트리아 외상 부올K.F. Buol-Schauenstein은 7월 24일 빈 주재 열강들의 대사회의를 소집하였다. 이 회의의 결과로 나온 것이 이른바 빈 각서이다. 이 각서는 애매모호한 문구로 작성됐으나 전체적인 내용은 러시아에 호의적이었다. 즉 러시아 황제는 오토만 제국의 그리스정교의 특권과 면제를 적극적으로 갈망해 왔으며 술탄은 이런 갈망을 거절하지도 않았고 앞으로도 역시 우호적인 태도를 견지할 것이며 멘시코프가 제시한 요구사항을 고려한다는 내용이었다. 그리고 터키는 기독교 자유에 관한 쿠츠크 카이나르지 조약과 아드리아노플 조약의 준수를 약속하고 이 문제에 관해서는 러시아와 프랑스의 사전 양해 없이는 현상을 변경하지 않겠다고 약속한다는 내용이었다.

러시아는 빈 각서를 수락하였다. 그러나 러시아는 터키 정부도 유보 없이 수락해야 된다는 조건을 제시하고 수락하였다. 이에 따라 영국, 프랑스, 오스트리아, 프로이센 4개국은 콘스탄티노플 주재의 자국 대사들에게 터키 정부가 이 각서를 수락할 것을 설득하라고 훈령하였다.

이런 훈령에 임하자 영국, 프랑스 대사는 반발하였다. 스트랫퍼드는 "이러한 해결보다는 전쟁이 더 낫다."라는 말을 서슴지 않았다. 프랑스 대사인 라쿠르E. de Lacour도 같은 태도였다. 결국 스트랫퍼드는 레시드 외상으로 하여금 빈 각서를 수정해 수락토록 하였다. 러시아의 수락이 터키의 무수정(無修正) 수락을 전제로 했기 때문에 러시아의 수락을 무효화시키려는 것이었다. 터키 정부는 그리스정교에 대한 특권과 면제는 차르의 '적극적인 갈망'에 의해 주어진 것이 아니라 술탄에 의해 주어진 것이라고 수정하였다. 러시아의 수락이 무효가 되었고 빈의 평화노력은 실패하였다.

터키의 전쟁선언(1853년 10월 4일)

영국은 또 9월 하순에 러시아와 오스트리아가 내놓은 소위 올뮈츠Olmütz 제의도 기만이라고 일축하였다. 니콜라이 1세와 네셀로데 외상은 올뮈츠에서 행한 오스트리아의 군사훈련을 참관한 자리에서 부올K.F. Buol 외상을 통해 평화제의를 한 바 있었다. 이 올뮈츠 제의는 현존 조약들의 유지와 종교 문제의 현상유지에 입각한 분쟁해결을 요구하였다. 그러나 이제 이런 제안이 수락될 분위기는 아니었다. 콘스탄티노플에서는 러시아에 대한 전쟁을 주장하는 시위가 있었고 반러시아 폭동까지 일어났다. 영국과 프랑스는 자국 안전을 위한다는 구실로 해군에게 해협으로 진입토록 명령하였다. 터키는 드디어 러시아에 전쟁을 선포하였다.

3. 전쟁과 외교

특이한 전쟁

크림 전쟁은 특이한 전쟁이었다. 1853년 2월 멘시코프 특사가 콘스탄티노플에 도착해 위기가 조성된 지 8개월이나 지나서야 터키는 전쟁을 선포하였다. 그리고 이로부터 5개월이 지난 1854년 3월에 가서야 영국과 프랑스가 러시아에 전쟁을 선포하였다. 이와 같이 위기가 조성된 지 근 13개월 이상이 경과돼서야 전투가 개시되었다. 그러면서 그동안에 실패할 것이 뻔한 여러 가지 평화제안이 나오곤 하였다. 전쟁을 개시하기 위한 구실을 찾는 데 시간이 걸렸으며 실제의 전장(戰場)이 영국과 프랑스 본토와 멀리 떨어져 있어서 군대와 보급품 공급에 시간이 필요했을 것이다.

전장은 발트 해, 발칸, 흑해, 그리고 코카시아 지방을 중심으로 형성되었다. 발트 해로 진출해 러시아 본토를 침공하려는 계획은 영국 해군이 올란드Åland, Ahvenanmaa 섬을 점령하고 나서 포기하였다. 러시아 본토의 방어태세로 보아 불가능하다고 판단했기 때문이다.

발칸이 주 전장이 될 것이라는 것은 쉽게 상상할 수 있었고 오스트리아가 가장 두려워한 것도 이 점이었다. 따라서 후술하는 바와 같이 오스트리아가 1854년 6월 3일 러시아에 최후통첩을 보내게 된 것도 발칸에서 전투가 전개되는 것을 예방하기 위해서였다. 몰다비아와 왈라키아에서 러시아 군이 철수하고서야 오스트리아의 위구심은 사라졌다.

따라서 전장이 될 수 있는 곳은 흑해와 코카시아 지방밖에 없게 되었다. 영국 군부는 처음부터 전쟁이 발발할 경우 먼저 흑해의 최대 군항인 크림 반도 남단에 위치한 세바스토폴Sebastopol 공격을 구상하였다. 크림 반도가 결국 주 전장이 되었다.

시노페Sinope 사건(1853년 11월)

러시아의 흑해 함대는 처음에는 방어적인 태세를 취하였다. 이런 태세에 변경을 가져오게 한 것이 11월 30일에 있었던 시노페 사건이었다. 시노페는 세바스토폴 맞은편에 위치한 터키의 군항이었다. 터키 함대가 코카시아 전선에 군수물자를 보급하기 위해 흑해로 진출하자 러시아 함대가 이를 시노페 항까지 추격해 터키 함대를 섬멸시키고 시노페 군항을 포격한 사건이 일어났다.

군사력에서 열세에 있던 터키 함대가 흑해에 진출한 의도에 관해서는 해석이 구구하다. 결과적으로는 러시아 함대를 도발시킨 결과를 초래한 것은 분명하다. 이 사건을 계기로 영국의 여론은 다시 러시아 비판으로 비등하게 되었다. 1854년 1월 영국과 프랑스 해군은 드디어 흑해에 진입하게 되었고 이로써 러시아와 국교가 단절되었다. 그리고 3월에 영국과 프랑스가 터키와 동맹을 체결하자 러시아는 다뉴브 강을 넘어 오토만 제국 영토에 진입하게 되었다. 그리하여 영국과 프랑스는 러시아에 전쟁을 선포하게 된다.

그러나 영국과 프랑스 원정군이 크림 반도에 상륙한 것은 9월이었고 세바스토폴 포격을 시작한 것은 10월 중순이었다. 러시아가 세바스토폴을 포기하고 영국 · 프랑스 연합군이 이 항구를 점령한 것은 11개월 이후인 1855년 9월 중순의 일이었다. 근 1년 동안 영국 · 프랑스 군대는 세바스토폴 주둔 러시아 군대와 대치하면서 우여곡절의 전투를 치르게 되었다.

오스트리아의 태도

영국과 프랑스가 러시아에 대한 전쟁을 결정하게 되자 오스트리아의 향방이 중요한 문제로 등장하였다. 오스트리아 정부에서 동 · 서 어느 편을 택하느냐 하는 문제로 심각하게 토의하고 있을 때 프로이센과 동맹을 체결하는 것은 쉽게 결정되었다. 헤스H. Hess 장군을 베를린에 파견하고 1854년 4월에 양국은 동맹조약을 체결하였다. 만일 러시아가 다뉴브 공국을 병합하려 한다든가 발칸 산맥을 넘어 남하하려고 한다면 양국은 이에 반대하기로 약속하였다.

프로이센과 동맹을 체결한 오스트리아는 특히 외상인 부올의 주장에 따라 서방을 택하고 러시아에 대결한다는 중요한 정책을 결정하였다. 1854년 봄의 일이다. 부올은 아마 러시아의 팽창을 저지할 기회가 왔다고 판단했거나 또는 러시아가 만일 승리하게 된다면 발칸이 모두 그 보호령이 될 것이라는 우려에서 서방을 택했을 것이다.

구체적으로 러시아에 대해 어떠한 조치를 취해야 되는가 하는 문제에 관해서는 또다시 격론이 있었다. 이 문제도 결국 부올 외상의 주장대로 러시아에 최후통첩을 보내기로 결정하였다. 이를 계기로 오스트리아와 러시아는 돌이킬 수 없는 적대관계가 제1차 세계대전까지 지속되었다. 하여간 부올 외상은 전쟁을 신속히 종식시키기 위해서는 러시아가 다뉴브 공국으로부터 철수해야 되는데 이런 철수는 오스트리아의 최후통첩으로서만 이루어질 수 있다고 믿었다. 그리고 만일 러시아가 철수하지 않은 채 전쟁이 계속된다면 이 지역이 주 전장이 될 것이고 그렇다면 오스트리아가 가장 큰 전화(戰禍)를 입게 될 것이라고 판단하였다.

러시아는 결국 8월에 다뉴브 공국으로부터 철수하였고 오스트리아와 터키가 전쟁기간 중 이 지역을 공동으로 점령하였다. 오스트리아는 6월 중순에 터키와 이미 이런 합의를 보았던 것이다.

오스트리아는 드디어 1854년 12월에 영국 · 프랑스와 동맹을 체결하였다. 영국 · 프랑스는 전쟁기간 중 이탈리아에서 오스트리아의 지위를 보장하며 러시아의 공격에 대해 지원할 것을 약속하였다. 오스트리아는 다뉴브 공국들을 방어하고 영국 · 프랑스가 이 지역에서 자유로이 활동할 것을 보장하였다. 그리고 오스트리아는 모든 병력을 동원키로 약속했으나 실제로 전투에는 참여하지 않았다.

1855년 1월 사르디니아가 1만 명의 병력을 크림 반도에 파견해 전쟁에 가담하였다. 영국은 크림 반도에 파견한 프랑스 군대가 자국 군대보다 많은 것을 견제하기 위해서, 또한 무엇보다도 오스트리아의 참전을 유도하기 위한 압력수단으로서 사르디니아의 참전을 환영하였다.

이와 같이 영국, 프랑스, 터키, 사르디니아가 실제 전투에 참여하였고 오스트리아의 참전도 시간 문제인 상태였다.

빈 4개 조항Wien Four Points(1854년 8월 8일)

오스트리아는 영국 · 프랑스와 동맹을 체결하기 전에 영국 · 프랑스의 전쟁목적에 입각해 다시 한번 러시아와 평화교섭을 시도하려고 하였다.

영국이 미온적인 태도를 보이자 오스트리아는 프랑스와 교섭을 하였고 그 결과로 이른바 빈 4개 조항이 나왔는데 이것이 훗날 평화교섭의 골격이 되었다. 그 주요 내용은 다음과 같다.

(1) 세르비아와 다뉴브 공국들에 있어서 러시아의 특수권리는 부정된다. 이들 지역은 열강이 공동으로 보장한다.
(2) 모든 국가의 선박은 다뉴브 강에서 자유 운행이 보장된다.
(3) 1841년 해협 조약은 '유럽의 세력균형을 위하여' 개정한다.
(4) 오토만 제국 내의 그리스정교에 대한 러시아의 보호권은 부정되고 기독교도에 관해서는 열강이 공동으로 보장한다.

러시아는 처음에는 이 4개 조항을 거부했으나 전세가 불리하게 되자 11월 29일에 이를 무조건 수락하였다. 이런 러시아의 평화교섭 수락을 받고서야 오스트리아는 12월 2일 앞에서 살펴본 바와 같이 영국 · 프랑스와 동맹조약을 체결하였다.

그런데 영국은 처음부터 이 4개 조항에 불만이었다. 영국은 이제는 러시아가 다시 재기할 수 없을 정도의 가혹한 조건을 구상하였다. 따라서 영국과 프랑스는 위의 (3)항의 해석을 흑해에서 러시아의 우위를 종식시키는 것, 다시 말해서 세바스토폴을 비롯한 모든 요새의 제거, 그리고 흑해에서 러시아가 보유할 함대는 터키와 같이 4척에 국한하는 의미라고 비밀리에 합의하였다. 그러나 오스트리아에게는 흑해에서 러시아의 우위를 종식시키는 것으로 해석한다는 일반적인 의미만을 전달하였다.

한편 러시아는 1855년 1월 초순 이 4개 조항을 기초로 협상할 것을 요구하였다. 영국과 프랑스는 교섭을 하지 않을 수 없게 되었다. 그러나 실제로 회의가 진행된 것은 니콜라이 1세가 3월 2일 사망하고 알렉산드르 2세가 황제가 되면서 다시 평화교섭을 제의한 이후의 일이었다.

1855년 3월 15일에서 6월 4일까지 빈에서 개최된 회의는 처음부터 성공할 수 없는 회의였다. 당시 전세(戰勢)는 유동적이어서 영국과 프랑스는 승리에 입각한 평화교섭을 바라고 있었다.

부올 – 부르크네이의 평화조약 사전 절충안(1855년 11월 14일)

세바스토폴이 함락되면서 러시아는 더 이상 전쟁을 계속할 재정적인 능력도 군사적인 여력도 없게 되었다.

이런 사정은 프랑스도 마찬가지였다. 영국은 프랑스의 평화체결 요구를 한낱 선전으로만 생각했으나 훗날 클래런던G.W.V. Clarendon 영국 외상은 파리 회의에 참석코자 프랑스에 도착하자마자 염전사상의 만연에 놀랐다고 전하고 있다.

발레브스키A. Walewski 프랑스 외상이 특히 전쟁의 종식을 주장하였다. 그리하여 평화조건의 작성이 오스트리아 주재 프랑스 대사 부르크네이F.A. Bourqueney와 부올 오스트리아 외상 사이에 이루어졌다. 이들은 11월 14일 이른바 평화조약 사전 절충안Projet de préliminaires de paix이란 것을 작성했는데 그 내용은 다음과 같다.

(1) 세르비아와 다뉴브 공국들에서 러시아의 특수권리는 폐지되며 베사라비아 Bessarabia 지방의 러시아 · 터키 국경은 다시 조정한다.
(2) 다뉴브 강뿐만 아니라 그 흑해 입구에서도 자유 운행이 보장되며 이것을 유럽 제도로서 보장한다.
(3) 흑해는 비무장화된다. 군함을 포함한 모든 국가의 선박에게 흑해는 공개된다. 흑해 연안의 해군창(海軍廠)은 폐지된다. 치안을 위한 경함정의 수는 러시아 · 터키의 조약으로 정한다.
(4) 빈 4개 조항의 제4항의 내용과 동일하다.
(5) 교전국은 유럽의 이익을 위하여 특수조건을 제기할 권리를 유보한다.

이 절충안에 대해 영국은 다시 많은 요구를 첨가하려고 했으나 대개 다음과 같은 타협점을 찾는 데에 성공하였다. 영국이 처음부터 주장하던 아조프Azov 해의 비무장은 철회키로 하였다. 그리고 러시아를 감시하기 위해 흑해 연안 항구에 파견할 영사 문제는 평화회의의 최종 조약에 삽입키로 프랑스와 합의해 이 절충안에서는 삭제하였다. 그리고 영국은 흑해에서 유지할 함정의 숫자는 열강의 조약으로 규정해야 된다고 주장했으나 결국 러시아·터키의 조약으로 정하되 이 조약은 열강의 합의 없이는 변경할 수 없도록 한다는 데 합의하였다. 그리고 영국은 위의 (5)항에서 올란드의 비무장과 흑해 동부연안 지역에 관해 특정한 요구를 할 수 있는 권리를 유보한다는 것이 인정되었다. 흑해 동부지역 즉 그루지야Gruziya, 시르카시아Circassia 등지의 독립을 요구하는 주장이 영국에서는 강렬하였고 특히 파머스턴이 그 열렬한 주창자였다.

이 절충안을 12월 28일 러시아 주재 오스트리아 대사 에스터하지V. Esterhazy가 러시아 정부에 전달하고 러시아는 이를 무조건 수락하였다. 이에 따라 1856년 2월 1일 빈에서 교전국 대표들이 평화잠정 의정서에 서명하였고 2월 25일부터 파리에서 강화회의가 열리게 되었다.

4. 파리 강화회의

열강의 대표들

영국, 프랑스, 러시아, 터키, 사르디니아의 교전국과 오스트리아, 프로이센의 대표들로 구성된 파리 강화회의(1856년 2월 25일~3월 30일)가 이루어졌다.

강화회의는 프랑스 외상인 발레브스키가 주재하였고 오스트리아 주재 대사인 부르크네이가 그를 보좌하였다. 영국의 대표는 클래런던 외상과 프랑스 주재 대사 코울리H.R.C. Cowley였다. 그리고 오스트리아의 대표는 외상인 부올과 프랑스 주재 대사 휘브너J.A. Hübner, 오토만 제국의 대표는 대신인 알리 파샤Aali Pasha와 프랑스 주재 대사 베이M.D. Bey, 그리고 사르디니아의 대표는 카부르C.B. Cavour 재상과 프랑스 주재 대사 빌라 마리나S. Villa-Marina였다.

러시아의 외상인 네셀로데는 당시 75세의 고령인 탓으로 오를로프A. Orlov 공이 대표로 참가하였고 화평론자였던 영국 주재 대사 부룬노프E.P. Brunnov가 그를 보좌하였다.

프로이센은 크림 전쟁 중 국외자의 입장을 취했기 때문에 파리 회의에서는 푸대접을 받았다. 프로이센은 회의 벽두부터 초대받은 것이 아니라 1841년 해협조약의 당사국의 자격으로 그 조약의 수정이 토의될 때에 초청받았을 뿐이었다. 프로이센의 대표는 만토이펠O.T. Manteuffel 외상과 프랑스 주재 대사 하츠펠트M. Hatzfeldt였다.

회의의 결정들

3월 30일 체결된 파리 강화조약에는 본 조약과 3개의 의정서인 ① 해협 관계, ② 흑해 해군 관계, ③ 올란드 관계 등의 문서가 부속돼 있다. 그리고 회의가 종료된 후에도 대표들은 계속 파리에 체류하면서 다음과 같은 문서에 추가로 합의하였다. ① 조정(調停)에 관한 의정서, ② 영국, 프랑스, 오스트리아의 오토만 제국 영토보전에 관한 조약, ③ 해양법에 관한 선언 등이 그것이다. 이 모든 것을 합쳐서 파리 회의에서 결정된 주요 사항을 보면 다음과 같다.

(1) 흑해의 비무장: 모든 국가의 상선에 흑해는 개방되며 흑해 연안에 병기공장의 설치가 금지되었다. 영국이 당초 주장했던 아조프 해의 비무장은 지지받지 못해 철회되었다. 그리고 러시아는 흑해의 치안에 필요한 최소한의 함정만을 보유토록 하였다. 또 흑해무역을 위해 외국의 영사를 흑해 연안 항구에 주재시킬 것에 동의하였다.

이 흑해 비무장 규정은 러시아의 패배를 상징하는 것으로서 러시아의 지중해 진출이 차단되었다. 파리 회의 이후 러시아 외교의 최대 목표는 이 비무장 규정의 폐지에 있게 되었다. 러시아는 1870년 프랑스 · 프로이센의 전쟁을 계기로 이 규정을 폐지시킬 수 있었다. 고르차코프A. Gorchakov 재상은 1870년 10월 31일자 열강에 보낸 각서에서 사정변경에 의해서 러시아는 더 이상 이 흑해 비무장을 규정한 조항에 구속되지 않는다고 통고하였다. 여기에서 말하는 사정변경이란 파리 조약 체결 당시 알려지지도, 고려되지도 않았던 철갑선(鐵甲船)이 의외로 도입되어 러시아에 대한 위험이 급증하게 됐다는 것을 의미한다. 결국 1871년 런던에 소집된 파리 조약 당사국 회의에서 흑해 비무장 조항이 폐지되었다.

(2) 코카시아 지방의 문제: 영국은 그루지야, 시르카시아 지방의 독립을 주장했으나 어느 국가도 이를 지지하지 않았다. 더욱이 아시아 전선에서는 러시아가 승전해 터키의 주요 도시인 카르스Kars까지 점령하고 있었기 때문에 영국의 주장은 실현될 수 없었다. 결국 아시아 지역에서는 전쟁 이전의 러시아 · 터키 국경이 재확인되었다.

(3) 베사라비아 문제: 이것은 가장 곤란한 문제 중의 하나였다. 러시아는 카르스의 반환으로 베사라비아 전역의 회수를 희망했으나 이루지 못하고 단지 그 일부 지역만을 다시

보유하게 되었다.

(4) 다뉴브 공국들의 지위: 나폴레옹 3세는 처음부터 몰다비아와 왈라키아를 합쳐서 하나의 독립국가로 만들 것을 주장했으나 지지를 받지 못하였다. 결국 이 지역에서는 어떤 국가도 배타적인 보호권을 주장할 수 없다고 규정하였고 술탄은 세르비아에서와 같이 자치권을 인정하였다.

(5) 다뉴브 강의 자유 운행: 오스트리아는 다뉴브 강의 하류 즉 오스트리아, 바바리아, 뷔르템베르크 유역에서의 자유 운행을 허용치 않으려 했으나 열강의 반대에 부딪쳐 후퇴하였다. 그런데 다뉴브 강 문제를 관할할 국제위원회의 구성이 다시 문제가 되었다. 연안국들이 그들만이 위원회의 회원이 돼야 한다고 주장했기 때문이다. 결국 타협안이 마련되었다. 모든 파리 회의 참가국으로 다뉴브 강 유럽 위원회를 설치하되 이 위원회는 다만 다뉴브 강의 흑해 입구 문제만을 관장하고 2년 후에는 해체하도록 하였다. 그리고 이것이 해체된 이후에는 다뉴브 강의 연안국, 즉 오스트리아, 오토만 제국, 뷔르템베르크, 바바리아 등으로 상설적인 다뉴브 강 위원회를 설치해 모든 문제를 관장토록 하였다. 각국은 또한 다뉴브 강의 자유 운행이 보장됨에 따라서 다뉴브 강의 흑해 입구에 2척 이하의 경군함을 유지할 수 있으며 터키가 이 함정의 해협통과를 인정토록 하였다.

(6) 해협 문제: 1841년의 해협조약이 재확인되었다. 그러나 터키는 외교임무를 가진 경군함 그리고 다뉴브 강의 흑해 입구에 유지될 경군함의 통과를 인정토록 하였다.

(7) 올란드의 비무장: 이 섬을 비무장함으로써 영국은 언제나 이곳을 경유해 러시아를 공격할 수 있게 되었다. 영국, 프랑스, 러시아 3국의 합의인 이 문서는 파리 조약의 부속 의정서 중의 하나였다.

(8) 터키의 영토보전과 독립의 보장: 영국, 프랑스, 오스트리아 3국은 파리 회의가 폐막된 이후 4월 15일 터키 관계의 조약을 체결하였다. 여기에서 3국은 파리 강화조약의 어떠한 위반도 전쟁원인casus belli을 구성한다고 규정하였다. 이제 오토만 제국의 문제는 유럽 전체의 문제가 되었으며 따라서 러시아의 우월한 지위는 전면적으로 부정되었다.

(9) 터키의 유럽 공법질서에의 편입: 유럽 열강과 오토만 제국의 접촉과 교섭이 수백년 전부터 있어 온 것은 물론이다. 그러나 파리 조약 제7조에 의해 오토만 제국이 유럽 공법질서의 혜택을 받게 됐다고 규정되어 이슬람 국가가 정식으로 유럽 국제법의 주체가 되었다.

(10) 해양법 관계: 파리 회의 참가국들은 4월 16일 다음과 같은 해양법 관계의 선언에 서명하였다. ① 사포획선(私捕獲船)privateering은 금지한다. ② 중립국 선박으로 수송되는 적국의 화물도 전시금제품이 아닌 한 보호된다. ③ 중립국 화물은 적국 국적의 선박으로

수송되더라도 전시금제품이 아닌 한 압수되지 않는다. ④ 봉쇄는 충분한 군사력으로 유지되는 유효한 봉쇄만이 구속력을 가진다.

(11) 이탈리아 문제: 사르디니아는 1만 명의 군사력으로 참전했으나 이 회의에서 현실적으로 얻은 것은 없었다. 그러나 미래의 보상으로서는 커다란 것을 얻었다고 볼 수 있다. 영국 외상 클래런던은 회의 중에 유럽에는 이탈리아 문제가 있음을 환기하였고 프랑스 대표도 같은 의견을 개진하였다. 이것은 이탈리아 문제는 장차 해결돼야 할 문제임을 암시한 것이다.

의의

1815년 이후 유럽 열강들은 처음으로 전쟁에 참여하였다. 그러나 이 크림 전쟁은 곧 있게 될 이탈리아 통일이나 독일 통일에서 보는 민족주의에 입각한 전쟁은 물론 아니었다. 그것은 오토만 제국 문제를 둘러싼 세력균형의 유지라고 하는 전통적인 명분을 지닌 전쟁이었다. 그러면서도 영국의 경우에서 보듯이 여론이 외교정책 향방에 영향을 끼치고 전쟁의 발발에도 그 영향을 받은 최초의 전쟁이었다.

이와 같은 크림 전쟁으로 가장 큰 피해를 본 국가는 러시아였다. 역사학자들 중에는 파리 회의의 결정이 러시아에 관대했다고 평가하는 경우가 있으나 흑해 비무장 조항 하나만 보아도 러시아로서는 참을 수 없는 제약이며 구속이었다. 이런 조약상의 규정은 차치하고서라도 러시아는 1870년경까지 이 전쟁으로 입은 피해를 복구하는 데 모든 국력을 소모해야만 하였다. 따라서 러시아는 파리 회의 이후 현상변경국가로 되어서 현상타파에 앞장서게 되었다. 1871년에는 드디어 흑해 비무장 조항이 무효화되었고 1877년의 러시아 · 터키 전쟁을 계기로 베사라비아 지방을 다시 찾았고 카르스를 점유하게 되었다.

오스트리아도 많은 것을 잃은 국가가 되었다. 무엇보다 영원히 러시아와는 화해할 수 없는 적대관계가 되었다. 또 오스트리아는 전쟁 중에 보인 이기적인 외교정책으로 말미암아 전후에는 열강으로부터 소외당하며 고립을 면치 못하게 되었다. 오스트리아가 동맹자를 찾은 것은 1879년에 이르러서였다. 독일과 동맹을 체결해 고립을 겨우 탈피할 수 있었다.

진정한 승리자는 영국이라고 볼 수 있다. 러시아를 재기불능하게 만들지는 못했으나 러시아로 하여금 한동안 유럽 문제에서 후퇴하도록 만들었다. 유럽에서 코작의 위험을 일단 제거했고 세력균형을 유지시키면서 자국은 해외진출에 전념할 수 있게 되었다.

프랑스는 열강에게 위구심만을 심어 놓았다. 코작의 위험은 사라졌으나 혁명의 위험이 남아 있었다. 다뉴브 공국들의 통합을 주장한 나폴레옹 3세의 정책이 열강의 반대에 부뒷친 것도 이런 연유에서였다.

사르디니아는 당장 보상은 받지 못했으나 유럽에는 이탈리아 문제가 남아 있다는 인식을 열강에게 심어 주어서 훗날의 큰 보상을 받게 될 터전을 마련하였다.

프로이센은 실로 어부지리를 얻은 국가였다. 러시아의 약화로 말미암아 장차 통일을 성취할 수 있었을 뿐 아니라 크림 전쟁에 개입하지 않은 관계로 러시아와 우호관계를 유지할 수 있었기 때문이다.

크림 전쟁은 러시아에 대한 예방전쟁의 성격을 지니고 있어서 이런 점에서 최초의 러시아 봉쇄전쟁이라고 볼 수 있다. 그러면서 이 전쟁은 또 최후의 전통적인 전쟁이기도 하였다. 그러나 이 전쟁이 없었다고 한다면 이탈리아의 통일도 독일의 통일도 그리 쉽게 가능하지는 못했을 것이다.

제 3 절 러시아 · 터키 전쟁

러시아와 터키의 대립은 슬라브 문명권과 이슬람 문명권의 충돌의 다른 측면이다. 이런 충돌에 유럽 문명권이 개입하고 조작해 그 역사적 성격은 매우 복잡한 양상을 띠게 된다. 특히 1869년 수에즈 운하가 개통된 이후에는 오토만 터키는 유럽 세계가 아시아로 진출하는 무역 통로로 다시 등장하였다. 중앙아시아에서 이스탄불로 연결되었던 실크 로드에 대신하는 해상 교통로로 등장한 것이다.

러시아는 크림 전쟁에서 패배하여 흑해에서 해협을 거쳐 지중해로 나아가는 길이 차단되었었다. 그러나 1871년 드디어 이 조항에 폐지되자 러시아는 다시 발칸으로 진출할 수 있는 국제정치적 터전이 마련되어 터키와의 대립이 다시 재현되었다.

19세기에 이런 충돌은 크게 보아 세 번에 걸쳐 전면적인 무력 투쟁으로 확산되었다. 나폴레옹 전쟁 시기인 1812년 전쟁, 1853~1856년 크림 전쟁, 그리고 1877~1878년 전쟁이 그것이다.

19세기 러시아는 동방 문제에 관해서는 그 어느 나라보다 특별한 관계에 있었다. 발칸 반도의 인구와 종교는 슬라브 민족과 희랍 정교가 대종을 이루었고 러시아는 이들의 후원자였다. 이 한 가지 사실만으로도 러시아와 터키가 언제나 긴장 관계에 있었음을 알 수 있다.

역사 교과서에서는 대부분 유럽 세계와 이슬람 세계의 대립에 관해서만 서술하고 있다. 그러나 슬라브와 이슬람의 충돌도 세계외교사 흐름에 결정적인 영향을 미쳐 왔다. 다만 그것이 서유럽 세계의 존폐에 관계되기보다는 조종의 대상으로 여겨져서 지엽적인 문제로 취급되었을 뿐이다. 러시아가 다시 강대국으로 등장하는 시점에 이르면 19세기의 이 문제는 다시 국제정치의 중심 현안으로 대두될 것이다.

1. 전쟁으로 가는 외교

보스니아-헤르체고비나의 반란(1875년 7월)

술탄이 재원의 확보를 위해 조세를 증액하자 드디어 보스니아-헤르체고비나 지방에서 반란이 일어났다. 세르비아는 당초부터 이 지역을 획득하려는 야망에서 반란군을 지원하였고 러시아도 반란군에 우호적인 태도를 취하였다. 1860년대부터 러시아 국내에서는 범슬라브 운동이 크게 일어나 차르 주변에 하나의 압력단체로 등장하였다. 『모스크바 통보』 *Moskovskie vedomosti*지의 편집장 카트코프M.N. Katkov와 콘스탄티노플 주재 대사 이그나티예프N.P. Ignatiev가 그 주축을 이루고 있었다.

한편 오스트리아에서도 적극적인 정책을 주장하는 견해들이 대두되었다. 안드라시는 원래 보스니아-헤르체고비나의 합병론자는 아니었으나 외상에 취임하자 점차 군부의 주장에 설득되기 시작하였다. 자국의 안보를 위해서는 이 지역을 병합하는 것이 필수적이라고 믿게 되었다.

따라서 보스니아-헤르체고비나의 반란은 단순한 터키 국내 문제의 차원에만 머물 수 없게 되었다. 유럽 열강들의 최대 관심사가 된 것이다.

안드라시 각서(1875년 12월)와 베를린 각서(1876년 5월)

내란이 계속되자 안드라시는 러시아, 독일, 오스트리아 세 나라 황제의 이름으로 1856년 파리 조약 체결 당사국들에게 분쟁해결을 위한 각서를 12월 30일 발송하였다. 분쟁해결 조건의 내용은 다음과 같다. 보스니아-헤르체고비나에서 완전한 신앙의 자유를 보장할 것, 세금징수청부제(稅金徵收請負制)를 폐지할 것, 특정 지역의 수입은 그 지역을 위해 사용할 것, 그리고 이 개혁을 감시하기 위한 기독교-이슬람 혼합위원회를 설치할 것 등이었다. 그러나 이 각서는 열강과 술탄은 동의했으나 반란군이 거부해 실패로 돌아갔다.

이번에는 비스마르크가 중재에 나섰다. 그는 고르차코프, 안드라시와 베를린에서 회의를 갖고 그 회의의 결과를 각서의 형식으로 발표하였다. 영국, 프랑스, 이탈리아에게도 물론 통보하였다. 그 각서의 주요 내용은 2개월간 휴전할 것, 그리고 열강들의 영사들이 터키 개혁을 감시토록 할 것 등이었다. 그러나 이 각서도 영국의 거부로 실효를 거두지 못하였다. 디스렐리B. Disraeli 수상은 이 각서가 러시아의 음모라고 판단하였고 영국의 참여 없이 이루어진 것에 불만을 갖고 있었다.

발칸 전쟁

열강의 평화노력이 실패로 돌아가자 1876년 5월에는 불가리아 지방에서도 반란이 일어났다. 반란 진압에 터키는 가혹하게 대처하였다. 아시아와 코카서스 지방에 거주하는 회교도인들의 민병대를 투입해 학살을 자행하였다. '불가리아의 공포'로 알려진 이 학살은 영국의 정책을 변경시켜 놓았다. 이 사태로 터키에 호의적인 태도를 취했던 여론은 터키 비판으로 급변하였다. 9월에 발표된 글래드스턴W.E. Gladstone의 『불가리아의 공포와 동방의 문제』*The Bulgarian Horrors and The Question of the East*라는 소책자는 이런 여론 형성에 크게 기여하였다. 드디어 세르비아가 6월에 터키에 선전포고하였다. 세르비아는 러시아의 지원을 믿고 있었으며 장차 보스니아-헤르체고비나 지방을 병합할 기회가 오리라 희망하고 있었다. 몬테네그로도 곧 세르비아의 뒤를 따랐다. 발칸 전쟁이 시작된 것이다.

영국과 프랑스는 기본적으로 터키 제국의 현상유지를 희망하고 있었다. 특히 영국은 동지중해 항로의 확보를 주요 목표로 삼고 있었으며 1875년 12월 수에즈 운하의 이집트 주식(株式)을 매입한 이후에는 더욱 그러하였다. 만일 현상유지가 불가능할 경우에는 터키의 약화를 최소한에 그쳐야 한다는 입장을 갖고 있었다.

러시아는 범슬라브운동 지지자들의 주장이 강화되기 시작하자 차르 자신이 어떤 단호한 조치를 취하지 않으면 안 될 형편에 놓이게 되었다. 황후, 황태자 모두가 이그나티예프의 주장에 동조하고 있었다.

라히슈타트Reichstadt(일명 Zakupy) 합의(1876년 7월 8일)

발칸 문제에 가장 큰 이해관계를 갖고 있던 국가는 물론 러시아와 오스트리아 양국이었다. 이에 고르차코프와 안드라시는 라히슈타트에서 회동하고 발칸 문제에 관해 합의를 하게 되었다.

이 합의는 두 가지 경우를 상정하고 그 결과에 대해 합의한 것이었다. 세르비아와 몬테네그로가 패배하는 경우에는 전쟁 이전의 현상유지와 베를린 각서에서 제의한 개혁을 추진한다. 반면에 이들 양국이 승리하는 경우에는 노비바자르Sanjak of Novibazar 지방과 보스니아-헤르체고비나 지방에서 영토의 보상을 받되 후자의 지방 대부분은 오스트리아에 돌아간다. 그리고 러시아는 1856년에 상실한 베사라비아 지방을 획득한다. 그리고 터키가 붕괴될 경우에는 불가리아와 루멜리아Roumelia는 자치공국 또는 독립공국이 되며 그리스는 데살라Thessaly와 크레타Creta 등지에서 보상을 받고 콘스탄티노플은 자유시가 된다는 내용이었다.

협정의 내용에 관해서는 훗날 러시아와 오스트리아가 의견을 달리하였다. 러시아는 보스니아의 일부 지역만을 오스트리아에 할양하는 것에 합의했다고 말하고 오스트리아는 보스니아-헤르체고비나 전역을 할양하는 것에 러시아가 동의했다고 해석하였다. 안드라시는 후일 이 합의는 단순히 구두 합의에 불과했다고 말한 바 있다.

그런데 9월에 들어서면서 세르비아는 결정적인 패배를 맞게 되어 열강에게 지원을 호소하게 되었다. 러시아 국내에서는 다시 세르비아를 지원해 전쟁을 해야 한다는 주장이 강력하게 대두하였고 차르는 오스트리아와 전쟁을 하는 경우에 대비해 비스마르크에게 협력을 요청하기에 이르렀다. 물론 비스마르크는 그 어느 쪽에게도 결정적인 지원을 약속할 수는 없었다.

러시아 정책의 변화(1876년 10월)

10월에 이르자 알렉산드르 2세는 적극적인 정책노선을 취할 것을 결심하게 되었다. 그의 이런 정책변경에는 몇 가지 이유가 있었다. ① 세르비아와 몬테네그로의 패전으로 터키의 승리를 저지할 필요가 있었으며, ② 터키가 불가리아에서 행한 잔학 행위로 말미암아 영국이 터키를 지원할 수 없다고 판단하였고, ③ 당시 그는 크림 지방에 체류하고 있었는데 그는 그곳에서 범슬라브 지지자들에 둘러싸여 있었다.

10월 말 터키는 군사행동을 중지하라는 러시아의 최후통첩을 접하고 6주간의 휴전에 동의하였고 러시아는 전쟁준비에 박차를 가하였다. 이에 영국은 러시아의 남하를 저지하기 위해 우선 국제회의의 소집을 요구하고 나섰다.

콘스탄티노플 회의(1876년 12월~1877년 1월)

영국의 제의로 콘스탄티노플에서 국제회의가 개최되었다. 영국, 러시아, 독일, 프랑스, 오스트리아, 이탈리아 등이 참석한 회의였으나 영국 대표인 솔즈베리R.G.C. Salisbury와 러시아 대사인 이그나티예프 두 사람의 회의나 다름없었다. 솔즈베리는 유럽을 순회하고 그곳에 도착했는데 그는 터키의 현상을 그대로 유지하기는 매우 어렵다고 판단하였다. 따라서 러시아가 콘스탄티노플과 해협을 지배하게 되는 것을 저지하기 위해 어느 정도의 양보를 하지 않을 수 없다고 믿고 있었다.

우선 두 사람은 불가리아를 동·서로 양분하고 세르비아는 영토의 상실이 없어야 되며 몬테네그로는 헤르체고비나의 일부 지역을 보유하게 되고 보스니아-헤르체고비나는 하나의 주로 통합하는 데 합의하고, 또한 열강이 이런 개혁을 감독한다는 데에도 합의하였다. 그러나 이번에는 터키가 이런 결정에 반대하였다. 당시 청년 터키당은 이런 모욕을 감수할 수 없다고 주장하고 새로운 헌법을 채택함으로써 열강의 간섭을 배제할 수 있다고 판단하였다. 회의는 결국 아무런 성과도 없이 폐막되었고 러시아는 더욱 행동할 수 있는 명분을 갖게 되었다.

2. 러시아·터키 전쟁

러시아와 오스트리아의 비밀협정

러시아는 행동할 수 있는 여건이 형성되었으나 크림 전쟁의 전철을 밟지 않기 위해 국제사회의 묵인하에 행동해야만 하였다.

러시아는 먼저 오스트리아와 비밀협정을 체결하였다. 1877년 1월 15일 체결된 부다페스트 협정에서 양국은 라히슈타트 협정 내용에 관한 해석의 차이를 없애고 오스트리아는 앞으로 있을지 모를 러시아·터키 전쟁에서 중립을 지키며 그 대가로 적당한 시기에 보스니아-헤르체고비나를 병합하되 세르비아, 몬테네그로, 헤르체고비나는 중립지역으로 만든다는 것이었다. 또한 남부 베사라비아 지역을 러시아가 병합하며 불가리아, 루멜리아, 알바니아는 각각 독립하고 그리스는 크레타, 데살리, 에피루스Epirus에서 보상을 받으며 콘스탄티노플은 자유시로 만든다는 내용이었다.

러시아와 오스트리아는 3월 18일 또 하나의 비밀협정을 체결했는데 서명 날짜를 부다페스트 협정과 같은 날짜로 앞당겨 놓았다. 이 협정으로 발칸 지역에서 슬라브 국가이든 아니든 간에 광활한 지역을 보유하는 국가는 창설치 않는다는 것에 합의하였다.

러시아는 오스트리아와 비밀협정을 체결하고 곧 이그나티예프 대사로 하여금 유럽을 순회하여 러시아의 입장을 설명케 하였다. 특히 그는 영국 정부로부터 그의 터키 개혁안의 승인을 받아내어 이른바 런던 의정서를 성립시켰다. 그러나 터키가 이 의정서를 거부함으로써 러시아는 전쟁을 일으킬 명분을 다시 얻게 되었다.

열강의 태도

러시아는 1877년 4월 24일 터키에 선전포고를 하였다. 어떤 전쟁이든 전시외교는 전쟁 상황에 좌우되는 것은 말할 필요도 없다.

전쟁의 큰 고비는 대개 다음과 같다. 4월에서 7월까지는 러시아의 일방적인 승리였으며 터키의 붕괴가 눈앞에 다가오고 있었다. 그러나 터키가 플레브나Plevna를 의외로 잘 방어함에 따라 일방적인 승리에 제동이 걸렸다. 플레브나는 11월에 결국 함락됐으나 터키군이 4개월 동안이나 그곳을 방어한 것이 터키를 구해 주었다. 플레브나가 터키 제국의 운명을 40여 년 간이나 더 연장시킨 셈이다. 러시아군은 코카서스 전선에서도 승리해 카르스를 수중에 넣었다. 연말에는 아드리아노플까지 진격하였고 다음해 1월 드디어 아드리아노플이 함락되면서 휴전이 성립되었다.

먼저 열강들은 러시아와 약속한 대로 중립을 지켰다. 그러나 러시아가 계속 승전을 거듭하자 발칸 반도에 러시아의 절대적인 영향력이 형성되지 않을까 우려하게 되었다.

이런 측면에서 개입할 수 있는 국가는 영국뿐이었다. 영국이 러시아의 일방적인 승리를 묵과하지 않을 것이란 것을 고르차코프나 영국 주재 대사 슈발로프P.A. Shuvalov는 잘 알고 있었다. 러시아가 한참 승전을 거듭하고 있을 때 두 사람은 차르로부터 이른바 '소평화' Little Peace 초안의 승인을 얻어내어 영국과 합의하였다. 이 '소평화' 초안에 의하면 불가리아는 발칸 산맥 이북지역에 국한한다는 것이었다. 그리고 영국은 중립을 지키며 러시아는 콘스탄티노플이나 해협을 결코 점령하지 않는다는 내용이었다. 그런데 6월에 차르가 루마니아 지방에 체류하고 있을 때 러시아군 총사령관인 니콜라이N. Nicholai 대공이 그 내용을 알고 크게 격분해 그 초안의 취소를 요구하기에 이르렀다. 결국 차르는 슈발로프에게 그 취소를 명령하였다. 이런 러시아의 태도 변화에 영국은 해군을 베시카Besika 만으로 파견하는 결정으로 맞섰다.

플레브나 방어는 영국 여론에 큰 영향을 미쳤다. 불가리아에서의 잔학상은 망각되었고 터키군을 영웅시하는 경향으로 바뀌게 되었다. 플레브나 방어로 영국의 여론은 반러시아, 친터키 경향으로 급변하였다. 더욱이 1878년 1월 아드리아노플의 함락으로 콘스탄티노플까지 함락의 위험에 빠지게 되자 영국으로서는 묵과할 수 없게 되었다. 영국 해군은 콘스탄티노플을 구원하기 위해 해협 진입을 명령받고 2월 중순 드디어 콘스탄티노플 앞에 나타나게 되었다.

러시아의 일방적인 승리는 오스트리아도 묵과할 수 없는 일이었다. 비스마르크도 러시아의 지나친 요구는 곧 3제 협상의 와해를 의미하는 것으로 반대하지 않을 수 없었다. 러시아군은 그들 나름대로 지쳐 있었고 더 이상 전투를 계속해 열강의 개입을 초래할 수도 없는 일이었다. 그리하여 1월 31일 아드리아노플 휴전이 성립하게 되었다.

산 스테파노San Stefano 조약(1878년 3월 3일)

휴전이 성립되고 2월 12일부터 러시아와 터키 사이에 평화교섭이 시작돼 산 스테파노 조약이 성립되었다. 이 조약은 이그나티예프의 작품으로서 러시아의 요구를 압도적으로 반영한 것이다. 또 그동안 러시아가 열강에 약속한 것을 훨씬 초과한 내용을 담고 있었다. 동방 문제는 1856년 파리 조약의 규정대로 유럽 전체의 문제였다. 이런 문제를 러시아가 일방적으로 요리한 이 조약을 열강이 수락할 리 없었다. 또한 이 조약은 그 누구도 만족시키지 못하고 불만만을 안겨 주었다.

이 조약으로 러시아가 받게 될 직접적인 이득은 외형상 그리 큰 것은 아니었다. 흑해 동부지역인 카르스, 아르다한Ardahan, 베이야지드Bayazid, 바툼Batum, 그리고 도브루자Dobrudja 지방을 획득할 뿐이었다. 세르비아와 몬테네그로도 어느 정도 영토를 확장하며 루마니아와 함께 완전 독립국가가 되고 보스니아-헤르체고비나는 오스트리아의 감독을 받는 자치지역으로 만든다는 것이었다. 산 스테파노 조약 규정 중 가장 문제가 됐던 것은 대(大)불가리아의 창설이었다. 이 조약에 의하면 불가리아는 흑해로부터 마케도니아를 거쳐 바르다Varda를 지나 에게 해의 살로니카Salonica까지 포함하는 광활한 지역을 보유하게 되었다. 이 대불가리아가 러시아의 영향권에 들어간다는 것은 곧 발칸 반도 전체가 러시아의 지배에 속하게 된다는 것을 의미한다. 더욱이 러시아가 이 지역을 2년간 점령한다고 규정되어 있었다. 이러한 대 불가리아의 건설에 대해 발칸의 여러 나라를 포함해 유럽의 그 어느 국가도 찬성하지 않았다. 독일, 프랑스, 이탈리아와 같이 직접적인 이해관계가 없는 국가들도 러시아의 요구는 지나친 것이라고 판단하였다.

당시 영국에서는 3월 말 개각이 있었다. 더비Derby 후임으로 솔즈베리가 외상이 되었다. 그는 디스렐리 수상과 다음과 같은 정책노선을 확정하였다. 즉 유럽 이외의 지역에 영국이 진출하려면 독일, 오스트리아와의 유대강화가 필요하다. 또 터키의 현상유지는 그대로 존속되기 어렵고 따라서 러시아의 야망을 저지하는 선에서 현상변경을 묵인해야 된다. 무엇보다 불가리아는 분할돼야 하며 영국은 에게 해 또는 터키 부근에 기지를 획득해야 된다. 러시아의 페르시아 진출, 아나톨리아Anatolia 진출은 저지되어야 한다는 것 등이었다.

고르차코프 재상은 산 스테파노 조약을 그대로 유지시킬 수 없음을 이그나티예프보다 더 잘 알고 있었다. 따라서 슈발로프 대사에게 솔즈베리와 교섭을 진행토록 훈령하였다. 5월 30일 영국과 러시아는 다음과 같은 합의에 이르게 되었다. 불가리아는 분할되고 러시아가 중앙아시아에서 획득한 지역의 일부를 다시 터키에게 반환한다는 것이었다. 영국은 불가리아의 분할을 오스트리아와도 합의하였다. 또한 터키와도 합의가 성립되어 사이프러스Cyprus를 영국에 조차(租借)하고 아시아 지역에 속한 터키 영토는 영국이 보장하기로 하였다.

러시아는 완전히 고립되었고 산 스테파노 조약을 다시 검토할 국제회의의 소집에 동의하지 않을 수 없었다.

베를린 회의(1878년 6월 13일~7월 13일)

베를린 회의는 1856년 파리 회의 이후 최대의 회의였다. 19세기 용어로 conference나 reunion이 아니라 congress였다. 독일과 러시아의 재상, 영국의 수상, 그리고 열강의 외상들이 참석하였다. 디스렐리 수상은 유럽 국제회의에 참석한 최초의 영국수상이 되었다. 사실 베를린 회의의 결정은 1877~1878년간 이루어진 열강들의 합의를 다시 확인한 것인데 그 주요 내용을 보면 다음과 같다.

첫째로 불가리아를 다음과 같이 3분하기로 하였다. ① 축소된 불가리아로서 자치공국의 법적 지위를 가진다. 러시아 군이 당분간 주둔한다. ② 동부 루멜리아East Rumelia 지방은 터키 통치 밑에 두되 독립국과 종속국의 중간 정도에 해당되는 법적 지위를 가진다. ③ 마케도니아는 터키의 영토로 한다.

둘째, 보스니아-헤르체고비나는 잠정적으로 오스트리아가 점령하고 그 행정을 담당하기로 하였다. 그리고 오스트리아는 세르비아와 몬테네그로의 경계지역을 남북으로 가로지르는 노비바자르 지방에 군대를 주둔시킬 수 있게 되어 세르비아와 몬테네그로의 통합을 저지시키며 동시에 살로니카와 에게 해로 진출할 수 있는 통로를 확보하게 되었다. 보스니아-헤르체고비나 문제는 1879년 4월 오스트리아와 터키의 합의로 더욱 구체화되었고 이 합의로 '잠정적'인 성격이 삭제되었다.

셋째, 산 스테파노 조약으로 세르비아와 몬테네그로가 얻게 될 영토가 축소되었다. 그리고 이들 양국과 루마니아는 독립국가가 되었다.

넷째, 러시아는 바툼, 아르다한, 카르스를 획득했으나 도브루자는 루마니아에게 돌려주고 대신에 루마니아는 남부 베사라비아를 러시아에 할양하였다.

다섯째, 영국은 이미 터키와 합의해 획득한 사이프러스의 점령을 국제적으로 인정받았다.

끝으로 프랑스가 장차 튀니스를 점령하는 것이 묵인되었고 그리스의 요구는 미래의 일로 미루어졌다. 1881년 5월의 협정으로 그리스는 데살리와 에피루스를 획득했으나 크레타는 터키의 지배 밑에 있어서 국제적인 문제로 계속 남게 되었다. 이탈리아의 알바니아 진출은 단지 언급만 되었을 뿐이었다.

베를린 회의는 물론 러시아의 후퇴를 의미하는 것이었다. 특히 러시아의 범슬라브운동의 입장에서 볼 때 돌이킬 수 없는 패배가 아닐 수 없다. 더욱이 러시아는 비스마르크가 취한 정직한 브로커honest broker의 태도에 실망과 분노를 참을 수 없었다. 열강으로부터 고립된 러시아는 비스마르크의 지원조차 얻지 못하였다.

회의의 결과에 대해서는 특히 영국과 오스트리아가 만족하였다. 영국은 동지중해에서 확고한 지위를 갖게 되었고 오스트리아는 보스니아-헤르체고비나를 획득했기 때문이다. 베를린 회의 이후 양국은 갑자기 가까워지기 시작하였다.

불가리아의 불만은 말할 필요도 없다. 또한 세르비아와의 적대관계는 더욱 심화됐으며 루마니아도 실리스트리아Silistria 지방의 상실로 실망하였다.

이와 같이 유럽 지역에 속한 터키 제국의 영토는 매우 축소됐지만 이 지역에 대한 열강의 각축은 계속되었다.

불가리아의 통일

베를린 회의를 전후해 불가리아 문제의 처리는 앞에서 살펴본 바와 같다. 그런데 차르의 조카인 알렉산더Alexander of Battenberg가 러시아의 후광을 업고 1879년 4월 불가리아 국민의회에서 불가리아 공으로 선출되면서 문제는 복잡하게 되었다. 러시아의 지원으로 불가리아 공이 됐으나 지나친 러시아의 간섭에 반발한 그가 도리어 반러시아 노선을 취했기 때문이다.

당시 불가리아에서는 자유주의 운동이 만연되어 있었고 1884년의 선거로 자유주의자들이 의회에 많이 진출하였다. 이들이 러시아의 간섭에 반대하고 나섰으며 알렉산더 공은 이들의 희망에 따라 러시아인 대신들을 추방하고 동 루멜리아에서의 자유주의 운동을 허용하였다. 이에 동 루멜리아에서는 불가리아와의 통합운동이 일어났으며 알렉산더가 동 루멜리아의 플로프디프Plovdiv 지방을 방문해 환영을 받음으로써 통일은 자연스럽게 이루어졌다.

불가리아가 통일되자 세르비아는 불안을 느끼게 되었다. 불가리아가 마케도니아 지방에 침략적인 정책을 취할 것이 분명했기 때문이다. 이에 세르비아 국왕은 빈을 방문해 지원을 요청했으나 칼노키 외상은 방임하는 태도를 취하였다. 이렇게 되자 세르비아는 불가리아에 선제공격을 하게 되었다. 1885년 11월의 일이다. 그러나 세르비아군은 도리어 패퇴하였고 불가리아군이 세르비아 영토로 진입하게 되었다. 이제 세르비아의 운명은 오스트리아에 달려 있게 되었다. 결국 오스트리아의 중재로 양국 사이에는 12월 휴전이 성립되었고 1886년 3월 부카레스트 조약이 체결돼 두 나라의 국경은 전쟁 이전의 상태로 환원되었다.

이 사태로 말미암아 세르비아가 더욱 오스트리아에 의존하게 된 것은 쉽게 짐작할 수 있다. 그런데 불가리아까지도 오스트리아에 의존하게 됐는데 그 배경에는 러시아의 실책이 있었다. 러시아는 그들의 의사와 반대되는 통일이 불가리아에서 이루어지자 1886년 8월 알렉산더 공을 러시아에 압송해 그를 퇴위시켜 버렸다. 그러나 스탐불로프S. Stambulov를 중심으로 하는 불가리아의 자유주의 정치인들은 이런 러시아의 간섭을 배격함과 아울러 친러시아 파를 숙청하였고 알렉산더 공의 귀국을 요구하였다. 알렉산더 공은 귀국했으나 러시아의 강경한 반대로 복위되지는 못하였다. 그러나 불가리아 국민회의는 러시아의 압력에 굴복하지 않고 친오스트리아 인사인 페르디난드Ferdinand of Saxe-Coburg를 불가리아 공으로 추대하였다. 불가리아는 오스트리아에 기울게 되고 더욱 반러시아적인 노선을 걷게 되었고 동시에 러시아와 오스트리아의 관계는 긴장이 계속되었다.

이렇게 되자 러시아 국내에서는 3제 협상에 대한 비판이 일게 되었다. 3제 협상은 러시아와 오스트리아를 동등하게 대우하고 있는 것이 아니라는 비판이었다. 따라서 독일을 버리고 프랑스와 동맹해야 된다는 주장이 강력하게 대두되었다. 차르의 측근인 카트코프가 그 대표적인 인물이었다. 불가리아 사태로 비스마르크의 동맹체제를 구성하고 있던 3제 협상에 틈이 생기기 시작하였다.

비스마르크 체제의 모순이 동방 문제로 이미 나타나게 되었다. 1887년 이후 제1차 세계대전 기간 사이에 발칸 반도와 지중해 지역에 걸친 동방 문제에 관해서는 후술한다.

주요문헌

* 크림 전쟁에 관한 글들은 방대한데 학문적인 연구를 중심으로 작성했음.

(가) 사료

주요한 문서집으로는 다음 세 가지를 들 수 있다.

Baumgart, Winfried, et al. eds., *Acten zur Geschichte des Krimkriegs.* Series I. *Österreichische Akten zur Geschichte des Krimkriegs,* 3 vols., Munich & Vienna, 1979~1980.

Hurewitz, Jacob C., *Diplomacy in the Near and Middle East. A Documentary Record,* 2 vols., 1535~1956, N.Y., 1956.

Zaionchkovskii, A.M., *Vostochnaya voina*(동방전쟁), 2 vols., St. Petersburg, 1908~1913.

주요한 개인문서나 회고록으로서는 다음과 같은 것이 있다.

Ashley, Evelyn, *The Life and Correspondence of Henry John Temple, Viscount Palmerston,* 2 vols., London, 1879.

Heller, Isidor, ed., *Memoiren des Baron Bruck aus der Zeit des Krimkriegs,* Vienna, 1877.

Hübner, Alexander von, ed., *Neuf ans de souvenirs d'un ambassadeur d'Autriche à Paris sous le Second Empire, 1851~1859,* 2 vols., Paris, 1904.

Lane-Poole, Stanley, *The Life of the Right Honourable Stratford Canning, Viscount Stratford de Redcliffe. From His Memoirs and Private and Official Papers,* 2 vols., London, 1888.

Thouvenel, Louis, éd, *Nicolas 1er et Napoléon III. Les Préliminaires de la Guerre de Crimée, 1852~1854, d'aprés les papiers inédits de M. Thouvenel,* Paris, 1891.

그리고 자세한 문헌목록은 다음을 참조할 것.

Gooch, Brison D., "Century of Historiography on the Origins of the Crimean War,"

American Historical Review, 1956.
Rich, Norman(1985), pp. 243-252.
Wetzel, David(1985), pp. 218-241.

(나) 주요연구

크림 전쟁에 관한 연구는 주로 각국의 외교정책과 관련한 저서들이 대부분인데 주요한 것을 열거하면 다음과 같다.

Baumgart, Winfried, *The Peace of Paris, 1856. Studies in War, Diplomacy, and Peacemaking*, trans. A.P. Saab, Santa Barbara, Ca., 1981.

Curtiss, John Shelton, *Russia's Crimean War*, Durham, N.C., 1979.

Daly, John C., *Russian Seapower and The Eastern Question, 1827~1841*, Annapolis, 1991.

Dostyan, I.S., *Rossiya i balkanskii vopros*(러시아와 발칸 문제), Moscow, 1972.

Fadeev, A.V., *Rossiya i vostchnyi krizis 20-x godov XIX veka*(러시아와 19세기 20년대 동방의 위기), Moscow, 1958.

Georigiev, V.A., *Vostochnyi vopros vo vneshnei politike Rossii*(러시아 외교정책에 있어서 동방 문제), Moskva, 1978.

Herkless, J.L., "Stratford, the Cabinet and the Outbreak of the Crimean War," *The Historical Journal*, XVIII-3, 1975, pp. 497-523.

Luc Monnier, *Etude sur les origines de la guerre de Crimée,* Genève, 1977.

Ramm, Agatha & B.H. Sumner, "The Crimean War," *The New Cambridge Modern History*, X, 1980, pp. 468-492.

Rich, Norman, *Why the Crimean War? A Cautionary Tale*, London, 1985.

Robichon, François & André Rouillé, *Jean-Charles Langlois. La photographie, la peinture, la guerre. Correspondence inédite de Crimée (1855~1856)*, Nîmes, 1992.

Saab, Ann P., *The Origins of the Crimean Alliance*, Charlottesville, Va, 1977.

——— et al., "Reassessment of French Foreign Policy during the Crimean War based on the Papers of Adolphe de Bourqueney," *French Historical Studies*, Fall, 1986, pp. 467-496.

Schroeder, Paul W., *Austria, Great Britain and the Crimean War: The Destruction of the European Concert*, Ithaca, N.Y., 1972.

Taylor, A.J.P., "Crimea: The War that would not boil," in his *Europe: Grandeur and Decline* (1967), pp. 67-77.

Temperley, Harold, *England and the Near East: The Crimea*, London, 1936.

Thaden, Edward C., *Russia's Western Borderlands, 1710~1870*, Princeton, 1984.

Wetzel, David, *The Crimean War: A Diplomatic History*, N.Y., 1985.

제 4 장

유교권과 세계외교사

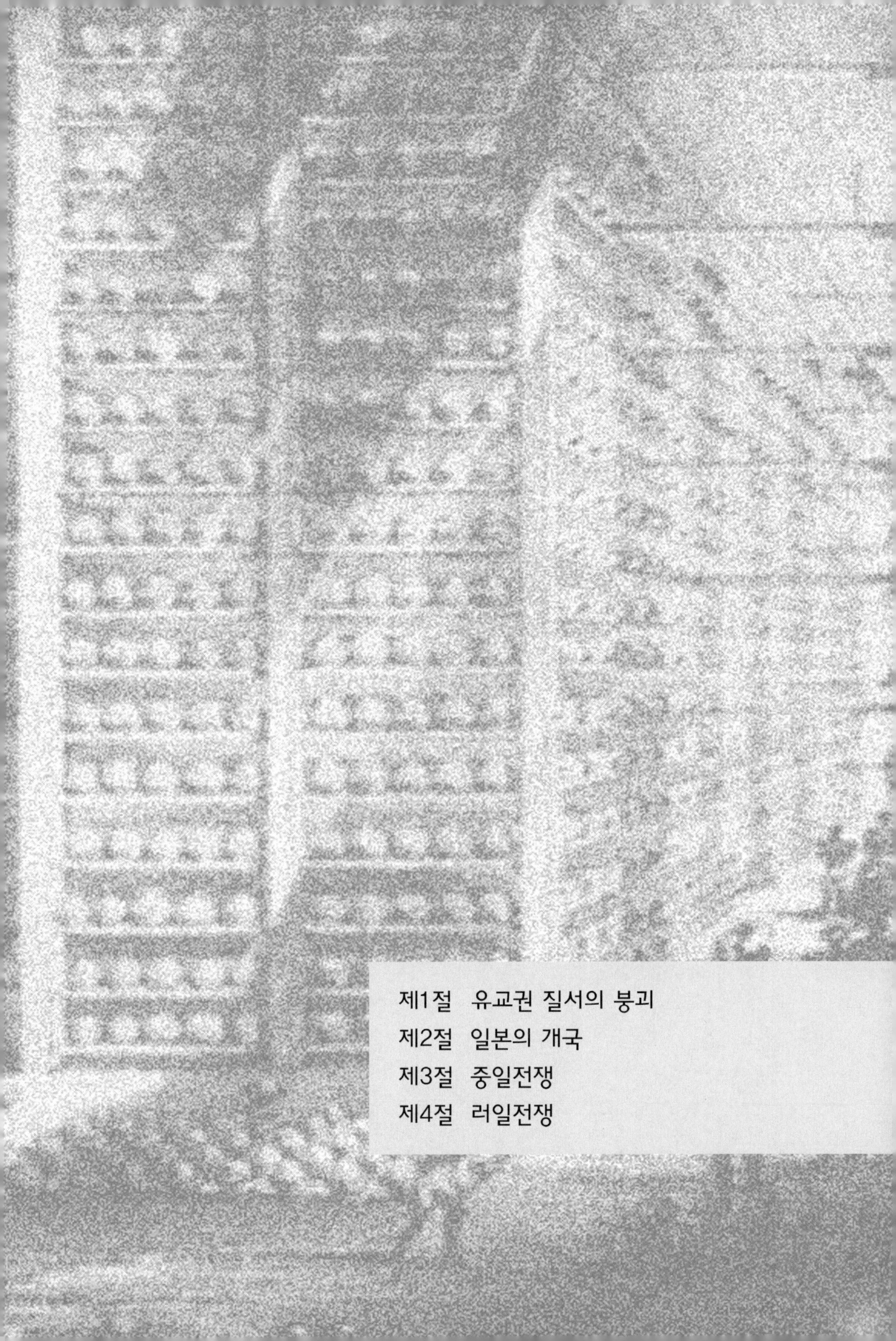

유교권 질서의 붕괴

제 1 절

유럽 문명권에 의해 파괴되기 이전 동북아 지역에는 독특한 국제정치 질서가 존재하였다. 이런 질서를 사대(事大) 질서, 예(禮) 질서, 또는 중국적 세계 질서라고 부른다.

사대라는 용어는 『맹자』에 이미 나온다. “큰 나라로서 작은 나라를 섬기는 것은 하늘의 뜻을 즐기는 것이고 작은 나라로서 큰 나라를 섬기는 것은 하늘의 뜻을 두려워하는 것이다. 하늘을 즐기는 사람은 천하를 편안하게 하고 하늘을 두려워하는 사람은 자기 나라를 편안하게 한다.” 또 『춘추좌씨전』에도 사대 · 자소(字小)를 이렇게 말하고 있다. “큰 것이 작은 것을 어여삐 여기지 않는다면 작은 것은 큰 것을 섬기지 않는다.” 이런 사대자소는 주(周)–제후(諸侯)–이적(夷狄)으로 이어지는 예 질서의 기본원칙이었다.

이런 고대 중국의 예 명분은 이민족의 지배 시대에는 큰 혼란에 빠졌었는데 주원장(朱元璋)이 명(明)을 개국하면서 이를 다시 자세하게 법제화시킨다. 그는 “이적이 중국을 받드는 것은 예의 상경(常經)이며 작은 것이 큰 것을 섬기는 것은 옛날이나 지금이나 같은 것”이라고 강조하였다.

이런 명분은 명회전(明會典, 1509, 1587)과 청회전(淸會典, 1690, 1732, 1764, 1818, 1899)으로 자세하게 규정되었다. 근대 유럽 국제사회의 명분이 그 구성원의 의사(意思)인 조약과 관습인 데 반하여 동북아 질서의 명분은 중국의 국내법인 회전들에 의해 규율된다는 점이 유럽 문명권과 유교 문명권 사이의 근본적인 차이점이다.

19세기에 들어서면서 유럽 세계에 의한 동북아 세계의 파괴는 아편, 성경, 그리고 대포의 삼위일체로 이루어진다. 한 손에는 성경, 다른 손에는 아편을 들고 선교한 구츨라프K. Gutzlaff와 대포와 기만으로 제2차 아편전쟁을 조작한 팍스H. Parkes에서 우리들은 유럽 문명권의 몰윤리성(沒倫理性)을 목격한다.

19세기의 역사적 특징은 이런 삼위일체로 무장한 유럽 세계가 폭력으로 온 지표로 팽창하였다는 점에 있다. 폭력이란 단순한 물리적인 힘만을 의미하는 것은 아니다. 폭력은 자기의 사고방식과 이익을 최고의 것으로 간주해 다른 사람의 그것을 반드시 자기에게 종속시키려는 정신 구조를 말한다.

이제 동북아 세계에 존속되어 온 독특한 질서는 파괴되기 시작한다. 반식민지에서 식민지로 전락하는 과정을 살피는 일은 곧 오늘의 문제이기도 하다.

1. 아편전쟁

사대교린과 천하질서

유럽 국제정치 질서가 동양에 전파되기 이전에 중국을 중심으로 하는 독특한 세계질서의 권역이 존재하였는데 이 유교권의 세계 질서는 유럽의 국제정치 질서와 본질적으로 달랐다. 유럽의 근대적인 국제정치 질서는 이른바 주권적이고 독립적인 근대국가를 그 구성단위로 하고 근대국가를 넘어선 상위의 정치적 존재를 인정하지 않았다. 서로 절대적 존재라고 인정하는 근대국가들의 병렬(竝列)에 입각한 국제정치 질서였다. 이런 점에서 유럽 사회의 중세질서와도 확연히 구별되는 질서였다.

유교권의 질서는 유럽의 근대 국제정치 질서와는 매우 대립적인 성격을 갖고 있었다. 유럽의 질서가 병렬적인 것에 비해 유교권의 그것은 서열적인 것이었다. 천자(天子), 제후(諸侯), 배신(陪臣) 등으로 이어지는 수직관계였다. 다시 말하자면 종주국(宗主國)과 조공국(朝貢國)의 관계로 불평등한 세계질서라고 말할 수 있다. 이런 불평등 관계의 명분이 곧 사대자소(事大字小)의 예(禮)였으며 제후의 관계는 교린의 관계로써 규율되었다.

이런 사대질서의 명분이 미치는 지역을 '천하'라고 불렀다. 그리고 그 밖의 지역은 이적(夷狄)의 세계로 간주하였다. 이른바 화이(華夷)의 구별이 엄격하였다. 서양의 오이코멘 oikoumene이나 이슬람의 '이슬람의 영토', '전쟁의 영토' 구별이 여기에 해당된다. 중국의 고대 경전들은 사대질서가 미치는 '천하'의 지역을 문화의 수준에 따라, 그리고 중국의 중심인 왕기(王畿)로부터의 지리적인 원근(遠近)에 따라서 여러 지역으로 구분하였다. 구복

(九服), 육복(六服)이라든가 오복(五服)론이 그것이다.

이렇게 구별된 여러 지역에 속하는 정치집단 간에, 그리고 같은 지역에 속하는 정치집단 간에는 일정한 행위규범이 존재하였다. 이를 예(禮)라고 고대로부터 불러왔다. 예는 사람이 반드시 지켜야 할 행동규범이라는 좁은 의미로부터 시작하여 귀천(貴賤)이나 상하(上下)의 구별, 나라의 법제, 나라 사이의 관계, 모든 사물의 통일된 법칙 등을 지칭하는 매우 넓은 의미를 함축하고 있는 개념이다. 다시 말하자면 개인, 가(家), 제후(諸侯) 사이의 관계, 주실(周室)과 제후 사이의 관계를 규율하는 광범위한 규범이었다. 서양의 용어를 빌리면 자연법jus naturale에 해당한다. 예에 해당되는 여러 형식, 절차, 규범 등이 이미 선진(先秦)시대에 형성되었다. 그리고 예의 법제들이 명 · 청의 여러 회전(會典)들에 자세히 규정되어 있으며 조선의 경우에도 통문관지(通文館志)나 증정교린지(增正交隣志) 등에 자세히 규정되어 있다.

이와 같은 종주국과 조공국의 관계는 이른바 조공관계로 연결되어 있는데 이 관계의 특징은 다음과 같다.

첫째, 조공국의 국왕은 중국에 의하여 봉하여지고 국왕이 변경되려면 중국의 인정이 전제조건으로 되어 있었다. 조공국들의 국왕이 국왕으로서 자처할 수 있는 명분은 중국의 인정으로부터 나오는 것이었다. 이것이 책봉(册封)의 관계라는 것이다.

둘째, 조공국은 중국의 역법을 받아 시행해야 한다. 달력을 받는다 하여 봉삭(奉朔)이라고 부른다.

끝으로 조공국은 정기적으로 중국에 조공을 행한다. 여기에서 제후의 국왕은 중국 황제에게 표(表)와 공(貢)을 바치며 황제는 이들 공사(貢使) 일행에게 답례한다. 이것을 조공회사(朝貢回賜)라고 한다.

이와 같은 조공관계로 연결되는 중국과 그 주변 지역은 이른바 화이사상(華夷思想)이라는 이데올로기로 지탱되는 서열적인 질서로서 앞에서 보아 온 유럽의 그것과는 근본적으로 다른 것이었다. 유럽의 근대국가는 기본적으로 주권국가이면서 영토국가인 데 반하여 유교권의 국제정치 질서는 소위 천하의 개념이 지배하던 장(場)이었다.

이와 같은 유교권의 국제정치 질서가 지배했던 지역은 시대에 따라 변화했으며 이런 변화는 명 · 청 연간의 여러 회전(會典), 즉 『만력회전』(萬曆會典, 1587), 『강희회전』(康熙會典, 1690), 『옹정회전』(雍正會典, 1732), 『건륭회전』(乾隆會典, 1764), 『가경회전』(嘉慶會典, 1818) 그리고 『광서회전』(光緖會典, 1899)에 잘 나타나 있다. 청의 『가경회전』을 들어 보면 예부(禮部)와 이번원(理藩院)이 관할하는 조공국은 다음과 같다.

예부가 관할하는 조공국으로서는 조선(朝鮮), 류큐(琉球), 베트남(越南), 라오스(南掌), 태국

(暹羅), 술루 군도(蘇祿), 네덜란드(荷蘭), 미얀마(緬甸), 그리고 서양국가로서 포르투갈, 로마 법황청, 영국 등이 열거되어 있다. 그러나 이들 서양국가들은 유교권의 구성단위는 아니었으며 베이징에 사절을 파견한 단순한 사실 때문에 『가경회전』에 적혔을 뿐이다. 명의 『만력회전』과는 달리 『가경회전』은 아시아 내륙지역들과의 조공관계를 이번원(理藩院)에서 관할토록 하고 있다. 내몽골, 외몽골, 티베트, 동 투르키스탄, 네팔, 그리고 중앙아시아의 카자프, 코칸트 등이 한때 이번원의 관할 밑에 있었다.

이와 같이 광활한 지역에 걸쳐 있었던 유교권의 질서는 19세기 초부터 전 세계로 확장되기 시작한 유럽 열강들에 의해 점차 붕괴되어 갔다. 그리고 그 결정적인 붕괴의 시작이 아편전쟁이었음은 다 아는 사실이다. 유럽 열강이 아시아에 팽창하면서 아편을 그 확장의 계기로 삼은 것은 유럽 정치의 몰윤리성(沒倫理性)을 잘 보여 준 것이며 대포(大砲), 성경(聖經), 아편(鴉片) 등이 삼위일체가 되어 중국 질서를 붕괴시킨 것은 역사의 교훈이 아닐 수 없다.

광둥 무역제도(廣東貿易制度)

아편전쟁 이전 중국의 대외무역제도는 독특한 것이었다. 1757년부터 아편전쟁이 일어날 때까지 외국과의 무역은 광둥 성(廣東省)의 수도 광저우(廣州)에 국한해 시행하였다. 1683년 타이완을 근거지로 삼고 있던 정씨(鄭氏)가 멸망하자 중국은 이른바 해금(海禁)을 풀고 4개의 항구를 열어 외국과의 무역을 재개하였다. 아오먼(澳門, 마카오), 장저우(漳州), 닝보(寧波), 그리고 윈타이 산(雲台山)이 그것이다. 그러나 중국 정부는 1757년에 이들 4개 항구를 다시 폐쇄하고 광저우 항구만을 열어 대외무역을 하게끔 하였다. 그러나 외국 상인들은 광저우에 자유로이 왕래한 것이 아니라 무역계절인 10월부터 다음해 1월까지 일정한 외국인 거주 지역에 국한되어 활동할 수 있었다. 이 지역을 재외상관(在外商館)Factory이라고 부른다. 재외상관은 요새화된 외국인 거류지로 원래 외국 특허회사의 군사력으로 보호돼 있었는데 이 제도가 중국에 들어오면서 군사력의 보호라고 하는 측면이 제외되었다.

이런 대외무역제도에는 일정한 기구와 관리들이 있었다. 중국 측에서 보면 먼저 량광총독(兩廣總督)과 광둥 순무(廣東巡撫) 등의 지방장관이 있었고 광저우 부근의 해관(海關)은 웨해관감독(粵海關監督, 외국인은 Hoppo라고 칭하였다)이 맡았다. 그리고 이들 밑에서 실제로 외국상인들과 거래할 수 있는 특허를 맡은 중국 상인들이 있었는데 이들은 광둥 십삼행(廣東十三行)이라고 불리는 길드 조직을 이루고 있었다. 이들 특허상인을 공행상인(公行商人)이라고 불렀다. 이들이 대외무역을 독점하고 있었을 뿐 아니라 광저우 지역에 있는 외국인의 모든 행동에 대해 책임을 지고 있었으며 관세를 비롯한 각종 세금의 징수도 이들 공행상인(公行商人)이 담당하였다.

외국 측에도 일정한 기구가 있었는데 당시 중국무역에서 우월한 지위를 갖고 있던 영국의 경우를 보면 특허회사인 동인도회사가 중국무역을 독점하고 있었고 이 동인도회사의 현지 기구로서 관화인위원회(管貨人委員會)Select Committee of Supercargoes가 있었다. 관화인(管貨人)Supercargo 중에서 3, 4인으로 구성된 이 위원회에는 수석(首席)President이 있었는데 중국은 이를 외국인의 총책임자로 간주하였다.

그러나 동인도회사의 중국무역 독점은 1834년에 종료되었다. 랭커셔Lancashire 지방의 면업자본이 자유무역을 계속 주장해 관철한 것이다. 따라서 이때부터는 영국 정부가 중국무역을 감독하기 위해 무역감독관(貿易監督官)Superintendent of Trade을 파견하게 되었다. 이 무역감독관은 기왕의 관화인위원회의 수석이 동인도회사의 직원인 것과는 달리 영국을 대표하는 국가 관리라는 점에서 중국과의 관계에 새로운 문제점으로 대두하였다.

아편무역

중국에 대한 아편무역은 영국의 인도 · 중국과의 무역구조와 밀접한 관계가 있었다. 영국의 동인도회사가 중국으로부터 수입하는 주요 품목은 차(茶)와 견(絹)이었다. 그리고 중국으로 수출하는 것은 주로 인도의 면화(棉花)와 면직물(綿織物)이었으나 이 상품에 대한 중국의 수요가 그리 많지 않아서 동인도회사의 입장에서 보면 언제나 수입이 훨씬 많은 상태였다. 동인도회사는 당시 스페인 달러인 은(銀)으로 결제하였고 중국의 입장에서 보면 수출이 수입보다 많아서 은이 유입돼 재원이 확보되는 유리한 입장이었다.

그런데 영국 정부는 1784년에 귀정법(歸正法)Commutation Law을 실시해 차 수입세를 거의 1/10로 인하하는 조치를 취하자 중국 차의 수입은 비약적으로 증가하게 되었다. 이런 차 수입의 증가로 동인도회사의 은 부족현상은 두드러지게 되었고 플로리다Florida 문제로 야기된 1817~1818년의 미국-스페인 전쟁으로 스페인 달러가 고갈되자 동인도회사의 은 확보는 더욱 곤란하게 되었다.

이런 사정은 1814년 동인도회사의 인도무역 독점권이 폐지된 이후 더욱 심각하게 되었다. 무역독점 폐지로 영국의 면직물이 인도에 들어오게 되자 그 결제수단인 은의 부족이 더욱 심각하게 되었고 그 돌파구를 중국에 대한 아편판매에서 찾게 되었다. 중국에 아편을 판매하고 그 대금으로 영국으로부터 면직물을 수입한다는 것이었다. 이런 점에서 영국의 산업자본과 아편무역은 밀접한 관련을 갖고 있었다. 하여간 동인도회사의 중국 수출

상품은 면화와 아편이 주요한 것이었으며 면화는 1792년 이래로 중국의 최대 수입품이었다. 그러나 1823년부터는 아편이 면화보다 더 수입되기 시작하였다. 1780년에는 대략 1,000상자에 불과했던 아편이 1800년에는 4,000상자, 1820년에는 1만 상자, 그리고 1832년에는 2만 상자에 달하게 되었다.

아편은 1780년대부터 중국에 수입되기 시작했으나 1790년에 그 수입이 금지됨에 따라 아편무역은 독특한 형태를 취하게 되었다. 법적으로 금지되어서 형식상 밀무역의 형태를 띠었으나 중국 관리들의 묵인하에 이루어진 공공연한 밀무역이었다. 그것이 밀무역이었기 때문에 동인도회사나 공행상인은 아편을 취급하지 않았고 이른바 지방무역상인(地方貿易商人)Country Trader이란 자들이 아편무역을 취급하였다. 지방무역상인은 인도에 살고 있던 영국인 또는 인도인으로 동인도회사의 허가를 받아 중국과의 무역을 담당하였다. 중국 관리들은 이들로부터 돈을 받고 아편무역을 묵인할 뿐 아니라 스스로 아편에 탐닉하는 현상까지 나오게 되었다. 그리하여 그들이 취한 조치란 단지 아편무역 장소를 광저우 근처의 황푸(黃埔)에서 광저우 입구에 있는 링딩(伶仃)이란 섬으로 옮기는 정도에 그쳤다.

이와 같이 아편, 면화의 급격한 수입 증가로 중국은 수출보다 수입이 많게 되는 현상이 일어나 1826년부터는 중국의 은이 외국으로 유출되었다. 이렇게 되자 중국 경제는 곧 혼란 상태에 빠져들었다. 가장 큰 원인은 은과 동전과의 교환비율 문제였다. 당시 중국의 전부(田賦)는 모두 은에 상당하는 가격으로 납부됐으나 농민들이 농산물을 팔아 얻는 것은 동전이었다. 동전으로 세금을 납부하지만 납부세액은 은으로 환산되는 액수이기 때문에 은의 국외 유출로 은의 가치가 상승하게 되자 농민들의 부담은 급증하게 되었다. 중국 은의 국외 유출은 1840년까지 5,000만 달러에 이른 것으로 추산되고 있다. 따라서 1826년부터 중국 정부에서 다시 아편논쟁이 일어나고 급기야는 아편 수입금지의 정책을 취하게 된 것이다.

한편 이런 중국의 은 유출은 영국 입장에서 보면 인도통치의 중요한 재원이 아닐 수 없었다. 그리고 아편 무역을 담당한 지방무역상인들은 광저우에만 국한하지 않고 1820년대부터는 화베이(華北) 지방과 남만주(南滿洲) 지방까지 진출하였다. 중국 연안의 개방 요구는 1834년 동인도회사의 중국무역 독점이 폐지된 이후 중국시장 개척에 혈안이 된 영국 산업자본과 투기 상인들의 이해와 완전히 일치하게 되었다. 따라서 아편은 이제 단순한 상품의 차원을 넘어서 영국의 인도–중국 무역구조와 결부되었다. 따라서 아편무역의 금지는 곧 영국 정부와의 충돌을 의미하게 되었다.

린쩌쉬(林則徐)

아편 문제에 강경한 대처를 결의한 중국 조정은 후광 총독(湖廣總督) 린쩌쉬를 흠차대신(欽差大臣)에 임명해 광둥에 파견하였다. 린쩌쉬는 장쑤 순무(江蘇巡撫)를 거쳐 1837년부터 후광 총독으로 있었다. 그는 1830년에 이미 베이징에서 궁쯔전(龔自珍), 웨이위안(魏源) 등과 함께 선남시사(宣南詩社)라는 진보적인 인사들의 그룹을 형성한 바 있다. 그가 흠차대신에 임명되면서 받은 사령(辭令)에 보면 광둥 성의 모든 해군력이 그의 관할에 속하게 되었다.

린쩌쉬가 광둥에 도착한 것이 1839년 3월 10일이었고 그는 도착한 지 일주일 만에 외국 상인에게 아편을 인도(引渡)할 것과 장차 영구히 아편을 갖지 않겠다고 서약할 것을 요구하였다. 영국의 무역감독관 엘리엇C. Elliot은 린쩌쉬의 강경한 태도에 굴복하고 5월 중순까지 아편 2만 상자 이상을 인도하였다. 린쩌쉬는 이 아편을 석회에 섞어 바닷물에 던져 버렸다. 이 조치 이후 린쩌쉬는 무역의 재개를 희망했으나 엘리엇은 자국민을 이끌고 마카오로 퇴거하고 강압적인 재산 몰수의 부당함을 항의하기에 이르렀다. 린쩌쉬의 강경 조치로 2만여 상자의 아편은 폐기됐으나 그것으로 아편무역이 근절된 것은 아니었고 다시 성행하게 되었다.

이럴 즈음에 발생한 것이 린웨이시(林維喜) 살해 사건이다. 1839년 7월 7일 술에 취한 영국 선원이 중국인 린웨이시를 살해한 사건이었다. 린쩌쉬는 곧 범인의 인도를 요구했으나 엘리엇은 이를 거절하고 영국 선박에서 영국법에 따라 재판한다는 입장을 취하였다. 그리하여 범인을 중노동에 처하는 데 그쳤고 이런 형량이 형평에 어긋남은 물론이었다. 이에 린쩌쉬는 12월 6일 영국과의 무역을 다시 중단시켰다.

영국의 당시 제2차 멜번V. Melbourne 내각은 1840년 2~3월 사이에 중국에 원정군 파견을 결정하였다. 이보다 앞서 웰링턴 외상은 1839년 10월에 이미 엘리엇에게 원정군 파견의 가능성을 알려 주었다. 군사행동을 결정한 영국 정부는 4~5월에 예산집행을 위한 상 · 하원의 동의도 얻어 놓았다.

영국의 원정군은 1840년 6월에 중국 현지에 도착하게 되었다. 육군은 보병 3개 부대, 인도인 지원병 1개 연대, 유럽 인 포병 2개 중대, 공병 2개 중대 등 약 4,000명의 병력이었고 해군은 군함 16척, 수송선 · 무장선 등 32척이었다. 영국군은 먼저 광둥을 봉쇄하고 6월 말에는 북상을 계속해 저우산 군도(舟山群島)를 점령하고 8월에는 다구(大沽)에 도착해 중국 측과 교섭을 시도하였다.

린쩌쉬와 서양 공법

후술하는 바 같이 영국에 참패를 당한 책임을 지고 흠차대신 린쩌쉬는 1841년 6월 파면되었다. 그러나 중국의 대외 인식 문제에 있어서 그가 남긴 공적은 매우 큰 것이었다.

1689년 네르친스크 조약 체결 이후 1839년 아편전쟁에 이르는 근 150년 동안 공 · 사 문헌을 합쳐 모든 중국의 문헌에서는 유럽의 공법이나 서양의 국제법에 관한 언급을 거의 찾아볼 수 없었다. 사실 1840년 이전 중국에서는 서양 국제법이라는 특수한 분야는 차치하고 서양 일반에 대한 관심이나 연구물은 극히 보잘것없었다. 주요 연구물은 사청고(謝淸高)의 『해록』(《海錄, 1820), 진윤형(陳倫炯)의 『해국문견록』(《海國聞見錄, 1730), 그리고 왕대해(王大海)의 『해도일지』(《海島逸志, 1760) 등 세 가지 정도였는데 린쩌쉬가 영국에 관해 처음 정보를 얻은 것도 위의 『해록』이었다.

린쩌쉬가 1839년 광둥에 도착하자 위안더후이(袁德輝)의 추천으로 린쩌쉬는 바텔E. de Vattel(1714~1767)의 유명한 국제법 저술에 주목했다고 알려져 있다. 외국 상품의 몰수에 관한 서양 국제법의 현황을 알기 위해서였다. 이 점이 린쩌쉬의 탁월한 점이기도 하다.

위안더후이는 페낭Penang에 있는 한 로마 가톨릭 학교에서 라틴어를 공부하였고 말라카Mallaca의 영 · 중 학교Anglo-Chinese College에서 수학한 바 있었다. 그는 그 후에 이번원(理藩院)의 통역관으로 근무했는데 1838년에 외국 서적을 구입하기 위해 마침 광둥에 체재하고 있어서 임시로 린쩌쉬 밑에서 일하게 되었다.

린쩌쉬는 바텔의 저서 중 외국 상품 취급에 관한 부분의 번역을 파커P. Parker(1804~1888)에게 부탁하고 다시 이 부분을 위안더후이에게 번역을 부탁해 서로 대조해 보았다. 파커는 중국에 온 미국 최초의 선교사이자 의사였다. 린쩌쉬가 파커에게 번역을 부탁한 배경에는 흥미 있는 일화가 있다. 파커 자신이 보고한 1839년도 「광둥 안과병원 10차 보고」(廣東 眼科病院 十次報告)를 보면 린쩌쉬가 탈장(脫腸)으로 고생하여 이에 관해 파커에게 사람을 보내 처방을 부탁하였는데 이에 파커는 탈장을 완치할 수 있는 의약품이 아직 없다는 것과 더불어 탈장대(脫腸帶)의 착용을 건의했다고 한다. 그 후 린쩌쉬는 매우 훌륭한 효험을 보았다는 전갈을 파커에게 전하면서 한 가지 부탁을 덧붙였다고 한다. 헌데 린쩌쉬가 의사인 파커에게 부탁한 것은 의학적인 문제가 아니라 다른 일이었다고 다음과 같이 보고하고 있다.

> [흠차대신 린쩌쉬]가 7월중 [나에게] 최초로 요망한 것은 진료가 아니라 그가 갖고 있던 바텔의 저서 『국제법』 중 몇몇 인용문을 번역해 달라는 것이었다. 이 인용문들을 한 공행 상인(公行商人)을

통해 보내왔는데 그것은 전쟁과 이와 관련된 봉쇄, 출-입항 금지 등 전쟁에 부수되는 적대적인 조치들에 관련된 것이었고 중국 연필로 쓰여져 있었다.

린쩌쉬는 다시 같은 인용문의 번역을 위안더후이에게 의뢰하였다. 그런데 그의 번역은 파커의 번역보다는 정확한 것이었다. 파커와 위안더후이의 번역문은 모두 웨이위안(魏源)의 『해국도지』(海國圖志)에 수록되어 있다. 1841년 6월 하순 린쩌쉬가 흠차대신에서 물러나면서 그는 웨이위안을 전장(鎭江)에서 작별하게 되었는데 이 자리에서 린쩌쉬는 영국의 가공할 해군력과 중국 해안 경비에 관해 깊은 우려를 표시하고 이에 관해 두 사람은 밤늦게까지 토론하였다. 그리고 린쩌쉬는 그동안 수집한 자료를 웨이위안에게 주면서 서양세력의 침투에 대한 경각심을 일깨우는 저서의 집필을 종용하였다. 파커와 위안더후이의 번역문이 『해국도지』에 실리게 된 배경이다.

번역의 내용을 보면 국가는 특정한 외국 상품의 수입을 금지할 수 있고 이를 위반하면 법에 따라 심판을 받아야 한다는 점을 들고 있다. 위안더후이의 번역에만 있는 내용을 보면 중국과 일본은 외국인의 항구 진입을 금지하고 있으나 유럽 국가들은 자유로이 왕래하고 있다. 외국인이 다른 국가에 들어가면 그 국가의 율례를 준수해야 한다. 따라서 범인이 외국인이라도 나라의 율례에 따라 처벌해야 된다는 것이다.

바텔 인용문의 번역은 린쩌쉬에게 큰 영향을 주었다. 사실 그는 바텔 저서 내용에 따라 충실하게 행동하였다. 1839년에 아편을 수출입 금지품으로 선언하였고 아편의 파괴를 명령했으며 영국 빅토리아 여왕에게 아편무역의 중지를 요청하였다.

취안비(川鼻) 가조약(假條約)(1841년 1월 20일)

수석 전권대표는 영국군의 총사령관인 엘리엇G. Elliot 해군소장이었고 무역감독관 엘리엇C. Elliot은 차석이었다. 중국 측의 대표는 즈리(直隷) 총독 치산(琦善)이었는데 그는 영국 대표들을 정중하게 대우하면서 영국군의 군사력 현황 탐지에 노력하였다. 영국 측은 치산을 통해 웰링턴 외상의 서한을 중국 정부에 전달하는 데 성공하였고 이로써 영국이 요구하는 것이 무엇인지 확실히 알려지게 되었다. 그 주요한 내용은 다음과 같다. ① 몰수된 아편의 배상, ② 엘리엇을 모욕한 자의 처벌, ③ 군사비의 배상, ④ 공행상인의 채무변제, ⑤ 양국 관리의 대등한 교섭 등이었다.

치산은 우선 영국군을 베이징 근처 지방에서 철수시키기 위해 교섭을 광둥에서 하자고 주장해 교섭은 다시 광둥으로 옮겨져 진행되었다. 그러나 순조롭게 진행될 수가 없었다.

영국의 과다한 요구를 중국이 쉽사리 수용할 수 없었기 때문이다. 회담이 결렬되자 전투가 재개되었고 광저우 입구의 취안비(川鼻), 다자오(大角) 포대가 영국군에 의해 함락되었다. 이에 치산은 취안비에서 엘리엇과 교섭을 다시 시작해 1841년 1월 20일 이른바 취안비 가조약이 성립되었다. 홍콩의 할양, 600만 달러의 배상금, 그리고 광둥 무역의 재개 등이 합의되었다. 그러나 소위 취안비 가조약이란 것은 존재하지 않으며 엘리엇이 치산과 예비적으로 한 합의를 『차이니즈 리포지터리』*Chinese Repository*에 발표하였고 모스H.B. Morse가 그의 저서에 이것이 마치 치산도 서명한 조약인 양 소개함으로써 그 후 실존한 조약으로 알려져 온 것이었다. 하지만 그런 내용에 일단 합의한 바는 있었다.

치산이 중국의 영토를 외국에 할양했다는 소식을 들은 중국 정부는 그를 파면하고 아무르 지방으로 유배시켰다. 그리고 황족인 이산(奕山)을 정역장군(靖逆將軍)에 임명해 외국인을 섬멸할 것을 천명하였다.

난징 조약(南京條約)(1842년 8월 29일)

1841년 2월 말 전투가 다시 시작되자 광저우가 곧 함락될 위기에 처하였다. 그러자 영국에게 600만 달러의 배상금 지불을 약속함으로써 광저우는 함락을 모면할 수 있었다. 그러나 영국군은 진격을 계속해 8월에는 샤먼(廈門), 10월에는 딩하이(定海), 전하이(鎭海), 닝보(寧波)가 함락되었다. 겨울 동안 전투가 소강상태에 있다가 1842년 봄부터 다시 시작되었다. 5월에는 저장 성(浙江省)의 자푸(乍浦)가 함락되었다. 자푸에는 만주 팔기군(滿洲 八旗軍)이 지키고 있었고 영국군은 최초로 팔기군과 회전하였다. 6월에는 상하이(上海), 7월에는 전장(鎭江)이 함락돼 대운하(大運河)가 봉쇄되었다. 이로써 베이징에 수송되는 물자가 동결되었다.

영국군은 난징 공격을 준비하고 최후통첩을 보냈다. 8월 14일 드디어 난징 성벽에는 백기가 게양되었다. 중국은 영국이 요구하는 모든 것을 수락하지 않을 수 없었다. 8월 29일 영국 기함(旗艦) 콘월리스the *Cornwallis* 함상에서 이른바 난징 조약이 체결되었다. 엘리엇 후임으로 부임한 포틴저H. Pottinger가 영국을 대표하였고 중국 측에서는 흠차대신 치잉(耆英), 자푸 도통(乍浦都統) 이리부(伊里布)가 대표였다.

중국을 구미 열강의 반 식민지상태로 전락하게 만든 최초의 법적 근거인 난징 조약은 13개 조항으로 된 비교적 간단한 문서였다. 그 주요 내용은 다음과 같다.

(1) 홍콩의 할양

(2) 광저우 · 샤먼 · 푸저우 · 닝보 · 상하이 등 5개 항구의 개방과 영사의 주재
(3) 공행상인의 무역독점권 폐지
(4) 양국 관헌의 대등한 문서교환
(5) 배상금은 ⓐ 아편 배상금 600만 달러, ⓑ 공행상인 채무 300만 달러, ⓒ 전쟁 배상금 1,200만 달러 등 총 2,100만 달러를 1845년 말까지 지불할 것

중국과 영국은 1843년에 다시 오항통상장정(五港通商章程), 세율표(稅率表), 그리고 후먼채 조약(虎門寨條約)을 체결해 난징 조약을 보완하였다. 이들 조약의 주요 내용은 다음과 같다.

(1) 종가오분(從價五分)을 원칙으로 하는 관세
(2) 영사재판권
(3) 최혜국대우 조항
(4) 5개 항구에 군함 1척 정박권

난징 조약은 실상 그 전쟁의 원인이었던 아편 문제에는 아무런 규정이나 해결도 보지 못하였다. 영국은 난징 조약 체결 이후 아편무역의 승인을 요구했으나 중국은 1858년 톈진 조약의 체결까지 그 승인을 거부하였다. 그러나 아편은 여전히 영국의 중국수출 상품 중 대종을 이루고 있어서 아편 전쟁은 아편무역을 옹호 또는 확장시키는 역할을 충실히 수행하였다.

난징 조약 이후 치잉과 포틴저 사이에는 하나의 양해가 성립되었다. 1843년에 이루어진 이 비공식적인 해결방식에 의하면 북위 32도 이남지역에서는 아편무역을 묵인한다는 것이었다. 그리고 개항장 항구 내에서의 아편무역은 금지되고 항구 밖 일정 장소에서의 아편매매는 묵인키로 하였다. 또 정상적인 무역과 아편무역은 각각 다른 선박을 사용키로 하였다. 따라서 아편무역 전용의 선박을 사용할 수 있는 자들만이 아편무역을 할 수 있게 되었고 중국에 대한 아편무역은 자르딘 마티슨 회사Jardine & Matheson Co. 등의 중무장 선박이 독점하게 되었다.

왕샤 조약(望厦條約)(1844년 7월 3일)

아편전쟁이 발발하자 광둥에 있던 미국인들은 본국 정부에 함대 파견을 요청하였고 미국 언론들도 중국과 영국의 분쟁을 상세히 보도하였다. 이에 미국 정부는 동인도 함대를 중

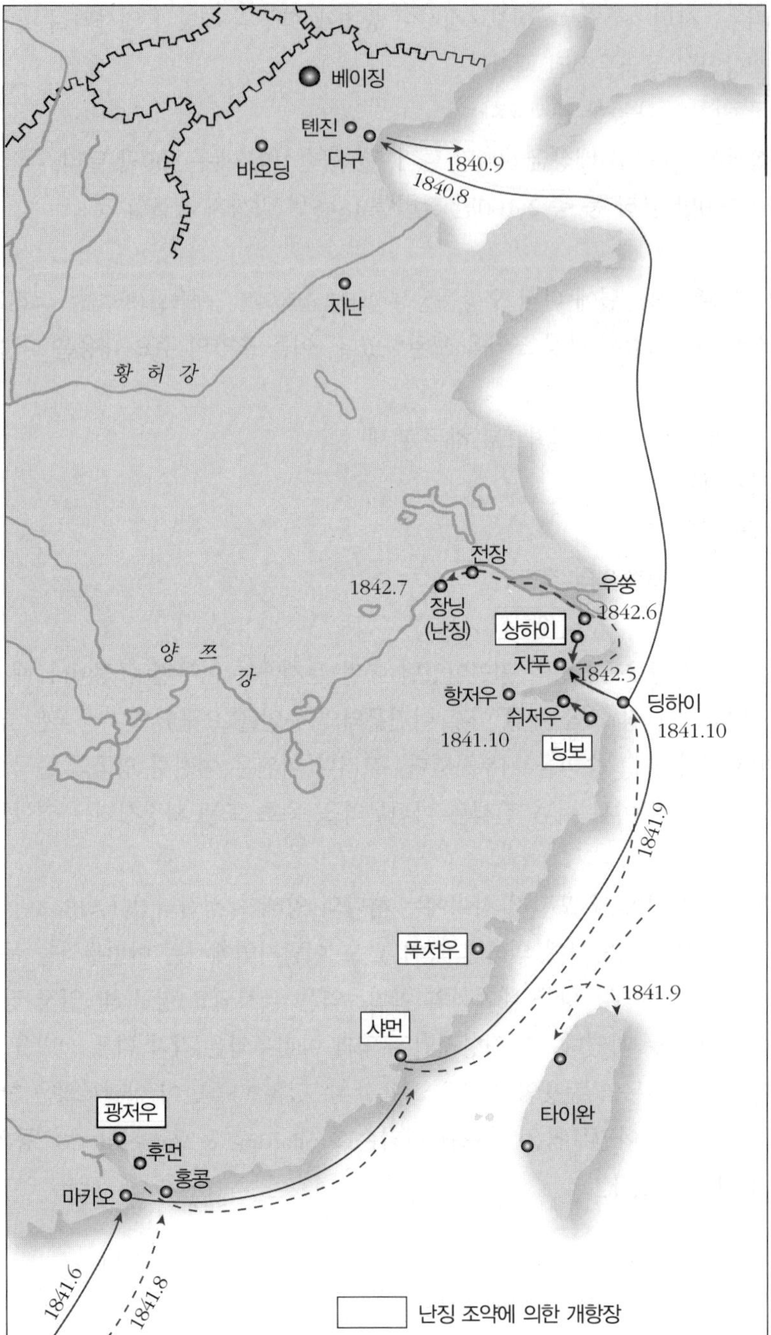
베이징
텐진
다구
바오딩
1840.9
1840.8
지난
황 허 강
전장
1842.7
우쑹
장닝
(난징)
1842.6
상하이
양 쯔 강
자푸
1842.5
항저우
딩하이
쉬저우
1841.10
1841.10
닝보
1841.9
푸저우
1841.9
샤먼
타이완
광저우
후먼
홍콩
마카오
1841.6
1841.8
난징 조약에 의한 개항장

아편전쟁과 개항장

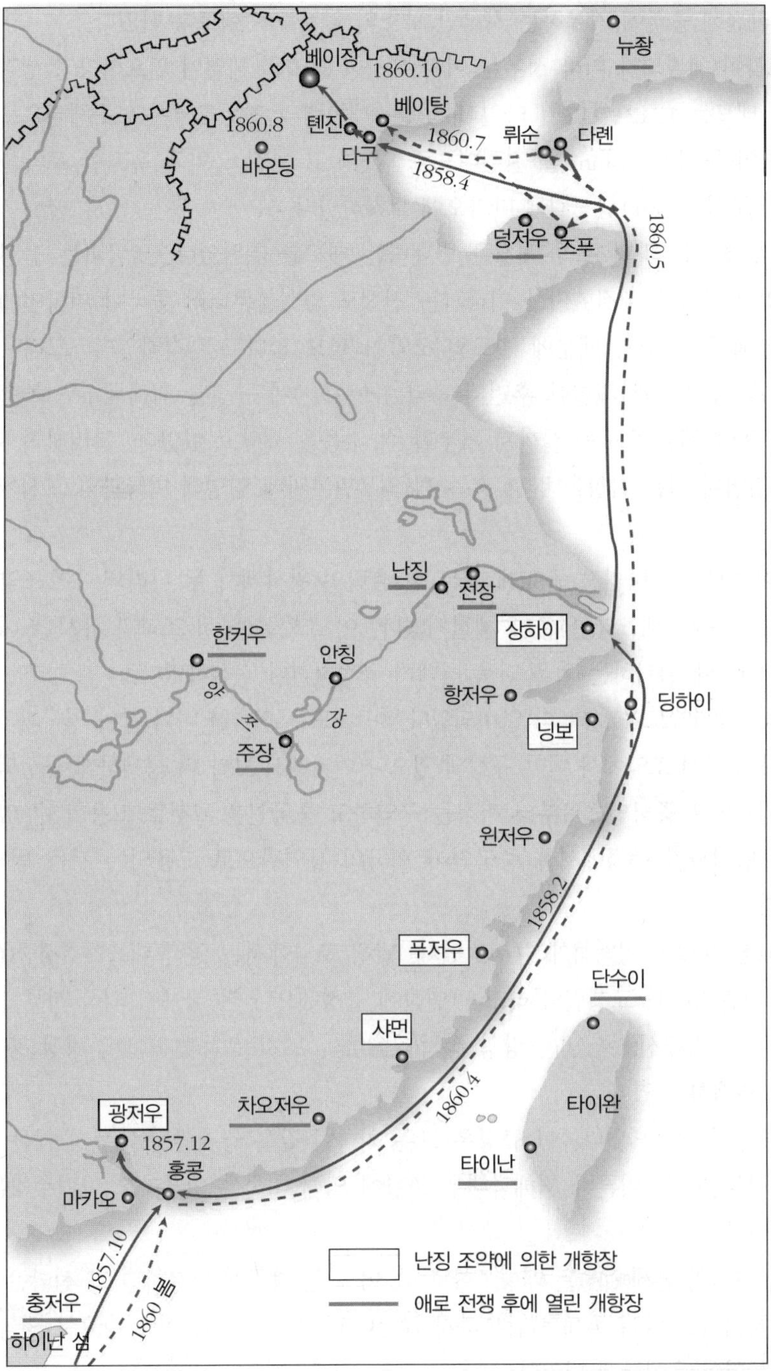
베이징
1860.10
뉴좡
베이탕
1860.8
톈진
다구
1860.7
뤼순
다롄
바오딩
1858.4
덩저우
즈푸
1860.5
난징
전장
상하이
한커우
안칭
양
쯔
강
항저우
딩하이
닝보
주장
원저우
1858.2
푸저우
단수이
샤먼
1860.4
광저우
차오저우
타이완
1857.12
홍콩
타이난
마카오
1857.10
1860 봄
충저우
하이난 섬
난징 조약에 의한 개항장
애로 전쟁 후에 열린 개항장

애로 전쟁과 개항장

국연안에 파견해 중국에 거류하는 자국민 보호의 임무를 수행토록 하였다.

난징 조약이 체결되자 미국 정부는 이와 유사한 조약의 체결이 필요하다고 생각하게 되었고 이런 태도는 1842년 12월 타일러J. Tyler 대통령의 연두교서에서 구체적으로 나타났다. 그리하여 쿠싱C. Cushing을 전권대표로 임명하고 난징 조약과 유사한 조약을 체결토록 하였다. 쿠싱은 1844년 2월에 마카오에 도착하였다.

중국은 당초 미국과의 조약 체결을 반대하는 태도를 취하였다. 영국과는 전쟁에 패해 어쩔 수 없이 조약을 체결했지만 미국과는 전쟁도 없었을뿐더러 중국이 미국인에 대해서는 잘 대우해 주고 있기 때문에 별도의 조약이 필요 없다고 생각하였다. 그러나 중국도 1843년 10월에 영국과 체결한 후먼채 조약(虎門寨條約)에 규정된 최혜국대우 조항으로 구미 열강의 조약 체결 요구를 끝까지 거부할 수 없음을 깨닫고 있었다. 그리하여 5월에 외교관계에 경험이 있는 치잉을 량광 총독 겸 외무판무관에 임명해 미국과의 교섭에 임하도록 하였다.

그리하여 7월 3일 마카오 근교에 있는 한 촌락인 왕샤에서 두 나라의 수호조약인 중·미양국간수호통상항해조약 34조가 체결되었다. 이 조약은 난징 조약과 유사한 내용을 담고 있는데 다음에 열거하는 점을 더욱 명백히 규정하거나 신설하였다.

첫째, 영사재판제도가 보다 더 완비되었다. 이 제도는 전술한 바와 같이 영국과의 오항통상장정이나 후먼채 조약에서 이미 규정돼 있으나 여기에서 보다 더 상세하게 규정되었다.

둘째, 외국인은 중국인으로부터 서적을 구입하고 중국인을 교사로 고용할 수 있음이 승인되었다. 당시까지 중국에서는 중국인이 외국의 통역관으로 고용되는 것을 범법행위로 취급하였다.

셋째, 교섭 채널이 명백하게 규정되었다. 난징 조약에서는 영국 대표가 "경중(京中)·경외(京外)의 대관(大官)과 교섭한다"라고 막연하게 규정됐으나 "중국에서 외국 사무를 판리(辦理)하는 것은 흠차대신(欽差大臣), 량광 총독(兩廣總督), 민저 총독(閩浙總督), 량장 총독(兩江總督)"이라고 명백히 하였다.

넷째, 아편이 금지되었다. 이 규정은 모든 외국이 같은 금지규정을 두지 않는 한 효력이 없음은 물론이다. 이른바 최혜국대우 조항에 의해 미국은 언제라도 아편무역을 할 수 있기 때문이다.

다섯째, 상선의 톤세(噸稅)는 개항 5항구 중 어느 한 항구에 납부하면 그 선박은 다른 항구에 진입하더라도 다시 톤세를 납부하지 않는다고 규정하였다. 이 조항으로 외국 선박의 중국 연안무역이 용이하게 되었다.

위와 같은 새로운 특권은 최혜국대우 조항에 의해 곧 다른 국가들도 균점(均霑)할 수 있는 것은 물론이다.

황푸 조약(黃埔條約)(1844년 10월 24일)

프랑스 전권대표 라그르네T. de Lagrené는 왕샤 조약을 모델로 중국과의 수호조약을 치잉과 체결하였다. 따라서 황푸 조약에 관하여는 특기할 점은 없다.

그러나 라그르네는 조약이 체결된 이후에도 계속 중국에 머물면서 천주교의 신앙 자유를 획득코자 노력하였다. 이것은 당시 프랑스 외교의 특징을 잘 보여 주는 것이다. 프랑스는 일찍부터 광둥에서 무역을 시작했으나 무역량은 크게 늘어나지 않았고 경제관계보다는 포교자유 획득에 주력하였다. 이런 사정은 크림 전쟁의 발발 원인에서도 보듯이 당시 프랑스의 어떤 정권도 가톨릭 세력의 지지 없이는 존속할 수 없었던 것을 생각하면 쉽게 이해될 수 있다. 훗날 조선과의 수호조약에서도 이런 태도가 나타나는데 이 점에 관해서는 후술한다.

1844년 12월 14일 드디어 중국인에게 천주교 신앙의 자유가 허용되었다. 그런데 이 역사적인 조치는 치잉이 라그르네와 지방의 총독, 순무에게 보내는 문서에 의한 것이었다. 이에 라그르네는 다시 항의하였고 결국 중국 정부는 1846년 2월 12일 신앙자유의 조치를 일반에게 공표하게 되었다.

영국, 미국, 프랑스의 조약 체결이 그 밖의 국가에 영향을 미친 것은 물론이다. 그러나 1860년에 이르기까지 실제로 중국과 조약을 맺은 국가는 러시아, 스웨덴, 노르웨이, 그리고 벨기에뿐이었다.

2. 영국과 프랑스 침략

애로the *Arrow* 호 사건(1856년 10월 8일)

영국, 미국, 프랑스는 중국과 수호조약을 체결한 직후부터 그 조약의 내용에 불만을 갖게 되었다. 특히 중국과의 무역에 있어서 절대적인 우위에 있던 영국이 조약 내용 수정의 필요성을 절실히 느끼고 있었다.

먼저 외교 채널에 문제가 있었다. 중국은 광둥에 주재하고 있던 흠차대신으로 하여금 외국 사무를 관장시키고 있었으나 영국 정부는 베이징과의 직접 교섭을 원하였다. 또한 개항장의 선정에도 불만이었다. 5개 개항장은 중국 내지의 산업지역과 직접 연결돼 있지 않아서 푸저우(福州), 닝보(寧波)를 쑤저우(蘇州), 항저우(杭州)로 변경코자 하였다. 1855년 1월에는 잠시 하야했던 파머스턴이 다시 수상이 되었다. 그는 중국에 대한 강경론자였다. 강경조치를 취할 기회를 찾고 있던 중에 발생한 사건이 바로 애로 호 사건이다.

애로 호는 로차르Lorchar형의 중국 범선(帆船)으로서 중국인의 소유였으나 선적(船籍)을 홍콩에 두었고 선장은 영국인이었다. 이 선박이 광둥 앞에 정박하고 있던 1856년 10월 8일 중국 관헌이 그 선박의 선원 11명을 해적의 용의자로 체포한 사건이 발생하였다. 이 사건으로 중국은 엄청난 시련에 직면하게 된다. 영국의 주장에 의하면 이 선박은 홍콩에 선적을 둔 영국 선박으로서 선원을 체포한 것은 국제법 위반이고 더욱이 게양된 영국 국기를 내리게 한 것은 국가 모독이라는 것이다. 이에 대해 중국의 주장은 애로 호는 중국인 소유의 선박으로서 선원 체포는 정당한 것이고 영국 국기는 당시에 게양되어 있지 않았다는 것이다. 또 중국인 선박이 영국 선적에 등록될 자격이 애초부터 있을 수 없다는 것이다. 사실 선적 등록의 기한에 문제가 있었다. 애로 호의 홍콩 선적 등록기한이 9월 27일로 끝났으므로 사건 당시에는 홍콩 선적이라고 볼 수 없었다. 이 점은 당시 영국의 현지 관리들이 알고 있었으나 중국 측에는 물론 비밀로 하였다. 후일 영국 하원에서 이 문제가 거론된 적이 있었다.

하여간 사건이 발생하자 광둥 주재 영국 영사 팍스H. Parkes는 량광(兩廣) 총독 예밍천(葉名琛)과 교섭을 계속하였다. 팍스는 강경론자였고 중국 주재 공사 겸 홍콩 총독 바우링J. Bowring도 이 기회를 이용해 여러 가지 요구를 관철코자 하였다. 따라서 교섭은 결렬되었고 영국은 사태의 진행을 해군에게 맡겨 버렸다. 영국 해군은 10월 23일부터 광저우 공격을 시작하였다. 12월에 들어서면서 광둥의 주민들은 반영운동을 전개하였다. 12월 5일 광둥 부근의 한 촌락에서 영국 해병이 살해되었고 영국은 그 보복으로 그 촌락을 방화하였다. 12월 말에는 영국 우편선박 디슬the *Thistle* 호가 포획돼 11명의 외국인이 살해되었다. 1857년 1월에는 홍콩에 있는 중국인의 한 빵가게에서 빵에 비소(砒素)가 검출되자 홍콩 정청은 모든 중국인의 재산을 몰수하고 본토로 돌려보내는 강경조치를 취하였다. 중국과 영국은 사실상 전쟁상태에 들어간 것이다.

영국과 프랑스의 중국침략

파머스턴 수상은 전쟁 수행에 관한 예산안의 통과를 상·하원에 요구하였다. 1857년 2월 상원은 정부안을 통과시켰으나 하원에서는 부결되었다. 수상은 하원을 해산시키고 총선거에 의한 신임을 묻게 되었다. 그리하여 새로 구성된 하원에서는 파머스턴의 중국 전쟁 수행을 동의하였다.

영국은 프랑스에게 공동출병을 제의하였다. 이에 프랑스는 크림 전쟁 이후 영국과의 우호관계를 계속 유지하기 위해 영국 제안에 동의하였다. 이 기회에 인도차이나를 침략하려는 저의가 있었다. 프랑스는 1856년 2월 광시 성 시린(西林)에서 피살된 샤들렌느A. Chapdelaine 선교사 문제를 출병의 핑계로 삼았다. 영국은 엘진J.B. Elgin을, 프랑스는 그로J.-B.-L. Gros를 각각 대표로 임명하였다.

영국, 프랑스는 미국, 러시아에도 공동 출병할 것을 제의했으나 이들은 출병에는 동의하지 않고 다만 조약개정 교섭에는 참여키로 결정하였다. 미국은 리드W. Reed를, 러시아는 푸탸틴E.V. Putyatin을 교섭대표로 파견하였다.

한편 영국의 원정군은 중국으로 향하던 도중 인도에서 세포이 반란이 일어나자 캘커타로 진로를 바꾸지 않을 수 없었다. 그리하여 영국과 프랑스 군대의 주력부대가 중국에 도착한 것은 1857년 12월에 들어서였다.

이들은 곧 량광 총독 예밍천에게 최후통첩을 보냈으나 이것이 거부되자 광둥 공격을 개시해 12월 29일에 점령하기에 이르러 이른바 점령행정이 시작되었다. 예밍천은 체포돼 캘커타로 이송되었고 그곳에서 객사하였다.

톈진 조약(天津條約)의 체결(1858년 6월)

영국, 프랑스, 미국, 러시아 4국은 중국 정부에 공동각서identical note를 보내 상하이에서 조약개정 교섭회의를 개최하자고 제의하였다. 이에 중국은 영국, 프랑스, 미국 3국 대표는 광둥에서 량광 총독 황쭝한(黃宗漢)과 교섭하고, 러시아 대표는 헤이룽 강(黑龍江) 유역으로 갈 것을 요구하였다. 이에 영국, 프랑스 대표는 군대를 이끌고 북상해 다구(大沽)에 이르러 교섭을 시도했으나 결렬되자 다구 포대를 점령하고 톈진으로 진격해 그곳에서 다시 교섭이 재개되었다. 이 톈진 교섭에는 내각대학사(內閣大學士) 구이량(桂良), 이부상서(吏部尙書) 화사나(花沙納)가 담당하였다. 중국은 막강한 군사력으로 위협하고 있는 영국과 프랑스의 요구에 응하지 않을 수 없었다. 6월에 드디어 4국과 이른바 톈진 조약을 체결했는데 6월 13일에는 러시아, 18일에는 미국, 26일에는 영국, 그리고 27일에는 프랑스와 각각 조약을 체결하였다. 이들 4개 조약은 그 내용이 다소 다른 점이 있지만 최혜국대우 조항에 의해 모두 균점하기 때문에 하나의 묶음으로 볼 수 있다. 그 주요 내용은 다음과 같다.

(1) 외국 사절의 베이징 상주권 및 수시 왕래권

베이징 정부와의 직접교섭을 구미 열강이 주장해 온 것은 전술한 바 있다. 이것을 처음으로 규정한 것이 중 · 미 톈진 조약 제5조이다. 미국 공사는 용무가 있는 경우 언제라도 베이징에 들어가 대학사 또는 이와 동등한 지위에 있는 관리와 교섭할 수 있다고 규정하였다. 중 · 영 톈진 조약 2 · 3 · 4조에서도 자세히 규정되어 있다. 외교사절은 중국 군주와 같은 지위에 있는 군주를 대표하고 있다고 규정함으로써 중국과 동등한 관계에서 교제함을 명백히 하고 있다. 또 외교사절은 가족이나 수행원을 동반할 수 있으며 자유로운 행동이 보장되는 외교사절의 특권과 면제에 관해 규정하고 있다. 서양 국제법의 본격적인 수용단계에 들어간 것이다.

(2) 통상의 특권

① 조약항(條約港)의 증가와 양쯔 강(揚子江)의 개방: 난징 조약으로 개방된 5개 항구 이외에 뉴좡(牛莊), 덩저우(登州), 한커우(漢口), 주장(九江), 전장(鎭江), 타이완 부(臺灣府), 단수이(淡水), 차오저우(潮州), 충저우(瓊州), 난징(南京) 등을 개항키로 하였다. 그리고 양쯔 강이 외국에 개방되었다. 이와 같이 기왕에는 화난(華南)에 국한된 개항장이 화중(華中), 화베이(華北), 그리고 남만주로 일시에 확산되었다.

② 세율의 조정: 아편전쟁 이후 관세율은 종가(從價) 5%로 규정됐음은 전술한 바와 같다. 그런데 그 후 물가의 상승으로 관세는 실질상 5% 이하가 돼 이것을 현실화하였다. 그러나 중국의 주요 수출품목인 차는 5%보다 높게, 그리고 주요 수입품목인 면직물은 5%보다 낮게 책정되었다. 그리고 내지 통과세는 2.5%로, 이제 공인 무역품목인 아편은 5%보다 높게 규정되었다. 그리고 특기할 만한 점은 중국은 이런 협정세율을 폐기할 권리가 없게 되었고 이것을 개정하려면 모든 관계 국가들의 동의를 받아야만 가능하게 되었다. 이것이 중국의 자주권에 대한 중대한 침해임은 말할 필요도 없다.

③ 외국인 세무사 제도의 도입과 영사재판 제도도 더욱 상세한 규정을 두게 되었다.

(3) 기타

① 아편무역의 공인: 아편전쟁 이후 아편무역이 사실상 묵인된 상태에서 매년 증가한 사정은 앞에서 지적한 바 있다. 아편무역을 공식화하고 그 무역량을 증가시킨다는 것은 영국의 변함없는 기본 입장이었다. 그러나 톈진 조약에 명문상으로 아편무역 공인을 규정하는 것이 외견상 좋지 않아서 상하이 세율회의에서 이 문제가 타결되었다. 사실 중국은 외국의 모든 요구를 이 회의에서 수락하는 대가로 외교사절의 베이징 상주 문제를 철회시키려는 속셈을 갖고 있었다. 따라서 아편무역이라는 비인도적인 행위까지도 수락하였다.

② '이(夷)' 자 사용의 금지: 공문서에서 '이' 자 사용이 금지되었다. 화이사상에 대한 조

약상의 금지라고 볼 수 있다.

③ 조약의 정문(正文): 영문 텍스트를 정문으로 삼아 해석상의 문제를 해소시키기로 하였다. 그러나 이로부터 중국이 국제법상 불이익을 받게 됨은 물론이다.

④ 배상금 지불: 영국은 400만 량(兩), 프랑스는 200만 량(兩)의 배상금을 받게 되었다. 배상금은 1860년 베이징 조약에서는 더욱 증가하게 되었고 보장점령까지 있게 되었다.

이와 같이 불평등 조약이 가질 수 있는 모든 측면을 담고 있는 톈진 조약들은 중국을 반식민지 상태로 전락시킨 기본 문헌이 되었다. 이런 조약들을 톈진에서 교섭하고 있을 때 아무르 강 유역에서는 러시아와 아이훈 조약이 체결됐다는 소식이 전해져 중국 정부는 더욱 낭패하게 되었다.

러시아의 연해주 병합

(1) 아이훈 조약(愛琿條約)(1858년 5월 28일)

1689년에 체결된 네르친스크Nerchinsk 조약은 만주 지역의 중국과 러시아 국경에 관한 최초의 합의였다. 이 조약에 따르면 바이칼 호 근처 실카Shilka 강에서 시작해 외흥안령(外興安嶺)Stanovoi Mountains의 정상을 따라 남쪽 비탈로 흐르는 모든 강과 계곡은 중국에, 북쪽으로 흐르는 강과 비탈은 러시아에 속하고 실카 강 남쪽의 아르균Argun 강을 경계로 하는 지역도 같은 방식으로 획정하였다. 러시아의 우다Uda 강과 위 산맥 사이의 강들은 당시 중국 지배에 속하고 있었으나 그 관할 문제는 미해결로 두었다. 당시 우세한 군사력을 갖고 있던 중국이 광활한 지역을 획득하였다. 이 조약의 내용은 근 150년 동안 지속되었다.

중국이 태평천국의 난과 아편전쟁으로 만주 지방 문제에 신경 쓸 여력이 없는 틈을 이용해 러시아는 흑룡강 이북의 만주 지역과 우수리 강 이동 지역, 즉 연해주 지방을 침략하기에 이른다. 전략 회의가 1857년 12월 하순 상트 페테르부르크에서 개최되었다. 흑룡강 진출문제는 무라비예프N.N. Muraviev, 제2차 아편전쟁(1857~1858) 이후 열강들이 쟁취할 이권을 러시아도 공유하기 위한 교섭은 푸탸틴E.V. Putiatin, 베이징 조약 체결은 이그나티예프N.P. Ignatiev가 맡기로 하였다. 무라비예프가 1858년 5월 흑룡강성 장군 이산(奕山)을 만나기 위해 흑룡강으로 내려온다. 이산은 5월 17일에, 무라비예프는 22일에 아이훈에 도착하였다. 5월 25일 밤 무라비예프는 그가 타고 온 큰 목선 2척과 2~3백 명의 군사들로 하여금 이산의 거처를 향해 사격하였다. 이산은 불가피하게 5월 28일 다음과 같은 조약을 체결하였다. ① 아르균Argun 강 하구로부터 아무르 강 하구까지의 아무르 강 좌안은 러시아 영토로 하고 우수리Ussuri 강 하구까지의 아무르 강 우안은 중국의 영토로 한다. ② 우수리 강과 해양의 중간지대는 양국의 경계가 다시 확정될 때까지 양국의 공동 관할지역으로 한다. ③ 아무르, 숭가리Sungari(쑹화강), 우수리 등 3개의 하천은 양국의 선박만이 항행할 수 있다.

이 조약은 중국 교섭자 개인에게 무력을 사용해 체결한 합의로 처음부터 무효였다. 중국도 그 폐기를 위해 노력했으나 허사였다.

(2) 텐진 조약(1858년 6월 13일)

푸탸틴은 중국에 대해서는 중국을 위해 서양 열강과 중재를 하겠다고 하면서 자신의 교섭 사항은 열강에게 비밀로 해 이권을 챙겼다. 러시아는 6월 13일 4개국 중 최초로 중국과 조약을 체결하였다. 주요 내용은 다음과 같다. ① 아이훈 조약 1조에서 양국의 공동 관할 지역으로 규정한 우수리 강과 해양 사이의 지역은 곧 대표를 파견해 국경을 결정한다. ② 양국 관계는 러시아의 원로원Senat과 중국의 이번원(理藩院)이 담당하였으나 이제부터는 러시아의 외무성, 중국의 군기처에서 관할한다. ③ 러시아는 국경 무역과 더불어 모든 개항장에서도 교역할 수 있다. 개항장에 러시아 영사를 파견할 수 있고 이들은 러시아 신민에 대해 영사재판권을 갖는다.

(3) 베이징 조약(1860년 11월 14일)

러시아 정부는 텐진 조약 비준서를 교환할 대표로 1859년 1월 이그나티예프를 임명하였다. 중국 대표는 강경파 호부상서(戶部尙書) 수순(肅順)이었고 두 사람은 처음부터 아이훈 조약의 효력 문제로 격론을 벌였다. 8월 31일 제3차 회담에서는 극적인 상황이 연출되었다. 이날 수순은 그에게 보여준 아이훈 조약을 책상 위에 던지면서 이 문서는 아무런 의의도 없다고 내뱉었다. 이그나티예프는 곧 일어나 수순이 올바르게 행동하지 않고 러시아 대표 앞에서 국제 문서를 부당하게 취급해 회의를 그만둔다고 선언하였다. 이때부터 중국의 새로운 대표를 요구하는 이그나티예프와 이를 거부하는 군기처 사이에 지루한 공방이 계속되었다. 1860년 1월 16일 제5차 회의가 마지막 회의였다. 문서들은 교환되었으나 교섭은 사실상 종결되었다. 5월 20일 이그나티예프는 군기처에 만일 3일 이내에 국경 문제에 관해 확답이 없으면 자신은 5월 26일 베이징을 떠나겠다고 선언하였다. 중국과 러시아 사이에 국경 문제 회의가 다시 열린 것은 영국과 프랑스 군대가 베이징을 점령하고 대외 관계를 공친왕이 직접 담당한 이후의 일이다. 이그나티예프는 1860년 10월 16일 베이징으로 다시 돌아왔고 24일과 25일 중국과 영국, 프랑스가 조약을 체결하자 공친왕에게 국경 문제 교섭 재개를 요구하였다. 공친왕은 주이창(瑞常)을 위시한 4명의 대표를 임명해 이그나티예프와 교섭토록 하였다. 11월 14일 만주의 국경선 문제를 결정한 베이징 추가 조약의 주요 내용은 다음과 같다. 아이훈 조약 제1조와 톈진 조약 제9조에서 말한 미해결 국경을 다음과 같이 결정한다. 두 국가의 동부 국경은 실카 강과 아르군 강 합류 지점에서 시작해 아무르 강을 따라 내려가 이 강과 우수리 강이 합류하는 지점까지이다. 아무르 강 좌안(북쪽)은 러시아에 속하고 우안(남쪽)은 우수리 강까지 중국 제국에 속한다.

연해주가 러시아 영토로 되어 두 나라의 국경은 두만강이 되어 현재에 이르고 있다. 조선이 러시아와 국경을 맞대면서 한반도에는 이른바 '러시아 문제'가 대두되었다. 여기에 머물지 않았다. 두만강 하류에 세종(世宗)조 이래 존속하였던 조선의 고유 영토 녹둔도(鹿屯島)가 아무런 이의나 논의나 항의도 없이 러시아 영토로 되어 버렸다. 1887년 고종이 녹둔도 반환을 러시아 공사 베베르K.I. Veber에게 요구한 이래 한국의 그 어느 정권도 녹둔도를 언급하지 않았다. 이제는 러시아의 특별군사지역으로 되어 버린 녹둔도는 '잃어버리고 잊혀진 조선의 영토'로 남아 있다.

영국과 프랑스의 재침략

톈진 조약의 비준서를 어디에서 교환하느냐 하는 장소 문제가 제기되었다. 중국과 영국, 중국과 프랑스 톈진 조약에서는 "서명한 날로부터 1년 이내에 베이징에서" 비준서를 교환한다고 명백히 규정돼 있었다. 그런데 중국 정부는 외국사절의 베이징 방문을 거부하고 상하이에서 비준서를 교환토록 발표하였다. 따라서 이 문제로 다시 영국과 프랑스의 침략이 일어나게 되었다. 영국과 프랑스는 베이징에서 비준서 교환을 강행키로 결정하고 양국 공사는 우선 소수의 군대를 이끌고 다구(大沽)로 올라왔다. 1859년 6월의 일이었다. 이에 중국 정부는 양국 공사로 하여금 다구로부터 베이징에 들어오지 말고 다구 북쪽에 위치하고 있는 베이탕(北塘)을 거쳐 입경할 것을 제의하였다. 그러나 영국과 프랑스는 이 제의를 접하기 이전에 이미 다구에 있는 장애물을 제거하는 작업을 시작하다가 다구 포대로부터 공격을 받아 퇴거하는 사태에 이르게 되었다.

이 사건 이후 양측의 관계는 극도로 악화되었다. 중국은 미국 공사의 경우와 같이 베이탕을 거쳐 입경할 것을 다시 제의했으나 영국과 프랑스는 이를 거부하였다. 그러자 중국의 태도도 다시 경화되었다. 1859년 8월 1일의 상유(上諭)는 매우 강경한 것이었다. 영국과 프랑스와 맺은 톈진 조약을 폐지하고 이들에게 도리어 배상금을 요구하였다. 이에 영국과 프랑스는 각각 엘진과 그로를 전권대표로 다시 임명하고 2만의 병력으로 중국 침략을 결정하였다. 그리고 톈진 조약의 철저한 이행과 더불어 다구 사건에 대한 배상을 요구하고 나섰다.

영국과 프랑스 군대는 1860년 8월 초 베이탕에 상륙해 다구 포대를 후면에서 공격해 곧 함락시켰다. 그리고 곧 톈진으로 진격하였다. 양측은 톈진과 퉁저우(通州) 등지에서 교섭을 벌였으나 모두 결렬되고 말았다. 그런데 퉁저우에서 교섭이 결렬되면서 영국 대표단의 파스H. Parkes를 포함한 약 40명의 영국·프랑스인이 포로가 된 사태가 발생하였다.

교섭은 다시 베이징으로 옮겨졌다. 공친왕(恭親王), 대학사(大學士) 구이량(桂良), 군기대신(軍機大臣) 원샹(文祥) 등이 중국을 대표하였다. 한편 영국과 프랑스 군대는 10월 6일 베이징의 서북쪽에 있는 원명원(圓明園)에 침입해 약탈을 자행하였다. 특히 프랑스 군인이 부자가 되었다. 일요일인 다음날 외출이 자유스러운 영국 장교들이 다시 약탈을 자행하였다. 외출하지 못한 병사들의 불만이 커지자 이에 영국군 사령관은 약탈 위원회를 구성하고 장교들이 약탈한 귀중품들을 경매에 부쳐 이익을 분배키로 하였다. 10월 8일 파스는 석방됐으나 몇 명의 살상자가 발생하였다. 영국은 10월 18일 단독으로 보복행위를 취해 원명원을 파괴하고 불을 질렀다. 그리고 영국과 프랑스는 10월 20일 공친왕에게 최후통첩을 보냈다. 중국은 굴복하지 않을 수 없었다. 그리하여 24일에는 영국과, 25일에는 프랑스와 이른바 베이징 조약을 체결하게 되었다.

베이징 조약(1860년 10월 24일, 10월 25일)의 내용

첫 번째가 외국사절의 베이징 상주이다. 베이징 조약은 톈진 조약의 모든 내용이 곧 실시돼야 한다고 규정하고 있다. 따라서 무엇보다 외교사절의 베이징 주재가 실현되었다. 1861년 3월에는 영국 공사 브루스F. Bruce, 프랑스 공사 부르불롱A. de Bourboulon이, 7월에는 러시아 공사 발루제크L. Th. Baluzeck가, 그리고 1862년 7월에는 미국 공사 벌린게임A. Burlingame이 베이징에 부임해 20년이나 끌어온 베이징 상주 문제가 해결을 보게 되었다.

두 번째는 중국인의 해외 이주이다. 원래 중국에서는 자국민의 해외 진출이 금지되고 있었다. 그러나 19세기 중반 이후 캘리포니아, 뉴질랜드, 쿠바, 페루 등지의 광산 노동자로 많은 중국인이 해외에 나가게 되었고 이런 인력 무역을 쿨리Coolie 무역이라고 불렀다. 이런 중국인의 해외 노동자 취업이 조약으로 규정되게 된 것이다.

세 번째는 톈진의 개항과 주룽(九龍)의 할양이다. 톈진 조약에서 허용된 개항장 이외에 톈진이 다시 외국에 개방되었다. 그리고 영국은 홍콩과 그 인접지역의 질서유지라는 핑계로 주룽을 할양받았다. 사실 주룽은 베이징 조약 체결 이전에 이미 파스와 량광 총독 라오충광(勞崇光) 사이에 그 조차가 합의되었다.

네 번째는 배상금의 증액이다. 전술한 바와 같이 톈진 조약에서는 영국에 400만 량, 프랑스에 200만 량을 지불토록 되었는데 베이징 조약에서는 양국에 각각 800만 량씩 지불토록 하였다. 그리고 그 지불보증으로서 양국은 각 개항장의 해관 수입의 20%씩을 담당하였다. 또 배상금이 완불될 때까지 톈진, 덩저우, 다구, 광저우 등지를 보장 점령키로 하였다.

마지막으로 포교권이 언급되어 있다. 이제까지 중국이 인정한 신앙의 자유는 황제의 상유(上諭)에 근거하고 있음은 전술한 바 있다. 이것이 베이징 조약에 규정됨으로써 포교권은 이제 조약상의 권리가 되었다.

베이징 조약으로 중국은 구미 국제사회에 완전히 편입하게 되었다. 그러나 평등한 구성원으로서가 아니라 불평등한 구성원으로 가입됨으로써 구미 열강의 반식민지가 되었다.

한편 중국으로서는 대외관계가 급증함에 따라 이를 관장하는 기구가 필요하게 되었다. 1861년 1월 20일 설립된 총리아문(總理衙門, 약칭 總署)이 바로 그것이다. 총서는 공친왕(恭親王), 구이량(桂良), 원상(文祥) 등 왕대신(王大臣)을 정점으로 하고 그 밑에 만한(滿漢) 각 8인으로 구성된 장경(章京)이 있었다. 부설기관으로서는 총세무사(總稅務司)와 1862년에 설치된 동문관(同文館)이 있다. 그리고 지방기관이 톈진과 상하이에 있었다. 톈진에 있던 판리삼국통상대신(辦理三國通商大臣)은 1870년부터는 즈리 총독(直隸總督)이 이를 겸임했는데 이를 북양대신(北洋大臣)이라고 칭하였다. 상하이에도 통상대신이 있었는데 1866년부터는 량장 총독(兩江總督)이 이를 겸임하였다. 이를 남양대신이라고 불렀다.

3. 변경의 상실

일본의 류큐(琉球) 병합

중국의 서양 국제사회 편입은 반식민지와 주권 상실로 이어졌다. 먼저 변경을 상실하기 시작하였다. 공간(空間)개념에 입각한 유교권의 경계의식과 선(線)개념에 기초한 서유럽 국제법의 국경의식의 충돌로부터 나오는 지역분쟁도 있었다. 이와 더불어 구미 열강의 노골적인 침략에 의한 변경의 상실이라는 측면을 아울러 갖고 있었다. 이와 같은 변경의 상실이 같은 유교권의 변방에 속해 있던 일본의 류큐(琉球) 병합으로 시작됐다는 점에서 중국도 조선의 경우와 같이 이중적인 질곡에 놓여 있었던 것이다.

류큐는 오랫동안 중국 조정 그리고 일본의 시마츠 번(島津蕃)에 동시에 조공을 바쳐온 이른바 양속(兩屬) 관계를 갖고 있었다. 그리하여 메이지 정부는 새로운 행정조직인 폐번치현

(廢藩置縣)을 단행한 이후 류큐를 이 조직 내에 포함시키려고 하였다. 후술하는 바 같이 일본의 민족주의는 그 출발부터 대외침략과 결부돼 있었다.

이런 때에 발생한 것이 1871년의 타이완(臺灣) 사건이었다. 타이완에 표류한 류큐인이 타이완의 원주민에 의해 살해된 사건이었다. 일본은 류큐인을 자국민으로 간주하고 중국을 차제에 응징하려고 하였고 타이완 출병을 결정하였다. 출병에 앞서 일본 정부는 소에지마 다네오미(副島種臣)를 1873년 중국에 파견해 중국 정부의 입장을 탐색하였다. 중국 정부는 류큐나 타이완은 모두 중국의 영토로서 그들 사이의 분쟁은 중국의 관할에 속하는 것이지만 타이완의 생번(生蕃)은 화외민(化外民)으로서 중국 국내의 법률을 적용키 어렵다는 모호한 회답을 하였다.

이에 일본은 타이완 침략을 단행하였다. 결국 중국 주재 영국 공사 웨이드의 중재로 1874년 10월 중국과 일본 사이에 조약이 체결되고 일본은 타이완으로부터 철수하지만 배상금을 받게 되었다. 그런데 이 조약 전문(前文)에 일본이 병력을 일으킨 것은 타이완의 생번이 일본국 소속 인민에 피해를 입혔기 때문이라고 밝히고 있다. 따라서 일본은 이것으로 중국이 류큐는 일본의 영토임을 승인한 것이라고 주장하게 되었다.

그 후 일본은 1879년에 류큐 번(琉球藩)을 폐하고 오키나와 현(沖繩縣)으로 개편하였다. 이에 불만을 품은 류큐인들이 중국에 간섭을 요청함으로써 다시 분쟁이 일어나게 되었다. 양국은 미국의 전 대통령인 그랜트U.S. Grant에게 중재를 부탁하였고 그랜트는 류큐 분할을 제시해 중국과 일본이 의견의 접근을 보는 것 같았다.

그러나 중국이 이리(伊犁) 분쟁으로 교섭에 신속히 대응하지 못하자 일본은 교섭을 중단해 버렸다. 그 후 류큐는 일본의 영토로 남아 있게 되었다. 일본은 또 1885년에는 첨각열도(尖閣列島, 중국명은 鳥魚島)를 현지 조사하고 무인도라는 결론을 얻어 1895년에 이를 병합해 버렸다. 물론 현재 중국 정부는 명대(明代) 이후 중국의 어민들이 그곳에서 활동해 왔다고 주장하고 있고 특히 이 문제는 1970년대 후반부터 양국의 현안이 되고 있다.

이리 분쟁

중국과 러시아 사이의 이리 분쟁은 중국의 대외 인식에 중대한 영향을 미친 사건이자 임오군란의 발발과도 밀접한 관련이 있어서 이 문제를 어느 정도 자세히 서술할 필요가 있다.

톈산(天山) 산맥의 중부 북쪽에 있는 분지에 9개 도시로 구성된 중국의 한 부(府)가 있는데 이리(伊犁)는 이들 도시 중 하나다. 러시아 투르키스탄Turkestan 국경 부근에 위치하고 있어서 러시아 사람들이나 서양 사람들에게는 쿨저Kuldja로 알려진 지역이다. 농업이 번창하고 광물 자원이 풍부하며 남 · 북 신장 성(新疆省)을 연결해 전략상으로도 중요하다.

신장 성은 1759년 건륭(乾隆) 중국 황제가 정복한 지역으로 '새로운 영토'란 의미로 '신강(新疆)'이라고 불렀다. 서쪽의 지역이라는 일반적인 뜻의 서역(西域)이라는 이름도 가지고 있다. 이런 명칭들에서 보듯이 중국의 단순한 변경 지역으로 인식돼 있었고 중국의 한 성으로 편입된 것은 후의 일이다. 중국이 이 지역을 통치하면서 본래 이곳에 살고 있던 회교도의 반란이 그치질 않았다. 그리고 이들 반란은 외부 세력과 연결돼 복잡한 양상을 띠기도 하였다.

1860년대부터 산시 성(陝西省)과 간쑤 성(甘肅省)의 회교 반란, 그리고 태평천국의 난(1850~1864)과 산둥 성(山東省) 서남 지역에서 일어난 녠(捻) 반란(1851~1868)으로 청조의 종말이 예고되고 있었다. 신장 성 지역도 예외는 아니었다. 건륭의 정복으로 코칸드Khokand 지역으로 추방된 회교의 지도자들이 신장 성에 있는 동료 회교도들의 반란을 선동하였다. 이들 추방된 지도자 중 야쿠브 베그Yakub Beg(1820~1877, Beg는 위구르Uighur 회교도 추장들의 호칭임)는 1865년 신장 성을 공격해 1870년에는 카슈가리아Kashgaria 지방과 북 신장 성 일부의 지도자로 군림하였다. 중국 정부는 여러 지역의 반란 사태로 신장 성 진압에 힘쓸 여력이 없었다.

한편 영국은 러시아 남하를 저지하는 세력으로 야쿠브 베그를 이용하려고 그에게 호의적인 태도를 취하게 되었다. 이렇게 되자 러시아의 투르키스탄 초대 총독인 카푸만K.P. von Kaufmann(재임 1867~1882)은 1871년 7월 이리 계곡을 점령하였다. 이리 위기가 시작되었다. 신장 성의 질서가 회복되면 철수하겠다고 천명했으나 러시아 정부는 이를 계기로 더 많은 이익을 획득하려고 하였다. 불안을 조성하기 위해 야쿠브 베그와 1872년 무역 조약을 체결하였고 이에 영국도 1873년 같은 조약을 체결하였다. 야쿠브 베그는 영국과 러시아 두 나라의 중앙아시아 진출을 위한 줄다리기 외교의 대상이 되었다.

그러나 중국 정부의 반격이 곧 시작되었다. 반란 진압에 유명한 쭤쭝탕(左宗棠)이 등장한다. 1868년에는 녠 반란을, 1873년에는 드디어 산시 성과 간쑤 성의 반란을 진압하고 신장 성으로 진격할 태세를 갖추게 되었다. 그러나 1874년 5월 일본의 타이완(臺灣) 침공으로 신장 성 진격이 지연되었다. 쭤쭝탕과 리훙장 사이에 육군 증강을 우선으로 하자는 이른바 색방론(塞防論)과 해군 건설을 주장하는 해방론(海防論) 논쟁이 야기되었다. 그러나 중국 정부는 1875년 4월 쭤쭝탕을 신장 성 전투를 위한 흠차대신으로 임명해 반란 진압을 결정하였다. 1877년 말 신장 성 전역의 질서를 회복시켜 중국과 러시아는 이리 계곡의 철수를 위한 외교 교섭을 하게 되었다.

중국 정부가 이 막중한 교섭을 1858년 이래로 외국과 교섭의 경험이 있던 충허우(崇厚,

1826~1893)에게 일임하였다. 그가 1879년 9월 러시아와 체결한 리바디아Livadia 조약은 그 체결 과정이 신비에 싸여 있는 문서다. 중국은 교섭에 임할 유리한 상태에 있었다. 쭤쭝탕은 신장 성에 상당한 병력을 배치하고 있었고 러시아는 소수의 병력만이 이리 계곡에 있었을 뿐이었다. 더욱이 러시아는 1877~1878년 터키와 전쟁을 겪은 직후였으며 1878년 베를린 회의 이후 외교적인 고립과 재정적인 파탄에 직면해 있었다. 그런데 충허우가 중국에게 결정적으로 불리한 이런 조약을 왜 체결하였는지 의문으로 남고 있다.

한 해석에 따르면 그는 이리 계곡의 지리적인 지식을 전혀 모르고 외교 능력도 없었으며 자신의 가정 문제로 러시아를 하루속히 떠날 것만 생각해 러시아의 기만과 함정에 빠졌다고 한다. 그러나 다른 해석에 의하면 그의 실수는 중국 외교 기관의 허점에 있다고 분석하고 있다. 여하튼 이 조약 체결 과정에 관한 공식 기록이 없을 뿐 아니라 충허우는 그의 불명예스런 말년으로 말미암아 아무런 기록도 남기지 못하였다. 그는 외국 정부의 간청으로 겨우 생명을 부지할 수 있었다.

리바디아 조약은 두 조약으로 구성돼 있었다. 하나는 국경 문제에 관한 조약으로 18개 조항으로 되어 있다. 이 조약으로 중국은 이리 지역을 명목상으로만 보유하게 되었다. 모든 전략 지역은 러시아가 보유하게 되었고 신장 성 전 지역의 10분의 7을 러시아에 할양한 결과가 되었다. 그리고 500만 루블(80만 파운드)을 이리 계곡 반환 1년 이내에 배상금으로 러시아에 지불키로 하였다. 7개의 새로운 지역에 러시아 영사관을 설치하고 몽골과 신장 성 지역 교역에 무관세에도 합의하였다. 나머지 하나는 17개 조항으로 구성된 무역관련 규칙이었는데 두 조항의 추가 합의가 있었고 그중 하나는 만주의 쑹화(松花, Sungari) 강에서 러시아의 항해권을 인정하기까지 하였다.

중국 정부는 이 조약의 비준을 거부키로 결정해 양국 사이에는 긴장이 고조되었다. 러시아 정부는 레소프스키S.S. Lesovskii 제독으로 하여금 23척의 함대를 중국 연안에 파견해 해군 시위를 하게 하였다. 1880년 김홍집이 일본에서 돌아와 고종에게 바친 복명서에 나타난 러시아 함대의 엄청난 병력은 이 레소프스키의 병력을 말하는 것이었다.

중국은 쩡지쩌(曾紀澤, 1839~1890)를 러시아에 파견해 다시 교섭을 진행시켰다. 러시아 정부는 교섭 재개를 6개월 동안 반대했으나 결국 1881년 2월 양국 사이에는 20개 조항으로 구성된 상트 페테르부르크 조약이 체결되었다. 이리 지방은 서부 끝 지역을 제외하고는 전략 요충지를 포함한 거의 모든 지역이 중국에 반환되었다. 새로운 국경선은 향후 2년 동안 조사해 부속 합의로서 결정키로 하였다. 러시아 시민을 원하는 자는 러시아령 서부 이리 지역으로 이주키로 하였다. 배상금은 9백만 루블로 증액했으나 지불 기간은 2년으로 연장되었다.

러시아 영사관 설치 지역은 2곳으로 제한되고 무역 발전에 따라 다른 5곳에도 설치할 수 있도록 하였다. 쑹화 강의 항해 문제는 역시 쟁점이었다. 1858년 아이훈(愛琿) 조약의 항해와 무역 규정을 따르되 자세한 것은 장차 다시 교섭토록 하였다. 그러나 아이훈 조약 규정을 양국이 달리 해석하고 있어서 현재까지 분쟁의 대상이 되고 있다. 이 조약에는 신장 성 무역 규정, 배상금에 관한 의정서, 그리고 국경 지역에서 러시아 상인들이 중국에 들어갈 수 있는 35곳의 지명 목록이 첨부돼 있었다.

이리 분쟁의 결과로 중국은 영토에 관한 유럽 개념을 정확하게 인식하게 되었다. 조약 체결을 마치고 이리 지방의 환수에 성공한 쩡지쩌는 자신의 의견을 개진한 상소문에서 이렇게 말하고 있다. 자신이 맡은 교섭 사항은 3가지였는데 하나는 분계(分界), 즉 경계를 확정하는 일이고 둘째는 통상이며 셋째는 상관(償款), 즉 배상금에 관한 것이었다. 이 중 배상금 문제는 작은 일이고 통상 문제도 분계에 비하면 가벼운 것이다. 서양 조약에는 오래 지키는 분계에 관한 것과 수시로 변경할 수 있는 통상에 관한 것 두 가지가 있어서 분계에 관한 조약을 체결할 때에는 특히 조심해야 한다고 말하고 있다. 이와 같이 국경이 일단 확정되면 전쟁 수단 이외에는 변경될 수 없으며 국경을 결정한 조약들은 무시할 수 없다는 사실을 인식하였다. 또한 중국은 이 분쟁으로 러시아의 위험이 그 어떤 나라보다 크다는 사실을 절감하였다. 방아론이 더욱 심화되었다. 중국에 미친 또 다른 영향은 신장 성을 단순히 서역이라고 간주해 방치할 것이 아니라 중국의 한 영토에 직접 편입시켜 통치해야 된다는 정책이었다. 1884년 11월 신장 성을 중국의 한 성으로 드디어 편입시켰다.

중국 본토에 둘러싸여 있는 불확실한 공간에 대해서는 중국은 직접 관여하지 않는다는 것이 전통적인 사대질서 개념에 입각한 기미(羈縻) 정책이었다. 이제 중국은 이런 정책이 국제정치 현실에 맞지 않는다는 것을 깨닫게 되었다. 서양 공법에서 말하는 국경과 주권 개념에 입각해 러시아의 위험을 방지해야 된다는 것을 정확하게 인식하였다. 이런 정책은 만주와 몽골에도 적용되었다. 이것은 중대한 의미를 갖는 것이었다. 동양 전래의 예 관념의 속방을 서양 공법 관념의 속국으로 전환하는 정책이었다. 중국 주변 지역의 지각 변동이 일어나지 않을 수 없었다. 이런 정책이 한반도에도 적용되자 소용돌이를 몰고오게 되었고 임오군란과 그 사후처리의 방향은 이미 예고되었다.

버마

중국과 조공관계에 있었던 버마가 19세기에 들어서면서 영국의 팽창정책의 대상이 되었다. 1824년 제1차 버마 전쟁, 1852년 제2차 버마 전쟁으로 버마는 상당한 영토를 상실하게 되었고 1862년에는 영국과 통상조약을 체결하였다.

영국은 버마를 거쳐 중국의 윈난 성(雲南省)으로 들어가는 통상로를 개척하기 위한 탐험대를 파견하기에 이르렀다. 1868년에 제1차 탐험대, 1874~1875년에는 제2차 탐험대를 파견하였다. 그런데 이 제2차 탐험대의 통역으로 선발된 자가 당시 상하이 영사관에 근무하던 마가리A.R. Margary였다. 그는 상하이를 출발해 윈난 성을 거쳐 버마 국경을 넘어 바모Bhamo에 이르는 긴 여행에 성공하고 영국 탐험대와 회동하는 데에 성공하였다. 그러나 1875년 2월 그가 중국인 5명과 선발대로 출발했으나 무장한 중국인에 의해 살해되는 사건이 발생하였다. 이것을 '마가리 사건'이라고 부른다. 이 사건이 일어나자 웨이드 공사는 협박외교로 나와서 양국의 모든 현안을 일거에 해결코자 하였다. 그리하여 1876년 9월 리훙장(李鴻章)과 즈푸 조약(芝罘條約)을 체결하였다. 마가리 사건에 대한 중국의 배상과 진사(陳謝) 이외에도 통상의 여러 이권, 외교문서의 형식, 영사재판 절차 등을 규정하는 광범위한 내용을 담고 있다. 버마에서 우월한 지위를 갖게 된 영국은 마침 버마 국왕의 친(親)프랑스정책을 구실로 1886년 1월에는 인도의 일부로 편입한다고 선언하게 되었고 그해 7월에는 중국도 '현재의 영국 지배'를 승인한다는 조약을 영국과 체결하게 되었다.

마카오(아오먼, 澳門)의 상실

16세기 중엽 이후 포르투갈인이 마카오에 거주하였으나 그들은 광둥 성(廣東省)에 일정액의 지대(地代)를 계속 지불하였으며 광둥 성(廣東省) 샹산 현(香山縣)에서는 마카오에 현승(縣丞)을 파견해 재판과 징세의 업무를 담당하게 하였다.

그런데 아편전쟁을 거치면서 마카오의 포르투갈 당국이 마카오의 분리정책을 추진하게 되자 중국과 분규를 자아내게 되었다. 마카오를 자유항으로 선언한 포르투갈의 마카오 총독 아마랄J.M.F. Do Amaral이 1849년 8월 암살된 이후로는 포르투갈은 지대의 지불을 거부하고 독자적인 행동을 취하기에 이르렀다. 결국 1862년 8월 중국과 톈진 조약을 체결해 마카오의 포르투갈 지배를 승인받았다. 그러나 중국이 이 조약의 비준을 거부하자 분쟁은 다시 계속되었다.

1887년 12월에 이르러서야 양국은 리스본Lisbon 조약의 내용에 입각한 베이징 조약을 체결하게 되었다. 리스본 조약이란 중국 해관의 런던 국장인 캠벨J. Campbell과 포르투갈 외상이 1887년 3월에 체결한 합의였다. 하여간 베이징 조약으로 중국은 마카오와 그 부속 지역을 영구히 포르투갈이 점유 · 지배하는 것에 동의하였고 포르투갈은 중국의 동의 없이는 마카오를 타국에 양여하지 않는다고 합의해 중국은 결국 이 지역을 상실하게 되었다.

베트남(越南)

베트남은 중국의 조공국인데 그 법적 지위는 명(明)의 만력회전(萬曆會典, 1587)이나 청조(淸朝)에 이르러 5번에 걸쳐 편찬된 회전들에 자세히 규정되어 있다. 베트남의 정세는 1770년대부터 시작된 이 지역 안의 여러 정치 세력들 사이의 투쟁으로 혼미를 거듭하다가 가륭제(嘉隆帝)가 1802년 베트남 전역을 통일하였다. 그런데 이 통일이 프랑스 신부(神父) 피뇨P.J.G. Pigneau가 이끄는 사병(私兵) 집단의 도움으로 이루어져 이때부터 베트남은 프랑스와 깊은 관계를 갖게 되었다. 가륭제는 1804년에 중국의 책봉(冊封)을 받게 되었다.

프랑스의 베트남 진출은 해군성이 담당하였다. 정식 국교를 맺기 이전의 지역에 대한 관할권은 제1차적으로 해군성이 맡고 있어서 베트남은 이른바 '프랑스 해군 제독들의 영토' 였다. 1852년 황제가 된 나폴레옹 3세는 세계 각지에서 모험주의적인 외교정책을 감행했는데 베트남 지역도 예외는 아니었다. 프랑스 해군성은 1862~1867년 사이에 코친차이나Cochinchina의 동부 3성(省)과 서부 3성을 할양받고 캄보디아를 보호령으로 만들었다.

1870년 프랑스 · 독일 전쟁의 승리로 통일을 성취한 비스마르크는 프랑스로 하여금 해외 진출에 박차를 가하도록 하였다. 알자스-로렌의 원한을 잊게 하기 위해서였다. 프랑스도 해외 경영의 길 이외에는 다른 방도가 없었다. 1874년 3월 프랑스는 드디어 베트남을 사실상 보호령으로 만들고 코친차이나 6성을 할양받는다는 내용의 사이공 조약을 베트남 정부와 체결하였다. 그러나 이 조약의 해석을 둘러싸고 중국, 베트남 국왕, 그리고 프랑스 당국은 분규를 자아냈다. 프랑스 국내에서 한동안 해외 식민의 열기가 식었기 때문에 곧 분쟁의 단계로 접어들지는 않았다.

그러나 1879년 5월에 확장론자인 빌리에C. le Myre de Viliers가 코친차이나 총독이 되고 다음해에 식민주의자 페리J. Ferry가 수상이 되면서 사정은 달라지게 되었다. 1881년 7월 프랑스 의회는 통킹Tongking에 군대를 파견하는 데 필요한 예산을 승인하였고 프랑스 군대는 1882년 4월에는 하노이에 입성하였다.

이때부터 프랑스와 중국은 직접, 간접으로 무력 충돌 사태에 들어갔다. 중국은 처음에는 흑기군(黑旗軍)을 지원하는 간접적인 방법으로, 그러나 1883년 중반부터는 양국 군대가 직접 전투에서 충돌하였다. 흑기군이란 태평천국란(太平天國亂)에 참가했던 류융푸(劉永福)가 통킹 지역으로 도주해 조직한 사병(私兵)이었는데 중국이 이 조직을 이용하고 있었던 것이다. 무력 충돌이 계속되면서 양국 사이에는 교섭이 여러 번 있었고 합의에 도달한 경우도 있었으나 분쟁 해결에는 이르지 못하였다. 무엇보다 이 문제를 담당한 양국 대표들이 여러 번 교체돼 문제를 더욱 복잡하게 만들었다. 결국 1885년 6월 톈진 조약의 체결로 베트남 문제는 해결되었다.

중국은 결국 교섭을 리훙장에게 맡기게 되었고 그는 1884년 5월 푸르니에F.E. Fournier 중령과 5개 항목의 조약을 성립시켰다.

(1) 프랑스는 중국 · 통킹의 현재 국경을 존중한다.
(2) 중국은 통킹에 주둔하고 있는 군대를 곧 국경까지 철수하고 프랑스 · 베트남의 현행 및 장차의 조약들을 존중한다.
(3) 프랑스는 베트남과의 새로운 조약에서 중국의 명예를 손상시키는 용어는 사용하지 않으며 이 새로운 조약은 기왕의 모든 조약들을 대체한다.

이 새로운 조약이 바로 1884년 6월의 순화조약(順化條約)으로 베트남은 이 조약으로 인해 프랑스의 보호령이 되어 버렸다. 리(李) · 푸르니에 합의는 철병단계에서부터 또다시 분규를 야기시켰다. 프랑스 군은 1884년 7월 마장(馬江)에 진입하였고 8월, 10월에는 타이완의 지룽(基隆)을 포격하고 타이완 봉쇄를 선언하였다. 그리고 1885년 3월에는 펑후 열도(澎湖列島)를 점령해 양국의 분쟁은 절정에 달하게 되었다.

결국 분쟁의 해결은 파리에서 이루어졌다. 중국 총세무사의 런던 국장 캠벨이 파리에 건너가 프랑스와 파리 의정서를 체결하였다. 여기에서 리 · 푸르니에 합의를 다시 확인하고 전투를 즉시 중지시키며 타이완 봉쇄를 해제시켰다. 그리고 톈진 또는 베이징에서 정식으로 조약을 체결하기로 하였다.

이에 따라 1885년 6월 9일 리훙장과 프랑스 공사 파트노트르J. Patenôtre는 톈진 조약을 체결하였는데 그 내용은 다음과 같다.

(1) 중국은 프랑스 · 베트남의 현행 · 장차의 조약을 존중한다.
(2) 국경을 확정한다.
(3) 윈난(雲南), 광시(廣西), 광둥(廣東) 3성에서의 육로무역 규정을 설정한다.
(4) 프랑스군은 1개월 이내에 타이완, 펑후 열도로부터 철수한다.
(5) 프랑스가 배상금을 요구하지는 않으나 장차 중국이 철도를 부설하는 경우 프랑스 업계와 상의한다.

이로써 전쟁은 종결됐으나 베트남이 프랑스의 보호령으로 되어 변경의 조공국을 또 하나 상실하였다.

제 2 절 일본의 개국

1402년 일본의 쇼군(將軍)이 명(明)으로부터 일본의 국왕으로 책봉되어 일본은 사대질서의 구성원이 되었다. 그리고 조선과는 교린 질서로 연결되었다. 그러나 1644년 청조(淸朝)가 들어서면서 일본은 사대질서 밖에 존재하게 된다. 그러면서도 조선과는 교린 질서를 계속 유지하였다.

일본은 이와 같이 유교권 밖에 있게 되어 근대적인 의미의 국교 관계, 즉 당시 일본의 용어로 통신(通信)의 대상은 조선이었고 경제적인 관계, 즉 통상(通商)의 대상은 나가사키의 중국 상인들과 그곳의 데지마(出島)를 통한 네덜란드인이었다.

이런 국제정치적인 여건 때문에 개국과 쇄국이라는 독특한 일본식 용어가 등장하게 된다. 여기에 opening이라는 서양의 우월의식을 함축한 단어가 혼용되어 무의식적으로 이들 용어들이 국내 학계에서도 사용되고 있다.

일본의 개국은 막부의 종말을 가져오고 메이지 유신으로 이어진다. 그리고 이런 국내 정치 개혁은 대외 침략과 결부된 독특한 국가 형태를 가져오게 된다.

국제정치적으로는 일본의 개국은 서양 국제정치 질서의 확산으로 인한 결과물이었고, 직접적으로는 1853~1856년 크림 전쟁의 영향이었다.

이제 일본과 조선은 유럽 문명권의 특징인 폭력이 난무하는 지역으로 변하는 역사적 시점에 도달한 것이다.

1. 개국의 뜻

개국(開國)과 쇄국(鎖國)

개국은 나라를 처음으로 연다는 건국이 그 본래의 뜻이다. 동양의 나라들이 서양의 나라와 수호조약을 체결하는 행위를 개국이라고 호칭하는 것은 일본의 용례이다. 모든 한문사전의 개국 항목은 건국의 의미로만 설명돼 있다. 1880년대까지 조선의 지식인들 사이에도 개국은 이런 뜻으로 통용되었다.

일본에서는 1799년 동(東) 에조(蝦夷, 지금의 北海道) 지방을 병합키로 결정하면서 그 병합을 개국이라고 칭해 한문의 원래 뜻과 다른 의미로 사용하기 시작하였다. 그런데 그해 11월 개국이라는 용어를 모든 관계서류에서 사용하는 것을 금지하고 에조 지역에서도 기독교 금지 그리고 해외도항(海外渡航) 금지를 실시하였다. 이렇게 변형된 의미로 사용하게 된 개국이라는 용어는 1854~58년 서양 세력과 조약을 체결해야 된다는 슬로건으로 널리 사용돼 양이(攘夷)와 대립되는 개념으로 사용되었다.

쇄국(鎖國)이라는 용어도 일본에서 창안된 낱말이다. 현재 어떤 한문 사전에도 쇄국이란 항목은 없다. 1801년 나가사키의 통사(通詞), 즉 통역관이었던 시즈키 다다오(志筑忠雄)가 독일인 내과 의사 켐퍼E. Kaempfer의 『일본지』*The History of Japan*의 부록 제6절의 제목을 번역하면서 만들어낸 용어였다. 켐퍼는 일본의 자연 조건으로 보아 외국과 통상을 하지 않는 것이 일본에 유리하다는 견해를 긴 제목으로 사용하였다. 이에 시즈키는 이를 쇄국이란 낱말을 창안해 간략하게 표현하였다. 시즈키가 창안한 이 쇄국이라는 용어가 일본에서 널리 사용된 것은 19세기 중반의 일이다.

개국과 쇄국이라는 낱말은 당시 일본의 정치적 상황을 나타내는 일본식 용어이다. 일본이 통신(通信), 즉 국교를 갖고 있던 나라는 조선과 류큐(琉球) 두 나라였으며 통상(通商), 즉 국교는 없으나 교역을 하고 있던 국가는 중국과 네덜란드 두 나라뿐이었다. 따라서 개국이니 쇄국이니 하는 용어는 이와 같은 그들의 입장을 대변하는 용어였다.

기억해야 할 것은 1880년대까지 조선의 풍토에서는 현재 통용되는 의미의 개국, 즉 서양 세력과 수호조약을 체결하는 의미로는 사용되지 않았으며 쇄국이란 용어는 더욱 사용되지도 않았다는 점이다. 그런데 이들 용어가 한국 학계에서 무의식적으로 널리 사용하게 된 것은 해방 후의 일이라고 생각한다. 일본 학계에서 강화도 조약이나 서양 열강과의 조약 체결을 개국 조약이라고 지칭하고 서구의 업적에서도 Opening of Korea라고 예전부터 사용되어 온 것을 국내 학계에서도 무심코 원용한 것이 아닌가 추측된다. 그러나 Opening이라는 낱말에는 서양인의 우월의식이 내재되어 있다. 미개의 상태에서 문명의 단계로 이전시켜 준다는 사명의식이 그것이다. 따라서 한국 외교사와 관련해 개국, 쇄국의 용어 사용은 재고해야 된다고 생각하며 필자는 개국조약 대신에 수호조약이란 용어를 사용하고 쇄국이란 낱말의 사용은 지양한다.

일본의 쇄국 정책

일본은 도쿠가와(德川) 막부(幕府) 초부터 이른바 쇄국정책을 취해 왔다. 일반적으로 일본에 있어서 쇄국은 1633년 이후 5번에 걸친 법령으로 확고하게 되었다. 그 주요 내용은 ① 남만선(南灣船) 도래 및 대선(大船) 건조의 금지, ② 일본인의 해외 이주 및 도항 금지, ③ 기독교 금지, ④ 무기수출 금지, ⑤ 중국, 네덜란드 무역의 나가사키(長崎) 제한 등으로 요약될 수 있다. 그러나 네덜란드 언어에 의한 서양 연구인 소위 난학(蘭學)은 허용되어서 이를 통해 제한적이지만 서양문물에 접할 수 있었다. 아라이 하쿠세키(新井白石)의 『서양기문』(西洋紀聞)에서 보듯이 난학 연구의 폭을 넓히려는 움직임이 있었으나 쇄국정책을 고집하는 막부는 이런 의견을 수렴하지 못하였다. 1825년에는 이국선타파령(異國船打破令)을 발표해 조난선, 표류선을 포함한 모든 외국 선박을 격퇴하도록 하였다. 물론 이런 극단적인 법령은 아편전쟁의 소식이 전해지자 일본 스스로 완화하는 조치를 취하지 않을 수 없었다.

그러나 이와 같은 일본의 쇄국은 19세기 중엽 이후부터는 지속될 수 없었다. 무엇보다 먼저 중국의 영향이 곧 파급되지 않을 수 없었다. 일본이 쇄국정책을 계속할 수 있었던 큰 원인의 하나는 구미 열강의 최대 관심이 중국과의 조약 체결에 쏠려 있었고 일본 문제에 큰 관심을 기울일 여력이 없었기 때문이다. 아편전쟁과 애로 호 사건 이후로 중국이 구미 국제정치 질서에 완전히 편입되고 특히 영국과 미국의 면업자본이 해외시장 진출에 나서게 될 역사적인 시점에 도달하는 경우 일본의 개국은 필지의 사실이 되었다. 19세기 중반부터 자주 나타나기 시작한 이양선의 출몰은 내부적으로 이미 붕괴의 요인을 안고 있던 막부의 봉건체제를 종식시키는 결과를 가져오게 하였다.

2. 개국조약들

일본의 개국과 미국

일본의 개국은 1854년 미국과의 화친조약(和親條約)을 체결함으로써 시작되었다. 1858년 안세이(安政) 5개국 조약의 체결로서 일본도 구미 국제정치 질서에 완전히 편입하게 되었다.

그런데 일본의 개국이 영국이 아니라 미국에 의해 이루어졌다는 것이 특기할 만한 일이다. 당시 세계 최대 강국인 영국은 중국과 이미 조약을 체결해 방대한 영토와 인구를 갖고 있는 중국의 잠재적인 시장성을 과신하고 있었다. 이와는 대조적으로 일본의 경제적인 가치에 관해서는 과소평가하고 일본을 경시하였다.

반면에 일본을 주목한 국가는 미국이었다. 미국이 태평양 방면으로 진출하게 된 것은 멕시코와의 전쟁결과로 1848년 캘리포니아를 획득한 것을 계기로 본격화되었다. 더욱이 이곳에 금광이 발견돼 많은 사람들이 모여들었는데 금의 발굴이 여의치 못하자 여기에 운집한 자들이 중국 무역으로 관심을 바꾸게 되었다.

또 한 가지, 당시 미국의 면공업은 1840년대에 들어서면서 영국 다음으로 번창하였다. 중국으로의 면 수출이 미국의 면 수출 총액에서 20~30%를 차지하게 되었다. 다시 말하자면 면공업에 있어서 중국 시장은 미국의 입장에서 볼 때 매우 중요하게 되었다.

이와 더불어 태평양 횡단기선 항로의 개설이 중요하게 되었다. 그런데 중국과 미국의 서부를 연결하는 이 장거리 항로에는 당시의 기술수준으로 보아 중간지점에 석탄 공급지가 절대적으로 필요한 것이었다. 이런 중간 기항지로서 일본이 지목받았다.

뿐만 아니라 당시 미국에서는 포경업(捕鯨業)이 크게 번성하고 있었다. 캄차카 반도, 오호츠크 해, 일본 열도의 동쪽 바다, 북태평양 등지가 그 주요 어장이었다. 그런데 이들 선박이 난파한다든가 표류해서 일본에 기항하는 경우 당시의 막부는 이들을 모두 구속하였다. 미국 정부로서는 이들 포경선단의 이익을 보호하는 것이 주요한 정책과제가 아닐 수 없었다.

이같은 사정은 1848년 5월에 발표된 하원 해군위원 킹T.B. King의 보고서에 잘 나타나 있다. 그는 중국에 대한 면 수출에 있어서 미국은 장차 영국을 능가할 것이라고 전망하였다. 미국이 연구해서 만든 제품이 중국인 취향에 알맞고 영국 제품에 비해 가격이 저렴하기 때문에 반드시 영국과의 경쟁에서 승리할 것이라는 것이다. 그리고 영국은 아편을 수출하고 있기 때문에 장기적으로 보아 그 중국 무역은 반드시 쇠퇴하게 된다는 것이다. 따라서 이런 전망을 갖고 있는 중국 무역을 발전시키기 위해서 앞서 본 기선항로 개설이 절대 필요하다는 것이었다. 그리하여 일본의 개국이 미국의 중국 진출, 태평양 진출에 필수적인 정책 과제가 되었다. 1849년 4월 해군 중령 글린J. Glynn이 나가사키에 와서 억류 중의 표류 선원인 미국인들을 인수해 가는 데 성공하였다. 글린의 보고서는 미국의 일본 정책에 큰 영향을 주었다. 그는 무력을 사용해서라도 일본을 개국시키지 않으면 안 된다고 대통령에게 건의하였다.

페리M.C. Perry

일본 개국의 임무가 페리 제독에게 주어졌다. 그는 기함 미시시피 호를 타고 군항 노폴크 Norfolk를 출발, 일본을 향해 떠났다. 1852년 11월 24일이다. 대서양을 횡단, 세인트 헬레나, 케이프타운, 실론, 상하이를 거쳐 일본의 우라가(浦賀)에 도착한 것은 8개월 보름이 지난 1853년 7월 초였다. 그는 필리모어M. Fillimore 대통령의 국서, 신임장, 그리고 그가 일본 황제에게 보내는 문서를 전달하였다. 일본은 당초 미국 대통령 국서의 접수 문제를 결정하지 못하고 시간을 끌었다. 이에 페리는 무력시위로 대응하였다. 일본은 결국 국서를 수령은 하지만 이에 대한 회답은 나가사키에 있는 네덜란드 상관장(商館長)을 통해 전달하겠다는 태도를 취하였다. 페리는 물론 이런 태도는 미국을 모욕하는 것이라고 반대하고 일본의 회답을 받기 위해 다시 오겠다고 천명하고는 일단 마카오로 떠났다.

페리가 전달한 필리모어 대통령의 국서에 보면 페리 제독을 일본에 파견한 유일한 목적은 우호, 통상, 석탄 및 식료품의 공급, 그리고 조난 선원의 보호에 있다고 못박고 있다. 타국의 정치 · 종교 문제에 간섭을 하려는 것은 결코 아니라고 천명하면서 미국의 헌법이 이런 간섭을 금지하고 있다고 덧붙이고 있다.

페리 자신은 상당한 자유재량이 허용된 훈령을 받았다. 그가 받은 훈령은 두 가지였다.

하나는 1852년 11월 해군장관 케네디J.P. Kennedy로부터 직접 받은 것과 다른 하나는 이보다 일주일 전에 국무장관 대리 콘래드C. Conrad가 해군장관에게 보낸 서한이었다. 전자는 일본 열도의 탐험, 수로 측량, 그리고 방문할 모든 국가에 관한 정보 수집을 명령하고 있다. 후자는 일본과의 관계에 관한 훈령이라고 볼 수 있는데 장문의 이 훈령에는 양국의 교섭에 관한 역사적인 고찰로부터 시작해 일본에 대한 요구사항이 자세히 적혀 있다. 그리고 교섭에 임하면서 자위(自衛)의 경우 이외에는 평화적인 수단으로 교섭을 진행토록 당부하고 있다. 또 페리의 목적은 조난 선원의 인도적인 대우, 통상관계의 수립, 기항지(寄港地)와 저탄소(貯炭所)의 획득이라고 명시하고 있다. 이와 더불어 일본인의 국민성 등을 상세히 설명하면서 이에 대응할 교섭 태도까지 적고 있다. 페리는 이 훈령에 따라 일본의 개국을 성취시킨 공로를 미국에게 안겨 주었다.

가나가와(神奈川) 조약(1854년 3월 31일)

페리는 1854년 2월 다시 일본에 와서 3월 초부터 요코하마(橫浜)에서 일본의 미사응접괘(美使應接掛) 하야시 히카리(林輝)와 조약 교섭을 시작하였다. 페리는 왕샤 조약(望厦條約)과 유사한 조약 체결을 희망하였다. 그는 중국도 큰 이익을 보고 있다고 역설하면서 통상 관계의 수립을 요구하였다.

미국의 이런 개국 요구에 막부는 먼저 다이묘(大名)들에게 의견을 물었다. 다수의 견해는 개국에 반대하는 것이었고 다만 외국의 문물을 어느 정도 알고 있던 소수의 다이묘만이 구미 열강의 개국 요구를 끝까지 거부할 수 없음을 알 뿐이었다. 그리하여 막부는 우선 가능한 한 시간을 지연하는 태도를 취하게 되었다.

이에 페리는 모든 미국 함대를 나마무기(生麥) 근처에 집결시켜 무력시위를 하였다. 이렇게 되자 일본은 수교, 표류민 보호, 2개 항구의 개항에는 동의할 수 있으나 통상에는 반대한다는 입장을 취하였다. 일본은 중국과는 달리 오로지 네덜란드와 중국하고만 무역을 해 온 전통을 통상 반대의 근거로 삼았다. 결국 양국은 요코하마 근처에 있는 가나가와에서 일본으로서는 최초의 근대조약을 체결하였다. 이 조약의 주요내용은 다음과 같다.

(1) 시모다(下田), 하코네(箱根)의 개항: 시모다는 즉시 개항하고 하코네는 다음해 3월부터 개항하여 식량, 석탄, 신수(薪水) 등을 공급하기로 하였다. 따라서 이 두 항구는 무역항구로 개항한 것은 아니었다. 시모다는 무역항으로서 가치도 없었고 하코네는 태평양 항로로부터 멀리 떨어져 있었다.

(2) 최혜국대우 조항: 일본이 일방적으로 최혜국대우를 약속함으로써 다른 국가들도 미

국과 같은 이익을 받게 되었는데 일본은 당시 이것이 무엇을 의미하는 것인지 이해하지 못했다.

(3) 표류, 난파 선원의 보호: 일본 연안에 미국 선박이 표류 또는 난파하는 경우 일본은 그 선박을 구조하고 선원들을 미국 국민에게 인도하기로 하였다. 또 난파 선원을 비롯한 미국 국민에 대하여는 공정한 법률just law이 적용되도록 하였다. 여기에서 공정한 법률이란 일본의 국내법을 지칭하는 것이 아니라 치외법권적인 요구가 내재되어 있었다. 그리고 시모다, 하코네에 있는 미국 국민은 나가사키의 네덜란드인과 마찬가지로 일정한 지역 안에서 활동이 보장되었다.

(4) 통상, 영사규정의 배제: 일본은 끝까지 통상관계 수립에 반대해 그것을 관철하였다. 따라서 가나가와 조약은 미국의 요구 모두를 반영한 것이 못 되었다. 단지 미국이 필수품을 금은화(金銀貨)로 지불해 구입하고 자국의 화물을 다른 화물과 교환할 수 있다고 규정함으로써 통상의 길을 터놓았을 뿐이다. 그리고 영사의 주재도 일본은 끝내 허용치 않았다. 다만 18개월 이후 양국이 필요하다고 인정하는 경우 미국은 시모다에 영사 또는 대표를 파견할 수 있다고 규정하였다.

(5) 비준관계: 페리의 비준 요구에 대하여 일본은 그런 관례가 없다고 반대하였다. 이런 사정은 중국의 경우도 비슷하였다. 결국 이 문제도 18개월 이후 조약을 허용한다는 국서를 교환하도록 해 타결하였다.

가나가와 조약은 완전한 개국조약이라고는 볼 수 없다. 그러나 이 조약을 시작으로 일본은 열강들과 화친조약을 체결하지 않을 수 없게 되었다. 페리는 6월 하순 시모다 추가 조약(追加條約)을 체결하고 7월 1일 귀국길에 올랐다.

영국, 러시아, 네덜란드의 화친조약

미일화친조약인 가나가와 조약이 체결된 지 몇 달 후인 9월에 영국의 동인도 함대 사령관 스털링J. Stirling이 나가사키에 입항하였다. 크림 전쟁 중이라 극동에서 러시아 함대의 활동을 저지하는 임무를 띠고 있었다. 그는 일본의 항구들을 혹시 러시아가 이용하지 않을까 우려해 전시 중립국의 의무를 일본이 준수해 줄 것을 요구하였다. 이 같은 요구를 내용으로 한 그의 서한이 잘못 번역돼 나가사키 봉행(長崎奉行: 나가사키에 설치되어 대외관계 업무를 관장한 직책)이 영국에게도 시모다, 하코네 두 항구를 개방하는 것이 좋겠다는 의견을 노중(老中: 장군에게 직속된 최고 직위)에게 건의하였고 노중은 이를 수락하였다. 그리하여 10월 14일 양국은 미일화친조약의 내용과 유사한 영 · 일 약정(英日約定)을 체결하였다.

이 조약은 전권이 없는 스털링이 체결한 것으로 국제법상 예외적인 것이었다. 영국 외무성은 최혜국대우 조항으로 다른 국가들이 획득한 이익을 영국도 균점할 수 있다는 의견을 주장해 일본의 경제 능력에 회의적인 평가를 했던 영국 통상성의 견해를 제압하고 스털링이 체결한 조약을 추인해 비준하였다.

러시아도 곧 일본과 화친조약을 맺었다. 전권대표인 푸탸틴과 일본의 전권대표 가와지 도시아키라(川路聖謨)가 1855년 2월 7일 시모다에서 조인하였다. 내용은 미일조약과 유사한 것이었다. 다만 국경에 관한 규정이 있었고 미일조약에는 없던 영사재판을 쌍무적인 내용으로 규정하였다. 다시 말하자면 일본에 있는 러시아 인이나 러시아에 있는 일본인이 범법행위를 한 경우 모두 본국의 법률에 따라 재판을 받는다는 것이다.

일본은 또 오랫동안 관계를 맺어 온 네덜란드와 근대적인 국교 관계를 체결하였다. 네덜란드 이사관(理事官) 쿠르티우스J.H.D. Curtius는 해군교관 파견을 전제로 조약체결을 제의하였고 이것을 일본이 받아들여 1856년 1월 30일 나가사키에서 장기봉행 아라오(荒尾成允)와 조약을 체결하였다.

이 조약의 내용 중 특기할 만한 점은 네덜란드 인은 그들의 거주지인 나가사키의 데지마(出島)로부터 희망하는 지역으로 여행할 수 있는 자유가 보장된 것이다. 기왕에는 데지마로부터 결코 밖으로 나올 수 없었던 것과 비교하면 상당한 변혁이 아닐 수 없다. 또 이 조약으로 일본은 처음으로 일방적인 영사재판권을 허용하게 되는 불평등 조약 관계에 들어가게 된 점도 기억할 만하다. 그리고 일본이 다른 국가에게 항구를 개방하는 경우 네덜란드도 그런 특권을 갖게 된다는 최혜국대우 조항을 두었다.

위의 화친조약들로 일본은 200여 년간 견지해 온 쇄국정책의 종말을 맞이하게 되었다. 그러나 이들 조약들은 완전한 의미의 개국조약이 아니었으며 안세이 5국 조약에서야 개국은 성립되었다.

미일수호통상조약(美日修好通商條約)(1858년 7월 29일)

미국은 가나가와 조약 제11조에 입각해 해리스T. Harris를 총영사 겸 외교대표로 임명하였다. 해리스는 1856년 8월에 일본에 도착하였다. 영국도 실은 통상조약을 체결코자 중국 주재 무역감독관 바우링J. Bowring을 일본에 파견했으나 크림 전쟁 관계로 일단 중단상태에 들어갔다. 따라서 일본과의 통상조약도 미국이 먼저 체결하였다. 일본은 당초 해리스의 상륙을 거부하는 입장을 취하자 이른바 11조 해석을 둘러싼 양국의 논쟁이 있었다. 그러나 해리스는 국제법의 이론을 원용해 시모다에 영사관을 설치하는 데는 일단 성공하였다.

영사관 설치에 성공한 해리스는 에도(江戶)에 들어가 쇼군(將軍)과의 담판을 주장하고 나섰다. 그러나 전례 없는 이런 교섭방식 주장에 일본이 쉽사리 응낙하지 않았다. 일본은 1857년 10월 네덜란드와 체결한 난일추가조약(蘭日追加條約)과 유사한 조약체결을 제의하였다. 이 조약은 사적(私的)인 무역형태인 가이쇼(會所) 무역을 확대시킨 것이다. 러시아도 일본과 이와 유사한 조약을 체결한 바 있다. 네덜란드는 기왕의 중재자로서의 위치를 강화하기 위해, 러시아는 그 경제발전 단계로 보아 일본과의 통상이 필요 없었기 때문에 이런 조약을 체결할 수 있었다. 그러나 미국의 입장은 달랐다. 미국은 완전한 통상관계의 수립을 희망하였고 해리스가 받은 훈령에도 통상조약을 체결하고 자유무역을 실시하는 것이 주요 임무라고 돼 있었다. 해리스는 계속 에도에 들어갈 것을 주장하고 한편으로는 시모다 봉행(下田奉行)과 1857년 6월 하순 미일약정(美日約定)을 체결해 미국인의 시모다, 하코네 거주, 그리고 미국의 영사재판권을 설정하였다.

막부는 통상조약 체결에 관하여 다이묘(大名)들에게 의견을 물었다. 다이묘들의 의견은 페리가 왔었을 때와 비교하면 상당히 진보적이었다. 통상조약의 체결이 불가피하다는 것을 모두 인식하였다. 다만 완전한 통상관계수립 이전의 단계로서 시한부로 인정한다든지 또 통상관계는 비록 승인하더라도 외국 공사의 에도 주재는 반대한다는 의견이 있었다.

사실 막부는 가나가와 조약 체결 이후 어느 정도 세계정세에 눈을 뜨기 시작하였다. 대선건조(大船建造)의 금지를 해제하고 서양 함선 건조를 배운다든가, 네덜란드 해군을 초빙한다든가 하는 조치를 취해 서양 학문의 연구와 외국문화 수용에 노력하였다. 이런 분위기에서 해리스가 에도에 들어가는 것이 허용되었다.

그는 12월 12일 당시 실력자인 노중(老中) 홋다 마사요시(堀田正睦)와 두 시간에 걸친 회견을 갖게 되었다. 그 자리에서 해리스는 세계정세와 더불어 통상조약으로 인해 얻게 될 이점을 역설해 홋다에게 큰 감명을 주었다. 그는 영국의 중국에 대한 침략정책의 본질을 설명하고 영국이나 프랑스가 일본에 무력으로 통상을 요구하기 이전에 미국과 평화적으로 통상조약을 체결하는 것이 유리하다는 점을 설명하였다. 또 영국은 중국에서와 같이 일본에 대해서도 아편무역을 획책하고 있음을 경계해야 된다고 말하면서 미국은 이와는 반대로 언제나 평화정책을 추구하고 있다고 역설하였다. 따라서 영국의 침략에 대처하는 길은 오로지 미국과 조속히 통상관계를 맺는 것이라고 주장하였다. 이런 설득과 아울러 위협의 말도 잊지 않았다. 일본이 자신의 설득에도 계속 쇄국을 고집한다면 자신은 귀국하지 않을 수 없고 그 다음에는 함대나 대포가 오게 될 것이라고 노골적으로 협박하였다.

이에 막부는 굴복하지 않을 수 없었다. 그리하여 해리스가 작성한 16개 조항에 달하는 초안과 무역장정 6칙을 기초로 교섭을 진행하였다. 그러나 막부는 조약 체결에 대한 최종

결정 단계에서 주저하였다. 이것은 막부가 스스로의 결정을 관철할 수 있는 강력한 지위가 없어지게 된 것을 의미한다. 막부는 조약체결에 관한 황제의 칙허를 얻어야 된다고 결정하였다. 자신의 허약함을 스스로 나타내는 처사였다. 홋다는 칙허를 얻기 위해 교토에 갔으나 실패하고 돌아오자 그의 정치적인 생명은 끝나 버렸다.

실권은 그의 정적(政敵) 이이 나오스케(井伊直弼)에게 넘어갔다. 이런 사이에 중국과 톈진 조약을 체결한 영국과 프랑스의 일본 진출이 눈앞에 다가오게 되자 이이 나오스케는 칙허 없이 미국과의 조약 체결을 결심하고 양국의 수호통상조약을 체결하였다. 그 후 막부는 교토의 조정을 설득해 1859년 2월 초에 가서야 칙허를 얻었다.

미일수호통상조약의 내용

이 조약은 그 후 네덜란드, 러시아, 영국, 프랑스 조약의 모델이 되었는데 그 주요 내용은 다음과 같다.

(1) 양국은 서로 수도에 외교 대표를 파견하고 개항장에는 영사를 주재토록 한다.

(2) 일본과 유럽 국가 사이에 분쟁이 발생하고 일본 정부의 요청이 있는 경우 미국 대통령은 화친의 중개자가 될 수 있다.

(3) 시모다, 하코네 이외에 가나가와, 나가사키, 니가타(新潟), 효고(兵庫)를 개항한다. 그리고 에도(江戸)와 오사카(大阪)는 개시(開市)한다.

(4) 양국의 국민은 서로 자유스럽게 물품을 매매할 수 있다. 그러나 일본 정부는 쌀, 보리의 수출을 금지하고 철강은 여유가 있으면 판매할 수 있다. 아편의 수입은 금지한다.

(5) 일본 정부는 수입상품에 대하여 소정의 관세를 부과한다.

(6) 일본에 거주하는 미국 국민은 개항장에서 사방 40km 내에서 유보(游步)를 할 수 있다. 그러나 이 지역 내에서 미국 국민은 상업행위를 할 수 없다.

[이러한 점은 중국의 경우와 매우 다르다. 톈진 조약에 의하면 외국인은 여권을 소지하면 중국 내 어디에나 상업상의 목적으로 여행할 수 있다. 일본이 외국 상품이나 자본의 침투로부터 어느 정도 보호받을 수 있는 내용이다.]

(7) 영사재판권이 규정되어 있다. 다시 말하자면 일본인에 대하여 범죄를 저지른 미국인은 미국 영사재판소에서 심리되고 미국 국내법에 의하여 재판된다.

(8) 일본에 있는 미국인은 신교(信教)와 예배당 건설의 자유가 있다.

[이 점도 중국과 다르다. 중국은 톈진 조약에 의해 외국인뿐만 아니라 중국인도 기독

교 신앙이 보장받도록 되어 있었다. 이것이 중국 주권의 침해임은 말할 필요도 없다.]

(9) 일본에 거주하는 미국인은 일본인을 고용할 수 있다. 그리고 일본 정부는 미국으로부터 군함, 증기선, 상선 및 병기 등을 구입할 수 있으며 미국인의 과학자, 군인을 고용할 수 있다.

이 조약에는 무역장정이 부속되었다. 여기에서 양국의 관세율이 정해졌다. 일본의 수출품은 모두 종가(從價) 5%, 그리고 수입품은 몇몇 경우를 제외하고는 종가 20%로 결정하였다. 예외의 수입 품목을 열거해 보면 일본에 거주하는 미국인의 필수품으로서 휴대품인 경우 무세(無稅), 일본 항구에 입항하는 선박, 선원에 필수적인 물품은 5%, 그리고 주류는 30%의 수입 관세가 적용되었다. 이런 관세율은 중국의 경우 5%의 수입 관세와 비교하면 현격한 차이가 있었다. 그러나 일본도 1866년의 개세약서(改稅約書)에 의해 중국의 경우와 같이 5%의 수입 관세를 적용받게 되었다.

네덜란드, 러시아, 영국, 프랑스와의 수호통상조약

미일조약이 체결되자 곧 열강들과의 조약이 뒤따르게 되었다. 먼저 네덜란드 이사관 쿠르티우스는 일본과 8월 18일 통상조약을 체결하였다. 내용은 미일조약을 본뜬 것이었는데 다만 네덜란드인의 일본어, 일본 예술의 학습에 관한 규정을 두고 있다. 다음날에는 러시아 대사 푸탸틴이 일본과 조약을 체결하였다. 이 조약도 미일조약의 내용을 따른 것이었는데 다만 영사재판이나 최혜국대우가 일방적인 것이 아니라 쌍무적인 것으로 규정되어 있는 것이 특징이다.

중국과 톈진 조약을 체결한 영국의 엘진J.B. Elgin이 일본으로 건너와 8월 26일 일본과 조약을 체결하였다. 미일조약이 톈진 조약보다 관대해 엘진은 불만이었으나 그렇다고 새로운 내용의 조약을 주장할 순 없었다. 미일조약을 근거로 내용을 손질해 영사재판권에 관해서는 상세하게 규정토록 하였다. 최혜국 조항이 삽입된 것은 물론이다. 또 영국의 주요 수출품인 면제품과 양모(羊毛)가 5% 수입관세를 받도록 한 것은 영국의 경제팽창정책을 잘 나타내 주고 있다.

그로J.-B.-L. Gros 프랑스 대표도 톈진 조약의 체결을 끝내고 일본에 건너와 10월 9일 조약을 체결하였다. 영일조약과 같은 내용이었다.

이들 조약들은 불평등 조약의 3대 요소인 일방적인 영사재판권, 협정세율, 그리고 최혜국대우 조항을 모두 담고 있었다. 이들 안세이(安政) 5개국 조약은 조약 개정이 있을 때까지 일본의 국제정치적인 지위를 결정한 문헌들이었다. 이들 조약들은 또 일본의 국내 정치에도 큰 영향을 미치게 되었다. 개국으로 인한 부정적인 측면이 노출되자 일본 국내에서는 이른바 양이론(攘夷論)이 크게 대두되었고 이 양이론의 화살이 칙허 없이 조약을 체결한 노중에게 쏠렸다. 이런 점에서 양이론은 존황론(尊皇論)과 연결되었고 개국론은 막부 지지론과 결부되었다. 1860년 3월 사쿠라다몽(櫻田門) 밖에서 이이 나오스케가 암살당한 것은 막부의 최후를 예고하는 것이었다.

3. 북방영토와 조약 개정 문제

일본의 북방영토 문제

일본은 이제 서양 국제법 질서에 편입되면서 국경 문제에 직면하게 되었다. 먼저 북방영토를 러시아와 해결해야만 하였다. 이 문제가 현재 일본과 러시아의 현안이 된 이른바 북방영토 문제의 기원을 이루고 있는 것이다.

일본과 러시아의 1855년 화친조약에서 쿠릴 열도(千島列島)의 국경 문제는 해결을 보았다. 이투루프 섬(Iturup, 擇捉島)과 우루프(Urup) 섬 사이의 경계선을 양국의 국경선으로 삼았다. 이것을 근거로 현재 일본은 이투루프, 쿠나시르(Kunashir, 國後島), 시코단(Shikotan, 色丹島), 하보마이 군도(Habomai, 齒舞群島)를 제2차 세계대전 후 소련이 불법점령하고 있다고 주장하고 있다.

그런데 이 조약에서는 사할린Sakhalin에 관해서는 아무런 해결책을 규정하지 않고 있었다. 그리하여 양국의 공유상태가 그대로 지속되었고 양국 국민들이 혼거하고 있었다. 그러나 1860년대 이후 러시아의 이주민이 급증하게 되자 문제가 발생하게 되었다.

당시 일본 위정자들 사이에는 사할린 문제에 관해 여러 가지 의견들이 있었다. 러시아와 무력충돌을 하더라도 사할린을 획득해야 된다든가 최소한 남부만이라도 영유해야 된다든가 또는 사할린은 불모지이기 때문에 그곳에 힘을 기울이기보다는 홋카이도 개발에 주력해야 된다는 등등의 견해들이 분분하였다.

그런데 1873년 10월 외무경에 취임한 데라지마 무네노리(寺島宗則)는 홋카이도 개발론자인 구로다 기요다카(黑田淸隆)와 내치우선론자인 이와쿠라 도모미(岩倉具視)의 견해를 따랐다. 그래서 등장한 것이 사할린과 쿠릴 열도 교환론이었다. 현재 일본 학자들은 이런 교환론도 러시아로부터 나온 것이지 일본이 강요한 것이 아니라고 주장하고 있다. 여하튼 이 문제의 타결을 위해 에노모토 다케아키(榎本武揚)가 러시아 주재 공사로 임명되었다. 그리하여 양국은 1875년 5월에 쿠릴 열도 전역은 일본 영토로 하고 사할린 전역은 러시아 영토로 한다는 합의에 이르게 되었다. 제2차 세계대전 후 소련이 얄타 협정에 의해 쿠릴 열도를 점령하게 됐으나 전술한 4개의 섬에 대해서는 아직도 현안으로 남아 있다.

일본학자들은 북방영토와 함께 메이지 정부는 남방영토를 해결했다고 말하고 있다. 남방영토란 전술한 류큐 병합을 일컫는 것인데 이것은 영토 문제 해결이 아니라 침략이었던 것이다. 사실 메이지 정부는 그 등장 이래 조선에의 진출이 가장 큰 외교적인 과제였다. 이 문제는 후술하기로 한다. 다음으로 당시 일본외교의 초점은 이른바 불평등 조약의 개정 문제였다.

조약개정운동

메이지 정부는 조약이 쉽게 개정되리라는 희망을 갖고 있었다. 1871년 12월 이와쿠라를 단장으로 한 구미사절단은 먼저 미국과의 조약개정 교섭을 시도했으나 곧 난관에 부딪치게 되었고 유럽 순방에서는 조약개정을 거론조차 하지 못했다. 1878년에는 미국과는 어느 정도 불평등 내용을 삭제한 새로운 조약이 거의 성립됐으나 영국을 비롯한 다른 열강들의 반대로 좌절되었다.

이노우에 가오루(井上馨) 외상(1879~1887년)은 일본 법전의 정비와 조약개정을 위한 국제회의 개최를 동시에 추진하는 정책을 택하였다. 그리하여 두 차례에 걸쳐 관계국들의 회의(1882년 1~7월, 1886년 5월~1887년 7월)가 개최됐지만 아무런 성과도 얻지 못하였다. 도리어 열강들이 일본 사법제도의 미비를 이유로 외국인 판사의 채용을 일본에 강요해 일본의 여론을 자극하였고 반정부운동이 격화되었다.

오쿠마 시게노부(大隈重信) 외상(1888년 2월~1889년 12월)은 열국회의 방식을 지양하고 관계국을 개별적으로 접촉하는 정책을 취하였다. 어느 정도 성과를 올렸으나 그는 피격사건으로 외상을 사직하였다.

아오키 슈조(青木周藏) 외상(1889년 12월~1891년 5월), 에노모토 외상(1891년 5월~1892년 8월)은 먼저 영국과의 조약개정 교섭을 택하기로 하였다. 영국도 이에 응할 자세를 갖게 되었다. 1891년 착공된 시베리아 횡단철도를 계기로 동북아에 크게 진출하기 시작한 러시아에 대항하는 세력으로서 일본이 필요했기 때문이다.

영국의 이런 태도변화로 어느 정도 결실을 얻게 되었다. 무쓰 무네미쓰(陸奥宗光) 외상

(1892년 8월~1896년 5월)은 아오키 슈조의 방침에 입각해 영국과의 교섭을 적극 추진하였다. 그리하여 아오키 자신을 영국주재 공사로 기용하였다. 아오키는 드디어 1894년 7월 킴벌리J.W. Kimberley 외상과 새로운 조약을 체결하였다. ① 치외법권의 철폐, ② 최혜국 대우 조항의 상호적용, ③ 일본 내지의 완전개방 등을 골자로 하고 실시는 비준이 된 후 5년부터 하기로 하였다.

그러나 일본은 아직도 협정관세로 묶여 있었다. 이것의 철폐는 고무라 주타로(小村壽太郎) 외상 시절인 1911년에 가서야 이루어지게 되었다. 이와 같이 구미열강들의 불평등 조약 강요는 집요하였다.

제 3 절

중일전쟁

1894~1895년 중국과 일본의 전쟁을 일반적으로 청일전쟁(淸日戰爭)이라고 부른다. 그러나 일본은 국호를 지칭하는데 청(淸)은 왕조의 명칭이어서 본 저서에서는 중일전쟁이라고 부르고 1937년의 전쟁을 '1937년 중일전쟁'으로 표기한다.

중일전쟁은 중국과 일본, 두 나라가 서유럽으로부터 수입한 군사국가의 형식에 의해 최초로 치른 전면전쟁이라는 특징을 지니고 있다. 수입된 형식에 의한 분쟁이어서 완전한 의미의 근대 전쟁이라기보다는 서유럽 세계에 의해 조종된 전쟁이었다.

중국은 영국의 돈줄에 의해 전쟁을 수행할 수 있었다. 전후의 배상금도 영국 차관으로 지불하였다. 일본도 영국이라는 후원자의 그늘 아래서 승리할 수 있었다.

영국은 러시아에 대한 견제세력으로서 중국보다는 일본을 지목하게 되었다. 1891년 착공을 시작한 시베리아 횡단철도로 러시아의 위험은 이제 정치선전의 차원을 넘어섰다. 일본이 서유럽 세계의 대리전쟁을 자청했다고 비난받는 이유가 여기에 있다. 러시아가 3국 간섭을 주도한 이유도 여기에 있다. 3국 간섭으로 일본은 수입된 군사국가의 형식이 아직도 완성되지 못한 것을 자각하고 군비증강에 몰두해 러일전쟁의 길로 나아간다.

중일전쟁으로 중국 대륙은 사분오열되었다. 세계정책을 표방한 독일도 중국 잠식에 동참하여 유럽 세계의 폭력정치가 동북아 지역에서 재현되었다.

조선에게는 불행한 국제정치 여건이 형성되었다. 중일전쟁 이후 국내에서는 개혁의 노력들이 있었으나 이제 우리의 자주적 발전에 역행하는 국제정치의 틀을 변경하기는 거의 불가능해졌다.

1. 전쟁 원인론

전쟁원인에 관한 견해들—정치적인 측면

이 전쟁은 1894년 7월 25일 양국의 함대가 경기도 서해안의 풍도(豊島) 앞바다에서 충돌한 때부터 시작되어 다음해 5월 8일 강화조약이 비준돼 효력이 발생됨에 따라 종료하게 된 두 나라 사이에 있었던 최초의 근대적인 전면전쟁이었다. 물론 타이완 지역 군사 활동에서 보듯이 양국의 현실적인 무력충돌은 강화조약이 발효된 이후에도 계속되었다.

후술하는 바와 같이 동북아 국제정치 질서에 획기적인 결과를 초래하게 된 이 전쟁이 일본의 계획적인 도발로 발발된 것은 말할 필요도 없고 또 이를 의심하는 학설도 없다. 다만 일본이 왜 전쟁을 도발했느냐 하는 데 의견이 갈라져 있을 뿐이다. 일본의 도발 동기는 정치 · 군사적인 측면을 강조하는 견해와 경제적인 측면을 강조하는 견해로 대별할 수 있다.

먼저 정치 · 군사적인 측면을 강조하는 견해에도 여러 가지 해석들이 있다. 1890년대의 국제정세 또는 당시 일본의 국내 정치상황에서 전쟁의 원인을 찾는 견해가 있다. 중일전쟁의 원인을 단기적인 특정한 정치현실에서 찾는 이런 견해들의 특징은 이 전쟁을 메이지 유신 이후 일본의 대외팽창과 해외침략의 역사적 흐름과는 관계없는 것으로 파악하고 있다는 점이다.

1890년에 일본은 처음으로 경제공황을 경험하였다. 1889년 쌀 흉작과 아울러 생사(生絲)수출이 미국 국내의 공황으로 격감됨에 따라 일어난 경제공황이었다. 이런 배경에서 조선의 방곡령(防穀令)사건을 이해할 수 있다. 조선에서도 콩의 흉작으로 1889년에는 함경도, 1890년에는 황해도에서 콩의 일본수출을 금지시켰다. 이런 조치는 양국의 조약규정상 합법적인 것이었고 다만 그 금지조치의 예고 기간이 한 달로 되어 있었다. 일본이 이 예고 기간을 트집 잡아 끝까지 문제 삼은 것은 일본 국내의 곡물기근 현상이 있었기 때문이다. 하여간 일본은 경제공황으로 말미암아 도시, 농촌을 막론하고 빈민 문제가 큰 사회문제가 되었고 이 해결의 길을 중일전쟁이라는 해외진출에서 찾았다는 것이다.

그리고 갑신정변 이후 조선에서의 정치적 후퇴를 만회하는 길은 중국과의 전쟁밖에 없게 됐다는 것이다. 시노부(信夫淸三郎), 기타(北三修) 등이 특히 이런 측면을 강조하고 있다. 또 조선시장이 일본의 산업자본에게는 공황 타개를 위한 사활의 문제였다는 고야마(小山弘健), 아사다(淺田光輝) 등의 견해가 있는데 이에 대한 비판은 후술키로 한다.

다음으로 전쟁 원인을 일본의 국내정치 사정에서 찾으려는 견해가 있다. 당시 일본은 조약개정 문제로 정당의 대립이 치열하였다. 특히 1893년 자유당이 정부에 접근하게 되자 고립하게 된 개진당(改進黨)이 대외경파(對外硬派)와 합세하였다. 이들은 조약여행건의안(條約勵行建議案)을 의회에 제출하였다. 여론도 이 건의안을 지지하고 불평등조약을 일시에 철폐할 것을 요구하였다. 내각은 조약개정을 성공시키지 못하면 무너질 위험에 직면하게 되었다. 이런 위험으로부터 벗어날 길은 대외전쟁밖에 없게 됐다는 것이다. 마에시마(前島省三)가 특히 이런 측면을 강조하고 있다.

이런 견해들은 메이지 천황제가 갖고 있는 침략주의적인 요소를 무시하고 중일전쟁을 수년간의 단기적인 정치, 경제관계로 설명하려는 의도를 갖고 있다. 중일전쟁의 설명을 김옥균(金玉均) 암살 사건이라든가 동학란의 발발부터 설명하는 견해들이 모두 이런 부류에 속한다.

앞의 견해와는 정반대로 중일전쟁을 메이지 유신 이래 일본의 일관된 대외팽창의 역사적인 경향으로 설명하려는 견해가 있다. 야마베(山邊健太郎), 이노우에(井上淸), 나카쓰카(中塚明), 후지무라(藤村道生) 등의 견해가 이에 속한다. 그들에 의하면 중국과의 전쟁은 일본역사상 필연적으로 일어날 전쟁이었으며 단지 그것이 1894년이란 특정한 시기에 발발한 것은 개전할 수 있는 좋은 구실이 그때 나타났기 때문이라는 것이다.

1875년 운요 호 사건 직후 일본은 육군직제급사무장정(陸軍職制及事務章程)을 제정했는데 여기에 보면 전쟁선포는 실제로 육군경(陸軍卿)에게 귀속돼 있으며 1878년의 참모본부 조례(參謀本部條例)에 의하면 참모본부는 황제에 직속되는 프로이센의 군제를 따르고 있다. 이것은 군부 우월의 제도적인 장치이다.

이와 더불어 일본은 일찍부터 군비증강을 서둘렀다. 1882년의 군비증강 계획은 1885년부터 시행됐는데 이 계획은 기존 병력의 두 배를 목표로 삼고 있었고 1883년부터 시작된 해군건함 계획은 8년 이내에 대 · 중 · 소함 모두 42척을 보유할 것을 목표로 삼았다. 또 1889년에는 징집령을 대폭 수정해 국민개병제를 도입함으로써 군사국가의 면모를 모두 갖추게 되었다.

이에 따라 참모본부 제2국장 오가와 마타지(小川又次)가 1887년에 이른바 청국정토책안(淸國征討策案)이라는 중국 침략의 구체적인 구상을 건의한 바 있다. 이것은 당시 육군의 분위기를 말해 주고 있다. 그런가 하면 1890, 1892년에는 일본군의 대연습이 있어서 전쟁 준비 상황을 점검하기에 이르렀다. 그리고 1893년 4월 참모차장 가와카미 소로(川上操六)가 조선과 중국을 방문해 현지의 사정을 직접 시찰하였고 5월에는 해군군령부조례(海軍軍令部條例), 전시대본영조례(戰時大本營條例) 등을 제정해 중국에 대한 전쟁준비를 완료하고 기회를 기다리고 있었다.

그렇다고 중일전쟁을 일본 군부만이 원하고 있었던 것은 아니다. 민간 정치인은 전쟁을 바라지 않았으나 군부의 주장으로 전쟁을 결정했다는 견해도 있으나 이것은 그들을 변호하고 군부를 희생양으로 삼는 데 불과한 의견이다.

1890년 일본은 처음으로 의회를 열었다. 여기에서 내각 총리대신 야마가타 아리토모(山縣有朋)는 12월 6일 이른바 시정방침에 관한 연설을 하였다.

> 대저, 국가독립자위의 길에는 두 가지가 있는데, 첫째는 주권선(主權線)을 수호하는 것이고, 둘째는 이익선(利益線)을 보호하는 것이다. 주권선이란 강역(疆域)을 말함이오 이익선이란 주권선의 안위에 밀접한 관계를 갖는 구역을 말하는 것이다.

모든 국가에게는 주권선과 이익선을 옹호하는 것이 급선무임을 강조하였다. 그러면 일본의 이익선은 구체적으로 어느 곳을 말하는 것인가?

야마가타는 시정연설에서 그 지역이 어느 곳인지 구체적으로 언급하고 있지 않았으나 그가 같은 해 3월에 집필한 『외교정략론』(外交政略論)에서는 그곳이 곧 조선이라고 명백히 언급되어 있다.

> 우리나라 이익선의 초점은 실은 조선에 있다. 시베리아 철도는 이미 중앙아시아에 이르고 수년 후 준공되게 되면 러시아 수도를 떠나 십수일이면 헤이룽 강(黑龍江)에서 말(馬)에게 물을 먹일 수 있으며, 시베리아 철도가 완성되는 날에는 곧 조선에 사건들이 많은 날이란 것을 우리는 잊을 수 없다.

메이지 유신 이래 해외침략의 길을 걸어온 일본이 1890년에 이르러 침략의 첫번째 대상이 조선이라고 지목하고 이것을 이익선이란 명분으로 호도하였다. 그리고 1890년에 들어오면서 앞에서 제시한 여러 가지 여건이 일본의 조선 침략을 부채질하고 또 좋은 구실을 제공하게 되었던 것이다.

전쟁원인에 관한 견해들—경제적인 측면

앞에서 지적한 고야마, 아사다 등의 견해가 한동안 유행하였다. 다시 말하자면 일본의 산업자본에 있어서 조선 시장의 확보가 사활의 문제로 이를 위해 일본은 전쟁을 도발하지 않을 수 없었다는 것이다. 이를 증명하기 위해 다음의 무역통계가 원용되었다. 조선에 수출하는 일본 품목의 구조가 1885년의 경우 일본 제품이 51%, 외국제품이 49%였는데 1892년의 경우에는 일본 제품이 87%에 달하고 나머지 13%가 외국제품이었다는 것이다. 즉 일본 제품이 크게 조선에 진출하게 됐다는 것이다. 이렇게 중요하게 된 조선 시장에 대해 중·일의 각축이 1890년대에 들어오면서 첨예화됐다는 것이다. 1885년의 경우 중국과 일본의 조선에 대한 수출 점유비율은 중국이 19%, 일본이 81%로서 일본이 압도적으로 우세했으나 그 후 이런 우월한 지위는 계속 상실되고 1892년에는 드디어 중국이 45%, 일본이 55%를 차지하게 돼 양국의 조선에의 수출이 백중지세에 이르게 됐다는 것이다.

그러나 이런 견해에 대하여 야마베, 나카쓰카 등이 반대하고 있다. 일본이 조선에 수출한 상품의 구조를 분석하면 이런 논리는 성립될 수 없다는 것이다. 당시 조선에 수출된 주요 일본 제품은 면사(綿絲)와 면포(綿布)였다. 그런데 1891, 1892년간 일본 면사의 총 수출량의 75~100%가 조선에 수출됐으나 그 금액은 겨우 8,000원(円)에 불과하였고 그 금액은 조선에 대한 수출 총액의 0.6%에 불과하였다. 면포는 1891, 1892년간에 총수출량의 23%, 29%가 각각 조선에 수출됐으나 그것은 일본 면포 총생산량의 0.3%, 0.4%에 지나지 않는 분량이었다. 따라서 면사, 면포의 일본 산업이 이런 보잘것없는 시장을 위해 전쟁을 촉구했다고는 볼 수 없으며 그것이 그들에게는 결코 사활의 문제일 수는 없었다. 그들에게는 상하이와 홍콩이 더 중요한 시장이었다.

일본의 입장에서 볼 때 조선의 중요성은 수출보다는 수입에 있었다. 다시 말하자면 원료공급지 또는 본원적인 부(富)의 원천으로서의 조선이 중요하다고 인식하고 있었다는 것이다. 양국 무역관계에 있어서도 1885년의 경우 일본의 조선 수출총액이 46만 원, 수입이 47만 원이어서 수출과 수입이 거의 비슷했으나 1892년에 이르자 조선에의 수출이 141만 원인 데 비하여 수입이 무려 300만 원으로 급증하였다. 다시 말하자면 조선으로부터의 원료공급이 급증하였고 그만큼 원료공급지로서의 조선이 중요하게 되었다.

일본의 중요한 수입 품목은 쌀, 콩 그리고 금이었다. 조선의 쌀, 콩이 일본에게 중요한 것은 이른바 방곡령 사건에서 잘 나타나 있다. 1890년의 경제공황을 거치면서 일본의 쌀 수확능력이 불안정한 것이 드러났고 조선의 미곡이 중요하다는 것을 절감하게 되었다.

조선의 금 또한 중요한 것이었다. 조선으로부터의 금 수입은 일본의 금본위제도의 기초를 이루고 있었다. 메이지 유신 이후 중일전쟁 때까지 일본이 수입한 금의 총량 중에서 조선 금이 68%를 차지하고 있었다. 그런데 조선 금 수입에 중·일의 경쟁이 치열하게 되었고 전쟁 직전에는 중국이 일본보다 더 많은 금을 수입하는 현상이 나타났다. 1886년 조선 금 수출 중 중·일이 차지하는 비율이 각각 19.3%, 80.7%로서 일본이 단연 우세를 보였으나 1890년에는 63.3%, 36.7%로서 중국이 도리어 더 많은 조선 금을 수입하게 되었다. 따라서 일본으로서는 본원적인 부의 원천인 조선에 대한 우월한 지위보장이 절실히 필요하게 되었다.

그런데 조선의 입장에서 보면 일본과의 무역은 출초(出超)이기 때문에 금이 유출될 까닭이 없었다. 많은 금이 일본으로 유출된 것은 일본의 은화(銀貨), 은행권(銀行券) 또는 다이이치 은행(第一銀行)의 어음 등이 유통됨으로써 일본인이 조선의 채금업자(採金業者)나 가난한 농민들로부터 사들인 것이거나 금광개발권을 얻어 금을 생산한 것들이었다. 이런 비정상적인 수단에 의한 상품거래는 금뿐만이 아니었으며 당시 일본의 대(對)조선 수출구조가 사기와 기만에 의한 일본 상품 판매에 의존하고 있었다.

이렇게 본다면 전쟁의 근본적인 원인은 메이지 천황국가의 대외침략적인 성격에서 유래되는 것으로 그들이 원료공급지인 조선에서 우월한 지위를 확보하려는 정책의 결과였다. 그리고 중국에 의해 밀려난 조선과의 무역을 만회하기 위해서는 무엇보다 정치·군사적인 수단에 의존하지 않을 수 없었으며 1890년에 들어서면서 그런 수단을 동원할 국제적인 여건이 마련됨에 따라 전쟁을 도발한 것이다.

2. 개전음모

일본의 개전음모(1) — 동학란

동학란 자체는 해방 이후부터 한국 국사학계에서 주목해 온 학문적인 과제였으며 그동안 많은 훌륭한 연구들이 있다. 여기에서는 이에 관한 설명은 생략하기로 한다. 전라도 고부(古阜)에서 민란이 일어난 것이 1894년 2월 15일이었고 지방관의 사후처리 잘못으로 전봉

준(全琫準)이 다시 봉기한 것이 4월 하순의 일이다. 그리고 동학란의 최대 절정시기인 전주성 진입이 5월 31일이었고 6월 11일에는 관군이 다시 전주성을 탈환하였다.

농민군에 의한 전주성 함락으로 낭패한 조선 조정이 중국에 원병을 요청한 것이 6월 4일이었다. 중국은 곧 조선 파병을 결정하고 1885년의 톈진 조약의 규정에 따라 일본 정부에 군대파견을 알리는 이른바 행문지조(行文知照)가 6월 6일에 전달되었다. 일본 정부도 군대파견을 알리는 행문지조를 6월 7일 즉각 중국 정부에 전달하였다. 조선은 이제 중·일 양군의 충돌장소가 되고 말았다. 6월 8일 녜스청(聶士成) 휘하의 중국군 900여 명이 아산만에 상륙하였고 뒤이어 6월 12일에는 즈리 제독(直隸提督) 예지차오(葉志超)가 1,500여 명을 이끌고 아산만에 상륙하였다.

일본은 실은 중국으로부터 군대파견에 관한 통고를 받기 이전에 이미 조선 파병을 결정해 놓았다. 6월 2일 밤 외무대신 무쓰 무네미쓰(陸奧宗光) 관저에서 가와카미 소로(川上操六) 참모총장, 하야시 다다시(林董) 외무차관 등이 모여 조선 파병 문제를 논의하였다. 여기에서 임오군란·갑신정변 이후의 실수를 만회하기 위해 중국이 파견할 병력의 2배에 달하는 군대를 조선에 파견해야 된다는 데 합의하였다. 이보다 앞서 일본군은 6월 1일에 육군 대연습을 실시하였고 6월 4일에는 휴가 중이던 조선 주재 공사 오토리 게이스케(大鳥圭介)를 귀임시키고 다음날에는 대본영(大本營)을 설치해 동원령을 내린 바 있다. 드디어 전쟁도발이 결정된 것이다. 중국의 파병에 뒤따르는 조치에 불과하다는 명분을 얻게 되자 6월 16일 7,000~8,000명에 달하는 혼성여단(混成旅團)이 인천에 도착하였다.

일본군은 이미 조선에 와 있던 중국군과 충돌하게 될 것을 기대하고 있었으나 중국군은 모두 아산만에 주둔한 관계로 충돌이 없게 되자 충돌을 가져올 핑계를 찾아야만 하였다.

하여간 6월 2일을 전후한 일본의 개전 결정은 군부, 민간 정치인 모두가 동의해 이뤄졌다. 전쟁은 군부가 주장한 것이었고 이토, 무쓰 등은 평화를 모색하려 했다는 견해가 있다. 물론 오토리가 귀임하면서 받은 무쓰의 훈령에 보면 위안스카이(袁世凱)와 상의해 평화적으로 사태를 수습하라고 되어 있다. 그러나 그가 받은 구두훈령에는 개전을 위해 단호한 조치를 취하라는 것이었다. 또 이토는 1개 여단 병력이 2,000명 정도인 줄 알고 출병 결정에 동의했다고 하나 이는 믿을 만한 논리가 되지 못한다. 가와가미를 중심으로 하는 군부와 이토, 무쓰를 중심으로 하는 민간 정치인 사이에 근본적인 견해 차이는 없었다.

일본의 개전 음모(2) — 구실의 모색

전쟁도발을 결정한 일본 정부는 먼저 두 가지 일을 해야만 하였다. 하나는 중국에 대한 전쟁도발이 열강의 개입을 야기하지 않도록 하는 일이었는데 이 점은 후술하기로 한다. 다른 하나는 그럴듯한 개전의 명분을 찾는 일이었다.

6월 15일 일본 내각에서는 조선에 대한 개입의 구체적인 구상이 결정되었다. 조선의 사태가 비록 평화적으로 타결된다 하더라도 다시는 그런 일이 일어나지 않도록 근본적으로 해결해야 된다는 구실로서 조선의 내정개혁을 강요한다는 것이 결정되었다. 그리고 이것을 중국에 알려 그들과 공동으로 조선의 개혁을 주도할 것을 제의하지만 만일 거절하면 일본 단독으로 추진하고 중국과의 협상이 끝날 때까지는 군대를 조선으로부터 철수시키지 않기로 결정하였다.

이에 따라 다음날인 6월 16일 중국에게 일본의 결정을 전달했으나 21일 중국은 이를 거절하였다. 이에 일본 정부는 23일 일본 단독으로 내정개혁을 강행한다는 뜻을 오토리 공사에게 알리고 구체적인 방안을 가토(加藤增雄) 서기관에 지참시켜 조선에 파견하였다. 가토가 오토리에게 전한 구두훈령은 다음과 같다. "현재의 정세로는 … 개전은 불가피하다. 따라서 … 어떠한 수단도 가리지 말고 개전의 구실을 만들도록 하라."

7월 3일 오토리는 조선 정부에 이른바 개혁안을 제시하고 조선 대표들과 회의를 거듭하였다. 그동안에 일본 정부는 열강의 움직임을 살피고 특히 영국의 협력을 얻는 데 주력하였다. 드디어 영국과 7월 16일에 조약 개정에 관한 합의가 성립되자 다음날인 17일의 어전회의에서 개전이 결정되었다. 그리고 22일을 기하여 중국군이 조선으로부터 철수하도록 할 것과 조선-중국의 조약들을 폐기할 것을 조선 정부에 요구키로 결정하였다. 그리고 중국 정부에게도 24일 기한으로 조선 문제 처리에 관한 최후통첩을 전달키로 결정하였다.

이에 따라서 개혁안에 관한 조선과 일본의 회의는 시간을 지연하고 개전 구실을 찾는다는 본래의 목적을 달성한 셈이다. 17일 어전회의의 결정에 따라 오토리는 조선 정부에 최후통첩을 전달하였고 23일 일본 군대는 왕궁을 점령하고 조선 군대의 무장해제를 강행하였고 대원군 정권을 만들어 냈다. 25일에는 중 · 일 양국 군함은 드디어 풍도 앞바다에서 충돌하였다. 중일전쟁이 시작된 것이다.

일본의 개전음모(3) — 갑오개혁(甲午改革)의 성격

조선의 개혁안을 심의 · 결정하는 특수기관으로서 소위 군국기무처(軍國機務處)라는 것을 설립하고 여기에서 의결한 208건에 달하는 방대한 개혁을 갑오경장(甲午更張) 또는 갑오개혁이라고 부른다. 그런데 이 개혁의 성격에 관하여는 크게 다음의 세 가지 견해가 있다.

첫째, 조선 사회의 근대화는 일본의 도움으로 가능한 것인데 조선 사회가 그것을 수용하지 못했다는 해방 이전 일본 학자들의 전형적인 식민주의 사관이다. 현재 이런 견해를 그대로 전개하는 일은 없지만 갑오개혁 내용을 그 역사적인 성격을 규명하지 않고 단순히 나열하는 견해들이 있는데 크게 보아 이런 견해들이 이 범주에 속한다고 볼 수 있다.

둘째, 갑오개혁은 순전히 일본의 침략정책에 입각한 것이라는 전제에서 그 정책적인 배경만을 폭로하는 견해이다. 따라서 이런 견해는 군국기무처에서 의결한 내용만을 검토대상으로 삼고 있으며 이보다 앞서 있었던 조선의 개혁노력은 논외로 하고 있다.

셋째, 갑오개혁의 많은 내용은 이미 조선 조정에서 실행하려고 노력했던 정책이었으며 단지 1894년 당시 내외의 급박한 정세와 압력에 의해 수행했을 뿐이라는 것이다. 또 어떤 면에서는 이전부터 실시하려던 개혁내용이 일본의 개혁정책으로서 오히려 왜곡된 내용으로 나타나기도 했다는 것이다.

갑오개혁이 일본의 제안으로부터 시작됐다는 것 자체가 사실과 다르다. 1894년 민란으로 내외정세가 복잡해지자 조선 조정에서는 5월 8일(음력 4월 4일) 시원임대신(時原任大臣)의 어전회의에서 "폐막(弊瘼)을 영원히 교혁(矯革)"한다고 결정하고 개혁을 본격적으로 논의하기 시작하였다. 뿐만 아니라 전술한 바와 같이 갑오개혁 중 상당부분은 조선 조정이 이미 시행코자 노력했던 것들이다. 금납제(金納制), 도량형(度量衡) 정비와 아울러 3대 경제개혁의 하나였던 신화폐장정(新貨幣章程) 문제를 잠시 살펴보기로 한다.

화폐재정이 문란하게 된 주원인은 당오전(當五錢)의 주조(鑄造)에 있었다. 이것이 물가의 등귀를 초래했음은 물론이다. 그리하여 이에 대한 개혁이 필요해 드디어 1891년에 김가진(金嘉鎭), 안경수(安駉壽)의 주장에 따라 은화조례(銀貨條例)가 제정되었다. 이 조례의 목적은 근대적인 화폐제도의 확립, 무역의 확대, 그리고 부국강병에 있었다. 그리고 이 조례로써 조선은 본위화(本位貨)를 오량(五兩), 일량(一兩) 두 가지로 하고 오량은 외국인 전용으로 하고 일본원화와 동화동량(同貨同量), 일량은 내국인이 사용하는 본위화로 일본보조화(日本補助貨) 20전과 같은 것이었다. 그러나 이런 자주적 화폐개혁이 있자 위안스카이의 반대에 직면하게 되었고 그의 반대책동으로 결국 와해되어 버렸다.

그런데 갑오개혁의 일환으로 제의되어 군국기무처가 8월 11일 "신식화폐를 구화(舊貨)와 태환하는 조례를 정하여 구력(舊曆) 7월 20일부터 시행한다."라고 의결하고 급속하게 화폐개혁을 하게 된 배경에는 1891년의 은화조례(銀貨條例)의 경험이 있었기 때문이다. 갑오화폐장정은 1891년의 조례를 약간 수정한 것에 불과한 것이다. 그리고 그 수정도 일본의 침략정책을 반영토록 고친 것이었다. 예를 들면 이 장정(章程) 7조에 보면 "신식화폐를 다액주조(多額鑄造)하기에 앞서 당분간 외국화폐를 혼용할 수 있다. 단 본국화폐와 질량가격이 동일한 것에 국한한다."라고 돼 있는데 동질(同質), 동가(同價), 동량(同量)은 일본화폐밖에 없었다. 따라서 일본 화폐의 유통을 합법화시키고 있는 것이다. 이와 같이 갑오개혁 내용 중에는 기왕에 있었던 근대적인 개혁을 반영한 것도 있었고 또 어떤 것은 그런 개혁을 개악(改惡)해 일본의 침략정책에 부응토록 한 것도 있다.

3. 열강의 태도

열강의 태도

당시 동북아시아 지역에서 가장 큰 이해관계를 갖고 있었던 국가는 영국과 러시아였다. 먼저 러시아가 행동을 취하였다.

6월 25일 일본 주재 러시아 공사 히트로보M.A. Khitrovo는 무쓰 외상을 방문하고 일본의 조선출병과 내정개혁에 관한 일본의 진의가 무엇인지 타진하였다. 6월 28일에 기르스 외상은 니콜라이 2세에게 중·일 양국으로 하여금 군대를 철수토록 설득해 달라는 조선 정부의 요청을 수락하도록 상주(上奏)하였다. 같은 날 그는 베이징 주재 공사 카시니A.P. Kassini와 도쿄 주재 공사 히트로보에게 군대철수를 요청하되 러시아가 중재에 나서는 것은 분쟁 당사국이 합의하는 경우에만 가능하다고 전했다. 그리고 히트로보에게는 일본 정부에게 위압적인 태도를 보이지 말라고 당부하였다. 그런데 『일본외교문서』에 보면 6월 30일 히트로보 공사가 무쓰 외상을 예방해 조선으로부터의 철병을 강력히 요구한 것으로 되어 있다. 히트로보는 7월 1일에 이토 총리를 만나 같은 요구를 하였다. 그러나 일본 정부는 7월 2일 러시아의 요구를 공식적으로 거부하였다.

일본이 가장 신경을 쓴 것은 영국의 태도였다. 일본 정부는 무슨 일이 있어도 영국과 교섭 중이던 조약개정을 타결하려고 하였다. 이보다 앞서 영국은 중·일 문제에 러시아가 중재에 나서자 방관할 수 없게 되었다. 7월 1일 일본 주재 대리공사 패짓R. Paget은 무쓰 외상을 방문하고 중국은 일본이 제의한 조·중 종주관계를 청산할 뜻이 있다고 전하면서 중재에 나설 의사를 전달하였다.

이런 영국의 제의에 무쓰는 다음과 같은 조건을 제시하였다. 만일 중국이 일본이 제안한 조선 내정개혁을 위한 공동조사 위원회 구성에 동의한다면 일본은 중국과 회의를 개최하는 것에 동의한다. 철병 문제는 이 회의가 열리고 난 후에 거론한다. 그리고 일본은 조선에서 중국과 동등한 정치·무역상의 특권을 향유한다. 종주국으로서 자처하고 있던 중

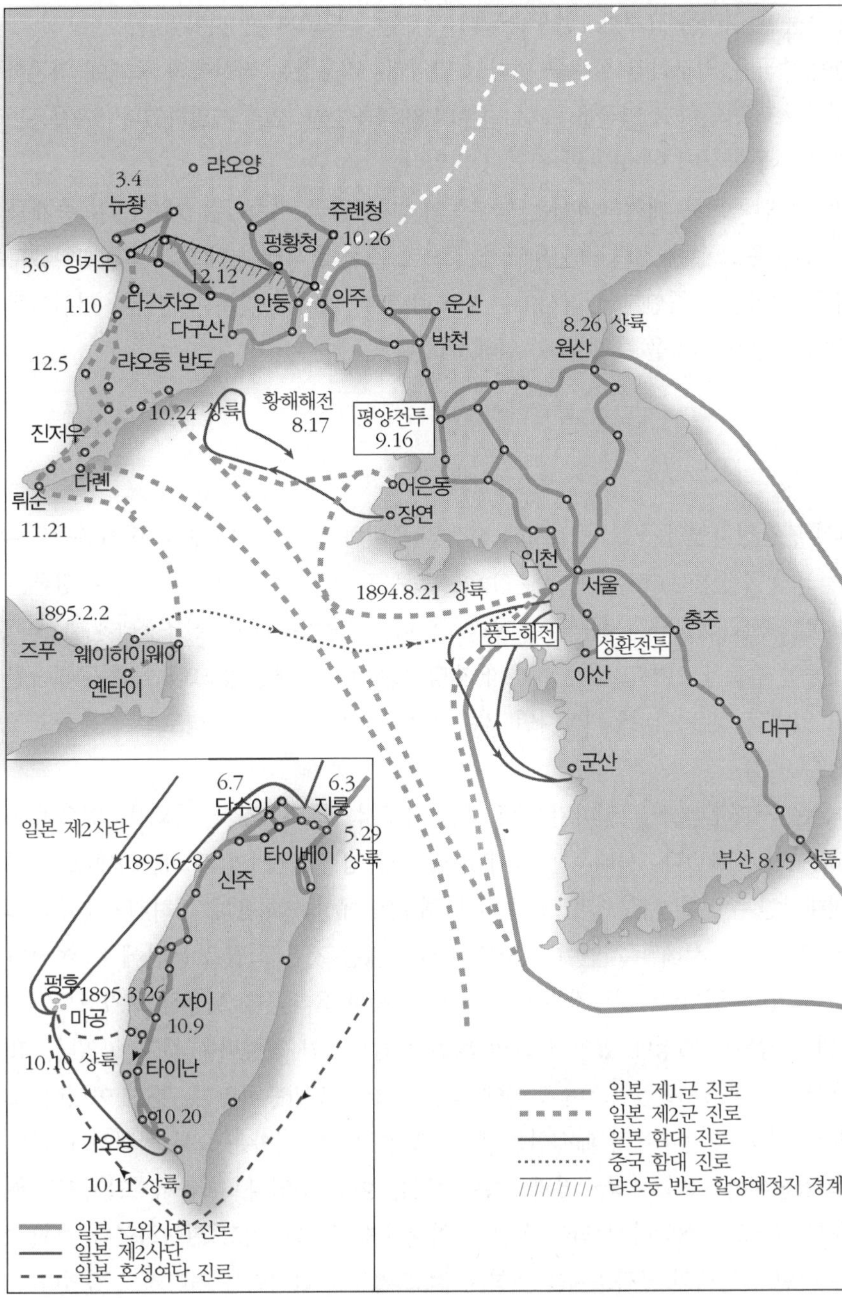
라오양
3.4
뉴좡
주롄청
평황청
10.26
3.6 잉커우
12.12
의주
1.10
다스차오
안둥
운산
다구산
박천
8.26 상륙
원산
12.5
랴오둥 반도
10.24 상륙
황해해전
8.17
평양전투
9.16
진저우
뤼순
다롄
11.21
어은동
장연
인천
서울
1894.8.21 상륙
1895.2.2
즈푸
웨이하이웨이
옌타이
풍도해전
성환전투
충주
아산
대구
군산
부산 8.19 상륙
6.7
6.3
단수이
지룽
일본 제2사단
5.29
1895.6~8
타이베이
상륙
신주
펑후
1895.3.26
쟈이
마공
10.9
10.10 상륙
타이난
10.20
가오숑
10.11 상륙
일본 근위사단 진로
일본 제2사단
일본 혼성여단 진로
일본 제1군 진로
일본 제2군 진로
일본 함대 진로
중국 함대 진로
랴오둥 반도 할양예정지 경계

중일전쟁

국에게 동등한 권리를 요구한 것은 중국의 거부를 유도코자 한 것이었다.

이때에 중국은 외교적인 실수를 범하고 말았다. 리훙장은 러시아의 중개에 의존하는 것이 유리하다고 판단하고 영국을 통한 일본의 제의를 7월 12일 거절하였다. 그것은 영국이 일본 쪽으로 돌아서게 한 하나의 원인이 되었다.

러시아는 단독으로 개입하기에는 역부족이었다. 결국 러시아는 7월 13일 중개를 포기하였다. 일본은 조선에 침략적인 의도가 없으며 조선의 사태가 해결되면 철병하겠다는 일본 정부의 성명에 만족한다고 러시아는 발표하였다. 따라서 일본은 영국과 러시아의 개입을 우려하지 않고 전쟁을 수행할 수 있게 되었다.

중국의 태도

일본에서 민간정치인과 군부가 일치해 전쟁을 준비하고 있었는데 중국 정치인들은 분열돼 있었다. 크게 주전론(主戰論)과 주화론(主和論)으로 갈라져 서로 반목하였다. 주전론은 광수제(光緖帝)를 중심으로 하는 측근들이 주장하였다. 웡둥허(翁同龢), 장즈둥(張之洞), 리훙짜오(李鴻藻) 등이 주축을 이루고 있는 이른바 제당(帝黨)이 주전론을 폈으나 어떤 구체적인 계획을 갖고 있었던 것은 아니었다. 다만 리훙장으로 하여금 빨리 출병토록 종용하고 있었을 뿐이다.

주화론은 서태후(西太后) 일파가 주장하는 바로서 그 주도자가 리훙장이었으며 이들을 후당(后黨)이라고 불렀다. 서태후는 음력 10월 10일(양력 11월 7일)의 회갑(回甲)을 위해 연초부터 대대적인 준비를 해왔으며 그 준비에 해군의 예산을 사용해 이허위안(頤和園)을 수리한 일은 유명하다. 서태후 개인이 전쟁을 바라지 않은 것은 회갑을 눈앞에 둔 여인의 심리상 있을 수 있는 일이다. 리훙장은 중국 제일의 북양 육해군을 보유하고 있었으며 따라서 일본과의 전쟁문제 결정에 있어서 그의 의견이 압도적인 영향력을 갖고 있었다. 그는 일본의 군사력을 잘 알고 있었으며 전쟁에 승산이 없다고 판단하였다. 뿐만 아니라 그의 북양군대가 일본과의 전투에서 패배하는 경우 그의 정치적 기반은 모두 몰락하게 되는 것이었다. 북양군대는 그의 사병(私兵)과 같은 성격을 띠고 있었다. 따라서 그는 시간을 끌면 구미열강이 반드시 개입하게 되어 일본을 억제하게 될 것이라고 판단하였다. 7월 초, 중순 그는 어떤 결정적인 군사조치를 취하지 않고 열강의 간섭만을 기다리고 있었다.

따라서 리훙장은 중국군대를 아산만에 계속 주둔토록 하였다. 일본군과 접근하게 되면 일본에게 개전의 구실을 주게 되는 것을 회피하려는 것이었다. 예지차오가 계속 군사이동을 요청했으나 거절당하였다. 리훙장이 일본에 대해 군사적인 전략을 생각하게 된 것은 열강의 개입희망이 무산되고 7월 12일 일본이 두 번째로 절교문서(絕交文書)를 보내 온 후의 일이다. 이때부터 중국 조정은 주전론으로 방향이 정해지게 되었다.

4. 일본의 대륙진출

일본의 조선침략

일본으로서는 전쟁 초기부터 기습에 의한 승리가 필요하였다. 조선에서 일본군은 증오의 대상이어서 처음의 승전이 있어야만 했고 일본 국내 여론조작에도 필요하였다. 또 중국의 주력부대가 조선에 도착하기 전에 기선을 잡으려 하였다.

7월 25일 중국 군대를 아산만으로 수송하던 영국 선적의 상선 가오성 호(高陞號)가 일본 군함에 의해 격침되면서 중일전쟁은 시작되었다. 선전포고도 없이, 그리고 공해상에서 영국선적의 상선을 격침함으로써 국제법상의 문제가 대두되었다. 한때 영국과 일본에 긴장이 있었으나 일본 군함이 가오성 호를 침몰시키기까지의 절차가 그릇되지 않았다는 홀랜드T.E. Holland, 웨스트레이크J. Westlake 같은 국제법 학자들의 공개논설에 의해 문제는 해결되었다. 하여간 증원부대를 잃은 중국 군대는 29일의 성환전(成歡戰), 30일의 아산전(牙山戰)에서 패퇴하였다.

일본은 8월 1일에야 선전포고의 조칙(詔勅)을 발표하였다. 중국이 조선을 속방으로 여기고 내정에 간섭해 일본은 조선의 내정개혁을 도모하고 중국 세력을 배제시킴으로써 조선의 치안과 독립을 유지코자 전쟁을 수행한다는 것이다. 중국도 같은 날 일본이 국제공법을 지키지 않고 침략을 자행함으로써 전쟁을 하게 됐다는 상유(上諭)를 발표하였다.

서전을 승리로 장식한 일본군은 연전연승, 8월 14일에는 평양출정을 결정하면서 조선에 대한 구체적인 정책을 결정할 필요가 있었다. 8월 17일 무쓰는 가능한 조선정책으로서 다음 네 가지를 들고 그 중 하나를 선택할 것을 제의하였다. ① 조선을 완전한 독립국으로 하고 일본도 간섭치 않는다. ② 조선을 명목상의 독립국으로 승인하지만 일본은 직·간접으로, 영원히 또는 장기간 그 독립을 부지(扶持)하여 다른 나라로부터 모욕을 받지 않게 한다. ③ 일·중 양국이 조선의 영토를 보전한다. ④ 벨기에, 스위스와 같이 중립국가로 한다.

결국 각의에서는 위의 ②를 채택하였다. 다시 말하자면 조선을 일본의 보호국으로 삼겠다는 것이었다.

이런 노선에 따라 조선과 일본이 체결한 것이 8월 20일의 잠정합동조관(暫定合同條款)과 26일의 양국맹약(兩國盟約)이라는 것이다. 잠정합동조관의 내용은 다음과 같다.

(1) 조선은 내정개혁이 급한 것임을 인정한다.
(2) 경부선, 경인선의 철도부설권을 일본이 보유한다.
(3) 이미 가설된 경부, 경인의 군용 전신은 계속 보존토록 한다.
(4) 전라도 연안에 하나의 항구를 개항한다.
(5) 조선의 자주독립에 관한 사무는 조 · 일 양국의 위원들이 회동하여 의정(議定)한다.

그리고 양국맹약은 양국의 군사동맹인데 그 내용을 보면 다음과 같다.

(1) 중국 군대를 조선으로부터 철퇴시키고 조선의 자주, 독립을 공고히 함을 목적으로 한다.
(2) 조선은 일본군의 이동, 식량준비 등 모든 편의를 제공한다.

조선을 식민지로 만들려는 작업이 본 궤도에 오른 것이다. 무쓰는 이들 조약을 그의 회고록에서 다음과 같이 평가하고 있다.

> 일면으로는 저들이(조선국) 일개 독립의 나라로서 어떠한 국가와도 공수동맹을 맺을 권리가 있다고 알림과 동시에 일면으로는 저들을 우리 수중에 얽어맴으로써 감히 다른 것을 보지 못하도록 하는 일거양득의 책(策)으로부터 나온 것이다.

한편 일본은 9월에 들어서면서 평양에서 승리하고 황해해전에서도 승리함으로써 황해의 제해권을 장악하게 되었다.

일본의 중국본토 진격

전투가 조선영토에 국한되지 않고 중국본토까지 확장하게 되자 새로운 국면에 접어들었다. 열강들은 중국에서 양보할 수 없는 이해관계를 갖고 있었고 따라서 일본의 중국본토 침공은 열강의 관심 대상이 아닐 수 없었다.

일본은 9월 21일 중국침공을 결정하고 오야마(大山巖)가 지휘하는 제2군을 편성하였다.

이 부대가 한 달 후 랴오둥(遼東) 반도에 상륙하게 되었다. 이렇게 되자 먼저 영국이 미국, 독일, 러시아, 프랑스에게 공동개입을 제의하였다. 영국이 제의한 강화조건은 ① 열강의 조선 독립 보장과 ② 중국은 일본에 군비를 배상한다는 것이었다. 그러나 열강은 영국의 제의에 선뜻 동조하지 않았다. 영국은 단독으로 일본 정부에 중국과의 강화를 요청하였다. 일본은 아직 강화조건을 제시할 단계가 아니라는 이유로 영국의 제안을 거절하였다.

그러나 영국의 이런 움직임을 계기로 일본 정부는 강화회의에 대비할 필요성을 느끼게 되었다. 그리하여 일본 정부는 강화 조건으로서 ① 뤼순(旅順), 다롄(大連)의 할양, ② 군비 배상, ③ 중국과 새로운 통상조약 체결을 통한 열강과 동등한 특권의 보유, ④ 조선 독립의 열강보장 반대라는 대체적인 윤곽을 결정하였다.

영국은 중국에 대해서도 강화제의를 하였다. 공친왕(恭親王), 리훙장(李鴻章), 군기처(軍機處) 등 여러 채널을 통해 제안했으나 거절당하였다. 특히 리훙장은 영국의 간섭보다는 러시아의 개입을 바랐다. 그가 당초부터 러시아의 간여를 바라고 있었음은 전술한 바 있다. 이것은 이리 분쟁 이후 그의 반(反)러시아 태도와는 매우 대조적인 것이다. 리훙장은 러시아 공사 카시니와 계속 접촉해 왔다. 러시아의 옹호와 중재에 의존하는 길 이외에는 전쟁을 피할 길이 없다고 카시니에게 말하곤 하였다. 또한 리훙장은 조선의 개혁 문제에 대해서도 중·일 양국만이 아니라 러시아도 참여해야 된다고 말하고 러시아 군대의 조선 진출을 희망한다고까지 언급하였다. 그러나 기르스 외상은 러시아를 분쟁에 끼어들게 하는 것이라고 반대하였다.

기르스 외상은 중일전쟁에 관한 러시아의 기본 입장을 차르에게 건의한 바 있다. 러시아의 기본 임무는 중·일의 전투가 러시아·조선 국경지역까지 확대되지 않고 또 국경 부근에 있는 조선 항구를 중·일 양국이 점령하지 않겠다는 약속을 받아내는 것이다. 그리고 만일 일본이 승리하는 경우 일본이 조선을 점령한다거나 동해로부터 태평양으로 나아가는 길목인 조선해협을 일본이 봉쇄한다거나 하는 일은 러시아가 승인할 수 없다는 것을 일본에 알려야 된다. 만일 중국이 승리하는 경우 중국은 조선의 항구를 구미 열강에 개방하게 될 것인데 그렇다면 블라디보스토크와 경쟁하게 될 것이다. 따라서 중국과는 1886년 구두합의에 기초한 정책을 계속 유지해야 된다는 것이었다. 이렇게 볼 때 러시아는 1880년대 이후의 정책을 답습하고 있으며 전쟁에 휩싸이지 않도록 어떤 적극적인 조치는 취하지 않겠다는 입장이었다. 리훙장은 당시 러시아의 정책을 올바로 파악하지 못하고 있었다.

한편 일본군은 중국 본토를 공략하였다. 제1군은 10월 25일 압록강을 건넜고 같은 날 제2군은 랴오둥 반도에 상륙하였다. 이번에는 미국이 중재에 나섰다. 일본도 동북아시아 지역에 상당한 이해관계를 갖고 있던 영국이나 러시아보다는 비교적 객관적인 입장에 설 수 있는 미국의 중개에 호감을 나타냈다. 그러나 미국의 중재안이 ① 조선의 독립, ② 군비 지불 등 중국 측 입장을 반영하고 있는 것이어서 일본이 거절하였다.

중국도 일본 정부에 직접 강화를 제의하였다. 톈진 해관 세무사 독일인 데트링G. Detring을 리훙장의 위원(委員)으로 삼아 일본에 파견했으나 이토는 사절의 자격이 없다고 면회조차 거절하였다.

전투는 계속 일본의 승리로 이어졌다. 11월 하순 뤼순 공략이 시작되자 중국은 일본군이 산하이관(山海關)을 돌파하기 전에 강화하는 것이 유리하다고 판단하고 상의위원(商議委員)을 일본에 파견하였다. 총리아문대신 호부좌랑(總理衙門大臣 戶部左郎) 장인헝(張蔭桓), 서호남순무(署湖南巡撫) 사오유롄(邵友濂) 등이 1895년 1월 31일 히로시마에 도착하였다. 일본 정부도 1월 20일에 이토와 무쓰를 전권대표로 임명하였다. 그리고 강화조건도 확정하였는데 전년 10월에 내정한 강화조건에 랴오둥 반도, 타이완, 펑후(澎湖) 열도 등의 할양을 덧붙인 방대한 내용이었다.

2월 1일, 2일 중·일 대표들이 회동했으나 일본 측은 중국 대표들의 전권위임장이 완전하지 못하다는 핑계로 회담을 결렬시켰다. 당시 중국 대표들이 지참한 전권위임장은 황제가 이들 두 사람에게 준 상유(上諭)의 형식을 띠고 있었다. 이에 일본은 교섭사항, 조약체결, 비준 등에 관한 명시적인 언급이 없다고 트집을 잡았다. 사실 일본 정부는 남방작전(南方作戰)이 아직 착수되지 않아서 강화는 시기상조라고 판단했기 때문에 회담을 결렬시켰던 것이다. 그리고 일본은 중국의 전권대표로서 공친왕이나 리훙장 같은 인물이 파견돼야 한다고 중국에 암시하였다.

2월 12일에는 북양함대가 웨이하이웨이(威海衛)를 잃고 항복하였다. 3월에 들어서면서 랴오둥 반도의 뉴좡(牛莊), 잉커우(營口)가 함락되었다. 이에 중국은 리훙장을 전권대표로 임명해 강화회담에 임하게 되었다.

5. 강화조약과 3국 간섭

강화조약(1895년 4월 17일)

3월 19일 중국대표 리훙장, 리징팡(李經芳)이 일본에 도착하고 그 다음날부터 시모노세키

춘범루(春帆樓)에서 회담이 시작되었다.

이보다 앞서 일본 정부는 2월 16일에 이른바 강화조건 네 가지를 이미 결정해 놓고 있었다.

(1) 조선의 독립: 이것은 물론 조선의 일본 예속을 의미하는 것이었다.

(2) 영토의 할양: 타이완과 랴오둥 반도의 할양이 결정되었다. 이 영토할양은 경제적인 이유보다는 정치 · 군사적인 고려에서 이루어진 것이었다. 물론 전쟁 중에 미쓰이 물산(三井物産)이 타이완이나 랴오둥 반도의 경제적인 상황을 자세히 조사하고 그 중요성을 건의한 바 있었으나 이들 지역이 일본재계의 사활지역은 아니었다. 랴오둥 반도는 특히 일본육군이 조선과 중국북부 지역을 지배하기 위해 필요하다고 주장한 것이었고 타이완은 일본해군이 그 할양을 주장한 것이었다.

(3) 배상금의 지불: 일본은 배상금을 받음으로써 금본위제도를 확립할 수 있었고 또 러시아에 대항하는 군비증강의 자금을 확보할 수 있었다.

(4) 통상특권의 획득: 개항장의 획득, 연안무역권의 인정, 그리고 개항장에서 일본상인이 제조업에 종사할 수 있는 권리를 보장받는다는 것이다.

회의 도중 리훙장은 위의 (4)항을 제외하고 모든 강화조건을 열강에 비밀리에 알려 간섭을 초래하려고 하였다. (4)항을 제외시킨 것은 구미 열강도 일본이 이런 권리를 획득하게 되면 최혜국대우 조항에 의해 자동적으로 보유하게 되어서 간섭에 나설 것을 주저하지 않을까 염려했기 때문이다. 그러나 리훙장의 암호전문은 일본이 해독해 알고 있었고 무쓰 외상은 이 (4)항을 열강에게 알려 주었다. 일본은 1894년 여름부터 중국의 암호를 해독하기 시작하였고 시모노세키 회의 중 중국 대표와 본국 정부 사이의 암호전문을 모두 해독해 알고 있었다.

한편 중국 정부 내부에서는 일본의 요구를 어느 정도까지 들어 주느냐에 격론이 벌어졌다. 3월 2일 상유(上諭)로써 배상과 할양을 강화조건으로 하는 것을 승인한 바 있었다.

3월 20일부터 회담이 시작되고 24일 제3차 회담을 마치고 돌아가는 길에 리훙장이 피습을 받아 중상을 입은 사건이 발생하였다. 일본은 이 사건을 계기로 국제여론이 중국을 동정하는 방향으로 급전하지 않을까 우려해 타이완, 펑후열도의 전투를 제외한 전 지역에서의 휴전협정 체결에 동의하였다. 30일 휴전협정이 체결되어 4월 20일 정오까지 휴전키로 합의되었다.

4월 1일에 일본은 조약안을 정식으로 제의하였다. ① 조선의 독립, ② 랴오둥 반도, 타이완, 펑후 열도의 할양, ③ 배상금 3억 량(兩)의 지불, ④ 새로운 통상 조약의 체결, ⑤ 펑톈(奉天), 웨이하이웨이의 보장점령 등을 내용으로 하고 있었다.

4월 9일에는 리훙장이 반대제안을 하였다. ① 펑톈 남부사현(奉天南部四縣)과 펑후 열도의 할양, ② 1억 량의 배상금 지불, ③ 중재재판 조항의 삽입 등이 주요골자였다. 이에 대해 일본은 ① 펑톈 성 남부지방(奉天省南部地方), 타이완, 펑후 열도의 할양, ② 2억 량의 배상금 지불, ③ 중재재판 조항 삽입의 거부 등을 내용으로 하는 수정안을 다시 제의하였다.

4월 15일 중국 정부는 불가피한 경우 일본의 수정안을 수락하라는 훈령을 리훙장에게 보냈고 이에 따라 4월 17일 양국은 강화조약을 체결했는데 그 주요 내용은 다음과 같다.

(1) 중국은 조선의 독립을 확인하고 조공전례(朝貢典禮)를 폐지한다.
(2) 랴오둥 반도, 타이완, 펑후 열도를 일본에 할양한다.
(3) 군비배상금 2억량을 7년에 걸쳐 지불한다.
(4) 구미 열강의 조약과 같이 최혜국대우를 받는 새로운 통상조약을 체결한다.
(5) 사스(沙市), 충칭(重慶), 쑤저우(蘇州), 항저우(杭州) 등을 개항장으로 한다.
(6) 충칭까지 이르는 양쯔 강 항행권, 쑤저우, 항저우에 이르는 항행권(우수 강(吳蘇江)이나 운하(運河)에 의한)을 인정한다.
(7) 개항장, 개시장(開市場)에서 일본인이 제조업을 경영할 권리를 인정한다.
(8) 웨이하이웨이를 보장 점령한다.

일본은 4월 20일, 중국은 5월 2일에 비준하였고 5월 8일 즈푸(芝罘)에서 비준서가 교환되고 강화조약의 효력이 발생돼 중일전쟁은 종료되었다.

열강의 개입

일본은 강화조건을 끝까지 비밀에 부치려고 하였다. 이토나 무쓰는 일본의 엄청난 요구들이 공식적으로 알려진다면 열강의 개입이 반드시 있을 것이라고 판단하였다. 따라서 일단 중국에게는 엄청난 요구를 해놓고 그 후의 일은 그때 가서 처리한다는 방침 아래 될 수 있는 대로 비밀을 유지하려고 하였다.

4월 1일 하야시 다다스(林董) 외무차관이 러시아 공사 히트로보에게 랴오둥 반도 할양을 포함한 강화조건을 알려 주자 히트로보는 불쾌한 표정을 감추지 못하고 열강의 간섭이 있을지 모른다는 개인의견을 덧붙였다. 이날 러시아 주재 일본공사 니시 도쿠지로(西德二郎)는 로바노프A.B. Lobanov 외상을 방문하고 일본의 강화조건을 설명하였다. 그는 로바노프에게 랴오둥 반도의 위치를 지도로 지적해 주자 로바노프는 그 할양은 중국에게 큰 고통이 될 것이라는 첫 반응을 보였다. 시베리아 횡단철도가 곧 준공될 상태에 있었고 이를 계기로 러시아는 동북아에 크게 진출할 전망이었는데 일본의 랴오둥 반도 할양은 러시아에게 큰 도전이 아닐 수 없었다. 따라서 일본의 강화조건에 가장 민감한 반응을 보인 것은 러시아였다.

4월 6일 로바노프 외상은 프랑스 대사 보비뇌P. de Vauvineux에게 일본의 조약안 전문을 알려 주고 랴오둥 반도 할양에 관해 프랑스가 어떻게 생각하고 있는지 탐색하였다. 그리고 파리, 런던, 베를린에 주재하고 있는 러시아 공사들에게 훈령해 이 문제에 어떤 입장을 갖고 있는지 알아보도록 하였다. 로바노프는 이 훈령에서 랴오둥 반도의 할양은 중국에 대해서는 영원한 위협이 되고 러시아에게는 근심거리가 될 것이고 조선의 독립은 유명무실하게 될 것이라고 설명하고 일본에 대해 열강이 모종의 외교적인 행동démarche을 취해야 될 것임을 주재국에 설득하라고 지시하였다.

4월 8일 로바노프 외상은 드디어 열강에게 조심스럽게 다음과 같이 제의하기에 이르렀다. 즉 랴오둥 반도의 할양이 중국과 일본의 우호관계를 저해하고 동양의 평화를 위태롭게 한다는 의견을 열강들이 일본에 제시하자는 것이었다. 러시아의 이런 움직임에 박차를 가한 것은 독일의 적극적인 지지였다.

독일은 원래 중국의 현상유지를 바라고 있었다. 일본의 과다한 강화요구로 일어나게 될 중국의 분할이 독일에게는 바람직스런 것이 아니라고 판단하였다.

독일이 적극적인 자세를 취하게끔 결정적인 영향을 미친 것은 브란트M.A. von Brandt의 의견이었다. 브란트는 프로이센 군부의 귀공자 출신으로 일생을 일본과 중국에서 보낸 독일 외무성의 동북아 전문가였다. 1863~1872년 동안 일본 주재 영사, 대리공사, 총영사, 그리고 변리공사를, 1875~1893년 무려 18년 동안이나 중국 주재 공사를 지냈다. 그리하여 독일 외무성은 그의 의견을 구하게 되었다.

브란트는 4월 8일 중국정책에 관한 의견을 외무성에 제출하였다. 브란트의 결론은 러시아와 행동을 같이해야 한다는 것이었다. 만일 일본의 강화조건이 받아들여지는 경우 중국은 일본에 예속될 것이다. 이로 인한 경제사정의 변화 한 가지만 보더라도 독일에게 크게 불리할 것이다. 또 정치적으로도 아시아에서 러시아와 협력함으로써 유럽에 있어서 러시아의 독일에 대한 태도에도 영향을 미쳐 독일에게 유리할 것이다. 그리고 프랑스는 독일의 러시아 접근으로 궁지에 몰리게 될 것이다. 또 중국은 독일에 우호적인 입장을 갖게 돼 독일이 필요한 지역을 조차(租借)할 수 있다는 것이었다. 카이저는 브란트의 견해에 전적으로 동의하였다.

프랑스는 당초부터 러시아와 행동을 같이하기로 하였다. 당시 러시아와는 동맹관계에 있었기 때문에 러시아의 제의를 거절할 수도 없었고 독일의 러시아 접근으로 더욱 러시아와 함께 행동하지 않을 수 없었다.

영국만이 끝까지 일본을 지지하고 나섰다. 한때 영국은 중국에 호의적인 태도를 갖고 있었다. 전술한 바와 같이 전쟁종결을 일본에 종용하기도 하였다. 그러나 일본이 승전을 거듭하게 되자 영국은 허약한 중국보다는 강대한 일본이 동맹국으로서 더 적합하다는 것을 인식하게 되었다. 러시아와 세계적인 대립관계에 있던 영국으로서 동북아에 진출하는 러시아를 견제하는 세력으로는 강력한 일본이 더 바람직하였다. 영국은 간섭을 요구하는 중국의 태도에 아무런 반응을 보이지 않았으며 간섭이 도리어 중국에게 불리하다는 입장을 취하였다.

러시아, 독일, 프랑스 3국의 개입이 거의 확실하게 드러난 4월 13일 오코너N.R. O'Conor 영국공사는 총서(總署)를 찾아가 열강의 간섭에 큰 기대를 갖지 말라고 권고하였다. 영국은 중국의 진정한 우호 국가이기에 쓸데없는 기대로 중국을 들뜨게 하지 않는다고 말하였다. 그리고 일본의 국내사정으로 보아 3국의 간섭이 무력을 수반하지 않는 한 아무런 실효도 거둘 수 없다고 역설하였다. 다시 말하자면 일본의 요구에 순순히 응하라는 것이었다.

영국 내각은 일본의 강화조건이 공식적으로 알려지자 그 조건이 동아시아에 있어서 영국의 기본이해를 저해하지 않기 때문에 이에 간여치 않기로 결정하였다. 또 주선(周旋)을 부탁한 중국의 요구도 거절키로 하고 중국의 군사적인 패배로 보아 일본군의 랴오둥 반도 철수를 요구하는 것도 타당치 못하다고 결론지었다. 영국은 또 일본의 강화조건이 관철되면 그 경제적인 조항으로 인한 혜택을 영국도 받게 될 것이라고 기대하였다. 영국이 취한 실리외교의 한 단면을 보여주는 것이다.

3국 간섭

한편 러시아는 일본의 강화조건에 구체적으로 어떻게 대처하느냐 하는 문제를 토의하기 위해 4월 11일 관계대신회의를 열었다. 알렉세이 알렉산드로비치Aleksei Aleksandrovich 대공, 육상(陸相), 해군상, 장상(藏相), 외무차관, 참모총장 등이 참석해 긴 토론을 벌였다. 결국 다음과 같은 결론을 차르에게 건의키로 합의하였다.

(1) 러시아는 중국 제국 북쪽지방에서 전전현상유지(戰前現狀維持)status quo ante bellum의 회복을 위하여 노력해야 한다. 이런 목적에서 러시아는 일본이 남만주를 점령하

지 않도록 우호적인 방법으로 권고해야 한다. 만일 일본이 러시아의 충고를 따르지 않는다면 러시아는 행동의 자유를 유보하고 자신의 이익에 따라 행동하게 될 것이라고 일본에 통고한다.

(2) 러시아는 유럽 열강과 중국에게 어떠한 영토의 획득도 바라지 않고 있음을 통고한다. 그러나 일본이 남만주로부터 철수하는 것이 러시아 이익에 필요한 것임을 공식적으로 통고한다.

이날의 회의결론에 따라 러시아 정부는 4월 13일 일본에게 권고하기로 최종 결정하였다.

러시아, 독일, 프랑스 3국은 일본에 대해 일종의 외교적인 조치를 취하기로 합의했으나 영국의 참여 문제로 시간을 끌었다. 4월 13일 런던 주재 3국 대사들은 영국의 참여를 공식적으로 요청했으나 동의를 얻지 못하였다. 결국 3국은 4월 18일 영국의 참여 없이 3국만이 일본에게 랴오둥 반도 철수를 권고하기로 합의하였다.

당시 무쓰 외상은 와병중이어서 도쿄를 떠나 마이코(舞子)에 있었다. 따라서 3국 공사들은 4월 23일 하야시(林董) 차관을 찾았다. 3국 공사들이 일본에 제출한 각서들의 내용은 거의 동일했으나 공동으로 제출하지 않고 개별적으로 하야시 차관에게 전달하였다.

먼저 히트로보 러시아 공사가 하야시 차관 방에 들어갔다. 그는 본국 정부의 각서를 읽어 내려갔다. 랴오둥 반도의 점령은 중국 수도에 대한 영원한 위협이며 동시에 조선의 독립을 허망하게 만들 것이고 따라서 동북아시아 평화에 영원한 장애가 될 것이다. 이에 러시아 정부는 일본에 대한 진정한 우호의 표시로서 랴오둥 반도 할양을 철회할 것을 권고한다는 것이었다. 히트로보는 각서를 낭독한 후 외교적인 언사를 잊지 않았다. 일본이 랴오둥 반도 할양요구를 철회하면 러시아와 계속 우호관계를 유지하게 될 것이며 3국의 권고를 결코 거절치 말도록 당부하였다.

다음에 프랑스 공사 아르망J. Harmand이 하야시 차관 방에 들어가 러시아 공사와 비슷한 내용의 각서를 낭독하고 또 그와 같은 외교적인 발언을 하고 나왔다.

끝으로 독일공사 굿슈미트F. von Gutschmid의 차례였다. 러시아, 프랑스의 각서는 프랑스 어로 작성됐는데 독일의 각서는 독일어로 쓰여 있었다. 하야시 차관은 영어와 프랑스어를 알고 있었고 굿슈미트 공사도 두 언어를 알고 있었으나 굳이 독일어로 각서를 작성하였으므로 하야시 차관은 통역관을 통해 각서를 훑어 내려갔다. 독일 각서의 경우에는 특이한 점이 있었다. 러시아, 프랑스의 각서에서는 일본이 3국의 권고에 저항résistance하지 말 것을 권유했는데 독일 각서에서는 투쟁Kampf하지 말 것을 권유하였다. 또 굿슈미트는 각서를 낭독한 후 매우 강경한 어조로 자신의 견해를 표명하였다. 더욱이 일본이 3국의 권고를 받아들이지 않는 경우 필요한 조치를 취하겠다고까지 말하여 무력간섭을 암시하였다. 하야시 차관은 독일공사의 태도에 망연자실하였다.

일본의 굴복

대본영(大本營)이 설치돼 있던 히로시마에서 24일 어전회의가 열려 3국 간섭에 어떻게 대처하느냐에 관해 숙의하였다. 무쓰 외상은 와병중이라 불참하였다. 이 회의에서 이토 총리는 일본이 취할 수 있는 세 가지 방안을 제시하고 이에 관해 토의하였다.

(1) 3국의 간섭을 절대적으로 거부한다. 단지 이 경우 병력으로써 서로 대결하게 되는데 3국의 강력한 함대에 어떤 방어책을 수립할 수 있는가?
(2) 진저우 반도(金州半島) 점령지 철수 문제는 열강회의를 개최하고 그 회의에서 결정한다. 이 경우 어떤 형식의 회의를 어디에서 개최하느냐를 3국과 협의하여 결정한다. 영국과 중국의 참여 여부도 결정한다. 회의 개최는 중일강화조약이 비준된 이후에 하기로 하고 진저우 철수의 대가를 중국으로부터 받는다.
(3) 3국의 권고를 전부 수락한다. 이 경우 중국 정부에 은혜를 베푼 것으로 하여 다른 조건을 얻는다.

(1)은 현실적인 군사사정으로 보아서, (3)안은 일본 국내여론으로 보아서 채택할 수 없다고 판단하고 결국 (2)안인 열강회의 개최 제안으로 결정하였다.

이토 총리는 마쓰카다 마사요시(松方正義)와 함께 그날 밤 히로시마를 떠나 무쓰 외상이 머물고 있던 마이코(舞子)로 향하였다. 이른바 마이코 회의(舞子會議)가 개최되었다. 무쓰는 열강회의 개최안을 채택하는 경우 회의 개최시기까지 상당한 시간이 걸리게 되고 그동안 전쟁과 평화가 결정되지 않는 혼돈의 시기가 있게 될 것이다. 또 열강회의를 실제로 개최하는 경우 5~6의 강대국이 참여하게 될 것이며 그럴 경우 이들은 자국의 이익에 따라 여러 가지 주장이나 요구를 하게 될 것이어서 랴오둥 반도 철수 문제만을 다루게 되지 않을 것이라는 의견을 개진하였다.

결국 무쓰의 주장에 따라 열강회의 개최안은 다시 철회하였다. 그러나 일본은 비록 3국의 권고에는 따르지만 중국에게는 한 치의 양보도 하지 않는다고 결정하였다. 그리고 비준일인 5월 8일까지 3국에게는 재고할 것을 촉구하고 영국, 미국, 이탈리아에게는 지원을 요청키로 하였다.

재고를 요청받은 3국은 즉각 이를 거부하였다. 무쓰 외상은 4월 26일 영국주재 가토(加藤高明) 공사에게 영국의 지원을 얻도록 훈령을 보냈다. 만주, 조선에 대한 러시아의 침략 의도를 강조하고 영국의 중국에 대한 무역에 미칠 악영향을 강조하였다. 그러나 영국은 이 문제로 인해서 러시아와 일전을 각오할 수는 없었다. 영국은 국외중립을 지킨다고 천명하였다. 미국도 영국과 같은 태도를 취하였다.

일본은 최후의 수단으로 3국에게 시모노세키 조약안에 대한 수정의견을 4월 30일 제출하였다. ① 진저우 청(金州廳)을 제외한 모든 지역에서 철수하되 그 대가로 보상금을 받는다, ② 중국의 의무이행을 담보하기 위하여 일정 지역을 보장 점령한다는 내용이었다. 3국은 그 자리에서 수정안을 거부하였다.

일본 정부는 3국에게 굴복하는 길밖에 없었다. 5월 5일 "일본 정부는 러시아, 독일, 프랑스 3국의 우의 있는 충고에 따라 랴오둥 반도의 점령을 영구히 포기한다."라는 간단한 내용의 전문을 3국 주재 일본공사들에게 타전하여 이 문제는 일단락되었다. 일본은 중국과 11월 8일 랴오둥 반도 환부 조약(遼東半島還附條約)을 체결하고 고평은(庫平銀) 3,000만 량을 보상금으로 받았다.

중일전쟁은 동북아 국제정치 질서에 일대변혁을 가져왔다. 중국 제국은 열강에 의해 정치적으로 분할되고 경제적으로는 침투의 대상이 되었다. 만주와 조선은 러시아와 일본의 각축장이 되어 러일전쟁을 예고하였다. 영국은 러시아 세력의 견제세력으로서 일본을 확고하게 지목하게 되어 동북아는 열강 권력정치의 투쟁장이 되었다.

6. 중국의 반식민지

중국 · 러시아 비밀조약(1896년 6월 3일)

중일전쟁 이후 중국의 지배층에서는 러시아와 손을 잡아 일본에 대항해야 된다는 논의가 강력하게 제기되었다. 중국이 러시아와 동맹관계를 맺는 것은 중국외교사에 있어서 획기적인 사건이었다. 중국은 서방세계에 문호를 개방한 이후 이이제이책(以夷制夷策)을 고수하였고 어떤 특정한 국가와 동맹조약을 체결하지 않는 것을 기본적인 외교노선으로 삼아 왔다. 그러나 중일전쟁이라고 하는 엄청난 패배를 겪게 되자 확고한 동맹국의 필요성을 절감하게 되었고 그런 동맹국으로서 러시아를 지목하게 되었다. 양국의 동맹조약은 리훙장이 니콜라이 2세 대관식에 참석하게 된 것을 계기로 이루어졌다.

리훙장은 73세의 노구를 이끌고 1896년 3월 중국을 떠나 러시아로 출발하였다. 그는 노령에도 불구하고 긴 여행을 떠나기 때문에 목재로 만든 관(棺)을 분해해 갖고 가도록 하였다. 아직 시베리아 횡단철도가 완공되지 않아서 상하이를 출발, 수에즈 운하를 거쳐 오데사Odessa 항에 도착한 것이 4월 28일이었고 그곳에서 특별 열차로 상트 페테르부르크에 4월 30일 도착하였다. 대관식 3주일 전이었다.

리훙장의 회담 상대역은 로바노프 외상보다는 위테 장상이었다. 5월 3일부터 회담이 시작되었다. 위테는 회담의 주제를 철도 문제에 국한시키려 하였다. 철도 문제란 물론 동청철도(東淸鐵道)의 부설권을 가리키는 것이었다. 동청철도는 만저우리(滿洲里)-하얼빈-쑤이펀허(綏芬河)에 이르는 철도로서 중국은 전에는 중동철도(中東鐵道), 현재는 중국 창춘 철도(中國長春鐵道)라고 부르고 일본은 동지(東支), 동청(東淸), 북만철도(北滿鐵道)라고 부른다. 1898년 뤼순(旅順), 다롄(大連)이 러시아에 조차된 후에는 하얼빈과 연결되는 철도부설권을 러시아가 다시 얻게 되자 이 노선까지 합하여 동청철도라고 부른다.

하여간 이 철도부설권에 관한 교섭은 중국 주재 러시아 공사 카시니A.P. Cassini와 총서(總署) 사이에 이미 오래전부터 있어 왔다. 리훙장은 철도부설권을 양여하는 것은 그 지역을 러시아에 양여하는 것과 같은 것이라고 반대하였다. 위테는 리훙장을 설득하는 길은 차르가 그를 단독으로 만나 회담하는 방법밖에 없다고 판단하였다. 그리하여 5월 7일 니콜라이 2세는 리훙장을 접견하였다. 차르는 러시아가 철도부설을 바라는 진정한 목적은 중국의 방위를 위해 군대를 수송하려는 데 있다고 말하였다. 그리고 러시아는 광활한 영토를 이미 보유하고 있기 때문에 더 이상의 영토가 필요 없으며 또 철도부설권을 로청은행(露淸銀行)Banque russo-chinoise이 담당함으로써 중국이 이를 지배할 수 있다고 천명하였다. 만일 영국과 일본이 장차 중국이나 러시아에 대해 분쟁을 일으키는 경우 러시아는 이 철도로 군대를 파견할 수 있다고 강조하였다. 동청철도 문제가 양국의 정치적인 동맹 문제와 연결되었다.

리훙장은 유사시 러시아의 지원에 큰 기대를 가졌고 위테, 로바노프와의 회담에서도 이 문제를 크게 부각시키려고 노력하였다. 일본의 침략뿐만 아니라 영국이나 프랑스의 침략이 있는 경우에도 러시아가 지원해 줄 것을 요청하였다. 물론 러시아로서는 그런 약속을 할 수는 없었다. 그러나 러시아의 조약 초안 제1조에 보면 "동아시아의 러시아 영토에서, 중국의 영토에서 또는 조선의 영토에서, 일본이나 혹은 일본과 연합한 어떤 국가에 의한 침략이 있는 경우"에 조약이 발동한다고 되어 있었다. 일본뿐만 아니라 일본의 동맹국에 의한 침략에도 러시아의 지원이 약속된 이 조항은 위테의 반대로 삭제되었다.

6월 3일 리훙장은 두 아들을 대동하고 동맹조약을 체결하려고 로바노프 저택에 도착하였다. 쌍방은 먼저 동맹조약 초안의 필사본을 검열하였다. 위테가 필사본을 보고 놀랐다. 삭제키로 한 '일본의 동맹국에 의한 침략' 운운의 부분이 그대로 적혀 있었다. 로바노프를 옆으로 불러 이 엄청난 일을 알려 주었다. 로바노프는 자신이 비서에게 삭제토록 지시하는 것을 잊었다고 아연실색하였다. 마침 정오가 조금 지나고 있었다. 위테와 로바노프는 리훙장에게 곧 식사를 하지 않으면 준비된 점심이 상하게 될지도 모른다고 하면서 식당으로 갈 것을 종용하였다. 식사시간에 러시아 비서 두 사람이 조약문을 다시 필사하였다.

이렇게 하여 체결된 양국의 비밀동맹 조약은 다음과 같은 6개 조항으로 구성되어 있다.

(1) 일본이 극동의 러시아 영토, 중국, 조선을 침략하는 경우 상호 원조한다.
(2) 단독으로 강화하지 않는다.
(3) 전쟁 중에는 중국의 모든 항만을 러시아 군함에 개방한다.
(4) 중국은 러시아의 시베리아 철도가 헤이룽장 성(黑龍江省), 지린 성(吉林省)을 횡단하여 블라디보스토크에 이르는 철도의 건설에 동의한다.
(5) 러시아는 전시나 평시나 이 철도를 이용할 수 있다.
(6) 유효기간은 철도계약이 발효한 때로부터 15년간으로 한다.

이 비밀동맹 조약의 발효는 이와 같이 철도 부설계약 체결과 연결되어 있었다. 그리고 이 계약은 로청은행 당사자와 러시아 주재 중국 공사가 체결토록 되어 있었다. 그리하여 9월 초 베를린에서 수징청(許景澄)과 은행 사이에 계약이 체결되었다. 다음해부터 착공돼 1904년 말에 완공된 이 동청철도(東淸鐵道)는 1952년 10월 중국에 돌려질 때까지 동북아 국제정치의 하나의 큰 쟁점이 되었다.

이 비밀조약의 전문(全文)은 소련의 외교사학자 로마노프B.A. Romanov가 1924년에 『계급투쟁』이란 잡지에 발표한 한 논문에서 처음으로 알려지게 되었다. 이 논문에서 로마노프는 리훙장이 러시아 측으로부터 뇌물을 받았다고 공개하였다. 로청은행의 러시아 지배인 로트슈테인A.Yu. Rotshtein이 작성하고 위테가 검열한 1896년 6월 4일자의 한 문서에 의하면 300만 루블을 로청은행장 우흐톰스키E.E. Ukhtomskii와 로트슈테인의 비자금으로 지출토록 되어 있었고 이 금액이 리훙장에게 지불할 금액이었다는 것이다. 그러나 위테가 지불을 계속 지연해 리훙장이 실제로 받은 금액은 60여 만 루블에 불과했다고 한다. 물론 리홍장의 정치적인 지위로 보아 이런 뇌물의 존재 자체를 부정하는 견해도 있다.

일본은 러일전쟁 후에 이 동맹의 존재를 알게 되었다. 일본에 대한 군사동맹으로서의 이 조약의 실질적인 의의는 1897년 말 러시아가 뤼순(旅順)을 점령함으로써 끝났다고 볼 수 있다. 그러나 이 조약은 중국 외교방향에 획기적인 영향을 미쳤으며 러시아의 적극적인 만주 진출을 마련해 주었다.

열강의 조차지 획득 경쟁

3국 간섭으로 중국은 랴오둥 반도를 보존할 수 있었으나 이를 계기로 열강들은 중국의 연안지역을 조차하거나 그들의 영향권을 설정하는 이른바 불할양선언 등이 잇달아 일어났다. 이로써 중국은 문자 그대로 사분오열의 상태에 놓이게 되었고 열강들은 급기야 문호개방과 기회균등을 선언하기에 이르렀다.

3국 간섭의 보상을 먼저 들고 나온 나라는 독일이었다. 사실 1890년대에 들어오면서 독일과 미국이 동북아 국제정치 질서의 새로운 행위자actor로 등장한 것은 특기할 만한 일이다. 독일은 일찍이 1895년 10월 함대 정박지를 중국에 요구하였다. 그 후 독일은 적당한 장소를 물색해 결국 자오저우 만(膠州灣)을 후보지로 선정하였다. 티르피츠A. von Tirpitz가 이 선택에 결정적인 역할을 한 것은 전술한 바 있다. 이곳은 실은 러시아도 탐낸 지역이었으나 1897년 8월 빌헬름 2세가 러시아를 방문하는 기회에 러시아의 동의를 받아 놓았다.

그러나 중국과의 교섭은 난항을 거듭하였다. 그러던 중 산둥 성(山東省)에서 독일인 선교사 두 사람이 중국인에 의해 살해된 사건이 발생하였다. 11월 1일의 일이다. 독일은 이를 기회로 2주일 후에 자우저우 만을 점령하고 살해자의 처벌은 물론 산둥 성에서의 철도부설과 채광권을 요구하고 나섰다.

열강은 그 어느 국가도 중국을 위해 개입하려고 하지 않았다. 독일이 성공하는 경우 이와 유사한 이권을 획득하게 될 것을 기대하고 있었을 뿐이다. 중국은 굴복하지 않을 수 없었다. 1898년 3월 초순 양국은 다음과 같은 내용의 자우저우 만 조차에 관한 조약을 체결하였다. ① 자우저우 만구(膠州灣口)의 양안(兩岸)을 99년간 조차하고 이 지역의 통치권을 독일이 보유한다. 그리고 주위 50km의 중립지대를 설정한다. ② 독일은 산둥 성에서 경제적인 우월권을 가진다.

독일의 자우저우 만 조차를 선두로 열강의 조차지 획득 경쟁이 뒤따르게 되었다. 자우저우 만은 그 후 제1차 세계대전 중 일본이 점령했다가 1922년에 가서야 중국에 돌려주었다.

러시아가 곧 독일의 뒤를 따랐다. 영국함대에 대비한다는 구실로 1897년 12월 15일 뤼순을 점령하였다. 중국은 동맹국의 이런 행동에 실망하지 않을 수 없었다. 러시아는 중국의 영토에 아무런 야심도 없다고 여러 번 천명한 것이 얼마 전의 일이었다. 중국은 영국, 일본의 지원에 기대를 걸었으나 앞에서 지적한 바와 같이 이들도 러시아 행동의 결과를 보아 자기들도 그런 특권을 얻으려고 하였다.

1898년 3월 하순 랴오둥 반도 조차 조약(遼東半島租借條約)이 체결되었다. ① 러시아는 뤼순 만(旅順灣), 다롄 만(大連灣)을 25년간 조차한다. ② 조차지 북방에 중립지대를 설정한다. ③ 뤼순을 군항으로 만들고 요새를 건설한다. ④ 다롄은 외국무역에 개방하지만 요새를 건설할 수 있다. ⑤ 동청철도를 다롄 만까지 연장한다.

러시아의 랴오둥 반도 진출이 영국을 자극하지 않을 수 없었고 영국은 랴오둥 반도 맞은편 웨이하이웨이(威海衛)에 진출하게 되었다. 러시아가 독일의 뒤를 따라 랴오둥 반도에 진출할 것이 분명해지자 영국은 러시아에게 황허(黃河), 양쯔 강(揚子江) 유역에서 세력 범위를 설정할 것을 제의하였다. 그런데 영국이 중국과 당시 교섭 중에 있던 차관의 조건 중에 다롄 개항이 들어 있어서 러시아가 이에 반발하고 위의 영국 제안을 거절하였다. 이에 영국은 중국과 직접 교섭키로 하였다. 양쯔 강 유역을 제3국에 대여 · 할양 · 담보하지 않겠다는 선언을 중국이 하도록 요구하고 중국은 결국 1898년 2월 이를 수락하였다. 이 선언은 양쯔 강 유역을 영국의 세력범위로 인정한 것이었다.

그 후 러시아가 뤼순과 다롄을 조차하게 되자 영국은 중국과 1898년 7월 웨이하이웨이 조차 조약(威海衛租借條約)을 체결하였다. 조차기간은 러시아가 뤼순, 다롄을 조차하고 있는 기간이라 해 러시아에 대항하는 것임을 명백히 하고 있다. 영국의 웨이하이웨이 조차는 1922년 워싱턴 회의에서 그 반환이 결정됐으나 1930년에 가서야 중국에게 돌려주었다. 영국은 또 웨이하이웨이 조차조약보다 한 달 전에 홍콩 지역 확장에 관한 조약을 중국과 체결하고 주룽(九龍) 반도도 조차하였다.

프랑스도 3국 간섭의 보상요구에 뒤질 리가 없었다. 프랑스는 영국의 홍콩 지배에 대항한다는 구실로 하이난다오(海南島) 불할양을 약속하는 각서를 1897년 3월 중국과 교환한데 이어 1898년 1월부터 광저우 만(廣州灣) 조차를 요구하고 나섰다. 그러나 중국은 국론이 통일되어 있지 않다는 이유로 시간을 계속 끌었다. 프랑스는 먼저 통킹Tonkin 만에 인접한 중국 3성(省)의 불할양 선언을 요구하고 1898년 4월 중국은 이를 수락하였다. 한편 1899년 11월 광저우 만에서 프랑스 병사 살해 사건이 발생하자 중국은 더 이상 시간을 지연할 수 없게 되어 광저우 만에 관한 중국 · 프랑스 조약을 체결하였다. 99년간의 조차와 요새건설을 할 수 있게 하였다. 광저우 만은 1946년에 가서야 중국에 반환되었다.

일본은 전쟁에 승리했으면서도 만주에서 후퇴하게 되었고 그들의 승리 덕분에 열강이 이익을 얻는 사태에 직면하게 되었다. 일본은 푸젠 성(福建省) 불할양을 내용으로 하는 각서를 1898년 4월 중국과 교환하였다.

열강에 의한 분할, 세력권 설정 등은 실은 전통적인 영국의 중국정책에는 배치되는 것이었다. 자유스런 무역경쟁에 의해서 영국은 더 많은 이익을 얻을 수 있었기 때문이었다. 그리고 1898년 스페인과의 전쟁으로 필리핀을 획득한 미국이 뒤늦게 동북아 국제정치에 뛰어들게 되었는데 미국으로서도 중국의 분할은 바람직스런 것은 아니었다. 그리하여 영국과 미국의 이익이 합치되어 나온 것이 이른바 문호개방에 관한 헤이J.M. Hay의 선언이었다.

열강의 경제 진출

중일전쟁 이후 중국은 정치적으로 열강에 의해 분할됐을 뿐 아니라 열강의 경제 진출이 급격하게 이루어져 중국은 문자 그대로 구미열강의 경제적인 예속지가 되었다.

우선 중국은 일본과의 전쟁을 수행할 재정적인 능력이 없었다. 영국의 차관으로 전쟁을 치렀다는 사실은 특기할 만하다. 영국은 이 전쟁으로 경제적인 이득을 얻었을 뿐 아니라 그런 차관을 정치적인 압력수단으로 사용한 것은 말할 필요도 없다. 1895년 6월 독일의 100만 파운드 차관을 제외하고는 중국은 영국으로부터 세 차례에 걸쳐 차관을 도입함으로써 전쟁을 치를 수 있었다. 1895년 1월 1,000만 량 그리고 300만 파운드, 7월에 100만 파운드의 차관이 그것이다. 이 모든 차관은 중국 해관 수입을 담보로 하였다.

중국은 일본에 배상금을 지불하기 위해 또다시 차관을 들여오지 않을 수 없었다. 중국은 배상금 2억 량, 랴오둥 반도 반환 보상금 3,000만 량 그리고 웨이하이웨이 보장점령비로 매년 50만 량을 지불해야만 하였다. 중국은 다음의 차관으로 이런 배상금을 지불하였다. ① 1895년 7월 러시아, 프랑스 차관 1,000억 프랑, ② 1896년 3월 영국 · 독일 차관 1,600만 파운드, ③ 1898년 3월 제2차 영국 · 독일 차관 1,600만 파운드. 이 모든 차관도 해관수입을 담보로 한 것이었다. 한편 일본은 이 거액의 대부분을 군비증강에 충당함으로써 강력한 군사국가로 등장할 수 있게 되었다.

전쟁에 관련한 차관뿐만 아니라 중국은 철도건설과 광산채굴 등을 위해 외국으로부터 차관을 도입하지 않을 수 없게 되었다. 철도는 중국 내지(內地)를 대도시, 항구 등과 연결시켜 주는 값싼 교통수단으로서 중국 내지를 구미 열강에 연결시키는 젖줄이었다. 이런 점에서 구미 열강은 철도부설을 갈망하였다. 또 당시 열강의 자본주의 발전단계에 있어서 철도산업은 최첨단 기술부문이자 종합적인 자본수출의 대표적인 부문이었다. 철도건설은 곧 구미 열강의 자본수출이었다.

철도부설권의 양여로 열강에 의한 철도부설과 아울러 중국 자신에 의한 철도건설이 병행되었는데 이 경우 외국의 자본이 필요한 것은 말할 필요도 없었다. 주요한 철도부설을 보면 다음과 같다.

(1) 동청철도에 관해서는 전술한 바 있고 독일은 산둥 성의 철도부설권, 프랑스는 베트남 철도를 윈난(雲南)에 연결하는 부설권, 영국은 버마 철도를 윈난 예정선과 연결시키는 부설권을 획득하였다.

(2) 영국은 또 상하이-난징의 철도 그리고 이른바 맥도날드McDonald 5철도 즉 ① 톈진(天津)—전장(鎭江), ② 허난(河南), 산시(山西)—양쯔 강, ③ 광저우(廣州)—주룽(九龍), ④ 푸커우(浦口)—신양(信陽), ⑤ 쑤저우(蘇州)—항저우(杭州)의 철도부설권을 획득하였다.

(3) 중국 자신은 베이징—펑톈(奉天)을 연결하는 징펑 선(京奉線), 베이징—한커우(漢口)의 징한 선(京漢線)의 부설에 착수했으나 모두 외국차관에 의존하였다.

철도부설권 획득경쟁이 치열하게 되자 영국과 러시아는 이에 관해 협상하였다. 1899년 4월 양국은 다음과 같은 합의를 이뤘다. ① 영국은 만리장성 밖의 철도이권을 추구하지 않으며 러시아가 이 지역에서 이권을 추구하는 것을 방해하지 않는다. ② 러시아는 양쯔 강 유역에서 철도이권을 추구하지 않으며 영국이 이 지역에서 이권을 추구하는 것을 방해하지 않는다. ③ 산하이관(山海關) 철도와 그 연장선은 중국 자신의 철도로서 타국이 이를 양여 받을 수 없다.

이 협정은 철도이권에 관한 세력범위의 설정이라고 볼 수 있으며 1900년 10월 영국·독일의 양쯔 강 협정과 함께 영국의 중국정책의 기본 틀을 이루고 있었다.

제 4 절 러일전쟁

1853~1856년 크림 전쟁이 유럽에서 러시아를 봉쇄하기 위한 전쟁이었다면 1904~1905년 러일전쟁은 동북아 세계에서 러시아를 봉쇄하고 저지하기 위한 전쟁이었다.

중일전쟁 이후 일본은 안으로는 군사국가의 완성을 도모하고 밖으로는 국제사회의 권력정치 틀에 완전히 편입되었다. 이런 편입은 중일전쟁의 승리로 가능하였다. 일본은 러시아를 견제해야 할 국제정치의 총아로 등장하였다. 1902년 영일동맹이 이를 잘 말해 주고 있다.

러일전쟁은 러시아에게는 돌이킬 수 없는 충격을 주었다. 동북아로 진출할 길이 막혀 중앙아시아나 발칸으로 나아갈 수밖에 없는 외교정책의 진로 문제에 국한된 것이 아니다. 세계를 움직여 온 강대국 러시아가 일개 섬나라 일본에게 패배했다는 정신적인 절망감이 충격을 주었다.

러시아적인 정신 구조의 특징은 3가지로 요약된다. 서유럽에 대한 열등의식, 자신이 세계를 구원해야 한다는 메사이아 사상, 그리고 아시아에 대한 멸시가 그것이다. 그런데 멸시의 대상이었던 아시아 국가에 의해 모욕을 받게 된 것이다. 따라서 강대국 의식의 상실과 로마노프 왕조에 대한 실망은 곧 러시아 혁명으로 이어졌다. 이때부터 러시아에게는 일본이라는 문제가 뿌리깊이 자리잡게 되었다. 일본에 뒤지면 안 된다는 강박관념이 형성된 것이다. 1985년 글라스노스트glasnost는 이런 강박관념의 발로이기도 하다.

이와는 반대로 일본에서는 국제정치 현실보다는 너무나 과장된 정신구조가 형성되었다. 강대국 러시아를 타파하여 이제 영국이나 미국과 비견될 수 있는 세계강국으로 성장했다는 의식이 만연하였다. 만주와 중국 대륙 진출은 이런 의식의 발로였다. 그러나 이런 진출은 국제정치 총아에게 주어진 임무를 훨씬 초월한 것이었다. 일본은 러시아를 견제하는 것에 그쳐야지 그 이상의 행동은 금기사항이었다. 그런데도 일본이 대륙으로 진출할 수 있었던 것은 제1차 세계대전이 있었기 때문이다. 이 전쟁은 일본에게는 '하늘이 준' 기회였다.

1. 의화단 사건

의화단(義和團) 사건

이 사건은 1898년에서 1900년에 걸쳐 산둥(山東), 즈리(直隸), 허난(河南), 산시(山西) 등지에서 일어난 배외운동이 1900년 6~8월 사이에는 베이징의 각국 공사관 구역을 포위 공격해 국제적인 문제를 일으킨 정치적 소용돌이를 말한다. 의화단이란 백련교(白蓮教) 계통인 팔괘교(八卦教)에 속하는 무예자집단(武藝者集團)으로 농민들의 자위조직 중 하나로 상당히 오래된 조직이었다.

이런 집단이 부청멸양(扶清滅洋)을 부르짖는 배외무력조직으로 등장하게 된 배경에는 몇 가지 원인이 있었다. 그 근본적인 원인은 1897년 독일의 자오저우 만(膠州灣) 조차 이후 열강의 중국진출에 대한 저항감이었다. 열강이 군항, 철도, 광산을 개발하는 것 자체도 저항감을 불러일으켰다. 더욱이 그런 개발을 위한 토지매입, 농민들의 수리권 침해 등이 큰 문제로 등장하였다. 여기에 교민(教民), 즉 중국인 기독교 신자들이 증가되었고 이들이 외국 선교사의 비호를 받게 되자 심각한 문제로 대두되었다. 이른바 구교안(仇教案)이 1890년대에 들어오면서 빈번히 나오게 되었고 여기에 1897년 이후 천재(天災)까지 겹치게 되었다. 황허(黃河), 화이허(淮河)의 범람으로 인해 많은 유민(流民)들이 산둥, 즈리로 들어오게 되었고 이들이 의화단 운동에 참여하였다.

의화단 운동은 1898년 5월 산둥 성(山東省) 북부지역에서 일기 시작하였다. 산둥 순무(山東巡撫)들이 이 운동을 적극 지원하였다. 그런데 1899년 말 산둥 순무로 부임한 위안스카이가 이 운동을 탄압하기 시작하였다. 위안스카이의 전임 순무가 의화단 운동 지원으로 인해서 특히 프랑스 공사의 항의로 물러났기 때문이었다. 하여간 위안스카이의 탄압으로 의화단 운동은 즈리 성으로 옮겨가게 되었고 더욱 강렬해졌다. 철도, 교회, 전선 등 모든 외래적인 것을 파괴하기 시작했으며 교민의 학살도 자행되었다.

이와 같은 배외운동을 당시 만인(滿人) 보수파들이 정권의 연장을 위해 이용하게 되자 중국과 열강의 분쟁이라는 차원으로 바뀌게 되었다. 광수제(光緖帝)가 캉유웨이(康有爲), 량치차오(梁啓超) 등의 급진세력과 함께 무술변법(戊戌變法)을 감행해 정치쇄신을 기도하게 되자 서태후를 비롯한 보수 세력들이 쿠데타를 일으켜 광수제를 유폐하고 급진세력들을 처단 또는 추방해 정치는 다시 보수, 반동으로 급선회하게 되었다. 이들이 의화단 운동을 지지하고 나섰던 것이다.

1900년 4월 드디어 의화단 세력이 베이징에 나타나게 되었고 보수파의 핵심인물들은 그들을 의민(義民)이라고 맞아들였다. 또한 이들과 함께 동푸샹(董福祥)이 이끄는 간군(甘軍)도 베이징으로 옮겨왔다.

중일전쟁 직후 간쑤 성(甘肅省)에서 동푸샹이 이끄는 회교도의 반란이 일어났는데 중국 정부는 이를 진압할 힘이 없어서 그 회유책으로 동푸샹을 베이징 수비대장에 임명하고 그의 군대를 근위병으로 근무하게 하였다. 이것이 이른바 간군인데 외국인에 대한 행패가 심해지자 외국사절들의 항의로 중국 정부는 이들을 베이징 밖에 주둔토록 하였다. 그런데 이번에 이들이 베이징으로 다시 들어오게 된 것이다. 이리하여 베이징은 배외열기로 가득 차게 되었다.

이렇게 되자 열강의 외교관들은 회의를 거듭하게 되었고 다구(大沽)에 있는 각국의 수병들을 베이징에 입성토록 하였고 또 다구에 있는 각국의 함대사령관에게 구원대 파견을 요청하였다. 각국의 구원대는 영국의 동양함대 사령관 세이무어E. Seymour의 지휘하에 톈진을 출발, 베이징으로 향했으나 도중에 의화단의 저지를 받아 지체되었다.

그런데 6월 11일 일본서기관 스기야마(杉山彬)가 간군에 의해 살해되었고 6월 20일에는 독일공사 케텔러K. Ketteler가 총서(總署)를 방문하고 돌아가는 길에 피살되었다. 6월 17일 열강이 다구를 점령하자 중국정부는 그 부당성을 항의하고 외국인 보호를 책임질 수 없으니 모두 톈진으로 퇴거할 것을 요구했었고 케텔러 공사는 이런 요구에 대한 외교단의 회답을 총서에 전달하고 돌아가는 길이었다.

한편 중국 정부는 6월 16일부터 4차례에 걸쳐 정신회의(廷臣會議)를 열어 이 중대한 문제를 토의하였다. 여기에서 서태후는 의화단의 토벌을 요구하는 주장들을 모두 배척하였다. 서태후는 중국이 믿을 수 있는 것은 오로지 인심밖에 없으며 의화단에 의존할 수밖에 없다고 주장하였다. 더욱이 정치일선에서 서태후가 물러날 것을 요구하는 각국 공사들의 조회를 받고 열강과의 결전을 결심하였다. 이 조회는 보수, 반동의 핵심인물인 군기대신(軍機大臣) 관리병부사무(管理兵部事務) 룽루(榮祿)가 위조한 것이었다. 정신회의가 열리고 있던 6월 17일 열강이 다구를 점령하자 중국의 전쟁결정이 더욱 굳어졌다. 6월 21일 드디어 선전(宣戰)의 상유(上諭)가 있었다.

이리하여 6월 20일부터 8월 14일까지 간군과 의화단의 외국공사관 지역에 대한 포위공격이 계속되었다. 이 지역에 포위된 인원은 호위병 450명, 외국인 475명, 그리고 중국교민(敎民) 3,000여 명에 이르렀다.

열강의 태도

최초로 중국에 파병을 결정하고 추진한 국가는 일본이었다. 자국 외교관 피살에 대한 응징이라는 측면도 있었으나 일본은 이 사건을 계기로 장차 중국진출의 교두보를 마련코자 하였다. 6월 13일에 아오키(青木周藏) 외상은 이미 도쿄 주재 영국공사에게 파병의사를 전달하였다. 그러나 만일 영국이 반대한다면 일본은 파병치 않겠다고 해 영국과 공동보조를 취할 것을 분명히 하였다.

중국의 사태가 악화일로를 걷게 되자 오히려 영국은 일본에게 대병력 파견을 종용하기에 이르렀다. 영국은 당시 보어Boer 전쟁의 와중에 있어서 대병력을 중국에 보낼 형편이 못 되었다. 미국도 필리핀에서 스페인과 전쟁 중인 관계로 일본의 파병에 동조하였다. 이에 일본은 7월 6일 파병을 결정하였다. 러시아는 당초 일본의 군대파견에 반대했으나 영국과 미국이 일본을 적극 지원하고 있을 뿐 아니라 의화단 운동이 만주까지 파급되고 남만주 철도의 일부가 파괴되자 러시아 자신도 질서유지를 내세워 군대를 보내게 되었다.

이들 열강 연합군의 구성을 보면 다음과 같다. 일본 8,000명, 러시아 4,500명, 영국 3,000명, 미국 2,500명, 프랑스 800명, 이탈리아, 오스트리아는 매우 소수의 군인만을 파견하였고 독일군은 너무 늦게 도착해 연합군에 합류조차 하지 못하였다.

오합지졸에 불과한 간군과 의화단은 연합군의 주력부대와는 적수가 될 수 없었다. 서태후와 광수제는 시안(西安)으로 몽진(蒙塵)하게 되었다. 그리고 평화 교섭은 열강의 의견이 통일되지 않아서 10월 말에야 중국대표인 칭친왕(慶親王), 리훙장 등과 교섭이 시작되었다.

의화단 사건 최종의정서(일명 베이징 의정서 또는 신축(辛丑)조약, 1901년 9월 7일)

열강의 강화조건 12개 조항이 12월 말 중국에 전달되었고 중국은 이 모든 조건을 그대로 수락하였다. 그러나 배상금의 총액, 배분, 지불방법, 담보, 그리고 처벌자의 구체적인 확정 등의 세부적인 문제들을 조사하는 데 시간이 소요되었다. 그리하여 정식조약은 1901년 9월에 가서야 이루어졌다.

이 의정서의 가장 주요한 내용은 군대 주둔권과 배상금이었다. 베이징에 공사관 구역을 설정하고 각국은 호위를 위해 군대를 주둔할 수 있게 하였다. 또한 베이징과 해항(海港) 사이에 자유로운 교통을 위해 12개 장소를 지정하고 그곳에 열강의 수비대를 설치케 하였다.

다음으로 4억 5,000만 량에 달하는 배상금을 40년에 걸쳐 분할 상환토록 하였다. 이자가 연 4%이므로 배상금의 총액은 무려 9억 8,000만 량에 이르렀다. 그 지불은 염세(鹽稅), 관세(關稅)를 담보로 하였고 그로 인해 중국경제에 치명적인 영향을 준 것은 말할 필요도 없다. 각국이 차지하게 될 배상금의 배분율은 다음과 같다. 러시아 29%, 독일 20%, 프랑스 16%, 영국 11%, 미국과 일본이 7% 정도였다.

그 밖의 주요 내용을 보면 다음과 같다. ① 의화단 사건 책임자의 처벌, ② 독일, 일본에 사죄사절 파견, ③ 화평론자들의 복원, ④ 소요가 심했던 지역에서 5년간 과거제 실시의 중지, ⑤ 무기, 탄약 등의 수입금지(우선 2년간), ⑥ 통상항해 조약의 개정, ⑦ 다구 포대의 철거, ⑧ 총서를 외무부로 고쳐 외교업무를 강화한다는 것 등이었다.

의화단 사건은 그 후 동북아 국제정치에 크나큰 영향을 미쳤을 뿐 아니라 중국 국내정치에도 결정적인 영향을 미쳤다. 이 사건을 계기로 중국 정부 내에서 보수파 세력은 그 지반을 완전히 상실하게 되었고 혁신세력이 등장하게 되었다. 서태후는 여러 가지 제도적인 개혁을 단행하고 무너져 가는 그의 권력을 유지코자 했으나 허사였다. 이런 분위기는 1911년 신해혁명(辛亥革命)으로 연결되었다.

열강에게 지불할 배상금이 중국을 경제적으로 열강에 예속시킨 것은 말할 필요도 없으며 군대주둔권의 허용으로 열강은 언제나 군대를 증파할 수 있었다. 1937년 일본이 톈진 지역에 군대를 증파할 수 있었던 것도 이 조약에서 유래된 것이다.

그리고 러시아는 만주에 진주해 철수하지 않고 계속 주둔함으로써 러일전쟁의 직접적인 도화선이 되었다.

2. 러시아 · 일본의 대립

러시아의 만주점령

의화단 사건이 만주지역으로 확산되면서 건설 중이던 동청철도가 파괴되기 시작하였다. 1900년 7월 중순에는 중국군이 헤이룽 강(黑龍江)을 항행 중이던 러시아 기선에게 포격을 가했고 아이훈 건너편의 러시아 도시 블라고베시첸스크Blagoveshchensk를 포격하는 사건까지 발생하였다. 이에 러시아는 군대를 파견하고 만주 전역을 점령하기에 이르렀다. 그리고 연합군이 베이징에서 철수한 이후에도 군대를 만주에 계속 주둔시켰을 뿐 아니라 베이징에서 철수한 병력을 만주에 다시 주둔시킴으로써 러시아 주둔군은 1만 2,000명에 달하게 되었다.

8월에 러시아는 만주에 질서가 회복되면 철군하겠노라고 형식상 선언했으나 주둔은 계속되었다. 당시 러시아의 동북아 정책은 혼돈 상태에 있었다. 람스도르프 외상, 위테 장상(藏相) 등은 철수를 주장한 반면에 쿠로파트킨A.N. Kuropatkin 육상(陸相)을 위시한 만주에 있던 군부들은 계속 주둔을 주장하였다. 여기에 베조브라조프A.M. Bezobrazov와 같은 황제측근의 모험주의자들이 적극적인 만주 개입을 주장하고 있는 복잡한 양상을 띠었다.

8월의 철군 성명에도 불구하고 러시아는 차제에 만주에서 우월한 지위를 획득하려고 노력하였다. 1900년 9월 극동총독 알렉세예프E.I. Alekseev와 펑톈 장군(奉天將軍) 쩡치(增祺)의 조약교섭, 1901년 2월 람스도르프 외상과 러시아 주재 중국공사 양위(楊儒)의 교섭, 그리고 1901년 10월 리훙장과 중국주재 러시아 공사 레사르P.M. Lessar의 비밀교섭 등이 그 대표적인 예이다.

러시아의 이런 행동이 열강의 반대에 부딪친 것은 물론이다. 미국이 다시 문호개방과 영토보전을 선언하고 1900년 10월에는 영국과 독일이 협정을 체결하고 러시아에 대항하는 자세를 취하였다. "중국의 하천 및 연안에 위치한 항구들은 모든 국민의 무역과 정당한 경제활동에 자유로이 개방한다. 양국은 중국의 소요를 이용하여 영토상의 이익을 획득코자 하지 않으며 다른 국가들도 그러한 것을 획득하면 안 된다." 이것이 러시아를 지목하고 있음은 말할 필요도 없다. 양국은 그들의 협상내용을 열강에 통고하고 동의를 구하였다. 미국과 일본은 흔쾌히 수락하였고 러시아도 수락한다고 답변하지 않을 수 없었다. 그러나 러시아가 만주점령을 계속하자 일본이 영국과 동맹을 체결하게 된 사정은 이미 전술한 바 있다.

만주 철병에 관한 중국 · 러시아의 합의(1902년 4월 8일)

러시아는 영 · 일 동맹 체결에 깊은 관심을 갖지 않을 수 없었다. 영 · 일 동맹이 체결되자 프랑스 · 러시아 양국은 3월에 중국에서 새로운 분규가 있는 경우 양국은 서로 협의한다고 선언한 것도 전술한 바 있다. 그러나 러시아가 동북아 문제로 영국과 대결할 형편은 결코 아니었다. 따라서 이런 선언은 아무런 현실적인 의미를 가질 수는 없었다.

그리하여 러시아에서는 일본에 강경한 태도를 취할 것이 아니라 신중하고 온건한 정책적인 태도를 취해야 한다고 주장하는 그룹이 강력하게 대두되었다. 위테 장상, 람스도르프 외상, 쿠로파트킨 육상이 그들이었다. 쿠로파트킨은 당초 강경한 입장을 갖고 있었으나 영 · 일 동맹 체결 이후 태도를 바꾸었다. 이들 온건파의 주장에 따라 만주 철병이 결정되었고 중국 정부와 다음과 같은 내용의 철군합의가 이루어졌다.

(1) 만주는 중국의 일부로서 중국 정부의 권리회복을 승인하고 러시아 군대는 점령 이전의 상태로 복귀한다.
(2) 이 조약이 조인된 후 6개월 이내 즉 1902년 10월 8일까지 펑텐 성(奉天省) 서남부로부터 러시아군은 철수하고, 그 후 6개월 이내 즉 1903년 4월 8일까지 나머지 펑텐 성 지역과 지린 성(吉林省) 전역으로부터 철수한다. 그리고 그 다음 6개월 이내 즉 1903년 10월 8일까지 헤이룽장 성으로부터 철수한다. [다시 말하자면 만주의 러시아 군대는 6개월씩 3번의 시기로 나누어 모든 병력을 철수한다는 것이었다.]
(3) 러시아 군대가 철수한 후 중국 정부가 만주에서 군대를 증감하는 경우에 이를 러시아 정부에 통지한다. [이 내용은 중국 주권에 대한 중대한 제약이었다.]

러시아는 1기 철수를 약속대로 이행하였다. 그러나 2기 철수는 예정대로 이행하지 않았을 뿐 아니라 도리어 펑텐 성 남부와 지린 성 전역을 계속 점령하였다. 그리고 2기 철병의 만료일인 4월 8일에는 만주를 사실상 러시아의 보호 밑에 두려는 이른바 7개항의 요구를 중국 정부에 제출하였다. 물론 이 요구는 영 · 미 · 일 등의 항의로 중국이 거절하였다. 러시아 내에 강경파가 다시 등장한 것이었다.

러시아의 새로운 동북아 정책노선

이즈음 러시아 국내에서는 온건파가 물러나고 강경파들이 대두해 니콜라이 2세의 신임을 얻고 실권을 장악하게 되었다. 베조브라조프A.M. Bezobrazov 국무비서(國務秘書, Stats-sekretar), 플레베V.K. Pleve 내상(內相), 아바자A.M. Abaza 제독 등이 그 핵심인물이었다.

베조브라조프는 조선이 러시아인 브리네르Yu.I. Briner에게 1896년에 양여한 압록강 재목 벌목권을 인수하고 1902년에 압록강 벌목회사를 설립하였다. 이 회사의 주주들은 중요한 인물들이었다. 즉, 이그나티예프A.P. Ignatiev 경, 헤세P.P. Hesse 궁정수비대장, 겐드리코프V.A. Gendrikov 의전실장, 아바자A.M. Abaza 제독, 유수포프F.F. Yusupov 공, 본리아르리아르스키V.M. Vonliarliarsky, 마튜닌N.G. Matiunin 전 조선공사, 세레브리아코프M.A. Serebriakov 기병대 대령 등이 주주였다. 이들이 러시아가 만주에 적극적으로 진출해야 된다고 주장한 것은 그들의 입장으로 보아 쉽게 짐작할 수 있다. 이들은 2기의 철병을 적극 반대하였다. 평황 성(鳳凰城)의 군대를 압록강 지역으로 이동시킨 것도 이들의 주장에 따른 것이었다. 하여간 베조브라조프가 계속 만주와 조선을 점령해야 된다는 모험주의적인 노선을 주장하고 이것이 러일전쟁 발발의 한 계기가 되었다.

한편 러시아 정부는 1903년 4월과 5월 두 차례에 걸쳐 중요한 어전회의를 열어 그들의 극동정책을 토의하였다. 여기에서 러시아의 새로운 동북아 정책 노선이 결정되었다. 이 새로운 노선은 매우 모험주의적이고 일본과의 대결을 전제로 한 정책이었다. 특히 5월의 회의내용에 관해서는 베조브라조프 자신이 회의록을 작성했기에 그 신빙성이 의심되지만 만주 전역을 러시아의 정치·경제적인 세력범위 밑에 두는 것이 바람직하다는 것에 회의 참석자 전원이 동의했다고 볼 수 있다.

그때 신의주 외항인 용암포(龍岩浦)에 러시아 병사 수십 명이 압록강의 삼림(森林)을 보호한다는 명분으로 진출하였다. 5월의 일이었다. 러시아는 더 나아가 용암포 조차를 요구하고 8월에 조차조약을 체결해 군사기지로 사용코자 했으나 영·미·일의 반대에 부딪쳐 조차는 실현되지 못하였다.

그러나 이 사건이 일본 정부를 크게 자극한 것은 물론이고 이를 계기로 후술하는 바와 같이 일본은 러시아와의 대결을 각오하게 되었다. 또한 6~7월에 이르러 러시아가 건설 중이던 동청철도와 뤼다 지선(旅大支線)이 거의 완공됨으로써 철도의 보호라는 측면에서도 러시아 국내에서는 러시아 군대의 철수를 반대하는 의견이 강력히 대두되었다.

뤼순(旅順) 회의(1903년 7월)

이와 같이 동북아 문제에 의견이 분분하게 되자 니콜라이 2세는 위테, 쿠로파트킨, 베조브라조프 등을 현지로 보내 조사한 후 보고토록 하였다. 이들의 복명서는 물론 상반된 결론을 갖고 있었다. 그런데 만주와 조선 문제에 관해 현지에서 회의가 개최되었다. 7월 초 뤼순 회의가 그것이었다. 쿠로파트킨, 알렉세예프E.I. Alekseev 극동총독, 레사르P.M. Lessar 중국 주재 공사, 파블로프A.I. Pavlov 조선 주재 공사, 보가크K.I. Vogak 소장, 그리고 베조브라조프 등이 참석한 주요한 회의였다.

쿠로파트킨의 회고록에 따르면 자신과 알렉세예프는 베조브라조프 계획에 극력 반대했으며 회의 참석자들은 압록강 벌목회사가 순전히 상업적인 성격을 가져야 한다는 데에 의견을 같이했다고 전한다. 쿠로파트킨이 베조브라조프 밑에서 군사, 정치임무를 맡고 있던 한 중령에게 그런 일을 그만두든지 군복을 벗든지 하라고 명령하자 그는 군복을 벗겠노라고 서슴없이 대답했다고 한다. 압록강 벌목회사에 상당한 군인들이 참여하고 있었음을 알 수 있다.

이 뤼순 회의에서는 ① 북만주에 한하여 러시아는 점령을 계속하며, ② 조선 북부지역 점령은 러시아에게 이득이 되지 못한다는 데 합의하였다. 그러나 현실적으로는 이 회의 이후에도 남만주지역에 러시아군이 계속 주둔하고 있었음은 물론이다.

러시아의 이런 대담한 행동은 일본 군사력을 매우 보잘것없는 것으로 평가하고 있던 데에서 연유되었다. 쿠로파트킨 같은 비교적 온건한 장군도 "우리들은 13일 이내에 40만의 군대를 일본 국경에 집결시킬 수 있다. 이것은 우리의 적을 격파하는 데 필요한 것보다 3배나 더 많은 병력이다. 전쟁은 군사적인 산보에 불과할 정도이며 독일 · 오스트리아 국경으로부터 우리의 군대를 움직일 필요조차 없는 것이다."라고 말한 바 있다.

일본의 강경론 대두

일본은 중일전쟁 직후부터 러시아에 대한 전쟁 준비에 착수하였다. 육군참모차장 가와카미(川上操六)가 이 계획을 담당하였다. 그의 구상은 중일전쟁 종결로부터 5년 후 러시아와의 전쟁을 가상하고 6개 사단을 증강하며 군사제도는 독일 제도를 대폭 수용한다는 것이었다.

한편 러시아가 중국에 이른바 7개 항을 요구한 직후 일본의 수뇌들은 다시 한번 만한교환(滿韓交換)에 입각해 러시아와 절충을 벌이기로 결정하였다. 4월 21일 교토(京都)에 있는 야마가타(山縣有朋)의 저택인 무린암(無隣庵)에서 가쓰라(桂太郎), 이토(伊藤博文), 고무라(小村壽太郎) 등 4인의 회담이 열렸고 여기에서 러시아 정책에 관한 기본구상이 결정되었다.

> 조선 문제에 관하여는 러시아가 일본의 우월권을 반드시 인정해야 하며 이에 관하여는 일보의 양보도 없다. 만주 문제에 관하여는 러시아의 우월권을 일본이 인정하며 이 기회에 조선 문제를 근본적으로 해결한다.

이런 4인회담의 결론에 따라 6월 23일의 어전회의에서도 같은 결론을 내리고 고무라 외상에게 러시아와의 교섭을 맡기기로 하였다.

그런데 이즈음 일본 국내에서는 러시아와의 전쟁을 요구하는 여론이 높아가고 있었으며 호전집단들이 속출하였다. 1900년에 이미 중국보전과 조선보호를 내걸은 국민동맹회(國民同盟會)란 것이 학습원 원장(學習院 院長) 고노에(近衛篤麿)를 중심으로 결성되었다. 러시아가 만주점령을 계속하자 이 단체는 도야마(頭山滿) 등 현양사(玄洋社)의 호전주의자들을 중심으로 개편되었다.

또 도쿄 대학, 와세다 대학 등의 교수들을 중심으로 개전을 주장하는 칠박사(七博士)들이 활동을 전개하였다. 그리고 육군, 해군, 외무성 등의 강경론자들이 그룹을 만들어 개전을 주장하고 나섰다. 육군의 다나카(田中義一), 해군의 아키야마(秋山眞之) 등이 이른바 호월회(湖月會)라는 그룹을 만들었다. 러시아의 경우와 마찬가지로 일본에서도 전쟁을 주장하는 유력한 그룹들이 실권을 잡게 되는 형국이었다.

러일교섭(1903년 8월~1904년 1월)

개전에 이르기까지 러·일 양국은 수차에 걸쳐 협상을 전개하였다. 8월의 일본 제의, 이에 대한 러시아의 반대제안, 그리고 1, 2차에 걸친 일본 제안, 이에 대한 러시아의 회답, 끝으로 양국의 최후제안 등 4차례에 걸친 주요한 협정 제안이 교환되었다. 일본의 기본입장은 조선을 자국의 보호령으로 하고 만주에서 러시아의 우월권은 인정하되 기회균등 원칙을 주장하는 것이었다.

반면에 러시아는 만주에서의 배타적인 권리를 요구함과 아울러 조선 북부지역에 중립지역을 설정할 것을 요구하였다. 또 조선에서 일본의 정치·경제적인 우월권은 인정하되 군사적인 우월권은 인정하지 않으려는 입장이었다. 그리하여 결국 양국은 의견을 좁히지 못하고 전쟁의 길을 걷게 되었다. 양측이 제출한 제안들의 주요 내용을 살펴보기로 하자.

8월 중순 일본은 협정안을 제시하였다. 그 내용은 조 · 중 양국의 독립보전과 기회균등, 조선에 있어서 러 · 일 양국의 이익보호 조치의 필요 인정, 조선에 대한 일본의 조언과 원조제공의 권리 인정 등이었다. 그 즈음 러시아는 새로 창설된 극동총독부가 동북아 문제를 담당하도록 하였다. 그리고 러일교섭을 도쿄로 옮길 것을 희망하였다. 그리하여 동북아 문제의 실질적인 담당은 극동총독으로 임명된 알렉세예프E.I. Alekseev 총독과 도쿄 주재 로젠R.R. Rosen 공사가 맡게 되었다. 그러나 당시 러시아는 제도적인 측면에서 혼돈상태에 있었는데 극동총독부 이외에도 베조브라조프의 의견에 따라서 극동위원회라는 기구가 상트 페테르부르크에 설치되어 있었다. 이 위원회는 육상, 외상, 장상, 해상 등 관계대신들이 구성원이었으나 실제로는 아바자 제독이 운영하였다. 외무성, 극동총독부, 극동위원회 등 세 기관이 러시아의 동북아 정책을 담당하고 있었다.

하여간 러시아의 회답은 10월 초에 제시되었다. 만주는 일본의 세력범위가 아니라는 것, 조선에서 일본의 군사 활동에 대한 일정한 제한, 39도 이북 북조선 지역의 중립지역 설정 등을 내용으로 하는 것이었다.

이에 고무라 외상은 제1차 수정안을 제시했는데 이 제안은 만한교환론(滿韓交換論)을 더욱 분명히 하고 있었다. 중국의 독립, 영토보전도 규정하고 있었다. 이에 대한 러시아의 회신은 지연되었다. 그러나 일본의 현지 첩보기관은 러시아의 극동군사력이 계속 증강되고 있다고 본국 정부에 보고하였다.

12월 중순에야 제시된 러시아의 반대제안은 중국에 관하여는 아무런 언급이 없었고 단지 조선 문제에 국한되어 있었다. 그 제안은 39도 이북의 중립지역 설정, 조선에서 일본의 군사활동에 대한 제한 등을 내용으로 하고 있는 것으로 일본이 수락할 수 없는 것이었다. 12월 하순 일본이 제2차 수정안을 내놓았는데 이에 대한 1904년 1월 초순 러시아의 회답내용도 기왕의 주장을 되풀이하였다.

일본은 1904년 1월 12일 어전회의를 개최하고 러시아와의 국교단절을 토의하였고 최후로 러시아에 협상을 제의한다고 결정하였다. 그 다음날 고무라는 만한교환론에 입각한 종전의 주장을 최후의 제안이라고 로젠 공사에게 전달하였다. 그러나 일본 정부는 러시아의 회답을 기다리지 못하고 2월에 들어서면서 전쟁을 일으켰다.

이와 같이 러일전쟁은 일본의 팽창주의 노선과 베조브라조프 일파의 모험주의 노선에 좌우된 당시 러시아의 남하정책으로 인해 발발하였다. 러일전쟁 발발원인에 관한 전통적인 의견으로는 세 가지가 있다. 즉 일본의 북진정책, 러시아의 전통적인 남하정책, 그리고 베조브라조프 일당의 모험주의 노선에 전쟁발발의 책임을 묻는 의견들이 그것이다. 그러나 러일전쟁은 위의 세 가지 측면 중 그 어느 하나에만 책임을 물을 수는 없다. 메이지 유신 이후 일본 정치구조가 지니고 있는 대외팽창적인 성격, 그리고 1903년 4~5월 베조브라조프 일당의 주장에 따라 채택된 러시아의 새로운 노선에서 전쟁의 원인을 찾아야 할 것이다.

3. 러일전쟁

전쟁의 진전

1904년 1월 말 가쓰라 수상은 현안을 근본적으로 해결하기 위하여 최후의 결단을 내리도록 각료들에게 부탁하고 2월 4일에 소집된 임시각의에서는 군사행동을 취할 것을 결정하였다. 그리고 일본은 독자적으로 행동하겠노라고 러시아에게 통고할 것도 결정하였다. 그리하여 2월 8일 밤 뤼순 외항에 있던 러시아 함대를 기습 공격하였고 9일에는 인천 앞바다에 있던 러시아 군함 두 척을 격침시켰다. 10일에는 양국이 정식으로 전쟁을 선포하였다.

전쟁의 진전은 일본에게는 일본 정부 자신이 예상했던 것보다 더 성공적이었다. 일본 해군은 뤼순 항 봉쇄에 성공하고 5월에는 랴오둥 반도 상륙을 시작하였고 조선으로부터 북진한 부대는 압록강을 건너 만주에 진입하였다. 9월에는 랴오양(遼陽)을 점령하였다.

뤼순 전투가 가장 치열한 격전 중의 하나였다. 노기(乃木希典) 대장이 고다마(兒玉源太郎) 만주군 총참모장에게 잠시 지휘권을 넘겨준 것도 뤼순 공략이 난항을 거듭했기 때문이었다. 1905년 1월 1일 드디어 뤼순 항구는 점령되었다. 3월에 있었던 유명한 펑톈 회전(奉天會戰)에서도 일본은 승리하였다. 그러나 일본은 곤경에 직면하게 되었다. 전쟁이 장기화되면서 그것을 지탱할 재정적인 여력이 없었던 것이다. 1년간의 전비를 4억 5,000만 엔 정도로 예상했으나 실제로 2년간 19억 엔이나 지출하였다. 또 전선이 확장되면서 보급로가 길어져 전술상의 취약점이 노출됐을 뿐만 아니라 러시아의 주력부대가 하얼빈에 집결하고 반격의 기회를 보고 있었다.

펑톈 회전 직후 고다마는 도쿄에 돌아와 정치인들에게 화평을 모색해 줄 것을 요청하였다. 이에 일본 정부는 어떤 결정적인 승기를 잡은 후에 루스벨트 미국 대통령에게 중재를 부탁키로 결정하였다. 그 결정적인 전투가 발트 함대와의 쓰시마(對馬島) 해전이었다.

1905년 5월 27일 새벽 4시 45분 진해만(鎭海灣)에서 대기하고 있던 도고(東鄕平八郎) 일본 연합함대 사령관은 제주도 동쪽을 초계중이던 해군함정으로부터 전문(電文)을 받았다. 오

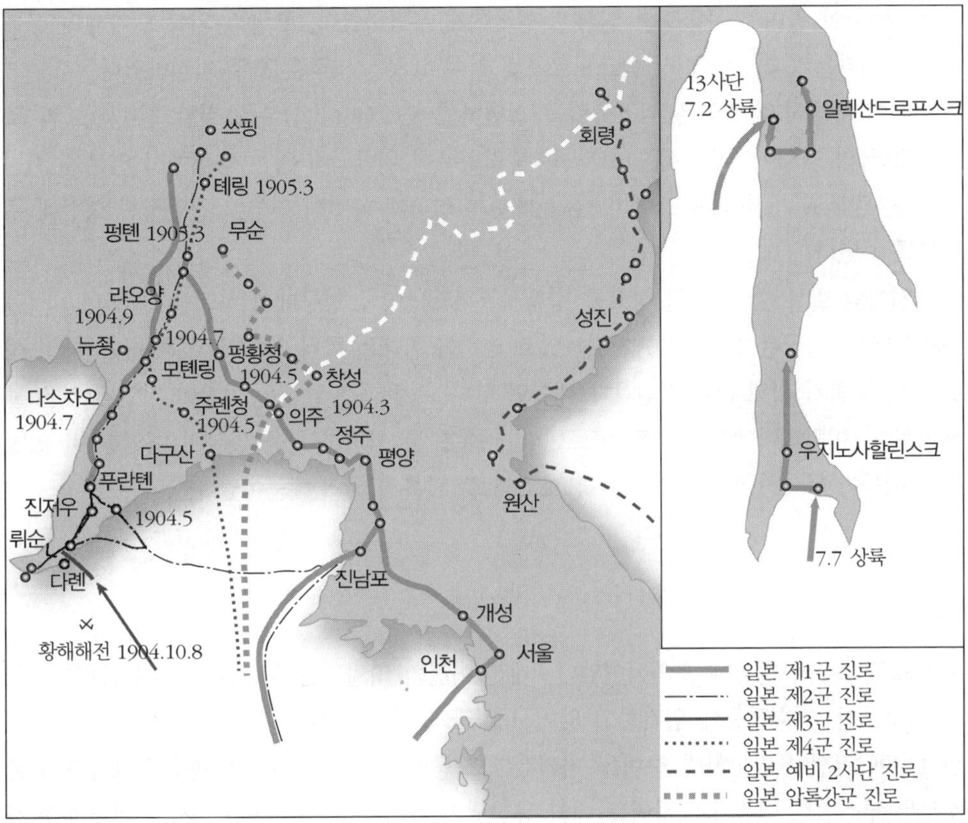

러일전쟁

랫동안 기다렸던 러시아 발트 함대의 발견을 알리는 전문이었다. 24시간 계속된 해전에서 러시아는 완전히 참패당하였다. 그 사령관도 포로가 되었다. 일본의 이 엄청난 승리로 인해 러시아는 협상 테이블로 나아가지 않을 수 없었다. 이 해전 직후 일본 정부는 미국에게 중재를 의뢰하였고 미국은 6월 12일 강화알선을 발표하였다.

영국

러시아와의 대결에 있어서 일본을 적극 지원한 세력은 영국과 미국이었다. 당시 최대강국인 영국과 동북아에 큰 세력으로 등장한 미국의 지지로 말미암아 일본이 유리한 입장에서 러시아와 교섭할 수 있었고 또 전쟁을 유리하게 이끌 수 있었다. 이런 점에서 러시아 학자들은 일본이 영 · 미의 대리인으로서 전쟁을 수행했다고 말하고 있다.

영국은 동맹자의 역할을 충실히 이행하였다. 개전 직전에 있었던 러시아와의 교섭에 있어서 제3국이 간여치 못하도록 일본은 영국에게 부탁하였다. 프랑스 외상 델카세의 공동 간여 제의라든가 러시아 외상 람스도르프의 간여 요청을 영국은 모두 거절하였다.

전쟁이 발발하자 영국은 엄정중립을 선언하였다. 그러나 일본을 위한 전비(戰費)의 조달, 제3국의 러시아 원조 제공 저지 등 중립의무에 위반되지 않는 범위에서 일본을 지원하였다. 일본도 개전 직후 스에마츠(末松謙澄)를 영국에 파견해 영국의 친일정책 형성에 주력토록 하였다.

러시아의 발트 함대가 긴 항로를 항행하는 도중 영국 항구에서 석탄을 공급받을 것을 의뢰하였다. 영국은 물론 이를 거절하였고 러시아 함대는 마다가스카르Madagascar에서 석탄 공급을 받기 위해 많은 시간을 보내야만 했다. 동해에 도달하는 시간이 지연된 것은 물론이었다. 이탈리아에서 건조된 아르헨티나 소유 두 척의 군함을 일본이 매입한 바 있었는데 이들이 무사히 일본에 도착토록 보호해 준 것은 영국의 해군이었다.

미국

미국도 당초부터 일본에 호의적이었다. 개전 이전의 러일교섭에서 일본의 제안들은 중국의 영토보전, 기회균등에 입각하고 있어서 미국의 정책과 일치하였다. 미국은 이미 1904년 1월에 전쟁이 발발하면 중립을 지키겠다고 공언한 바 있었다. 전쟁이 발발하자 일본 정부는 루스벨트 대통령과 하버드 대학 동창생인 가네코(金子堅太郎)를 특사로 미국에 파견하고 미국의 친일적인 여론 형성에 진력하였다. 물론 당시 미국 내에서는 친 러시아적인 세력들이 있었다. 특히 러시아 공사 카시니A.P. Kassini의 폭넓은 활동으로 러시아 지지 세력이 존재했으나 친일세력에 비하면 소수의견에 불과하였다.

프랑스

프랑스는 다소 난처한 입장에 있었다. 러시아와는 동맹관계에 있었으나 델카세의 기본노선은 친영적이었다. 동맹국인 러시아를 지원하지만 이로 인해 영국과 충돌하는 것은 프랑스로서는 상상할 수 없는 일이었다. 따라서 프랑스는 평화적인 해결을 원했다. 러시아에 대한 프랑스의 투자라든가 독일과의 관계에서 기선(機先)을 뺏기지 않기 위해서도 평화적으로 러일관계가 해결되는 것을 바라고 있었다. 전쟁이 발발하자 중립을 선언했으나 발트 함대에 석탄 공급 등 동맹국으로서의 편의를 제공하지 않을 수 없었다.

독일

독일은 원래 러시아의 동북아 진출을 적극적으로 권장하였다. 러시아의 관심을 아시아로 돌림으로써 독일은 그 동부 국경에서 안심할 수 있다는 계산이었다. 발트 함대의 동해 진출은 독일로서는 가장 환영할 만한 일이었다. 전쟁이 발발하자 중립을 선포했으나 이 기회를 이용해 러시아에 접근함으로써 러시아·프랑스 동맹을 와해시킬 계산을 하고 있었다. 러일전쟁 기간 중에 양국 황제가 체결한 뵈르쾨Björkö 협정이 이를 말해 준다. 그러나 러시아의 발트 함대가 동해에서 섬멸당하자 카이저는 러시아에게 강화를 선택하는 길밖에 없다고 충고하기에 이르렀다.

러시아

발트 함대의 전멸은 러시아에게는 큰 타격이 아닐 수 없었다. 1905년 1월 22일 이른바 피의 일요일을 정점으로 혁명의 물결이 전국을 휩쓸고 있었다. 소요는 군대까지 확산되었다. 시베리아와 만주에 주둔하고 있던 육군은 물론 해군에도 혁명운동이 만연되어 있었다. 그 대표적인 예가 1905년 6월 27일 포템킨의 학살로 나타났다.

러시아 정부는 이런 국내소요에도 불구하고 주력부대가 만주전선에 배치되면 승리할 수 있고 발트 함대가 현지에 도착하면 일본 해군을 격퇴할 것이라는 희망을 갖고 있었다. 그리하여 일본과의 강화 권고에 냉담하였다. 그러나 발트 함대의 패배는 러시아의 모든 희망을 앗아가 버렸다.

1905년 6월 6일 니콜라이 2세는 군 지휘관 회의를 소집하였다. 발트 함대의 패배로 일본은 블라디보스토크, 캄차카 또는 사할린에 상륙할 수 있지 않겠느냐고 질문하였고 다음 네 가지 문제를 토의토록 하였다. ① 장차 일본과의 전투를 더 계속한다면 승리의 가능성은 있는 것인가? ② 사할린, 아무르 강 하구, 그리고 캄차카의 방어가 과연 가능한 것인가? ③ 이 지역들이 점령된 후에 북만주지역에서 승전한다면 그런 승전이 어떠한 효과를 얻을 수 있는가? ④ 즉시 평화 교섭을 개시해야 하는가? 이날 회의에서는 평화 교섭을 시작하되 러시아의 입장을 강화하기 위해 증원군은 계속 파견해야 한다고 결론을 내렸다.

이 회의가 끝난 바로 그날 러시아 주재 미국 대사 메이어G. von L. Meyer는 니콜라이 2세를 알현하였다. 이 알현은 외상인 람스도르프도 모르고 있었다. 그 자리에서 러시아 황제는 독일 황제와 이탈리아 국왕이 자신에게 평화 교섭을 하도록 건의하였다고 하면서

"… 아직 러시아 영토에 (적의) 발길이 들어오지는 않았다. 그러나 언제라도 (적이) 사할린을 공격할 수 있다는 것을 짐(朕)은 알고 있다. … 따라서 이런 일이 일어나기 전에 (평화) 회담이 이루어져야 한다. …"라고 말해 미국의 평화알선을 수락할 의사를 명백히 하였다. 그러나 니콜라이 2세는 일본의 평화교섭 수락이 있기 전까지 자신의 이런 제의를 비밀로 해줄 것을 당부하였다. 러시아에는 당시까지도 람스도르프 외상을 비롯한 평화교섭 반대 세력이 있었다.

하여간 러일전쟁이 종결될 기미를 보이자 열강들은 전쟁이 끝나기 전에 자신들의 이익을 사전에 확보해 두려고 하였다. 알헤시라스 회의, 뵈르쾨 밀약, 영·일 동맹 2차 개정, 그리고 태프트-가쓰라 밀약이 모두 그런 것들이다.

강화회담(1905년 8월 9일~9월 5일)

러·일 양국은 6월 8일, 10일 각각 루스벨트의 평화제의를 수락하였다. 먼저 회담장소가 문제되었다. 루스벨트 대통령은 하얼빈이나 펑텐을, 일본은 즈푸(芝罘)나 산하이관(山海關)을, 러시아는 파리나 헤이그를 회담장소로 원하였다. 그런데 가네코(金子堅太郎)가 워싱턴이 가장 적당하다고 루스벨트에게 건의하였고 이에 루스벨트는 러시아의 의향을 타진하였다. 러시아는 미국이 적지(敵地)나 다름없으나 대표들의 신변보호에는 적격이라고 판단하고 동의하였다.

회담 장소는 결정됐으나 러·일 양국 모두가 대표 선정에 곤란을 겪었다. 양국에 화·전(和戰) 양파가 있었고 전투의 전망도 불투명해 그 누구도 전권대표에 임명돼 전쟁종결에 관한 책임을 지려 하지 않았다. 일본의 대표로는 결국 고무라 외상이 낙착됐지만 그는 그 임무를 그다지 탐탁하게 여기지 않았다. 당시 일본의 여론은 승전의 분위기에서 러시아로부터 엄청난 것을 요구하고 있었으나 일본의 군사력이나 러시아의 태도로 보아 일본 여론에 부응하는 것을 얻어낼 수는 없었다. 도쿄 역을 떠나는 고무라를 5,000여 시민들이 성대하게 환송하였다. "내가 다시 돌아올 때에는 이 성황과는 정반대가 될 것이다."라고 예측한 고무라의 말은 적중하였다. 미국 주재 공사 다카히라(高平小五郎)가 차석이었다.

러시아의 전권대표 선정은 더 난항을 거듭하였다. 람스도르프 외상은 처음에 위테를 천거했으나 황제가 거절하였다. 위테는 1903년 9월에 니콜라이 2세와의 정책적인 견해 차이로 장상(藏相)에서 물러나 있었다. 프랑스 주재 넬리도프A.I. Nelidov 대사, 이탈리아 주재 무라비예프N.V. Muraviev 대사도 모두 전권대표 제의를 거절하자 결국 다시 위테가 지명되었다. 미국 주재 로젠R.R. Rosen 공사가 차석이었다. 수행원 중에는 유명한 국제법 학자인 마르텐스F.F. Martens도 있었다.

양국이 전권선임에 시간을 보내고 있을 때 일본은 러시아를 압박하는 수단으로 7월 7일에 사할린 상륙을 결정하고 8월 7일에는 점령을 완료하였다. 그 다음날인 8월 8일 양국 대표들은 회담 장소에 도착하였고 10차례의 회의를 거쳐 9월 5일 최종회의에서 역사적인 포츠머드Portsmouth 강화조약이 체결되었다.

고무라는 첫 회의에서 강화조건을 축조심의하자고 위테에게 제의해 합의하였다. 전체를 놓고 토의를 시작하면 회의가 결렬될 것이라고 판단했던 것이다. 8월 10일 일본이 12개 조항의 강화조건을 제시했는데 러시아는 12일에 반대제안을 제시하였다. 먼저 일본이 제시한 12개 조항의 내용을 보면 다음과 같다.

(1) 일본은 조선에서 정치, 경제, 군사상의 우월한paramount 이익을 보유하고 조선에 대하여 필요한 지도 · 보호 · 감독을 할 권리가 있음을 러시아는 인정한다.
(2) 러시아는 일정한 기간 내에 만주로부터 철수하고 만주에 있어서 중국의 주권, 기회균등 원칙에 위배되는 모든 영토적 · 배타적인 권리를 포기한다.
(3) 일본은 만주를 중국에 환부하지만 랴오둥 반도 조차지는 제외한다.
(4) 일 · 러 양국은 중국이 만주의 상공업 발달을 위하여 만국에 공통적으로 취한 조치들을 방해하지 않는다.
(5) 사할린 및 이에 부속된 도서(島嶼), 재산을 일본에 할양한다.
(6) 랴오둥 반도 조차권 그리고 이에 관련된 모든 권리, 재산을 일본에 양도한다.
(7) 하얼빈-뤼순의 철도, 그 지선, 그리고 이에 부속되는 모든 권리, 재산, 탄갱(炭坑)을 일본에 양도한다.
(8) 러시아의 만주횡단 철도의 보유 · 운영은 당초의 부설조건에 따르나 상공업적인 목적에 국한한다.
(9) 러시아는 전쟁의 실비를 일본에 지불reimburse한다. [일본은 루스벨트 대통령의 의견에 따라 배상indemnity이란 말 대신에 이 용어를 사용하였다.]
(10) 중립국 항구에 억류된 모든 러시아 군함들을 일본에 인도한다.
(11) 러시아는 극동해역에 해군력을 제한한다.
(12) 러시아는 오호츠크 해, 베링 해, 일본해 연안에서의 어업권을 일본인에게 허용한다.

위와 같은 일본의 요구 중 (1), (2), (3), (7), (8) 등은 쉽게 합의에 도달할 수 있었으나 특히 (5), (9), (10), (11) 등은 끝까지 난항을 거듭하였다.

이에 대해 러시아가 제시한 반대제안의 주요 내용은 다음과 같다.

우선 사할린 문제에 대해서는 일본은 역사적 · 지리적인 이유로 할양을 요구했으나 러시아는 그런 근거를 부인하고 할양에 반대하였다. 다만 어업과 상업 활동에 관한 권리는 허용할 수 있다는 입장이었다.

군비지출 문제는 러시아가 단호한 입장을 갖고 있었다. 군비는 패전국만이 지불하는 것이고 러시아의 영토는 일본에 의해 거의 점령된 바 없으며 비록 연해주 전 지역이 점령된다 하더라도 러시아의 기본국력에는 아무런 관계가 없다는 것이었다. 크림 전쟁 때 세바스토폴Sebastopol 함락 이후 파리 강화회담에서도 연합국들은 러시아에게 군비 문제를 제기조차 못했던 것을 상기시켰다. 사실 러시아는 처음부터 군비지불은 있을 수 없다고 결정하였다. 니콜라이 2세는 위테를 전권대표에 임명하면서 "1코페이카kopeika의 금전도, 1인치의 땅도 줄 수 없다."고 말하였다.

중립국에 억류된 러시아 군함 인도 문제에 있어서도 러시아는 이런 요구에 응할 수 없으며 국제관례상 이런 선례를 발견하기 힘들다고 하였다. 그리고 일본이 설령 인도받는다 해도 실질적으로 이득이 되지 못하고 러시아의 위신과 양립될 수도 없다고 보았다.

극동해군의 제한 문제도 러시아는 자국의 위신과 양립될 수 없어 들어줄 수 없다고 하였다. 다만 러시아는 가까운 장래에 태평양에서 상당한 규모의 해군을 보유하지 않겠다고 선언할 수 있다고 첨가하였다.

결국 일본은 러시아 반대제안 중에서 중립국에 억류된 러시아 군함 인도 문제와 극동해군의 제한 문제 두 가지는 철회했으나 사할린 문제와 군비지출 문제를 합쳐 하나의 새로운 요구조건을 만들어 냈다. 즉 50도 이북의 북부 사할린을 러시아에 돌려주는 대가로 12억 엔의 돈을 일본에 지불하라는 것이었다. 이에 러시아는 즉각 거부하고 일본을 "돈 때문에 전쟁을 한 몰염치한 국가"라고 선전하였다. 그리고 러시아 대표는 본국에 돌아갈 채비를 하였다. 일본대표도 귀국하겠다고 본국 정부에 타전하였다. 회의가 결렬될 위기에 놓이게 되었다.

이때 가쓰라 수상은 니콜라이 2세가 사할린 남부를 할양할 의사가 있다고 메이어 미국 대사에게 말한 것을 알게 되었다. 그리하여 군비지출 문제는 철회하고 사할린 남부 할양만을 요구토록 훈령하였다. 이에 4주일에 걸친 협상은 일단락되고 9월 5일 강화조약이 성립되었다.

강화조약의 내용

15개 조로 구성된 이 조약의 주요 내용은 다음과 같다.

(1) 러시아는 일본이 조선에서 정치 · 군사 · 경제적인 우월권이 있음을 승인하고 조선에 대하여 지도, 감독에 필요한 조치를 취할 수 있음을 승인한다.
(2) 러 · 일 양군은 랴오둥 반도 이외의 만주 지역에서 철수하며 만주에 있어서의 중국 주권과 기회균등 원칙을 준수한다. [그리고 이날 체결된 추가약관(追加約款)에서 만주에 있는 각자의 철도보호를 위한 수비군의 주둔은 상호 인정하였다.]
(3) 러시아 정부는 중국 정부의 승인을 얻어 랴오둥 반도 조차권, 창춘-뤼순(長春-旅順)의 철도, 그 지선(支線), 그리고 이와 관련된 모든 권리, 특권을 일본에 양도한다.
(4) 양국은 만주의 철도들을 비군사적인 목적으로 경영한다. 단 랴오둥 반도 지역은 예외로 한다.
(5) 북위 50도 이남의 사할린, 그 부속도서를 일본에 할양한다. 그러나 이 지역은 비무장지역으로 하며, 소야(宗谷)Soya, 타타르(韃靼)Tatar 해협의 자유항행을 보장한다.
(6) 일본해, 오호츠크 해Okhotsk Sea, 베링 해Bering Sea의 러시아 령 연안의 어업권을 일본인에게 허용한다.

일본의 강화반대운동

강화조약이 체결되자 러시아 대표들은 일본으로부터 모든 것을 양보받았다고 축제분위기였다. 그러나 일본의 사정은 이와 정반대였다. 일본은 비록 전투에는 승리했지만 전쟁을 더 이상 지탱할 능력이 없었다. 따라서 강화 알선도 미국에 비밀리에 의뢰하였고 일본 국민들은 이를 전혀 알지 못했다. 강대국 러시아를 격파했다는 자만심과 몰지각한 자존심으로 일본은 들끓었다.

이런 분위기에서 강화조약의 내용이 알려지자 강화조약 반대운동이 전개되었다. 고무라를 "조기(弔旗)를 들고 맞아들이자"라는 만조보(萬朝報)의 사설은 그런 분위기를 대변하는 것이었다. 9월 5일 히비야(日比谷) 대회는 절정을 이루었다. 이 대회는 극우집단인 흑룡회(黑龍會)와 강화문제동지회(講和問題同志會)가 주최했는데 대회가 끝나자 군중들은 경찰서, 교회, 그리고 정부를 대변하는 신문사 등을 습격하는 사태로 발전하였다. 이에 정부는 9월 6일 계엄령을 선포하고서야 질서를 유지시킬 수 있었다.

중 · 일의 만주조약(1905년 12월 22일)

일본은 러시아로부터 얻지 못한 것을 중국으로부터 보상받으려고 하였다. 그것은 단순한 물질적인 보상만은 아니었다. 러시아를 강압해 얻지 못했다는 정신적인 열등의식을 중국을 강압해 얻음으로써 강자로서의 정신적인 보상을 받으려고 하였다. 포츠머드 조약 5, 6조에 규정돼 있는 랴오둥 반도 조차권을 일본에게 이양하는 것과 창춘-뤼순 철도를 일본에게 이양하는 것 등은 중국 정부의 승인을 얻어서 실시한다고 규정돼 있었다. 고무라는 10월 16일 귀국하자마자 중국과의 직접교섭을 서둘렀다.

중국은 러일전쟁이 자국의 영토에서 진행되자 열강의 조정(調停)을 여러 번 요청했으나 뜻을 이루지 못하였다. 그 후 중국은 러 · 일의 강화 문제를 열강회의에 부칠 것을 제의했으나 성공하지 못하였다. 중국은 포츠머드 회의에 대표를 파견해 만주 문제 토의에는 참여해야 한다고 주장했으나 이것 또한 거부되었다. 그리하여 결국 강화조약 성립 후에 일본과 단독으로 협의하지 않을 수 없었다.

고무라, 우치다(內田康哉)와 칭친왕(慶親王), 위안스카이(袁世凱)는 만주에 관한 중일조약을 체결하였는데 기본조약 이외에도 지린-창춘(吉林-長春), 신민툰-펑톈(新民屯-奉天) 철도에 관한 비밀 합의도 부속되어 있었다. 이 비밀문서는 1930년까지 비밀이 유지되었다. 하여간 일본은 그들이 주장해 온 문호개방, 기회균등 원칙을 스스로 위반함으로써 열강 모두를 적으로 돌리게 되었다.

러일전쟁의 영향

러일전쟁은 일본으로 하여금 이른바 대국주의와 팽창주의의 길로 들어서게끔 하였다. 강대국 러시아를 격파했다는 국민적인 자부심은 곧 바로 대륙침략으로 연결되었다. 조선 문제는 일단락됐다고 간주하고 만주 진출에 박차를 가하게 되었다. 만주를 '20억 엔의 국폐(國幣)와 10만의 피' 의 대가라고 선전하였다.

일본의 본격적인 만주 진출에 영 · 미가 자극을 받았다. 영 · 미가 일본을 지지한 근본적인 이유는 동북아에서 러 · 일 양국을 서로 견제해 러시아의 남하를 일본으로 하여금 저지시키는 데 있었다. 그런데 러시아의 위험이 없어지고 일본의 배타적인 만주 진출이 있게 되자 일본은 곧 영 · 미의 반대에 부딪치게 되었다. 이에 일본은 다시 러시아와의 직접 교섭의 길을 택하게 되었다. 1907년으로부터 있었던 러일협상이 그것이다.

한편 러시아는 전쟁에 패배함으로써 국내질서가 더욱 불안정해졌다. 동북아에의 길이 저지당하게 되자 나아갈 길은 중앙아시아와 발칸 지역밖에 없게 되었다. 중앙아시아의 진출은 1907년 영국과의 협상으로 일단 평화적으로 조정되었다. 그러나 발칸 반도의 진출은 열강의 이해가 쉽게 조정될 수 없어서 분쟁의 불씨는 그대로 남아 있게 되었다.

이렇게 볼 때 러일전쟁은 제1차 세계대전으로 가는 세력들의 형성을 촉진시켰다고 볼 수 있다. 프랑스 · 러시아 동맹에 영국이 접근하게 돼 독일을 포위하는 형세를 취하고 일본은 만주진출을 본격적으로 추진해 러시아를 발칸 반도 방향으로 축출하였다.

4. 러일협상

배경

일본에게 군사적인 패배를 당한 러시아 군부는 물론이고 일부 민간정치인 사이에도 일본에 대한 복수전쟁을 주장하는 의견이 있었다. 그러나 전쟁으로 더욱 어려워진 재정 상태와 혁명운동의 격화로 인해 러시아는 가까운 장래에 일본과의 전쟁을 수행할 능력이 없었다. 그리하여 비록 전쟁에는 패했지만 일본과 다시 화해하고 전통적인 외교출구인 발칸 반도로 진출해야 된다는 의견이 지배하게 되었다. 위테, 로젠 공사, 그리고 일찍이 일본주재공사를 역임하였고 1906년부터 외상을 맡은 이즈볼스키A.P. Izvolsky가 그 대표적인 인물이었다.

일본에서도 사정은 비슷하였다. 러시아의 재침에 대비해 군비를 증강해야 된다는 의견이 있었으나 포츠머드 조약에서 얻은 특권과 이익을 유용하게 하기 위해서는 러시아와 협력해야 된다는 견해가 지배적이었다. 이토(伊藤博文), 사이온지(西園寺公望), 야마가타(山縣有朋) 등이 그 대표적인 인물이었다. 하야시(林董) 외상은 1906년 1월 러시아 협상론자인 모토노(本野一郎)를 러시아 주재 대사로 임명하였다.

당시 국제정세의 대세는 영국, 러시아, 프랑스가 밀접한 관계를 이루고 있었다. 프랑스, 러시아는 동맹국이었으며 영국, 프랑스는 1904년에 협상을 체결해 이들 3국은 독일에 대항하는 형세를 취하였다. 3국 동맹 대(對) 3국 협상의 대립이 태동하는 분위기였다. 그리하여 러시아나 프랑스는 영국을 통하거나 또는 직접적으로 일본과의 화해를 모색하기에 이르렀다. 1906년 말, 1907년 초 러시아는 영국을 통해 일본과의 접근을 기도하였고 영국도 이런 중개를 흔쾌히 수락하였다.

그러나 새로 외상에 취임한 이즈볼스키는 1907년 초 모토노 일본대사에게 직접 접근하였다. 그는 딜론E.J. Dillon의 논문을 보여 주면서 이 논문에서 거론된 조건에 입각해 일본과 협정을 체결하고 싶다고 전달하였다. 영국인 딜론은 러시아 여인과 결혼, 러시아에 영주하고 있었고 포츠머드 회의에는 러시아 측 수행원으로 참석하기도 하였다. 그가 1907년에 『콘템포러리 리뷰』*Contemporary Review*지(誌)에 「극동을 위한 양국동맹」이란 글을 기고했던 것이다. 이것을 계기로 양국은 급속히 가까워졌으나 양국의 협상을 직접 부채질한 것은 프랑스 · 일본의 협상체결이었다.

프랑스 · 일본 협상(1907년 6월 10일)

프랑스가 이 협상을 발의하였다. 프랑스는 3국 협상 형성이 무르익어가자 동북아에서 러시아와 일본을 화해시키고 일본을 3국 협상 체제에 가입시키려 하였다. 1906년 말 피숑 S.J.M. Pichon 외상은 프랑스 주재 구리노(栗野愼一郎) 대사에게 교섭을 제의하였고 일본도 이에 응해 회의가 진행되었다.

양국 회의에서 일본의 공채발행 문제가 난관이었다. 파리에서 발행될 공채가 일본의 군비증강에 사용된다고 러시아가 반대했기 때문이다. 1907년 3월 러시아 주재 모토노 대사가 일본은 동북아에 있는 러시아 영토를 조금도 침해하지 않는다고 통고하자 러시아는 일본의 공채발행 반대를 철회하였다.

공채발행 합의가 있자 곧 정치적인 협상이 성립되었다. 일본은 프랑스령 인도차이나에 있어서 프랑스의 영토권과 중국 광둥(廣東), 광시(廣西), 윈난(雲南)에서의 특수이익을 인정하고, 프랑스는 일본이 만주, 몽골, 푸젠 성(福建省)에서 갖고 있는 특수이익을 인정한다는 협약이 성립되었다. 이 협약이 러일협약의 체결을 촉진한 것은 물론이고 3국 동맹과 3국 협상의 국제정치적인 대립을 동북아로 확산시켰다.

제1차 러일협약(1907년 7월 30일)

1907년 3월부터 양국의 교섭이 본격적으로 진행되고 서로 조약 문안을 교환하기에 이르렀다. 그러나 각자의 특수이익 지역을 어디로 정하느냐에 관해 이견을 나타내기 시작하였다. 러시아는 몽골, 만주 지역뿐만 아니라 베이징 지방을 자국의 특수이익 지역으로 주장하였다. 이런 방대한 지역을 막연하게 자국의 세력범위로 지정하려는 러시아의 요구에 일본이 동의할 수는 없었다.

일본은 비록 조선에서 우월한 입장이 국제적으로 인정됐다 해도 조선을 실제로 합방하는 데 러시아가 반대하지 않는다는 보장이 필요하였다. 따라서 외몽골(外蒙古)을 러시아의 특수이익 지역으로 지정하는 데는 동의하였다.

이즈볼스키 외상과 모토노 대사 사이에 이루어진 협약은 세 가지 문건으로 구성돼 있다. 공개조약은 전문(前文)과 2개 조항으로 구성돼 있다. 포츠머드 조약을 비롯해 양국의 모든 조약을 준수하며 중국의 독립, 영토보전, 기회균등 원칙을 확인한다는 매우 평범한 내용이었다. 4개조로 구성된 비밀조약에서는 만주를 남북으로 나누어 각자의 세력범위로 정하고 일본은 조선을, 러시아는 외몽골을 특수이익 지역으로 하였다. 추가약관(追加約款)에서 만주의 남북분계선을 하얼빈-지린(吉林)으로 삼았다.

이 협약을 영국 · 프랑스가 환영한 것은 물론이고 독일은 일본이 독일포위 연합에 가담했다고 간주하였다. 일본은 조선뿐만 아니라 남만주에서도 행동의 자유가 보장되었다.

제2차 러일협약(1910년 7월 4일)

러 · 일 양국이 다시 만주 문제로 협약을 체결하게 된 것은 미국의 만주 진출로 말미암은 것이었다. 포츠머드 회담 도중에 미국의 철도왕 해리만E.H. Harriman이 일본에 와서 만철(滿鐵)을 미 · 일 합작 사업으로 할 것을 교섭하고 가쓰라 수상과 예비각서까지 마련하였다. 그러나 강화회담을 마치고 귀국한 고무라 외상의 반대로 이 계획은 백지화되었다. 그 후 1909년에 태프트W.H. Taft가 대통령이 되면서 '탄환 대신에 달러를' 이라는 슬로건을 내세워 달러 외교를 추진하고 동북아 진출에 박차를 가하였다. 이번에는 미국 정부 차원에서 계획이 마련되었다. 녹스P.C. Knox 국무장관의 만주철도 중립화 방안이 그것이다.

1909년 12월 녹스 장관은 '평화와 문호개방을 위하여 러 · 일 간에 완충국(緩衝國)을 건설' 한다는 명분으로 다음과 같은 만주철도 중립화 계획을 발표하였다. ① 만주지방에 있는 철도를 중국의 소유에 귀속시키고 필요한 자금은 각국이 조달한다. ② 영 · 미 · 프 · 러 · 독 · 일 6개국의 공동출자로 진아이(錦愛) 철도(錦州-愛琿)를 비롯해 장차 모든 철도를 부설한다.

이 같은 미국의 제안이 러 · 일 양국의 기존 이익에 결정적인 영향을 미치게 될 것은 말할 필요도 없다. 양국의 강력한 반대로 이 제안은 실현되지 못하였다. 그러나 러 · 일 양국은 불안을 느끼게 되었고 양국은 1910년 4월부터 교섭을 시작, 순조롭게 제2차 협약을 성립시켰다.

제2차 협약도 공개협약과 비밀협약으로 구성되었다. 공개협약의 내용은 다음과 같다.

① 만주에 있는 양국의 철도를 개선하든가 연장하는 데 서로 우호적인 협력을 하며 어떠한 경쟁도 하지 않는다. ② 만주의 현상 유지를 존중하고 이런 현상을 위협하는 사건이 발생하면 양국은 필요한 조치에 관해 수시로 협의한다. 그리고 비밀협약의 내용은 다음과 같다. ① 제1차 협약의 비밀 추가약관에서 규정된 만주의 남북분계선을 양국의 특수이익 지역의 분계선으로 한다. ② 양국은 각자의 특수이익 지역 내에서 그 이익을 확보하기 위한 행동을 취할 자유가 있다. ③ 특수이익에 관한 사항에 대하여 서로 격의 없는 협의를 하고 이런 이익이 침해되는 경우 양국은 공동행동을 취하고 상호원조에 관하여 협의한다.

이와 같이 이번의 협약은 제1차 협약보다 적극적인 성격을 띠었으며 미국의 만주진출에 대해 공동전선을 형성하였다. 이로써 러 · 일 양국의 전쟁위험은 완전히 사라지게 되었다. 제3차협약은 신해혁명(辛亥革命)의 발발로 다시 체결되었다.

신해혁명과 제3차 러일협약(1912년 7월 8일)

1911년 10월 쑨원(孫文)이 이끈 혁명군의 우창(武昌) 무장봉기로 300년에 걸친 청조는 몰락에 직면하게 되었다. 이 신해혁명으로 가장 당황한 국가는 일본이었다. 포츠머드 조약에서 획득한 특권을 향유하고 조선을 병합, 그 경영에 몰두하고 있던 일본으로서는 그들의 기존권익에 차질을 가져오지 않을까 우려하였다. 혁명진압을 지원해 달라는 청조의 요청에 일본은 난감해하였다.

정부차원의 원조는 훗날 혁명군이 만일 정권을 장악하는 경우 큰 문제가 될 것을 우려한 일본은 상인에 의한 지원을 묵인한다는 방침을 세웠다. 이것 또한 혁명군을 자극하지 않을까 우려해 혁명군에게 무기를 제공하는 것도 묵인한다는 태도를 취하였다.

중국 정부는 질서유지의 임무를 위안스카이에게 위탁하려고 했으나 위안스카이는 관망하는 입장을 취하였다. 그러나 사태가 자신에게 유리하게 진전된다고 판단, 11월에 중국 정부의 제의를 수락하였다. 위안스카이의 등장을 영국, 일본이 적극 찬성하였다. 질서유지가 확보되어야 자신들의 기존이익이 보호되기 때문이다. 일본은 위안스카이가 입헌군주제를 주장하고 있음에 안심하고 더욱 그를 지지하였다.

한편 쑨원은 난징(南京) 임시정부의 임시 대통령에 취임하였고 위안스카이와는 전보에 의한 교섭을 진행하였다. 이들은 청제(清帝)의 퇴위와 공화정의 수립에 합의하였다. 위안스카이는 드디어 북양군벌(北洋軍閥)을 등에 업고 대통령의 자리에 오르게 되었다.

이렇게 되자 외몽골이 1911년 12월 말 독립을 선언하였다. 그리하여 러 · 일 양국에게는 북중국의 동 · 서분계가 필요해졌고 제3차 협약이 성립되었다. 이 협약에서 베이징을 지나는 경도선(經度線)을 분계선으로 동·서지역을 각각 특수이익 지역으로 규정하였다. 러·일 양국은 이제 만주와 몽골에서 분쟁의 요인을 완전히 불식시키고 양국의 협조는 절정에 달하게 되었다.

러·일 양국은 또 한 차례 협약을 체결했는데 이것은 제1차 세계대전과 관련되어 성립되었다. 이에 관해서는 관계되는 절에서 서술키로 한다.

주요문헌

(가) 사료

기본 사료에 관해서는 「부록」을 볼 것.

1. 아편전쟁과 중국-서양 열강의 수호조약

『鴉片戰爭』, 6冊, 中國近代史資料叢刊, 上海, 1954.
『第二次鴉片戰爭』, 6冊, 上海, 1978.
林則徐, 『林文忠公全書』, 38권, 1885.

佐佐木正哉 편, 『鴉片戰爭前中英交涉文書』, 東京, 1967.
———, 『鴉片戰爭の研究: 資料篇』, 東京, 1964.

British Documents on Foreign Affairs, Part 1, series E, Asia, v. 16, *Chinese War and Its Aftermath, 1839-1849*; v. 17, *Anglo-French Expedition to China, 1856-1858.* 이 문서집에 관해서는 「부록」을 볼 것.

2. 일본의 개국

維新史學會, 『幕末維新 外交史料集成』, 1943.
東京大學 史料編纂所, 『大日本古文書: 幕末外國關係文書』. 1910년 이래 현재까지 발간하고 있음. 1853~1867년간의 외국관계 문서가 날짜순으로 편찬되어 있음.

Narrative for the Expedition of an American Squadron to the China Seas and Japan, performed in the years 1852, 1853 and 1854, under the Command of Commodore M.

C. Perry, United States Navy, by Order of the Government of the United States, 3 vols., 1856.

3. 중일전쟁

中國史學會, 『中日戰爭』, 7冊, 北京, 1956. 中國近代史資料叢刊續編, 11冊, 臺灣, 1989~1996. 중요한 자료집인데 이에 관해서는 「부록」을 볼 것. 여기에는 姚錫光, 李鴻章, 馬建忠, 翁同龢, 王伯恭, 張謇, 袁保齡, 薛福成, 張佩綸, 張之洞, 許景澄, 周馥, 袁世凱, 聶士成, 吳大澂 등의 문서와 같이 중일전쟁 연구에 필수적인 자료들이 있음.

陳旭麓 等 編, 『甲午中日戰爭, 盛宣懷檔案資料選輯之三』, 2冊, 上海, 1980.

盛宣懷, 『愚齋存蒿』, 2冊, 台北, 1963.

李毓澍 編輯, 『淸季中日韓關係資料 30種綜合分類目錄』, 2冊, San Francisco, 1977. 중일전쟁 시기에 국한된 것은 아니지만 주요 문서, 문집 30종에 관한 자세한 색인임. 외교사 연구에 귀중한 길잡이임.

伊藤博文 編, 『機密日淸戰爭』, 東京, 1967.

陸奥宗光, 『蹇蹇錄』, 中塚明 校註, 東京, 1983.

山崎有信, 『大鳥圭介傳』, 東京, 1915.

加藤伯傳記編纂委員會, 『加藤高明』, 2冊, 東京, 1970.

德富猪一郎, 『陸軍大將 川上操六』, 東京, 1942.

尾野實信, 『元師公爵大山巖』, 東京, 1935.

山縣有朋, 林董, 小村壽太郎의 자료를 비롯한 개인 문서는 「부록」을 볼 것.

"Iz epokhi yapono-kitaiskoi voiny 1894~1895gg"(1894~1895년 중일전쟁 시기에서), *Krasny arkhiv*(붉은 문서), T. 50/51(1932), pp. 3-63. 영어 번역 *Chinese Social and Political Science Review,* XVII-3 (Oct., 1933), XVII-4 (Jan., 1934)를 볼 것.

"Pervye shagi russkogo imperializma na Dalnem Vostoke (1888~1903)"(극동에 있어서 러시아 제국주의의 최초의 행동들), *Krasny arkhiv,* T. 52 (1932), pp. 34-124. 영어 번역은 *Chinese Social and Political Science Review* XVII-2 (1934)에 실려 있음. 위의 두 가지 문서들은 앞서 들은 『中日戰爭』 7冊에 漢譯되어 실려 있음.

4. 러일전쟁

Rossia, MID(러시아 외무성), *Sbornik dogovorov i diplomaticheskikh dokumentov po delam Dalnego Vastoka, 1895~1905* (극동문제 관계조약 및 외교문서집 1895~1905), Petersburg, 1906.

Grimm, E.D., *Sbornik dogovorov i drugikh dokumentov po istorii mezhdunorodnykh otnoshenii na Dalem Vostoke* (극동국제관계사 관계조약 및 기타 문서집), Moskva, 1927.

위테와 쿠로파트킨의 러일전쟁 책임에 관한 다음의 논쟁이 중요하다.

Witte, S.V., *Vynuzhdennye razyaseniya Grafa Vitte po povodu otcheta General-Adyutanta Kuropatkina o voine s Yaponiei* (일본과의 전쟁에 관한 시종장관(侍從將官) 쿠로파트킨의 보고에 대한 위테 백작의 불가피한 해명), Petersburg, 1909.

———, *Prolog Russko-Yaponskoi voiny: Materialy iz arkhiva Grafa S. Yu. Vitte* (러일전쟁의 발단: 위테 백작 문헌으로부터의 자료), Petrograd, 1916.

Kuropatkin, A.N., *Kratkii otchet o deyatelnosti General-Kvartirmeistera 1-i Manchzhurskoi Armii* (만주 제1군 사령관 활동에 관한 간단한 보고), Moskva, 1906.

———, *Otchet General-Adyutanta Kuropatkina*(시종장관 쿠로파트킨의 보고), T.1-4, Petersburg, 1906~1907.

*Krasnii arkhiv*에 게재된 문서 중 중요한 것을 보면 다음과 같다.

"Bezobrazovskii kruzhok letom 1904g."(1904년 여름 베조브라조프 일당), T.17 (1926).

"Dnevnik A.N. Kuropatkina"(쿠로파트킨 일기), T.2 (1922), T.5 (1924), T.7 (1924), T.8 (1925), T.20 (1927), T.34 (1929), T.54/55 (1932), T.68 (1935), T.69/70 (1935).

"Dnevnik V.N. Lamsdorfa"(람스도르프 일기), T.46 (1931).

"Do Tsusimy"(對馬島에 이르기까지), T.67 (1934).

"Dvizhenie v voiskakh na Dalnem Vostoke"(극동부대 활동), T.4/5 (1925).

"Konets Russko-Yaponskoi voiny"(러일전쟁의 종결), T.28 (1928).

"Zapiski F.F. Martensa 'Evropa i Kitai'"(마르텐스의 기록 '유럽과 중국'), T.20 (1927).

"Nakanune Russko-Yaponskoi voiny (1900.10~1902.1)" (러일전쟁전야(1900.10~1902.1)), T.63 (1934).

"Perepiska S.Yu. Vitte i A.N. Kuropatkina v 1904~1905gg"(1904~1905년간 위테와 쿠로파트킨의 왕복서한), T.19 (1926).

"V shtabe Adm. E.I. Aleksieeva (Iz dnevnika E.A. Plasona)"(알렉시예프 제독 참모부에서(E.A. 플라손의 일기)), T.41/42 (1930).

*Krasnii arkhiv*에 관해서는 「부록」을 볼 것.

이 외에도 다음의 개인문서를 볼 것.

Besobrassov, A.M., "Les premières causes de l'enfondrement de la Russie: Le Conflit russo-japonais," *Le Correspondent*, v. 291, 1923.

Kuropatkin, A.N., *Dnevnik* (일기), Moskva, 1923.

———, *Zapiski Generala Kuropatkina o Russko-Yaponskoi voine* (러일전쟁에 관한 쿠로파트킨 장군의 기록), Berlin, 1911.

Rosen, R.R., *Forty Years of Diplomacy*, 2 vols., London, 1922.

Vanliarliarsky, V.M., *Moi vospominania 1852~1939gg.*(나의 회의록 1852~1939), Berlin, 1939.
———, "Why Russia went to War with Japan. The Story of the Yalu Concession," *Fortnightly Review*, May 2, 1910, June 1, 1910.
Vitte, S.Yu., *Vospominania* (회고록), Leningrad, 1924, Moskva, 1960. 위테의 회고록은 英譯, 日譯本도 있음.
Cassini, A.P., "Russia in the Far East," *The North America Review*, May, 1904.
Korostovets, J.J., *Pre-War Diplomacy*, London, 1920.

桂太郎, 小村壽太郎, 伊藤博文, 山縣有朋 등 앞에서 열거한 개인자료 외에 다음 것을 볼 것.
谷壽夫,『機密日露戰史』, 東京, 1966.
內田康哉傳記編纂委員會,『內田康哉』, 東京, 1969.
林權助,『わが七十年を語る』, 東京, 1935.
金子堅太郎,『日露戰役秘錄』, 東京, 1921.
原田態雄,『西園寺公望と政局』, 8冊, 東京, 1950~1952.
平塚篤,『栗野愼一郎傳』, 東京, 1942.

(나) 주요연구

1. 아편전쟁과 중국-서양 열강의 수호조약

郭廷以,『近代中國史』, 第2冊, 2版, 臺灣, 1966. 아편전쟁에 관한 연구임.
蔣廷黻,「琦善與鴉片戰爭」,『淸華學報』, 1931년 10월.
藤間生大,『近代東アジア世界の形成』, 東京, 1977.
衛藤瀋吉,『近代中國政治史硏究』,東京, 1968.
坂野正高,『近代中國外交史硏究』, 東京, 1970.
———,『近代中國政治外交史』, 東京, 1973.
Banno Masataka(坂野正高), *China and the West*, Cambridge, Mass., 1964.
Chang, H.P.(張馨保), *Commissioner Lin and Opium War*, Cambridge, Mass., 1964.
Fairbank, John K., "The Legalization of the Opium Trade before the Treaties of 1858," *Chinese Social and Political Science Review*, 17, no. 2, July, 1933.
———, *Trade and Diplomacy on the China Coast: The Opening of the Treaty Ports, 1842~1854*, Cambridge, Mass., 1953.
———, *China, A New History*, Cambridge, Mass., 1992
Fay, Peter Ward, *The Opium War, 1840-1842*, Chapel Hill, 1975.
Gulick, Edward V., *Peter Parker and the Opening of China*, Cambridge, Mass., 1973.

Hsü, Immanuel C.Y., *China's Entrance into the Family of Nations: The Diplomatic Phase, 1858~1880*, Cambridge, Mass., 1960.

Polachek, James M., *The Inner Opium War*, Cambridge, Mass., 1992.

Tikhvinsky, S.C., *Dokumenty oprovergayut protiv falsifikatsii istorii Russko-Kitaiskikh otnoshenii* (러시아—중국관계사의 날조에 대하여 문서들은 반박하고 있다), Moskva, 1982.

———, *Iz istorii Russko-Kitaiskikh otnoshenii XVII-XIX vekov* (17~19세기 러시아—중국 관계사에서), Moskva, 1982. 영어 번역도 있음. *Chapters from the History of Russo-Chinese Relations, 17th-19th Centuries*, Moscow, 1982.

Wong, J.Y., *Deadly Dreams: Opium and the Arrow War(1856-1860) in China*, Cambridge, 1998.

2. 일본의 개국

大塚武松, 『幕末外交史の研究』, 東京, 1952.

石井孝, 『明治維新の國際的環境』, 東京, 1958.

———, 『日本開國史』, 東京, 1972.

———, 『明治初期の國際關係』, 東京, 1978.

日本國際政治學會 編, 『幕末維新時代』, 東京, 1950.

田保橋潔, 『近代日本外國關係史』, 東京, 1930.

Crow, Herbert Carl, *He Opened the Door of Japan*. 田坂長次郎이 1966년에 일어로 번역하였음.

Morison, Samuel Eliot, "Old Bruin," *Commodore Mathew C. Perry*도 後藤 優가 1968년에 일어로 번역했음.

Payson J. Treat, *Diplomatic Relations between the United States and Japan, 1853~1905*, 3 vols., 1932~1938.

3. 중일전쟁

賈逸君, 『甲午中日戰爭』, 上海, 1955.

———, 「關于 '甲午中日戰爭' 的幾個問題—評答陳東同志」, 『光明日報』, 1956. 3. 13.

孫克復 · 關捷, 『甲午中日陸戰史』, 哈爾濱, 1984.

歷史教學月刊社 編, 『甲午中日戰爭論集』, 北京, 1954.

王信忠, 『中日甲午戰爭之外交背景』, 臺北, 1964.

王芸生, 「馬關條約六十年」, 『世界知識』, 1955. 8.

林明德, 『袁世凱與朝鮮』, 台北, 1970.

張世永, 「對鄭昌淦著 '中日甲午戰爭' 的幾點意見」, 『史學月刊』, 1958. 3.

鄭昌距,『中日甲午戰爭』, 北京, 1957.
中國近代史叢書編寫組,『甲午中日戰爭』, 上海, 1973.

高橋秀直,『日淸戰爭開戰課程の硏究』, 神戸, 1992.
———,『日淸戰爭への道』, 東京, 1995.
軍事史學會 編,『日露戰爭(1): 國際的文脈』, 東京, 2004.
大江志乃夫,『東アジア史としての日淸戰爭』, 東京, 1998.
東アジア近代史學會 編,『日淸戰爭と東アジア世界の變容』, 2冊, 東京, 1997.
藤村道生,『日淸戰爭』, 東京, 1973.
鹿島硏究所 編,『日本外交史』. 방대한 분량이지만 수준높은 저서가 아니며 중일전쟁 관련 부분도 마찬가지임.
信夫淸三郎,『日淸戰爭』, 東京, 1970. 藤村道生이 새로 교정하고 해설을 덧붙인 것임.
北川修,「日淸戰爭までの日鮮貿易」,『歷史科學』, 1卷 1號.
田保橋潔,『日淸戰役外交史の硏究』, 東京, 1951.
中塚明,『日淸戰爭の硏究』, 東京, 1968.
———,『蹇蹇錄の世界』, 東京, 1992.
日本國際政治學會,『日本外交史硏究—日淸 日露戰爭』, 東京, 1962.
檜山幸夫,『日淸戰爭: 秘藏寫眞が明かす眞實』, 東京, 1997.

Efimov, G.V., "Vneshnaya politika tsinskogo pravitelstva vo vremya kitaisko-yaponskoi voiny, 1894~1895gg"(1894~1895년 중일전쟁 시기에 있어서 중국 정부의 대외정책), *Sovetskoe vostokovedenie*(소련의 동양학), No. 3, 1957.
Narochnitskii, A.L., *Kolonialaya politika kapitalisticheskikh derzhav na Dalnem Vostoke, 1860~1895* (극동에 있어서 자본주의 열강의 식민정책), Moskva, 1956. 분량도 방대하고 수준 높은 전문연구임.
Pak, Mikhail N., "Russian Policy toward Korea before and during the Sino-Japanese War of 1894~1895," *Journal of Korean Studies*, No. 5, 1984.
Treat, Payson J., "The Good Offices of the United States during the Sino-Japanese War," *Political Science Quarterly*, XLVII-4.
Zabrovskaya, L.V., *Istoriograficheskiye problemy yapono-kitaiskoi voiny 1894~1895 gg.*(1894~1895년 일중전쟁의 역사적인 문제들), Vladivostok, 1993.
Hosea B. Morse, Henri Cordier, Payson J. Treat, E.V.G. Kiernan 등의 고전적인 연구도 아직 귀중한 연구임.

朴宗根,『淸日戰爭과 朝鮮』, 朴英宰 譯, 서울, 1989.
崔文衡,『노일전쟁 이전 일본의 한국침략』, 서울, 1986.

———, 「國際關係를 통해 본 淸日開戰의 動因과 經緯」, 『歷史學報』, 99/100, 1983. 10.

4. 러일전쟁

Brands, H.W., ed., *The Selected Letters of Theodore Roosevelt*, N.Y., 2001.

Dennett, Tyler, *Roosevelt and the Russo-Japanese War*, N.Y., 1925.

Dobrov, A., *Dalnevostochnaya politika SShA v period Russko-Yaponskoi voiny* (러일전쟁 시기 미국의 극동정책), Moskva, 1952.

Esthus, Raymond A., *Theodore Roosevelt and Japan*, Seattle, 1966.

Langer, William L., "The Origins of the Russo-Japanese War," Carl E. and Elizabeth Schorske, eds., *Explorations in Crisis: Papers on International History*, Cambridge, Mass., 1969.

Nish, Ian, *The Origins of the Russo-Japanese War*, London, 1985.

Okamoto Shumpei(岡本駿平), *The Japanese Oligarchy and the Russo-Japanese War*, N.Y., 1970.

Oye, David S. van der, *Toward the Rising Sun: Russian Ideologies of Empire and the Path to War with Japan*, Dekalb, 2001.

Pavlov, D.B. & S.A. Petrov, *Tainy russko-yaponskoi voiny* (비밀의 러일전쟁), Moskva, 1993. 佐近毅 譯, 『日露戰爭の秘密』, 東京, 1994.

Pleshakov, Constantine, *The Tsar's Last Armada: The Epic Voyage to the Battle of Tsushima*, N.Y., 2002.

Romanov, Boris A., *Ocherki diplomaticheskoi istorii Russko-Yaponskoi voiny, 1895~1907* (러일전쟁외교사개요, 1895~1907), Moskva, 1947. 1955년에 나온 2版은 크게 증보한 것임.

Rostunov, I.I., *Istoriya Russko-Yaponskoi voiny, 1904~1955gg.*(러일전쟁사, 1904~1905), Moskva, 1977.

Steinberg, Jonathan, "Germany and the Russo-Japanese War," *American Historical Review*, 1970.

Warner, Denis and Peggy Warner, *The Tide at Sunrise: A History of the Russo-Japanese War*, 1976.

White, John Albert, *The Diplomacy of the Russo-Japanese War*, Princeton, 1964.

Yoshihisa Tak Matsusaka, *The Making of Japanese Manchuria*, Cambridge, Mass., 2001.

Zhukov, E.M., *Mezhdunarodnye otnosheniya na Dalnem Vostoke, 1840~1945* (1840~1945년 극동국제관계), Moskva, 1956. 相田重夫 等譯, 東京, 1957.

崔文衡, 『국제관계로 본 러일전쟁과 일본의 한국 병합』, 서울, 2004.

古屋哲夫, 『日露戰爭』, 東京, 1966.

大江志乃夫, 『日露戰爭の軍事史的硏究』, 東京, 1976.

———, 『世界史としての日露戰爭』, 東京, 2001.
信夫清三郎 · 中山治一 編, 『日露戰爭史の研究』, 東京, 1959, 1972. 초판이 세상에 나오자 여러 비판과 논쟁이 있었는데 이에 대한 편자들의 견해를 1972년판에서 밝히고 있음.
清水威久, 『ソ連と日露戰爭』, 東京, 1973.

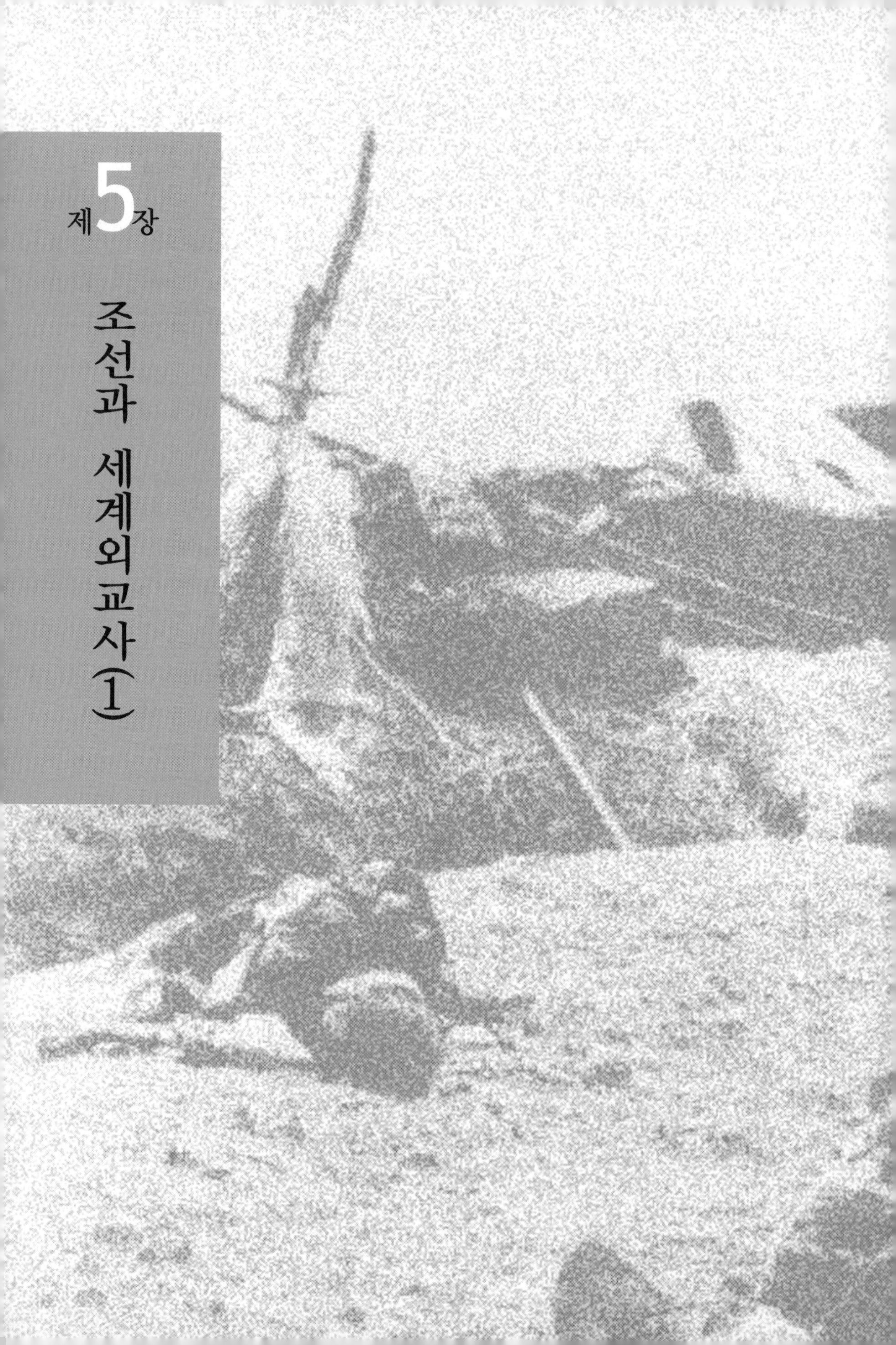

제5장 조선과 세계외교사(1)

약탈제국주의와 조선

제 1 절

19세기 후반 조선이 서양 세력의 공권력과 처음 만나게 된 것은 신부, 깡패, 그리고 해적들의 행위를 거쳐서 이루어졌다. 이런 일은 19세기의 전 세계적인 현상이었으나 조선은 이와 같은 현상이 세계적으로 확산되는 최후의 단계에서 이들 공권력의 대리자들과 만나게 된다. 서로 '야만인'들이라고 간주하는 행위자들의 만남이었다. 따라서 이들의 만남은 매우 극단적이고 과격한 형태로 나타나게 되었다. 이 불행한 시작이 한국 외교사의 방향을 이미 결정하여 버렸다.

1866년 프랑스의 조선 침략은 프랑스 신부들의 문제로부터 시작되었다. 19세기 후반 프랑스가 동북아 지역에 대해 취한 태도가 유럽 문명권이 공통으로 지녔던 세계팽창의 정신으로 지배된 것은 말할 필요도 없다. 이 특징과 더불어 프랑스적인 특색이 가미되었다. 가톨릭교를 전파해야 한다는 신념과 명분이 그것이다. 프랑스의 침략은 그런 정신의 발로였다.

이 침략을 바라다보는 서양 열강의 태도는 서로 달랐다. 중국으로서는 사대질서의 파괴이기에 묵과할 수 없는 일이었다. 따라서 프랑스와는 결국 외교단절에 이르게 된다. 1859년부터 연해주를 획득한 러시아에게도 무관할 수는 없었으나 그들의 후진적인 경제 발전 때문에 '기다리는 정책'을 고수하였다. 영국은 중국 진출에 혈안이 돼 러시아가 한반도에 진출하지 않는 한 현상유지 정책을 고수하였다. 일본은 교린질서의 같은 행위자이면서도 이 기회를 이용해 한반도에 있어서 우월적인 지위를 인정받으려는 그들 특유의 태도를 나타내었다.

프랑스 침략에 무임승차해 조선 진출에 앞장선 나라는 의외로 미국이었다. 조선과 미국의 만남은 해적행위로부터 시작되었다. 그 해적선의 조난에 대해 미국 국무성과 해군성은 서로 나름대로의 대응책을 마련한다. 국무성은 이 사건을 빌미로 조선과 조약을 체결코자 하였고 필요한 경우 힘을 사용해야 된다는 노선을 택하고 해군성은 처음부터 군사적인 응징을 구상하였다. 거문도를 점령해야 된다는 건의도 나오게 된다. 군사요충지로서 거문도 문제가 처음으로 열강의 외교문서에 나타나기 시작한 것이다. 이제 조선은 약탈 제국주의자들의 소용돌이 속에서 헤어나지 못하게 되었다.

한반도는 또 불량배들의 약탈 대상이 되기도 하였다. 이른바 오페르트 사건이 그것인데 이런 불량배들의 행각에 미국 정부의 관리가 관계된 것은 미국 역사의 한 오점이기도 하다.

국가의 공권력이 해적선 제너럴 셔먼호의 소실을 응징한다고 침략을 자행한 것도 약탈 제국주의의 전형적인 예였다. 1871년 6월 10일부터 시작된 미 해군의 48시간의 전투의 결과로 사살된 조선인은 350명 전후에 이르고 있다. 이 전투는 19세기 동안 미국이 동양국가에서 전개한 군사작전 중 가장 큰 규모였으며 조선인의 죽음은 1899년 필리핀 반란사건 이전에 미국인이 동양인을 살육한 행위 중 가장 많은 숫자였다. 이 전투에 참가한 대부분의 미국 장병들은 남북전쟁의 경험을 갖고 있었으나 그때에는 그들이 총질의 맛을 알기에는 너무나 어렸었다. 이제 강화도에서 그들은 총질의 기회를 찾으려고 혈안이 되었으며 많은 조선인들은 마치 토끼들처럼 사살되었다. 이런 살육행위를 당시 「뉴욕 헤럴드」는 "이교도와 치른 우리의 조그만 전쟁"이라고 미화하였다.

그런데 미국의 이 침략행위를 전쟁으로 보아야 한다는 일부 해석에 대해 간략히 언급할 필요가 있다. 19세기 서양의 논리에 의하면 전쟁은 기독교 국제사회의 행위자들의 무력충돌로 그들 국제사회의 규범과 관행으로 지배되는 국제법 제도였다. 이 제도는 물론 유럽 사회 안에서만 적용되는 것이고 비유럽 행위자들에게는 오로지 섬멸전(殲滅戰)debellatio만이 존재할 뿐이다. 이들 비유럽 지역에 대한 전투행위는 그들의 전쟁법이 결코 적용되는 것이 아니다.

이런 사정은 유럽 이외의 다른 유형의 국제사회에서도 비슷하였다. 동양에서도 동등한 행위자의 전투행위를 전(戰)이라 불렀고 이적(夷狄)에 대한 무력행위를 정(征), 벌(伐), 토(討), 취(取)의 용어로 불렀다. 이슬람 세계의 성전(聖戰)jihad, 그리고 구 사회주의 국제법에서 선전했던 민족해방투쟁은 모두 이슬람 세계의 전쟁법이나 공산주의 국제법의 전쟁법이 적용되는 것이 아니라 적의 전멸을 전제로 한 무력 충돌이었다. 정단한 전쟁just war이기 때문이다. 1871년 미국의 조선 침략은 침략이지 결코 전쟁은 아니란 점을 기억해야 된다.

이렇게 볼 때 비유럽 지역의 국가들은 유럽 국가들과 같은 유형의 국제사회에서 함께 평화롭게 공존할 수는 없었다. 이것이 곧 19세기의 역사적인 한계였다. 조선은 그런 한계의 시점에서 이질 문명권들과 만나게 된다.

『세계외교사』의 체계로 볼 때 조선과 이질 문명권의 초기 만남에 관한 제5장의 서술은 매우 상세한 면이 있다. 그 이유는 필자의 『세계관 충돌과 한국 외교사, 1866~1882』(2001)가 절판되어 이제 독자들이 한동안 이 책을 쉽게 접할 기회가 없어졌기 때문이다.

1. 19세기와 조선

영국과 러시아

1814~1815년 빈 회의의 세계사적인 의의는 영국과 러시아 두 나라가 온 지표를 지배한 것이라고 여러 번 지적하였다. 그러나 1839~1842년 아편 전쟁 때까지는 유럽 문명권이 폭력으로 세계 전역을 지배하지는 못하였다. 세계의 주변 지역들은 어느 정도 독자적인 개체성을 가질 수 있었다. 그러나 세계사의 흐름이 이런 개체성 또는 절연성을 계속 용납하지 않았다.

아편 전쟁으로부터 시작해 1882년 조선이 서양 열강과 수호조약을 체결할 때까지 조선이 중국이나 일본에 비해 세계정치의 중심을 이해하는 데에 뒤진 까닭은 먼저 영국의 정책에 그 이유가 있다. 세계 최대 강국 영국의 기본 정책은 한반도의 정치적 현상을 그대로 유지시키려는 것으로 결과적으로는 영국은 사대질서의 충실한 옹호자였다. 영국은 아편전쟁 이후 중국 시장의 구매력에 대한 기대감 속에서 동북아 정치질서의 변경을 저지하는 데에 앞장섰다.

이런 태도는 허츨렛E. Hertslet이 작성한 조선에 관한 각서Memorandum respecting Corea에 잘 나타나 있다. 그는 외무성 사서(司書)로 그 누구보다도 영국의 비밀문서들을 열람할 수 있는 위치에 있었고 또 외교사의 전문가였다. 1882년 조선과 영국 사이에 수호조약이 체결되자 허츨렛은 그해 12월 19일자로 장문의 정책적인 각서를 작성하였다. 이 각서는 1854년 이후 영국의 대조선 정책의 흐름을 외무성의 미공개 자료를 중심으로 작성한 것이다.

이 각서의 결론은 두 가지였다. 하나는 세계 정치의 안목에서 한반도를 바라보고 있다는 점이다. 다시 말하자면 러시아와 세계적인 규모에서 대치하고 있는 상황 속에서 한반도의 위치를 인식하고 있었다는 것이다. 러시아가 한반도에 진출해 영국의 중국 진출에 차질을 가져오지 않을까 하는 것이 영국의 우려였다. 따라서 러시아가 한반도에 개입하는 빌미를 제공하지 않는다는 것이 기본 구상이었다. 따라서 러시아가 한반도에 개입하지 않는 한 영국도 한반도 문제에 관여하지 않는다는 것이 1882년 수호조약이 체결될 때까지의 기본 노선이었다. 그러나 만일 러시아가 블라디보스토크로부터 남하하는 경우 그 세력을 한반도 부근에서 저지해야 된다는 것이 기본 구상이었다. 1870년대 이후 나타난 거문도 점령 계획이 이를 잘 말해 주고 있다.

둘째는 한반도가 영국의 수출 시장으로서 어느 정도의 가치가 있는가 하는 데에 관심이 모아져 있다. 역시 영국다운 발상이었다. 중국 시장에 대해 신화를 갖고 있던 영국은 한반도 시장에 매우 회의적이었으며 부산 왜관을 통한 영국 상품 수출에 만족하고 있었다. 1880년 여름 영국 영사로서는 처음으로 왜관을 직접 방문한 스펜스D. Spence는 부산 왜관에서 판매하는 면제품이 모두 상하이에서 수입한 영국 상품임을 확인하고 있다. 러시아 세력에 대처하는 전략적인 요충지로서, 그리고 경제 진출의 시장으로서의 조선의 가치를 저울질하였다.

당시 세계 최강국이었던 영국의 이런 정책적 입장이 한반도를 세계의 주변 지역으로 계속 머물게 한 주요 원인이었다. 그런데 이런 영국의 한반도 경시 정책은 러시아의 태도와 매우 잘 어울리는 것이었다.

조선 정치사에 러시아의 존재가 정치적으로 부각되기 시작한 것은 1859년 중국과 러시아 사이에 톈진(天津) 추가조약에 의해 러시아가 연해주를 병합한 이후의 일이다. 수세기 동안 태평양을 향해 팽창하기 시작한 러시아는 드디어 17세기 중엽 오호츠크Okhotsk 해까지 진출하게 되었다. 그러나 연해주를 보유한 이후 러시아는 이 지역에서 더 이상의 팽창을 멈추고 당분간 현상 유지 정책을 취하지 않을 수 없었다.

새로 획득한 연해주가 러시아 중앙으로부터 거리가 멀어 교통이 불편하다는 점, 극동에 배치된 러시아의 병력이 미비한 상황, 연해주의 개발을 위해서는 조선 북쪽 지역으로부터 생필품 공급이 불가피하다는 것, 그리고 당시 러시아의 경제 수준으로 보아 이 지역에서 서유럽 세력과 경제 진출을 놓고 경쟁할 수 없었다는 점, 이런 여러 가지 여건으로 보아 러시아는 동북아 지역에서 현상 유지에 한동안 만족하지 않을 수 없었다. 러시아는 조선이 열강에 개방되는 것을 될수록 저지하고 현상을 그대로 유지하면서 연해주 개발에 필요한 생필품을 북 조선 지역으로부터 확보하는 데에 주력하였다. 이것이 곧 러시아의 기다리는 정책vyzhidatilnaya politika이었다. 1866년과 1871년 프랑스와 미국이 조선을 침략하면서 러시아에 공동 행동을 제의했으나 이를 거절한 것도 이런 정책의 발로였다. 이런 사정은 1876년 조선과 일본 사이에 수호 조약이 체결된 직후 작성된 5월 13일자 러시아 외무성의 한 각서에 잘 나타나 있다. 이 정책은 톈진에서 김윤식과 슈펠트 사이에 조약 교섭이 진행될 때에도 조선이 계속 문호 폐쇄 국가zamknutnaya strana로 남아 있도록 러시아는 중국에 권고하고 있다.

세계를 지배하고 있던 영국과 러시아가 1880년 초까지 견지하고 있던 이런 정책은 한반도를 세계에서 고립시키는 결과를 초래하였다. 두 강대국의 이런 정책으로 중국은 1880년을 전후해 조선을 서양 공법에서 말하는 속국으로 전환시키려는 새로운 조선 정책을 채택할 수 있었다. 이것이 이른바 『조선책략』 문제인데 이에 관해서는 다시 후술한다.

이양선의 출몰

19세기에 들어오면서 서유럽 세력들의 세계팽창이 본격적으로 시작되었다. 그것은 먼저 자세한 지도 작성이 선행되었다. 그 다음에는 기독교 전파를 위한 신부와 선교사들의 잠입, 또는 활동이 뒤따르게 마련이다. 그 후에는 동양의 경제적인 예속화 작업으로 마무리 지어진다. 이런 과정을 뒷받침하는 것이 그들의 우월한 군사 장치였음은 말할 필요도 없다.

조선 연안의 측량도 19세기에 들어서면서 더욱 빈번하게 되었다. 완당 김정희도 영국 지도의 정밀함을 보고 1850년 전후에 권돈인(權敦仁)에게 보낸 편지에 다음과 같이 적고 있다.

> 지난번 영이(英夷)가 제작한 지도를 보니 최근에 제작한 것이 분명하다. 다른 국가는 고사하고 우리나라에 관해서 보더라도 중국, 일본과의 경계가 세밀하여서 중국의 곤여전도(坤輿全圖)나 황여전도(皇輿全圖)와는 비교가 되지 않는다. 우리나라에 수차 동, 서, 남, 북의 국경을 돌아다닌 것이 분명하며 프랑스, 스페인, 미국도 이와 같은 방법을 써서 지도를 만들었을 것이다.

측량을 목적으로 조선에 왔다가 항행기를 남긴 경우가 있는데 그 최초가 맥클라오드J. McCleod와 홀B. Hall의 기록이다. 이들은 1816년 중국에 파견된 영국의 특명전권대사 애머스트W.P. Amherst 일행을 호위하기 위한 영국 군함의 승무원들이었다. 애머스트 일행은 베이징에 입성코자 했으나 마침 중국 황제가 러허(熱河)에 피서중이라 뜻을 이루지 못하자 모든 함대는 다른 임무를 수행키로 하였다. 이에 홀이 함장으로 있던 리라the *Lyra* 호와 맥클라오드가 승무원으로 있던 알체스트the *Alceste* 호 두 함대는 조선의 서해안을 답사토록 하였다. 이에 두 함대는 1816년 9월 1일부터 10일까지 지금의 군산만 근처에 정박하면서 측량과 더불어 현지의 현감, 첨사와 접촉하고 최초로 성경을 전하려고 시도하기도 하였다. 그들은 물론 조선 서해안의 항해도를 작성하였고 주석까지 첨부하였다.

또 한 가지 특이한 이양선의 출현은 1832년 7월부터 약 한 달 동안이나 충청도 연안의 창선도(昌善島)와 홍주 고대도(洪州 古代島) 부근에 머물고 간 구츨라프K. Gutzlaff 선교사가 탑승한 애머스트the *Amherst* 호였다. 이 선박은 영국의 동인도회사에 소속돼 있었는데 1830년대에 들어오면서 영국이 화베이, 만주 지방으로의 아편수출에 주목했다는 점에 유의할 필요가 있다. 구츨라프의 조선 항행 목적은 이른바 조선 시장 조사에 있었고 이것을 은폐하기 위해 성경의 전파라는 미명을 도용했을 뿐이다. 그는 중국에서 한 손에는 성경, 다른 손에는 아편을 전파한 인물로 알려져 있었으며 그의 조선 시장 조사는 단순히 영국의 면직물 수출전망 조사에 국한됐다고는 보기 힘들다. 그가 처음으로 성경을 조선에 전했다는 사실 하나만으로 그를 높이 평가하는 견해는 비판받아야 된다.

그리고 1860년부터 조선과 국경을 접하게 된 러시아는 새로 획득한 연해주 진출을 위해서는 그 생필품의 공급 차원에서 함경도 지방과의 교통이 절대적으로 필요하게 되었다. 이로부터 러시아인의 육로 진출과 더불어 러시아 선박의 동해안 출현이 급증하게 되었다.

그즈음 앞서 본 바와 같이 북태평양 지역에서는 미국의 포경업이 번창하였고 따라서 표류 선박이 조선 연안에 나타나기 시작하였다. 1853년 1월 일본 해역에서 고래잡이를 하던 미국 어선이 동래(東萊)에 표착한 것을 위시해 표류 선박이 증가하기 시작하였다. 1866년 6월 미국 상선 서프라이즈the *Surprise* 호가 평안도 연안에 표착하기도 하였다.

측량이건 기독교 전파이건 또는 시장 조사이건 간에 19세기 초반부터 조선 연안에는 이양선의 출현이 크게 늘어났다. 문명권 충돌 요소들의 출현이라고 볼 수 있다. 1848년인 헌종(憲宗) 14년 음력 12월 기사조(己巳條)에 『조선실록』은 다음과 같이 적혀 있다.

> 금년 여름, 가을 이래로, 이양선의 출현이 경상, 전라, 황해, 강원, 함경 오도(五道)에 은현(隱現)되어 대양중(大洋中)에 만란(漫瀾)함이 닿지 않는 곳이 없고 혹은 상륙하여 급수(汲水)하고 혹은 식량을 요구함이 그 수를 알 수 없을 정도이다.

그러나 단순한 표류, 난파 선박이 아니라 계획적인 약탈행위가 나타나기 시작하였다.

상하이 부근에는 일확천금을 꿈꾸는 서양인들이 우글거리고 있었다. 이들 사이에는 조선이라는 나라는 금과 은이 곳곳에 깔려 있고 특히 귀족들의 무덤에는 금은보화가 수없이 묻혀 있다는 소문이 널리 퍼져 있었다. 그리하여 먼저 약탈행위가 시작되었다.

2. 프랑스와 미국의 조선 침략

제너럴 셔먼 호의 해적행위

1866년 8월 9일 미국 소유의 선박 제너럴 셔먼 호the *General Sherman*는 중국 즈푸를 떠나 조선으로 향하고 있었다. 선박 소유주는 미국인 프레스턴W.B. Preston인데 조선으로 떠나기 직전 영국의 메도우즈Meadows and Company 회사와 선박사용 계약을 맺어 이 회사의 물자를 싣고 조선으로 떠났다. 이 물건의 관리인도 영국인 호가드G. Horgath였다. 이 회사가 해적행위의 주범일 가능성이 높다. 선장은 미국인 페이지Page, 조선어 통역은 영국인 선교사 토머스R.J. Thomas(崔蘭軒)가 맡았다.

이 밖의 선원들은 19명의 말레이 인들이었다. 특기할 만한 일은 금은(金銀) 감식가(鑑識家)인 메도우즈 회사 중국인 직원을 동승시킨 일이다. 화물 관리인 호가드의 요청에 따른 것이었다. 조선에 온 목적이 통상이라고 하지만 실제로는 평양 근처 왕릉의 도굴이다. 통상에 필요한 물자를 적재하지도 않았다. 사건 이후 메도우즈 회사가 관계 당국에게 보낸 문서들에도 화물의 자세한 내용을 적고 있지 않다. 금은 감식가가 동행한 것에 주목할 필요가 있다. 이런 상황 증거 이외에도 외국 선박이 내하(內河)에 깊숙이 잠입한 사실 하나만으로도 해적선이라고 단정할 수 있다.

이 해적선은 8월 16일 대동강 입구에서 평양으로 가는 길목인 급수문(急水門)에 도착하였고 그 후 계속 대동강을 올라가고 있었다. 장마철을 만나 행동이 자유스런 해적선은 하순이 돼 장마가 개이자 곤란에 직면한다. 8월 27일 프레스턴 아니면 페이지 선장이 중군(中軍) 이현익(李玄益)을 해적선으로 유인해 그를 감금하였다. 이를 계기로 그들 해적들은 흥분한 조선인에게 총탄을 방사(放射)해 강변에 있던 조선 군민 12명이 사상되었다. 8월 31일의 일이다. 9월 5일 조선은 화선(火船) 공격으로 드디어 그 해적선을 불태워 버린다. 해적들 대부분은 강물에 뛰어들어 익사하고 토마스와 중국인 한 명이 강변으로 올라왔으나 주민들에 의해 타살된다. 이것을 이른바 제너럴 셔먼 호 사건이라고 부르지만 실은 미국의 한 상선이 저지른 해적행위였다. 그런데도 미국 정부는 조선을 응징해야 한다고 흥분하였다.

미국 정부의 태도

수워드W.H. Seward 국무장관은 제너럴 셔먼 호 사건의 전말을 알게 되자 조선 침략에 적극적인 자세를 취한다. 이즈음 수워드 장관은 자신의 조카인 수워드G. Seward 상하이 주재 총영사가 1868년 4월에 발송한 두 편의 보고문을 6월에 받게 된다. 첫 번째는 젠킨스F. Jenkins가 제공한 정보이고 다른 것은 자신을 조선에 나아가 조약을 체결할 전권대표로 임명해 달라는 것이었다.

후술할 남연군(南延君) 묘 도굴의 주범 미국인 젠킨스는 상하이 미국 총영사관의 통역관이었다. 그가 수워드 총영사에게 제공한 정보의 요지는 다음과 같은 허무맹랑한 것이었다. 현재 상하이에는 조선 정부가 파견한 4명의 조선인과 한 명의 로마 교회신부가 도착해 있다. 이들의 목적은 제너럴 셔먼 호 사건의 진상을 설명하고 조약을 체결하는 문제를 토의하기 위해 미국과 유럽에 사절단을 파견하는 것이 현명한 것인지를 알기 위한 것이다. 젠킨스는 이들과 함께 며칠 후 조선으로 떠날 것이고 몇 달 후 다시 돌아올 터인데 그때에는 조선이 서양에 파견할 사절과 함께 오게 될 것을 기대한다는 내용이었다. 그리고 제너럴 셔먼 호 사건에 관해 자신이 알고 있는 극비정보를 전달하고 조선으로부터 돌아올 때에는 그 선박의 생존자들을 데리고 올 것이라고 호언하였다. 제너럴 셔먼 호의 진상을 조사하기 위해 셰난도아the *Shenandoah* 호가 즈푸를 떠났지만 성공하긴 힘들 것이고 여기에 온 조선인들도 그렇게 생각한다는 것이었다. 젠킨스의 정보는 그가 곧 도굴을 위해 조선에 가게 될 것을 위장한 연막전술이었다.

이 사기 정보를 그대로 믿은 수워드 총영사는 자신을 전권대표에 임명해 줄 것을 요청하고 또 국무장관으로부터 훈령까지 받게 된다. 희극이 연출되었다.

제너럴 셔먼 호 사건의 해명과 조약체결을 동시에 해결할 수 있는 조선 사절이 미국과 유럽에 파견될 것이라는 것은 미국 정부로서는 희소식이 아닐 수 없었다. 수워드 장관은 총영사의 두 보고문들을 6월 24일 접수하고 6월 27일에는 수워드 총영사에게 조약 체결권을 부여하고 자세한 행동지침을 전달하게 된다. 미국 대통령은 조선 사절을 만나 보기를 매우 희망하지만 만일 조선이 외국에 사절을 파견하지 않는다면 총영사가 직접 조선에 나아가 일본과 맺은 것과 유사한 조약을 체결하라고 훈령하였다. 그리고 조선 방문은 '관대하고 우호적인 것이어야 하며 만일 필요하다고 간주되어도 힘의 문제는 최종적으로 고려하도록 유보할 것' 을 당부하였다. 그리고 힘의 사용으로 조선을 위협하지 말 것이며 관용과 인내를 베풀 것을 강조하였다.

그러나 셰난도아 호의 임무는 무위로 끝나고 젠킨스도 빈손으로 상하이에 돌아온다. 수워드 총영사는 사기행각에 휩싸인 것에 분노하고 힘의 사용 없이는 조선과의 교섭은 불가능하다는 정반대의 견해를 장관에게 전달한다. 그러나 국무장관이 구체적인 행동을 취할 수 없었던 것은 존슨A. Johnson 행정부의 임기는 1869년 3월로 끝나게 되었고 그 자신도 8년간의 장관직에서 물러나야 했기 때문이다. 따라서 조선에 대한 응징은 다음 행정부의 일로 남게 되었다.

한편 해군성의 웰스G. Wells 장관이나 벨H.H. Bell 아시아 함대 사령관은 조선 현지에 나아가 진상을 정확히 조사하고 생존자가 있으면 구출하며 필요한 경우 거문도와 같은 일부 지역을 점령할 것을 처음부터 구상하였다.

벨은 1866년 12월 하순 슈펠트R.W. Shufeldt에게 즈푸로 와서 가능한 정보를 얻고 워츄셋the *Wachusett* 호를 이끌고 조선에 나아가 진상을 파악토록 명령하였다. 그리고 생존자가 있으면 구해야 하며 돌아오는 길에 거문도를 방문해 그곳의 상황을 조사토록 명령하였다.

슈펠트는 1867년 1월 하순 장연현(長淵縣)에 도착하고 고종에게 보낼 서한을 현감에게 전달한다. 그는 이 서한의 답장을 기다리지도 않고 예정대로 거문도를 방문한다. 거문도를 지중해 입구의 지브롤터Gibraltar로 비유하면서 훌륭한 해군기지이며 해군의 요양소로서도 적격이라고 판단한다. 그는 조선이 외국에 보인 멸시적인 행동에 대해서는 응분의 응징을 받아야 한다고 하면서 그 대상으로 거문도의 점령을 벨 사령관에게 건의하고 있다.

> 왜 거문도를 점령하지 않습니까? 우리들은 바로 이런 장소를 원하고 있으며 귀하는 매우 좋은 명분이 있습니다. 이곳으로부터 조선 정부가 최소한 외국인에 대한 책임을 인정하지 않을 수 없을 때까지 조선의 남해안 연안으로 작전을 하면 어떻겠습니까?

벨은 1867년 2월 해군성에 거문도 점령을 건의하면서 "이런 조그마한 지역을 보유한다는 것이 어떤 영토 확장을 위한 야욕을 결코 표시하는 것은 아니다."라는 견해까지 덧붙였다.

한편 조선에 아직 생존자가 있다는 풍문이 그치질 않았다. 미국 해군성은 그 진위를 파악하기 위해 셰난도아 함장 페비거J.C. Febiger를 다시 조선에 파견하였다. 이때 페비거는 박규수가 작성해 슈펠트에게 전달하려고 했으나 슈펠트가 기다리지 않고 떠나버려 전달하지 못했던 서한의 사본을 받았고 정본(正本)은 조선 정부가 베이징의 슈펠트 앞으로 보내었다. 당시 슈펠트는 미국으로 떠난 후여서 이 문서는 다시 워싱턴으로 발송되었다. 그런데 이때에도 그는 미국을 떠나 있어서 그가 이 문서를 받아본 것은 일이 년 이후의 일이었다. 이런 어려운 경로를 거쳐 이 문서를 읽은 슈펠트는 다음과 같이 격찬한 바 있다.

> [그 문서]는 그 성격이 경세가(經世家)답고 그 진술의 진실성이 본질적인 증거를 갖고 있어서 페비거와 나 모두는 제너럴 셔먼 호에 대한 공격은 강력한 도발에 의해서 [정부에 의해] 인정되지 않은 군중들이 저지른 것이라고 확신하였다.

국무성의 경우와 마찬가지로 해군성도 어떤 구체적인 행동을 취할 시간적인 여유가 없었다. 1869년 3월 초에 존슨 정부가 물러나게 되어 있었고 웰스 해군장관도 퇴임하게 되었다. 그러나 조선을 응징해야 된다는 해군성의 분위기는 계속 이어져서 그것이 현실로 나타난 것이 1871년 소위 신미양요였다.

국제도굴사건

이른바 남연군 묘 도굴사건은 일확천금을 꿈꾸는 깡패, 이들 깡패들을 부추기는 돈줄들, 그리고 타락한 신부(神父)들이 합세해 일으킨 전대미문의 추악한 것이었다. 이 사건을 계기로 조선 조정은 더욱 배외의 길로 치닿게 되었다. 남연군은 대원군의 생부이며 그 묘는 현재 수덕사 근처 덕산군(德山郡)에 위치해 있다.

이 사건은 한국 외교사에 있어서 하나의 일화에 불과하다. 그것은 국제사회의 행위자들의 문제는 아니다. 그러나 행위자인 조선의 대외인식에 큰 영향을 미친 사건이어서 어느 정도의 서술이 필요할 것이다.

오페르트E.J. Oppert 자신이 쓴 저서에 의하면 남연군 묘를 도굴하고 그 수장품을 담보로 하면 대원군이 서양 세력과 조약을 체결할 수 있을 것이라는 기상천외의 착상을 처음으로 한 자는 페롱S. Féron 프랑스 신부로 되어 있다. 페롱은 1866년 프랑스 침략군에 의해 조선에서 구출된 자였다. 그는 이런 범죄 구상을 중국 주재 프랑스 공사 랄르망comte de Lallemand에게 말했으나 랄르망은 패롱의 정신 상태를 의심하였고 그가 이런 생각을 누구에게 말해도 믿지 않으리라고 여겼다.

페롱은 함부르크 태생의 오페르트와 접촉하게 되었다. 오페르트는 큰 목적은 작은 수단으로는 달성될 수 없다면서 흔쾌히 수락하였다. 오페르트는 이미 조선과 통상을 한다고

1866년 3월과 8월에 두 번이나 조선을 다녀간 자였다. 그리고 돈줄은 상하이 미국 총영사관의 통역관이었던 미국인 젠킨스가 맡았다.

이들 깡패 사기집단들은 근 140명의 선원을 동원하였다. 유럽인 10명 내외, 필리핀 선원 20여 명, 중국인 선원 100명 안팎이었다. 이들은 먼저 일본 나가사키에 가서 도굴에 필요한 장비와 무기 등을 구입한 뒤 조선으로 향하였고, 드디어 1868년 5월 10일(음력 4월 18일) 충청도 홍주(洪州) 행담도(行擔島)에 도착하였다. 여기에서 그들은 낮 12시경 타고 온 주선(主船) 차이나the *China* 호를 놓아두고 수심이 얕은 강을 운행할 수 있는 그레타the *Greta* 호로 바꾸어 타 덕산군 구만포(九萬浦)에 상륙해 곧 남연군 묘소로 향하였다. 묘를 도굴하기 시작해 관곽(棺槨)까지 노출시켰으나 너무 견고해서 파개(破開)할 수가 없었다. 그들은 부득이 다음날 새벽 5~7시경 행담도로 돌아가지 않을 수 없었다.

이들은 다시 영종도에 올라가 대원군에게 서한을 보내겠다고 영종 첨사와 수작을 벌이다 뜻을 이루지 못하자 영종도에 상륙하는 만행을 서슴없이 자행하였다. 그리하여 조선군과 충돌하게 되고 필리핀 선원 2명이 사망하였다.

조선의 조야는 이런 전대미문의 사건이 바로 양이(攘夷)의 추악성을 드러내는 것으로 인식하지 않을 수 없었다. 조선 조정이 추진해 온 배외정책이 명분을 얻게 되었고 더욱 배외의 길에 박차를 가하게 되었다.

그런데 한반도는 이런 사적 집단의 약탈행위를 넘어 국가 공권력에 의한 침략을 받게 된다. 1866년과 1871년 프랑스와 미국의 침략이 그것이다.

프랑스의 침략

프랑스의 침략은 천주교 탄압에 대한 보복이라는 명분으로 자행되었다. 1866년 초 베르뇌S.F. Berneux, 다블뤼M.N.A. Daveluy를 위시한 9인의 프랑스 신부들이 처형당하였다. 조선에서 천주교 탄압은 1801년 신유사옥 이래 수차에 걸쳐 일어났다. 이런 탄압은 정치사적인 입장에서 볼 때 이질적인 문명권의 침투에 대한 전통사회의 방어와 유지라고 볼 수 있다. 19세기 전 세계의 현상이었다. 이런 입장은 종교사적인 견지에서 탄압의 대상을 순교사의 문제로 보는 것과는 확연히 구별된다.

대원군은 한때 러시아의 남하에 대처하는 방안으로서 프랑스, 영국과 제휴하는 것을 구상한 바 있었다. 전통적인 이이제이(以夷制夷)의 외교방법이었다. 프랑스와 영국이 러시아의 남하를 저지해 주는 대가로 조선은 종교의 자유를 허용한다는 것이었다. 그러나 1866년 1월 원산에 온 러시아 군함이 스스로 퇴거하자 이런 계획을 곧 버리게 되었다.

대원군을 위시한 위정자들은 1860년 중국 황제의 몽진(蒙塵) 이후 서양 세력이 조선에도 곧 도래할 것이라는 위기감을 갖고 있었다. 따라서 이런 외침에 대비해 이들과 내통할 우려가 있는 불순분자를 사전에 제거하는 것이 필요하다고 느끼게 되었다.

하여간 조선을 탈출한 리델F.C. Ridel 신부는 1866년 7월 초 즈푸(芝罘)에서 로즈 제독을 만나 천주교 탄압의 실상을 전달하였다. 로즈는 조선에 남아 있는 페롱과 칼레A.-N. Calais 신부를 구출하기 위해 조선에 원정할 것을 약속하고 로즈를 배석한 해군 장교들도 리델 신부를 극진히 환대하였다.

로즈는 7월 10일 해군성 장관에게 조선의 야만적인 침범행위에 대해 현저한 보상réparation éclatante을 요구해야 한다는 의견을 개진하면서 선교사 박해 실상을 길게 보고하였다. 공사 벨로네H. de Bellonet도 즉각적인 행동을 취하겠다고 공언한다. 본국 정부의 명령이나 훈령을 기다리지도 않고 야만국을 징벌한다고 공언하는 것은 당시 해외에 주재한 프랑스 관리나 제독들의 관행이었다.

조선 원정을 공언한 벨로네는 먼저 중국과 교섭을 진행하였다. 그가 총리각국사무아문(總理各國事務衙門), 즉 총서(總署)의 총령대신(總領大臣) 공친왕(恭親王)과 벌인 교섭은 기상천외의 행각을 보여 준 것으로 매우 유명하다.

1866년 7월 13일 벨로네는 그 유명한 문서를 총서에 전달한다. 총서는 이 문서를 다음날(음력 6월 3일) 접수하였다. 프랑스 외무성 문서고에 소장된 벨로네 조회의 원문은 외교문서의 형식조차 갖추고 있지 않은 것이었다. 그것은 유럽인의 오만을 잘 나타내 준 귀중한 글귀이다.

> 프랑스 황제의 정부는 피로 물든 이러한 모독을 징벌하지 않을 수 없습니다. 조선의 국왕이 우리의 불행한 동포들에게 손을 가한 바로 그 날이 그 통치의 마지막 날입니다. 조선 국왕은 그의 멸망을 스스로 선언하였다고 본인은 오늘 엄숙하게 내 자신 선언하는 바입니다. 며칠 후 우리의 군대는 조선을 정복하러 나아갈 것이며 우리의 존엄한 황제만이 조선과 주인이 없는 그 왕좌를 황제의 의향에 따라 처분할 권리와 권한을 갖고 있습니다.

벨로네는 이 조회문을 전달한 이후 총서와의 외교교섭을 중단하였다. 그에게는 전쟁의 도발만이 문제였다.

1866년 프랑스의 조선 침략행위는 두 단계로 행해졌다. 첫 번째 단계는 정찰을 위한 원정이었다. 1866년 9월 18일로부터 10월 1일까지 중국-일본해 해군 분견대Division navale des Mers de Chine et du Japon 사령관 해군 소장contre-amiral 로즈P.G. Roze 제독은 기함(旗艦) 프리모게 호*Primauguet*, 통보함(通報艦) 데룰레드 호*Déroulède*, 포함(砲艦) 타르디프

호*Tardif* 3척을 이끌고 아산만, 덕적도, 물치도(勿淄島, 현재 작약도), 강화도를 정찰하고 9월 23일에는 한강을 거슬러 올라가 26일에는 양화진에서 하루를 정박한다. 그러고는 10월 1일 물치도를 떠나 3일 중국 즈푸에 도착한다. 그는 10월 6일 이 정찰행위의 과정을 해군성 장관 샤슬루-로바J.N.S.P. Chasseloup-Laubat에게 자세하게 보고한다. 그는 이 보고서에서 서울을 공격할 수는 없으나 강화도를 점령해 프랑스 신부 학살에 대해 보복할 수 있다고 하면서 모든 군함을 이끌고 곧 조선에 나아갈 것이라고 말하고 있다.

로즈는 예정대로 강화도 점령을 단행하기 위한 두 번째 원정을 떠난다. 첫 번째 원정 때 동원된 3척의 군함 이외에 4척을 더 동원하고 10월 11일 즈푸를 떠나 13일 물치도에 정박하였다. 다음날 올리비에르Olivier 해군대령은 갑곶(甲串)을 점령하고 16일 도세리 d'Osery 해군중령은 강화부성을 점령해 은괴, 무기, 서적 등을 노획한다.

이날 프랑스 군대는 강화부성 옆에 있던 외규장각 도서들을 노획하였다. 로즈가 10월 22일과 11월 17일 해군성 장관에게 보고한 글 가운데 관련 문구를 보면 다음과 같다.

> (16일) 우리는 또한 국가의 고문서고(古文書庫)를 발견하였는데 조선의 역사, 전설, 문학에 관해 많은 신비를 설명할 수 있는 대단히 신기한 책들임을 확인하였습니다. 본인은 규정에 따라 그 목록을 작성케 하였으며 이 신기한 수집을 각하에게 보낼 생각인데 각하는 물론 국립도서관에 전달할, 유익한 것으로 판단하실 것입니다. … 조선 국왕이 (강화읍에) 소유하고 있고, 그러나 드물게만 사용하던 저택에는 아주 중요한 것으로 여겨지는 수많은 서적들로 풍부한 도서실이 있었습니다. 위원회[로즈는 노획한 물건을 조사하기 위해 위원회를 구성하였음. 저자]는 공들여서 포장한 340권을 수집하였는데 기회가 되는 대로 프랑스로 발송하겠습니다.

이 노획된 서적들은 현재 프랑스 국립도서관에 297책으로 보관돼 있다. 오늘날 한국과 프랑스 사이에 현안이 되고 있는 도서 반환 문제가 바로 이것이다.

10월 26일에는 문수산성의 전투에서 프랑스군 3명이 사망하고 2명이 부상을 당한다. 11월 9일에는 결정적인 전투가 있었다. 올리비에르 휘하 군인 150명이 전등사에 도착하자 정족산(鼎足山)에 매복했던 조선 포수들의 기습을 받는다. 로즈는 30여 명의 부상자가 생기자 철수를 결정하게 된다. 11월 21일 로즈는 조선 해안을 떠나 프랑스 공권력에 의한 침략행위는 끝나게 된다.

프랑스 정부의 태도

로즈가 조선 원정을 보고한 1866년 7월 10일자 서한을 해군성 장관이 받아본 것은 9월 초이며 9월 7일 외상에게 조선 침략을 알린다. 그리고 다음날 해군성 장관은 그의 의견을 담은 서한을 로즈에게 보냈다. 조선해안에 관한 정보들이 불충분해 원정계획에 매우 주저하지 않을 수 없으나 육지에 상륙하지 않고 또 로즈 휘하의 병력만을 동원해 프랑스 군함이 쉽게 도달할 어떤 지점에서 보상을 요구하고 복수를 할 수 있다면 이를 승인한다는 내용이었다. 그러나 이 서한을 로즈가 받은 시기는 그가 이미 조선으로 떠난 이후였다. 따라서 벨로네와 로즈는 본국정부의 명백한 훈령이나 명령을 받지도 않고 조선 원정을 단행한 것이다.

무티에르 외상은 1866년 11월 10일 벨로네에게 보낸 서한에서 프랑스 정부의 공식적인 입장을 밝히게 되었다. 이 서한이 중국에 도착한 것은 다음해 초였다.

> 본인은 귀하가 권한을 위임받은 아무런 훈령을 받지도 않고 귀하가 관장하고 있는 공관의 책임을 귀하가 수행하여 온 그런 지경까지 행사할 수 있다고 믿은 것을 심각한 경악으로 생각하였습니다. [특히] 귀하가 개인적인 권위로 조선 국왕의 폐위를 선언하고 조선에 대해 엄숙히 전쟁을 선포하며 또 중국 해역에 있는 우리 해군의 사령관에게 전투행위를 지시한 것 등이 그런 것입니다.
>
> [본인은] 귀하가 취한 행동을 완전히 부인하지 않을 수 없으며 또 귀하가 행한 선언들과 귀하가 내린 명령들은 원천적으로 무효nuls et non avenus라고 귀하가 간주하길 바라는 바입니다.

벨로네의 후임인 랄르망Marie C.H. Albert, comte de Lallemand 백작에게도 파리 외무성은 1867년 9월 10일자로 다음과 같은 전문을 보내었다.

> 조선 문제에 관해 귀하는 완전한 회피의 태도를 견지하시오. 우리 동포의 보호문제에 관해서는 분쟁을 일으킬 모든 일을 피하도록 조심하시오.

해군성도 외무성과 같은 의견이었다. 1867년 1월 하순 새로 부임한 즈누이C.R. de Genouilly 해군성 장관은 제독들의 해외개입을 적극 저지하는 입장을 처음부터 표명하였다. 이 당시 프랑스 정부는 유럽 정치에 몰두해야 할 처지였다. 1866년 프로이센은 예상을 뒤엎고 오스트리아를 속전속결의 전략으로 대파해 프랑스는 강력히 부상한 프로이센에 어떻게 대처해야 하느냐가 가장 큰 문제였다. 이렇게 되어 조선 원정의 일화는 끝나게 되고 프랑스는 한동안 조선 문제에서 손을 떼게 된다.

미국의 침략

1869년 3월 새로 등장한 그랜트U.S. Grant 행정부의 국무장관 피시H. Fish는 특히 조선 문제에 관해서는 수워드G. Seward 상하이 총영사의 견해를 추종하였다. 피시는 1870년 초에 수워드를 워싱턴으로 불러 조선 문제에 관한 그의 의견을 들었으며 2월 28일에는 수워드, 데이비스J.V.B. Davis 국무차관, 그리고 로저스J. Rodgers 신임 아시아 함대 사령관들이 모여 대책회의를 열었다. 이 자리에서 수워드는 대충 다음과 같은 의견을 개진하였다. 난파선 보호조약은 반드시 체결해야 된다. 그러나 무역조약을 강요하는 경우 무력충돌을 자아내게 될 것이다. 또 중국의 중개를 요청하고 열강에게도 미국의 행동을 알리는 것이 바람직하다.

이런 대책회의 결론에 따라 다음과 같은 1870년 4월 20일자 훈령이 로우F. Low 중국 주재 공사에게 전달되었다.

(1) 난파선 보호조약을 체결할 것. 가능하다면 무역관계의 조항도 삽입할 것. 동봉하는 1854년, 1858년 일본과 체결한 조약을 참조할 것.
(2) 베이징에서 조선에 관한 가능한 모든 정보를 입수할 것. 중국 정부의 중재를 받을 것.
(3) 로저스와 긴밀히 협의할 것. 원정시기 결정에 관해서는 수워드와 상의할 것. 수워드는 언제 임지에 도착할지 모르니 금년에는 이 훈령을 실행할 수 없을 것임.
(4) 미국의 명예와 관련되지 않는 한 힘을 사용하지 말 것.

이 훈령문을 보면 로우에게 상당한 재량권이 부여돼 있으며 원정에 필요한 경비도 영국의 한 은행에서 찾아 쓰도록 하였다.

이 훈령에 따라 로우, 수워드, 로저스는 구체적인 계획을 수립하였다. 일단 침략의 시기를 1871년 5월로 잡았다. 이에 따라 로우는 중국과 조선에 외교적인 교섭démarche을 하는 체하고는 1871년 5월 초 곧 로저스 함대가 집결하고 있던 일본 나가사키(長崎)로 떠나 버렸다. 5월 16일 조선 원정대는 나가사키를 출발해 조선으로 향하였다.

이들의 병력을 보면 "미국의 불명예에 관련되지 않는 한 힘을 사용하지 말라"는 위 4월 20일자 훈령은 하나의 미사여구(美辭麗句)에 지나지 않은 것을 알게 된다. 기함 콜로라도호를 위시해 군함 5척, 대포 80문, 그리고 해병이 무려 1,230명을 헤아리는 대병력이었다. 이번에도 리델 신부가 길잡이로 나섰다.

6월 1일 이들 침략군의 탐험대는 강화해협을 측량하기 시작하였다. 이에 강화도 손돌목의 포대가 공격을 가하지 않을 수 없었다. 교전이 뒤따랐다. 이른바 손돌목 포격사건이 이것이다. 미국은 좋은 구실을 얻게 된다. 조선이 그들의 국기를 모독했다는 것이다. 조선의 사과를 요구했으나 강화 유수(留守)가 이에 응할 리 없었다.

손돌목의 공격을 응징한다고 로우 공사와 로저스 제독은 곧 침략적인 약탈을 자행하였다. 6월 10일부터 일어난 '48시간의 전투'가 바로 그것이다. 미 해병은 초지진(草芝鎭), 광성진(廣城鎭), 덕진진(德津鎭)을 함락시켰다. 조선은 350명 전후의 전사자를, 미국은 다만 전사자 3명, 부상자 10명을 내는 데에 그쳤다. 병기의 현격한 차이를 알 수 있다.

6월 12일 강화도를 자진 철수한 로우 공사와 로저스 제독은 다시 통상을 요구했으나 거절당하자 7월 3일 조선으로부터 떠나 버린다. 로저스 제독의 군사작전을 검토한 미 해군성의 고위관리인 포터D.D. Porter 제독은 "당신의 함대는 가장 효율적인 함대 같소. 나는 최고의 찬사를 당신에게 보내는 바이오."라고 극찬하였다. 1871년 7월 17일자 『뉴욕타임스』의 기사제목이 '야만인에 대한 신속하고 효과적인 응징', '우리 선원에 대한 모욕은 복수되다.'라는 것이었다.

해적선 제너럴 셔먼 호 사건을 보복한다고 야기된 1871년 침략전쟁은 미국으로서도 불명예스러운 것이었다. 한편 조선은 1866년 프랑스 침공에 이어 다시 미국 침략행위의 희생물이 되자 더욱 배외정책에 박차를 가하게 되었고 세계정세에 관한 정확한 인식으로부터 더 더욱 멀어지게 된다.

조선, 중국, 그리고 미국

침략의 시기를 결정한 로우 공사는 명분을 세우기 위해 중국과 조선에게 외교적인 언사를 행사한다. 1871년 3월 7일(음력 1월 17일)자로 조선 국왕에게 보내는 서한을 작성해 이를 조선에 전달해 줄 것을 중국 총서에 부탁하였다. 로우는 중국 총서에 보낸 조회문에서 자신은 난파선 보호와 제너럴 셔먼 호 문제를 토의하기 위해 조선에 파견된다고 밝히고 조선의 고위 인사와 회담할 것을 요청하였다. 로우는 사전에 서한을 발송하는 이유는 미국의 평화적인 의도를 미리 밝히고 중국을 통하는 이유는 중국이 이를 받아 보고 조선에 어떤 압력을 행사하길 기대하기 때문이라고 피시 장관에게 보고하고 있다.

미국의 요청을 받은 중국 총서는 난감하였다. 총서는 예부로 하여금 미국의 문서를 조선에 전달하기로 하였다. 예부는 이에 따라 3월 22일(음력 2월 2일) 조선에 문서를 전달하였다. 그러나 조선이 스스로 문제를 해결토록 하고 앞으로는 문서 전달을 대신하지 말 것을 상주(上奏)하였다. 총서는 조선이 비록 조공국이지만 그 정교금령(政教禁令)은 자주에 임한다는 전통적인 견해를 밝히고 이번 한 번만 미국의 요구대로 조선에 서한을 전달하는 특별한 배려를 한다는 답변을 3월 28일(음력 2월 8일)에 가서야 로우에게 전달하였다.

한편 조선 조정은 1871년 4월 10일(음력 2월 21일) 중국 예부로부터 받은 문서들을 놓고 회의하였다. 자신을 미국이 조선에 파견한 공사라고 소개하면서 시작된 로우 공사가 조선 국왕에게 보내는 서한은 오만과 협박으로 가득 차 있었다. 우선 1866년에 있었던 조난사건을 힐문한다.

> 병인년에 미국 상선 두 척 중 한 척은 [조선] 경내에서 바람을 만나 선박은 침몰하였으나 인명 피해는 없었지만, 또 한 척은 경내에서 인명과 물품이 모두 행방불명된 바 있다. 귀국이 미국의 기호(旗號)를 식별하는지 모르겠으며 한 척은 구하고 다른 한 척은 해를 받게 하는 것은 무슨 이유인지 모르겠다.

여기서 두 척이란 제너럴 셔먼 호와 서프라이즈 호를 말한다. 국서는 다시 협박으로 이어진다. 자신들은 3개월 이내에 조선에 나아갈 예정이고 조선의 대관(大官)과 회의를 갖고자 한다. 그런데 만일 조선이 여러 면에서 거절한다면 실로 불목(不睦)을 스스로 일으키게 된다는 것이다. 조선은 또 총서와 로우의 왕복서한도 받아 보았다. 그리고 이날 중국 예부에 회자(回咨)키로 결정하였다.

중국에 보낸 이 자문은 박규수(朴珪壽)가 4월 14일(음력 2월 25일)에 작성한 것이다. 그 내용은 다음과 같다. 제너럴 셔먼 호 사건에 관해서는 누차 그 진상을 전달해 미국 측도 잘 알고 있을 것이다. 미국 상선이 먼저 아국인을 능멸하고 학대하지 않았다면 조선 관민이 어찌 먼저 해를 가하였을 것인가? 미국의 서한에 보면 화목하게 서로 대한다고 하는데 만일 좋은 뜻으로 서로 관련하면 우리도 이들을 접대하여 보낼 것이다. 그러나 상판(商辦)하고 교섭하려고 한다는데 무엇을 상판하고 교섭하려는지 모르겠다. "대저 남의 신하된 사람은 원래 외교가 없는 것"이다. 난파선 문제라면 명백한 규칙이 있기 때문에 상판할 필요가 없으며 만일 그들이 좋은 뜻을 품지 않고 이곳에 와서 능멸하고 학대한다면 단호히 방어하지 않을 수 없다. 그리고 통상을 교섭한다면 조선은 통상할 물자도 없으며 국내의 용도에도 지탱할 수 없으니 결코 통상을 할 수 없는 일이다. 그러하니 미국 사신이 번거롭게 오지 못하도록 설득하여 달라는 것이었다.

여기에서 이 당시 외국에 보내는 거의 모든 문서들을 작성한 박규수의 평가 문제를 잠시 언급할 필요가 있다. 그의 수제자인 김윤식(金允植)은 훗날 박규수는 1866년 이래 미국과 조약을 체결해야 된다고 구상했었다고 1911년에 글을 남겼다. 이런 구상은 1866년 당시 조선의 사정으로 보아 실로 놀라운 일이 아닐 수 없다.

박규수의 대외인식은 '중화와 오랑캐는 하나이다'[華夷一也]라는 기본 명제에 입각하고 있었는데 이것은 분명히 홍대용(洪大容)의 영향이다. 홍대용은 박규수 조부인 박지원(朴趾源)의 친구였다. 박규수는 홍대용의 역외춘추(域外春秋) 논리에 깊이 영향받았다고 여겨진다. 그리하여 박규수는 당시 조선의 대외인식의 수준을 한 단계 뛰어넘어 벌써 근대적인 국제사회의 틀을 어느 정도 인식하게 되었다. 이런 사실은 그가 훗날 개화파 인사들을 지도하게 된 사상적인 원류를 이루고 있다는 점에서도 또다시 높게 평가돼야 한다.

제 2 절

교린질서와 조선

1392년 조선 왕조가 개국된 이후 1868년 일본의 메이지 유신에 이르기까지 근 500년 동안 두 나라 관계는 교린(交隣)이라는 특이한 질서로 규율되었다. 조선과 중국의 관계는 사대 질서로 규율되어서 19세기 중반 이후 조선의 외교사는 이 두 질서가 서양 국제법 질서와 충돌하면서 해체되는 과정의 역사다.

교린 질서는 그 주체와 객체의 성격이 특이하였다. 조선은 통일된 하나의 주체인 데 반하여 조선과 교섭하는 일본의 주체들은 본문에서 서술하는 바 같이 여럿이 있었다. 그리고 객체도 특이하였다. 조선과 막부 사이의 관계는 정치적이고 문화적인 사항을 관할하였으며 명분상 평등한 국가관계라고 서로 인식하였다. 그러나 조선과 쓰시마, 규슈 토호들의 관계는 주로 통상과 경제 문제를 다루었다. 17세기 말부터 쓰시마를 거쳐 조선에 유입된 일본 은(銀)의 수출량이 나가사키(長崎)의 은 수출 총량을 능가한 사실 하나만 보더라도 조선과 쓰시마 무역의 중요성을 알 수 있다. 조선에 유입된 은은 다시 조선의 대 중국 무역 결제 수단으로 사용되었다. 동서양 무역을 연결하는 중앙아시아의 육로를 실크로드라고 한다면 일본-쓰시마-부산-서울-의주-베이징의 연결을 실버 로드라고 부를 수 있다.

교린질서는 15세기부터 자세하게 제도화되었다. 서계(書契)는 교린 질서에서 확립된 외교문서의 일종이다. 따라서 그 양식을 변경한다는 것은 단순한 형식상의 문제가 아니라 그 국제사회의 규범을 어떻게 해석하느냐 하는 보다 기본적인 문제와 연결되어 있다. 조선과 일본의 불행한 시작은 가깝게는 이때부터 시작된다. 그 책임은 두 나라 모두에게 있다고 생각한다. 일본은 기존 국제사회의 규범들을 일방적으로 파괴하려고 하였고 조선은 교린관계의 규범들이 더 이상 작동할 수 없게 된 역사적인 상황을 제대로 인식하지 못하였다. 이 시기는 교린과 국제법 질서에 입각한 두 세계관의 충돌이 매우 뚜렷이 나타난 시점이며 근대 한일관계사를 이해하는 데에 반드시 검토하고 알아두어야 할 기간이기도 하다.

1873년 말 근 10년간 이질 문명권과 만나는 것을 거부하여 온 대원군이 정치일선에서 물러난다. 1860년대에는 겨우 그런 만남을 거절할 수 있었다. 그렇게 거절할 수 있었던 국제정치적인 배경을 무엇보다 세계 최대 강국이었던 영국의 동북아 정책에서 찾을 수 있다. 영국은 중국 시장 개척에 모든 희망을 걸고 중국과 협조한다는 것이 그들의 기본 태도였다. 따라서 조선 문제를 거론하여 중국과 대립하는 것을 원하지 않았다. 또 그럴 만큼 조선 문제가 그들에게 중요하다고 판단하지도 않았다. 일본을 통하여 영국 면제품이 조선에 수출되는 것에 한동안 만족하였다. 그러나 영국의 조선 경시정책은 오래 지속될 수는 없었다. 러시아 문제가 곧 대두되었기 때문이다.

일본도 정한론을 둘러싼 분쟁에서 보듯이 조선에 대해 한동안 확고한 정책을 실행으로 옮길 수 없었다. 그러나 1871년 이른바 폐번치현(廢藩治縣)을 단행한 이후 그들은 조선 문제를 그들 방식에 따라 처리하는 데에 국론이 통일되었다.

고종과 박규수는 이러한 국제정치적인 여건을 어느 정도 정확하게 인식하고 있었다고 필자는 평가한다. 그러나 당시 조선 조야의 전체적인 분위기는 매우 배외적인 것이었다. 1866년 이래 조선이 약탈 제국주의의 표적이 되어 온 결과를 생각할 때 오히려 당연한 일이기도 하다. 이러한 국제정치적인 여건이 대원군의 정책과 맞물리어 조선은 서양 국제법 질서와 순조롭게 만날 수 없었다. 이 역사적인 단계에서 고종과 박규수는 외로운 투쟁을 하게 된다.

교린질서를 버리고 국제법 질서를 형성한다는 문제는 당시 조선의 조정으로서는 결정하기 매우 힘든 문제였을 것이다. 1875~1876년 당시 조선 조야의 전체 분위기를 생각하면 쉽게 이해되리라 믿는다. 이런 분위기에서 고종을 정점으로 하는 일부 인사들이 일본과 국제조약을 체결해야 된다고 주장하고 이를 실천에 옮긴 일은 새로운 각도에서 재평가해야 된다고 생각한다.

1876년 조선과 일본의 수호조약은 동북아 질서를 변경시킨 큰 사건이었다. 이런 사건에 임하는 열강의 태도가 무엇이었는지를 따지는 일은 매우 중요하다. 여기에 그들의 조선관(朝鮮觀)이 분명히 나타나고 있기 때문이다. 중국은 조선이 외번(外藩)의 지위를 계속하면서 변화된 현실에 어떻게 적응될 수 있는가를 모색하였다. 세계국가인 영국은 가상 적국 러시아를 염두에 두고 이 기회를 어떻게 이용할 수 있느냐에 고심하였다. 거문도 점령문제가 이때부터 대두되었다. 영국 외무성이 점령을 반대한 것은 점령 자체보다는 그 시기 문제였다. 러시아는 그 후진적인 발전단계의 수준으로 보아 '기다리는 정책'을 고수하지 않을 수 없었다. 미국은 아직 1871년 조선 침략의 악몽에서 깨어나지 못하고 있었다.

이 조약은 그 법 형식의 측면에서 보면 조선이 역사상 처음으로 체결한 근대 국제법 제도의 국제합의였다. 그러나 그 조약의 내용에 대한 두 나라의 인식은 교린질서와 국제법 질서의 첨예한 대립을 나타내었다. 그리고 이 문서는 두 질서 충돌에서 파생되는 문제들을 해결하기에는 미흡하고 불충분한 합의였다. 이 조약으로 사대교린질서 중 교린질서라는 한 축이 장차 무너지게 되어 동북아 국제질서에 파란이 야기된다.

1. 위기의 교린질서

교린질서의 특징

교린질서는 1402년 쇼군(將軍)인 아시카가 요시미츠(足利義滿)가 명(明)으로부터 일본국왕으로 책봉되자 1404년에 조선과 일본 사이에는 국교가 성립되었고 양국은 사대질서 안의 같은 구성원이 되어 교린 체제가 형성되었다. 그리고 1420년대부터 교린질서에 관한 정교한 제도가 등장하기 시작하였다. 이런 관계 패턴을 형성하는 데에 앞장선 것은 조선 조정이었는데 무엇보다 당시 한반도 연안에 출몰한 왜구의 피해를 해소하기 위해서였다. 쓰시마와 규슈 토호들과 정상적인 경제 관계를 수립하지 않으면 이들은 곧 해적으로 돌변하였기 때문이다. 전쟁, 무역, 그리고 해적은 삼위일체였다.

양국 관계는 임진왜란(1592~1598)을 분수령으로 크게 두 단계로 나눌 수 있다. 조선의 개국 이후 임진왜란이 발발할 때까지 양국 관계의 기본 골격은 1443년에 체결된 계해약조(癸亥約條)였다. 명(明)과 일본 사이의 감합(勘合) 무역과 같은 도서(圖書) 제도, 그리고 조선-일본의 교섭자들이 누구인지 명문화되었다. 조선의 경우는 서울의 조정→경상도 관찰사→동래 부사로 이어지는 채널로 일원화되었다.

이에 비하여 조선과 교섭하는 일본의 당사자들은 여럿이었다. 에도(江戶)의 쇼군들, 쓰시마 도주(島主), 오우치(大內)와 같은 규슈 지역의 다이묘(大名)들, 그리고 중소 영주들이 모두 조선과 교역하였다. 물론 이들이 조선과 교역하려면 조선 조정의 허가, 즉 도서를 받아야 했다. 이들 교섭자들 중에서 가장 특권을 누린 것은 쓰시마였다.

쓰시마는 세견선(歲遣船)과 세견미(歲遣米)를 조선 조정으로부터 받았을 뿐 아니라 조선으로 가는 일본 선박들을 검색하고 증명하는 문서인 문인(文引)을 부여할 수 있는 권한이 주어졌다. 이것은 쓰시마에 대한 엄청난 특권이었다. 일본과의 관계를 정상화하고 제도화하였는데도 왜구의 피해는 근절되지 않았다. 결국 조선 조정은 왜구 진압에 대한 대무도주의 역할을 더 중시하지 않을 수 없었고 조선과의 무역을 쓰시마에게만 허용하기에 이르렀다. 물론 이런 세견선의 수와 세견미의 양은 조선과 통상하는 일본인들의 행위에 따라 감소되었다. 예를 들면 1510년 삼포의 난 이후 체결된 1512년 임신약조(壬申約條)에서는 세견선은 25척, 세견미는 100석(石, 5,119부셸bushel)으로 정해져 계해약조에서 약속된 수와 양의 절반으로 축소되었다.

교린질서의 또 하나의 특징은 조선에 건너와 통상하는 일본인들의 거처와 수가 확정되었다는 점이다. 일본 상인들의 거주는 3포, 즉 3개의 항구인 부산, 내이포(乃而浦, 현재 진해), 염포(鹽浦, 현재 울산)에, 그리고 그 수도 60세대로 각각 제한하였다. 이것이 왜관(倭館)의 효시이다. 그러나 일본 상인들의 조선 진출은 계속 증가되어 3포에 거주하는 일본인들은 규정보다 훨씬 초과하게 되었다. 결국 임신약조에서는 내이포 한 곳으로 제한되었다.

조선에 엄청난 폐해를 가져온 임진왜란 후에 양국의 관계는 전쟁 이전의 상태로 곧 회복되었다. 이것은 도쿠가와 이에야스(德川家康)가 자신의 정권의 정당성을 확보하기 위해 조선에 대해 끈질기게 관계 정상화를 요구한 결과였다. 1609년에 체결된 기유약조(己酉約條)는 1868년 메이지 유신 시기까지 양국 관계의 기본 틀을 이룬 조약이었다. 이 조약으로 조선과 교섭할 수 있는 당사자는 일본의 국왕인 쇼군, 쓰시마 도주, 그리고 조선 조정이 직책을 부여한 수직인(受職人), 3종류로 규정되었다.

쓰시마 도주가 기왕에 향유했던 특권들이 축소되었다. 세견미는 100석으로, 세견선은 20척으로 제한되었다. 그러나 쓰시마 도주의 문인 제도는 그대로 유지되어 조선 통상의 기본적인 특권은 지속되었다. 도주의 문인이 없는 일본 선박은 해적으로 처단됐기 때문이다. 조선 조정이 쓰시마 도주에 수여한 도서 제도도 존속한 것은 물론이다.

임진왜란 이후 양국 관계의 큰 변화는 일본 국왕인 쇼군의 사절들이 서울로 올라오는 것이 엄격하게 금지되었다는 점이다. 그러나 조선에서 일본으로 파견되는 사절인 통신사는 계속 존속하였다. 교린질서의 기본적 제도인 통신사, 서계와 도서, 그리고 왜관의 내용을 보면 다음과 같다.

(1) 통신사

1404년 국교가 성립된 이후 임진왜란에 이르는 160년 사이에 일본 국왕 사절이 서울에 온 횟수와 조선에서 일본에 파견된 사절 횟수가 각각 60여 회에 달하였다. 그러나 임진왜란 당시 일본군이 일본 사절의 상경로를 따라 20일 만에 서울이 점령당한 경험이 있어서 이 통로를 폐쇄하였다. 다만 1629년 일본 국왕 사절 겐보(玄方)만이 서울에 올라오는 것이 허락되었다. 중국에서 명청(明淸)이 교체하는 시기에 양국 사이에 정보 교환이 필요했기 때문이다.

임진왜란 이후 특별한 경우에 일본 국왕의 사절이 조선에 오면 그들은 부산포에 머물게 되고 조선은 이들을 환영하는 사절인 문위사(問慰使)를 쓰시마까지 파견하였다. 1607~1868년 사이에 일본 국왕 사절이 조선에 온 것은 50여 회에 달하였다.

조선에 오는 일본 국왕 사절과는 달리 조선 국왕이 에도에 있는 일본 국왕에게 보내는 사절, 즉 통신사는 중요한 정치적, 문화적인 사명을 지니고 있었다. 임진왜란 직후에는 회답사(回答使) 또는 회답겸쇄환사(回答兼刷還使)라는 명칭을 사용하였으나 1636년에 파견된 사절부터는 통신사라는 명칭이 사용되기 시작하였다. 통신사는 일본 쇼군의 길흉경조와 특별한 문제 해결을 위해 조선 국왕이 일본 쇼군에게 파견하는 사절을 말하는데 이들은 조선 국왕의 서계를 지참하며 통신사에 대한 예우의 절차는 매우 자세하게 규정되었다.

1607년에서 1811년까지 일본에 파견된 통신사는 모두 11회에 이르렀다. 1811년 일본에 건너간 최후의 통신사는 에도가 아니라 쓰시마에서 국서를 교환한 이른바 역지빙례(易地聘禮)였다. 통신사의 에도 방문에 따른 막부와 에도에 이르는 여러 번(藩)들의 경제적 부담 때문에 절차를 간소화하였다. 1837년에는 도쿠가와 이에요시(德川家慶)가 쇼군이 되자 조선에 통신사 파견을 요청해 조선도 이를 승인했으나 일본의 재정 문제로 연기되었다. 1853년에 도쿠가와 이에마사(德川家定)가 다시 쇼군이 되었으나 에도의 지진, 그리고 페리 M.C. Perry가 일본에 온 일로 통신사 파견이 이루어지지 못하였다. 막부는 통신사를 1866년에 쓰시마로 파견해 줄 것을 1856년에 제의했으나 양국은 다시 10년간 통신사의 파견을 연기하기로 합의하였다. 그러나 1868년 메이지 유신으로 일본은 교린체제의 변경을 주장하게 되어 양국 관계는 파탄에 이르게 된다.

(2) 서계와 도서

교린질서의 또 하나의 특징은 양국 사이에 교환되는 외교문서인 서계(書契)의 양식에 관해서 매우 상세하게 규정돼 있다는 점이다. 『증정교린지』에 보면 일본 국왕이나 쓰시마 도주가 조선에 파견하는 사절들을 30등급으로 분류하고 이들 사절들이 지참하는 서계 양식에 관해 자세히 규정하고 있다. 일본의 사절들은 그 등급에 따라 조선의 예조 참판이나 참의에게 서계를 보내게 되어 있고 조선의 참판이나 참의는 이들에게 서계를 보내 회답하는데 그 문서의 양식이 모두 제도화되어 있다.

수신인과 발신인의 직위와 성명, 그리고 내용의 서술 방식이 정해져 있다. 조선 국왕과 일본 국왕이 보내는 국서의 양식도 자세히 규정된 것은 물론이다. 또한 유교권의 문서 작성에는 경의를 표시하는 경우 글자를 올려 썼다. 이를 대두(擡頭)라고 부른다. 조정, 정부, 신민이 국왕이나 황제에 대해 취하는 행위의 경우에는 한 글자를 올려 쓰며 이를 단대(單擡), 황제, 황후의 성격이나 행위에 관한 경우에는 두 글자를 올려 쓰며 이를 쌍대(雙擡), 그리고 열성조(列聖祖)의 경우에는 세 글자를 올려 써 이를 삼대(三擡)라고 부른다. 이런 격식은 특히 청조(淸朝)의 등장 이후 엄격히 준수되었다.

도서(圖書)는 동(銅)으로 만든 도장인데 조선과 무역할 수 있는 자들에게 수여한 무역 증명서라고 할 수 있다. 명과 일본 무역의 감합(勘合) 제도와 유사하다. 조선 조정이 제조한 이 도서에는 무역을 할 수 있는 일본인의 이름이 새겨져 있다. 쓰시마 도주가 조선 무역을 독점한 이후에는 그의 이름을 새겨 놓은 것은 물론이다.

그리고 그 모양을 종이에 찍어서 예조와 교서관(敎書館), 그리고 부산포에 보관했다가 일본에서 서계가 오는 경우 그 서계에 찍힌 도서와 비교하여 그 진위와 위격(違格)을 검증하는 것이 관례였다. 서계의 어느 부분에 도서를 찍느냐 하는 것도 규정되어 있었다.

지금까지 알려진 가장 오래된 도서는 1418년에 제작된 것이며 조선 조정이 최후 지급한 도서는 쓰시마 도주 소 요시아키라(宗義達)에게 지급한 것이다.

(3) 왜관

왜관은 서양 세력이 중국에 진출하면서 형성된 해외상관(海外商館)과 유사한 제도라고 볼 수 있다. 중국은 서양 세력과의 무역을 1757년부터 아편전쟁이 발발할 때까지는 광저우(廣州) 한 곳에서 무역계절 동안만 허용하였다. 이때 외국 상인이 거주한 지역을 상관이라고 불렀다. 물론 왜관은 이 제도와는 여러 가지 측면에서 다르다.

일본 상인들이 조선에 특정한 지역에서 거주가 허락된 이후 메이지 유신에 이르기까지 양국 교섭과 무역의 중심지는 초량에 있던 왜관이었다. 현재 부산 광복동 용두산 일대 10만 평에 이르는 곳으로 1675년에 건축이 시작돼 1678년에 완공되었다.

상주 일본인의 수는 대개 400~500명 정도며 왜관을 관할하는 조선 관리나 왜관 문제로 생계를 유지하는 조선인들이 모두 3,000명을 넘을 정도였다. 왜관이 교린질서의 무역 중심지였음을 쉽게 알 수 있다.

이와 같이 왜관은 조선과 쓰시마의 무역을 담당하는 곳이었다. 왜관의 일본 관리들은 쓰시마 도주의 관리였으며 이들의 직급과 인원수는 이들과 교섭하는 조선 측 관리의 경우와 함께 모두 제도화되었다. 양국의 교섭 의전(儀典)도 매우 상세하게 규정되어 있었다.

그런데 1868년 메이지 유신으로 교린질서의 한 구성원인 일본의 국체가 변경되었다. 새로운 메이지 일본은 오래 지속되어 온 이런 교린질서를 변경하거나 파괴하려는 것을 외교정책의 기본으로 채택하였다. 양국 사이에 위기가 조성되지 않을 수 없었다.

시기구분

유교권의 사대교린질서를 개편하고 파괴하기 시작한 나라는 영국과 일본이었으며 이들 두 나라는 우연하게도 훗날 동북아 국제정치의 주요한 역할을 맡게 돼 서로 동맹관계를 맺게 된다. 중국적인 사대질서의 개편은 1839년 중국-영국의 아편전쟁으로부터 비롯되었으며 조선의 교린질서는 메이지 유신이라는 일본 국내정치 변동으로부터 그 개편이 시작되었다.

교린질서의 해체과정은 형식적으로는 1867년 12월 9일 일본에서 왕정복고가 이루어진 이후 1876년 2월 27일(음력 2월 3일) 조선과 일본이 수호조약을 체결할 때까지 지속되었다. 그러나 그 갈등의 정신적인 구조는 오늘날까지 한일 양국의 국민 속에 면면히 자리잡고 있다.

1868~1876년 양국관계를 파탄으로 몰고가게 된 원인은 세계인식의 갈등과 세계관의 충돌에 있었다. 조선은 일본을 교린의 대상으로 취급하려는 태도를 버리지 못하였다는 점을 먼저 지적할 수 있다. 이와는 반대로 새로 등장한 메이지 정부는 쓰시마가 조선과의 관계를 맡아 온 전통적인 가역(家役)을 부정하고 외교관계를 일원화하면서 조선을 한 단계 낮은[一等下] 국가로 취급하려는 새로운 정책을 채택하였다. 일본 국민의 정신적인 구조가 현실 정치세계의 외교정책으로 채택된 것이었다. 그리고 이런 세계관의 충돌에 더하여 양국 사이에는 역사적으로 깊은 불신과 멸시가 혼재(混在)하고 있어서 정상적인 국제관계를 쉽게 수립할 수 없었다.

이 기간의 양국관계는 매우 혼미하였고 또 복잡한 양상을 띠고 있었다. 따라서 학자들은 나름대로의 시기구분을 원용해 당시의 양국관계사를 설명하고 있다. 그러나 필자는 근 8년간 지속된 당시의 긴장상태는 기존 국제사회의 규범을 변경시키려는 메이지 정부의 정책에서 시작됐기 때문에 일본이 작성한 새로운 서계 형식의 등장을 제1의 시기로 잡고자 한다.

제2의 시기로는 1870년 초 양국관계를 전통적으로 담당한 교섭자들을 변경하려는 시기를 들 수 있다. 다시 말하자면 쓰시마의 가역이 폐지되고 일본 외무성 직원이 직접 조선문제를 담당하게 되는 시기이다.

끝으로 1873년 말 대원군의 퇴진과 고종의 친정(親政)으로 조선에서 새로운 일본정책이 등장한 시기를 제3의 시기로 잡는다. 이들 3시기로 구분하여 당시 양국관계의 흐름을 서술하기로 한다.

일본의 새로운 조선 정책

새로운 조선 정책을 수립하라는 메이지 정부의 명령에 따라 1868년(메이지 원년) 5월 12, 14, 17일 세 차례에 걸쳐 일본 외무성의 전신인 외국관(外國官)에서는 판사 고마츠 다테와키(小松帶刀), 권(權)판사 나카이 고조(中井弘藏) 그리고 쓰시마 번의 번사(藩士) 오지마 도모노조(大島友之允)는 중요한 회의를 개최하였다. 이들 회의에서 다음과 같은 몇 가지 중대한 결정이 이루어졌고 이로 인해 두 나라는 근 8년 동안 긴장관계를 맞게 되었다.

(1) 메이지 천황을 비롯하여 그 위로 5대의 황제는 그 이름을 쓰지 않는다.
(2) 새로운 정부의 성립을 조선에 알린다.
(3) 종전에 조선으로부터 쓰시마 번에 교부된 도서(圖書)는 일본의 국체로 보아 의심스러운 것으로 그 사용을 중지하고 새로운 도장을 만들어 사용한다.
(4) 국서의 양식을 변경한다. 천황이라는 명칭을 사용하여 조선국왕의 지위를 다소 낮춘다.
(5) 외교쇄신의 한 방법으로 쓰시마의 지위를 중요하게 할 필요가 있다. 따라서 소 요시아키라의 관직을 높인다.

이런 결정들이 기존 국제사회의 규범을 파괴하는 것임은 말할 필요도 없다. 특히 천황의 명칭을 사용해 조선을 한 단계 낮추어 교섭하려는 태도나 도서의 사용을 중단하려는 결정은 기존의 양국 관계를 전면 개편하려는 것이다.

이에 따라 조선에 파견된 가와모토 구자에몬(川本九左衛門)이 지참한 서계는 기존 질서 변혁의 내용을 담고 있었는데 다음과 같이 세 가지로 요약할 수 있다.

첫째, 쓰시마 번주(藩主)의 명칭이 변경되었다.

둘째, 일본 국왕에 관해 '황'이니 '칙'이니 하는 용어를 사용하였다. '황', '칙'은 사대질서의 국제관계에서는 오로지 중국의 황실에 관해서만 사용된 문자였다. 일본이 이들 문자를 사용해 조선을 낮추어 교섭하려는 의도였다.

셋째로 장차 조선과 정식으로 교섭할 일본 측 대표로서 대수대차사(大修大差使)를 파견하는데 이 사절이 사용할 국서에는 조선이 교부한 도서가 아니고 새로운 도장을 사용한다고 하였다.

그런데 그 새로운 도장을 사용하게 된 이유가 실로 특이하였다.

> 금반(今般)에 별사(別使)의 서한에는 신인(新印)을 찍어 조정의 성의를 표시하였으니 귀국도 역시 마땅히 이를 받아들임이 가할 것이다. 예로부터 도서를 받아 온 사실은 그 뜻이 모두 후의에서 나온 것인 즉 쉽게 고칠 수 없는 것이다. 그러하나 이 모든 것이 조정의 특명에 관계되는 것이니 어찌 사(私)로서 공(公)을 해칠 이유가 있겠는가?

이 설명은 중대한 의미를 갖는 것이었다. 지난 수백 년 동안 지속돼 온 조선과 쓰시마의 관계를 양자의 후의에 입각한 사적인 관계로 규정하고 조선과 메이지 정부의 관계를 공적인 관계로 규정하고 있기 때문이다. 이와 같은 중대한 교섭의무를 가진 소위 대수대차사 히구치 데쓰시로(樋口鐵四郎)가 1868년 말 조선에 오게 되지만 조선의 거절로 아무런 성과도 이루지 못하였다.

조선의 대응

조선은 일본이 그동안 주장해 온 문제에 대해 1869년 11월 구체적인 반박문을 제출하였다. 그 내용은 다음과 같다.

(1) 쓰시마 번주의 직위를 좌근위소장(左近衛少將)이라고 한 점: 공로가 있어 품위를 높이는 것은 있을 수 있고 일본 국내에서 사용하는 것은 가능한 일이다. 그러나 교린의 문자는 의논하여 정하고 변경할 수 없는 규칙이 있다.

(2) 번주의 이름 앞에 평조신(平朝臣)이라는 용어를 사용한 점: 비록 고관이라 하더라도 관직명을 성명 중간에 적어 넣는 것은 규격 외의 일이다.

(3) 서계에 새로운 도장을 찍는 점: 쓰시마가 조선의 인장을 반드시 사용하는 것은 신의를 보이고자 하는 것으로서 결코 변경될 수 없는 것이다.

(4) 예조참판 대인(大人)이라고 하지 않고 예조참판 공(公)이라고 한 점: 대인과 공은 비록 등급은 같다 하더라도 300년간 대인의 칭호를 사용하였기 때문에 갑자기 이제 공을 사용하는 것도 규격 외의 일이다.

(5) 황실이라는 용어를 사용한 점: '황'이란 낱말은 천하를 통일한 경우에 사용하는 것으로서 일본 내에서는 비록 사용할지라도 서계의 문자로서는 결코 사용될 수 없다.
(6) 봉칙(奉勅)이란 용어를 사용한 점: '칙'은 천자의 명령을 뜻하는 것인데 교린의 문자로는 처음 보는 것으로 결코 사용할 수 없음은 다시 말할 필요도 없다.
(7) 사(私)자를 사용한 점: 쓰시마가 조선의 도서를 받은 것은 쓰시마 번주를 사사로이 대한 것이 아니라 후의에서 나온 것이다. 이것을 사사로운 정으로 돌리려는 저의가 있으면 안 되며 더욱 '사로서 공을 해친다'는 말은 해괴한 일이다.
(8) 서계의 작성에는 엄격한 형식이 있다는 점: 양국의 약조는 금석과 같이 영원히 변치 않을 글이다. 서계는 거칠고 등한한 글자가 아니다. 한 글자라도 격식에 어긋나면 접수하지 않는 법이다. 일본에도 이를 알 만한 인사가 있을 터인데 일이 여기에 이르니 심히 개탄스럽다.

조선의 논리는 교린관계에서 보면 매우 적절한 것이다. 외교문서에는 엄격한 형식이 있는 것이며 이들 형식은 협의에 의해서만 변경할 수 있는 것은 어떠한 국제사회의 유형이건 간에 공통된 것이다. 조선은 현재까지 지속되어 온 국제사회의 논리에 따라서 반박하는 것이고 일본은 이 교린의 국제사회를 파괴하고 새로운 국제사회를 나름대로 상정하고 이에 입각해서 논리를 전개하고 있는 것이다. 따라서 양국은 합일점을 찾지 못하고 평행선을 각자 달리고 있었다.

교섭담당자의 변경—쓰시마와 외무성의 관리

메이지 정부는 양국관계가 이렇게 교착상태에 빠지게 된 주요 원인이 쓰시마가 조선과 교섭관계를 담당해 온 제도에 있다고 진단하였다. 그리하여 쓰시마의 역할을 중단시키고 일본 외무성이 직접 조선과 교섭에 임하기로 결정하기에 이른다. 1869년 10월 29일(구력 9월 29일)자로 외무성은 태정관(太政官)에 조선국일건사서(朝鮮國一件伺書)라는 문건을 제출하였다. 이 문서는 당시 일본 정부의 조선인식을 잘 나타내 주고 있다. 그 주요 내용을 보면 다음과 같다.

(1) 근 200년간 조선 관계는 쓰시마에 위임하여 양자 간에 사교(私交)에 입각하여 왔다. 하나의 번(藩)의 관리에게 이를 위임하는 것을 폐지해야 한다.
(2) 만국공법에 의해 열강이 위와 같은 사실을 힐문하여 오면 이를 해명할 수 없다.

(3) 일본은 조선을 기왕에 정복한 경우도 있다. 현재 러시아를 비롯하여 열강이 조선에 진출하려 하는데 이를 방지할 수 있는 것은 오로지 일본만이 할 수 있다.

조선이 열강에 의해 식민지가 되는 것을 방지할 수 있는 것은 일본뿐이라는 인식과 조선은 일본에게 하나의 생명선이라는 관념이 이 문서에 잘 나타나 있다. 더욱이 일본이 기존 교린질서를 해체하려는 것을 이 문서는 천명하고 있다.

먼저 외무성의 조사원 사타 하쿠보(佐田白茅), 모리야마 시게루(森山茂) 등이 쓰시마 번의 관리로 가장해 1870년 2월 하순에서 3월 초순까지 초량 왜관에 머물렀다. 외무성 직원으로서는 처음으로 조선에 건너온 이들은 조선 문제에 관해 자세한 내탐서를 작성하였다. 귀국 후에는 조선에 대한 정책을 건의하는 건백서를 외무성에 제출하였다. 이들은 만일 조약체결이 순조롭지 못하면 무력을 사용하는 길밖에 없다는 견해도 개진하였다.

이들의 보고서를 접수한 일본 외무성은 앞으로 조선정책을 다음 세 가지 방향 중 하나로 선택해야 된다고 태정관(太政官)에 1870년 4월 보고하였다.

(1) 조선과 국교를 단절하고 러시아의 침략을 방관한다.
(2) 군함 2척과 함께 기도 다카요시(木戶孝允)를 조선에 사절로 파견하고 필요한 경우 무력을 사용한다.
(3) 조선은 중국의 조공국인데 일본이 먼저 중국과 조약을 체결하여 조선을 한 등급 낮게 취급하고 유사시 중국의 개입을 방지한다.

일본 정부는 우선 제3의 정책을 취하기로 하고 7월 하순 야나기하라 사키미쓰(柳原前光)를 조약체결을 위해 중국으로 출발시켰다.

이 동안 일본 내에서는 쓰시마의 '가역' 폐지가 진행되었고 1871년 7월에는 폐번치현(廢藩置縣)의 조치를 취해 근대적인 행정조직을 단행하면서 8월에는 드디어 조선 관계를 외무성이 직접 담당하게 되었다. 그러나 일본은 조선과 교섭하는 일이 지난 수백 년간 쓰시마가 담당한 것을 고려해 번주 소 시게마사(宗重正)를 외무대승(外務大丞)에 임명하고 그의 구신(舊臣)인 사가라 마사키(相良正樹)도 외무성 출사(出仕)로 삼아 조선과 교섭하는 데에 협조토록 하였다.

조선의 새로운 일본 정책—1874년 8월 11일(음력 6월 29일)의 회의

1873년 12월 12일(음력 11월 3일) 대원군이 정치 일선에서 물러나고 고종의 친정(親政)이 시작되면서 새로운 외교정책이 채택된 것은 획기적인 일이다. 일본도 이 중대한 변화를 예의주시하고 있었다. 초량 왜관에 근무하고 있던 오쿠기 이사무(奧義制)는 1874년 3월 14일 대원군 심복들이 모두 퇴진하고 국왕이 친정을 하고 동래부사의 경질이 있을 것이라는 보고를 일본에 머물고 있던 모리야마 시게루(森山茂)에게 전달하였다. 이에 따라 태정대신 산조 사네토미(三條實美)는 조선의 국정을 직접 정탐하기 위해 모리야마를 다시 조선에 건너가도록 5월 15일 명령하였다. 모리야마는 6월 21일에 조선근정문서(朝鮮近情聞書)라는 중요한 보고문을 본국에 발송하였는데 그 주요 내용은 다음과 같다.

(1) 조선의 국론이 일변하였다는 소문은 지난 겨울부터 있어 왔다. 대원군이 퇴진하고 국왕이 친히 일본 관계를 관장하고 있다.
(2) 동래부사 정현덕과 훈도 안동준은 곧 퇴진할 것이다.
(3) 조선은 일본의 정한론을 잘 알고 있으며 일본에 대해 예의 주시하고 있다.

드디어 1874년 8월 11일에 조선 조정에서는 중요한 어전회의가 열렸다. 이날 일본관계에 관한 토의가 있게 된 직접적인 계기는 8월 4일(음력 6월 22일)에 도착한 중국 예부의 긴급 자문(咨文)이었다. 프랑스 장군 지켈(日意格)P.M. Giquel이 대만지역 해방대신(海防大臣) 선바오전(沈葆楨)에게 일본이 나가사키에 5,000명의 군대를 주둔시키고 장차 조선에 출병할 것이며 프랑스와 미국이 일본을 원조할 것이라는 정보를 제공하였다. 선바오전은 곧 총서에 보고하고 총서의 공친왕(恭親王)은 이를 조선에 긴급 전할 것을 주달하였다. 조선은 이 정보를 반신반의하고 오히려 프랑스나 미국이 이런 정보를 흘려 조선과 조약을 체결하려는 음모로 간주하였다.

이날 정오에 고종은 원자(元子)의 수두(水痘)가 회복돼 신하들과 즐기는 자리였다. 이 즐거운 자리에 중요한 일이 있어 주달(奏達)하지 않을 수 없다고 전제하면서 먼저 영의정 이유원(李裕元)이 다음과 같이 운을 떼었다. 일본과 교린하고 교제한 지 이미 300년이 됐으나 한 번도 틈이 난 적이 없었다. 그런데 돌연 3년 전에 아무런 이유도 없이 일본과 약조가 없게 되니 그 원인을 아직 알 수 없다. 다만 훈도 안동준의 말만을 믿고 그에게 일임했기 때문이니 안동준을 법에 따라 처리해야 된다.

이어서 우의정 박규수도 이유원과 같은 취지의 말을 하였다. 그리고 그는 더 나아가

"황(皇)이라고 칭하는 것은 그들 자존의 칭호이지 우리에게 황을 칭하고 칙(勅)을 칭하라고 요구하는 것은 아닙니다."라고 하였다. 또한 대마도주의 직위가 변한 것도 이상할 것이 없으며 이를 격식에 어긋난다고 서계를 받지 않는 것이 오히려 교린의 예에 맞지 않는다고 주달하였다. 그리고 이들은 일본의 국정을 자세히 알기 위해 역관을 파견할 것도 요청하였다. 그리하여 8월 14일(음력 7월 3일) 일본에 역관을 파견하려는 뜻을 동래 왜관에 알리게 되었다. 일본 관계가 획기적으로 변모할 단계에 접어든 것이다.

그리하여 1874년 9월 3일 또는 4일에 새로 부임한 훈도 현석운(玄昔運), 별차 현제순(玄濟舜)과 모리야마가 회담하게 된다. 조선이 최초로 일본의 외무성 관리를 접견한 것이다. 이날의 회의에서 앞으로 의제를 다음 세 가지 중 하나를 선택하여 교섭하도록 합의하였다.

(1) 1872년 임신(壬申)의 서계를 접수할 것인가?
(2) 만일 이것이 곤란하면 일본의 외무경, 외무대승이 각각 조선의 예조판서, 예조참판에게 새로운 서계를 작성할 것인가?
(3) 이것도 곤란하면 조선의 예조에서 서계를 작성하여 도쿄에 사절을 파견할 것인가?

조선 조정은 이들 세 가지 중 두번째의 의제를 선택하였다. 9월 19일(음력 8월 9일) 영의정 이유원은 다시 서계를 고쳐오면 구호를 복원할 것을 주달하고 고종의 윤허를 받았다. 그리하여 모리야마는 새로운 서계를 받기 위해 일단 귀국하였다.

모리야마는 1875년 2월 24일 외무대승 소(宗重正)가 예조참판에 보내는 새로운 서계를 지참하고 다시 부산에 도착했는데 그 서계가 다시 문제로 등장하였다. 그 내용을 보면 다음과 같다.

> 일본에서 황상(皇上)이 친정(親政)하게 되고 외무성이 설치된 연유, 그리고 쓰시마의 번주 직함이 변경된 사유들을 전달하였으나 조선이 이들 사절을 접견하기를 7년간 거절하여 왔으니 이는 교린의 의(誼)에 어긋나고 구호(舊好)에도 배치된다. 그리하여 밖으로는 황상의 칙의(勅意)를 받들 수 없고 안으로는 사민(士民)들이 분격하였으니 이는 귀국을 위해 심히 슬픈 일이다. 그런데 지난번 외무성 직원 모리야마가 귀국 관리를 만나 보니 귀국이 그동안 간교한 무리들이 중간에서 옹폐, 즉 윗사람의 뜻을 막은 것이지 귀국의 묘의(廟議)가 그렇지 않은 것을 알게 되었다. 이들 무리들을 처벌하는 것은 양국의 신의에 관계되는 일이며 이를 힐문하려는 것은 아니다. 이들 무리들을 처벌하여 양국의 영원한 도리를 이루기를 바란다. 그리고 귀국이 기왕에 주조하여 보낸 도서 3개는 다시 보낸다.

이번의 서한은 기왕의 문서들보다 조선의 반발을 더 자아냈을 것이다. 사민들의 분개

운운은 협박이었고 '옹폐'나 그런 무리들의 처벌 운운은 오만으로 해석됐을 것이다. 그리하여 조선은 서계의 접수를 거부하였다. 또한 서계 제출의 형식도 문제로 삼았다. 모리야마와 히로즈는 군함을 타고 동래부에 직접 나타났던 것이다. 왜관을 거치지 않은 것이다. 또 서계의 등본(謄本)을 훈도와 별차가 보니 원본은 일본어로 작성되었고 외무성의 도장을 찍었으며 이전의 서계에서 보였던 천자란 용어는 쓰지 않았으나 대일본이니 황상이니 하는 문자는 그대로 있어서 그 수리를 거부하게 되었다.

고종의 외로운 투쟁

모리야마의 서계를 접수하지 않겠다는 동래부사의 장계를 받은 조선 조정은 3월 12일(음력 2월 5일)에 가서야 이 문제를 토의하게 되는데 그것도 고종의 하문으로 이 문제의 검토가 비롯되었다. 이날 고종은 일본의 서계를 끝내 접수하지 않는 것은 교린의 도리가 아니니 일단 접수토록 하고 문제가 되는 부분이 있으면 다시 일본과 의논토록 하라고 하교하였다. 그리고 동래부사가 왜관에 나아가 일본 측과 담판하라는 의견을 제시하였다. 고종은 또 일본 사신들이 화륜선을 타고 온 사실도 문제가 될 수 없음을 강조하였다. 이러한 고종의 적극적인 태도에 대해 좌의정 이최응과 우의정 김병국(金炳國)이 저지하는 형국이 되었다.

이렇게 되자 고종은 밤중에라도 동래부에 의견을 물어 처리토록 하라고 하였다. 이에 따라 의정부는 고종의 하교에 이끌려서 동래부사로 하여금 왜관에 나아가 일본측과 교섭토록 하고 한문으로 된 서계의 부본을 접수케 하였다.

그러나 고종과 훗날 사가들이 개화파라고 명명한 인사들의 노력은 수포로 돌아간다. 일본의 서계를 접수할 수 없다는 보수적인 분위기에서 일본 문제를 타결하려는 고종을 비롯한 일부 대신들은 고민하지 않을 수 없었을 것이다.

양국관계를 파탄에 이르게 한 회의는 6월 13일에 있었다. 고종과 박규수의 노력에도 불구하고 일본의 서계를 접수할 수 없다는 최후의 결론을 내렸다. 이날의 모임 자체가 고종의 하명으로 이루어졌으며 회의 참석자도 시원임대신들은 물론이고 당상관 이상을 모두 모이게 하였다.

이날 고종은 참석자 전원에게 의견을 개진토록 하였다. 그러나 고종과 박규수만이 일본의 서계를 접수해 양국관계를 정상화하자고 적극적으로 주장할 뿐이고 접수불가론 또는 신중론이 대세를 이루었다. 이렇게 되자 고종은 정오가 되어 날이 너무 더우니 대청에 나아가 다시 토론해 의견을 모아 결정을 내도록 독촉하였다. 이런 독촉에 이유원과 김병국이 임금께서 결정하면 되었지 다시 의논해서 무슨 소용이 있느냐고 말할 정도로 고종은 외로운 처지에 빠지고 있었다.

참석자들은 거의 모두 신중론에 입각해 서계의 접수를 반대하면서 고종께서 여러 의견을 들어 결정토록 진언하고 있다. 이렇게 되자 고종은 각자 자신의 의견을 글로 적어 올리도록 하라고 하교하였는데도 이유원과 김병국의 반대로 관철되지 못하였다.

결국 대신들은 따로 회의를 하고 그 결과를 고종께 아뢰게 되었다. 세 가지 이유로 일본의 서계를 접수할 수 없다는 것이다. 첫째 대마도를 거치지 않고 일본 외무성이 직접 서계를 전달한 점, 둘째 교린의 문자가 겸손하지 못한 점, 셋째 연회의 절차가 전과 판이하게 다른 점 등이 거절의 이유였다.

강화도 사건 또는 운요(雲揚) 호 사건(1875년 9월)

조선의 거절에 봉착한 모리야마와 히로즈는 조선의 태도에 분격하게 되었다. 히로즈는 1875년 4월 23일 「교섭 촉진을 위한 군함파견에 관한 건의서」를 본국 정부에 제출했는데 그는 여기에서 대원군의 양쇄당(攘鎖黨), 즉 쇄국파가 아직 세력을 규합하고 있지 못한 지금이야말로 신속한 군사시위를 할 때라고 전제하고 현재 조선에서는 내분이 있어서 이 틈에 소규모의 군사시위만 단행해도 소기의 목적을 달성할 수 있다고 건의하고 있다. 이 건의문은 당시 일본의 태도를 잘 나타내 주고 있기 때문에 그 주요 부분을 인용한다.

> 지금 우리 군함 한두 척을 급파하여 쓰시마와 조선 사이를 드나들게 하고 숨었다 나타났다 하면서 해로를 측량하는 체하여 저들로 하여금 우리의 의도를 헤아리지 못하게 하는 한편, 간혹 우리 사신의 협상 처리의 지연을 힐책하는 듯한 표시를 보이고 저들에게 위협적인 언사를 쓴다면 안팎으로부터의 성원을 방패 삼아 일 처리를 빨리 할 수 있을 뿐 아니라 국교 수립에 우세한 권리를 얻을 수 있음은 틀림없는 일입니다. 미리 저들의 바다를 측량하여 두는 것은 훗날에 일이 있건 없건 우리에게는 필요한 일입니다.
>
> 우리의 힘을 저들에게 행사할 수 있는 절호의 시기는 바로 지금입니다. 이처럼 무력시위를 요청하는 이유는 오늘 한두 척의 소규모 출동으로써 훗날 대규모의 출동을 하지 않을 수 없는 사태를 능히 미연에 방지하는 것이지 결코 경솔하게 이웃나라를 흉기로 농락하려는 생각에서 나온 것은 아닙니다. 속히 영단을 내려주시기 바랍니다.

일본은 교섭이 난항에 부딪히자 9월 3일 모리야마를 조선으로부터 퇴거시키기로 결정하였다. 히로즈는 이미 귀국한 이후였다. 이제 일본은 무력에 호소하려는 단계에 접어든 것이다.

사건의 도발에 앞서서 일본은 4월 23일자 히로즈의 군함 파견 건의에 따라서 군함 3척을 부산에 파견하기로 결정하였다. 이리하여 운요 호가 부산에 입항한 것이 5월 25일이었다. 훈도(訓導) 현석운(玄昔運)이 그들이 온 까닭을 묻자 외교 사신의 호위와 그들의 이사관에게 조선과 교섭이 지연하게 된 책임을 묻기 위해 왔노라고 준비된 대로 답변하였다. 그리고는 곧 두 척의 군함이 입항하였다. 이어서 훈도 일행 18명이 운요 호에 탑승하자 연습을 빙자하여 시위 포격하는 무력시위를 하였다. 그러고는 이들 군함은 일단 귀국하였다.

운요 호는 9월에 다시 조선 근해에 나타났다. 중국 뉴좡(牛莊)으로 간다는 핑계로 강화도 앞에 도달한 것이 9월 19일의 일이었다. 여기에서 그들은 양수(良水), 즉 식수를 구한다는 구실로 보트를 내려 함장 이하 수십 명이 강화도 연안을 탐색하면서 초지진(草芝鎭)에 이르게 되자 초지진 포대가 발포를 하지 않을 수 없는 지경에 이르렀다. 이에 운요 호는 보복을 한다고 초지진을 포격하고 다시 영종도를 포격하고 상륙해 약탈과 살육을 자행하였다. 조선 병사 35명이 전사하였고 16명이 포로가 되었다. 대포 36문과 화승포 130여 정을 노획하고는 운요 호는 9월 28일 나가사키로 되돌아갔다. 이것이 이른바 강화도 사건 또는 운요 호 사건이라는 것이다.

그러나 뉴좡으로 가다가 식수가 모자라서 그것을 구하려고 강화도에 기항하게 됐다는 말을 믿는 사람은 이제 아무도 없다. 운요 호의 함장 해군 소좌 이노우에 요시카(井上良馨) 자신이 9월 29일과 10월 8일에 작성한 두 개의 보고문이 있다는 사실에 주목할 필요가 있다. 9월 28일 나가사키로 돌아온 이노우에 함장은 그 다음날 보고서를 작성하였다. 여기에는 20~21일에 걸친 강화도 침략을 자세히 기록하고 있다. 핵심 내용은 이렇다. "9월 20일 해병 4명, 수부 10명이 소총으로 무장하고 함장 이하 해군 장교들이 오후에 보트를 타고 강화도로 향해 초지진에 이르다. 21일 전쟁 일어나다. 오전 10시 42분부터 1시간 58분 동안 전투가 진행되어 12시 40분 전쟁은 종료되었다. 오후 제2포대[초지진을 지칭: 필자]에 상륙해 이곳을 불태우다. 22일 영종도에 상륙해 분탕질을 하다."

9월 29일자 보고서의 목적은 조선군의 취약한 현실을 폭로해 정한론자들의 주장을 뒷받침하려는 것이었다. 이노우에 함장은 정한론의 핵심 인물이었다.

일본정부는 강화도 침략을 국제적으로 정당화하지 않을 수 없게 되었다. 9월 29일자 보고서를 수정해 10월 8일자 보고서를 새로 조작하였다. 이 보고서에는 강화도 침략의 날짜를 애매모호하게 기술하였다. 마치 20일 하루에 폭력이 자행된 것으로 작성되었다. 그리고 9월 29일자 보고서에는 나타나지도 않았던 '양수를 구한다'는 허구가 10월 8일자 보고서에 새로 등장하였다. 다시 말하자면 불가항력force majeure의 경우에 처한 일본 군함에 대해 조선군이 부당하게 발포했다고 묘사하고 있다. 그러나 운요 호가 9월 28일 나가

사키에 도착할 때까지 그 어디에서도 양수를 공급받지는 않았다.

근대 일본 육군의 창설자인 야마가타 아리토모(山縣有朋)의 전기에는 강화도 사건이 사쓰마 파의 사전계획이었음이 적나라하게 적혀 있다. 그 관계구절을 보도록 하자.

> 조선 문제의 해결은 1873년 조선견사론(朝鮮遣使論)의 결렬, 사이고 다카모리(西鄕隆盛)의 사직 때문에 중단되었지만 해군성 내의 사이고 파에 속하는 사쓰마 파 군인들 중에는 이에 승복하지 않고 계속 정한론을 주장하면서 때가 오면 조선 문제를 해결하여 보려고 계획하는 자들이 있었다. 1875년 조선 근해에서의 운요 호 함장 이노우에 해군소좌의 해군연습은 가와무라 스미요시(川村純義) 해군대보(海軍大輔)와의 묵계하에 이루어진 시위운동이었다. 이에 앞서 1875년 9월 운요 호 함장 이노우에 소좌는 조선 서해안에서 청국 뉴좡에 이르는 해로를 연구한다는 명분으로 은연중 조선에 대한 시위운동에 참가하라는 취지의 해군성으로부터의 내훈(內訓)을 받고 있었다. 따라서 강화도 사건의 정보가 도쿄에 도달하였을 때 이 정보는 사쓰마 파를 중심으로 구성되어 있는 해군 당국으로서는 예정계획이 실현되었다는 것뿐이지 놀라운 것은 못 되었다.

강화도 사건은 일본의 전형적인 조선관(朝鮮觀)의 발로라고 볼 수 있다. 대화나 조정(調整)을 해도 해결이 되지 않으면 곧 무력에 의존하려는 것이 일본의 오랜 조선정책의 핵심이었다. 더욱이 메이지 정부에 들어와서는 그들의 조선정책은 그들 국내사정과 밀접히 관련되어 있어서 외교정책이라기보다는 국내정치의 연장에 불과한 면이 두드러져 있었다. 정한론이라는 것도 국내의 불평불만을 해소하고 국론의 통일을 기하기 위한 명분에 불과한 것이었다. 이러한 정한론이 그들의 대정일신(大政一新)을 조선에 알리려는 소위 서계 문제 이전에 이미 대두되었음은 잘 알려진 사실이다.

하여간 정한론이 크게 번성한 시점은 1873년 전후부터였다. 1871년의 폐번치현과 1872년의 국민징집령으로써 기왕의 무사계급(武士階級)들은 하루아침에 실직하게 되었다. 이들이 이른바 불평사족(不平士族)이란 것인데 그 수가 무려 60만 명에 달하였다. 이들의 처리 문제가 메이지 정부로서는 큰 과제가 아닐 수 없었고 이를 해결하기 위해 등장한 것이 정한론이라는 명분이었다. 따라서 일본 내에서 내치파(內治派)니 정한파니 하여 대립하고 있었으나 그런 대립은 언제 조선 문제를 무력으로 해결하느냐 하는 시기 문제를 둘러싼 싸움이지 조선 침략 자체에 관해서는 모두 뜻을 같이하고 있었다. 이와 같이 조선 문제는 그 출발부터 일본 정부의 국내 문제 처리와 밀접히 관련되어 있었다는 사실은 기억해야 한다.

그런데 강화도 사건은 여기에서 끝난 것이 아니었다. 일본이 이 사건을 계기로 조선 문제를 타결코자 결정했기 때문에 그것은 곧 국제 문제로 비화되었다. 먼저 중국과 담판을 하지 않을 수 없는 일이었다. 사대질서 안의 중국-조선 관계를 어떻게 규정하느냐 하는 문제가 그것이다.

중국과 일본의 교섭—종주권 문제

일본 정부는 조선 문제에 관해 먼저 중국과 담판하지 않을 수 없었다. 일본의 이런 정책은 참의(參議) 기도 다카요시(木戸孝允)가 1875년 10월 5일자로 태정대신 산조 사네토미(三條實美)에게 제출한 건의서로부터 비롯되었다. 기도의 견해에 의하면 먼저 종주국인 중국의 책임을 추궁하고 중국이 그 책임을 회피하는 경우에 조선과 직접 교섭을 해야 된다는 것이었다. 이에 일본 정부는 이토 히로부미(伊藤博文), 이노우에 고와시(井上毅), 그리고 일본 사법성 고문 보아소나드G.E. Boissonade 세 사람으로 조사 위원회를 구성해 조선 문제를 연구토록 하였다. 이 위원회의 결론도 조선에 사절을 파견함과 동시에 중국에도 사절을 파견해 중국의 의도를 명확하게 알아야 된다는 것이었다.

이리하여 메이지 정부는 모리 아리노리(森有禮) 공사를 중국에 파견키로 하였다. 그가 받은 훈령을 보면 다음과 같다. 강화도 사건이 조선 정부의 계획이었는지 또는 지방 관리의 독단이었는지를 알 수 없다. 이에 일본은 사신을 조선에 파견하여 보상을 논의함과 아울러 구교(舊交)를 수복코자 한다. 일본은 중국과는 성실을 다할 것이다.

중국 정부도 사건의 중대성을 인식하고 사건의 원인을 세 가지로 보았는데 매우 정확한 분석이었다.

(1) 일본이 조선을 경멸하였으며 따라서 일본의 계획적인 음모가 조선인을 분격시킨 것이 아닌가?
(2) 구미 열강이 조선과 조약을 체결하는 데에 실패하자 이들이 일본을 교사하여 사건을 일으킨 것이 아닌가?
(3) 일본은 국내 정세가 소요(騷擾)하였고 정부는 이를 진정시킬 힘이 없었으므로 일본 국민이 조선을 정복하려는 데에 정부가 끌려간 것이 아닌가?

모리는 1876년 1월 5일 베이징에 도착해 1월 10일부터 총서(總署)에서 담판을 개시하였다. 중국의 대표는 선구이펀(沈桂芬)이었고 『만국공법』의 서문을 쓴 동순(董恂), 훗날 이리(伊犁) 문제를 담당했던 충허우(崇厚), 그리고 얼마 후 초대 영국 주재 공사로 부임하게 될 궈쑹다오(郭嵩燾)가 배석하였다.

중국 측은 조선이 비록 속방이라 하더라도 그 정교금령(政敎禁令)은 모두 조선에 맡기고 중국은 전혀 간여하지 않는다고 주장하면서 책봉이나 조공관계에 관해 길게 설명하였다. 이에 대해 모리는 정교금령은 외국에 관계되는 사항도 포함되느냐고 질문하였다. 선구이편이 그렇다고 대꾸하자 모리는 그러한 속방은 허명(虛名)에 불과하며 중국이 책임을 질 수 없으면 조선은 독립국이라고 주장하였다. 그리고 모리는 더 명백한 회답을 문서로 보내줄 것을 요구하였다. 이때부터 내치와 외국 교제는 조선의 자주에 맡긴다는 것을 중국이 인정하였다고 일본이 선전하기 시작하였고 양국은 평행선을 달리는 논쟁을 계속하였다. 그러나 이 문제는 토론으로 해결될 수 있는 성질의 것이 아니었다. 중국은 사대질서를, 그리고 일본은 국제법 질서를 말하고 있어서 서로 차원이 다른 얘기였다.

모리 공사는 선구이편 일행 이외에 중국의 제일인자와 회견하여 책임 있는 답변을 얻는 것이 필요하다고 판단하고 리훙장(李鴻章)과 회견할 것을 요청하였다. 당초 총서는 모리의 요구를 반대하였으나 리훙장 자신이 그 요구를 거절할 필요가 없다면서 회견을 자청하고 나섰다. 리훙장은 30세의 젊은 일본 외교관을 직접 만나 무마할 필요가 있다고 느꼈을 것이다. 그리하여 1876년 1월 24일과 25일 두 차례의 회견이 톈진(天津)과 바오딩푸(保定府)에서 있게 되었다. 53세에 이른 노련한 리훙장은 오랜 경륜을 배경으로 모리를 압도하면서도 모리가 비상한 재주를 겸비하였다고 극구 칭찬하기도 하였다. 그를 무마하려는 속셈을 알 수 있다.

리훙장은 만국공법에 따르면 연안의 10리(3英里)는 연안국의 경내인데 어찌 일본 선박이 강화도에 접근하였느냐고 물었다. 이에 모리는 단지 담수를 얻기 위해 접근했으며 조선은 일본의 국기를 알면서도 발포하였고 중국과 일본은 만국공법을 원용할 수 있으나 조선은 아직 조약을 체결하지 않아서 이를 원용할 수 없다는 논리로 답변하였다. 그리고 일본은 조선에 대해 단 두 가지, 즉 ① 조선이 일본에 적절한 예를 표시할 것, ② 조선의 해양에서 일본 선박을 보호할 것을 요구한다고 강조하였다. 그리고 속방 문제에 관해서는 리훙장은 총서의 견해에 전적으로 동의한다고 전제했기 때문에 양자 간에는 평행선의 주장만이 되풀이되었다.

그러나 모리 공사는 중국 최고 실력자의 입을 통해 중국의 명백한 입장을 알게 되었다. 중국은 조선의 내정이나 외국 교제에는 직접 간여하지 않지만 종주국으로서 깊은 도덕적인 책임을 지고 있다는 점이었다. 이에 모리는 적당한 시기에 중국과 교섭하는 일을 종료하는 것이 현명하다고 판단하였다.

당시 리훙장은 난처한 입장에 있었다. 중국은 소위 마가리Margary 사건으로는 영국과, 베트남 문제로는 프랑스와 분쟁상태에 있었는데 또다시 조선 문제로 일본과 마찰을 빚을 수 없었기 때문이다. 그렇다고 사태를 그대로 방치한다면 일본의 조선 침략이 있을 것이 분명하였다. 따라서 조선이 일본과 수호조약을 체결한다면 전쟁에까지 이르는 사태는 방지할 수 있다고 판단하였다. 그리하여 조선에 대해 일본의 요구를 수락하도록 권고해야 된다는 결론에 도달하였던 것이다. 리훙장은 이러한 내용을 모리와의 회견이 있기 전인 1876년 1월 19일(음력 1875년 12월 23일)에 이미 총서에 전달한 바 있었다.

중국이 한참 조선 문제로 일본과 설왕설래하고 있을 때 공교롭게도 이유원(李裕元)이 여기에 개입하게 되고 리훙장은 그를 통해 조선 조정에 압력을 넣게 된다. 리훙장은 이유원 채널 이외에도 몇 가지 채널을 동원하였는데 이에 관해서는 다시 서술한다.

톈진과 바우딩푸에서 중국과 일본이 이론적인 논쟁을 벌이고 있을 때 한반도에서는 무력시위와 협박이 자행되는 사활의 담판이 진행되고 있었다. 이제 이 문제를 보도록 하자.

2. 조선과 일본의 수호조약

교섭

강화도 사건 이후 일본 정부는 한동안 국내 정치세력들의 알력으로 구체적인 행동을 취하지 못하고 있었다. 그러나 강화도 사건 발발로 다시 조선에 건너온 모리야마가 1875년 11월 3일 귀국하여 다음날 외무경에 제출한 복명서에서 조선 현지의 사정과 아울러 조선의 책임을 묻는 사절을 파견해야 된다는 구체적인 계획을 건의하였다. 이에 일본 정부는 이제 행동을 취하기로 결정하였다.

그리하여 12월 9일에 특명전권 판리대신에 육군 중장 겸 참의 개척장관(開拓長官) 구로다 기요다카(黑田淸隆)를, 특명전권 부(副) 판리대신에 원로원 의관(議官) 이노우에 가오루(井上馨)를 각각 임명하고 군함 6척과 300명의 병력을 이끌고 강화도에 파견하기로 결정하였다. 강화도로 향하던 일본 군함 1척이 인천 앞바다 대부도(大阜島)에 정박하고 있던 1월 30일 오전 9시 30분에 사역원 당상 오경석(吳慶錫), 훈도 현석운(玄昔運)이 그곳에 나타난다. 이날 이들은 미야모토 고이치(宮本小一), 모리야마와 대외 문제에 관한 조선 조정의 사정을 솔직히 말한다. 오경석의 보고를 받은 조선 조정은 그날로 어영대장 신헌(申櫶)을 판중추부사(判中樞府事)에 차함(借銜)해 접견대신(接見大臣)에, 그리고 도총부(都總府) 부총관(副摠官) 윤자승(尹滋承)을 부관에 임명하였다.

2월 5일과 6일, 윤자승과 모리야마의 예비교섭이 강화부에서 있었다. 이 예비교섭부터 일본은 협박, 과장, 그리고 기만으로 일관해 긴장이 시작되었다. 5일(음력 1월 11일)에 있었던 회담의 한 장면을 보자.

모리야마: 이번에 올 병졸이 4,000명인데 수용하기가 어려울 것 같아서 400명만 데리고 왔다.

윤자승: 400명의 병졸도 적은 것은 아니다. 넓은 해사(廨舍)가 없으니 그 수를 줄이는 것이 좋겠다.

모리야마: 대신의 행차에는 예의가 있는 것이니 400명에서 더 감할 수는 없다. 뒤이어 올 병졸 2,000명에 대해서도 인천, 부평 등지에 주접처(住接處)를 미리 마련함이 좋겠다.

윤자승: 이번의 양국 대신의 접견은 구호(舊好)를 계속하는 뜻에서 나온 것이다. 어찌하여 많은 병졸이 필요한가? 왜관 설치의 구약(舊約)은 초량에 설치된 문 밖의 출입은 금지되어 있다. 인천, 부평 등지에 하륙한다 함은 이해할 수 없다.

신헌과 구로다는 1876년 2월 10일(음력 1월 16일) 첫 대면을 하였다. 이날 오후 구로다 일행은 신헌이 머물고 있던 곳에 도착해 간단한 상호 소개로 첫 인사는 끝났다.

그러나 다음날 2월 11일에는 본격적인 회담이 시작되었다. 강화부 연무대(練武臺)에서 오후 1시부터 5시까지 계속된 이날의 회의는 강화도 사건, 전권 문제, 그리고 서계 문제가 집중 거론되었다. 대화의 몇 장면을 보기로 한다.

신헌: 300년간의 구호를 지금에 다시 돈독하게 함은 성사(盛事)이다.

구로다: 이번 우리 대신들이 온 일은 지난번 히로즈의 별함(別函)에서 대충 제시한 바 있다. 우리 선박인 운요 함이 작년 귀 경인(境人)의 포격을 입었으니 어찌 교린의 의(誼)가 있다고 하겠는가?

신헌: 경내에 들어오는 것이 금지된 것은 예경(禮經)에 실려 있는데 어떤 나라의 함정이 무슨 일로 오는지 몰랐고 방수처(防守處)에 직진하였으니 술병(戍兵)이 발포하였으며 이는 부득이한 일이다.

구로다: 운요 함 세 돛대에 모두 국기를 세워 우리나라임을 표지하였거늘 어찌 몰랐겠는가?

신헌: 그때의 선기(船旗)는 황색이어서 다른 선박으로 인정하였기 때문이다.

구로다: 우리나라의 기호(旗號)를 이미 알렸거늘 어찌 각처에 관유(關由)하지 않았는가?

신헌: 그때에 영종진(永宗鎭)이 분탕(焚蕩)된 것도 교린의 후의(厚誼)가 아니다. 표류선도 후대하였거늘 어찌 귀국선을 굉격(轟擊)하겠는가?

구로다: 양국대신이 만나서 정함에 있어서 귀 대신이 천단(擅斷)할 수 있는가?

신헌: 귀 대신은 전권직(全權職)이 있으나 우리나라에는 전권의 호(號)가 없다. 사건마다 품달(稟達)하여 처분을 기다려야 한다.

이와 같은 대화가 있은 후에 일본 측은 서계를 접수하지 않은 이유를 따지기 시작하였다. 이에 대해 조선 측은 고종 4년 1867년에 중국 신문에 실린 하치노헤(八戸順叔)의 논설이 조선을 능멸했기 때문이라고 답변하였다. 사실 하치노헤의 글은 조선 조정에 큰 파문을 일으켰었다. 일본 신문에 게재된 그의 글을 중국이 조선에 비밀 자문(咨文)으로 알려 주었는데 그 대강은 다음과 같다. 동치 6년 1867년 3월 20일(음력 2월 15일) 총서는 하치노헤의 글을 비롯한 해외신문의 논조들을 중국 예부에 알리고 예부는 그 내용을 조선에 알리었다. 조선은 이 비밀 자문을 4월 11일(음력 3월 7일) 받아 보았는데 그 내용은 다음 다섯 가지였다.

(1) 하치노헤 글 요지: 일본은 근래 무비가 번성하고 군함이 80척에 달하며 조선을 토벌해야 된다는 뜻이 있다. 조선은 과거 일본의 조공국인데 이를 폐하였기에 징벌코자 하는 것이다.
(2) 지난번 프랑스는 겨울이 가까워서 철병하였고 봄이 오면 다시 조선에 나아가고 일본도 병사를 일으키려고 한다.
(3) 근일에 도쿄에서 260명의 제후들이 모여 정사를 논하였는데 여기에서 조선을 정벌하자는 논의가 있었다.
(4) 즈푸(芝罘)로부터의 보도: 미국[花旗] 선박이 지난번 조난 사건을 조사하기 위해 조선에 간다고 한다. 영국, 미국, 프랑스 3국이 봄에 조선에 나아가 통상을 요구한다고 한다.
(5) 영국은 프랑스와는 달리 조선을 공격하려 하지 않는다. 프랑스는 지난번 그 해군 제독의 조선 출병을 못마땅하게 생각하고 있다.

하여간 제1차 회담은 토론의 성격을 띠고 있었고 큰 난관 없이 종료되었다. 그러나 다음날인 2월 12일 오후 1시부터 5시 45분까지 계속된 제2차 회담은 매우 성격이 다른 만남이었다. 회담이 시작되자 구로다는 다시 서계 문제를 꺼내었다. 그리고 오랫동안 일본 사절의 접견을 거부함으로써 일본 국내의 여론이 극도로 악화되고 조선을 징벌하자는 움직임이 있으나 일본 정부가 이를 겨우 진정시키고 있다고 협박을 계속하였다. 그리고 그는 귀국해 정확하게 보고하지 않으면 안 된다고 덧붙였다. 이에 신헌이 무엇을 보고해야 되느냐고 묻자 구로다는 그때서야 문제의 핵심을 토로하였다.

구로다는 조약안(條約案) 13개 항목을 제시하고 조약을 체결해 통상을 하자는 것이었다. 통상에 관해 조선 측은 아연실색하였고 신헌은 단연 반대하였다.

그러나 구로다는 신헌의 주장을 일축하고 조약을 체결해 나라 간의 관계를 수립하는 것이 만국공법의 기본이라고 강조하였다. 신헌은 일본 측의 조약안을 조정에 품달한 이후 의견을 말하겠노라고 하고 이날의 회의는 끝났다.

2월 13일 오후 1시부터 3시까지 제3차 회담이자 마지막 회의가 열렸다. 일본 측은 10일 이내에 조약안에 대해 회답해 줄 것을 촉구하면서 만일 조선이 이를 거절한다면 군사 행동도 불사하겠다고 협박하였다. 이날에 있었던 협박의 장면을 직접 보자.

구로다: [만일 조선이 조약을 승인하지 않는다면] 다시는 면회할 필요가 없다. … 이것이 잘되지 않는다면 이는 양국의 불행으로서 혹시 후회할 일이 생길지 모른다. … 그리고 우리 군대가 하륙하는 폐가 생길지 모른다. … 귀 조정이 치사(致謝)의 처분과 회오(悔悟)의 의(意)가 있은 연후에야 우리들은 복명할 수가 있다.

신헌: 구호를 다시 수교하자는 자리에서 하필 군대를 일으킨다는 말로 사람을 대할 때마다 말하는 것은 심히 예가 아니다. … 회오 두 글자에 이르러서 누차 추문(追問)함은 또한 상경지도(相敬之道)가 아니다. … 그리고 남의 나라에 들어와 그 나라의 금지함을 묻지 않고 스스로 무난(無難)하게 하륙할 수 있는가?

조선 조정의 회의(1876년 2월 14일)

신헌은 회담을 마치고 회담 결과와 더불어 일본에 대해 경계심을 굳게 가져야 된다고 조정에 보고하였다. 이 문제를 토의하기 위한 중대한 어전회의가 다음날 수정전(修政殿)에서 시원임대신은 물론 당상관이 모두 참석한 가운데 개최되었다. 이번 회의도 정부가 먼저 정책을 확정해야 된다는 고종의 하교로부터 시작하였다. 영의정 이유원은 정부에서 상의한 지 오래이나 저들의 정상(情狀)이 심상치 않다고 신중론을 말하였다. 이어서 영돈령부사(領敦寧府事) 김병학(金炳學)은 저들이 수호를 말하고 있으나 모든 정상이 수호가 아니라 틈을 만들려 함이라고 조약 체결에 반대하였다. 우의정 김병국은 저들이 과연 수호를 위해 온 것인지 아닌지 자세히 보고를 받은 연후에 결정하자는 의견을 제시하였다. 영의정 이최응은 저들의 정상을 알 수 없으니 다시 정부에서 대책을 마련하자고 지연책을 말하였다. 다만 판중추부사 박규수만이 조약 체결의 불가피성을 주장하였다. 일본이 수호를 말하면서 병선을 이끌고 온 것은 그 진정한 뜻을 알 수 없으나 수호사절이라고 말하고 있으니 우리가 먼저 공격할 수는 없는 일이라는 의견을 개진하였다.

이 회의 이후 조선의 조정은 조약 체결로 급격히 선회한다. 이런 정책 전환은 일본의 강경한 태도와 중국의 압력도 작용했으나 박규수, 오경석, 현석운, 신헌, 강위(姜瑋) 등으로 구성된 조약 체결 추진논자들의 주장에 의한 것이었다. 신헌의 반당(伴倘)으로 강화도 회의에 참석하고 있던 강위는 박규수에게 하나의 서한을 보냈는데 그 내용은 다음과 같다. 일본이 요구하는 것은 통상인데 이를 수락하지 않으면 일본이 병력을 동원할 것이니 그들의 요구를 들어줘야 되며 결코 우리가 먼저 공격이나 틈을 만들면 안 된다. 또한 일본이 인천, 부평에 상륙한다든가 서울로 직진하는 경우에는 조선의 국력으로는 이를 도저히 방지할 수 없음은 무신(武臣)인 자신이 잘 알고 있다고 단언하고 있다.

조선 조정은 2월 18일 강화도에 있는 신헌에게 조약 체결을 명하기에 이른다. 그리고 다음날 수호 통상 문제를 묘당(廟堂)에서 논의하면 지연되기 때문에 일에 따라 결정(隨事裁斷)하라는 전권을 신헌에게 부여하였다. 그리고 20일에는 일본의 조약안에 대한 조선의 반대제안을 작성하여 신헌에게 전달하였다. 반대제안의 내용에 관해서는 강화도 조약의 내용과 더불어 서술한다.

이날 조정은 반대제안과 함께 다음과 같은 6개의 원칙을 신헌에게 전달하였다.

(1) 상평전(常平錢)의 사용을 허용치 말 것.
(2) 미곡의 교역을 금지할 것.
(3) 교역은 물물교역만을 허용할 것.
(4) 조선은 일본과 수교할 뿐이니 타국인과 더불어 오지 말 것.
(5) 아편의 수입과 서교(西教)의 전래를 금할 것.
(6) 양국 표류민의 상호 귀환은 예로부터 내려오는 규칙이지만 망명을 목적으로 일부러 표류하는 자는 반드시 적발하여 송환할 것.

신헌은 조약안 12개 조항이 타결되자 이 6개 원칙을 더 삽입하자고 주장하였다. 이에 일본측은 이제 시간이 없다는 이유로 반대해 다음과 같은 타협안이 마련되었다. 위의 제 4, 5의 내용과 조선에 오는 일본인은 일본 사람임을 증빙하는 문서와 일본 선박은 일본의 국기를 게양해야 된다는 사항을 일본이 조선에 조회문을 발송하는 형식으로 타결되었다.

그런데 2월 20일 일본 측은 고종의 비준 서명을 요구하고 이것은 '만국보통의 법'에 의한 것이라고 주장하였다. 신헌과 윤자승은 비준 운운은 이해할 수 없는 일이고 국왕의 윤(允)자만 있으면 된다고 반대하였다. 이에 구로다는 이노우에에게 일을 맡기고 자신은 일시 강화도를 떠나는 위협적인 행동을 취하였다. 이에 신헌은 이노우에, 그리고 미야모토 고이치와 수차례 협상한 끝에 고종의 서명 대신에 조선국왕지보(朝鮮國王之寶)라는 도장을 새로 만들어 사용하고 조약의 조인과 비준 교환을 같은 날에 하기로 합의하였다. 그리하여 1876년 2월 27일(음력 2월 3일) 강화도 연무대에서 실로 역사적인 조일수호조규가 체결되었다.

조약의 내용

1876년 2월 27일(음력 2월 3일) 오전 9시 강화부 연무대에서 신헌, 윤자승과 구로다, 이노우에는 역사적인 조약을 체결하였다. 이것을 병자수호조약 또는 강화도 조약이라고 부른다. 이 조약의 내용을 일본이 2월 12일 제안한 13개 항목과 2월 19일 조선이 제출한 반대제안과 함께 살펴보도록 하자.

> 전문(前文): 대조선국과 대일본국은 원래 오랫동안 우의를 두텁게 하였으나 지금 양국의 정의(情義)가 미흡함을 보게 된 까닭에 구호를 중수(重修)하고 친목을 굳게 하고자 한다.

일본의 초안에는 조선국왕 전하, 대 일본국 황제 폐하와 같이 군주의 위호(位號)를 사용하였다. 그리고 대(大)자는 일본의 경우에만 첨가하였다. 이에 대해 조선 측은 우선 대자를 일본에만 사용한 것은 대등의 예에 어긋난다고 반대하였다. 그리고 군주의 위호는 사용할 필요가 없으며 국호만 쓸 것을 주장하였다. 이때 조선 측은 중국과 영국의 조약을 그 예로 들었다. 결국 조선의 반대제안이 받아들여졌다.

> 제1조(조선의 자주): 조선국은 자주지방(自主之邦)으로서 일본국과 평등한 권리를 보유한다. … 먼저 종전에 [양국의] 교정(交情)을 조색(阻塞)하는 환(患)이었던 모든 예규(例規)를 모두 혁제(革除)한다.

조선과 일본의 세계인식 차이를 극명하게 나타낸 조항이다. 그리고 그동안의 연구들도 이 조항으로 조선과 일본 양국이 사대-교린질서의 해체를 합의한 것으로 해석하는 경향이 있었다. 그러나 이런 해석은 수정돼야 한다.

이 조항은 자주와 독립이 함축하고 있는 의미의 충돌을 나타내고 있다. 사대질서 안의 외번(外蕃)은 그 내정과 외국 교제는 자주에 임한다는 것이 예(禮)의 기본 명제였다. 조선 측은 이런 의미에서 이 조항을 인식하였다. 그러나 일본은 자주는 곧 독립을 의미하는 것으로 서양국제법에서 말하는 주권국가로 해석하였다. 이 두 인식의 충돌이 한동안 계속돼 양국의 분쟁으로 표출되었다. 그리고 이 인식의 충돌은 서양 세계에서 중세질서와 근대질서의 충돌에서도 나타난 바 있다. 1814~1815년 빈 회의에서 주권Souveränität과 최고권

Landeshoheit의 논쟁이 그것이다.

그리고 조선과 일본 관계를 저해한 모든 규정을 폐기한다는 것도 양국은 달리 인식하고 있었다. 조선은 교린질서의 연장으로, 그리고 일본은 그 질서의 파괴를 규정한 것으로 해석하여 큰 혼란을 야기하게 된다.

> 제2조(사절의 파견): 일본국 정부는 지금부터 15개월 후에 수시로 사신을 조선국 경성(京城)에 파견하여 예조판서와 친접(親接)하여 교제의 사무를 상의(商議)할 수 있다. 이 사신의 주류기간(駐留期間)의 장단(長短)은 모두 시의에 따른다. 조선 정부도 역시 수시로 사신을 일본국 도쿄에 파견하여 외무경(外務卿)과 친접하여 교제의 사무를 상의할 수 있으며 이 사신의 주류기간의 장단도 역시 시의에 따른다.

이 조항도 교린질서와 국제법 두 질서의 충돌을 잘 나타내 주고 있다. 따라서 이 조항이 강화도 조약 교섭에 있어서 가장 타결하기 힘든 것이었다. 일본은 이 조항으로 이른바 상주외교사절의 제도가 마련된 것이라고 판단하였고 조선은 교린질서의 제도가 연장된 것으로 여겼다. 오늘날의 상주외교사절 제도는 근대 국제법 제도 중 핵심적인 것이다. 그런데 교린질서의 통신사 제도는 중요한 특정 문제가 발생했을 때 사신을 파견하고 상대 국가에서 체류하는 기간도 대개 15일 정도에 그치는 것이 예사였다. 이 제도는 서양 중세의 외교제도와 매우 흡사한 것이었다. 조선과 일본은 이 문제에 접근하는 태도가 처음부터 상이하였고 조약 체결 후 1880년까지 계속 현안 문제로 남았다. 이와 같이 양국 관계를 한동안 긴장시키게 된 것은 이 조항을 잘못 타결한 일본의 실수에 기인하는 것이었다.

구로다가 받은 훈령은 "피아(彼我)의 친목을 도모하기 위해 양국의 수도에 서로 사신을 재류(在留)시키고 그 사신은 예조판서와 대등의 예를 갖는다"고 되어 있었다. 상주외교사절의 제도를 명백히 말하고 있다. 그러나 구로다 일행의 실수로 이 중대한 문제를 제대로 타결하지 못하였다.

구로다의 제안은 당초 애매하고 불평등한 내용을 담고 있었다. 이 초안에 보면 조약이 체결되고 15개월 이후 일본 사신이 조선에 오면 병권대신(秉權大臣)과 만나고 조선 사신이 도쿄에 가면 외무성의 귀관(貴官)과 만난다. 그리고 이들 사신들은 상대국 수도에 머물든지 또는 일이 타결되면 귀국하든지 한다고 불분명하게 규정되어 있었다.

이에 대해 조선은 강력히 반대하였다. 그 반대 제안의 요지는 다음과 같다. 일본 사신은 병권대신을 만나고 조선 사신은 외무성 귀관을 만나는 것은 평등의 예가 아니다. 만일 조선 사신이 외무성만을 만나면 일본 사신도 예조만을 만나야 한다. 이런 조선의 반대는 곧 일본이 수락하였다.

조선의 반대 제안은 다시 이어진다. 개항장이 설정돼 통상이 진행되면 이에 수반되는 일들은 양국의 지방관들이 서로 만나 타결하면 되고 사신이 별도로 서울에 주류할 필요는 없다. 양국의 해로가 험난하여 자주 사절이 왕래하는 것도 양국에 이로운 것이 못 되기 때문에 10년 혹은 15년씩 간격을 정해 사신이 오가는 것이 편리하다.

결국 제2조는 신헌과 미야모토의 회의에서 타결됐는데 일본 측의 입장에서 보면 미야모토의 실수로 상주외교사절의 제도가 정확하게 규정되지 못하였다. 일본의 제안 중 서울에서 병권대신을 만나 교제의 사무를 상의한 일본 사신은 서울에 머물든지 귀국하든지 시의에 따른다는 내용을 신헌이 수정을 요구해 조약 본문의 내용과 같이 되었다. 미야모토는 신헌의 교제 수완에 놀아난 꼴이 되었다.

결국 양국의 상반된 입장을 절충한 조약 본문의 내용은 매우 애매한 것이어서 그 후 현안의 문제로 등장하였다.

> 제3조(공문 사용언어): 장차 양국의 왕래공문에 있어 일본은 자기 나라 국문을 쓰되 지금부터 10년간은 한문 역본 한 통을 따로 갖추고 조선은 진문(眞文)을 사용한다.

이 조항은 별 문제 없이 타결되었다.

> 제4조(개항장 내에서 일본인의 왕래, 통상, 가옥건조 및 임차): 조선국 부산의 초량항에는 일본공관이 있어 오랫동안 양국인의 통상지였다. 금후에는 종전의 관례와 세견선(歲遣船) 등에 관한 일을 혁제하여 새로 세운 조관을 기준으로 하여 무역사무를 처리한다. 또한 조선 정부는 제5조에서 별도로 정하는 두 항구를 개항하여 일본 국민의 왕래, 통상을 허가한다. 이들 항구 내의 지면(地面)을 임차하여 가옥을 조영(造營)하거나 이곳에 있는 조선 사람들의 가옥에 교우(僑寓)함은 그 편리한 방법대로 한다.

이 내용은 일본의 원안대로 확정된 조항이었다. 그러나 개항지에서 일본인이 왕래하고 통상하는 것을 허용한다는 것은 간단한 문제가 아니며 그들의 자유 활동 범위를 확정하는 것도 큰 문제였다. 중국이 외국인에게 여권만 있으면 중국 내지의 여행을 허가해 구미 상업자본주의 침투를 용이하게 한 것을 당시 조선 조정은 잘 알고 있었다. 따라서 조선은 다음과 같은 반대 입장을 표명하였다. 개항지에서 일본인이 거주하는 경계를 명백히 정하고 그 경계를 넘으면 분쟁이 발생할 것이다. 그 한계의 이수(里數)도 확정하되 초량관의 한계를 넘으면 안 된다. 자유유보 지역은 후술할 수호조규 부록에서 조선 이수로 10리로 정해지게 되었다. 그리고 조약 본문에 세견선을 명시하자고 한 것도 조선 측 주장이었다.

자유유보 지역의 설정은 상업자본주의 침투의 기본 조건이었다. 구로다가 받은 훈령에 보면 "서울과 부산 또는 다른 일본 신민의 무역장 간에 일본인의 왕래의 자유"를 얻도록 하라는 것으로 그 지역의 범위는 매우 광범위한 것이었다. 그리고 이 중요한 사안을 수호조약 부록으로 넘긴 것도 일본 측의 실수였다.

> 第5조(개항장): 경기, 충청, 전라, 경상, 함경 등 5도(五道)의 연해 중 통상에 편리한 항구 두 곳을 택하여 지명을 지정한다. 항구를 개항하는 시기는 조선력 병자년 2월, 일본력 메이지 9년 2월부터 기산(起算)하여 20개월 이내로 한다.

구로다가 받은 훈령에는 부산, 그리고 강화도 또는 서울 근처의 한 곳, 모두 두 곳을 개항하라는 것이었고 그 실천에 관해서는 구로다에게 재량권이 부여되었다. 그리하여 구로다 일행이 조선 현지를 실사한 결과 영흥과 그 밖의 한 곳을 지목하게 되었다. 결국 이 조항도 일본 측 초안에 조선 측이 수정을 가한 것이었다.

일본 측 초안에는 함경도의 영흥을 15개월 이내에 개항하고 경기, 충청, 전라, 경상 4도 중에서 하나의 항구를 20개월 이내에 개항한다고 되어 있었다. 영흥의 개항에 대해 조선은 단호히 반대하였다. 영흥은 국가용흥(國家龍興)의 기(基)로서 원묘(原廟)를 받들고 있는 곳이고 함흥, 안변, 문천도 선침(先寢)을 받들고 있는 곳이어서 이들 어느 곳도 결코 개항될 수 없다는 것이 반대이유였다. 그리고 경기, 충청, 전라도의 항구 개항도 반대이며 경상도에서 적당한 곳을 개항하는 데에는 동의하였다. 하여간 이들 개항장 문제는 그 후 큰 현안 문제가 되었는데 원산이 1879년 8월에, 그리고 인천이 1883년 9월에 가서야 결국 개항하게 된다.

> 第6조(조난, 표류): 일본국 선박이 태풍 또는 연료, 식품의 결여 등 불가항력의 경우 개항장 이외의 지역에 기항할 수 있으며 또 표류 선원을 보호하여 송환한다.

이 규정은 별다른 문제 없이 타결되었다.

> 第7조(해안측량): 조선국 연해의 섬과 암초는 종전에 심검(審檢)을 거치지 않아 극히 위험하다. 일본국의 항해자가 자유로이 해안을 측량하도록 허가하고 그 위치의 심천(深淺)을 소상하게 밝혀 도지(圖志)를 편제(編製)하여 양국의 선객들이 위험을 피하고 안전을 도모할 수 있게 한다.

영해 주권을 침해하는 이 규정을 조선 측은 아무런 반대도 하지 않고 동의하였다. 19세기에 접어들면서 조선 연안에 이양선들이 자주 출몰해 조선 위정자들이 이를 매우 우려해 왔는데 1876년 2월 당시 이런 독소조항을 아무런 이의도 제기하지 않고 수락한 것이 오히려 의심스럽다. 일본 정부의 훈령은 "일본 군함 또는 상업선은 조선해 어느 곳에서나 항행 측량한다"고 돼있었는데 항행에 관해 조선의 반대가 있을 것을 우려해 '조선해 항행의 자유'에 관한 시행 시기 결정은 구로다에게 재량권을 부여하였었다.

> 제8조(영사파견): 장차 일본국 정부는 조선국이 지정한 각 항구에 일본국의 상민(商民)을 관리할 관리를 수시로 둘 수 있다. 양국이 교섭할 안건이 있을 때에는 이 관원은 지방장관과 판리(辦理)한다.

이 조항도 별 문제 없이 타결되었다. 조선 정부는 부산 왜관의 경험에 비추어 별 문제가 없다고 판단했을 것이다. 다만 이 조항은 일본의 경우만을 규정한 것으로 조선에게는 불평등한 것이다.

> 제9조(자유무역): 양국은 이미 통호(通好)하였으니 피차 인민은 각자 임의로 무역한다. 양국 관리는 조금도 이에 간예(干預)하지 못하며 또 제한, 금지하지 못한다. 만약 양국의 상민이 기만하여 속여 팔거나[欺罔衒賣] 빌린 것을 보상하지 않을 때에는 양국 관리는 그 상민을 엄히 체포하여 그 빚진 것을 갚도록 한다. 다만 양국 정부는 이를 대신 갚을 수는 없다.

이 조항의 후반부는 조선 측의 요청에 따라 삽입된 것이다. 하여간 양국 국민 간에 완전한 자유무역을 규정한 이 조항은 후술할 조인희(趙寅熙)-미야모토의 무관세 교환각서와 함께 조선의 경제적 종속을 만들어 놓은 것이었다.

> 제10조(영사재판): 일본국 인민이 조선국 지정의 각 항구에 재류 중 죄를 범한 것이 조선국 인민에 관계되는 사건을 일으켰을 때에는 이를 모두 일본 관원이 심단(審斷)한다. 조선국 인민이 죄를 범하고 그것이 일본국 인민에 관계되는 경우에는 모두 조선관원이 사판(查辦)한다.

이것이 바로 영사재판권의 규정으로 서양 열강이 비유럽 지역으로 팽창하는 데에 필수적인 법적 장치였다. 구로다에게 전달한 훈령에는 영사재판권에 관한 사항이 없었는데 이것이 오히려 이상하다. 그러나 구로다 일행이 그 필요성을 인식해 삽입한 조항이었다.

당시 중국이나 일본 모두 서양 각국과 맺은 조약에서 중국과 일본만이 영사재판권을 인정하는 편무적인 영사재판권이 규정되어 있었다. 일본은 그런 불평등성에 대해 반대운동을 일으켜 1871년에 이르러서 쌍무적인 영사재판권을 인정받는 데에 성공하였다. 그런 일본이 1871년 중국과 맺은 수호조약 제8조에서 규정한 쌍무적인 내용을 오히려 중국만이 영사재판권을 인정하는 편무적인 내용으로 바꾸려고 노력하였다. 물론 중국의 반대로 합의에는 도달하지 못하였다.

이런 상황에서 일본은 조선에게 편무적인 영사재판권을 강요해 그 주장을 관철하였다. 조선 측은 일본의 제안이 갖고 있는 불평등성을 어느 정도 알고 있었다. 이 문제에 관한 조선의 반대제안을 보면 양국의 범죄인이 있으면 양국의 관리들이 현지에서 회동하고 법률을 사용해 재판하도록 하자는 것이었다. 그러나 조선의 입장이 반영되지 못하였다.

> 제11조(부록과 통상장정의 체결): 양국은 이미 통호하였으므로 따로 통상장정을 설정하여 양국 상민의 편의를 도모한다. 또한 지금 합의를 본 이 조관의 각 항 가운데 좀 더 세목을 결정하여 보완할 필요가 있거나 참고로 할 조건들은 앞으로 6개월 이내에 양국이 각각 위원을 임명하여 조선국 경성 혹은 강화부에 파견하여 상의, 결정토록 한다.

이 조항에 대해서도 조선 측은 이제 세부 항목에 관해 합의를 보면 되었지 또다시 번거롭게 만날 필요가 있겠느냐고 반대했으나 일본이 계속 주장해 그들 원안대로 결정된 것이다.

이 규정에 따라 8월에 수호조규 부록 11개 항목과 무역규칙 10칙이 체결되었다.

제12조는 이상의 각 조항을 성실히 준수한다는 형식적인 조항으로서 별 문제 없이 합의하였다. 일본의 원안에 따르면 제12조는 최혜국대우 조항을 규정한 조항이었다. 즉 조선이 장차 다른 국가와 체결하는 조약에서 이루어진 조건은 당연히 일본도 향유한다는 것이었다. 그러나 조선의 완강한 반대에 부딪쳐 일본이 결국 이 조항을 철회하였다. 조선은 다른 국가와는 통호가 없었고 오로지 일본과는 오랜 이웃의 통호가 있었다. 어찌 다른 국가와 통호의 일이 있겠는가 하고 반문하였다. 그리고 만일 다른 국가와 조약을 맺을 일이 있으면 일본의 중개를 거치지 않을 수 없는데 이때 일본이 조선에 조회를 보내 그런 이익을 요구하면 될 것이라는 것이 조선의 논리였다. 일본은 조선의 이런 회유적인 설득에 이 조항의 삭제에 동의하였다.

제 3 절 조선의 새로운 외교정책

교린질서가 와해되면서 조선은 새로운 국제 환경에 어떻게 대응할지 고민하지 않을 수 없었다. 먼저 수신사 김기수의 파견과 관련해 시련의 시기를 맞게 된다. 김기수의 일본 시찰은 한국 외교사에 있어서 획기적인 사건이었다. 사대질서 밖의 세계를 직접 관찰할 수 있는 기회였다. 1811년 쓰시마에서 있었던 역지빙례 이후 처음 일본에 파견된 수신사였다. 그러나 김기수는 이런 막중한 역사적 임무를 수행하기에는 적절한 인물이 아닌 것이 하나의 불행이었다.

그러나 1880년 김홍집의 일본 시찰은 성격이 매우 달랐다. 조선 조정은 김홍집을 통해 새로운 세계 인식을 지니게 되었다. 1880년 9월 6일 황쭌셴(黃遵憲)이 도쿄 아사쿠사 혼간지로(本願寺)로 김홍집을 예방하고 자신이 쓴 『조선책략』을 전달하였다. 이 소책자가 그 후 조선 정가에 돌풍을 일으키게 되었는데 이 문건이 담고 있는 새로운 외교정책의 명분으로 보아 그럴 만한 것이었다. 이것이 지닌 핵심적인 내용은 몇 가지로 요약될 수 있다. 첫째로 러시아의 위험을 예방해야 된다는 소위 방아론(防俄論)이 주류를 이루고 있다. 동북아 지역의 정세로 보아 중국, 조선, 일본은 러시아의 남하에 공동 대처해야 된다는 것이고 세계정치질서에서 본다면 동양 3국이 영국의 영향 지역에 결과적으로 속하게 하는 논리이다. 다음으로 조선이 장차 택할 새로운 외교노선은 중국의 지휘를 받아야 한다는 것이다. 이런 발상은 정교금령(政敎禁令)은 자주에 임한다는 사대질서의 관념과는 매우 다른 것이다. 임오군란 이후 현실로 나타난 적극적인 속방론(屬邦論)의 징조가 이미 이때에 나타난다. 끝으로 새로운 일본관(日本觀)의 대두, 그리고 미국과 조약을 체결할 것을 강조하고 있다는 점도 획기적인 내용이다.

김홍집의 귀국을 계기로 조선 조정은 새로운 외교정책을 수립하게 된다. 제대신헌의와 1880년 10월 11일 회의가 변화의 분수령을 이루었다. 그러나 고종을 위시한 개혁세력들은 이 회의 이전에 이미 새로운 방향을 결정하고 밀사들을 도쿄에 파견한다. 이와 더불어 리훙장-슈펠트 회담에 조선 측 의견을 전달할 사절을 중국에 직접 파견한다. 오늘날의 표현을 빌리면 조선-중국-미국의 3자 회담이었으나 분리된 형태였다. 리훙장-슈펠트 회담에서 조선-미국 조약이 논의될 수 있었던 것은 조선이 이미 새로운 외교정책을 수립하였고 중국-미국 회담 개최에 동의하였기 때문이다. 이 역사적 시점에서 국제정치 문제 해결에 대한 조선의 역할은 재평가해야 한다.

1. 교린질서 붕괴의 시련

김기수(金綺秀)

조약체결을 마친 신헌은 3월 1일(음력 2월 6일) 고종을 알현하였다. 이 자리에서 고종은 장계로 알린 것 이외에 말할 것이 있으면 하라고 하자 신헌은 먼저 병력의 증강을 역설하고 사대교린과 함께 무비를 튼튼히 하면 능히 나라를 지킬 수 있다고 진언하였다. 이어서 고종이 다시 말할 것이 있느냐는 질문에 신헌은 수신사 파견을 다음과 같이 아뢰었다. 조약체결 이후 6개월 이내에 일본에 답례하고 일본의 습속을 살피며 또 유람하는 목적으로 일본에 사신을 파견하는 것을 구로다가 요청했다고 하면서 부산에서 화륜선을 타면 7~8일이면 도쿄에 도달할 수 있다고 하였다. 이에 국왕은 그러면 이것이 통신사냐고 되묻자 신헌은 종전과 같은 번거로움을 피하고 일을 아는 사람[解事者]을 보내면 되니 이는 통신사와는 다르다고 진언하였다.

신헌의 진언에 따라 수신사의 파견이 결정되었다. 3월 17일(음력 2월 22일) 응교(應敎) 김기수가 예조 참의로 승진돼 강화도 조약 이후 처음으로 일본에 파견되는 수신사가 되었다. 그리고 당상 역관(堂上譯官) 현석운(玄昔運), 이용숙(李容肅)이 수행하게 되었다. 서울을 떠난 수행원은 모두 30명 정도였는데 전통적인 통신사 일행이 근 500명에 달한 것과는 매우 대조를 이루고 있다.

김기수는 1876년 5월 22일 부산을 떠나 6월 28일 부산에 다시 도착하는 1개월에 걸친 단기간 일본을 방문했으나 그의 임무는 실로 막중한 것이었다. 메이지 유신 이후의 일본을 처음으로 시찰하는 사절이었으며 그의 견문은 조선의 일본정책 수립에 결정적인 자료가 될 수 있었다. 다시 말하자면 교린체제의 통신사가 아니라 공법질서에서 말하는 외교사절의 의미를 어느 정도 지니고 있었다.

이 중대한 정책의 시행에 있어서 몇 가지의 문제점을 먼저 지적하지 않을 수 없다. 결론부터 말한다면 김기수는 이런 역사적인 임무를 수행하기에는 적절치 못한 인물이었으며 따라서 최초의 수신사 파견은 실패였다. 김기수는 4월 27일(음력 4월 4일) 사폐(辭陛)하고 7월 21일(음력 6월 1일) 복명하였다. 그런데 이 두 날에 있었던 대화를 보면 김기수는 고종의 기대에 전혀 부응하지 못하고 있음을 알 수 있다.

김기수를 떠나보내면서 고종은 이번의 파견이 단순히 먼 길을 떠나고 바다를 건너간다는 것이 아니라 처음으로 있는 일임을 전제하고 일본의 정세를 모두 정확하게 정탐하여 올 것을 두세 번 강조하였다. 김기수는 이런 고종의 지시를 따르지 못하였을 뿐 아니라 오히려 정탐하지 않은 자신의 행동을 변명하고 있다. 그가 남긴 『일동기유』(日東記游)의 후서(後敍)란 글이 바로 그것이다. 자신은 정탐을 일삼을 수 없다고 하면서 이런 것은 본원(本元), 즉 근본이 아니고 말단(末端)에 불과한 것이라고 강변하고 있다. 그리고 이날 고종은 일본에 체류할 기간을 15일 정도로 할 것을 말하였는데 이것은 다만 통신사의 예에 따른 것이지 반드시 그렇게 하라는 것은 아니었다. 그런데도 김기수는 15일을 경과하면 안 된다는 핑계로 일본이 제시한 여러 시찰 일정을 거절하였다.

김기수가 돌아와 고종과 나눈 대화를 보면 더욱 한심하고 답답하다. 이날 고종은 국제정세로부터 시작하여 일본의 정치, 사회, 군사, 학술, 문화를 비롯하여 세세한 부분까지 하문(下問)하였다. 김기수는 고종의 이런 질문에 옳게 대답조차 못하고 있다.

견식의 부족만이 아니었다. 이날의 복명에는 중대한 문제를 김기수는 말하지 않았다. 무엇보다 러시아의 남침 우려에 관한 문제였다. 이에 관해서는 후술한다.

수신사 파견과 관련해 또 지적할 것은 일본의 근본 목적과 태도에 관한 것이다. 일본은 이 기회에 조선 수신사로 하여금 발전된 일본의 모습을 강력히 전달하여 조선을 일본에 의존시키려 하였다. 김기수가 도쿄에 도착하기 이전에 일본 외무성은 수신사의 시찰일정을 결정하였다. 육해군은 물론 각 성(省)의 체제, 병영 등을 시찰하고 공원을 비롯한 여러 곳을 방문하며 기술을 직접 목격하여 수신사의 견문을 넓히고 일본의 실정을 숙지시킨다는 것이었다. 그러나 김기수는 거의 모두 거절하여 이들 장소 중 그가 실제로 방문한 곳은 극히 일부에 불과하였다.

러시아 문제

수신사 파견이 갖고 있는 가장 큰 국제정치적인 의미는 조선이 영국과 러시아가 세계적인 규모에서 대치하고 있는 세계정치 판도에서 영국의 세력범위 지역에 들어가기 시작했다는 점이다. 한편 일본은 러시아의 남하에 대해 그 어느 국가보다 저항하지 않을 수 없는 처지에 있었다. 이런 점에서 볼 때 영국과 일본의 기본적인 국제정치적 입장은 같은 노선에 있었다. 이런 배경에서 메이지 일본이 조선과 처음으로 접촉하던 강화도 회의에서부터 러시아 문제가 거론되었다.

일본의 조선어 통역관 우라세(浦瀨裕)와 아라카와(荒川德滋) 두 사람이 1876년 2월 15일(음력 1월 21일) 오경석을 만나러 온 자리에 신헌이 이들에게 묻기를 일본이 교린하고 있는 국가 중 가장 강한 국가가 어떤 나라냐고 묻자 이들은 러시아라고 하면서 모든 나라들이 이를 꺼린다고 대답하였다. 또 강화도 회담에서도 이노우에가 직접 조선 대표들에게 러시아의 위험을 강조하였다.

김기수는 일본에 체류하는 동안 당시 의관(議官)이던 이노우에 가오루(井上馨)를 6월 3일 수신사 일행을 위한 환영만찬에서 처음 만난 이후 몇 차례 더 만나게 되었다. 6월 4일 오후에는 이노우에가 김기수를 예방하고 8일에는 김기수가 이노우에 자택에서 만찬을 같이 하게 되었다. 이노우에는 김기수를 만날 때마다 러시아의 위험을 특히 강조하였다.

이노우에의 러시아 경계론은 그 후에도 계속되었다. 그는 신헌에게 1877년 3월에 서한을 보내 그의 주장을 다시 강조하고 있다. 이노우에는 김기수가 모든 것을 잘 보고 귀국 후 일일이 보고했으리라 여기지만 안심할 수 없다고 먼저 말하고 있다. 현재 세계정세를 볼 때 조선을 위해 말하지 않을 수 없는 것이 있다고 하면서 북쪽에 한 물건이 있는데 그 세력이 심히 맹렬하고 집어삼키려는 기세가 날로 높아가고 있는 것은 신헌이 잘 알고 있는 일이라고 말하고 있다. 오늘날의 계책은 각국의 형세를 반드시 통달해 독립방법을 세우고 동맹을 많이 체결해서 세계 내의 권형(權衡, 세력균형)을 유지해야 한다고 권하고 만일 그렇지 못하면 고립되어 그 화가 뒤를 이을 것이라고 경고하고 있다.

그런데도 김기수는 이런 일본 정계의 분위기나 러시아 문제와 같은 중대한 국제적인 문제를 고종께 알리지도 않았다.

무관세 시대와 사절의 상주 문제

수호조약의 후속조치를 마무리하기 위해 일본은 미야모토(宮本小一)를 조선에 파견키로 하고 이에 관한 교섭이 서울에서 원만히 진행되도록 일본 체류 중이던 김기수에게 일본 정부는 누차 부탁하였다. 그리하여 김기수가 복명하던 그 다음날 조선 조정은 형조참판 조인희(趙寅熙)를 강수관(講修官)에 임명하였다.

미야모토는 1876년 7월 30일에서 8월 26일까지 서울에 체류하면서 12회에 걸쳐 조인희와 회담하고 신헌, 윤자승과는 한 차례의 특별회의를 한 바 있다. 그리하여 수호조규 부록과 무역규칙은 성립됐지만 일본 공사의 서울 주재와 일본인의 조선 내지 여행 문제 두 현안은 끝내 합의되지 못하였다.

먼저 일본공사의 주재 문제에 대해 양국은 첨예하게 대립하였다.

상주외교사절은 근대 국제법의 기본적인 제도이다. 서양의 중세제도나 유교 국제사회에서는 외교사절이 상대방 행위자의 수도에 상주하고 있지 않았다는 점에서는 같은 질서였다. 그런데 서양의 근대 국제법 제도가 중국이나 조선에 전래되면서 사대질서와 첨예하게 대립된 것이 바로 이 상주사절 문제였다. 조공질서에서는 조공횟수와 조공사절의 베이징 체류 기간은 엄격한 규칙에 의해 통제되었다. 또한 이 질서 밖의 서양 세력에 대해서는 광둥무역체제(廣東貿易體制)로 규율되었다. 이 광둥체제를 타파하고 베이징에 사절을 상주하게 된 것은 영국이나 프랑스가 중국을 무력으로 침략한 이후 1858년 6월에 체결된 톈진조약에서 비롯되었다.

조선의 경우도 일본 관계는 부산 초량항에서 다루어 온 것은 다 아는 일인데 강화도에서 수호조약 제2조를 타결하면서 일본 측은 상주외교사절 제도가 합의된 것으로, 조선은 교린 제도의 골격은 그대로 유지된 것으로 각각 해석하였다. 이런 해석상의 차이가 이번 미야모토의 파견으로 현실로 표출되었다.

이렇게 되자 미야모토는 신헌과의 회담을 요청하였다. 수호조약 체결 당사자들을 직접 만나 그들의 의견을 듣겠다는 것이었다. 그리하여 8월 13일 신헌, 윤자승, 현석운 등 강화도 조약 체결 당시의 조선 측 인사들이 미야모토가 머물고 있던 경기 중영(中營) 청수관(淸水館)에 나아가게 되었다. 수호조약 제2조의 취지를 어떻게 생각하고 있느냐는 미야모토의 질문에 신헌은 조선의 입장을 다음과 같이 명백하게 밝혔다.

> 우리나라는 조약상 위배한 바는 없다. 그 제2조에 있는 바같이 때에 따라 사신을 파견하고 즉 우리나라의 수신사, 귀국의 이사관과 같은 사람이 서울에 주류(駐留)할 수 있음은 원래 알고 있다. 그런데 조약면(條約面)에 공관을 설치한다는 문자가 없으며 이제 다시 조약 밖의 일을 우리 정부가 승낙할 수는 없다. 또한 [제2조에서 말하는] 주류의 길고 짧음은 그때의 편의에 따른다 함은 가령 사신이 서울에 오래 머물러도 우리나라가 귀국(歸國) 시기를 독촉하지 않는다는 것이다.

신헌, 윤자승의 설명을 들은 미야모토는 이 문제의 토의를 중지하지 않을 수 없었다. 따라서 공사의 가족문제와 같은 부속 문제의 토론도 자연 중지되었다. 이들 모든 문제의 해결은 1880년 김홍집이 일본을 다녀온 다음 조선 조정이 새로운 외교정책을 채택할 때까지 기다려야 했다. 하나부사는 변리공사(辨理公使)로 승진돼 1880년 12월 17일 서울에 도착하였다. 그리고 12월 27일에는 고종을 알현하고 일본의 국서를 봉정(捧呈)하였다. 이 봉정식 이후로 사절의 서울 주재는 묵시적으로 승인되었다. 그리고 사절 가족들의 문제는 임오군란의 사후처리와 더불어 해결된다.

다음으로 문제가 된 것은 일본인의 조선 내지 여행 그리고 부산항에서 일본인이 유보(遊步)할 수 있는 지역의 범위에 관한 것이었다. 내지 여행은 개항장에 주재할 이사관에 한해 인정키로 하고 유보지역은 일본이 일본 이수(里數)로 10리, 즉 조선의 이수로 100리를 주장했으나 조선 측의 수정안인 조선 이수 10리로 결정되었다. 미야모토가 받은 훈령에 따르면 최소한 일본 이수 5리를 확보하라는 것이었다. 그리하여 8월 24일 11조에 달하는 수호조약 부록이 체결되었다.

그리고 이날 무역규칙 10칙(則)이 동시에 조인되었다. 주요내용은 아편의 금수(禁輸), 개항장에서 양곡의 수출입 허용, 일본 선박의 항세(港稅) 면제 등이다. 그런데 특히 주목해야 할 점은 이 무역규칙의 성립과 아울러 이루어진 조인희와 미야모토의 왕복 조회문이었다. 이 조회문으로 이른바 무관세 시기가 열리게 되었다. 미야모토 조회문의 관련 구절은 다음과 같다.

> 우리 인민이 귀국에 수송하는 물건들은 우리 해관에서 수출세를 부과하지 않으며 우리 인민이 귀국의 물산을 갖고 우리 내지에 수송할 때도 역시 수년간 수입세를 부과하지 않는다. 이 일은 우리 정부의 내의(內議)로서 결정되었는데 관유(寬裕)가 여기에 이른 것뿐이다.

이에 대해 조인희도 "화물 출입에 수년간 면세를 허한다."라는 회답문을 보냈는데 당시까지 조선 조정에서는 수출입 관세에 관한 정확한 인식이 없었던 것이다. 사실 미야모토가 받은 훈령에 보면 무관세를 주장하되 만일 조선 정부가 이에 반대하면 종가(從價) 5%로 하라고 되어 있었다.

2.『조선책략』

김홍집

1880년 8~9월 동안 김홍집을 일본에 파견한 것은 조선의 외교정책 향방에 있어서 실로 중대한 의미를 갖고 있다. 이때는 중국이 조선으로 하여금 서양 세력들과 조약을 체결케 한다는 새로운 정책을 채택한 이후였다. 또 이 해 5월 슈펠트R.W. Shufeldt가 부산에 나타나자 조선조정은 국제정세를 정확하게 인식해야 될 단계에 접어들었다. 김홍집이 일본에서 귀국하자 조선의 대외인식은 일대 변혁의 시기를 맞게 된다.

형식상으로 보면 김홍집의 일본 파견은 1879년 하나부사가 조선에 다녀간 것에 대한 답례로 이루어진 것이었다. 1880년 3월 19일(음력 2월 9일) 의정부는 이런 뜻에서 수신사 파견을 건의하고 있다. 그러나 미야모토나 하나부사가 이미 세 차례나 다녀간 이후인 이때에 수신사 파견이 거론된 점이나 당시 개화파의 영수로 지목된 민영익(閔泳翊)의 추천으로 김홍집이 수신사로 발탁된 점으로 보아 이번의 수신사 파견은 개화파 인사들이 추진한 것으로 추정된다. 새로운 대일관계를 수립할 필요와 국제정세에 관한 여러 정보를 수집하려는 것이 수신사 파견의 진정한 목적이었을 것이다. 김옥균, 박영효(朴泳孝) 등에 의해 일본에 건너간 이동인(李東仁)은 이미 일본에서 활동하고 있었으며 또 무불(無不) 탁정식(卓挺植)도 5월에 일본에 파견되었는데 이 모든 것이 연관되어 있었다. 이동인을 일본에 밀파한 사정이나 그가 일본에서 영국 공사관의 사토우E. Satow와 어떠한 관련을 맺었는지는 필자가 이미 자세히 소개한 바 있는데 「주요문헌」의 글들을 참조해 주길 바란다.

하여간 이번의 수신사 파견은 1876년 김기수의 경우와는 차원이 다른 것이다. 외교정책의 기본 틀을 재구성하려는 것이었다. 우선 수신사 일행의 구성이 새로운 면이 있다. 김홍집은 숙종의 국구(國舅)였던 경은부원군(慶恩府院君)의 후손으로 고종도 그를 늘 가까이 하였으며 대대로 소론(少論)에 속했으나 북촌소론(北村少論)이어서 노론(老論)과도 친히 지내어 당시 노론인 민씨 일족과도 교유하였다. 그의 일행을 보면 강위, 이조연, 윤웅렬, 지석영, 그리고 중국어 역관인 이용숙 등 개화파 인사로 짜여 있었다. 일본에 파견되면서 이용숙이 동행한 것은 도쿄 주재 중국 공사관과 접촉할 것을 염두에 둔 것인지 모르겠다. 이조연은 박규수 계통의 인물이며 그 밖의 인물들이 처음부터 개화파에 속하고 있었음은 물론이다.

김홍집은 1880년 8월 1일(음력 6월 26일) 부산을 출발하여 11일 아침 도쿄에 도착하였고

9월 8일 이곳을 떠나 9월 15일(음력 8월 11일) 부산으로 다시 돌아왔다. 그의 공식적인 목적은 부산의 관세 문제였으나 이 밖에도 인천 개항, 미곡 수출 문제, 그리고 해관 문제 등 세 가지가 더 있었고 그의 행적으로 보면 이들 문제뿐 아니라 조선 주변의 거의 모든 국제정치 문제들이 거론되었다.

공식적인 임무는 세율을 정하는 문제였으며 그것도 부산 해관세에 국한되어 있었음은 8월 13일 그가 일본 외무성에 나아가 제출한 예조판서 윤자승의 서계 별록에 실려 있다. 이 문제를 상의하는 상대는 주로 하나부사였다. 하나부사의 재촉에 따라 8월 21일 김홍집은 이용숙을 하나부사 자택에 파견해 처음으로 조선의 초안을 전달하였다. 세율은 종가(從價) 5%, 그리고 미곡을 수출 금지 품목에 포함시킨다는 것이었다. 그런데 이날 김홍집은 중국 공관을 방문하고 세율을 정하는 문제는 허루장(何如璋)과 상의해야 된다는 것을 알게 되었다. 당시 일본은 미국을 제외한 서양 열강과 조약 개정 교섭을 진행하고 있었는데 이때 일본이 이들 국가에 제시한 세율이 20~30%에 달하는 것이었다. 8월 23일 허루장과 장쓰구이(張斯桂)가 아사쿠사 혼간지로에 유숙하고 있는 김홍집을 예방하고 일본이 추진하고 있는 세율안을 전달하였다. 이에 김홍집은 세율과 미곡 문제는 훗날로 미루는 것이 상책이라고 판단하게 되었다. 8월 31일 김홍집은 일본 외무성을 방문해 이런 뜻을 전달하고 일본도 이에 동의하지 않을 수 없게 되었다.

당시 일본 신문에는 김홍집의 또 다른 임무는 인천 개항이라고 전하고 있었으나 이 문제에 관해서는 하나부사가 사적(私的)으로 조선 조정의 논의가 여전한 것인지 한번 묻는 데 그쳤다. 이 문제와 관련해서는 강위가 미야모토에게 일본이 만일 인천을 고집하지 않고 남양(南陽)을 선정한다면 곧 결정될 수 있다고 전달한 바 있다. 그리고 일본 공사의 조선 파견 문제도 김홍집이 떠나는 날 이노우에가 잠시 언급하고 요코하마로 가는 기차에서 하나부사가 또다시 거론하였으나 김홍집은 그 시기를 늦추어 줄 것을 요망하는 정도로 크게 문제가 되지는 않았었다. 따라서 당초의 공식적인 임무라고 여겨진 세율, 미곡, 개항, 공사 파견 등의 문제는 뒤로 미루고 세계정세에 관한 새로운 식견을 얻는 데 주력하게 되었다.

먼저 김홍집은 러시아의 위험에 관해 엄청난 양의 정보를 듣게 된다. 주로 이노우에와 허루장으로부터 러시아의 위험이 상당히 과장되어 전달되었다. 특히 9월 7일 김홍집은 이노우에 자택을 방문하였는데 이 자리에서 이노우에는 러시아 해군의 동정을 자세하게 설명하였다. 김홍집은 그 말이 중요하다고 판단하여 글로 적어 줄 것을 요청하고 그 내용이 그의 복명서에 거의 그대로 적혀 있다. 이날 김홍집은 중국 공사관을 다시 방문한 자리에서 러시아 문제를 허루장에게 질문하였고 이노우에의 설명과 거의 같은 말을 듣게 되었다. 러시아 문제에 관한 김홍집 복명서의 내용은 다음과 같다.

> 아라사(俄羅斯)는 근일에 도문강(圖們江) 해구(海口)에 군함 16척을 배치하고 군함 한 척에 3,000명의 병사가 있으며 해군경(海軍卿)이 이를 관할하고 있다. 그 의도는 장차 우리나라 동해안을 거쳐 중국 산동 성(山東省) 해안으로 돌아서 북경에 바로 들어가려는 것이라고 한다. 이런 까닭에 중국 공사와 일본인들이 모두 현재의 급박한 우려를 말하고 분발하고 걱정하고 있다. 근일에 상해공보(上海公報)와 일본의 신문들이 이를 헤아려 논하지 않는 것이 없으며 만일 일이 생기면 우리나라와 일본이 모두 그 해를 입게 된다고 한다. 서양 각국이 모두 아라사를 범이나 이리와 같이 두려워하고 세계에서 합종(合從)하여 이를 저지하려고 하는데 [우리나라와] 수호 통상하려는 의도는 전적으로 여기에 있다고 한다.

러시아에 대한 이런 평가가 매우 과장된 것임은 물론이다. 당시 이리(伊犁) 분쟁으로 중국과 러시아에 전운이 깃들자 러시아는 레소프스키S.S. Lesovskii 제독으로 하여금 무력시위를 하게 하였다. 이 무력시위가 중국과 일본을 크게 자극하였고 김홍집 복명서에 나타난 해군은 레소프스키의 함대들을 말하는 것이며 이 제독의 이름은 9월 7일 이노우에가 김홍집에게 밝힌 바 있었다. 그러나 이 무력시위는 실패로 끝났고 무력시위에 참가한 함대의 일부가 동북아 지역에 그대로 배치되긴 하였다. 사실 동북아 지역의 러시아 함대의 전력은 보잘것없는 것이었다. 1886년까지 연해주 지역의 러시아 항구들은 부두시설을 갖추고 있지 못해 일본 항구들이나 홍콩 또는 상하이의 시설을 이용하고 있었다는 사실 하나만 보아도 동북아 러시아 함대의 취약점을 알 수 있다.

러시아에 대한 이런 정보를 접한 조선 조정도 그 진위 여부를 확인하지 않을 수 없었다. 그리하여 백춘배(白春培)를 연해주 지방에 밀파해 현지의 실정을 조사토록 한 바 있다.

『조선책략』의 주요 내용

"지구상에는 더할 나위 없이 큰 나라가 있으니 이를 아라사(俄羅斯)라고 한다"는 문구로부터 『조선책략』은 시작하고 있다. 러시아의 육군은 100만 명, 해군의 거함이 200척에 이른다. 그리고 계속 영토를 확장해 왔기 때문에 서양 열강이 범과 이리와 같이 두려워하고 있다. 그런데 영토 확장에만 혈안이 되어 온 러시아는 최근 동양으로 팽창하려는 정책을 채택해 그것을 실천에 옮기고 있다는 것이다. 더욱이 러시아 선박의 튼튼함과 포대의 정예함이 전보다 훨씬 우수하다. 또 러시아의 사할린 주둔 병사가 훈춘(琿春)으로 이동하였고 나가사키에서 50만 은(銀)에 이르는 석탄을 구입해 훈춘으로 수송하였고 큰 병선 20여 척을 태평양에 파견하였다는 것이다.

이런 러시아의 위험에 대처하는 길을 중국과 친하고[親中國], 일본과 결합하며[結日本], 미국과 연결하는[聯美國] 데에서 찾아야 한다는 것이 핵심내용이다. 친중국에 관해서는 사대관계에 따라서 두 나라는 특별한 관계임을 들고 있다. 후술하는 바와 같이 『조선책략』에서 다시 친중국을 크게 거론하는 의도는 조선의 외교 문제를 중국의 지배하에 두려는 것이었다.

『조선책략』은 황쭌셴이 지은 것으로 되어 있으나 실은 일본 주재 중국 공사 허루장(何如璋)이 황쭌셴에게 집필을 권유하여 작성된 것이다. 따라서 허루장의 조선에 대한 정책 구상을 상당히 반영하고 있다. 그의 견해는 1880년 음력 5월 상순경 총서에 보고한 것으로 추정되는 삼책(三策)과 1880년 12월 17일(음력 11월 16일) 총서에 접수된 그의 정책 건의인 주지조선외교의(主持朝鮮外交議)란 글은 조선을 속국으로 만들어야 한다는 내용인데 『조선책략』과 여러 면에서 유사하다. 친중국은 실은 이런 중국의 새로운 조선 정책을 표현하고 있는 것이다.

다음 일본과 손을 잡는 것도 이제 일본이 러시아의 침탈을 받으면 조선의 안위에 직접 관련되는 문제이기 때문에 불가피한 일이라는 것이다. 1879년 4월 일본이 류큐(琉球)를 병합한 이래 중국과 일본 사이에는 긴장관계가 조성돼 있는 마당에 일본과 결탁해야 된다는 논리가 모순으로 여겨질 수 있다. 그러나 이리(伊犁) 문제로 중국과 러시아의 전쟁이 목전의 사실로 다가서자 중국 내에서도 일본과 손을 잡고 러시아에 대항해야 된다는 주장이 제기되었다.

끝으로 미국과 연결하는 제안은 미국이 영토의 야욕이 없고 아시아에 관심을 갖고 있어서 먼저 미국과 공평한 조약을 체결하여 다른 서양 국가들과 맺을 조약의 원형을 만들어 놓아야 한다는 것이다.

일본과는 새로운 관계를 수립하고 미국과는 조속히 조약을 체결하여 뒤이어 서양 열강과도 조약관계를 수립하라는 것이었다. 다시 말하자면 서양 국제법 질서에 편입하는 것을 조선 외교정책의 기본 방향으로 삼아야 한다는 것이다. 그 질서를 뒷받침하는 것이 명분으로서는 공법(公法)이요 정치 현실로는 균세(均勢)라는 것이다.

이런 외교노선이 결정되면 모든 일은 중국과 상의하여 실천에 옮기라는 것이다. 이 부분이 『조선책략』이 갖고 있는 또 하나의 주요한 내용이며 상당 부분의 내용이 그 후 실천에 옮겨졌다.

친중국, 결일본, 연미국의 외교 방향이 조선을 위해서는 방책의 으뜸[策之上]이다. 그러나 중국과는 옛 규범에 얽매이고 일본과는 새로운 조약만을 행하고 미국과는 표류 선박 문제나 처리하고 격변이 일어나지 않고 틈이 생기지 않기만을 바라는 것은 방책의 끝[策之下]이다. 남을 야만 오랑캐[蠻夷]라고 하여 더불어 같이하지 않고 있다가 변(變)이 일어나면 비로소 비굴하게 온전하기를 구하는 것은 무책(無策)이라고 『조선책략』은 결론짓고 있다.

제대신헌의(諸大臣獻議)

고종은 영의정 이최응에게 『조선책략』에 관해 대신들이 모여 회의할 것을 명하였고 이에 따라 좌의정 김병국 집에서 이최응, 김병국, 영부사 이유원, 영돈령부사 홍순목(洪淳穆), 판부사 한계원(韓啓源) 등 다섯 대신들이 회의를 갖게 되었는데 고종은 봉조하(奉朝賀) 강노(姜㳣)도 참석토록 명하였다. 그리하여 이들 6인이 회의를 거쳐 작성한 것이 제대신헌의인데 이 건의를 1880년 10월 11일(음력 9월 8일) 영의정 이최응이 고종께 드린 것으로 추정된다. 이 문건의 주요 내용을 보도록 하자.

먼저 『조선책략』에서 말하는 러시아의 위험에 관한 서술을 모두 믿을 수 없다손 치더라도 위험 자체의 존재에 대해서는 동의를 표시하고 있다. 친중국(親中國)이란 명제에 관해서는 200년 동안 사대의 관계는 조금도 어김이 없었는데 '이제 다시 친(親)을 권하는 것은 이해할 수 없다' 고 말하고 있다. 제대신헌의의 이런 의심은 옳게 본 것이다. 『조선책략』에서 말하는 친중국은 조선을 속국화하려는 명분이었기 때문이다.

다음으로 결일본(結日本)이란 명제에 관해서 제대신헌의는 조선은 일본과 조약을 체결한 이후 정성을 다했으나 습속이 달라 그들 눈에는 해괴한 일이 있었을 것이라고 보고, 일본 공사가 곧 온다고 하니 더욱 우호의 뜻을 보여야 한다고 말하고 있다. 이것은 일본에 대한 새로운 태도를 보여 주고 있는 것이다. 그러나 서울의 공관 설치는 허락하더라도 인천 개항을 동시에 허락하면 안 된다고 건의하고 있다. 자세한 것은 공사가 서울에 온 이후 그들이 요구하는 바를 알고 난 이후 결정토록 하자고 건의하고 있다.

연미국(聯美國)을 양책이라고 판단한 것도 획기적인 일이다. 다만 시기를 기다려 미국이 다시 우리를 좋게 대한다면 그때 통호(通好)하는 것이 좋다는 의견을 제시하고 있다. 결론적으로 제대신헌의는 『조선책략』을 수용하자는 것이었다.

제대신헌의를 채택한 10월 11일 대신회의가 있기 이전에 고종과 초기 개화파 인사들은 이미 서양 열강과 조약을 체결할 것을 결정하고 이런 결정을 도쿄 주재 허루장 공사에 알리고 중국의 협조를 부탁하기 위해 밀사를 일본에 파견키로 하였다. 그 밀사로 이동인과 탁정식(卓挺埴)이 10월 6일 발탁되었고 이들은 11월 5일 원산에서 일본으로 떠나 일본 주재 중국 공사관에 조선의 결정을 알린다. 한편 조선 조정은 이용숙을 톈진에 파견해 리훙장에게도 직접 새로운 정책을 알렸다.

김윤식과 리훙장

조선은 드디어 미국과 조약 문제를 논의하기 위한 사절을 파견하기에 이르렀다. 38인의 학도를 이끌고 중국으로 출발한 이른바 영선사의 직함을 지닌 김윤식이 그였다. 김윤식은 1881년 11월 17일(음력 9월 26일) 고종을 사폐(辭陛)하였다. 고종은 천하의 대세가 이제 홀로 지킬 수는 없다고 전제하고 큰일을 맞아서 혼자 판단할 수 없는 일은 자기에게 알리어 처분토록 하고 처리하기 힘든 일이 있으면 리훙장과 상의해 처리토록 하라고 당부하였다. 이날 김윤식은 세 차례나 고종을 알현하였다. 먼저 모든 사람을 물리치고 동궁만이 배석한 자리에서 고종을 독대하였다. 그 후 종사관 윤태준(尹泰駿), 관변(官弁) 백락윤(白樂倫)과 함께 고종을 다시 뵈었다. 김윤식이 자문(咨文)을 받들고 나와서 층계 아래로 나서는 중에 다시 들어오라는 고종의 명을 받아 세 번째로 고종을 뵙고 맡은 바 일을 당부받았다. 김윤식은 1882년 1월 6일(음력 1881년 11월 17일)에 베이징에 도착하였고 8월 20일(음력 7월 7일) 귀국하였다.

김윤식은 수차례에 걸쳐 리훙장과 회담을 가졌는데 그 중에서도 중요한 것은 2월 17일의 회의였다. 이날 회의에서 처음으로 조선-미국 조약에 대한 이동인(李東仁) 초고라는 것이 검토되었다. 한동안 국내 학계에서는 이 초고 문제가 하나의 수수께끼로 남아 있었다. 이동인은 1881년 봄 비명으로 세상을 떠났는데 그 이전에 벌써 미국과 체결할 조약을 예상하고 초고를 작성해 놓았다는 것을 어떻게 설명할 수 있는지 의심하였다. 그러나 이동인은 1880년 11월 도쿄 주재 영국 서기관 사토우에게 자신이 이미 초고를 작성했노라고 말한 바 있었다. 이 한 가지를 보더라도 이동인은 서양 세력들과 접촉하는 일에 대해 상당한 준비와 노력을 기울인 것을 알 수 있다.

그런데 김윤식이 이날 근 1년 전에 이동인이 작성한 조약 초고를 리훙장에게 제시하고 토론하게 됐다는 것에 주목해야 한다. 김윤식이 이날 이동인 초고를 제출했다는 사실 자체가 이 초고에 관해 조선 조정에서 이미 토의를 거쳤고 고종을 비롯한 조약 추진론자들이 이 초고에 찬동했다는 것을 말해 주고 있는 것이다. 따라서 이 초고가 당시 조선의 입장이라고 볼 수 있다.

이동인 초고의 전체 내용을 지금 알 수 없는 것이 안타까운 일이다. 그런데 이 초고의 내용을 언급하고 있는 사료인 『음청사』의 기록을 보면 이동인 초고에 대하여 리훙장은 전체로 보아 너무 간략하고 개괄적이라고 비판하고 특히 세 가지 내용에 반대 의견을 제시하였다.

첫째, 이동인 초고 제7조에는 공사의 주차(駐箚)와 통상 장정(章程)의 체결은 5년 후에 다시 의논한다고 되어 있었다. 리훙장은 이런 조항을 슈펠트가 찬성하지 않을 것이고 추진할 수 없다고 반대하였다. 이에 김윤식도 그 정황을 인정하고 있다. 미국이 이 문제를 주장하는 것은 예외의 일은 아니며 조선이 끝까지 거절할 수 없다는 것도 알고 있었다. 조정의 새로운 명을 받아 의견을 개진하겠다는 입장이었다. 하여간 공사의 서울 주재문제는 조선-일본 사이에도 현안 문제였으며 조선 조정은 이 문제로 미국과 다시 분쟁을 일으킬까 우려하였다.

둘째, 이동인 초고 제10조는 교회를 설립하지 않는다는 내용이었다. 리훙장은 미국의 야소교(耶蘇教)는 아직 일을 일으키지 않아 문제없다고 말하였다. 그러나 김윤식은 이 문제에 있어서는 매우 단호하였다. 미국과 조약을 체결하려는 것은 양국이 화평을 도모하려는 것인데 만일 처음부터 교회 설립을 허용한다면 민심을 잃게 되어 양국에 도움이 되지 못한다. 그리고 미국의 야소교가 일을 일으키지 않는다고 하나 조선의 백성들이 어찌 천주와 야소, 즉 구교와 신교를 구별할 수 있겠는가 하고 반문하였다. 리훙장은 김윤식의 논리가 일리가 있다고 여겨 자신이 슈펠트에게 조선의 입장을 설명하겠노라고 동조하였다.

셋째, 이동인 초고 제11조에 보면 모든 일은 만국 통례에 따른다고 되어 있는 것도 리훙장은 반대였다. 리훙장은 미국-중국, 미국-일본 조약도 만국 통례에 따르지 않았는데 유독 조선에 대해서만 그러하겠느냐고 반대하였다. 그러나 김윤식은 만국 통례에 따른다는 것은 공평한 것을 얻는다는 것인데 공평한 것을 얻지 못한다면 화평을 논의할 본의가 어디에 있겠는가 하고 반문하였다.

리훙장이 만국 통례에 따른다는 이동인 초고의 규정에 신경을 쓴 이유는 조선이 중국의 속방이라는 명백한 규정을 제1조에 삽입코자 한 중국의 정책과 관련된 것이었다. 이날도 리훙장은 제1조에 그런 조항을 삽입할 것을 김윤식에게 말하고 이 문제는 어윤중도 동의하였고 영국 공사도 찬성한 바 있다고 덧붙였다. 이에 김윤식은 조선은 중국에 대하여는 속방이고 각국에 대하여는 자주인 것은 그 명분이 바르고 말이 순리에 맞아서 사리(事理)의 양편(兩便)이라고 대꾸하였다. 이런 양편론은 유길준의 양절체제론과 더불어 자주 인용되고 있다.

이날 영사재판권에 관하여도 논의가 있었다. 김윤식은 훗날 일본이나 중국이 영사재판권을 철폐하는 경우 조선도 이에 따라 철폐할 것이라는 조건으로 영사재판권 조항에 더 이상 반대하지 못하였다. 다음날 김윤식은 이날 회견의 담초(談草)와 함께 자신의 의견을 개진하는 긴 글을 고종에게 올렸다. 김윤식은 이 글에서 공사 주경과 통상 장정 체결을 5년 후에 다시 의논한다는 것은 불가하다는 명백한 의견을 제시하였다. 그리고 조선이 중국의 속방이라는 것을 명시하자는 리훙장의 정책에 전적인 동의를 표하였다. 리훙장이 이

제 조선의 일을 자임한다고 공언한 이상 장차 조선에 무슨 일이 생기면 힘을 다하여 조선을 도와줄 것이고 각국도 조선을 경시하지 못할 것이라고 보았다. 그리고 조선은 다른 나라에 대하여는 자주로 임하면 된다는 것이다. 따라서 자주를 잃을 염려도 없고 사대의 의리도 저버리지 않아서 양득(兩得)이 된다는 것이다.

그러나 이때는 중국이 이미 새로운 조선 정책을 실행에 옮긴 이후였다. 조선은 사대질서의 명분을 유럽 권력정치의 현실로 전환하려는 중국의 강압정치 앞에 고민하게 된다.

제 4 절 조선과 미국의 수호조약

조선과 중국의 사대질서는 조선과 일본의 교린질서가 파괴되면서 자기모순에 빠지게 된다. 조선과 일본이 국제법 질서에 입각하여 새로운 관계를 설정하면서 조선에 대한 일본의 진출이 현저하게 증가되었다. 일본은 또 중국에 대해서는 사대질서 파괴의 행위자로 등장하였다. 1874년 타이완 침공에 이어 1879년에는 류큐(琉球)를 병합하기에 이른다. 중국의 입장에서 보면 조선은 류큐와는 차원이 다른 중대한 지역이다. 조선의 안위는 동삼성(東三省), 즉 만주의 그것에 직결되었다. '입술이 없으면 이가 시리다'[脣亡齒寒]는 것은 중국이 갖고 있었던 조선 인식의 핵심적인 내용이다. 그리하여 중국은 조선을 보존할 수 있는 길은 조선으로 하여금 서양 열강과 조약관계를 수립케 하는 것으로 생각하게 되었다. 그러나 단순히 여기에 머문 것이 아니다. 조선은 서양 열강과는 평등한 조약관계를 맺지만 중국은 조선을 국제법 질서에서 말하는 '속국'으로 만들어 버리자는 정책적인 목적이 그 안에 숨겨져 있었다. 사대질서를 국제법 논리로 합법화하자는 것이었다. 이것은 곧 사대질서의 자기모순 과정이라고 볼 수 있다. 이때부터 조선은 이른바 양절체제(兩截體制)가 안고 있는 깊은 고민의 세계로 빠져든다.

한편 미국은 한반도 문제에 무관심하였기에 서양 열강 중 최초로 조선과 수호조약을 체결하게 되었다. 이것은 매우 역설적이고 이율배반적인 역사적 현실이다. 미국 정부가 조선과 조약을 체결하도록 결정한 것은 슈펠트와 그를 지원하는 소수 정치인들의 주장에 의한 것이었다. 슈펠트는 아시아 함대 사령관이 되어야 해군 소장으로 승진할 수 있었다. 그러기 위해서는 페리가 일본을 개국시키듯이 조선과 수호조약을 체결하는 공로가 있어야만 하였다.

미국 정부는 1882년 당시 한반도에 대해 다른 열강보다 절실한 이해관계를 가질 아무런 이유도 없었다. 따라서 슈펠트는 자신의 영달을 위해 수입관세를 10%로 정하고 조약 정문(正文)에 아편을 금지하는 규정을 삽입하는 것에 쉽게 동의할 수 있었다.

미국 정부는 난파선 문제를 타결하면 만족할 형편이었다. 따라서 조선과 조약을 체결하고는 곧 조선에 대한 무관심 정책으로 선회한다. 이런 태도는 1905년까지 지속된다.

1. 중국과 미국

중국의 새로운 조선 정책

중국이 국가 정책의 차원에서 조선과 서양 열강의 조약 체결이 필요하다고 판단하고 추진하게 된 발단은 1879년 음력 5월 푸젠(福建) 순무(巡撫) 딩르창(丁日昌)의 건의였다. 조선과 서양을 연결시킨다는 것 자체가 사대질서의 자기모순의 발로였다.

1879년 4월 일본이 류큐를 병합하자 딩르창은 다음과 같은 해양 방어책을 진언하게 되었다. 일본은 조선을 병합하려는 야욕을 갖고 있는데 조선이 서양 각국과 조약을 체결하면 이들 국가들이 일본의 그런 침략을 저지할 수 있을 것이다. 따라서 만일 서양 각국이 조선과 조약을 체결하려고 한다면 조선에게 은밀히 그것을 권하도록 하고 또 조약이 체결되면 조선이 이들 국가들에 사절을 파견토록 해야 한다. 총서도 최근 영국 공사 웨이드T. Wade(威妥瑪)가 찾아와 같은 의견을 말했다고 하면서 딩르창 의견에 동조하였다. 총서는 리훙장이 이미 이유원과 서한을 교환하고 있으니 리훙장으로 하여금 조선에 권유토록 할 것을 상주하였다. 이에 따라 군기처(軍機處)는 8월 21일(음력 7월 4일) 리훙장에게 그런 조치를 취하도록 해 두 사람은 모두 17편의 서한을 교환하였다. 이것은 두 나라의 정책 방향에 관한 의견 교환이었다. 리훙장의 서한은 중국의 국가정책에 입각한 것이었고 이유원의 경우도 처음부터 고종에게 알렸고 그 후 계속 고종의 윤허하에 진행된 것이었다.

그러나 조선 조정은 미국과의 조약 체결에 선뜻 응하지 않았다.

리훙장은 1880년 3월 17일(음력 2월 7일) 「논조선」(論朝鮮)이란 서한을 총서에 발송해 중국은 조선을 위해 방책을 마련하였는데도 조선은 아직 시무(時務)를 깨닫지 못하고 있다고 통박하였다.

이럴 무렵에 슈펠트가 부산에 나타난다. 이에 리훙장은 이제 슈펠트를 직접 만나 조선 문제를 해결하려고 하였다. 사대질서가 국제법 질서로 자리바꿈하게 될 국면에 접어든 것이다.

이와 때를 같이 하여 중국에서는 조선 문제를 담당하는 제도를 개편하였다. 이런 개편은 1881년 2월 23일(음력 1월 25일) 총서의 건의로 이루어졌는데 조선의 서양 관계는 북양대신 리훙장과 일본 주재 허루장 공사가 담당토록 하였다.

슈펠트

조선과의 조약 체결 문제에 무관심했던 국무장관 피시H. Fish는 1877년 3월에 물러나고 에바츠W.M. Evarts가 그 뒤를 이었다. 미국으로서는 침체된 경제를 부양시키기 위해서는 대외무역의 활성화가 필요하였다. 이에 1878년 4월 캘리포니아 출신 상원의원 사전트A.A. Sargent가 일본의 도움을 받아 조선과의 조약 체결을 요청하는 결의안을 대통령에 제출하였다. 그러나 이 안이 상원 외교 분과위원회에 회부되자 무산되어 버렸다.

그러나 해외진출에는 역시 해군성이 앞장을 섰다. 해군성은 슈펠트로 하여금 세계를 일주하면서 무역 확장의 방법을 강구토록 하였다. 슈펠트는 1878년 12월 초 타이콘데로가 the *Ticonderoga* 호를 타고 노폴크Norfolk 항을 출발하여 세계 순방의 길에 올랐다. 그가 해군장관 톰슨R.W. Thomson으로부터 받은 훈령은 "미국 무역의 장려와 확장을 목적으로 아프리카, 아시아 지역 중 아직 순방하지 않은 항구들, 페르시아 해와 인접 해양의 섬들을 방문하라"는 매우 일반적인 내용이었다. 그리하여 슈펠트는 대서양을 건너 케이프타운, 마다가스카르, 아라비아 남부 연안을 지나 1880년 3월에는 필리핀에 도착하였다.

1880년 4월 동아시아 해역에 들어서면서 그가 오래 전부터 꿈꾸어 왔던 '미국의 해양제국(帝國)'을 건설하려는 서광이 비치는 것 같았다. 그 중에서도 그가 1867년 처음 조선 연안을 방문한 이래 갖고 있었던 조선과의 조약을 체결할 수 있다는 희망이 곧 실현될 것 같았다. 이와 관련하여 그가 받은 훈령은 다음과 같은 것이었다.

> 평화적인 방법으로 조선과 교섭을 재개하기 위해 조선의 특정한 항구를 방문할 것. 1871년 조선의 요새에 대한 공격에 대해서는 만족할 만한 설명이 필요하며 이 정부에 대한 유화적인 태도는 이 나라의 항구들을 미국 무역에 개방하는 결과를 초래할 것으로 믿음.

국무성은 해군성과는 달리 조선 항구의 개방에 비관적이었다. 그리고 국무성은 조선 문제와 관련하여 있을 수 없는 실수를 범하였다. 슈펠트가 미국을 떠날 때 국무성은 일본 주재 공사 빙엄J.A. Bingham에게 훈령하여 슈펠트가 조선과 교섭할 때 일본 정부의 협력을 요청하기로 하였다. 1880년 2월 13일 싱가포르에 도착한 슈펠트는 도쿄의 빙엄에게 "우리 모두가 훈령받은 일을 진행하기 위해 일본에 5월에 도착하는 것이 바람직한지 의견을 주기 바람"이라는 전문을 보내었다. 그런데 다음날 슈펠트는 "의견을 줄 수 없음. 훈령을 받지 않았음"이라는 회신을 받았다. 뒤늦게 이 일을 깨달은 에바츠 국무장관은 4월 1일 "실수로 귀하에게 갈 훈령을 보내지 않음"이란 희극적인 전문을 보내었다. 에바츠 장관은 곧 빙엄에게 슈펠트가 그의 임무를 완수하도록 모든 협조를 다하라고 훈령하였다.

1880년 4월 15일 슈펠트는 일본 나가사키에 도착하였다. 이보다 앞서 빙엄은 3월 12일 이노우에 가오루 외무경에게 슈펠트의 임무를 설명하고 일본 정부의 협력을 요청하였다. 이런 요청에 일본 정부는 시간을 끌고 있다가 4월 7일에 이르러서야 거절의 회답을 보내었다. 조선은 외교에 익숙하지 못하다는 점, 일본도 조선과 조약을 체결한 지 얼마 되지 않아서 조약의 규정들이 아직 모두 집행되고 있지 못하다는 점, 그리고 미국에 알선 제공이 일본–조선 조약의 집행에 차질을 야기하게 될 것이라는 점 등이 거절의 이유였다. 그러나 부산에 있는 일본 영사 곤도 마스키(近藤眞鋤)에게 소개장만은 전달하겠다고 회신하였다.

일본은 당분간 조선무역을 독점하려 하였다. 만일 미국이 조선과 조약을 체결하여 높은 관세를 규정한다면 일본이 향유하고 있던 무관세 무역의 시대가 끝나게 된다. 또한 조선이 1878년 부산 해관을 설치하여 해관세를 징수한 이래 조선과 일본 사이에는 여러 현안들이 산적해 있었고 또 일본 정부의 알선 정도로 조선 정부가 정책을 변경한다는 것은 불가능한 일이었다. 미국은 일본의 역량을 과대평가하였고 이것이 또한 당시 미국 동북아 정책의 순진성을 말해 주고 있다.

빙엄이 도쿄에서 이노우에와 교섭하고 있는 동안 슈펠트는 조선에 관한 정보를 수집하기 위해 나가사키로 다시 내려갔다. 그는 여기에서 주재 중국 영사 위찡(余瓗, 일명 余乾輝)과 회동하였다. 이 회동으로 그는 앞으로 리훙장을 만나게 된다.

슈펠트는 곤도에게 보내는 소개장 하나만을 들고 1880년 5월 4일 아침 부산에 도착한다. 그는 곧 곤도를 통하여 조선 국왕에게 국서를 전달하였다. 그러나 조선이 이에 응할 리 없었다.

슈펠트는 일본에서 조선으로부터 회신이 오기를 기다리면서 지루한 시간을 보내고 있었다. 그는 "불안하고 잠 못 이루는 나날을 보내면서" 본국 정부에게는 병력의 사용을 계속 건의하고 있었다. 그는 조선 문제가 당시 동북아 정세에 비추어 매우 중요하다고 판단하고 일본과 최초로 조약을 체결한 영예를 미국이 가졌듯이 조선의 경우도 그러해야 된다고 강조하였다. 슈펠트가 이처럼 조선 문제에 집착한 이유 중 하나는 자신의 승진문제와 연결되어 있었다. 이때에 해군 준장commodore인 그는 이미 58세였으며 해군 소장rear admiral에 승진할 기회가 희박하였다. 조선과 조약을 체결해야만 아시아 함대 사령관이 될 수 있고 그래야 승진할 수 있다고 판단하였다. 그리하여 필요한 경우 보다 더 강제적인 방법을 동원해서라도 조선과 조약을 체결해야 한다고 톰슨 해군장관에게 계속 건의하였다.

슈펠트는 일본에 60일간 머물게 되어 있었는데 그 기한이 8월 1일이었다. 8월 4일 우에노(上野景範) 외무대승은 빙엄에게 슈펠트의 서한이 조선으로부터 반송되었음을 알려 주었다.

미국이 일본 채널을 통하려는 시도는 여기에서 끝나게 된다. 일본 외무경이 써준 소개장 하나로 조선이 태도를 변경할 수는 없는 일이었다. 미국은 일본을 과신하였고 어떤 면에서는 일본의 이중 플레이의 희생이 되기도 하였다.

리훙장-슈펠트 회담의 배경

이리(伊犁) 분쟁으로 중국은 러시아와 일촉즉발의 위기에 놓이게 되었다. 리훙장은 러시아와 전쟁상태에 들어가는 최악의 상황을 생각해 해군 전문가인 슈펠트를 초청키로 하였다. 나가사키에서 조선의 회신을 지루하게 기다리던 슈펠트는 뜻밖에도 리훙장의 초청을 받게 된다. 초청이 구체적으로 실현하게 된 계기는 1880년 6월 14일(광서 6년 5월 7일)자 위찡의 보고문이었다.

중국 해군에서 직책을 맡는 일은 슈펠트에게는 사활의 문제가 되었다. 여름이 되면서 아시아 함대 사령관이 될 수 있는 희망은 사라졌다. 패터슨T.H. Patterson 사령관 후임으로 클리츠J.M.B. Clitz 제독이 이미 샌프란시스코를 떠났다는 소문을 들었기 때문이다. 따라서 '천자(天子) 해군의 제독'이 되어 미 해군성에 자신의 능력을 과시할 필요가 있게 되었다.

이런 배경에서 슈펠트의 초청이 이루어졌고 리훙장-슈펠트 두 사람의 역사적인 만남이 시작되었다. 조선 문제를 둘러싼 두 사람의 회견은 크게 보아 세 차례에 걸쳐 진행되었다. 첫 번째 만남은 1880년 8월 26일, 두 번째는 1881년 7월 1일, 15일, 그리고 마지막으로 1882년 3월 15일에서 4월 18일간에 있었던 일련의 회의가 그것이다.

슈펠트는 8월 25일 톈진에 도착해 그 다음날 3시간에 걸쳐서 리훙장과 화기애애하게 회견을 하였다. 슈펠트는 조선과 조약을 체결하는 데에 리훙장의 지원을 요청하였다. 슈펠트는 조선이 비록 가난하고 경제적으로 중요성이 없다손 치더라도 미국과 동양의 여러 나라들 사이에 위치하고 있어서 미국의 난파선이나 난파 선원 구제에 관한 조약의 체결이 중요하다고 강조하였다.

이에 리훙장은 조선의 전략적인 위치를 설명하고 조선이 미국과 조약을 체결하도록 영향력을 발휘하겠다고 약속하였다. 이어서 리훙장은 만일 중국이 러시아와 전쟁을 하게 되는 경우 중국의 해군은 승산이 있겠느냐고 질문하였다. 슈펠트는 중국에게 낭패로 끝날 것이라고 솔직한 심경을 말하였다. 리훙장은 그에게 중국 해군을 조직하는 데에 협력하여 달라고 부탁하였다.

슈펠트는 중국 해군의 자문역을 맡게 되면 중국에서 미국의 영향력이 증대될 것이고 미국 조선(造船) 사업에도 좋은 영향을 미칠 것이라고 판단하였다. 그리고 중국과 접촉하면서 슈펠트는 일본의 이중 외교를 정확하게 파악하게 되었다. 슈펠트의 임무가 실패하는 것이 곧 일본 이익에 부합하는 것이었다.

슈펠트는 장차 중국에서 해군 자문역을 맡게 될 것이라는 희망을 안고 귀국길에 올랐다. 슈펠트가 미국에 도착했을 때 가필드J.A. Garfield가 새로운 대통령에 당선되었고 에바츠 국무장관과 톰슨 해군상이 물러나게 되었다. 새 정부가 안고 있던 여러 현안 중의 하나가 중국 이민 제한에 관한 것이었다. 슈펠트도 이민 제한에 찬성하여 이 정책에 앞장선 캘리포니아 상원의원 사전트와 친분을 맺게 되었다.

그러던 중 그는 리훙장이 1881년 봄에 중국으로 다시 오길 희망한다는 전갈을 받았다. 이에 슈펠트는 곧 블레인J.G. Blaine 국무장관을 찾아가 협력을 요청하고 블레인은 그를 적극적으로 지원하게 되었다. 블레인은 1881년 3월 15일 해군성에 서한을 보내 중국 주재 공사관에 해군 무관 파견이 필요하며 슈펠트가 그 적임자라고 추천하였다. 그리고 새로 해군장관에 임명된 헌트W.H. Hunt는 곧 슈펠트에게 무관의 직책을 요청하기에 이르렀다.

블레인 장관은 5월 9일자로 슈펠트에게 특별 훈령을 전달하였다. 슈펠트는 톈진으로 떠나 조선정부의 의향을 보고하도록 하고 모든 보고의 사본을 중국 주재 미국공사 앤젤J.B. Angell에게도 전달할 것과 베이징이나 톈진에서 훈령을 기다리라는 것이었다. 물론 무관이란 직함은 중국 해군의 개편과 조선 조약의 체결이라는 슈펠트의 본래 임무를 숨기기 위한 것이었다.

슈펠트는 1881년 6월 21일 상하이에 도착하였고 7월 1일에는 톈진에서 리훙장과 회의를 가졌다. 이날의 회의는 크게 두 가지 문제에 관해 리훙장이 의견을 개진하였다. 첫째는 물론 조선과 맺을 조약 문제였다. 리훙장은 이곳에 온 조선의 관리와 긴 시간 대화를 하였으며 이 관리는 비록 조약 체결의 권한은 없다 하더라도 조약 체결의 필요성을 깊이 인식하고 있다고 전하고 자신은 조선 국왕에게 서한을 보냈으니 회답이 올 때까지 기다리라고 슈펠트에게 당부하였다. 그리고 조선 내에서는 현재 찬반양론이 있는데 국왕과 고위층 관리들은 찬성하고 있는 데 반하여 일반 관리들이 반대하고 있는 실정인데 작금 중국과 러시아가 평화조약을 체결하자 조선에서도 미국과 조약을 체결하는 데에 주춤하고 있다고 말하였다.

슈펠트는 이런 분위기가 조선뿐만 아니라 리훙장에게도 나타나 있다고 판단하였다. 리훙장의 열의가 전과 다른 것도 그런 이유에서라고 판단하였다. 그러나 슈펠트는 반드시 조선 땅에서 조약을 체결하겠다는 결의를 국무장관에게 전하면서 군함의 도움이 필요하다고 다시 한번 강조하고 있다.

슈펠트는 1881년 여름과 가을을 톈진에서 조선의 회신을 무료하게 기다렸다. 90일이면 그 시한이 10월 1일이었다. 계속 머물 것인가 아니면 귀국할 것인가 고민하게 되었다. 중국 주재 미국 공관은 귀국하는 것이 좋겠다는 의견을 제출하기도 하였다. 그러나 슈펠트는 계속 조선의 소식을 기다리기로 결심하였다. 본국 정부는 이 동안 슈펠트에게 어떠한 행동 지침이나 훈령도 보내지 못하고 있었다. 미국은 대통령 가필드가 7월 초 총격을 당하여 9월 중순 사망함으로써 행정의 일대 공백기를 맞고 있었기 때문이었다.

슈펠트는 드디어 11월 14일자 블레인 국무장관의 훈령을 받게 되었다. 블레인이 물러나기 며칠 전 작성한 것이었다.

> 비록 조선 조약이 정치적 또는 무역상의 이익 때문에 절박한urgent 것은 아니지만, 조선은 중국과 일본에 근접하고 있어서 조선의 항구들이 우리의 무역에, 그리고 [조선]해역에 있게 될 우리 해군 함정의 편의에, 개방되는 것이 바람직한 일이다. … 만일 조선 정부가 중국과 일본의 경우와 같이 그들의 항구를 우리의 무역에 개방하는 것을 원한다면 그러한 우호관계를 흔쾌히 수립할 것이지만 … 힘을 사용하는 것은 바람직한 것은 아니다.

블레인의 이 훈령은 미국이 조선을 중국과 일본에 비해 부차적인 존재로 여겼고 조선과는 난파선 조약이 우선이라는 생각을 드러내주는 증거로 자주 인용되었다. 그러나 슈펠트 생애의 전문가인 드레이크F.C. Drake는 이런 견해에 반대하고 있다. 블레인 훈령문 전반부에 보면 미국이 중국이나 일본과 맺은 조약과 유사한 조약을 체결하라는 내용이 길게 설명되어 있다는 것이다. 그리고 정치나 무역 조약이 필요한necessary이란 표현을 사용하지 않고 절박한urgent이란 용어를 사용한 것도 이를 뒷받침한다고 해석하고 있다.

블레인은 또 슈펠트에게 조선에서는 2개월 이상 머물지 말고 서울에 나아가는 것이 허락되지 않으면 부산에서 조선 중앙정부의 관리와 교섭할 것을 지시하고 있는데 이것은 블레인이 조선 사정을 아직 잘 모르고 있었다는 증거이다. 11월 15일자 아더C.A. Arthur 대통령의 신임장도 전달되었다. 그러나 슈펠트가 블레인의 훈령과 아더의 서한을 받은 것은 1882년 1월 19일이었다.

한편 슈펠트는 1881년 12월 15일 드디어 조선의 회답을 받게 된다. 이날 뤄펑루(羅豊錄)가 찾아와 조선의 사절들이 이곳에 도착하였으며 조약 체결을 희망한다는 사실을 전달하였다. 그러나 슈펠트는 본국 정부의 훈령을 받기 이전이어서 미국 정부가 조약을 원하는지 아닌지 모른다고 답변하지 않을 수 없었다.

블레인의 후임자인 프렐링하이즌F. Frelinghuisen이 마침내 1882년 1월 6일자 훈령을 보냈다. 신임 장관은 먼저 조선 정부가 난파선 구조 조약 또는 무역조약 중 어떤 형태의 조약을 원하고 있는지 모른다고 하면서 만일 슈펠트가 난파선 구조조약 하나만을 체결한다 하여도 '경탄할 만한 결과'라고 전제한다. 그러나 더 이상의 것을 얻을 수 있으면 물론 교섭을 진행하되 이 경우의 행동지침을 다음과 같이 전달하고 있다.

> 무역조약에 관해 제일 중요한 일은, 지금까지 우리 무역에 엄격히 폐쇄된 나라를 개국하는 방향으로 나아가는 첫발에 불과한 교섭에 있어서, 너무나 많거나 큰 이익을 얻으려고 노력하지 않으려는 현명한 판단이다. 무역조약의 규정은 단순하고 간략해야만 외국의 교제나 그 영향에 대해 시기심에 찬 두려움을 보여 온 [조선] 정부와 인민들의 불신을 불러 일키지 않을 것이다. 처음에 우호적이고 상호 이익의 교제를 어느 정도 수행해야 훗날 [상호관계가] 더 확충된다는 것은 자연적이고 필연적이라는 것은 의심의 여지가 없다. 이런 점에 유의하고 또 아무리 적은 양보를 얻어도 그것을 절대적인 이득이라고 간주하여, 귀하는 장차 조선이 타국에게 허용할 어떠한 무역상의 특혜도 미국이 받을 수 있도록 조심스런 표현으로 된 조항에 의해 미래의 이익을 보장하도록 하라.

그리하여 1882년 3~4월에 리훙장과 슈펠트의 실질적인 토의가 있게 되었다. 이 회담들도 김윤식이 톈진에 도착함으로써 이루어지게 된 것이었다.

슈펠트는 그가 국무장관의 훈령을 받은 다음날인 1월 20일 뤄펑루에게, 그리고 23일에는 직접 리훙장에게 서한을 보내 회견을 요청하였다. 2월 2일 리훙장의 동의를 받았다. 리훙장은 모든 것을 비밀에 부칠 것과 바우딩푸에 올 때에는 신분을 숨기고incognito 올 것을 부탁하였다.

이에 슈펠트와 홀콤브C. Holcombe 공사는 다시 리훙장의 농간에 빠지는 것이 아닌지 의심해 중국 정부의 의사를 타진하기 위해 베이징으로 가 총서의 대신들을 만난다. 총서의 대신들도 미국과 조선의 조약 체결에 적극적인 것을 알게 되지만 이로 인해 리훙장의 분노를 자아내게 된다.

3월 25일 오전 10시 드디어 리홍장과 슈펠트 사이에 조약 체결을 위한 실질적인 회의가 열리게 되었다. 리홍장은 먼저 조선이 작성한 초안과 슈펠트의 초안을 비교해 보니 그간에 차이가 많아서 자신이 하나의 초고를 작성하였노라고 말한다. 여기에서 조선의 초고란 물론 이동인(李東仁)의 초고이다.

슈펠트는 베이징에서 총서의 대신들을 회견한 이후 홀콤브 공사와 함께 초안을 작성하였으며 참고자료는 미국과 일본의 여러 조약들이었다. 슈펠트의 초안은 우선 미국과 조선은 '완전하고 영원한 그리고 보편적인 평화'에 입각한다고 전제하고 있다. 그리고 양국은 서로 외교사절과 영사를 파견하며 미국 시민의 조선 거주, 활동을 규정하고 있다. 영사재판권은 물론 삽입되었고 난파 선박 구조에 관해서도 자세한 규정을 두고 있다. 무역 규정을 보면 수출입 미국상품은 최고 종가(從價) 10%로 하고 아편의 수입은 금지되었다.

리홍장이 제시한 초고는 저우푸(周馥)와 마젠종(馬建忠)이 작성한 것이다. 그 주요내용을 보면 조선은 중국의 종속국이란 것, 아편의 수입 금지, 외국인의 토지 임대 가능, 치외법권의 잠정적인 허용, 외국인에 고용된 조선인에 대한 조선 당국의 체포권, 상인의 영사임명 불가, 선교 활동의 금지, 필수품의 수입세 10%, 사치품은 30%, 수출세는 3%, 그리고 조약의 유효기간은 5년 등이었다.

이날 회의에서 리홍장은 조선이 중국의 속방이라는 점을 강조하고 조선의 전권이 아직 도착하지 않은 사정을 슈펠트에게 설명하였다. 국왕과 2, 3명의 대신만이 조약 체결을 바라고 있고 많은 사람들이 조약 체결에 반대하고 있어서 전권을 중국에 파견할 수 없다는 것이다. 따라서 슈펠트가 조선에 나아가 조약을 체결하는 방법이 좋을 것이라고 합의되었고 슈펠트의 정박지로 인천이 결정되었다.

4월 1일에 슈펠트는 저우푸와 뤄펑루를 만나게 되는데 이 회담은 양측의 초고를 절충하기 위해 리홍장이 마련한 자리였다. 하여간 이날 회의에서부터 중국이 조선의 종주국이라는 조항이 가장 큰 현안으로 등장하게 되었다. 양측이 모두 절대 양보할 수 없는 조항이라고 맞서게 된다.

4월 5일 슈펠트는 리홍장, 저우푸, 마젠종, 그리고 뤄펑루를 만났다. 양측의 감정이 폭발한 이날의 회의는 조약 체결 여부를 결정하는 최대의 고비였다. 슈펠트로서는 그동안 무한정 기다리며 리홍장으로부터 천대를 받았다는 감정이, 그리고 리홍장으로서는 다음에 인용할 슈펠트의 공개서한의 내용에 대한 혐오감이 그대로 노출되었다.

사실 종주권 문제 이외에는 큰 이견이 없었다. 그렇지만 종주권 문제에 관해서는 양측의 견해가 접근할 수 없는 것이었다. 이것은 단순한 법적인 해석 차원의 문제는 아니었다.

미국이 중국의 속국과 조약관계를 설정할 수 없으며 중국으로서는 이 기회에 전통적인 질서를 보존하려는 것이었다는 단순한 정책적인 차원의 문제도 아니었다.

이 문제는 문명권 충돌 그 자체가 국제정치에 투영된 현상이었다. 전형적인 19세기 유럽의 전통을 지닌 슈펠트로서는 사대질서의 본질이라든가 중국인의 사고방식을 이해할 수 없었다. 4월 1일 종주권 문제가 현안으로 등장하자 슈펠트는 4월 4일자로 리훙장에게 보내는 서한을 작성하였다. 이 서한이 그가 사대질서를 이해하지 못하고 모든 나라의 관계를 서양 국제법에 따라 해석해야 한다는 입장을 잘 나타내 주고 있다.

중국의 경우는 조선에 대해서는 명분상으로나 현실 정치상으로나 상당한 영향력을 포기할 수는 없었다. 다만 1880년이라는 시점에서 리훙장의 막료들이 사대질서의 명분을 서양의 국제법 규정으로 명문화시키려는 노력이 국제정치의 문제로 나타났을 뿐이다.

하여간 4월 5일 회의에서 리훙장은 종주권 문제는 결코 양보할 수 없다고 단호한 입장을 견지하였다. 만일 이것이 타결되지 않는다면 더 이상 중국은 이 문제에 간여하지 않겠다고 단언하였고 슈펠트도 단연 거부의 태도를 취하였다. 이에 슈펠트는 4월 4일자 서한을 낭독하는 것으로 대응하였다. 그리고 조약 체결 후 조선 정부가 이런 조약은 중국의 동의에 따라 이루어진 것이라는 서한을 미국 정부에 전달하는 형식에 관한 토의에서도 슈펠트는 자신은 그런 서한이 전달되는 것을 묵과할 뿐이라고 말하였다. 그리고 이 서한에 관해 더 이상의 약속은 할 수 없다고 하면서 중국 정부는 미국과 조선의 조약 문제에 관해서는 우호적인 조정을 할 뿐이지 아무런 관련이 없다고 말하여 중국 측을 자극하였다.

이때에 리훙장은 돌연 슈펠트가 사전트에게 보낸 공개서한으로 화제를 돌렸다. 슈펠트는 본국 정부의 회신을 지루하게 기다리고 있던 1882년 1월 1일과 15일 사이에 그의 친구이자 새 정부의 유력한 인사로 알려진 전 상원의원 사전트에게 한 서한을 보낸 바 있었다. 이 서한은 한마디로 서양인의 동양 멸시로 일관하였다. 중국인은 외국과 교섭하는 데 있어서 기만과 불신만을 사용하고 있을 뿐이어서 중국과는 힘에 의존하여 접근하지 않을 수 없다는 것이었다. 슈펠트는 더 나아가 리훙장은 '무식하고, 변덕스럽고 부도덕한 황후(皇后)의 입김에 의존하여' 살고 있을 뿐이라고 혹평하였다. 그런데 독일 공사로 부임하기 직전에 이 서한을 받아 본 사전트가 이를 신문사에 넘겨주어 1882년 3월 20일자 『샌프란시스코 신문』*San Francisco Bulletin*에 발표되었다. 리훙장은 지금 이 기사를 거론하고 있는 것이다.

리훙장은 슈펠트 당신이 미국에 있는 한 친구에게 조선과 관계하는 데에 있어서는 힘의 사용만이 있을 뿐이라고 서한을 보내고, 그 친구는 서한을 공개적으로 발표하였다고 하는데 과연 그런 서한을 미국 정부에게 전달했으며 동양 제국과 교섭하는 데에 있어서 힘의 사용이 과연 적절한 정책인가를 질문하였다.

이에 슈펠트는 그런 서한을 발송한 일이 없다고 부인하였다. 사실 슈펠트는 미국 정부에게 보낸 것이 아니라 사전트 개인에게 보냈기 때문에 이렇게 부인할 수 있었다. 그리고는 자신의 공적이고 사적인 서한 교환에 대해 리훙장에게 책임을 추궁받을 이유는 없다고 반박하였다. 험악한 분위기는 리훙장이 다른 화제로 말을 바꾸어 진정되었고 4일 후에 다시 만나자는 약속으로 이날의 회견은 끝나게 되었다.

4월 10일에는 마지막 회의가 열렸다. 이날 슈펠트는 조약 체결 후에 조선 정부가 이 조약이 중국 정부의 동의에 입각하여 이루어진 것임을 밝히는 서한을 미국 대통령에게 전달하는 것에 동의하였다. 모든 것이 다 합의된 상태에서 총서의 대신들이 홀콤브 공사에게 다시 종주권의 문제를 어떻게 완화된 표현으로라도 조약에 삽입할 수 없느냐고 요청하였다. 이에 슈펠트는 마지막으로 본국 정부에게 중국이 종주권 문제를 조약에 삽입시키고자 하는데 이에 관해 훈령을 바란다는 전문을 4월 12일과 19일 두 차례 보냈다. 그러나 본국 정부는 이상하게도 침묵을 지켰다. 본국 국무성의 이런 침묵은 블레인 전임 장관의 외교 노선을 검토 중이었거나 또는 슈펠트의 공개서한으로 분노하고 있었기 때문일 것이라고 드레이크는 추측하고 있다.

미국 국무성의 회신이 도달하지 않자 리훙장은 초안 제1조의 종주권 문제는 차후 훈령이 오면 조약에 규정하든지 조선 국왕이 따로 서한을 보내든지 하고 나머지 조항에 자신의 도장을 찍고 슈펠트에게도 사인하도록 하였다. 그리고 김윤식에게 교부하고 조선이 교섭을 담당할 대신을 임명토록 하였다. 그리고 외교와 국제법에 정통한 마젠종을 조선에 보내어 조약 교섭을 돕도록 하였다.

2. 조선과 미국

인천 회담

조선 조정은 5월 2일(음력 3월 15일) 김윤식의 장계(狀啓)를 받아 보고 중국과 미국의 사신이 곧 조선에 온다는 것을 알게 되어 조준영(趙準永)을 반접관(伴接官)으로 삼았다. 그리고 5월 11일에는 신헌을 전권대관, 김홍집을 부관, 그리고 서상우(徐相雨)를 종사관에 임명하였다.

인천 회담은 마젠종이 5월 8일(음력 3월 21일) 인천 앞 바다에 나타나면서 시작되었다.

먼저 이응준(李應俊)이 배를 타고 마젠종의 선박을 예방하면서 조선과 중국의 접촉은 시작된다. 마젠종은 이응준에게 일본이 조약체결 관계를 물으면 비밀을 지키고 절대 누설하면 안 된다고 당부한다. 이응준은 제1조에 종주권 문제 삽입에 대해 미국 정부로부터 회신이 있었는가를 마젠종에게 질문하였는데 이를 보면 조선이 톈진의 회담 내용을 자세히 전해 듣고 있었음을 알 수 있다.

마젠종은 정식으로 조약 교섭이 있기 이전에 조선 국내 사정을 파악하고 마침 이곳에 와 있던 하나부사(花房義質)와 조선 문제에 관한 의견을 교환하는 데에 시간을 보내었다. 마젠종은 5월 12일 이응준과 밀담을 나누면서 중대한 정보를 얻는다. 외국과 조약을 체결하는 데에 찬성한 것으로 알려진 이최응(李最應)이 태도를 바꾸어 반대하고 있다는 사실, 신헌은 나이가 들었으니 장차 김홍집과 교섭하라는 요청, 김홍집은 국왕의 신임이 두터울 뿐 아니라 의견이 명백한 인사이기 때문에 조약의 문제는 김홍집과 의논하는 것이 좋다는 의견, 그리고 신헌, 김홍집 두 사람이 같이 오더라도 질문을 하게 되면 김홍집이 답변할 것이라는 정보를 얻는다. 이에 마젠종은 신헌은 나이가 들어 배에 올라오기 불편하니 선박에서 김홍집과 먼저 상의하고 육지에서 신헌에게 이를 알리는 것이 어떻겠느냐는 계책까지 내어놓았다. 다음에 보는 바같이 마젠종은 주로 김홍집과 의견을 나누게 된다. 따라서 조선 측 문서에 나오는 신헌과 마젠종의 문답은 실은 김홍집과 나눈 필담이었고 신헌은 거의 침묵하고 있었다고 추정된다.

조선 조정의 최대 관심사는 미곡과 관세 문제였다. 일본과 조약을 체결한 이후 가장 큰 현안이 조선 쌀의 일본 유입이었다. 쌀이 대량 수출되면 그 값이 폭등하는 것은 당연한 이치인데 이런 현상이 이때에 이미 심각한 상태에 이른 것이다. 임오군란이 다가오고 있던 시점이었다.

신헌과 김홍집은 전권의 문서를 서울로부터 받기 하루 전인 5월 14일 마젠종의 선박을 방문하여 그와 의견을 나눈다. 신헌은 이 자리에서 특히 미곡의 수출 금지는 조선의 조야가 모두 주장하고 있으니 마젠종이 그 금지 조항을 삽입하여 줄 것을 강력하게 요청하였다. 마젠종은 다시 김홍집과 필담을 나누었는데 주 의제는 관세 문제였다. 현재 일본과 이 문제를 논의하고 있는 중이라고 김홍집은 전하고 조선은 수입관세를 10%로 할 것을 주장하고 일본이 이를 반대하고 있다는 사정을 말하였다. 이에 마젠종은 조선·미국 조약 초안이 10%를 규정하고 있으니 이 조약을 빨리 체결하여 이를 일본에 보여 줄 것을 권유하였다.

이들 세 사람은 슈펠트를 그의 선박으로 방문하였다. 조선과 미국의 공식적인 외교대표들이 역사상 처음으로 대면하는 장면이었다. 조선의 대표들은 한 시간 동안 슈펠트가 타고 온 스와타라the *Swatara* 호에 머물었는데 그들은 매우 친절하였다고 슈펠트는 적고 있다.

오후 2시 반부터 있었던 이날 만남은 김홍집과 슈펠트가 필담으로 나누고 마젠종이 통역을 하였다. 처음 만나는 자리여서 의례적인 회의였다. 다만 해안에서 장막(帳幕)을 설치하여 회의하자는 데에는 먼저 합의하였다.

신헌은 먼저 떠나고 김홍집은 마젠종의 선박으로 가서 오후 4시 반부터 다시 마젠종과 필담을 계속하였다. 이때에는 주로 종주권을 명시한 조선 국왕의 조회문에 관한 것이 의제였다. 조선이 오래 중국의 속방이었다는 조회를 개봉한 채로 슈펠트에게 전하고 슈펠트가 이를 보고 곧 조약 교섭에 들어가자는 것이었다.

분주하였던 5월 14일은 지나고 16일에 고종은 승지 김만식(金晩植)을 마젠종에게 보내어 위로하였다. 회의는 17일 마젠종이 인천으로 신헌, 김홍집을 답방하면서 다시 시작된다. 이날의 회담은 정오에 시작하여 점심 후에도 계속되었다. 슈펠트가 회의 개최를 독촉하고 있으니 속히 개최하자는 마젠종의 제안에 김홍집은 서울로부터 위원이 도착하지 않아 며칠 기다리자고 답변한다. 문제는 역시 미곡 문제였다. 김홍집은 14일의 논지를 더욱 강하게 피력하였다. 그리고 선교금지의 조항을 삽입한다면 구미 열강과 조약을 체결할 수 없다는 마젠종의 설명에 김홍집은 곧 동의한다. 이날 조선 측은 리훙장이 만든 조약 초안에 대한 반대제안인 「개정초록」(改正草錄)을 마젠종에게 전달하였다. 이것은 미국과 체결할 조약내용에 대한 조선의 입장을 나타내 주고 있어서 매우 중요한데 그 내용은 다음과 같다.

(1) 조약 전문(前文)에 상민(商民)이란 용어를 피차인민(彼此人民)으로 고칠 것. [상민을 인민으로 바꾸자는 조선의 제안은 매우 근대적인 것이다. 조선의 제안이 받아들여졌다.]

(2) 조선은 중국의 속방이지만 자주 외교의 일은 전부터 자주로 행하였다는 리훙장의 초안을 삭제할 것. [리훙장이나 중국 측도 이 초안대로 결정되리라 기대하지는 않았다. 조선도 이 조항의 삭제를 정식으로 요청하였다. 조약의 체결과 함께 따로 고종이 미국 대통령에게 조회를 발송하기로 한 것은 몇 차례 지적한 바 있다.]

(3) 이 조약이 이루어진 후 양국이 서로 병권대원(秉權大員)을 파견하여 주찰(駐札)하고 개항장에는 총영사, 영사, 부영사를 둔다는 리훙장의 초안에 대해 조선은 1조와 2조를 합칠 것을 요청하고 2조의 상민이란 용어도 인민으로 고칠 것. 그리고 총영사 등을 영사 하나로 통일할 것도 요구할 것. [조약 전문에서는 인민으로 고치고 타결된 1조에는 조선의 요구와는 반대로 상민이란 용어를 그대로 놓아 둔 것은 의아한 일이다. 또 1조와 2조를 통합하자는 조선 측의 요청도 받아들여지지 않았다. 원래 초안에 있었던 병권대원이란 용어가 병권대신으로 변경된 사유도 분명하지 않다.

병권대원은 속방의 관리를 지칭하는 것이다.]

(4) 영사재판권을 규정한 제4조의 두 용어를 변경할 것. 자르고 훼손한다는 절훼(折毁)를 빼앗고 겁탈하고 불을 질러 훼손한다는 창겁소훼(搶劫燒毁)로 바꾸고 죄수의 우두머리라는 거괴(渠魁)를 단순히 죄인이라는 죄범(罪犯)으로 고칠 것. [조선의 제안이 그대로 받아들여졌다.]

(5) 제6조에 양국 인민이 상대 국가에서 집을 산다[買屋]를 땅을 산다[買地]로 고치고 '이 조약에서 미국 관원이 상민(商民)을 마땅히 관리한다라고 명백히 지시한 것 이외에는' 이라는 구절 중 상민 아래에 상민의 재산, 즉 전산(錢産)이란 두 글자를 삽입할 것. [이것도 그대로 합의되었다.]

(6) 제8조 중 미곡 수출 금지에 관한 구절 마지막에 인천에서는 미곡을 수출하지 못한다는 의미의 한자 13자[惟仁川一口米粮一概不准運出]를 삽입할 것. [이 문제가 조선이 끝까지 주장한 점이기도 하다. 결국 조선의 주장이 수용되었는데 한두 글자의 변경은 있었다.]

(7) 제14조에서 조선이란 말 대신에 대조선국주(大朝鮮國主)로 고치고 최혜국대우를 규정한 구절 중 한두 글자의 변경을 요청할 것. [이 문제도 조선의 의사가 관철되었다.]

이날 조선 측과 필담을 나눈 마젠종과 딩르창은 슈펠트를 찾아가 미곡 문제를 상의하였다. 그리고 이 날짜로 딩르창은 신헌에게 조회를 발송하였다. 슈펠트와 미곡 문제를 상당히 의논하였는데 그는 완강히 거부하지도 않았으나 그렇다고 명백히 인정하지도 않았다. 그의 생각을 헤아려보건대 조선이 아직 전권의 유지(諭旨)와 제1조에 관한 조회문을 보내오지 않았기 때문이니 조선이 속히 행동을 하면 타결될 가망이 있다는 내용이었다.

5월 19일 김홍집은 전권의 글과 조회문을 갖고 마젠종의 선박으로 가 그와 긴 필담을 나눈다. 마젠종은 슈펠트가 오늘 저녁 이들 문서들을 보면 미곡 문제를 승인할 것이라고 말하였다. 미곡 문제를 빌미로 조약 체결을 신속히 하려는 마젠종의 의중을 알 수 있다. 두 사람은 하나부사가 슈펠트를 방문하는 것을 매우 수상히 여겨 혹시 일본이 조선-미국 조약 체결을 방해하지 않을까 매우 우려하였다. 그리하여 조인이 성립될 때까지 비밀에 부치도록 수차례에 걸쳐 약속하였다. 그리고 서명 날짜를 5월 22일(음력 4월 6일) 또는 23일로 하기로 약속하였다.

다음날 오후 마젠종은 슈펠트와 함께 인천 관아로 신헌과 김홍집을 예방하였다. 이 자리에서 마젠종은 어제 전권 위임장과 조회를 보고 슈펠트는 의심을 풀었고 미곡 문제를 여러 번 숙의한 결과 합의에 이르렀다고 자찬하였다. 그리고 22일 오전 10시에 서명하자고 결정하였다. 그 후 슈펠트가 자리에 나와 서로 전권 위임장을 교환하고 슈펠트는 국서를 증정하였다.

1882년 5월 22일은 실로 역사적인 날이었다. 이날 아침 9시 마젠종과 딩르창은 해안으로 올라갔고 미국 선박 4척도 제물포에 닿았다. 날씨가 화창하여 준비된 가마를 사양하고 이들은 걸어서 막사로 나아간다. 슈펠트 일행은 9시 30분에 해안에 도착하였다. 신헌, 김홍집이 이들을 맞아 차를 마신 후 곧 조인식을 갖게 되자 마젠종과 딩르창은 다른 방으로 가고 양국 대표들만이 조인식을 갖는다. 조인식이 끝나자 미국과 중국의 선박들은 축하의 포탄을 수십 발 발사하여 사대질서의 해체를 알렸다.

조선과 조약이 체결되자 슈펠트가 아시아 함대 사령관에 임명될 전망이 밝아졌다. 클리츠J.M.B. Clitz 사령관이 1882년 9월에 사임할 것을 천명하였기 때문이다. 슈펠트는 챈들러W.E. Chandler 해군장관으로부터 하나의 서신을 받았다. 그의 사령관 취임은 사전트에게 보낸 서한에 관해 충분한 해명이 전제되어야 한다는 내용이었다. 슈펠트는 귀국하는 길을 택하지 않을 수 없었다.

조선과 서양 열강의 수호조약

제 5 절

몇 차례 지적하였듯이 한반도에 대한 영국의 태도는 기본적으로 러시아에 대한 견제지역으로서, 그리고 영국 상품의 수출지역으로서의 가치가 있는가 하는 데에 초점이 맞추어져 있었다. 슈펠트가 조약을 체결하기 위해 리훙장과 한참 교섭을 벌이고 있을 당시에는 위의 두 기준으로 보아 영국은 조선 문제에 매우 소극적이었다. 그러나 미국이 조약을 체결하려는 분위기에서 무작위(無作爲)의 상태에 머무를 수도 없었다. 따라서 우선 최혜국대우 조항 하나만이라도 규정된 조약을 체결하여 놓고 다른 열강들이 획득할 이익을 균점(均霑)하자는 잠정적인 정책을 택하게 된다. 역시 영국다운 발상이었다. 독일은 조선과 체결할 조약 문제는 영국의 뒤를 따르고 있었기 때문에 여기에서 함께 검토한다.

영국은 역시 세계국가였다. 지역국가의 한계를 벗어나지 못하고 있던 미국이 조선과 체결한 조약 내용에 만족할 수 없었다. 무엇보다 미국 조약에서 규정된 고율의 관세는 영국이 도저히 용납할 수 없다는 태도였다. 또 아편 수입의 금지를 조약 정문(正文)에 삽입하는 것도 반대였다.

러시아는 경제적인 후진성으로 인하여 한반도를 열강에 개방하기보다는 현상을 그대로 유지하는 것이 유리하다는 정책을 고수하려 하였다. 어떤 면에서는 유일한 사대질서의 옹호론자였다. 그러나 조선-미국 조약의 체결로 그 정책을 변경하지 않을 수 없게 되었다. 러시아는 조선과는 국경을 맞대고 있어서 육로무역에 관한 협정을 요구하지 않을 수 없는 특수한 행위자였다.

프랑스도 특수한 입장을 취하였다. 가톨릭 포교의 자유를 끝까지 주장하였고 그 요구를 변형된 형태로나마 얻게 된다. 다만 월남 문제의 해결을 기다려 조선에 진출하였기 때문에 그 수호조약의 체결이 늦어졌을 뿐이다.

1. 영국

윌리스

이리 분쟁으로 중국과 러시아 사이에 전면적인 전쟁이 발발하게 될지 모르게 되자 영국은 조선 문제를 다시 생각하게 되었다. 세계국가인 영국은 러시아와 대치하고 있던 세계정치의 관점에서 조선 문제를 보고 있었기 때문이다. 그리하여 영국은 조선과 조약 체결 움직임을 보이게 되었다. 그러나 레소프스키S.S. Lesovsky 러시아 제독이 이끌고 있던 함대가 동북아 지역으로부터 철수하고 1881년 5월에는 중국-러시아 사이에 조약이 체결되자 조선에 대한 관심이 급속히 냉각되었다. 이때부터 1882년 1월 슈펠트가 조약 체결의 전권을 받고 리훙장과 실질적인 토의를 시작할 때까지 영국은 이렇다 할 행동을 취하지 않았다. 전술한 바 같이 미국은 1881년 11월 14일에 이르러 중국에서 지루한 시간을 보내고 있던 슈펠트에게 훈령을 전달하였다. 이런 미국 정부의 움직임을 워싱턴 주재 영국 대리공사 드러먼드V. Drummond가 1881년 10월 22일 본국 정부에 보고하였다. 그는 미국과 러시아가 서로 다투어 조선과 먼저 조약을 체결하려 한다고 하면서 조선은 상당한 광산자원을 보유하고 있다고 전하고 있다.

영국 외무성은 곧 해군성에 미국의 움직임을 통고하였다. 이에 해군성은 1882년 1월 중국 함대 사령관으로 새로 부임한 윌리스G.O. Willes 제독에게 슈펠트를 주시하고 가능하면 그를 따라 조약을 체결토록 하라고 명령하였다. 한편 슈펠트가 중국에서 조선 문제를 교섭하고 있기 때문에 중국 주재 웨이드 영국 공사가 이 문제를 추적하게 되었다. 그는 리홍장–슈펠트 회담이 종료되자 5월 4일 톈진에 도착해 6일 리홍장을 접견하였다. 웨이드 공사는 미국 공사 홀콤브C. Holcombe가 모든 진행 상황을 자신에게 전한다고 하면서 중국의 조약 초안을 보여줄 것을 요청하였다. 그러나 중국 초안을 웨이드가 실제로 받아 본 것은 5월 21일이었다. 슈펠트가 조선 조약을 제일 먼저 체결토록 하려는 리홍장의 술수였다.

이보다 앞서 웨이드 공사는 1882년 5월 12일 일련의 비밀 보고를 본국 정부에 발송하였는데 그 중 제19호와 20호가 조선 조약에 직접 관계되는 것이다. 제19호는 홀콤브 미국 공사가 보여 준 조선–미국의 조약 초안에 대한 웨이드 공사의 견해를 전달한 것이다. 웨이드 공사는 이 조약의 유효기간이 5년으로 돼 있기 때문에 불만스런 점이 있다 하더라도 그때 가서 수정하면 된다는 전제하에 영국도 조약 체결을 한번 시도할 수 있다는 견해를 표명하였다. 다만 아편무역이 금지된 것에 불만을 표시하였다. 후일 윌리스 조약이 문제된 몇 가지 원인 중 하나가 바로 이 아편문제였다. 이 점은 다시 서술한다. 제20호의 보고문은 리홍장이 조선에 대한 종주권 조항 삽입을 주장하고 있다는 점을 전달하고 있다.

웨이드는 전체적으로 보아 슈펠트 조약과 같은 조약이 영국에 크게 도움이 되지 못한다고 판단하였다. 러시아의 위험은 이미 지나갔고 조선에 팔 수 있는 물품은 영국의 면제품인데 이들 상품은 이미 일본을 통해 조선에 충분히 공급돼 있는 실정이고 조선 시장의 가치는 그리 높은 것이 아니라고 진단하였다. 그러나 만일 영국이 슈펠트 조약 이상의 양보를 얻으려면 힘을 사용해야 되는데 그럴 만한 명분도 찾을 수 없다. 따라서 조선과는 최혜국대우 조항 하나만을 얻어도 충분하다는 것이 그의 결론이었다. 다른 국가들이 획득한 이익을 언제라도 향유할 수 있기 때문이다. 역시 영국다운 발상이었다.

따라서 영국은 어떤 확고한 정책을 갖고 조선 조약 체결에 임하지 못하였다. 슈펠트가 조약 체결을 위해 조선에 파견되자 우선 발판을 마련한다는 의도로 윌리스를 전권대표에 임명하고 파견하였다. 윌리스는 아무런 준비도 없이 5월 20일 조선으로 출발하였다. 그에게 슈펠트 조약 초안과 마젠종에게 보내는 소개장이 전달된 것은 그가 인천에 체류하고 있었을 때였다. 이때에는 통역관으로 내정된 스펜스D. Spence는 아직 조선에 도착하지 못하고 있었다. 윌리스의 통역관으로 팍스는 애스턴 영사를 추천하였었다. 그러나 일본에 근무하고 있는 관리를 파견하면 조선의 의심을 불러일으킨다는 홀콤브 미국 공사의 의견에 따라 웨이드 공사는 상하이 영사관에 근무하고 조선에 대해 어느 정도 경험을 갖고 있던 스펜스 영사를 통역관으로 내정하게 되었다. 그러나 윌리스가 정작 조선으로 출발할 당시 스펜스는 양쯔 강(揚子江) 지역에 출장 중이어서 그가 인천에 도착한 것은 조선과 영국의 조약이 체결된 이후인 6월 11일이었다.

결국 윌리스는 마젠종의 도움에 전적으로 의존하지 않을 수 없었다. 마젠종이 5월 22일 조선-미국 조약의 조인이 끝나자 26일 고종을 알현하고 귀국 길에 오르려고 하자 한강 입구에서 영국 대표 윌리스를 만나게 되었다. 윌리스는 마젠종이 다음날 귀국하는 것을 알고 이를 만류하면서 조약 체결에 협조해 줄 것을 부탁하고 리훙장의 서한을 보여 주었다. 마젠종은 윌리스가 외교 업무에는 문외한이라고 평가하게 된다.

인천 회담

조선으로서는 영국이 이미 체결된 조선-미국 조약의 내용과 같은 조약을 체결하는 것을 반대할 이유도 없었으며 도리어 환영할 만한 일이었다. 5월 29일 밤 이런 뜻을 마젠종에게 전달하였다. 그리고 다음날 전권과 부관으로 임명된 조영하와 김홍집이 마젠종과 함께 윌리스를 찾아 조약 체결에 관해 의견을 나누었다. 그런데 윌리스는 조선-미국 조약을 그대로 채택하지 않고 세 가지의 요구를 덧붙였다. 첫째 미국 조약에서는 개항장을 지정하지 않았으나 윌리스는 부산, 원산, 인천을 명시하고 인천은 수심이 낮아 교역에 불편하니 경기도나 충청도의 다른 한 곳을 지정해 인천과 교체한다, 둘째 조선의 해안에 섬들이 많으니 이를 측량하기 위해 영국 군함을 파견한다, 끝으로 미국이 조약 체결의 우선권을 갖게 되었으니 영국은 이를 보상받기 위해 조약 체결 후 윌리스가 고종을 알현하는 특권을 갖는다는 요구였다.

이런 세 가지 요구 조건에 조영하는 강력히 반대하였다. 그리하여 윌리스는 군함의 측량 문제는 조약 규정과는 별도로 조선이 따로 성명을 발표하면 될 것이라고 양보하고 다른 두 문제는 모두 철회하였다. 고종의 알현 문제는 조영하가 조정에 전달하는 것으로 마무리되었다. 조영하는 속히 조인할 것을 독촉했으나 윌리스는 그의 통역관이 아직 도착하지 않아 4, 5일 지연하지 않을 수 없다는 태도였다. 윌리스는 위의 세 가지 조건 이외에도 거문도를 영국 군함 정박지로 지정할 것을 조약 내에 규정하자고 요구하기도 하였으나 마젠종이 조약에 그런 규정을 삽입하는 것은 불가하다고 반대해 무산되었다. 이런 요구를 하는 것을 보면 윌리스에 대한 마젠종의 평가가 어느 정도 일리가 있음을 알 수 있다.

조선-영국의 조약은 결국 6월 6일 체결되었다. 통역관 스펜스가 도착하기도 전에 윌리스가 급히 조약을 체결한 데에는 그럴 만한 이유가 있었다. 6월 5일 톈진 주재 프랑스의 영사 딜롱Dillon이 단순히 조선 현지를 조사하기 위해 인천에 도착했는데 윌리스는 이것을 프랑스가 영국을 앞질러 조약을 체결하려는 것이 아닌지 의심하였다. 그리하여 윌리스는 마젠종에게 조선-영국 조약의 한문본이 영어본의 정확한 번역인가를 확인하고는 다음날에 조인하게 되었다. 이 조약은 윌리스 자신의 표현대로 매우 단조로운 것이었다. 고종은 조약 체결 이전인 5월 30일 미국에 대한 경우와 같이 조선은 중국의 속방이지만 외국과 조약을 체결할 수 있는 자주권이 있음을 알리는 국서를 영국 국왕에게 전달하였다. 윌리스는 조약이 체결된 후 하나의 중요한 조회문을 조영하, 김홍집에게 전하였다. 윌리스는 다음 세 가지 사항들이 조약 내에 명시되어 있지 않기 때문에 따로 성명을 통하여 합의하자고 요구하였다.

(1) 영국 상민(商民)이 개항장에서 통상하는 경우 일본이 원산, 부산, 인천에서 통상하는 것에 따른다.
(2) 공법에 따르면 각국의 군함은 다른 국가의 모든 항구에 들어간다. 조선-영국이 조약을 체결했으니 영국의 군함이 조선의 항구들에 들어가 식용품, 담수를 구입하고 선박을 수리할 수 있다. [당시 서양 공법에 이런 관례가 전혀 없었음은 물론이다. 윌리스는 지금 '야만국'을 허위로 기만하고 있는 것이다.]
(3) 조선의 해안들이 측량을 하지 않아 매우 위험하니 영국 군함이 이를 자세히 측량해 해도(海圖)를 작성한다.

조선은 이를 모두 승인해 주었다. 다만 위의 2, 3항을 실천하는 경우 조선 인민이 외국 사람과 접촉하는 데 분쟁이 일어나지 않도록 조심해 달라는 부탁만을 첨부하였다.

그러나 영국 정부는 윌리스 조약이 어떤 점에서 문제가 있는지 검토하기 시작하였다. 슈펠트 조약을 그대로 영국이 채택한 것은 영국의 입장과는 정면에서 배치되는 것이었다. 당시 영국은 세계 최강의 경제국가로서 자유무역을 주장하는 국가였다. 그리고 동북아 지역에 수출하는 면제품은 현지 주민들의 낮은 구매력을 생각할 때 관세는 최소한에 그쳐야 한다는 것이 기본 입장이었다. 그러나 미국은 아직 영국과 같은 경제 강국이 아니었고 영국이나 기타 유럽 열강의 동북아 진출을 저지하기 위해 고율의 관세를 지지하는 입장을 취하고 있었다. 이 하나의 사실을 보더라도 윌리스 조약을 영국 정부는 비준할 수 없는 일이었다. 또한 윌리스 조약에서 마젠종의 주장에 따라 영국 여왕에게 '인도의 여왕'이라는 첨부된 칭호를 삭제한 것은 영국인의 자존심으로서는 참을 수 없는 일이었다.

2. 독일

브란트

비스마르크는 그 자신이 성취한 통일을 완수하는 데에 전념하고 이를 위해 프랑스의 해외 진출을 적극 지원하고 또 러시아로 하여금 유럽 문제로부터 눈을 아시아로 돌려 그곳으로 나아가길 희망한 것은 널리 알려진 사실이다. 러시아의 미래 운명은 아시아에 있다고 부추겼다. 이런 비스마르크의 아시아 정책을 교묘히 적용하려 한 것이 중국 주재 공사 브란트M. von Brandt였다. 브란트는 아시아 문제에 적극 개입을 주장한 사람이었다. 그에 비해 일본 주재 독일 공사였던 아이젠데허K. von Eisendecher는 조선-미국의 조약 체결이 다가오고 있어도 조선-독일 무역에는 관심이 없었고 다만 정치적인 위신 때문에 조선에서 어떤 역할을 해야 되지 않느냐 하는 정도의 의견을 개진하였다.

브란트의 구상은 비스마르크의 정책과 일견 배치되는 것 같으나 실은 그렇지 않았다. 러시아를 부추겨 이리 사태를 이용해 러시아-중국의 전쟁을 촉발하고 독일은 그런 전쟁 시기에 무기를 중국에 판매할 수 있을 뿐 아니라 이런 전쟁으로 러시아는 약화될 수 있다는 계책이었다. 다시 말하자면 러시아를 아시아에 진출시키면서 그 배후에서 이익을 도모하자는 정책이었다.

그리하여 독일 정부는 브란트를 조선과 조약을 체결할 전권대신에 임명했다는 국서를 1882년 4월 24일에 이미 고종에게 전달한 바 있었다. 그러나 행동으로 옮기지 못하고 있던 중 조선이 미국, 영국과 조약을 체결하자 곧 브란트를 조선에 파견하기에 이른다. 중국은 조선으로부터 귀국해 잠시 톈진에 머물고 있던 마젠종을 다시 조선에 보내 조선-독일의 조약 체결을 돌보도록 한다. 브란트는 조선으로 가기 전 톈진에서 북양대신 서리 장수성(張樹聲)과 몇 차례 회견을 가지고 조선-미국 조약 중 몇 가지를 수정하려고 노력했으나 장수성의 반대로 뜻을 이루지 못하였다. 이에 장수성은 이런 사정을 마젠종에게 알려 브란트가 조선에서 의외의 행동을 못하도록 당부하였다. 또 이런 사정을 영선사 종사관 윤태준(尹泰駿)이 돌아와 조선 조정에 알리기도 하였다.

1882년 6월 23일 마젠종이 한강에 도착하니 이틀 전에 브란트 일행이 이미 도착한 이후였다. 6월 26일 전권대신 조영하, 부관 김홍집은 마젠종과 함께 브란트가 머물고 있던 선박으로 나아가 담판이 시작돼 곧 타결을 보게 된다. 그리하여 6월 30일 미국, 영국의 경우와 같이 제물포 막사에서 조선-독일 조약이 체결되었다.

조선 · 독일 조약도 미국 조약에 입각해 체결되었는데 브란트는 독일이 미국, 영국에 뒤이어 조약을 체결한 까닭에 비준 이전이라도 미국과 영국 상인이 조선에 진출하는 경우에는 독일 상인이 조선에서 상행위를 하도록 협조를 부탁하였다. 독일이 영미 조약과 다르다는 것을 표시하기 위한 브란트의 의도였다.

조선이 서양 열강과 조약을 체결할 즈음 중국이 한반도를 서양 공법에서 말하는 속국으로 변경하려는 정책을 취한 사정에 관해서는 몇 차례 지적하였다. 조선은 중국의 이런 지배에 저항하는 방법을 서양 열강과 체결한 조약들, 특히 윌리스 조약에서 찾아 조약을 하루 속히 비준해 줄 것을 요청하게 되었다. 조선이 윌리스 조약의 폐기론자였던 일본 주재 팍스 공사를 통해 조약의 비준을 요청한 것은 하나의 역사적 아이러니가 아닐 수 없다.

윌리스 조약 비준 반대에 앞장선 사람은 팍스 공사였다. 팍스는 슈펠트 조약이 영국의 경제 이익에도 배치될 뿐 아니라 당시 일본에서 진행되고 있던 조약 개정 교섭에도 악영향을 미칠 것을 우려하였다. 일본이 고율의 관세를 주장하고 있었기 때문이다. 이런 모든 문제점을 팍스는 1882년 6월 21일 외무차관에게 이미 보고하였다. 슈펠트 조약과 윌리스 조약은 리훙장의 작품이며 영국은 조선에 대한 중국의 종주권을 인정하면 안 된다, 윌리스가 애스턴의 도움을 받지 않은 것이 실수였으며 관세는 너무나 고율이어서 영국의 중국 · 일본 무역에 악영향을 미친다, 조선 개항장 사이에 외국인이 조선 토산품을 운반할 수 없는 규정은 잘못이고 아편 금지규정도 당혹스러운 것이다, '우리의 경우 조약의 교섭이 있었던 것이 아니고 조선인들이 슈펠트 조약을 우리에게 넘겨주고 우리는 그것을 받은 것'에 불과하다는 내용이었다. 그리하여 팍스의 주장대로 영국 정부는 윌리스 조약의 비준을 거부하기로 결정하게 된다.

한편 독일은 영국 정부에게 새로운 조약의 체결 문제를 위임한 상태였다. 팍스와 같은 급의 전권대표를 파견하지 않고 그와 협의할 정도의 관리를 파견하기로 하고 일본 주재 총영사 자페Zappe를 조선에 보내기로 하였다.

3. 영국의 비준 거부와 새로운 조 · 영 수호조약

조선 · 영국의 직접교섭

팍스의 주장대로 영국 정부는 윌리스 조약의 비준을 거부하기로 결정하게 된다. 1882년

12월 30일 그랜빌 외상은 윌리스 조약 폐기를 팍스에 공식적으로 통고하였다. 영국 정부는 중국을 거치지 않고 조선과 직접 새로운 조약의 교섭을 하기로 하였다. 이 점은 매우 중요한 것이고 조선-미국 조약과 근본적으로 다른 절차를 밟게 되었다. 사실 조선과 직접 교섭하게 되면 상당한 양보를 할 수 있다고 팍스에게 언질을 준 것은 박영효의 전술이었다. 영국에게는 일정한 양보를 하지만 리홍장을 통하지 않고 영국과 직접 담판해 독립국가라는 사실을 국제사회에 알리려는 것이었다.

이런 직접 교섭을 위한 사전 작업의 하나로 애스턴W.G. Aston 고베 영사를 조선에 파견하려는 팍스의 계획에 영국 정부는 동의하였다. 그리하여 1883년 3월 6일 팍스는 애스턴에게 자세한 훈령을 전달함과 아울러 홍순목(洪淳穆) 영의정, 조영하(趙寧夏) 예조판서, 그리고 박영효에게 서한을 보낸다. 이런 팍스의 행동에는 일본에 머물고 있던 김옥균이 협력하고 있었다.

애스턴은 김옥균, 서광범(徐光範)과 함께 일본을 떠나 3월 22일 월미도 앞에 도착하여 30일에는 통서를 예방하게 된다. 4월 2일 애스턴이 통서에 들어서자 독판 민영목(閔泳穆), 협판 홍영식(洪英植), 참의 김옥균, 참의 조병필(趙秉弼), 그리고 김홍집이 그를 기다리고 있었다. 먼저 민영목은 윌리스 조약의 한문본을 내어놓으면서 애스턴의 의견을 물었다. 이에 애스턴은 자신은 비준 문제에 관해 말할 수 있는 권한은 없으나 현재의 내용을 그대로 비준하기에는 여러 문제들이 있다고 대답하였다. 그런 문제들이 무엇이냐는 민영목의 질문에 몇 가지 조항을 열거하였으나 핵심은 관세율이었다. 그러나 조선 관리들은 10%를 계속 주장하고 그것을 관철할 수 있다고 생각하였다. 또한 이 문제에 관해서는 자주적으로 조선이 결정할 사항이라고 여겼다.

한편 비준은 조약 체결로부터 1년 이내에 하기로 되어 있었기 때문에 1883년 6월 6일 이전에 어떤 결론을 내려야 할 처지였다. 애스턴이 조선을 방문하였을 때에 양측은 먼저 무역-상업에 관련되지 않는 우호관계만을 규정하는 조약을 체결하고 추후에 무역관계 조항을 맺는 것이 어떠냐는 데에 서로 의견이 좁혀지고 있었다. 사실 이런 구상은 김옥균으로부터 나온 것이었다.

애스턴이 일본으로 돌아온 직후 팍스는 그랜빌 외상으로부터 하나의 전보를 받았다. 비준을 6개월 연장하라는 4월 23일자 전문이었고 팍스 공사는 이날 밤 이를 받아보았다. 팍스는 애스턴을 다시 조선에 파견하여 초대 미국 공사 푸트L.H. Foote가 조선에 도착하기 이전에 비준 연장 합의서를 받게 하였다. 푸트는 조선에 부임하는 길에 일본에 잠시 들리게 되고 팍스와 회견하였다. 그런데 팍스는 푸트가 조선에 애스턴보다 먼저 도착하면 조선-영국의 새로운 조약 교섭에 간여하게 되지 않을까 걱정이었다. 팍스는 푸트가 고율의 관세를 규정한 조선-미국 조약에 만족하고 그 조약을 그대로 이행하겠다고 호언하고 있어서 조선의 실정을 잘 모르는 인물이라고 여기고 있었다.

그런데 애스턴은 5월 2일 시모노세키를 떠났으나 날씨관계로 거문도에서 이틀을 묵고 10일에야 서울에 도착하였다. 조선과 새로운 조약을 체결하는 문제에 관해서는 영국과 독일이 완전히 같은 행동을 취하고 있어서 애스턴은 독일을 위해 비준 연장을 서명하도록 위임받기도 하였다. 그리하여 애스턴은 5월 15일에 1883년 12월 31일까지 비준을 연기한다는 하나의 선언을 이조연(李祖淵)과 서명하였다. 이날은 미국의 푸트 공사가 부임하기 바로 전날이었다.

팍스는 애스턴이 두 번에 걸친 조선 방문으로부터 조약 문제에 관한 조선 조정의 태도를 어느 정도 알 수 있었다. 먼저 영국 정부가 의외로 얻은 소득은 조선이 최혜국대우 조항이 소급 효과를 가진다고 생각하였다는 점이다. 다시 말하자면 장차 체결할 조약에 의해 영국은 1876년 조선-일본 조약, 1882년 청한수륙무역장정에 규정된 특권들을 향유할 수 있다는 것이다. 그는 이른 기본 취지에 따라 새로운 조약의 초안을 거의 완벽하게 작정하게 되었다.

팍스가 초안을 작성하자 아편 문제가 정식으로 제기되었다. 사실 이것은 윌리스 조약이 체결되자 곧 제기되었던 문제였다. 아편 수입의 금지를, 조선-미국의 조약처럼, 조약의 정문(正文) 중의 한 조항으로 규정하는 것이 인도성(印度省)의 입장을 곤란하게 하는 것이 아니냐 하는 것이었다. 팍스가 초안을 작성하자 그랜빌 외상은 인도 사무상(事務相) 킴벌리 Earl of Kimberley에게 의견을 묻게 되었다. 팍스의 초안에는 아편의 밀무역을 금지한다는 하나의 조항이 설치되어 있었다. 킴벌리 사무상은 아편의 금지를 조약 원문에 규정한 윌리스 조약은 영국과 중국의 관계로 보아 받아들일 수 없고 하나의 조항으로 금지하고 있는 팍스의 초안에도 반대하였다. 킴벌리는 아편의 금지는 조약에 부속되는 관세표에서 규정되어야 한다는 의견을 전달하였다. 결국 아편문제는 킴벌리의 의견에 따를 것을 그랜빌 외상은 팍스에게 훈령하게 되었다.

통서와 팍스

팍스는 1883년 9월에 중국 주재 공사로 자리를 옮겨 1885년 3월까지 베이징에 있게 되었다. 그가 베이징으로 부임하면서 먼저 해야 할 일이 조선과 새로운 조약을 체결하는 문제였다. 9월에 들어서자 영국 정부는 정책을 확정하였다. 그랜빌 외상은 9월 3일 하나의 전보와 서한을 팍스에게 보내었다. 10월에 조선으로 떠나라는 것이고 전권은 7일 우편선 편으로 보낸다는 것이다. 그리하여 팍스는 애스턴을 먼저 조선에 보내고 자신은 10월 18일 베이징을 떠나 조선으로 향하였다. 그리고 독일 전권 자페와는 인천에서 25일 만나기로 하였다. 그러나 팍스는 약속보다 하루 늦은 26일에 인천에 도착하였다. 도착한 이후 팍스는 조선 측과 협의할 조약 초안을 다시 작성하여 11월 3일 이를 조선 측에 제시하고 이를 기초로 협의가 시작되었다. 26일에야 서명할 수 있었고 다음날 팍스는 고종을 알현하고 29일에 조선을 떠난다.

조선 측 전권인 민영목은 처음부터 몇 가지 문제에 대하여 이의를 제기하였다. 윌리스 조약을 일부 수정하는 것은 몰라도 그 조약 전체를 폐기하는 것, 윌리스 조약이 체결된 후 18개월이란 시간을 영국과 독일이 지체한 일, 그리고 조선 국왕의 서한에 대하여 영국과 독일 정부가 아무런 회답도 하지 않은 사실에 대하여 항의하였다.

이에 팍스는 길게 설명과 변명을 늘어놓았다. 시간이 지체된 원인을 팍스는 임오군란에 돌리고 있다. 임오군란의 사후처리를 일본과 타결한 것을 영국 정부가 알게 된 것은 금년 초이고 이때부터 윌리스 조약을 고려하기 시작했다는 것이다. 그러나 팍스의 이런 설명은 사실과 다른 것은 물론이다. 그는 또 윌리스 조약을 폐기하고 새로운 조약을 체결하지 않을 수 없는 것은 윌리스 조약은 청한수륙무역장정, 1883년 7월에 체결된 일본인 무역규칙 및 해관세목, 1883년 체결된 조선-오스트리아 조약에서 나타난 조선의 양보 사항 등과 도저히 양립될 수 없기 때문이라는 설명을 계속하였다. 그리고 영국과 독일의 군주들이 조선 국왕에게 답신을 발송하지 않은 것은 아직 조선과 수호조약이 체결되지 않았기 때문이라는 변명을 늘어놓았다. 이런 논리에 조선 측은 설득당한 것 같다.

조선 측은 윌리스 조약과 새로운 팍스 제안 간의 모든 차이점에 대해 이견을 제시하였다. 특히 중요한 현안은 관세 문제였다. 영국이 제시한 조선의 수입관세는 품목에 따라 5%, 7.5%, 10%, 20% 등 네 가지로 되어 있었다. 이것이 조선-미국 조약보다 낮은 관세임은 물론이다. 영국이 새로운 조약을 체결코자 한 것이 바로 이 점임은 길게 서술하였다. 이 관세 문제로 11월 24일까지 우여곡절을 거쳐 결국 영국 제안이 받아들여지게 되었다.

또 다른 현안은 윌리스 조약 제6조에 규정된 치외법권 철폐 가능성을 팍스의 제안에서는 이를 삭제시킨 점이었다. 즉 조선이 장차 법률체제를 개혁하여 영국 정부의 의견으로 영국의 재판제도에 부합된다고 판단하면 치외법권을 철폐한다는 규정이었다. 사실 팍스가 처음 그랜빌 외상에게 보고한 초안에는 이 규정이 삽입되어 있었으나 서울에 도착하여 이 규정을 삭제하였다. 그것은 자페가 받은 훈령에 이를 삭제하라는 독일 정부의 지시에 따른 것이었다. 이 문제에 대한 조선의 반대는 매우 강경하였다. 민영목은 만일 이 문제가 타결되지 않으면 모든 교섭을 중단하겠다고까지 말하였다. 결국 조약을 체결하는 날 민영목과, 팍스, 자페가 이 규정의 내용을 담은 별도의 선후속조(善後續條)protocol를 서명하기로 하였다.

연안무역의 문제도 하나의 현안이었다. 즉 조선의 개항장 간의 무역을 영국이나 독일의 인민이 종사하겠다는 요구였다. 팍스나 자페 모두 이런 특권을 얻도록 본국 정부로부터 훈령을 받고 있었다. 조선 측은 이 문제를 양보하면서 글자의 변경을 요구하였다. '운'(運)자 대신에 '재'(載)자를 사용할 것을 주장하고 그 의미는 영어로 말하자면 개항장의 수입, 수출과 같은 뜻이라고 덧붙였다. 이에 팍스는 장차 오해가 없도록 구상서(口上書)를 11월 24일자로 민영목에게 발송하여 이런 한자의 변경은 단지 스타일에 관계되고 내용과는 관계없다고 전달하였다. 팍스는 또 청한수륙무역장정의 내용과 같이 한양의 개항을 요구하였으나 조선의 완강한 반대로 포기하였다. 그러나 이 문제도 별도의 선후속조로 규정하게 되었다.

4. 러시아와 프랑스

1884년 조선-러시아 수호조약

조선-미국 조약이 체결되자 러시아도 미국의 경우와 같이 중국의 중재를 통하느냐 아니면 조선과 직접 교섭하느냐의 방법 중 전자를 택하기로 하였다. 그러나 조선-미국 조약의 내용에 국경무역에 관한 아무런 규정이 없어서 러시아는 불만이었다. 그리하여 중국 정부에게 조선-미국 조약과 같은 조약 체결의 의뢰를 부탁하고 동시에 국경무역에 관해 국경지역에서 조선과 협의하고자 한다는 의견을 조선에 전달하여 줄 것을 요청하였다. 그러나 국경회담에 관해서는 중국과 조선이 반대하였다. 러시아는 조선-미국의 조약과 유사한 조약을 체결하고 육로무역에 관해서는 교섭을 계속한다는 노선을 택하였다. 그리하여 5등 문관statskii sovetnik 베베르K.I. Weber(또는 Veber)에게 전권을 부여하고 조선으로 나아가게 하였다. 그러나 임오군란의 발발, 중국-조선 간에 수륙무역장정의 체결, 그리고 영국과 독일의 비준 연기로 러시아는 다시 관망하는 자세를 취하게 되었다.

그러나 조선이 영국, 독일과 새로운 조약을 체결하자 러시아도 행동에 옮기게 되었다. 1884년 4월 5일 중국 주재 러시아 공사 포포프S.I. Popov는 베베르에게 이들 조약과 같은 조약을 체결하라고 훈령을 전달하였다. 그리고 이런 뜻을 김윤식에게 전달하였다. 다만 개항장에 영사를 서로 파견할 수 있다는 제2조는 삭제할 것과 중국-조선의 종주권 문제에 관해서는 관여하지 말고 조선과 직접 교섭하도록 지시하였다. 상호 영사파견을 삭제하고 조선은 러시아가 타국에 영사를 파견한 항구에 한하여 영사를 파견할 수 있다고 유보를 한 것은 조선이 블라디보스토크에 영사를 파견하지 못하게 한 것이었다.

러시아가 중국을 통하지 않고 조선과 직접 교섭한다는 정책노선을 택한 배경에는 조선의 개화파 인사들의 노력이 있었다. 그리하여 1884년 7월 7일 김병시(金炳始)와 베베르는 우호-통상조약을 체결하였다. 그 내용은 영국 조약에 따른 것이었는데 다만 제2조가 다를 뿐이다.

프랑스

프랑스는 월남 문제가 해결될 때까지 조선 문제에 큰 관심을 갖지도 않았고 가질 수도 없었다. 1882년 영국이 이집트를 침공하자 프랑스는 인도차이나 지역에서 확고한 영향권을 확립하려고 통킨Tonkin 만(灣) 공격을 단행하여 중국과 전쟁상태에 들어가게 된다.

1886년 4월 26일 중국과 프랑스 간에 월남 통상장정이 체결되자 프랑스 정부는 베이징 주재 코고르당G. Cogordan 공사를 조선에 파견해 조약을 체결토록 하였다. 코고르당 공사가 조선에 파견된다는 소문은 조선에서도 일찍이 퍼져 있었다. 3월 10일(음력 2월 5일) 서울의 위안스카이(袁世凱)는 리훙장에게 한 달 내에 프랑스는 서울에 사람을 파견하여 조약을 논의할 것이라는 것을 들었노라고 보고하고 있다. 프랑스는 포교의 자유를 조약 안에 명시하자는 입장을 굽히지 않았다. 서울에는 신자들이 많아서 장차 프랑스 대표가 이 포교 문제를 고집하게 될 것이고 조약 체결의 소문을 듣고 프랑스의 신부들이 이미 오래 전에 서울에 와 있다고 위안스카이는 보고하고 있다. 코고르당이 종교 문제에 강경한 입장을 취하지 않을 수 없는 배경이기도 하다.

코고르당은 5월 1일에 인천에 도착했으나 참찬관(參贊官)을 서울에 먼저 파견해 포교의 자유를 얻고자 하였다. 참찬관은 군함 파견 등의 협박을 계속하고 만일 이 문제를 먼저 타결하지 않으면 코고르당은 서울에 오지 않고 조약을 체결할 수 없다고까지 말하였다. 5월 6일 코고르당이 서울에 도착한 이후 그는 프랑스인의 조선 내지 여행, 관세 인하 그리고 포교의 자유 세 가지를 주장하기 시작하였다. 조선 측은 이들 문제에 관해서 강경한 반대 입장을 견지하였다. 5월 27일(음력 4월 24일) 타협안이 마련될 때까지 양국은 험난한 고비를 몇 차례 넘겼다. 결국 프랑스 인의 내지 거주를 규정한 제4조는 삭제하고 제9조에 프랑스인이 조선에 와서 "학습을 하거나 혹은 교회(敎誨)à professer할 수 있다."라는 구절을 삽입한다는 절충안으로 타결되었다. 6월 4일 우여곡절 끝에 조선-프랑스 조약이 체결되었다. 이제 이들 모든 수호조약들의 내용을 검토하기로 하자.

5. 사대교린질서 파괴의 조약들

조선이 서양 열강과 체결한 조약들의 내용을 서로 비교한다는 것은 결과적으로는 의미가 없는 일이다. 이른바 최혜국 대우 조항에 의해 어떤 한 나라가 획득한 이익을 다른 모든 국가들이 균점하기 때문이다. 그러나 개별 조약의 내용을 비교하는 것은 이들 국가들이 조선을 어떻게 인식하고 그들의 기본 입장이 무엇인지를 나타내 주고 있어서 매우 중요한 일이다. 조선과 미국 조약, 그리고 조선과 영국 조약, 두 가지 유형으로 나누어 볼 수 있다. 조선과 미국의 조약은 당시 미국의 경제 발전 수준을 나타내 주고 있으며 미국이 난파선 문제 이외에는 조선에 큰 관심을 갖지 못한 상태에서 비롯된 것임을 알 수 있다. 그러나 영국은 정치적으로나 경제적으로 세계 최대 강국으로써 불평등 조약의 요구와 무역 이익의 극대화를 추진한 것을 곧 알 수 있다.

여러 조약의 비교는 조선과 미국의 조약에 규정된 조항들의 순서에 따라 조약들의 차이를 살펴본다.

전문(前文): 양국은 피차 인민의 우호와 친선을 도모하기 위해 이 조약을 체결한다는 조약 체결 목적을 규정한 전문 중 인민이라는 용어는 조선의 주장으로 삽입되었다. 인천까지 가지고 온 중국의 초안에는 상민(商民)으로 되어 있었다.

그리고 조선-영국 조약에서는 1882년 조약에서 누락되어 팍스의 불만을 산 바 있던 아일랜드 및 인도의 여왕이란 칭호를 부가하였다.

제1조(분쟁의 해결): 조선-미국 조약과 그 밖의 조약들의 조항 내용이 크게 다르다. 그리고 조선-일본 조약이 조선의 자주국 운운을 규정한 것에 비해 조선-미국 조약 제1조의 경우 중국이 원래 조선의 종속국 운운을 규정하려 한 사실은 전술한 바 있다.

조선-미국 조약은 양국 중 일국이 제3국과 분쟁이 발생하는 경우 타국은 자동적으로 주선(周旋)을 하도록 규정되어 있다. 즉 양국 중 한 나라가 "다른 나라와 공정하지 않고 업신여기는 일이 있음을 알게 되면 [다른 나라는] 반드시 중선(中善)을 따라 조처(調處)함으로써 우의가 깊음을 표시한다"고 규정하였다. 중선을 따라 조처한다는 것은 곧 주선(周旋)을 말한다. 미국의 주선이 자동으로 발동하게 되어 있었다.

그러나 조선-영국 조약을 비롯한 다른 조약들은 모두 2개 조항으로 구성되어 있고 주선은 요청에 의해 발동하도록 규정되어 있다. ① 평화와 우호를 위해 조약을 체결하고 양국은 각자 인민의 생명과 재산을 보호한다. ② 양국 중 일국이 제3국과 틈이 있는[相岐] 경우 타국은 요청을 받으면 주선을 한다.

조선 조정은 조선-미국 조약의 제1조 규정에 대해 큰 기대를 갖게 되었다. 미국에 대한 짝사랑이 시작되어 1905년 국권을 상실할 때까지 지속된다. 반면에 미국 정부는 조약이 비준된 이후 조선에 대한 관심이 급격히 떨어져 조선은 관심 밖의 지역으로 되어 버린다.

제2조(외교대표와 영사): 이 조항도 조선-미국 조약과 그 밖의 조약들의 내용이 다르다. 조선-미국 조약은 영사의 등급을 정하지 않았다. 이것은 조선의 주장을 수용한 결과였다. 리훙장 초안에는 총영사, 영사, 부영사의 등급을 열거한 것을 조선이 영사로 통일하자고 주장하였다. 그리고 이 조항 후단에서는 상인(商人)이 영사직을 맡는 것을 금지한다는 내용이 상당히 자세하게 규정되어 있다.

그러나 조선-영국 조약을 비롯한 다른 조약들에서는 상인의 영사직 금지를 삭제하고 영사의 등급을 명시하였다. 그리고 3개 항목으로 세분하여 명백하게 규정하였다. ① 외교대표는 상대국 수도에 영구히 또는 잠정적으로 주차(駐箚)하고 개항장에는 총영사, 영사, 부영사가 주재한다. 조선-러시아 조약의 이 조항에는 '다른 국가들의 영사들이 허용된' 개항장에만 영사들을 주재시킨다고 규정되어 있다. 외국 영사들이 주재하고 있지 않은 블라디보스토크에 조선의 영사들이 주재치 못하도록 미리 규정하려는 러시아 외상 기르스 N.K. Girs의 의견에 따른 것이었다. ② 외교대표와 영사는 상대국 영토의 어디에나 자유로이 여행할 수 있다. 이것은 당시의 사정으로 보아 중대한 양보였다. ③ 영사는 무역에 종사할 수 없다.

제3조(난파선 구조): 조선-미국 조약 제3조는 난파선과 그 선원 구조에 관한 규정을 두고 있다. 그러나 조선-영국 조약을 비롯한 다른 조약들은 이들 사항을 제7조에서 규정하고 있다. 조선-미국 조약이 조문 초반부에 난파선 문제를 삽입한 것은 미국의 기본 입장이 난파선 문제였음을 말해 주고 있다.

조약 규정의 순서는 일반적인 사항으로부터 시작해 구체적인 문제를 규정하는 것이 통례이다. 이렇게 볼 때 이 문제를 제7조에 규정한 조선-영국 조약이 체제로 보아 무난하다. 또 이들 조약들은 이 문제를 5개 항으로 구분해 자세히 규정하고 있다.

제4조(영사재판권): 서양 공법질서가 비유럽 지역의 세력들에게 부과한 불평등 요소 중 하나가 영사재판권임은 잘 알려진 사실이다. 조선-미국 조약에서는 제4조에, 그리고 그 밖의 조약들에서는 제3조에 규정되어 있다. 그런데 이들 간에는 중대한 차이가 있다. 조선-미국 조약 제4조 말미에 '조선이 일후(日後)에 율례(律例)와 판법(辦法)을 개정하여 미국이 보기에 그들 율례와 판법과 같다고 할 경우', 즉 조선이 사법제도를 개정하여 미국의 제도와 동일하게 되었다고 미국이 인정할 때 영사재판제도를 폐지한다고 규정하고 있다. 그러나 그 밖의 조약들은 이런 규정을 삭제하고 10개 항목으로 나누어 영사재판의 모든 불평등 규정을 상세하게 열거하고 있다. 다만 본 조약이 아니라 선후속약(善後續約)protocol에 폐지 가능의 경우를 선언하고 있다.

이런 중대한 문제에 대해 조선 조정은 글자 몇 가지 수정을 요구하는 데에 그쳤다.

제5조(관세): 이 문제에 관해 조선-미국 조약은 매우 관대하였다. 우선 조선의 관세자주권을 인정하고 생필품은 종가(從價) 10%, 사치품은 30%, 그리고 수출 토산품은 5%를 초과하지 않는 것으로 규정하였다.

영국이 새로운 조약을 체결하려고 한 가장 근본 목적이 관세 문제였다. 조선-영국 조약 등은 8개항으로 나누어 관세문제 일반에 관한 모든 불평등 규정을 나열하고 있다. 그리고 ① 통상장정, ② 세칙, ③ 세칙장정 등을 따로 두어 관세문제와 그 세율에 관해 자세하게 규정하였다.

제6조(토지, 가옥의 임대 건축, 내지 여행, 종교의 자유): 조선-미국 조약에서는 개항장에서 미국 상민의 토지 가옥의 임대 또는 건축 허용을 규정하고 있다. 그러나 내지 여행은 금지되어 있다.

유사한 내용을 담은 조선-영국 조약 제4조는 7개 항으로 나누어 매우 광범위하게 다루고 있다. 우선 개항장을 지정하고 있는데 인천, 원산, 부산 또는 그 부근, 그리고 양화진 또는 그 부근을 개항한다고 하였다. 개항장에서 조선 이수(里數) 100리 내에서 자유로이 왕래할 수 있고, 여권이 있으면 내지를 여행할 수 있다고 하였다. 내지 여행으로 영국 상품의 유통이 가능해졌다. 마지막으로 종교의 자유가 언급되어 있다.

제7조(아편의 금지): 조선-미국 조약에서는 아편의 수입 금지를 길게 규정하였다. 영국이

이 문제에 민감하여 그런 금지를 조약 본문에 삽입하는 것에 반대하였다. 결국 세칙의 관세표 금지 항목에 아편을 삽입하였다.

제8조(곡물 수출): 식량난이 있을 경우 조선은 그 수출을 금지할 수 있다. 그리고 인천을 통한 곡물 수출을 금지한다고 조선-미국 조약은 말하고 있다. 그러나 조선-영국 조약 등은 인천의 경우를 삭제하고 금지 요건을 강화한 규정을 제5조 6항에 규정하고 있다.
인천의 경우를 삽입한 것은 조선 측의 강력한 요구로 말미암은 것이었다.

제9조(수입금지품): 조선-미국 조약에서는 대포, 총탄, 화약 등 군수품의 수입을 규정하고 있다. 조선-영국 조약 등은 관세표에 이들을 삽입하고 있다.

제10조(범죄인 인도): 조선의 범죄인이 미국인의 주택 또는 상선에 은닉하는 경우 이를 인도한다는 규정도 조선-영국 조약은 그 제3조 9~10항에서 더 자세히 규정하고 있다.

제11조(유학생 파견): 조선-미국 조약에서는 '어언(語言), 문자(文字), 율례(律例), 예업(藝業) 등을 학습' 하기 위한, 즉 언어, 문학, 법률, 예술을 학습하기 위해 유학생을 상호 파견할 수 있다고 규정하고 있다.
그런데 조선-영국 조약 제9조 2항에서는 이를 규정하고 그 1항에서는 조선인을 교사 또는 통역으로 고용할 수 있도록 하였다. 조선-프랑스 조약은 위의 학습에 뒤이어 교회(敎誨), 즉 가르친다는 단어를 추가하였다. 이것이 포교의 자유와 연결되었음은 이미 살펴본 바 있다.

제12조(조약의 유효기간): 조선-미국 조약은 5년 이후 서로 언어가 소통되면 만국공법에 따라 재교섭을 할 수 있다고 규정하고 있다. 이에 대해 조선-영국 조약 제11조는 10년 후에 개정을 요구할 수 있다고 말하고 만국공법이라는 용어를 삭제하였다.

제13조(용어): 양국 공문은 한문, 영어를 사용한다는 규정은 모두 동일하다.

제14조(최혜국대우): 이런 규정이 불평등 조약의 핵심임은 말할 필요도 없다. 조선-영국 등의 조약은 제10조에 규정되어 있다. 이런 중대한 규정에 조선은 당초 미국 측에게 글자 수정만을 요청한 일도 이미 본 바 있다.

이 밖에 조선-영국 조약 제8조 1항과 2항은 중대한 내용을 담고 있다. 1항은 영국 군함이 조선의 어떤 항구에도 입항할 수 있다는 것과 그 선원들의 각종 특권을 규정하고 있고, 2항은 영국 선박이 조선 연안을 측량할 수 있다고 규정하고 있는 것이다. 당시 유럽 공법의 관습에 의하면 군항의 입항은 사전에 연안국의 승인을 받는 것이 통례였다. 영해 측량이 주권의 중대한 침해임은 말할 필요도 없다.

주요문헌

(가) 사료

1. 조선

1) 공문서

* 기본 문서에 관해서는 이 책 말미의 「부록」을 볼 것.

『倭使日記』, 議政府, 14册, 1875. 12.~1880. 12. 奎章閣.

『倭使問答』, 議政府, 3册, 1876. 1.~1879. 7. 奎章閣.

『倭使文字』, 統署, 1876. 1.~1879. 6. 奎章閣.

『龍湖閒錄』, 國史編纂委員會, 韓國史料叢書, 25, 1~3册(1979), 4册(1980).

2) 개인 자료

姜瑋, 『姜瑋全集』, 2册, 亞細亞文化社, 1978.

金綺秀, 『日東記游』, 國史編纂委員會 編, 『修信使記錄』, 1971, pp. 1-112.

金允植, 『陰晴史』, 國史編纂委員會, 1958.

———, 『續陰晴史』, 2册, 國史編纂委員會, 1960.

———, 『雲養集』.

———, 『金允植全集』, 2册, 亞細亞文化社, 1980.

金弘集, 『以政學齋集』.

———, 『金總理遺稿』, 高麗大學校, 1976.

———, 『修信使日記』, 國史編纂委員會 編, 『修信使記錄』, 1971, pp. 113-194.

朴珪壽, 『朴珪壽全集』, 2册, 亞細亞文化社, 1978.

———, 『瓛齋集』.

朴趾源, 『熱河日記』, 2冊, 民族文化推進會, 1966.
朴泳孝, 『使和記略』, 國史編纂委員會, 1971, pp. 195-267.
申櫶, 『申櫶全集』, 亞細亞文化社, 1990.
魚允中, 『從政年表』, 國史編纂委員會, 1971.
李晩孫 等, 「嶺南萬人疏」, 趙一文 역주, 『朝鮮策略』, 건국대학교 출판부, 1988, pp. 89-105.
李裕元, 『嘉梧藁略』.
「諸大臣獻議」, 『龍湖閒錄』, 4, pp. 448-449; 趙一文 역주, 『朝鮮策略』, 1988, pp. 83-86.
洪大容, 『湛軒書』, 3冊, 民族文化推進會, 1974.
黃玹, 『梅泉野錄』, 國史編纂委員會, 1955. 金濬 역, 教文社, 1994; 임형택 역, 문학과지성사, 2005.

2. 중국

1) 공문서

「부록」을 볼 것.

2) 개인 자료

馬建忠, 『適可齋記言記行』, 1896(沈雲龍 편, 近代中國史料總刊, 第16輯 所收).
———, 『適可齋記言』, 中華書局, 傍點, 北京, 1960.
李鴻章, 『李文忠公全集』, 吳汝綸 編, 160卷, 1905. 이 전집을 洋裝本 7冊으로 文海出版社(臺灣)에서 1962년에 복간. 이 출판사에서 1980년 다시 『李文忠公(鴻章)全集』이란 제목으로 복간(沈雲龍 主編, 『近代中國史料叢刊續編』, 第70輯)하였다. 그리고 1997년에는 海南出版社(臺灣)에서 『李鴻章全集』 9책을 발간하였다. 1~8책은 1905년 판을 그대로 영인한 것이고 9책은 李鴻章의 嫡孫인 李國杰이 편집한 『合肥李氏三世遺集』 중 『文忠公遺集』을 영인한 것이다. 이들 출판물이 같은 제목을 달고 있어서 독자들에게 혼란을 자아내고 있다. 臺灣에서 나온 이들 전집류는 1905년의 吳汝綸 版을 그대로 영인한 것이어서 上海에서 나오고 있는 다음의 전집이 중요하다.
———, 『李鴻章全集』, 顧廷龍, 叶業廉 主編, 上海人民出版社, 1985~, 5책, 未完.
何如璋 等, 『茶陽三家文鈔』, 1967.
黃遵憲, 『朝鮮策略』. 여러 판본에 관해서는 김용구(2001), p. 283 주 42 참조.

3. 프랑스

*조선에 관계된 미간 프랑스 문서에 관하여는 Orange(1987) pp. 7-9를 참조할 것.
*1866년 조선 침략에 관한 문헌을 소개하면 다음과 같음.

1) 공문서

Choi, Seok-Woo(최석우), compilés par, *Documents relatifs à l'histoire des relations franco-coréennes*, Séoul. 1986.

Le Moniteur Universel, Journal officiel de l'Empire Français, 28, 29, Déc. 1866, 8 Jan. 1867 et illustrations, Documents, pp. 433-445.

Orange, Marc, *Archives françaises relatives à la Corée*. Inventaire analitique, Paris, 1987.

韓國敎會史硏究所 譯, 「韓佛關係資料」, 『敎會史硏究』, 2輯, 1979.

2) 개인자료

Frey, Jeanne, "L'Expédition de Corée. Extrait de cahier," 禹澈九(1999), pp. 215-234.

Joun, M.H., "L'Expédition de Corée en 1866. Episode d'une station navale dans les mers chine," 최석우(1986), pp. 470-562.

Martin, Ch., "Expédition de Corée, 1866," 최석우(1986), pp. 582-610.

Oppert, Ernest, *A Forbidden Land: Voyages to Corea*, London, 1880.

Rostaing, de, "Note sur une récente exploration du Hang-Kyang en Corée," 최석우(1986), pp. 446-461.

Zuber, M.H., "Une expédition en Corée," 최석우(1986), pp. 565-579.

4. 영국, 미국, 일본, 러시아의 문서들은 「부록」을 볼 것.

(나) 주요 연구

1. 국문

국제역사학회 한국위원회 편, 『한미수교 100년사』, 서울, 1992.

權錫奉, 「朝鮮策略과 淸側意圖」, 『全海宗博士華甲論叢』, 1979.

———, 『淸末對朝鮮政策史硏究』, 서울, 1986.

金源模, 『近代韓美交涉史』, 서울, 1979.

金義煥, 『朝鮮近代 對日關係史硏究』, 서울, 1973.

金容九, 「한말의 정치적 상황」, 『知性』, 2월호, 1972, pp. 38-57.

———, 『중소 국제법이론 및 러시아 소련의 한말외교사연구: 문헌목록』, 서울, 1979.

——— (공편), 『한국외교사연구: 기본사료, 문헌해제』, 서울, 1996.

———, 『춤추는 회의: 비엔나 회의 외교』, 서울, 1997.

———, 『세계관 충돌의 국제정치학』, 서울, 1997.

———, 『세계관 충돌과 한국 외교사, 1866~1882』, 서울, 2001.

———, *The Five Years' Crisis, 1866~1871: Korea in the Maelstrom of Western Imperialism*, Incheon, 2001.

———, 『외교사란 무엇인가』, 인천, 2002.

———, 『임오군란과 갑신정변: 사대질서의 변형과 한국 외교사』, 인천, 2004.
朴日根, 『미국의 개국정책과 한미외교관계』, 서울, 1980.
孫炯富, 『朴珪壽의 開化思想硏究』, 서울, 1997.
宋炳基, 『近代韓中關係史硏究』, 서울, 1985.
———, 「朴珪壽의 對美開國論」, 李基白先生古稀紀念 『韓國史學論叢』, 2, 1994, pp. 1500-1522.
——— 편역, 『개방과 예속』, 서울, 2000.
愼鏞廈, 『初期 開化思想과 甲申政變 硏究』, 서울, 2000.
禹澈九, 『19世紀 列强과 韓半島』, 서울, 1999.
李光麟, 『韓國開化史硏究』, 서울, 1969.
———, 『開化黨硏究』, 서울, 1973.
———, 『韓國開化思想硏究』, 서울, 1979.
———, 「韓國에 있어서 萬國公法의 受容과 그 影響」, 『東亞硏究』, 1輯, 1982.
———, 『開化派와 開化 思想硏究』, 서울, 1989.
———, 『開化期硏究』, 서울, 1994.
李瑄根, 「庚辰修信使 金弘集과 黃遵憲 著 朝鮮策略에 관한 再檢討: 金弘集 自筆 寫本 〈朝鮮策略〉을 보며」, 『東亞論叢』, 1, 1963, pp. 211-262.
李完宰, 『初期開化思想硏究』, 서울, 1989.
———, 『朴珪壽硏究』, 서울, 1999.
李用熙, 「東人僧의 行蹟[上]: 金玉均派 開化黨의 形成에 沿하여」, 서울대학교 국제문제연구소 『논문집』, 창간호, 1973, pp. 7-47.
李泰鎭, 『왕조의 유산』, 서울, 1994.
———, 『고종시대의 재조명』, 서울, 2000.
李熏, 「朝鮮後期 對日外交文書: 통교재개이후 書契式의 정착을 중심으로」, 『古文書 硏究』, 4, 1993, pp. 51-78.
鄭容和, 『문명의 정치사상』, 서울, 2004.
趙恒來 等 編, 『韓日關係史』, 서울, 1994.
韓國史協議會 編, 『韓獨修交100年史』, 서울, 1984.
———, 『韓英修交100年史』, 서울, 1984.
———, 『韓露關係100年史』, 서울, 1984.
———, 『韓佛修交100年史』, 서울, 1986.

2. 중문

董守義, 『恭親王 奕訢大傳』, 沈陽, 1989.
徐宗澤, 『明淸間耶蘇會士譯著提要』, 臺灣, 1958.
孫子和, 『淸代同文館之硏究』, 臺灣, 1976.

張存武, 『淸代中韓關係論文集』, 臺灣, 1987.
夏東元, 『鄭觀應集』, 上册, 上海人民出版社, 1982.
———, 『鄭觀應傳』, 華東師範大學出版社, 上海, 1985(초판 1981).
———, 『鄭觀應集』, 下册, 上海人民出版社, 1988.

3. 일문

廣瀨靖子, 「幕末期の國家主權をめぐて」, 田中彰 編, 『開國』, 付祿, 東京, 1991.
渡邊勝美, 『朝鮮開國外交硏究』, 東京, 1941.
藤間生大, 『近代東アジア世界の形成』, 東京, 1977.
閔德基, 『東アジアのなかの韓日關係』, 東京, 1994.
山邊健太郞, 「日淸天津條約について」, 『アジア 硏究』, 東京, 1960.
———, 『日本の韓國倂合』, 東京, 1970.
山本博文, 『鎖國と海禁の時代』, 東京, 1995.
杉本つとむ, 『日本飜譯史の硏究』, 東京, 1983.
市古宙三, 『近代中國の政治と社會』, 東京, 1971.
沈箕載, 『幕末維新 日朝外交史の硏究』, 京都, 1997.
原田環, 『朝鮮の開國と近代化』, 廣島, 1997.
奧平武彦, 『朝鮮開國交涉始末』, 東京, 1935.
張偉雄, 『文人外交官の明治日本: 中國初代駐日公使團の異文化體驗』, 東京, 1999.
田保橋潔, 『近代日鮮關係の硏究』, 2册, 朝鮮總督府, 1940.
糟谷憲一, 「近代的外交體制の創出: 朝鮮の場合を中心に」, 荒野泰典 等 編, 『アジアのなかの日本史』, 東京, 1992, pp. 223-255.
佐藤愼一, 「〈文明〉と〈萬國公法〉: 近代中國における國際法受容の一側面」, 祖川武夫 編, 『國際政治思想と對外認識』, 東京, 1977, pp. 183-300.
———, 「鄭觀應について[一]」, 『法學』, 東北大學法學會, 1983, pp. 47-54, 56-107.
———, 上同[二], 1984, pp. 48-54, 31-76.
———, 上同[三], 1985, pp. 49-52, 35-89.
———, 『近代中國の知識人と文明』, 東京, 1996.
彭澤周, 「朝鮮問題をめぐる自由黨とFrance」, 『歷史學硏究』, 265, 1962, pp. 19-27.
———, 『明治初期日淸韓關係の硏究』, 東京, 1969.
荒野泰典, 『近世日本と東アジア』, 東京, 1988.

4. 구미문

Anderson, David L., *Imperialism and Idealism: American Diplomats in China, 1861~1898*, Bloomington, 1985.

Appenzeller, H.G., "The Opening of Korea: Admiral Shufeldt's Account of It," *Korean Repository*, 1, 1892, pp. 57-62.

Bauer, K. Jack, "The Korean Expedition of 1871," *Proceedings of the U. S. Naval Institute*, 74, 1948, pp. 197-203.

Cable, E.M., "United States-Korean Relations, 1866~1871," *Transactions of the Korean Branch of the Royal Asiatic Society*, 28, 1938, pp. 1-230.

Cady, John F., *The Roots of French Imperialism in Eastern Asia*, Ithaca, 1967.

Castel, Albert & Nahm, Andrew C., "Our Little War with the Heathen," *American Heritage*, 19, 1968, pp. 18-23, 72-75.

Chang, T.F.(蔣廷黻), "Bismarck and the Introduction of International Law into China," *The Chinese Social and Political Science Review*, 15-4, 1931, pp. 98-101.

Chéradame, A., *Le monde et la guerre russo-japonaise*, Paris, 1906.

Chien, Frederick F., *The Opening of Korea: A Study of Chinese Diplomacy*, Hamden, 1967.

Clyde, Paul H. "Attitudes and Policies of G.F. Seward," *Pacific Historical Review*, 2, 1933, pp. 387-404.

Cordier, Henri, *Histoire des relations de la Chine avec les puissances occidentales*, 3 vols., Paris, 1901.

Cortazzi, Hugh & Gordon Daniels, *Britain and Japan, 1859~1991: Themes and Personalities*, London, 1991.

Daniels, Gordon, *Sir Harry Parkes: British Representative in Japan, 1865~1883*, Japan Library, 1996.

Decraene, Philippe, "Une aventure coloniale sans lendemain sous le Second Empire: l'expédition de Corée de 1866," *L'Afrique et l'Asie Modrenes*, Eté, 1984, pp. 74-85.

Dennett, Tyler, *Americans in Eastern Asia: A Critical Study of the Policy of the United States with Reference to China, Japan and Korea in the Nineteenth Century*, N.Y., 1922.

———, "Seward's Far Eastern Policy," *American Historical Review*, 28, Oct. 1922, pp. 45-62.

Deuchler, Martina, *Confucian Gentleman and Barbarian Envoys: The Opening of Korea, 1875~1885*, Seattle, 1977.

Drake, Frederick C., *The Empire of the Seas: A Biography of Rear Admiral Robert William Shufeldt, USN*, Honolulu, 1984.

Gale, J.S., "The Fate of the General Sherman; From an Eye Witness," *Korean Repository*, 2, 1895, pp. 252-254.

Harrington, Fred H., "An American View of Korean-American Relations, 1882~1905," Yur-bok Lee & W. Patterson, eds., *One Hundred Years of Korean-American Relations, 1882~1982*, Alabama, 1986, pp. 45-67.

Johnson, Robert E., *Rear Admiral John Rodgers, 1812~1882*, Annapolis, 1967.

Jones, Frances C., *Foreign Diplomacy in Korea, 1866~1894*, Harvard Univ. Ph.D. dissertation, 1936.

Kiernan, E.V.G., *British Diplomacy in China*, Cambridge, 1939.

Kim, Key Hiuk, *The Last Phase of the East Asian World Order: Korea, Japan and the Chinese Empire, 1860~1882*, Berkeley, 1980.

Lee, Yur Bok, *Diplomatic Relations between the United States and Korea, 1866~1887*, N.Y., 1970.

Lin, Tung Chih, "Li Hung-chang, His Korea Policies, 1870~1885," *Chinese Social and Political Sciences*, 19, 1935, pp. 200-233.

Long, David F., *Gold Braid and Foreign Relations: Diplomatic Activities of U.S. Naval Officers, 1798~1883*, Maryland, 1988.

Malozemoff, Andrew, *Russian Far Eastern Policy, 1881~1904*, Berkeley, 1958.

Mayo, Marlene J., "The Korean Crisis and Early Meiji Foreign Policy," *Journal of Asian Studies*, 31, 1972, pp. 793-819.

"Message of the President of the United States," *FRUS*, 1871, pp. iii-xv.

Narochnitskii, A.L., *Kolonialnaya politika kapitalisticheskikh derzhav na dalnem vostoke, 1860~1895*(극동에 있어서 자본주의 열강의 식민정책), Moskva, 1956.

Oh, M.W.(吳文煥), "Two Visits of Rev. R.J. Thomas to Korea," *Transactions of the Korea Branch of the Royal Asiatic Society*, 22, 1933, pp. 97-123.

Orange, Marc, "L'expédition de l'Admiral Roze en Corée," *Revue de Corée*, Automne, 1976, pp. 44-84.

Pak, Boris D. & G.N. Yureva, "Rossiya i borba derzhav za otkrytie Korei v 1866~1876 gg."(1866~1876년간 러시아와 조선 개국을 위한 열강의 투쟁), *Ocherki Istorii Sibiri*. Vypusk 3(『시베리아 역사 개설』, 제3집), Ministrestvo prosveshcheniya RSFSR, Irkuskii gosudarstvennyi pedagogicheskii institut(러시아 공화국 문부성, 국립 이르쿠스크 교육 연구소), Irkusk, 1973.

Pak, Boris D., "Russko-Koreiiskii dogovor 1884"(1884년 러시아-조선 조약), *Ocherki istorii Sibiri*, Vyp. 2(『시베리아 역사 개설』, 제2집), Ministerstvo proveshcheniya RSFSR. Irkuskii gosudarstvennyi pedagogicheskii institut(러시아 공화국 문부성, 국립 이르쿠스크 교육 연구소), Irkusk, 1971, pp. 136-161.

———, "Kim Okkyun i Rossiya," (김옥균과 러시아) *Narodny Azii i Afriki* (아시아와 아프리카 인민들), no. 3, 1974, pp. 135-140.

———, *Rossiya i Koreya* (러시아와 조선), Moskva, 1979.

Paolino, Ernest N., *The Foundations of the American Empire: William Henry Seward and U.*

S. Foreign Policy, Ithaca, 1973.

Paullin, Charles O., "The Opening of Korea by Commodore Shufeldt," *Political Science Quarterly*, 25-3, 1910, pp. 470-499.

———, *Diplomatic Negotiations of American Naval Officers, 1778~1883*, Baltimore, 1921, Ch, X; The Opening of Korea, 1866~1883, pp. 282-328.

Pollard, Robert T., "American relations with Korea, 1882-1895," *Chinese Social and Political Science Review*, 16, 1932/3, pp. 425-471.

Shufeldt, Robert W., "Corea's Troubles," *San Francisco Chronicles*, Oct. 30, 1887.

Sims, Richard, *French Policy towards the Bakufu and Meiji Japan, 1854~1895*, Japan Library, 1998.

Treat, Payson J., *Diplomatic Relations between the United States and Japan*, 3 vols., Stanford, 1938.

Tsiang, T.F., "Sino-Japanese Diplomatic Relations, 1870~1890," *Chinese Social and Political Review*, XVII, 1933/4.

Voskressenski, Alexei D., *The Sino-Russian St. Petersburg Treaty of 1881: Diplomatic History*, N.Y., 1996.

Wright, Mary C., "The Adaptability of Ch'ing Diplomacy: The Case of Korea," *Journal of Asian Studies*, May, 1958, pp. 363-381.

제6장

조선과 세계외교사②

제1절 임오군란

제2절 갑신정변

제3절 중일전쟁, 러일전쟁, 그리고 조선

제 1 절

임오군란

임오군란은 조선 정치사에 있어서 하나의 분수령을 이루고 있는 혁명적인 사건이다. 이질 문명권들과 평화적으로 만나려는 조선 조정의 노력은 1880년을 전후해 나타난 중국의 새로운 조선 정책으로 좌절된다. 중국은 러시아와 이리(伊犁) 분쟁을 겪으면서 새로운 변경(邊境) 정책을 채택한다. 대원군 압송이나 중국 군대의 조선 주둔은 이런 정책이 한반도에서 실행된 결과로 나타난 현상이었다. 임오군란으로 일본은 한반도 문제에서 일단 후퇴하지만 해군 증강의 길을 걷게 된다. 이와 같이 임오군란은 동북아 3국에게는 충격적인 영향을 준 사건이었다.

임오군란에 대한 일본 정부의 첫 대응은 모순된 것이었다. 조선에 대해 가능한 모든 요구를 하되 그 관철을 위해서는 전쟁은 피하고 평화적인 수단에 의존한다는 정책이었다. 이런 이율배반적인 정책은 일본 국내 사정과 관련이 있었다. 임오군란의 소식이 전해지자 일본에서는 호전적인 분위기가 만연되었고 이를 어떻게 무마시키느냐 하는 것이 일본 정부의 고민이었다. 그렇다고 한반도 문제로 중국과 대결할 수도 없는 실정이었다.

한편 대원군 정권(1882년 7월 24일~8월 26일)은 안과 밖의 압력으로 어떤 일도 수행할 수 없었다. 안으로는 그를 추종하는 세력들이 미미하였다. 그리고 민비의 장례라는 국가적인 대사에 시간을 허비해야 하였다. 밖으로는 중국의 신속한 개입으로 그의 정권은 막을 내린다. 그러나 그가 일본 공사와 만나 국제 문제를 논하는 당당한 모습에서 범인이 아닌 기개를 본다.

임오군란 이후 한반도에서 강력한 세력으로 등장한 중국을 만난 일본 정부는 조선 정책을 어떻게 수립해야 되느냐 고민하게 되었다. 그 결과 나타난 것이 이른바 조선 독립국론, 또는 조선 중립론이었다. 중국과 대결할 수 없는 정치 현실에서 비밀리에 조선을 원조해 조선을 중국 영향권에서 이탈시킨다는 구상이었다. 이런 정책은 갑신정변 직전까지 일본 정부가 추구해 온 노선이기도 하다.

중국의 임오군란에 대한 태도와 정책은 매우 강경하고 신속하였다. 새로운 조선 정책을 처음으로 현실 정치 세계에 적용시키는 데에 중국은 성공하였다. 이를 계기로 중국 안에서는 조선 병합을 비롯한 여러 가지 강경한 한반도 정책이 거론되었다. 조선 문제를 담당했던 북양 아문과 일본 주재 중국 공사관 두 기관은 병합에는 반대했으나 적극적인 진출을 모색한다. 갑신정변에 이르는 국제정치적인 여건이 조성된다.

영국은 임오군란을 계기로 1860년대 이후로 견지해 온 중국과의 협조 정책을 다시 생각하게 되었다. 중국이 한반도에 배타적인 지위를 가지려는 것이 도화선이 되었고 영국도 이에 버금가는 이권을 획득하려고 하였다. 러시아는 경제적인 후진성으로 인해 1880년대 중반까지는 한반도에 적극적인 관심을 가질 수 없었고 전통적인 '기다리는 정책'을 고수하였다. 그럼에도 일본을 비롯한 열강이 러시아의 한반도 진출에 신경을 쓴 것은 그들이 전파시킨 '러시아 위험'에 의한 자기 최면의 결과다.

미국은 조선과 수호 조약을 체결한 이후 한반도 문제에 대한 관심이 급격히 냉각된다. 1905년까지 5인의 대통령과 10인의 국무장관들은 한반도 문제에 관해서는 모두 문외한들이었다. 조선에서 오는 중요한 외교 문서들이 '잘못 분류'되기도 하였다. 반면 조선 조정은 미국에 대한 희망을 버리지 못하였다. 워싱턴 당국의 정책과 서울에 주재한 미국 외교관들의 개인적인 태도, 두 가지를 구별하지 못했기 때문이다. 미국에 대한 짝사랑이 시작된 것이다.

한국 외교사의 흐름에 있어서 임오군란과 갑신정변은 큰 분수령을 이루고 있다. 이에 관한 자세한 서술은 필자의 저서 『임오군란과 갑신정변: 사대질서의 변형과 한국 외교사』(2004)를 참조하기 바란다.

1. 임오군란의 성격

개요와 의의

임오년(壬午年)인 1882년 7월 19일(음력 6월 5일) 조선 병사들이 살고 있던 서울의 이태원과 왕십리 일대에서 조선 정치사에 있어서 하나의 혁명적인 사건이 발생하였다. 이 사건을 임오년에 일어난 군대의 반란이라고 해서 임오군란이라고 부른다. 세계사의 입장에서 보면 이것은 19세기 비유럽 국제사회들이 자신의 기존 국제정치 질서가 동요되면서 겪은 공통된 현상 중의 하나다.

이날 이태원과 왕십리 일대에 살고 있던 병사들에게 13개월 만에 봉급인 쌀이 지급되었다. 1개월 봉급에 해당되는 쌀만 지급됐는데도 그 쌀이 정량(定量)에 미치지 못할 뿐 아니라 돌이 섞인 것이 절반이나 되었다. 이에 병사들은 흥분해 창리(倉吏)를 구타하게 되었다. 그런데 군인 봉급의 책임자인 선혜당상(宣惠堂上) 민겸호(閔謙鎬)는 사태를 수습하기는커녕 병사들을 마구 잡아가는 강압적인 조치를 취하였다.

병사들은 다시 그들의 직속 상관인 무위대장(武衛大將) 이경하(李景夏)에게 호소하였다. 그러나 이경하는 민겸호를 직접 만나보라고 책임을 전가하고 아울러 민씨 일족의 집을 습격하도록 암시하였다. 병사들이 민겸호를 찾았을 때 그는 마침 부재중이어서 그의 집을 부숴 버리고 말았다.

병사들은 마치 호랑이 등에 업힌 기호지세(騎虎之勢)에 처하게 되었다. 중신(重臣)의 집을 습격했으니 죽임을 당할 것은 자명해 끝까지 가는 수밖에 없게 되었다. 대원군을 찾아갔으나 도리어 사태 확산의 교사(教唆)만을 받고 나온다. 이에 사태는 걷잡을 수 없는 반란으로 돌변하게 되었다. 민겸호 등을 살해하고 중신들의 집을 습격하고 드디어 일본 공사관을 습격하게 된다.

7월 23일은 일요일이어서 일본 공사관원들 중에는 아침 일찍부터 서울 시내를 산책하는 자들도 있었다. 그런데 이날 오후 5시 30분경에 이르자 병사들과 군중은 서대문 밖 경기감영(京畿監營) 옆에 위치한 일본 공사관을 공격하기 시작하였다. 이에 일본 공사관원들은 스스로 공사관을 불지르고 서울을 철수하게 돼 이태원과 왕십리 사건은 양국의 일대 국제적인 사건으로 비화되었다.

그러나 임오군란과 같은 폭동이나 혁명과 같은 격동적인 정치 사건은 그 이전에 이미 예비 조짐들이 수없이 나타나게 마련이다. 그리고 이들 사건들은 특정한 정치적인 성격을 내포하고 있게 마련이다. 그런 성격이 없다면 그것은 이미 역사적 사실historical fact이 아니다. 따라서 단순한 사건들을 연대기적으로 나열하는 것은 무의미한 일이지만 임오군란 전체의 정치적 성격을 부각시키기 위해 최소한의 사건 서술은 불가피한 일이다.

훈련도감 군졸들이 "방료(放料)를 지급하지 않는다고 길거리에 방문(榜文)을 내붙이는" 사건이 1877년 9월 16일(음 8월 10일)에 이미 발생하였다. 배급 쌀이 제대로 지급되지 않는 상황을 알 수 있다. 1876년 일본과 수호 조약을 체결해 서양 공법 질서와 만나면서 일어난 부정적 현상이 나타나기 시작하였다. 물론 그 이전에도 조선 내정의 문제점이 있었으나 이제 그 문제의 차원이 변화된 것이다.

국제환경이 변하면 국내정치 질서가 변경되지 않을 수 없다. 조선 조정은 이런 사실을 곧 인식하고 이에 적응하는 조치를 취하게 된다.

그런데 군인들의 처지에서 보면 조정이 채택한 이른바 개혁의 조치들이 오히려 그들의 처지를 더 악화시키는 결과가 되었다. 특히 1881년 안기영(安驥泳, 1819~1881) 사건으로 수구파는 일시 쇠퇴해 문제는 더욱 심각하게 된다. 형조 참의와 승지를 지낸 안기영이 1881년 대원군의 서자(庶子) 이재선(李載先)을 국왕으로 옹립하려는 사건이었는데 이를 계기로 군사제도의 개편이 있었다. 호위(扈衛), 훈련(訓練), 금위(禁衛), 어영(御營), 총융(總戎)의 오영(五營)을 모두 폐지하고 무위(武衛)와 장어(壯御)를 설치해 이경하를 무위 대장에, 그리고 신정희(申正熙)를 장어 대장에 임명하였다.

이와 더불어 신식 군대인 별기군(別技軍)을 창설해 신, 구 군사제도가 병존하게 되면서 불씨를 안게 되었다. 별기군은 1880년 김홍집을 따라 일본을 시찰하고 돌아온 윤웅렬(尹雄烈, 1840~1911, 윤치호의 부)의 건의로 창설하게 된 새로운 군대였다. 일본 공사관에 근무하고 있던 호리모토 레이조(堀本禮造) 육군 소위를 군사 고문으로 초빙하여 일본식 군사훈련을 받게 하였다. 창설 초기에는 오영의 군인 중에서 80명을 차출했으나 후에는 상류층 자제 100명으로 구성하였다. 훈련 장소는 처음에는 현재 독립문 자리인 모화관(慕華館)에서, 다음에는 성북 평창(平倉)이었는데 이때에는 고종이 매일 대관을 파견하여 시찰할 정도로 정부의 관심이 높았다. 최후의 훈련 장소는 현재 동대문 근처인 남병영(南兵營) 하도감(下都監)이었는데 임오군란의 와중에서 호리모토가 피살된 곳이 이곳이다.

1882년에 들어서면서 군대 안에서 심상치 않은 사건이 일어났다. 5월 2일(음 3월 15일)에는 좌포도청 군졸이 한규직(韓圭稷) 좌포도 대장 집에서 구타당해 죽은 사건을 계기로 군졸들이 포도청 건물을 파괴하고 죄수들을 석방시킨 일이 있었다. 이런 정치적 분위기가 폭동으로 연결된 것이 7월 19일의 사건이었다.

여기에서 주목할 것은 민중의 분노가 민씨 일족과 일본으로 자연발생적으로 집중됐다는 사실이다. 민씨 일족이 국정을 농간해 원성을 사고 있었다는 일반적인 사정뿐만이 아니다. 그들이 자신들의 안위를 위해 외국들과 수호 조약을 체결함으로써 나라가 이 지경이 됐다는 무의식적인 인식이 민중 사이에 퍼져 있었다. 일본 공사관 공격도 일본에 대한 역사적인 혐오만이 아니었다. 강화도 조약 이후 조선과 일본의 무역 구조 때문에 자신들의 경제적 빈곤이 가중됐다는 막연한 확신이 민중 사이에 만연해 있었다는 사실이 중요하다.

민중들의 이러한 예감은 정확하였다. 임오군란은 일본과 맺은 1876년 강화도 조약 이후 조선이 처한 국제 정치적인 여건과 밀접한 관계를 갖고 있었기 때문이다. 이 수호 조약 이후 조선과 일본의 무역은 한동안 무관세 시대가 있었다는 것은 잘 알려진 일이다. 1876~1882년 사이 조선에서 일본으로 수출하는 상품 중 80%가 쌀이었으니 서울의 쌀값이 오르게 되는 것은 자명한 일이다. 1882년 당시 서울의 쌀값이 1876년에 비해 2, 3배까지 폭등하였다. 따라서 쌀을 제때에 배급할 수 없었고 하급 관리들이 쌀의 정량이나 그 질(質)을 속이게 된 것이다. 사태가 처음부터 반일적(反日的)인 성격을 띠게 된 이유가 여기에 있다.

한편 무정부 상태의 이 난국을 수습할 수 있는 인물은 대원군밖에는 없었다. 고종은 "이제부터 작고 큰 모든 공무는 대원군에게 품결(稟決)하라"는 왕명을 내리게 된다. 정권을 다시 잡은 대원군은 그동안에 이루어진 모든 제도 개혁을 혁파하고 기왕의 구 제도로 복귀하는 반동적인 정책을 펴나가지 않을 수 없게 되었다.

그러나 이 사건은 조선만의 일로 끝날 수는 없었다. 일본 공사관을 습격했으니 국제적인 문제가 아닐 수 없었다. 다른 한편 중국은 러시아와 이리(伊犁) 문제로 국경 분쟁을 거치면서 서양 국제법에서 말하는 국경 개념의 중요성을 인식하게 되었다. 중국 변경 지역에 대해 확고한 지배가 필요하다는 새로운 정책을 수립하게 된다. 중국의 새로운 한반도 정책이 예고되었다.

2. 임오군란과 일본

일본의 대응

인천에 도착한 하나부사 공사 일행은 마침 그곳에 정박중이던 영국의 측량선 플라잉 피시 the *Flying Fish* 호를 타고 나가사키로 돌아갔다. 양력 7월 29일 밤이었다. 이들의 보고서에 입각하여 7월 31일에는 긴급 각의가 열렸다.

당시 이토 히로부미는 해외에 나가 있었고 내각은 조선에 대하여 초강경 태도를 갖고 있었던 참의(參議) 야마가타(山縣有朋)가 지배하고 있었다. 일본 국내에서는 자유민권운동이 한창이었고 정부는 이것을 탄압하기 위하여 집회조례(集會條例)를 개정하고 있었다. 정부로서는 국내의 정치적인 불만을 해외로 돌릴 필요도 있었다. 신문에서는 연일 임오군란을 대대적으로 보도하였고 선동적인 삽화를 곁들인 팸플릿이 나돌았다. 일본의 여론은 차제에 조선을 응징하는 전쟁을 일으켜야 된다고 떠들기까지 하였다.

이런 분위기에서 하나부사 공사에게 8월 7일 훈령이 전달되었다. 이 훈령은 ① 〈조선국처리방법에 대한 훈령의 건〉과 ② 〈조선정부에 대한 요구의 건〉 두 가지로 구성돼 있다. ①은 조선에 대해 사죄는 요구하되 전쟁은 피하고 아직 조선 사태에 관해 정확한 사정을 모르기 때문에 여러 가지 경우를 상정해 대처하라는 훈령이었다. ②는 실로 방대한 요구를 담고 있다. 그리고 9일에는 내훈장(內訓狀)을 하나부사에게 교부하였다. 이들 훈령과 내훈장의 주요 내용을 요약하면 다음과 같다.

(1) 문서에 의한 조선 정부의 사죄
(2) 일본의 요구 이후 15일 이내에 관련자 처벌
(3) 피해자에 대한 위자료 지급
(4) 조선은 배상을 할 것
(5) 조선 군대에 의한 장차 5년 동안 일본 공사관의 호위
(6) 함흥, 대구, 양화진, 안변(安邊)을 개시장(開市場)으로 할 것
(7) 만일 조선 정부의 책임이 중대한 경우 거제도 또는 울릉도를 할양받을 것

(8) 조선 정부 내에 책임자가 있으면 이들을 면직하고 처벌할 것

(9) 조선의 책임이 중대하여 배상을 증가하는 것은 임기응변으로 대처할 것

[이들 요구 중 7, 8, 9의 요구사항을 이노우에는 구두로 하나부사에게 전하였다.]

(10) 인천을 보장 점령할 것

(11) 통상조약에 관한 양보를 받을 것

하나부사 공사가 이 훈령문을 갖고 인천에 다시 도착한 것이 8월 12일(음력 6월 29일)이었는데 마젠종(馬建忠), 딩루창(丁汝昌) 등이 군함을 이끌고 이틀 전에 이곳에 와 있었다. 뿐만 아니라 중국의 조선에 대한 정책이 매우 강경하고 신속해서 이들과의 마찰 없이는 훈령의 시행은 불가능하였다. 더욱이 조선 정부는 마젠종을 중개자로 하여 일본과 교섭하려는 입장을 고수하고 있었다.

제물포 조약(1882년 8월 30일)

전권 이유원, 부관 김홍집과 하나부사 공사는 30일 정오에 제물포 별관에서 6개조로 구성된 제물포 조약과 2개조로 된 한일 수호조규 속약(續約)을 체결하였다. 먼저 제물포 조약의 내용을 보면 다음과 같다.

제1조: 조선은 "앞으로 20일 이내에 흉도(兇徒)를 포획하고 그 거괴(巨魁)를 엄구(嚴究)하며 (그 죄의) 무거움에 따라 징판(懲辦)한다. 일본국은 인원을 파견하여 (조선과) 함께 다스리며 만일 기일 내에 포획하지 못하면 일본국이 이를 판리(辦理)한다."

이 조항에 대한 양국 사이의 격론이 벌어졌다. 그런데 만일 대원군이 중국으로 압송되지 않았다면 이 조항의 실행이 양국의 큰 정치 문제로 등장하게 되었을 것이다. 임오군란의 '우두머리'가 대원군이라는 것은 모두 아는 사실이었기 때문이다. 일본 정부도 이런 위험성을 인지해 조약 체결의 사실을 모르고 있던 9월 3일에 비밀 훈령을 하나부사에게 보내 이 조항의 삭제를 지시하였었다.

제2조: "일본 관리로서 피해를 당한 자는 조선국이 우예(優禮)로 예장(瘞葬)하여 그 종말을 후하게 한다." 피해 일본 관리를 조선 정부가 후하게 장례를 치러 준다는 이 조문은 원래 하나부사가 받은 훈령에는 없었던 것이고 또 삭제하라는 명령까지 받았으나 공사가 재량으로 삽입한 것이었다.

제3조: "조선국은 5만원을 지불하여 피해를 받은 일본 관리의 유족 및 부상자에게 급여

하여 체술(體卹)에 보탠다." 금전을 지급해 피해자들의 근심을 덜어준다는 이 조항도 훈령 원안에는 액수가 정해져 있지 않았으나 하나부사의 재량에 의해 5만 원으로 결정한 것이었다. 8개월에 세 번 나누어 지급하기로 하였다.

제4조: "흉도 폭거(暴擧)로 일본국이 받은 손해와 공사를 호위한 육군, 해군의 병비(兵費) 중에서 50만 원을 조선국이 전보(塡補)한다. 매년 10만 원씩 5년간 지불을 완료한다."

이 조항이 최대 관건이었다. 일본은 광산 채굴과 전신 가설의 이권을 조선이 허용하면 감액할 수 있다는 입장이었으나 이유원은 최종 담판 날 이를 즉석에서 거부하였다. 마젠종이 감액을 요청하는 서한을 보내고 시일을 지연하면 중국의 간섭이 제기될 상황이었다. 그러나 만일 감액하는 경우 중국의 공로로 생각될 여지가 있어서 일본 공사는 감액을 결코 허용할 수 없다는 입장이었다. 조약이 체결된 다음 9월 3일 하나부사가 받은 기밀 훈령에는 40만 원으로 감액할 수 있다는 입장이었다. 하나부사는 감액 여부는 조선의 사죄사가 일본에 오는 경우 다시 상의한다는 복안을 갖고 있었다.

제5조: "일본 공사관에 병원(兵員) 약간을 두어 경비한다. 병영(兵營)을 설치하고 수선(修繕)하는 것은 조선국이 맡는다. 만일 조선국의 군대와 인민이 규율을 지킨 지 1년이 지나서 일본 공사가 경비(警備)가 필요하지 않다고 간주하는 경우 철병(撤兵)해도 무방하다."

1개 대대 병력의 주둔을 약간의 군대로 변경한 것은 조선 측의 주장이 관철된 결과였다. 그런데 하나부사가 호위병과 함께 일본으로 돌아간 이후 일본은 나고야(名古屋) 주둔 제3사단 소속 보병 1개 대대 병력을 서울에 파견하였다. 이 병력은 1883년 8월에 중대 병력으로 감축하였다.

제6조: "조선국은 대관(大官)을 특파하여 국서로서 일본국에 사과한다."

위 조항들을 내용으로 하는 제물포 조약은 임오군란 사후 처리이기 때문에 신속히 집행해야 된다고 하여 비준을 거치지 않고 효력을 발생토록 하였다. 다만 50만 원 액수 조정은 조선 사절의 일본 도착 후의 일로 양해되었다.

한일수호조규 속약

일본이 처음 제안한 8개 조항 중에서 개항장의 자유 여행지역 문제와 일본 공사관 관원들의 내지 여행 문제는 그 성격이 임오군란 사후 처리와는 다른 것이다. 일본이 임오군란을 빌미로 얻으려는 이권에 불과하다. 이들 이권은 1876년 강화도 조약과 그 부록의 수정을 의미한다. 따라서 이들 내용을 '한일수호조규 속약(續約)'이라는 별도 형식의 합의로 제물포 조약과 함께 체결하였다.

제1조: "원산, 부산, 인천, 각 항의 간행이정(間行里程)을 앞으로 사방 50리(조선의 계산법)로 하고 2년 후를 기하여(비준일로부터 만 1년을 1년으로 함) 모두 100리로 한다. 지금부터 1년 후를 기하여 양화진을 개시장(開市場)으로 한다."

하나부사가 받은 훈령에는 대구, 함흥, 안변을 개시장으로 할 것을 지시하고 간행이정, 즉 자유유보 지역에 관해서는 아무런 지시도 하지 않았다. 자유 유보 지역의 확대는 하나부사 개인의 판단에 의해 8월 20일 제출한 요구 책자에 삽입한 것이었다. 원산의 자유 유보 지역이 100리로 확장되자 안변은 이 지역 안에 들어가게 돼 안변을 새로이 개시장으로 요구할 필요가 없게 되었다. 대구와 함흥의 통상 지역 요구는 조선측의 완강한 반대에 부딪히자 일본측은 철회하였다. 양화진은 1884년 10월 용산으로 대체하게 되었는데 한강의 증기선이 양화진까지 올라올 수 있었기 때문이다.

제2조: "일본국 공사, 영사 및 그들 수원(隨員)들은 조선 내지의 모든 곳을 유역(遊歷)함을 허용한다. 유역 지방은 예조에서 조회문(照會文)을 발급하여 지정하고 지방관은 이 조회문에 따라 호송한다." 이 속약은 2개월 이내에 도쿄에서 비준하기로 규정하였다.

하나부사는 9월 2일 전보로 조약 체결 소식을 본국 정부에 알렸고 9월 28일 그는 사건 해결을 복명하였다. 일본 정부는 일단 그들의 요구 사항을 모두 관철하였다. 그러나 의외로 적극정책을 추진하고 있는 중국이라는 세력과 대치하면서 장차 조선 문제를 어떻게 요리해야 되는가 하는 정책적인 과제가 남게 되었다.

3. 임오군란과 중국

중국의 조선정책

8월 1일 오후 서리북양대신(署理北洋大臣) 장수성(張樹聲)은 일본 주재 리수창(黎庶昌) 공사의 전보 두 통을 계속 받았다. 임오군란의 발발과 일본군의 조선파병을 알리는 전보였다. 당시 톈진에는 영선사 김윤식, 문의관(問議官) 어윤중(魚允中)이 체류하고 있어서 북양아문(北洋衙門)은 이들과 밀접한 연락을 취하고 있었다. 김윤식, 어윤중은 처음부터 중국의 파병을 요구하고 나섰다. 리훙장은 당시 상중(喪中)이어서 고향에 가 있었다.

장수성은 사태의 중요성을 인식하고 8월 2일에 이미 북양함대 제독 딩루창에게 출동명령을 내려놓고 있었고 마젠종으로 하여금 조선에 나아가 사태를 해결토록 하였다. 이들은

8월 5일 톈진을 떠나 8월 10일 밤 인천에 도착하였다. 어윤중이 이들과 함께 귀국하였다.

그 후 장수성은 조선의 사태가 단순한 군란에 그친 것이 아니라 "왕비, 대신 등 13인을 살해하고 대원군이 정권을 잡았다."는 리수창 공사의 전보에 접하게 되자 군함 몇 척으로 사태를 수습할 수 없음을 알게 되었다. 8월 7일에는 군대파견의 재가(裁可)를 받은 장수성은 광둥 수사제독(廣東水師提督) 우장칭(吳長慶)을 톈진으로 불러 덩저우(登州)에 주둔하고 있는 화이군 육영(淮軍六營) 3,000명을 조선에 파견하도록 요청해 동의를 얻었다. 이미 조선에 와 있었던 마젠종도 현지에서 사태의 진상을 파악하고 군대파견 요청을 하기 위하여 딩루창을 다시 톈진에 급히 파견한 바 있었다.

우장칭이 이끄는 육영의 대군은 8월 17일 덩저우를 떠나 20일 아침 남양 마산포(馬山浦)에 도착하였다. 일본군이 인천에 있기 때문에 서로 맞부딪치는 것을 피하려는 것이었다. 이들은 곧 상륙해 서울로 향하였다.

중국의 대병력이 진군하자 군란에 앞장섰던 군인들은 아무런 저항 없이 해산하였다. 남은 일은 대원군의 나포 문제였다. 나포를 처음 건의한 것은 리훙장의 막료 쉐푸청(薛福成)이었는데 그는 8월 10일 장수성에게 대원군 나포가 조선 문제 해결에 있어서 가장 중요하다고 역설하였다. 장수성도 이 의견에 동조하였고 총서와 리훙장도 동의하였다. 뿐만 아니라 톈진에 있던 김윤식도 이에 찬성하였다.

대원군 체포의 구체적인 방법과 실행은 우장칭, 마젠종, 딩루창에게 일임되었고 이들은 8월 26일(음력 7월 13일) 대원군을 방문하였다. 그날 오후 대원군은 남대문 밖에 주둔하고 있던 이들을 답방하였다. 신시(申時)로부터 유시(酉時)에 이르기까지 24폭의 필담이 오갈 무렵 우장칭은 대원군 납치의 계획을 완료하였다.

이를 눈치 챈 마젠종은 지금까지의 태도를 갑자기 바꾸어 심문하는 자세를 취하였다. "조선의 국왕은 중국 황제가 책봉하였고 책봉된 이상 모든 정령(政令)은 국왕으로부터 나와야 한다. 그런데 당신은 스스로 대권을 잡아 자신의 의견에 동조하지 않는 사람들을 죽이고 있으며 이것은 황제가 책봉한 국왕을 능멸하는 것이고 실은 황제까지도 경멸하는 것이다. 따라서 톈진에 가서 중국 조정의 결정을 구하도록 하라."는 명령조의 선언을 하였다. 이리하여 대원군은 중국 군사에 이끌리어 마산포로부터 톈진으로 압송되었다.

이로부터 조선의 종속관계는 더욱 심화되었다. 기왕의 종속관계는 전통적인 유교권 질서의 예(禮)에 입각한 주종관계인 데 반하여 임오군란 이후 중국은 조선에 대하여 근대 국제법 질서에서 보는 종속국의 위치를 강요하였다. 장젠(張謇), 덩청슈(鄧承修), 장페이룬(張佩綸) 등은 이 기회에 조선을 동삼성(東三省)에 편입시키자는 병합론까지 주장하고 나섰다. 그리고 조선에는 임오군란이 평정된 이후에도 화이군 육영 3,000명이 계속 주둔하고 있어서 중국의 영향력은 절대적인 것이었다. 주둔의 명분은 조선 국왕의 요청이 있고 일본 병력이 서울에 주둔하고 있어서 이에 대처해야 되며 또다시 군란이 일어나는 것을 예방해야 된다는 것이었다.

화이군은 중국-프랑스 전쟁으로 말미암아 1884년 2월 삼영(三營) 1,500명이 철수하게 된다. 이런 철수는 곧 서울의 정치판도에 영향을 주게 됨은 물론이다. 하여간 임오군란을 계기로 조선은 중국의 영향을 더욱 받게 되었고 이런 사정은 종속관계를 명문으로 규정한 1882년 10월 1일 상민수륙무역장정(商民水陸貿易章程)이 잘 나타내 주고 있다.

제 2 절

갑신정변

갑신정변은 중국의 새로운 한반도 정책과 베트남 문제와 같은 국제정치 문제와 밀접하게 관련돼 있다는 점에 유념해야 한다. 따라서 갑신정변을 어느 시점부터 서술하느냐 하는 문제가 중요하다.

조선 개화파 인사들은 1884년 3~5월경부터 최후 수단인 쿠데타의 방법을 강구하게 된다. 이런 시점에 프랑스와 일본의 재야 인사들 사이에 접촉이 시작된 것을 계기로 일본 정부는 조선에 대해 적극 정책으로 급선회한다. 갑신정변이 12월 4일이란 특정한 시점에 발발하게 된 배경이다.

일본이 조선 내정에 적극 개입하려던 정책은 프랑스와 중국 사이에 분쟁이 계속 격화될 것이라는 가정에 입각한 모험주의적인 발상이었다. 중국과 전쟁을 전제로 하지 않고서는 실현될 수 없는 정책 노선이었다. 베트남 문제를 계기로 일본 정부가 취한 기회주의적인 구상이었다. 일본 정부는 곧 이런 사실을 인식하게 된다.

갑신정변 사후 처리에 임하는 중국 정부의 태도에는 이율배반적인 성격이 있었다. 강경론을 주장하는 일부 의견을 배척하고 일본과 평화적으로 사태를 해결하려는 정책을 고수하였다. 다른 한편 속방 문제로 서울에 중국의 전권 대표를 파견할 수 없다는 입장을 견지하였다. 사대 질서 변형에 입각한 중국 정책의 혼미한 실체를 알 수 있다. 프랑스는 갑신정변이 발발하자 일본이 중국에 대해 적대적인 정책을 취하게 될 것이라고 전망해 일본과의 동맹 체결에 박차를 가한다. 그러나 일본은 서양 열강들의 권력 정치 틀에 편입되는 것을 회피하지 않을 수 없었다. 미국은 갑신정변 이후에도 한반도 무관심 정책을 계속하고 푸트 공사는 끝내 조선을 영구히 떠나버린다.

영국은 갑신정변을 계기로 프랑스와 일본이 접근하는 것을 저지하는 데에 주력하였다. 프랑스가 한반도에 영향력을 강화하는 것을 묵과할 수는 없었다. 영국은 무엇보다 러시아 남하에 신경을 쓰게 되었다. 전 세계적인 규모에서 두 나라는 대치하고 있었기 때문이다. 거문도 사건이 다가오고 있었다. 러시아는 전통적인 '기다리는 정책'을 고수하려고 하였다. 그러나 조선으로부터 러시아의 적극적인 행동을 요구하는 외교적인 신호들이 그치질 않았다. 한반도 문제에 러시아 세력이 본격적으로 등장하게 된다.

서울 회담으로 한일 사이의 현안은 일단 마무리되었다. 그러나 중국과 일본 두 나라의 군대가 서울에 주둔하고 있어서 사태의 평화적 해결에는 이르지 못하였다. 더욱이 일본 정부는 국내의 호전적인 여론 때문에 중국과 직접 교섭하지 않을 수 없었다. 중국은 조선의 종주국이란 입장을 계속 고수해 한반도 문제가 쉽게 타결되지 못하였다.

톈진 회담은 변형된 사대 질서의 개념과 국제법 질서의 주장 사이의 충돌이었다. 일본은 한반도 문제에 있어서 중국과 동등한 권리를 획득하는 데에 성공하였다. 중국은 임오군란 이후의 경우와 같이 변형된 사대 질서의 유지를 지속시키는 데에는 실패하였으나 일본이 조선 문제에 다시 소극적인 정책을 채택해 그들의 우월한 지위는 한동안 지속되었다. 그러나 한반도는 이제 중국과 일본 사이의 지역 문제에 머물지 않는 단계에 접어들었다. 영국과 러시아 사이의 세계적인 대립의 문제로 비화되어 조선 문제는 이제 '세계화'의 현안으로 변한다. 거문도 문제와 한아(韓俄) 밀약 사건의 시기로 옮겨진다.

1. 갑신정변의 성격과 연구

사건 개요와 의의

1884년 12월 4일 저녁 7시 우정국 총판(總辦) 홍영식(洪英植)이 건물 낙성을 축하하기 위해 초청한 국내외 인사들이 현재 안국동 네거리에 있는 우정국 연회장으로 모이기 시작하였다. 밤 10시경 만찬이 끝날 무렵 개화파 인사들에 의한 수구파들의 숙청이 시작된다. 개화파에 의해 수립된 새로운 정부는 겨우 3일 동안 지탱될 수 있었다. 이 사건을 갑신년(甲申年)에 일어난 정변이라고 해서 갑신정변이라고 부르고 정권이 3일 동안 지속됐다고 3일 천하라고 폄훼한 어감으로 통용되기도 한다.

조선의 정치사는 국제정치사와 떼어서 해석할 수는 없다. 약소국일수록 국제정치의 영향을 더 받기 때문에 더욱 그러하다. 갑신정변은 1880년 이후 중국 외교정책의 변화, 월남 문제로 인한 중국과 프랑스의 전쟁, 그리고 이 전쟁으로 인한 일본의 조선 정책 변화를 분석하지 않고는 그 전체의 모습을 알 수 없다.

이 정변은 첫째로 변화된 중국의 한반도 정책에 대한 도전이었다. 갑신정변 직후 발표된 새 정부의 14개 정강(政綱) 중 첫째가 "조공의 허례(虛禮)는 이를 의결해 폐지한다."라고 중국과의 관계 청산을 선언한 것이 이를 말해 주고 있다. 『갑신일록』에 나타난 이 정강의 내용에 대해 야마베 겐타로(山邊健太郎)가 그 신빙성을 의심하자 이광린 교수가 여러 자료들을 인용하면서 이를 반박한 바 있었다. 후쿠자와 유기치의 하수인으로 당시 서울에 와 있어서 그 자료의 신빙성이 어느 정도 인정되고 있는 이노우에 가쿠고로(井上角五郎)의 전기(傳記)에는 정강의 내용과 관련해 다음과 같은 기록이 있다.

> 一. 국왕 전하를 고쳐 폐하(陛下)라고 칭하고 (조선 국왕의 명령을 의미하는) 전(傳)을 고쳐 칙(勅)이라고 칭할 것.
>
> 一. 지나(支那)에 대해 세빙(歲聘)의 예(禮)를 폐할 것. 전권대사를 지나에 파견해 우리나라가 독립했다는 사실을 밝히고 대원군의 방환(放還)을 청구할 것. … 이렇게 해 엄연한 독립국의 기초를 정해 체면을 유지하고자 하였다. 지나에 사신으로는 김윤식이 맡을 것 …

전을 칙으로 고치자는 것은 조선과 중국이 같은 법적 지위를 보유해야 된다는 것을 의미한다. 정강의 이 조항에 대해서는 그 밖의 자료들도 중국과의 관계를 단절한 것이라고 모두 말하고 있다. 정교(鄭喬)도 "(국정개혁안의) 대요(大要)는 국권을 확장하고 각 국과 대등하게 교제를 하며 중국관계를 끊는 것이다."라고 지적하고 있다. 또 일본의 한 신문도 "그 밖에 중국과의 관계에 대해 논의한 것이 매우 많은데 그 중에서 제1로는 조공사를 폐지한다는 조목도 있다. 필경 이 개혁은 조선을 동양의 한 독립국으로 하자는 데 지나지 않는다."라고 쓰고 있다.

갑신정변을 주도한 인사들이 당시의 국제정치적인 여건에서 조선이 자주적인 행위자가 되기 위해서는 무엇보다 중요한 것이 예속을 강요하고 있던 중국과의 결별이라고 인식했음을 보여 주고 있다. 이런 인식을 현실 정치세계에 실천으로 옮긴 것은 높이 평가돼야 한다.

갑신정변 서술의 문제점

갑신정변의 서술을 어느 시점부터 시작하는가에 따라 갑신정변에 대한 역사적 평가가 그 서술 속에 함축돼 있다. 다케조에 일본 공사가 서울로 다시 귀임한 1884년 10월 30일부터 서술을 시작한다면 갑신정변이 일본의 조종에 의해 계획되고 발발한 것으로 결론짓지 않을 수 없게 된다. 이런 서술의 오류는 갑신정변에 관한 기본사료인 김옥균의 『갑신일록』이 이 시점부터 적고 있기 때문에 무의식적으로 범하는 함정이다. 그리고 이런 서술 방식은 김옥균을 위시한 개화파 인사들이 실은 친일파라는 것을 과장하기 위한 의식적인 방법이기도 하다. 더구나 이런 서술 체계는 개화파 인사들이 후술하는 일본 정부의 새로운 조선 정책이 나타나기 이전에 열정을 기울여 전개한 개혁 의도나 계획을 전혀 무시하는 결과를 초래하게 된다.

개화파 인사들이 정치적 쿠데타라는 최후 수단에 호소하기 시작한 시점은 1884년 3월에서 5월 사이이다. 김옥균이 세 번째 일본에 다녀온 시점이 1884년 3월이고 보빙사 민영익이 미국에서 귀국한 시기가 그 해 5월이었다. 따라서 갑신정변에 관한 서술은 적어도 이 시점부터 시작해야 된다.

군사와 재정에 관한 권한을 장악한 중국 추종 세력에 개화파 인사들이 대항할 수 있는 길은 세 가지 길밖에 없었다. 하나는 열악한 처지에도 불구하고 개혁 조치를 추진하는 길이다. 개화파 인사들이 신식 군대를 양성한다든가, 일본에 유학생을 보낸다든가, 『한성순보』와 같은 계몽적인 신문을 창간하는 일은 당시 그들이 처한 정치적 여건으로 보아 높이 평가해야 한다. 박영효는 임오군란 이후 일본에서 그 사후 처리를 마무리하고 돌아와 한성 판윤(判尹)이 되자 신식 군대를 양성하는 개혁 조치를 취해 수구파들의 배척을 받는다. 그는 결국 광주 유수(留守)로 자리를 옮겼으나 특별 군영을 설치해야 한다고 역설해 고종의 허락을 받았다. 서울의 후영(後營) 군사를 주축으로 약 1,000명에 달하는 신식 군영을 조직하였다. 1883년 12월 27일(음 12월 1일) 『한성순보』 7호에는 광주에서 훈련한 군사 500명의 사열을 받은 고종이 그 훈련과 무기가 일본 군대와 상하(上下)가 없다고 찬양한 기사가 게재돼 있다.

유학생 파견은 주로 김옥균이 자금을 마련해 이루어졌는데 1883년 초와 7월에 많은 유학생들이 일본 도야마(戸山) 육군사관학교와 게이오(慶應) 의숙(義塾)에 입학하였다. 이들 대부분이 김옥균과 함께 1884년 3월에 귀국해 갑신정변의 일익을 담당한다.

『한성순보』는 비록 관보의 형식을 취했으나 그것이 세계 인식을 높이는 데 결정적인 역할을 한 것은 널리 알려져 있다.

둘째는 열강들로 하여금 조선을 독립 국가로 인정토록 해 중국의 간섭을 배제하는 길이다. 그 방안 중 하나가 열강들과 조약을 체결하고 이미 체결한 조약에 대해서는 그 비준을 재촉하는 것이었다.

끝으로 남은 길은 외국으로부터 차관을 도입해 내정을 개혁하고 중국 추종 세력들을 제거하는 방안이었다. 김옥균은 300만 원을 기채(起債)할 수 있는 고종의 위임장을 갖고 차관 도입을 위해 세 번째로 1883년 6월 일본에 건너간다. 김옥균은 상당히 희망에 차 있었다. 그가 지난번 일본에 체류하고 있을 때 국왕의 위임장이 있으면 차관은 쉽게 성사될 수 있다는 일본인들의 장담, 그리고 1883년 5월 푸트 미국 공사와 함께 조선에 온 윤치호(尹致昊)가 요시다(吉田清成) 외무 차관도 차관이 성립될 수 있다고 말했노라고 한 말을 김옥균은 믿고 있었다. 『갑신일록』도 그렇게 적고 있다.

그러나 이것은 김옥균의 착각이었다. 묄렌도르프의 끈질긴 방해 공작도 있었고 푸트 공사의 통역으로 서울에 온 이노우에 외무경의 비서 사이토(齊藤修一郎)가 서울에서 묄렌도르프, 김옥균을 비롯한 인사들을 만나 이노우에에게 서울의 정세를 상세히 보고하여 불간섭 정책을 건의하고 있었다. 다케조에도 이런 정책을 건의하고 도지로(東次郎), 소네(曾根俊虎) 밀정들의 중국 현지 군사 상황의 보고에 입각해 이노우에는 이미 조선 문제에 개입하지 않기로 결정하고 있었다. 이런 상황에서 당시 일본 조세 수입의 거의 20분의 1에 해당되는 300만 원이란 거액의 차관을 일본이 주선할 수는 없는 일이었다.

이런 사정이 현실로 나타난 것이 1883년 7월 2일 김옥균과 이노우에 외무경 사이의 담화였다. 이 담화에서 이노우에는 김옥균에게 냉담한 태도를 보였고 오히려 묄렌도르프를 두둔하는 말을 서슴지 않았고 김옥균에게는 너무 일을 조급하게 처리하지 말라고 조언하였다. 그리고 차관 문제에 대해서는 돈은 무엇에 쓰느냐는 한두 마디 이외엔 언급조차 회피하였다.

이에 김옥균은 도쿄 주재 빙엄 미국 공사의 소개로 요코하마에 있는 미국 회사(Clock and Brass) 대리인 모스J. R. Morse에게 300만 달러 차관의 교섭을 의뢰하였다. 모스가 미국 은행에 신청하자 은행 측은 조선 주재 미국 공사의 증명이 있어야 된다고 답변하였다. 이에 김옥균은 이선득(李仙得)Le Gendre에게 푸트 공사의 보증서를 부탁하였고 이선득은 8월 1일 인천에 도착하였다. 그러나 이런 모든 일은 일본 정부의 방해로 성공하지 못하였다. 미국 은행으로부터 희망이 없게 되자 영국 은행에 교섭하기 위해 모스는 미국에서 10월 12일 영국으로 떠나기도 하였다. 드디어 서울에 있던 다케조에는 김옥균이 지참하고 있는 국왕의 위임장이 허위라고 보고함으로써 김옥균의 차관 운동은 모두 수포로 돌아가게 된다.

마지막으로 김옥균은 일본의 다이이치(第一) 은행의 시부사와(澁澤榮一)에게 10만 원 또는 20만 원 정도라도 차입하려고 했으나 이것도 이노우에의 반대로 무산되었다. 개혁 자금의 길은 완전히 차단되었다. 김옥균은 자신의 참담한 심정을 후쿠자와에게 이렇게 말하고 있다.

> 자금이 없으면 무슨 일에도 착수할 수 없음은 말할 필요도 없다. 이번에 빈손으로 귀국하게 되면 평소 옥균(玉均)을 질시해 사지(死地)에 몰아넣으려는 민씨 일파의 사대당은 반드시 비난과 중상을 해 어떤 궁지에 빠뜨릴지 알 수 없다. 옥균의 일신(一身)은 어떻든 간에 이 결과로 우리 독립당의 동지는 대타격을 받고 개혁의 계획은 모두 좌절되며 조선은 점차 지나(支那)의 속국으로 될 것이다. 이제 우리 일파와 사대당은 도저히 양립할 수 없는 세(勢)에 절박해 온 것이니 불가피한 경우에는 최후의 결심을 하지 않으면 안 될지도 모른다.

결국 김옥균은 빈손으로 유학생을 이끌고 1884년 3월에 귀국한다. 그는 동대문 밖에서 세태를 관망하면서 최후의 희망인 민영익의 귀국을 고대하고 있었다. 민영익은 당시까지 개화파 인사들에게는 자신들의 계획에 동조하는 좌장으로 여기고 있었다.

보빙사로 미국에 갔던 민영익은 유럽을 거쳐 1884년 5월 드디어 귀국하였다. 그러나 그의 정치적 입장은 돌변해 있었다. 그를 수행했던 포크G.C. Foulk 해군 소위의 보고에 보면 미국에서 유럽을 거쳐 귀국하는 긴 여정에서 그는 가지고 온 유교 고전만을 탐독했다고 적고 있다. 그런가 하면 그와 동행했던 서광범과 변수(邊燧)는 모든 문제에 지칠 줄 모르게 필기를 하고 자신들이 목격하고 탐문한 외국의 정치, 경제, 역사, 지리에 관해 포크에게 번역해 줄 것을 요청하기도 하였다. 이때 이미 서광범은 민영익이 귀국하면 보수파에 합류할 것이라고 예측하기도 하였다.

김옥균은 민영익이 귀국하면 그를 통해 민비에게 개혁의 계획을 알려 일을 수행코자 하였다. 그러나 모든 희망은 사라지게 되었다. 민영익은 서울로 돌아오자 중국 추종 세력의 거두인 윤태준(尹泰駿)과 야합한다. 이때부터 김옥균은 이 두 사람을 징벌해야 된다고 결심하게 되었다.

따라서 개화파 인사들은 독자적인 쿠데타 계획을 수립하기에 이른다. 음력으로 추석, 양력으로는 10월 1일 김옥균의 북악(北岳) 별장에서 회동해 정변 계획을 결정하였다. 김옥균의 북악 별장을 건축하고 있던 추석날 밤 김옥균은 박영효, 홍영식, 서광범, 유대치, 그리고 이노우에 가쿠고로를 초청해 주연을 베풀었다. 이날 이들은 별장이 완공되는 날을 기념해 정객들을 이곳으로 초청해 쿠데타를 일으키기로 합의하였다. 12월부터는 달(月)이 일찍 지기 때문에 어두운 밤에 거사하는 것이 좋고 또 그때쯤이면 일본으로부터 사관학교 학생 17명도 귀국하게 되고 일본도(日本刀)도 모두 준비할 수 있다는 것이었다. 그 밖에 다이너마이트, 소총, 권총도 이미 어느 정도 준비돼 있는 상태여서 거사할 날을 12월 1일로 잡았다.

이런 찰나에 일본의 조선 정책이 급선회하여 조선의 개화파 원조라는 방향으로 바뀌게 되자 개화파 인사들이 일본 정부와 손잡게 되었고 『갑신일록』은 이때부터 서술하게 된 것이다. 필자는 갑신정변 전사(前史)에 해당되는 부분을 위에서 길게 서술하였다. 그 까닭은 개화파 인사들이 조선의 개혁을 위해 다각적인 노력과 다변 외교를 추진하였고 일본이라는 요소는 그 중 하나에 불과했다는 역사적 사실을 밝히려 한 것뿐이다.

일본정책의 변화

일본의 『자유당사』에 보면 1884년 가을 재야의 고토 쇼지로(後藤象二郎)와 이타가키 다이스케(板垣退助)가 일본주재 프랑스 공사와 조선 문제에 관해 어떤 합의를 하였다는 얘기가 나온다. 중국과 프랑스 전쟁이 한창인 때에 그들은 조선으로부터 중국 세력을 축출하기로 하고 프랑스로부터 100만원의 차관과 프랑스 군함 2척으로 조선에서 정치개혁을 단행한다는 것이었다. 그런데 이런 계획을 고토가 경솔하게도 이토에게 발설하였고 이토는 곧 이를 이노우에 외상에게 알렸다는 것이다. 이에 일본 정부는 재야세력이 조선에 진출하기에 앞서서 정부의 정책으로 조선에 대하여 적극적인 자세를 취하게 되었다는 것이다.

이와 같은 『자유당사』 기록을 야마베 겐타로는 믿을 수 없는 것이라고 일축한 바 있었다. 당시 프랑스의 아시아 함대 사령관도 프랑스 군함들의 정확한 위치도 모르고 있었으며 또 프랑스 정부의 회답은 빨라야 11월 중순에야 일본에 도착할 수 있었는데 다케조에는 이미 10월 20일에 서울에 부임하였다는 것이다. 일본의 재야세력과 프랑스 공사의 회담 자체도 믿을 수 없거니와 설사 이런 회담이 있었다손 치더라도 이것과 일본의 조선정책 변화와는 무관하다는 것이다.

그런데 펑터저우(彭澤周) 교수가 『자유당사』의 기록이 사실임을 입증할 수 있는 자료를 프랑스 외무성에서 찾아낸 바 있었다. 1884년 9월 15일자 일본주재 프랑스 공사 시앙키에비츠J.A. Sienkiewicz의 보고에는 9월 9일에 있었던 이타가키와 고토와의 회견록이 첨부되어 있는데 이 회견록의 내용은 『자유당사』의 기록과 일치하고 있다.

이렇게 보면 일본 정부는 재야세력의 조선 진출에 자극되어 먼저 적극적인 조선정책을 채택하였다고 볼 수 있다. 그리하여 다케조에는 조선 개화파를 적극 지원하라는 훈령을 받고 오랜만에 임지인 서울에 다시 부임하였던 것이다.

갑신정변 연구의 도화선

갑신정변 문제를 포함해 한일 관계사에 있어서 1945년 이후 한국 국사학계나 정치학계에 경성제국 대학 교수였던 다보하시 기요시(田保橋潔, 1897~1945)의 연구가 미친 영향이 크다는 것을 부인할 수는 없다. 다보하시는 도쿄 대학을 졸업하고 『대일본사료(大日本史料)』 등의 사료를 편찬하는 사업에 참여하다 1924년 경성제국대학이 설립되자 서울로 부임해 교수가 되었다. 그가 1940년에 발표한 연구를 집필할 때는 유럽이나 미국은 물론이고 조선, 중국, 일본의 외교 문서들이 극소수를 제외하고는 아직 발간돼 있지 않은 시절이었다. 따라서 그는 문서고에 직접 들어가 작업하지 않을 수 없었다. 그가 섭렵한 여러 자료들이나 역사 사실에 대한 실증적인 고찰은 지금도 인용되고 있는 실정이다.

다만 문제가 되는 것은 그의 조선 역사에 대한 인식 태도다. 그는 철저하게 이른바 문명개화론자에 속한다. 조선의 모든 발전은 미개에서 문명으로 지도하려는 일본의 원조로 이뤄졌으나 조선 민족의 자질과 능력이 부족해 결국 일본이 합방하게 됐다는 입장에 서 있다. 그의 갑신정변 해석도 이런 연장선상에서 해석하고 있다. 즉 개화파를 일본당으로 지목하고 갑신정변을 일본의 조종에 의한 사건으로 치부하고 있다. 그런데 국내 학계에서 아직도 이런 입장을 탈피하지 못하고 있는 연구가 있는 것은 매우 이상한 일이다.

전후 일본의 일부 학자들은 자칭 객관적인 입장을 취한다고 해 일본 정부의 침략성을 비판하지만 조선의 발전은 일본이 친일파를 이용해 이루어 놓은 정치적 결과라고 평가한다. 이런 입장을 대변했던 학자가 야마베 겐타로(山邊健太郞, 1905~1977)였다. 그는 초등학교 졸업의 학력밖에 없었으나 독학으로 한일관계사에 관해 훌륭한 업적들을 발표하였다. 한때 국제공산당 운동에도 관여했으나 일본 어용학자들이 일본 정부의 침략정책을 옹호하는 연구들을 비판하는 데 일생을 보냈다.

그러나 야마베는 우선 한국어를 해독하지 못해 한국측 자료를 경시한 데에서 그의 연구가 갖는 한계점이 있다. 일본 정부의 공식 문서들이 일본 침략을 정당화하려는 자료라고 판단해 개인 문서들, 특히 헌정자료실(憲政資料室)의 미간 문서들을 발굴한 것은 그의 큰 공로다. 그렇지만 이들 자료들도 개화파 인사들을 일본당으로 간주해 그들 침략의 앞잡이로 이용하려는 정책적 목적을 가진 문헌들이다. 따라서 이들 문서에만 의존하는 경우 개화사상이나 『갑신일록』의 신빙성 모든 것을 부인하게 되는 결과로 이어지게 된다.

1964년 북한 사회과학원 역사연구소가 펴낸 공동연구서 『김옥균』은 발표되자마자 큰 충격을 불러일으켰다. 일본 학계를 비판할 수 있는 시각과 아울러 갑신정변을 매우 자주적으로 해석했기 때문이다. 당시까지 한국 학계의 분위기는 갑신정변을 일본 정책의 연장으로만 간주하고 있었다. 이 책은 북한의 여러 학자들이 집필한 것이었고 그 중에는 우리에게 잘 알려진 학자들도 있었다. 그런데 이 저술은 유물사관에 입각해 갑신정변을 한국 역사에 나타난 부르주아 혁명으로 해석해야 한다는 강박관념의 산물이었다. 그리고 취급한 자료들이 극히 제한돼 있었고 1880년대 조선 사회에서 부르주아 계급이 존재했다는 것을 무리하게 증명하려는 약점을 지니고 있다. 그러나 북한에서 나온 지금까지의 연구 중 가장 학문적인 외양을 지니고 있는 업적임에는 틀림없다.

한국의 학계에서는 이러한 일본과 북한 연구들을 어떻게 평가해야 되는가 하는 문제에 직면하였다. 먼저 갑신정변을 일본 정부의 조종에 의한 정치 사건으로 치부하는 일본 학계 비판으로부터 시작하였다. 초기 개화파의 형성 문제, 그리고 1884년 10월 다케조에가 서울에 부임하기 이전 개화파들에 의한 정변의 계획을 증명하기 시작하였다. 물론 북한의 교조주의적인 해석에도 반기를 들었다. 이용희, 이광린 교수가 이 방면에 개척자적인 업적을 내놓은 이래 여러 연구들이 발표돼 현재 한국 학계에서는 갑신정변의 진전에 관한 한 어느 정도 학문적인 축적을 형성하게 되었다.

2. 갑신정변의 사후처리

한성조약(1885년 1월 9일)

일본의 군대, 공사관원들 그리고 민간인 260명은 인천을 거쳐 12월 11일 일본으로 돌아갔다. 김옥균도 이들과 동행한 것은 물론이다. 다만 다케조에는 인천에 남아서 조선 정부와 사후처리를 하였다.

일본 정부는 이노우에 외무경을 특파대사로 임명하여 조선에 나아가 사후 문제를 처리토록 하였다. 일본 각의는 이노우에와 함께 2개 대대의 병력도 파견하도록 결정하였다. 그는 12월 30일 인천에 도착하였다.

이노우에는 먼저 갑신정변의 책임을 조선 정부에 돌리려고 하였다. 고종이 다케조에에게 전달한 일사래위(日使來衛)란 문서의 진위가 문제가 되었다. 그러나 서울 주재 외국공사 또는 영사들 중에는 다케조에의 행동에 비판적인 사람이 많았고 이노우에 가쿠고로도 다케조에의 교체를 이노우에 대사에게 강력히 요구하였다. 결국 이노우에 대사는 책임 문제는 제쳐놓기로 하고 사후처리 문제에만 국한하기로 하였다. 그리하여 김홍집과 이른바 한성조약을 체결하였는데 그 내용은 다음과 같다.

제1조: 조선국은 국서를 일본에 보내어 사의(謝意)를 표명한다.

제2조: 이번 일본국 조해(遭害) 인민의 유족과 부상자를 휼급(恤給)하고 상민(商民)의 화물이 훼손, 약탈된 것을 보전(補塡)하기 위하여 조선국은 11만 원을 지급한다.

제3조: 이소바야시(磯林) 대위를 살해한 흉도를 사문(査問) 나포(拿捕)하여 그 죄의 무거움에 따라 처벌한다.

제4조: 일본 공관은 새로운 터에 옮겨 건축해야 되는바 그 터와 방옥(房屋)은 조선국이 교부하여 공관과 영사관으로 이용토록 한다. 또 그 수축(修築) 증건(增建)의 경우 조선국이 다시 2만 원을 교부하여 공사비에 충당하도록 한다.

제5조: 일본 호위병의 영사(營舍)는 공관에 딸려 있는 터로 선택해 정하고 임오(壬午) 속

약 제5조에 따라 시행한다.

그리고 이 조약에는 ① 제2조와 제4조의 금액은 3개월 이내에 일본 은화로 인천에서 완납할 것, ② 제3조의 흉도는 20일 이내에 처단할 것이라는 두 부칙이 있었다.

조약 체결을 마치고 이노우에는 11일 서울을 떠나 14일에는 시모노세키에 도착하였다. 이노우에가 받은 훈령에는 중국에 대해서도 담판할 수 있었으나 중국 관계를 타결하지 못하고 귀국하였다. 갑신정변의 사후 처리는 다시 톈진 회담으로 이어지지 않을 수 없게 되었다.

이노우에는 귀국 후 조선에 대리공사로 체류시킨 곤도 마스키에게 조선에 대한 정책의 원칙을 1월 31일 전달하였다. 갑신정변은 소위 독립당과 사대당의 알력에서 비롯됐다는 점을 명백히 하고 일본은 갑신정변의 주모자들과는 아무런 관련도 없다는 점을 내외에 알리며, 일본의 정책은 정변 이전의 정책과 아무런 변화도 없다는 것을 보여 줄 것을 훈령하는 것이 그 내용이었다. 다시 말하자면 일본은 조선을 독립 국가로 간주하고 조선의 국력을 증강하기 위해 병기를 증여하며 군대 훈련을 교수하며 유학생을 일본 학교에 입학시킨다는 기존 정책을 계속한다는 것이었다.

다음으로 조선의 국왕이 차후에 보호를 요청하는 경우 다음 세 가지 방법 중 한 가지를 택할 것도 명백히 하였다.

(1) 국왕 스스로 일본 공사관으로 올 것.
(2) 국왕이 보호를 요청하면 각국 공사와 협의해 공동 행동을 취할 것.
(3) 두 번째 경우에는 각국 공사, 영사가 궁궐을 떠나면 같이 떠나 공사관으로 돌아갈 것.

갑신정변이라는 격동을 거쳤으나 일본 정부의 조선 정책은 임오군란 이후 취했던 기존 노선으로 다시 회귀하게 되었다.

톈진 조약(1885년 4월 18일)

1885년 2월 7일 일본 내각은 중국과의 교섭에 있어서의 기본 입장을 결정하였다. ① 양국 군대의 충돌 책임을 중국에 전가시키고 그 책임자의 처벌을 요구할 것, ② 금후의 수습책으로 양국 군대가 조선으로부터 동시 철군할 것을 주장할 것 등이다.

그러나 중국 군대 지휘관의 처벌을 주장한다는 것은 중국을 굴욕적으로 만드는 것으로서 그만한 국력이 있어서 일전을 불사하는 강경노선이 전제되어야 하는 것이었다. 더욱이 중·일 간에 회담이 있기 이전에 베트남 문제가 해결되어 중국은 유리한 입장에 있었다. 이토는 그런 관철이 불가능하다는 것을 잘 알고 있었다. 그리하여 중국 주재 일본 공사에게 일을 맡겨 사후처리 문제만을 기술적인 차원에서 마무리지으려 하였다. 그런데 일본 공사 에노모토(榎本武揚)나 톈진 주재 영사 하라 다카시(原敬) 등은 계속 강경노선을 주장하고 있어서 이들에게 일을 맡길 수 없는 처지에 놓이게 되었다.

그리하여 이토 자신이 중국에 건너가 리훙장과 직접 담판하기로 결정하였다. 양자의 회담은 4월 3일부터 15일까지 6차례에 걸쳐 있었다. 회담은 책임 문제는 제쳐놓고 사후처리에 국한하여 3개조로 구성된 간략한 조약의 체결로 끝났다.

(1) 다음과 같이 의정(議定)한다. 중국은 조선에 주찰(駐紮)한 병(兵)을 철수하고 일본국은 조선에 있는 공사관 호위 군사(원문은 兵弁)들을 철수한다. 서명 조인한 날로부터 4개월 기간 내에 각각 철회를 마쳐 양국 사이에 분쟁 단서(원문은 滋端)의 우려를 없앤다. 중국 군대는 마산포를, 일본국 군대는 인천을 거쳐 철수한다.

(2) 양국은 다음과 같이 함께 승인한다. 조선 국왕에게 병사를 교련(教鍊)하여 치안을 스스로 충분히 보호토록 권한다. 또 조선 국왕이 외국의 무관(원문은 武弁) 1인 또는 몇 사람을 선발해 고용하여 교연(教演)의 일을 위임하여 앞으로 중·일 양국이 조선에서 교련(教鍊)하는 사람을 파견하지 않도록 한다.

(3) 장래 만일 조선국에 변란(變亂)이나 중대 사건이 있어서 중·일 양국 혹은 1국이 파병(派兵)을 요(要)할 때에는 먼저 문서로서 알려야[行文知照] 하며 그 사건이 진정된 이후에는 곧 철회하여 다시 머물러 주둔하지 않는다.

서명과 더불어 이토는 조선에 있던 일본인을 살상한 중국군의 처벌을 요구하는 조회문을 리훙장에게 발송하였다.

이토는 다음날 오전 톈진을 떠나 28일 일본에 도착하였다. 일본은 5월 21일 이 조약을 비준하고 7월에 이르러 공사관 호위 병력 1개 대대를 철수하였다. 중국 군대도 같은 시기에 모두 철수하여 갑신정변에 대한 중국과 일본 사이의 현안은 일단 타결되었다.

그러나 이 사건을 계기로 중국의 조선 지배는 더욱 강화되었고 조선 정부는 이런 지배로부터 벗어나기 위하여 이번에는 러시아에 눈길을 돌리게 되었다. 1880년대 이후부터 구미열강들이 전 세계에 진출하기 시작하였고 세계정치는 영국과 러시아의 대립으로 첨예화하게 되었다. 한반도가 이런 정치적인 대립에 깊게 편입되었다. 계속된 한아밀약(韓俄密

約) 사건이나 영국의 거문도 점령이 이를 말해 준다.

의의

갑신정변은 자주적인 근대국가 형성을 위한 최초의 정치운동이란 점에서 한국사에 있어서 큰 의의가 있다. 전통적인 유교 국제정치 질서의 붕괴에도 불구하고 중국과의 관계를 다시 근대국제법 질서에서 말하는 주종관계로 설정하려는 보수·반동세력을 척결하고 구미 국제정치 질서의 세계적인 팽창에 자주적으로 대처하려는 정치운동이었다고 본다. 근대적인 구미 국제정치 질서의 구성원이 되는 전제조건이 바로 자주적인 근대국가의 형성임은 말할 필요도 없다.

그러면 한국사에 있어서 이런 획기적인 사건으로서의 갑신정변은 왜 실패하였는가? 『고균』(古筠) 창간호(1935년)에 박영효는 「우리 일생의 실책」이란 글을 기고한 바 있다. 그곳에서 박영효는 실패의 가장 큰 원인을 일본의 갑작스런 정책변화에 있다고 말하고 있다. 중국-프랑스 전쟁이 끝나고 다시 화평의 기운이 무르익자 일본은 조선에 대하여 또다시 소극적인 자세를 취하게 되었다. 이와 같은 정책변화를 알리는 이노우에 외상의 밀서가 창덕궁에서 중국군과 접전을 하고 있던 다케조에에게 전달되었다. 이에 그는 어찌할 바를 모르게 되었고 따라서 일본인 모두의 사기는 땅에 떨어지고 말았다는 것이다.

박영효는 다음으로 개화당 자신들의 실책을 들고 있다. 먼저 한성판윤(漢城判尹) 심상훈(沈相薰)을 자파(自派)로 오인한 김옥균의 잘못을 탓하고 있다. 12월 5일이 되자 심상훈은 계속 외출을 요청하였는데 이를 거절했던 박영효와는 달리 김옥균은 소홀하게 그를 경우궁 뒷문을 거쳐 외출케 함으로써 내부비밀이 소상히 상대방에게 누설되었다는 것이다.

박영효는 또한 서재필의 실책을 들고 있다. 고종과 비빈 제궁(妃嬪 諸宮)의 진찬(進饌)은 하루 세 번씩 경우궁(景祐宮) 밖에서 들여왔는데 그 검사는 서재필이 맡고 있었다는 것이다. 그런데 12월 5일에 식기 밑에 밀서가 숨겨져 있는 것을 발견하지 못하고 이 밀서를 본 고종이 계속 창덕궁으로 돌아갈 것을 고집하게 되었다는 것이다. 적군이 쉽게 공격할 수 있는 창덕궁으로 환궁한 것이 결과적으로는 직접적인 패인이 된 것은 말할 필요도 없다. 그런데 『갑신일록』에 보면 김옥균과 박영효가 환궁에 반대했고 다케조에가 고종의 뜻에 따른 것이라고 되어 있는데 박영효는 자신만이 환궁에 반대하고 김옥균과 다케조에가 찬성하였다고 회고하고 있다. 하여간 환궁이 이루어지자 박영효는 "세(勢)는 이미 지났다."라고 한탄하였고 훗날 춘원 이광수(春園 李光洙)에게도 "김옥균이 어름어름하다 상감을 놓쳐 버렸죠."라고 고균(古筠)을 원망하였다.

박영효는 자신의 과오도 인정하고 있다. 12월 6일 그가 총기검사를 하고 보니 모든 총들이 녹이 슬어 있어 모두 해체하여 소제(掃除)케 하였는데 오후에 이르러 중국 군대의 공격이 시작되어 낭패하였다는 것이다. 『갑신일록』의 기록도 동일하다.

당시 개화파 인사들이 정변을 일으키면서 충분한 자금이 없었다는 것이 실패원인의 하나일 것이다. 김옥균이 정변에 임하면서 정치자금이 없었음은 전술한 바 있다. 정변이 일어나자 병사들은 밀린 급료의 지불을 요구하게 되었고 이것이 그들의 사기에 큰 지장을 주게 되었다. 『갑신일록』 12월 6일조에 보면 김옥균은 그 바쁜 와중에서도 다케조에 공사에게 우선 '목전(目前)의 급(急)'을 완화하기 위하여 300만 달러의 차입을 요구한 것도 이런 사정을 말해 주고 있다.

그러나 무엇보다도 갑신정변의 실패는 당시 역사적인 단계의 한계성에 기인하는 것이었다. 정변의 정치적인 필요성을 인식하고 있는 계층은 극히 일부의 선각자들에 국한되어 있었다. 근대적인 정치의 경험과 훈련이 없는 단계에서 근대적인 정치운동을 시도한다는 것은 실패하게 되어 있다. 『고균』(古筠) 2호에 실린 서재필(徐載弼)의 회고에도 "일반민중(一般民衆)의 성원(聲援) 박약"을 실패의 일차적인 원인으로 꼽고 있는 것도 이러한 역사적인 한계성을 말해 주는 것이다.

3. 갑신정변 이후 조선의 국제환경

중국과 일본의 조선 정책

임오군란과 갑신정변, 두 사건을 거치면서 일본은 1880년의 조선 정책으로 다시 회귀하였다. 중국과 직접적인 정치 대립은 회피하고 간접적인 경제, 문화 침투에 주력한다는 정책 노선으로 복귀하였다. 1882년 10월 이와쿠라 도모미의 의견서, 그리고 1885년 1월 이노우에 가오루가 서울을 떠나면서 곤도 마스키 대리공사에게 건네 준 훈령이 이런 정책 방향을 잘 말해 주고 있다.

갑신정변 이후 한반도에는 일본을 지지하는 세력이 거의 소멸되었다. 일본은 또 국내에서는 여러 당파 사이에 분쟁이 계속되었고 대외 정책으로는 서양 세력들과 체결한 불평등 조약의 개정 문제에 무엇보다 몰두하게 되었다.

한반도 문제는 갑신정변 이후 일본이 상상하지 못한 방향으로 급변하였다. 1885년 4월 영국의 거문도 점령으로 영국과 러시아의 각축장으로 돌변한 이 지역 문제에 어떻게 대처해야 하는가 하는 새로운 외교 정책이 필요하게 되었다. 일본으로서는 러시아의 남하를 저지해야 하는 것이 무엇보다 절박하게 되었다. 따라서 일본은 한반도 문제에 있어서 중국과 협력하지 않을 수 없게 되었다.

한편 서울의 정국은 다시 동요되었다. 영국이 거문도를 점거한 형국에서 조선 조정이 러시아와 연결되는 기묘한 정치적 현실이 노출되었다. 5월 26일 서울 주재 곤도 대리 공사는 두 편의 중요한 비밀 보고를 본국 정부에 발송하였다. 하나는 조선 내정에 관한 것이고 다른 하나는 조선의 대외 관계에 관한 보고였다. 내정에 관한 보고는 어윤중이 모든 직책을 박탈당하고 서인(庶人)으로 전락됐다는 사정을 먼저 쓰고 있다. 현재 조선에서는 어윤중, 김홍집, 그리고 김윤식 세 사람이 큰 인물인데 어윤중은 이미 관직에서 물러났고 김홍집은 한직인 판중추부사로 물러나게 된 조선 조정의 급변한 분위기를 전달하고 있다. 김윤식만이 외무독판으로 있으나 그 기량이 어윤중, 김홍집에 미치지 못하지만 리홍장의 신임으로 겨우 자리를 부지하고 있다. 그래서 현재 조선 조정은 조존두(趙存斗), 이범진(李範晉), 민지직(閔指直) 등 6인이 국정을 농간하고 있다는 내용이었다.

조선의 대외 관계에 관한 보고는 이른바 조선과 러시아의 밀약에 관한 중대한 사실을 전하고 있는데 내용은 다음과 같다. 지난해 변란 이후 조선 국왕은 두 사람의 밀사를 블라디보스토크 지방으로 보냈는데 이 중 한 사람은 이 항구에 오래 머물렀던 자로서 성이 권(權)이다. 다른 사람은 일찍 일본에서 광산을 배운 바 있던 김용원(金鏞元)이다. 이 두 사람은 근래 러시아 지방관의 회답을 갖고 귀국해 고종에게 이를 바쳤는데 조정의 대신이라 하더라도 볼 수 없다고 한다.

곤도의 비밀 보고를 받은 이노우에는 조선 문제를 다시 생각하게 되었다. 그리하여 그는 1885년 6월 10일 중국 주재 에노모토 공사에게 다음 8개항에 입각하여 리홍장과 교섭하라고 훈령하였다.

(1) 조선 정부에 대한 정책은 모두 극비의 수단으로서 리홍장과 이노우에가 협의한 후 리홍장이 이를 시행할 것.
(2) 현재와 같이 조선 국왕이 스스로 정무를 집행하게 하지 말고 또 내관(內官)이 정무에 간여하지 않도록 할 것.
(3) 나라 안에서 으뜸가는 인물을 골라 그에게 정무를 위임하고 그의 인사에 관해서는 국왕은 반드시 리홍장의 승낙을 받을 것. 그런 인물이란 김윤식, 김홍집, 어윤중과

같은 사람임.

(4) 위의 인물에 위임할 정무로서는 외교, 군사, 회계의 세 가지 일이 중요함.

(5) 될수록 빠른 시일 안에 묄렌도르프를 퇴거시키고 적당한 미국인으로 대치시킬 것.

(6) 천수탕(陳樹棠)은 비록 학문에 조예가 깊으나 재능이 부족한 사람이므로 다른 사람으로 대치할 것.

(7) 천수탕의 후임자가 리훙장에 의해 임명되고 또 미국인을 조선정부에 천거한 뒤 앞으로의 정책에 대하여 충분히 인식시키고 또 그들을 일단 일본에 보내어 이노우에와 면담하도록 할 것.

(8) 천수탕의 후임자는 서울주재 일본 대리공사와 긴밀한 교분을 맺고 매사를 서로 협의하여 처리하도록 할 것.

그러나 중국이 조선에 대하여 우월한 지배권을 행사할 수 있는 국제정치적인 여건을 맞이한 리훙장이 이런 일본의 제안을 수락할 리가 없었다. 에노모토 공사의 제안을 들은 리훙장은 처음 이런저런 핑계로 우회적인 대답으로 일관하였다. 그런데 가부간의 회답을 바란다는 에노모토의 재촉에 리훙장은 솔직한 심경을 토로했다. 중국은 조선 국왕에 대해 종주(宗主)의 권리가 있으니까 선량한 인물을 등용하고 소인을 멀리하라고 권고할 수 있지만 일본은 조선을 독립, 대등한 나라로 인정하고 있는 처지이므로 당초부터 조선의 내정에 간섭할 수 없다. 그럼에도 리훙장이 선량한 인물을 조선 국왕에게 천거할 때마다 이노우에와 상의한다면 리훙장 자신이 이노우에의 지위로 격하되는 것이라 하였다. 중국의 완전한 거절에 직면하자 일본은 후퇴하지 않을 수 없게 되었다. 그리하여 조선에 있어서 현존 지위만이라도 보존하려는 정책을 취하게 되었다.

영국은 물론 러시아의 남하를 저지하기 위하여 중국의 조선 진출을 희망하였다. 한편 러시아는 후술하는 바와 같이 조선으로부터 계속 보호 요청을 받고 있었으나 당분간 조선 문제에 개입하지 않고 이로 인해 열강과 분쟁이 야기되는 것을 회피하려는 입장을 취하였다. 그리하여 1886년 10월에는 중국-러시아 양국 사이에 톈진 신사협정(天津紳士協定)이 성립되어 러시아의 조선 진출이 일단 저지되었다.

이런 국제적인 분위기에서 특히 북양 아문의 젊은 막료 사이에서는 조선에의 감국대신(監國大臣) 파견론, 조선병합론(朝鮮併合論)이 대두되고 있었다. 장젠, 야오시광(姚錫光), 위안스카이(袁世凱) 등이 그 두드러진 인물이었다. 이와 같은 중국의 지배에 대항하는 수단으로서 조선은 러시아와 미국에 손을 뻗치게 되었다. 이 문제를 살펴보기 전에 먼저 거문도 사건을 잠시 살펴보기로 한다.

영국의 거문도 점령 사건(1885년 4월 17일~1887년 2월 27일)

1885년 4월 15일 영국 중국해 함대 사령관 다우엘W.M. Dowell이 해군상 노드브루크 Northbrook 경에게 아가멤논the *Agamemnon*, 페가수스the *Pegasus*, 파이어브랜드the *Firebrand*, 3척의 군함이 거문도 점령을 위해 출발했다는 전보를 보낸다. 그리고 17일 점령은 완료되었다. 영국과 러시아는 당시 아프가니스탄 국경 문제로 대립하고 있어서 양국의 관계는 극도로 긴장되어 있었다. 1885년 3월 30일 러시아 군대가 아프가니스탄 북쪽 국경 지역에 위치한 펜제Pendjeh에서 영국이 훈련시킨 아프가니스탄 군대를 격파하였던 것이다. 영국의 인도 경영에 직접 관련된 사건이었다. 1882년 이집트 점령으로 영국은 국제적으로 고립된 상황이어서 힘에 의존하지 않을 수 없었다. 1854년 크림 전쟁 시기와 같이 흑해를 거쳐 러시아 본토를 공격하는 것이 최선의 군사적 선택이었다. 그러나 독일이 영국의 해협 통과를 저지하고 나섰다. 영국은 중앙아시아 내지에서 전투를 전개할 수도 없었다. 남은 방법은 블라디보스토크를 공략하는 길밖에는 없게 되었다.

따라서 영국 해군성은 블라디보스토크의 러시아 함대가 남하하는 것을 저지한다는 명분으로 거문도를 점령해 근 2년간이나 불법 강점하는 사건이 일어나게 되었다. "공법에 투철한 나라가 어찌 남의 영토를 점령할 수 있느냐?"는 김윤식의 항의는 유럽 권력정치 앞에서는 무력한 것이었다. 영국의 명분은 러시아가 거문도나 조선의 다른 지역을 점령할 계획을 갖고 있기 때문에 이를 사전에 봉쇄한다는 것이었다.

러시아는 물론 영국의 거문도 철수를 즉각 요구하고 나섰다. 1885년 5월 18일 러시아 외무성은 도쿄 주재 다비도프 공사에게 슈페이에르A.N. Shpeier, 또는 Speyer를 서울에 파견해 거문도를 영국에 매각하지 못하도록 하라고 훈령하였다. 그러나 영국의 거문도 철수는 조선과 러시아의 교섭만으로 해결될 수 있는 것은 아니었다. 따라서 러시아는 중국과 협의하기로 하였다. 사실 중국은 러시아의 조선 진출을 억제한다는 의미에서 영국의 거문도 점령을 처음에는 반대하지 않았다. 리훙장은 점령 소식을 듣고 "러시아에 대한 방어조치로서 중국과 조선에 손해가 되는 것은 아니다."라고 말한 바 있다.

러시아는 조선의 현상유지와 영토보전에 관해 중국과 합의가 이루어지길 바라고 영국이 거문도로부터 철수한다면 러시아는 장차 라자레프(元山)Lazarev와 그 밖의 어떠한 부동항도 점령치 않을 것을 보장한다고 리훙장에게 제의하였다. 그러나 리훙장은 시간을 끌다가 1886년 8월에 가서야 라디젠스키N.F. Ladyzhenskii 공사에게 철수 문제를 토의하자고 제의하였다.

이에 러시아 외무성은 조선의 현상유지와 영토보전을 보장받도록 하고 러시아도 조선의 어떠한 지역도 점령하지 않을 것을 보장한다고 말하도록 라디젠스키 공사에게 훈령하였다. 10월부터 시작된 교섭은 대충 위의 내용을 담은 각서를 교환한다고 합의되었다. 그런데 중국이 갑자기 중·한 종속관계를 내용에 삽입하자고 주장해 난관에 봉착하게 되었다. 결국 러시아는 조선에서 보호통치 같은 것을 하지 않고 중국도 조선의 영토를 점령치 않겠다는 선에서 합의하였다. 이 합의가 이루어지자 리훙장은 중국의 이름으로 영국의 거문도 철수를 만국에 통보하였다. 철수는 1887년 2월 27일에 가서야 이루어졌다.

한아밀약사건(韓俄密約事件)과 한아밀약설(韓俄密約說)

중국의 굴레로부터 벗어나기 위해 조선은 먼저 러시아의 도움을 요청하는 방향을 택하였다. 이로부터 몇 차례에 걸쳐 밀약사건이 일어나게 되고 또 사실과는 다른 밀약설이 나돌게 되었다. 그런데 지금까지 국내의 이에 관한 연구들은 대개 러시아 문서를 이용하지 못하였는데 그것은 우리의 여건으로 보아 어쩔 수 없는 일이었다. 그러나 러시아의 미간문서를 이용한 연구들이 구소련에서 출간되기 시작하였다. 구소련에서 나온 연구들을 소개하고 국내의 기존연구들에서 알려진 사실들의 서술은 될수록 생략한다.

조선 정부의 러시아에 대한 접근 시도는 먼저 묄렌도르프를 통해 이루어졌다. 리훙장에 의하여 임명되고 파견된 그가 조선에 도착한 이후부터는 압도적인 중국 세력의 제거에 앞장을 섰다.

묄렌도르프는 이미 갑신정변 이전인 1884년 8~9월 사이에 러시아 관리들과 접촉한 바 있었다. 베이징 주재 러시아 무관 육군중령 슈네우르Shneur와 태평양 러시아 함대 사령관 해군소장 크로운A.E. Kroun과 접촉하였다. 묄렌도르프는 이들에게 영국이 장차 조선을 보호령으로 할 것이며 거문도를 점령하려고 한다고 전하면서 조선의 독립을 러시아, 영국, 일본 3국이 공동으로 보호해 줄 것을 조선이 희망하고 있다고 전달하였다. 이에 슈네우르와 크로운은 러시아 정부에 직접 제의하라고 권하였다. 러시아 외무성은 이런 묄렌도르프의 제의를 심의하였다. 심의 결과 조선에 대하여 어떠한 약속을 하는 경우 구미 열강이나 중국과 불필요한 마찰을 초래하기 때문에 현 단계로서는 그런 약속을 할 수 없다고 결론을 맺었다. 그리고 다비도프 일본주재 공사에게는 1884년 10월 8일 훈령을 보냈는데 조선이 영국의 보호령이 되는 것을 저지해야 되고 또 거문도를 양여치 말아야 되며 일본 정부에게는 조선의 현상을 유지할 용의가 있음을 알리라고 지시하였다.

그 후 이른바 제1차 한아밀약 사건은 갑신정변 직후 묄렌도르프가 다시 러시아에 보호를 요청함으로써 일어나게 되었다. 그는 1884년 12월 중순 도쿄 주재 러시아 외교관들에게 러시아가 조선을 보호해 줄 것과 인천에 군함과 수병들을 파견해 줄 것을 요청하였다. 그의 이런 제의는 다비도프 공사가 12월 14일자 비밀전문으로 기르스 외상에게 전하였다. 이에 기르스 외상은 군대파견은 러시아의 기존정책인 '기다리는 정책'을 포기하는 것으로 신중을 기해야 한다고 하면서, 그러나 중·일 양국 그 어느 편에도 가담하지 않는 중립적인 입장을 취해야 한다는 점과, 만일 일본이 조선을 병합하려고 한다면 러시아도 조선 연안의 일정 지역을 엄호해야 한다는 의견을 알렉산드르 3세에게 개진하였다. 한편 기르스 외상은 분쟁이 발생할 경우 실제로 조선에 파견될 군함이 어떤 것들인지 해군성에 문의한 바 있었고 해군성은 동원 가능한 군함들의 현황을 자세히 알려준 바 있었다.

기르스 외상은 조선의 현실적인 상황과 조선 조정의 확실한 의향을 알기 위해 도쿄 주재 서기관 슈페이에르를 서울에 파견하라고 1884년 12월 20일자로 훈령하였다.

조선으로 떠나기에 앞서 슈페이에르가 받은 훈령은 다비도프 공사가 작성한 것이었는데 그 내용은 다음과 같다. 갑신정변에 관한 정보를 비롯하여 조선 사정 일반에 관한 정보를 수집할 것, 러시아의 보호를 요청한 묄렌도르프와 개인적인 회담을 가질 것, 이 회담에서 조선이 정확히 무엇을 바라고 있는지 탐지하고 조선이 외국과 흥정하는 것이 매우 위험하다는 것을 설득할 것, 그리고 러시아의 공식대표로 파견되는 것이 아니기 때문에 러시아 정부의 약속으로 인정될 수 있는 어떠한 행동도 하지 말 것 등이었다.

슈페이에르는 1884년 12월 30일 서울에 도착해 다음해 2월 6일 서울을 떠날 때까지 고종을 알현하고 묄렌도르프와 회견을 가졌다. 1885년 1월 1일에 있었던 알현에서 고종은 러시아와의 우호를 희망하면서 조선의 희망은 묄렌도르프가 전달할 것이라고 말해 이 문제를 묄렌도르프에게 위임할 뜻을 비쳤다. 한편 묄렌도르프는 러시아 보호통치의 필요성을 역설하고 최소한 양국은 조약을 체결해 조선의 독립을 보장해 줄 것을 요청하였다. 더욱이 묄렌도르프는 보호통치의 대가로 영일만(迎日灣)의 한 항구를 러시아가 사용하도록 제의하였다고 다비도프 공사에게 슈페이에르는 1885년 1월 16일 보고하고 있다.

기르스 외상은 러시아가 조선 문제에 깊이 개입하는 것에 주저하였으며 당분간 어떤 적극적인 정책을 추진하는 데 반대하였다. 1885년 1월 20일자 그의 상주문에 보면 "우리와 조선과의 주요 이해는 태평양에서 서로 국경을 맞대고 있다는 데 있으나 우리의 경제력과 군사력이 아직 이곳까지 발전되어 있지 않다. (따라서) 이런 사정으로 보아 우리는 어떤 다른 세력이 (조선에서) 우월한 세력으로 공고화되지 못하도록 배려해야 된다."라고 적혀 있다. 그리고 그는 같은 날 다비도프 공사에게 당분간 아무런 행동도 취하지 말라고 훈령하였다. 그리고 보호통치 문제에 관해서는 이 문제로 중·일 양국과 아무런 분규도 야기하지 않는다고 확신할 때까지 어떠한 조치도 취하지 않기로 하였다고 전달하였다. 이렇게 되어 조선이 묄렌도르프를 통해 러시아에 접근하려는 시도는 일단 무산되었다.

슈페이에르가 서울을 떠난 직후에 또다시 한아밀약사건이 터졌다. 전영 영관 권동수(前營 領官 權東壽)와 김용원(金鏞元)이 블라디보스토크에 나타나서 러시아의 보호를 요청하는 국서를 러시아 지방 관리에게 전달한 사건이었다. 이들이 귀국 복명한 것이 1885년 5월이었고 이에 놀란 외무독판 김윤식이 천수탕(陳樹棠)과 곤도(近藤眞鋤) 대리공사에게 발설하고 곤도는 이를 이노우에 외상에게 보고하여 이로부터 이노우에의 조선 공동보장 8개항이 나오게 된 것은 전술한 바 있다. 문제는 그러한 국서가 과연 있었느냐 하는 것이다. 당시 중국의 막강한 영향이 있었던 사정에 비추어 보아 그런 국서를 전달한다는 것이 불가능한 일이며 따라서 그런 국서 자체가 없었거나 또는 권(權), 김(金) 양인이 왕명(王命)을 사칭한 것일 것이라는 의견이 한동안 지배적이었다.

그러나 러시아 문서에는 분명히 권, 김 양인의 보호요청 사실이 보이고 있다. 남우수리 지방 국경위원회 소속 육군 대령 베네프스키Benevskii가 연해주 군사령관 바라노프I.G. Baranov에게 보낸 1885년 2월 10일자 비밀전문에 보면 권, 김 양인이 자신에게 러시아의 보호를 요청하였다는 것이다. 권, 김 양인이 말하기를 중국이나 일본은 모두 믿을 수 없으며 일본은 현재 조선에서 침략적인 행동을 하고 있어서 러시아는 조속히 1884년 조약을 비준하여 주길 바라며 조선은 또 러시아와 육로통상장정의 체결을 바란다고 하였다고 베네프스키는 보고하였다.

바라노프 사령관의 보고를 받은 러시아 정부는 2월 19일자로 연해주 총독 코르프A.N. Korf에게 다음과 같이 훈령하였다. 러시아 정부가 곧 조선에 공식대표를 파견하여 1884년의 조약을 비준하고 또 육로통상장정도 토의할 것이며 조선의 독립보장도 이 대표가 토의할 것인바 이런 사정을 권, 김 양인에게 전달하도록 하라는 것이었다.

그러나 러시아 정부는 조선의 계속된 보호요청에 적극적으로 응하질 못하였다. 열강과 불필요한 분쟁을 일으키지 않을까 두려워하고 있었으며 이런 모험을 무릅쓰고 조선내정에 개입할 중대한 이해관계도 갖고 있지 못하였다.

영국이 거문도를 점령하자 그 진상을 알아보기 위하여 그리고 러시아 교관 파견문제를 결말짓기 위하여 슈페이에르가 두 번째로 서울에 나타나자 또다시 한아밀약설로 떠들썩하게 되었다. 그가 받은 훈령의 내용을 보면 군사교관 파견 약속을 이행하고 교관들의 체류조건을 협의하라는 것이었다. 그러나 그에게는 조선과 공식합의를 할 수 있는 권한은 부여되지 않았다. 그가 보호통치 문제를 토의하기 위하여 서울에 온 것이라고 말한 미국 측 문서의 내용은 러시아 문서의 내용과 상당히 다른 바 있다.

1885년 6월 9일 서울에 도착한 슈페이에르는 친 러시아 세력이 크게 약화된 것을 감지하였다. 특히 묄렌도르프의 몰락이 두드러졌다. 이번에 서울에 와서는 슈페이에르는 묄렌도르프와는 아무런 접촉도 하지 않았다고 러시아 문서에 나타나 있는데 이 점도 국내의 연구들과 다른 점이다.

러시아 교관의 파견 문제는 특히 김윤식의 강경한 반대에 부딪쳐 무산되었다. 그러나 슈페이에르를 접견한 고종은 러시아에 호의적인 태도를 보였고 군사교관 문제는 통서에 일임하였는데 자신은 그 결정에 따르겠노라고 말하였다. 7월 1일 통서는 러시아 교관 파견을 반대한다고 결정하였다. 슈페이에르는 곧 도쿄로 돌아갔다. 러시아 문헌은 그가 서울을 방문한 것이 오로지 교관파견 문제만을 토의하기 위한 것이었지 보호통치 문제는 거론조차 하지 않았다고 강조하고 있다. 그러나 러시아는 적어도 교관파견 문제에는 관심을 가졌다. 반노프스키P.S. Vannovskii 국방상은 슈네우르 대령을 서울에 파견하여 조선의 군사현황과 교관파견 문제를 알아보도록 명령한 바 있었다.

1886년 8월 초에는 해괴한 사건이 터졌다. 8월 9일 총리내무부사(總理內務府事) 심순택(沈舜澤)이 러시아의 보호를 요청하는 국서를 작성해 민영익이 이를 베베르K.I. Waeber 러시아 공사에 전달하였다. 민영익은 이 사실을 위안스카이에게 폭로해 문제는 매우 복잡하게 되었다. 영국은 러시아 세력을 견제하기 위하여 중국이 조선을 점령하는 것을 지원하겠다고 공언하였다. 일본도 러시아 세력을 저지하기 위해 조선 문제를 근본적으로 해결하자고 주장하였다.

그러나 서울에 있던 외국 공관에서는 곧 이 문서는 위작이라고 반박하고 나섰다. 또 리훙장도 나중에는 러시아 주재 중국공사 류루이펀(劉瑞芬)에게 이 문서가 위작이라고 전달한 바 있었다.

그렇다면 누가 과연 이 문서를 조작하였을까? 메릴H.F. Merrill 문서에 보면 서울 주재 영국 총영사 대리를 지낸 바 있던 베이버E.C. Baber가 위조한 것이라고 되어 있다. 영국이 거문도 점령 이후 러시아의 위험을 과장하기 위해 조작했을 가능성도 없지는 않다. 그러면 민영익이 그것이 위작인 줄 알면서도 베베르 러시아 공사나 위안스카이에게 전달해 폭로했으리라고는 상상하기 힘들다. 또 청J. Ch'ing 교수의 견해에 따르면 민영익이 위작인 줄 알았으면서도 위안스카이를 몰락시키려고 그에게 폭로했다고 추측하고 있다. 그러나 민영익이 이런 엄청난 일을 단독으로 처리했으리라고는 믿기 힘들다. 다른 하나의 추측은 고종을 폐위시키려는 측에서 조작했을 가능성이 있다는 것이다. 이 사건이 터지자 중국은 곧 고종 폐위를 실행에 옮기게 된다. 중국의 조작이고 민영익이 도리어 희생양이 되었다는 추측이 그럴 듯하다.

하여간 이 사건이 일어나자 리훙장은 8월 14일 고종을 폐위시킴이 옳다고 판단해 서울에 밀사를 파견하게 된다. 9월 28일자 중국 주재 러시아 공사 라디젠스키N.F. Ladyzhenskii가 기르스 외상에게 보낸 보고문을 보면 고종의 이 같은 행위는 '종속국 의무의 범죄적인 위반'이라고 중국은 규정하고 고종과 그 가족을 바오딩(保定)에 유배시키고 대원군을 왕위에 앉히기로 결정하였다는 것이다. 이것을 실행하기 위해 3만의 병력을 조선·중국 국경에 배치시키고 서울–톈진의 전신을 차단토록 명령했다는 것이다.

이렇게 고종 폐위론까지 몰고 온 한아밀약사건에도 러시아가 아무런 조치나 행동을 취하지 않아서 그런대로 사건은 일단락되었다.

견미사절(遣美使節) 파견 문제

러시아에 접근함으로써 중국의 굴레에서 벗어나려는 조선 조정의 기도는 실패로 끝나게 되었다. 그러자 이번에는 미국과의 접촉을 시도하였다. 그것이 미국에 상주사절을 파견하려는 정책으로 나타났다. 1887년 8월 18일 박정양(朴定陽)을 미국 주재 전권대신으로 임명한 것은 중국의 지배를 정면에서 도전한 것이었다. 이런 자주적인 조선 조정의 결정에 대해 그것이 데니O.N. Denny의 권고에 의한 것이라든가 베베르K.I. Waeber의 요청, 또는 알렌H.N. Allen의 충고에 의해 이루어졌다는 견해들이 있으나 실은 고종과 민영익 양인이 결정하였다.

1887년 7월 11일자 엘린우드F.F. Ellinwood에게 보낸 알렌의 서한에 보면 다음과 같다. 알렌이 고종의 부르심을 받고 입궐하여 보니 고종과 민영익이 미국에 파견할 대사 문제를 논의하고 있었다. 이에 알렌은 미국 주재 중국 공사의 반대가 있을 것으로서 중단할 것을 진언하였다. 그러자 "고종께서는 진노하시더니 곧 공사파견을 결정하고 나에게 앉으라고 하고는 이에 필요한 비용을 계산하여 보라고 명하시었다." 알렌은 만 달러 정도를 계산하고는 다시 한번 "이런 일은 무모한 것임을 말씀"드렸다는 것이다.

민영익이 중국에서 돌아온 것이 6월 13일이었고 그가 귀국하자마자 이런 결정을 하게 된 직접적인 계기는 그가 중국에 있을 때 고종 폐위론이 다시 대두된 것을 듣고 돌아왔기 때문이었다. 이런 결정이 있게 되자 위안스카이는 크게 반발하고 취소하지 않으면 자신은 귀국하겠노라고 협박하기에 이르렀다. 고종은 일단 위안스카이에게 파견을 중지하겠다고 통고하고는 한밤중에 박정양으로 하여금 남대문으로 빠져나와 인천으로 향하게 하였다.

한편 8월 1일 중국은 다시 자취를 감춘 민영익을 찾느라고 혈안이 되어 있었다. 러시아의 보호를 요청하려고 잠적하였느니 왕비와 사이가 벌어져 도주하였느니 추측만이 무성하였다. 중국은 민영익을 납치해 톈진에 회송하라는 밀명을 위안스카이에게 내렸다. 그러나 민영익은 미국에 공사를 파견하는 데 필요한 자금을 마련하기 위하여 홍콩으로 향하고 있었던 것이다. 박정양을 동행한 알렌의 일기에 다음과 같이 적혀 있다.

> 10월 29일(부산) … 홍콩에 있는 민영익에게 한글 문서를 전하고 자금을 인수하여 그것을 내가 공사일행과 합류하게 될 나가사키로 가져가라는 고종의 서한이 도착하다.
>
> 11월 6일 … 홍콩 도착.
>
> 11월 11일 … 민영익은 2만 달러의 수표와 박정양에게 보낼 서한을 나에게 주다. … 민영익은 또 내 개인비용으로 100달러를 주고 나가사키에서 인천으로 되돌아갈 일행 중의 몇 사람을 위하여 40달러를 주다.

조선은 갑신정변 이후 강화된 중국의 지배를 벗어나기 위하여 러시아, 미국에 접근하려는 정책을 펴가면서 스스로 구미열강의 세계정치 '틀' 에 완전히 편입하게 되었다.

제 3 절

중일전쟁, 러일전쟁, 그리고 조선

중일전쟁을 거치면서 조선은 근대화를 성취할 수 있는 국제정치적인 여건을 상실하게 되었다. 물론 국내에서는 광무개혁에서 보듯이 처절한 노력이 경주되었으나 세계사의 흐름에서 볼 때에는 거역할 수 없는 역사적 한계에 직면하게 되었다.

우리 학계 일각에서 근대화, 근대국가와 같은 학술적인 용어들을 비역사적으로 사용하고 있는 점을 지적하지 않을 수 없다. 근대화는 정치적으로는 근대국가를 이룩한다는 의미이고 경제적으로는 국민경제를 성취하는 것이고 사상적으로는 합리주의 정신을 배양한다는 뜻이다. 핵심은 근대국가에 있음은 물론이다.

근대국가는 명분의 개념임을 먼저 기억해야 한다. 특정 정치 집단이 현실적으로 얼마나 근대화의 조치가 이루어졌는가를 따지는 사실의 세계와는 차원이 다른 것이다. 명분과 사실이 합치하는 장소topos는 그런 정치 명분을 전파시킨 서유럽 세계의 중심지역 이외에서는 찾을 수 없는 일이다.

근대국가는 절대적인 존재인 기존 근대국가들이 절대적인 존재라고 승인하면 근대국가라는 정치집단으로 존재하는 것이다. 이런 의미에서 근대국가는 기본적으로 국제정치 개념이다. 근대화 조치의 여부를 따지는 사실의 세계와는 아무런 관련이 없다. 여기에 승인의 창조적 효과설이라는 제국주의적인 이론이 나온다.

헤겔G.W.F. Hegel의 이 이론을 국제법에 접목시킨 사람이 바로 휘튼H. Wheaton이었다. 조선에 처음으로 전래된 『만국공법』이 휘튼의 저술이며 조선의 지식인들이 이 저서에 심취했던 것은 역사적인 하나의 모순이다. 하여간 조선이 근대국가라는 탈을 가졌다고 기존 근대국가들이 승인한 것은 1882년부터 시작된 서양 열강들과의 수호조약들이라는 사실을 기억해야 한다.

따라서 한국외교사의 흐름에 있어서 이런 조약들이 어떻게 변천되었는지를 따지는 것이 중요한 일이다. 그리고 조약의 의미는 19세기 당시의 법적 확신에 따라 해석해야 된다는 점도 중요하다. 이것이 이른바 시제법(時際法)intertemporal law이란 것이다. 이 점과 관련해서는 필자의 『세계관 충돌의 국제정치학』(1997)을 참조해 주기 바란다.

1. 중일전쟁과 조선

일본차관의 유입

중일전쟁 이후 조선에는 정치적인 성격의 일본차관이 압도적으로 들어오게 되었다. 이런 차관의 도입은 이노우에 가오루 공사가 1894년 조선에 부임하면서 시작되었다. 1894년 12월 4일 그는 무쓰 외상에게 일본이 조선에서 확고한 지위를 갖게 될 방안으로서 다음과 같은 의견을 개진하였다.

(1) 경부선, 경인선, 경의선 등의 철도 부설권 확보.
(2) 전신선 확보.
(3) 군함 정박소 확보.
(4) 고부(古阜) (또는 목포), 대동강의 개항 및 거류지의 설치.
(5) 해관수입을 담보로 30만 원을 대여하고 일본인이 해관을 감독토록 할 것.
(6) 은화 또는 지금(地金)으로 500만 원을 대여하고 전라, 충청, 경상 3도의 조세를 담보로 할 것. 일본인이 이 조세징수를 감독케 할 것.

그는 일본이 조선에 간섭하기 위해서는 무엇보다 차관을 공여하는 것이 중요하다고 역설하였다.

500만 원의 거액이 곧 타결될 수는 없었다. 우선 30만 원의 대여 문제가 20만 원으로 삭감되면서 1895년 1월 조선 탁지부(度支部)에 교부되었다. 500만 원은 그 후 300만 원으로 결정되어 1895년 3월 30일 차관계약이 성립되었다. 150만 원은 은화로, 150만 원은 일본 은행권으로 교부해 해관수입을 담보로 하였다. 그런데 당시 조선의 1년 조세수입 3분의 2에 해당되는 이 거액의 차관을 서둘러 상환하지 않는다면 일본에 재정적으로 예속되는 것은 자명한 일이었다. 그리하여 조선은 당시 해관수입의 저축금을 탕진하면서까지 그 상환에 노력해 1897년 5월, 12월에 각각 100만 원씩 200만 원을 상환하였고 1899년 12월에 75만 원을 다시 상환하고 잔액인 25만 원의 상환기일을 6개월간 연장토록 요청하였다. 조선주재 일본공사 하야시 곤스케(林權助)는 잔액을 그대로 두는 것이 조선에 정치적 압력을 가하게 된다고 본국 정부에 건의해 연기 신청을 수락하였다.

275만 원과 이에 따른 이자를 상환한 조선 정부는 극심한 재정적인 곤란에 부딪치게 되었다. 그리하여 열강에 차관 교섭을 전개했으나 모두 일본의 방해 공작으로 무산되었다. 일본은 다시 차관을 공여하고 조선을 예속화시키려는 음모를 갖고 있었다. 1899년 11월 26일 하야시 공사가 아오키(青木周藏) 외상에게 500만 원의 차관을 공여할 것을 주장하면서 그 이유를 다음과 같이 말하였다.

(1) 전체로 보아 일본이 조선에 대한 세력을 증진시킨다.
(2) 조선이 광산, 기타의 이권을 타국에 양여할 때 반대의 구실을 만들 수 있다.
(3) 만약 조선이 상환 의무를 게을리 하면 담보 등의 이권을 일본이 요구할 수 있다.
(4) 따라서 상환 의무를 지키지 않는 것이 일본에 유리하다.

그러나 이런 거액의 차관이 곧 타결될 수도 없었고 후술하게 될 러시아 · 일본협약에 위반돼 실행에 옮길 수 없었다. 그러나 1905년 한일 의정서가 체결될 때까지 일본은 다이이치 은행을 통한 차관을 계속하였다.

일본의 정치 테러—명성황후 시해사건

일본이 3국 간섭에 굴복하고 후퇴하게 되자 이것이 곧 조선의 국내정치 판도에 결정적인 영향을 미치게 되었다. 민씨 일파들은 친일파를 물리치고 친러파 내각을 출범시켰다. 1895년 7월의 일이었으며 이들은 곧 일본인이 훈련시킨 훈련대를 해산시켜 버렸다. 이때부터 서울에 있던 일본인들 사이에는 일대 중대 결단을 해야 한다는 말이 유행하게 되었고 이런 상황에 미우라 고오로(三浦梧樓)가 조선 공사로 부임하였다. 그는 서울에 도착하면서 친러파의 근원이라고 할 수 있는 명성황후를 제거하는 것이 실추된 일본 세력을 만회하는 길이라고 판단하고 그 구체적인 방법을 강구하게 되었다. 일본 당국이 미우라 공사에게 그런 지시나 암시를 하였다고 증빙할 자료는 현재 존재하지 않는다. 그러나 외국의 왕후 시해라고 하는 엄청난 사건을 일개 공사가 홀로 결정해 실행했다고는 도저히 상상할 수 없는 일이다.

명성황후 시해사건은 1895년 10월 7일 밤에서 다음날 새벽 사이에 일어났다. 3시간에 걸친 이 엄청난 살육은 일본의 수비대와 낭인(浪人)패들에 의해 이루어졌다. 경복궁 안의 지리를 잘 아는 일본 영사관의 하기와라(萩原秀次郎)라는 순사가 길잡이 노릇을 하였다. 일본 공사관의 스기무라 후카시(杉村濬), 일본 수비대장 구스노세 사치히코(楠瀬幸彦) 등이 구체적인 계획을 세웠다. 일본 수비대 이외에도 20명 정도의 일본 민간인이 참여했는데 이들은 주로 한성신문사(漢城新聞社)에 관련된 자들이었다. 사장인 아다치 겐조(安達謙藏), 주필인 구니모도 시게아키(國友重章), 그리고 시바 시로(柴四郎) 등을 위시해 신문기자, 의사, 상인들도 살인자의 역할을 자청하였다.

당시 조선 정부에 고문으로 와 있던 이시즈카 에이조(石塚英藏)가 일본의 법제국장인 스에마츠 겐초(末松謙澄)에게 보낸 사건경위에 관한 서한이 남아 있다. 사건이 있던 다음날인 10월 9일자로 된 이 서한은 현재 일본 국회도서관 헌정자료실(憲政資料室) 이토 미요지(伊東已代治) 문서 중에 보관돼 있다. 다음에 이 서한 중의 한 구절을 보기로 하자.

> (일본) 수비대의 장교, 병졸들은 사문경위(四門警衛)에 그치지 않고 문 안으로 침입하여 특히 이들을 따라온 자들이 내부 깊숙이 들어가 왕비를 끌어내어 두세 군데 칼로 찌르고는 또 나체로 만들어 국부검사(局部檢查, 가소롭고 또 노할 일임)를 하고 최후로는 기름을 뿌려 이를 태웠으니 실로 붓으로 이를 옮기기 힘들다. 이 밖에 궁내대신(宮內大臣)은 매우 참혹한 방법으로 살해되었다고 한다.

이에 더하여 그들은 왕비의 침실에서 물건들을 약탈하는 만행을 서슴없이 자행하였다.

미국, 러시아 공사들은 사건 당일인 8일 오후 일본 공사관을 찾아와 미우라 공사에게 사건의 설명을 요구하였다. 이들 공사들은 이미 사건의 경위를 잘 알고 있었다. 러시아인으로서 조선 정부에 고용돼 있던 세레디나-사바틴I.V. Seredina-Sabatin, 친위대 훈련을 맡고 있었던 미국인 다이General Dye가 사건 현장에 있었기 때문이었다. 일본 정부는 사태의 심각성을 곧 인식하게 되었다. 외무성 정무국장 고무라 주타로(小村壽太郎)를 서울로 파견하였다. 15일 서울에 도착한 그는 우선 관련된 관리들을 일본에 귀환시켜야 한다는 의견을 개진해 17일에는 미우라 공사 등의 일본 귀환이 결정되었다.

이들은 모두 히로시마의 지방법원에서 재판을 받게 됐지만 예심에서 증거가 불충분하다는 이유로 모두 면소(免訴)되었다. 그러나 당시 재판소나 일본 당국은 사건의 모든 진상은 물론 누가 실제 범인이라는 것까지도 잘 알고 있었다. 당시 담당 검사가 법무대신에게 범인이 자백했다고 보고한 전문(電文)이 있으며 또 범죄의 하수인이었던 다카하시 겐지(高橋源次)도 그의 일기에 당시에 자백했노라고 적고 있다.

한편 조선에 있던 일본 민간인들은 일본 영사의 재판을 받지 않을 수 없었다. 이른바 영사재판소의 개정(開廷)이 있었다. 그런데 당시 영사였던 우치다 사다즈치(內田定槌)의 보고서에 보면 범죄의 하수인으로 출두할 자들을 미리 정해 놓고 무슨 얘기를 어떻게 진술할 것인지 그들 사이에 이미 진술할 말을 정해 놓았다고 되어 있다. 또 이들 하수인들을 심문한 자가 바로 경복궁에 길잡이 노릇을 한 하기와라였으니 실로 희극적인 장면이라 할 수 있다.

이 사건으로 조선 각지에서는 항일운동이 크게 일어나게 되었고 일본은 다시 조선에서 후퇴하지 않을 수 없었다. 따라서 친일파로 구성된 김홍집 내각이 붕괴될 것은 자명한 일이었다. 이런 분위기에서 이범진(李範晉)을 중심으로 하는 친러파 세력과 베베르, 슈페이에르 두 공사들 사이에 고종의 아관파천 계획이 진행되었다.

아관파천(1896년 2월 11일~1897년 2월 20일)

전국적으로 반일운동이 전개되자 베베르, 슈페이에르 두 러시아 공사들이 친러파들을 이용해 아관파천이 이루어졌다고 러시아 이외 국가들의 교과서에는 나와 있다. 그러나 러시아 문서나 구소련의 연구들을 보면 이와는 다른 견해를 갖고 있다. 현지 러시아 공사들의 요구에도 불구하고 러시아 정부는 일본과의 충돌을 우려해 군대파견을 승인치 않았으며 끈질긴 조선 조정의 요청에 할 수 없이 응해 개입하였노라고 선전하고 있다.

1896년 1월부터 조선은 러시아의 보호를 요청하기 시작하였고 서울 주재 러시아 공사들은 조선에 군대를 파견해 줄 것을 요청하였다. 슈페이에르는 1월 27일자 전보에서 다음과 같이 건의하였다.

> 만일 조선이 일본에게 완전히 예속되는 것을 바라지 않는다고 한다면 비록 우리의 모험적인 간섭이 분쟁을 초래하더라도 이곳의 사정으로 보아 어떤 적극적인 역할을 거부할 수 없다고 본인과 베버는 감히 생각하는 바입니다. … [조선에서 일본세력을 축출하기 위해서는] 일본의 병력과 동등한 수준의 군대를 파견해야 합니다. 약화된 일본이 우리와 분쟁을 일으키리라고는 생각되지 않으며

> 우리의 행동이 신속하고 단호할수록 우리에게 위험은 적으며 조선을 국제적인 보호 밑에 두려는 기회도 그만큼 배제될 것입니다.

고종은 2월 2일 드디어 이범진을 통해 러시아 공관으로 이어(移御)하겠다는 내용의 서한을 베베르와 슈페이에르에게 전달하였고 이들이 이를 수락하자 11일 새벽 고종이 러시아 공관에 이르게 되었다. 이로부터 1년 동안 고종이 그곳에 기거하게 되었고 조선의 모든 정무가 그곳에서 이루어지게 되자 러시아 세력이 엄청나게 조선에 진출하게 된 것은 당연한 일이었다.

러시아의 회답항목(回答項目)들

이와 같이 조선과 러시아는 특수한 관계에 놓이게 되었고 이런 관계를 잘 나타내 준 것이 니콜라이 2세 대관식에 참석한 민영환(閔泳煥)의 러시아에 대한 요구와 이런 요구에 대한 러시아 정부의 회답항목들otvetnye punty의 내용이다. 니콜라이 2세 대관식을 계기로 동북아 국제정치 질서에 관해 새로운 합의들이 이루어졌다. 중국 · 러시아의 리훙장 · 로바노프 합의에 관해서는 전술한 바 있고 러시아 · 일본 사이에는 후술하는 바와 같이 로바노프 · 야마가타(山縣有朋) 합의가 이루어졌다. 이런 합의들과 더불어 조선 · 러시아 사이에도 직접 교섭이 진행되었고 러시아의 기본 입장이 천명되었다. 민영환의 러시아 파견과 관련해 당시부터 현재까지 밀약설이 거론되어 오고 있다. 그러나 어떤 밀약이 실제로 존재했던 것은 아니고 회답항목들과 관련된 소문이거나 또는 일본의 과대한 선전에 기인하는 것이었다.

궁내부 특진관(特進官) 민영환이 특명전권공사로 니콜라이 2세 대관식에 참석토록 임명된 것은 아관파천이 있은 지 한 달 후인 1896년 3월 10일의 일이다. 당시 교통수단의 사정으로 보아 상당히 뒤늦은 임명 일자였다. 그가 받은 훈령은 다음과 같은 문제에 관해 러시아와 교섭하라는 것이었다.

(1) 러시아의 시베리아 전선(電線)과 조선 전선과의 연결
(2) 조선의 기병대, 공병대, 군악대, 병참, 수의(獸醫)관계 조직을 위한 러시아 교관과 전문가의 파견
(3) 조선 국왕 개인의 고문, 정치 · 행정 문제의 고문, 철도 문제의 고문 등의 파견, 그리고 광산 기술자의 파견

(4) 러시아 군인에 의한 고종의 보호 및 친위대의 조직
(5) 300만 원의 차관공여

이 훈령 내용은 러시아 공관 통역관으로 민영환 일행을 수행했던 슈테인E.F. Shtein 보고에 들어 있다.

민영환은 러시아에 체류하는 동안 로바노프 외상, 러시아 외무성 아시아 국장 카프니스트D.A. Kapnist와 수차에 걸쳐 회담을 가진 바 있다. 민영환은 6월 13일 로바노프 외상을 만나 각서를 전달했는데 그 내용은 그가 받은 훈령의 내용이었다. 민영환은 특히 고종의 환궁 후에도 러시아 군대의 호위를 바란다고 말하였다. 이에 러시아 외상은 직접적인 회답을 회피한 채 다만 러시아 공관에 있는 동안에는 러시아 수병에 의해 보호받으며 원하는 모든 것을 할 수 있다고만 말하였다. 그리고 200명의 군사교관 파견 요청에 대해서는 우선 장교를 조선에 파견해 현지 사정을 검토한 후에 교섭하자고 답변하였다.

민영환은 6월 16일 카프니스트와 회견하였다. 그 자리에서도 그는 군사 교관의 파견, 고종의 신변보호를 요청했으나 직접적인 언질을 받지 못하였다. 카프니스트는 조선 국왕이 환궁한 이후에도 평온히 지낼 수 있는 정신적인 보장은 받을 수 있다고만 답변하였다.

러시아는 조선의 끈질긴 요구에 대해 명백한 입장을 밝힐 필요를 느끼게 되었다. 일본과는 후술할 베베르 · 고무라 합의, 로바노프 · 야마가타 합의가 이미 이루어져 있어서 더욱 그러하였다. 러시아의 입장은 「조선 공사에 보내는 회답항목들」이란 문서에 나타나 있는데 이것은 차르의 재가도 받은 것이었다. 그 내용은 다음과 같다.

(1) 조선 국왕은 러시아 공관에 체류하는 동안 러시아 군대에 의하여 호위될 것이다. 국왕은 필요하고 편리하다고 스스로 생각하는 한 러시아 공관에 체류할 수 있다. 조선 국왕이 환궁하는 경우 국왕의 안전에 대하여 러시아 정부는 정신적인 보장을 맡을 수 있다. 현재 러시아 공관에 있는 러시아 군대는 러시아 공사의 명령으로 계속 주재할 것이며 또 필요한 경우 증강될 수도 있다.
(2) 군사교관 파견 문제를 해결하기 위하여 가까운 장래에 경험 있는 고위 러시아 장교를 서울에 파견하여 조선과 이 문제를 협의하도록 할 것이다. 이 장교는 무엇보다 먼저 국왕의 친위대를 구성하는 문제에 전념하게 될 것이다. 또 러시아는 유능한 사람을 조선에 파견하여 조선의 경제상황을 연구케 하고 필요한 재정상의 조치를 강구하게 한다.
(3) 러시아 고문들의 파견 문제는 상기 항목들로 해답되었다. 위의 러시아인들은 러시

아 공사의 지휘를 받아 조선의 군부, 탁지부의 고문관으로서 복무하게 될 것이다.

(4) 조선 정부에 대한 차관 문제는 조선의 경제 상태와 조선 정부의 필요 정도가 확인되면 고려될 것이다.

(5) 러시아 정부는 러시아의 육상 전신선과 조선의 전신선을 연결시키는 것에 동의하고 이에 필요한 원조를 제공할 것이다.

민영환 일행은 8월 19일 러시아를 떠나게 되는데 그는 떠나기 얼마 전인 8월 7일 로바노프 외상에게 러시아 어로 작성된 각서를 수교하였다. 그 각서의 내용을 보면 양국에 어떤 문제가 발생하면 서로 알리고 또한 조선에 어떤 곤란이 야기되어 원조를 요청하는 경우, 러시아는 이를 거부하지 않으며 조선의 독립을 위해 힘쓰겠다고 약속하라는 것이었다. 이것은 실로 동맹제의에 해당되는 것이었다. 이에 로바노프 외상은 그의 회답각서에서 러시아는 조선 정부에 대한 배려를 변경하지 않을 것이며 오래 지속되어 온 양국의 우호관계를 저버리지 않겠다는 일반적인 약속만을 하였다.

러시아는 그 후 회답항목들에 나타난 사항들을 실천에 옮겼다.

첫째, 조선의 재정 상태를 파악하기 위하여 로청은행(露淸銀行) 상하이 지점장 포코틸로프D.D. Pokotilov가 1896년 8월 서울에 도착하였다. 그는 조선의 토지세와 관세를 담보로 하는 경우 300만원의 차관은 공여하여도 상환에 문제가 없다고 보고하였다. 그리하여 러시아 정부도 차관 공여에 동의했으나 조선 세관 총세무사 브라운M. Brown의 반대에 부딪쳐 좌절되었다. 그러나 이번에는 재정고문으로 알렉세예프K.A. Alekseev가 1897년 9월 서울에 도착해 브라운과 경쟁하게 되었다. 그러나 이때에는 고종이 이미 러시아 공관을 떠난 이후로 러시아의 영향력이 전과 같지 않았다. 결국 브라운에 밀려 알렉시예프는 4개월 만에 조선을 떠났다.

둘째, 러시아 참모본부의 육군대령 푸탸타D.V. Putyata가 두 명의 장교, 10명의 하사관을 대동하고 민영환과 함께 1896년 10월 20일 인천에 도착하였다. 그는 조선 군대의 현황 파악을 시작하고 러시아식으로 조선 군대를 훈련하는 일에 착수하였다. 조선 군대를 사실상 러시아 군대에 예속시키는 계획을 마련해 차르의 동의까지 얻었으나 일본의 끈질긴 반대로 실현을 보지 못했다.

1년간 고종이 러시아 공관에 머물고 있는 동안 러시아는 갖가지 이권을 강탈해 갔다. 광산 채굴권, 벌목권 등을 위시한 여러 이권들로서 일본과의 충돌이 불가피하게 되었다. 우월한 정치적인 교두보를 장악한 러시아는 영국, 미국의 지원을 받고 있던 일본과의 직접적인 충돌을 피하는 범위에서 최대한의 권익을 확보하려고 하였다. 따라서 조선 문제에 관한 큰 테두리의 합의를 일본과 추진하게 되었다.

베베르 · 고무라 협정(1896년 5월 14일)

명성황후 시해사건의 사후 처리를 위해 서울에 온 고무라는 전문(電文)의 훈령에 의해 서울 주재 공사로 임명되었으나 고종의 아관파천으로 그는 신임장을 제정하지 못하였다. 그러나 러시아 측과 일을 마무리 짓지 않을 수 없어 체결한 것이 바로 베베르 · 고무라 협정이었는데 그 내용은 다음과 같다.

(1) 양국은 고종의 환궁을 충고하고 일본은 일본 장사(壯士)들의 단속을 엄격히 한다.
(2) 양국은 고종이 관대하고 온후한 인물을 대신에 임명토록 권고한다.
(3) 서울–부산의 일본 전신선을 보호하기 위하여 200명을 초과하지 않는 범위 내에서 일본 헌병을 주둔시킨다.
(4) 서울과 개항장의 일본 거류민을 보호하기 위하여 서울에 2개 중대, 부산과 원산에 각각 1개 중대의 일본군을 주둔시킨다. 1개 중대 병력은 200명을 초과하지 않는다. 러시아도 러시아 공사관과 영사관의 보호를 위하여 일본군 병력을 초과하지 않는 범위 내에서 각 지역의 위병을 주둔시킬 수 있다.

로바노프 · 야마가타 의정서(1896년 6월 9일)

베베르 · 고무라 협정은 고무라가 아직 신임장을 제정하기 이전에 이루어진 것으로 일종의 가협약(假協約)이라고 볼 수 있다. 따라서 보다 더 차원이 높은 양국 외상의 합의로 대체되었다. 니콜라이 2세 대관식에 참석하고 있던 야마가타(山縣有朋)와 로바노프 외상의 조선 문제에 관한 의정서가 그것이다. 이 의정서는 공개, 비밀 두 부분으로 되어 있는데 그 주요 내용은 다음과 같다.

(1) 양국 정부는 조선 정부에게 일체의 낭비를 없애고 세출입의 균형을 유지토록 권고한다. 조선이 외채가 필요한 경우 양국 정부가 합의해서 원조한다.
(2) 양국 정부는 조선 정부의 재정, 경제의 한계 내에서, 외원(外援)에 의존하지 않고, 조선인으로 조직된 군대와 경찰을 창설하고 유지하도록 조선 정부에 일임한다.
(3) 일본은 현재 점유하고 있는 전신선을 계속 관리하며 러시아는 서울에서 그 국경에

이르는 전신선의 가설권을 보유한다. 이들 전신선은 조선이 장차 매수할 수 있다.

(4) 이상의 문제에 관하여 장차 상의할 필요가 있는 경우 양국 정부대표는 우호적으로 이를 타협한다.

비밀조항은 2개조로 되어 있는데 내용은 다음과 같다.

(1) 원인의 내외(內外)를 불문하고 만일 조선의 안녕질서가 문란하게 되어 양국 정부가 그들 신민의 안전을 보호하고 전신선의 보호를 위하여 현재의 병력 이상의 군대를 파견함이 필요하다고 인정할 때에는 양국 정부는 군대 상호 간의 충돌을 예방하기 위하여 양국 군대 간의 공지(空地)를 마련하고 각 군대의 용병(用兵) 지역을 획정한다.

(2) 위 공개조항 제2조에서 말한 조선 국민에 의한 군대가 조직될 때까지는 양국이 동수(同數)의 군대를 주둔할 수 있다는 베베르 · 고무라 가협약이 효력을 갖는다. 조선 국왕의 신변보호에 관하여 현존하는 상태도 그런 임무를 갖는 조선인 부대가 창설될 때까지 그대로 유지한다.

이 의정서는 일본이 러시아에게 크게 양보한 것이다. 러시아는 새로 얻은 것이 많은 반면에 일본은 기왕에 보유하던 권리가 확인된 것에 불과하였다. 더욱이 고종의 러시아 공관 체류 지속을 일본이 승낙한 것은 야마가타의 큰 실책이었다.

로젠 · 니시 협정(1898년 4월 25일)

로바노프 · 야마가타 의정서가 체결된 후 러시아는 뤼순(旅順), 다롄(大連)을 조차하고 만주에 크게 진출하게 되었다. 그리하여 만주 경영에 몰두하게 되고 조선 문제에 관해 일시적으로 일본에게 어느 정도 양보하게 되었다. 앞에서 본 바 있는 군사, 재정 고문의 철수 그리고 로조은행(露朝銀行)을 모두 철수시킨 것도 이런 연유에서였다. 경제적으로는 일단 일본에게 어느 정도 양보하고 정치 · 군사적인 영향력을 계속 보유하겠다는 태도로 나오게 되었다.

이런 정책의 표현이 바로 로젠 · 니시(西德二郎) 협정이었는데 그 내용은 다음과 같다.

(1) 양국 정부는 조선의 주권, 독립을 확인하고 일체의 내정간섭을 하지 않는다.

(2) 조선이 권고와 조력을 양국 중 어느 국가에 요청하는 경우 서로 협상하여 처리한다.

(3) 러시아는 조선에 있어서의 일본의 상업, 공업의 기업이 크게 발달한 사실과 일본 거류민들이 많다는 사실을 인정하며 조선, 일본 양국의 상업상·공업상의 관계가 발전되는 것을 방해하지 않는다.

마산포(馬山浦) 조차 사건

위의 여러 협정들의 결과 조선 문제를 둘러싸고 러시아와 일본 사이에는 어느 정도 균형이 잡혔다. 그러나 이런 균형도 곧 깨지게 되었는데 그 계기가 바로 마산포 조차 사건이었다. 여기에서 마산포란 충청도 아산만에 있는 마산포가 아니라 경상남도의 마산포를 지칭한다. 이 마산포는 1898년에 개항되어 열강이 그곳에 거류지를 만들었다.

그런데 1899년 4월 휴가를 얻어 귀국 중이던 조선 주재 러시아 공사 파블로프A.I. Pavlov가 그곳에 들러 조차할 의사를 밝히자 일본과의 충돌이 예상되었다. 일본은 참모본부의 앞잡이인 하쿠마(迫間房太郎)로 하여금 파블로프가 지목한 토지를 모두 매입하게 하였다. 그러나 파블로프는 조선 외무대신 이제순(李齊純)과 1900년 4월 마산포 조차에 관한 조약안을 마련하였다. 물론 일본의 반대로 실현을 보지 못했으며 또한 중국에서 의화단(義和團) 사건이 일어나 이 문제는 일단 끝났다. 그러나 이 사건을 계기로 러시아에 대한 일본의 태도가 매우 강경하게 된 점은 기억할 만하다.

2. 러일전쟁과 조선

한일의정서(1904년 2월 23일)

열강의 지지를 등에 업은 일본은 러시아와 전쟁을 시작하면서 조선의 식민지화 작업에 착수하였다. 그 첫 번째 작업이 이른바 한일의정서라는 것인데 그런 구상은 이미 1903년 말에 구체화되어 있었다. 서울 주재 하야시(林權助) 공사는 이런 구상에 입각해 조선 조정에 대한 매수, 회유, 협박을 거듭해 왔었다. 그러던 것이 전쟁의 발발로 급속히 이루어졌을 뿐이다. 러일전쟁이 선포된 지 2주일 후에 체결되었다.

이 의정서의 내용은 다음과 같다.

(1) 조선은 제도개선에 관한 일본의 충고를 받아들인다.
(2) 일본은 조선의 독립과 영토보전을 보증한다.
(3) 영토보전에 위험이 있는 경우 일본은 필요한 조치를 취한다. 이 목적을 달성하기 위하여 일본은 전략상 필요한 지점을 수시로 사용할 수 있다.
(4) 조선은 이 조약과 상반되는 협정을 제3국과 체결하지 않는다.

제1차 한일협약(1904년 8월 22일)

일본은 이제 조선 보호화 작업을 급속도로 추진하게 되었다. 5월 30일의 원로회의, 다음 날의 각의(閣議)를 거쳐 6월 11일 천황의 재가를 받은 두 가지 문서가 있었는데 대한방침(對韓方針)에 관한 결정과 대한시설강령결정(對韓施設綱領決定)의 건(件)이 그것이다. 전자는 조선 진출의 필요성을 언급한 짤막한 것이고 후자는 군사, 외교, 재정, 교통, 통신, 농림어업 등 모든 분야에 걸친 예속화에 관한 구체적인 방침을 결정한 것이었다.

이에 따라 체결된 것이 다음과 같은 내용의 제1차 한일협약이었다.

(1) 일본인 재정고문의 초빙
(2) 외국인 외교고문의 초빙
(3) 외국과의 조약 체결에 있어 일본과의 사전협의

이 조약으로 조선은 외교권과 국가재정권을 박탈당하게 되었다. 외교 고문으로서는 미국인 스티븐스D.W. Stevens가 도착해 일본의 앞잡이 노릇을 한 것은 물론이고 재정고문으로 온 메가타(目賀田鍾太郎) 대장성 주무국장(主務局長)은 조선의 화폐제도를 먼저 개혁함으로써 경제적인 예속의 기틀을 마련하였다.

을사조약(제2차 한일협약, 1905년 11월 17일)

일본 내각은 1905년 4월 드디어 한국보호권 확립의 건을 의결하였다.

(1) 조선의 대외관계는 일본이 전담한다.
(2) 조선은 외국과 직접 조약을 체결하지 못한다.
(3) 조선과 열강의 기존조약의 실행은 일본이 책임을 진다.

(4) 조선에 주차관(駐箚官)을 두어 시정을 감독한다.

이와 같은 기본방침을 결정한 일본은 러일전쟁의 추세에 따라 구체적으로 실행에 옮기게 되었다. 그러면서 열강과의 조선 문제에 관해 협의하였다. 7월 29일 태프트-가쓰라 각서, 8월 12일 제2차 영일동맹의 성립 등이 대표적인 예였다. 필리핀 총독을 역임한 바 있는 미국 육군장관 태프트W.H. Taft는 도쿄에서 가쓰라 수상과 회담하였고 그 회담결과를 서로 각서 형식으로 교환하였다. 일본은 필리핀에 아무런 야심도 없음을 확인하고 미국은 일본의 한국보호권 설정이 동양평화에 기여한다고 설명하였다.

포츠머드 강화조약이 체결되자 일본 내각은 10월 하순 한국보호권 확립 실행에 관한 건을 의결하였다. 이토를 특사로 파견한다, 조약체결의 전권은 하야시(林權助)로 삼는다, 하세가와(長谷川好道) 대장으로 하여금 군대를 동원해 조약 체결을 엄호한다, 만일 조선이 끝까지 반대하면 일본은 일방적으로 보호권 설정을 열강에 선포한다는 등의 구체적인 전략이 짜여졌다.

11월 9일 이토는 예정대로 서울에 도착, 10일에 이어 15일에는 고종을 비공개로 알현하였다. 그 자리에서 이토는 일본이 제시한 보호조약안은 조금도 변경할 수 없는 최종안임을 강조하면서 다음과 같이 협박하였다.

> 오늘 필요한 일은 폐하께서 결심하는 문제입니다. 승락하시든 거부하시든 마음대로입니다. 그러나 만일 거부하시는 경우에는 [일본]제국정부로서는 이미 결심한 바가 있으므로 그 결과가 어찌될 것인지도 생각하셔야 합니다. 짐작컨대 귀국의 지위는 이 조약을 체결하는 것보다 더 곤란한 지경에 이를 것이며 더욱 불리한 결과를 각오하셔야 할 것입니다.

그 후의 일들은 이토와 하야시가 계획한 대로 추진되었다. 하야시의 「나의 70년을 말한다」라는 회상록에는 간혹 사실과 다른 곳이 있으나 솔직하고 대담하게 기술되어 있다. 17일 조선의 대신들이 일본공사관에서 아침부터 오후 3시까지 회의를 강행한 일, 그 후 궁궐로 돌아간 이후의 대신회의, 이토의 입궐과 대신회의의 주재, 대신 개개인에 대한 이토의 위협 등이 생생히 기록되어 있다. 하여간 이날 보호조약이 외무대신 박제순(朴齊純)과 하야시 공사 사이에 체결되었다.

(1) 조선의 외교관계는 일본이 감리 · 지휘하며 해외한인(海外韓人)은 일본 외교관이 보호한다.

(2) 조선과 열강 간의 현존하는 조약은 일본이 그 실행임무를 맡으며 조선은 일본을 경유하지 않고는 국제조약을 체결하지 않는다.
(3) 일본은 조선의 외교사항을 관리하기 위하여 통감(統監)을 서울에 파견한다. 또 일본은 필요한 지방에 이사관(理事官)을 파견하고 이들은 일본영사가 갖고 있던 직권을 집행한다.
(4) 양국의 기타 조약들은 본 협약에 저촉되지 않는 한 효력을 갖는다.

그런데 그 후 일본이 제정한 통감부 관제에 따르면 조선통감은 외교뿐만 아니라 조선 내정에도 실권을 갖고 있어서 총독과 다를 바 없게 되었다. 1906년 3월 이토가 통감으로 서울에 부임하였다.

정미(丁未) 7조약(한일신협약 또는 제3차 한일협약, 1907년 7월 24일)

을사조약(乙巳條約)을 계기로 조선에서는 의병활동이 전국으로 확산되었다. 정부차원에서는 먼저 1905년 11월 헐버트H. Hulbert를 미국에 밀사로 파견해 일본의 강압에 의한 을사조약의 무효를 알리려 하였다. 그러나 그는 미국 국무장관을 만나보지도 못하였다. 조선은 조미수호조약 제1조에서 말하는 평화알선에 큰 기대를 갖고 있었다. 다른 한편 러시아의 니콜라이 II세가 소집한 1907년 제2차 헤이그 평화회의에 밀사를 파견해 일본의 부당한 행동을 국제사회에 폭로코자 했으나 물론 성공할 수는 없었다.

네덜란드 주재 공사로부터 조선의 밀사사건을 보고받은 일본 정부는 차제에 문제를 근본적으로 해결하려고 강행하였다. 사이온지(西園寺公望) 총리가 이토 통감에게 보낸 1907년 7월 12일자 극비문서는 다음과 같이 조선 병합을 명백히 말해주고 있다.

(1) 통감은 한국 내정에 관하여 전권을 장악할 것. 구체적인 실행방법은 통감에게 일임한다.
(2) 군부, 탁지부 대신에 일본인을 임명할 것.
(3) 고종은 황태자에게 양위할 것.
(4) 장차 조선의 국왕과 정부는 통감의 부서(副署) 없이는 정무를 수행치 못하게 할 것.

이 비밀문서가 일본 내각의 심의를 거친 것은 물론이었다. 내각에서는 고종이 일본 황제에게 양위한다는 의제까지 토의했으나 아직 시기가 빠르다고 하여 부결되었다.

고종의 양위 발표가 19일에 있게 되자 서울에서는 반대시위가 잇따라 일어났다. 이토는 이 기회에 이른바 정미(丁未) 7 조약이란 것을 체결하는 데 성공하였다.

(1) 조선 정부는 시정개선(施政改善)에 관하여 통감의 지도를 받는다.

(2) 조선 정부의 법령제정, 중요한 행정상의 처분은 미리 통감의 승인을 받는다.

(3) 조선의 사법사무를 보통행정사무와 구별한다.

(4) 조선 고등관리의 임면(任免)은 통감의 동의를 얻은 후 시행한다.

(5) 조선 정부는 통감이 천거하는 일본인을 한국 관리로 임명한다.

(6) 조선 정부는 통감의 동의 없이는 외국인을 관리로 초빙하지 않는다.

(7) 1904년 8월 22일의 한일협약 1항은 폐지한다.

이토와 이완용(李完用)은 이 문서를 체결하면서 비밀각서를 교환하였다. 점차적으로 취할 사항들을 열거한 것이었다. 즉 사법부 감옥(司法部監獄)의 일본 위탁, 군대해산, 일본인 차관(次官) 임용, 주요 경찰 관리의 일본인 임용 등이었다.

군대가 바로 근대국가의 표상임은 말할 필요도 없다. 1907년 8월 1일 서울에서 실시되기 시작한 군대해산이 거센 반발과 저항을 불러일으킨 것은 당연한 일이었다. 그로부터 항일투쟁은 새로운 국면으로 접어들게 되었다. 그러나 정부 차원에서 본다면 정권의 종말을 말해 주는 것이었다. 1907년 10월부터는 주요 경찰 관리에 일본인이 임용되었고 1908년 1월부터는 각부 차관을 일본인이 차지하게 되었다. 1909년 7월에는 사법 · 감옥(司法 · 監獄)사무가, 1910년 6월에는 경찰업무가 일본에 위임되어 병합의 최후작업이 마무리되었고 8월 29일에는 병합에 관한 조약이 체결되었다.

주요문헌

(가) 사료

1. 공문서

조선과 열강의 사료에 관해서는 「부록」을 참조할 것.

다만 임오군란에 관한 다음의 몇 가지 중요한 사료에 유념할 것.

「淸光緖八年處理朝鮮大院君倡亂事件密檔之一斑」, 陳樂素 寫, 『人文月刊』, 第一卷, 第七期(1930年 9月), pp. 1-10.

「朝鮮壬午甲申事件之文件」, 陳裕菁 輯, 『史學雜誌』, 1/2, 『中日戰爭』(1956), 第2冊, pp. 294-307.

近藤眞鋤, 「暴動顚末記」, 『日本外交文書』 15책, 문서번호 118의 부속서, pp. 216-221.

水野勝毅 大尉, 「暴動顚末記」, 『日本外交文書』 15책.

金正明 編, 『日韓外交資料集成』, 제2권(東京, 1966)이 임오군란 관계임. 그리고 제7권은 갑신정변 관계 문서들로 『日本外交文書』에 없는 귀중한 문서들이 실려 있음.

久水三郞, 「明治15年8月仁川出張中日記復命書」, 『한일외교극비사료총서』, 제1책, pp. 284-313; 제47책, pp. 122-148.

Satow Papers. PRO, 30/33, c. 1856-1927, 23 boxes. PRO, 30/33/15/6, Satow Diary.

萩原延壽, 『遠い崖--アーネスト サトウ日記抄』, 14冊, 東京, 1998~2001.

Allen Papers, New York Public Library 소장. 서울 한미재단도 소장. 이 문서 중 알렌의 일기는 김원모가 번역한 『알렌의 日記』(서울, 1991)로도 나와 있다.

Foulk Papers, 3 boxes, New York Public Library 소장. 서울 한미재단도 소장.

Dennett, T., "Documents: American Choices in the Far East in 1882", *American Historical Review*, 30, 1924, pp. 84-108.

2. 개인 자료와 전기

상당한 분량인데 중요한 것을 열거하면 다음과 같다. 특정 인물에 관한 자료를 그 출판 지역에 관계없이 같이 묶었음.

1) 조선

金玉均: 『甲申日錄』. 판본에 관해 약술할 필요가 있음. 『甲申日錄』은 李王職實錄編纂會本, 京都大學本, 吳世昌先生소장본, 東洋文庫本, 靜嘉堂本, 福澤全集本 등등 여럿이 있어서 그간에 상당한 내용상의 차이가 있음. 특히 福澤全集本은 다른 것과 상당히 다른 점이 있음. 따라서 版本 연구가 先行되어야 함.

그런데 현재 국내에서 유통되고 있는 『甲申日錄』은 亞細亞文化社가 발행한 『金玉均全集』에 실려 있는 것임. 이것은 필자가 1967년에 서울대학교에 소장되어 있는 京都大學소장본을 청계천 5가 주변의 한 오프셋 인쇄소에서 筆寫한 것임. 당시는 복사기술이 없던 시절이어서 한 노인이 내가 건네준 京都大學소장본 『甲申日錄』을 銅版에 붓글씨로 轉寫하여 만든 것이 바로 『金玉均全集』에 수록되어 있는 것임. 당시 필자는 10여 권만을 만들었는데 그것을 소장해 온 어떤 분이 亞細亞文化社에 건네준 것이라고 짐작됨. 따라서 『金玉均全集』에 실려 있는 『甲申日錄』은 서울대학교 소장의 京都大學本이며 청계천에 있던 한 노인의 筆體임을 여기에 밝임.

宋本正純, 『金玉均詳傳』, 東京, 1894.

葛生東介, 『金玉均』, 東京, 1916.

林毅陸 編, 『金玉均傳』, 上, 東京, 1944.

菊池謙讓, 『金玉均傳』, 上, 東京, 1944.

閔泰瑗, 『甲申政變과 金玉均』, 서울, 1947.

閔泰瑗, 『金玉均傳記』, 서울, 1926, 1969, 1978.

黃文秀, 『古筠 金玉均』, 서울, 1974.

古筠金玉均正傳編輯委員會, 『古筠金玉均正傳』, 서울, 1984.

金允植: 國史編纂委員會, 『陰晴史』, 1958.

———, 『續陰晴史』, 2책, 1960.

『雲養集』, 16권 8책, 1913.

『金允植全集』, 2책, 서울, 1980.

金弘集: 『以政學齋日錄』, 2책, 1884.

『金總理遺稿』, 서울, 1976.

「修信使日記」, 國史編纂委員會 編, 『修信使記錄』, 1971, pp. 113-194.

朴泳孝: 「甲申政變」, 『新民』, 14, 1929.

「甲申政變回顧錄」, 『李光洙전집』, 제17권, 李光洙, 「朴泳孝氏를 만난 이야기」, 『東光』, 19, 1931, pp. 13-16.

「吾等一生の失策」, 『古均』, 第1號, 1935, pp. 15-17. 1935년 일본의 古筠會가 발간하기 시

작한 『古筠』이란 잡지는 중요한 사료이나 불행하게도 23號(1937)에서 그쳤음. 원본은 현재 早稻田大學에 있음. 이 古筠會가 50년이 지난 후인 1984년에 『古筠 金玉均正傳』이란 책을 한국어, 일본어로 출판하였음. 古筠紀念會가 편찬한 『金玉均傳』 上卷(東京, 1944年)은 아직도 典據되고 있으나 편파된 내용이 있어서 주의를 요함.

「使和記略」, 國史編纂委員會 編, 『修信使記錄』, 1971, pp. 195-267.

徐載弼: 「회고 갑신정변」, 『한국의 근대사상』, 1983.

「甲申政變を顧みて」, 『古筠』, 第2號, 1935, pp. 27-30; 第3號, 1935, pp. 20-22.

金道泰, 『徐載弼博士自敍傳』, 서울, 1948, 1972.

이택휘 외, 『서재필』, 서울, 1993.

魚允中: 國史編纂委員會, 『從政年表』, 1971.

『魚允中全集』, 서울, 1979.

俞吉濬: 『俞吉濬全書』, 5책, 서울, 1971.

尹致昊: 「韓末外交秘史(壬午日記)」, 『開闢』, 1/1, 1934. 『日帝下雜誌拔萃 韓末資料叢書』, 외교, 2, 서울, 1991, pp. 105-112.

國史編纂委員會, 『尹致昊日記』, 11책, 1973~1989.

國史編纂委員會, 『尹致昊書翰集』, 1980.

金英義, 『佐翁尹致昊先生略傳』, 1934, 太學社 편, 『韓國近世史論著作: 舊韓末篇』, 8, pp. 363-662.

金乙漢, 『佐翁尹致昊傳』, 서울, 1978.

李圭完: 「甲申大變亂의 回顧記」, 김종부 편, 『조선통속 4천년 비사』, 1934.

批判新聞社, 『李圭完翁逸史』, 서울, 1956.

李裕元: 『嘉梧藁略』, 13책.

鄭喬: 國史編纂委員會, 『大韓季年史』, 2책, 1971.

2) 중국

鄧承修: 『語冰閣奏議』.

馬建常: 馬良 撰, 『馬相伯先生文集』, 北京, 1937.

張若谷 編著, 『馬相伯先生年譜』, 北京, 1939.

朱維錚 主編, 『馬相伯集』, 上海, 1996.

馬建忠: 『東行三綠』, 『中國內亂外禍歷史叢書』, 第33冊, 上海, 1935.

『適可齋記言』, 北京, 1960.

『適可齋記言記行』, 1898, 石印, 沈雲龍 編, 『近代中國史料總刊』, 153, 臺北, 1967.

薛福成: 庸盦全集은 [1] 庸盦文編, 1887, [2] 庸盦文續編, 1888, [3] 庸盦文外編, 1893, [4] 庸盦海外文編, 1895, [5] 籌洋芻議, 1884, [6] 浙東籌防錄, 1887, [7] 出使奏疏, 1897, [8] 出使公牘, 1898, [9] 出使英法義比四國日記, 1892(Helen Hsieh Chien, trans., *The European Diary of Hsieh Fucheng*, St. Martin's Press, N.Y., 1993), [10] 出使日記續刻, 1898 등으로 구성되어 있음. 리훙장 막료 시절의 문서는 庸盦文別集(1903)이 있는데 施宣圓 등이 傍點을 붙여 발간한 것이 있음(上海 古籍出版社, 1985).

余乾耀: 『輶軒抗議』, 2卷, 北京, 1941, 近代中國史料總刊續編第100輯, 臺北, 1983, 『中日戰爭』(1956), 第2冊, pp. 347-354.

吳大徵: 『吳愙齋先生年譜』, 北京, 1935, 臺北, 1965.

翁同龢: 『翁文公日記』, 40冊, 影印, 北京, 1925.

『翁同龢日記排印本』, 5冊, 臺北, 1970.

王伯恭: 『蜷廬隨筆』, 近代中國史料總刊 24輯, 臺北, 1968.

袁保齡: 『閣學公集』, 19卷, 北京, 1911. 갑신정변에 관한 서한들은 『中日戰爭』(1956), 第2冊, pp. 316-331 참조.

袁世凱: 「容庵弟子記」, 北京, 1913, 沈祖憲, 臺北, 1962, 『中日戰爭』(1956), 第2冊, pp. 246-276.

沈祖憲 輯錄, 『養壽園電稿』, 臺北, 1966.

李鴻章: 吳汝綸 編, 『李文忠公全集』, 160卷, 1905. 이 전집을 洋裝本 7冊으로 文海出版社(臺灣)에서 1962년 복간. 이 출판사에서 1980년 다시 『李文忠公(鴻章)全集』이란 제목으로 복간(沈雲龍 主編, 近代中國史料叢刊續編 第70輯)하였다. 그리고 1997년에는 海南出版社(臺灣)에서 『李鴻章全集』 9책을 발간하였다. 1~8책은 1905년 版을 그대로 영인한 것이고 9책은 李鴻章의 嫡孫인 李國杰이 편집한 『合肥李氏三世遺集』 중 『文忠公遺集』을 영인한 것이다. 이들 출판물이 같은 제목을 달고 있어서 독자들에게 혼란을 자아내고 있다. 臺灣에서 나온 이들 전집류는 1905년의 吳汝綸 版을 그대로 영인한 것이어서 上海에서 나오고 있는 다음의 전집이 중요하다.

顧廷龍, 叶業康 主編, 『李鴻章全集』, 上海人民出版社, 1985. 5책까지 나와 있고 아직 未完임.

『李鴻章全書』, 3冊, 吉林, 1999.

張樹聲: 『張靖達公奏議』, 8卷, 1936.

「張樹聲來往函牘」, 『中日戰爭』(1956), 第2冊, pp. 211-234.

張謇: 『張季子九錄』, 80卷, 北京, 1931, 張怡祖 編, 7冊, 臺北, 1965.

『九錄錄』, 臺北, 1964.

張怡祖 編, 『張季直傳記』, 臺北, 1965.

『張謇全集』, 7冊, 南通, 1994.

『柳西草堂日記』, 臺北, 1978.

張之洞: 『張文襄公全集』, 229卷, 1928, 6冊, 臺北.

張佩綸: 『澗于集』, 18卷, 1918.

周家祿: 『壽愷堂集』, 30卷, 補編 1卷, 1921.

周馥: 『周慤慎全集』, 39卷, 年譜 1卷, 1922.

何如璋 等: 『茶陽三家文鈔』, 1967.

黃遵憲: 『朝鮮策略』. 판본에 관해서는 김용구(2001), p. 283, 주 42 참조.

3) 일본

吉田清成: 『吉田清成文書』. 京都大學 國史學科에 소장되어 있는데 그 중요한 문서들은 『한일외교극비문서총서』, 제49책에 수록되어 있음.

齊藤修一郎, 東次郎, 曾根俊虎 등의 보고서는 일본외무성 外交史料館에 있음.

福澤諭吉: 『福澤諭吉傳』, 4卷, 石河幹明 編, 東京, 1931~1932.
『福澤諭吉全集』, 10卷, 1926; 21卷, 1958~1964.

山縣有朋: 『山縣有朋關係文書』, 憲政資料室 所藏.
德富蘇峰 編述, 『公爵山縣有朋傳』, 東京, 1933, 1969.
大山梓 編, 『山縣有朋意見書』, 東京, 1966.

澁澤榮一: 澁澤榮一傳記編纂會, 『澁澤榮一傳記資料』, 16卷, 1957. 부록인 「朝鮮における第一銀行」은 중요한 자료임.

岩倉具視: 『岩倉公實記』, 3冊, 東京, 1905.

原敬: 『原敬日記』, 6冊, 東京, 1965~1967.

伊藤博文: 小松綠 編, 『伊藤公全集』, 3冊, 東京, 1929.
『秘書類纂 朝鮮交涉資料』, 24冊, 東京, 1936, 3冊, 復刻, 1970.
春畝公追頌會, 『伊藤博文傳』, 3冊, 東京, 1940, 1970 復刻.
平塚篤 編, 『伊藤家文書』, 91冊, 1942. 원문서는 憲政資料室 所藏.
『伊藤博文關係文書』, 9冊, 東京, 1973~1981.

井上角五郎: 『漢城迺殘夢』, 東京, 1891; 한상일 역, 『서울에 남겨둔 꿈』, 서울, 1993, pp. 23-73.
『甲申事變に就いて』, 東京, 1928.
『故紙羊存』, 東京, 1908.
「甲申事變に就いて」, 『明治文化研究』, 5/4, 1929, pp. 32-40.
「故友金玉均の回想」, 『古筠』, 第1號, 1935, pp. 6-12; 第2號, 1935, pp. 8-13; 第3號, 1935, pp. 6-11.
井上角五郎先生傳記編纂會, 『井上角五郎先生傳』, 東京, 1943.
「福澤先生と朝鮮問題」, 『慶應義塾學報』, pp. 18-31.

井上毅: 『井上毅文書』, 國學院大學 所藏, 마이크로필름 1 reel.
『井上毅傳』, 史料編, 6冊, 補遺 1冊, 東京, 1966.

井上馨: 『井上馨關係文書』, 憲政資料室 所藏.
『世外井上公傳』, 5卷, 東京, 1933~1934, 1968.

青木周藏: 『青木周藏自傳』, 東京, 1970.

花房義質: 『花房義質文書』, 東京道立大學 所藏. 서울대학교와 韓國國史編纂委員會에서도 이 문서의 一部를 所藏하고 있음. 동경도립대학도서관에서 편찬한 『花房義質文書目錄』(1979)이 있음.
花房子爵古稀祝賀會, 『花房義質君史略』, 東京, 1913.

4) 기타

외국인의 자료로서 몇 가지 중요한 것을 들면 다음과 같다.

알렌Horace N. Allen의 일기는 마이크로필름으로 서울의 韓國硏究院에 소장되어 있음.

하버드 대학에 소장되어 있는 메릴H.F. Merrill 문서는 이미 北京에서 漢譯되어 나와 있음(『中國海關與中日戰爭』, 1958).

묄렌도르프의 전기는 그 부인이 남편의 일기에 의해 서술했노라고 말한 바 있다(*Paul Georg von Möllendorff. Ein Lebensbild*, Leipzig, 1930). 한국관계를 高柄翊 교수가 번역하였다(『震檀學報』 24호, 1963. 8). 그리하여 한동안 묄렌도르프의 일기를 찾으려고 학자들이 그의 출생지인 라이프치히를 중심으로 백방으로 검색한 바 있으나 그의 일기는 찾지 못하였다. 그런데 1984년 영국 더럼Durham에서 있었던 국제회의에서 구동독의 괴델I. Göthel 교수는 묄렌도르프에 관한 연구논문을 발표하였다. 이 논문에 의하면 묄렌도르프 부인의 진술은 거짓이며 일기는 당초부터 존재하지 않았다고 한다.

그리고 로젠의 전기(*Forty Tears of Diplomacy*, 2 vols., N.Y., 1992)와 팍스의 전기(*Life of Sir Harry Parkes*, 2 vols., London, 1984)도 참고되는 자료임.

(나) 연구

1. 국문

姜在彦, 「甲申政變의 挫折과 金玉均」, 『思想과 政策』, 1984, pp. 40-55.

權錫奉, 『淸末對朝鮮政策史硏究』, 서울, 1986.

高柄翊, 「穆麟德의 手記」, 『震檀學報』, 24, 1963, pp. 149-196.

———, 「穆麟德의 雇聘과 그 背景」, 『震檀學報』, 25 · 26 · 27 合輯, 1964, pp. 225-244.

金基赫, 「近代初期에 있어서 韓, 淸, 日 關係의 展開: 甲申政變에 미친 影響을 中心으로」, 『思想과 政策』, 1984, pp. 56-71.

金鳳珍, 「甲申日錄에 관한 一硏究」, 『韓國學報』, 42집, 1986, pp. 80-120.

金壽岩, 「한국 외교제도사 연구」, 서울대학교 박사학위 논문, 2000.

金永作, 「初期開化派의 民族主義思想과 甲申政變의 現代的 意義」, 『思想과 政策』, 1984, pp. 6-25.

———, 『한말 내셔널리즘 연구』, 서울, 1989.

金源模, 『近代韓美交涉史』, 서울, 1979.

———, 『韓美修交史: 朝鮮報聘使의 美國使行篇(1883)』, 서울, 1999.

金容九, 「한말의 정치적 상황」, 『知性』, 2월호, 1972, pp. 38-57.

——— (공편), 『한국외교사연구: 기본사료, 문헌해제』, 서울, 1996.

———, 『중소 국제법이론 및 러시아 소련의 한말외교사연구: 문헌목록』, 서울, 1979.

———, 『韓日外交未刊極秘史料叢書』, 50책, 서울, 1995~1996.

———, 『세계관 충돌의 국제정치학』, 서울, 1997.

———, 『세계관 충돌과 한국 외교사, 1866~1882』, 서울, 2001.
———, *The Five Years' Crisis, 1866~1871: Korea in the Maelstrom of Western Imperialism*, Incheon, 2001.
———, 『외교사란 무엇인가』, 인천, 2002.
———, 『임오군란과 갑신정변』, 인천, 2004.
金種圓, 「朝中商民水陸貿易章程에 대하여」, 『역사학보』, 32, 1966, pp. 120-169.
———, 「清의 對朝鮮積極策의 機緣: 壬午事變時의 派兵問題를 中心으로」, 『李海南紀念史學論叢』, 1970.
라이퍼, 발터, 「묄렌도르프가 본 甲申政變」, 한국정치외교사학회 편, 『甲申政變研究』, 서울, 1985, pp. 31-59.
馬渕貞利, 「北韓에 있어서의 甲申政變 研究에 대하여」, 한국정치외교사학회 편, 『甲申政變研究』, 서울, 1985, pp. 91-113.
북한사회과학원 역사연구소 편, 『김옥균』, 1964; 서울, 1990; 일어 번역본, 東京, 1968.
申福龍, 「北韓 史學에 나타난 甲申政變의 吟味」, 위 책, pp. 61-90.
——— 외, 『묄렌도르프 自傳』(外), 서울, 1999.
愼鏞廈, 「甲申政變의 社會, 經濟的 背景과 開化派의 思想」, 『思想과 政策』, 1984, pp. 26-39.
———, 『初期 開化思想과 甲申政變 研究』, 서울, 2000.
禹澈九, 『19世紀 列强과 韓半島』, 서울, 1999.
原田環, 「일본에 있어서의 甲申政變의 研究」, 『김옥균』, 서울, 복간본, 1990, pp. 115-138.
柳根鎬, 「開化思想의 段階的 考察」, 한국정치외교사학회 편, 『甲申政變研究』, 서울, 1985, pp. 11-29.
尹炳奭 외, 『開化運動과 甲申政變』, 서울, 1977.
李光麟, 「漢城旬報와 漢城週報에 대한 一考察」, 『韓國開化史研究』, 서울, 1969, pp. 60-102.
———, 「숨은 開化思想家 劉大致」, 『開化黨研究』, 서울, 1973, pp. 67-92.
———, 「開化僧 李東仁」, 위 책, pp. 93-110.
———, 「金玉均의 '甲申日錄'에 대하여」, 위 책, pp. 113-134.
———, 「甲申政變에 대한 一考察」, 위 책, pp. 135-184.
———, 「金玉均의 著作物」, 위 책, pp. 185-207.
———, 「俞吉濬의 開化思想」, 『韓國開化思想研究』, 서울, 1979, pp. 45-92.
———, 「徐載弼의 開化思想」, 위 책, pp. 93-151.
———, 『開化派와 開化思想 研究』, 서울, 1989.
———, 「一齋 魚允中」, 『開化期의 人物』, 서울, 1993, pp. 41-64.
———, 「道園 金弘集」, 위 책, pp. 65-92.
———, 「春皐 朴泳孝」, 위 책, pp. 93-164.
———, 「緯山 徐光範」, 위 책, pp. 203-242.

———, 「甲申政變 '政綱'에 대한 再檢討」, 『開化期硏究』, 서울, 1994, pp. 19-35.
———, 「洪英植 硏究」, 위 책, pp. 36-68.
———, 「馬建忠과 韓中關係」, 위 책, pp. 91-101.
———, 「閔妃와 大院君」, 위 책, pp. 129-159.
李瑄根, 「奇傑했던 開化僧 李東仁의 業績과 生涯」, 『東亞論叢』, 3, 1966, pp. 63-80.
李完宰, 『初期開化思想硏究』, 서울, 1989.
李用熙, 「김옥균」, 『신동아』, 1970년 1월 부록.
———, 「東仁僧의 行程(上): 金玉均과 開化派의 形成에 沿하여」, 『논문집』(서울대학교 국제문제연구소), 1976, 1, pp. 7-47.
이태일, 「김옥균의 정치사상에 있어서의 현실성의 한계」, 『한국정치학회보』, 13, 1979, pp. 177-187.
李泰鎭, 「1884년 갑신정변의 허위성」, 『고종시대의 재조명』, 서울, 2000, pp. 165-190.
李鉉淙, 「甲申政變 當時 서울과 駐韓日公館撤收實記」, 『亞細亞學報』, 1, 1965, pp. 113-135.
林明德, 「甲申政變前後 中國의 對韓政策」, 『思想과 政策』, 1984, pp. 72-88.
장인성, 『장소의 국제정치사상』, 서울, 2002.
鄭容和, 「兪吉濬의 정치사상연구」, 서울대학교 박사학위 논문, 1998.
———, 『문명의 정치사상』, 서울, 2004.
주진오, 「북한에서의 '갑신정변' 연구의 성과와 문제점」, 『김옥균』, 서울, 복간본, 1990, pp. 462-482.
하영선, 「문명의 국제정치학」, 『국제문제연구』(서울대학교), 2002.

2. 중문

孫啓瑞, 「朝鮮壬午軍亂時的中日交涉」, 『大陸雜誌』, 34/9, 1967.
王信忠, 『中日甲午戰爭之背景』, 北京, 1936.
———, 「甲申政變始末」, 『淸華大學學報』, 12卷 1號, 1937.
李恩涵, 『曾紀澤的外交』, 臺北, 1966.
林明德, 『袁世凱與朝鮮』, 臺北, 1970.
林子侯, 「朝鮮壬午軍亂之檢討」, 上·下, 『食貨』, 16/3-4, 16/5-6, 1986.
張存武, 「淸季中韓關係之變通」, 『淸代中韓關係論文集』, 臺灣, 1987, pp. 147-177.

3. 일문

葛生能久, 『東亞先覺志士記傳』, 東京, 1935.
姜玲子, 「甲申政變の問題點: '甲申日錄' の檢討を通じて」, 『朝鮮史硏究會論文集』, 22, 1985, pp. 115-133; 『開化派: 甲申政變』(韓國人文科學院, 1989), pp. 397-444.

姜相圭,「朝鮮の儒教的 政治地形と文明史的 轉換期の危機」, 東京大學校 博士學位論文, 2005.
姜在彦,『朝鮮近代史硏究』, 東京, 1970.
———,『朝鮮の開化思想』, 東京, 1980(정창열 역, 서울, 1981).
高橋秀直,「形成期明治國家と朝鮮問題: 甲申事變前の朝鮮政策の政治, 外交史的硏究」,『史學雜誌』, 98/3, 1988, pp. 295-331.
———,「壬午事變後の朝鮮問題」,『史林』, 72(5), 1989, pp. 44-83.
———,「壬午事變と明治政府: 江華島條約より壬午事變までの朝鮮政策の展開」,『歷史學硏究』, 601, 1989, pp. 1-17, 63.
宮武外骨,『壬午鷄林事變』, 東京, 1932.
琴秉洞,『金玉均と日本: その滯日の軌跡』, 東京, 1991.
金鳳珍,『東アジア「開明」知識人の思惟空間』, 九州, 2004.
楠家重敏,『W.G. アストン日本と朝鮮を結ぶ 學者外交官』, 東京, 2005.
大谷正,『近代日本の對外宣傳』, 東京, 1994.
大澤博明,「明治外交と朝鮮永世中立化構想の展開」,『熊本法學』, 83, 1995.
———,「明治前期の朝鮮政策と統合力: そのアジア主義的傾向を中心に−−」,『日本政治學會年報』, 1998, pp. 71-90.
藤間生大,『壬午軍亂と東アジア 世界の形成』, 東京, 1987.
茂木敏夫,「李鴻章の屬國支配觀: 1880年前後の琉球, 朝鮮をめぐつて」,『中國』, 第2號, 1987, pp. 89-116.
武田勝藏,「明治十五年朝鮮事變と錦畵」,『中央史壇』, 13(5), 1927, pp. 23-32; 13(6), 1927, pp. 55-64.
———,「明治十五年朝鮮事變の回顧」,『史學』, 6(2), 1927.
———,『明治十五年朝鮮事變と花房公使』, 東京, 1929.
山邊健太郎,「日淸天津條約について」,『アジア硏究』, 7(2), 1970, pp. 1-46.
———,「甲申日錄の硏究」,『朝鮮學報』, 17집, 1960, pp. 117-142;『開化派: 甲申政變』(韓國人文科學院, 1989), pp. 1-26.
———,「甲申事變について: とくに「自由黨史」のあやまりに關連して」,『歷史學硏究』, 1960, pp. 23-34.
———,「朝鮮改革運動と金玉均: 甲申事變を關連して」,『歷史學硏究』, 247, 1960, pp. 31-46.
———,「壬午軍亂について」,『歷史學硏究』, 257, 1961, pp. 13-25.
———,『日本の韓國併合』, 東京, 1970.
野瀨和起,「甲申政變の硏究(一)—淸佛戰爭と日本外交」,『朝鮮學報』, 82집, 1977, pp. 133-160;『開化派: 甲申政變』(韓國人文科學院, 1989), pp. 285-312.
原田環,『朝鮮の開國と近代化』, 廣島, 1997.
張偉雄,『文人外交官の明治日本』, 東京, 1999.

田保橋潔, 「壬午政變の研究」, 『青丘學叢』, 21, 1935, pp. 1-105.
───, 『近代日鮮關係の研究』, 2冊, 朝鮮總督府, 1940.
田中直吉, 「日韓關係の一斷面: 京城壬午の變」, 『日本外交史研究: 明治時代』, 東京, 1957.
浙江大學日本文化研究所 編, 『江戶, 明治期の日中文化交流』, 東京, 2000.
糟谷憲一, 「甲申政變, 開化派硏究の課題」, 『朝鮮史研究會論文集』, 22, 1985, pp. 33-60; 『開化派: 甲申政變』(韓國人文科學院, 1989), pp. 417-444.
彭澤周, 「淸佛戰爭期における日本の對韓政策」, 『史林』, 43(3), 1960.
───, 「朝鮮問題をめくる自由黨とFrance: 主として山邊氏說に對する批判」, 『歷史學硏究』, 265, 1962, pp. 19-27.
───, 「甲申政變をめぐる 井上外務卿とフランス公使との交涉」, 『歷史學硏究』, 282, 1963, pp. 36-44.
───, 『明治初期日淸韓關係の研究』, 東京, 1969.
───, (伊原澤周), 『日本と中國における西洋文化攝取論』, 東京, 1999.

4. 구미문

Anderson, David L., *Imperialism and Idealism. American Diplomats in China, 1861~1898*, Bloomington, 1985.
Cady, John F., *The Roots of French Imperialism in Eastern Asia*, Ithaca, 1967.
Ch'en, Jerome, *Yuan Shih-k'ai*, London, 1961, Stanford, 1972.
Conroy, Hilary, *The Japanese Seizure of Korea, 1868~1910: A Study of Realism and Idealism in International Relations*, Philadelphia, 1960.
Cook, Harold, *Korea's 1884 Incident*, Seoul, 1972.
Cordier, Henri, *Histoire des relations de la Chine avec les puissances occidentales*, 3 vols., Paris, 1901.
Cortazzi, Hugh & Gordon Daniels, *Britain and Japan, 1859~1991: Themes and Personalities*, London, 1991.
Cumings, Bruce, "Korean-American Relations; A Century of Contact and Thirty-Five Years of Intimacy," Warren I. Cohen, ed., *New Frontiers in American East Asian relations*, 1983, pp. 237-282.
Daniels, Gordon, *Sir Harry Parkes: British Representative in Japan, 1865~1883*, Japan Library, 1996.
Dennett, Tyler, *Americans in Eastern Asia: A Critical Study of the Policy of the United States with Reference to China, Japan and Korea in the Nineteenth Century*, N.Y., 1922.
───, "Early American Policy in Korea, 1883~1887: The Services of Lieutenant George

C. Foulk," *Political Science Quarterly*, 1923, pp. 82-103.

———, "Documents: American Choices in the Far East in 1882," *American Historical Review*, 30, 1924, pp. 84-108.

Deuchler, Martina, *Confucian Gentleman and Barbarian Envoys: The Opening of Korea, 1875~1885*, Seattle, 1977.

Dickins, F.V. and S. Lane-Poole, *The Life of Sir Harry Parkes*, 2 vol., London, 1894.

Drake, Frederick C., *The Empire of the Seas: A Biography of Rear Admiral Robert William Shufeldt, USN*, Honolulu, 1984.

Eastman, Lloyd E., *Throne and Mandarins: China's Search for a Policy during the Sino-French Controversy, 1880~1885*, Cambridge, Mass., 1967.

Fox, Grace, *Britain and Japan, 1858~1883*, Oxford, 1969.

Göthel, Ingelberg, "Paul Georg von Möllendorff: A Few Observations," The Association of Korean Studies in Europe, 1984, 제출 논문.

Harrington, Fred H., *God, Mammon and the Japanese. Dr. Horace N. Allen and Korean-American Relations, 1884~1905*, Wisconsin, 1944. 李光麟 역, 서울, 1973.

———, "An American View of Korean-American Relations, 1882~1905," Yur-bok Lee & W. Patterson, eds., *One Hundred Years of Korean-American Relations, 1882~1982*, Alabama, 1986, pp. 46-67.

Jones, Frances C., *Foreign Diplomacy in Korea, 1866~1894*, Harvard Univ. Ph.D. dissertation, 1936.

Kiernan, E.V.G., *British Diplomacy in China*, Cambridge, 1939.

———, *The Lords of Human Kind: European Attitudes to Other Cultures in the Imperial Age*, London, 1995.

Kornicki, P.F., "William George Aston, 1841~1911," Cortazzi, Hugh & Gordon Daniels, *Britain and Japan, 1859~1991. Themes and Personalities*, 1991, pp. 64-75.

———, "Ernest Mason Satow, 1843~1929," *ibid*, pp. 76-85.

LaFeber, Walter, "The American Search for Opportunity, 1865~1913," *The Cambridge History of American Foreign Relations*, Vol. 2, Cambridge, 1993.

Lee, Yur Bok, *Diplomatic Relations between the United States and Korea, 1866~1887*, N.Y., 1970.

———, *West goes to East: Paul Georg von Möllendorff and Great Power Imperialism in Late Yi Korea*, Honolulu, 1988.

Lensen, George A., *Korea and Manchuria between Japan and Russia*, Tallahasse, 1966.

———, comp., *Russian Diplomatic and Consular Officials in East Asia*, Tokyo, 1968.

———, *Balance of Intrigue: International Rivalry in Korea & Manchuria, 1884~1899*, 2 vols., Tallahasse, 1982.

Lin, Tung Chih, "Li Hung-chang, His Korea Policies, 1870～1885," *Chinese Social and Political Sciences*, 19, 1935, pp. 200-233.

Lowell, Percival, "A Korean Coup d'Etat," *The Atlantic Monthly*, Nov. 1886.

Malozemoff, Andrew, *Russian Far Eastern Policy, 1881～1904*, Berkeley, 1958.

Narochnitskii, A.L., *Kolonialnaya politika kapitalisticheskikh derzhav na dalnem vostoke, 1860～1895* (극동에 있어서 자본주의 열강의 식민정책), Moskva, 1956.

Paine, S.C.M., *Imperial Rivals. China, Russia, and Their Disputed Frontie*r, N.Y., 1996.

Pak, Boris D., "Kim Okkyun i Rossiya (po arkhinym dokumentam)," (문서국 문서에서 본 김옥균과 러시아), *Narodny Azii i Afriki* (아시아와 아프리카 인민들), no. 3, 1974, pp. 135-140.

———, *Rossia i Koreya*, Moskva, 1979.

Pollard, Robert T., "American Relations with Korea, 1882-1895," *Chinese Social and Political Science Review*, 16, 1932～1933, pp. 425-471.

Ruxton, Ian C., *The Diaries and Letters of Sir Ernest Mason Satow,* Edwin Mellen Press, 1998; 長岡祥三 譯, 東京, 2003.

Sims, Richard, *French Policy towards the Bakufu and Meiji Japan, 1854～1895*, Japan Library, 1998.

Treat, Payson J., "China and Korea, 1885～1894," *Political Science Quarterly*, 1934, pp. 506-543.

———, *Diplomatic Relations between the United States and Japan*, 3 vols., Stanford, 1938.

Tsiang, T.F., "Sino-Japanese Diplomatic Relations, 1870～1890," *Chinese Social and Political Review*, XVII, 1933～1934.

제7장

제1차 세계대전

제1절 전쟁의 세계화

제2절 베르사유 조약 체제

제 1 절 전쟁의 세계화

19세기가 끝나면서 유럽 문명권의 세계 분할은 종료되었다. 그리고 그들의 투쟁은 다시 유럽 대륙으로 돌아갔다. 세계 분할을 마친 그들의 무력 충돌은 급기야 온 지표로 확산되었다. 세계 역사에서 살육 장면의 세계화는 처음 있는 일이었다. 폭력 문화를 특징으로 하는 유럽 문명권이 세계로 확산된 결과이다. 여기에 고도의 군사기술과 적대적인 집단 심리가 결부된 결과이기도 하다. 그러나 제1차 세계 대전의 의의는 살상의 잔혹성에 그치는 현상은 아니었다. 그것은 유럽 시대의 종말을 고하는 역사적 사건이었다.

제1차 세계대전에서 독일의 패망이 눈앞에 다가오고 있던 1918년 7월 독일과 오스트리아 서점들에는 그때까지 전혀 알려지지 않은 저자였던 슈펭글러O. Spengler의 책이 등장하였다. 『서구의 몰락』 *Untergang des Abendlandes*이라는 제목이 대중들의 마음을 사로잡았다. 1912년 타이타닉 호the *Titanic* 침몰의 기억이 아직 생생한 당시 사람들은 서유럽의 몰락을 연상하였고 독일인들은 이 책에서 전쟁 패망에 대한 정신적 위안을 얻으려 하였다. 마치 다니레프스키N. Ya. Danilevsky의 저서에서 현재 러시아 사람들이 슬라브의 영광을 회상하는 것과 같은 현상이었다.

이제 유럽 문명권이 세계를 지배하는 시대는 끝나고 새로운 세력으로 미국이 등장하였고 근대국가의 자기 모순의 절정의 현상인 공산주의 명분에 입각한 정치집단의 형식이 나타났다. 1917년 볼셰비즘 혁명은 획기적인 사건이다. 17세기 말 표트르 대제의 서유럽 방문 이후 나타나기 시작해 나폴레옹 전쟁 이후 현실 세계로 나타난 '슬라브 공포'가 다시 '붉음의 공포'로 확산된 사건이었다. 20세기는 1917년에 시작된다고 역설한 홉스봄E. Hobsbawm의 견해도 일리가 있다.

제1차 대전을 연합국이 승리할 수 있었던 것은 미국의 자본 덕택이었다. 미국의 시대가 도래한 것이다. 이런 의미에서 미국 경제가 세계 경제구조에 결정적 영향을 미치기 시작한 1890년부터 20세기는 시작한다고 강조한 아리기G. Arrighi의 의견도 참조할 수 있는 측면이 있다. 그러나 1919년 미국 상원이 베르사유 조약의 비준을 거부해 미국 시대의 시작이 지연됐을 뿐이다.

이 세계 대전은 동북아의 구도를 확연히 변경시켰다. 중국은 일본 침략의 먹이로 전락하였다. 이노우에 가오루(井上馨)는 이 전쟁이 하늘이 일본을 도운 기회라고 솔직히 말하였다. 일본의 동북아 경영 시대로 접어들었다.

1. 전쟁으로 가는 외교

리만 사건(1913년 11~12월)

발칸 전쟁을 거치면서 동맹 측과 협상 측의 대립은 돌이킬 수 없이 첨예화됐는데 이를 더욱 악화시킨 사건이 발생하였다. 1913년 11월 독일 장군 리만Liman von Sanders을 콘스탄티노플을 수비하고 있는 터키 제1군의 사령관으로 터키 정부가 임명했던 것이다. 이것은 러시아로서는 도저히 묵과할 수 없는 일이었다. 프랑스는 처음부터 러시아를 지지하고 나섰으나 영국은 소극적이고 미온적인 태도를 취하였다. 그러나 러시아 · 터키 국경을 독일 장군이 담당한다는 것은 국제적인 문제가 아닐 수 없다.

1913년 12월 13일 열강은 독일에게 허용한 지나친 양보에 반대한다는 각서를 터키 정부에 전달하였다. 결국 1914년 1월 리만 장군은 제1군 사령관에서 해임되고 터키군의 총검열관으로 자리를 옮김으로써 사건은 일단락되었다.

그러나 이 사건을 계기로 러시아와 독일의 관계는 극도로 악화되었다. 그럼에도 영국은 독일과의 교섭을 계속하였다. 해군교섭에는 실패했으나 바그다드 철도 문제에 관해서는 양국이 1914년 6월 15일 합의에 이르렀다. 독일은 바그다드 이남지역에서는 철도를 건설하지 않고 영국은 유프라테스 강의 운항 문제에 우월한 지위를 갖기로 하였다. 이런 영국의 태도로 말미암아 독일은 만일 전쟁이 발발하게 될 경우 영국은 적어도 중립을 지켜 주리라 더욱 믿게 되었다.

하우스 대령의 보고(1914년 5월)

영 · 독의 이런 합의는 1914년 봄 유럽의 분위기로 보아서는 매우 이례적이었다. 유럽 대륙은 불신, 증오, 적의에 싸여 있었다. 사람들은 전쟁이 곧 다가오리라는 예감을 갖고 있었다. 이런 분위기는 윌슨W. Wilson 미국 대통령의 친구이자 측근인 하우스E. M. House 대령의 보고서에 잘 나타나 있다. 윌슨 대통령은 유럽 현지의 사정을 알아보기 위해 하우스를 1914년 봄 유럽에 파견하였다. 하우스 대령이 제출한 보고서의 한 구절을 보기로 한다.

> (이곳의) 상황은 비정상적입니다. 광적인 군사주의 바로 그것입니다. 각하를 대신하여 어느 누가 현재와는 다른 양해를 창출하지 않는 한 며칠 후에는 가공할 만한 대변동이 있게 될 것입니다. 그러나 유럽의 그 누구도 이런 양해를 만들어 낼 수는 없습니다. 이곳에는 너무나 많은 증오, 질투가 존재하고 있습니다. … 영국은 독일이 완전히 붕괴되는 것을 바라지 않고 있습니다. 그럴 경우 영국은 그의 숙적인 러시아와 홀로 대적해야만 되기 때문입니다. 그러나 만일 독일이 해군의 증강을 계속 고집한다면 영국으로서는 다른 대안이 없을 것입니다. 평화를 위하여 가장 좋은 길은 영국과 독일이 해군 군비에 대하여 합의하는 것입니다. 그러나 양국이 너무 가까워지면 우리에게도 어떤 불리한 점이 있으리라 봅니다.

사라예보 사건(1914년 6월 28일)

6월 28일은 여러 가지 의미를 지닌 날이었다. 1389년 세르비아의 구왕국이 코소보Kossovo 전투에서 터키군에게 패망한 날이어서 남 슬라브 민족에게는 울분의 날이었다. 그러나 최근 제2차 발칸 전쟁에서는 이날 세르비아군이 터키군을 크게 격파하여 복수의 날이 되었다.

또한 이날은 오스트리아 황태자 페르디난드F. Ferdinand의 결혼기념일이기도 하다. 그는 미천한 계층 출신인 소피 코텍Sophie Chotek과 결혼하였다. 따라서 그의 부인은 대공비Archduchess의 칭호를 받지 못하고 다만 백작부인Countess의 칭호만을 받았으며 그녀의 자식들은 왕위 계승권이 박탈되었다. 그런데 한 가지 예외가 있었다. 페르디난드는 황태자이자 동시에 오스트리아군의 원수이며 총검열관이었으므로 그가 이 직위에서 행동하는 경우 그의 부인은 원수의 부인으로서 대접받을 수 있었다. 페르디난드는 그의 결혼기념일에 보스니아에 주둔한 오스트리아군을 검열하기로 결정하였다. 부인을 즐겁게 하기 위해서였다.

페르디난드가 보스니아의 사라예보Sarajevo를 방문한다는 소문은 이미 4월에 벨그라드에 있는 비밀결사 '검은 손'Crna Ruka에 알려져 그를 암살하려는 계획이 추진되었다. '검은 손'은 물론 반(反) 오스트리아 투쟁단체인데 같은 성격을 가진 비밀조직인 '국민방어' Narodna Obrana와는 그 회원이 중복되어 있었다.

6월 28일이 되자 22인의 암살자들이 사라예보의 길목을 지키고 있었다. 첫 번째 암살자는 권총을 꺼내는 것에 실패하였고 두 번째 암살자는 페르디난드 부인이 측은하게 여겨져 집으로 돌아갔다. 세 번째 암살자는 수류탄을 던졌으나 페르디난드가 타고 있던 마차에는 미치지 못하였다.

황태자 일행은 무사히 사라예보 행정관청에 도착하였다. 그러나 사라예보의 군사령관은 사라예보를 급히 떠날 것을 황태자에게 진언하였고 황태자도 지름길을 이용해 떠나기로 하였다. 그런데 황태자는 떠나는 도중에 20세 안팎의 학생 암살자 프린치프G. Princip와 마주치게 되었다. 프린치프는 두 발의 총탄을 쏘았다. 하나는 소피 코텍의 복부에, 다른 하나는 황태자의 가슴에 명중하였다. 두 사람은 그 자리에서 숨을 거두었다. 바로 이것이 4년 반 이상이나 유럽을 전쟁의 도가니로 휘몰아 넣었던 사라예보 사건이다.

독일과 오스트리아의 대응

이날부터 7월 28일 오스트리아가 세르비아에 전쟁을 선포할 때까지 한 달 동안의 사태진전에 관해서는 많은 연구와 해석이 있다. 이런 견해들은 후술할 제1차 세계대전의 책임문제와 밀접히 관련되어 있다.

사라예보 사건이 터지자 오스트리아로서는 먼저 독일의 태도를 확실히 알고 그 지원을 받아 놓는 일이 급선무였다. 7월 5일 호이요스A. Hoyos 경을 베를린에 파견해 세르비아 응징의 필요성을 역설하였다.

7월 5일 독일에서는 카이저가 중요한 회의를 주재하였다. 회의 참석자들은 베드만-홀베크 재상, 짐메르만A. Zimmermann 외무차관, 팔켄하인E. von Falkenhayn 육군상, 링커M. von Lyncker 군사회 의장Chief of the Military Cabinet, 플레센H. von Plessen 장군 등이었다. 참석자들은 모두 오스트리아를 지원해야 된다는 데 의견을 같이하였다. 그리하여 다음날 아침 베드만-홀베크는 오스트리아 대사 쇠기에니L. von Szögyény-Marich에게 오스트리아 정부가 세르비아에 대해 어떤 정책을 결정하든지 오스트리아는 동맹국인 독일의 지원을 굳게 믿어도 좋다는 내용을 전달하였다. 오스트리아가 무슨 행동을 해도 지원하겠다는 이른바 백지위임장carte blanche을 주었던 것이다.

호이요스 경과 쇠기에니 대사는 카이저가 오스트리아의 입장을 잘 이해하고 있다고 판단하였다. 그러나 카이저가 7월 6일 발트 해로 요트여행을 떠나기 때문에 귀찮은 일은 하지 않으려는 태도 또한 간파하였다. 그들은 독일의 지원을 약속 받았으며 세르비아를 응징하는 경우 러시아가 개입한다 해도 카이저는 오스트리아의 행동을 지원할 것이라고 본국 정부에 보고하였다.

카이저는 발트 해로 가는 도중 포츠담에서 육·해군 장성들과 간략한 회의를 가졌다. 그러나 참모총장 몰트케와 해군상 티르피츠는 다른 곳에 있어서 이 회의에 참석하지 못하였다. 카이저는 전쟁이 날 경우 러시아·프랑스가 참전할 가능성을 물었고 자신의 견해로는 러시아는 아직 전쟁을 수행할 준비가 되어 있지 않다고 덧붙였다. 베드만-홀베크도 그곳에 들려 회동했으나 그는 카이저 견해에 동의만 하였다. 사실 7월 5일, 6일에 열린 두 회의는 모든 책임자들이 모인 전체회의는 아니었다. 이런 회의에서 독일 정부가 경솔하게 전쟁지원을 결정한 것이지 베르사유 조약 제231조에서 말하는 바와 같이 독일이 전쟁을 협상측에 강요한 것은 아니라는 해석이 가능하게 된다.

독일의 지원을 확신한 오스트리아는 7월 7일 어전회의를 개최하였다. 이 회의에서는 헝가리 수상 티서S. Tisza를 제외하고는 모두 세르비아에 대한 전쟁에 동의하였다. 특히 베르흐톨트L. Berchtold 외상과 콘라드Conrad von Hötzendorff 참모총장은 전쟁 이외에는 다른 길이 없다고 주장하였다. 티서도 결국 오스트리아가 세르비아 영토를 합병하지 않는다는 조건으로 전쟁에 동의하였다. 그리하여 7월 20일에는 세르비아에 보낼 최후통첩의 문안작성을 끝마쳤으나 통첩의 수교시기를 7월 23일로 정해 놓았다. 그때는 러시아를 방문하고 있던 프랑스의 푸앵카레R. Poincaré 대통령, 비비아니R. Viviani 외상이 러시아를 떠나 해상에 있을 시점이었다.

독일의 상황인식

독일이 오스트리아 지원을 약속하고 오스트리아 정부가 세르비아에 전쟁을 결정함으로써 전쟁발발은 이제 기정사실로 되어 버렸다. 그렇다면 독일 정부는 과연 당시의 국제정치 현실을 어떻게 판단하고 있었기에 무조건 오스트리아를 지원하겠다고 결정했을까?

먼저 오스트리아에 보낸 백지위임장은 독일의 입장에서 보면 방어적인 조치였을지 모른다. 오스트리아가 발칸 반도에서 어떤 행동을 취하려고 할 때마다 독일은 항상 딜레마에 빠지지 않을 수 없었다. 이런 사정을 베드만-홀베크는 7월 7일 그의 비서이자 측근인 리즐러K. Riezler에게 다음과 같이 말한 바 있다.

> 만일 우리가 그들을(오스트리아를 지칭: 저자) 충동질하면 그들은 우리가 그들을 끌어들였다고 말할 것이다. 그리고 우리가 그들로 하여금 단념토록 한다면 우리가 그들이 곤경에 처해 있는 것을 그대로 내버려두는 꼴이 될 것이다. 그럴 경우 그들은 서방국가로 돌아갈 것이고 우리는 우리의 마지막 동맹국을 잃게 될 것이다. … 이번에는 오스트리아가 세르비아와 러시아의 음모에 대하여 자국을 보호해야 되기 때문에 1912년의 경우보다 더 사정이 좋지 않은 것이다 ….

따라서 러시아와 세르비아의 음모가 성공한다면 독일은 동맹국을 상실할 뿐만 아니라 강대국으로서의 독일의 기반 자체를 상실하게 된다고 판단했던 것이다.

다음으로 독일은 분쟁을 국지화시킬 수 있고 영국은 최소한 중립을 지켜주리라 판단하였다. 또한 러시아와 프랑스는 아직 전쟁준비가 되어 있지 않다고 분석하였다. 이에 관한 몇 가지 예를 보기로 한다.

7월 12일 쇠기에니 오스트리아 대사가 본국 정부에 보낸 보고문에 영국이 발칸 전쟁에는 개입하지 않을 것이라고 믿고 있는 베를린의 분위기를 잘 전하였다. 그리고 18일 야고흐G. von Jagow 독일 외상은 런던 주재 대사 리히노브스키K.M. Lichnowsky에게 보낸 서한에서 다음과 같이 말하고 있다.

> 우리는 오스트리아 · 세르비아의 분쟁을 국지화하도록 최선을 다해야 한다. … 오스트리아는 확고한 자세를 보이고 우리가 오스트리아를 적극적으로 지원하면 할수록 러시아는 더 조속히 자신의 항의를 중지할 것이다. … 러시아는 현재 전쟁준비가 되어 있지 않고 … 수년 후에야 그런 준비를 갖추게 될 것이다. 그때가 되면 러시아는 병력의 수로써 우리를 압도할 것이며 발트 해 함대와 전략적인 철도들을 건설하게 될 것이다. (그런데) 우리들은 그동안 더 약화될 것이다. 러시아는 이런 사실을 알고 있을 것이며 이런 이유로 러시아는 확실히 수년 동안은 평화를 바랄 것이다.

독일 군부는 러시아가 1916년에 가서야 전쟁준비가 이루어질 것이라고 판단하였고, 그런 점에서 시간을 지연시킬 수 없다고 조급해하였다.

영국주재 리히노브스키 대사는 영국 외무차관 니콜슨A. Nicolson, 그레이 외상의 비서인 티렐W. Tyrell과 회견한 결과를 7월 25일, 26일 양일간에 걸쳐 본국 정부에 보고하였다. 영국은 전쟁이 발발하는 경우 참전할 것이고 따라서 분쟁은 국지화될 수 없을 것이라는 의견을 개진하였다. 그러나 독일 외무성은 이런 견해에 동의하지 않았다.

7월 26일 야고흐 독일 외상은 프랑스 대사 캉봉J. Cambon을 만났다. 캉봉은 영국 내각이 해군의 전쟁준비를 결정했다고 전하면서 전쟁이 발발하는 경우 영국이 개입하게 될 것이라고 말하였다. 이에 대해 야고흐는 다음과 같이 답변하였다. "당신은 당신의 정보를 갖고 있고 우리는 우리의 정보를 갖고 있는데 이들이 정반대이다. 우리는 영국의 중립을 믿는다."

독일은 7월 29일 밤까지 영국의 중립에 희망을 걸고 있었다. 그날 밤늦게 베드만-홀베크는 영국대사 고션W.E. Goschen을 그의 서재로 초청해 영국의 중립을 호소하였다. 베드만-홀베크는 영국이 중립을 지켜준다면 독일은 프랑스에게 손해를 끼칠 어떠한 영토확장도 하지 않겠노라고 다짐하였다.

그러나 이 회견이 끝나고 베드만-홀베크는 런던으로부터 리히노브스키 대사의 보고문을 받아 보았다. 리히노브스키 대사는 그레이 외상을 회견하고 영국의 입장을 본국에 전달하였다. 만일 분쟁이 오스트리아와 러시아에 국한된다면 영국은 방관할 수 있으나 독일과 프랑스가 개입한다면 결코 방관할 수 없으므로 참전하게 될 것이라는 내용이었다. 이 시점에 이르러서야 독일 정부는 영국의 중립에 희망을 걸 수 없음을 알게 되었고 초조해 하였다.

독일 외교관의 문제점

독일 외무성이 국제정치 현실을 정확히 인식하지 못한 배경에는 당시 독일 외교관들의 자질에 문제가 있었기 때문이다. 이것은 비스마르크가 남긴 부정적인 유산이라고 볼 수 있다. 비스마르크는 해외에 주재하는 모든 독일 외교관들을 외무성에 철저히 종속시켰다. 따라서 외국주재 외교관들은 자신의 의견을 개진하고 창의적인 활동을 하지 못하고 외무성의 훈령만을 수행하는 전통이 생기게 되었다. 이런 사정은 비스마르크가 물러난 후에 더욱 악화되었다. 홀슈타인은 외교관들의 이견을 전혀 용납하지 않고 외교관들을 서로 이간시킴으로써 독일 해외공관의 능력에 심각한 문제점을 만들어 놓았다.

1914년 현재 리히노브스키 대사를 제외하고는 능력 있는 외교관은 거의 없는 실정이었다. 파리 주재 쇤W. Schoen, 빈 주재 치르쉬키H.L. von Tschirschky, 페테르스부르크 주재 푸르탈레스F. von Pourtalès 대사들과 같이 중요한 지역을 담당한 공관장들이 정확하게 정치상황을 파악하지 못하였다. 예를 들면 푸르탈레스는 홀슈타인의 측근이란 이유만으로 1907년부터 러시아 주재 대사를 맡은 부유한 귀족이었다. 7월 24일 한창 위기가 고조되고 있을 때 그는 러시아 외상 사조노프S. Sazonov와 회견한 바 있었다. 그 자리에서 러시아 외상은 오스트리아에 대해 분노하고 있었으며 세르비아의 붕괴를 러시아는 묵과할 수 없으며 그럴 위험이 있는 경우 러시아는 전쟁을 하지 않을 수 없다고 분명히 말한 적이 있다.

그러나 푸르탈레스는 사조노프의 태도가 흥분된 상태에서 나온 일시적인 현상이라고 가볍게 분석하였다. 그리고 당시 러시아 국내에서는 세르비아를 지원해야 된다는 여론이 비등하고 있었는데도 "이곳의 여론은 아직까지 오스트리아 · 세르비아의 분쟁에 관해서는 현저하게 무관심을 보여주고 있다"고 본국 정부에 보고하였다.

오스트리아의 최후통첩(1914년 7월 23일)

오스트리아는 계획한 대로 7월 23일 세르비아에 최후통첩을 보내고 48시간 이내에 회답을 요구하였다. 푸앵카레와 비비아니가 발트 해상에 있을 때였다.

오스트리아의 요구는 모두 10개 항목이었는데 그 주요 내용은 반(反)오스트리아 출판물의 금지, 반오스트리아 단체의 해산, 반오스트리아 운동의 금지 보장을 위해 오스트리아에게 협력, 반오스트리아 교육의 금지, 반오스트리아 관리의 파면, 사라예보 사건 관계자 재판에 오스트리아 관리의 참여, 사라예보 사건에 관련된 관리의 체포, 이 사건 이후 반오스트리아 관리의 처벌, 무기의 국외반출 금지, 48시간 이내의 회답 등이다.

7월 25일 세르비아는 오스트리아의 최후통첩에 회답하였다. 세르비아는 전체적으로 보아 오스트리아의 요구를 거의 수락하였다. 다만 자국의 주권침해에 관계되는 사항, 즉 재판심의에 오스트리아 관리를 참여시키는 문제에 관해서는 거부하였다. 그러나 이 문제에 관해서도 세르비아는 헤이그 중재재판이나 열강의 결정에 맡길 수 있다는 유보적인 입장을 취하였다. 그러나 오스트리아 대사는 이 회답을 받은 즉시 베오그라드를 떠났으며 세르비아도 동원령을 내렸다.

카이저는 세르비아의 회답내용을 보고 "48시간 이내의 훌륭한 작품", 오스트리아의 "크나큰 정신적인 승리"로서 이제 "전쟁의 모든 기초는 사라지게" 됐다고 평가하였다. 그러나 사태는 정반대 방향으로 진전되었다. 오스트리아는 후술할 영국의 국제회의 개최안을 거절하였고 7월 28일 드디어 세르비아에 전쟁을 선포하였다. 그 다음날 베오그라드 포격이 시작되었다. 카이저는 오스트리아가 베오그라드를 점령해 러시아와 교섭을 촉진토록 하려는 구상을 갖고 있었으나 오스트리아가 이를 거부하였다. 사실 그레이 외상도 동의했던 '베오그라드에서 정지Halt in Belgrade' 구상은 분쟁을 국지화시키려는 마지막 제안이 되었다. 이제 주요 열강의 태도를 보기로 하자.

독일

앞에서 지적한 바와 같이 영국이 중립을 지킬 전망이 없어지자 독일 정부는 당황하였다. 더욱이 민간 정치인과 군부 사이에는 상당한 혼선이 있었다. 7월 30일 새벽 2시 55분 베드만-홀베크는 자신이 직접 문안을 작성해 빈 주재 치르쉬키 대사에게 전문을 보냈다. 재상은 전날 받은 리히노브스키 대사의 전문을 동봉하면서 오스트리아가 평화를 모색토록 설득하라고 전하였다. 그는 5분 후에 다시 오스트리아 외무성에 직접 전보를 보내 독일의 충고를 무시하고 경솔히 행동하지 말고 러시아와 직접 교섭할 것을 부탁하였다.

그런데 독일 정부는 이날 아침 참모총장 몰트케H.J.L. von Moltke가 작성한 대(對) 러시아 최후통첩안을 통과시켰다. 그러나 그날 저녁 9시에는 이른바 훈령 200호를 빈 주재 대사에게 다시 보내 평화를 모색토록 하라고 지시하였다. 저녁 11시 20분에는 짐메르만A. Zimmermann 외무차관이 빈 공사관에 전문을 발송해 훈령 200호의 집행을 당분간 보류토록 하였다. 그런가 하면 바로 이날 몰트케는 오스트리아 참모총장 콘라드Conrad von Hötzendorff에게 총동원령을 발동하라고 재촉하였다.

베를린의 이와 같은 혼선에 빈은 짜증을 내었다. 베르흐톨트 외상은 "베를린에서는 누가 통치하고 있는가?"라고 자문할 정도였다. 독일 군부들은 슐리펜 계획에 입각해 전투하려면 시간이 없다고 조급해하였고 민간 정치인들은 영국의 중립이 보장되지 않자 주저하였다.

카이저의 '베오그라드에서 정지' 구상은 슐리펜 계획과는 어긋나는 제안이었다. 슐리펜 계획은 전면전을 상정했기 때문에 부분적인 동원은 단지 혼란만 일으킨다는 군부의 주장에 따라 취소되었다. 7월 31일 드디어 총동원령이 발동되었다.

영국

독일이 영국의 중립을 기대하게 된 이유 중 하나는 영국의 애매한 태도였다. 7월의 위기 동안에 영국은 확고한 입장을 표명하지 않았다. 영국은 7월 6일 리히노브스키 대사로부터 독일의 확실한 입장을 전달받았다. 그는 그레이 외상에게 장차 오스트리아의 어떤 행동이 있을지 모르며 독일은 이런 행동을 지원하게 될 가능성이 있다고 말하였다. 그레이는 빈 주재 대사로부터도 같은 보고를 받았다.

그러나 영국 내각은 의견이 일치되지 않았다. 7월 22일 그레이 외상은 캉봉P. Cambon 프랑스 대사에게 독일이 오스트리아에 자제를 요청하고 있다고 말하면서 영국이 중립을 지키는 경우의 사태를 언급하고 있는 정도였다. 그레이 외상은 오스트리아가 세르비아에 최후통첩을 발송한 이후에는 국제회의 소집을 통한 중재에 주력하였다. 프랑스 · 러시아는 국제회의 소집에 동의하였다. 그러나 오스트리아는 자국의 명예에 관계되는 문제가 국제회의에서 토의되는 것을 묵과할 수 없다고 반대하였고 독일은 오스트리아를 지지하였다. 결국 그레이 구상은 무산되었다.

8월 1일까지도 그레이 외상은 캉봉 대사에게 프랑스는 영국의 지원을 고려하지 말고 독일 · 러시아 전쟁에 참여할 것인지의 여부를 독자적으로 결정하라고 말하였다. 영국의 태도는 8월 2일 독일이 벨기에 침공을 선언함으로써 비로소 참전을 결정하게 된다.

프랑스

영국이 모호한 태도를 취함으로써 프랑스도 확실한 입장을 표명할 수 없었다. 더욱이 푸앵카레 대통령과 비비아니 외상은 이 중대한 시기에 러시아를 방문하였다. 그들은 예정대로 7월 15일 러시아 방문 길에 올라 20일에 페테르스부르크에 도착하고 23일 그곳을 떠나 29일에 다시 파리로 돌아왔다.

러시아에 체류하고 있는 동안 그들의 행적에 관해 프랑스 외교문서는 거의 침묵을 지키고 있다. 그런데 7월 24일자 러시아 주재 영국대사 뷰캐넌G.W. Buchanan이 그레이 외상에게 보고한 내용을 보면 푸앵카레가 러시아에 체류하고 있는 동안 러시아 · 프랑스 양국은 세르비아의 독립을 보장하는 문제에 완전한 의견의 일치를 보았다고 추정된다. 뷰캐넌의 보고문 내용은 다음과 같다.

푸앵카레가 러시아를 방문한 동안에 두 나라는 다음 사항에 완전 합의했다고 러시아 외상과 러시아 주재 프랑스 대사 팔레올로그M. Paléologue는 뷰캐넌에게 전하였다.

(1) 유럽, 특히 동유럽에 있어서 평화유지에 관한 여러 가지 문제
(2) 세르비아의 주권, 독립을 침해하는 오스트리아 요구의 철회
(3) 양국의 동맹의무에 대한 확인

따라서 그들은 영국의 확실한 태도 표명이 전쟁을 예방할 수 있다고 뷰캐넌에게 역설하였다. 그러면서 프랑스 대사는 프랑스는 러시아에게 외교적인 지원뿐만 아니라 필요하다면 동맹의무를 수행할 것이라고 명백히 말하였다. 뷰캐넌의 이 보고문만 보더라고 푸앵카레는 세르비아의 독립보장이 프랑스의 원조의무casus foederis를 구성한다는 것을 인정하

고 있음을 알 수 있다.

푸앵카레와 비비아니는 29일에 파리로 돌아왔다. 유럽은 전쟁을 회피할 가망이 전혀 없을 때였다. 7월 31일 독일은 독일 · 러시아 전쟁이 발발하게 될 경우 프랑스는 어떤 입장을 취하겠느냐고 프랑스에게 질의하였다. 이에 프랑스 정부는 자국의 이익에 따라 행동하겠노라고 8월 1일 독일 정부에게 회신하였다.

러시아

러시아는 1909년과 1913년에 세르비아를 지원하지 못한 외교적인 실패를 다시 거듭하지 않으려는 확고한 입장을 취하였다. 오스트리아의 최후통첩 발송 다음날인 7월 24일 러시아는 긴급 대신회의를 개최하여 세르비아에 대한 지원을 결정하였다. 특히 고레미킨I.L. Goremykin 수상, 사조노프 외상이 독일에 강경한 태도를 취할 것을 역설하였다. 이들은 슬라브 동지들을 원조해야 할 러시아의 역사적인 임무를 강조하면서 독일에 대한 양보나 유화적인 조치는 평화보다는 또 다른 독일의 요구만을 초래할 뿐이라고 말하였다. 따라서 강경한 입장이 전쟁을 억제할 수 있으며 전쟁이 발발해도 러시아는 이를 감수할 수밖에 없다고 단호한 입장을 취하였다. 참석한 대신들 모두 세르비아에 대한 지원에 동의하였다.

그날 저녁 러시아 정부는 세르비아에게 러시아의 지원 의사를 전달하였다. 그리고 그날 대신회의에서는 차르가 필요하다고 인정하면 부분 동원령을 발동해도 좋다고 결의하였고 다음날 차르는 이 결의를 실행하였다. 이제 세르비아에 대한 지원은 군사적인 뒷받침을 받게 되었다.

그러나 오스트리아만을 상대로 하는 부분 동원은 실제로는 불가능하다는 것을 사조노프는 몰랐었다. 그러나 러시아 군부는 오스트리아에 대한 군사 조치는 독일에 대한 전쟁을 내포한다는 것을 알고 있었다. 마치 독일 군부가 슐리펜 계획에 따라 오스트리아를 지원한 경우 전면 전쟁을 상정하고 있는 것과 같은 것이었다. 따라서 7월 25일 부분 동원령이 내려진 이후 러시아 군부는 비밀리에 독일 국경에 대해서도 군사이동을 단행하였다. 사조노프도 곧 부분 동원이 현실적으로 무의미하다는 것을 인식하게 되었다. 7월 29일 러시아 정부는 총동원령을 내리게 되었다.

전쟁의 발발

7월 31일 독일 정부는 러시아 정부에게 군사준비 종식을 요구하는 최후통첩을 보내고 12

시간 이내에 회답을 요구하였다. 동시에 프랑스 정부에게는 독일 · 러시아 전쟁이 발발하는 경우 프랑스의 입장에 관해서 물었다.

8월 1일 프랑스 정부는 자국의 이익에 따라 행동하겠노라고 독일 정부에 회답하고 군대 동원에 들어갔다. 독일도 군대 동원령을 내리고 러시아로부터 회답이 없음을 이유로 러시아에 전쟁을 선포하였다.

8월 2일 영국 내각은 독일이 대서양 연안을 공격하는 경우 프랑스를 지원하겠노라고 결정하였다. 독일은 룩셈부르크 침공을 개시하고 벨기에에게 독일군의 벨기에 영토 통과를 요청하였다. 물론 독일의 요구는 거절당했다.

8월 3일 독일은 프랑스에 전쟁을 선포하고 벨기에 침공을 시작하였다. 벨기에 침공이 있자 영국은 4일 독일에 전쟁을 선포하였다. 영국이 참전을 결정하자 베드만-홀베크는 베를린 주재 영국대사 고션W.E. Goschen에게 영국이 '한 조각의 종이' 때문에 참전하는 것을 비난하였다. 이것이 두 사람의 마지막 회견이었다. 베드만-홀베크는 이날 의회연설에서 "필요는 법을 알지 못한다"고 말해 벨기에 중립을 보장해야 할 국제법의 위반을 공언하였다.

3국 동맹의 당사국인 이탈리아만이 중립을 선언하였다. 오스트리아의 행동이 3국 동맹의 방어적인 정신에 위배되어 원조의무가 발생하지 않는다는 것이었다.

8월 6일에는 오스트리아가 러시아에 전쟁을 선언함으로써 유럽은 강대국들의 전면전쟁의 상태로 들어가게 되었다.

2. 열강의 전략과 전투

슐리펜 계획

독일의 전략 구상인 슐리펜 계획이란 1891~1906년 참모총장을 지낸 슐리펜A. von Schlieffen이 입안하고 후임자로 1914년까지 참모총장을 맡았던 몰트케H.J.L. von Moltke가 계승한 양면전 구상이었다. 그의 숙부로 독일을 통일한 참모총장 몰트케H. von Moltke는 1879년경 양면전쟁에 대비할 것을 계획하였다. 그는 러시아를 먼저 공격한다는 입장이었고 그의 후임자인 발더제A. von Waldersee도 이와 똑같은 구상을 견지하였다.

그런데 발더제의 후임자인 슐리펜이 이 구상을 크게 변경시켰다. 러시아를 먼저 공격하는 것이 아니라 프랑스를 선제 공격해야 된다는 것이다. 러시아의 군사시설이 크게 개선돼 러시아군을 단시일에 괴멸시키고 주력부대를 프랑스에 다시 투입시킬 수 없다고 판단하였다. 한 예로서 당시 러시아는 이반고로드Ivangorod, 브레스트-리토프스크Brest-Litovsk, 코브노Kovno, 바르샤바Warsawa를 연결하는 이른바 나레프 선Narev Line의 요새가 구축되었고 러시아의 철도망도 크게 개선돼 러시아군이 신속히 이동할 수 있게 되었다.

따라서 6주일 이내에 프랑스를 붕괴시킨 다음 주력부대를 다시 러시아에 투입한다는 것이 슐리펜 계획의 핵심내용이었다. 이 구상의 전제는 6주일 이내에 속전속결을 한다는 것으로 이 시간적인 요소에 차질이 온다면 전략구상 전체가 타격을 받게 된다. 또한 이 전략에 의하면 독일이 먼저 전쟁을 일으키지 않을 수 없었고 벨기에를 통해 프랑스에 진입하게 되어 있었다. 그러나 이 전략구상에는 독일이 점령한 지역에서의 적(敵) 게릴라 항쟁에 관해서는 아무런 고려도 하지 않았다.

제17계획Plan XVII

1911년에 프랑스 참모총장이 된 조프르J. Joffre는 기왕의 제16계획을 수정 · 보완해 1914년 초 이른바 제17계획을 수립하였다. 이 계획도 슐리펜 계획과 같이 공격을 위주로 한 전략구상이었다. 독일의 구상이 4개 군으로 편성된 공격부대가 벨기에, 룩셈부르크를 거쳐 파리 서부로 진격하고 3개 군은 알자스 국경으로 진격하는 것이었다면, 프랑스의 구상은 알자스에서 아르덴Ardennes에 이르는 동부국경에 5개 군을 편성해 아르덴을 북상하여 독일로 진격한다는 것이었다.

따라서 독일의 입장에서 볼 때 오스트리아군은 동부전선에서 러시아군을 견제해 주어야만 했다. 이에 대해 프랑스의 입장에서 보면 러시아의 주력부대가 서쪽으로 신속히 이동해 독일의 서부전선에 있는 독일군의 일부를 동부전선으로 이동시켜 주길 희망하였다.

영국은 5개 사단의 원정군British Expeditionary Force을 대륙에 파병하는 것 이외에는 해양의 방어를 맡게 되어 있었다.

소모전

그러나 실제로 전투가 진행되자 처음 예상했던 속결속전에 의한 전쟁종결의 전망은 곧 사라지고 그 누구도 예측하지 못했던 참호전으로 돌입하였다. 이런 징후는 1914년 9월 마른느Marne 전투 이후 뚜렷이 나타났다.

장기전으로 돌입하게 되자 독일 참모총장 팔켄하인E. von Falkenhayn은 소모전으로 전략을 변경하였다. 소모전의 전제는 방어하는 측이 더 많은 피해를 받아야 되는 것이다. 후술한 베르덩Verdun 전투라든가 무제한 잠수함작전 등이 모두 소모전의 구상에 입각한 것이다. 무제한 잠수함작전의 구상에 따르면 1916년 말 현재 독일의 적들은 매월 35만 톤의 상선들이 손실되고 있는데 이런 손실을 매월 60만 톤으로 증가시킴으로써 6개월 후에 연합국들을 항복시킨다는 것이었다.

이런 소모전략에 대해 연합국은 독일 병력을 분산시키려는 전략으로 대응하였다. 독일의 주력부대를 서부전선에서 붕괴시킬 수 없다면 다른 전선으로 독일의 예비병력을 유인해 격퇴시킨다는 것이다. 다르다넬스 해협 공격이라든가 살로니카 원정이 모두 이런 구상에 입각한 것이었다. 각 전선의 현황은 어떠한 것인지 살펴보기로 한다.

서부전선

독일은 계획대로 150만의 병력을 7개 군으로 편성해 프랑스를 침공하였다. 그러나 9월 5~12일 동안의 전투에서 양군은 어떤 결정적인 승리 없이 서로 대치하게 되었다. 11월의 플란더즈Flanders 전투에서도 양군은 어떤 돌파구를 찾지 못하였다. 결국 채널Channel 해협에서 스위스 국경에 이르는 400마일 전선에서 참호전으로 돌입하게 되었다.

이런 장기전으로 교착하게 된 것은 그 누구도 예측하지 못한 것이었고 전쟁이 발발되자 유럽 사람들은 1914년 크리스마스까지는 전쟁이 종식되리라 생각했었다.

이러한 사정은 단기전을 상정한 슐리펜 계획의 와해를 의미하는 것이다. 이 계획이 실패로 돌아가게 된 데에는 몇 가지 원인이 있었다. 먼저 적의 능력을 과소평가한 점이다. 벨기에 군대의 저항이 의외로 완강해 처음 계획한 시간에 차질이 생기기 시작하였다. 그리고 영국의 원정군이 예상보다 신속히 유럽 대륙에 상륙해 프랑스를 지원한 것도 단기전을 불가능하게 만든 한 요인이었다.

다음으로 몰트케 자신이 슐리펜 계획을 수정함으로써 차질이 초래되었다. 슐리펜 계획에 의하면 파리 서쪽으로부터 파리를 공격하게 되어 있었다. 그런데 몰트케는 군대를 동부로 이동시켜 순전히 방어 태세를 갖추고 있어야 할 몰트케의 좌측병력에게도 공격을 하도록 하였다. 이로 말미암아 두 개의 전투지역이 생겨 서로 조화를 이루지 못하였고 마른느Marne 전투에 투입해야 할 물자를 모두 사용해 버린 결과를 초래하였다.

1915년부터 서부전선은 참호전으로 들어갔다. 공격하는 측보다 방어하는 측이 더 유리

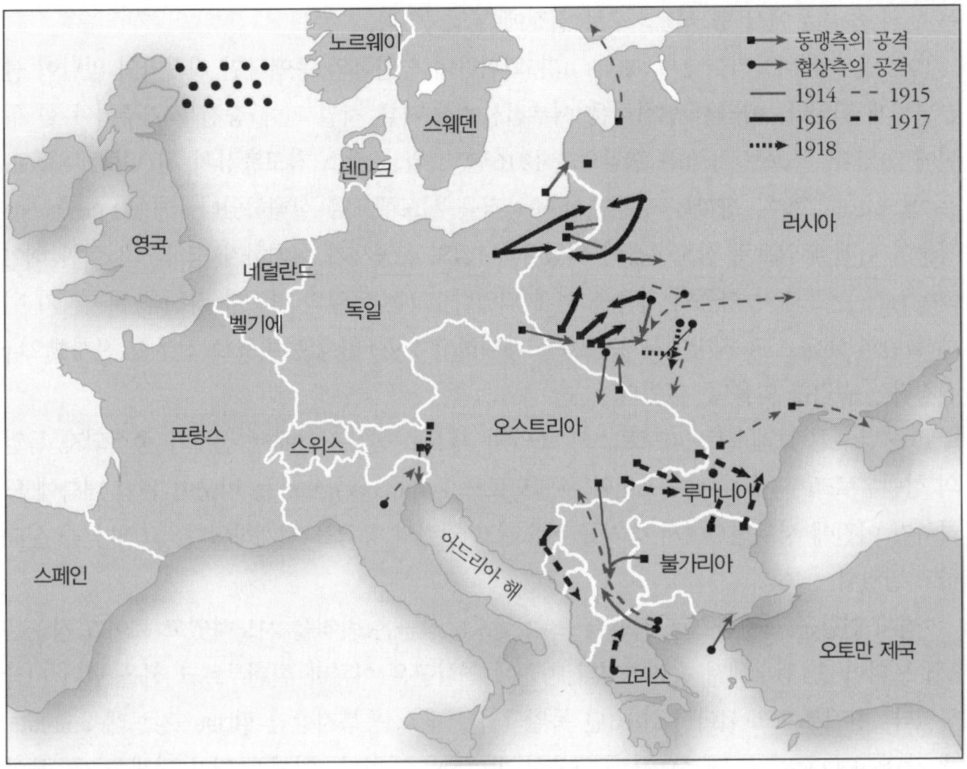

제1 차 세계대전

한 것은 말할 필요도 없다. 더욱이 철도의 발달로 방어하는 측은 필요한 물자를 신속히 공급받을 수 있었다. 따라서 양측은 모두 결정적인 공격을 할 수 없게 되었다. 그렇다고 독일군이 벨기에와 북부 프랑스를 점령한 사태를 연합국이 묵과할 수는 없는 일이었다. 1915년 4~5월 이프르Ypres, 아르트와Artois 전투, 1915년 9~10월 아르트와, 샹파뉴Champagne 전투 등이 모두 연합국의 공격으로 시작된 것이다.

독일도 서부전선에서 승기를 잡기 위해 총력전을 시도하였다. 1916년 2월 베르덩Verdun의 전투가 그것이다. 팔켄하인 참모총장은 총력전을 수행하기 위해 그가 반대해 오던 무제한 잠수함작전에 동의하였다. 베드만-홀베크는 완전히 고립되었다. 민간인 재상은 이 작전이 미국의 참전을 불러일으키게 될 것이라고 우려하였다.

연합군도 총공세를 취하였다. 7~11월의 솜Somme 전투가 그것이다. 그러나 결정적인 계기를 마련하지는 못하였다. 전투가 장기전의 양상을 띠자 양측은 군사기술 개발에 주력하게 되었다. 독일군은 1915년 4월 이프르 전투에서 독가스를 처음으로 사용하였고 영국은 위의 솜 전투에서 탱크를 최초로 실전에 투입하였다.

1917년 3월 니콜라이 2세Nikolai II가 퇴위하여 연합국의 동맹국인 러시아의 앞날이 불투명하게 되었다. 따라서 연합국은 서부전선에서 빠른 시일 안에 승전을 거두어야 할 형편에 놓였다. 조프르J. Joffre 후임으로 1916년 12월 프랑스 참모총장이 된 니벨R. Nivelle은 엔느Aisne 전투, 샹파뉴 전투에서 총공격을 시도했으나 실패하였다. 페탱H-Ph. Pétain 장군이 니벨 후임으로 참모총장이 되었다. 니벨의 총공세가 실패하자 영국군 사령관 헤이그D. Haig는 도리어 행동의 자유를 얻게 되었다. 그는 독일의 잠수함 작전을 저지하기 위해 플란더즈Flanders 지방에서 총공세를 계획하고 7~11월에는 이프르 전투를 전개했으나 결정적인 승리를 얻을 순 없었다.

1918년 3월 브레스트-리토프스크 조약의 체결로 동부전선에서 전투가 종식되자 독일의 힌덴부르크P. von Hindenburg와 루덴도르프E. von Ludendorff는 미군이 유럽 대륙에 도착하기 이전에 서부전선에서 승기를 잡으려고 일련의 공격을 전개하였다. 그러나 곧 실패하고 말았다.

7월에 연합군 사령관으로 취임한 포슈F. Foch 장군은 반격을 시도하였고 헤이그 장군은 8월 드디어 솜 전투에서 승리하였다. 9월에 연합군은 이른바 힌덴부르크 선을 넘기 시작하였다. 힌덴부르크 선이란 1916년 독일군이 프랑스 동북지방인 릴Lille-캉브레Cambrai-생 캉탱Saint-Quentin-메츠Metz에 구축한 방어선을 말한다. 이렇게 되자 전쟁을 계속해야 한다고 강력히 주장해온 루덴도르프도 독일 정부에게 연합군에 평화교섭을 제의토록 건의하였다.

동부전선

전쟁이 발발하자 프랑스는 러시아군의 신속한 작전을 희망하였다. 러시아군의 동원과 진격은 독일이 상상한 것보다 더 신속하였다. 렌넨캄프P. Rennenkampf와 삼소노프A. Samsonov 장군이 각각 이끄는 2개 군을 투입해 초기에 승전을 장식하였다. 이에 몰트케 참모총장은 동부에 있던 8군 사령관을 교체하였다. 힌덴부르크가 프리트비츠F. von Prittwitz 후임으로 취임하였다. 그리고 서부전선에서 리에즈Liège 점령을 성공시킨 루덴도르프를 동부전선으로 파견하였다. 이들은 9월에 러시아군을 동 프로이센 지역에서 격퇴시킴으로써 군사적인 영웅으로 부상되기 시작하였다.

서부전선이 마른느 전투 이후 교착상태에 빠진 것과는 대조적으로 동부전선은 군인과 장비가 부족해 방어선이 공고히 구축되지 못하고 전선은 유동적이었다. 러시아군이 가장 서쪽으로 진격한 전선은 메멜Memel-크라코우Cracow-카르파티아Carpathia 산맥을 잇는 선이었고 브레스트-리토프스크 조약을 체결할 당시에는 리가Riga-핀스크Pinsk-체르노비츠Czernowitz를 연결하는 전선이었다.

해전

영국과의 대결을 무릅쓰고 티르피츠가 확장시킨 독일 제국의 해군은 어떠한가?

1914년 8월 헬리골랜드Heligoland 해전에서 독일은 3척의 경순양함과 1척의 구축함을 상실하였다. 1915년 1월 도거 뱅크Dogger Bank 해전에서 1척의 순양함이 또다시 격침당하였다. 이렇게 독일 해군이 전쟁발발 이후 패전을 거듭하자 분노한 카이저는 1916년 3월 티르피츠를 해임시켰다. 이때부터 유틀란트Jutland 해전까지 독일 해군은 자국 항구 안에 머물러 있게 되었다.

1916년 5월 31일~6월 1일 동안 계속된 유틀란트 해전은 하나의 분기점을 이룬 중대한 결전이었다. 이 해전에서 영국과 독일은 각각 6척의 전함을 상실했으나 그 톤수로 보면 영국이 독일보다 2배의 손실을 입었다. 그러나 독일은 영국이 계속 북해의 제해권을 보유하는 것을 저지시킬 수는 없었다. 이 전투 이후 쉐어R. Scheer 제독은 대양에서 영국을 굴복시킬 수 없다는 결론을 얻게 되었다. 따라서 유일한 길은 잠수함작전으로 영국 경제에 타격을 가하는 것이라고 카이저에게 건의하였다.

영국도 이 해전 이후로는 소모전략으로 전환해 유럽 대륙을 봉쇄하고 독일 경제를 마비시키려는 작전을 택하였다. 대륙봉쇄는 1916년 말부터 유효하게 전개돼 독일 각지에서는 식량부족으로 인한 폭동이 일어났다.

독일은 이른바 무제한 잠수함작전으로 대응하였다. 아무런 사전경고 없이 모든 선박을 파괴한다는 작전이었다. 1917년 2월부터 공식적으로 이 작전을 실시하였다. 독일의 잠수함은 1916년 말 134척에 이르렀다. 무제한 잠수함작전으로 연합국 선박은 엄청난 손실을 입었다. 영국의 항구들을 출항한 선박 중 25%는 해상에서 격침당하였다. 그러나 이 작전은 미국의 참전을 불러일으켜 독일은 패전을 자초하게 되었다.

그 밖의 전선들

동북아 전선에서 일본군은 1914년 9월 2일 산둥(山東) 반도에 상륙하였고 11월 초에 칭다오(靑島)를 점령하였다. 일본 해군은 적도 이북의 독일령 식민지를 이미 9월에 점령하였다.

이 지역에서 축출된 독일 해군의 주력부대는 아르헨티나의 포클랜드Falkland에서 영국 해군과 교전해 거의 섬멸당하였다. 1914년 12월 초의 일이었다. 이로써 독일 해군은 태평양 지역에서 완전히 축출되었다.

영국과 프랑스는 일본군의 유럽 원정을 계속 요구했으나 일본 정부는 쉽게 응할 수 없었다. 1917년부터 독일의 무제한 잠수함작전이 시작되자 영국은 지중해 항로 보호를 위한 일본 해군의 파견을 강력하게 요청하였다. 이에 일본은 후술하는 바와 같이 방대한 대가를 약속 받고 1917년 2월 19척으로 구성된 함대를 지중해에 파견하였다. 1919년 7월까지 일본 함대는 지중해에 주둔하였다.

이탈리아 전선은 후술하는 바와 같이 이탈리아가 연합국에 가담한 이후 이손조Isonzo 강에서 오스트리아와 교착상태에 빠졌다. 1917년 10월 독일과 오스트리아군이 카포레토Caporetto 전투(12차 이손조 전투라고도 칭함)에서 이탈리아군에 패배한 후 피아베Piave 강으로 퇴각하였다.

터키가 독일 편에 가담해 참전하게 된 사정은 후술하기로 한다. 영국은 이집트, 수에즈 운하, 시나이Sinai 사막, 팔레스타인Palestine 등지에 파병함과 아울러 터키에 대항할 아라비아의 군대를 조직하는 데 주력하였다. 1917년 가을에 영국군은 가자Gaza 지방에, 그리고 12월에는 예루살렘에 입성하였다.

아프리카의 독일 식민지들은 영국과 프랑스가 점령하였다. 영국은 독일령 남아프리카 German South Africa와 카메룬Cameroon을, 프랑스는 토고랜드Togoland를 각각 점령하였다. 태평양 지역의 독일 식민지는 오스트레일리아, 뉴질랜드, 일본이 접수하였고 중국의 독일 이권은 영국과 일본이 획득하였다.

3. 전쟁목적과 평화교섭

베드만-홀베크

독일의 전쟁목적이 무엇이었는가 하는 것은 전쟁 원인론과 밀접히 관련된 문제이다. 그런데 후술하는 바같이 1960년대 이후 특히 피셔F. Fischer 교수의 새로운 주장으로 학계에서 논쟁이 일고 있다. 그에 의하면 독일의 팽창주의적인 주장은 군부, 실업계, 범 게르만주의자들, 우익정당들만이 아니라, 베드만-홀베크와 같은 중도적이고 온건하다고 여겨졌던 민간 정치인들도 그런 주장을 지지하고 동조했다는 것이다.

1914년 9월 9일 베드만-홀베크는 「평화체결에 관한 우리의 정책방향에 관한 비망록」을 그의 비서인 리즐러K. Riezler로 하여금 작성토록 하였다. 이 비망록을 피셔 교수가 처음으로 발견해 학계에 소개하였는데 이 자료를 베드만-홀베크도 역시 팽창주의자였다고 주장하는 학자들이 자주 인용하고 있다.

이 비망록에 의하면 독일의 일반적인 전쟁목적은 동 · 서 양면의 안보에 있다는 것이다. 따라서 프랑스는 강대국으로 존립해서는 안 되며 독일은 프랑스, 벨기에의 일부지역을 합병해야 된다. 또 러시아는 가능한 한 더 동쪽으로 후퇴해야 되고 러시아는 이제 더 이상 비 러시아 사람을 지배하면 안 된다는 것이다. 독일 주변에 독일의 위성국가들을 형성하고 중앙유럽 경제는 독일의 지배하에 두어야 된다는 것이다.

그러나 슈테른F. Stern, 리터G. Ritter와 같은 피셔의 반대자들은 이 문헌을 그리 중요시하지 않는다. 이 문서는 잠정적인 하나의 구상이며 정책적인 결정이라기보다는 일개 고려사항에 불과하다고 평가하고 있다.

독일 · 미국의 교섭

베드만-홀베크가 설사 온건한 견해를 지녔다 하더라도 그에 입각해 전쟁목적을 설정할 수는 없었을 것이다. 당시 독일에서는 엄청난 요구들을 전쟁 목적으로 삼아야 한다고 주장하는 여러 집단들이 있었기 때문이다. 이런 사정은 1916년 말 그가 미국에 대해 평화교섭을 시도하려고 할 때도 나타났다.

1916년 8월 베드만-홀베크는 독일의 전쟁목적을 발표하고 이에 따라 미국과 평화교섭을 벌이려고 하였다. 카이저의 재가도 받았다. 그러나 막상 전쟁목적을 구체화시키려고 하자 그는 그것이 불가능하다는 것을 깨닫게 되었다. 무엇보다 군부의 방대한 요구를 거부할 수 없었고 이런 요구를 발표하는 경우 미국이 결코 협상에 응하지 않으리라는 것은 자명한 일이었다. 당시 군부들은 리에즈Liège의 할양을 비롯해 벨기에 철도의 지배와 독일과의 긴밀한 경제관계를 요구하였다.

그리하여 베드만-홀베크는 1916년 12월 12일 연합국들과 평화교섭을 시도할 용의가 있다는 일반적인 각서만을 미국 정부에 전달하였다. 미국 정부는 독일의 제의를 거절하였다. 그러나 윌슨 대통령은 12월 18일 교전국가들에게 전쟁목적을 발표해 줄 것을 요청하였다.

독일 정부는 미국의 요청을 묵살할 수 없었다. 1917년 1월 29일 독일은 비밀리에 평화

교섭 조건을 윌슨에게 전달하였다. 그 내용은 다음과 같다. 독일이 점령한 알자스 일부 지역을 반환한다. 독일은 폴란드와 러시아 사이에 위치한 전략적 · 경제적으로 중요한 지역을 획득한다. 연합국들은 독일 식민지를 다시 반환한다. 점령된 프랑스 지역은 반환한다. 전쟁으로 인한 피해를 독일에 보상한다. 공해(公海)자유 원칙을 준수한다.

미국 정부는 물론 이런 요구를 수락할 리 없었다. 그러나 국교단절이 있을 때까지 미국 주재 독일 대사 베른스토르프J. von Bernstorff를 통해 양국의 교섭은 계속되었다.

크로이츠나흐Kreuznach 회의(1917년 4월 23일, 5월 17~18일)

1917년 2월 혁명으로 니콜라이 2세가 퇴위하게 되자 힌덴부르크는 전쟁이 곧 종식되리라고 판단해 전쟁목적을 확정할 필요가 있다고 주장하였다. 베드만-홀베크는 전쟁목적을 고정하여 경직된 자세를 취할 것이 아니라 평화교섭을 원하는 어떤 당사국과도 대화를 할 수 있는 유연한 입장이 필요하다고 주장하였다. 카이저는 힌덴부르크의 의견에 따라 제1차 크로이츠나흐 회의가 열리게 되었다.

이 회의에서 합의된 전쟁목적은 실로 방대한 내용을 담고 있었다. 독일은 쿠르란트Courland, 리투아니아, 그리고 가능하면 다른 발트 해 연안 지방을 합병한다. 폴란드의 상당한 지역도 병합하며 나머지 폴란드 지역에 관해서는 정치 · 경제 · 군사적인 우월권을 보유한다. 벨기에는 독일과 동맹을 체결할 때까지 독일군의 지배하에 둔다. 동맹체결 후에도 독일은 벨기에 통과 권리와 철도 운영권을 보유한다. 독일은 또 1세기 동안 리에즈Liège와 플란더즈Flanders를 병합하며 룩셈부르크, 롱위-브리이Longwy-Briey도 합병한다. 그리고 알자스-로렌의 일부 지역만을 프랑스에 반환하며 끝으로 독일은 전 세계적인 해군기지를 보유해야 되며 중앙아프리카 제국을 식민지로 보존한다는 내용이었다.

이런 엄청난 내용을 담고 있는 문서에 베드만-홀베크, 짐메르만 외상, 힌덴부르크 참모총장, 루덴도르프 참모차장이 서명하였다. 베드만-홀베크는 이런 전쟁목적은 독일이 승리할 경우에만 가능한 것이라는 전제에서 동의했노라고 말하였다.

그런데 이 전쟁목적의 문서에는 오스트리아의 이익이 반영되지 않았다. 따라서 5월 중순에 개최된 제2차 크로이츠나흐 회의에서는 서부지역에 관해서는 아무런 언급이 없었고 동부지역에 대해서만 다음과 같이 수정하였다. 오스트리아의 동부국경은 변함이 없다. 세르비아, 몬테네그로, 알바니아 지역은 장차 오스트리아의 종속지역이 된다. 또 점령된 루마니아의 대부분 지역도 오스트리아의 세력범위에 들어간다. 물론 독일은 루마니아의 유전, 철도 문제에 우월한 지위가 보장된다. 기왕의 러시아령 폴란드는 독일 영향하에 놓이게 되며 쿠르란트, 리투아니아는 독일에 부속된다.

독일이 이렇게 방대한 요구를 전쟁목적으로 삼고 있는 한 연합국들과의 평화교섭은 성공할 수 없었다.

연합국의 전쟁목적

전쟁이 발발하자 먼저 사조노프 러시아 외상은 프랑스와 영국 대사에게 9월 12일 이른바 다음과 같은 13개 항목의 평화조건을 제의하였다. 러시아는 독일 영토인 남부 니멘Lower Niemen과 오스트리아 영토인 동부 갈리시아 지방을 병합한다. 또 동부 포젠, 남부 실레지아, 서부 갈리시아 지방을 폴란드에 편입한다. 폴란드는 러시아 제국의 영향하에 둔다. 프랑스는 알자스 로렌을 회복하고 원한다면 필요한 지역을 취득할 수 있다. 하노버 왕국은 다시 부활된다. 독일은 배상의 지불, 영토의 상실 등으로 약화되어야 한다는 내용이었다. 이런 방대한 내용의 전쟁목적이 11월 초에는 차르의 재가도 받았다고 알려져 있다. 러시아의 영토 야망을 입증하는 자료가 아닐 수 없다. 그러나 이 13개 항목은 사조노프가 작성한 것이 아니고 러시아 주재 프랑스 대사 팔레올로그가 러시아 외상과 회담하던 중에 작성한 것이라는 견해도 있다.

연합국들이 전쟁목적 작성을 위해 회동하게 된 것은 1916년 12월 윌슨 대통령이 교전 당사국들에게 전쟁목적을 명백히 해 줄 것을 요구한 이후의 일이다. 영국과 프랑스 대표들은 로마에서 회동하였고 1917년 1월 10일 윌슨에게 다음과 같은 내용의 전쟁목적을 전달하였다.

벨기에, 세르비아, 몬테네그로는 독립을 회복하고 영토보전이 보장된다. 이탈리아인, 슬라브인, 루마니아인은 외국의 지배로부터 해방된다. 터키는 유럽으로부터 축출된다. 연합국이 주민의 의사에 반해 점령한 지역은 반환한다. 부정한 공격으로부터 국경을 보호하기 위한 국제협약들을 체결한다. 폴란드 통일을 선언한 최근의 차르 선언을 지지한다.

연합국의 전쟁목적은 후술할 윌슨의 14개 항목으로 확정되는데 이들 내용과 독일의 전쟁목적 내용을 비교해 볼 때 전쟁 중에 평화 문제를 교섭하는 일은 처음부터 성공할 수 없었다.

독일 · 러시아 교섭

전쟁 초기부터 슐리펜 계획이 차질을 빚게 되자 독일 국내에서는 러시아와 평화교섭을 시작해야 된다는 의견들이 나오게 되었다.

팔켄하인 참모총장은 독일군의 현실적인 군사력을 비교적 정확히 평가하였다. 그에 의하면 독일군은 동·서 양면전을 계속 지탱할 수는 없고 러시아와 단독평화를 이룩하지 못한다면 전쟁을 명예롭게 종결시킬 수 없다는 것이다. 그는 1914년 11월 독일군이 플란더즈 전투에서 실패한 직후 베드만-홀베크 재상에게 그의 구상을 진언하였다. 그러나 재상과 짐메르만 외무차관은 범슬라브운동이 완전히 불식되지 않는 한 러시아와의 평화교섭은 아무런 의미가 없다고 반대하였다. 그리고 당시 동부전선에 있던 힌덴부르크와 루덴도르프도 팔켄하인의 견해에 반대하였다.

그런데 1916년 7월에는 양국 사이에 비밀교섭이 있었다. 스톡홀름에서 진행된 양국의 접촉은 친서방주의자 사조노프가 해임된 후 한때 상당한 진전이 있었다. 그러나 1916년 11월 독일이 독립된 폴란드 정부의 수립을 발표하자 이 접촉은 종결되었다. 폴란드 문제를 제외하고는 러시아는 독일과 교섭할 아무런 이유가 없었던 것이다.

오스트리아의 평화제의

1916년 11월 황제 프란츠 요셉이 사망하고 칼 1세Karl I가 뒤를 이었다. 그는 외교정책의 변화를 모색하였다. 부리안I. Burián von Rajecz 외상이 물러나고 체르닌O. Czernin von Chudenitz 공이 외상이 되었다. 또 콘라드 참모총장 후임으로 아르츠A. Arz von Straussenburg가 육군을 지휘하게 되었다. 이들은 영국과 프랑스에 평화교섭을 제의하였고 그 중개 역할을 칼 1세의 처남인 식스트Prince Sixte de Bourbon 공이 맡았다.

오스트리아는 연합국에 상당히 호의적인 조건을 제시하였다. 알자스-로렌을 프랑스에 반환한다, 벨기에를 다시 복구하며 세르비아의 아드리아 해에의 출구를 인정한다, 그리고 러시아가 콘스탄티노플을 획득하며 이탈리아는 트렌티노를 다시 보유한다는 내용이었다. 푸앵카레, 브리앙A. Briand, 그리고 로이드 조지D. Lloyd George가 호의적으로 검토하게 되었다.

그러나 1917년 3월 브리앙 후임으로 프랑스 외상에 취임한 리보A. Ribot가 오스트리아의 제의를 거부하고 이탈리아가 1915년의 런던 조약의 완전한 이행을 주장함으로써 오스트리아와의 교섭은 무산되었다.

1917년 8월에는 교황 베네딕트Benedictus 15세가 평화교섭을 제의하였다. 그러나 이 제의는 기본적으로 전전현상유지status quo ante bellum에 입각하고 있어서 알자스-로렌의 반환을 필수적으로 여기고 있는 프랑스로서는 도저히 수락할 수 없었다.

이 당시에 독일에서는 재상과 외상의 경질이 있었다. 새로 임명된 미하엘리스G. Michaelis 재상과 퀼만R. von Kühlmann 외상은 영국과의 평화교섭을 시도하였다. 그러나 루덴도르프는 교섭의 조건으로 점령한 벨기에의 보유, 로렌 탄광의 병합, 해군기지의 획득 그리고 아프리카 식민지의 반환을 주장해 때늦은 교섭제의는 시도조차 되지 못하였다.

그런데 1917년 11월 러시아에서는 10월 혁명이 일어나고 소련은 독일과 단독강화조약을 체결함으로써 새로운 국면으로 접어들게 되었다. 새로 등장한 소비에트 정권은 기왕의 비밀문서들을 공개하기 시작하였다. 따라서 연합국은 보다 더 논리적이고 명확한 전쟁목적을 발표하지 않을 수 없게 되었다. 이 문제를 검토하기 전에 전쟁 중에 있었던 중립국들의 참전 문제를 보기로 한다.

4. 전시외교 — 중립국들의 참전

터키의 참전

전쟁이 장기전의 양상을 띠게 되자 교전국들은 중립국을 서로 자기편에 끌어들이기 위해 필사적인 노력을 하였다. 그리하여 일본 · 이탈리아 · 루마니아 · 그리스 그리고 미국이 연합국에, 터키 · 불가리아가 독일 측에 가담해 참전하게 되었다.

당초 독일은 터키의 참전에 큰 비중과 의의를 부여하지 않았다. 터키의 참전을 유도하는 데 크게 주력하지도 않았다. 터키가 도리어 참전을 요구하였다. 전운이 짙어지자 터키는 중립을 지킨다는 것이 오히려 불리하다고 판단해 1914년 7월 하순부터 독일에게 동맹체결을 제의하였다.

8월 2일 양국 사이에는 비밀동맹조약이 체결됐으나 터키가 실제로 군사활동을 시작한 것은 10월 말 독일 군함이 흑해에 진입해 오데사를 폭격한 이후였다.

독일 군부의 예상과는 달리 터키의 참전은 독일에 큰 공헌을 하였다. 먼저 터키의 참전으로 영국과 프랑스는 러시아와의 연결이 차단되었다. 그리하여 루마니아와 그리스가 연합국에 가담하는 것을 지연시킬 수 있었다. 뿐만 아니라 영국은 러시아와의 연결을 위해 다르다넬스 해협에 원정군을 파견하지 않을 수 없었다. 그리고 연합국은 중앙아시아, 페르시아, 아라비아 반도에도 원정군을 파견하게 되어 유럽 전선에만 주력할 수 없게 되었다.

그러나 터키의 참전은 오토만 제국의 분할과 몰락을 초래하였다. 전쟁 중 연합국이 오토만 제국의 분할에 관해 합의한 중요한 조약은 ① 콘스탄티노플 합의(1915년 3월 4일~4월 10일), ② 런던 조약(1915년 4월 26일), ③ 사익스Sykes-피코Picot 합의(1916년 4~10월), ④ 생-장 드 모리엔느Saint-Jean de Maurienne 합의(1917년 4~8월) 등이다.

이른바 콘스탄티노플 합의는 하나의 문서로 된 것이 아니라 러시아 외상 사조노프와 러시아 주재 영국, 프랑스 대사들 사이에 교환된 여러 문서들로 구성되어 있다. 이런 문서 교환은 사조노프 외상이 발의한 것으로서 콘스탄티노플의 보유, 해협 문제의 근본적인 해결을 시도한 것이다. 3국의 합의 내용은 다음과 같다.

영국 · 프랑스는 러시아가 콘스탄티노플과 해협을 점유하는 것에 동의한다. 그리고 영국은 메소포타미아를 세력범위 안에 두며 시리아의 하이파Haifa 항, 아커르Acre 항을 점유한다. 프랑스는 시리아 연안, 아다나Adana 지방, 실리시아Silicia, 남부 쿠르디스탄Kurdistan을 그 세력범위로 삼는다. 러시아는 또 아르메니아, 쿠르디스탄의 일부 지역, 북부 아나톨리아의 일부 지역을 획득한다. 팔레스타인 지역은 국제행정 구역으로 삼는다.

터키가 동맹국에 가담해 참전하게 되자 영국은 오토만 제국 내의 아랍인들을 지원해 터키에 저항하도록 하였다. 1915년 7월부터 1916년 3월 사이에 이집트 총독 맥마흔H. McMahon과 메카의 후세인 국왕Sherif Hussein of Mecca 사이에 10개에 달하는 서한이 교환되고 오토만 제국의 분할을 논의하였다. 이 문서들은 매우 모호해서 그 후 계속 분쟁의 불씨가 되었다. 영국으로서는 터키에 저항하는 전선 형성이 시급한 상황에서 구체적인 협상으로 시간을 보낼 수 없는 입장이었다. 팔레스타인 문제, 베이루트와 알레포Aleppo 지역 문제는 더욱 모호한 상태에 있었다.

영국은 아랍인들과의 접촉상황을 프랑스에 알리지 않을 수 없었다. 프랑스도 이 지방에 역사적인 이해관계를 갖고 있었다. 1915년 10월에야 그레이 외상은 캉봉 프랑스 대사에게 후세인-맥마흔 교섭을 알리고 두 나라의 의견조정을 제의하였다. 양국의 조약 교섭은 사익스M. Sykes와 조르주-피코C.F. Georges-Picot 두 사람에게 위임하였다. 이들은 1916년 2월에 초안을 작성해 사조노프 러시아 외상의 의견을 구하였다. 사조노프는 동북 아나톨리아Anatolia 지방에서 러시아의 영토 주장을 승인해 준다면 두 사람의 초안에 동의한다는 입장이었다. 그리하여 이 초안을 둘러싸고 3국 사이에 11개의 문서 교환이 있게 되었는데 이것을 이른바 사익스-피코 합의라고 부른다. 그 주요 내용은 다음과 같다.

(1) 시리아, 북부 메소포타미아, 그리고 다마스Damas에서 모술Mosul에 이르는 지역을 (A), 이라크Irak 지역을 (B)라고 칭한다. 프랑스는 (A), 영국은 (B) 지역에서 보호통치권을 갖는다.

(2) 레바논, 시리아 연안 지역은 프랑스가, 남부 메소포타미아 지역은 영국이 지배하거나 통치권을 보유한다.
(3) 영국은 하이파 항, 아커르 항을 획득한다.
(4) 팔레스타인의 대부분 지역은 국제행정 지역으로 삼는다.

이탈리아는 이런 합의내용에 반대하고 나섰다. 자국 이익이 무시됐다는 것이다.

1917년 1월부터 영국, 프랑스, 이탈리아, 러시아 사이에 교섭이 진행됐으나 쉽게 합의점에 도달할 수 없었다. 결국 4월 19일 프랑스 · 이탈리아 국경의 한 촌락인 생-장 드 모리엔느에서 로이드 조지, 리보, 보젤리P. Bozelli 3국 수상이 회동해 기본입장에 합의하였다. 러시아는 2월 혁명 이후라서 참석하지 못하였다. 이 기본입장에 입각해서 3국은 여러 문서를 교환하였는데 이것을 생-장 드 모리엔느 합의라고 부른다. 이탈리아는 사익스-피코 합의에 동의하는 대가로 아달리아Adalia와 스미르나Smyrna 지역에서 더 많은 이권이 보장되었다.

그리고 1917년 11월에는 팔레스타인에 유태인들의 조국을 건설하겠다는 밸푸어A.J. Balfour 영국 외상의 선언이 발표되었다.

그런데 오토만 제국의 분할에 관한 연합국들의 합의들은 그들이 아랍인, 유태인들에게 약속한 내용과는 많은 경우 양립되지 않고 서로 상충되어 있었다. 이 문제가 훗날 중근동 정치에 큰 쟁점을 만들어 놓았다.

일본의 참전

일본이 연합국에 가담해 참전함으로써 유럽 전쟁은 이제 세계대전으로 변모하게 되었다. 그런데 일본의 참전은 매우 특이하였다. 열강은 일본의 전쟁참여를 저지하고 중국 영토를 중립화하려고 했으나 일본 자신이 참전을 적극적으로 주장하고 영국의 도움으로 독일에 전쟁을 선포할 수가 있었다. 일본이 이처럼 스스로 전쟁을 원한 것은 이 기회를 이용해 중국에서 절대적인 우월권을 확보하려는 것이었다. 원로 이노우에 가오루는 전쟁의 발발은 하늘이 일본을 도운 기회라고 솔직히 말한 바 있다. 안펑 선(安奉線)의 권익과 더불어 랴오둥 반도의 조차는 1923년에, 남만철도의 권익은 1939년에 만료하게 되어 있어서 일본은 이들 권익을 연장할 수 있는 기회를 찾고 있었던 것이다.

영국은 처음에는 일본의 참전을 희망하였다. 웨이하이웨이와 홍콩 지역을 독일의 침입으로부터 보호하기 위해서는 일본의 군사력이 필요하다고 판단했기 때문이다. 영국 정부는 독일에 전쟁을 선언한 8월 4일 이런 희망을 일본에 전달하였다. 그리고 8월 7일에는 일본 해군의 출동을 요청하였다.

영국의 요청에 일본은 신속하게 대응하였다. 물론 일본 국내에서는 야마가타(山縣有朋), 마쓰카타(松方正義)와 같은 원로들이 독일군의 군사력을 과대 평가해 참전에 신중을 기하라는 의견을 개진했으나 특히 가토(加藤高明) 외상이 참전을 적극 주장해 내각을 움직였다. 사실 가토는 외상 취임의 조건으로 원로들이 외교정책에 간여치 못하도록 한다는 오쿠마(大隈重信)의 약속을 받은 바 있었다. 8월 9일 일본 정부는 참전 결정을 영국에 통보하였다.

일본의 이 같은 즉각적인 호응에 영국은 일본의 의도를 의심하게 되었고 오히려 일본의 참전을 취소할 것을 요구하기에 이르렀다. 중국도 중립을 선언하였고 독일도 자오저우 만을 일단 중국에 반환할 것을 밝혔다. 미국도 중국이 중립 지역으로 남아 있어야 된다고 희망하였다.

이렇게 되자 가토 외상은 전쟁에 참여하게 해 달라고 영국에게 요청하는 기이한 현상이 나타났다. 이에 영국은 전투 지역을 일본의 해상무역 보호에 필요한 지역에 국한한다는 조건으로 일본의 참전에 동의하였다. 물론 이런 전투 지역 제한은 그 후 지켜지지 않았다. 일본 정부는 8월 15일 독일에게 최후 통첩을 보냈다. 자오저우 만을 중국에 반환하고 독일 해군은 즉각 철수하라는 내용이었다. 그 후 일본은 8월 23일에는 독일에, 25일에는 오스트리아에 전쟁을 선언하였다. 그리고 일본은 곧 중국침략의 길로 들어섰다. 중국에 대한 이른바 21개조 요구가 그것이다.

일본의 21개조 요구

일본은 참전하자 곧 외무성 정무국장 고이케 조조(小池張造)로 하여금 중국에 대한 요구사항을 작성토록 하였다. 군부, 재계, 정계 등 여러 계층의 요구를 망라한 실로 방대한 요구들이 작성되었다. 중국 전역에서 일본이 우월한 지위를 확보하려는 것이었다. 이것이 이른바 대(對) 중국 21개조 요구라는 것으로 일본은 1915년 1월 18일 중국 정부에 이를 제출하였다. 이 요구들은 5개 호로 구성돼 있었는데 1~4개 호는 어떠한 수단을 사용하든지 반드시 관철해야 되는 것이고 5호는 단지 권고사항이라고 되어 있었다. 그 주요 내용을 보면 다음과 같다.

1호(산동 성 관계): 산동 성의 독일 권익에 관해서는 일본과 독일의 교섭에 맡긴다. 산동

성 내지, 연안, 도서(島嶼)를 타국에 양도하지 않는다. 즈푸(芝罘) 또는 룽커우(龍口)와 자오지(膠濟) 철도를 연결하는 철도부설권을 일본에 허용한다. 산둥 성의 주요 도시를 외국인의 주거, 무역을 위해 개방한다.

2호(남만주 관계): 뤼순, 다롄의 조차기한, 남만철도, 안펑 철도에 관한 기한을 1999년으로 연장한다. 일본 국민은 남만주, 동부 내몽골에서 토지를 소유, 임차할 수 있고 자유로이 사업을 경영할 수 있다. 그리고 이 지역의 광산채굴권을 승인한다. 이 지역에서 철도를 부설하는 경우 일본인에 우선해 허용하고 외국인 고문을 고용하는 경우 일본인을 우선 고용한다. 지린-창춘(吉林-長春) 철도의 관리 · 경영을 일본에 위임한다.

3호(한치평공사(漢冶萍公司) 관계): 적당한 시기에 이 공사를 일 · 중 합판(合辦) 사업으로 한다. 그리고 이 공사 소유의 광산채굴권을 일본에 양도한다.

4호(중국 연안 관계): 중국 연안의 항만 · 도서를 외국에 할양하지 않는다.

5호(중국 일반): 중국 중앙정부의 고문으로 일본인을 초빙한다. 중국 내지에 있는 일본의 병원, 사원, 학교는 토지를 소유할 수 있다. 필요한 지역에서는 경찰에 일본인 고문을 초빙한다. 일 · 중 합판으로 병기창을 설립한다. 양쯔 강 남쪽에서도 일본에게 철도부설권을 허용한다. 푸젠 성에 있는 광산, 철도의 운영을 일본인에 우선해 허용한다. 중국에서 일본인의 포교권을 인정한다.

실로 방대하고 방자한 요구사항이었다. 일본 정부는 위의 5호를 제외하고 주요 열강에게도 이 요구를 통보하였다. 중국으로서는 국제여론에 의존하는 수밖에 없었다. 따라서 5호를 포함한 모든 일본의 요구들을 열강에 알렸다. 열강들은 이 엄청난 요구에 경악하였고 항의도 했으나 전쟁 중이어서 일본을 적극적으로 저지하지는 못하였다. 다만 일본은 위의 5호를 제외하겠노라고 발표하였다.

중 · 일의 교섭이 순조로울 리 없었다. 중국 주재 일본 공사 헤키 마스(日置益)와 중국 외교부 차장 차오위린(曹汝霖)의 교섭은 20여 회를 거쳤으나 1915년 4월에는 드디어 결렬되었다. 일본의 여론은 중국이 일본의 요구를 수락하지 않는다고 도리어 분개하였다. 일본 정부는 5월 7일에 중국에게 최후통첩을 보냈고 중국은 9일 결국 일본의 요구를 수락하였다. 중국은 이날을 국치기념일로 정해 중국 국민의 반일 의식이 역사에 남도록 하였다.

그리고 일본은 전술한 일본 해군의 지중해 파견 대가로 영국, 러시아, 프랑스, 이탈리아로부터 산둥 성의 독일 권익과 적도 이북 태평양 지역의 독일 식민지 등을 획득한다는 약속을 받아냈다.

제4차 러일협상(1916년 7월 3일)과 랜싱R. Lansing · 이시이(石井菊次郎) 협정 (1917년 11월 2일)

중국에 대한 21개조 요구를 관철한 일본은 러시아와 다시 확고한 약속이 필요하였다. 양국은 서로 혹시 독일과 단독으로 평화교섭을 벌이지 않을까 의심하고 있었다. 그리고 양국은 만주에 미국이 진출해 기득권을 잠식하지 않을까 하는 우려를 같이하고 있었다. 오쿠마 수상, 이시이 외상, 사조노프 외상 등이 적극적인 러일협상론자들이었다.

사조노프 외상과 모토노(本野一郎) 러시아 주재 일본대사 사이에 체결된 제4차 러일협약은 러시아와 일본의 최후 협약이었다. 이번의 협약도 공개부분과 비밀부분이 있었다. 공개부분에서는 양국은 긴밀한 관계를 유지해 극동에서의 양국의 지위를 서로 인정한다는 일반적인 원칙을 말하고 있다. 비밀부분의 내용은 다음과 같다. 중국이 러시아와 일본에 적의를 갖고 있는 제3국의 지배에 들어가는 것을 방지한다. 그리고 양국 중 일방이 이 제3국과 전쟁을 하는 경우 타방은 원조하며 단독으로 강화하지 않는다. 그리고 중국 전역을 협약의 적용범위로 한다.

이번의 4차 협약은 기왕의 러일협약들과는 달리 군사적인 성격을 갖고 있었으며 여기에서 제3국이란 미국을 예상하고 있었다. 그런데 러시아가 1917년 2월 혁명을 거쳐 그 운명을 점칠 수 없는 상태에 있게 되자 일본은 미국과 타협하지 않을 수 없게 되었다. 그리하여 전 외상 이시이를 미국에 파견해 국무장관 랜싱과 각서를 교환하였다. ① 중국에서 일본의 특수이익 인정, ② 중국의 영토보전, 상공업상의 기회균등, 문호개방의 승인 등이 주요 내용이었다. 그러나 일본의 특수이익이 구체적으로 무엇을 의미하느냐에 관해서는 양국이 견해를 달리하였다. 일본은 타국과는 달리 정치적인 특수이익이라고 해석하였고 미국은 지리적인 근접관계라고 해석하였다. 이 교환각서는 1923년 4월에 폐기되었다.

중국의 참전

중국의 중립과 참전은 독특한 것이었다. 중국은 전쟁이 발발하자 중립을 선언하였다. 그러나 독일 · 일본의 전투를 배제시킬 수 있는 중립유지의 능력이 없었다. 또 1917년 8월 결국 독일에 전쟁을 선포했으나 그것도 독자적인 판단에 의한 것이 아니었다.

전쟁 초기부터 영국을 위시한 연합국은 중국의 참전을 요구하였다. 1915년 11월 영국, 프랑스, 러시아 3국은 중국의 참전에 동의해 줄 것을 일본 정부에 공식적으로 요청하였다. 중국의 참전을 중국 정부가 아니라 일본 정부에 요청한 것 자체가 당시 중국의 국제정치적 위치를 말해 주고 있다. 중국에 결정적인 영향력을 행사하고 있던 일본은 중국이 참전해 후일 강화회의에서 중국의 발언권이 강화되는 것을 결코 바라지 않았다. 12월 초 일본은 3국에게 중국의 참전에 반대한다고 회답하였다.

그런데 1916년 6월 위안스카이(袁世凱)가 사망하고 돤치루이(段祺瑞)가 수반이 되면서 일본과의 관계가 긴밀해졌다. 일본은 돤치루이를 적극 지원하고 그를 통해 중국을 지배하려고 하였다. 그리하여 그의 참전정책을 지지하기로 하였다. 이것은 중국에서 일본의 지위가 확고해지고 영국, 프랑스 등 유럽 세력이 약화된 현실에 직면한 일본이 자신감을 갖게 된 것을 말해 주는 것이다. 그러나 중국 내에서는 참전 문제를 둘러싸고 돤치루이와 리위안훙(黎元洪) 대총통이 극심하게 대립하여 쉽사리 참전을 결정하지 못하였다.

1917년에 들어서면서 독일의 무제한 잠수함작전이 있게 되자 미국은 중국의 참전을 요구하게 되어 3월에 중국은 먼저 독일에 국교단절을 선언하였다. 그 후 중국의 정쟁이 일단락되자 8월 14일 중국은 독일에 전쟁을 선포하였다. 참전의 대가로 중국은 관세의 인상, 의화단 사건 배상금 지불의 연기 및 의화단 사건에 관한 조약의 일부규정 변경 등에 관한 연합국의 동의를 얻었다.

이탈리아의 참전(1) — 이탈리아와 독일, 오스트리아의 교섭

이탈리아는 동맹이나 협상 어느 편이 더 많은 보상을 줄 것인가를 저울질해 참전을 결정하려고 하였다.

8월 3일 살란드라A. Salandra 이탈리아 정부는 오스트리아의 세르비아에 대한 행동이 3국 동맹조약의 내용과 양립되지 않는다고 해 중립을 선언하였다. 그러면서도 이탈리아는 3국 동맹조약 제7조에 입각해 오스트리아가 발칸 반도에서 얻은 이익에 상응하는 대가를 요구하고 나섰다. 그러나 오스트리아 외상 베르흐톨트L. Berchtold는 영토의 양보는 있을 수 없다고 반대하였다.

독일은 이탈리아의 중립보장이 절대로 필요하다고 판단하였다. 그리하여 이탈리아와 직접 교섭을 하면서 동시에 오스트리아에게는 이탈리아의 요구를 들어주라고 종용하였다. 독일은 두 명의 특사를 이탈리아에 파견해 이탈리아의 중립유지와 이탈리아 국내의 중립지지세력을 강화하려고 하였다. 두 명 중 한 사람은 1890년대에 이탈리아 주재 대사를 역임한 전 재상 뷜로였다. 뷜로는 이탈리아 여인을 부인으로 두었고 1909년부터는 이탈리아에도 거처가 있었다. 다른 한 사람은 바티칸과 밀접한 관계를 갖고 있었던 에르즈버거M. Erzberger였다.

그러나 이들은 당초의 목적을 달성할 수가 없었다. 이탈리아의 요구가 상당히 과다해서 오스트리아가 쉽사리 수용할 수 없었기 때문이다. 이탈리아는 적어도 트렌티노, 이손조 Isonzo 계곡, 트리에스테, 달마치아 연안의 일부 등을 요구하였다. 1915년 1월 강경파 베르흐톨트 후임으로 부리안이 외상이 되면서 독일의 종용에 따라 5월에는 드디어 이탈리아의 요구를 수락하였다. 그러나 그때는 이탈리아가 연합국과 비밀조약을 체결한 후였다.

이탈리아의 참전(2)—런던 조약(1915년 4월 26일)

이탈리아는 독일, 오스트리아와 교섭하면서 동시에 런던에서 연합국과 참전의 대가를 놓고 교섭하였다. 연합국은 유리한 입장에서 협상할 수 있었고 관대하게 이탈리아의 요구에 대응할 수 있었다. 이탈리아의 요구는 주로 오스트리아의 영토에 관계되는 것이라 연합국은 적국의 영토분할에 관대할 수 있었다. 그리하여 이탈리아 참전 대가를 약속한 런던 조약이 체결되었는데 그 주요 내용은 다음과 같다.

(1) 영국, 프랑스, 러시아, 이탈리아 4개국의 참모본부는 곧 군사협정을 체결한다. 그리고 러시아가 만일 그 주력부대를 독일에 투입하는 경우 오스트리아가 모든 병력을 이탈리아 전선에 투입하는 것을 저지하기 위해 오스트리아 전선에 투입할 최소한의 러시아 병력을 정하여 둔다. 이탈리아는 모든 수단을 동원해 연합국에 가담하여 전투에 참여한다.

(2) 전쟁이 종식되고 평화가 체결되는 경우 이탈리아는 트렌티노, 브레너 요충로 Brenner Pass 이남의 남부 티롤, 트리에스테, 이스트리아, 달마치아, 발로나, 도데카네스 군도를 획득한다.

(3) 터키가 분할되는 경우 이탈리아는 아달리아 지역에서 보상을 받는다. 그리고 영국, 프랑스가 아프리카의 독일 식민지를 획득하는 경우 이탈리아도 정당한 대가를 받는다.

아드리아 해를 이탈리아의 호수로 만든 이 엄청난 참전의 대가는 그 후 베르사유 회의에서 크게 논란이 되었다. 이에 관해서는 후술한다.

불가리아, 루마니아, 그리스의 참전

이들 3국은 전쟁이 발발하자 1912~1913년에 있었던 발칸 전쟁의 경험에 비추어 모두 중립을 선언하고 관망하는 태도를 취하였다.

그런데 터키가 동맹국에 가담해 참전하게 되자 연합국으로서는 불가리아를 자기편으로 끌어들이는 것이 긴박한 문제로 대두되었다. 연합국은 동 트레이스Thrace 지방에서 에노스-미디Enos-Midi 선에 이르는 지역의 할양을 불가리아에게 제의하였다. 그러나 불가리아의 요구는 이에 그치지 않고 마케도니아의 대부분 지역, 서 트레이스의 일부 지역, 1913년 루마니아에게 상실한 도브루자Dobrudja를 바라고 있어서 연합국으로서는 수용할 수가 없었다.

그러나 동맹국은 유리한 입장에서 불가리아와 교섭할 수 있었다. 불가리아의 요구들이 주로 세르비아와 그리스에 관계된 지역들이었기 때문이다. 마치 이탈리아의 참전 문제를 타결하는 데 연합국이 유리했던 사정과 흡사하다.

1915년 9월 6일 불가리아는 독일, 오스트리아와 동맹을 체결하였다. 불가리아는 마케도니아를, 그리고 루마니아가 연합국에 가담하여 참전하면 도브루자를, 그리스가 참전하면, 카발라Kavalla 지역을 획득하기로 약속받았다. 10월 14일 불가리아와 세르비아는 서로 전쟁을 선포하였고 영국, 프랑스도 곧이어 불가리아에 전쟁을 선포하였다.

루마니아의 요구는 주로 헝가리에 관계되어서 동맹국으로서는 루마니아의 이탈을 방지하기가 쉬운 일이 아니었다. 이탈리아에 파견됐던 에르즈버거를 다시 빈과 부카레스트에 보내 교섭토록 하였다. 헝가리 수상 티서I. Tisza는 루마니아에 영토를 보상하는 것에 완강히 반대하였다. 그러나 루마니아 국왕 카롤Carol의 친독일 경향, 독일군의 고를리처Gorlice 지방에서의 승리, 연합군의 해협공격 실패 등의 사정으로 루마니아는 당분간 중립을 지키고 있었다.

그러나 1916년 봄부터 러시아가 특히 루마니아의 참전을 적극적으로 주장하고 나섰다. 연합국은 결국 루마니아가 요구하는 부코비나Bukovina, 바나트Banat, 그리고 트란실바니아의 할양을 약속하였다. 그리하여 루마니아는 8월 27일 오스트리아에 선전하였다. 그러나 12월 초에 독일, 오스트리아군이 부카레스트를 점령하였고 루마니아의 유전들은 모두 동맹국의 수중에 들어가게 되었다.

그리스는 우여곡절 끝에 연합국에 가담해 참전하였다. 그리스가 확고한 입장을 취하지 못한 근본 이유는 국왕 콘스탄티노스 1세Konstantinos I와 수상 베니젤로스E. Venizelos의 의견 대립이었다. 국왕은 카이저의 처남으로 끝까지 친독일 노선을 고집하였고 수상은 연합국에 가담할 것을 주장하였다. 그러나 국왕이 퇴위하고 몇 번 수상 직을 떠났던 베니젤로스가 1917년 6월에 다시 수상에 복귀해 참전 문제는 매듭을 짓게 되었다. 여기에 연합국의 강요도 뒤따라 결국 동맹국에 전쟁을 선포하게 되었다.

미국의 참전(1)—독일의 무제한 잠수함작전

미국의 참전은 실로 역사적인 사건이었다. 그것은 국제정치의 중심이 유럽이었던 오랜 역사가 이제 끝나는 이른바 유럽 시대의 종말을 의미하는 것이었다. 비록 전후에 미국이 한동안 고립주의로 복귀해 유럽 문제에 적극적으로 개입하지 않았으나 세계의 중심은 이미 유럽을 떠나고 있었다.

하여간 미국이 참전함으로써 교착상태에 빠진 전쟁은 타개되고 연합국의 승리를 예고하였다. 이와 같은 역사적인 미국의 참전은 1917년에 들어오면서 확실하게 되었다. 그 직접적인 계기는 독일이 무제한 잠수함작전을 채택한 군사전략과 멕시코에 대해 독일이 동맹을 제의한 외교노선이었다.

독일의 무제한 잠수함작전 계획은 1917년 1월 8일 플레스Pless에서 개최된 민간 정치인과 군 수뇌부의 최고회의에서 결정되었다. 이런 중대한 회의에 재상인 베드만-홀베크 자신은 힌덴부르크의 전보를 받고 참석하였다. 이 사실 하나만 보아도 당시 실권의 소재가 어디에 있었는지 알 수 있다. 이제 독일의 향방은 힌덴부르크와 루덴도르프가 이끄는 군부에 의해 결정되었다.

이 회의에서 내상인 헬페리히K. Helfferich는 이 작전계획이 갖고 있는 문제점을 지적하였고 재상도 이에 동의하였다. 그러나 그 누구도 군부의 결정을 번복할 수 없었다. 카이저도 마찬가지였다. 이날 결정된 작전계획에 의하면 매달 60만 톤의 선박을 격침해 6개월 후에 영국을 굴복시킨다는 것이었다. 군부도 이 작전이 시행되면 미국이 참전하게 되리라고 예상하고 있었으나 미국의 주력부대가 유럽 대륙에 도착하기 이전에 승리로 전투를 마무리짓겠다는 것이었다.

미국의 참전(2)—독일의 멕시코 동맹제의

미국의 참전을 예상한 독일은 멕시코와 일본과의 동맹을 구상하게 되었다. 이것이 유명한 짐메르만A. von Zimmermann 외상의 전보사건이었다. 그는 1917년 1월 19일 멕시코 주재 독일대사에게 다음과 같은 요지의 전문을 발송하였다.

2월 1일부터 무제한 잠수함작전을 개시한다. 미국이 계속 중립을 유지토록 노력한다. 그러나 이런 노력이 실패하는 경우 독일은 멕시코에 동맹을 제의한다. 독일은 멕시코에 재정적인 지원을 하며 뉴멕시코, 텍사스, 애리조나 지방에서 기왕에 상실한 영토를 회복토록 한다. 독일 · 미국의 전쟁이 확실시될 때 비밀리에 교섭을 개시하고 일본을 이 동맹에 가입토록 멕시코가 알선한다.

무제한 잠수함작전으로 미국 상선의 보호 문제, 그리고 미국 무역의 위축으로 참전의 불가피성을 인식하고 있던 미국으로서 이 전보 사건은 참전을 결정하게 된 결정적인 계기를 마련해 주었다. 이 전문을 도청한 미국 정부가 이를 공표하자 미국 여론은 참전의 방향으로 모두 전환되었다. 미국은 4월 6일 독일에 전쟁을 선포했으나 오스트리아에 대해서는 12월 7일에 가서야 전쟁을 선포하였다.

윌슨의 14개 항목

미국의 손은 깨끗하였다. 어떤 국가와도 정치적인 흥정을 한 바가 없었다. 소련은 자본주의 국가들의 착취적인 외교정책 본질을 폭로하고 있는 데 반해 미국은 정의와 평화를 주장할 수 있었다. 1918년 1월 8일 윌슨 대통령이 연두교서에서 밝힌 유명한 14개 항Fourteen Points의 평화교섭 조건은 다음과 같은 내용을 담고 있다.

(1) 비밀외교의 철폐와 공개외교의 수립: 공개적으로 이루어진 공개적인 평화조약, 앞으로는 사적(私的)인 국제양해는 폐지하며 외교는 언제나 솔직하고 공개적으로 이뤄져야 한다.

(2) 해양의 자유: 평시, 전시를 불문하고 영해 밖의 공해에서의 항해의 절대적인 자유, 그러나 국제행동이나 국제조약의 집행을 위해 일부 또는 전부가 폐쇄되는 경우는 예외로 한다.

(3) 경제장벽의 철폐: 평화를 애호하고 평화유지에 참여하는 모든 국가들에 가능한 한 모든 경제장벽을 철폐하고 평등한 무역조건을 확립한다.

(4) 군비축소: 국내 치안에 필요한 최저한도까지 군비를 축소토록 적절한 보장을 한다.

(5) 식민지 요구의 공평한 조정: 식민지의 주권을 결정하는 데 그 주민의 이익과 수립하게 될 정부의 공평한 주장이 동등하게 고려돼야 한다는 원칙하에서 모든 식민지 요구를 공평하게 조정한다.

(6) 러시아 재건에 대한 원조: 러시아로부터 군대를 철수한다. 그리고 러시아가 자신의

정치발전과 국가정책을 자주적으로 결정할 자유로운 기회를 갖고 원하는 정치제도에서 국제사회에 들어오도록 러시아 문제를 처리한다.

(7) 벨기에의 회복: 벨기에로부터 군대를 철수하고 그 주권을 완전히 회복시킨다. 이것만이 모든 자유국가들이 설정한 법의 신뢰를 회복하는 길이며 그렇지 않다면 국제법의 모든 구조와 효력은 영원히 훼손될 것이다.

(8) 알자스-로렌의 반환: 모든 프랑스 영토는 해방되며 점령지역으로부터 철수한다. 알자스-로렌 문제로 프로이센이 1871년에 저지른 비행은 근 50년간 세계평화를 불안정하게 했는데 이것은 평화가 만인의 이익을 위해 보장되기 위해 시정되어야 한다.

(9) 이탈리아 국경의 재조정: 이탈리아의 국경은 명백히 승인될 수 있는 민족의 분계선에 따라서 재조정이 이뤄져야 한다.

(10) 오스트리아의 여러 민족의 자결: 오스트리아의 국제적 지위는 유지된다. 그러나 모든 민족은 자치적인 발전을 하도록 자유스런 기회가 주어져야 한다.

(11) 발칸 제국의 부흥: 루마니아, 세르비아, 몬테네그로로부터 군대를 철수하고 점령지역은 회복된다. 세르비아는 해양을 향한 자유로운 진로가 보장된다. 발칸 국가들의 관계는 충성심과 민족성의 역사적인 분계선에 따라 결정돼야 한다. 그들의 정치 · 경제 독립과 영토보전은 국제적으로 보장된다.

(12) 터키의 여러 민족의 자치와 다르다넬스 해협의 국제화: 현재 오토만 제국의 터키인의 지역은 확실한 주권이 보장되나 그 밖의 민족들은 생명의 확실한 보장, 자치적인 발전의 절대 안정된 기회가 보장되어야 한다. 다르다넬스 해협은 국제적인 보장하에서 모든 국가의 상선이 무역을 위해 자유로이 통과하도록 영구히 개방되어야 한다.

(13) 독립 폴란드의 수립: 폴란드인만이 거주하는 지역으로 독립 폴란드를 수립한다. 폴란드는 해양을 향한 자유롭고 확실한 진로가 보장되어야 하며 그 정치 · 경제 독립과 영토보전은 국제조약으로 보장된다.

(14) 국제연맹의 창설: 모든 국가들의 정치독립과 영토보전을 상호 보장키 위해 특별한 협약으로 국가들의 일반적인 연합을 구성한다.

이와 같은 14개 항목의 주요 골자는 ① 민족자결, ② 비밀외교의 타파와 공해 자유의 강조, ③ 법에 의한 지배, 세 가지로 요약될 수 있다. 그런데 이런 윤리적이고 일반적인 정치원칙이 유럽 정치현실에 적용되는 데에는 여러 가지 어려움이 있었다. 유럽 열강들은 이런 윤리적인 기준과는 어긋나는 수많은 약속들을 이미 했기 때문에 윌슨의 원칙들은 앞으로 여러 난맥상을 예고하고 있었다.

연합국 · 독일의 교섭

1918년 9월에 이르자 루덴도르프도 승리의 희망이 없다고 판단하였다. 그는 민간 정부에게 연합국과 평화교섭을 하도록 제의하였다. 이에 따라 새로 재상에 임명된 막스Max von Baden는 10월 14일 미국에게 14개 항목에 입각해 평화교섭을 할 용의가 있다고 전달하였다. 독일의 이런 제의가 있자 윌슨은 연합국들의 의향을 타진하였다. 영국은 2항의 공해자유에 관해, 프랑스는 8항의 알자스-로렌 반환에 관해, 이탈리아는 9항의 해석에 관해 서로 자국의 입장이 유리하게 반영토록 해석코자 하였다. 윌슨은 이 정도라면 연합국 사이에 합의가 이루어진 것으로 간주하고 독일 정부에게 평화교섭에 관해 긍정적인 회신을 보냈다.

한편 연합국의 이견을 조정하기 위해 하우스 대령은 14개 항목에 관한 주석을 마련해 10월 29일 연합국 최고전쟁위원회에서 이를 밝혔다. 여기에서 하우스는 독일은 14개 항목뿐만 아니라 그동안에 있었던 모든 윌슨 연설에 나타난 평화조건을 수락해야만 하기 때문에 연합군은 장차 어떠한 요구도 할 수 있다고 말하였다. 그중에서도 중요한 것이 1918년 2월 11일, 9월 27일에 발표한 4개 원칙Four Principles과 5개 특별사항Five Particulars이었다. 4개 원칙이란 ① 모든 특정한 문제의 최종해결은 그 특정한 사안에 관한 본질적인 정의에 입각해야 되며, ② 인민들과 지역들은 국가들 사이의 흥정으로 교환돼서는 안되고, ③ 모든 영토 해결은 관계 주민들의 이해와 합치돼야 하며, ④ 모든 민족적인 요소들은 최대의 만족을 받아야 한다는 것이었다. 그리고 5개 사항이란 ① 우(友) · 적(敵) 모두에 대한 정의, ② 개별적인 이해들의 배척, ③ 국제연맹 내의 동맹 존재의 배격, ④ 국제연맹 내의 개별적인 경제 연합의 금지, ⑤ 비밀조약의 타파를 내용으로 하는 것이었다.

5. 휴전에서 평화조약으로

브레스트-리토프스크 조약(1918년 3월 3일)

1917년 11월 6~7일(러시아력 10월 24~25일) 혁명으로 수립된 소비에트 정권은 전쟁을 더 이상 수행할 능력이 없었다. 경제의 파탄은 말할 것도 없고 피폐된 군대는 전투를 계속할 사기가 전혀 없었다. 국내의 불안은 극심하였고 소비에트 정권의 영향력은 모스크바를 중심으로 하는 일부 중앙지역에 국한돼 있었다.

따라서 소비에트 정권이 취한 최초 행동 중의 하나가 11월 8일에 발표한 이른바 평화 선언이었다. 여기에서 소련 정부는 즉시 평화체결을 호소하면서 무병합, 무배상 원칙을 제창하였다. 이 선언에 입각해 11월 26일 내무인민위원 트로츠키L.D. Trotsky는 독일에 평화교섭을 제의하였다. 그는 러시아 주재 연합국의 대사들에게도 동참할 것을 요구하였다. 연합국은 물론 거절했으나 독일은 수락하였고 브레스트-리토프스크에서 회담할 것을 제의하였다. 그리하여 역사상 최초로 노동자 · 농민의 정권으로 자처하는 소련과 군국주의 독일 사이에 회동이 성립되었다. 독일의 대표는 호프만M. von Hoffmann 동부전선 참모장이었고 소련은 요페A.A. Ioffe가 대표하였다. 양측은 12월 15일에 30일 동안의 휴전에 합의하였다.

회담이 진행되면서 퀼만R. von Kühlmann 외상이 직접 교섭을 담당하였다. 오스트리아의 대표는 체르닌 외상, 불가리아 대표는 빈 주재 대사 토셰프M.A. Toshev, 터키 대표는 베를린 주재 대사 하키 파샤I. Hakki Pasha였다. 소련 대표는 요페 후임으로 트로츠키, 그리고 소콜니코프G. Ya Sokolnikov로 여러 번 교체되었다. 그리고 특이한 점은 회의 도중에 우크라이나 대표가 참여한 일이다. 당시 소비에트 정권이 우크라이나에까지 통치력이 미치지 못해 우크라이나 중앙정부the Ukrainian Central Rada의 대표를 인정하지 않을 수 없었다.

독일의 요구는 엄청났다. 브레스트-리토프스크의 이북 지역만을 러시아 국경으로 하라는 것이었다. 그것은 폴란드, 리투아니아, 서부 라트비아, 리가 등지를 상실하게 됨을 의미한다. 또한 독일은 브레스트-리토프스크 이남 지역에 관해서는 우크라이나 중앙정부와 타결하겠다는 것이다. 트로츠키는 1918년 1월 18일 휴전 연기에 동의하고 귀국하였다.

소련 국내에서는 격론이 벌어졌다. 부하린N.I. Bukharin을 위시한 대부분의 볼셰비키들은 이 조약의 서명에 반대하면서 혁명전쟁을 부르짖었다. 트로츠키는 비평화 · 비전쟁 정책을 주장하였다. 그러나 레닌V.I. Lenin은 현실을 보다 더 정확히 평가하고 있었다. 그는 독일과 협상하지 않으면 소비에트 정권이 유지될 수 없음을 잘 알고 있었다. 결국 독일과의 협상이 가결되었고 트로츠키도 그의 비평화, 비전쟁정책이 성공하지 못한다면 독일과의 조약 체결에 동의하겠다고 약속하였다.

트로츠키는 2월 10일 재개된 교섭에서 소련은 평화체결을 하지 않고 전쟁을 중단하겠다는 의외의 선언을 해 독일을 놀라게 하였다. 그러자 독일의 공격이 다시 시작되었다. 소련은 하는 수 없이 2월 18일 독일이 제시한 평화조약을 수락키로 결정하였다.

호프만은 2월 23일 48시간 이내에 독일의 평화조건을 수락하라는 최후통첩을 소련에 전달하였다. 주요 내용은 다음과 같다. 쿠르란트의 동부 국경이 소련의 서부 국경이 된다. 독일군은 일반적인 평화조약이 체결되면 쿠르란트에서 철수한다. 리보니아Livonia와 에스토니아에 주둔한 소련군은 철수하고 독일군이 주둔한다. 소련은 우크라이나와 평화조약을 곧 체결하고 우크라이나와 핀란드로부터 철병한다. 동부 아나톨리아 지방을 터키에 반환한다. 그리고 소련은 동맹국에 대한 반대 프로파간다를 중단한다.

소련에서는 독일의 이런 조건을 수락할 것인가에 관해 또다시 격론이 있었다. 결국 레닌의 주장에 따라 수락키로 하고 2월 28일 소콜니코프를 위시한 소련 대표들이 브레스트-리토프스크에 도착하였다. 3월 1일 회의가 시작되자 소콜니코프는 소련은 평화조건에 관해 토론을 하고자 하지 않으며 서명만 하겠다고 선언하였다. 그리하여 3월 3일 일요일 소련과 동맹국 사이에 조약이 성립되었다.

동부전선이 와해되고 독일의 모든 병력이 서부전선에 집중적으로 투입돼 전쟁을 독일에게 유리하게 전환시킬 수 있다는 당초의 생각이 현실화되기에는 시기가 너무 늦었다. 동부전선이 없어지게 되자 연합국들은 도리어 전투 의욕이 고양됐으며 피점령 지역 주민들의 항쟁이 더욱 치열해졌다. 또한 동부지역에서 독일군의 점령지역이 방대해지면서 150만의 독일병력을 동부지역에 주둔시키지 않을 수 없게 되었다.

그러나 소련에게 그처럼 가혹했던 브레스트-리토프스크 조약의 내용은 11월 연합국과 동맹국에 휴전조약이 성립되면서 모두 무효로 돌아가게 되었다.

불가리아 전선의 휴전(1918년 9월 30일)

동맹군은 불가리아 전선으로부터 와해되기 시작하였다. 살로니카에 주둔하고 있던 연합군이 1918년 9월 대공세를 취하자 불가리아군은 더 이상 지탱할 수가 없게 되었다. 9월 30일 살로니카에서 다음과 같은 내용의 휴전조약이 성립되었다. 불가리아군은 해산되고 그 군사장비는 연합군에 인계한다. 점령된 세르비아, 그리스 영토는 해방되고 연합군은 작전 수행에 필요한 경우 불가리아 영토를 사용할 수 있다.

연합군이 루마니아에 진주하자 루마니아는 다시 동맹국에 대한 전투를 전개한다고 발표하였다.

터키 전선의 휴전(1918년 10월 30일)

1917년 10월부터 영국은 팔레스타인 전선에서 새로운 공세를 전개해 예루살렘을 장악하였다. 그러나 서부전선에 주력하지 않을 수 없어서 그곳의 전투는 교착상태에 빠졌다. 1918년 9월에 영국군이 다시 대공세를 취해 다마스쿠스Damascus, 베이루트Beirut를 장악하게 되자 무드로스Moudros에서 휴전조약이 체결되었다. 해협이 연합군에 개방되었고 터키 영토는 연합군 작전에 사용토록 하였다.

오스트리아 전선의 휴전(1918년 11월 3일)

1918년 여름에 이르러 오스트리아 제국은 사실상 와해되기 시작하였다. 군대는 지리멸렬해 집단이탈이 대규모로 나타났다. 6월 체코슬로바키아의 독립이 선언되었고 연합국은 이를 승인하였다.

오스트리아는 최후의 결전을 피아베Piave에서 단행하였다. 그러나 패배하고 말았다. 그리고 비토리오 베네토Vittorio Veneto 전투에서 패전하고는 이탈리아군에 무조건 항복해 휴전이 성립되었다. 오스트리아군의 해체, 군 장비 절반의 인계, 전략적인 오스트리아 영토의 연합군 사용, 오스트리아 군대의 영토귀속 분쟁지역으로부터의 철수 등이 결정되었다.

휴전이 성립되자 칼 1세는 퇴위하고 오스트리아 공화국과 헝가리 공화국이 각각 선포되었다. 또한 세르비아, 크로아티아, 슬로베니아의 통일 왕국이 선포되었고 트란실바니아는 루마니아에 병합할 것을 결의하였다.

서부전선의 휴전(1918년 11월 11일 오전 11시)

이제 서부전선의 휴전도 시간 문제로 되었다. 윌슨 대통령은 독일과의 휴전은 14개 항목에 입각해 이루어져야 한다고 주장하였다. 만일 연합국들이 반대한다면 미국은 단독으로 독일과 교섭하겠다고 위협하였다. 연합국은 동의하지 않을 수 없었다. 그리하여 미국은 11월 5일 랜싱 각서Lansing Note를 독일 정부에 전달하고 독일이 이를 수락해 휴전이 성립되었다.

그런데 랜싱 각서는 14개 항목과 두 가지 면에서 다른 점이 있었다. 첫째, 공해 자유원칙에 관하여 연합국은 완전한 재량을 갖는다는 점이다. 이것은 로이드 조지의 승리를 뜻한다. 둘째, 14개 항 중 8항과 11항에서 말하는 "침략된 영토는 복귀되어야 한다."는 내용은 독일의 손해배상 의무도 내포하고 있다는 점이다. 이 배상금을 당시에는 약 240억 파운드로 추정하였다.

11월 11일 오전 11시 콩피에뉴Compiègne에서 휴전조약이 성립되었다. 주요 내용은 다음과 같다.

(1) 벨기에, 프랑스, 알자스-로렌으로부터의 독일 군대 철수
(2) 라인 좌안(左岸), 마인츠Mainz, 코블렌즈Koblenz, 쾰른Köln으로부터의 독일 군대 철수
(3) 라인 우안(右岸)에 중립지역 설정
(4) 독일 지역에 연합군의 점령군 주둔
(5) 동부전선은 1914년 8월 1일 현재의 국경선으로 독일 군대 철수
(6) 브레스트-리토프스크 조약, 부카레스트 조약의 폐기
(7) 동아프리카에서의 무조건 항복
(8) 대포 5,000문, 기관총 3만 정, 박격포 3,000문, 비행기 2,000대, 기관차 5,000대, 열차 15만 동, 트럭 1만 대, U-보트 160척, 순양함 8척, 드레드노트형 전함 6척 등의 인계, 그 밖의 함정의 무장해제
(9) 모든 독일 선박의 압류
(10) 30일간의 휴전

이제 4년 반 동안이나 계속된 전투는 비로소 종식되었다. 전쟁이 발발하자 유럽의 모든 사람들은 그해 크리스마스까지는 전쟁이 종결되고 전장으로 나아간 병사들이 가정으로 돌아오리라 믿었다. 그러나 전쟁은 4년 이상을 끌었고 유럽 중심의 정치사를 결국 종식시키게 되었다.

독일의 베르사유 조약 수락

1918년 10월 4일 막스 재상의 평화교섭 제의가 있은 후 독일 국내에서는 킬Kiel 수병의 폭동을 도화선으로 각지에서 반란이 일어났다. 10월 말 루덴도르프는 사임하였고 그뢰너 W. Groener 장군이 그 후임이 되었다. 그뢰너와 힌덴부르크는 군부가 휴전교섭에 관여하지 않겠다고 천명하였다.

11월 9일 드디어 빌헬름 2세가 퇴위하고 공화정이 선포되었다. 정권은 사회민주당

S.P.D.과 독립사회민주당U.S.P.D.의 연립내각이 담당했으나 실권은 사회민주당의 에베르트F. Ebert와 샤이데만P. Scheidemann이 장악하였다. 그리고 이들은 제헌국민의회를 구성키 위한 선거실시에 합의하였다. 그러나 스파르타쿠스Spartacus 단(團)이 이 선거를 보이코트하는 폭동을 주동하였다. 스파르타쿠스 단이란 독립사회민주당의 좌익분자들이 1918년 12월에 구성한 독일 공산당을 말하는데 룩셈부르크R. Luxemburg, 리프크네히트K. Liebknecht 등이 이끌고 있었다. 이들은 1919년 1월에 베를린 폭동을 주동하였다.

이보다 앞서 에베르트를 위시한 민간 정치인과 그뢰너를 비롯한 군부 사이에는 혁명진압에 합의한 바가 있다. 그리고 사회민주당의 노스케G. Noske가 군사담당 임시정부 인민대표위원Rat der Volksbeauftragten이 되면서 지원병을 동원한 무자비한 혁명진압에 나섰다. 베를린 폭동에서 룩셈부르크와 리프크네히트도 이들에게 체포돼 처형당하였다.

사실 독일군부가 그대로 존속할 수 있었던 것은 연합국의 정책적인 배려에서 나온 것이었다. 볼셰비즘의 위협에 경악한 연합국은 그 파급을 저지하기 위해 독일 군부의 존재가 필요하다고 판단했던 것이다. 폭동도 1919년 봄에 이르러서는 완전히 진압되었다.

한편 제헌의회가 1919년 2월 6일 바이마르Weimar에서 소집돼 초대 대통령에 에베르트를 선출하고 수상에 임명된 샤이데만이 내각을 구성해 바이마르 공화국이 출범하였다. 그런데 샤이데만 내각은 베르사유 조약을 수정해 수락하려고 하였다. 전쟁책임에 관한 규정에 몇 가지 유보를 하고자 하였다. 연합국은 물론 거절하였다. 이에 샤이데만 내각은 사퇴하였다. 6월 23일에 바우어G. Bauer가 수상, 에르즈버거M. Erzberger가 부수상, 브록크도르프-란차우U. von Brockdorff-Rantzau가 외상이 되면서 베르사유 조약을 수락키로 결정하였다.

휴전조약은 1919년 6월 23일 오후 7시에 종료되기로 되어 있었다. 포슈F. Foch 장군은 이 시각이 지나면 전투를 재개할 수 있는 권한을 부여받았다.

오후 5시경 연합국 최고이사회가 밸푸어A.J. Balfour의 의견을 듣고 있던 중에 클레망소G. Clemenceau의 부관인 듀타스타H. Dutasta가 들어왔다. 그는 독일이 이 불명예스런 조약을 하는 수 없이 서명하겠다는 독일 정부의 각서를 지참하고 있었다. 이렇게 하여 6월 28일 오후 3시경 베르사유 조약이 서명되었다.

6. 제1차 세계대전은 왜 일어났는가

베르사유 조약 제231조

파리 강화회의의 한 위원회인 전범위원회(戰犯委員會)가 1919년 1월 말 설치되었다. 전쟁책임에 관한 연구조사를 맡은 이 위원회는 보고서 작성을 3월 말에 완료하였고 5월 초 강화회의의 전체회의에서 그 보고서가 채택되었다. 이 보고서의 결론은 다음의 두 가지였다. ① 이번의 전쟁은 독일, 오스트리아가 그 동맹국가인 터키, 불가리아와 함께 사전에 계획한 행위의 결과이다. ② 독일, 오스트리아는 연합국이 제시한 모든 타협안과 전쟁회피 노력을 의도적으로 무효화시켰다.

이와 같은 보고서에 입각해 다음과 같은 베르사유 조약 제231조가 작성되었다.

> 연합국, 그 동맹국 정부 및 국민들은 독일 및 그 동맹국들의 침략으로 말미암아 강요당한 전쟁의 결과로 초래된 손실, 피해의 책임이 독일 및 그 동맹국들에게 있다는 것을 확인하고 독일은 이 점을 수락한다.

전쟁의 책임을 홀로 짊어지는 이런 규정에 독일이 쉽게 찬성할 리 없었다. 231조를 반박하는 각서를 작성하였다. 델브뤼크H. Delbrück와 베버M. Weber와 같은 저명한 학자들이 각서 작성에 참여하였다. 물론 연합국은 각서의 접수를 거절하고 베르사유 조약을 수락하든지 전투를 계속하든지 양자택일을 하라는 최후통첩을 6월 16일 독일 정부에 보냈다.

이 최후통첩에서 독일은 다시 한번 침략자이며 독재자라는 낙인을 받았다.

> 오랫동안 독일의 지도자들은 프로이센의 전통에 입각하여 유럽에서 지배의 지위를 획득하려고 노력하여 왔다. 그들은 독일이 마땅히 가질 수 있고 또 다른 국가들이 독일에게 허용하려고 하는 자유스럽고 평등한 인민들의 사회 안에서의 번영과 영향력에 만족하지 않았다. 그들은 마치 복종하는 독일인에 대하여 명령하고 압박하듯이 굴종하는 유럽에 대하여 명령하고 압박할 수 있어야 된다고 요구하였다.

독일의 입장에서 보면 이것은 민족적인 치욕이 아닐 수 없었다. 이런 점에서도 베르사유 체제는 강제명령Diktat이라고 독일은 받아들이게 되었다. 독일에서는 231조에 대한 반대운동이 곧 일어났다.

제2차 세계대전 이전의 논쟁

파리 강화회의가 끝나자 독일은 먼저 제231조에 대한 비판을 시작하였다. 독일 외무성은 전범국(戰犯局)을 신설해 독일의 전쟁책임론에 동조하는 의견들을 반대키로 하였다.

그리고 여러 사설단체들이 조직되었는데, 그중에서도 베게러A. von Wegerer가 이끈 전쟁원인규명 중앙사무국이 유명하다. 그는 전쟁원인에 관한 전문 학술잡지를 창간하였고 1939년에는 전쟁 발발에 관한 저서를 발표해 베르사유 조약을 비판하고 전쟁은 독일이 아니라 프랑스와 러시아가 도발한 것이라고 역설하였다.

베르사유 조약에 서명한 독일 대표의 한 사람인 몬트겔라스M. Montgelas는 그의 일생을 전쟁책임 문제 해명에 바쳤다. 그의 주저(1925)는 독일만이 전쟁책임이 있는 것이 아니라 영국, 러시아, 프랑스에게도 같은 책임이 있다는 것을 증명하려는 저술이었다.

그 밖에도 델브뤼크, 온켄H. Oncken, 브란덴부르크Brandenburg, 팀메F. Thimme 등이 비록 독일 제국의 외교정책에 문제점이 있었으나 프랑스의 외교정책에도 침략적인 요소가 있음을 밝히는 연구들을 내놓았다. 독일의 이런 노력의 일환으로서 독일 외무성은 열강 중 최초로 본격적으로 외교문서를 발간해 외교문서 발간에 있어서 큰 공헌을 했는데 이에 관해서는 「참고문헌」이나 「부록」을 참조하기 바란다.

독일 이외의 국가에서도 베르사유 조약 제231조에 대한 비판이 나타나기 시작하였다.

먼저 제1차 세계대전은 독일 한 나라의 침략적인 외교정책으로 말미암아 발발된 것이 아니라 1914년 이전의 유럽 국제정치 구조에 내재돼 있는 결함 때문에 발발했다는 연구들이 나왔다. 디킨슨G.L. Dickinson의 연구(1926)를 비롯해 페이S.B. Fay는 이 방면의 획기적 연구(1928)를 세상에 내놓았다. 르누뱅P. Renouvin도 세계대전은 독일, 오스트리아만이 아니라 영국, 프랑스, 러시아 등 열강들의 이해관계가 서로 충돌해 발생했다는 훌륭한 연구들을 이 시기에 발간하였다.

이와 같은 관점을 더욱 보강시킨 것은 1933년에 발간된 로이드 조지Lloyd George의 회고록이었다. 그는 이 회고록에서 1914년 당시 어느 정치인이건 전쟁을 원하고 있지 않았음에도 열강들은 전쟁의 와중으로 들어갔다고 술회하였다. 구치G.P. Gooch는 이 회고록에 입각해 전쟁의 원인을 유럽 국제정치 구조에서 찾으려는 연구(1936~1938)를 발표하였다.

231조와는 반대되는 견해가 대두되기 시작하였다. 전쟁의 책임은 독일이 아니라 영국·프랑스·러시아 등 협상 측에 있다는 수정주의적인 연구들이 발간되었다. 앞에서 제시한 페이의 연구는 영국을 상당히 비판하고 있는데 무엇보다 반즈H.E. Barnes의 연구(1929)가 이런 견해의 고전이라고 볼 수 있다.

그러나 전통적인 해석을 계속 주장하는 대표적인 연구는 슈미트B.E. Schmitt의 연구(1930)이다. 이탈리아의 연합국 측 참전을 옹호하는 알베르티니L. Albertini의 3권으로 된 획기적인 연구는 제2차 세계대전 이전에 출판됐으나 그것이 외교사 학계에 영향을 미친 것은 1957년 영어로 번역된 후의 일이다.

1951년 프랑스 · 독일 사학자회의

제2차 세계대전이 종결되고 동 · 서 냉전의 시대로 접어들면서 서독은 자유세계의 일원이 되었다. 따라서 프랑스와 독일은 현대사 일반에 관한 교과서 서술에 합의점을 찾지 않을 수 없었다. 프랑스의 르누뱅 교수, 독일의 리터G. Ritter 교수를 대표로 하는 양국의 사학자 모임이 있었는데 양국 사학자의 합의문헌 중 제1차 세계대전에 관한 내용을 보면 다음과 같다.

(1) 제1차 세계대전의 책임을 특정 국가의 정부나 국민에게 있다고 믿을 만한 문서는 없다. 일부 독일 군부가 1914년에 전쟁을 수행하는 것이 유리하다고 판단했지만 이것이 독일 정부의 정책이라고 추정할 수는 없다. 독일, 프랑스 국민 그 누구도 전쟁을 바라고 있지 않았다. 프랑스의 군부보다는 독일 군부가 더 전쟁 가능성을 받아들일 자세를 갖고 있었으나 독일 군부는 독일의 지리적인 위치 때문에 언제나 위협을 받고 있다고 느끼고 있었다. 푸앵카레의 정책으로 전쟁이 발발했다는 오래된 견해는 독일 학자를 비롯해 이제 더 이상 수긍하기 어렵게 되었다.

(2) 1914년 당시 독일의 정책은 유럽 전쟁을 도발시키려는 목적을 갖고 있지는 않았다. 독일의 정책은 무엇보다 오스트리아에 대한 조약의무에 의해 결정되었다. 오스트리아의 붕괴를 저지하기 위해 백지위임에 해당되는 보장을 오스트리아에 제공하였다. 독일은 1908~1909년의 경우와 같이 이번에도 분쟁을 국지화시킬 수 있다고 판단하였다. 그러나 불가피한 경우 유럽 전쟁의 위험을 감수할 태세는 되어 있었다. 따라서 오스트리아를 자제시킬 조치를 게을리 하였다.

(3) 러시아는 전통으로 보나 이해관계로 보나 1914년 7월 세르비아를 원조하지 않을 수 없었다. 당초 러시아의 오스트리아에 대한 부분동원은 빈 정부에 대한 하나의 압력수단으로 채택된 것이었다. 그리고 부분동원에서 총동원으로 전환한 것은 순전히 군사적인 관점에서 러시아 군부의 주장에 의해 결정되었다.

(4) 영국도 1914년 7월 당시 평화의 유지를 진정 원하고 있었고 평화 모색을 위해 여러 가지 노력을 하였다. 그레이 경이 독일에게 미리 명백한 입장을 밝히지 못한 것은

영국 내각이 주저하고 있었고 또 만일 어떤 확고한 입장을 미리 밝힌다면 그것이 도리어 러시아의 침략적인 정책을 부추길 우려가 있었기 때문이다.

(5) 1914년 프랑스의 정책도 독일에 대한 복수정책으로 좌우된 것이 아니라 독일을 견제하는 데 필수적인 러시아와의 동맹을 유지하는 것을 목적으로 하고 있었다. 푸앵카레가 러시아 방문 중 러시아에게 약속한 것도 독일이 만일 오스트리아 · 러시아 전쟁에 군사적으로 개입하면 프랑스도 참전한다는 것이었다. 그리고 프랑스는 러시아의 오스트리아에 대한 부분동원을 충동질하지 않았다.

이와 같은 프랑스, 독일 학자들의 합의사항에 의하면 제1차 세계대전은 특정한 국가의 정책 또는 사전계획에 의해 발발된 것이 아니라 당시의 유럽 동맹체제로부터 발생됐다는 것이다. 그리고 베르사유 조약 제231조도 독일 군대에 의한 피해에 대해 독일 정부가 법적 책임이 있다는 것을 말하는 것이지 독일 정부에게 어떤 범죄가 있다는 것을 규정하는 것이 아니라고 합의하였다.

이런 학문적인 화해분위기가 조성됐으나 독일에게 전쟁책임이 있다는 전통적인 연구가 없었던 것은 아니다. 슈미트B.E. Schmitt의 1928년 저서가 1958년에 다시 개정판으로 나왔고 같은 해에 알베르티니의 저서의 영역이 완결되었다. 리터는 독일에 전쟁책임이 있다는 알베르티니의 저서를 비판했으나 함부르크 대학의 피셔F. Fischer, 그리고 가이스I. Geiss는 국제적인 업적이라고 찬양하였다. 전쟁원인에 관한 논쟁이 재연될 조짐이 보이기 시작하였다.

피셔 논쟁

1959년에 발표된 피셔의 한 논문으로 인한 전쟁원인 논쟁은 아직도 계속되고 있다. 그의 주요 저서는 1961년과 1969년에 각각 발표한 두 가지 저서이다. 당시 독일에서는 제1차 세계대전 문제는 거의 해결됐다고 생각하였고 동 · 서독 학자들도 제2차 세계대전이 히틀러에 의해 일어나게 됐다고 양해하고 있는 시점에 피셔는 제1차 세계대전을 독일 역사의 연속성에서 해석해 파문을 던진 것이다.

제1차 세계대전의 책임이 전적으로 독일에게 있다는 견해로 말미암아 그는 독일 여론의 지탄을 받았다. 서독 정부는 그의 미국방문을 금지시키기까지 하였다. 이렇게 되자 피셔는 더욱 극단적인 주장을 하게 되었고 논쟁도 더욱 가열되었다.

먼저 피셔는 1914년 당시 범 게르만 주의자나 군부뿐만 아니라 베드만-홀베크와 같은 온건한 민간 정치인도 전쟁 발발에 책임이 있으며 전쟁 중에 팽창정책을 기도했다고 주장하였다. 이 점에서 군부와 민간인을 구별한 리터G. Ritter와는 출발부터 관점이 다르다. 피셔는 독일 정부가 전쟁을 원했을 뿐 아니라 그것을 계획하고 도발했다고 주장하면서 1905년 이후 경제적인 진출과 정치적인 팽창 사이에는 밀접한 관련이 있다고 주장하였다.

독일 정부가 전쟁을 사전 계획했다는 증거로 피셔는 1912년 12월 8일의 회의를 인용하였다. 영국 · 독일 해군 교섭이 결렬된 후 홀데인R.B. Haldane 영국 육군상이 독일 대사 리히노브스키에게 독일 · 프랑스가 전쟁을 하는 경우 영국은 프랑스 편에 서게 될 것이라고 말한 바 있었다. 이 보고를 받은 카이저는 몰트케, 티르피츠, 그리고 해군의 뮐러G.A. von Müller 제독을 소집해 전쟁계획을 논의했다는 회의가 바로 이날의 모임이었다는 것이다. 그러나 베드만-홀베크는 참석하지 않았을뿐더러 이런 회의가 있었던 것도 일주일 후에나 알았다. 하여간 이 회의의 의의에 관해서는 학자들 사이에 이견이 있다.

피셔는 물론 이 회의에서 이미 전쟁계획이 설정됐다고 주장하고 있으나 제헬린E. Zechlin은 몰트케와 티르피츠의 알력으로 이 회의는 아무런 문제도 결정하지 못했다고 보고 있다. 이 회의에 참석한 뮐러의 일기가 1965년에 발간됐는데 그 일기에서 그도 이 회의의 결론은 아무것도 없었다고 적고 있다.

1972년 에르트만K.D. Erdmann이 리즐러K. Riezler 일기를 편찬해 세상에 내놓음으로써 논쟁은 다시 베드만-홀베크의 평가 문제를 중심으로 전개되었다. 리즐러는 전술한 바와 같이 베드만-홀베크의 비서이자 그의 가장 가까운 측근이었다. 베드만-홀베크의 문서들이 제2차 세계대전 중에 없어졌기 때문에 리즐러의 일기가 더욱 중요하게 되었다. 리즐러의 일기에는 베드만-홀베크는 호전적인 인물이 아니라 당시 독일의 지적인 타락과 국제적인 지위 하락을 비판하는 인물로 묘사되어 있다. 피셔의 평가와는 매우 다른 것이었다. 피셔가 1969년의 저서를 집필할 때에는 리즐러 일기의 일부만을 보았다고 에르트만은 말하고 있다.

리즐러의 일기가 문제로 등장하자 피셔도 이에 관한 저술(1983)을 발표하였다. 피셔는 이 연구에서 리즐러 일기의 정확성을 의심하면서 다음과 같은 가능성이 있다고 지적하였다. ① 리즐러가 제2차 세계대전 이후 정치적 혹은 개인적인 이유로 원래의 일기 내용을 고쳤을 것이다. ② 그가 1955년에 사망한 이후 그의 일기는 동생(Walter Riezler)이 보관했는데 그 동생이 고쳤을 것이다. ③ 에르트만 자신이 내용을 왜곡했을 것이다. 이런 피셔의 비판에 에르트만이 다시 비판하고 있다.

피셔의 비판자들은 또 베드만-홀베크가 1914년 7월경 호전적인 태도를 취한 것은 그레이 영국 외상이 배신했기 때문이라고 베드만-홀베크를 옹호하였다. 1914년 초부터 영국과 러시아는 1912년의 영국·프랑스 해군합의와 같은 협정을 체결할 구체적인 움직임을 보이기 시작하였다. 유사시 러시아군이 포메라니아Pomerania에 상륙하는 것을 영국 해군이 지원하는 등 양국 해군의 공동작전에 관한 협정을 1914년 8월에 체결할 계획이었다는 것이다. 1909년 이래 양국의 이런 움직임은 런던 주재 러시아 공사관의 지베르트B. von Siebert가 베드만-홀베크에게 계속 알려 주었고 이 정보는 극도의 비밀사항이었기 때문에 베드만-홀베크와 독일 외무성의 고위인사 세 사람만이 알고 있었다는 것이다.

베드만-홀베크는 영국 정부에 대한 하나의 압력수단으로 이 정보를 『베를린 신문』 *Berliner Tageblatt*에 흘렸다. 이 신문기사로 영국 의회는 그레이 외상에게 기사의 진위에 관해 질의하였고 그레이는 전혀 그런 사실이 없다고 허위 진술하게 되자 베드만-홀베크는 매우 전투적인 자세를 취하게 됐다는 것이다. 휠즐레E. Hülzle와 제헬린E. Zechlin이 이 일화에 큰 비중을 두고 있는데 이런 해석은 피셔의 견해를 뒤집는 것이었다.

제1차 세계대전 책임 논쟁의 개요

원인과 책임에 관해서는 여러 가지 견해들이 있는데 대개 다음과 같이 요약할 수 있다. 저서, 논문의 출처는 「참고문헌」을 참조하기 바란다.

(1) 독일에 전쟁 책임이 있다는 전통적인 견해가 아직도 유력하게 존재하고 있음은 물론이다. 그러나 베르사유 조약 체결 직후와 같이 231조를 그대로 원용하는 소박한 견해는 이제 수용되고 있지는 않다. 대표적인 학자가 슈미트B.E. Schmitt임은 잘 알려진 사실이다. 피셔가 독일의 책임을 더 파헤쳤는데 졸J. Joll, 테일러A.J.P. Taylor, 알브레흐트-카리에R. Albrecht-Carrié의 견해도 이 범주에 속한다.

(2) 독일의 책임을 전적으로 부정하는 것은 아니지만 독일 정부가 전쟁을 사전에 계획하고 도발하지는 않았다는 견해들이 있다. 리터G. Ritter, 제헬린E. Zechlin, 힐그루버A. Hillgruber 등의 견해가 이에 속한다.

리터는 독일이 근본적으로 1914년 7월 당시 평화적이고 방어적인 입장을 취했다고 주장한다. 제헬린에 의하면 독일은 1914년 위기 이전에는 유럽에서 패권을 장악하려고 시도하지 않았다는 것이다. 도리어 불리한 입장에 있었다고 주장한다. 러시아 영향에 의한 발칸 동맹의 결성, 3국 협상의 강화, 그리고 러시아 군사력의 증강 등으로 위협을 받고 있어서 예방전쟁을 수행하게 됐다는 것이다. 이 점에서는 힐그루버도 같은 의견이다.

(3) 전쟁책임은 독일이 아니라 도리어 협상측에 있다는 견해들이 있다는 것은 전술한

바와 같다. 3국 협상 측의 전쟁 유인에 독일이 말려들었다는 것이다. 페이S. Fay, 몬트겔라스M. Montgelas, 반즈H. Barnes들이 이런 견해의 대표자들이다.

(4) 독일이나 어떤 특정한 정부의 책임보다는 당시의 동맹체제 또는 유럽 정치질서에 전쟁발발의 원인이 있다고 보는 견해가 있는데 특정한 국가에게 책임을 전가하는 학자들도 이 점을 간과하지는 않는다. 구츠G.P. Gooch, 르누뱅P. Renouvin, 리터G. Ritter, 테일러A.J.P. Taylor, 파라L.L. Farrar 등의 견해가 이 범주에 속한다고 볼 수 있다.

(5) 저비스R. Jervis가 외교정책 결정과정을 분석하는 데 있어서 인지perception와 오인misperception이 중요하다고 역설한 이후 제1차 세계대전 발발도 이런 각도에서 분석하는 연구들이 나왔다. 다시 말하자면 1914년 당시 독일 정치인들의 오인에서 전쟁이 발발하게 됐다는 것이다. 리보우R.N. Lebow, 에베라S. van Evera의 업적이 이에 속한다.

(6) 전쟁의 원인을 당시 국제경제 구조에서 찾는 견해들이 있다. 피셔의 연구는 실은 독일의 경제적 팽창을 분석하는 데서 출발하고 있다. 프아드뱅R. Poidevin, 지로R. Girault 등이 당시의 국제관계를 분석하고 경제적인 이해관계의 충돌을 전쟁원인으로 보고 있다.

구소련의 학자들이 제1차 세계대전을 제국주의 전쟁으로 규정하고 그 경제구조에서 전쟁원인을 찾고 있었음은 쉽게 짐작할 수 있다. 20~30년대의 소련 역사학계는 포크로프스키M.N. Pokrovsky 학파와 그 반대파로 크게 구분돼 있었다. 포크로프스키는 러시아의 경제를 산업자본주의 단계로 보고 있었기 때문에 러시아의 침략성을 규명해야 되었고 전쟁의 책임이 러시아에게도 있다고 보고 있다. 그러나 그 반대학자들은 당시의 러시아가 영국, 프랑스 자본에 예속된 일종의 반식민지 경제구조를 갖고 있어서 러시아의 전쟁 책임은 발생할 여지가 없었다고 보았다.

그런데 제2차 세계대전 이후 소련 학자들은 독일의 침략성을 폭로할 필요가 있게 되었다. 전쟁 중 소련이 받은 엄청난 피해에 대한 정신적인 복수, 그리고 서독이 서방 진영에 편입된 것에 대한 항의가 필요했던 것이다. 전후 소련학계의 지배적인 견해는 러시아는 1914년 전쟁 발발 당시 자본주의가 성숙돼 국가 독점적인 성격이 있었다고 규정하고 있어서 독일의 침략성과 아울러 러시아의 책임도 규명하는 것을 목적으로 삼고 있었다.

그러나 구소련에서 제1차 세계대전 문제를 본격적으로 취급하게 된 것은 1964년 11월 모스크바에서 전쟁 50주년 기념 학술대회가 개최된 이후의 일이다. 그들에 의하면 제1차 세계대전은 자본주의의 불균형발전 조건에서 필수적으로 발생된 전쟁으로서 동맹 측과 협상 측의 제국주의적인 침략전쟁으로 규정하고 있으며 일차적인 책임은 독일 정부에 있다고 보고 있다.

제 2 절 베르사유 조약 체제

1918년 11월 11일 오전 11시 프랑스 북부 콩피에뉴Compiégne 근처 산림의 한 열차 칸에서 독일은 휴전 조약에 서명하였다. 그리고 독일은 1919년 6월 28일 베르사유 궁전 '거울의 방'에서 치욕의 평화조약 서명을 강요당하였다. 이 방은 1871년 1월 18일 빌헬름 1세가 황제 즉위식을 가진 곳이었다. 프랑스는 1870년의 패망을 1919년에야 설욕하였다.

히틀러는 다시 프랑스에게 보복하였다. 1940년 6월 22일 히틀러는 1918년 휴전 조약을 체결한 그 열차를 보관하고 있던 프랑스 박물관 벽을 허물어 그 열차를 다시 콩피에뉴 산림으로 끌고 가 1918년 휴전 조약을 체결한 바로 그 자리에서 프랑스에게 휴전 조약 서명을 강요하였다.

베르사유 조약은 독일을 물리적으로 약화시킨 문서에 그치는 것은 아니다. 그것은 정신적인 투쟁의 산물이며 독일의 민족적 자존심을 파멸시킨 문서이기도 하다. 따라서 그 평화 조약은 이미 제2차 세계대전을 잉태하고 있었다.

베르사유 조약은 몇 가지 역사적 특징을 지니고 있다. 첫째로 서유럽 세계를 중심으로 한 평화 조약이란 성격이다. 동유럽은 전쟁 상태에 있었다는 점을 기억해야 한다. 이런 성격은 1920년대까지 지속되었다.

둘째, 소련이란 정치 집단을 철저히 배제하고 이룩된 평화 조약이었다. 배제의 단계를 벗어나 볼셰비즘 정권을 아예 타파하려는 분위기에서 이룩된 평화 조약이란 점도 유념해야 한다.

셋째, 서유럽 중심의 평화 질서이기 때문에 다른 지역에서 일어난 침략과 비행에는 애써 눈을 감았다. 동북아 세계에 대한 일본 침략의 인정이 대표적인 예이다.

넷째, 이상과 현실의 부조화의 질서를 만들었다는 점이다. 이탈리아 문제가 이를 잘 말해주고 있다.

1915년 4월 이탈리아의 참전을 유도하기 위한 런던 조약은 베르사유 회의의 원칙과는 전혀 상반된 것이었다. 이탈리아의 베르사유 회의 퇴장은 파시즘의 등장을 예고하였다.

다섯째, 역사상 유례가 없던 참화를 거쳤기 때문에 국제사회의 조직화 필요성을 절감하였고, 이에 획기적인 기구를 창설하였다. 국제연맹이 그것이다. 그러나 국제연맹 규약은 평화조약인 베르사유 조약의 일부였다는 점에 주의해야 한다. 다시 말하자면 국제연맹은 독일을 배제한 전승국들의 정책을 반영한 산물이었다. 이런 성격은 1925년 로카르노 조약까지 지속되었다.

끝으로 베르사유 체제는 이상주의와 현실주의를 절충한 산물이기에 매우 불완전한 형태를 지니고 있었다. 그러나 국제법 질서는 유럽 권력정치라는 국제정치 현실을 반영하는 것으로 베르사유 체제는 역사적 한계를 지니고 있었다. 그런데도 국제연맹의 창설에서 보듯이 그 국제법 질서는 부정적인 현실을 타파하려는 적극적인 측면이 있었다는 점은 인정해야 한다.

1. 베르사유 회의의 구성과 원칙

구성

30여 국가들의 대표들이 참여해 1919년 1월 12일부터 6월 28일까지 계속된 베르사유 회의의 주요결정은 최고 이사회에서 이루어졌다. 최고 이사회는 전쟁 중에 있었던 최고 전쟁이사회를 이어받은 기구였다. 처음에는 영국, 프랑스, 미국, 이탈리아, 일본 5개국의 정부수반과 외상들로 구성된 10인 이사회가 최고 이사회를 대표하였다. 미국의 윌슨W. Wilson, 랜싱R. Lansing, 영국의 로이드 조지D. Lloyd George, 밸푸어A.J. Balfour, 프랑스의 클레망소G.E.B. Clemenceau, 피숑S.J.M. Pichon, 이탈리아의 오를란도V.E. Orlando, 손니노S. Sonnino, 일본의 사이온지 긴모치(西園寺公望), 마키노 노부아키(牧野伸顯) 등이 그들이다. 그리고 외상을 제외한 5인 이사회가 따로 구성돼 주요한 결정을 하기도 하였다. 그런데 3월 하순부터는 이탈리아를 제외한 4개국 정부 수반들로만 구성된 4인 이사회가 주요한 정치 문제들을 처리하였다.

이들 이사회 밑에 여러 위원회가 구성돼 특정한 문제에 관해 연구 · 보고토록 하였다. 베르사유 회의가 개최되자마자 설치된 위원회로는 전쟁책임과 전범위원회, 배상위원회, 항구 · 수로 및 철도위원회, 노동위원회, 국제연맹위원회 등 5개의 위원회뿐이었으나 그 후 계속 늘어나 52개의 위원회가 설립되었다.

당시 영토문제위원회에 전문가로 참여했던 영국의 니콜슨H. Nicolson에 의하면 이들 52개의 위원회들은 모두 1,646회의 회의를 개최하였고 이런 회의의 결과는 10인 이사회에

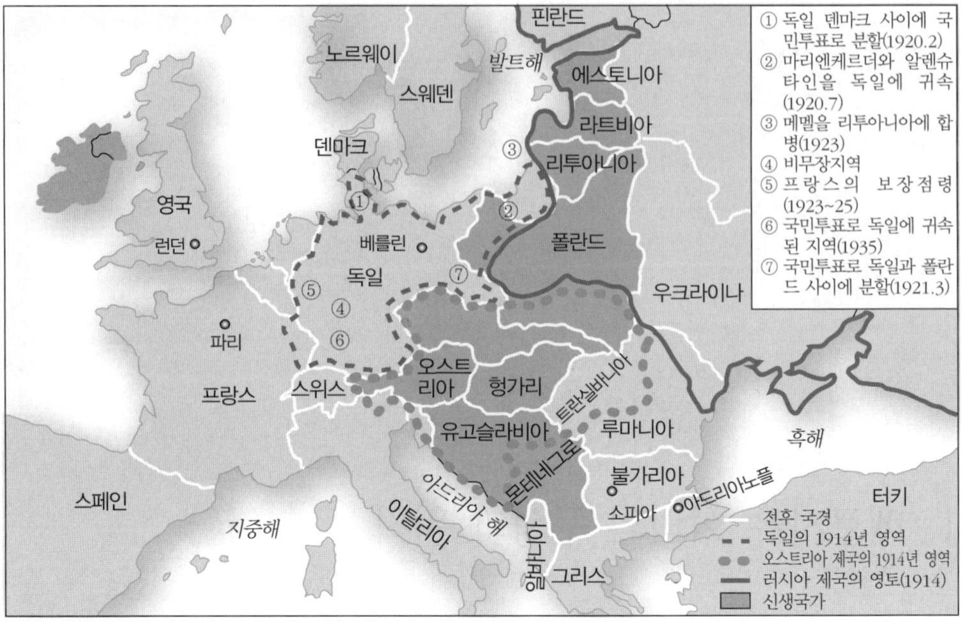

제1 차 세계대전 후의 유럽

서 72회, 5인 이사회에서 39회, 4인 이사회에서는 145회에 걸쳐 토의되었다. 이것은 당시 회의의 구성이 일관성이 없었다는 것을 단적으로 보여 주는 것이며 4인 이사회가 상당히 중요한 역할을 담당하고 있었음을 나타내 주고 있다.

회의장소가 파리인 까닭에 평화회의의 의장은 클레망소가 맡게 되었다. 그리고 사무총장으로 클레망소의 서출(庶出) 아들이라고 소문난 젊은 외교관 듀타스타H. Dutasta가 취임했는데 빈 회의의 겐츠F. von Gentz와는 달리 무능한 인물이라고 평가받고 있다.

회의의 민주주의 형식

강대국들이 국제정치 문제들을 약소국들의 의사와는 관계없이 결정해 온 것은 유럽 정치의 특징이었다. 빈 회의에서 약소국 대표들은 무도회에만 초대되었다. 그러나 이런 관례는 제1차 세계대전이 종결되면서 적어도 명분상으로는 더 이상 지탱될 수 없게 되었다. 연합국들 자신이 비밀외교의 타파와 공개외교의 채택을 표방했기 때문이다. 뿐만 아니라 민주주의에 의한 평등의 원칙이 국내정치이건 국제정치이건 정치 명분이 되었다.

따라서 5인 이사회나 4인 이사회에서 여론의 향방이나 약소국들의 의견을 듣지 않고 독단적으로 모든 문제를 처리할 수 없는 처지에 놓였다. 그리하여 하나의 방안이 고안돼 채택됐는데 5대 강국 이외의 국가들은 자국의 입장과 주장을 밝히는 자료들을 이사회에 제출하며 그 대표들이 직접 이사회에 참석해 발언할 수 있게 하였다.

그러나 이런 민주주의 방식이 회의의 신속한 진행을 저해하는 역효과도 초래하였다. 약소국 대표들은 이미 제출된 자료를 반복해 설명하는 경우가 허다했을 뿐 아니라 이사회는 서로 상반되고 충돌되는 이해관계를 청취하는 데 상당한 시간을 할애해야만 하였다.

회의의 원칙과 독일 문제

회의의 원칙은 휴전협정 체결의 전제조건으로 독일 정부가 수락한 윌슨의 14개 항목이었다. 이 원칙들은 윌슨의 이상주의를 반영하는 것으로 국제사회의 전면적인 개편을 구상하고 있는 것이었다. 윌슨은 프랑스에 오면서 "나에게 무엇이 정당한 것인지 말해 주시오. 나는 그것을 위하여 투쟁하겠소."라고 말하였다. 그러나 그의 이상과 유럽 정치의 현실 사이에는 현격한 괴리가 있어서 윌슨의 원칙을 정치현실에 적용하려고 하자 여러 가지 문제들이 발생하기 시작하였다.

윌슨의 원칙들은 먼저 프랑스의 안보문제와 정면에서 충돌하였다. 프랑스는 독일을 철저히 약화시켜 독일의 부흥을 불가능하게 만드는 데 주력하였고 프랑스의 극우단체들은 라인 좌안(左岸)을 프랑스가 병합해야 한다고 주장하였다.

타르디외A. Tardieu와 포슈F. Foch는 1918년 11월~1919년 2월에 연구한 라인의 군사적인 국경 계획안을 발표하였다. 이 안에 따르면 라인 좌안을 한 나라 또는 여러 나라로 분할해 국제연맹이 관리한다는 것인데 이는 프랑스 군대가 영구적으로 라인 좌안을 점령한다는 것을 뜻하는 것이었다. 클레망소도 이 안을 지지하였다.

독일로부터 라인 좌안을 분리시킨다는 것이 윌슨의 민족자결 원칙과 상반된다는 것은 말할 필요도 없다. 아무런 확고한 권원(權原) title도 없이 영토를 영구 점령한다는 구상을 유럽 정치의 핵심지역에서 실현시키려는 프랑스의 주장을 윌슨이 수락할 수는 없었다.

로이드 조지 영국 수상도 프랑스의 라인 좌안 점령을 반대하였다. 영국으로서도 프랑스가 이 지역에서 헤게모니를 장악하는 것이 바람직한 일이 아니었다. 더욱이 볼셰비즘의 파급을 저지하기 위해서는 어느 정도 강력한 독일의 존재가 필요하였다. 결국 클레망소는 타르디외와 포슈의 반대에도 불구하고 영국과 미국의 타협안에 동의하지 않을 수 없었다. 이 밖에도 독일 문제와 관련해서는 배상문제, 군비제한문제, 동부국경문제 등 복잡한 문제들이 윌슨 원칙의 적용과 더불어 제기되었다. 이에 관해서는 후술하기로 한다.

이탈리아

또 다른 중요한 현안은 전쟁 중에 연합국들이 중립국을 유치하기 위해 체결한 비밀조약의 실행과 관련된 것이었다. 미국은 물론 이런 비밀합의와는 관계돼 있지 않아서 그의 손은 깨끗하였다. 비밀조약 중에서도 가장 큰 현안으로 등장했던 것은 1915년 4월에 이탈리아의 참전과 관련해 체결된 런던 조약과 1917년 4월의 생-장 드 모리엔느 조약이었다.

이들 조약의 내용이 민족자결 원칙과 상치되고 있음은 물론이다. 그리하여 윌슨과 오를란도 사이에 격론이 벌어졌다. 비밀조약의 문제가 마치 미국과 이탈리아의 문제인 것처럼 되어 버렸다. 윌슨은 이탈리아 대표들과는 아무런 상의도 하지 않고 이탈리아 국민에게 직접 호소하는 방법을 택하였다. 오를란도와 손니노는 파리를 떠나 본국으로 돌아가 버렸다. 그런데 윌슨의 방식은 그가 미처 예기치 못한 결과를 초래하였다. 이탈리아 국민이 도리어 연합국에 반감을 갖게 돼 이른바 상처받은 승리라는 여론이 조성되었다. 한 걸음 더 나아가 윌슨의 방식은 다난치오G. D'Annanzio와 같은 극우파들의 활동을 부채질했고 파시스트의 등장을 예고하였다.

이탈리아가 평화회담에서 퇴장했으나 독일에 대한 강화회담은 계속할 수가 있었다. 이탈리아 문제는 1920년 11월 미국 의회선거에서 민주당이 패배해 이탈리아와 유고슬라비아 사이의 협상으로 타결되었다. 이 문제는 후술하기로 한다.

일본

일본은 이탈리아의 퇴장으로 뜻밖의 혜택을 보게 되었다. 일본은 전술한 바와 같이 전쟁이 발발하자 스스로 참전을 결정해 연합국에 전쟁참여를 요청하였다. 그 대가로 일본은 21개조 요구라는 방대한 이권을 중국으로부터 얻어냈으며 1917년 초에는 지중해에 해군을 파견하면서 적도 이북의 독일 식민지와 산둥 반도의 독일 이권을 얻었다.

일본은 전쟁 중에 있었던 이런 합의를 이행해 줄 것을 요구하고 나섰다. 일본의 요구가 윌슨의 원칙과 배치되고 있음은 물론이다. 윌슨이 다시 난색을 표시하자 일본은 강화회담에 불참하겠노라고 위협하였다. 이탈리아가 퇴장한 후에 일본마저 평화회의로부터 이탈한다면 회의 자체에 대해 세계여론이 회의를 느끼게 될 것을 윌슨은 우려하였다. 그리고 일본의 요구를 수용하지 않을 경우 독일이나 소련과 같이 국제정치 현실에 불만을 품고 있는 국가들과 일본이 연결될 위험을 배제할 수도 없었다.

윌슨은 결국 양보하였다. 그러나 일본의 요구를 수락한 것이 곧 자신의 원칙들을 위반한 행위가 되었다. "나는 나의 원칙들을 위반하였다고 비난받게 될 것을 알고 있다. 그러나 나는 무정부와 구 군국주의의 부활에 대항하여 세계질서와 세계조직을 위하여 일하지 않을 수 없었다."라는 윌슨의 변명은 설득력이 없었다. 결국 중국은 평화조약의 서명을 거부하였다.

루마니아

루마니아 문제도 전쟁중의 비밀합의로부터 발생된 복잡한 문제 중의 하나였다. 루마니아는 1916년 8월 연합군과 참전조약을 체결하고 트란실바니아, 부코비나, 바나트 지방의 병합을 약속 받았다. 그러나 루마니아는 독일과 오스트리아 군대에 의해 점령되었고 이들 동맹국과 1918년 5월 7일 평화조약인 부카레스트 조약을 체결하게 되었는데 루마니아는 끝까지 이 조약을 비준하지 않았다.

연합국의 반격이 시작되고 동맹국이 발칸 반도에서 퇴각하게 되자 루마니아는 독일에 다시 전쟁을 선포하였다. 그런데 루마니아는 독일에 대한 전쟁수행의 명분을 독일이 부카레스트 조약을 위반했다는 데에서 찾음으로써 실수를 범하고 말았다. 루마니아가 부카레스트 조약의 유효성을 스스로 인정한 셈이 됐기 때문이다.

평화회의에서 연합국은 바나트 지방의 병합을 반대했는데 그 거부의 근거를 루마니아가 독일과 부카레스트 조약을 체결한 사실에 두었다. 결국 바나트 지방은 루마니아와 유고슬라비아 두 나라에 분할되었다.

제국들의 붕괴

합스부르크 제국, 오토만 제국, 그리고 로마노프 제국들의 붕괴로 복잡한 문제들이 등장하게 되었다. 합스부르크 제국의 영토 안에서 체코슬로바키아, 유고슬라비아 등 새로운 국가들이 탄생하였고 오스트리아와 헝가리는 각각 별개의 국가로 존속하게 되었다. 오토만 제국은 내란의 소용돌이에 휩싸여서 그 해결은 몇 년을 더 기다려야만 하였다.

파리 평화회의의 큰 난관은 소련과 동유럽 국가들이 전쟁을 계속하고 있는 가운데 유럽 국제정치 문제를 해결하려고 한 점이었다. 이것은 특히 폴란드 문제와 깊이 관련돼 있었고 루마니아의 베사라비아 점령도 여기에 관계된 문제였다.

위에 열거한 평화회담의 주요 현안 중에는 영토 문제가 큰 비중을 차지하였다. 그런데 이들 문제에는 또다시 민족자결 원칙의 적용과 관련해 복잡한 문제들이 등장하였다. 이 원칙의 적용에 있어서 서유럽 지역에서는 별다른 문제가 없었으나 동유럽의 경우에는 성격이 매우 판이했기 때문이다. 그리하여 타협안으로 등장한 것이 이른바 국민투표 방식이라는 것이었다.

강요된 평화Diktat

앞에서 본 여러 가지 난관에도 불구하고 5월에는 독일과의 평화조약 초안이 완결되었다. 조약 초안이 성립되자 5월 7일 브로크도르프-란차우 독일대표가 이사회에 초청되었다. 독일 대표가 초안을 건네받자 클레망소는 말할 사람이 혹시 있는지 질의하였다. 브로크도르프-란차우가 손을 들고는 앉은 자세로 거친 음성으로 독일의 입장을 언급하였다. 이것이 독일대표단이 연합국 이사회에서 직접 발언한 유일한 기회였다. 독일은 이제 이의가 있는 경우에는 서면으로 제출할 수밖에 없게 되었다. 따라서 독일은 베르사유 조약을 강요된 평화라고 간주하게 되었다.

베르사유 조약은 사라예보 사건이 발발한 6월 28일, 서명은 독일이 독일제국을 선포한 베르사유 궁전의 거울의 방salle des mirroirs에서 이루어졌다.

제1차 세계대전의 영향

세계대전이 유럽에 미친 영향은 실로 엄청난 것이었다. 먼저 인명피해만 보더라도 전례 없는 참화였다. 러시아 내전의 경우를 제외하고도 800만 이상의 전투원이 사망하였다. 그리고 민간인의 사망자 수는 프랑스, 독일 두 나라만도 130만 명이 넘었다. 여기에 부상자 수를 합친다면 전쟁 전에 유럽 사람들이 상상할 수조차 없었던 피해가 아닐 수 없다. 이와 더불어 자연의 파괴는 더욱 심하였다. 특히 프랑스의 동북지역, 벨기에, 이탈리아의 동북지역 및 러시아가 극심한 피해를 입었다. 유럽 전체로 볼 때 농업생산 잠재력의 30%, 공업생산 잠재력의 40%가 감소되는 결과를 초래하였다. 이와 같은 인명의 손실, 자연의 파괴라는 차원을 넘어서 유럽은 이제 정치 · 경제 · 문화면에서 세계를 지배할 수 없게 되었다. 슈펭글러O. Spengler, 드망제옹A. Demangeon 등의 『서구의 몰락』이 베스트셀러로 등장하였다. 이와 같은 유럽의 변모를 정치, 경제적인 측면에서 살펴보기로 하자.

(1) 정치: 전후의 사정은 외견상 자유주의와 민주주의의 승리같이 보인다. 독일, 오스트리아가 공화정을 채택하였고 체코슬로바키아, 폴란드, 유고슬라비아 등이 프랑스의 정치제도를 본받았고 유럽의 모든 지역에서는 보통선거가 실시되었다. 소수민족 문제도 많

이 개선돼 외국지배를 받는 소수민족의 수는 1914년의 6,000만 명에서 전후에는 2,000만 명으로 감소되었다. 그러나 이런 자유민주주의는 좌·우로부터 도전을 받게 되었다. 러시아 혁명에 의한 볼셰비즘의 등장이 자유민주주의에 대한 최대 위협 중의 하나임은 말할 필요도 없다. 이와 더불어 자유민주주의는 우파로부터 더욱 심각한 도전을 받게 되었다. 독일과 헝가리의 혁명진압에서 보듯이 우파는 전체주의의 경향을 띠게 되었다.

이런 경향은 전쟁 이전부터 일어난 의회민주주의의 비효율성에 대한 비판에서 이미 나타나기 시작했으나 전후 패전국에서 두드러지게 표출되었다. 그리고 이런 경향은 인플레이션으로 몰락하게 된 중산계층의 적극적인 지지를 받게 되었다. 이들은 또한 공산주의 혁명을 예방한다는 명분으로 전체주의 정권의 등장을 묵인 내지는 지원하였다.

이와 같은 유럽의 정치적인 변모와 함께 유럽이 세계정치에서 차지하는 비중이 급격히 감소하였고 따라서 유럽의 영향력이 크게 저하되었다. 이런 역사적인 현상은 경제적인 측면을 보면 쉽게 이해될 수 있다.

(2) 경제: 1914년 당시 유럽은 자본, 기술, 공업생산력 등에서 완전히 세계를 지배하고 있었다. 그러나 전후에는 이런 사정이 완전히 변하게 되었다.

먼저 유럽 내의 교역량이 감소하였다. 전쟁 전에는 동유럽과 다뉴브 강 지역이 농산물을 공급하는 지역이었다. 그러나 전후에는 미국, 캐나다, 남아메리카로부터 농산물을 수입하게 되었다.

영국, 프랑스, 독일과 같은 상품수출국들은 유럽 이외의 많은 시장을 상실한 반면에 미국, 일본의 시장점유가 두드러지게 증가하였다. 무엇보다 미국의 경제가 획기적으로 성장하였다. 1914~1918년 동안 미국의 국민소득은 두 배로 증가하였고 전전에는 채무국이었으나 전후에는 100억 달러의 채권국으로 변모하였다. 뿐만 아니라 세계주식의 50%도 미국이 보유하게 되었다. 일본은 그 저렴한 상품을 영국, 프랑스의 기존시장인 동북아, 동남아 지역에 수출하기 시작하였고 캐나다도 목재, 화학품을 유럽에 수출하게 되었다.

유럽은 재정적인 측면에서도 몰락하게 되었다. 전전에는 물론 유럽이 세계재정의 중심이었으나 전쟁 중에 영국, 프랑스, 이탈리아는 특히 미국 정부나 미국은행에 부채를 지게 되었다. 이런 부채액은 1919년 당시 영국이 320억 프랑, 프랑스가 330억 프랑, 이탈리아가 200억 프랑에 달하였다. 이런 부채가 독일에 대한 배상문제와 연결돼 복잡한 문제로 등장하게 된 점은 후술한다.

유럽 열강은 공공부채의 상환방법으로 화폐발행을 증가하지 않을 수 없었고 이것이 인플레이션을 초래하고 달러에 대한 유럽 화폐의 가치절하를 가져오게 된 것은 물론이다. 그리하여 미국이 세계경제를 지배하게 되었고 유럽의 세계지배 시대는 끝나게 되었다.

2. 파리 강화회의의 결정(1)—베르사유 조약의 내용

군사조항

파리 강화조약은 다음과 같은 평화조약들로 구성되어 있다. ① 독일과의 강화조약인 베르사유 조약(1919년 6월 28일), ② 오스트리아와의 생-제르망-앙-레이Saint-Germain-En-Laye 조약(1919년 9월 10일), ③ 불가리아와의 느이Neuilly 조약(1919년 11월 27일), ④ 헝가리와의 트리아농Trianon 조약(1920년 6월 4일), ⑤ 터키와의 세브르Sèvres 조약(1920년 8월 11일, 이 조약은 1923년 7월 24일에는 로잔Lausanne 조약으로 대체). 이들 평화조약 중에서 가장 중요한 것은 독일과의 강화조약인 베르사유 조약임은 말할 필요도 없다. 그 주요 내용은 다음과 같다.

먼저 독일은 철저하게 군비통제를 받게 되었다. 바이마르 공화국은 보잘것없는 군사장치만을 보유한 국가로 출발하였다. 징집제도는 폐지되었고 군대는 10만 명의 직업군인으로 구성되고 장교는 5,000명으로 제한되었다. 중포(重砲)와 탱크의 보유가 금지되었고 공군 · 해군의 존재도 허용되지 않았으며 잠수함 보유 역시 금지되었다. 상선의 경우에도 1,600톤 이상의 모든 선박, 그리고 1,000~1,600톤의 상선 중 2분의 1은 연합국에 인도되었다.

독일 국경의 변경

알자스-로렌의 프랑스 반환을 제외하고는 독일의 서부, 남부 국경에는 큰 변동이 없었다. 다만 벨기에가 오이펜Eupen과 말메디Malmédy를 다시 획득하였고 독일과 덴마크의 역사적 분쟁지역인 슐레스비히Schleswig의 향방은 국민투표로 결정하기로 하였다. 이에 따라 1920년 2월 국민투표가 실시돼 덴마크인이 거주하는 북부 슐레스비히는 덴마크에 편입되었다. 남부 국경의 경우에도 상부 실레지아Upper Silesia 지방은 국민투표로 그 귀속을 결정토록 했는데 1921년 3월에 실시된 국민투표에 의해 독일과 폴란드 두 나라에 분할되었다.

동부 국경에는 큰 변동이 있었다. 신생국인 폴란드를 건설하려면 불가피한 일이었다. 포즈나니아Poznania 지방을 폴란드에 양여하였다. 그리고 신생 폴란드가 내륙국이 되어서 해양에의 길을 열어 주지 않을 수 없었다. 이른바 단치히Danzig와 연결하는 회랑(回廊)을 형성했는데 이로써 독일은 동프로이센 지방과 차단되었다.

독일의 항구였던 단치히(현재 폴란드의 그단스크, Gdańsk)는 자유시의 법적 지위를 갖게 되었고 폴란드는 회랑을 통해 해양과 연결되었다. 그리고 단치히의 대외관계, 관세 등의 문제는 폴란드가 관할하고 그 대내관계는 국제연맹의 이사회가 파견하는 고등판무관High Commissioner이 관장토록 하였다. 이 밖에 단치히는 자체 의회가 있었으며 40만의 주민들은 단치히 자유시의 시민이라는 법적 지위를 갖게 되었다.

그리고 동 프로이센의 알렌슈타인Allenstein과 마리엔베르더Marienwerder 지방의 귀속 문제는 국민투표에 의해 결정토록 했는데 1920년 7월의 국민투표로 모두 독일에 귀속되었다. 동 프로이센의 북부지역에 리투아니아가 신생국가로 등장했는데 동 프로이센과 리투아니아의 접경 지역인 메멜Memel 지방은 연합국이 잠정적으로 점령하였다. 메멜은 독일 촌락이었으나 그 오지(奧地)에는 리투아니아인들이 살고 있어서 연합국은 메멜을 신생 리투아니아에 양여하려는 의도로 먼저 이 지역을 점령하였다. 그 결과 메멜은 1920~1923년 동안에는 연맹의 관할에 속해 있다가 리투아니아에 병합됐으나 1924년에 자치령이 되었다.

이와 같은 국경의 축소로 독일은 영토의 13.5%를 상실하게 되었고 인구의 10% 정도가 외국의 지배 아래 들어가게 되었다. 이것이 훗날 유럽 국제정치의 핵심적인 현안으로 등장하게 되었다.

프랑스의 안보 문제

알자스-로렌의 반환은 전술한 바 있는데 파리 강화회담에서 프랑스는 1792년 당시의 알자스-로렌 지방, 즉 자르Saar, 란다우Landau를 포함한 알자스-로렌을 원했으나 결국 자르, 란다우를 제외한 1790년 당시의 국경선에 의한 알자스-로렌 지방의 회복에 만족해야 했다.

클레망소 프랑스 수상은 프랑스의 안보를 위해 라인 좌안을 완충지역으로 만들 것을 주장하였고 이 문제로 윌슨과 대립한 것도 전술한 바 있다. 1919년 4월 중순 클레망소는 결국 영국과 미국의 타협안에 합의하였다. 클레망소는 완충지역 주장을 철회하는 대신 프랑스의 안보는 다음과 같은 장치로 보장받기로 하였다.

(1) 독일이 도발받지 않았는데도 공격을 하는 경우 영국과 미국은 즉시 프랑스를 원조한다. [물론 이런 원조조약은 실현되지 못하였다.]
(2) 라인 좌안은 물론이고 라인 우안의 50km 지역을 비무장지대로 만든다.

(3) 라인 좌안은 연합국이 점령한다. 그리고 이 지역을 3개 지역으로 나누어 5년마다 한 지역으로부터 철수한다. [따라서 연합국은 라인 좌안으로부터 15년 후에 완전히 철수한다는 것이다.]

그리고 자르 지역은 15년 동안 국제연맹이 관할하고 그 후에는 국민투표에 의해 그 귀속을 결정토록 하였다. 자르 분지의 광산은 프랑스에 할양되었다. 프랑스의 당초 주장과는 상당한 거리가 있었으나 프랑스는 이 정도의 안보 약속에 만족해야만 했다. 자르는 1935년의 국민투표로 독일에 되돌아갔다.

배상 문제

독일의 경제는 완전히 피폐해졌다. 상선, 기계 등은 모두 연합국에 인도되었고 독일의 하천은 모두 열강에 개방됐으며 킬 운하도 모든 선박에 개방되었다.

심각한 문제로 제기된 것이 배상 문제였다. 배상의 원칙은 독일이 윌슨 14개 항목을 수락함으로써 성립되었고 전쟁의 책임이 독일에 있다는 베르사유 조약 제231조에 그 근거를 두고 있다. 그러나 파리 회의에서는 구체적인 배상금의 확정에 관해서는 결정을 보지 못하였다. 다만 회의 도중에 배상금액에 민간인에 대한 보상, 군인연금 등도 포함시켜야 된다는 주장이 받아들여짐으로써 그 총액은 상당한 액수에 이를 것이라고 추정되었다.

베르사유 조약에는 배상총액이 규정되어 있지 않고 연합국 배상위원회Inter-Allied Reparation Commission에 일임해 1921년 3월 1일까지 이 위원회에서 배상총액을 결정토록 합의하였다.

제1차 세계대전 후 여러 현안 중에서도 이 배상 문제가 가장 복잡하고 해결하기 힘든 문제였다. 이것이 결국 독일경제를 파탄시키고 중산층의 몰락을 초래해 이들이 나치 운동에 편승하게 되었다. 또한 이 배상 문제는 영국과 프랑스의 미국에 대한 전시부채와 연결돼 더욱 복잡하게 되었다. 이 문제는 다시 후술한다.

독일의 구식민지

파리 강화회의에서는 하나의 위선을 창조하였다. 민주주의, 법의 지배, 민족자결 등을 새롭게 제창한 시대 분위기에서 구 시대의 유물인 '식민지'를 서로 쟁탈한다는 것은 심리적으로 불안한 것이었다. 그리하여 남아프리카의 스머츠J.C. Smuts와 미국의 비어G.L. Beer의 창안으로 위임통치 제도mandatary system가 만들어졌다. 오토만 제국, 독일의 구 식민지를 국제연맹의 위임통치에 맡긴다는 것인데 물론 실제로는 위임통치국가의 식민지와 조금도 다름이 없었다. 이 제도에 관해서도 후술한다.

적도 이북 태평양의 독일 식민지는 일본이, 사모아는 뉴질랜드가, 뉴기니는 오스트레일리아가 각각 위임통치하기로 하였다. 일본이 산동 반도의 독일 이권을 계승한 것은 여러 번 언급한 바 있다.

아프리카의 독일 식민지는 남아프리카, 영국, 프랑스, 벨기에 등이 차지하였다. 남아프리카는 서남아프리카의 독일 식민지의, 벨기에는 루안다-우룬디Ruanda-Urundi의, 영국은 동아프리카의 독일 식민지의 위임 통치국이 되었다. 영국과 프랑스는 카메룬Cameroon과 토고랜드Togoland를 분할해 위임통치했으나 프랑스가 대부분의 지역을 위임받았다.

3. 파리 강화회의의 결정(2)—그 밖의 평화조약들

생-제르망-앙-레이 조약(1919년 9월 10일)

오스트리아는 이 평화조약에 의해 합스부르크 제국의 영토 중에서 순전히 독일인이 거주하는 지역으로 국한된 작은 국가로 머물게 되었다. 유고슬라비아와의 접경지역인 클라겐푸르스트Klagenfurst 지방, 헝가리와의 접경지역인 부르겐란트Burgenland 지방은 국민투표에 의해 향방이 결정되도록 하였는데 1921년 12월의 국민투표로 오스트리아 영토가 되었다.

영토가 축소됐을 뿐 아니라 인구도 620만에 불과하였고 인구의 3분의 1이 빈에 집중되었다. 따라서 오스트리아의 이런 형편으로 보아 장차 독일과의 경제적인 밀착 없이는 자립하기가 곤란하다고 예견하였다. 그리하여 생-제르망-앙-레이 조약 제88조에서는 오스트리아는 국제연맹 이사회의 동의 없이는 그 독립을 타국에 양도하는 조약을 체결할 수 없다고 규정하였다. 오스트리아의 이런 허약한 위치는 1930년에 들어오면서 결국 국제정치 문제로 등장하게 되었다. 1931년 독일과 오스트리아는 이른바 관세동맹을 체결하게 되었는데 이것이 위에서 제시한 제88조와 과연 양립되느냐 하는 문제로부터 시작해 여러 가지 문제가 발생하였고 결국은 독일이 오스트리아를 합병하기에 이르렀다. 이 점에 관해서는 후술하기로 한다.

트리아농 조약(1920년 6월 4일)

헝가리의 평화조약 체결은 지연되었다. 카롤리M. Károlyi 정부는 수립된 지 얼마 안 돼 벨라 쿤Bela Kun이 이끄는 볼셰비즘 운동으로 전복되었다. 이 볼셰비키 정권은 영토할양에 반대해 인접국가들에 대한 전쟁을 시작하였다. 그러나 도리어 패전을 초래하였고 루마니아군은 1919년 8월 초에 부다페스트에 진주하게 되었다. 정권은 다시 왕당파들에게 돌아갔고 1920년 3월 호르디N. Horthy를 섭정으로 추대하였다. 그리하여 연합국은 이들과 평화조약을 체결하였다.

헝가리는 민족자결 원칙에 의해 모든 것을 상실하였다. 크로아티아, 슬로베니아, 보스니아, 헤르체고비나 등은 신생 유고슬라비아에, 슬로바키아는 신생 체코슬로바키아에, 트란실바니아와 바나트는 루마니아에 양여하였다. 헝가리는 마자르 족의 옛날 헝가리 왕국 판도로 축소되었다. 오스트리아와 마찬가지로 헝가리는 해양의 출구가 없는 내륙국가가 되었다.

느이 조약(1919년 11월 27일)

불가리아는 이 조약으로 마케도니아의 일부 지역을 유고슬라비아에, 트레이스의 일부 지역을 그리스에, 그리고 남부 도브루자를 루마니아에 할양하였다. 불가리아도 오스트리아, 헝가리와 같이 무장을 해제하고 배상금을 지불해야만 했다.

세브르 조약(1920년 8월 10일)

당시 술탄 정부는 허약하기 그지없는 정권이었다. 케말 파샤Kemal Pasha가 이끄는 민족주의 운동이 전국을 휩쓸고 있었다. 연합국은 술탄과 평화조약인 세브르 조약을 체결했는데 이 조약에는 전시 중에 있었던 모든 합의들이 반영되었다. 다만 소련은 제정 러시아의 모든 비밀조약을 공표하고 터키에 대한 러시아의 요구들을 포기하였다. 대신에 그리스의 새로운 요구들이 첨부되었다.

콘스탄티노플, 차탈자Chatalja 선까지의 영토는 터키의 주권이 인정되었다. 해협에 대한 주권도 인정됐으나 국제위원회가 관할토록 하였다. 시리아, 이라크, 팔레스타인 지역은 모두 국제연맹의 위임통치 지역으로 되었다. 프랑스는 시리아의, 영국은 이라크와 팔레스타인의 위임통치국이 되었다. 모술Mosul 지방은 사익스-피코 합의에서는 프랑스에 속하게 됐으나 영국에 귀속하기로 영국과 프랑스 양국이 합의하였다.

프랑스는 또 시리아에 근접한 실리시아Cilicia를 세력범위로 만들었고 이탈리아는 실리시아 서쪽의 아다나Adana 지역을 획득하였다. 또한 이탈리아는 도데카네스 군도를, 그리스는 트레이스와 에게 해의 터키 도서를 각각 획득하였다. 그리스는 또 스미르나Smyrna를 5년간 통치하고 그 후에는 국민투표에 부치기로 하였다. 그리고 아라비아 반도의 주요 지역은 회교 지도자들의 각축장이 되었다.

세브르 조약은 허약한 술탄 정부와 체결한 합의로서 당초부터 실효를 거둘 수 없는 문서였다. 결국 연합국은 케말 파샤와 1923년 7월 24일 로잔 조약을 체결하게 되었다. 이 점도 후술하기로 한다.

제1차 세계대전을 마무리 지은 1919~1920년의 조약들은 유럽의 정치판도를 완전히 바꾸어 놓았다. 독일, 오스트리아, 러시아, 오토만 등 4개의 제국이 몰락하였고 이 제국들의 영토에서는 여러 신생국가들이 탄생하였다. 러시아의 영토에서는 핀란드, 에스토니아, 리투아니아, 라트비아, 그리고 폴란드가 독립국가로 등장하였다. 또 오스트리아 제국의 영토에서는 체코슬로바키아, 유고슬라비아 등의 독립국가가 탄생되었다. 그러나 동유럽에서는 여전히 소련과 인접국가들의 전투가 진행되고 있어서 전후처리를 완전하게 매듭짓지 못하였다.

하여간 이들 평화조약은 패전국들에게는 가혹한 것이었을 뿐 아니라 이탈리아의 경우에서 보듯이 모든 전승국들에게 만족을 준 것도 아니었다. 더욱이 이들 조약은 다른 민족의 지배를 받는 소수민족의 문제를 초래함으로써 베르사유 체제 자체의 붕괴를 예고하였다.

4. 파리 강화회의의 결정(3) —국제연맹The League of Nations

기본성격

유럽에서는 오래 전부터 국제사회를 조직화해 전쟁을 예방하려는 사상이 흐르고 있었다. 가깝게는 18세기 초 생 피에르 사(師)Abbé de Saint-Pierre의 영구평화안으로부터 시작해 칸트I. Kant의 영구평화 사상에서 그 절정을 이루고 있다. 이와 같이 오랜 역사를 지닌 국제사회의 조직화를 위한 이상주의적 구상은 제1차 세계대전이라는 전례 없는 참화를 경험한 후 국제연맹의 창설로 현실화되었다. 이런 점에서 국제연맹의 수립은 하나의 획기적인 사건이다.

그런데 이런 역사적인 성격을 띤 국제연맹은 다음과 같은 몇 가지의 특징을 갖고 있는 조직이었다. 첫째, 국제연맹은 철저하게 앵글로-색슨의 국제기구이다. 국제연맹의 규약Covenant 자체가 미국과 영국 학자들의 연구에 입각해 이뤄졌다. 물론 프랑스에서도 연구 그룹이 있었으나 영 · 미의 구상과는 판이한 성격의 국제조직을 주장하였다. 국제경찰의 창설과 유효한 제재수단의 확립을 제창한 것은 안보를 중시하는 프랑스의 정치적인 입장을 반영하는 것이었다. 이런 프랑스의 제안이 영 · 미에 의해 수용될 수는 없었다. 국제연맹 규약은 윌슨의 제2차 파리 초고, 그리고 허스트-밀러 초고Hurst-Miller Draft에 입각해 작성됐는데 허스트C. Hurst는 영국 외무성의 법률 고문이었고 밀러D.H. Miller는 윌슨 대통령의 법률 자문이었다.

둘째, 국제연맹의 주요 기능은 전쟁의 방지와 국제분쟁의 평화적인 해결인데 그런 기능을 법적인 접근방법으로 수행하려는 특징을 갖고 있었다. 이런 성격은 국제연맹 규약을 주로 법학자들이 초안했다는 사실에서도 기인한다. 따라서 규약에 규정된 국제분쟁의 평화적인 해결은 법적인 전쟁상태를 가정하고 있다. 전쟁의 선포, 대사들의 철수, 전투원과 비전투원의 구별 등 평화상태와 확연히 구분되는 전쟁상태를 상정하고 있다. 그러나 전후의 국제정치 현실이 이와 같은 단순한 법적 상태와 판이한 경우 국제연맹 규약이 허약하게 되는 것은 당연한 일이다.

셋째, 국제연맹은 윌슨의 이상주의에 의해 탄생됐으나 유럽의 영구 평화론자들이 주장하는 바와 같은 초국가적인 기구가 될 수는 없었다. 도리어 국제연맹은 철저한 국가주권 존중에 입각하였다. 특별한 경우를 제외하고는 연맹의 모든 결론은 권고에 불과하였고 모든 회원국은 거부권을 보유하고 있는 것 같은 형태의 조직이었다. 회원국은 희망하는 경우 언제라도 아무런 조건 없이 연맹을 탈퇴할 수 있었다.

끝으로 국제연맹은 평화조약의 일부로 탄생되었다. 연맹 규약은 평화조약의 일부로서 패전국에게 강요된 것이었다. 따라서 연맹은 전승국의 현상유지를 목적으로 하는 국제기구로 출발했다는 것은 기억할 만한 일이다. 그러나 미국이 상원의 파리 평화조약 비준 거부로 연맹에 참여할 수 없어서 연맹은 처음부터 파행적인 존재가 되지 않을 수 없었다.

구성

국제연맹 회원국의 구성은 다소 특이하였다. 32개국의 연합국들은 연맹의 원가맹국

Original Members이라고 해 연맹규약에 그 국명을 부록으로 첨가하였다. 그리고 전쟁 중 중립국이었던 13개국을 참여토록 해 모두 회원국이 되었다. 패전국들은 평화조약에 서명함으로써 연맹 규약을 승인한 결과가 됐으나 자동적으로 연맹 회원국이 된 것은 아니었다. 오스트리아와 불가리아는 1920년에, 헝가리는 1922년에, 그리고 독일은 1926년에 이르러서야 회원국이 되었다.

연맹의 회원국이 될 수 있는 요건은 국제연합의 경우와는 매우 다르다. 국제연합의 가맹국은 평화애호국가라고 규정해 '국가'에 국한하고 있다. 그러나 연맹의 경우에는 '완전한 자치국가, 영연방의 자치령 또는 식민지'도 연맹 회원국이 될 수 있다고 규정하고 있다. 식민지도 다른 독립국가들과 함께 국제기구의 구성원이 될 수 있다는 것은 기이한 법적 현상이 아닐 수 없다. 물론 이런 규정은 영국의 입장을 반영한 것이었다. 이 규정에 의해 캐나다, 오스트레일리아, 남아프리카, 뉴질랜드, 그리고 인도가 연맹에 가입하였다. 인도가 독립한 것은 1947년이었고 그 밖의 4개 자치령도 1931년에 가서야 법적으로 영국으로부터 독립할 수 있었다.

국제연맹은 총회, 이사회, 사무국, 그리고 상설국제사법재판소 등의 기구로 구성되었다. 총회는 물론 모든 회원국으로 구성된 심의기구이며 이사회는 강대국 즉, 주요 연합국들을 상임 이사국으로, 그리고 4개국의 비상임 이사국으로 구성된다고 규정되었다. 이와 같은 국제기구의 이원적인 구조는 빈 회의 이래 유럽 협조체제의 한 특징이다. 그런데 국제연합의 경우와는 달리 연맹의 총회와 이사회는 그 임무가 서로 분화돼 있지 못하고 중복되었다. 두 기구는 근본적으로 심의기구의 성격을 띠고 있었다. 규약에서는 이사국이 아닌 국가도 자국의 문제를 이사회에서 심의하는 경우 이사회에 출석해 발언하고 투표할 수 있도록 규정하고 있다.

상설기구로서 연맹 사무국이 제네바에 창설된 것은 국제기구 발달사에서 볼 때 크게 진보한 것이었다. 모든 조약을 등록케 한 것이 조약 공표에 결정적으로 기여한 것은 물론이다.

상설국제재판소의 설립은 규약 제14조에 의해 이사회가 그 계획을 수립토록 하였다. 이 조항에 의거해 구성된 10인의 법률위원회가 작성한 규정(規程)Statute이 채택돼 1921년 9월 상설국제사법재판소Permanent Court of International Justice가 설립되었다.

기능

국제연맹의 가장 중추적인 기능이 평화유지와 국제분쟁의 평화적인 해결에 있음은 말할 필요도 없다. 연맹은 이 기능을 기본적으로 군축, 분쟁의 제3자에의 부탁, 그리고 현상유지의 상호보장 등 세 가지 방법으로 수행하려고 하였다.

먼저 연맹 규약은 군비축소 문제에 상당한 비중을 두고 있는데 이것은 제1차 세계대전이 군비경쟁에 의해 발발되었고 군비축소로 전쟁이 예방될 수 있다는 앵글로 색슨적인 가정을 반영하는 것이었다. 연맹 이사회가 군축안을 마련토록 되어 있었고 이에 따라 20년대에는 후술하는 바와 같이 군축에 관한 활발한 논의가 있게 된다. 특이한 점은 연맹 규약이 자본주의 국가들의 산물임에도 불구하고 사적(私的)인 군수기업이 크게 비판받아야 한다고 규정하고 있는 점이다.

다음으로 연맹규약 12~17조에서 규정하고 있는 국제분쟁의 평화적인 해결방법인데 이 내용은 영국의 필리모어W. Phillimore 위원회의 보고서 이후 영 · 미의 연맹 계획안을 따르고 있다. 분쟁은 중재, 사법적인 해결, 또는 연맹 이사회의 심리 중 어느 한 방법에 부탁하도록 규정하고 이들 3기구의 보고서가 발표된 지 3개월 이내에는 전쟁을 할 수 없도록 하였다. 이른바 냉각기의 설정이다. 전쟁은 냉철한 이성적인 판단에 의하면 예방될 수 있다는 소박한 사상을 반영하고 있다. 그리고 중재나 사법재판소의 판결을 수락한 국가에 대해서는 전쟁을 수행할 수 없다고 규정함으로써 앞서의 규정과 상충되는 내용을 담고 있다.

제15조는 분쟁이 중재나 사법재판소에 부탁되지 않고 이사회에 부탁되는 경우를 규정하고 있다. 만일 이사회가 분쟁 당사국을 제외하고 만장일치로 보고서를 채택하는 경우 그 보고서를 수락한 국가에 대해서는 전쟁을 할 수 없으나 그렇지 않은 경우 전쟁의 발발을 예방할 아무런 장치도 규약은 설정하지 못하고 있다.

하여간 위의 모든 규정을 위반하고 전쟁을 도발하는 회원국에 대해서 규약은 어떻게 규정하고 있는가? 이것이 유명한 제16조의 제재이다. 그런 전쟁도발 국가는 연맹 회원국 전체에 대해 전쟁을 수행하는 것으로 간주하고 그 국가와는 상공업상의, 재정상의 관계를 단절한다고 규정하고 있다. 그러나 유의할 점은 그런 전쟁도발의 존재 자체는 회원국이 인지해 이사회에 알리도록 하였고 이에 관한 이사회의 결론은 단지 권고에 불과하다는 것이다. 이렇게 볼 때 연맹의 모든 해결방법은 의사주의voluntarism에 입각하고 있다.

파리 강화회의 결정의 평가

위에서 살펴본 파리 강화회의의 결정에 관해서는 여러 가지 평가들이 있다. 어떠한 정치적인 입장을 취하느냐에 따라 상반된 평가를 할 수 있으며 이런 평가는 제2차 세계대전의 책임 문제와 관련해 논쟁의 대상이 되고 있는 문제이다. 파리 강화회의 결정에 관해서는 대개 다음 4가지의 견해가 있다.

첫째로 강화회의 결정을 그 후의 국제정치 현실과 연결시켜 평가하는 견해들이 있다. 제2차 세계대전의 원인이 강화회담 결정에 있는가 또는 제1차~제2차 세계대전 기간의 국제정치 구조에 있는가 하는 논쟁이 이에 해당된다.

둘째로 강화회의의 결정을 윌슨의 이상주의와 결부시켜 평가하려는 입장이 있다. 윌슨의 추종자들은 유럽의 권력정치와 유럽 열강의 이해 충돌 때문에 강화회의 결정이 붕괴하게 됐다고 비판하고 있다. 이에 반해 유럽의 정치현실을 중시하는 견해들은 윌슨의 이상주의 자체가 비현실적이어서 파리 회의의 결정이 실효를 거둘 수 없었다고 판단하고 있다.

셋째로 특히 베르사유 조약의 영토 문제 해결에 대한 논쟁이 있다. 베르사유 조약의 영토 해결 자체가 아무런 정당성도 없었다는 가정에서 독일의 조약폐기 자체를 정당화하고 있다.

끝으로 배상 문제에 관해서도 의견이 대립되었다. 특히 독일에 대한 배상이 과연 유럽의 평화유지에 기여할 수 있는가 하는 논쟁은 케인즈J.M. Keynes와 망투E. Mantoux의 이론적인 대립에서 그 전형적인 예를 찾아볼 수 있다.

하여간 파리 강화회의는 근대국가를 구성단위로 하는 국제사회를 어떤 도덕적인 원칙에 입각해 재편하려는 국제회의였다. 국제정치 질서가 근대국가의 의사에만 의존되는 경우에는 전쟁의 방지는 불가능하며 민주주의와 민족주의의 원칙에 입각한 새로운 세계질서의 창출에 의해서만 평화가 보장된다는 것이었다. 세력균형 원칙 대신에 집단안전보장 체제가 제창되었고 형식적인 실정법주의가 배격되고 평화, 자유를 국가의사보다 우선시하는 신자연법주의가 제창되었다.

그러나 수세기에 걸쳐 세력균형과 권력정치에 입각해 온 유럽의 국제정치 구조가 아무런 혁명 없이 다른 차원의 국제사회로 하루아침에 돌변할 수는 없었다. 제1차 세계대전을 거치면서 나타난 것은 과도기 현상에 그치는 것이었다. 국제연맹의 창설이라는 새로운 이상과 함께 배상, 영토 구분과 같은 전통적인 권력정치가 공존하고 있는 과도기 현상이다.

5. 러시아와 오토만 제국의 붕괴

소련의 전선 이탈

근대국가를 부르주아 계급의 폭력 장치로 규정하고 모든 국가가 붕괴돼야 한다는 정치명분을 갖고 있던 소련의 등장은 역사상 획기적인 사건이었다. 그것은 새로운 국가의 탄생이라는 단순한 정치현실을 의미하는 것이 아니라 기존 정치집단인 근대국가의 정치명분을 정면에서 부정하고 그 붕괴를 위해 투쟁해야 된다는 새로운 형태의 국가 출현을 뜻하는 것이었다. 1917년 이후 세계사의 흐름은 소련의 존재를 고려하지 않고는 이해할 수 없게 되었다.

전술한 바와 같이 브레스트-리토프스크 조약 체결로 소련이 전선에서 이탈된 것은 연합국의 입장에서 볼 때 큰 낭패가 아닐 수 없다. 독일이 모든 전력을 서부전선에 투입할 수 있다고 판단됐기 때문이다. 따라서 연합국은 동부지역에 독일에 대항하는 세력을 형성하는 것이 필요하였다. 특히 포슈와 클레망소를 위시해 프랑스가 이 점을 강조하였다. 이와 같이 독일의 동부지역에 독일에 대항하는 세력을 소련과 협력해 구축하든지 또는 이런 협력이 불가능한 경우 반(反) 볼셰비즘 세력과 합작해 구축하는 길밖에 없었다.

체코 군단

브레스트-리토프스크 조약 이후 연합국은 소련에 대해 일관된 정책을 취하지 못하였다. 그런데 연합국의 러시아 간섭은 이른바 체코 군단 문제로부터 발단되었다. 체코 군단이란 체코와 슬로바키아 군인의 부대로 오스트리아에 의해 동원됐다가 러시아군의 포로가 된 군인집단을 말한다. 이들은 포로가 된 이후 다시 러시아군과 함께 오스트리아에 대항해 전투에 참가하였고 명목상 프랑스의 지휘를 받고 있어서 연합군의 일부라고 볼 수 있다.

그런데 소련의 등장으로 체코 군단의 지위는 매우 미묘하게 됐으나 브레스트-리토프스크 조약을 교섭하면서 체코군을 시베리아를 경유해 유럽의 서부전선으로 이동시키는 것에 합의하였다. 이들이 시베리아를 통과할 무렵인 1918년 5월에 공산당 병력과 무력분쟁이 발생하였고 이 분쟁에서 체코군이 승리해 시베리아 횡단철도의 상당 부분을 장악하였다. 이런 승리가 반 볼셰비즘 운동을 고무시키고 가열시키게 되었다.

체코군의 승리는 시베리아 출병을 주저하던 윌슨을 움직이게 하였다. 그는 영국 · 프랑스의 파병 요구에 동의해 1918년 7월 파병을 결정하였다. 영국은 이미 6월에 무르만스크Murmansk에 상륙해 시베리아에서 반 볼셰비즘 운동을 벌이고 있던 콜차크A.V. Kolchak를 지원하였다. 또한 루마니아에서 연합군을 지휘하던 베르들로H.M. Berthelot 프랑스 장군은 15만의 병력을 오데사에 파견해 연합국의 간섭이 본격적으로 시작되었다.

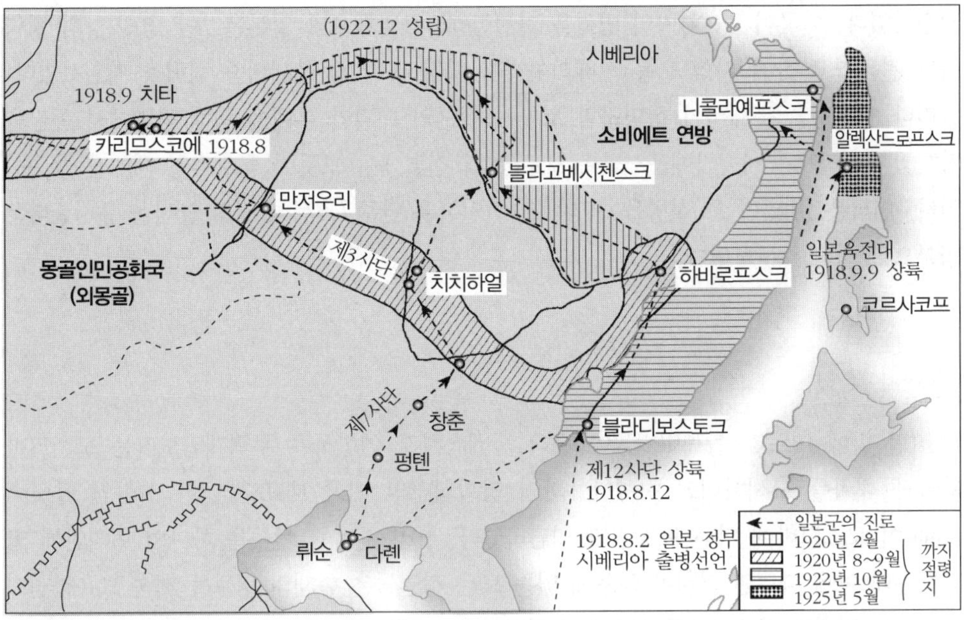

일본군의 시베리아 출병

일본의 시베리아 출병

일본으로서는 소련의 등장이 큰 낭패가 아닐 수 없었다. 일본은 러시아와 손을 잡고 만주와 내몽골 동부지방의 경영에 착수할 계획을 갖고 있었다. 그리고 천황제 일본이 무산계급의 정권이라는 소련의 등장에 불안해한 것도 물론이다.

더욱이 러시아 제국의 붕괴로 시베리아와 북만주의 광활한 지역에 힘의 공백상태가 생기자 일본 군부는 일찍부터 파병을 주장하고 그 계획에 착수했으며 민간 정치인들 사이에서도 그런 주장이 나타났다. 외상 모토노 이치로(本野一郎)와 그 후임자인 마쓰오카 요스케(松岡洋右)가 출병을 주장하고 나섰다. 그러나 당시 외교정책에 큰 영향력을 갖고 있던 임시외교조사회장(臨時外交調査會長) 하라 다카시(原敬)가 반대하였고 데라우치 마사타케(寺內正毅) 수상과 야마가타 아리토모(山縣有明) 원로가 신중론을 주장해 쉽게 결론을 내리지 못하였다. 더욱이 미국이 일본과의 공동 출병에 대해 애매한 입장을 취하고 있어서 일본은 태도를 확정짓지 못하였다. 일본의 단독 출병에 대해 특히 영국과 프랑스가 의혹의 눈길을 보내고 있었기 때문이다.

그러나 전술한 바와 같이 체코 군단 문제로 미국이 출병을 결정하자 일본도 곧 출병을 결정하였다. 미국이 7,000명의 병력을 파견한 데 불과했으나 일본은 7만 명 이상의 병력을 파견하였고 작전 지역도 동 시베리아까지 확장해 반(反) 볼셰비즘 세력을 지원하였다. 그러나 일본군은 볼셰비키 혁명군과 토착 농민군의 게릴라 부대에 의해 각지에서 곤란을 당하였다. 그리고 니콜라예프스크Nikolaevsk의 전멸에서 보듯이 군사적인 패배를 계속하였다. 미국은 1920년 초 철병을 천명했으나 일본은 만주-조선 국경의 안전을 유지한다는 명분으로 계속 주둔하였다.

간섭의 종료

1918년 말에 이르러 볼셰비키들이 승리를 계속하자 연합국은 무력개입보다는 모스크바 당국과 대화를 모색하려고 하였다. 파리 강화회담의 미국 대표단의 한 사람인 불릿W. Bullitt이 모스크바에 파견돼 레닌과 회담하였다. 1919년 3월 이들은 하나의 협의안에 합의했는데 이에 따르면 러시아 영토에 있는 모든 정권들은 현재의 영토를 계속 보유하면서 볼셰비키 정권과 경제관계를 유지하되 연합군은 곧 철수한다는 내용이었다.

그런데 반 볼셰비키들이 다시 반격을 시작해 어느 정도 성과를 거두자 연합국은 이들의 승리를 믿고 다시 지원하였다. 그러나 연합국들은 군사적인 개입은 종료하고 반 볼셰비키들에 대한 재정적인 지원만을 계속한다는 정책으로 전환하였다. 이른바 교통 차단선 cordon sanitaire 정책의 채택이었다. 이에 따라 프랑스군은 1919년 3월 흑해로부터, 영국군은 6~8월 사이에 틸피스Tilfis와 바쿠Baku로부터 철수하였고 오데사에 주둔했던 연합군도 4월에 모두 철수하였다. 그리고 반 볼셰비키 세력들이 1919년 말부터 약화되기 시작하자 연합국은 이들에 대한 재정적인 지원도 중단하였다. 이렇게 되자 콜차크, 데니킨A.I. Denikin, 브란겔P.N. Wrangel의 세력은 모두 끝나게 되었다.

일본만이 시베리아에 계속 주둔하고 있었다. 그리하여 볼셰비키 지지자들은 이른바 극동공화국Dalnevostochnaya Respublika을 1920년 4월에 건설하였다. 이 공화국은 소련과 일본의 완충국 역할을 하고 사유재산도 인정하는 체제를 갖고 있었다. 일본은 이제 군대 주둔의 명분을 잃게 되었고 일본 국내에서도 방대한 재정지출을 동반하는 군사 주둔에 반대하는 여론이 비등하였다. 그리하여 일본도 철병을 결정하게 됐으나 시베리아로부터의 철수는 1922년 10월에 가서야 완료되었다. 그러나 사할린 북부의 점령은 니콜라예프스크 사건의 책임을 묻는다는 구실로 1925년 5월까지 계속되었다.

이런 내전과 더불어 소련은 인접 국가들과 국경 문제로 분쟁을 계속하고 있었는데 이 문제를 살펴보기로 한다.

발트 해 국가들

핀란드는 소련 혁명 직후인 1917년 12월 5일 독립을 선언했으나 한동안 분쟁의 와중에 있었다. 소련은 브레스트-리토프스크 조약으로 이 지역을 포기하고 대신에 독일 군대가 이 지역에 진주하였다. 독일군은 소련에 대항하는 핀란드를 지원해 소련군을 이 지역에서 곧 퇴각시켰다. 그러나 독일이 패망하자 핀란드는 소련 정부와 1920년 10월 유레프Yurev(현재 타르투 Tartu)에서 조약을 체결하고 국경을 확정하였다.

다만 스웨덴과 올란드Åaland 섬 문제로 분쟁이 있었다. 국제연맹은 핀란드에 양여키로 결정했으나 이 섬을 비무장지대로 하고 요새구축이나 수비대 주둔도 금지토록 하였다. 영국이 소련을 공격하는 경우 전진기지로 사용할 수 있도록 하려는 조치였다.

발트 해 3국은 1918년 2월에 독립을 선언한 바 있었다. 연합국은 베르사유 조약체결 이후인 8월에 이들의 독립을 잠정적으로 승인하고 최종적인 결정은 국제연맹에 맡기기로 하였다. 에스토니아는 1920년 8월 유레프에서, 리투아니아는 7월 모스크바에서, 그리고 라트비아는 8월 리가Riga에서 각각 소련 정부와 평화조약을 체결하였다.

그런데 리투아니아의 국경확정에 있어서 빌나Vilna와 메멜Memel 지역이 문제가 되었다. 빌나는 1919년 12월 연합국 최고이사회에서 리투아니아에게 양여키로 했으나 폴란드가 이 지역을 점령해 양국 사이에 분쟁이 되었다. 결국 연맹이 1923년 폴란드의 영토로 인정하였다. 메멜은 전술한 바와 같이 1923년 리투아니아가 점령하였고 그 다음해에 자치령이 되었다.

폴란드

새로 독립이 인정된 폴란드는 출발부터 복잡한 문제를 일으켰다. 국내에서 독립운동을 주도하던 필수드스키J. Pilsudski와 망명정부인 폴란드 국민위원회는 1919년 초 단일정부 수립에 극적으로 합의하였다. 그러나 그 대외관계는 복잡하였다.

폴란드의 서부국경은 베르사유 조약으로 해결됐으나 그 동부국경은 소련과의 전쟁상태가 계속돼 쉽게 해결되지 못하였다. 폴란드는 르보프Lvov, 민스크Minsk 지방까지 점령하고 있었다. 소련은 현상유지에 입각해 폴란드에 평화조약을 제의하였고 연합국은 폴란드인이 거주하는 지역으로 국경선을 확정한다는 원칙하에 이른바 커즌 라인Curzon Line으로 동부국경을 삼을 것을 제의하였다. 커즌 라인이란 이를 제의한 당시 영국 외상 커즌G.N. Curzon의 이름을 딴 것이다. 커즌 라인은 그로드노Grodno—브레스트-리토프스크—쉐미슬Przemysl—카르파치아 산맥Carpathians을 연결하는 선이었다. 그러나 폴란드는 우크라이나 전역을 요구하면서 1920년 4월 소련에 대해 군사 공격을 시작하였다.

폴란드는 한때 전투에 승리하기도 하였지만 곧 패전해 위기에 직면하게 되었다. 결국 프랑스의 지원으로 다시 반격할 수 있었고 이에 소련이 평화제의를 해 1921년 3월 리가 조약이 성립되었다. 이 조약으로 폴란드는 커즌 라인보다 동쪽으로 150km 떨어진 지역까지 더 획득하였다. 그러나 이후 1939년 독일 · 소련 불가침 조약, 1945년 폴란드 · 소련의 합의에서는 폴란드 동부국경을 거의 커즌 라인에 따르고 있다.

루마니아

소련과 루마니아 사이에는 베사라비아 지역이 역사적으로 분쟁이 되어 왔다. 이 지역은 1917년 러시아로부터 분리되었고 1919년 4월 연합국 최고이사회는 루마니아에 할양할 것을 결정하였고 1920년 10월에는 영국, 프랑스, 이탈리아, 일본이 루마니아와 조약을 체결해 이를 승인하였다. 그러나 소련은 끝까지 이 조약의 가입을 거부해 소련으로서는 미수복지역이 되었다. 그 후 1940년 6월 소련은 루마니아에게 이 지역의 반환을 요구하는 최후통첩을 보냈고 드디어 1944년에는 몰다비아 공화국에 편입되었다.

오토만 제국의 몰락

세브르 조약으로 술탄은 아랍 세계 전역을 포기했을 뿐 아니라 터키 본토도 연합국들의 여러 영토요구에 의해 사분 오열되었다. 외세의 침투와 술탄 통치에 대항하는 민족주의 운동이 케말 파샤를 중심으로 전개되었다.

1919년 초 아나톨리아 내지에서 혁명을 일으킨 케말은 1920년 1월 앙카라Ankara에서 독립을 선언하고 반외세 투쟁을 전개하였다. 이에 영국은 그리스를 지원해 터키와 싸우도록 하였다. 터키와 그리스는 전쟁상태에 들어가게 되었다.

케말은 그리스와의 전투에서 승리를 계속하면서 외교적인 면에서도 큰 성과를 거두기 시작하였다. 그는 1921년 3월 소련과 모스크바 조약을 체결해 소련으로부터 카르스Kars, 아르다한Ardahan을 획득하였다. 그리고 해협도 비군사적인 면에서는 개방하되 터키의 군사관할 밑에 둔다고 합의하였다.

케말이 승전을 거듭하자 이탈리아는 1921년 6월 아달리아Adalia에 대한 요구를 포기하였다. 프랑스도 10월에 이른바 프랭클랭-부이용 합의에 의해 실리시아Cilicia에 대한 요구를 포기하고 알렉산드리아 지방Sanjak of Alexandria을 보유하는 데 그치기로 하였다. 이 합의는 프랑스 대표인 프랭클랭-부이용H. Franklin-Bouillon과 터키 임시정부 외상 케말 Y.B. Kemal이 체결한 조약으로서 터키 임시정부가 서유럽 국가와 체결한 최초의 조약이었다. 프랑스는 이 조약으로 케말 정부를 사실상de facto의 정부로 인정하였다.

이에 영국은 격분해 그리스를 더욱 지원하였다. 그러나 그리스군은 패전을 거듭하였고 터키군은 1922년 8월 스미르나Smyrna에 진주해 그리스군을 '바다에 집어넣는 작전'을 전개하였다. 그리스군은 아드리아노플과 동부 트레이스Thrace 지방으로부터 철수하였다.

케말은 승전을 계속해 9월에는 해협까지 진격하고 연합군과 대치하였다. 프랑스군은 차낙Chanak으로부터 철수했으나 케말은 영국과의 정면대결을 회피하였다. 케말은 영국, 그리스와 무다니아Mudania에서 휴전조약을 체결하였다. 연합국은 동부 트레이스와 아드리아노플을 터키에 반환하고 해협은 국제적인 관할에 두되 중립화하기로 합의하였다.

연합국과 휴전을 맺은 케말은 11월 1일 술탄 통치의 종말을 선언하였고 모하메드 6세 Mohammed VI는 해외로 도피하였다. 이로써 수세기 동안 유럽 역사에 결정적인 영향을 미쳐 온 오토만 제국은 사라지게 되었다.

로잔 조약(1923년 7월 24일)

1922년 11월부터 로잔에서 개최된 연합국과 터키의 협상은 특히 영사재판권 폐지 문제와 모술Mosul 지방의 귀속 문제로 순조롭게 진행되지 못하고 1923년 7월에 가서야 타결되었다. 로잔 조약의 주요 내용과 성격은 다음과 같다.

(1) 로잔 조약은 세브르 조약과 같이 터키 본토에만 관계된 합의이며 아랍 세계와는 무관한 조약이다.
(2) 영사재판권은 터키가 사법상의 개혁을 단행한다는 약속을 전제로 폐지된다. 모술 지방의 결정은 국제연맹에 위임한다.
(3) 터키는 동부 트레이스를 보유한다.
(4) 그리스는 임브로스Imbros와 테네도스Tenedos를 제외한 에게 도서Aegean Islands를 보유한다. 그리고 이탈리아는 도데카네스 군도를, 영국은 사이프러스를 각각 보유한다.
(5) 해협은 비무장지대로 하며 평화시에는 모든 국가의 선박에 개방된다. 전시에도 터키가 중립국일 경우 그러하다. 그러나 터키가 전쟁당사국일 경우에는 중립국 선박

만이 출입이 허용된다.

(6) 터키와 그리스는 별도로 조약을 체결해 주민을 서로 교환토록 한다. 즉 콘스탄티노플의 주민을 제외하고 그리스에 거주하는 터키인은 터키로, 터키에 거주하는 그리스인은 그리스로 각각 송환한다.

이 조치로 양국의 오랜 긴장은 일단 종식될 수 있었다.

아랍 세계

전술한 바와 같이 전쟁 중 영국은 오토만 제국에 대한 전쟁수행을 위해 아랍 세계를 지원하였었다. 그리고 후세인Hussein-맥마흔MacMahon 합의에 의해 아랍은 터키 본토를 제외한 광활한 지역에 국가 건설이 약속되었다. 물론 이런 약속은 영국의 다른 약속들, 예를 들면 사익스-피코 합의라든가 밸푸어 선언 등과 상충된 것이었다. 그리하여 나타난 절충안이 국제연맹의 위임통치안이었다.

그리하여 아랍 세계는 크게 세 지역으로 구분되었다. 즉, 아랍인들의 각축장이 된 아라비아 반도, 프랑스의 위임통치 지역이 된 시리아, 그리고 영국의 위임통치 지역이 된 팔레스타인과 이라크 지방이 그것이다. 그리고 모술 지방은 1920년 4월 산 레모San Remo 회의에서 이라크에 귀속시키기로 하였고 로잔 조약에서는 국제연맹의 결정에 맡기기로 하였다. 이에 연맹은 1925년에 이라크에 귀속시켰다.

아라비아 반도는 후세인과 와하비Wahabi 파의 지도자인 이븐 사우드Ibn Saud의 각축장이 되었다. 유리한 조건에서 출발했지만 후세인은 정치능력의 부족으로 실패하였고 이븐 사우드가 1924년 10월 드디어 메카Mecca에 입성했으나 종파의 알력과 분쟁은 계속되었다.

영국은 이집트에 대해서는 전쟁 중에 일방적인 선언으로 보호령을 설치하였다. 물론 사실상의 보호통치는 1882년부터 계속되어 온 것이었다. 그런데 전후에 와프트Wafd 당이 출현해 독립운동을 전개하였다. 영국은 보호통치보다는 이집트를 자치지역으로 만드는 것이 유리하다고 판단해 1920년부터 와프트 당과 협상을 시작하였다. 1922년 2월에 쌍방은 합의에 도달하게 됐는데 이에 의하면 영국과 이집트가 장차 조약을 체결하면 보호령을 철폐키로 하고 파우드 1세Faud I가 이집트 국왕이 된다는 것이었다. 그러한 조약은 1936년에 가서야 체결되었다.

6. 배상 문제

1920~1922년의 배상회의

모든 평화조약들이 배상을 규정하고 있으나 배상 문제는 독일과 관련해 심각한 문제로 등장하였다. 세브르 조약은 터키에 대해 배상을 규정했으나 로잔 조약에서는 배상의무가 면제되었다. 오스트리아에 대해서는 1923년에 20년간의 지불유예moratorium가 허용되었고 그 후 1930년 헤이그 회의에서는 배상지불이 완전히 면제되었다. 또 이 회의에서는 헝가리, 불가리아의 배상액이 크게 삭감되었다.

그러나 독일에 대한 배상은 그 성격이 완전히 다른 것이었다. 그것은 독일의 부흥을 저지하려는 프랑스의 안보정책과 밀접히 관련돼 있었다. 프랑스의 이런 견해에 대해 영국과 미국은 자본주의 경제체제에서는 그런 배상이 현실적으로 불가능하다고 판단해 반대하였다. 다시 말하자면 독일에 대한 배상 문제를 순수한 경제적인 측면에서 접근하려는 태도를 견지하였다.

1920년 7월 스파Spa 회의에서 배상금을 받는 비율을 다음과 같이 결정하였다. 즉 프랑스 52%, 영국 22%, 이탈리아 10%, 벨기에 8%, 그리스 · 루마니아 · 유고슬라비아가 합쳐서 6.5%, 그리고 일본 · 포르투갈이 각각 0.75%였다.

1921년 1월 파리 회의에서 독일이 지불해야 할 배상금 총액을 1,500억 금 마르크로 결정하였다. 독일은 이의를 제기하였고 반대안을 제출하였다. 이에 프랑스는 3월에 뒤셀도르프Düsseldorf, 뒤스부르크Duisburg, 루흐로르트Ruhrort를 보장 점령하였다. 동시에 4월의 배상회의에서는 배상금 총액을 1,320억 금 마르크로 다시 책정하고 5월 말까지 우선 10억 금 마르크의 지불을 결정하였다. 독일은 이에 응하지 않을 수 없었다. 또 이 회의에서는 매년 20억 금 마르크의 지불과 독일 수출액의 26%를 징수키로 결정하였다.

그러나 독일은 지불할 금도 없었고 수출도 정상적인 상태가 아니었다. 따라서 지불할 수 있는 유일한 길은 통화의 남발뿐이었다. 독일이 10억 금 마르크를 지불하자 그 영향이 1921년 후반에 나타나기 시작하였다. 마르크의 가치가 하락하게 된 것은 자명한 일이었다. 그리하여 1921년 12월에 일단 지불연기가 결정되었다.

1922년 1월 칸Cannes 회의에서는 영국과 프랑스의 의견대립으로 아무런 결정도 내리지 못하였다. 그리하여 4~5월 제노아Genoa 회의에서는 배상문제에 국한하지 않고 소련과 독일도 참여시켜 러시아의 부채 문제와 세계경제 일반에 관해 토의하였다. 그러나 이 회의도 프랑스가 러시아의 부채 상환을 강력히 요구함으로써 아무런 결실을 맺지 못하였다. 다만 회의 도중에 독일과 소련이 라팔로Rapallo 조약을 체결해 세상을 놀라게 했는데 이에 관해서는 후술키로 한다.

하여간 독일의 경제사정은 1922년에 들어서면서 더욱 악화되었고 마르크의 가치는 급격히 하락하였다. 이런 배경에서 밸푸어A.J. Balfour 선언이 나오게 되었다.

밸푸어 선언(1922년 8월 1일)

이 선언은 연합국의 미국에 대한 부채와 독일에 대한 배상을 연결시켜 모든 채권과 채무관계를 일거에 해결하려는 대담한 제안이었다. 미국이 연합국에 대한 채권을 포기하고 연합국들도 독일에 대한 배상요구를 포기하자는 것이었다.

그러나 미국은 이런 제안에 강력히 반대하였다. 미국 의회는 이미 1922년 2월에 세계대전외채위원회를 결성해 모든 채무의 상환을 1947년까지 완료하고 연이자를 4.25%로 결정하였다. 프랑스도 독일로부터 받을 배상금이 외국에 대한 채무액보다 많기 때문에 영국의 제안을 반대하였다.

결국 영국과 미국은 1923년 6월에 합의에 도달했는데 영국은 62년에 걸쳐 채무액을 상환하며 연이자는 3.3%로 삭감하였다. 이 합의는 그 후 미국과 다른 국가들 사이에 채무상환을 합의하는 데 한 모델이 되었다. 그러나 세계공황을 거치면서 연합국들은 채무액 상환을 이행할 수 없게 되었다.

루르Ruhr 점령(1923년 1월~1925년 8월)

마르크의 가치는 계속 하락돼 1922년 11월 1달러에 7,000마르크, 12월에는 5만 마르크가 되었다. 그러나 1922년 12월 배상위원회는 프랑스 대표 바르두L. Barthou의 동의에 따라 독일의 배상지불 의무의 불이행이 있었다는 결의를 3 : 1로 채택하였다. 영국이 기권하였고 프랑스, 이탈리아, 벨기에가 찬성하였다. 이 결의로 독일에 대해 제재를 가할 수 있게 되었으며 이것이 배상 문제와 관련된 최대 일화인 프랑스와 벨기에의 루르 점령이었다.

영국은 이런 행동이 평화조약에 규정된 제재가 아니라고 반대했으며 이탈리아는 비록 결의안 채택에는 찬성했지만 행동에는 참여하지 않았다. 미국의 여론은 프랑스의 행동을 비난하였다.

독일 정부는 외국의 점령에 대해 수동적 저항passive resistance으로 맞섰다. 모든 독일 노동자들은 직장을 떠났으며 직장을 떠난 노동자들을 지원하기 위해 독일 정부는 화폐를 무제한 발행하는 정책을 취하였다. 1923년 8월 1달러에 460만 마르크, 12월에는 무려 42억 마르크라는 천문학적인 숫자로 마르크 가치는 하락하였다. 이런 마르크 가치의 하락을 마르크의 대외 교환가치 하락과 연결시켜 보면 쉽게 알 수 있다. 1913년 1월 마르크의 대외교환 가치를 1로 보는 경우 그 하락은 다음과 같다.

1913년 1월	1.0
1920년 1월	15.4
1920년 7월	9.4
1921년 1월	15.4
1921년 7월	18.3
1922년 1월	45.7
1922년 7월	117.0
1923년 1월	4,279.0
1923년 7월	84,150.0
1923년 8월	1,100,100.0
1923년 9월	23,540,000.0
1923년 10월	6,014,300,000.0
1923년 11월 15일	1,000,000,000,000.0

이와 같은 인플레이션이 부의 급격한 재분배를 초래한 것은 말할 필요도 없으며 중산층이 가장 큰 피해를 입었다. 그 청년층이 훗날 나치 운동에 적극 가담하게 되었다. 하여간 독일 정부의 이런 정책에 대해 푸앵카레는 라인란트를 하나의 독립국가로 만들어 완충지역으로 형성하려는 이른바 분리정책을 추진했으나 결국 실패하였다.

프랑스와 독일의 이런 대립은 1923년 8월에 슈트레제만G. Stresemann이 독일 재상이 되면서 완화되기 시작하였다. 그는 독일의 부흥은 베르사유 조약을 충실히 이행함으로써만 가능하다고 판단하였다. 재상이 되면서 수동적 저항 정책을 중단하고 프랑스와 대화를 모색하였다.

마르크 가치의 하락은 독일경제에만 국한된 문제가 아니라 세계경제의 파탄을 가져올 성격의 문제였다. 자본주의 세계 체제에서의 배상 문제는 독일에 국한될 수는 없었다. 프랑스도 점령에 따른 재정지출이 증가되었고 프랑의 가치는 하락하였다. 그리하여 양국의 교섭이 이루어졌으며 영국 수상 볼드윈S. Baldwin의 노력으로 세계경제 구축을 위한 미국의 협력이 약속되었다.

그리하여 1923년 11월 배상위원회에서는 푸앵카레도 배상 문제 전반을 재검토하기 위한 두 개의 전문위원회 설치에 동의하였다. 하나는 독일배상 일반을 검토할 미국인 도스C.G. Dawes를 위원장으로 하는 위원회이고 다른 하나는 영국인 맥케나R. Mckenna를 위원장으로 하여 독일의 자본수출 문제를 검토하는 위원회였다.

도스 안Dawes Plan(1924년 4월 9일 제출)

도스 위원회는 1924년 1월부터 파리에서 보고서 작성에 착수하고 4월에는 배상위원회에 보고서를 제출하였다. 이 보고서는 정치성을 배제한 경제 문제로서의 배상만을 검토한다는 원칙에 입각해 작성되었다. 이런 점에서 영국과 미국의 승리라고 볼 수 있다. 이 보고서에 따르면 독일은 앞으로 5년 동안 매년 10억~25억 금 마르크를 지불하며 또한 8억 금 마르크의 외채를 얻을 수 있도록 하였다. 그리고 독일의 배상지불은 베를린에 주재하게 될 배상대리인Agent General of Reparation이 책임을 지되 이 대리인은 영국, 미국, 프랑스, 이탈리아, 벨기에의 대표들로 구성되는 위원회의 감독을 받도록 하였다.

이 보고서는 8월 런던 회의에서 채택돼 실행에 옮겨졌고 독일에 대한 차관이 미국과 유럽에서 곧 이뤄졌다. 그런데 도스 안은 배상총액은 정하지 않고 일단 5년간의 실행을 전제로 한 잠정적인 계획이었다. 그리하여 1927년 말부터 다시 그 후속조치에 관한 검토가 시작되었다. 1928년 9월에는 영국, 프랑스, 벨기에, 독일, 이탈리아, 일본 등 6개국이 미국을 참여시키는 전문위원회를 구성하는 데 합의하였다. 이 위원회는 도스 위원회의 부위원장을 맡은 바 있는 미국인 영O.W. Young을 위원장으로 했기에 그 보고서의 명칭을 영 안이라고 칭하였다.

영 안Young Plan(1929년 6월 7일 제출)

1929년 2월부터 파리에서 연구를 시작한 이 위원회는 6월에 보고서 작성을 완료하였다. 그 보고서가 8월 헤이그 회의에서 채택됐으나 그 실시는 1930년 1월부터 시작되었다.

영 안도 배상 문제의 모든 정치적인 측면을 완전히 배제하였다. 이 안에 의하면 36개의 연간지불액annuities을 정해 1988년까지 지불토록 하였다. 그리고 이제 배상위원회는 폐지하고 국제결제은행을 창설하여 그 은행에서 배상 문제를 관할토록 하였다. 그런데 이 은행은 아무런 정치적 권한이 부여돼 있지 않아서 독일은 드디어 재정적인 자주권을 회복하게 되었다.

그러나 세계공황으로 인해 독일이 배상금 지불이 불가능해지자 미국 대통령 후버H. Hoover에 호소해 1년간의 지불유예 기간을 얻어냈다. 그리고 1932년 6~7월 로잔 회의에서 열강은 독일이 배상금을 지불할 능력이 없다고 인정해 30억 금 마르크의 지불로 모든 배상 문제를 청산토록 하였다. 그러나 이 금액도 히틀러의 지불거부로 제2차 세계대전이 발발할 때까지 지불되지 않았다.

1931년까지 독일이 지불한 배상금의 정확한 금액에 관해서는 여러 가지 견해가 있다. 그러나 독일이 지불한 배상금은 그들 자신의 돈으로 이행한 것이 아니라 외국의 돈으로 지불한 것은 분명하다. 예를 들면 1931년까지 독일이 지불한 배상금 총액을 210억 금 마르크로 추정하고 있는데 이 기간에 독일이 받은 외국의 차관과 투자는 350~380억 금 마르크에 달한다고 보는 견해가 있다.

영 안에 의한 지불 문제는 1953년 독일 대외부채에 관한 런던 합의에서 일단 마무리 지었다. 그런데 이 합의에 따르면 독일이 통일된 이후에는 배상금 상환을 위해 발행했던 공채의 원금과 이자를 지불하기로 하였다. 당시 요원한 것으로 여겼던 통일이 1990년에 현실로 나타나자 독일 정부는 기왕의 채권자들에게 2010년에 만기가 되는 독일 정부의 채권으로 전액 상환한다고 1995년 1월에 발표하였다. 이로써 반 세기에 걸친 배상금 문제는 끝나게 되었다.

7. 안보 문제

영국, 프랑스, 미국의 동맹조약 계획

전술한 바와 같이 파리 강화회담에서 프랑스의 라인 좌안 요구를 철회시키는 대가로 영국과 미국은 프랑스에게 동맹을 약속하였다. 영국과 프랑스, 미국과 프랑스의 두 개의 보장조약을 베르사유 조약의 부속 문서로 첨부하였다. 프랑스와 벨기에가 도발하지 않는 공격을 받는 경우 영국과 미국은 곧 지원한다는 내용이었다. 그런데 이 두 조약은 그 어느 한 조약이 비준되지 않는다면 다른 조약도 효력을 발생하지 않도록 규정돼 있어서 두 조약이 운명을 같이하도록 하였다.

그런데 미국이 베르사유 조약의 비준을 거부함으로써 이들 보장조약은 자연히 사문화되었다. 당시 프랑스에서는 사실 이들 조약이 성립됐다 하더라도 실제로 프랑스 안보에 어느 정도 도움이 될 것인지에 관해서는 상당한 회의를 갖고 있었다. 독일군이 파리나 보르도를 점령하기 이전에 영국과 미국의 군대가 과연 프랑스에 도착할 수 있는가 하는 것이 큰 의문이 아닐 수 없었다.

하여간 프랑스는 안보 문제에 다시 집착하지 않을 수 없었고 배상 문제에 대해서도 안보라는 측면에서 취급하려는 강경한 입장을 갖게 되었다. 그리하여 프랑스는 영국과 안보에 관한 회담을 계속하면서 동시에 전통적인 동맹조약 체결에 주력하게 되었다.

프랑스-벨기에 조약(1920년 9월 7일)

제1차 세계대전 이후 프랑스가 혹시 룩셈부르크를 병합하지 않을까 벨기에가 의심해 두 나라의 관계가 냉각되기도 하였다. 그러나 프랑스는 경제적인 유대강화를 희망하는 룩셈부르크의 제의를 거부함으로써 벨기에와의 동맹을 선택하였다.

양국의 조약은 도발하지 않는 공격을 받는 경우 상호 원조한다는 방어적인 성격을 띠고 있었는데 이 조약은 프랑스가 서유럽에서 얻은 유일한 동맹합의였다.

영국과 프랑스의 안보협의

비록 평화회담 당시 거론됐던 동맹조약은 무산됐으나 양국의 안보 토의는 한동안 지속되었다. 그러나 현격한 의견 차이로 아무런 결실을 맺지 못하였다.

영국의 기본입장은 만일 프랑스가 독일에 대한 배상금을 감축하는 데 동의한다면 영국은 서유럽의 국경을 보장하겠다는 것이었다. 물론 이 경우에도 동유럽이나 중부유럽의 국경은 제외되었다. 당시 프랑스의 분위기로서는 배상금 감축에 동의하는 것은 국가 반역죄에 해당되었다.

이에 대해 프랑스는 양국이 군사협정을 체결해 국경의 현상유지를 보장해야 된다고 주장하였다. 영국은 이런 군사협정 체결의 전제조건으로 배상금의 감축과 프랑스 해군 증강 속도의 완화를 제시하였다. 이와 같은 양국의 기본적인 의견 차이는 1922년 1월 칸 회의에서 분명히 나타나기 시작하였다.

양국의 이런 대립은 1922년 1월 브리앙A. Briand 프랑스 수상이 불신임을 받고 물러나고 그 후임에 강경론자인 푸앵카레가 등장하여 더욱 심화되었다. 브리앙이 불신임을 받게 된 표면상의 이유는 로이드 조지 영국 수상에게 골프를 배웠다는 우스꽝스런 것이었으나 근본적인 이유는 그가 베르사유 체제에 온건한 입장을 갖고 있었던 데에 있었다. 따라서 푸앵카레는 영국의 어떠한 타협적인 제안도 거부하고 배상금의 철저한 지불을 주장하였다. 제노아 회의는 처음부터 와해될 운명에 있었다.

제노아 회의는 로이드 조지가 전후 문제를 근본적으로 재검토하려고 시도했던 회의였다. 독일, 소련, 그리고 미국까지 초청해 범세계적인 모임을 구상했는데 로이드 조지의 이런 계획에 브리앙이 적극 동조하였었다. 그러던 차에 브리앙이 물러나고 푸앵카레가 등장한 것이다. 미국은 회의참석을 거절했지만 34개국이 참여한 대규모 회의였다. 물론 회의는 이렇다 할 성과를 거두지 못하고 다만 후술할 라팔로 조약 일화만을 남겨 놓았다.

1922년 가을에는 로이드 조지도 물러나고 보수당의 로B. Law 정부가 들어서면서 유럽 문제에 깊이 개입하지 않으려는 입장을 취하였다. 따라서 푸앵카레의 강경 노선이 구현될 분위기가 마련되었다.

프랑스·폴란드 동맹조약(1921년 2월 19일)과 프랑스·체코 동맹조약(1924년 1월 25일)

프랑스가 독일의 위협에 대처하는 전통적인 외교 수단의 하나는 독일 동부에 위치하고 있는 강력한 국가와 제휴하는 길이었고 프랑스·러시아 동맹이 바로 그것이었다. 그런데 제1차 세계대전 이후 유럽 정치에서 소련이 제외된 것이 프랑스의 안보외교 구축에 하나의 큰 난점이 아닐 수 없었다. 더욱이 볼셰비즘의 확산에 대처하는 보루로서 독일의 존재가 새로이 인식되는 현실에 직면해 프랑스의 안보정책은 더욱 곤란하게 되었다.

따라서 신생 폴란드나 체코슬로바키아와 동맹을 체결하는 것이 프랑스의 자연스런 외교방향이 되었다. 강화회담 중 클레망소는 4국 이사회에서 다음과 같이 말한 바 있다. "독일에 대한 우리의 가장 확고한 보장은 독일 후방에 체코슬로바키아와 폴란드가 훌륭한 전략적인 위치를 갖고 존재하고 있다는 사실이다."

이들 두 동맹조약은 도발하지 않는 공격을 받는 경우 서로 지원한다는 것을 주요 내용으로 하는 방어적인 성격을 갖고 있다. 그러나 조약이 발동할 경우 프랑스가 이들 동유럽 국가들을 어떻게 지원할 수 있느냐에 관해서는 의문이 있다. 프랑스가 이들 국가를 지원하려면 프랑스 군대가 공격적인 무기체계와 이에 대응하는 군사전략을 갖고 있어야 한다. 그러나 제1차 세계대전 이후 프랑스군은 방어적인 장비로 무장돼 있었고 참호전을 가정한 전략을 갖고 있었다. 어떻게 이들 국가들을 지원하느냐 하는 문제보다는 이들 국가들이 어떻게 프랑스에 도움을 줄 수 있느냐에 프랑스는 근본적인 관심이 있었다.

그리고 이런 군사전략과 이들 국가와의 동맹을 추구하는 외교정책 사이에도 괴리가 있었다. 프랑스가 실제로 이들 국가를 지원하려면 영국의 협력 없이는 불가능하였다. 그런데 영국은 프랑스가 방어적인 태세를 갖추는 경우에만 협력할 수 있을 뿐이었다.

하여간 프랑스–폴란드–체코슬로바키아의 연결은 평화조약의 현상유지를 추구하는 그 밖의 동유럽 국가들과 다시 제휴하게 되었다.

소협상Little Entente과 발트 해 국가들의 동맹

오스트리아 제국의 몰락으로 탄생한 체코슬로바키아와 유고슬라비아가 오스트리아 제국 부흥 저지에 공통된 이해를 갖고 있음은 쉽게 알 수 있다. 전승국인 루마니아도 이들과 같이 현상유지를 추구하였다. 이들 3국은 주로 헝가리의 재기를 저지하는 데 주력하였다. 그것은 벨라 쿤의 경험이 있었기 때문이다.

체코슬로바키아와 유고슬라비아의 동맹은 1920년에, 체코슬로바키아와 루마니아, 유고슬라비아와 루마니아의 조약은 1921년에 체결되었다. 이런 3국의 연결은 당시 헝가리 신문이 소협상이라고 조소한 이후 그 별명이 되었다. 이들 3국의 단결은 1929년 5월 벨그라드 조약으로 단일화되었고 1933년 2월에는 이들 국가 사이에 이사회와 사무국이 설치돼 제도화되었다. 그러나 이 소협상은 그 후 유고슬라비아가 히틀러에 동조하고 체코슬로바키아가 뮌헨 협정으로 나치 독일에 흡수되면서 해체되었다.

하여간 이 소협상은 1924년 프랑스·체코슬로바키아 조약으로 프랑스와 연결되었고 1926년 프랑스·루마니아, 1927년 프랑스·유고슬라비아 조약으로 제휴가 완결되었다.

위와 같은 사정은 러시아 제국의 몰락으로 탄생된 발트 해 국가들에게도 마찬가지였다. 핀란드, 에스토니아, 라트비아, 폴란드 4국은 1922년 프랑스·폴란드 조약으로 프랑스와 연결되었다. 리투아니아가 여기에 참여하지 않은 것은 전술한 바 있는 폴란드와의 영토분쟁 때문이었다.

제1차 세계대전 이후 독일에 대한 안보정책으로 프랑스가 다시 전통적인 동맹조약을 구축했는데 이를 그림으로 나타내면 오른쪽과 같다.

라팔로Rapallo 조약(1922년 4월 16일)— 독일–소련 접근의 서곡

제1차 대전 이후 세계 문제 전반을 토의하기 위한 제노아 회의가 1922년 4월 10일 개최되었다. 회의 도중에 독일과 소련의 대표들이 제노아에서 20마일 떨어진 라팔로에서 비밀리에 회동해 조약을 체결하고 이를 발표해 세상사람들을 놀라게 하였다. 이 조약은 군사

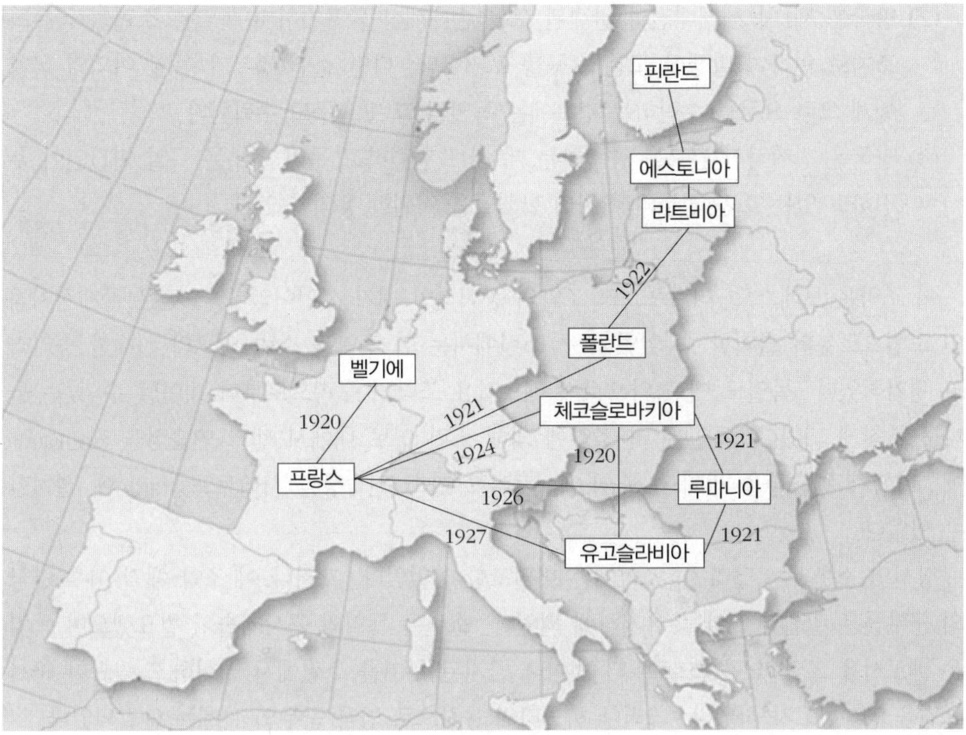

비스마르크 동맹망

관계의 비밀조항이 있다는 끈질긴 소문 때문에 하나의 충격적인 사건이었다. 특히 프랑스와 폴란드는 우려했던 위협이 현실로 나타난 것이라고 분개하였다.

독일과 소련은 회의에 같이 참석함으로써 서로 대립하게 될 처지에 있었다. 독일은 소련에 대해 러시아 부채상환을 요구하고 소련은 독일에 대해 배상금의 지불을 주장할 수 있는 입장이었다. 유럽 국제정치의 그늘에 있던 양국이 서로 비방하게 될 처지였다. 이들은 자신들의 입장을 간파하였다.

치체린G.V. Chicherin을 단장으로 하는 소련 대표단은 제노아로 가는 도중에 베를린을 경유하였다. 이곳에서 치체린은 독일 외상 라테나우W. Rathenau와 회견하고 제노아 회의에서 행동을 같이하기로 4월 1일 합의하였다. 이와 같은 사전 교섭에 입각해 이루어진 라팔로 조약의 주요 내용은 다음과 같다.

(1) 독일은 소련을 법률상de jure 국가로 승인하며 양국은 최혜국대우 원칙에 입각하여 무역관계를 설정한다.

(2) 양국은 제1차 세계대전과 관련된 모든 손해배상을 포기하며 독일은 소련의 국유화 조치로 인하여 발생한 모든 요구를 포기한다. 다만 소련 정부가 독일 이외의 국가에게 그런 요구를 수락하는 경우에는 독일의 그런 요구도 수락한다.

(3) 양국은 경제적인 필요를 충족하는 데 서로 협력하고 독일 정부는 독일 민간인이 추진하고 있는 소련 정부와의 여러 합의들을 지원할 용의가 있다.

이 조약은 브레스트-리토프스크 조약의 공식적인 폐기 선언이었다. 소련은 국제정치적인 고립으로부터 탈피할 수 있었고 구 소련에서는 이 조약을 소련 외교의 위대한 승리라고 평가하였다. 독일도 이 조약으로써 베르사유 조약의 구속으로부터 벗어날 수 있는 돌파구를 찾게 되었다. 독일은 이 조약에 의해 소련 영토 내에서 탱크 연습장을 카마Kama에, 비행기 연습장을 리페크Lipetzk에, 그리고 가스 연습장을 사라토프Saratov에 설치할 수 있었다.

당시의 소문과는 달리 이 조약에는 비밀조항이 없었다. 그러나 이 조약 체결 이후 양국의 군부들은 밀접한 관계를 유지하게 되었다. 소련은 독일의 군사기술이 필요했으며 독일은 베르사유 조약의 구속으로부터 벗어나 금지된 무기를 소련에서 실험하고 필요한 군사요원을 양성하고자 하였다. 그러나 히틀러의 등장으로 양국 군부의 관계는 단절되었다.

라팔로 조약은 독일과 소련이 일종의 부작위(不作爲)를 약속하는 소극적인 합의였다. 그러나 이런 소극적인 합의는 볼셰비즘을 경멸하는 독일 군부와 군국주의를 적으로 삼고 있는 소련 사이에 쉽게 체결될 수 있다는 사실을 세상에 알려준 최초의 신호였다. 이 신호는 1939년 8월 독·소 불가침 조약으로 현실로 나타나게 되었다.

8. 워싱턴 회의와 동북아

배경

베르사유 조약 체결 이후 유럽에서는 영국과 프랑스가 안보 문제로 대립하고 있었고 동북아 지역에서는 미국과 일본이 중국 진출과 태평양 문제로 대립하고 있었다. 앞에서 본 바와 같이 일본은 전쟁을 계기로 중국에서 우월한 지위를 갖게 되었고 미국은 전시 중이라서 항의 이상의 조치를 취할 수 없었다.

이런 양국관계가 전후에는 첨예하게 대립되었다. 그 구체적인 표현이 양국의 건함 경쟁으로 나타났다. 미국은 1916년의 해군법령에 따라 1919년 7월까지 건조할 함대가 전함 10척, 순양함 6척을 주축으로 156척에 달하였다. 이에 대해 일본은 전함 8척, 순양함 8척을 주축으로 하는 이른바 88함대 건설에 주력하였다. 영국도 이런 건함 경쟁에 무관할 수 없어서 다시 해군력 강화에 주력하지 않을 수 없었다.

대전 이후 이와 같은 건함 경쟁이 재정적인 압박을 가져오지 않을 수 없었고 3국 모두 과다한 군사비 지출을 감당하기 어렵게 되었다. 이에 1921년 3월 미국 대통령에 취임한 하딩W.G. Harding은 8월에 군축 회의 개최를 영국, 프랑스, 이탈리아, 일본, 중국, 벨기에, 네덜란드, 포르투갈에 제의하였다.

결정들

워싱턴 회의(1921년 11월 12일~1922년 2월 6일)는 해군 군비제한 위원회와 태평양 · 극동문제 위원회로 나뉘어 토의가 진행되었고 여러 가지 조약과 결의들이 있었는데 주요한 내용을 보면 다음과 같다.

(1) 해군 군비제한: 1만 톤급 이상 주력함 톤수의 비율은 영국, 미국, 일본, 프랑스, 이탈리아가 각각 5 : 5 : 3 : 1.75 : 1.75로 하기로 하고 이 비율을 초과하는 주력함은 기존, 건함 중인 것을 불문하고 모두 폐기하기로 하였다. 이런 내용은 회의 벽두에 미국 국무장관 휴스C.E. Hughes의 폭탄선언에서 비롯되었다.

영국은 곧 미국의 제안을 수락하였다. 일본은 당초 미국의 70%에 해당되는 비율을 주장했으나 동북아, 서 태평양 지역에서는 미국의 60% 정도 수준이라도 자국의 권익을 보호할 수 있다고 판단해 미국의 제안을 수락하였다.

이 합의는 주력함에 관계된 것이었고 보조함에 관해서는 규율한 바 없어서 이는 후술할 런던 군축회의에서 취급되었다. 또 미국, 영국, 일본 3국은 태평양의 도서에서 요새, 해군기지를 건설하지 않고 현상을 유지하기로 합의하였다.

(2) 잠수함 및 독가스 사용의 금지: 군함의 상선 나포 또는 공격에 관한 국제법 규칙을 잠수함에도 적용하며 잠수함의 경우도 독가스의 사용을 금지키로 하였다.

(3) 중국에 관한 9개국 조약: 미국 대표 루트E. Root가 제안한 4개 원칙에 입각한 조약이었다. 4개 원칙이란 다음과 같은 미국의 전통적인 중국 정책의 내용이었다. ① 중국의 주권, 독립, 영토적 · 행정적 보전의 존중, ② 중국에 있어서 안정된 정권의 수립, ③ 중국

에 있어서 각국 상공업의 기회균등, ④ 특권, 특별이익의 배제 등이었다.

그러나 기득권에 대해서는 아무런 언급도 없으며 이들 원칙에 어긋나는 경우 제재수단에 관한 규정도 따로 마련돼 있지 않아 현실적인 의미를 찾기 힘들다. 다만 이 조약의 성립으로 그동안 미국과 일본 사이에 해석상 견해 차이가 있었던 이시이(石井) · 랜싱Lansing 협정은 1923년 4월에 폐지되었다.

(4) 태평양 방면에 있어서 도서인 속지(屬地)insular possessions와 도서인 영지(領地) insular dominions에 관한 4개국 조약: 이제 영국으로서는 영 · 일 동맹을 지속시킬 아무런 이해도 없게 되었다. 일본이 중국에 적극 진출함으로써 도리어 양국이 충돌할 위험이 있었고 미국은 영국, 일본이 긴밀히 결속되는 것을 저지하려고 하였다. 다만 영국은 일본이 오스트레일리아, 뉴질랜드 방면으로 진출하지 않는다는 보장은 필요하였다.

따라서 영 · 일 동맹을 폐기하고 이에 대신할 태평양 관계의 합의가 필요하게 됐는데 미국, 프랑스가 이런 영국의 제의에 찬성해 4개국 조약이 성립되었다. 체약국 사이에 도서인 속지나 영지에 관해 분쟁이 발생하거나 또는 체약국 이외의 국가로부터 침략 위협이 있는 경우 서로 협력한다는 단순한 정치적인 의미의 조약이었다. 이 조약의 효력 발생과 함께 영 · 일 동맹 조약은 종료된다고 합의하였다.

(5) 이 밖에 산둥 반도의 독일 권익을 중국에 반환하고 일본은 시베리아로부터 철병한다고 합의하였다.

산둥 반도 문제는 베르사유 회의에서 해결하지 못하고 중 · 일 양국의 교섭에 맡겼으나 결국 워싱턴 회의까지 오게 되었다. 이 회의에서도 이 문제는 중 · 일 양국의 교섭에 맡기고 영국, 미국은 단지 옵서버만을 참석시켰다. 중국은 물론 즉각 반환을 요구했으나 영국, 미국은 이 문제로 군축문제 타결에 악영향을 미칠까 우려해 중국에게 어느 정도 양보할 것을 요구하였다. 결국 중국은 보상금을 일본에 지불하는 조건으로 구 독일의 권익 대부분을 돌려받게 되었다. 또 시베리아의 군대 주둔으로 열강의 의혹을 사고 있던 일본 정부는 북부 사할린을 제외한 지역으로부터 철병할 것을 약속하였다.

이 조약들로 이른바 워싱턴 체제가 이루어져 1931년 만주사변까지 근 10년간 동북아 국제정치 질서를 지배하게 되었다.

주요문헌

(가) 사료

제1차 세계대전은 외교문서 발간에도 획기적인 영향을 미쳤다. 자세한 것은 「부록」을 참조하고 여기에서는 주요한 것만을 지적한다.

1. 공문서

(1) 독일

전쟁책임 문제와 관련해 제1차 세계대전 직후 독일 외무성은 기왕의 칼라 북스Color Books와는 질적으로 다른 철저한 다음의 외교문서집을 발간하는 계획에 착수하였다.

Thimme, Friedrich, & Johannes Lepsius, Albrecht Mendelssohn-Bartholdy, *Die grosse Politik der europäschen Kabinette, 1871~1914*. 1922~1926년에 40권 54책이 발간됨.

Dugdale, E.T.S., *German Diplomatic Documents, 1871~1914*, 4 vols., N.Y., London, 1931. 위 독일 외교문서의 중요한 문서만을 선별해 영역한 것임.

(2) 영국

1924년에 외교문서 발간을 결정해 다음의 문서집을 간행하였다.

Gooch, George P., & Harold Temperley, eds., *British Documents on the Origins of the War, 1898~1914*, 13 vols., 1926~1938.

(3) 프랑스

독일, 영국의 외교문서 발간에 자극돼 1928년 편찬위원회를 설치하고 문서발간에 임하였다.

Documents diplomatiques français 1871~1914, 42 vols., 1929~1955.

(4) 미국

미국은 제1차 세계대전과 관계없이 외교문서를 오래전부터 간행하여 왔다. 「부록」을 볼 것. 이들 미국 외교문서 중 제1차 세계대전에 관계된 문서는 다음과 같다.

Foreign Relations of the United States, 1900~1918, 36책, 1902~1933. 이 중 *World War Supplements, 1914~1918*, 9책이 내포되어 있음.

The Lansing Papers, 1914~1920, 2책, 1939~1940. FRUS의 별책.

The Paris Peace Conference, 1919, 13책, 1943~1947. FRUS의 별책.

(5) 소련

혁명 직후 제정 러시아가 체결한 비밀조약의 공표를 선언하였다. 독일의 외교문서 발간과 더불어 소련의 비밀조약 공표가 열강의 외교문서 발간을 촉진하였다. 1928년 Mikhail Nikolaevich Pokrovsky, ed, *Mezhdunarodnye otnosheniya v epokhy imperializma*(제국주의 시대의 국제관계), 1931~. 3개의 시리즈로 구성되어 있는데 1914~1916년 관련 문서인 시리즈 3으로 10책임.

소련정부는 1960년부터는 *Vneshnaya politika Rossii. XIX i nachala XX veka*(러시아의 대외정책: 19세기와 20세기 초)를 발간하고 있다. 그리고 1957년부터 발행되기 시작한 소련정권수립 이후의 외교문서 발간에 관해서는 「부록」을 볼 것.

(6) 일본

「부록」을 볼 것.

2. 제1차 세계대전에 관한 간편한 문서집

국가기관에 의한 방대한 외교문서 이외에 제1차 세계대전에 관해 편리하고 간편한 문서집들이 상당히 많이 있다. 그 중에 중요한 것을 들면 다음과 같다.

Baumgart, Winfried, ed., *Die Julikrise und der Ausbruch des Ersten Weltkriegs 1914*, Darmstadt, 1983. E. Hölzle 문서집의 발췌임.

Bridge, F.R., ed., *Austro-Hungarian Documents relating to Macedonian Struggle 1896~1912*, Thessaloniki, 1976.

Geiss, Immanuel, ed., *July 1914: The Outbreak of the First World War*, London, 1967.

Hölzle, Erwin, ed., *Quellen zur Entstehung des Ersten Weltkrieges. Internationale Dokumente 1901~1914*, Darmstadt, 1978.

Scherea A., & J. Grünewald, eds., *L'Allemagne et les problèmes de la paix pendant la première guerre mondiale*, 4 vols., Paris, 1966~1978.

Zeman, Z.A.B., ed., *Germany and the Revolution in Russia, 1915~1918: Documents from the Archives of the German Foreign Ministry*, London, 1958.

브레스트-리토프스크 조약 체결에 관해서는 다음 두 문서집을 참조할 것.

Ioffe, A.A., *Mirnye peregovory v Brest-Litovske*(브레스트-리토프스크에서 평화교섭), Moskva, 1920.

U.S. State Department, *Proceedings of the Brest-Litovsk Peace Conference, 21 Nov. 1917~3 Mar. 1918*, Washington, 1918.

3. 개인문서

(1) 영국

Balfour, Arthur James, *Chapters of Autobiography*, ed. by Blanche Dugdale, London, 1930.

Buchanan, George W., *My Mission to Russia and Other Diplomatic Memories*, 2 vols., Boston, 1923. 1970년 N.Y.에서 1책으로 복간.

George, David Lloyd, *War Memoirs*, 6 vols., London, 1933~1936. 1942년에 2책으로 복간.

Grey, Edward, *Twenty-Five Years, 1892~1916*, 2 vols., N.Y., 1925.

Haldane, Richard B., *An Autobiography*, London, 1929.

———, *Before the War*, N.Y., 1920.

(2) 프랑스

Cambon, Paul, *Correspondance, 1870~1924*, 3 vols., Paris, 1940~1946.

Clemenceau, Georges, *Grandeurs et misères d'une victoire*, Paris, 1930.

Paléologue, Maurice, *La Russie des Tsars pendant la grande guerre*, 3 vols., Paris, 1921~1922.

———, *Au Quai d'Orsay à la veille de la tourmente: Journal, 1913~1914*, Paris, 1947.

Poincaré, Raymond, *Au service de la France: Neuf années de souvenirs*, 10 vols., Paris, 1926~1933.

Ribot, Alexandre, *Journal d'Alexandre Ribot et correspondances inédites*, Paris, 1936.

Viviani, René, *As We See It*, N.Y., 1923.

(3) 독일

Baden, Max von, *Erinnerungen und Dokumente*, Stuttgart, 1927.

Bethmann-Hollweg, Theobald von, *Betrachtungen zum Weltkriege*, 2 vols., Berlin, 1919~1921.

Brockdroff-Rantzau, Ulrich von, *Dokumente und Gedanken um Versailles*, Berlin, 1925.

Bülow, Bernhard von, *Denkwürtigkeiten*, 4 vols., Berlin, 1930~1931.

Erzberger, Mathias, *Erlibnisse im Weltkrieg*, Berlin, 1920.

Falkenhayn, Erich von, *Die oberste Heeresleitung in ihren wichtigsten Entschliessungen 1914~1916*, 2 vols., Berlin, 1920.

Hindenburg, Paul, *Aus meinen Leben*, Leipzig, 1920.

Nowak, Karl F., ed., *Die Aufzeichnungen des Generalmajors Max Hoffmann*, 2 vols., Berlin, 1930.

Jagow, Gottlieb von, "Die deutsche Politik 1913 und 1914 vor dem Weltkriege," *Süddeutsche Monatschefte*, July, 1924.

———, "Die deutsche politische Leitung und England bei Kriegsausbruch," *Preussiche Jahrbücher*, July, 1928.

———, *England und der Kriegsausbruch: Eine Auseinandersetzung mit Lord Grey*, Berlin, 1925.

———, *Ursachen und Ausbruch des Weltkieges*, Berlin, 1919.

Külmann, Richard von, *Erinnerungen*, Heidelberg, 1948.

Lichnowsky, Karl Max von, *Meiner Londoner Mission, 1912~1914*, Zürich, 1918.

———, *Auf dem Wege zum Abgrund*, 2 vols., Dresden, 1927.

Ludendorff, Erich, *Meiner Kriegserinnerungen 1914~1918*, Berlin, 1919.

———, *Urkunden der obersten Heersleitung über ihre Täigkeit 1916~1918*, Berlin, 1919.

———, *Französische Fälschung meiner Denkschrift von 1912 über den drohenden Krieg: Ein Beitrag zur "Schuld" am Kriege*, Berlin, 1919.

———, *Kriegführung und Politik*, Berlin, 1922.

Moltke, Helmuth von, *Erinnerungen: Briefe, Dokumente 1877~1916*, Stuttgart, 1922.

Pourtalès, Friedrich von, *Am Scheidewege zwischen Krieg und Frieden*, Charlottenburg, 1919.

Riezler, Kurt, *Tagebücher, Aufsätze, Dokumente*, ed. by Karl D. Erdmann, Göttingen, 1972.

Tirpitz, Alfred von, *Erinnerungen*, Leipzig, 1919.

(4) 러시아

Charikov, Nikolas Valerianovich, *Glimpses of High Politics: Through War and Peace, 1855~1929*, London, 1931.

Kerensky, Aleksandr Feodorovich, *The Prelude to Bolshevism*, N.Y., 1919.

———, *The Crucifixion of Liberty*, N.Y., 1934.

Lenin, Vladimir Ilich, *Polnoe sobraine sochinenii*(전집), 55 vols., Moskva, 1958~1965(제5판).

———, *Leninskii sbornik*(레닌 선집), 38 vols., Moskva, 1924~1945, 1970, 1975.

Nekliudov, Anatole Vassilevich, *Diplomatic Reminiscences*, London, 1920.

Sazonov, Sergei Dimitrievich, *Fateful Years 1909~1916*, N.Y., 1928.

Taube, Michel de(러시아 외무성 법률고문), *La Politique russe d'avant-guerre et la fin de l'Empire des tsars 1904~1917*, Paris, 1928.

Trotsky, Lev Darydovich(Leon Trotsky), *Mein Leben: Versuch einer Autobiographie*, Berlin, 1930.

(5) 오스트리아

Berchtold, Leopold, "Habe ich den Weltkrieg gewollt," *Berliner Monatschefte*, June, 1929.

Bourbon, Sixte de, *L'Offre de paix séparée de l'Autriche*, Paris, 1920.

Czernin, Ottokar, *Im Weltkriege*, Berlin, 1919.

Hötzendorff, Franz Conrad von, *Aus meiner Dienstzeit*, 5 vols., Vienna, 1922~1925.

Hoyos, Alexander, *Der deutsch-englische Gegensatz und sein Einfluss auf die Balkanpolitik Österreich-Ungarns*, Berlin, 1922.

Rajecz, Stephan Buriàn von, *Drei Jahre: Aus der Zeit meiner Amtsführung in Kriege*, Berlin, 1923.

Tisza, Istvan, *Lettres de guerre, 1914~1916*, Paris, 1931(헝가리어의 프랑스어 번역임).

(6) 미국

House, Edward M., *The Intimate Papers of Colonel House*, ed. by Charles Seymour, 4 vols., Boston, 1926~1928.

———, *What Really Happened at Paris: The Story of the Peace Conference*, 1918~1919, N.Y., 1921.

Lansing, Robert, *The Big Four and Others of the Peace Conference*, Boston, 1921.

———, *The Peace Negotiations: A Personal Narrative*, Boston, 1921.

———, *War Memoirs of Robert Lansing*, Indianapolis, 1935.

Link, Arthur S., ed., *The Papers of Woodrow Wilson*. 1988년 현재 1919년 4월분까지 57책이 발간되었음.

(7) 일본 및 기타

제1차 세계대전에 깊이 관계한 山縣有朋, 加藤高明, 松方正義, 大隈重信, 石井菊次郎의 개인자료는 이미 지적한 바 있음.

Antonio Salandra와 Sidney Sonnino는 모두 회고록, 서한집, 일기 등을 남겼는데 영역된 것은 Salandra의 이탈리아의 참전관계인 *Italy and the Great War: From Neutrality to Intervention* (London, 1932)뿐이다. Eleutherios Venizelos는 *The Vindication of Greek National Policy, 1912~1917*(London, 1918)을 남겼다.

(나) 주요연구

제1차 세계대전에 관한 연구는 방대한 분량에 이르고 있다. 따라서 여기에서는 전쟁 원인과 전시외교에 관한 주요연구만을 소개한다.

전쟁 원인에 관한 주요연구들은 본문에 그 출처를 밝힌 바 있다. 여기에서는 본문에서 인용이 누락되었거나 또는 전쟁원인론 논쟁의 흐름을 잘 정리한 연구들을 살펴본다.

Avetyan, Andrei Sergeevich, *Russko-Germanskie diplomaticheskie otnosheniya nakanune pervoi mirvoi voiny 1910~1914*(제1차 세계대전 직전 러시아–독일관계 1910~1914), Moskva, 1985.

Bovykin, V.I., *Iz istorii vozniknoveniya pervoi mirvoi voiny: Otnosheniya Rossii i Frantsii v 1912~1914gg.*(제1차 세계대전 발발사: 1912~1914년간 러시아와 프랑스의 관계), Moskva, 1961.

Droz, Jacques, *Les causes de la première guerre mondiale: Essai d'historiographie*, Paris, 1973.

Evera, Stephen Van, "The Cult of the Offensive and the Origins of the First World War," *International Security*, Summer, 1984.

Howard, Michael, "Men against Fire: Expectations of War in 1914," *Ibid.*

Ignatev, Anatolii Venediktovich, *Vneshnyaya politika Rossii v 1905~1907gg.*(1905~1907년간 러시아의 대외정책), Moskva, 1986.

Jäger, Wolfgang, *Historische Forschung und politische Kultur in Deutschland: Die Debatte 1914~1980 über den Ausbruch des Ersten Weltkrieges*, Göttingen, 1984.

Joll, James, *The Origins of the First World War*, London, 1984.

Kaiser, David E., "Germany and the Origins of the First World War," *The Journal of Modern History*, Sept., 1983.

Kennedy, Paul M., "The First World War and the International Power System," *International Security*, Summer, 1984.

Koch, H.W., *The Origins of the First World War*, London, 1972, 1984.

Lebow, Richard N., "Windows of Opportunity: Do States Jump through Them," *International System*, Summer, 1984.

———, *Between Peace and War*, Baltimore, 1984.

Lee, Dwight E., *The Outbreak of the First World War*, Lexington, 1958.

Miller, Steven E., ed., *Military Strategy and the Origins of the First World War*, Princeton, 1985.

Pisarev, Yurii Alekseevich, *Velikie derzhavy i Balkany nakanune pervoi mirvoi voiny*(제1차 세계대전 직전 열강과 발칸), Moskva, 1985.

Poidevin, Raymond, *Les origines de la première guerre mondiale*, Paris, 1975.

Renouvin, Pierre, *La crise européenne et la première guerre mondiale*, Paris, 1934.

Snyder, Jack, "Civil-Military Relations and the Cult of the Offensive, 1914 and 1984,"

International Security, Summer, 1984.

Stevenson, D., *The First World War and International Politics*, Oxford, 1991.

Turner, L.C.F., *Origins of the First World War*, London, 1983.

Williamson, Samuel R., Jr., *The Origins of a Tragedy: July 1914*, Arlington Heights, 1981.

———, "The Origins of World War I," *The Journal of Interdisciplinary History*, Spring, 1988.

Young, Harry F., "The Misunderstanding of August, 1, 1914," *The Journal of Modern History*, Dec. 1976.

제1차 세계대전 중의 국제정치 관계는 주로 특정국가와 관련해 연구되어 왔으며 열강들의 국제정치 일반에 관한 업적은 그리 많지 않다. 다음 두 업적은 참조해야 할 훌륭한 연구임.

Stevenson, David, *The First World War and International Politics*, Oxford, 1988.

Taylor, A.J.P., *The First World War*, London, 1963.

제1차 대전을 특정한 국가와 관련하여 취급한 연구들은 상당히 많은데 그 중 중요한 것을 열거하면 다음과 같다.

영국

Hinsley, F.H., ed., *The Foreign Policy of Sir Edward Grey*, Cambridge, 1977.

Steiner, Zara S., *Britain and the Origins of the First World War*, London, 1977.

Wilson, Trevor, *The Myriad Faces of War: Britain and the Great War, 1914~1918*, Cambridge, 1986.

프랑스

Keiger, John F.V., *France and the Origins of the First World War*, London, 1983.

McDougall, W.A., *France's Rhineland Diplomacy, 1912~1924: The Last Bid for a Balance of Power in Europe*, Princeton, 1978.

Stevenson, David, *French War Aims Against Germany, 1914~1919*, Oxford, 1982.

독일

Ritter, Gerhard, *The Schlieffen Plan: Critique of a Myth*, London, 1958. 아직까지 슐리펜 계획에 관하여는 최고의 연구로 손꼽히고 있다.

Kennedy, Paul M., ed., *The War Plans of the Great Powers 1880~1914*, London, 1979. 슐리펜 계획에 관한 참조할 만한 연구서임.

이탈리아와 러시아

Albrecht-Carrié, René, *Italy and Paris Peace Conference*, Connecticut, 1966.

Bosworth, Richard, *Italy and the Approach of the First World War*, London, 1983.

Lieven, D.C.B., *Russia and the Origins of the First World War*, N.Y., 1983.

미국

중립, 참전에 관하여는 다음 업적을 볼 것.

May, Ernest R., *The World War and American Isolation, 1914~1917*, Cambridge, Mass., 1959.

Paxson, Frederic L., *America at War, 1917~1918*, Boston, 1939.

Spencer, Samuel R., Jr., *Decision for War*, Rindge, N.H., 1953.

Tuchman, Barbara W., *The Zimmermann Telegram*, N.Y., 1958.

브레스트-리토프스크 조약에 관하여는 다음의 업적이 최고의 것으로 평가되고 있다.

Wheeler-Bennett, John W., *The Forgotten Peace: Brest-Litovsk, March 1918*, N.Y., 1939.

Chubarian, A.O., *Bretskii mir*(브레스트의 평화), Moskva, 1964. 위의 저서와 더불어 참조할 만한 책임.

베르사유 회의 자체에 관한 연구로 중요한 것은 다음과 같다.

Boemeke, M.F., G.D. Feldman, & E. Glaser, eds., *The Treaty of Versailles: A Reassessment after 75 Years*, Washington, 1998.

Goldstein, E., *Winning the Peace: British Diplomatic Strategy, Peace Planning and the Paris Peace Conference, 1916~1920*, Oxford, 1991.

Nicolson, Harold, *Peacemaking 1919*, London, 1933. 상당히 편견을 가진 기록임.

Mayer, Arno J., *Politics and Diplomacy of Peacemaking. Containment and Counter-Revolution at Versailles 1918~1919*, N.Y., 1968. 중요하다고 평가되고 있으나 산만한 저술임.

MacMillan, Margaret, *Paris 1919*, N.Y., 2001. 베르사유 회의에 관한 열강의 미간 문서의 소재는 이 책 pp. 497-498을 참조할 것.

베르사유 회의에 관하여는 다음의 연구 중 관련 부분을 참조할 것.

Baumout, Maurice, *La Faillite de la paix 1918~1939*, 2 vols., Paris, 1960.

Butler, Rohan, "The Peace Settlement of Versailles 1918~1933," *The New Cambridge Modern History*, XII.

Duroselle, Jean Baptiste, *Histoire diplomatique de 1919 à nos jours*, Paris, 1985.

———, *De Wilson à Roosevelt: Politique extérieure des Etats-Unis, 1913~1945*, Paris, 1960.

Milza, Pierre, *De Versailles à Berlin, 1919~1945*, Paris, 1981.

Renouvin, Pierre, *Histoire des relations internationales*, Tome Septième, *Les crises du XXe*

Siècle, de 1914 à 1929, Paris, 1957.

국제연맹에 관하여도 국제법 학자의 법적인 연구 이외에는 국제연맹의 역사에 관한 연구가 많지 않다.

Ilyukhina, Ruzanna Mikhailovna, *Liga Natsii 1919~1934*(국제연맹, 1919~1934), Moskva, 1982.

Northedge, F.S., *The League of Nations*, Leicester, 1986.

Walters, Francis P., *A History of the League of Nations*, N.Y., 1952.

1920년대 유럽 국제정치에 관하여는 현재 역사학계에서 재평가되고 있으며 상당한 연구들이 나오고 있다.

Artaud, Denise, *La Question des dettes interalliés et la reconstruction de l'Europe, 1917~1929*, Lille, 1978.

Bariéty, Jacques, *Les relations Franco-Allemandes après la première guerre mondiale*, Paris, 1977.

Jacobson, Jon, "Strategies of French Foreign Policy after World War I," *The Journal of Modern History*, Mar. 1983.

———, "Is There a New International History of the 1920's?," *The American Historical Review*, June 1983.

Maier, Charles S., *Recasting Bourgeois Europe: Stabilization in France, Germany and Italy in the Decade after World War I*, Princeton, 1975.

McDougall, Walter A., *France's Rhineland Diplomacy, 1914~1924: The Last Bid for a Balance of Power in Europe*, Princeton, 1978.

Schucker, Stephan, *The End of French Predominance in Europe: the Financial Crisis of 1924 and the Adoption of the Dawes Plan*, Chapel Hill, 1976.

Silverman, Dan P., *Reconstructing Europe after the Great War*, Cambridge, Mass., 1982.

Trachtenberg, Marc, *Reparations in World Politics: France and European Economic Diplomacy, 1916~1923*, N.Y., 1980.

Ullman, Richard H., *Anglo-Soviet Relations, 1917~1921*, New Haven, 1972.

제8장

혼돈시대의 세계외교사

제1절 안정과 혼란의 공존

제2절 혼란의 세계외교사

제 1 절 안정과 혼란의 공존

국제정치 세계에 있어서 평화는 중심 지역의 안정을 의미한다. 그런 안정은 주변 지역의 평화와는 전혀 무관하다. 어떤 의미에서는 주변 지역의 혼란이 오히려 중심의 평화 유지에 도움이 되는 경우도 있다. 이런 국제정치의 가혹한 현실이 잘 나타난 시대가 바로 1920년대 후반이다.

서유럽 세계에서 안보와 배상 문제로 인한 갈등은 20년대 중반에 이르러 조정의 단계에 접어들었다. 로카르노 조약의 체결은 제1차 세계대전의 완전한 종결을 의미하였다. 독일은 국제연맹 이사회 상임이사국이 되어 다시 국제사회에 복귀하였다. 슈트레제만과 브리앙은 노벨 평화상을 받아 서유럽 사회에서는 로카르노 정신이 구가되었다. 평화운동과 연맹 규약 강화 노력이 뒤따랐다. 1930년대는 세계 평화의 시대가 되리라 믿었다.

그러나 서유럽 지역 이외에서는 이미 대전쟁을 알리는 불길한 현상이 나타나고 있었다. 로카르노 정신은 독일의 서부국경 지역에만 적용되었다. 소련은 근대국가의 탈을 쓰고 있으면서 근대국가의 타파를 명분으로 삼고 있는 독특한 정치 집단의 형식을 지니고 있었다. 이런 형식에서 나온 것이 이른바 '이중 외교' 방식이었다. 따라서 서유럽 세계와는 명분의 충돌이 나오게 되었고 인접 국가들과는 국경 분쟁이 나타나게 되었다.

평화의 파괴는 동북아에서 먼저 일어났다. 일본의 만주 침략이 그것이다. 일본 군부 안에서 '관동군'이라는 새로운 집단이 등장해 본국의 정책과는 별개로 활동을 하게 된 사실과 제2차 세계대전으로 나아가는 혼란의 시대가 일본의 중국 침략에서 비롯되었다는 사실은 기억해야 한다.

1. 로카르노 조약

슈트레제만G. Stresemann 제안(1925년 1~2월)의 배경

1923년 루르 점령으로 악화된 유럽 정치의 분위기는 1924년에 접어들면서 해빙의 징조를 보이기 시작하였다. 로카르노Locarno 조약은 이런 분위기의 소산이며 이 조약의 체결로 평화의 시기가 도래했다고 보아 이를 로카르노 정신이라고 불렀다. 이 조약 성립의 주역을 맡았던 프랑스의 브리앙 외상과 독일의 슈트레제만 외상이 1926년 노벨 평화상을 받은 것은 당시의 사정을 잘 말해주고 있다.

로카르노 조약에 관한 교섭은 슈트레제만 독일 외상의 제안으로부터 비롯되었다. 그는 1925년 1월 독일주재 영국대사 대버넌Lord d'Abernon 경을 통해 영국 정부에게 다음과 같은 제안을 하였다. 라인 지방에 이해관계를 갖고 있는 열강들은 불가침, 중재, 군사협정 등을 체결해 서유럽에 관한 베르사유 조약의 규정을 독일이 수락하고 동유럽에 관한 문제는 중재재판에 회부해 해결하며 독일이 프랑스에 대한 전쟁을 포기한다는 것을 천명하자는 것이었다. 그는 2월에 프랑스 정부에도 같은 제안을 하였다.

이런 제안은 슈트레제만이 1923년 11월 외상에 취임한 이래 견지해 온 정책노선이었다. 그는 베르사유 체제를 당분간 인정하지 않을 수 없다고 판단하였다. 독일이 강대국으로 다시 부상해야만 베르사유 조약은 수정될 수 있다고 주장하였다. 베르사유 조약 비판에 휩싸여 있던 당시 독일의 정신적인 분위기에서 이런 평범한 견해를 공개적으로 언급한다는 것은 힘든 일이다. 더욱이 이런 노선을 실천에 옮기려면 엄청난 저항을 받지 않을 수 없었다.

그런데 1925년에 들어서면서 슈트레제만이 위와 같은 제안을 하게 된 데에는 다음과 같은 두 가지 배경이 있었다. 먼저 열강은 예정된 제1차 라인란트 철병을 하지 않기로 결정하였고 슈트레제만은 이런 결정에 대응책을 마련하지 않을 수 없었다. 전술한 바와 같이 베르사유 조약에 의해 라인란트는 연합국이 점령하였고 그 철병은 세 지역으로부터 5년 간격으로 실행토록 하였다. 즉 쾰른Köln 지방의 철수는 1925년에, 코블렌츠Koblenz 지방은 1930년에, 마지막으로 마인츠Mainz 지방으로부터는 1935년에 철수해 라인란트로부터의 철병을 완료키로 하였다. 물론 이런 철병은 독일이 베르사유 조약을 성실히 이행한다는 것이 전제 조건이었다.

1924년 가을 연합국군사통제위원회The Inter-Allied Military Control Commission는 독일이 베르사유 조약의 군축규정을 성실히 이행하고 있는지를 조사하기 위해 독일 각지의 공장과 군사시설을 점검하였다. 12월 중순에 이 위원회는 베르사유 조약 규정이 완전히 실행되지 않았다는 중간보고서를 제출하였고 이에 따라 1924년 12월 27일 대사회의에서는 1925년 1월 10일로 예정된 제1차 철병을 하지 않기로 결정하였다.

이에 슈트레제만은 연합군의 철수와 베르사유 조약의 이행이라는 두 가지를 타협하는 방안으로 불가침 조약의 체결을 제의하기에 이르렀다. 이런 사정과 함께 그로 하여금 불가침 조약을 제안하게 한 다른 요인은 당시 영국과 프랑스는 동맹을 체결할지 모른다는 정보가 1924년 12월 10일 독일 외무성에 입수된 사실을 들 수 있다.

그리고 얼마 후인 12월 29일에 대버넌 대사는 독일의 정치담당 외무차관Staatssekretär des auswärtigen Amts für Politik 슈베르트C. von Schubert에게 프랑스 정부가 영국 외상 체임벌린A. Chamberlain에게 동맹체결을 간청하고 있는데 독일 정부는 프랑스 · 독일의 불가침조약 제의로서 이에 대처하는 것이 어떠냐고 문의하였다. 대버넌 대사는 평소 영국 · 프랑스 동맹 체결에 반대해 왔다. 이런 동맹 체결은 유럽 정치를 다시 동맹들의 대립으로 환원하게 될 것이라고 경고하였었다. 1925년 1월 슈트레제만 외상이 영국주재 독일대사를 통하지 않고 독일주재 영국대사인 대버넌을 경유해 조약 체결을 제의하게 된 것은 이런 연유에서였다. 하여간 대버넌의 제의와 경고는 결정적인 시점에서 이루어졌고 슈트레제만의 정책 결정에 큰 영향을 미쳤다.

영국의 태도

독일의 제안을 받은 영국 정부는 처음에는 냉담한 반응을 보였다. 특히 독일 정부가 이런 제안의 내용을 프랑스 정부에게 전달하지 말도록 부탁하자 영국은 이것을 영국 · 프랑스를 이간시키려는 계책으로 간주해 불쾌하게 받아들였다.

그런데 당시 영국의 제국국방위원회Committee of Imperial Defense는 후술할 제네바 의정서를 거부키로 1924년 12월 4일 공식 결정하였다. 따라서 라인란트로부터의 철수가 예정대로 이루어지는 경우 프랑스의 안보 요구를 어떻게 수용하느냐 하는 문제가 제기되었다. 이에 관해 영국 내각은 의견의 통일을 보지 못하였다.

1924년 11월에 성립된 제2차 볼드윈S. Baldwin 내각의 외상에 체임벌린이 취임하였다. 그는 유화정책의 주창자였던 맥도널드R. MacDonald의 계승자였다. 독일과 프랑스의 입장을 모두 이해하려던 것이 그의 기본입장이었다. 하여간 체임벌린은 제네바 의정서가 성립되지 않을 경우 영국 · 프랑스 · 독일 3국이 일종의 동맹을 체결해야 된다고 주장하였다. 영국 · 프랑스 2국의 동맹 대신에 3국의 동맹 체결을 구상하게 된 데에는 대버넌의 영향이 있었다.

그러나 체임벌린을 제외하고는 그 누구도 대륙 문제에 깊이 간여하는 것을 반대하였고 영국의 행동 자유를 제한할 어떤 약속도 하지 말아야 한다고 주장하였다. 처칠W. Churchill, 애머리L. Amery, 호어S. Hoare, 커즌G.N. Curzon, 볼드윈A.J. Baldwin 등이 모두 체임벌린을 반대하였다.

영국 내각의 이런 의견 불일치는 1925년 3월 초 타협점을 찾아 일단 해소되었다. 제네바 의정서 거부 의견만을 갖고 체임벌린을 국제연맹 회의에 파견할 수는 없는 일이었다. 따라서 체임벌린으로 하여금 에리오E. Herriot 프랑스 수상에게 독일을 포함한 영국 · 프랑스 · 벨기에 4국 조약이 유럽 평화에 큰 공헌을 할 것이며 따라서 독일의 제안을 신중히 검토하도록 언급할 수 있는 권한을 부여하였다. 그러나 어떤 구체적인 합의를 할 수 있는 권한은 부여하지 않았다.

그러나 체임벌린이 파리에서 에리오 수상을 직접 만나보자 어떤 구체적인 언질을 주지 않으면 프랑스 정부는 결코 움직이지 않는다는 사실을 실감하였다. 체임벌린은 슈트레제만이 제안한 조약에 영국이 참여한다는 확답을 얻지 못하면 자신은 사임하겠노라고 협박하였다. 결국 영국 내각은 체임벌린의 의견에 동의하지 않을 수 없었다.

체임벌린은 독일의 제안이 최선의 방책이어서 채택한 것이 아니라 당시의 현실로 보아 그 길밖에 없다고 판단해 채택하였다. 그의 이런 결심에는 전술한 바와 같이 대버넌 대사의 영향이 컸다. 대버넌이 영국 · 프랑스의 2국 동맹을 반대한 것은 앞서 지적했는데 그의 반대 논리는 이런 양국동맹이 다시 동맹들의 대립을 초래한다는 것과 더불어 독일과 소련을 접근시키는 결과를 가져올 것이라는 것이었다. 대버넌은 체임벌린에게 서유럽 정치의 핵심을 말하고 있다.

> (러시아가 강대국으로 등장하기 이전에) 우리들은 독일을 우리들의 서유럽 체제와 연결하여 독일이 러시아와 함께 반(反) 서유럽 블록을 형성하지 못하도록 모든 가능한 조치를 취해야 된다.

영국이 슈트레제만의 제안을 받아들이기로 한 것은 중요한 의미를 갖는 것이었다. 베르사유 조약이 개정되기 이전에, 그리고 라인란트 지방이 연합국에 의해 점령되고 있는데도 불구하고 영국이 프랑스의 안전을 보장하는 약속을 한 것이다.

프랑스의 태도

1924년 6월에 등장한 에리오 내각은 전후 프랑스 내각 중 가장 온건하고 독일에 대해서도 어느 정도 유화적인 정책을 취하였다. 1925년 4월에 에리오 내각이 물러나고 팽르베P. Painlevé 내각으로 바뀌었는데 브리앙A. Briand이 외상으로 취임하였다. 그는 이때부터 1932년 1월 사망하기 수주일 전까지 프랑스 외상에 있으면서 프랑스 외교정책을 주도하였다. 당시 프랑스인들은 강경하지도 않으면서 강경하게 말했다. 그러나 브리앙은 온건하지는 않았지만 온건하게 말할 줄 아는 인물이었다. 독일과의 적대적인 기존관계를 변화시키는 데 브리앙이야말로 큰 공헌을 하였다.

슈트레제만의 제안을 수락하라는 영국의 제안을 받고 프랑스로서는 그 제안이 동유럽에 관해서는 아무런 보장도 하지 않는 것에 불만이었다. 독일 정부로서도 그들의 동부국경 현상을 수락할 수는 없는 일이었다. 어떤 독일 정부이건 간에 베르사유 조약에 의해 상실된 동부지역을 수락하겠노라고 말할 수는 없었으며 독일 여론 또한 수용할 수 없는 일이었다. 슈트레제만의 제안에는 동유럽의 분쟁은 중재에 의해 해결하도록 되어 있었다.

프랑스의 입장에서 보면 이런 제안을 수락한다는 것은 1921년의 프랑스 · 폴란드 조약, 1924년의 프랑스 · 체코슬로바키아 조약의 효과를 수정하는 결과를 초래하는 것이었다. 이들 조약은 새로운 중재조약으로 그 적용이 지연될 수 있기 때문이었다. 그러나 1925년 당시의 상황으로 보아 동유럽의 보장은 그리 시급한 문제가 아니었다. 독일이 비무장돼 있고 프랑스가 라인란트에 주둔하고 있는 동안 동유럽에서 어떤 사태가 발생할 경우 프랑스군은 서유럽에서 효과적인 군사지원을 할 수 있었기 때문이다.

따라서 프랑스는 라인란트 비무장 규정의 위반이 있을 경우 영국의 즉각적인 지원 약속을 획득하는 데 주력하였다. 그리하여 영국과 프랑스 두 나라는 어떤 위반이 있는 경우에 영국의 지원 의무가 발생하느냐에 관해 의견이 대립되었다. 양국의 이런 견해 차이는 8월 중순 런던에서 있었던 체임벌린과 브리앙의 회담에서 타협점을 찾았다.

영국은 침략적인 성격의 위협이 있는 경우에만 즉각적인 지원을 한다는 데 합의하였다. 다시 말하자면 독일이 무력을 사용한다든가, 도발받지 않은 침략행위를 자행한다든가, 또는 비무장 지대에서 군사력을 집결시킨다든가 하는 경우 국제연맹의 심의를 거치지 않고 즉각적인 군사지원을 하기로 하였다. 이런 영국의 약속은 베르사유 조약 41, 42조를 수정한 것이었다. 이들 조항에 의하면 영국은 비무장 지대에 관한 규정 위반을 적대행위로 간주하지만 군사지원 의무는 발생하지는 않는 것이었다.

9월에 이르러서 영국, 프랑스, 독일 세 나라는 거의 합의에 도달하였다. 그리하여 영국, 프랑스, 독일, 이탈리아, 벨기에, 체코슬로바키아, 폴란드 7개국 대표들이 스위스 로카르노에서 10월 5일부터 회의를 시작해 16일 저녁 역사적인 일련의 조약들을 채택하였다. 그리고 이들은 원문 그대로ne varietur 12월 1일 런던에서 이들 문서들에 서명하기로 합의하였다.

로카르노 조약의 내용

로카르노 회의에서 채택된 최종 의정서에는 6개의 조약, 협정이 부속돼 있었는데 이 모든 문서들을 합쳐서 로카르노 조약이라고 부른다. 이들의 내용은 다음과 같다.

(1) 영국, 프랑스, 독일, 벨기에, 이탈리아의 상호보장 조약(일명 라인란트 규약 Rhineland Pact): 이 조약이 로카르노 조약 중에서 가장 중요한 합의이다. 영국과 이탈리아는 이 조약의 보장국가로서 서명하였다. 주요 내용은 다음과 같다. ① 5개국은 프랑스·독일 국경, 벨기에·독일 국경의 현상유지를 보장한다. 또한 라인란트 비무장을 규정한 베르사유 조약 제42, 43조의 준수를 보장한다. ② 프랑스, 벨기에, 독일은 자위의 경우를 제외하고는 서로 전쟁을 하지 않는다. 그러나 베르사유 조약 제42, 43조의 위반이나 국제연맹 규약 제16조에 따른 행동은 여기에서 제외된다. ③ 프랑스와 독일, 벨기에와 독일은 모든 분쟁을 평화적으로 해결할 것을 약속한다. 국제분쟁을 법률적 분쟁과 정치적 분쟁으로 구분하고 전자는 상설국제사법재판소를 비롯한 국제재판기구에 회부하고 후자는 조정위원회를 설치해 해결토록 한다. 위원회 구성에 합의하지 못할 경우에는 국제연맹 이사회에 회부하고 연맹 규약 제15조에 따라 해결토록 한다.

(2) 프랑스와 독일, 벨기에와 독일의 중재협정convention d'arbitrage: 이 두 협정의 내

용은 동일한 것인데 여기에서도 국제분쟁을 법률적 분쟁과 정치적 분쟁으로 구분해 라인란트 규약의 내용과 같은 해결방법을 규정하고 있다.

(3) 폴란드와 독일, 체코슬로바키아와 독일의 중재조약traité d'arbitrage: 이 두 조약의 내용은 동일하며 중재재판 절차는 (2)와 동일하다. 다만 폴란드와 체코슬로바키아가 라인란트 규약pact의 당사자가 아니기 때문에 협정convention이란 명칭 대신에 조약traité이란 명칭을 사용하였다. 국제법 용어상 조약은 기본적인 합의를 지칭하고 협정이란 이 기본적인 합의에 부수된 문건을 지칭하는 것이 통례이다.

(4) 프랑스와 폴란드, 프랑스와 체코슬로바키아의 상호원조 조약: 이 조약들은 최종의정서에 공식적으로 부속돼 있지 않았으나 로카르노 조약들의 일부를 구성하고 있는 것이다. 폴란드와 체코슬로바키아가 라인란트 규약의 당사국이 아니며 독일과의 국경에 관해서도 아무런 보장이 없기 때문에 이를 보완하기 위해 체결되었다. 독일이 도발받지 않음에도 공격을 취해 로카르노 조약들을 위반하는 경우 프랑스·체코슬로바키아, 프랑스·폴란드는 국제연맹 규약을 적용해 서로 지원한다는 것이다. 그리고 이 조약에 의한 프랑스의 행동은 독일에 대한 침략으로 간주되지 않는다.

이로써 프랑스는 영국의 지원 없이도 폴란드와 체코슬로바키아를 원조할 수 있게 되었으나 연맹 규약에 의한 지원이란 점에 유의할 필요가 있다. 연맹 이사회가 만장일치를 보지 못하는 경우 아무런 실질적인 행동을 취할 수 없는 것이다.

(5) 회의 참가국들의 독일에 대한 공동서한: 독일은 비무장 국가인데 연맹 규약 제16조에 의한 의무가 실제로 발생하는 경우에 곤란한 문제가 야기될 수 있다. 따라서 독일의 경우 이 조항을 특수하게 해석해야 된다는 독일의 주장에 열강이 동의해 이 공동서한이 이루어지게 되었다. 이 서한은 제16조로부터 나오는 의무는 회원국의 군사적·지리적인 상태에 합치되는 정도에서 이행하는 것이라고 해석하였다. 독일이 특히 이런 요구를 하게 된 것은 소련을 의식했기 때문이다. 소련은 독일이 국제연맹에 가입함으로써 소련에 대항하는 동맹에 편입해 소련에 대한 어떤 제재조치에 가담하는 것이 아니냐고 의심하였다. 양국은 1926년 4월 후술하는 바와 같이 중립, 불가침 조약을 체결하게 된다.

의의와 평가

독일은 다시 국제사회의 평등한 구성원이 됐을 뿐 아니라 국제연맹의 상임이사국이 되었다. 독일은 이와 더불어 서유럽에서의 현상유지를 약속하였고 모든 국제분쟁을 평화적인 방법으로 해결하기로 하였다. 제1차 세계대전은 로카르노 조약으로 완전히 종식되었다.

로카르노 조약이 체결되던 날 체임벌린과 브리앙은 기쁨의 눈물을 흘리고 무솔리니는 체임벌린 부인의 손에 키스를 하였다. 회의 참석자들은 평화시대의 도래를 구가하였다.

그러나 로카르노 조약에 대한 각국의 입장이나 평가는 매우 달랐다. 영국은 로카르노 조약으로 독일을 소외시키지 않으면서 프랑스의 안보를 보장함과 아울러 파리와의 밀접한 관계를 수립할 수 있다고 판단하였다. 그리고 라인란트 규약에 의한 영국의 개입은 당시 사정으로 보아 매우 요원한 것으로서 대륙 문제에 개입하지 않고 전통적인 영국의 행동자유를 보장한다고 보아 일반적으로 환영하였다.

프랑스는 로카르노 조약으로 독일의 침략 포기와 영국의 군사원조를 얻을 수 있다고 판단하였다. 영국과의 협상entente과 아울러 독일과의 화해détente를 가져올 수 있다고 믿었다. 물론 프랑스 국내에서는 로카르노 조약은 프랑스가 이미 보유하고 있는 것 이상을 가져다주지 못했다는 비판이 있긴 하였다.

슈트레제만은 이 조약의 성립으로 연합군의 라인란트 철수를 기대할 수 있었다. 그리고 영국 · 프랑스의 동맹 결성도 예방할 수 있다고 판단하였다. 더 나아가 폴란드에게 양여한 지역의 탈환에 관해서도 장차 영국이나 프랑스와 교섭할 수 있는 여지를 마련했다고 보았다. 사실 로카르노 조약은 프랑스 · 폴란드의 조약이 실제 적용될 경우 그 실시를 상당히 지연시키는 효과를 갖게 될 것은 전술한 바 있다.

슈트레제만의 의도나 정책에 관해서는 상반된 평가가 있다. 로카르노 조약의 체결로 그는 온건하고 평화 지향적인 정치인이라는 평판을 얻었다. 이런 점에서 그는 당시 독일의 우파들로부터 크게 비판을 받은 바 있다.

그러나 그의 사후인 1932년에 발간된 그의 문서들에 의하면 그도 루덴도르프E. von Ludendorff나 훗날 히틀러A. Hitler와 조금도 다를 바 없는 의견을 주장했다는 정반대의 견해가 있다. 1925년 1월 슈트레제만은 독일 외교의 단기적인 목적은 동부국경의 수정이며 장기적인 목적은 중부 유럽에 있는 독일어 지역의 합방에 있다고 천명한 바 있다. 또한 로카르노 회의가 개최되기 직전인 9월 7일 그는 전 황태자에게 서한을 보낸 바 있는데 이 서한에서 슈트레제만은 독일 외교의 임무는 세 가지라고 밝히고 있다. 첫째 독일이 수긍할 수 있는 배상문제의 해결, 그리고 독일 국력의 회복을 위한 평화의 유지, 둘째 현재 외국의 지배를 받고 있는 1,000~1,200만에 달하는 해외 거주 독일인의 보호, 셋째 동부 국경의 재조정, 다시 말하자면 단치히Danzig, 폴란드 회랑Polish Corridor의 회복, 그리고 북부 실레지아Silesia 국경의 재조정 등이었다.

이런 문서의 공표로 당시까지 생존하고 있던 브리앙의 입장이 매우 난처하게 되었다. 그는 루덴도르프와 유사한 인물과 유럽 평화를 논의했다는 비난을 받지 않을 수 없었기 때문이다.

한편 소련은 로카르노 조약을 영국이 주도한 반소동맹이며 독일이 이런 동맹에 가담한 것이라고 비난하였다. 도스Dawes 계획이 독일을 경제적으로 부흥시켜 소련에 대항케 하려는 정책이며 로카르노 조약은 독일을 정치적으로 반소동맹에 편입시켰다고 보고 있다. 로카르노 조약이 체결되던 바로 그날 정부기관지 『이즈베스티야』는 이 조약에 관해 외무인민위원 치체린G.V. Chicherin의 기자회견을 게재하였다. 치체린은 이 회견에서 독일과 소련을 이간시키려는 영국의 계획은 독일 정부의 희망과는 정반대라면서 영국의 반소정책을 비난하였다. 이와 같은 로카르노 조약에 대한 평가는 구동독 학자들의 견해도 마찬가지였다.

이런 상이한 평가들은 있으나 로카르노 조약은 양차 대전 기간 중 하나의 획기적인 사건이라고 볼 수 있다. 이 조약의 체결로 독일은 1926년 2월 국제연맹에 가입을 신청하였고 5월에 있었던 연맹 규약 개정으로 상임이사국이 되었다. 이로써 독일은 패전국의 법적 지위로부터 탈피할 수 있었고 세계정치는 제네바에 있는 국제연맹의 토의장으로 집결되었다. 이때부터 1929년 대공황이 발발될 때까지 유럽에서는 화해와 평화의 시대를 구가할 수 있었다.

그러나 로카르노 조약은 히틀러가 1935년 3월 베르사유 조약의 비무장 규정을 폐기하자 그 운명을 다하게 되었다. 5월에는 프랑스 · 소련이 상호원조 조약을 체결하였고 히틀러는 다시 이 조약이 라인란트 규약의 위반이라고 선언하면서 이 규약으로부터의 해방을 천명하였다. 그리고 독일 · 폴란드, 독일 · 체코슬로바키아의 조약은 1938~1939년 독일이 이들 국가를 침범함으로써 종료되었다.

2. 평화운동(1) — 군축

국제분쟁의 평화적 해결에 관한 의정서(일명 제네바 의정서, 1924년 10월)

1920년대 중엽 평화적인 분위기에서 맺어진 또 하나의 결실은 군축을 위한 여러 가지 노력이었다. 국제연맹 규약 제8조 제1항은 군축의 의무를 다음과 같이 규정하고 있다.

> 연맹 회원국은 평화의 유지를 위해서는 … 국가의 군비를 국가 안전에 상응되는 최저한의 수준

으로 축소하는 것이 필요하다고 인정한다.

1924년 10월에 작성된 이른바 제네바 의정서는 1924년을 거치면서 확산된 화해 분위기의 산물이지만 특히 영국의 맥도널드R. MacDonald와 프랑스의 에리오E. Herriot 두 수상이 의정서 성립에 큰 공헌을 하였다. 그리고 의정서 작성의 실질적인 작업은 체코슬로바키아 대통령 베네슈E. Beneš, 그리고 프랑스의 저명한 국제법 학자 폴리티스N. Politis가 담당하였다.

이 의정서는 연맹이 창설된 이후 군축을 위한 꾸준한 노력의 결실이라고 볼 수 있는데 그 내용은 군축에만 관계된 것이 아니고 평화보장의 방법으로서 중재, 안보, 그리고 군축의 세 가지 수단을 총괄하고 있다. 비록 채택되지는 않았으나 그 후 이 분야에 관한 발전에 큰 영향을 미쳤는데 그 주요 내용을 보면 다음과 같다.

(1) 중재: 의정서의 체약국들은 상설국제사법재판소 규정 제36조 제2항이 규정하고 있는 이른바 선택조항optional clause에 가입한다. 선택조항이란 조약의 해석, 국제법상의 문제, 인정되는 경우 국제의무의 위반이 될 사실의 존재, 그리고 국제의무 위반에 대한 배상의 성격 또는 범위 등 네 가지 법률적인 문제에 관해 규정 당사국이 재판소의 관할을 의무적인 것으로 선언할 수 있으며 같은 선언을 한 국가 사이에는 재판소의 의무적인 관할권이 성립되는 것을 말한다. 규정 당사국은 이 조항에 의한 선언을 할 것인지 아닌지 선택할 완전한 자유가 있기 때문에 이것을 선택조항이라고 부른다. 제네바 의정서는 체약국의 선택조항에 의한 선언을 의무화하고 있기 때문에 위의 법률적인 문제들은 분쟁 당사국의 일방적인 요청으로 재판소의 관할권이 성립하게 되었다.

그리고 상설국제사법재판소나 중재에 회부되지 않는 그 밖의 모든 분쟁들은 연맹 이사회에 회부돼야 한다. 이 경우 이사회가 만장일치로 어떤 결정을 내리면 분쟁당사국은 그 결정에 따라야 한다. 그러나 만장일치가 성립되지 않는 경우 연맹 규약에 따르면 3개월 이내에는 무력에 호소하지 못하도록만 규정되어 있다. 따라서 3개월 이후에는 무력을 사용할 수 있는데 제네바 의정서는 이 경우 이사회는 중재관을 지명하며 분쟁당사국은 중재관의 결정에 따르도록 규정하였다.

(2) 안보: 분쟁을 사법적인 해결에 부탁하지 않고 전쟁을 수행하는 국가는 연맹 이사회가 만장일치로 달리 규정하지 않는 한 침략자로 규정된다. 그리고 모든 체약국은 연맹 규약의 준수를 효과적으로, 그리고 성실하게 이행하기 위해 상호 협력해야 한다. 또한 연맹 이사회는 연맹 규약이나 제네바 의정서를 실제로 이행하기 위해 체약국이 어느 정도의 군

사력을 동원할 수 있는지 연맹 회원국들로부터 특별한 약속을 받아야 한다. 이것은 국제연합 헌장 제43조의 선구적인 규정이라고 볼 수 있다.

(3) 군축: 모든 체약국들은 연맹 이사회가 1925년 6월 15일 소집할 군축회의에 참석한다. 체약국 이외의 국가들도 초청된다. 제네바 의정서는 이 군축회의에서 군축안이 통과돼야만 효력이 발생하도록 되어 있었다.

위와 같은 대담한 평화안은 영연방 국가들이 특히 자국에게 위험하다고 반대함에 따라 무산되고 말았다. 이들 국가들은 이 의정서가 채택되는 경우 불필요하게 유럽 정치에 관여하게 되며 그들 국내정치 문제에 외국의 간섭을 초래하게 될 것이라고 우려하였다. 그리고 영제국(英帝國)을 방어할 해군력의 감축이 있을 수 있다고 보았고 세계여론이 불공정하다고 비판하고 있는 현재의 국경들을 고정시키는 결과를 가져오게 될 것이라고 판단하였다.

프랑스는 물론 이 의정서의 채택을 적극 주장하였고 이탈리아와 일본은 영국의 결정에 따른다는 입장을 취하였다. 따라서 의정서의 운명은 영국의 정책 여하에 좌우되게 되었다. 그런데 영국에서는 내각의 변동이 있었고 새로 외상에 취임한 체임벌린은 영연방 제국의 의견에 따르기로 결정해 1925년 3월 이 의정서를 거부한다고 공식 발표하였다.

군축회의를 위한 준비위원회의 성립(1925년 12월)

제네바 의정서의 채택이 무산되면서 로카르노 조약이 성립된 사정은 전술한 바 있다. 그런데 로카르노 회의 최종의정서는 군축을 위해 노력하겠다는 것을 천명하였다. "국제연맹이 군축에 관하여 이제까지 취하여 온 활동에 대하여 성실한 협력을 제공하고 일반적인 합의에 의하여 군축을 실현할 것을 추구한다."

그리하여 1925년 12월 국제연맹은 군축회의를 위한 준비위원회Preparatory Commission for the Disarmament Conference라고 하는 새로운 기구를 창설했는데 이것은 군축 문제만을 연구, 검토하는 인류 역사상 최초의 기관이었다. 이 준비위원회는 연맹 이사국의 대표들, 그리고 미국, 소련, 독일, 터키를 포함한 6개국의 대표들로 구성되었고 세계군축회의가 개최될 때까지만 존속토록 하였다. 준비위원회의 역사적인 첫 회의가 1926년 5월에 개최되었다. 그러나 국제정치의 핵심 문제인 군사장치를 축소한다는 것이 얼마나 복잡하고 곤란한 문제라는 것이 곧 드러났다.

특히 영국과 프랑스의 입장이 크게 엇갈렸다. 이런 의견의 차이는 물론 국제정치 일반에 관한 상이한 인식에 입각하고 있었다. 프랑스는 군축이 실현되기 이전에 안보를 위한 확고한 장치가 있어야 한다고 주장하였고 영국은 프랑스의 이런 태도를 프랑스의 우월한 군사적인 현실을 지속시키려는 것이라고 비판하였다. 프랑스는 영국의 군축 제의를 연맹 규약을 위시한 평화유지 약속으로부터 벗어나려는 움직임이라고 비난하였다. 양국의 이런 대립은 1927년 3월 준비위원회에 제출한 그들 군축안에 뚜렷이 나타나 있다.

영국과 프랑스의 정책 대립뿐만 아니라 군축 자체를 어떻게 규정하느냐 하는 기본적인 문제에 관해서도 열강들 사이에는 의견이 분분하였다. 군축의 대상을 현역 군인에 국한하느냐 또는 훈련받은 예비군도 포함하는가? 군사예산만을 제한하는가 또는 군사예산 공표에 어떤 규정이 있어야 하는가? 1922년 워싱턴 회의에서 규제된 것 이외의 군함은 어떤 방식으로 제한해야 되는가? 해군, 공군의 군축도 육군의 경우와 같은 원칙에 입각해야 되는가? 군비축소의 감시체계는 어떻게 설정해야 되는가? 이런 질문들은 단지 몇 가지 예들에 불과한 것이다. 준비위원회의 장래는 당초부터 어두운 것이었다.

미국, 영국, 일본의 제네바 해군회의(1927년 6월~8월)

준비위원회가 난항을 거듭하고 있는 가운데 미국이 연맹 밖에서 군축회담을 개최할 것을 제의해 문제는 더욱 복잡해졌고 이런 미국의 제의 자체가 준비위원회의 활동을 위축시켰다.

당시 미국 정부는 해군을 증강해야 된다는 압력과 군축을 단행해야 된다는 압력을 동시에 받고 있었다. 이에 쿨리지C. Coolidge 대통령은 의회에 대해서는 해군함정 건설을 위한 예산을 요구하면서 동시에 워싱턴 회의 당사국인 3개국에 대해서는 해군군축 회의를 제의하였다. 쿨리지 대통령은 워싱턴 회의에서 결정된 군축 비율을 순양함, 구축함, 잠수함에도 적용하자는 것이었다.

영국과 일본은 동의하였다. 그러나 프랑스와 이탈리아는 반대하였다. 프랑스는 이탈리아와 같은 비율로 취급된 워싱턴 회의의 원칙 자체에 불만이었으며 연맹 밖에서의 이런 회담이 준비위원회의 활동을 저해한다고 반대하였다. 이탈리아는 해군뿐만 아니라 육군·공군의 제한도 주장하였다. 그리하여 미국, 영국, 일본 3국의 회의가 개최되었다. 그러나 이런 회의 자체가 미국 국내정치의 조작을 위해 제의된 것이었고 충분한 사전준비도 없어서 성공할 수 없는 것이었다. 만일 3국의 군축이 성취됐다 하더라도 그것은 오히려 혼란만을 초래했을 것이다. 회의도 미국과 영국의 해군 담당자들이 자국의 입장을 천명하는 것으로 그치고 말았다.

런던 해군군축 조약(1930년 4월 22일)

1927년 제네바 회의가 실패로 끝나자 주요 해양국가들은 보조함 건설에 주력하였다. 주전함은 워싱턴 회의에서 건함이 제한돼 있었기 때문이다. 특히 일본은 주전함 비율이 영국과 미국에 대해 60%에 불과하였고 이를 보완하기 위해서 보조함 증강에 주력하였다.

이에 새로 대통령에 취임한 후버H.C. Hoover는 워싱턴 회의 당사국의 해군회의를 제의해 1930년 1월부터 런던에서 회의가 진행되었다. 해군군축 조약에는 영 · 미 · 일 3국만이 서명하였고 프랑스와 이탈리아는 잠수함의 해전규칙과 주전함에 관한 규정에만 참여하였다.

3국은 주전함에 관한 워싱턴 체제를 그대로 지속키로 하고 보조함에 관해서는 일본이 영 · 미에 대해 70%의 비율을 얻도록 하였다. 그리고 잠수함은 3국이 같은 톤수를 보유토록 하였고 1936년까지 효력을 갖도록 하였다.

준비위원회의 군축안(1930년 12월)

한편 준비위원회의 활동은 지지부진하였다. 1927년 연맹 총회는 준비위원회에 중재 및 안보위원회Arbitration and Security Committee를 병설할 것을 결의하였다. 이 위원회는 안보유지에 필요한 최소한의 군비 문제를 연구하는 임무를 갖고 있었는데 이에 관해서는 후술한다.

준비위원회의 군축 논의는 1927년 11월부터 소련 대표가 참여하자 더욱 복잡한 양상을 띠게 되었다. 소련은 준비위원회의 설립 당시부터 초대됐으나 이때에 비로소 참여하였다. 소련 대표 리트비노프M.M. Litvinov는 폭탄선언으로부터 시작하였다. 열강은 군축을 위해 아무런 일도 하지 않았으며 그럴 의도도 없었다고 선언하였다. 만일 군축을 할 용의가 있다면 모든 군비를 철거함으로써 간단히 성취될 수 있으며 아무런 곤란도 없다고 말하면서 소련은 완전하고 즉각적인 군축을 제의한다고 천명하였다.

따라서 준비위원회는 더욱 난관에 봉착하게 되었다. 그리하여 위원회를 구성하고 있는 열강들의 개별적인 접촉을 권장한다고 결정하였다. 그 결과의 하나로 나타난 것이 1928년 7월 영국과 프랑스의 합의였다. 영국은 훈련된 예비군을 군축의 대상에서 제외시킨다는 프랑스의 입장에 동의하고 반면에 프랑스는 1922년 워싱턴 회의의 해군 군축비율 확대에 관해 영국의 정책을 지지한다는 것이었다. 그러나 이 합의가 열강에 공식적으로 통고되기 이전에 독일 신문에 폭로돼 양국의 합의는 무산됐을 뿐 아니라 열강의 비난을 받게 되었다.

준비위원회의 마지막 회의가 1930년 11월에 개최되었다. 이 회의에서는 우여곡절 끝에 군비축소 초안이 작성되었고 1931년 1월 연맹 이사회는 역사적인 세계군축 회의를 1932년 2월에 개최한다고 결정하였다.

그러나 군비축소 초안은 매우 모호하고 불완전한 것이었다. 군 병력의 최고수준을 결정하지 못하고 군축회의로 미루었다. 또 훈련된 예비군 문제나 현존의 육군 군사장비에 대해서도 아무런 규정도 없었다. 다만 장차 도입될 군 장비의 예산만을 제한하였다. 더욱이 현존 조약들로부터 나오는 의무에는 하등의 영향도 미치지 않는다고 규정하였다. 따라서 영국과 미국은 1922년의 워싱턴 조약, 1930년의 런던 조약의 내용을 계속 주장할 수 있었다. 프랑스는 베르사유 조약의 군사관계 조항을 실행할 것을 주장할 수 있게 되었다. 독일이 이런 조항이 계속되는 것을 찬성할 리 없었다.

1930년에 들어서면서 국제정세는 전과는 판이한 양상을 띠게 되었다. 1929년의 대공황으로 국제경제 질서는 붕괴되었고 유럽에서는 극우적인 민족주의가 등장하였으며 동북아에서는 일본의 침략적인 군국주의가 나타났다. 독일에서는 1930년 9월 선거에서 107명의 나치 당원이 국회의원으로 당선되었다. 군축안의 사산(死産)이 예견되었다.

세계 군축회의는 1932년 2~7월간 제네바에서 개최되었다. 그러나 아무런 결실도 맺을 수 없었다. 로카르노의 정신은 이미 사라졌다.

3. 평화운동(2)
—국제분쟁의 평화적 해결을 위한 노력

국제연맹 규약 제11조, 16조 강화를 위한 시도

로카르노 조약과 같은 안보장치를 동유럽이나 지중해 지역에서도 구축하려는 움직임은 특히 영국, 독일, 이탈리아 등이 반대해 실현되지 못하였다. 따라서 남은 길은 국제연맹의 규약을 보다 더 강화해 평화적으로 국제분쟁을 해결할 수 있도록 하는 일이었다.

국제연맹 이사회는 1926년부터 연맹 규약 연구에 착수하였다. 분쟁이 발생할 경우 연맹 이사회를 지원할 수 있는 방안의 연구, 그리고 규약 제10~17조로부터 나오는 의무수행에 관한 연구가 주요 목표였다. 그리하여 중재 및 안보위원회는 두 개의 제안을 작성하였다. 하나는 제11조에 의한 연맹 이사회의 예방활동을 강화하는 제안이었고, 다른 하나는 제16조를 위반한 침략행위의 피해를 받는 국가를 원조하는 범위를 확대시키려는 제안이었다.

독일 정부가 제11조 강화에 관한 제안을 제출하였다. 국제연맹의 모든 가맹국은 이사회의 어떠한 권고도 수락하겠다고 사전에 약속해야 된다는 내용이었다. 1931년 연맹총회는 이런 독일 정부의 제안을 하나의 조약안으로 작성하고 만장일치로 채택해 각국 정부에게 그 수락을 권고키로 하였다. 그러나 이런 조약안이 실효를 거둘 수 있는 국제정치 분위기는 이미 사라졌다. 일본의 만주 침략으로 국제연맹은 이미 국제기구로서의 기능을 상실한 후였다. 이 조약안은 결국 사문화되었다.

핀란드 정부가 제16조에 관한 제안을 제출하였다. 이 제안의 내용은 침략을 받은 약소국은 강대한 인접국가로부터 재정적 지원을 받는다는 것이 골자였다. 이런 조약이 성립되는 경우 그 실제적인 부담은 영국이 담당하게 되는 것이었다. 따라서 영국은 세계군비축소 조약이 성립되면 이런 조약안의 실현에 동의한다는 입장을 취하였다. 그러나 전술한 바와 같이 세계군비축소 조약은 성립되지 못하였다.

국제분쟁의 평화적 해결을 위한 일반 의정서(일명 일반의정서, 1928년 9월)

중재 및 안보위원회는 국제분쟁의 평화적 해결과 평화유지를 위한 국가들의 협력 방안 등 국제법의 여러 문제 연구를 계속했는데 그 중에서도 가장 두드러진 업적으로는 1928년 9월 9차 연맹총회에서 채택된 국제분쟁의 평화적 해결을 위한 일반 의정서General Act for the Pacific Settlement of International Disputes를 들 수 있다.

이 일반 의정서는 기존의 여러 중재, 조정 조약을 보완하려는 것이었다. 모든 분쟁을 법률적 분쟁과 정치적 분쟁으로 구분하고 법률적 분쟁은 상설국제사법재판소에, 그리고 정치적 분쟁은 조정위원회 또는 중재재판소에 회부해 해결한다는 내용이었다. 이 의정서는 1949년 국제연합 총회에서 거의 원안대로 채택되어 현재에 이르고 있다. 그러나 이 의정서가 현재에도 효력을 갖고 있느냐에 관해서는 의견이 일치되어 있지 않다.

부전조약(일명 켈로그-브리앙 조약)(1928년 8월 27일)

위와 같이 연맹 기구 안에서 평화운동이 있었을 뿐만 아니라 연맹 밖에서도 그런 움직임이 있었는데 그 중에서도 부전조약(不戰條約)의 성립은 역사에 남을 공헌이었다.

브리앙 프랑스 외상은 1927년 미국의 제1차 세계대전 참전 10주년을 맞아 미국과 프랑스가 전쟁포기에 관한 선언을 발표할 것을 구상하였다. 그는 컬럼비아 대학 교수이며 카네기 국제평화 위원회의 일원으로 당시 파리에 체류 중이던 숏웰J. Shotwell과 이 문제를 상의하였다. 브리앙은 숏웰의 의견을 참작해 정치적인 수단으로서의 전쟁을 포기하자는 제안을 1927년 6월 미 국무장관 켈로그F.B. Kellogg에게 전달하였다.

이에 대해 켈로그는 12월의 회답에서 전쟁포기 선언을 두 나라에만 국한시키지 말고 모든 국가들의 선언으로 확대하자고 제의하였다. 프랑스는 1928년 3월 다음과 같은 네 가지 조건이 충족된다면 그런 조약에 찬성한다는 입장을 밝혔다. ① 모든 주요 열강들이 수락하는 경우에 이 조약은 효력을 발생한다. ② 국가의 정당방위의 권리는 유보한다. ③ 이 조약을 위반하는 국가에 대해 체약국들은 제재의 의무를 갖지 않는다. ④ 이 조약은 국제연맹이나 로카르노 조약의 의무 등에 영향을 미치지 않는다.

미국을 비롯해 영국, 독일, 이탈리아, 일본 등이 프랑스의 제의에 동의하자 부전조약 성립의 터전이 마련되었고 8월 27일 파리에서 15개국의 서명으로 부전조약이 탄생되었다. 이 조약은 전문(前文)과 3개 조항으로 구성돼 있는 간단한 문헌이다.

우선, 전문에서는 1~3조에 열거된 일반적인 원칙을 열거하고 있다. 국가정책으로서의 전쟁을 포기할 것, 모든 분쟁은 평화적인 방법으로 해결할 것, 그리고 본 조약은 모든 국가에게 개방한다는 것 등을 천명하고 있다.

제1조에서 체약국은 자국 국민의 이름으로 다음과 같은 것을 선언한다고 규정하고 있다. 국제분쟁의 해결을 위해 전쟁에 호소하는 것을 비난하며 그들 상호관계에 있어서 국가정책의 도구로서 전쟁에 호소하는 것을 포기한다.

제2조는 국제분쟁의 평화적 해결을 규정하고 있다. 체약국들은 그들 사이에 야기될 모든 분쟁이나 충돌을 그 성격이나 원인이 어떠하든지 언제나 오로지 평화적인 수단으로써 해결할 것을 인정한다.

제3조는 비준에 관한 내용과 모든 국가에 개방한다는 내용을 담고 있다.

브리앙은 이 조약의 체결은 인류역사의 신기원이라고 평가하였다. 서명국도 곧 57개국으로 증가하였다. 그 중에서 9개국은 미국, 소련, 멕시코, 터키 등 국제연맹에 가입하지 않은 국가들이었다.

그러나 이 조약에 대해 여러 가지 비판이 야기되었다. 자위권을 인정하고 있기 때문에 새로운 것은 아무것도 없으며 단지 숭고한 정신의 표현에 불과하다는 것이다. 사실 켈로그 미국 국무장관은 1928년 6월의 한 각서에서 자위권 인정을 더욱 명백히 한 바 있었다. 이 조약은 "자위권을 어떤 방식으로든지 제약하거나 저해하는 아무런 내용도 포함하고 있지 않다." 그리고 "어떤 환경에서 자위권을 발동하여 전쟁에 호소할 것인지는 각 국가들만이 결정할 권능을 갖고 있다."라고 적고 있다. 이것은 기존의 국제법 질서를 다시 확인하는 표현 바로 그것이다.

체임벌린 영국 외상은 5월 이른바 영국의 먼로 주의라고 불리는 하나의 정책을 발표하였다. 영연방 국가들에 대한 공격은 영국으로서는 자위권 발동의 원인이 된다는 것이었다. 미국, 영국, 프랑스 등의 잇따른 자위권 옹호 성명으로 부전조약은 아무런 실질적 내용이 없다는 비판이 제기되었다.

다음으로 평화적 수단에 의한 분쟁해결이라고 막연히 표현하고 있어서 그것이 반드시 우호적인 수단에 의한 분쟁해결을 의미하지 않는다는 비판이 있었다. 부전조약은 경제적인 제재, 외교적인 압력 등 비우호적인 수단도 함축하고 있다는 것이다. 끝으로 이 조약은 이 조약을 위반한 국가에 대해 아무런 제재수단도 강구하지 못하고 있어서 하나의 정치웅변에 불과하다는 비판이 제기되었다.

이런 약점과 비판에도 불구하고 부전조약은 국제정치와 국제법의 명분세계에 있어서 하나의 획기적인 문헌이라고 볼 수 있다. 특정한 경우를 제외하고는 국가의 전쟁할 권리 jus ad bellum를 부정했다는 점에서 큰 의의가 있다고 볼 수 있다. 그리고 비록 이 조약이 제재수단을 규정하고 있지는 않지만 어떤 국가가 국가정책의 수단으로 전쟁에 호소하는 경우 체약국들은 현실적으로 중립을 지킬 수 없게 되었다.

위에서 살펴본 바와 같이 로카르노 조약의 체결로 유럽에서는 화해의 분위기가 조성되었고 평화를 공고히 하려는 움직임이 국제연맹 안에서나 밖에서나 활발하게 전개되었다. 그러나 이런 분위기는 특히 서유럽에 국한되어 있었다. 소련, 지중해, 그리고 동북아 지역에서는 서유럽의 평화장치 자체를 비판하거나 또는 새로운 분쟁의 불씨가 잉태되고 있었다. 이 문제들을 살펴보기로 한다.

4. 소련과 유럽 열강

소련의 이중외교

자본주의 열강들이 소련을 포위하는 동맹을 구성하지 않을까 하는 우려는 소련의 입장으로 보아서는 단순히 프로파간다의 차원만은 아니었다. 전술한 바와 같이 소련혁명 직후 유럽 열강, 미국, 일본의 무력간섭이 있었던 경험을 갖고 있었으며 또 당시 서유럽 세력으로서는 볼셰비즘의 유럽 파급을 저지하려는 것이 공동 관심사였다.

소련으로서는 이중외교를 전개하지 않을 수 없었다. 근대국가로서의 외교와 공산주의 명분으로서의 외교가 그것이다. 역사상 최초로 등장한 공산주의 국가는 반(反)근대국가적인 명분을 지닌 독특한 정치집단의 한 형식이었다. 근대국가를 부정한다는 점에서 반근대국가적인 명분을 지니고 있으나 역사적인 일정한 기간에는 근대국가적인 탈을 쓰지 않을 수 없었다. 공산주의 명분의 외교는 소련의 지휘를 받았던 코민테른Comintern이 담당했으며 국가로서 소련의 생존을 위한 외교는 물론 소련 외무성이 담당하였다.

제1차 세계대전의 피해, 전시 공산주의War Communism와 외국간섭으로 인해 파탄된 국내경제를 복구하기 위해서 신경제정책NEP을 채택하지 않을 수 없었다. 신경제정책의 채택은 당시 소련 수뇌부 내에서 공산주의 명분의 포기가 아니냐는 반론이 제기됐으나 국가로서의 소련이 존립하기 위해서는 자본주의 열강과의 경제협력이 불가피한 것이었으며 일정한 기간의 평화적인 관계수립이 요청되었다.

한편 유럽 열강은 독특한 명분을 갖고 등장한 소련을 경계하지 않을 수 없었다. 소련에 대한 무력간섭이 종식된 이후 30년대 초까지 유럽 열강은 소련의 확장이나 강화를 저지하는 데 주력했다고 볼 수 있다. 그리고 이탈리아에서는 이미 파시스트 정권이 등장했으며 독일에서도 볼셰비즘 공포에 입각한 극우운동이 전개되고 있었다.

터키, 아프가니스탄, 페르시아

이와 같은 상황에서 소련은 우선 인접 국가들과 우호조약을 체결해 그들과의 관계 정상화를 도모할 수밖에 없었다.

치체린G.V. Chicherin과 루슈디 베이Rushdi Bay 터키 외상은 1925년 12월 17일 파리에서 중립, 불가침 조약을 체결하였다. 이 조약은 모술Mosul 지방 문제로 영국에 적대적인 태도를 취하게 된 터키가 소련에 접근한 것을 의미한다. 앞서 지적한 바와 같이 유전지역인 모술의 향방은 베르사유 회의에서 국제연맹의 결정에 맡겨졌다. 그런데 국제연맹은 1925년 12월 16일 이라크에게 모술 지방을 양도하였다. 당시 이라크는 영국의 위임통치를 받고 있었는데 이런 국제연맹의 결정은 영국의 영향으로 이뤄졌던 것이다. 이 결정이 있은 다음날 터키 정부는 그동안 교섭을 진행해 온 소련과의 조약을 전격적으로 체결하였다. 그 주요 내용은 다음과 같은데 이런 내용은 소련이 그 후 인접국가들과 체결한 조약에 언제나 삽입하였다.

(1) 두 나라 중 한 나라가 제3국의 공격을 받을 경우 다른 나라는 중립을 지킨다.
(2) 두 나라는 서로 침략행위를 하지 않으며 두 나라 중 한 나라에 대항하는 정치적 성격을 가진 동맹에도 가입하지 않는다.

1926년 8월 31일 이와 유사한 조약을 아프가니스탄과도 체결하였다. 이 조약에서는 위의 주요 내용 이외에도 외국 군대의 통과를 금지한다는 규정이 삽입되었다. 이것은 물론 영국군이 아프가니스탄을 거쳐 소련의 남부 국경을 공격할 위험에 대처한 것이었다. 같은 내용을 가진 조약을 1927년 10월 1일에 페르시아와도 체결하였다.

발트 해 국가들과 폴란드

소련과 발트 해 국가들, 폴란드와의 관계는 다소 미묘하였다. 1925년 1월 폴란드 정부의 제의로 핀란드, 라트비아, 에스토니아, 폴란드의 회의가 헬싱키에서 개최되었다. 이 회의에서 이들 국가들은 외교로 해결할 수 없는 모든 문제들을 중재에 부탁한다는 중재조약을 체결하였다. 그리고 3월에는 이들 4개국의 군사대표들이 회동해 공동방어 문제를 토의하기도 하였다. 이후 로카르노 조약이 체결되자 핀란드 정부는 발트 해 국가들과 스칸디나비아 국가들 사이에 북 로카르노 조약의 제안을, 폴란드 정부는 발트 해 국가들과 폴란드 사이에 동 로카르노 조약의 제안을 국제연맹에 제출하였다.

이런 모든 움직임은 소련을 대상으로 하였다. 소련은 이에 대해 이들 국가와 개별적으로 접촉하면서 우호, 중립조약의 체결을 시도하였다. 물론 이들 국가들은 소련을 포함한 다변조약을 체결해 일종의 평화보장 장치를 마련코자 하였다. 소련은 이런 구상을 반소동맹 구축이라고 반대하였다. 1927년 3월 9일에는 드디어 라트비아와 양자조약을 체결했으나 효력은 발생되지 못하였다. 소련이 이들 국가와 개별적인 중립, 불가침조약을 체결하게 된 것은 1932년에 이르러서야 가능하였다.

리투아니아만은 예외였다. 전술한 빌나Vilna 문제로 리투아니아는 폴란드와는 적대관계에 있었고 다른 발트 해 국가들과도 공동보조를 취하지 않았다. 1926년 9월 28일 소련과 조약을 체결해 중립, 불가침을 약속하고 분쟁의 평화적인 해결을 위한 조정위원회를 설치하였다.

독일

소련과 독일은 모두 제1차 세계대전의 전후처리에 있어서 가장 피해를 입은 국가였다. 이런 공통 피해의식이 1922년 라팔로 조약의 체결로 나타난 것은 전술한 바 있다. 그런데 독일이 서유럽 열강이 주도하는 로카르노 조약의 성립을 추진하고 국제연맹의 상임이사국이 된다는 사실은 소련으로서는 불안한 사건이 아닐 수 없었다. 로카르노 조약에 대한 비판과 아울러 국제연맹에 대한 공격이 더욱 격렬하게 되었다. 그리하여 로카르노 조약이 체결되기 한 달 전에 치체린은 베를린을 방문해 중립 · 불가침 조약의 체결을 제의하기에 이르렀다.

당시 독일은 국제연맹 이사국으로 되는 것이 그리 쉽게 이루어지지 못하고 있었다. 특히 스페인과 브라질이 반대하고 나섰다. 이에 독일은 서유럽에 대한 압력의 수단으로 소련의 조약체결 제의에 응하게 되었다. 그리하여 1926년 4월 24일 베를린에서 리트비노프 M.M. Litvinov와 독일 재상 비르트J. Wirth는 중립 · 불가침조약을 체결하였다. 그 내용은 두 나라 중 한 나라가 제3국의 공격을 받는 경우 다른 나라는 중립을 지킨다, 두 나라 중 한 나라를 경제 · 재정적인 보이콧의 대상으로 하는 어떤 동맹에도 다른 나라는 가담하지 않는다는 것이었다.

소련과 독일은 이 조약이 1922년 라팔로 조약의 연장이라고 주장하고 일반평화를 목적으로 하고 있기 때문에 로카르노 조약이나 국제연맹 규약에 배치되는 것이 아니라고 하였다. 이 조약의 체결이 알려지자 그것이 로카르노 조약에 위배된다는 일부 비판에 대해 리트비노프는 만일 로카르노 조약의 목적이 평화유지에 있다면 베를린 조약은 로카르노 조약과 완전 일치하지만 만일 로카르노 조약이 평화를 파괴하고 반(反)소 동맹을 목적으로 하는 것이라면 베를린 조약은 로카르노 조약에 위배된다고 응수하였다.

베를린 조약의 체결로 연맹 규약 제16, 17조가 소련에 대해 발동하는 경우 독일은 이에 가담하지 않기로 약속하였다. 이 조항은 연맹 이사회가 만장일치로 특정 국가를 침략자로 지목하는 경우 국제적인 제재의 가능성을 규정하고 있는데 독일은 소련이 제3국과 무력분쟁을 하는 경우 침략자냐 아니냐 하는 문제는 독일의 동의를 전제로 연맹이 결정해야 된다고 선언하였다.

그러나 독일이 현실적으로 국제연맹에 가입하게 되자 소련 정부는 다시 불안하게 되었다.

영국

로카르노 조약의 체결로 서유럽에서는 화해와 해빙의 분위기가 조성됐으나 소련과의 관계에 있어서는 두드러지게 냉각된 관계가 지속되었다.

독일을 제외한 열강 중에서 소련 정부를 법률상de jure 정부로 승인한 최초의 국가는 영국이었다. 1924년 1월의 선거에서 의외로 노동당이 보수당을 이기고 선거에 승리해 최초로 노동당 내각이 성립하였다. 선거의 쟁점은 관세정책이었으나 노동당은 승리할 경우 소련을 승인하겠다는 것을 선거공약으로 내세웠다. 노동당 내각은 2월에 공약대로 소련을 승인하였고 유럽 열강들은 곧 영국의 뒤를 따르게 되었다.

그런데 맥도널드의 노동당 내각은 단명으로 끝나고 1924년 11월 다시 볼드윈의 보수당 내각이 등장하면서 소련과의 관계는 악화되기 시작하였다. 보수당 내에서는 노동당 내각이 체결한 소련과의 무역조약을 폐기할 뿐 아니라 모든 외교관계를 단절해야 된다는 주장이 강력하게 대두되기 시작하였다. 결국 무역조약은 비준되지 못했으나 외교 · 무역관계는 지속되었다. 두 나라는 곧 악화일로를 밟게 되었다. 그 결정적인 계기는 1926년 5월 영국 노동조합이 이끈 파업에 소련의 노동조합이 개입한 사실이었다. 소련 노동조합은 영국의 파업 근로자를 위해 모금운동에 나섰던 것이다.

소련 정부는 영국 정부의 항의에 대해 노동조합의 활동을 금지시킬 권한이 없으며 양국의 노동조합 관계에 간여한 바도 없다고 답변하였다. 이에 볼드윈 내각이 6월에 소련의 영국 내정 간섭을 입증하는 문서들을 공개하자 양국 관계는 극도로 악화되었다.

양국관계는 호전되지 못하고 1927년 2월 하순 영국 정부는 외교관계의 단절을 예고하는 강경한 각서를 소련에 전달하였다. 이 각서는 "이 항의와 경고를 소련 정부는 적절한 주의를 갖고 받아들여야 하며 또 앞으로 더 이상 불만의 요인이 없도록" 하라고 끝맺고 있다. 이런 내용은 정상적인 국제관계에서는 찾아볼 수 없는 것이었다. 소련 정부는 이와 같은 영국 정부의 움직임을 반(反)소 동맹 결성의 일환이라고 비판하고 자국 노동자들이 외국 노동자를 지원하는 것을 저지하지 않겠다고 맞섰다.

이런 가운데 1927년 5월 12일 이른바 아르코스Arcos 회사 수색 사건이 발생하였다. 아르코스 사는 런던에 주재하고 있던 소련 무역대표부 소속의 한 지사(支社)인데 소련 무역대표부와 동일한 건물을 사용하고 있었다. 그런데 영국 군사기밀이 이 아르코스 사를 통해 소련에 전달된다는 정보에 따라 영국 정부는 이 지사를 수색하였다. 이것은 양국관계의 단절을 전제로 한 사건이었다. 영국 정부는 5월 26일 소련 정부에게 1921년 3월의 무역협정을 종료하고 외교관계를 일단 중지한다고 통보하였다.

프랑스

프랑스도 영국의 뒤를 따라 1924년 10월 소련 정부를 법률상 정부로 승인하였다. 양국관계의 현안 문제는 무엇보다 프랑스의 제1차 세계대전 이전 부채상환 요구였고 1925년부터 2년 동안 파리에서 이에 관한 교섭이 진행됐으나 아무런 결실을 보지 못하였다. 소련은 프랑스가 차관을 공여한다는 전제조건으로 부채상환에 동의할 수 있다는 입장이었는데 차관공여에 관해서는 프랑스 재계에서는 의견이 대립돼 있어서 양국의 교섭은 진척되지 못하였다.

이런 가운데 프랑스와 루마니아 사이에 동맹조약이 체결되어 소련 · 프랑스 관계는 극도로 악화되었다. 이 동맹이 특히 소련을 자극한 것은 베사라비아 문제였다. 이 지방은 제1차 세계대전 이후 루마니아에 양도하게 되었는데 이것을 문서화한 의정서에 일본, 이탈리아는 비준하지 않았으나 영국, 프랑스는 비준한 바 있었다.

루마니아는 베사라비아 지방을 확보한 이후 소련에 대항하는 동맹구축을 영국, 프랑스, 이탈리아에 제의했는데 프랑스가 이런 대(對)소 동맹 체결에 동의해 1926년 6월 10일 조약을 체결한 것이었다. 그리하여 소련은 1920년대 후반 영국, 프랑스와의 관계가 극도로 긴장되어 더욱 불안한 상황에 처하게 되었다.

부전조약과 리트비노프 의정서

영국, 프랑스, 독일, 일본, 벨기에의 대표들은 1927년 6월 15일 제네바에서 회동하고 소련과의 관계를 토의하기에 이르렀다. 그러나 독일의 반대로 대(對)소 연합은 구축되지 못하였다.

한편 소련은 1927년 12월 제15차 당 대회에서 제1차 5개년 경제계획을 채택하였다. 경제계획의 실시를 위해서는 평화 기간이 필요했으며 자본주의 열강과의 경제관계는 필수적이었다. 따라서 소련으로서는 이들과의 관계를 정상화하지 않을 수 없었는데 부전조약의 성립으로 그 돌파구를 찾게 되었다.

1927년 4월부터 부전조약에 관해 미국과 프랑스가 교섭하자 소련은 이것을 미국 자본주의 팽창에 관한 하나의 표현이며 영국을 견제하기 위한 미국의 시도라고 분석, 비판하였다. 한편 치체린은 이 조약 교섭에서 소련이 제외된 것을 비판하면서도 가입을 제의하면 수락하겠다고 8월 초에 밝힌 바 있다.

부전조약이 성립되고 소련에 가입이 제의되자 소련은 즉각 수락해 부전조약 제3조에 의해 최초로 가입한 국가가 되었다. 소련은 또 폴란드와 리투아니아에게 부전조약을 즉시 실행에 옮길 수 있도록 하는 부가 의정서를 채택하자고 제의하였다. 폴란드는 루마니아와 발트 해 국가들도 참여할 것을 제의해 1929년 2월 9일 모스크바에서 이른바 리트비노프 의정서Litvinov Protocol(또는 모스크바 의정서)가 소련, 라트비아, 폴란드, 에스토니아, 루마니아 사이에 채택되었다. 리투아니아, 페르시아, 핀란드, 터키는 후에 가입하였다. 소련이 이런 의정서를 주장한 것은 소련의 평화정책을 과시함과 아울러 인접국가의 반(反)소 동맹 결성을 저지하려는 목적에서 나온 것은 물론이다.

수차 언급한 바와 같이 이른바 로카르노의 정신은 서유럽 지역에 국한된 것이었다. 우리는 지금까지 소련 주변지역이 이런 정신의 지배를 받지 못하고 있음을 보아 왔는데 이와 유사한 지역으로 동북아 문제를 살펴보기로 하자.

5. 워싱턴 회의 이후

워싱턴 회의 체제의 내적 모순

이른바 워싱턴 회의 체제는 동북아와 태평양지역에 있어서 특히 영국과 미국의 우월한 지위를 보장한 질서라고 볼 수 있다. 일본은 산둥 반도를 원칙상 중국에 반환하고 시베리아로부터 철병할 것을 약속하였다. 더욱이 일본은 만주와 몽골이 일본의 영향권하에 있음을 규정한 이시이(石井) · 랜싱Lansing 협정을 1923년 4월에 폐기하게 되었다. 그리고 일본은 주력함 비율도 당초의 주장인 영 · 미에 대한 70%를 관철하지 못하고 60% 보유에 그치고 말았다. 워싱턴 체제는 이와 같은 일본의 불만을 처음부터 내포하고 있었다.

그리고 워싱턴 회의 체제는 근본적으로 중국의 민족주의적인 요구와는 어긋나는 것이었다. 중국에 관한 9개국 조약은 중국의 영토보전, 문호개방, 기회균등의 원칙을 확인하고 중국의 주권 존중을 규정하고 있으나 열강이 중국에서 보유하고 있는 기득권에 관해서는 아무런 언급도 없었다. 다시 말하자면 워싱턴 회의 체제는 기득권의 보호라는 측면을 갖고 있었다. 중국 국민의 반외세 운동이 격렬해지자 특히 영 · 미 · 일이 무력간섭을 하게 된 것은 이런 측면을 현실로 드러낸 것이었다.

끝으로 워싱턴 회의 체제는 처음부터 소련을 배제하고 형성된 것이었다. 따라서 소련은 회의가 소집되기 이전부터 이 회의 자체를 비판하면서 이런 회의에서 채택될 어떤 결정도 소련을 구속할 수 없다고 발표하였다. 워싱턴 회의의 결정은 마치 베르사유 회의의 결정과 같은 것으로 간주한다고 비판하였다. 그 후 소련이 중국의 여러 정치집단과 접촉하면서 중국에 진출하고 일본과 국교를 수립하면서 동북아에 진출하게 되자 워싱턴 회의 질서는 더 이상 지탱되지 못하게 되었다. 워싱턴 회의질서의 이와 같은 내재적인 모순을 다시 살펴보기로 한다.

치체린과 카라한의 선언

소련은 일찍이 외몽골을 그 영향하에 두었다. 소련의 지원으로 형성된 외몽골 임시정부군이 소련군과 함께 기존 정부를 타파하고 정권을 장악하자 두 나라는 1921년 11월 5일 국교 수립에 합의하는 기본 조약을 체결하였다. 이 조약으로 양국 정부는 서로를 법적인 정부로 승인했으며 국경 문제 해결을 위한 위원회를 설치하였다. 그러나 이 조약은 기존의 중국 권익에 관해서는 아무런 언급이 없어서 당시 베이징 정부를 당황케 하였다.

1920년대 소련의 중국 정책은 혼란되고 일관성이 없었다. 소련혁명 직후 소련은 내란과 연합국의 군사개입으로 베이징 정부와 외교적인 교섭을 시도할 여건이 마련되지 못했으나 소련에게 중국은 중요한 대상이었다. 그리하여 공식적인 관계를 갖기 이전에 소련은 기본적인 태도를 몇 번 발표한 바 있다. 먼저 1918년 7월 4일 외무 인민위원 치체린은 중국에 관한 기본 입장을 밝혔다. 소련은 제정 러시아가 중국에 행한 침략을 부인하며 중국의 영토주권 회복에 노력한다고 천명하였다. 그러나 치체린은 러시아 소유의 중요한 철도를 포기한다고는 말하지 않았다. 그러나 만일 철도를 중국이 매입하는 경우에는 1940년에 반환하고, 매입하지 않는 경우에는 소련은 이 철도를 1980년에 가서야 무상으로 중국에 반환한다고 하였다. 이런 입장은 소련혁명 직후에 있었던 레닌의 평화선언에 배치되고 있음은 물론이다. 무배상 · 무병합을 선전했으나 소련이 동북아에 진출하기 위해서는 동청철도의 확보가 불가결한 것이었다.

1919년 7월 25일 외무차관 카라한L.M. Karakhan의 발표에는 동청철도가 지칭되었다. 여기에서 소련은 동청철도를 포함한 모든 권익을 중국에 아무런 보상을 받지 않고 반환한다고 밝히고 베이징 정부에게도 이 문서를 전달하였다. 그 후 소련은 동청철도의 무조건 반환은 카라한 선언의 원문에 없었던 것이라고 이를 부인하였다. 1920년 9월 27일자 카라한의 두 번째 발표에서는 동청철도에 관해 중국과 특별한 협정을 체결해야 한다는 유보적인 입장을 명백히 하였다.

요페의 중국 방문

내란이 평정되고 외국군의 철수가 거의 완료된 1922년에 들어서면서 소련은 중국과의 교섭을 시도했는데 베이징 정부와 더불어 광둥의 국민정부와도 접촉을 계속하는 이중외교를 전개하였다. 베이징 정부로부터는 소련 정부의 법적 승인을 얻어내고 러시아의 기존권익을 계속 보존하려 하였고, 한편으로 광둥 정권을 지원해 혁명세력을 강화하려고 하였다.

브레스트-리토프스크 조약 체결을 담당한 바 있었던 요페A.A. Ioffe가 1922년 8월 베이징에 도착해 중국 정부와 본격적인 교섭을 시도하였다. 카라한의 선언에 충실히 입각한다는 요페의 교섭 태도로 베이징 정부와의 회담은 곧 난항에 봉착하였다. 주요 현안은 ① 의화단의 난 배상금 중 러시아 배당액의 사용관계, ② 몽골에 대한 중국의 주권 문제, ③ 동청철도에 대한 소련의 요구 등이었다. 특히 동청철도에 관해서는 소련이 이 문제에 관여할 권리가 있다고 요페는 주장하였다. 그리고 몽골에 대해서도 중국은 예전과 같은 주장을 되풀이하면 안 되며 소련군의 주둔은 몽골 정부가 희망해 이루어진 것이라고 말하였다.

결국 회담은 결렬되었다. 요페는 일본과 교섭하려고 도쿄로 가는 도중에 상하이에서 쑨원(孫文)과 회담했는데 여기에서 두 사람은 1923년 1월 27일 중요한 내용을 담은 공동 선언문을 발표하였다. 그 내용은 다음과 같다. 현재 중국에 공산주의나 소련 체제가 도입될 조건은 아직 존재하고 있지 않다. 중국의 가장 시급한 문제는 국가의 통일과 독립이며 이를 위해 소련 국민은 동정과 원조를 제공한다. 그리고 소련은 동청철도 운영의 현상을 긍정적으로 평가하며 외몽골의 분리를 도모하지 않으나 중국은 소련군의 주둔을 인정한다. 이 선언으로 소련은 쑨원이 이끄는 국민정부의 대표성을 인정하게 되었고, 아직 미미한 존재인 중국 공산당이 국민정부 밑에서 활동할 수 있는 길이 열리게 되었다.

중국과 소련의 기본 조약 체결(1924년 5월 31일)

요페가 이룩하지 못한 국교 수립을 위해 1923년 9월 카라한이 베이징에서 베이징 정부 외교부 총장 서리 구웨이다오(顧維鈞)와 수개월에 걸친 협상을 시작하였다. 주요한 의견 차이는 요페의 경우와 마찬가지로 동청철도, 의화단 배상금, 그리고 외몽골 문제에 집중되었다.

카라한은 동청철도 문제에 관해 강경한 입장을 취하였다. 1919년 7월 25일 자신의 선언에 동청철도의 무조건 반환은 선언 원문에 결코 삽입되어 있지 않았다고 수차에 걸쳐 강조하였다. 그리고 1919년 당시 중국이 거부한 자신의 선언을 이제 와서 그 내용 여하에 관해 이의를 제기하는 것은 있을 수 없는 일이라고 반박하였다. 또 의화단 배상금 중 러시아가 받을 배당금은 중국의 근대교육 발전에 사용돼야지 중국이 일방적으로 지출하면 안 된다는 입장을 취하였다. 끝으로 몽골이 중국의 일부임은 인정하지만 소련의 국경 안전에 대해 필요한 조치가 취해져야만 철군하겠다고 말하였다. 결국 최대의 쟁점은 동청철도 문제로 압축되었고 이에 관해서는 특별조약을 체결하기로 절충되었다.

그리하여 1924년 5월 31일 소련과 베이징 정부는 두 개의 조약을 체결하였다. 「일반적인 문제의 해결을 위한 일반원칙에 관한 합의」와 「동청철도의 잠정적인 운영에 관한 합의」가 그것이다. 전자의 내용은 다음과 같다. 양국의 외교 · 영사관계를 재건한다. 제정 러시아와 중국의 조약, 그리고 중국에 관해 제정 러시아가 다른 국가들과 체결한 모든 조약들을 폐기한다. 두 나라 중 한 나라에 유해한 조약을 제3국과 체결하지 않는다. 소련은 제정 러시아가 중국에서 보유했던 모든 권익, 치외법권, 그리고 의화단 배상금을 포기한다. 상대국의 정치 · 사회제도에 대한 비방을 금지한다. 외몽골은 중국의 일부이며 소련군은 이 지역으로부터 철수한다. 1개월 이내에 회의를 소집해 외몽골에서의 소련군 철수, 소련 · 중국의 국경획정 등을 위시하여 동청철도에 관해 최종 합의를 이룬다. 그리고 동청철도는 순전히 상업적인 사업체이며 장차 중국은 중국 자본으로 이 철도를 환수한다.

「동청철도의 잠정적인 운영에 관한 합의」의 내용은 다음과 같다. 최종적이고 세부적인 합의가 이룩될 때까지 동청철도는 소련의 총지배인과 10인의 운영위원으로 운영된다. 10인의 운영위원회는 중 · 소 각 5인으로 구성하고 중국인이 위원장, 소련인이 부위원장이 된다.

그런데 1개월 이내에 소집하기로 된 회의는 1925년 8월 말에 가서야 소집됐으나 아무런 결실을 맺지 못하였다. 동청철도 문제에 관해서 양측은 쉽게 합의할 수가 없었고 결국 소련은 허약한 베이징 정부와 회담을 진행하는 것에 열의를 잃어 회의는 무산되고 말았다.

펑(奉) · 소 협정(1925년 9월 20일)

당시 만주는 펑톈(奉天)의 장쭤린(張作霖) 정권이 지배하고 있었다. 따라서 소련으로서는 베이징 정부가 아니라 펑톈 당국과의 교섭도 필요하게 되었다. 그리하여 1925년 9월 20일 이른바 펑 · 소 협정이 체결되었다. 그 내용은 카라한이 베이징 정부와 체결한 것과 유사한데 단지 ① 동청철도를 중국에 상환하는 시기를 1980년이 아니라 1960년으로 단축할 것, ② 철도 이익을 운영할 위원회를 설치할 것, ③ 동청철도 문제는 펑톈 당국과 소련의 회의에서 심의할 것 등이 다른 점이다. 이 협정이 체결된 이후에도 소련과 펑톈 당국은 동청철도 운영에 관한 분쟁을 계속하였고 다른 한편 펑텐 군벌은 베이징의 즈리(直隸) 군벌과도 전쟁을 계속하였다.

따라서 소련은 국민정부와의 접촉에 주력하게 되었다. 국민정부에 대한 소련의 영향은 1923년 가을 보로딘M.M. Borodin이 카라한의 소개장을 지참하고 광둥에 도착해 쑨원을 만나 그의 특별보좌관직을 맡으면서 강화되기 시작하였다. 국민당이 개편되고 공산주의자를 영입해 이른바 연합전선이 형성되었다.

이때부터 국민당의 좌·우파 분쟁이 있게 되었다. 1926년 10월 국민당 내 좌파의 우세로 수도를 광둥에서 우한(武漢)의 한커우(漢口)로 이전하였다. 따라서 스탈린은 국민정부가 장차 진정한 혁명정부로 변모할 수 있다고 판단하고 국민정부 지원을 강화해야 된다는 정책노선을 지원하고 지지하였다. 이런 노선이 트로츠키의 비판을 받은 것은 유명한 일이다.

하여간 국민당의 좌우합작은 1927년 3월 장제스(蔣介石)가 이끄는 국민군이 상하이에서 반(反)공산주의 그룹과 제휴하면서 끝나게 되었다. 그리하여 소련은 한커우의 우한 정부를 지원해 이 정부를 프롤레타리아와 농민의 혁명적·민주적인 독재체제로 환원시켜야 한다는 새로운 노선을 채택하게 되었다. 그러나 소련이 1927년 6월 우한 정부에게 토지개혁의 실시와 아울러 공산주의자들로 구성되는 정부로 개편할 것을 요구하게 되자 우한 정부는 대대적인 공산주의자 검거에 나서게 되고 보로딘과 로이M.N. Roy는 우한을 떠나게 된다.

이제 중국에서는 난징(南京)의 장제스 국민정부, 한커우의 국민당 좌파로 구성된 우한 정부, 그리고 베이징의 군벌정부 등 3개 정부가 서로 대립 투쟁하면서, 여기에 또 중국 공산당의 투쟁이 겹치는 복잡한 양상을 띠게 되었다.

하바로프스크 의정서(1929년 12월 22일)

1928년 북벌을 완성한 장제스의 난징 정부는 반(反)소 정책을 계속하였고 1928년 12월 국민정부에 복종한 펑텐의 장쉐량(張學良)도 반소반공 노선을 강화하면서 동청철도의 환수를 실력으로 결행코자 하였다.

그리하여 1929년 5월 하얼빈의 소련 영사관을 수색, 소련인의 체포와 더불어 공산주의 선전 자료들을 압수하자 소련과의 관계는 극도로 악화되었다. 펑텐 당국은 여기에 그치지 않고 동청철도의 전신전화국을 점거하고 동청철도에 근무하는 소련인들을 체포하는 강경조치를 취하였다. 장쉐량은 국민정부의 지원을 받아 차제에 동청철도를 완전히 중국에 환수시키려 하였다.

그러나 소련은 강경하게 대처하였다. 원상복구를 3일 이내에 실행토록 요구한 7월 13

일의 항의가 받아들여지지 않자 소련은 총공격을 개시해 이른바 펑·소 전쟁이 발발하였다. 11월에는 만저우리(滿洲里)를 소련군이 점령하게 되고 펑톈 당국은 완전히 패배하였다.

그리하여 「동청철도의 구상태(舊狀態) 부활에 관한 중·소 의정서」인 이른바 하바로프스크 의정서가 체결됐는데 그 주요 내용은 다음과 같다. ① 조약상에 규정된 동청철도 이사회의 활동을 부활하고 일시 추방된 소련 이사들을 다시 취임시킨다. ② 영사관 수색 당시 체포된 소련 시민을 석방한다. 또한 해고된 동청철도에 근무하던 소련인 직원을 복직시킨다.

동청철도를 실력으로 환수하려던 장쉐량의 기도는 완전히 수포로 돌아갔다. 그런데 난징 정부는 이 의정서가 중앙정부가 위임한 범위를 초월한 것이라고 의정서 승인을 거부하였다. 따라서 소련과 난징 정부의 교섭이 1930년 10월부터 시작됐으나 쉽게 합의점에 도달할 수가 없었다.

양국의 교섭은 1931년 이른바 만주사변으로 단절되고 만주 문제는 새로운 국면을 맞이하게 된다. 이제 우리는 일본 문제를 살펴보기로 하겠는데 먼저 일·소 관계를 보기로 한다.

다롄(大連) 회의(1921년 8월 20일~1922년 4월 16일)

일·소 관계는 일본의 시베리아 출병으로부터 시작됐다는 사실은 기억해야 된다. 양국이 전쟁상태로부터 출발했다는 것을 의미하기 때문이다. 일본은 당초 구 러시아 제국의 소멸을 인정하지 않았고 따라서 소련 정부가 구 러시아 조약들을 일방적으로 폐기하는 데에 반대하였다. 일본이 이런 입장을 고수한다면 일·소 관계의 정상화는 이루어질 수 없는 일이었다. 더욱이 1920년에 이르러서 러시아 영토에는 일본군만이 주둔하게 되어 양국 관계는 긴장상태가 계속되었다. 물론 1920년 9월까지 일본군은 이르쿠츠크Irkuzk-만저우리-하얼빈-하바로프스크에 이르는 지역으로부터 철수했으나 연해주 일대의 일본군은 1922년 10월까지, 그리고 북 사할린의 경우는 1925년 5월까지 주둔하였다.

따라서 소련으로서는 일본군의 철수 관철이 급선무가 아닐 수 없었다. 소련 당국이 완충국으로 설립한 극동공화국(1920년 4월~1922년 11월까지 존속)이 일본과의 교섭을 먼저 제의하였다. 이에 대해 일본은 극동공화국의 민주제도 실시, 일본·조선에서의 공산주의 선전금지, 그리고 일본의 기득권 보호 등을 골자로 하는 8개 조건의 관철을 위해 다롄회의 개최에 동의하였다.

극동공화국은 일본군의 즉각적인 시베리아 철수를 요구했으나 일본이 수긍할 리 없었다. 극동공화국은 다시 1개월 이내에 철수하는 경우 여러 가지 경제적인 특권을 일본에 양여하겠다고 제의하였다. 그러나 일본은 전술한 니콜라예프스크 사건이 만족하게 해결돼야만 철군할 수 있다는 입장이었다.

1921년 10월 일본 정부가 이른바 17개 요구를 제출함으로써 회의는 난항에 부딪히게 되었다. 17개 요구는 실로 방대한 내용을 담고 있었는데 그 주요 내용을 보면 다음과 같다. 극동공화국 내의 일본인에 대한 특권 부여, 극동공화국의 반일활동 금지, 극동공화국 지역에 공산정권 수립 금지, 블라디보스토크의 비무장화와 외국관리체제 확립, 니콜라예프스크 사건에 대한 보상으로서 북 사할린 지역에서의 일본에 대한 특권 부여, 일·소의 전쟁시 극동공화국의 중립보장, 일본이 적절하다고 판단하는 시기에 연해주로부터의 일본군 철수 등이었다.

이와 같은 요구를 극동공화국이 수락할 수는 없었다. 일본은 자신의 요구를 양보하면서 회의를 지속시킬 이유가 없다고 판단해 8개월간 끌어온 다롄 회의는 아무런 성과 없이 끝나버렸다.

창춘(長春) 회의(1922년 9월 4일~25일)

다롄 회의가 실패로 끝나자 극동공화국은 여러 채널을 통해 일본과의 교섭 재개를 시도하였다. 일본에서는 1922년 6월 중순 가토 도모사부로(加藤友三郎) 내각이 들어서면서 시베리아 주둔 반대의 국내외 여론을 의식해 철병을 결정하기에 이르렀다. 그리하여 일본, 극동공화국, 그리고 소련 대표들의 회의가 창춘에서 개최되었다.

일본은 회의 토의를 극동공화국 문제에만 국한할 것을 주장했으나 소련대표 요페는 이에 반대하면서 시베리아에 대한 일본의 근본 이익을 양해하고 있다고 말해 어느 정도 양보의 뜻을 밝혔다. 그러나 그는 소련 문제도 토의해야 된다는 점을 강조하였다. 그것은 일본으로부터 소련 정부 승인을 얻어내려는 것이었다. 그리고 니콜라예프스크 사건 해결과는 관계없이 북 사할린으로부터 일본군의 철수를 요구하였다.

일본은 철병에 앞서 경제활동의 자유보장, 이권보장, 공산주의 선전의 금지 등을 계속 주장해 회의는 결국 결렬되고 말았다. 그런데 일본은 예정대로 연해주로부터 철병하였고 이에 소련은 11월 중순 극동공화국을 합병하였다. 이때 미국의 석유자본이 북 사할린 진출을 도모해 일본을 자극하였고 일본은 중국과의 교섭을 위해 베이징에 와 있던 요페를 초청하였다. 요페는 도쿄 시장이자 일러협회장 고토 신페이(後藤新平)의 요청으로 1923년 3월 일본에 도착해 잠시 귀국 중인 폴란드 주재 일본대사 가와카미 도시히코(天上俊彦)와 수개월에 걸친 회담을 시작하였다. 그러나 북 사할린 문제, 니콜라예프스크 사건 문제, 이권·통상 문제, 구 조약의 효력 문제 등의 현안을 타결하지 못하고 또다시 결렬시키고 말았다.

일·소 기본 조약의 체결(1925년 1월 20일)

소련의 입장에서는 일본과의 국교 정상화는 필수적인 것이었다. 북 사할린을 일본군이 아직 점령하고 있는 사실 하나만 보아도 소련의 입장을 알 수 있다. 이에 반해 일본은 소련과의 국교수립에 소극적인 태도를 취해 왔다. 그런데 요페가 일본을 떠난 후에 일본에서는 야마모토 곤베에(山本權兵衛) 내각이 등장하였고 일찍이 일본·중국·소련 3국 연합을 주장해 온 고토 신페이, 그리고 이누카이 쓰요시(犬養毅), 다나카 기이치(田中義一) 등의 이른바 대아시아주의자들이 각료가 되면서 소련과의 관계에도 변화가 오게 되었다.

야마모토 수상은 이주인 히코키치(伊集院彦吉) 외상이 취임하기 전 17일간 외상을 겸임했는데 그동안에 그는 베이징 주재공사 요시자와 겐기치(芳澤謙吉)에게 카라한 중국주재 러시아 공사와 접촉하라고 훈령하였다.

그러나 요시자와에게 정식으로 전권위임장을 보낸 것은 1924년 6월 호헌삼파(護憲三派) 즉 하라(原敬)가 이끄는 정우회(正友會), 가토(加藤高明)가 이끄는 헌정회(憲政會), 그리고 이누카이가 영도하는 국민당 등의 연합내각이 형성된 이후의 일이었다. 그러나 이 연합내각의 외상인 시데하라 기주로(幣原喜重郎)는 영국과 미국과의 협조를 강조하는 국제협력론자였다. 따라서 일본 내각에서는 소련 승인문제가 쉽사리 의견의 일치를 보지 못했으나 1924년 2월 이후 열강이 소련을 승인하고 있는 국제정치 분위기를 거역할 수는 없었다.

1925년 1월 20일 드디어 양국은 국교 수립을 위한 일·소 기본 조약을 조인하고 2월 25일에 비준하였다. 조약의 주요 내용을 보면 다음과 같다.

(1) 1905년 러·일 강화 조약은 계속 유효하다.
(2) 북 사할린의 유전 개발권은 그 유전 지적(地積)의 50%를 일본인에게 40~50년간 양여한다. 이 양여에 관한 계약은 일본군이 북 사할린으로부터 완전히 철수한 이후 5개월 이내에 체결한다.
(3) 북 사할린의 일본군은 1925년 5월 15일까지 철수를 완료한다.
(4) 상대국의 안녕, 질서를 해치는 행위를 서로 취하지 않는다. [코민테른의 행위가 여기에 해당되느냐의 문제가 논란의 대상이었으나 결국 소련의 주장대로 소련과 코민

테른은 별개의 존재라고 규정되었다. 물론 일본은 이 조항의 위험을 방지하기 위해 이른바 치안유지법을 제정하고 공산주의 운동을 탄압하였다.]

(5) 통상항행 조약은 따로 체결한다. [이 조약은 1941년에 이르러서야 타결되었다. 물론 독·소 개전으로 인해 정식으로 조인되지는 못하였다.]

일본의 중국 진출

일본의 본격적인 중국 침략은 국민군의 북벌이 계획대로 진행되면서 시작되었다. 일본은 워싱턴 회의 이후 한동안 영·미와 함께 워싱턴 체제를 준수한다는 외교노선을 견지하였다. 그 두드러진 예가 시데하라 외상이 제창한 국제협력주의, 경제외교 주력, 중국에 대한 불간섭 등 이른바 3개 기본 외교노선이었다. 그리하여 국민군의 북벌에 따라 일본의 조계(租界)들이 위협을 받아도 간섭하지 않겠다는 입장을 취하였고 이런 외교노선이 국민의 지탄을 받게 되었다.

이와 같은 온건한 외교정책은 1927년 4월 다나카(田中義一) 내각이 들어서면서 적극적인 중국 개입 정책으로 돌변하였다. 1927년 6월, 1928년 4월과 5월, 세 차례에 걸쳐 일본 거류민의 보호를 빙자해 산둥 반도에 육군을 파병하기에 이르렀다. 한편 국민군의 북벌이 계획대로 진척되자 일본 정부는 화베이(華北) 지방을 지배하고 있던 장쭤린으로 하여금 다시 그의 본래 근거지인 만주로 돌아갈 것을 권고하였다. 그리고 국민군이 만주에 진입하기 이전에 일본의 권익을 보장하는 조약을 장쭤린과 체결해 두기로 하였다.

일본 정부는 장쭤린이 만주로 돌아가는 경우 그를 만주까지 추격하지 않겠다는 약속을 국민군으로부터 받아냈다. 이에 따라 일본 외무성은 관동군이 구상하고 있던 장쭤린의 무장해제 계획을 실행치 말도록 일선의 영사들에게 훈령하였다. 하지만 이에 격분한 관동군은 펑톈으로 돌아오는 장쭤린의 특별열차를 폭파해 장쭤린이 폭사하였다. 1928년 6월 4일의 일이었다.

관동군은 장쭤린이 사망하면 만주 전역에 큰 혼란이 일어나게 되고 따라서 군대를 동원할 명분을 얻게 될 것이라고 예측하였다. 그러나 만주에는 내분이나 혼란이 일어나지 않았다. 그리고 관동군의 출동에 관해서는 도쿄의 육군본부 자체에서 반대하고 나섰다. 그리고 일본은 장쭤린의 아들인 장쉐량이 국민군과 제휴하고 반일운동에 가담하게 되는 새로운 국면에 직면하게 되었다. 일선에 있는 군부대의 독자적인 행동을 본국의 군 본부가 처벌하지도 못하고 일선 부대들이 독주할 수 있는 선례를 만들어 놓았다.

이와 같이 유럽이 로카르노 정신에 입각한 오랜만의 화해 분위기에 젖어 있을 때 동북아에서는 군국주의 일본의 대륙침략의 맹아가 싹트고 있었다.

6. 파시스트 이탈리아의 등장

제1차 세계대전 이후의 이탈리아

소련과 그 주변국가들, 그리고 동북아 지역에서와 같이, 이탈리아도 서유럽의 로카르노 정신과는 상반되는 정책노선을 추구하였다. 1922년 10월 파시스트들의 로마 입성으로 유럽에서 최초로 극우정권을 수립한 무솔리니는 현상유지보다는 국제정치 질서의 수정을 요구하면서 다뉴브 강과 발칸 반도로 세력 확장을 도모하였다.

물론 이탈리아는 영국, 프랑스, 독일에 비하면 후진국에 속하였다. 전체 인구의 55%가 농업에 종사하고 있었으나 모든 토지들은 소수의 대지주들이 소유하고 있었다. 1880년대부터 급격히 들여온 외국자본에 의한 산업발전의 방향은 이탈리아 국민의 경제적인 필요성과는 거리가 먼 것이었다. 그리고 이와 같은 외국 · 국내 자본의 충돌뿐만 아니라 도시 · 농촌의 대립도 심각하였다.

이와 같은 구조적인 모순은 제1차 세계대전을 거치면서 더욱 심화돼 전후에는 거의 정치적인 무질서 상태가 되었다. 파시스트들이 로마에 입성하기까지 이탈리아에서는 네 차례 내각이 바뀌었다. 니티F. Nitti 내각, 지올리티G. Giolitti 내각, 보노미I. Bonomi 내각, 그리고 팍타L. Facta 내각들이 그것이었다. 정부는 특히 공산주의자들의 파괴활동을 통제하지 못했으며 이에 경제계의 우려가 심화되었다. 결국 경제단체들과 정부기관들은 파시스트를 지원하지 않을 수 없었다.

무솔리니B. Mussolini

무솔리니는 17세가 되는 1900년에 이미 사회주의 정당에 가입해 정치에 관심을 가지게 되었다. 한동안 스위스 지방에 전전하면서 독일어, 프랑스어를 습득하고 귀국 후에 프랑스어 교사가 되기도 하였다. 1912년에는 『아반티』*Avanti*라는 신문을 창간해 사회주의 노선 선전에 전념하기도 하였다. 그러나 그는 사회주의 이념보다는 자신의 출세에 더 급급한 인물이었다. 1914년부터는 『아반티』를 그만두고 『포폴로 디탈리아』*Popolo d'Italia*를 창간하고 이탈리아의 참전을 선전하는 태도로 돌변하였다.

1919년 3월 23일 무솔리니는 제1차 세계대전에 참전한 인물들을 규합해 밀라노에서 전투의 집단Fasci di Combattimento을 결성하였다. Fasci란 고대 로마 고관들의 호위병들이 들고 있던 막대기 다발인데 그 다발 사이로 도끼날이 보이게 한 일종의 권표(權標)를 말한다. 이들의 세력은 1920년 가을부터 크게 확장되었다. 그것은 극좌세력의 행동에 산업가들과 정부기관이 파시스트를 지원했기 때문이다.

1920년 11월 볼로냐Bologna 시장선거에서 공산당원이 시장에 당선되자 파시스트들은 그 저지에 착수하였고 그 후 이들의 공산당 습격활동이 본격적으로 추진되었다. 무솔리니는 1921년 11월 파시스트 국민당을 결성하였고 1922년 8월 사회주의자들이 총파업을 결의하자 이것을 실력으로 저지하였다. 1921년 5월 의회선거에서는 파시스트들은 겨우 30여 석을 얻는 데 그쳤으나 좌우의 투쟁은 전국적으로 확산돼 팍타 수상은 계엄령 선포를 국왕에게 건의하였다. 그러나 국왕은 팍타의 건의를 받아들이지 않고 무솔리니에게 내각 조직을 의뢰하였다. 그리하여 1922년 10월 28일 파시스트들이 로마에 입성하게 되었는데 당시 정치인들은 이것이 파시스트 이탈리아의 출발을 의미한다는 것을 예상하지 못하였다.

파시스트 이탈리아의 발칸진출

무솔리니는 발칸 반도와 다뉴브 강 유역으로 진출하려고 하였다. 그리하여 이 지역에 이해관계를 갖고 있던 프랑스, 소련과 마찰을 빚게 되었다.

먼저 알바니아 진출로부터 시작하였다. 무솔리니는 정권을 장악하자 이른바 코르푸Corfu 사건을 일으켜 열강을 놀라게 하였다. 1923년 8월 27일 알바니아와 그리스의 국경 획정 문제를 담당하던 국제위원회의 이탈리아 대표였던 텔리니E. Tellini 장군이 그리스 영토에서 피살되자 무솔리니는 코르푸를 포격, 점령하였다. 결국 이탈리아는 그리스로부터 상당한 양보를 받고 영국의 압력으로 철수했지만 이것은 무솔리니의 모험주의 노선을 잘 나타내 주는 사건이었다.

하여간 알바니아는 전통적으로 이탈리아가 진출하려는 대상이었다. 새로 대통령에 취임한 조구A. Zogou는 친(親) 이탈리아 노선으로 정책을 바꿔 유고슬라비아와 프랑스를 당혹케 하였다. 알바니아는 유고슬라비아와 적대관계에 있었고 프랑스는 유고슬라비아와 우호관계에 있었다. 1926년 11월 무솔리니와 조구는 우호동맹 조약을 체결하였다. 양국은 두 나라 중 한 나라의 이익에 반대되는 정치, 군사적인 합의를 제3국과 체결하지 않으며 양국의 분쟁은 중재에 부탁해 평화적으로 해결토록 하였다.

이 조약이 체결되자 프랑스와 유고슬라비아는 1927년 11월 이 조약의 내용과 유사한 합의를 체결하고 이탈리아에 대항하였다. 이에 이탈리아는 다시 알바니아와 20년간의 방어동맹 조약을 체결하였다. 이제 알바니아는 완전히 이탈리아의 영향권에 들어가게 되었다.

또한 무솔리니는 베르사유 조약의 수정을 요구하는 헝가리와 제휴하였다. 1925년 9월에는 무역협정을, 1927년 4월에는 우호조약을 체결해 이탈리아는 현상 타파국가들과의 관계를 공고히 하였다. 무솔리니는 조약이란 신(神)의 정의(正義)로부터 나온 것이 아니라 어설픈 영향력의 산물이라고 공언하였다.

이와 같이 1920년대 후반의 세계불안은 소련, 동북아, 지중해 지역으로부터 일기 시작하였다.

제 2 절 혼란의 세계외교사

일본 관동군의 만주 활동에서 세계 평화에 대한 불길한 징조는 이미 나타났다. 1929년 대공황은 일본으로서는 중국 침략을 위한 절호의 기회였다. 이를 계기로 일본 관동군은 만주와 몽고를 일본이 반드시 지배해야 된다는 계획을 추진하였다. 일본이 대륙 진출을 위해서는 미국과 전쟁을 거치지 않을 수 없는데, 이 최후의 전쟁에 승리하려면 만주와 몽고의 보유가 필요하다는 것이 적나라하고 유치한 침탈의 논리였다. 드디어 만주국이라는 일본 괴뢰 정권이 등장하는 사태에 이르게 돼 세계 평화 파괴의 길로 접어들었다.

세계 정치의 중심 지역에서 히틀러가 등장했다는 것 자체가 획기적인 일이다. 히틀러는 유럽 사회를 한 나라가 지배해야 된다는 샤를마뉴와 나폴레옹의 뒤를 이었기 때문이다. 그러나 히틀러는 이들과는 전혀 다른 시대의 인물이었다. 무엇보다 소련이라는 특이한 정권이 국제사회에 강력한 행위자로 등장한 시대에 히틀러가 나타났다는 사실을 기억해야 한다. 소련은 대외 인식에 있어서는 1928년 비신스키 테제로, 그리고 국내 경제 문제에 있어서는 1929년 농업테제로 사상 통제의 시대로 들어간다. 그리고 같은 해 제1차 5개년 경제계획을 시작으로 강대국의 경제 기반을 이룩하게 된다.

서유럽 세계는 슬라브 공포에 이은 붉음의 공포가 현실 세계로 다가섰다고 믿게 되었다. 붉음의 세계가 서유럽으로 확산되는 것을 예방해 줄 완충 국가가 필요하게 되었다. 히틀러의 베르사유 체제 타파에는 서유럽, 특히 영국이 공모자였다. 히틀러에 대해서는 여러 평가들이 있다. 그러나 국제정치의 여건에서 볼 때 소련의 존재를 사상(捨象)하고는 히틀러 외교 정책의 본질을 이해할 수는 없다.

1. 대공황과 독일 · 오스트리아 관세동맹

1929년 대공항

1929년 10월 미국 월 스트리트에서 시작된 대공황은 1920년대 후반의 화해시대를 종식시키고 세계 정치질서의 변화를 초래한 세계적인 사건으로 발전하였다. 미국에서 시작된 공황이 이처럼 전 세계로 급속히 파급하게 된 것은 미국이 세계경제에서 그만큼 큰 비중을 차지하게 된 사실을 반영한 것이었다.

따라서 미국의 단기자본에 혜택을 받고 있던 독일과 오스트리아가 특히 큰 충격을 받았다. 독일의 사정을 보면 1928년의 공업생산을 100으로 잡는 경우 1930년 2월의 공업생산은 93, 1931년 2월에는 69, 1932년 2월에는 63으로 급격히 하락하였다. 따라서 실업자도 1929년에는 240만 명, 1930년에는 300만 명, 1931년에는 470만 명, 그리고 1932년에는 600만 명으로 급증하였다.

영국의 경우는 이처럼 심각하지는 않더라도 1931년의 공업생산이 1929년보다 30%가 감소했으며 무역은 거의 절반으로 격감되었다.

미국도 물론 심각한 영향을 받았다. 1928년의 공업생산을 100으로 잡는 경우, 1929년 11월은 96, 1930년 8월은 83, 1931년 8월은 71, 1932년 8월은 54로 격감하였다. 실업자도 1929년에는 150만 명, 1930년은 420만 명, 1931년에는 790만 명, 1932년에는 무려 1,190만 명에 달하였다.

프랑스가 그래도 가장 적게 영향을 받았다. 프랑스의 경제가 어느 정도 자립적인 경제

구조를 갖고 있었기 때문이다. 착실한 농업생산 국가였으며 1차 산품의 수입에 크게 의존하지 않고 있었다. 그리고 급속도로 공업화를 추진하지 않았고 외국자본의 유입이 매우 제한돼 있었던 사정으로 프랑스는 대공황의 영향을 크게 받지 않았다.

이와 같은 세계경제 공황이 발발하게 된 원인에 관해서는 경제학자들 사이에 여러 견해들이 있었고 현재도 논쟁의 대상이 되고 있다. 그러나 외교사의 관점에서 중요한 것은 이런 경제학의 이론들이 아니라 당시의 사람들이 그와 같은 경제적인 난관들을 어떻게 인식하고 있었느냐 하는 문제이다. 오늘날 우리들은 이 공황이 월 스트리트의 투기 붐의 갑작스런 폭락이 계기가 되었으며 이로 인해 발생한 실업자는 증가된 생산자원에 대응하는 구매력이 없었기 때문에 공황이 더욱 악화됐다는 사실을 잘 알고 있다. 그런데 당시에는 이런 경제적인 파탄이 제1차 세계대전과 전후의 평화조약들과 관련돼 있다고 믿었다. 따라서 베르사유 체제의 명분은 대공황으로 완전히 사라지게 되었다.

그리고 영국, 미국, 프랑스는 경제 문제 해결에 골몰하고 국제정치 문제에는 큰 관심을 기울일 여유가 없었으나 단지 독일은 예외였다. 지지기반이 없던 브뤼닝H. Brüning은 어떤 외교적인 성공으로 자신의 지지를 확대하고 경제적인 난관을 해결하려고 하였다. 이런 시도가 독일과 오스트리아의 관세동맹 체결로 나타났다.

독일 · 오스트리아의 관세 동맹조약(1931년 3월 14일)

양국에서는 관세 문제를 포함해 밀접한 연결을 주장하는 세력들이 존재하고 있었다. 파시스트들, 사회주의자들, 그리고 기독교 단체들이 모두 그런 단결을 주장하였다. 이와 같은 사회세력들을 배경으로 브뤼닝 정부는 외교적인 성과를 얻으려 하였고 또한 경제난국을 타개하기 위해서도 양국의 경제적인 단결이 필요하다고 판단하였다.

그리하여 쿠르티우스J. Curtius 독일 외상은 빈을 방문해 쇼베르J. Schober 오스트리아 외상과 관세동맹 조약을 체결하였다. 그 내용을 보면 양국은 관세행정을 각각 독자적으로 운영하되 관세율과 관세 관계의 법령들을 통일하고 모든 관세장벽을 철폐한다는 것이었다. 실로 완전한 의미의 관세동맹을 목적으로 하는 것이었다.

그러나 이런 조약이 양국만의 문제는 아니었다. 오스트리아의 독립 문제는 국제적인 문제였다. 오스트리아에 대한 평화조약인 생-제르망-앙-레이 조약 제88조에 의해 오스트리아는 국제연맹 이사회의 동의 없이는 그 독립을 타국에 양도할 수 없도록 되어 있었다. 그리고 1922년 10월의 제네바 의정서에서도 오스트리아는 그 독립을 직접 · 간접으로 저해시킬 어떤 경제적 · 재정적인 약속도 타국과 체결하지 않도록 규정돼 있었다. 이와 같이 오스트리아의 독립 문제는 국제합의로써 보장되었고 따라서 열강의 직접적인 이해에 관계되는 것이었다.

사실 이런 양국의 경제연합은 프랑스, 유고슬라비아, 루마니아 등이 언제나 우려했던 악몽 중의 하나였다. 프로이센의 독일 통일이 관세동맹Zollverein을 기초로 출발한 것은 모든 사람이 알고 있었다. 소 협상petite entente의 회의가 5월 3일 부카레스트에서 개최돼 프랑스, 유고슬라비아, 루마니아 3국은 독일 · 오스트리아의 관세동맹에 반대하기로 합의하였다.

한편 국제연맹 이사회도 5월 18일부터 이 문제를 토의하기 시작하였다. 그리하여 상설국제사법재판소의 권고의견 요청을 만장일치로 의결하였다.

상설국제사법재판소는 9월 5일에 권고의견을 제출하도록 돼 있었다. 재판소는 8 : 7로 채택된 권고의견에서 독일 · 오스트리아의 관세동맹은 제네바 의정서에 위배되며 생-제르망-앙-레이 조약과도 양립되지 않는다고 밝혔다. 이에 앞서 독일과 오스트리아는 9월 3일 스스로 양국의 관세동맹 조약안을 폐기한다고 선언해 이 문제는 일단락되었다. 관세동맹 조약의 폐기는 프랑스의 승리라고 볼 수 있다. 그러나 브리앙은 이 문제로 큰 타격을 받아 정계에서 은퇴하였다. 수개월 후 그는 세상을 떠났는데 이 시기는 우연하게도 국제정치의 화해시대의 종말과 일치하였다.

2. 만주사변

배경

대공황으로 열강이 국내문제에 골몰하고 있는 가운데 동북아 지역의 일각에서는 침략 행위가 자행되고 있었다. 바로 일본의 만주침략이 그것인데 미국 국무장관 스팀슨H.L. Stimson의 말대로 일본은 시기를 잘 선택하였다.

장쭤린의 폭사사건 이후 그의 아들 장쉐량은 국민정부와 제휴해 만주에 국민정부기(國民政府旗)를 게양한 이른바 역치(易幟)를 단행하였다. 따라서 일본은 장차 국민군이 만주 전역을 석권하는 경우 만주에서 얻은 기득권을 어떻게 보존하느냐는 문제에 고심하지 않을 수 없었다.

더욱이 1930년 가을부터는 국민정부가 곧 혁명외교를 단행할 것이라는 소문이 파다하게 퍼졌다. 국민정부는 모든 불평등 조약을 폐기하고 외국이 보유한 모든 이권을 회수하는 조치를 곧 취할 것이라는 것이다. 다시 말하자면 관세 자주권의 회복, 치외법권의 철폐, 그리고 조계 · 조차지 · 철도이권의 회수 등의 문제를 열강과 교섭하고 만일 열강이 이에 반대한다면 일방적인 행동으로 그 목적을 달성하는 것을 계획하고 있다는 소문들이 나돌았다. 그리하여 일본 정부는 물론이고 특히 만주에 거주하고 있는 일본인은 크게 동요되었다. 랴오둥 반도의 조차지, 남만철도 등의 권익이 위협을 받는 경우 그 누구보다도 먼저 직접적인 타격을 받게 되는 것이 이들 일본인임은 말할 필요도 없다. 따라서 이들은 기존조약들의 사수, 그리고 생존권의 보장 등을 위해 투쟁하지 않을 수 없다고 공언하기에 이르렀다.

만주에 거주하는 일본인은 러일전쟁 직후에는 1만 6,000명에 불과했으나 만주사변이 일어나기 1년 전에는 무려 23만 명에 달하였다. 이들의 대부분은 군인, 관리, 철도 종사원, 그리고 이들을 대상으로 한 상공업 종사자들이었다. 이들은 자신들의 입장을 본국 정부나 일본의 국내 여론이 충분히 이해하지 못하고 있다고 불만이었다. 그리하여 만주는 역사, 지리, 군사, 경제 등 모든 면에서 일본 본토와도 밀접히 관련돼 있다는 것을 선전하였다. 그리고 자신들을 만주 일본인(滿洲 日本人)이라고 자칭하고 다른 소수민족들과 함께 만주군벌(滿洲軍閥)의 압제를 타도하기 위해 투쟁해야 하며 새로운 만주국가(滿洲國家)를 창설해야 된다고 주장하기도 하였다. 1931년 3월 시데하라 외상이 귀족원에서 발언하는 도중 만주에 거주하는 일본인이 현지 중국인에 대해 우월감을 갖고 있으며 본국 정부에게도 그들의 주장을 지지하도록 호소하는 일이 있다고 비난한 일이 있었다. 이들은 이에 크게 격분해 전만주일본인자주동맹(全滿洲日本人自主同盟)이란 단체를 결성하고 만주와 몽골의 자주독립을 제창하고 나섰다.

그런데 이런 분위기를 더욱 악화시킨 사건이 발생하였다. 이른바 완바오 산(萬寶山) 사건과 나카무라 신타로(中村震太郎) 대위 피살 사건이 그것이다. 완바오 산 사건이란 1931년 7월 창춘(長春) 교외에 있는 완바오 산에서 조선인 농민이 중국인 농민으로부터 습격을 받게 되자 일본인 경관이 출동해 중국인들과 충돌한 사건을 말한다. 조선인 농민들이 중국인 지주와 계약을 맺어 수로 공사를 하게 된 것을 계기로 발생된 분쟁이 발단이 되었다. 또한 1931년 6월 일본 참모 본부의 나카무라 대위가 만주 서북지방을 여행하는 중에 펑톈군(奉天軍)에 의해 피살되자 일본과 난징 정부는 다시 긴장상태로 들어갔다.

이렇게 되자 일본 국내 여론은 극도로 분개해 중국에 대하여 어떤 근본적인 조치를 취해야 한다고 떠들었다. 이에 관동군이 군사적으로 만주와 몽골 문제를 일거에 해결하려고 나서게 되었다.

관동군의 도발계획

일본이 만주에 군대 주둔권을 획득한 것은 포츠머드 조약 추가 약관에 규정된 철도 수비대의 주둔권에서 비롯되었다. 이 일본 군대는 1906년에 창설된 관동도독부(關東都督府) 산하에 있었고 도독의 지휘를 받았다. 그러나 조선에서 독립운동이 격화되자 1919년에는 군 · 정이 분리돼 관동군이 창설되었다. 기존의 1개 사단과 6개의 독립 대대가 관동군으로 편성돼 정치권 밖에서 활동하였다. 이 관동군의 목적은 만주와 몽골을 지배하고 소련에 대항한다는 것이었다. 이런 기본 목적에 따라서 만몽 지배계획을 구체적으로 수립한 자가 1928년 10월 관동군 작전참모로 부임한 이시하라 간지(石原莞爾) 중령이었다.

이시하라의 기본 구상은 다음과 같다. 전략상으로 보아 일본의 직접적인 대상은 소련이지만 대륙 진출이라는 측면에서 보면 일본의 진정한 적은 미국이다. 따라서 미국과 일본은 가까운 장래에 전쟁을 하게 될 것이며 이것이 진정한 의미의 세계대전이 될 것이고 아울러 최후의 세계전쟁이 될 것이다. 일본은 이 전쟁에 대비해 자원 공급지인 만주와 몽골을 반드시 보유해야 한다.

그의 이와 같은 구상은 그가 육군대학 교관시절에 강의한 『구주고전사』(歐洲古戰史)에 이미 잘 나타나 있다. 1930년 7월에 「국운전회(國運轉回)의 근본국책(根本國策)」이란 것을 건의했는데 그는 여기에서 일본의 국내 불안을 해소하려면 해외 진출을 해야 되고 또 일본이 현재 당면하고 있는 인구 · 식량 · 자원 등의 문제를 해결하기 위해서, 그리고 중국의 배일운동을 종식시키기 위해서는, 만주 · 몽골을 점유하는 길밖에 없다고 역설하였다. 관동군 고급 참모 이타가키 세이시로(板垣征四郎)도 이에 적극 찬성하였다. 그리하여 관동군은 1930년 9월에 점령지 통치안이란 것을 마련하게 되었다.

한편 이들은 본국의 육군 참모본부의 동지를 규합하기 시작하였고 참모본부도 1931년 6월에 「만몽문제해결방책대강」(滿蒙問題解決方策大綱)이란 것을 결정하였다. 그런데 여기에서는 여러 가지 여건으로 보아 1년의 시간이 필요하다고 판단하였다. 물론 관동군은 즉각 실행할 것을 주장하였다. 즉 "호기라고 하는 우연을 기다리는 것은 불가하며 기회를 스스로 만드는 것이 필요하다."고 역설하였다. 그리하여 관동군의 작전계획은 1만 명에 불과한 일본군이 22만 명에 달하는 중국군과 어떻게 대적하며 열강의 간섭을 어떤 방법으로 회피할 수 있느냐에 집중되었다.

류탸오거우 사건(1931년 9월 18일)

1931년 9월 18일 밤 10시 20분경 펑톈 역에서 북쪽으로 20리에 위치한 류탸오거우(柳條溝)에서 만주철도의 노선이 폭파되었다. 관동군은 중국군의 폭거라고 발표하였다. 그러나 이것이 관동군의 계획적인 공작이었음은 말할 필요도 없고 그 계획, 준비 등을 맡은 실무자들이 바로 이시하라 중령, 이타가키 대령이었다.

일본군은 이 사건을 계기로 곧 펑톈 성(省)을 장악하였고 19일에는 안둥(安東) · 펑황 성(鳳凰城) · 잉커우(營口) 등 만주철도 연변의 주요 도시들을 점령하기 시작하였다. 21일에는 지린(吉林)으로 진격하였고 조선에 주둔하고 있던 군대도 천황의 재가를 받지 않고 국경을 넘어 지린, 안둥 방면으로 북진하였다. 관동군의 침략적인 계획으로 이른바 만주사변이 발발하였다. 일본 정부는 기정사실을 추후에 승인하지 않을 수 없는 궁지에 몰리게 되었다.

사실 류탸오거우 음모에 관한 소문은 8월 중순부터 유포되기 시작하였고 이것은 펑톈 주재 일본 총영사의 보고에도 나와 있다. 그리고 시데하라 외상이 미나미 지로(南次郎) 육상에게 그런 소문의 진위를 물을 정도였다. 그러나 현지의 관동군은 당초의 계획을 그대로 추진하였다. 펑톈의 특무대원 하나야 다다시(花谷正)는 다음과 같이 말하였다.

> 소화(昭和) 6년(1931년) 봄쯤에 류탸오거우 사건이라고 부르는 계획이 성립되었다. 계기를 만드는 것은 쉬운 일이나 그 후의 처치가 문제이다. 장쭤린 폭사사건의 교훈을 살려서 계획을 면밀히 세웠다. … 이번에는 전광석화같이 군대를 출동시켜 하룻밤 사이에 펑톈을 점령하여 열강의 간섭이 들어오지 않도록 신속히 예정 지역을 점령하지 않으면 안 된다.
>
> 이때에 정부라든가 일선 외교관으로부터 방해가 있을 것을 고려하지 않으면 안 되지만 여기에 주저한다면 결국 아무것도 성취할 수 없을 것이다. 따라서 때로는 중앙의 명령을 사실상 무시하여 강행할 필요가 있으며 관동군의 행동을 지원하기 위하여 중앙부(中央部)의 중견장교를 끌어들이고 내부로부터 조력을 얻고 또한 하시모토 긴고로(橋本欣五郎) 일파의 국내 쿠데타가 동시에 일어난다면 매우 좋을 것이다. 더욱이 인접 조선군으로부터 시간에 맞추어 증원하지 않으면 안 된다. …

일본의 침략

일본 정부는 9월 24일과 10월 26일 두 차례에 걸쳐 공식적인 성명을 발표하였다. 그런데 제1차 성명은 9월 19일 내각이 이미 결정한 사태 불확대 방침을, 그리고 제2차 성명은 시데하라 외상이 10월 10일 유럽 · 미국주재 일본 공관에 발송한 바 있는 이른바 5개 항목을 각각 되풀이하였다.

당시 일본 정부는 의견이 대립되어서 어떤 일관된 정책을 펴 나가지 못하였다. 민간 정치인과 군부, 군부 내에서도 육군 중앙부와 일선기관인 관동군의 의견이 크게 대립되었다. 그러나 내각은 결국 군부의 독주에 끌려가게 되었고 군부도 강경한 주장을 내세운 관동군의 행동을 억제하지 못하였다. 그렇다고 모든 책임이 관동군에게만 있다는 것은 결코 아니다. 만주와 몽골의 경영은 당시 일본 정부 전체의 희망이었으며 단지 그것을 어떻게 달성할 수 있느냐 하는 수단에 관해 의견이 갈라져 있을 뿐이었다. 더욱이 일본의 여론은 더 과격해 침략을 충동질하였다.

철도의 안전, 일본인의 생명, 재산의 안전이 보장되면 모든 군대는 본래의 주둔지로 철수하겠노라는 제1차 성명은 일본 정부가 사태를 정확히 파악하지 못한 상태에서, 그리고 군부와의 의견을 조정하지 못한 단계에서 발표된 것이었다.

시데하라 외상 자신은 류탸오거우 사건이 발발한 것을 19일 아침 신문을 보고서야 알았다. 그날 일본 내각은 사태를 더 이상 확대하지 말 것을 결정하였다. 그러나 육군성은 바로 이 사건을 계기로 하여 만주와 몽골 문제를 완전히 해결하고 일본의 조약상 권익을 완전히 보장받도록 해야 한다고 결정하였다. 그리고 관동군에 대해서는 그 군사행동을 추인하는 한편 필요 이상의 행동은 자제토록 당부하였다. 이에 대해 관동군은 차제에 만주 전역을 점령해야 된다고 주장하면서 3개 사단의 증원 부대를 요청하였다. 이런 증원군의 요청이 거절되자 관동군은 22일 선통제(宣統帝)를 두수(頭首)로 하는 지나정부(支那政府)의 수립을 결정하고 그 공작에 착수하였다. 그리하여 만주에서는 침략행위가 계속되었다.

10월 8일 시작된 진저우(錦州) 공격은 열강의 태도를 경화시켰다. 진저우는 장쉐량 정권의 본거지이며 만주철도 연변의 일본인 보호지역으로부터는 멀리 떨어진 곳이었다. 따라서 일본의 진저우 공격은 바로 일본이 만주를 점령하겠다는 명백한 침략 의도였기 때문이다. 그때까지 시데하라 외상을 신뢰하고 일본의 민간 정치인이 군부를 통제할 수 있다고 믿었던 미국 국무장관 스팀슨의 태도는 돌변하였다. 대공황의 와중에서 동북아 문제에 관여할 수 있는 국가는 미국뿐이었다. 이 점에 관해서는 후술키로 한다.

진저우 공격이 있은 직후 시데하라 외상은 유럽 · 미국 주재 공관에 일 · 중 양국이 협정을 체결할 대강오항목(大綱五項目)을 전달했는데 그 내용은 다음과 같다. ① 양국은 서로 침략적인 행동 또는 정책을 펴지 않는다. ② 적대적인 운동을 억압하기 위하여 가능한 모든 수단을 취하겠다고 서로 약속한다. ③ 일본은 만주를 포함한 중국의 영토보전을 존중한다는 방침을 다시 천명한다. ④ 중국은 만주 각 지방에 거주하고 여행하며 평화적인 업무에 종사하는 일본 국민을 유효하게 보호한다. ⑤ 양국 정부는 파멸적인 경쟁을 예방하며 만주에 있어서 철도에 관한 현존 조약을 실시하기 위하여 양국 철도계통 사이에 필요한 협정을 해결한다.

일본 정부의 제2차 성명은 이 5항목에 입각한 것이었다. 그리고 일본군 철수 이전에 이 5항목에 관한 중 · 일의 합의가 있어야 한다고 주장해 열강의 태도는 더욱 경화되었고 중 · 일의 교섭 가능성은 전혀 없게 되었다.

10월 하순에 이르러 일본 정부는 만주의 자치적인 치안이 이루어지면 스스로 철병하겠다고 결정하고 11월 초에는 평화적인 북만주 경영을 위해 기밀비 300만 엔의 지출을 결정하였다. 이제 사태는 5항목의 차원을 넘어서 만주 점령이라는 국면으로 돌입하게 되었다.

미국의 태도

앞에서 지적한 바와 같이 당시 동북아 문제에 관여할 수 있는 국가는 미국뿐이었다. 문제의 성격으로 보아 소련이 직접적인 영향을 받는 국가였으나 일본의 만주침략을 실력으로 저지할 수 있는 형편이 못 되었다. 더욱이 소련은 일본의 침략행위를 영국 · 미국 · 프랑스 등이 반(反)소 전략의 하나로 부추기고 있다고 판단하였다. 따라서 소련은 일본과의 충돌을 피하려는 데 급급하였고 일본에게 불가침 조약 체결을 제의하는 데 그치고 말았다. 일본은 물론 소련의 이러한 제의를 거부하였다.

미국은 전술한 바와 같이 와카스키 레이지로(若槻禮次郎) 내각의 민간 정치인들을 신뢰하였다. 그러나 진저우 공격이라는 사태가 발발하자 미국의 태도는 급변하기 시작하였다. 스팀슨 국무장관은 11월 말 기자회견에서 이 사건으로 미국의 인내심이 한계에 도달했다고 공언하였다. 그런데 이 발언은 도리어 일본의 여론을 자극해 더욱 침략을 부채질하였다. 와카스키 내각이 후술하는 바와 같이 국제연맹의 조사위원회 구성 문제로 물러나고 이누카이 쓰요시(犬養毅) 내각이 들어서자 미국의 태도는 더욱 강경해졌다.

그리하여 1932년 1월 7일 스팀슨 국무장관은 다음과 같은 강경한 입장을 중국, 일본 양국 정부에 전달하였다. 이것을 스팀슨주의 또는 불승인원칙이라고 부른다.

> … 미국 정부는 중국의 주권, 독립, 그리고 영토적 · 행정적인 보전 및 일반적으로 문호개방이란 이름으로 알려진 중국에 대한 국제정책에 관한 것을 포함하여, 미국과 미국 국민이 보유한 중국에서의 조약상 권리를 침해하려는 모든 사실상의 상태의 합법성을 인정할 수 없다. 또 중 · 일 양국 정부 또는 그 대리자가 체결한 일체의 조약, 협정에 대하여서도 이것이 앞의 권리를 침해하는 것을 승인할 수 없다. 그리고 중 · 일 양국과 미국이 당사국으로 되어 있는 1928년 8월 27일 파리 조약의 약속과 의무에 위반되는 수단에 의하여 성립된 일체의 상태, 조약, 협정을 승인할 의사가 없음

을 통고하는 것을 의무라고 인정한다.

이와 같이 일정한 요건을 갖추지 못한 조약 혹은 상태의 국제법적인 효과를 부정하는 이 입장은 3월 국제연맹 총회의 결의로써 연맹 가맹국의 의무라고 확인하였다. 그러나 그 국제법적인 평가는 학자에 따라 다르나 이 스팀슨주의는 그 후 미국 외교정책에 있어서 하나의 원칙이 되었다.

국제연맹

중국은 당초부터 만주 문제를 국제연맹에 회부해 열강의 개입으로 일본의 침략을 저지하려고 하였다. 그리하여 무저항 정책을 전개하면서 9월 19일 국제연맹에 문제 해결을 부탁하였다.

9월 30일 국제연맹 이사회는 만주 문제에 관해 최초의 결의안을 채택하였다. 일본군의 신속한 철수와 중·일 양국 관계의 악화를 방지하기 위한 모든 조치의 실시를 권고하고 폐회하였다.

다시 이사회가 소집됐을 때에는 시데하라 외상이 이른바 5항목의 우선 실시를 주장한 이후여서 이사회의 분위기는 경직돼 있었다. 10월 15일 이사회는 일본의 반대에도 불구하고 미국을 옵서버로 이사회 심의에 참석시키기로 결정하였다. 그리고 다음 이사회 회의 일자인 11월 16일 이전에 일본군의 철수를 요구하는 결의안을 채택하려고 했으나 일본의 반대로 무산되었다. 그러나 일본 정부는 11월 이사회에서 조사위원 파견을 제의하였고 이에 따라 12월 10일 이사회는 조사위원 파견을 결정하였다. 이것이 유명한 리튼V.A.G.R. Lytton 경을 위원장으로 한 조사단의 구성이었다. 이에 대해서는 다시 후술하기로 한다.

제1차 상하이 사변(1932년 1월 18일)과 만주국의 성립(1932년 3월 1일)

관동군이 당초 만주와 몽골 점유를 주장했으나 정부와 중앙 군부의 반대에 부딪혀 만몽자주국가(滿蒙自主國家) 건설로 방향을 바꾸게 된 것은 전술한 바 있다. 류타오거우 사건 이후 군사 활동의 범위가 만주 전역으로 확산되면서 각 지역에서는 이른바 자치운동이 전개되었다. 만주를 중국으로부터 분리시키려는 일본군의 계략임은 말할 필요도 없다. 1932년 1월 초에 진저우와 산하이관(山海關)이 일본군의 수중에 들어가자 열강의 태도는 다시 경직됐고 세계의 이목이 그곳에 집중되었다.

그리하여 열강의 관심을 만주로부터 멀리하기 위해 조작된 것이 이른바 상하이 사변이라는 것이다. 이런 모략을 계획한 자가 바로 상하이에 주재하고 있던 무관인 다나카 류키치(田中隆吉) 소령이었다. 다나카 소령에게 매수된 중국인이 1932년 1월 18일 일본인 승려 3인을 습격하였다. 이를 빙자해 일본의 해군 육전대가 상륙하고 중국군과 충돌하였다. 일본은 육군 3개 사단을 증파해 무력충돌을 확대하였다. 열강이 다시 경악하였다. 일본도 열강의 간섭을 우려하고 5월에 가서야 중국과 휴전협정을 체결해 사태는 일단락되었다.

상하이 사변이 진행되고 있는 동안 일본의 괴뢰국인 만주국을 창설하려는 계획은 예정대로 실행에 옮겨지고 있었다. 일본은 괴뢰국 수령으로 선통제를 지목했는데 그는 만몽 3,000만 주민의 추앙을 받고 있었고 만주계의 가문임은 물론, 일본과 쉽게 협력할 수 있는 인물로서 만주국의 집정(執政)으로서는 적격이었다.

그런데 그는 당시 톈진의 일본 조계에 머물면서 관동군의 진의를 의심해 쉽게 움직이지 않았다. 이에 관동군은 다시 공작을 자행하였다. 톈진에 폭동을 일으키고 선통제 푸이(溥儀)의 신변이 위태롭다는 핑계로 1931년 11월 그를 만주로 호송하였다. 그리하여 1932년 3월 1일 그를 수령으로 하는 일본의 괴뢰국인 만주국의 건국이 선포되었다.

리튼 보고서와 일본의 국제연맹 탈퇴

1931년 12월 국제연맹 이사회의 결의에 따라 조사 위원회가 구성되었다. 영국의 리튼 경을 단장으로 하고 미국, 프랑스, 이탈리아, 독일의 대표들이 위원이 되었다. 미국의 대표는 미국이 국제연맹의 가맹국이 아니기 때문에 옵서버의 자격으로 참여하였다.

리튼 조사단은 1932년 2월 하순 일본에 도착하면서 활동을 시작하였다. 상하이, 난징은 물론이고 만주 현지를 순회하면서 방대한 조사 보고서를 작성하였다. 이 보고서는 1932년 10월 초 제네바에서 공표되었다. 그 주요 내용은 다음과 같다. 1931년 9월 18~19일 당시 일본군의 행동은 자위의 범위를 넘은 것이다. 그러나 만주의 특수한 사정을 감안해 중·일 양국은 양국의 권리, 의무에 관해 새로운 조약을 체결할 필요가 있다. 만주로 하여금 중국의 주권하에서 상당한 자치를 갖도록 하되 외부의 침략에 대한 그리고 질서유지를 위한 장치가 필요하다. 그리고 현재 수립된 만주의 새로운 정권은 현행 국제조약의 근본 원칙에 합치하지 않으며 중국의 이익에 위배되고 또한 중국 국민의 희망에도 배치된다. 따라서 결국에는 일본의 이익에도 합치되는 것인지 의심스럽다.

이런 내용의 리튼 보고서에 일본이 찬성할 리 없었다. 11월 하순부터 이 보고서를 심의하는 이사회가 개최되었다. 일본은 마쓰오카 요스케(松岡洋右)를 대표로 파견해 보고서 채택을 저지하는 데 노력하였다.

한편 일본 군부는 러허(熱河) 작전을 시작하고 국제연맹에 정면으로 도전하였다. 그러나 국제연맹 총회는 1933년 2월 24일 찬성 42, 반대 1, 기권 1의 투표로 리튼 보고서를 채택하였다. 반대표는 물론 일본이었다. 마쓰오카는 일본의 입장을 궤변으로 옹호하면서 회의장에서 퇴장하였다. 일본 정부는 3월 27일 정식으로 탈퇴선언을 하여 반(反)국제협력의 길을 걷게 되었다.

국제연맹 탈퇴 후 일본군은 러허 작전을 계속해 4월에는 베이징, 톈진 지역으로 육박하였다. 그러나 당시 일본군은 계속하여 화베이(華北) 지방으로 진격할 수 있는 입장이 아니었고 또 국민정부도 일본과 전면적인 전쟁을 수행할 여력이 없었다. 그리하여 5월 말 양국은 탕구(唐沽) 휴전협정을 체결해 일본군은 만리장성의 선으로 철수하고 그 이남 지역에 방대한 중립지역을 설정토록 하였다. 이로써 만주국의 서남국경이 확정되고 만주사변은 일단 끝맺게 되었다.

3. 히틀러의 등장

1930년 7월 선거

브뤼닝 수상의 의회 해산으로 실시된 1930년 9월의 선거는 독일 역사에 있어서 하나의 획기적인 사건이었다. 의회에서 12석을 차지하고 있던 소수정당인 나치당이 일약 107석을 얻어 대정당으로 부상하였고 143석을 획득한 사회민주당SPD에 이은 제2의 정당으로 등장하였다. 그리하여 바이마르 공화국의 정치체제를 부정하는 세력이 급증하게 됐는데 나치당을 비롯해 41석의 도이치 국가인민당, 그리고 77석의 공산당을 합치면 총 583석의 의회에서 225석을 차지하게 되었다. 그리하여 바이마르 공화국을 계속 유지하려면 이들 정파를 제외한 모든 군소 정당들이 연합하지 않으면 안 되었다.

나치당이 이 선거에서 급격히 성장할 수 있었던 것은 물론 1929년 대공황으로 인한 독일 경제의 파탄, 실업자의 급증과 밀접한 관련을 갖고 있다. 나치로부터 빵과 제복을 제공받은 실업자들은 나치당이야말로 자신들의 불행을 구원해 줄 것이라고 기대하였다. 그들이 현재 받고 있는 곤경은 바로 베르사유 체제에 그 원인이 있다고 믿었고 히틀러A. Hitler만이 그 체제를 타파할 수 있다고 여겼다.

나치당은 또한 대공황으로 가장 큰 곤란을 받은 중산계층으로부터도 지지를 받았다. 이들 계층은 1920년대 초 인플레이션의 영향으로 도산하기 시작했는데 대공황에 대처하기 위해 브뤼닝 정부가 취한 저물가 정책과 디플레이션 정책의 희생물이 되었다.

그리하여 1930년대에 들어서면서 바이마르 공화국의 의회정치는 바야흐로 풍전등화와 같은 형세에 놓이게 되었다.

히틀러의 등장

하러K. Harrer와 드레흘러A. Drexler가 1919년 1월 창설한 소규모 단체인 독일 노동당 Deutsche Arbeiter Partei에 히틀러가 1919년 9월에 가입해 정치활동을 본격적으로 시작하였다. 이 단체는 당시 독일에 상당히 퍼져 있던 민족주의적völkisch 운동을 지향하였다. 사실 바이마르 공화국의 성립은 사회민주주의자, 가톨릭, 그리고 좌파 자유주의자들의 승리였다. 그러나 이런 의회민주주의에 대한 비판이 곧 좌·우파로부터 나오게 되었다. 공산주의 운동의 만연은 전술한 바가 있는데 우파들로부터의 도전도 심각하였다. 이들은 독일이 제1차 세계대전에서 패배한 원인은 군사력의 미비에 있었던 것이 아니라 노동자들의 불만에 있었다고 믿었고 이런 우파들 중 가장 극단적인 운동이 앞에서 말한 뵐키쉬 운동이었다. 이 운동은 범게르만주의, 자유주의와 의회주의에 대한 반대, 마르크스주의의 섬멸, 그리고 유태인 추방을 목표로 삼았다.

그런데 이 독일 노동당은 1920년 2월에는 그 명칭을 국가사회주의 독일 노동당 Nationalsozialistische Deutsche Arbeiter Partei으로 바꾸어 이른바 Nazi의 당명이 탄생되었다. 그리고 히틀러는 1921년 8월 드레흘러를 물리치고 당의 주도권을 장악하였다. 그리고 그는 공산주의자들의 방해로부터 나치 활동을 보호하는 군사 전위조직인 돌격대 S.A.(Sturmabteilungen)를 창설하였다.

그 후 히틀러는 한때 루덴도르프의 지원을 받아 바바리아 정부를 전복하려는 무장봉기를 시도하였다. 1923년 11월 8일에 있었던 이른바 맥주홀 폭동Beer Hall Putsch이 그것이다. 프랑스의 루르 점령을 계기로 바바리아 정부를 전복하고 바이마르 의회정치를 종식시키려는 계획이었다. 그러나 폭동은 곧 진압되었고 히틀러는 5년형을 받았으나 10개월의 감옥 생활을 하게 되었고 그곳에서 그는 그 유명한 『나의 투쟁』*Mein Kampf*을 저술하였다. 출옥 후 그는 강력한 군사조직인 친위대S.S.(Schutzstaffeln)를 창설하고 이런 조직들에 힘입어 1930년 9월 선거에서 승리를 거두었다.

선거 후 나치당은 보수 세력과의 연결을 강화하였고 산업계와 군부의 지원을 추구하였다. 그리하여 나치당의 세력은 날로 확장돼 히틀러는 브뤼닝의 수상 제의를 거부할 정도가 되었다. 브뤼닝이 힌덴부르크의 대통령직을 2년간 더 지속시킨다는 조건을 붙였기 때문이다. 히틀러는 자신이 대통령에 당선될 수 있으리라 믿었으나 1932년 3월 선거에서 힌덴부르크에게 패배하였다.

이와 같은 히틀러의 후퇴를 계기로 브뤼닝은 반격을 시도하였다. S.A.와 S.S.의 활동을 금지시키자 나치당의 투쟁은 더욱 격렬해졌다. 그리하여 힌덴부르크는 브뤼닝을 사임시키고 산업계를 대표하는 파펜F. von Papen을 수상에 임명하고 모든 각료들을 대통령이 직접 지명하였다. 외상에는 노이라트K. von Neurath가, 그리고 국방상에는 대통령의 측근인 슐라이허K. von Schleicher가 취임하였다.

파펜은 나치당에 대해 유화적인 입장을 취하였다. 그러나 나치당은 또 다른 선거의 실시를 주장하였고 1932년 7월의 선거에서 230석을 획득하자 모든 권한을 요구하고 파펜 내각에 대한 협력을 거부하였다. 힌덴부르크 대통령은 다시 선거를 치르지 않을 수 없게 되었다.

그런데 11월에 실시된 선거에서 나치당은 도리어 34석을 잃고 후퇴하게 되었다. 공산당이 600만 표를 더 얻게 된 상황이 되었다. 그리하여 힌덴부르크는 슐라이허로 하여금 강력한 군사 통치를 하도록 하는 길밖에 없었다. 12월 초 힌덴부르크는 이른바 '대통령 내각'을 구성하였다. 그러나 슐라이허는 반(反)자본적인 군사독재를 구상하고 있어서 자본가들을 불안하게 만들었다. 자본가들은 이제 히틀러에 희망을 걸지 않을 수 없었다. 자본가들은 슐라이허의 사회주의 경향을 띤 군사독재와 공산주의의 위협을 모두 예방하기 위해 히틀러에게 의존하게 되었다. 히틀러는 재계의 거물들과 이미 1932년 1월 27일 뒤셀도르프Düsseldorf에서 회동하고 그들의 권익 보장을 약속하였다. 힌덴부르크는 슐라이허를 사임시켰고 1933년 1월 30일 드디어 히틀러가 독일 수상에 취임하였다.

히틀러는 2월 1일 독일 의회를 해산시키고 다시 선거를 실시해 반대세력을 제거하였다. 그리고 2월 27일에는 이른바 독일 의사당 방화사건을 일으켜 공산주의자들의 소행으로 선전하고 공산당을 불법화하였다. 그리고 선거결과는 나치당이 모든 유권자의 44%의 지지를 얻어 288석을 획득하였고 공산당은 겨우 81석을 차지하는 소수정당으로 몰락하였다. 그리하여 히틀러는 가톨릭 중간파와 연합해 3월 23일 수권법(授權法)을 통과시켜 1937년 4월 1일까지 모든 권한을 위임받아 나치의 독재를 시작하였다.

4. 히틀러의 외교정책

히틀러의 초기 외교정책

히틀러의 외교정책 성격에 관한 문제는 제2차 세계대전의 원인 문제와 밀접히 관련돼 있다. 먼저 히틀러의 외교정책 자체에 관한 평가들을 알아보기로 한다. 그는 그의 저서들이나 연설에서 일관되게 주장해 온 팽창정책을 계속 추구하였고 그 결과 세계대전이 발발하게 되었다는 것이 전통적인 견해이며 현재에도 지배적인 학설이다. 이런 점에서 히틀러의 주요 저서나 연설들의 내용을 살펴보지 않을 수 없다.

『나의 투쟁』 집필 이전 히틀러의 대외정책관은 ① 적자생존이라는 다위니즘, ② 인종은 인류발전에 있어서 중요하다는 점, ③ 독일은 인구가 너무 많아서 그 생존을 위해서는 영토가 더 필요하다는 점 등 세 가지로 구성돼 있었다.

히틀러 자신이 작성한 것으로 알려진 나치당의 1920년 강령에 보면 기본 외교노선을 베르사유 체제의 폐지, 독일의 통일, 그리고 해외 식민지의 획득에 두었다. 또 독일의 주적은 러시아가 아니라 영국과 프랑스라고 상정하였다. 이렇게 볼 때 히틀러의 대외관은 기본적으로 범 게르만 주의에 입각하고 있음을 알 수 있다.

이 시기에 그의 대외관 형성에 중요한 영향을 미친 사람들은 발트 해 지방에 거주한 독일인으로서 소련혁명 이후 다시 독일로 되돌아와 나치당에 참여한 자들이었다. 이들의 영향으로 히틀러는 소련혁명은 유태인들이 일으켰으며 볼셰비키들은 모두 유태인들이라고 확신하였다. 따라서 유태인들이 모두 제거돼야 독일과 러시아의 동맹이 가능하다고 공언하였다.

이 시기 그의 대외정책에 있어서 또 하나의 특징은 영국과의 동맹이 가능하다고 믿었다는 점이다. 루르 점령을 계기로 영국과 프랑스가 첨예한 대립을 보였기 때문이었다. 그러나 그는 영국과의 동맹은 독일이 해외 식민지 획득을 포기해야만 가능하다는 것을 잘 알고 있었다. 그리하여 해외 식민지를 포기하고 그 대신에 등장한 목표가 러시아 지역에 생활권Lebensraum을 설정하고 이를 획득해야 된다는 것이었다. 당시까지 체계화되지 못한 그의 외교정책관은 『나의 투쟁』에서 확고한 틀을 잡게 되었다.

『나의 투쟁』

1924~1925년에 집필한 『나의 투쟁』에는 히틀러의 대외 팽창 계획이 분명하게 드러나 있다. 먼저 독일이 추구해야 할 첫 번째 목표는 독일 인종의 존재를 계속 유지해야 된다는 것이다. 아리아Aria 족의 유지는 그 인종의 수와 성장, 이들이 살고 있는 영토의 범위와 자원 등 두 가지 요소 간의 건전한 비율에 입각해야 된다는 것이다. 따라서 이 정당한 비율에 의한 영토의 획득이 가장 중요한 외교 목표가 된다.

그런데 획득해야 할 영토는 제1차 세계대전 이전 독일이 추구했던 방향과는 달라야 한다고 그는 주장하였다.

> 우리들은 남유럽과 서유럽으로 향한 꾸준한 행진에 종지부를 찍고 우리의 눈을 동쪽에 있는 땅으로 돌려야 한다. 우리들은 결국 전전(戰前) 시대의 식민지 정책과 무역정책에 종지부를 찍고 미래의 영토정책으로 넘어가야 한다.

이 경우 동쪽의 땅은 러시아와 그 인접 국가들을 지칭한다. 그런데 러시아는 볼셰비즘 혁명으로 슬라브인이 아니라 유태인들에 의해 지배되고 있기 때문에 이들을 박멸하는 것이 또한 독일 외교정책의 기본 방향이라는 것이다. 히틀러는 해외 식민지를 포기하는 대신에 러시아 내에서 필요한 영토를 획득함으로써 영국과의 충돌을 회피하면서 강력한 독일을 건설할 수 있다고 믿었다. 그래야 제1차 세계대전의 경우와 같이 양면전의 잘못을 피할 수 있다고 믿었다.

『제2의 책』*The Second Book*

히틀러가 1928년에 집필한 이 저술은 끝내 출판되지 않았다. 그 이유에 관해서는 후술하는 바와 같이 상반된 추측이 있다. 하여간 히틀러가 이 저술을 쓰게 된 이유는 남부 티롤Tyrol 지방에 거주하는 독일어 사용 주민을 이탈리아에 넘겨 준 것을 변명하기 위해서였다. 나치당은 전술한 바와 같이 독일어 사용인들의 통합을 주장했는데 히틀러는 이탈리아와의 동맹을 위해서 남부 티롤 지방에 한해서는 예외적인 입장을 취했다.

그런데 이 저술은 이 지방 문제만을 다루지 않고 외교정책 일반도 언급했는데 다음과 같은 몇 가지 점이 주목할 만하다. 첫째로 독일의 입장에서는 프랑스가 언제나 주적이라고 강조한 점이고, 둘째는 독일이 유럽 대륙에서 헤게모니를 장악해도 해외로 진출하지 않으면 영국과 충돌하지 않는다는 확신이다. 영국은 유럽에서 이른바 세력균형의 유지만을 목표로 하며 이 목적이 달성되는 한 독일과는 전쟁을 하지 않는다는 것이다. 셋째로 미국을 최초로 언급했다는 점이다. 미국을 상당히 높이 평가하고 있으나 미국의 힘이 절정에 도달하는 시점이 1980년 전후라고 전망하였다. 따라서 독일은 유럽 대륙에서 먼저 강대국이 되고 그 후에 영국과 손을 잡고 미국에 대항하게 될 것이라고 전망하였다.

『나의 투쟁』, 『제2의 책』에 나타난 히틀러의 외교목표와 전략은 크게 보아 다음과 같다.

① 베르사유 조약의 군사조항을 철폐한다. ② 동유럽에 형성된 프랑스의 동맹조직을 해체시킨다. ③ 프랑스를 굴복시킨다. ④ 러시아 내에 생활권을 획득한다. ⑤ 최후로 영국, 미국, 일본과 함께 세계를 지배하는 4강이 된다.

호스바흐 각서Hossbach Memorandum(1937년 11월 5일)

이 문서는 히틀러가 전쟁을 사전에 면밀히 계획했다는 것을 증명하기 위해 전후 뉘른베르크Nürnberg 재판소에 제출된 문서 중의 하나이며 히틀러의 전쟁 책임을 말해주는 자료로 누구나 인용하는 자료이기도 하다. 그러나 후술하는 바와 같이 그 사료적인 가치에 관해서는 이견이 있다.

1937년 11월 5일 오후 4시 15분에서 8시 30분에 이르기까지 장시간 히틀러는 최측근들만을 소집해 비밀회의를 주재하였다. 이 회의의 내용은 그의 부관 호스바흐F. Hossbach 대령이 11월 10일에 작성하였다. 그리하여 이 문서의 명칭도 그의 이름에서 비롯되었다.

회의 참석자들을 보면 국방상 블롬베르크W. von Blomberg, 육군 총사령관Oberbefehlshaber des Heeres 프리취W. von Fritsch 대장, 해군 총사령관 레더E. Raeder 제독, 공군 총사령관 괴링H. Göring 대장, 외상 노이라트K. von Neurath, 그리고 호스바흐 대령 등이었다. 회의 소집의 목적은 실은 군사비 분배에 관한 블롬베르크와 괴링의 대립을 해소하기 위해서였다. 4개년 경제계획의 책임을 맡고 있던 괴링이 공군에 중점을 두는 정책을 쓰게 되자 블롬베르크와 대립하게 되었다. 히틀러는 이와 같은 의견 대립 자체에는 개입하지 않고 이들 고위 군 관계자들에게 자신의 외교정책 방향을 길게 역설하였다.

그러면 호스바흐 각서의 내용을 보도록 하자. 히틀러는 먼저 이날의 회의는 너무나 중요한 문제를 다룬다고 말하면서 다른 나라의 경우라면 모든 각료들이 참석한 회의에서 논의할 것이지만 그러기에는 너무나 중요해서 자신은 측근만을 소집했노라고 말문을 열었다. 그리고 오늘의 회의에서는 외교에 관한 자신의 기본 구상을 피력하겠으니 만일 자신이 사망하는 경우 오늘의 이 발언을 유언으로 간주하라고까지 당부하였다.

독일의 기본 목표는 이른바 인종공동체Volkmasse의 보존과 유지에 있으며 이것은 곧 공간Raum의 문제라고 강조하였다. 그리고 이 공간의 문제는 1~3세대 안에 해결해야만 된다고 시간적인 기간을 강조하고 있다.

이와 같은 대전제에 입각해 독일의 장래 문제에 있어서 자립경제Autarkie와 세계경제의 참여 문제를 언급하고 있다. 히틀러에 의하면 독일의 경우 ① 천연자원은 오로지 부분적으로 자립이 가능하고, ② 식량 문제는 전혀 자립이 불가능하다는 것이다. 결론적으로 식량이나 경제 전반에 걸쳐 자립경제는 결코 유지될 수 없다는 것이다. 따라서 세계경제의 참여 문제가 대두된다.

독일의 대외무역은 영국이 지배하고 있는 해로에 의존하고 있어서 수송의 안전 문제가 나온다. 이것은 전시에는 더욱 위험한 것이어서 독일의 식량 문제는 큰 문제가 아닐 수 없다. 따라서 유일한 해결책은 식량과 자원의 공급지를 유럽 내에서 찾아야 한다는 것이다. 그리고 이런 공간의 추구는 언제나 힘의 사용으로 가능한 것으로 독일에게 남은 문제는 언제, 어떻게 힘을 사용하느냐 하는 것이다. 독일의 경우 세 가지 경우가 존재한다고 보았다.

첫 번째 경우: 독일의 모든 군사력이 최강이 되는 때로, 히틀러는 1943~1945년으로 잡고 있다. 이 시점이 지나면 독일은 적국들에 비해 상대적으로 약화되므로 늦어도 이때까지는 공간 문제를 해결해야 된다는 것이 히틀러의 확고부동한 결심이라는 것이다. 그러나 이 시기 이전에도 행동해야 할 때가 있는데 그것이 다음의 두 번째, 세 번째 경우이다.

두 번째 경우: 프랑스에 내란이 발생해 프랑스군이 모두 이 내란 진압에 투입되고 독일에 대항할 능력이 없을 때로, 독일은 1943~1945년 이전이라도 체코슬로바키아에 행동을 취한다.

세 번째 경우: 프랑스가 제3국과 전쟁을 해 독일에 전쟁을 수행할 능력이 없는 경우에도 독일은 1943~1945년 이전에 행동을 취해야 한다. 그리고 독일의 정치·군사적인 지위를 강화하기 위해서는 체코슬로바키아와 오스트리아를 동시에 병합해야 하며 폴란드는 이 경우 중립적인 입장을 취하지 않을 수 없게 된다.

1943~1945년에 전쟁을 계획하는 경우 영국, 프랑스, 이탈리아, 폴란드, 그리고 러시아의 태도는 다음과 같다고 판단하고 있다.

영국은 독일과의 전쟁을 회피할 것이다. 이런 전쟁으로 영연방 내에서 여러 가지 곤란한 일이 야기될 것이고 독일과의 장기전을 결코 원하지 않을 것이다. 영국은 또 독일의 체코슬로바키아 병합을 묵시적으로 동의할 것이며 이 점은 프랑스도 마찬가지일 것이다. 프랑스는 영국의 지원 없이는 벨기에와 네덜란드를 거쳐 독일을 공격할 수 없으며 독일 또한 이 지역을 통해 프랑스를 공격할 수는 없다. 이것은 바로 영국의 개입을 불러오기 때문이다. 따라서 독일은 정치, 군사적인 지위를 강화하기 위해서는 체코슬로바키아와 오스트리아를 병합하지 않을 수 없는데 이탈리아도 영국, 프랑스의 경우와 같이 이에 반대하지 않을 것이다. 그리고 그 병합이 신속히 이루어지는 경우 러시아나 폴란드도 속수무책일 것이다.

하여간 히틀러는 위의 세번째 경우가 곧 나타나리라고 전망하였다. 지중해 지역에서 영국과 프랑스의 이탈리아에 대한 대립이 격화돼 전쟁이 발발할 것이라는 것이다. 그리고 독일이 구체적으로 언제 행동해야 하느냐 하는 문제는 이들 3국의 전쟁 양상에 따라 결정해야 된다고 보았다.

이와 같이 호스바하 각서는 히틀러가 제1차 세계대전 종결 이후부터 계속 팽창정책을 주장해 왔고 정권을 장악한 이후로는 그의 계획을 계속 추구해 결국 제2차 세계대전이 발발하게 됐다는 견해를 강력히 뒷받침하고 있다. 이와 같은 전통적인 다수 의견에 대해 정반대의 의견이 대두돼 현재까지도 그 논쟁이 계속되고 있는 실정이다.

테일러A.J.P. Taylor의 비판

제2차 세계대전의 모든 책임을 히틀러 개인에게 돌리는 것은 전후의 독일은 물론이고 서방세계에게는 하나의 정신적인 위안이었다. 독일 국민은 제2차 세계대전의 책임으로부터 면제될 수 있고 나치 추종자들도 모든 악의 소재를 히틀러에게 전가함으로써 자신들의 무죄를 입증할 수 있었다. 서방국가들은 히틀러 개인의 침략정책을 분쇄하기 위해 전쟁을 한 것이지 독일국민을 적으로 삼은 것은 아니라고 주장할 수 있었다. 이것은 서독을 동맹국으로 맞이한 서방세계에게는 필요한 변명이었다. 이런 점에서 1945년 히틀러의 사망은 잘된 일이었다.

이와 같이 전쟁의 책임을 히틀러 개인에게 전가시킴으로써 1950년대까지 서방세계는 정신적인 위안을 얻었다. 그러나 이런 이론적인 평온이 테일러 교수에 의해 깨지고 말았다. 역사가들 중에서 테일러만큼 많은 문제를 일으킨 사람도 드물 것이다. 그는 이론적인 면에서 많은 적들이 있는 동시에 또한 많은 동조자들도 있다. 기존의 학설이나 견해에 대해 무자비한 비판과 야유를 가함으로써 독자들을 즐겁게 해주었으나 기존의 역사학자들은 그를 비열한 사이비 역사학자라고 매도하였다. 그러나 그를 역사학자가 아니라고까지 비판하는 사람들조차도 논쟁을 야기시키는 테일러의 재능은 수긍하고 있다.

히틀러에 관한 새로운 평가 그리고 이로 인한 제2차 세계대전 원인에 관한 테일러의 저술이 1961년에 출판되었다. 이 저서는 그로 인한 큰 논쟁에 비하면 소책자에 불과하다. 저자는 그의 자서전에서 그의 저서로 인한 논쟁에 무척 놀랐다고 말하였다. 논리적인 사고를 지닌 사람이라면 자신의 논지에 반대할 아무런 이유가 없다는 것이다. 따라서 그는 이 저서에 반대하는 견해에 대한 반박을 1962년판 서문에서 간결하게 다시 밝혔다. 테일러 견해의 요점은 다음과 같다.

기회주의자로서의 히틀러

테일러에 의하면 히틀러는 어떤 장기적인 외교정책 목적을 갖고 있지 않았으며 그는 단지 정치적인 기회주의자에 불과했다는 것이다. 그가 장기계획이 없었다는 것은 곧 그의 저술이나 연설에 나타난 외교정책의 모든 구상이란 아무런 가치도 없으며 실현될 수도 없는 '낮잠'에 불과하다는 것을 말한다.

『나의 투쟁』에서 구상한 세계지배의 꿈을 히틀러는 단계적으로 실현했다는 견해를 테일러는 철저하게 배격하고 있다. 정치인들이란 미리 어떤 장기적인 계획을 수립하고 그것을 점진적으로 구현할 만큼 한가로운 사람들이 아니며 히틀러가 그런 인물이라는 것은 오로지 트레버-로퍼H. Trevor-Roper, 위스크만E. Wiskemann, 또는 불럭A. Bullock과 같은 역사학자들이 만들어 낸 것에 불과하다는 것이다. 『나의 투쟁』이나 『제2의 책』은 아무런 가치도 없는 것들이며 히틀러가 『제2의 책』을 공표하지 않은 이유는 공표할 가치가 없었기 때문이라는 것이다.

이와 같이 히틀러는 기왕의 외교정책 노선을 그대로 답습한 것밖에는 없다고 보았다. 베드만-홀베크, 슈트레제만의 외교정책과 히틀러의 정책은 모두 본질적으로 같은 노선이란 것이다. 테일러는 이와 같이 독일 외교정책의 일관성을 주장하고 있는 점에서 피셔 교수와 견해를 같이하고 있다. 히틀러는 독일 역사의 산물이며 "국제문제에 있어서 그가 독일인이라는 점 이외에는 아무런 잘못도 없다"고 테일러는 주장하였다. 다만 히틀러가 다른 사람과 다른 점이 있다면 시기를 포착할 줄 아는 기회주의자로서의 재능을 갖고 있었다는 점이고, 사태의 진전을 기다려서 상대방의 실수를 포착할 줄 아는 정치적인 재능이 성공의 비결이었다는 것이다.

호스바흐 각서의 새로운 해석

히틀러의 전쟁계획을 입증하는 자료로서 모두 인용하고 있는 호스바흐 각서에 대해서도 테일러는 매우 다르게 해석하고 있다.

먼저 테일러는 이 문서의 사료적인 가치를 부정하였다. 공식문서가 되려면 ① 회의 기록을 위하여 비서가 참석해야 되고, ② 그 비서가 작성한 회의 기록을 회의 참석자들이 확인하고 수정해야 하며, ③ 그 회의록은 공식 문서철에 보관되어야 하는 세 가지 요건을 구비해야 되는데, 호스바흐 각서는 이 요건을 하나도 갖추지 못했다는 것이다.

이런 형식상의 요건뿐만 아니라 그 내용을 보아도 그 문서의 신빙성이 결여돼 있다고 하였다. 테일러의 주장은 다음과 같다. ① 호스바흐 대령은 회의 중에 기록한 것이 아니라 회의 이후 5일이 경과된 후 기억으로 회의록을 작성하였다. 그는 히틀러에게 회의록을 검토할 것을 건의했으나 히틀러는 바쁘다는 핑계로 이 문서를 검토조차 하지 않았다. ② 호스바흐는 곧 참모본부를 떠나게 되었고 그의 기록은 잡문서철에 보관돼 곧 망각되어 버렸다. ③ 그 후 1943년에 독일 장교 키르크바흐Kirchbach 백작이 이 문서를 발견하고 그 사본을 만들어 전사국(戰史局)에 보관토록 하였다. ④ 제2차 세계대전 후 미군이 전사국의 이 문서를 발견하고 뉘른베르크 재판소에 증거 자료로 제출하게 되었다. ⑤ 그런데 키르크바흐에 의하면 그가 본 원본에는 노이라트, 블롬베르크, 프리취의 비판이 적혀 있다고 하는데 현재 전하는 문서에는 이런 비판이 없다. ⑥ 따라서 미군이 문서를 다시 편집했거나 키르크바흐 자신이 모든 책임을 히틀러에게 돌리기 위해 문서를 축소시켰을 것이다. ⑦ 이와 같이 현재 남아 있는 문서는 호스바흐 대령이 작성한 원본이 아니며 또 키르크바하의 사본도 아니다. 이 모든 것은 없어지고 이들을 다시 축소 편집한 것이 전해지고 있을 뿐이다. ⑧ 그리고 뉘른베르크 재판소에서 괴링, 블롬베르크, 노이라트 모두가 이 문서의 신빙성을 부인한 바 있다.

그렇다면 히틀러는 이 회의를 왜 소집했는가? 테일러에 의하면 다음과 같다. 히틀러의 목적은 외교정책에 있었던 것이 아니라 실은 국내정치 문제에 있었다. 독일 경제를 부흥시킨 샤흐트H.G. Schacht가 더 이상의 군비 증강을 반대하게 되자 다른 보수주의자들이 이에 동조하지 못하도록 예방할 필요가 있게 되었다. 회의 참석자 중 괴링만이 나치 당원이었고 나머지는 모두 보수주의자들이었다. 히틀러는 괴링도 깊이 신뢰하고 있지 않았고 나머지 사람들은 모두 히틀러 정책에 반대하는 자들이었다. 이런 모임에서 히틀러가 그의 심중을 토로했으리라고는 상상할 수 없다. 실제로 레더를 제외하고는 회의가 끝난 후 3개월 이내에 이 회의 참석자들 모두 그 직에서 물러났다.

5. 히틀러 외교의 도전

히틀러의 등장과 열강의 태도

히틀러의 외교정책 본질에 관해 어떤 평가를 하든지 그가 현상타파의 입장을 처음부터 견지하고 있었음은 분명한 일이다. 단순한 현상타파가 아니라 베르사유 조약에 의한 유럽 정치구조를 전면적으로 개편하는 것을 목표로 삼고 있었다. 그러나 히틀러가 등장할 당시 유럽 열강들은 사태를 정확히 파악하지 못하고 히틀러의 주장들을 단순히 국내정치 조작을 위한 선전이라고 간주하였다.

히틀러의 등장으로 장차 세계평화가 위태롭게 될 것이라고 정확하게 사태를 파악한 사람으로 베를린 주재 영국 대사 럼볼드H. Rumbold 경을 들 수 있다. 그는 오랜 외교관 생활을 거쳐 1928년부터 독일 주재 대사로 근무하였다. 그는 1933년 4월 26일자 본국 정부에 보낸 보고에서 히틀러의 연설과 『나의 투쟁』 등을 분석하면서 다음과 같이 말하였다.

> 유럽의 앞날은 결코 평화스럽지는 않을 것입니다. … 수상(히틀러를 지칭)과 그의 측근들이 제정신으로 돌아온다든가 또는 그들의 견해들이 상당한 수정을 받게 될 것을 기대하는 것은 오류일 것입니다. … 독일의 인접 국가들은 주의 깊게 경계해야 되며 그리고 예상보다는 더 일찍 이 나라에서 일어나는 일들에 대하여 어떠한 태도를 취할 것인지 결정해야 할 필요가 있다고 생각합니다.

독일 주재 프랑스 대사 프랑수아-퐁세A. François-Poncet도 같은 내용의 보고를 본국 정부에 보낸 바 있다. 1931년 이래 독일에서 근무한 그는 히틀러가 등장하자 그에 관한 평가를 길게 보고하였다. 그의 한 보고서에서는 이렇게 말하고 있다. 히틀러는 말만 하는 사람이 아니고 오히려 행동하는 사람이며 그가 그의 추종자들에게 너무나 많은 약속을 했기 때문에 결국 행동을 취하지 않을 수 없게 될 것이다. 또한 히틀러의 대외정책 목표에 관해 서방 세계는 두 가지를 염두에 두어야 한다. 첫째 히틀러는 그가 구두로 타국에게 한 약속에 얽매이지 않는다. 둘째 그는 1914년의 사태를 단순히 회복하려는 과거의 인물은 아니다.

프랑스 정부는 이런 보고에 주의를 기울이지 않을 수 없었다. 영국과 더불어 독일에 대한 보장책을 마련하려는 움직임을 보였다. 그러나 당시 영국의 맥도널드-볼드윈 연립정부는 럼볼드 경이나 그의 견해에 동조하는 자들을 민심을 소란케 하는 분자들로 규정하였다. 영국의 도움 없이는 프랑스는 아무런 대책도 마련할 수 없었다.

반(反)볼셰비즘의 기치를 들고 등장한 나치즘의 본질에 대해 소련 정부도 당초 그것을 정확하게 이해하지 못하였다. 벨로프M. Beloff 교수의 말대로 소련은 "혁명적이면서도 동시에 반(反)프롤레타리아적인 운동"의 존재를 이해하지 못하였다. 나치즘은 단순히 프롤레타리아 혁명을 저지하기 위한 부르주아 이데올로기의 하나라고 간단하게 보았다. 따라서 독일이 소련에 대한 정책을 그대로 유지한다면 소련도 종전의 대(對)독일 정책을 그대로 유지하겠다는 극히 소극적인 입장을 취하였다. 로젠베르크A. Rosenberg가 행한 반(反)소 연설 문제로 리트비노프 외상과 회견한 독일 대사 디르크젠H. von Dirksen은 소련 외상이 대(對)독일 정책의 불변을 약속했다고 보고한 바 있다.

이와 같이 히틀러의 등장 자체가 어떤 결정적인 의미를 갖고 있다는 것을 유럽 열강들은 파악하지 못하였다. 히틀러도 독일의 외교정책이 변하지 않는다는 인상을 주기 위해 한동안 독일 외무성의 인사 개편을 하지 않았다. 그러나 유럽 열강의 당초 판단이 오류임이 곧 드러나게 된다.

4국 협정(1933년 6월 7일)

유럽 열강들은 히틀러의 도전에 대처하는 길을 독일과의 조약체결을 통해 서로 공존함으로써 독일의 위험을 축소시키는 것에서 찾았다. 이런 구상은 특히 무솔리니가 제창하였다.

1933년 3월 영국 수상 맥도널드와 외상 사이먼J. Simon이 이탈리아를 방문했는데 이 기회에 무솔리니는 6개 조항으로 구성된 「서유럽 4개국의 협상과 협력에 관한 조약」안을 제의하였다. 무솔리니 안에 의하면 영국, 프랑스, 독일, 이탈리아 4국은 유럽과 식민지 문제에 관해 공동보조를 취함과 아울러 국제연맹 규약 제19조에 따라서 평화조약을 수정토록 한다는 것이다.

평화조약의 수정을 가능하게 한 이런 제의에 독일이 환영할 것은 분명한 일이다. 그러나 프랑스의 입장은 정반대였다. 특히 프랑스의 동맹조직인 소협상Little Entente 국가들은 이런 4국 협정 제안에 강력히 반대하고 나섰다. 이들 국가들은 히틀러가 등장하자 곧 이에 대처하기 위해 상임이사회를 결성한 바 있다. 벨기에, 폴란드도 이에 가세하였다. 프랑스는 무솔리니 안의 수정을 요구하였다. 규약 제19조뿐만 아니라 제10조, 제16조의 준수를 삽입해야 한다고 주장하였다.

6월 7일에 서명된 4국 협정은 무솔리니의 당초 구상과는 상당히 거리가 먼 내용이 되었다. 평화유지를 목적으로 상호 협력해야 한다는 정신 아래에서 제19조뿐만 아니라 제

10, 16조의 준수를 천명하고 더욱이 조약의 수정은 4국에 의해서가 아니라 연맹 이사회에 의해서 이루어져야 한다고 규정하였다. 따라서 조약은 서명됐으나 4국의 목적이 상반됨으로써 결코 효력을 발생할 수 없게 되었다. 그리하여 4국 협정은 끝내 비준되지 못하고 사문화되었다.

독일의 국제연맹 탈퇴(1933년 10월 19일)

독일을 다시 강대국으로 재건하기 위해서는 무엇보다 먼저 베르사유 조약의 군비제한 조항을 철폐해야 함은 말할 필요도 없다. 수상에 취임한 히틀러가 군 간부들의 모임에서 최초로 행한 1933년 2월 3일의 연설에서도 이 점을 강조하였다. 그 자리에서 히틀러는 국내정치, 외교정책, 경제재건 등의 문제와 아울러 군사력 창설에 관한 의견을 피력하였다. 군사력이란 독일의 정치권력 강화에 있어서 중요한 전제조건이라고 강조하면서 국민 개병제 실시를 역설하였다. 따라서 독일로서는 국제연맹의 군축회의에서 열강과 동등한 권리를 획득하든지 아니면 이런 구속적인 기관으로부터 탈퇴하든지 양자택일하지 않을 수 없었다.

국제연맹의 군축회의는 전술한 바와 같이 1932년 2~7월간 60개국이 참여해 제네바에서 개최됐으나 군축 이전에 안보장치를 요구하는 프랑스의 주장으로 아무런 성과 없이 종료되었다.

1933년 2~10월에 다시 개최된 군축회의는 히틀러 등장 이후여서 독일의 저항은 전과 달리 강력하였다. 회의에서는 먼저 에리오E. Herriot가 제의한 프랑스 안이 토의되었다. 이 제안도 기왕의 프랑스 입장을 반영하고 있는 것으로 독일의 반대에 부딪혀 폐기되었다. 다음으로 영국 안이 토의되었다. 이 안에 따르면 프랑스, 독일, 이탈리아, 폴란드 등 유럽 열강은 20만의 육군을 보유하고 1935년에는 해군 문제를 다룰 군축회의를 개최한다는 것이었다. 그런데 독일은 S.A.와 S.S.를 육군 병력에서 제외해야 된다고 주장하고 나섰다.

그리하여 6월에 군축회의는 휴회에 들어가고 10월에 다시 개최토록 하였다. 이 동안에 열강들은 군축에 관한 여러 제안을 검토하였다. 그런데 국제연맹이 실레지아 지방의 유태인 문제를 토의하면서 열강들의 여론이 강경하게 되자 영국도 프랑스의 입장을 지지하게 되었다. 이런 분위기에서 10월 9일 군축회의가 재개되었다. 히틀러는 10월 14일 군축회의 불참을 통고하고 19일에는 국제연맹의 탈퇴를 선언하였다.

훗날 히틀러는 이날의 결정은 실로 어려운 것이었다고 회고한 바 있다. 독일이 연맹 탈퇴를 선언하는 경우 열강의 라인란트 진주가 있게 될 것이라고 많은 사람들이 그를 만류했다고 한다. 그러나 그는 국제연맹 탈퇴를 선언하고 이 결정을 국민투표에 회부해 95%

의 지지를 얻어 확고한 정치적 지반을 구축하였다.

독일 · 프랑스의 군축논의

국제연맹을 탈퇴하면서 히틀러는 호혜의 원칙에 입각한 군축회의라면 언제나 참여하겠다고 공언하였다. 그리하여 한동안 독일과 열강들의 양자회의가 진행되었다.

1933년 11월 24일 프랑스 대사 프랑수아-퐁세가 히틀러를 방문하였다. 노이라트 외상도 배석하였다. 그 자리에서 히틀러는 새로운 군축제안을 내놓았다. 열강들 사이에 10년간 불가침 조약을 체결하고, 독일은 로카르노 조약을 충실히 준수하며, 독일은 30만의 병력을 보유하고 자르 지방을 국민투표에 부치지 않고 병합한다는 내용이었다.

히틀러의 이 제의를 계기로 군축교섭이 진행됐으나 프랑스는 교섭의 전제조건으로 독일의 국제연맹 복귀를 고집하였다. 한편 프랑스에서는 1934년 2월 두메르그 G. Doumergue 내각이 들어섰는데 다시 독일과의 협상 전략을 놓고 의견이 갈라졌다. 바르두L. Barthou 외상, 프랑수아-퐁세 대사 등은 교섭의 진행을 주장했으나 수상이나 전임 수상 타르디외A.P.G.A. Tardieu 등은 히틀러가 곧 물러나게 될 것이기 때문에 그 후임자와의 교섭을 주장하였다.

결국 수상의 의견이 관철되어 프랑스 정부는 1934년 4월 17일 다음과 같은 군축교섭의 폐기를 선언하였다. "(프랑스 정부는) 독일 재군비의 합법화를 엄숙히 거부하는 바이며 독일 정부는 또 (군축)교섭을 무용화하였기 때문에 프랑스는 장차 그 자신의 수단으로 안보를 보장할 것이다." 이와 같은 교섭의 결렬 공표로 프랑스는 영국, 미국의 여론으로부터 지탄을 받았다.

독일-폴란드 불가침 조약(1934년 1월 26일)

이 불가침 조약의 성립은 예상을 뒤엎은 사건이었다. 독일은 베르사유 조약으로 탄생한 폴란드에 영토를 할양했으며 따라서 독일의 외무성과 참모본부는 폴란드에 적대적인 입장을 갖지 않을 수 없었다. 한편 폴란드는 건국 이래 프랑스의 동맹국이었는데 그 동맹국의 이탈은 프랑스 동맹체제가 와해될 징조를 의미하는 것이었다. 이런 점에서 이 조약은 히틀러의 승리라고 볼 수 있다.

국제연맹 탈퇴 이후 히틀러는 외교적 고립을 타파하는 길을 독일의 동부에서 찾게 되었다. 폴란드와의 조약체결로 동부국경의 안전을 보장받을 수 있었고 특히 단치히 나치당의 선동으로 폴란드를 자극해 원치 않는 분쟁이 초래되는 것을 히틀러는 우려하였다. 그리하여 그는 단치히 나치당의 활동을 적극 견제했는데 폴란드와의 조약체결로 이런 우려가 불식될 수 있었다. 그리고 이 조약의 체결로 체코슬로바키아와 폴란드의 접근을 저지할 수 있고 후술하는 바르두 프랑스 외상의 계획을 분쇄시킬 수 있다고 히틀러는 판단하였다.

이 불가침 조약은 실은 폴란드 측에서 더 원한 바였다. 이것은 1932년 11월 외상에 취임한 베크J. Beck의 정책노선이었고 베크는 필수드스키J. Pilsudski의 측근으로서 당시 폴란드 정부의 실권자였다. 베크는 폴란드 안보에 대한 프랑스의 역할이나 집단안전보장 체제의 유효성에 관해 회의적이었다. 그리하여 그는 독일과의 교섭에 의한 안보 구축을 구상하였고 이런 교섭은 소련에 대해서도 하나의 협상 카드가 되리라고 믿었다. 그는 독일의 팽창정책을 잘 알고 있었으나 그 팽창 방향이 오스트리아와 체코슬로바키아라고 믿었고 따라서 독일과의 우호가 장차 이 지역에 있어서 폴란드의 권익을 보장해 주리라 기대하였다. 물론 그의 예상은 모두 빗나갔다.

이런 배경에서 체결된 불가침 조약은 10년간 유효하고 양국의 모든 이견은 서로 협의해 평화적으로 해결한다고 합의하였다. 물론 독일이 이 조약으로 그들의 동부국경에 대한 주장들을 포기한 것은 아니었다. 그리고 이 조약은 프랑스에 대항하는 조약은 아니었으나 동맹에서 이탈할 것을 결정한 폴란드는 프랑스에게는 프랑수아-퐁세의 말대로 '진정한 반대자' 였다.

독일과 이탈리아의 대립

히틀러 외교의 도전은 오스트리아에서 심각하게 나타났다. 모든 독일 민족의 통일을 목적으로 삼고 있는 히틀러에게는 오스트리아 병합이 중요한 외교방향이었다. 히틀러가 수상이 되자 오스트리아 나치당은 적극적인 활동을 개시하였다.

당시 오스트리아는 무솔리니도 그의 영향하에 두려는 지역이었다. 무솔리니는 다뉴브 지역을 '이탈리아의 유럽 오지(奧地)Hinterland' 라고 규정하였고 이 오지가 없다면 이탈리아는 한낱 반도에 불과한 미미한 세력으로 남을 수밖에 없다고 생각하였다. 그리하여 무솔리니로서는 오스트리아 나치당의 도전을 묵과할 수 없었다. 무솔리니는 1934년 2월 17일 영국 · 프랑스와 함께 오스트리아의 독립을 보장한다는 선언을 공포하였고 다른 한편 3월에는 오스트리아 · 헝가리와의 경제적인 유대를 강화하는 일련의 로마 의정서들을 조인하였다.

독일과 이탈리아의 긴장은 더욱 고조되었고 히틀러는 드디어 7월에 베니스를 방문해 무솔리니와 회동하였다. 수상이 된 후 최초의 외국 여행길에 오른 히틀러의 촌스러운 모습, 그리고 파시스트 제복을 입은 무솔리니의 과대망상에 젖은 외모는 하나의 희극적인 장면이었다. 독일어 실력을 늘 자랑하던 무솔리니는 통역 없이 히틀러와 만나자 곧 그의 독일어 실력이 탄로 나고 말았다. 더듬거릴 뿐 아니라 히틀러의 말을 잘 알아듣지도 못하였다. 뒷날 동석한 노이라트 독일 외상의 말을 빌리면 두 사람의 마음은 합치되지도 못하였고 서로의 입장을 이해하지도 못했다고 한다. 이렇게 두 독재자의 최초의 만남은 아무런 성과 없이 끝났다.

돌푸스E. Dolfuss 살해사건(1934년 7월 25일)

당시 오스트리아에는 크게 세 세력이 존재하고 있었다. 첫번째는 돌푸스 수상이 이끌고 있는 가톨릭 세력으로서 이들은 독일에 대해 적대적인 태도를 취하였다. 1932년부터 수상 겸 외상이 된 돌푸스는 무솔리니와의 유대 강화에 주력하였고 국내에서는 이들 가톨릭 세력을 배경으로 독재적인 권력을 행사하였다. 두번째로 사회주의자 세력은 독일이 사회당을 해산시킨 이후로 독일과의 병합에 반대하고 나섰다. 끝으로는 이른바 민족주의자들의 세력인데 이들은 친(親) 이탈리아 파와 친(親) 독일파로 갈라져 있었다.

이런 와중에서 오스트리아 나치당은 친독일파인 로마 주재 오스트리아 대사 린텔렌A. Rintelen을 수상으로 추대하고 돌푸스를 제거하려는 음모를 꾸미게 되었다. 7월 23일 린텔렌은 빈에 도착하였고 나치당원은 돌푸스 수상 관저를 점령해 드디어 그를 살해하였다.

그러나 나치의 폭력음모는 실패로 돌아갔다. 돌푸스는 죽을 때까지 사임서에 서명하지 않았고 미클라스W. Miklas 대통령은 가톨릭계의 슈슈니크K. Schuschnigg를 수상에 임명하였다.

무솔리니도 곧 행동에 옮겨 나치의 음모가 분쇄되었다. 당시 무솔리니는 리치오네Riccione에서 돌푸스와 회동하기로 약속하고 그곳에 와 있었다. 돌푸스의 부인과 자녀들도 미리 이곳에 도착하였다. 이때에 돌푸스 암살사건이 발발한 것이다. 무솔리니의 분노는 극에 달하였다. 그는 브레너Brenner 국경지대에 군대를 파견하였다.

히틀러는 오스트리아 나치당의 행동을 비난하고 파펜F. von Papen을 새로 빈 주재 대사로 임명해 사태를 수습하였다. 오스트리아 병합의 최초 시도는 실패로 끝났으나 그것은 독일 외교의 방향을 뚜렷이 보여주는 사건이었다. 무솔리니는 영국과 프랑스가 오스트리아 문제에 아무런 행동도 취하지 못한 것에 실망했으나 9월 27일에 이들 3국은 오스트리아 독립 보장에 관한 2월 17일의 선언을 다시 확인한다고 천명하였다.

독일포위 조약망의 구축 노력

1934년 2월 프랑스 외상에 취임한 바르두는 독일을 포위하는 조약망을 구축하려고 하였다. 1934년 봄 · 가을에 그는 그의 구상을 실천에 옮겼다. 그는 폴란드를 위시해 동유럽 지역을 순방했으나 그의 주요 교섭대상은 소련이었다. 그는 제네바에서 리트비노프와의 회담에 큰 비중을 두었다. 영국이 고립을 견지하는 상황에서 독일에 대한 안보는 이탈리아나 소련과 손을 잡는 길인데 바르두는 소련에 더 희망을 걸었다. 6월 초 리트비노프와의 회담에서 바르두는 3개의 조약안을 제시하였다.

조약안 A는 이른바 동유럽 조약이라는 것이었다. 독일, 소련, 핀란드, 폴란드, 에스토니아, 라트비아, 리투아니아, 체코슬로바키아가 체결할 조약으로서 침략이 발생하는 경우 이들 국가들은 곧 군사원조를 포함한 모든 원조를 서로 제공한다는 것이다.

조약안 B는 프랑스 · 소련의 상호원조 조약인데 이것은 소련이 로카르노 조약에 가입하고 프랑스가 동유럽 조약에 가입함으로써 성립된다는 것이다.

조약안 C는 일반 의정서인데 위의 모든 조약들이 국제연맹 규약과 양립하며 소련이 연맹에 가입한다는 것을 선언하자는 것이다.

바르두 조약안에 대해 영국은 일단 동의했으나 독일은 반대였다. 동부국경의 현상을 인정하기 때문이었다. 폴란드도 소련군, 독일군의 자국 영토통과를 승인할 수 없다고 반대하였다. 그리하여 동유럽 조약안은 무산됐으나 프랑스-소련 동맹의 길이 열려 바르두의 주요 목표는 달성되었다. 프랑스-소련의 불가침 조약은 바르두의 외상 취임 이전인 1932년 11월에 이미 체결됐으나 이번의 바르두의 노력으로 소련의 연맹 가입이 이루어졌다. 9월 18일 39대 42로 소련의 가입이 통과되었고 소련은 연맹 이사회의 상임이사국이 되었다.

바르두는 다시 독일을 포위할 조약망을 구축하려고 시도하였다. 그 일환으로 유고슬로비아 국왕 알렉산더를 프랑스에 초청하였다. 바르두는 그를 마중하기 위해 10월에 마르세유에 도착하였다. 그러나 두 사람 모두 암살당하고 말았다.

바르두의 임무는 그의 후임자인 라발P. Laval에 의해 계승되었다. 그러나 라발은 기본적으로 독일과 이탈리아와의 화해를 추구하는 노선을 택하였다.

주요문헌

(가) 사료

이 시기 열강의 외교문서에 관해서는 제7, 9장의 주요문헌과 「부록」을 볼 것.

로카르노 조약에 관련된 개인들의 문서나 회고록 중 중요한 것을 열거하면 다음과 같다.

d'Abernon, Edgar, *An Ambassador of Peace: Pages from the Diary of Viscount d'Abernon*, 3 vols., London, 1929~1930.

———, *Portraits and Appreciations*, London, 1931.

Chamberlain, Austen, *Down the Years*, London, 1935.

———, *The Life and Letters of the Right Hon: Sir Austen Chamberlain*, ed. by Charles Petrie, 2 vols., London, 1939~1940.

Gatzke, Hans W., "The Stresemann Papers," *Journal of Modern History*, Mar. 1954. G. Stresemann 문서의 해설임.

Herriot, Edouard, *Jadis*, 2 vols. Paris, 1952.

———, "Souvenirs d'entre deux guerres," *Conferencia: Les Annales*, Jan. 1950.

Stresemann, Gustav, *Vermächtnis: Der Nachlass in drei Bäden*, eds. by H. Bernhard, V. Goetz and P. Wiegler, Berlin, 1932~1933.

———, *His Diaries, Letters and Papers*, 3 vols., N.Y., 1935~1940.

소련의 외교문서는 「부록」을 참조할 것. 소련 정권의 초기 외교정책에 관하여는 훌륭한 외교문서집이 영역되고 또 해설되어 있는 문서들이 있다. 그 중 중요한 것을 열거하면 다음과 같다.

Degras, Jane, *Soviet Documents on Foreign Policy, 1917~1941*, 3 vols., Oxford, 1951~1953.

———, *The Communist International, 1919~1934, Documents*, 3 vols., Oxford, 1951, 1961.

———, *Calender of Soviet Documents Foreign Policy, 1917~1941*, Oxford, 1948.

Eudin, Xenia Joukoff, & Harold H. Fisher, *Soviet Russia and the West, 1920~1927, A Documentary Survey*, Standford, 1957.

Eudin, Xenia Joukoff, & Robert C. North, *Soviet Russia and the East, 1920~1927, A Documentary Survey*, Standford, 1957.

Eudin, Xenia Joukoff, & Robert M. Slusser, *Soviet Foreign Policy, 1928~1934*, Pennsylvania, 1966.

그리고 초기 소련과 독일의 관계에 관해 소련 외무성이 다음의 문서집을 발간하였다.

Sovetsko-Germanskie otnosheniya 1922~1925gg.(소련 · 독일관계), 2 vols., Moskva, 1977.

만주사변에 관한 주요 사료는 사건의 성격상 제2차 세계대전 이전에는 거의 공포되지 않았으나 전후에는 상당한 공 · 사문서들이 공표되었다. 가장 중요한 공문서는 다음과 같다.

『日本外交文書 · 滿洲事變』, 3冊.

『現代史資料』, 第7, 11冊 滿洲事變.

그리고 아래의 책도 좋은 참고가 된다.

日本國際政治學會 編, 『太平洋戰爭への道』(2), 別卷(資料編), 東京, 1962~1963.

비록 외교문제에 국한된 것은 아니나 양차대전 기간에 관한 일본사에 관한 총괄적인 문서집으로서 『現代史資料』, 第45卷 索引 別冊(東京, 1962~1980)은 필수 자료임.

당시 관련 정치인의 개인문서나 회고록으로서 중요한 것을 보면 다음과 같다.

芳澤謙吉, 『外交六十年』, 東京, 1957.

石原莞爾, 『世界最終戰論』, 東京, 1940.

林久治郎, 『滿洲事變と奉天總領事』, 東京, 1978.

田中義一傳記刊行會 編, 『田中義一傳記』, 2冊, 東京, 1958.

田中隆吉, 『日本軍閥暗鬪史』, 東京, 1947.

秦郁彦, 『評傳石原莞爾』, 東京, 1972.

板垣征四郎刊行會, 『秘錄 · 板垣征四郎』, 東京, 1967.

幣原平和財團 編, 『幣原喜重郎』, 東京, 1955.

幣原喜重郎, 『外交五十年』, 東京, 1951.

鶴見祐輔, 『後藤新平』, 4卷, 東京, 1937~1938.

花谷正, 『滿洲事變はこうして計劃された』, 東京, 1956.

溥儀, 『我的前半生』, 北京, 1964(新島淳良 · 丸山昇 譯, 『わが半生』, 2冊, 東京, 1965).

(나) 주요연구

로카르노 조약 자체에 관한 전문 연구는 그리 많지 않은데 중요한 것을 보면 다음과 같다.

Gasiorowski, Zygmunt, "Stresemann and Poland after Locarno," *Journal of Central European Affairs*, 1958.

Gatzke, Hans W., "Gustav Stresemann: A Biographical Article," *Journal of Modern History*, 1964.

Grün, George A., "Locarno: Idea and Reality," *International Affairs*, 1955.

Jacobson, Jon, *Locarno Diplomacy, Germany and the West, 1925~1929*, Princeton, 1972.

Rösler, Helmut & Erwin Hölzle, eds., *Locarno und die Weltpolitik*, Göttingen, 1969.

Stambrook, F.G., "'Das Kind'--Lord d'Abernon and the Origins of the Locarno Pact," *Central European History*, 1968.

Craig, Gordon, & Felix Gilbert, eds., *The Diplomats, 1919~1939*, Princeton, 1953도 참조할 것.

소련과 중국의 초기관계에 관해서는 다음을 참조할 것.

Whiting, Allen S., *Soviet Policies in China, 1917~1924*, N.Y., 1954.

王聿均, 『中蘇外交的序幕』, 臺北, 1963.

Leong, Sow-Theng, *Sino-Soviet Diplomatic Relations, 1917~1926*, Honolulu, 1976.

Whiting의 연구는 주로 소련문헌에, 그리고 Leong과 王의 연구는 중국측 문헌에 입각하고 있음.

Mirovitskaya, R.A., *Dvizhenie v Kitae za priznanie Soverskoi Rossii, 1920~1924* (소비에트 러시아의 승인을 위한 중국 내의 활동), Moskva, 1962.

Kheifets, A.N., *Sovetskaya Rossiya i sopredelnye strany Vostoka, 1918~1920* (소비에트 러시아와 동양의 인접국가), Moskva, 1964.

그리고 S.L. Tikhvinsky가 책임 편집한 *Modern History of China* (Moscow, 1983)도 소련측 입장을 이해하는 데 도움이 된다.

또한 소련의 서방 열강과의 초기단계에 관하여는 다음을 참조할 것.

Carr, E.H., *German-Soviet Relations between the Two World Wars, 1919~1939*, Baltimore, 1951.

Ullman, Richard H., *Anglo-Soviet Relations, 1917~1921*, 3 vols., Princeton, 1961, 1968, 1972.

그리고 구소련의 연구로서 주요한 것을 보면 다음과 같다.

Volkov, F.D., *Anglo-Sovetskie otnoshenya 1924~1929* (영 · 소관계), Moskva, 1958.

———, *SSSR-Anglya 1929~1945* (소련-영국), Moskva, 1964.

Popov, V.I., *Anglo-Sovetskie otnoshenya, 1927~1929* (영 · 소관계), Moskva, 1958.

———, *Diplomaticheskie otnoskenya mezhdu SSSR i Angliei, 1929~1939* (소련과 영국 간의 외교관계), Moskva, 1965.

Furaev, V.K., *Sovetsko-Amerikanskie otnoshenya 1917~1939* (소련 · 미국관계), Moskva, 1964.

Borisov, Yu.v., *Sovetsko-Frantsuzskie otnoshenya 1924~1945* (소련 · 프랑스관계), Moskva, 1964.

소련 · 일본의 초기관계에 관하여는 구소련 과학원에서 발간한 동양학 시리즈 중 소련 · 일본관계사(*SSSR i Yaponya, 1917~1984*, Moskva, 1987)를 참조할 것.

일본의 연구로서는 日本國際政治學會가 편찬한 『日本外交史研究: 大正時代』(東京, 1958), 『日露, 日中關係展開』(東京, 1966)에 수록된 논문들을 볼 것.

鹿島研究所가 편찬한 『日本外交史』 제15권도 일본과 소련간의 국교 문제를 다루고 있으며, 小林幸男의 『日本政治外交史』(東京, 1985)도 참조할 만하다.

그리고 영문으로 된 것으로서는 다음의 업적이 필수적인 연구서로 평가되고 있음.

Lensen, George A., *Japanese Recognition of the U.S.S.R., Soviet-Japanese Relations, 1921~1930*, Tokyo, 1970.

1920년대 일본의 대륙진출에 관하여는 다음의 일본연구들을 볼 것.

衛藤瀋吉, 『東アジア政治史研究』, 東京, 1968.

細谷千博, 『兩次大戰間の日本外交』, 東京, 1988.

入江昭, 『極東新秩序の摸索』, 東京, 1970.

細谷千博 · 齋藤眞 編, 『ワシントン體制と日米關係』, 東京, 1978.

臼井勝美, 『日中外交史―北伐の時代』, 東京, 1971.

日本國際政治學會 太平洋戰爭原因研究部 編, 『太平洋戰爭への道』의 제1권인 『田中外交』.

滿洲事變에 관한 연구들은 상당한 양에 이르고 있는데 사건 전반에 관한 주요한 연구들로서는 다음을 참조할 것.

臼井勝美, 『滿洲事變』, 東京, 1974.

島田俊彦, 『關東軍』, 東京, 1965.

歷史學研究會 編, 『太平洋戰爭史 · 滿洲事變』, 東京, 1971.

日本國際政治學會 編, 『滿洲事變』, 東京, 1970.

제9장

제2차 세계대전

제1절 유화와 침략의 공존

제2절 침략의 세계외교사

유화와 침략의 공존

제 1 절

1938년 9월 15일 70세의 영국 수상 체임벌린은 생애 처음으로 비행기를 타고 독일 베르히테스가덴으로 49세의 거만한 독재자 히틀러를 찾는다. 영국인의 자존심으로서는 상상하기 힘든 상황이었다. 체임벌린은 체코슬로바키아 사망 신고서를 들고 의기양양하게 9월 24일 영국 비행장에 도착해 이제 유럽에는 평화의 시기가 드디어 찾아왔다고 선언해 마중 나온 인파들로부터 열렬한 환영을 받았다. 그러나 그 꿈은 곧 사라졌다.

이 장면은 세계외교사에 있어서 이른바 유화정책이 실패한 대표적인 예로 인용되고 있다. 유화정책은 현상타파 세력에게 일정한 양보를 제공하여 전쟁을 예방할 수 있다는 전제를 안고 있다. 그러나 당시 영국을 비롯한 서유럽 국가들이 베르사유 체제를 정면에서 부정한 독일에 대해 유화정책을 전개할 수밖에 없었던 데에는 그럴 만한 이유가 있었다.

먼저 이들 국가에는 전통적인 독일 옹호론자들이 있었고 또 히틀러를 지지하는 강력한 세력들이 있었다. 히틀러의 친구들은 독일 안에만 있었던 것은 아니었다. 베르사유 조약의 내용이 가혹하다는 도덕적인 비판이 유럽인들에 만연돼 있었던 것도 사실이다.

그러나 가장 근본적인 이유는 볼셰비즘이 서유럽으로 전파되는 것을 저지하는 세력으로 강력한 독일이 필요하였다는 사실이다. 유화정책 근저에는 '붉음의 공포'가 있었다.

그런데 히틀러에 대한 유화정책은 서유럽 열강에 국한된 것은 아니었다. 소련도 독일에 대해 유화정책을 견지하였다. 영국은 1938년 9월에 유화정책 신화의 환상에서 깨어났으나 소련은 1941년 6월에 가서야 히틀러 정책의 본질을 알게 되었다.

1929년의 대공황과 1933년 히틀러의 등장은 일본으로서는 중국 대륙 진출을 위한 천재일우의 기회였다. 대공황으로 열강들은 국내정치에 몰두하였고 히틀러의 팽창정책으로 열강들에게는 유럽 문제가 초미의 현안이 되었기 때문이다. 아시아 문제는 그들에게는 부차적인 것이었다.

1. 독일의 재군비

자르 문제

1934년 후반 히틀러는 자르 지역의 국민투표에 대비하기에 골몰하였다. 전술한 바와 같이 베르사유 회의에서 자르 지방은 15년 동안 국제연맹 이사회가 관할하고 그 후에는 국민투표에 부쳐 그 귀속을 결정토록 하였다. 국민투표가 1935년 1월로 예정되어 있었다.

그리하여 1934년에는 이 문제로 독일과 프랑스가 교섭을 진행하였다. 그 결과 독일은 프랑스의 국유재산인 철도와 탄광을 매입하였고 프랑스는 자르 지방에서 독일이 선전활동을 하는 일에 관여치 않기로 합의하였다. 나치당의 선전과 위협이 난무하게 되었다. 라발 프랑스 외상은 독일에 유화적인 입장을 취하였고 히틀러는 자르 문제만 해결되면 프랑스와는 아무런 분쟁도 없다고 선전하였다.

1935년 1월 13일에 실시된 국민투표에서 90%의 주민이 독일로의 귀속을 희망하였다. 국제연맹 이사회는 3월 1일 자르의 독일 귀속을 결정하였다.

독일의 재군비 결정(1935년 3월 16일)

자르 문제가 해결되자 영국과 프랑스는 독일이 군축을 위한 협상 테이블에 나오게 될 것이라고 기대하였다. 그리하여 두 나라는 2월에 새로운 군축안을 히틀러에게 제의하였고 3월 6일에는 사이먼J. Simon 영국 외상이 베를린을 방문키로 하였다.

그런데 영국은 3월 4일 돌연 백서를 발표하였다. 여기에서 영국 정부는 군비 증강의 명분을 독일의 재군비 가능성에 두었다. 히틀러는 분노하였고 병을 핑계로 사이먼 외상의 접견을 거부하였다. 그리고 3월 8일 독일은 공군을 이미 보유하고 있다고 말함으로써 세상을 놀라게 하였다. 베르사유 조약에 의해 독일은 공군의 보유가 금지되어 있었기 때문이다. 이에 3월 15일 프랑스에서는 군복무 기간을 1년에서 2년으로 연장하는 법안이 의회에서 통과되었다.

다음날인 3월 16일 히틀러는 프랑수아-퐁세 프랑스 대사를 접견하고 독일은 군복무 의무제를 실시하고 55만에 달하는 36개 사단의 병력을 보유하게 될 것이라는 폭탄선언을 하였다. 베르사유 조약으로 독일은 군복무 의무제가 폐지되었고 직업 군인으로 구성된 10만의 병력만 유지할 수 있었던 터였다. 히틀러는 재군비의 명분을 영국, 프랑스, 소련 등이 군축에 합의하지 못하고 도리어 군비를 증강하고 있다는 점에 두었다. 하여간 이제 베르사유 조약의 군비 조항이 일방적인 선언으로 폐지되었고 베르사유 체제는 명실 공히 끝나게 되어 유럽 국제정치 질서는 혼돈의 상태로 들어갔다.

스트레사Stresa 합의(1935년 4월 11일)

이와 같은 독일의 일방적인 행동에 공동 대처하기 위해 영국, 프랑스, 이탈리아 3국의 수뇌들이 피에몬테Piemonte의 머조리Maggiore 호반에 위치한 스트레사에서 회동하였다. 영국의 맥도널드MacDonald 수상, 사이먼 외상, 프랑스의 플랑댕P.-E. Flandin 수상, 라발 외상, 그리고 무솔리니는 베르사유 조약을 일방적으로 폐기한 독일의 행동을 비난하고 로카르노 조약의 충실한 이행을 다짐하였다. 그리고 오스트리아의 독립을 약속했던 1934년 2월 17일과 9월 27일의 3국 선언을 다시 확인하였다.

이 회담이 있은 지 일주일 후에는 국제연맹 이사회가 개최돼 독일의 행동을 비난하고 하나의 결의안을 채택하였다. 이 결의안에서 이사회는 독일의 이번 행동과 같이 '유럽에서의' 평화와 안전을 해칠 경우가 다시 발생한다면 적절한 조치를 취할 것을 다짐하였다.

연맹의 이런 움직임에 대해 히틀러는 극도로 분노하였다. 노이라트 외상을 뮌헨으로 불러들여 5시간 동안이나 호통을 쳤다. 노이라트는 아무것도 먹지도 마시지도 못하였다.

그러나 히틀러는 평화적인 제스처를 하지 않을 수 없었다. 사이먼 영국 외상을 접견하고 독일의 평화적인 입장을 강조하였다. 독일은 인접 국가들과 양자 조약을 체결할 것이며 또한 로카르노 조약을 준수하고 오스트리아의 독립을 인정한다고 천명하였다. 히틀러의 이런 위장술이 주효해 스트레사의 연합은 깨어지게 되는데 이것이 후술하게 될 영·독

해군협정으로 나타난다.

프랑스 · 소련 조약(1935년 5월 2일)과 소련 · 체코 조약(1935년 5월 16일)

전술한 바와 같이 바르두 프랑스 외상은 소련과의 우호증진에 주력했으나 그의 후임자인 라발은 소극적이었다. 그러나 독일이 재군비를 선언하자 에리오를 비롯한 각료들이 소련과의 조약을 체결하도록 라발에게 압력을 가하였다. 그 결과 라발은 리트비노프와 제네바에서 회동하고 5월 2일에는 드디어 라발과 파리 주재 소련대사 포템킨V.P. Potemkin이 다음과 같은 내용의 조약에 조인하였다.

두 나라 중 한 나라가 어떤 유럽 국가로부터 침략을 받는 경우 두 나라는 국제연맹 규약 제10조의 적용을 강화하고 또 그 적용을 신속히 하는 방법을 협의한다. 만일 연맹이 침략을 자행한 그 유럽 국가(연맹의 가맹국이건 아니건 간에)에 대해 제재를 결정한 경우 두 나라는 모든 방법을 동원해 서로 원조한다. 그리고 두 나라 중 한 나라가 도발하지 않았는데도 공격을 받을 때 연맹 이사회에서 만장일치에 이르지 못하여 제재를 결정하지 못할 경우 두 나라 중 다른 나라는 '즉시' immédiatement 원조를 제공한다.

그런데 프랑스와 소련은 이 조약을 체결하면서 동시에 특별 의정서도 함께 체결해 이 조약을 로카르노 조약에 종속시켰다. 즉 독일이 공격을 가하는 경우 프랑스 · 소련 조약에서는 로카르노 조약의 보장 국가들도 그 같은 공격이 침략이라고 인정하는 경우에만 발효한다고 하였다. 다시 말하자면 영국과 이탈리아가 독일의 행동을 침략이라고 인정하는 경우에만 프랑스 · 소련 조약이 독일에 대해 효력을 발생토록 하였다. 그리고 이 조약은 유럽에만 국한되었다. 당시 동북아에서 첨예한 대립을 보이던 소련 · 일본의 관계에는 적용되지 않는 것이었다.

조약 체결 후 라발 외상은 소련을 방문하고 5월 15일 스탈린 공산당 서기장과 공동성명을 발표하였다. 그 성명에서 스탈린은 프랑스가 취한 방어적인 조치들을 강화하는 데 동의한다고 천명하였다. 이로써 프랑스 공산당이 그동안 취해 왔던 군 복무 2년 연장에 대한 반대운동은 종식되었다.

5월 16일에는 유사한 내용의 조약이 소련과 체코 사이에도 체결되었다. 그런데 조약에 부속된 의정서에 따르면 이 조약에 의한 상호 원조는 프랑스가 공격을 받은 국가에 대해 원조를 하는 경우에만 발생토록 규정하였다. 따라서 프랑스의 체코에 대한 의무는 이중적인 것이 되었다.

이들 조약에 대한 독일의 반대는 격렬하였다. 독일 정부는 5월 25일 프랑스 · 소련의 조약은 로카르노 조약에 배치된다는 내용의 각서를 전달하였다. 히틀러는 후술할 독일의 라인란트 진주의 명분을 이 조약에서 찾았다.

영 · 독 해군합의(1935년 6월 18일)

독일의 재군비 결정에 대해 열강은 곧 단결하였고 특히 영국 · 프랑스 · 이탈리아의 스트레사 연합은 괄목할 만한 것이었다. 그러나 이러한 대(對)독일 연합전선은 곧 붕괴됐는데 그 장본인이 바로 영국이었다.

앞에서 본 바와 같이 히틀러는 재군비 선언을 하였고 곧 이어 5월 21일에는 평화적인 외교정책을 발표하였다. 로카르노 조약의 준수, 오스트리아 독립의 보장, 그리고 베르사유 조약에 의한 비무장 지대의 유지 등을 약속하였다. 그는 또 영국에 대한 제스처로 영국 해군력의 35%에 해당되는 해군력을 보유하는 데 독일은 만족하겠노라고 선언하였다.

이런 제의에 영국은 곧 반응을 보여 6월 18일에는 양국의 잠수함을 100 대 35로 규정하는 것에 합의하였다. 독일은 베르사유 조약에 의해 해군력의 보유가 금지됐는데도 영국은 독일과 해군협정을 체결해 일방적으로 베르사유 조약을 수정하는 데 앞장을 서게 되었다. 스트레사 연합은 이제 완전히 와해되었다.

프랑스와 아무런 사전 협의도 없이 베르사유 조약의 수정을 단행한 영국의 행동은 정당화하기 어려운 것이었다. 볼드윈과 맥도널드는 10월의 선거를 앞두고 평화적인 분위기 조성이 필요했을지 모른다. 그리고 1930년 군축회의 이래 프랑스에 적대감을 갖게 된 영국 해군성의 주장이었는지도 모른다.

하여간 스트레사 연합전선이 무너지고 영국과 프랑스 사이에 긴장이 고조되자 무솔리니는 이 기회를 포착하였다. 에티오피아의 원정이 바로 그것이다.

2. 이탈리아의 에티오피아 원정

무솔리니의 에티오피아 원정 결정

19세기 말 이래로 이탈리아는 두 가지 외교노선 중 어느 하나를 택하느냐로 고심하였다. 하나는 다뉴브 강과 발칸 반도 지역으로 진출하는 길인데 이 노선을 택하는 경우 독일을 비롯한 중부 유럽 국가들과 충돌하게 된다. 오스트리아 문제로 독일과 마찰을 일으킨 점은 앞에서 본 바와 같다. 다른 노선은 지중해와 아프리카 방면으로 진출하는 것인데 이 경우 영국과 프랑스와의 충돌이 불가피해진다.

무솔리니가 어떤 목적에서 에티오피아 원정을 결심했는지에 관해서는 자세히 알 길이 없으며 학계에서도 다만 몇 가지 추측만을 할 뿐이다. 독일의 재군비 결정 이후 실제로 군사력이 강화되기 이전에 에티오피아를 정복할 필요가 있었다는 추측이다. 즉 독일의 군사력이 강화되는 경우 브레너Brenner 국경에 있는 군대를 다른 지역으로 이동시킬 수 없기 때문에 그 이전에 행동했다는 추측이다. 또는 무솔리니는 오스트리아가 결국 독일로 합병될 것이라고 판단하고 미리 에티오피아 합병을 결정했으리라는 추측도 있다. 아니면 당시 유럽 열강이 이민을 억제하고 있어서 인구흡수 지역으로 에티오피아가 필요했으리라는 추측이 있는가 하면, 무솔리니의 단순한 군사 모험주의의 발로라고 판단하는 견해도 있다. 하여간 무솔리니는 1933년 가을에 에티오피아 원정을 이미 결정한 것으로 알려져 있으며 그 임무를 데보노E. De Bono 장군에게 맡겼다.

에티오피아는 비록 국제연맹의 가맹국이었으나 중세적인 상황에 있는 사회였다. 따라서 영국은 당초 그 후진성을 이유로 연맹 가입을 반대했으나 보호국가의 입장에 있던 이탈리아의 주장으로 가입이 허용되었다. 이탈리아는 영연방 국가들의 연맹 가입으로 비대해진 영국의 세력을 견제하기 위해 에티오피아의 가입을 주장하였다. 이에 에티오피아는 1923년에 연맹에 가입하였고 1928년에는 이탈리아와 하나의 조약을 체결하였다. 양국은 서로 독립을 저해하지 않으며 모든 분쟁은 조정이나 중재로 해결하기로 하였다.

영국과 프랑스의 반응

그런데 이탈리아의 에티오피아 진출에 가장 민감한 반응을 보인 것은 영국이었다. 영국은 이미 1925년에 이탈리아와 영향권 획정에 관해 합의한 바 있었다. 이집트에의 수자원 공급에 중요한 차나Tsana 호는 영국이, 그리고 에리트레아Eritrea 인접지역은 이탈리아가 서로 담당하기로 하였다. 하여간 이탈리아의 에티오피아 진출은 수단에 대해서, 그리고 인도 항로에 영향을 미칠 수 있어서 영국으로서는 민감하지 않을 수 없었다. 그리하여 영국은 스트레사 회의 당시 에티오피아 문제에 관한 토의 자체를 반대하였었다.

한편 프랑스는 지부티-아디스아바바Djibouti-Addis Ababa 철도를 제외하고는 이 지역에 그리 큰 이해를 갖고 있지 않았다. 더욱이 라발이 외상으로 취임하면서 이탈리아와의 접근을 시도하였다. 1935년 1월 6일 무솔리니와 라발은 에티오피아 문제에 관해 토의한 바 있었는데 회의의 정확한 내용에 관하여는 훗날 두 사람의 견해가 엇갈리고 있다. 무솔리니는 프랑스가 에티오피아 문제에 관해 이탈리아에게 자유 재량권을 주었다고 말한 데 반해 라발은 전쟁을 동반하지 않는다는 조건이 있었다고 말하였다.

이 회견 다음날 양국은 하나의 조약을 체결하였다. 프랑스는 튀니지 국경지대, 에리트레아 경계지역, 그리고 바브-엘-만데브Bab-el-Mandeb 해협지대 등 3개 지역의 일정 영토를 이탈리아에 할양하고 오스트리아의 독립이 위태롭게 되는 경우 양국은 서로 협력한다고 합의하였다.

왈왈Wal-Wal 사건(1934년 12월 5일)

이런 분위기에서 이탈리아의 에티오피아 침공 계기를 만들어 준 이른바 왈왈 사건이 발생하였다. 소말리아와 에티오피아 국경지대에 위치한 왈왈 지역은 이탈리아가 관할하던 지역이었는데 그곳에서 이탈리아군에 소속된 원주민 30명이 사살된 사건이 발생하였다.

이 사건을 빙자로 원정에 나선 이탈리아군은 무려 40만 명에 달하였고 최신 무기로 장비하였다. 실제의 전투는 1935년 10월부터 시작하였다. 이탈리아군이 승전을 계속했으나 1935~1936년 겨울에는 에티오피아군의 끈질긴 저항으로 한때 곤경에 처하기도 하였다. 1936년 봄부터 다시 반격에 나선 이탈리아군이 5월 5일 수도인 아디스아바바를 점령하였고 9일에는 이탈리아 국왕이 에티오피아 황제를 겸한다는 합병선언을 하였다.

국제연맹과 열강

원정을 결정한 무솔리니는 모든 평화제의를 거부하였다. 먼저 에티오피아가 1928년 이탈리아와 맺은 조약에 따라 중재에 의한 해결을 요구하였지만 무솔리니는 물론 거절하였다. 그러자 에티오피아는 국제연맹에 호소하였다. 1935년 1월 첫 번째 호소는 라발 프랑스 외상이 로마에서 무솔리니와 에티오피아 문제를 토의하고 있어서 실패로 돌아갔다. 에티오피아는 다시 3월에 연맹에 평화적인 해결을 의뢰하였다. 그날은 독일이 재군비를 선언한 바로 다음날이었다.

따라서 영국과 프랑스는 이 사건을 매우 귀찮은 사건으로 여기게 되었다. 이탈리아의 행동을 묵과함으로써 이탈리아를 계속 반(反)독일 전선에 머물도록 하느냐 아니면 국제연맹의 평화적인 기능을 살리느냐 하는 기로에 서게 되었다. 무솔리니는 국제연맹의 계속된 제의를 거부하였다.

8월에는 영국 · 프랑스 · 이탈리아 3국회의가 개최되었다. 여기에서 영국과 프랑스는 괴이한 평화 제안을 내놓았다. 양국은 이탈리아와 함께 에티오피아를 위임 통치하되 시정의 우월권은 이탈리아가 갖게 한다는 것이었다. 에티오피아는 국제연맹의 가맹국인데 그 가맹국에 대해 위임통치를 한다는 것은 법적으로 성립될 수 없음은 물론이다. 무솔리니는 이 제안도 거절하였다.

영국의 태도는 경화되기 시작하였다. 새로 들어선 볼드윈 내각의 호어S.J.G. Hoare 외상이 이탈리아에 대한 제재에 앞장섰다. 이에 앞서 영국은 먼저 이탈리아를 위협해 협상 테이블에 나오게 하려고 하였다. 해군력을 지중해에 집결시켰다. 그러나 무솔리니는 굴하지 않았다.

이탈리아가 모든 평화제의를 거부하고 예정대로 원정군을 실제로 파견해 전투가 개시되자 국제연맹 이사회는 이탈리아를 만장일치로 침략국가라고 규정함으로써 제재의 길이 열리게 되었다. 한 달 동안이나 제재의 방법에 관한 토의가 진행되었고 드디어 11월 18일 채택된 제재는 군사적인 것을 제외한 경제적인 제재에 국한되었다. 이탈리아 상품의 수입금지, 군수물자의 수출금지, 재정지원의 금지 등이 주요 골자였다.

한편 이탈리아는 이런 제재에 참여한 국가들과는 경제관계를 단절하였다. 그리고 경제적인 제재 중에서 석유의 수출금지가 가장 중요한 문제였는데 이에 관해서는 열강들이 채택할 수가 없었다. 그것은 곧 이탈리아와의 전쟁을 뜻하는 것이기 때문이었다. 더욱이 영국은 처음부터 이탈리아군의 수에즈 운하 통과를 묵인하였다.

이와 같은 국제연맹의 제재 결정과 아울러 영국과 프랑스는 이탈리아에 대해 유화적인 태도를 보였다. 호어-라발 제안이 그 대표적인 예이다.

호어-라발 계획

프랑스 외상 라발이 작성하고 영국 외상 호어가 동의한 이 계획은 1935년 12월 7일 무솔리니에게 제의되었다. 이 계획의 골자는 이탈리아는 에티오피아의 3분의 2 지역을 보유하고 에티오피아는 나머지 영토를 보유하는 국가로 존속한다는 내용이었다. 이것은 무솔리니에게는 유리한 것이었다. 당시까지 점령한 지역보다 더 넓은 영토를 받을 수 있기 때문이다. 그러나 이 제안의 내용이 영국 신문에 발표되자 영국의 비판 여론이 비등하였다. 이른바 침략국가로 낙인 받은 국가에 대해 유리한 조건으로 흥정했다는 비난이었다. 결국 호어는 외상에서 물러나게 되었고 이든A. Eden이 그 뒤를 이었다.

무솔리니의 계획대로 에티오피아는 합병됐으나 영국과 프랑스는 이탈리아에게 정신적인 모욕을 주면서 그 합병을 묵인하였다. 하일레 셀라시Hailé Selassie 에티오피아 황제가 국제연맹 총회에서 연설을 하도록 한 것이다. 연맹의 한 가맹국이 다른 가맹국에 의해 정복되고 패망한 국가의 황제가 그 총회에서 고별사를 하도록 한 것은 국제정치사에 있어서 하나의 희극이 아닐 수 없다.

독일

호어-라발 계획이 무산되자 무솔리니는 프랑스와 체결한 1935년 1월 7일의 로마 합의, 그리고 스트레사 합의를 폐기한다고 선언하였다. 히틀러는 최대의 반사적인 이익을 얻게 되었다.

사실 이탈리아의 에티오피아 진출은 독일로서는 환영할 만한 일이었다. 독일의 오스트리아 진출이 용이하게 되었기 때문이다. 1935년 6월 이후로 독일이 이탈리아에 석유를 공급한 주요 국가였다. 그런데 무솔리니의 스트레사 연합 이탈 선언이 있게 되자 히틀러는 베르사유 조약의 또 다른 수정을 시도할 수 있었다. 1936년 3월 독일의 라인란트 진주가 그것이며 세계의 이목은 에티오피아를 떠나 프랑스 · 독일 국경지대로 다시 쏠리게 되었다.

3. 독일의 라인란트 진주

프랑스 의회의 프랑스 · 소련 동맹 비준(1936년 2월 27일)

라인란트 좌안을 비무장지대로 설정한 것은 베르사유 조약의 주요 내용 중의 하나였다. 이 규정의 폐기는 곧 베르사유 조약의 사문화를 의미하는 것이다.

뉘른베르크 전범재판소의 기록에 따르면 히틀러가 라인란트 진주를 검토하기 시작한 것은 이미 1935년 6월 29일이며 그것을 행동으로 옮기려고 결심한 것은 1936년 2월의 일이라고 한다. 그러나 진주의 시기를 프랑스 · 소련 동맹조약의 비준과 때를 맞추었다.

전술한 바와 같이 프랑스 · 소련 동맹이 체결되자 히틀러는 이 동맹조약이 로카르노 조약과 양립되지 않는다고 반대하였다. 독일의 논리는 다음과 같다. 로카르노 조약에 의하면 독일이 폴란드 혹은 체코를 공격할 경우 프랑스의 간섭이 있게 되는데 프랑스 · 소련 동맹조약은 로카르노 조약에서 상정하고 있지 않은 제3의 사태, 즉 독일이 소련을 침공할 경우에도 프랑스가 간섭할 수 있도록 규정하였다는 것이다. 따라서 프랑스·소련 동맹은 로카르노 조약을 위반했다는 논리이다. 프랑스가 반대 입장을 주장한 것은 물론이다. 당초 문제는 여기에서 그쳤고 그 후 히틀러는 로카르노 조약의 준수를 공언하였다. 다시 말하자면 라인란트의 비무장 약속을 계속 지키겠다는 것이었다.

그러나 프랑스 의회에서 소련과의 동맹조약을 실제로 비준하려고 하자 그의 태도는 변화하기 시작하였다. 1935년 11월 21일 프랑수아-퐁세 프랑스 대사가 그를 방문하고 프랑스 의회에서 곧 비준 문제가 토의될 것이라고 말하였다. 이에 대해 히틀러는 비준을 하는 경우 프랑스는 큰 오류를 범하게 될 것이며 프랑스에서는 공산정권이 들어서게 될 것이고 이것은 독일에게 큰 위협이 될 것이라고 경고하였다. 프랑수아-퐁세 대사는 히틀러가 라인란트 진주를 단행할 위험이 있다고 라발 외상에게 보고하였다.

1936년 2월부터 프랑스 의회가 비준 문제를 토의하자 독일 신문들은 반격에 나섰다. 새로 프랑스 외상에 취임한 플랑댕은 이든 영국 외상에게 공동전선을 펼 수 있는지 그리고 프랑스가 모종의 예방조치를 취하는 경우 영국이 지원을 할 수 있는지 문의하였다. 영국 내각은 3월 5일 이든 외상의 제의에 따라 이 문제를 토의하였다. 프랑스가 군사적인 행동을 고려하지 않는다면 프랑스의 행동을 지원하며 로카르노 조약 당사국의 회의를 개최할 수 있는지 그 가능성을 모색하기로 영국 내각은 일단 결정하였다.

라인란트 진주

그러나 이미 때는 늦었다. 프랑스 의회가 2월 27일 비준을 결정하자 3월 2일 히틀러는 군부에게 3월 7일을 기해 라인란트에 진주하라고 명령하였다. 그런데 이번에는 독일 군부가 반대하고 나섰다. 프랑스군이 반격하는 경우 독일은 아직 이에 대응할 군사력이 없다는 것이었다. 그러나 히틀러는 프랑스나 영국이 결코 행동으로 독일군을 저지하지 않을 것이며 만일 그럴 경우 독일군을 철수시키겠다고 군부에게 약속하였다.

프랑스는 히틀러의 예언대로 아무런 행동도 취하지 못하였다. 이유는 무엇보다 당시 프랑스 군부의 무능과 오판에 있었다. 폴-봉쿠르J. Paul-Boncour, 망델G. Mandel 같은 민간 각료들이 오히려 적극적인 행동으로 대처해야 된다고 주장하였다. 육군 참모총장 가믈랭M.G. Gamelin은 대단히 우세한 독일군을 저지하기 위해서는 총동원령을 발동해야 된다고 하면서 라인란트 지방의 독일군이 26만 5,000에 이르고 있다는 터무니없는 추산을 하였다. 당시 그곳의 실제 병력은 2만 2,000, 그리고 1만 4,000의 경찰 병력이 있었을 뿐이다. 더욱이 2개월 후에는 선거가 있어서 총동원령이란 실제로 불가능한 일이었다. 한편 영국은 후술하게 될 독일의 각서에 찬동하였다.

독일의 평화제의

라인란트 진주와 때를 맞추어 해외의 독일 공관들은 주재국 외상들에게 3월 7일자 각서를 수교하였다. 그 내용은 다음과 같다. 프랑스 정부는 독일을 가상 적국으로 삼아 소련과 조약을 체결함으로써 스스로 로카르노 조약을 폐기시켰다. 독일은 또 소련·체코 동맹으로 위협을 받게 되었다. 따라서 자위의 수단으로 라인란트의 완전한 주권을 회복하지 않을 수 없었다. 독일 정부는 이제 프랑스, 벨기에와의 국경지대에 비무장 지대를 설정할 용의가 있으며 이들 정부와 25년간의 불가침 조약을 체결하고 동유럽 국가들과도 같은 내용의 조약을 체결할 것을 제의한다는 내용이었다.

영국 정부는 독일이 다른 국가들이 정상적으로 한 일을 단지 수행한 것밖에 없다고 인정하였다. 이든 외상은 "다행히도 금번 독일의 행동이 적대적인 위협을 내포한다고 가정할 아무런 이유도 존재하지 아니한다"고 의회에서 말하였다.

3월 10일에는 파리에서 로카르노 조약 당사국의 회의가 개최되었다. 그러나 의견이 엇갈려서 어떠한 합의에도 이르지 못하고 이 문제를 국제연맹 이사회에 즉시 회부해야 한다는 점만을 결정하였다. 이사회는 또한 독일이 국제의무를 위반했다고 선언하는 데 그쳤다. 그리고는 로카르노 조약 당사국 특히 영국, 프랑스, 벨기에, 독일 등은 자신들의 제안을 제시하고 상대방의 제안을 거부하면서 시간을 끌었다. 이탈리아의 에티오피아 침공이나 독일의 라인란트 진주도 기정사실로 받아들여지게 되었다.

한편 프랑스에서는 5월의 선거결과로 레옹 블룸Léon Blum이 이끄는 인민전선 내각이 등장해 내정문제에 골몰하게 되고 외교문제에는 눈을 돌릴 여력이 없었다.

독일의 라인란트 진주는 베르사유 체제의 완전한 붕괴를 의미하는 것으로서 이제 유럽은 새로운 국제정치 질서를 모색하는 단계에 들어갔다. 그리고 프랑스는 철저한 방어 전략으로 전환해 강력한 방어선 구축에 전념하였다. 이로써 동유럽의 프랑스 동맹국들은 유사시 프랑스의 군사지원을 현실적으로 기대할 수 없게 되었다.

4. 스페인 내란

개요

스페인 내란(1936년 7월~1939년 3월)은 단순한 국내 문제에만 국한된 것이 아니라 당시 최대의 국제 문제로 열강의 관심사였다. 현재까지 이 내란에 관한 연구나 서술이 스페인 국내정치적인 성격보다는 이 내란으로 야기된 국제정치적인 성격 규명에 주력해 온 이유도 여기에 있다. 이 내란이 미친 가장 큰 국제정치 영향은 독일과 이탈리아가 이 내란을 계기로 밀접한 관계를 갖게 됐다는 점이다.

이와 같이 제2차 세계대전으로 향하는 파시스트 정권들의 결속을 가져온 스페인 내란의 직접적인 계기는 1931년의 선거 결과였다. 이 선거로 이른바 군주파들은 몰락하고 국왕은 해외로 망명하였고 공화정이 선포되었다. 그리고 과격한 민주화가 시도되었다.

1936년 2월의 선거로 공화정 정권은 다시 크게 성공하였다. 이른바 인민전선frente popular의 대승리였다. 공장과 농토는 노동자와 농민들이 점거하였다. 인민전선 정부는 토지분배를 골자로 하는 사회개혁 정책을 추진하였다.

이와 같은 정책은 스페인의 전통적 세력인 교회, 지주 계층, 그리고 군부의 이익을 정면에서 도전하는 것이었다. 그리하여 이들 세력들의 반대로 내란이 발발하게 되었다. 이 내란은 스페인령 모로코에 주둔한 육군 지휘관 산후르호J. Sanjurjo, 프랑코F. Franco 장군들에 의해 주도되었다.

프랑코군은 내란이 발발한 지 2개월도 못 되어 이미 스페인 전역의 2분의 1에 해당되는 지역을 장악하였다. 그러나 그 후 정부군이 마드리드-발렌체-바르셀로나Madrid-Valence-Barcelona 삼각지대를 장악하고 있어서 전세는 교착상태에 들어갔다.

프랑코군은 1938년 4월에 가서야 빈드로즈Vindroz를 점령해 마드리드와 바르셀로나 선을 차단시킬 수 있었다. 1939년 1월에는 바르셀로나를 점령하였다. 이에 영국과 프랑스 정부는 2월에 프랑코 정부를 승인하였다. 프랑코 정부는 3월에 마드리드를 점령하고 스페인 내란은 드디어 종식되었다.

열강의 태도

전술한 바와 같이 스페인 내란을 계기로 독일과 이탈리아가 밀접한 관계를 갖게 되었다.

이들은 당초부터 프랑코군 지원에 앞장서 일찍이 1936년 11월에 프랑코 정부를 승인하였다.

프랑코를 가장 열렬히 지원한 사람은 무솔리니였다. 그는 프랑코의 승리를 확신하였고 그리하여 그를 지원함으로써 장차 서지중해의 지배를 꿈꾸고 있었다. 군수물자는 물론 이탈리아의 정규군을 의용병으로 위장해 파견하였다. 스페인 내란 기간에 무솔리니는 5만~7만 5,000에 달하는 병력을 스페인에 파견해 프랑코 군을 지원하였다.

히틀러로서는 무솔리니가 스페인에 보다 더 적극적으로 개입하는 것이 바람직스러웠다. 이탈리아가 중앙유럽 문제에 관심을 가질 여력이 없어지게 되기 때문이다. 그리고 무솔리니가 스페인 문제에 노골적으로 개입함으로써 이탈리아와 서방세력과의 충돌도 야기되기 때문이었다. 이와 더불어 히틀러는 새로운 무기들을 스페인에서 실험할 수 있었다. 히틀러는 기술자와 군수물자의 제공뿐만 아니라 비행기와 탱크 요원으로 구성된 1만 명에 달하는 독수리Kondor 군단을 파견해 프랑코 군을 지원하였다.

소련은 독일과 이탈리아와는 정반대의 입장을 취하였다. 이데올로기로 보아 소련은 스페인의 '인민전선' 정부군을 지원하지 않을 수 없었다. 군수물자와 기술자를 파견해 정부군을 원조하였다.

프랑스의 입장은 미묘하였다. 레옹 블룸의 인민전선 내각은 그 성격상 스페인 정부에 호의적이 아닐 수 없었으나 적극적인 지원을 할 형편은 아니었다. 그리하여 결국 열강에 중립을 제의하는 정책을 채택하였다. 영국도 중립에 동의하였다. 그러나 프랑스와는 반대로 프랑코군에 호의적이었고 다만 적극적으로 지원할 수 없어서 중립에 찬성하였다. 1936년 8월 1일 프랑스 정부가 중립을 제의하자 영국, 소련, 벨기에, 폴란드, 독일, 이탈리아, 포르투갈 등이 이에 동의하였다. 그러나 프랑스가 군수물자의 수송금지까지 제의하자 독일과 이탈리아는 이탈하였다.

그러나 불간섭을 찬성하는 국가가 27개 국가에 달하였고 9월 9일에는 런던에서 회의가 개최돼 이른바 불간섭 국제위원회가 설치되었다. 이 위원회는 국제정치 현실을 은폐하는 한 장치에 불과하였고 독일, 이탈리아, 소련의 간섭과 지원은 계속되었다.

하여간 프랑코의 승리는 히틀러와 무솔리니의 지원에 커다란 힘을 입은 것은 물론이었다. 마드리드를 점령하고 합법 정부를 수립한 지 1년 후에 프랑코는 후술하는 바와 같이 독일, 이탈리아, 일본의 반공(反共)조약에 가입하게 된다.

5. 1936년 후반의 독일외교

독일 · 오스트리아 합의(1936년 7월 11일)

라인란트 진주를 성공적으로 마친 히틀러는 그해에 여러 외교적인 성과를 거두었다. 그 첫 번째가 오스트리아의 독립에 관한 독일 · 오스트리아 사이에 이루어진 다음과 같은 내용의 합의였다. ① 독일은 오스트리아의 완전한 주권을 인정한다. ② 양국은 서로 내정에 간섭하지 않는다. ③ 오스트리아의 대(對)독일정책에는 오스트리아가 독일인의 국가라는 사실을 염두에 둔다.

그런데 무솔리니는 이런 양국의 접근을 사전에 양해하였다. 오스트리아 문제는 무솔리니의 최대 관심사였으나 1936년 봄부터 그는 독일의 오스트리아 병합이 장차 불가피하게 될 것이라고 판단하기 시작하였다. 따라서 그것이 현실로 나타나기 이전에 오스트리아의 독립에 관해 독일의 약속을 얻는 것이 그런 병합을 예방하는 길이라고 판단하였다. 그러나 이를 저지하기 위한 양국의 합의가 결과적으로는 병합을 촉진시키게 되었다.

이런 점에서 독일과 이탈리아의 이 합의는 독일 외교의 승리라고 볼 수 있다. 이로 인해 오스트리아의 나치당원들이 석방되었고 독일 신문이 오스트리아에서 자유로이 배포됨으로써 독일 선전이 횡행하게 되었다. 따라서 이 합의는 오스트리아의 독립을 보장한 것이 아니라 도리어 독일과의 병합을 허용하게 되었다.

벨기에의 독자노선 채택

1936년 후반 독일 외교에 유리한 여건을 조성한 또 하나의 사실은 벨기에가 앞으로 독자적인 외교노선을 걷겠다고 천명한 일이었다.

벨기에는 독일의 라인란트 진주에 대해 영국과 프랑스가 아무런 대책도 마련하지 못한 정치적인 무능에 크게 실망하였다. 그리하여 자국의 안보를 이들 국가에 의존할 수 없다고 판단해 독자적인 외교노선을 채택하는 것이 현명하고 안전하다는 결론을 내렸다. 그리하여 1936년 9~10월에 개최된 국제연맹 총회에서 벨기에 대표는 앞으로 벨기에는 어떠한 동맹에도 가입하지 않겠다는 원칙을 천명하였고 11월 12일에는 벨기에 정부는 국제연맹 규약에 명시된 의무만을 이행하겠노라고 공표하였다. 영국과 프랑스는 1937년 4월에 가서야 벨기에의 이 정책을 승인한다는 공동성명을 발표하였다.

벨기에의 이런 움직임은 프랑스의 동맹체제에 대한 큰 타격이 아닐 수 없었다. 프랑스의 동맹체제가 와해될 조짐은 여기에서 끝난 것이 아니었다. 유고슬라비아는 1937년 3월 이탈리아와 불가침 조약을 체결하였고 루마니아도 프랑스에 실망하기 시작하였다. 폴란드 역시 독일의 지그프리트Siegfried 선이 강화됨에 따라서 프랑스가 유사시 어떻게 폴란드를 지원할 수 있는지에 관해 의심하게 되었다.

로마 · 베를린 추축(樞軸)Axis의 결성(1936년 10월 24일)

이 시기에 독일 외교가 획득한 가장 큰 외교적 승리는 이탈리아와 체결한 이른바 로마 · 베를린 추축의 결성이었다. 스페인 내란을 계기로 양국이 가까워지게 된 것은 전술한 바 있다. 이탈리아로서는 그 주력 부대가 에티오피아와 스페인에 주둔하게 되자 독일과 오스트리아 사이의 화해를 원하게 되었고 또 프랑스에서 인민전선내각이 들어서자 프랑스와의 관계 증진을 포기하게 되었다. 도리어 히틀러가 영국과 이탈리아 중 어느 편을 선택하느냐는 문제로 주저하였다.

1936년 6월 9일 이탈리아 외상으로 차노Ciano di Cortelazzo가 취임하였다. 무솔리니의 사위인 그가 외상이 될 당시의 나이는 33세였다. 그는 이른바 파시스트적인 외교 스타일을 강조하는 철저한 친독론자였다.

이런 분위기에서 9월 독일의 무임소상(無任所相) 프랑크H. Frank가 이탈리아를 방문해 무솔리니의 독일 방문을 요청하였다. 그리하여 차노 외상이 무솔리니를 대신해 10월 20일 베를린에 도착하였다. 그리고 24일에는 베르히테스가덴Berchtesgaden으로 히틀러를 방문하고 로마 · 베를린 추축 구성에 관한 이른바 10월의 의정서들October Protocols에 서명하였다. 이들 합의에 의해 양국은 공산주의 선전에 대한 반대, 프랑코 정권의 승인, 독일의 이탈리아 제국 인정, 그리고 독일의 지중해 문제 불간섭 등이 결정되었다.

'로마 · 베를린 추축'이란 용어는 11월 1일 무솔리니가 밀라노에서 행한 연설에서 처음 사용되었다. "… 로마와 베를린 사이의 이 수직선은 협력과 평화의 의사를 가진 모든 유럽 국가들이 단결할 수 있는 추축인 것이다 …." 이후부터 10월의 의정서들의 대명사로 추축이란 말이 사용되었다.

독일 · 일본의 반(反)코민테른 협정(1936년 11월 25일)

독일은 또 하나의 외교적인 성과를 거두었다. 베를린에서 히틀러의 측근인 리벤트롭J. von

Ribbentrop과 독일 주재 일본 대사 무샤노코지 긴토모(武者小路公共)가 반코민테른 협정을 체결하였다. 그 주요 내용은 양국이 앞으로 5년간 코민테른의 파괴활동에 공동 대처한다는 것인데 비밀협정에서는 이 협정의 대상이 소련이라고 명시하였다. 그러나 이 비밀내용은 곧 스탈린에게 알려졌고 소련은 일본에게 엄중히 항의한 바가 있었다. 그 비밀내용을 탐지한 스파이는 후술할 독일의 소련 침공 계획을 미리 스탈린에게 알린 도쿄 주재 프랑크푸르트Frankfurt 신문사 특파원이었던 조르게R. Sorge였다.

히틀러는 일본과의 접근을 영국을 위협하는 수단으로 사용하였다. 그러나 영국은 이런 위협 때문에 반코민테른 협정에 동참하지는 않았으나 영국의 참모본부는 독일과 일본을 동시에 대적할 수는 없다고 판단하였고 이런 판단이 장차 영국이 독일에 대해 유화적인 태도를 취하게끔 한 하나의 동기가 되었다. 그리고 히틀러는 일본과의 교섭과정을 독일 외무성에게는 끝까지 비밀에 부쳤는데 그것은 독일 외무성이 전통적으로 친중국적인 경향을 갖고 있었기 때문이었다.

한편 일본도 국제연맹 탈퇴 이후 현상타파 국가로 되었고 일본 육군은 소련에 대항하기 위해서는 독일과의 제휴가 필요하다고 판단하였다. 양국의 협정 제의는 1935년 3~5월 리벤트롭에 의해 이뤄졌다. 그는 독일 주재 일본 공관 무관 오시마 히로시(大島浩)를 통해 일본 정부의 의향을 타진하였다. 일본 군부는 1936년 2월에 가서야 정부에게 이 사실을 알리고 이때부터 독일과의 협정체결을 본격적으로 토의하였다. 불필요하게 소련을 자극하는 것이 아니냐는 반대가 있었으나 국제적인 고립을 면하기 위해서는 독일과의 연결이 필요하다는 결론에 도달하였다.

6. 1937년의 세계

중일전쟁의 발발 – 루거우차오(蘆溝橋) 사건(1937년 7월 7일)

유럽에서는 1935~1936년에 위기가 조성되었으나 1937년에는 어느 정도 평온한 분위기에 접어들었다. 그러나 이와는 반대로 동북아에서는 일본 군국주의가 도발한 전쟁으로 인해 일찍부터 세계위기의 조짐을 보이기 시작하였다.

이른바 만주사변은 탕구(塘沽) 협정에 의해 형식적으로는 일단락되었다. 그러나 중국에서는 실지회복을 위한 민족주의 운동이 격렬하게 분출되었고 일본은 도리어 허베이(河北),

산동(山東), 산시(山西), 차하얼(察哈爾), 쑤이위안(綏遠) 등 화베이 5성(華北五省)을 중국으로부터 분리시켜 독립정권을 수립하려는 공작을 전개하였다. 한편 중국에서는 국민정부와 공산당의 투쟁이 병행되고 있어서 일본을 포함한 3당사국들의 투쟁, 합작, 교섭 등이 교차되었다.

그런데 1936년 12월 12일 중국의 반일투쟁에 있어서 획기적인 계기를 마련한 시안(西安) 사건이 발생하였다. 시안 사건이란 동북군(東北軍)의 장쉐량(張學良), 서북군(西北軍)의 양후청(楊虎城) 등이 내전정지(內戰停止), 일치항일(一致抗日)을 주장해 공산당 토벌을 먼저 주장한 장제스(蔣介石)를 시안에서 체포해 구금한 사건을 말한다. 이 사건은 결국 중국 공산당의 저우언라이(周恩來)의 조정으로 해결됐는데 이를 계기로 중국에서는 항일 민족통일 전선이 형성되었다. 그리하여 화베이(華北) 지방에서는 중 · 일의 관계가 극도로 긴장됐는데 이런 때에 발발한 것이 이른바 루거우차오(盧溝橋) 사건이었다.

1937년 7월 7일 저녁 10시 40분경 베이징 서남 교외에 있는 루거우차오(일명 마르코 폴로 다리)에서 소련을 가상 적국으로 야간 연습을 하던 일본군이 중국군과 충돌하였다. 이 사건은 현지에서 해결될 수 있는 지엽적인 것이었다. 그러나 당시 고노에 후미마로(近衛文麿) 내각은 이 사건을 계기로 중국 문제를 일거에 해결하려는 정책을 채택하였다. 중국도 일본의 침략을 차제에 저지해 중국 최후의 결전으로 삼으려는 각오로 임하였다. 그리하여 9월에는 국공 합작이 발표되고 반일투쟁을 위한 연합전선이 형성되었다. 이로써 1945년에 이르기까지 8년에 걸친 중일전쟁이 발발하게 되었다.

한편 일본군은 7월 말에 이미 베이징, 톈진 지역의 중국군을 격파하였고 8월에는 이른바 제2차 상하이 사건이 발생하였다. 일본군 장교가 중국군에 의해 살해된 사건을 계기로 일본 육군은 상하이에 상륙해 중일전쟁은 전면전쟁의 단계로 접어들었다. 11월에 일본군은 항저우 만(杭州灣)에 상륙해 중국군 전선이 붕괴되었다. 12월 중순에는 수도 난징이 일본군의 수중에 들어가게 되었다.

중일전쟁에 대한 열강의 태도

영국의 체임벌린 내각은 유럽에서의 독일팽창에 유화정책으로 대처하는 일에 골몰하고 있었다. 따라서 동북아 문제까지 관심을 가질 여력이 없었고 중 · 일 당사국이 화해를 이룩하길 바라고 있을 뿐이었다. 국민정부에 대한 지원도 일본의 항의에 부딪혀 중단하였다. 미국의 경우도 비슷하였다. 도덕적인 견지에서는 일본에 강경히 항의했으나 실제적인 행동을 취하는 데는 소극적이었다.

중국은 국제연맹에 호소하였다. 9월 중순에 연맹 총회는 일본을 비난하는 결의를 채택하였다. 그리고 이 결의에 따라 워싱턴 회의에서 채택된 9개국 조약의 당사국 회의가 브뤼셀에서 개최되었다. 일본이 이 회의에 참석할 리 없었다. 9개국 조약 당사국들은 소련을 회의에 참여시키는 데는 합의했으나 영국과 미국이 소극적인 태도를 취하고 있어서 어떤 실효 있는 조치를 취할 수는 없었다. 다만 "타국의 정책을 변경시키기 위하여 병력으로써 내정간섭을 하는 것은 아무런 법률상의 근거가 없다"라는 일반적인 결의문을 채택하고 회의는 폐막되었다.

일본은 다시 한번 중국 침략을 위한 시기를 잘 선택하였다. 열강이 히틀러의 팽창 정책 저지에 골몰하고 있을 때 일본은 중국 대륙에서 침략행위를 자행하고 있었던 것이다.

스페인 내란

중국 대륙이 일본의 침략으로 전란에 휩싸이던 1937년, 유럽 대륙에서는 스페인 내란을 제외하고는 새로운 무력충돌이 발생하지 않던 비교적 평온한 한 해였다. 물론 스페인 내란을 둘러싸고 열강의 대립은 더욱 첨예화되었다.

영국과 프랑스가 계속 주장해 왔던 외국 지원병의 스페인 잠입 방지 수단에 대해 독일과 이탈리아가 1937년 2월 드디어 동의하였다. 영국, 프랑스의 함대들은 프랑코 군대가 장악한 해안을, 그리고 독일 · 이탈리아의 함대들은 정부군이 장악한 해안을 각각 감시하도록 하였다. 그런데 정부군 공군이 순시하던 독일 함대를 공격하는 사태가 벌어지자 이 감시제도로 인해 국제적인 물의가 일어났고 6월에는 모처럼 합의한 이 제도도 결국 폐지되었다.

1937년 여름에는 지중해에서 국적을 알 수 없는 잠수함이 출몰해 선박을 공격하는 괴이한 사건이 자주 일어났다. 스페인 정부군이 장악하고 있던 해안을 출입하는 선박들만을 공격하였다. 이런 해적행위에 대해 영국과 프랑스는 비스페인 선박의 보호를 결정하고 독일과 이탈리아의 동참을 요구하였다. 이탈리아가 이에 동의하자 해적행위는 곧 사라져 버렸다. 해적행위를 자행하던 잠수함은 이탈리아의 해군일 것이라는 추측들이 이전부터 나돌고 있었다.

스페인 내란을 계기로 독일과 이탈리아가 가까워지게 된 것은 전술한 바가 있는데 1937년에는 더욱 밀착되었다. 이탈리아가 독일 · 일본의 반(反) 코민테른 협정에 가입하게 된 것은 후술하겠으나 스페인 문제에 관해서도 10월 10일 이탈리아 정부는 독일의 참여 없이는 어떤 국가와도 스페인의 장래문제를 토의하지 않겠다고 선언하였다.

영국의 이탈리아 접근

영국이 침략정책을 계속 추구하여 온 이탈리아에게 화해의 손길을 뻗친 것도 유화정책의 한 측면이었다.

영국과 이탈리아의 관계는 이탈리아의 에티오피아 침공에 따른 국제연맹의 제재 결정으로 매우 악화되어 있었다. 그러나 1936년 7월 제재가 끝나게 되자 영국의 볼드윈 내각은 이탈리아와의 관계 개선에 주력하게 되었다. 그리하여 로마 주재 영국 대사 드러먼드 J.E. Drummond와 차노 이탈리아 외상은 1936년 말 장차 신사협정Gentlemen's Agreement을 체결키로 합의하였다. 신사협정이란 조약과는 달리 아무런 법적 구속력이 없으며 단지 정치적 · 도덕적인 의무만을 형성하는 정치인이나 외교관의 합의 형식을 말한다. 하여간 두 사람의 이런 합의에 따라 12월 31일 서지중해의 현상유지에 관해 두 사람은 각서 교환을 하였고 1937년 1월 2일에는 서지중해뿐만 아니라 전 지중해 지역에 양국은 중대한 이익을 갖고 있기 때문에 그 현상유지를 변경하지 않는다는 각서를 교환하였다.

양국의 이런 신사협정은 1938년 2월 대(對)이탈리아 강경론자였던 이든 외상이 물러나자 더욱 발전하게 되었다. 4월에 각서 교환과 8개의 부속 의정서가 이루어졌다. 이들 의정서들은 영국이 이탈리아의 에티오피아 병합을 인정하는 데 따른 아프리카 문제에 관련된 내용이었다. 그리고 교환각서의 내용은 ① 이탈리아는 런던 해군협정에 가입할 의사가 있고, ② 스페인 내란에 파견되는 지원병 문제는 중재로 해결하며, ③ 이탈리아는 스페인에서 영토적 · 정치적 · 경제적 이익을 추구하지 않는다는 것이었다. 그런데 이런 신사협정 내용의 실현을 위한 전제조건은 스페인 문제의 해결이었다. 그러나 스페인 내란은 1년을 더 끌었다.

프랑스도 이탈리아에 접근하였다. 혹시 스페인이 모로코의 기지들을 이탈리아에 양여하지 않을까 우려해서였다. 그리하여 프랑스는 영국과 이탈리아의 신사협정에 가입하였다.

로마 · 베를린 추축의 강화

독일과 일본은 이탈리아가 반(反)코민테른 협정에 가입하길 희망하였다. 영국과 이탈리아의 신사협정이 체결되자 괴링 공군상은 곧 이탈리아를 방문해 무솔리니에게 독일 · 이탈리아 · 일본의 3국 동맹의 필요성을 역설한 바 있었다. 1937년 5월에는 노이라트 외상과 괴링이 다시 이탈리아를 방문해 3국 동맹 체결을 종용하였고 9월 24~29일 무솔리니가 독일을 예방했을 때에도 이 문제가 토의되었다. 일본은 중일전쟁으로 악화된 국제적인 지위를 만회하고 영국을 견제하기 위한 수단으로 이탈리아와의 접근을 희망하였다.

이탈리아는 결국 1937년 11월 6일 독일 · 일본의 반 코민테른 협정에 가입한다고 선언하였다. 1936년의 독일 · 일본의 협정이 반소련적인 성격이었는 데 반해 이번의 3국 협정은 반영국적인 성격을 띠었다. 그것은 이 협정을 추진한 리벤트롭의 의도였으며 차노도 이에 동조하였다.

녹색작전의 채택

1937년에 독일 육군 참모본부는 오스트리아와 체코의 침공을 위한 작전을 수립하였다. 이것이 이른바 녹색작전Operation Green이란 것이다.

1935년 말에 작성된 적색작전Operation Red은 프랑스의 침략에 대비한 군사배치 전략이었다. 그 후 독일 참모본부는 이 경우 프랑스의 동맹국인 체코의 개입을 고려하지 않을 수 없게 되었다. 그리하여 1937년에 이르러 프랑스와 전쟁을 수행할 경우 체코의 간여를 저지하기 위한 예방공격의 계획을 수립하였다. 이것을 녹색작전이라고 부른다.

1937년 6월 24일 독일 참모본부가 작성한 일반 군사계획에는 적색 · 녹색작전을 모두 포함하고 있었으나 적색작전이 우선되었다. 그리고 전체적인 성격은 침략적이라기보다는 방어적이었다고 볼 수 있다. 그런데 오스트리아와 체코의 병합을 목적으로 소집된 1937년 11월 5일의 군 수뇌부 회의 이후 이런 작전계획의 방어적인 성격이 변하게 되었다. 11월 5일의 회의에 관해서는 호스바하 각서와 관련해 전술한 바가 있다.

하여간 이 회의 이후인 12월 7일 요들A. Jodl 장군이 작성한 작전계획에 따르면 적색작전보다는 녹색작전이 우선하게 되었고 체코 침공은 방어적인 의미에서의 예방공격이 아니라 생활권 문제의 해결을 위한 침략전쟁의 일환으로 파악하게 되었다. 요들 장군은 1938년 2월에 창설된 국방군 최고사령부Oberkommando der Wehrmacht; OKW의 작전부장을 맡은 나치 장군이었다. 아무튼 이때부터 오스트리아와 체코의 병합을 위한 녹색작전에 따라서 군사동원 계획을 수행하게 되었다. 그 계획의 주요 내용을 옮기면 다음과 같다.

> 만일 정치적인 사태가 우리에게 유리하게 전개되지 않든가 또는 전개되더라도 단지 서서히 전개될 것 같으면 녹색작전의 집행은 수년 동안 연기해야만 될 것이다. 그러나 만일 영국이 중앙유럽 문제에 이해관계가 없어서 전면적인 유럽 전쟁을 회피하고 또 이탈리아와 프랑스가 지중해에서 서로 분쟁하여 체코 편에 설 수 있는 국가는 오로지 러시아만이 있게 될 사태가 야기된다면 독일이 완전한 전쟁준비를 완료하기 이전이라도 녹색작전은 시작될 것이다.
>
> 녹색작전의 군사적인 목표는 보헤미아Bohemia와 모라비아Moravia 지방을 신속히 점령하고 이

와 동시에 오스트리아를 독일 제국에 병합시키는 의미에서 오스트리아 문제를 해결하는 데에 있다. 후자의 목적을 달성하기 위해서 군사력은 단지 다른 수단이 성공을 거둘 수 없는 경우에만 요청된다.

히틀러의 인사개편

히틀러는 오스트리아 병합과 체코 침공을 결정한 후 이 계획에 반대하는 비교적 온건한 세력들을 제거하는 데 착수하였다. 그리하여 1938년 2월 군부와 외무성의 인사개편을 단행해 보수파와의 타협은 종료되었다.

육군 총사령관Oberbefehlshaber des Heeres; OKH 프리치W. von Fritsch가 물러나고 브라우히치W. von Brauchitsch 장군이 그 후임이 되었다. 브라우히치야말로 히틀러의 모든 명령에 복종하는 인물이었다. 군사상Reichminister für Krieg인 블롬베르크W. von Blomberg 원수도 물러났다. 그리고는 군사상이란 직제 자체를 폐지하였다. 또한 국방군 최고사령부OKW를 신설해 히틀러가 직접 통솔하였다. 신설된 국방군 최고사령관에는 히틀러 숭배자인 카이텔W. Keitel 장군이 임명되었다. 이와 더불어 16인의 고위 장성이 퇴역하였고 44명의 장성들이 보직을 교체하였다.

같은 시기에 히틀러는 리벤트롭을 외상에 임명하였다. 그의 기용은 외무성의 직업 외교관들을 크게 실망시켰다. 물론 리벤트롭은 히틀러 노선의 철저한 지지자였다.

오스트리아 병합과 체코 침공을 위한 작전을 수립하고 이를 추진시킬 인물들을 선정한 히틀러에게 남은 일은 이제 그것을 실행에 옮기는 것뿐이었다.

7. 독일의 오스트리아 병합

영국

1937년 유럽에서는 외형상 평온했으나 내면적으로는 중대한 변혁을 잉태하고 있었다. 독일이 오스트리아를 병합하는 데 절호의 국제정치적인 여건이 조성되었기 때문이다.

먼저 영국의 경우를 보기로 하자. 1936년 12월 볼드윈 내각이 물러나고 체임벌린 내각이 들어섰다. 체임벌린은 수상에 취임하면서 이른바 현실주의에 입각한 외교정책을 수행하겠노라고 강조하였다. 그가 말하는 현실주의란 독일에 대한 유화정책을 뜻하는 것이었으며 볼드윈 내각의 이든 외상이나 밴시터트R.G. Vansittart 외무차관이 취한 반(反)독일노선을 수정하겠다는 뜻이었다.

1937년 11월 체임벌린의 친구인 핼리팩스E.W. Halifax가 독일을 방문해 히틀러와 회견하였다. 영국은 독일의 팽창정책을 저지하지 않겠다는 뜻을 명백히 전달하였다. 핼리팩스는 오스트리아, 체코, 단치히 등의 현행 지위들이 오랫동안 그대로 지속될 수는 없으며 영국은 이런 현상 변경이 단지 평화적인 수단에 의해 이루어지길 바랄 뿐이라고 말하였다. 그는 1938년 2월 이든의 후임으로 외상에 취임했으며 밴시터트 차관은 외무성 고문이라는 한직으로 물러났다. 그리고 당시 독일주재 영국 대사 헨더슨N. Henderson도 친독주의자였다. 이와 같은 영국 정계의 개편이 히틀러를 고무시킨 것은 물론이다.

프랑스

프랑스의 사정도 비슷하였다. 1937년 6월 레옹 블룸 정부가 물러나고 쇼탕G.C. Chautemps 내각이 들어섰다. 그러나 외상에는 그동안 독일에 유화적인 태도를 견지해 온 델보Y. Delbos가 그대로 유임되었고 장상(藏相)에는 큰 영향력을 갖게 될 보네G. Bonnet가 취임하였다. 보네는 대(對)독일 유화론자였다.

1937년 11월 오스트리아 주재 독일 대사 파펜F. von Papen이 프랑스를 방문하였다. 그는 보네와의 회견에서 독일이 장차 오스트리아와 경제적 · 문화적으로 긴밀한 관계를 수립하는 데 프랑스가 반대하지 않을 것이라는 인상을 받았다. 그는 이어서 쇼탕과도 회견하였다. 쇼탕은 회견 마지막에 파펜과 작별하면서 다음과 같이 말하였다. "우리들이 새롭고 보다 더 건전한 기초 위에서 유럽 정책을 함께 이룩한다면 이것은 전 세계적인 역사적 사건이 될 것이라고 총통에게 말하여 주시오."

이탈리아

오스트리아 문제에 전통적인 이해관계를 갖고 있던 이탈리아의 태도도 영국이나 프랑스와 유사하였다.

1937년 11월 6일 독일 · 일본 · 이탈리아 3국의 반(反) 코민테른 협정 체결에 즈음하여 리벤트롭이 무솔리니와 회견하는 자리에서 오스트리아 문제가 거론되었다. 이 회견에서 이탈리아의 중대한 태도 변화가 나타나게 되었다.

리벤트롭은 어떤 시점에 가서는 오스트리아 문제는 최종적으로 해결되지 않을 수 없다는 견해를 말하였다. 이에 무솔리니는 다음과 같이 말하였다.

> 오스트리아는 인종, 언어, 문화에 있어서 독일인의 국가이다. … 오스트리아는 제2의 독일 국가이고 독일 없이는 아무 일도 할 수 없으며 독일에 반대하는 일은 더욱이 할 수 없다. 이 문제에 있어서 오늘날 이탈리아의 이해관계는 수년 전과 같이 큰 것은 아니다. 그 이유는 이탈리아 제국의 발전이 (이제) 지중해와 식민지로 향하고 있기 때문이다.

이제 히틀러가 오스트리아를 합병해도 열강의 개입을 우려할 필요가 없는 국제적인 여건이 형성된 것이다.

히틀러 · 슈슈니크 회담(1938년 2월 12일)

1936년 7월의 독일 · 오스트리아 협정이 오스트리아의 독립을 보장한다는 목적과는 정반대의 결과를 초래하게 된 것은 전술한 바 있다. 하여간 이 협정의 체결로 오스트리아 나치당은 공공연하게 독일과의 통합을 주장하였고 슈슈니크K. Schuschnigg 수상의 정책 노선을 적극적으로 비판하고 나섰다.

슈슈니크는 이런 나치 활동에 대항하는 입장을 취하였고 부다페스트와 프라하에 원조를 요청하였다. 그리하여 독일과 오스트리아의 관계는 극도로 악화되었고 히틀러는 오스트리아 문제의 완전한 해결, 즉 그 병합의 기회를 찾게 되었다.

그 계기가 우연하게도 슈슈니크 자신에 의해 마련되었다. 슈슈니크와 오스트리아 나치당의 관계가 극도로 악화된 가운데 1938년 1월 오스트리아 경찰은 빈의 나치 당원이 쿠데타를 음모했다는 계획을 발표하였다. 슈슈니크는 이 문제로 파펜 독일 대사와 상의하였고 파펜은 히틀러와의 면담을 주선하였다.

베르히테스가덴에서 있었던 히틀러 · 슈슈니크 회담은 오스트리아 수상에게는 모욕적인 것이었다. 수상에 대한 예우가 없었음은 물론이고 질책을 감수해야만 하였다. 히틀러는 오스트리아는 왜 국제연맹을 탈퇴하지 않느냐, 슈슈니크 정부는 무슨 이유로 독일과의 국경지대에 요새를 구축하느냐고 힐문하였다. 이어서 히틀러는 자신의 역사적인 소명, 이탈리아와의 우호관계, 그리고 프랑스의 무능에 관해 설명하였다. 그리고 파펜과 리벤트롭은 친 나치의 자이스-인크바르트A. Seyss Inquart를 내상에 임명하라는 일종의 최후통첩을 슈슈니크에게 직접 전하였다. 슈슈니크는 굴복하지 않을 수 없었다. 그리하여 오스트리아 경찰은 독일 추종자의 지휘를 받게 되었다.

독일과 이탈리아

그러나 슈슈니크는 더 이상 양보하지 않기로 결심하였다. 3월 13일에 오스트리아 독립에 관해 국민투표를 실시하겠노라는 중대한 정책을 9일 발표하였다. 국민투표의 결과가 독일에게 유리하리라고는 볼 수 없었고 따라서 히틀러는 이런 슈슈니크의 결정에 분노하였다. 더욱이 국민투표권자의 연령을 24세로 정해 청년 나치당원이 선거에 참여할 수 없게 하였다. 히틀러는 국민투표를 저지하고 슈슈니크를 제거키로 결정하고 오스트리아 문제를 힘으로 해결할 수밖에 없다고 판단하였다.

그러나 히틀러는 실행에 옮기기 전에 무솔리니의 다짐이 필요하였다. 3월 10일 히틀러는 필립Philip of Hesse 공을 이탈리아에 급파하였다. 필립 공이 지참한 히틀러의 친서에는 독일은 장차 어떠한 경우에도 이탈리아를 지원할 것이며 오스트리아를 합병한 다음 독일과 오스트리아의 국경은 브레너Brenner이며 이 국경선은 결코 변경될 수도 또 문제시될 수도 없다고 확약하였다.

필립 공은 무솔리니와 회담한 후 히틀러의 모든 요구를 무솔리니가 수락했다고 11일 저녁에 히틀러에게 알렸다. 히틀러는 너무 감격해 무솔리니에게 대단히 고맙다는 말을 전하라고 수차 반복하였다.

독일의 오스트리아 병합(1938년 3월 13일)

오스트리아의 운명이 결정된 날은 3월 11일이었다. 이날 오전 자이스-인크바르트 내상은 슈슈니크 수상에게 국민투표 중지를 요구하였고 드디어 오후에 열린 오스트리아의 각의에서는 국민투표 취소가 결정되었다. 그러나 다시 베를린으로부터 슈슈니크가 사임돼야 한다는 전화가 걸려왔다. 슈슈니크는 사임을 수락했으나 이번에는 미클라스W. Miklas 대통령이 거부하였다. 그러자 베를린으로부터 2시간 이내에 결정하라는 최후통첩이 도착하였다. 이때가 오후 5시 25분, 미클라스는 밤 11시에야 양보하였다.

자이스-인크바르트가 수상이 되었고 그는 곧 독일군의 지원을 요청하였다. 독일군은 그날 밤 자정에 국경을 넘어 오스트리아에 진주하였다. 13일 자이스-인크바르트는 오스트리아와 독일의 합병을 발표하였고 다음날 빈에 히틀러가 나타났다. 그리고 4월 10일에 실시된 독일, 오스트리아 지역의 국민투표에서는 97%가 합병을 찬성하였다.

전술한 바와 같이 영국과 프랑스는 독일의 팽창을 저지하지 않겠다는 입장을 취해 왔다. 3월 11일 오후에 개최된 프랑스 각의에서는 만일 영국이 움직인다면 프랑스는 군사적인 조치도 취할 수 있다고 결정하였다. 그러나 바로 그 무렵 영국 정부는 빈 주재 대사에게 오스트리아가 독일에 저항하지 말도록 설득하라고 훈령하였다.

8. 체코슬로바키아 문제의 대두

문제의 성격

체코슬로바키아는 제1차 세계대전으로 오스트리아 제국이 붕괴되자 주로 체코인과 슬로바키아인으로 구성된 신생국가로 탄생하였다. 체코인과 슬로바키아인이 합쳐서 1,000만 명, 그리고 그 밖의 소수민족들은 거의 500만 명에 달하였다. 이 소수민족 중 가장 많은 민족이 독일인으로서 230만 명에 이르렀다. 이들은 주로 독일 · 체코, 오스트리아 · 체코의 국경지대인 수데텐란트Sudetenland에 살고 있었다.

수데텐란트 지역은 체코에서 가장 발달된 공업지대였으며 체코 정부는 이 지역에 주요한 요새들을 구축하였다. 소수민족인 독일인의 이익을 대변하는 정당이 여럿 있었으나 1935년 선거결과 수데텐 독일당Sudeten Deutsche Partei이 70%의 수데텐 독일인의 지지를 얻은 최대 정당으로 등장하였다. 이 정당은 1937년까지는 체코의 국내법 질서를 존중하는 정치집단이었다. 그러나 그 지도자인 헨라인K. Henlein이 1938년 3월 히틀러와 회견한 이후로는 수데텐 독일당의 활동은 그 성격이 달라졌다. 이 점은 후술하기로 한다.

당시 체코의 동맹관계를 보면 로카르노 조약, 프랑스 · 체코 조약, 소련 · 체코 조약, 그리고 루마니아 · 유고 · 체코 3국의 소 협상petite entente이 주축을 이루었다.

로카르노 조약은 독일의 동부 국경에 대해서는 아무런 보장도 규정하고 있지 않다. 프랑스 · 체코 조약에 의하면 도발하지 않았는데도 독일이 체코를 침공하는 경우에 프랑스는 자동적으로 체코를 지원하게 되어 있다. 그리고 소련 · 체코의 조약에 의한 소련의 지원은 위의 프랑스 · 체코의 조약에 따른 프랑스의 의무이행이 선행조건으로 되어 있다. 그리고 소 협상은 헝가리에 대한 동맹이지 독일에 대한 동맹은 아니었다. 결국 유사시 체코를 지원할 수 있는 관건은 프랑스가 쥐고 있었다.

그런데 프랑스는 영국의 지원 없이는 중유럽 문제에 개입하지도, 할 수도 없다는 입장을 취하고 있었고 영국은 프랑스가 도발하지 않는 침공을 받는 경우에만 지원한다는 입장이었다. 따라서 영국과 프랑스는 동부 · 중부유럽 문제에 관해서는 소극적인 자세를 취하였다.

히틀러 · 헨라인 회담(1938년 3월 28일)

오스트리아 문제를 해결한 히틀러는 곧 체코 문제 해결에 착수하였다. 그의 이런 구상은 1937년 11월 5일 호스바하 회의나 녹색작전의 내용으로 보아 자명한 일이다. 체코는 독일에게는 위협적인 존재가 아닐 수 없었다. 체코군은 스코다Skoda 군수공장에서 생산된 장비로 잘 무장되었고 베를린을 위시한 독일 산업 중심지를 공습할 수 있는 위치에 있었다. 히틀러는 체코를 "유럽 중심부에 위치한 프랑스의 항공모함"이라고 불렀다. 그는 이런 체코 문제를 수데텐 독일당을 통해 해결하려고 하였다.

히틀러는 헨라인을 비롯한 수데텐 독일당의 지도자들을 1938년 3월 28일 베를린으로 초대하였다. 그 자리에서 히틀러는 헨라인에게 체코 정부가 수락할 수 없는 요구들을 수데텐 독일당이 제출해야 할 것을 종용하자, "우리는 모든 것을 수락할 수 없을 정도로 너무 많은 요구를 제출해야 한다."라고 응수하였다. 이런 전략에 따라 작성된 것이 이른바 칼스바드Karlsbad 요구이다.

칼스바드 대회의 요구

1938년 4월 24일 칼스바드(체코명: 카를로비 바리, Karlovy Vary)에서 개최된 수데텐 독일당 대회에서 헨라인은 다음과 같은 8개항의 요구를 체코 정부에 제출하였다. ① 독일인과 체코인의 완전한 평등권을 회복할 것, ② 수데텐 독일인 집단을 법적인 단체로 인정할 것, ③ 수데텐 독일인의 거주 지역을 확정하고 인정할 것, ④ 위의 거주 지역에서 독일인 자치 정부의 수립을 인정할 것, ⑤ 거주 지역 이외의 지역에서 생활하는 독일인을 보호할 법적인 조치를 취할 것, ⑥ 1918년 이후 수데텐 독일인이 받은 피해를 보상할 것, ⑦ '독일인 지역에는 독일인 관리를 둔다' 는 원칙을 인정할 것, ⑧ 독일적인 이데올로기 선전에 대하여 완전한 자유를 보장할 것.

체코 사태로 유럽은 다시 긴장하였고 영국과 프랑스가 어떠한 반응을 보이느냐가 관심의 대상이었다. 프랑스에서는 4월에 새로 달라디에E. Daladier 내각이 들어섰고 외상으로 보네G. Bonnet가 취임하였다. 따라서 대(對)독일 유화정책이 더욱 굳혀졌다.

4월 28~29일 런던에서 체임벌린, 핼리팩스, 달라디에, 보네 등 영국 · 프랑스 수뇌부의 회담이 개최돼 체코 사태를 논의하였다. 프랑스 정부는 영국의 확실한 지원 약속을 희망했으나 영국으로서는 이런 약속을 할 수 없었다. 다만 양국 참모본부는 협의를 계속하며 체코 정부로 하여금 헨라인과 직접 교섭하도록 권고한다는 데에만 합의하였다.

5월의 위기와 열강의 태도

체코에서는 5월 22일에 실시될 지방선거를 앞두고 소요가 계속되었다. 이런 분위기에서 체코 정부는 독일군이 21일 자정을 기해 독일 · 체코 국경지대에 집결했다는 정보에 따라 예비군을 동원하였다. 그러나 체코가 받은 이 정보는 사실이 아니었으며 물론 독일군이 국경지대에 집결하지도 않았다.

사실이 아닌 이런 정보에 의거해 영국과 프랑스는 히틀러에 경고까지 하였다. 만일 독일이 행동을 취할 경우에는 그 결과에 유념해야 한다고 전하였다. 히틀러는 거짓 정보에 입각한 열강의 간여에 모욕을 느꼈다.

영국은 체코의 예비군 동원 조치를 불쾌해하였다. 체임벌린 보수내각은 원래 체코에 대해 호감을 갖고 있지 않았다. 강대국 중심의 국제연맹 운영에 대해 반대한 것도 체코의 베네슈E. Beneš였으며 하나의 소국이 유럽 정치에 큰 발언권을 갖고 있는 것도 불만이었다. 영국은 이번의 예비군 동원도 체코 정부 자신이 긴장을 야기시키기 위해 일부러 꾸민 술책이라 생각하게 되었다.

영국은 혹시 프랑스가 오판하지 않을까 우려해 확실한 입장을 밝힐 필요를 느꼈다. 그리하여 5월 22일 프랑스 주재 영국 대사 핍스E.C.E. Phipps는 보네 프랑스 외상과의 회견을 요청하고 그 자리에서 영국은 프랑스가 도발하지 않은 공격을 받는 경우에만 지원하며 체코 문제로 인해 유럽에서 전쟁이 발발하는 것은 바라지 않는다고 다시 한번 천명하였다. 프랑스는 영국의 권고를 받아들였으나 체코와의 동맹 약속은 계속 지키겠다고 답변하였다.

프랑스는 7월, 8월에도 이와 같은 약속에 관해 언급한 바가 있다. 그리고 유사시 소련의 지원에 관해서도 소련과 협의하였다. 그런데 소련군이 체코를 지원하려면 폴란드나 루마니아를 통과해야만 되는데 이들 양국이 이를 꺼리고 있었고 소련 자신도 모호하고 소극적인 입장을 취하였다. 사실 독일에 대해 유화적인 정책을 취한 것은 영국과 프랑스뿐만 아니라 소련도 같은 정책 노선을 택하였다. 영국과 프랑스는 1939년 3월 독일의 팽창이 그들의 근본 이익과 양립될 수 없다는 것을 자각하고 유화정책을 포기했으나 소련은 독일군이 소련 국경을 넘는 1941년 6월까지 유화정책을 계속 견지하였다. 하여간 체코를 지원할 수 있는 국가는 단지 프랑스뿐이었으나 프랑스가 단독으로 행동할 수는 없었다. 보네 외상은 베네슈에게 이 점을 명백하게 전달하였다.

영국은 전술한 바와 같이 기본적으로 동유럽 문제는 평화적인 방법으로 조정돼야 한다는 입장이었다. 그리하여 8월 3일 런시먼W. Runciman을 체코에 파견해 체코 정부와 수데텐 독일당의 조정자로서의 역할을 맡도록 하였다. 8월 말~9월 초 체코의 긴장이 극도로 고조되자 체코 정부는 헨라인이 요구한 8개 항 중 7개 항을 수락한 새로운 협상안을 9월 5일 런시먼에게 제의하였다. 9월 7일 이 협상안이 수데텐 독일당에게 전달되었다. 그러나 모든 사람들은 9월 12일에 있을 히틀러의 뉘른베르크 연설 내용이 체코 문제의 향방을 결정하게 되리라고 생각하였다.

히틀러의 체코 침공 결정

한편 히틀러는 거짓 정보에 의한 체코의 예비군 동원과 영국 · 프랑스의 간여에 대해 모욕감을 잊기 위해 베르히테스가덴에서 일주일 동안 휴식을 취하였다. 그리고 베를린으로 돌아와 5월 30일 군 수뇌부 회의를 개최하였다. 이 회의에서 히틀러는 "가까운 장래에 체코를 군사적인 행동으로 타파하는 것이 나의 변할 수 없는 결정"이라고 말하고 녹색작전은 늦어도 1938년 10월 1일까지는 완료돼야 한다고 천명하였다. 이런 히틀러의 결정에 대해 베크L. Beck 육군 참모총장 등 군 수뇌가 반대하였다. 그리고 만일 체코에 대한 전쟁이 발발하는 경우 히틀러를 제거하려는 음모가 진행되었다. 그러나 체코 문제 해결에 영국과 프랑스가 굴복하게 되자 이런 군부의 계획은 좌절되었다.

하여간 10월 1일 이전에 체코 침공을 결정한 히틀러는 9월 12일 뉘른베르크 나치당 대회에 참석할 예정이었다. 그리하여 세계의 이목은 뉘른베르크에 집중되었다.

9. 뮌헨 협정과 체코슬로바키아의 붕괴

히틀러의 뉘른베르크 연설(1938년 9월 12일)

이날 히틀러의 연설은 라디오 방송으로 생중계되었다. 그의 연설은 체코에 대한 분노와 증오로 가득 찼다. 수데텐의 독일인은 체코 정부의 고문을 당하고 있으며 이런 독일인을 독일 정부가 보호하지 않을 수 없다는 것이다.

> 이것은 독일민중의 문제입니다. 나는 독일의 심장부에 제2의 팔레스타인을 타국의 정치인들이 만드는 것을 허용할 의도는 없습니다. … 체코에 있는 독일인은 결코 무방비 상태에 있거나 버림받은 것도 아닙니다. 이 점에 관하여 당신들은 확신할 수 있습니다.

이 연설이 있은 다음날부터 체코의 소요는 더욱 가열돼 질서를 회복할 수 없는 상태가 되었다.

체임벌린 · 히틀러 회담(1938년 9월 15일)

사태가 여기에 이르자 런시먼은 대화의 단계가 지났다고 선언하고 영국으로 귀국하였다. 체임벌린 수상은 최후의 수단으로 히틀러에게 직접 만나 문제를 해결할 것을 제안하였다.

히틀러는 기꺼이 이 제의를 받아들였다. 수데텐 할양에 관해 영국을 설득할 기회가 될 것이며 영국이 독일의 논리에 설득되고 체코가 영국의 권고를 거부한다면 영국은 체코 문제에서 손을 떼게 될 것이다. 영국이 손을 떼면 프랑스도 같은 행동을 취하지 않을 수 없게 될 것이다. 이렇게 판단한 히틀러는 체임벌린의 제안을 마다할 이유가 없었다.

그리하여 두 사람의 역사적인 만남이 9월 15일 베르히테스가덴 산장에서 있었다. 히틀러는 먼저 자신은 청년시절부터 영국과 독일은 서로 협력해야 된다는 생각을 갖고 있었으며 지금도 마찬가지라는 말을 꺼내고는 이어서 수데텐에 관한 자신의 주장을 털어놓았다. 300여 명의 수데텐 독일인이 총살을 당했으며 무슨 일이 있어도 수데텐은 합병돼야 한다고 단언하였다. 그리고 자기의 나이가 49세이기 때문에 세계대전을 일으킬 것 같으면 훗날보다는 지금 곧 하는 편이 좋다고 말함으로써 장차 전쟁을 도발하지 않겠다고 천명하였다.

히틀러의 주장에 대해 체임벌린은 개인적으로 수데텐의 할양을 찬성하지만 본국 정부와 프랑스 정부와 협의해야 된다고 답변하였다. 그는 70세의 노구를 이끌고 평생 처음 비행기를 타고 독일까지 와서 히틀러와 면담 중이었다. 이것은 영국인의 자존심으로서는 상상하기 힘든 상황이었다.

체임벌린은 독일의 목적이 수데텐 문제에 국한된 것인지 아니면 체코의 해체에 있는 것인지 히틀러에게 질문하였다. 히틀러는 수데텐 독일인이 갖고 있는 요구와 비슷한 주장을 체코에 거주하고 있는 폴란드인, 헝가리인, 우크라이나인들이 갖고 있을 것이며 장기적으로는 이들 요구들을 무시할 수는 없겠지만 자신은 이들의 대변인이 아니라고 답변하였다.

체임벌린은 회답을 갖고 다시 독일에 오겠노라고 약속하였다. 히틀러는 다음번 회담은 영국 수상의 여정을 단축하기 위해 고데스베르크Godesberg나 쾰른Köln에서 개최하자고 제의하였다.

영국, 프랑스, 체코슬로바키아

체임벌린이 돌아오자 영국 정부는 수데텐의 할양을 원칙적으로 인정하는 방향으로 정책이 결정되었다. 그러나 프랑스 정부에서는 의견이 갈라졌다. 레이노P. Reynaud 국방상, 망델G. Mandel 내상은 강경한 입장이었고 보네 외상은 양보를 주장하였다. 군부도 의견이 나뉘어졌다. 가믈랭M.G. Gamelin 육군 참모총장은 독일에 저항해야 된다고 주장하였고 비유맹J. Vuillemin 공군참모총장은 프랑스 공군이 아직 준비가 되어 있지 않은 상태여서 저항은 불가능하고 독일에 양보해야 된다고 주장하였다.

9월 18일 런던에서 체임벌린, 핼리팩스, 달라디에, 보네 등이 회의를 갖고 체코 문제를 토의하였다. 보네는 가믈랭의 의견이 아니라 비유맹의 의견에 따라 독일에 양보해야 된다고 역설하였다. 결국 양국 정부는 9월 19일 오후에 다음과 같은 내용의 제안을 체코 정부에 보내기로 합의하였다. 즉 독일어 사용자가 주민의 50% 이상을 차지하는 지역은 독일에 할양하며 할양 후 새로운 국경을 체코 정부는 인정해야 한다는 것이었다. 영국과 프랑스의 이런 제안은 실로 체코의 존립 자체에 관계되는 것이었다. 체코 정부는 9월 20일 온종일 이 문제를 토의하였다.

체코 정부는 국민투표를 실시하지도 않고 영토를 할양한다는 것은 비민주적인 절차라고 항의하기로 결정하였다. 그리고 1925년 독일 · 체코의 중재조약에 의한 해결수단에 입각한 교섭을 제의하였다. 체코 정부의 이런 결정에 대해 영국과 프랑스는 만일 체코가 계속 저항한다면 더 이상 지원할 수 없다는 최후통첩을 9월 21일 새벽 2시 15분 체코 정부에 전달하였다. 체코는 굴복하지 않을 수 없었다. 9월 21일 오후 결국 영국과 프랑스의 제안을 수락한다고 발표하였다. 호자M. Hodza 수상이 물러나고 시로비J. Syrovy 장군이 새로운 정부를 구성하였다.

독일, 헝가리, 폴란드

한편 히틀러는 9월 21일 헝가리의 수상과 외상을 접견하였다. 헝가리가 요구하고 있는 체코의 영역에서 곧 국민투표를 실시할 것을 체코 정부에 요구하고 또 체코와는 어떠한 국경선도 보장하지 말라고 충동질하였다. 그리고 히틀러는 헝가리가 체코에 요구할 사항을 문서로 작성해 자신에게 먼저 제출토록 요구하였다.

히틀러는 폴란드 정부에게도 같은 문서 제출을 요구하였다. 앞으로 있을 체임벌린과의 회담에서 이들 문서를 이용해 체코를 분해하려는 것이었다. 자신은 헝가리, 폴란드의 대변인이 아니라는 베르히테스가덴에서의 말과는 정반대의 행동이었다.

체임벌린·히틀러 회담(1938년 9월 22~23일)

9월 22일 체임벌린은 고데스베르크로 히틀러를 찾아갔다. 먼저 체임벌린은 영국과 프랑스 정부의 수데텐 할양 동의를 얻고 또한 체코 정부의 동의도 때맞추어 얻게 된 것을 기쁘게 생각한다고 자랑스럽게 얘기를 꺼냈다. 그리고 어떤 절차와 방법으로 할양을 실시하느냐 하는 문제만 남아 있으며 이런 기술적인 문제를 토의하자고 제의하였다.

체임벌린의 이런 제안을 통역관이 히틀러에게 독일어로 통역해 주자 체임벌린은 호기심 어린 눈으로 히틀러를 쳐다보았다. 그러나 히틀러는 책상을 내려다만 보더니 귀에 거슬리는 음성으로 독일말로 짤막하게 말하고는 의자를 뒤로 젖혀 앉아 발과 양손을 꼬고 체임벌린을 쏘아보았다. "대단히 미안합니다만 그 모든 것은 이제 더 이상 필요없습니다." 라는 히틀러의 말이 영어로 통역되었고 그러고는 오랜 침묵이 흘렀다.

고데스베르크의 회담은 이런 침울한 분위기에서 시작되었다. 체임벌린이 경악에서 깨어나 히틀러에게 며칠 전에는 수데텐 할양으로 만족한다더니 웬일이냐고 물었다. 히틀러는 며칠 사이에 헝가리와 폴란드가 새로운 요구를 체코 정부에 제시했는데 이런 요구들이 충족돼야 한다고 답변하였다.

그러나 히틀러는 체임벌린과의 교섭을 파국으로까지 몰아가지는 않았다. 체임벌린이 가지고 온 할양 절차에 관한 제안을 듣자고 하더니 그런 절차에 따르면 할양시기가 상당히 지연될 것이라고 반대하였다. 이 점에 관해 두 사람은 다시 격론을 벌였다. 히틀러는 무슨 일이 있어도 수데텐의 할양은 9월 26~28일 사이에는 이루어져야 한다고 주장하였다.

이날 회담에서 히틀러가 주장한 주요 내용은 다음과 같다. 과거 20년 동안 독일인에 대한 것뿐만 아니라 테셴Teschen 지방의 폴란드인, 슬로바키아 지방의 헝가리인에게 행한 불법행위에 대해 보상할 것, 그리고 국민투표를 실시할 경우 이미 독일로 이주한 58만 명에 달하는 수데텐 독일인에게도 투표권이 주어져야 한다는 것이었다.

다음날인 23일 저녁에 회의가 다시 속개되었다. 히틀러는 할양 시기를 10월 1일로 연기할 수 있다고 말하면서 이것이 큰 양보라고 생색을 냈다. 전술한 녹색작전에 보면 체코에 대한 군사작전은 10월 1일로 예정돼 있었다. 회담이 진행되고 있던 밤 10시 30분에 히틀러에게 하나의 소식이 전달되었다. 체코가 총동원령을 내렸다는 전갈이었다. 그리하여 두 사람의 회의는 아무런 결론 없이 끝나 버렸다. 긴장은 다시 고조되었고 체임벌린은 그 이튿날인 24일 고데스베르크를 떠나 영국으로 돌아왔다.

9월의 위기

체임벌린이 히틀러가 직접 건넨 각서를 지참하고 고데스베르크를 떠날 당시 유럽에서는 전운이 짙어가고 있었다. 체임벌린은 그 각서의 내용을 체코 정부에 전달하겠노라고 히틀러에게 약속했으나 영국 정부는 그런 히틀러의 요구 사항의 수락을 체코 정부에 권고하지 않기로 결정하였다.

프랑스 정부도 "한 국가가 교살당하는 것"에 동의할 수 없다고 결정하고 독일에 강경 입장을 표명하였다. 이렇게 되자 영국 정부는 만일 전쟁이 발발한다면 프랑스를 지원하겠노라고 약속하였다.

이와 같은 양국의 결정을 히틀러에게 직접 알리고 그의 자제를 구하기 위하여 윌슨H. Wilson이 독일에 파견되었다. 그러나 히틀러는 극도로 흥분해 자신은 무슨 일이 있어도 10월 1일까지는 체코를 점령할 것이며 영국과 프랑스가 공격하려면 그렇게 하라고까지 극언하였다.

사태가 여기에 이르자 미국의 루스벨트F.D. Roosevelt 대통령은 영국, 프랑스, 독일, 체코 등 관계 국가들에게 평화 교섭을 포기하지 말라고 권고하고 끝까지 해결책을 모색할 것을 촉구하였다. 소련도 프랑스가 체코와의 동맹약속을 준수한다면 체코를 지원한다는 약속을 이행하겠다고 공언하였다. 그리고 소련의 참석이 보장된다면 체코 문제 토의를 위한 국제회의 소집에 찬성한다고 천명하였다.

27일에 이르자 히틀러의 태도가 변하였다. 그의 태도 변화는 다음과 같은 이유에서 연유됐으리라 추정된다. 즉 프랑스군이 동원되고 또한 영국의 군함이 동원된다는 소식에 접하자 영국과 프랑스가 단순히 위협만 하는 것이 아니라고 판단하게 된 점, 독일 군부 내에서도 영국과 프랑스를 상대로 전쟁을 수행할 수 없다고 반대한 점, 괴링이나 무솔리니도 전쟁에 반대한 사실, 그리고 독일 국민 자체도 아직 전쟁을 지지하지 않고 있다는 사실 등이다.

그리하여 27일 히틀러는 매우 유화적인 서한을 체임벌린에게 보내고 이를 계기로 런던과 파리는 다시 베를린에게 온건한 자세를 취하게 되었다. 그리하여 영국 정부는 9월 13일에 이미 내각의 동의를 얻은 바 있는 무솔리니의 4국회의 소집 제안을 다시 활용키로 결정하였다. 다시 말하자면 무솔리니의 중개를 요청하기로 하였다.

28일 오전 무솔리니는 독일주재 이탈리아 대사 아톨리코B. Attolico에게 전화를 걸어 회의 개최를 독일에 제안토록 하였고 독일의 동의를 얻어냈다. 그리하여 역사적인 뮌헨 회의가 개최되게 되었다.

뮌헨 협정(1938년 9월 29일)

체임벌린, 달라디에, 히틀러, 무솔리니 등 영국 · 프랑스 · 독일 · 이탈리아 수뇌들의 4국 회의는 29일 오후 12시 45분에서 30일 새벽 1시까지 계속돼 합의에 도달하였다. 이른바 뮌헨 협정은 30일 새벽에 서명됐으나 그 체결 일자를 29일로 하기로 하였다. 그 주요 내용을 보면 다음과 같다.

(1) 수데텐의 할양은 1938년 10월 1~10일간에 실시한다.
(2) 할양의 조건은 국제위원회에서 결정한다. 이 국제위원회는 영국, 프랑스, 독일, 이탈리아, 체코 대표들로 구성한다.
(3) 국제위원회는 어느 지역에서 국민투표가 필요한지도 결정한다. 그리고 국경의 최후 결정도 내린다.
(4) 수데텐 할양 시에는 그곳에 있는 모든 시설도 그대로 이양한다.
(5) 영국과 프랑스는 체코가 도발하지 않는 공격을 받는 경우 위의 새로운 국경을 보장한다.
(6) 독일과 이탈리아도 체코 내의 폴란드, 헝가리 소수민족 문제가 해결된 이후 체코의 새로운 국경을 보장한다.

이와 같이 뮌헨 협정은 히틀러가 고데스베르크에서 요구한 모든 것을 수용한 것이었다. 단 한 가지 변경된 것이 있다면 수데텐 할양시기를 10월 1일에서 10일 사이에 이양되는 지역을 나눈 것밖에 없었다. 체임벌린과 달라디에는 이 뮌헨 협정으로 자신들이 체코를 구제할 수 있다고 믿었고 히틀러는 영국과 프랑스가 체코의 운명을 자신에게 맡긴 것이라고 믿었다.

뮌헨 협정과 영국

뮌헨 협정은 유화정책의 전형적인 예로서 유명한 동시에 체임벌린의 대표적인 외교 실패로 자주 인용된다. 그러나 체임벌린이 왜 그런 외교적인 실패를 저질렀으며 영국이 어떤 정치적인 동기에서 독일에 유화정책을 채택했느냐에 관해서는 아직도 학계에서 논의의 대상이 되고 있다.

프랑스의 경우와는 달리 영국은 일찍부터 베르사유 조약의 강행이 유럽 평화에 도움이 되지 못한다고 판단해 왔다. 그리고 볼셰비즘의 서유럽 파급을 독일이 저지해 줄 것을 기대했음도 부인하지 못하는 사실이다. 제1차 세계대전이 휴전상태에 들어간 이후에도 독일군대가 한동안 어느 정도 그대로 존속했던 것도 그런 이유에서였으며 이것이 로이드 조지의 기본 구상이었음은 이미 지적한 바 있다. 뮌헨 협정이 갖고 있는 이런 반공적인 색채는 구소련 역사학계에서 크게 부각시키고 있던 것은 쉽게 짐작할 수 있다.

영국의 대(對)독일 유화정책에는 이런 정치적인 목적 이외에도 경제적인 동기가 있었다. 영국은 당시까지 대공황으로부터 완전히 회복되지 못했고 중앙유럽에 대한 지원을 감당할 수는 없었다. 그리고 독일의 동·남유럽에의 경제적인 침투를 저지할 수 없다면 오히려 독일과 협상하는 것이 현명하다고 판단하였다.

이렇게 볼 때 뮌헨 협정은 다음과 같은 사정을 배경으로 나타난 산물이다. 베르사유 조약에 대한 도덕적인 비판, 군사 충돌을 회피하려는 영국·프랑스의 희망, 볼셰비즘의 서유럽에의 파급을 저지하려는 서유럽의 의도, 경제안정과 더불어 유럽 대륙에 대한 지원약속을 최소화시키려는 영국의 정책, 그리고 체코 문제로 인한 전쟁을 회피하려는 영연방 국가들의 요구 등이 그것이다.

뮌헨 협정과 체코

뮌헨 협정은 곧 실행에 옮겨졌다. 10월 10일까지 수데텐의 할양은 종료됐으며 국경획정을 맡은 국제위원회는 독일·체코의 국경소위원회 구성에 합의해 이 소위원회가 확정한 새로운 국경선을 10월 21일에 승인하였다. 그리고 국민투표의 실시는 독일·체코의 합의로 철회되었다.

그리하여 체코는 무방비 상태가 되었다. 국경지대의 요새는 수데텐에 있었으며 수데텐의 할양으로 자연적인 산맥도 없어지게 되었다. 체코는 또 폴란드와 헝가리의 요구도 수락하지 않을 수 없었다. 폴란드는 9월 29일에 테센 지방을 요구하는 최후통첩을 보냈고 체코는 이를 수락하지 않을 수 없었다. 폴란드군은 10월 2일 이곳을 점령하였다. 헝가리는 슬로바키아를 요구해 양국의 협상이 결렬되었다. 결국 독일과 이탈리아의 중재로 헝가리가 남 슬로바키아와 루테니아Ruthenia 지방을 획득하게 되었다.

이렇게 되자 체코는 완전히 독일의 영향권에 들어가게 되었다. 체코뿐만 아니라 헝가리를 위시한 다른 다뉴브 강 국가들도 독일의 세력범위 안에 들어가게 되었다. 그리하여 소협상, 프랑스 · 체코의 동맹, 소련 · 체코의 동맹이 무의미하게 됐을 뿐 아니라 1935년 프랑스 · 소련 동맹도 현실적인 의의가 상실되었다.

뮌헨 협정은 약소국가들에게 정치적인 불안감을 조성시켰다. 자신들의 의사와는 전혀 관계없이 강대국들의 합의와 편의에 의해 자국의 운명이 결정되는 참혹한 현실을 목격하였던 것이다. 반면에 히틀러는 이 협정의 체결로 독일 군부 안의 반대세력이 완전히 제거돼 그의 정치적인 지반은 확고해졌다.

영 · 독 불가침 조약(1938년 9월 30일)과 프랑스 · 독일 불가침 조약(1938년 12월 6일)

뮌헨 협정이 체결되던 9월 30일 아침, 체임벌린은 프랑스 정부와는 아무런 사전협의도 없이 히틀러와 불가침 조약을 체결하였다. 이 조약에서 양국은 그들의 관계가 유럽 전체로 보아 가장 중요한 의미를 갖고 있으며 양국의 해군합의와 이번의 뮌헨 협정이 바로 두 나라가 평화스럽게 지내려는 의지의 증거라고 언급하였다. 양국은 또한 모든 문제는 협의를 통해 해결한다고 약속하였다. 뮌헨 협정과 이 불가침 조약을 들고 체임벌린은 의기양양하게 런던으로 돌아왔다.

영 · 독 불가침 조약이 체결되자 프랑스도 이와 유사한 조약을 체결코자 하였다. 그리하여 1931년 이래 독일 주재 대사로 있다가 새로 이탈리아 주재 대사로 전보된 프랑수아-퐁세 프랑스 대사가 10월 18일 히틀러를 예방하였다. 그 자리에서 프랑수아-퐁세는 양국의 불가침 조약 체결을 정식으로 제의하였고 독일도 이에 동의해 12월 1일 리벤트롭이 파리에 도착, 6일 불가침 조약을 서명하였다. 이 조약에서 양국은 유럽 평화의 유지를 목적으로 삼으며 현존하는 양국 국경선은 변함이 없고 모든 문제는 협의를 거쳐 평화적으로 해결할 것을 약속하였다.

그러나 이 두 불가침 조약이 현실적으로 아무런 의미나 실효를 거둘 수 없다는 사실이 곧 밝혀졌다.

체코의 붕괴

뮌헨 협정 이후 체코는 남 슬로바키아, 루테니아, 테센, 수데텐을 상실한 초라한 정치단위로 몰락하였다. 그러나 이런 체코의 존재도 히틀러로서는 묵인할 수 없었다. 독일이 장차 동·남유럽으로 진출하는 길목에 위치하고 있는 귀찮은 존재일 뿐 아니라 독일이 다른 국가와 전쟁을 수행할 경우 역시 '프랑스의 항공모함' 역할을 할까 우려하지 않을 수 없었다. 뮌헨 협정은 그래도 이 초라한 체코를 존속시키게 했는지 모른다. 뮌헨 협정을 체결하고 베를린으로 돌아온 히틀러는 그의 측근들에게 "저 체임벌린이란 자가 나의 프라하 진군을 망쳐놓았다."고 격분했다는 일화가 있다. 뮌헨 협정이 히틀러의 승리였다는 전통적인 해석과는 정반대되는 일화이다.

하여간 히틀러는 초라해진 체코의 침공을 결정하고 10월 21일 다음과 같이 독일 군부에 지시하였다.

> 독일군의 앞으로의 임무와 이런 임무로부터 나오는 전쟁수행에 관한 준비는 내가 차후에 지시로 알려 줄 것이다.
>
> 이 지시가 유효할 때까지 독일군은 다음의 사태에 언제나 대비하여야 한다. ① 독일 제국 국경의 안전과 기습적인 공습에 대한 대비, ② 체코의 잔존 지역의 해산, ③ 메멜Memel 지역의 점령 …
>
> 체코가 반(反)독일정책을 추구할 경우, 그것을 언제라도 분쇄할 준비를 갖추고 있어야 한다.

이제 히틀러에게 남은 일은 무슨 핑계와 명분으로 체코를 붕괴시키느냐 하는 일이었다. 히틀러는 슬로바키아로 하여금 독립을 쟁취하도록 충동질하는 방법을 택하였다. 체코가 내부로부터 분열되고 이에 독일이 개입함으로써 체코 국경의 현상을 보장한 뮌헨 협정의 규정을 독일이 위반하지 않았다는 명분을 얻을 수 있기 때문이다.

슬로바키아는 이미 상당한 자치권을 얻은 바 있는데 히틀러는 완전한 독립을 쟁취하라고 충동질하였다. 이에 체코의 하카E. Hacha 대통령은 분리정책의 책임을 물어 슬로바키아의 티소J. Tiso를 해임시켰다. 이에 티소는 히틀러에게 지원을 요청하였고 히틀러는 그로 하여금 슬로바키아 의회를 소집해 독립을 선포하게 하라고 강요하였다.

또한 히틀러는 하카를 베를린으로 불러서 위협과 협박으로 한밤을 지내게 하였다. 체코군이 무기를 버리지 않으면 프라하를 공습하겠다고 윽박질렀다. 그러자 하카는 심장마비를 일으켰고 히틀러 주치의의 도움으로 겨우 소생하였다. 그리하여 1939년 3월 15일, 하카는 허위로 가득 찬 공동성명서에 서명하지 않을 수 없었다. 이 공동성명에는 다음과 같은 말들이 적혀 있었다.

> 양측은 모든 노력의 목적이 중앙 유럽의 평온, 질서, 그리고 평화의 보존에 있다는 데에 모두 확신을 표명하였다. 체코 대통령은 이 목적을 수행하고 궁극적인 평화를 이룩하기 위하여 체코의 국민 · 국가의 운영을 독일 제국 총통의 수중에 확실히 맡긴다는 것을 선언하였다. 총통은 이 선언을 수락하였고 체코 국민은 독일 제국의 보호하에 두며 체코 국민성에 알맞은 인종적인 삶을 자치적으로 발전시킬 것을 보장한다는 의사를 표명하였다.

다음날 히틀러는 프라하에서 하루를 보내고 보헤미아와 모라비아가 독일에 병합됐음을 선언하였다. 슬로바키아는 독립을 선언한 바로 그날 독일의 보호령이 되었다.

체코의 점령은 오스트리아 · 수데텐의 병합과는 다른 차원의 문제였다. 체코는 독일인이 거주한 지역이 아니었으며 따라서 그것이 적나라한 침략행위라는 것은 만인에게 분명하였다. 독일인의 거주 지역만을 목적으로 한다는 히틀러의 공언이 허위임이 밝혀진 것이다. 영국은 1939년 3월에 이르러서야 그동안 추진했던 독일에 대한 유화정책이 오류였음을 깨닫게 되었다.

침략의 세계외교사

제 2 절

독일, 이탈리아, 일본, 세 나라가 자행한 온 지표에 걸친 침략인 제2차 세계대전은 몇 가지 특징을 지니고 있다. 먼저 지적할 것은 국제정치의 중심은 유럽 전쟁이란 사실이다.

이 유럽전쟁은 유럽과 슬라브의 투쟁이란 성격을 매우 강하게 지니고 있다. 독일의 서부전선에서는 1899년, 1907년의 헤이그 전쟁법이 그런대로 잘 준수되었다. 그러나 동부전선에서는 이런 전쟁법규가 전혀 지켜지지 않았다. 히틀러는 동부전선의 사령관들에게 소련 군대에 대해서는 전쟁법을 지키지 않아도 무방하다고 지시하곤 하였다. 전쟁의 참화는 소련 군대의 몫이었다. 그런데도 유럽 열강들은 독일 군대를 소련전선에서 서부전선으로 이동시킬 수 있는 제2전선의 형성에 미온적이었다. 현재 키예프 교외 언덕에는 전몰장병들을 위로하는 큰 칼을 든 거대한 여인상을 볼 수 있다. 소련에서는 1970년대까지 노동 인구 부족 현상이 심각하였다.

유럽전쟁은 유럽 정치의 중심이 독일이라는 사실을 다시 한번 증명하였다. 30년 전쟁, 신성로마 문제로 야기된 나폴레옹 전쟁, 이탈리아와 독일 통일 전쟁, 그리고 제1차 세계대전, 이 모두가 독일 문제로 야기된 분쟁이었다.

유럽전쟁은 또 '유럽의 내전'이라는 측면이 있었다. 이것은 유럽은 하나라는 지적 전통의 산물이기도 하다. 히틀러의 친구들은 독일에서만 존재하였다는 것은 제2차 세계대전 이후에 만들어진 신화였다.

유럽전쟁이 중심 무대였기에 일본은 동남아 지역으로 쉽게 진출할 수 있었다. 그러나 동남아와 태평양으로 팽창하는 길은 곧 미국과 만나게 된다.

제1차 세계대전의 결과로 나타나기 시작한 국제정치에 있어서 '미국의 시대'는 이제 확고하게 자리 잡게 되었다. 그리고 소련이 세계국가의 대열에 편입된 것도 역사적인 사건이었다. 나폴레옹을 러시아 군대가 타파한 이후 처음 있는 일이다. 러시아 봉쇄 전쟁인 1853~1856년 크림 전쟁이 재현되지 않을 수 없다. 냉전이 바로 그것이다.

1. 체코 붕괴 이후의 유럽

독일과 폴란드

뮌헨 협정 이후 독일과 폴란드는 한동안 우호적인 관계를 유지하였다. 폴란드는 독일의 지원으로 테센 지방을 병합할 수 있었으며 독일이 단치히 문제를 거론하는 경우에도 강압적인 자세를 취하지 않았다.

단치히 문제가 거론되기 시작한 것은 1938년 10월 폴란드 내의 독일인들이 소요를 일으킨 이후였다. 폴란드에 거주하는 독일인들이 독일로 이주하기 시작했으며 독일은 폴란드 태생 유태인들을 다시 폴란드로 추방하기 시작하였다. 추방된 폴란드 태생 유태인은 1만 5,000명에 달하였다.

그리하여 1938년 10월 24일 리벤트롭 외상과 독일주재 폴란드 대사 립스키J. Lipski는 이 문제를 거론하였다. 이 자리에서 리벤트롭은 단치히의 반환을 요구함과 아울러 동 프로이센과 연결되는 철도와 도로를 폴란드 회랑을 통해 건설할 것을 요구하였다. 그리고 이 철도와 도로의 치외법권의 지위도 요구하였다. 그는 폴란드도 단치히 지방에 자유항을 보유할 수 있으며 이 자유항을 연결하는 철도와 도로를 부설할 수 있다고 덧붙였다. 아울러 리벤트롭은 1934년에 체결된 양국의 불가침 조약을 25년간 더 연장하자고 제의하였다. 그러나 베크F.J. Beck 폴란드 외상은 단치히 문제를 다시 검토할 필요성이 있다고 하더라도 그 반환에는 반대하였다.

1939년 1월 5일 베크 외상은 베르히테스가덴으로 히틀러를 방문하였다. 히틀러는 다시 단치히 문제를 꺼냈다. 자기는 기왕에 자주 써왔던 기정사실fait accompli의 논리에 의거해 힘에 의한 해결을 결코 모색하지 않겠다고 공언하였다. 베크 외상은 명백한 답변을 회피하였다. 단치히를 반환하면 히틀러는 또 다른 요구를 하게 되고 결국 폴란드는 독일의 위성국가가 될 것을 그는 잘 알고 있었다. 그리하여 독일과 소련의 세력을 잘 이용해 폴란드의 지위를 확고히 하려고 하였다. 뮌헨 협정이 체결되자 그는 1938년 11월 24일 소련과 조약을 체결하고 양국 관계의 기초는 1932년의 불가침 조약임을 재확인한 바 있었다.

1939년 1월 하순 리벤트롭 외상이 폴란드를 방문하고 다시 단치히 문제를 거론하였다. 이번에는 독일이 우크라이나를 침공하는 경우 폴란드가 협력해 줄 것을 요구하였다. 물론 폴란드로서는 이런 요구를 간단히 수락할 수는 없었다. 폴란드의 계속된 거절에도 불구하고 1월 30일 히틀러의 연설은 폴란드에 대해서는 온건하였다. 이와 같이 뮌헨 협정 이후 한동안 단치히 문제가 거론됐지만 이 문제로 양국의 관계가 그리 긴장되지는 않았다.

영국의 독일정책 변화

체코 붕괴가 가져온 가장 큰 영향은 영국의 독일에 대한 정책이 급변했다는 점이다. 그것은 실로 영국 정책에 있어서 하나의 혁명을 의미하는 것이었다. 체임벌린은 이제야 히틀러가 추구하는 것이 해외 독일인 흡수에 머무는 것이 아니라는 것을 분명히 인식하였다. 영국의 여론도 돌변해 히틀러 비판으로 돌아섰다. 1939년 3월 17일 체임벌린은 히틀러와의 교섭은 아무런 의미도 없으며 또 불가능한 것이라고 공언하고 프랑스와 군사협력에 관한 교섭을 시작하였다.

한편 히틀러는 체코 문제가 해결되자 곧 다른 행동을 취하였다. 3월 19일 리투아니아에게 메멜 지방을 요구해 관철시켰다. 그리고는 다시 단치히 문제를 거론하였다. 리벤트롭은 3월 26~27일 립스키 대사와 회견하고 이 문제에 관한 종전의 주장을 되풀이하였다. 그러나 이번에는 발트 해에서 독일 해군의 무력시위가 있었는데 단치히 문제를 힘에 의해 해결하려는 조짐이 나타났다.

영국, 프랑스의 폴란드 지원 약속

1939년 3월 31일 드디어 체임벌린은 폴란드의 독립이 위태롭게 되는 경우 영국은 모든 수단을 다해 폴란드를 지원하겠다고 발표하였다.

(현재 다른 정부와 진행하고 있는) 협의들이 완료되기 이전에 영국 정부의 입장을 명백히 하기 위하여 본인은 다음과 같은 사실을 의회에 알리는 바이다. (타국 정부와 협의가 진행되고 있는 동안에) 폴란드 독립이 위태로워지고 폴란드 정부가 그런 위험에 국민의 힘으로 저항하는 것이 절실하다고 간주하는 경우에는 영국 정부는 모든 수단으로써 폴란드를 옹호하는 것이 의무라고 간주하는 바이다.

폴란드는 이제 독일의 요구를 거절할 수 있게 되었다. 4월 6일 베크 폴란드 외상이 런던을 방문하였고 양국은 영국의 3월 31일 잠정적인 보장을 다시 확고한 동맹조약으로 대체할 것에 합의하였다.

프랑스도 곧 영국의 뒤를 따랐다. 4월 13일 프랑스 정부는 "프랑스와 폴란드는 서로 각자의 근본이익을 해치는 직접, 간접의 모든 위협에 대하여 즉각적으로 그리고 직접적으로 서로 지원한다"고 발표하였다. 이와 같은 영국과 프랑스의 지원약속은 폴란드에 국한되지 않고 루마니아, 그리스, 그리고 터키에 대해서도 똑같이 적용되었다.

이와 같이 유럽 대륙에 전운이 깃들게 되자 루스벨트 미국 대통령은 히틀러와 무솔리니에게 긴장 완화를 위한 다음과 같은 제안을 하였다. 즉 앞으로 10년간 루스벨트가 지정하는 31개국에 대해 독일과 이탈리아는 공격을 하지 않겠다고 선언하라는 것이었다. 만일 독일과 이탈리아가 이 제의를 수락하면 다른 국가들도 같은 선언을 하고 군축회의를 개최해 긴장 완화의 방법을 토의하자는 것이었다.

히틀러가 이런 소박한 제안을 수락할 리 없었다. 4월 28일 히틀러는 의회 연설을 행하면서 미국의 제안을 일축하고 영국 · 폴란드의 동맹 체결로 1935년의 영국 · 독일 해군협정, 1934년의 독일 · 폴란드 선언은 모두 무효가 됐다고 선언하였다. 이때부터 독일의 폴란드 침공은 몇 개월이 걸렸다. 그동안에 히틀러는 군사적인 준비 그리고 외교적인 마무리 작업을 해야만 하였다.

백색작전

히틀러는 영국의 폴란드 지원 약속에 격분하였고 폴란드가 독일의 요구를 거절하리라고 예견하였다. 따라서 무력으로 해결하지 않을 수 없게 되었다. 그는 4월 3일 독일 군부에게 9월 1일 이후 언제라도 폴란드를 침공할 수 있도록 준비하라고 명령하였다.

히틀러는 백색작전Operation White이라고 명명된 폴란드 침공계획을 4월 11일 명령하였다. 그 서문에는 다음과 같이 적혀 있었다.

독일의 폴란드에 대한 관계는 소요를 회피한다는 원칙에 계속 입각한다. 그러나 만일 폴란드가 … 독일에 대한 정책을 변경하여 위협적인 태도를 취한다면 최종적인 해결이 … 필요하게 될 것이다. 그럴 경우 폴란드의 군사력을 파괴하는 것이 목적이 될 것이다.

그리고 히틀러는 5월 23일 군 고위 수뇌부에 행한 연설에서 폴란드 침공이 불가피하다고 다음과 같이 말하였다.

폴란드를 살려두는 일은 있을 수 없다. 그리고 적당한 기회가 오면 곧 폴란드를 침공하는 결정만이 남아 있다. … 기본 원칙은 다음과 같다. 폴란드 침공으로 비롯되는 폴란드와의 분쟁은 서유럽이 간여하지 말아야 성공할 수 있다. 만일 이것이 불가능하다면 서유럽을 공격하고 동시에 폴란드를 제거하는 것이 더 좋다. … 폴란드를 고립시키는 것이 교묘한 외교의 임무이다.

독일 · 이탈리아 동맹(일명 강철동맹)Pact of Steel(1939년 5월 22일)

폴란드 문제의 해결을 앞두고 독일은 이탈리아와의 긴밀한 관계 수립이 필요하였다. 폴란드 문제로 서유럽과 대립하는 경우 이탈리아의 지원이 필요하였다. 추축(樞軸)이 형성됐다 하더라도 두 나라는 계속 긴밀한 관계를 유지해 온 것은 아니었다. 무솔리니는 수데텐 문제 해결에 관해 사전에 아무런 협의도 하지 않은 독일의 태도에 불만이었으며 히틀러는 무솔리니가 뮌헨 회의에서 이른바 공평한 중재자로 처신한 것이 못마땅하였다.

하여간 독일은 이탈리아에 대한 접근을 체코 문제 해결을 전후해 시도하였다. 1938년 여름 리벤트롭은 독일 · 이탈리아 · 일본 3국의 반(反) 코민테른 협정을 3국의 동맹조약으로 만들자고 제의하였다. 뮌헨 회의 때에도 이런 제의를 무솔리니에게 한 바가 있다. 그리고 10월 28일 리벤트롭은 로마 방문을 계기로 다시 이 문제를 거론하였다. 그는 이때에 무솔리니와 차노에게 독일이 1939년 9월에 서유럽 열강과의 충돌을 예상하고 있다고 말한 바 있다.

그러나 당시 무솔리니는 독일의 이런 제안을 거절하였다. 스페인 내란이 아직 종료되지 않았으며 프랑스와는 해외 식민지 문제로 분규를 거듭하고 있는 중에 독일과의 확고한 동맹 체결이 오히려 걸림돌이 되지 않을까 우려하였다. 이탈리아는 에티오피아를 병합한 이후 하나의 제국을 건설하면서 1935년 튀니스에 관한 프랑스와의 합의를 파기코자 하였다. 또 지부티 항을 프랑스와 공동지배하길 희망하였고 수에즈 운하 주식회사의 주식 비율을 개편하려고 하였다. 1938년 12월에는 차노 외상이 1935년의 튀니스 합의를 폐기하는 일방적인 선언을 하기에 이르렀다. 양국의 긴장을 조정하려는 영국의 중개도 실효를 거두지 못하였다.

그러나 스페인 내란이 곧 종식될 기미를 보였다. 1939년 1월 영국과 프랑스가 다시 스페인 내정 불간섭 원칙을 선언하고 스페인 정부를 지원하지 않게 되자 프랑코의 완전 승리는 결정된 것이나 다름없었다. 그리하여 무솔리니의 태도는 변하게 되었다. 영국과 프랑스의 군사적인 협력이 밀접하게 되면 프랑스 군부가 더욱 호전적으로 나올 것이라고 예견하였다. 1939년 1월 2일 무솔리니는 1938년 10월 28일자 리벤트롭의 제안을 수락토록 차노에게 지시하였다.

한편 이탈리아는 독일의 체코 침공으로 유럽 정국이 혼란한 틈을 이용해 1939년 4월 7일 알바니아를 침공해 점령하였다. 독일이 다시 폴란드 침공을 준비하자 무솔리니는 독일로부터 어떤 보상을 받아 놓는 것이 현명하다고 판단하였다. 교섭은 곧 진전을 보였으나 다만 일본이 3국 동맹 결성에 반대해 독일 · 이탈리아 양국의 동맹이 교섭되었다.

그러나 무솔리니는 폴란드 문제로 인해 전쟁이 발발되는 것을 원하지 않았다. 이탈리아는 1943년 이전에는 결코 전쟁이 일어나지 않도록 노력해야 한다고 1939년 5월 4일 차노 외상에게 지시하였다. 알바니아와 에티오피아의 식민 사업을 추진해야 되고 6척의 순양함을 건조해야 되며 프랑스로부터 이탈리아 노동자가 될수록 많이 귀국해야 되고 1942년에 이탈리아에서 개최될 세계 박람회를 성공리에 끝내야 한다고 역설하였다.

그러나 리벤트롭은 5월 6일 밀라노에 도착해 단치히 문제가 조속히 해결돼야 한다고 강조하고 양국의 동맹조약 체결을 독촉하였다. 결국 양국의 입장을 어느 정도 충족하는 선에서 다음과 같은 내용의 조약이 베를린에서 체결되었다.

(1) 국제적인 위기가 있는 경우 곧 상호 협의한다.
(2) 두 나라 중 한 나라가 제3국과 전쟁을 하는 경우 다른 나라는 곧 육 · 해 · 공군의 모든 병력을 동원하여 지원한다.
(3) 단독으로 강화하지 않으며 유효기간은 10년으로 한다.
(4) 선전(宣戰)의 경우 서로 시기를 맞추도록 한다. (비밀의정서)

이 조약의 체결로 이탈리아는 이제 완전히 독일에 종속적인 지위에 놓이게 되었다.

2. 독일 · 소련의 불가침 조약

영국, 프랑스와 소련

제2차 세계대전 발발 직전에 있었던 영국, 프랑스와 소련의 외교 교섭이 결실을 맺지 못한 것은 영국과 프랑스의 커다란 외교 실패로 평가되고 있다. 반면에 이 교섭의 실패로 독일과 소련의 불가침 조약이 성립된 것은 소련 외교의 획기적인 승리로 알려져 있다. 영국, 프랑스와 소련의 외교교섭이 실패로 돌아가게 된 근본적인 이유는 영국의 미온적인 태도와, 한편으로 반드시 영국이 필요한 것은 아니라는 소련의 판단 때문이었다. 소련은 당시까지만 해도 독일에 대해 유화적인 태도를 갖고 있었다.

영국은 소련과의 교섭이 진행되고 있다는 사실 자체가 독일에 대해서는 전쟁 억제의 효과가 있다고 판단하였다. 이런 교섭이 진행되고 있는 동안에는 독일이 전쟁을 도발시키지 않을 것이라고 생각하였다. 따라서 영국은 이런 교섭이 시간을 끌면 끌수록 좋은 것이며 교섭이 곧 타결되는 것이 오히려 좋지 않다고 판단하였다.

반면에 소련은 영국과 프랑스보다는 자유스런 입장에 있었다. 지리적으로 보아 소련은 독일과 직접 인접해 있는 것이 아니고 폴란드와 루마니아가 양국 사이에 위치하고 있어서 독일에 대항하는 동맹 결성이 그렇게 급박한 것은 아니었다. 그리고 이념상으로 보아도 독일이나 영국, 프랑스 그 어느 편을 반드시 선택해야 할 이유도 없었다. 어느 편이고 간에 사정에 따라서 유리한 상대를 선택할 수가 있었다. 물론 히틀러의 근본 목적이 볼셰비즘의 타파에 있었고 소련의 최대의 적이 군국주의라는 것은 주지의 사실이었으나 이런 프로파간다에 입각해 소련이 영국과 프랑스 이외의 국가를 선택할 수 없다고 가정한 것은 영국 외교의 큰 실수가 아닐 수 없다.

더욱이 소련은 특히 뮌헨 협정 이후 영국과 프랑스가 독일로 하여금 볼셰비즘의 확산을 저지하는 방파제 역할을 담당토록 하려는 것이 아닌가 의심하였다. 방파제 역할뿐만 아니라 궁극에 가서는 독일로 하여금 소련을 침공케 하려는 것이 서유럽의 음모가 아닌가 의심하였다. 이런 사정은 1939년 3월 11일 소련 공산당 제19차 당 대회에서 코민테른 집행위원회 비서 마누일스키D.Z. Manuilsky의 다음과 같은 연설에 잘 나타나 있다.

> 영국의 반동적 부르주아의 계획은 동남 유럽의 약소국가들을 독일 파시즘에 넘겨주어 독일로 하여금 소련에 대항토록 동쪽으로 나아가게끔 하는 것이며 그 목적은 반혁명 전쟁을 통하여 사회주의

의 발전과 소련에서 공산주의의 승리를 늦추게 하고자 하는 것이다.

영국, 프랑스와 소련의 외교교섭(1939년 4월 14일~8월 23일)

하여간 서유럽과 소련의 교섭은 4월부터 시작돼 독 · 소 불가침 조약의 서명을 위해 리벤트롭 독일 외상이 모스크바를 방문할 때까지 계속되었다.

4월 14일 프랑스 정부가 소련 정부에게 동맹 교섭을 제의함으로써 소련과 서유럽의 교섭이 시작되었다. 프랑스 정부의 제안은 다음과 같다. 폴란드와 루마니아가 도발하지 않았는데도 공격을 받음으로써 영국과 프랑스가 전쟁을 하게 되는 경우 소련은 영국과 프랑스를 지원하고 영국과 프랑스도 같은 경우 소련을 지원한다. 그리고 프랑스 · 소련의 1935년 동맹조약을 군사조약으로 보다 더 강화한다는 내용이었다.

이에 대해 리트비노프M.M. Litvinov 소련 외상은 4월 18일 영국 · 프랑스 · 소련 3국은 독일의 침략 위협을 받는 국가를 보호하기 위해 서로 지원하는 군사협정을 체결하되 이 협정 대상에는 발트 해와 발트 해 국가들도 포함시켜야 된다는 반대 제안을 내놓았다. 그러나 5월 3일 리트비노프가 돌연 사임하고 그 후임에 몰로토프V.M. Molotov가 취임하게 되자 소련과 서유럽의 교섭은 난항에 부딪치게 되었다. 리트비노프는 집단안보론자이며 영국과 프랑스에 가까운 인물이었으나 몰로토프는 그렇지 않았다. 5~6월의 교섭은 아무런 진전이 없었다.

7월 1일 영국과 프랑스는 발트 해 국가들에 대한 지원을 약속한다는 새로운 제안을 제시하였다. 그러나 이들 국가에 대한 침략을 어떻게 정의하느냐 하는 곤란한 문제가 제기되었다. 이에 소련은 7월 24일 정치협정을 잠시 미루고 군사협정부터 체결하자고 제안하였고 영국 · 프랑스도 이에 동의하였다.

그리하여 영국은 드락스R. Drax 제독을, 프랑스는 두망J. Doumenc 장군을, 그리고 소련은 보로실로프K.E. Voroshilov 장군을 각각 대표로 선정하였다. 영국 대표단은 될수록 교섭을 장기화하고 모호한 입장을 취하라는 훈령을 받았다. 대표단은 비행기가 아닌 선박으로 소련으로 출발해 8월 11일 모스크바에 도착하였다.

회의는 다음날인 12일부터 시작되었다. 그러나 유사시 소련군의 폴란드 영토통과 문제로 회담은 곧 난항에 봉착하였다. 폴란드나 루마니아가 독일의 침공을 받아 소련이 이에 지원하는 경우 소련군이 폴란드 영토를 통과해야 되는데 폴란드 정부가 그것을 허용하지 않으려 했기 때문이다.

그리하여 회의를 21일까지 연기키로 하였다. 프랑스 대표단은 보프르A. Beauffre 대위를 바르샤바로 급파해 폴란드 정부의 승인을 얻도록 하였다. 그러나 폴란드는 끝내 거부하였다. 21일 저녁 보로실로프 장군은 프랑스 대표단에게 프랑스 정부의 보장만으로는 불충분하고 폴란드 정부의 명백한 승인이 있어야 한다고 단언하였다.

폴란드 정부의 승인 문제로 시간을 보내고 있는 사이에 리벤트롭 독일 외상이 독·소 불가침조약을 조인하려고 23일 모스크바에 도착하였다. 이로써 소련과 서유럽의 교섭은 완전히 끝나버리게 되었고 소련은 1935년의 프랑스·소련의 동맹조약도 이제 더 이상 유효하지 않다고 천명하였다.

독·소 불가침 조약의 교섭

전술한 바와 같이 독일과 소련의 동맹조약 체결은 하나의 획기적인 사건이 아닐 수 없다. 나치즘은 그 성립 당초부터 볼셰비즘의 타파를 기본 목표로 삼았으며 히틀러의 정권 장악 이후 독일 나치는 반(反) 볼셰비즘의 선전으로 팽배해 있었다. 극우 정치명분을 갖고 있는 나치즘과 프롤레타리아 독재를 정치명분으로 삼고 있는 볼셰비즘의 악수는 당시의 사람들에게는 이해할 수 없을 정도로 충격적인 사건이었다. 1941년에 히틀러 자신이 무솔리니에게 소련과의 동맹은 자신의 사상, 관념, 그리고 의무들과의 결별이었다고 말한 바 있다.

하여간 양국의 이 같은 역사적인 결합은 소련의 발의로 이루어졌다. 당초 소련의 조심스런 제의에 독일은 의혹을 품고 한동안 주저했으나 영국과 프랑스가 소련과의 군사협정을 교섭하려고 하자 독일은 급전직하로 소련에 접근하였다. 그 교섭과정을 잠시 살펴보기로 하자.

1939년 4월 17일 독일주재 소련 대사 메레칼로프A.F. Merekalov가 독일 외무성 정치담당 외무차관 바이츠재커E. von Weizsäcker를 면담하였다. 면담의 목적은 독일에게 병합된 체코의 군수회사인 스코다Skoda 회사와 기왕에 체결한 계약들을 그대로 유지하기 위한 독일의 동의를 얻고자 한 것이었다. 그런데 회담 도중에 소련 대사는 소련은 독일과 서방이 마찰을 빚고 있을 때 이것을 악용하지도 않았으며 또 독일과 소련의 관계가 장차 계속 우호적인 발전을 하지 않을 것이라고 믿을 아무런 근거도 없다고 덧붙였다. 이와 같은 매우 우회적인 외교 언사로 소련은 독일에 대한 접근을 시도하였다. 5월 3일 돌연 리트비노프가 물러나고 몰로토프가 외상에 취임하였다. 독일은 이것을 소련의 독일에 대한 우호적인 접근 신호로 받아들였다.

그러나 독일은 몰로토프가 등장한 이후에도 관망하는 태도를 견지하였다. 이에 소련은 다시 외교적인 행동démarche을 시도하였다. 5월 17일 베를린 주재 소련 공사 아스타호프

G.A. Astakhov는 다시 독일 외무성을 방문해 양국 사이에는 아무런 적대적인 요소가 존재하지 않는다고 말하였다. 그리고 5월 20일 몰로토프 외상은 경제 문제를 토의하기 위해 예방한 슐렌부르크F.W. von der Schulenburg 독일 대사에게 경제 교섭에는 정치적 기초가 선행돼야 한다고 말하였다. 그런 정치적 기초가 구체적으로 무엇이냐라는 독일 대사의 질문에 몰로토프는 명백한 답변을 회피했으나 이것이 소련의 중대한 접근 시도임에는 틀림없었다.

독일이 소련과 교섭을 시작할 것을 결정한 것은 5월 29~30일 사이였다. 독일 외무성은 곧 슐렌부르크 대사에게 소련과의 접촉을 훈령하였다. 슐렌부르크야말로 전통적인 독일 외교노선을 고집하는 친 러시아 외교관이었다. 그는 먼저 경제문제 교섭부터 시작하려고 하였다. 그가 6월 29일 몰로토프를 예방해 소련의 진의를 타진했으나 이번에는 몰로토프가 애매한 태도를 보였다. 몰로토프는 독일 정부가 1926년의 양국의 우호조약, 그리고 이 조약을 보완한 1931년의 의정서가 아직도 유효하다고 간주하느냐고 질문할 뿐이었다.

7월 24일에 영국과 프랑스가 소련과 군사협정 체결을 교섭한다는 것을 결정하자 독일은 소련과의 교섭을 더욱 서두르게 되었다. 독일 외무성의 경제 전문가인 슈누레J. Schnurre 박사는 아스타호프 공사와 장시간 회담을 갖고 독일은 영국보다 더 많은 것을 소련에 줄 수 있다고 밝혔다.

이 회담을 계기로 양국의 교섭은 급속히 진전되었다. 독일 외무성은 슐렌부르크 대사로 하여금 몰로토프를 만나 교섭토록 훈령하는 한편 리벤트롭 외상 자신이 8월 2일에는 아스타호프 공사를 불러 의견을 교환하였다. 이날 벌써 양국의 세력범위 문제가 거론되었다.

영국과 프랑스가 모스크바에서 군사회담을 개최하던 8월 12일 바로 그날, 베를린에서는 아스타호프가 리벤트롭을 예방하고 양국의 고위 회담의 장소를 모스크바에서 개최하자고 제의하였다. 이런 제의에 리벤트롭은 자신이 그곳에 가겠노라고 답변하였다.

8월 18일 몰로토프는 불가침 조약의 체결, 그리고 세력범위의 확정을 내용으로 하는 의정서 체결에 동의하였다. 그리고 다음날인 19일 슐렌부르크 대사는 몰로토프를 만나 리벤트롭 외상이 26일 혹은 27일 모스크바를 방문하는 문제를 타결하였다. 그런데 전술한 바와 같이 독일은 9월 1일에 폴란드를 침공한다는 계획을 갖고 있었고 따라서 소련과의 조약 체결이 시간을 다투는 시급한 문제가 되었다. 그리하여 히틀러는 20일 스탈린에게 친서를 보내어 리벤트롭의 방문을 22일이나 23일로 앞당겨 줄 것을 요청하였다. 스탈린은 23일이 좋겠다고 동의하였다.

그리하여 리벤트롭은 1939년 8월 23일 오후 모스크바에 도착하였고 도착 직후 회담이 개최돼 그날 저녁 양국의 역사적인 불가침 조약이 조인되었다.

조약의 내용

그날 저녁 몰로토프와 리벤트롭은 두 개의 문건을 체결하였다. 하나는 8월 24일에 발표한 이른바 독 · 소 불가침 조약(1939년 8월 23일)이고 다른 하나는 양국의 세력범위를 획정한 비밀 의정서가 그것이었다.

독 · 소 불가침 조약은 7개 조항으로 구성되어 있는데 그 주요 내용은 다음과 같다.

(1) 두 나라는 서로 적대적인 행위를 하지 않으며 모든 분쟁을 평화적인 방법으로 해결한다.

(2) 두 나라 중 한 나라가 제3국과 전쟁을 하는 경우 다른 나라는 그 제3국을 어떠한 형태로도 지원하지 않는다. 또한 두 나라는 두 나라 중 한 나라에 대항하는 어떠한 세력 형성에도 참여하지 않는다.

(3) 조약의 효력기간은 10년이며 서명과 더불어 효력이 발생한다.

비밀 의정서에 규정된 세력범위 획정의 내용은 다음과 같다.

(1) 발트 해 국가들의 영토를 재조정하는 경우 양국의 이해지역은 리투아니아의 북부 국경을 경계로 한다. 즉 핀란드, 에스토니아, 라트비아는 소련의, 그리고 리투아니아는 독일의 영향권에 들어가며, 빌나Vilna는 리투아니아 지역에 편입된다.

(2) 폴란드 영토를 재조정하는 경우 독일과 소련의 경계는 나레프-비스툴라-산Narev-Vistula-San 강으로 한다. 그리고 독립국가로서의 폴란드 존재가 앞으로 필요한 경우 이에 관한 문제는 미래의 정치 발전에 따라 해결한다.

(3) 독일은 베사라비아Bessarabia 지역에 관한 소련의 이해를 인정하고 독일은 이 문제에 관하여 완전한 정치적 무관심désintéressement을 선언한다.

의의와 평가

이 조약이 외교사에 있어서 큰 의의를 갖고 있는 만큼 이에 관한 평가도 다양하다. 구미의 연구들은 우선 이 조약이 히틀러로 하여금 전쟁을 촉발시키게 했다는 것, 그리고 소련이 이 조약으로 중앙 유럽으로 진출하게 될 발판을 마련했다는 점에 관해서는 대체로 의견이 일치돼 있다.

사실 히틀러는 이 조약 체결로 전쟁의 승리를 확신할 수 있었고 계획대로 9월 1일 폴란드를 침공할 수 있었다. 히틀러는 독·소 불가침 조약이 체결되기 하루 전인 8월 22일 베르히테스가덴 산장 근처인 오베르잘츠베르크Obersalzberg에서 군 수뇌부에게 긴 연설을 한 바 있었다. 그는 이 자리에서 영국과 프랑스의 보잘것없는 군사력, 그리고 독·소 불가침 조약의 체결로 전쟁에서 반드시 승리할 것이라고 역설하였다. 영국의 군비 증강은 선전에 불과하며 실제로는 강화된 것이 전혀 없다는 것이다. 해군은 1941~1942년에 가서야 어느 정도 실질적인 증강이 있을 수 있으며 유럽 대륙에 파견할 병력은 3개 사단에 불과하며 공군의 개선은 이제 막 시작된 것에 그치고 방공능력도 보잘것없어서 독일 공군의 공습에 무방비 상태라고 평가하였다. 그리하여 영국은 앞으로 2~3년 동안은 분쟁의 발생을 원하지 않는다는 것이다. 프랑스의 군비도 아무런 개선이 없으며 더욱이 인구 부족 현상에 직면하고 있어서 그 군사력은 두려울 것이 못 된다고 하였다. 그런데 이런 좋은 기회는 장차 2~3년 동안 계속되는 것이 아니어서 독일로서는 지금 분쟁을 해결하는 것이 좋다고 역설하였다.

따라서 히틀러의 진단에 따르면 서방이 취할 수 있는 길은 두 가지뿐이라는 것이다. 첫째는 독일을 봉쇄하는 길인데 이것은 독일 경제의 자립성, 그리고 독일이 동유럽의 자원 공급지를 보유하고 있어서 실효성이 없다고 보았다. 둘째는 마지노Maginot 선으로부터 독일을 공격하는 일인데 프랑스의 전략상 이것은 불가능하다고 보았다.

그리하여 서방은 다른 희망을 갖게 됐다는 것이다. 독일이 폴란드를 정복한 후 독일과 러시아를 서로 적대관계에 있게 한다는 것이다. 그러나 독·소 불가침 조약의 체결로 이 희망마저 없어졌다는 것이다.

많은 구미학자들은 히틀러가 소련과 조약을 체결한 것은 영국과 프랑스의 외교 실수라고 보고 있다. 영국과 프랑스가 독일 외교정책의 근본을 모르고 소련과의 교섭을 시도함으로써 독일은 하는 수 없이 소련과 손을 잡게 됐다는 것이다. 이 점은 히틀러가 1939년 8월 11일 단치히 고등 판무관 부르크하르트C. Burckhardt에게 명백히 말한 바 있다.

> 내가 취한 모든 것은 러시아에 대항하는 일이었다. 만일 서방이 너무나 우둔하고 맹목적이어서 이 점을 이해하지 못한다면, 나는 서방을 쳐부수기 위하여 러시아인과 협상을 하고 서방이 패배한 후에는 나의 모든 힘을 다하여 소련에 대항하지 않을 수 없게 될 것이다.

그러나 일부 학자들은 전쟁을 유발한 것은 스탈린이며 이 목적을 위해 그가 히틀러를 이용했다는 나치의 해석을 따르고 있다.

구소련학자들은 자위의 수단으로 히틀러와 제휴하지 않을 수 없었다고 변명하고 있다. 전술한 바와 같이 독일로 하여금 소련에 대항시키려는 서방의 음모에 대응하는 길은 히틀러와 직접 교섭하는 길밖에 없었다는 것이다. 사실 소련은 독일군이 그들의 국경을 넘어 소련 본토를 침공할 때까지 독일에 유화적인 태도를 취하였다. 소련은 오랫동안 독 · 소 불가침 조약에 부속된 비밀 의정서의 존재를 비밀에 부치고 있었다. 그러나 스탈린 격하 운동 이후 그 내용을 공개하고 그것을 스탈린의 모험주의적인 외교노선의 발로라고 비판하였다.

하여간 독 · 소 불가침 조약으로 히틀러는 계획대로 폴란드를 침공할 수 있었고 소련은 제정 러시아의 영토를 거의 되찾을 수 있었다.

3. 독일의 폴란드 침공

폴란드 위기

독 · 소 불가침 조약의 체결로 모든 사람들은 전쟁이 다가오고 있다는 사실을 실감하였다. 사실 폴란드의 독일인 거주 지역에서는 4월 이후 계속 소요가 있었다. 독일이 배후에서 조장한 이런 소요사태에 대해 베크 폴란드 외상은 강경정책으로 맞섰다. 그는 5월 5일 폴란드는 단치히의 자치, 폴란드의 영토와 회랑을 지키겠다고 천명하였다. 이때부터 독일과 폴란드 사이에는 정상적인 외교관계가 없어지고 다만 신경전이 있었을 뿐이다.

한편 폴란드는 프랑스에게 군사물자의 지원을 계속 요구하였다. 그리하여 5월 19일 양국은 군사협정을 체결해 폴란드가 독일의 침공을 받는 경우 프랑스는 독일의 방어선인 지그프리트Siegfried 선에 대해 공격을 하기로 하였다. 그러나 보네 외상의 주장에 따라 이 군사협정의 효력은 양국에 정치협정이 체결돼야 발생토록 하였다. 양국의 정치협정은 9월 4일에 가서야 체결되었다.

하여간 폴란드의 소요는 8월 하순에 들어서면서 더욱 심각해졌으며 국경에서 두 나라 군대의 충돌이 수없이 발생하였다. 독일군은 8월 20~21일 사이에 사실상 동원상태에 있었으며 23일에는 독 · 소 불가침 조약이 체결되었다. 이제 전쟁은 히틀러의 계획대로 다가오고 있었다.

영국

이런 폴란드 사태의 진전에 영국은 이제 확고하고 명백한 태도로 대처하였다. 이것은 제1차 세계대전 직전에 보였던 영국의 애매한 태도와는 매우 대조적이었다. 히틀러가 예견한 것과는 달리 영국은 단지 위협만 하고 있는 것은 아니었다. 8월 24일 체임벌린 수상은 하원에서 폴란드에 대한 약속을 지키겠다고 다시 천명하였다. 그리고 다음날인 25일에는 폴란드와 또 다른 동맹조약을 체결하였다. 두 나라 중 한 나라가 침략을 받거나 혹은 그 독립이 위협받는 경우 다른 나라는 자동적으로 개입키로 규정하였다.

이와 같은 영국의 확고한 자세 때문에 히틀러는 당초의 계획을 일부 수정하였다. 그는 폴란드 침공시간을 25일 밤~26일 새벽 사이에 하라고 22일 명령한 바가 있었다. 히틀러가 주저한 또 다른 이유는 이탈리아의 견제였다.

이탈리아

8월 25일 무솔리니는 히틀러에게 전쟁을 일으키는 것은 시기상조라고 거듭 강조하였다. 이탈리아의 이런 입장은 8월 11~13일 독일을 방문한 차노 외상이 강력히 전달하였다. 차노는 히틀러에게 수년간 전쟁의 유발을 늦추어야 한다고 강조한 반면에 히틀러는 계획된 폴란드 침공을 변경할 수 없다고 단언하였다. 차노는 잘츠부르크Salzburg로 리벤트롭을 예방하였다. 그들은 저녁식사 후 정원을 산책하였다.

"리벤트롭 씨, 당신이 원하고 있는 것이 무엇이오? 단치히요? 회랑이오?" 차노가 묻자 리벤트롭은 그를 거만하게 쳐다보더니 냉정하게 말했다. "우리는 전쟁을 원하고 있소." 리벤트롭은 언제나 히틀러의 생각만을 말하는 위인이었다.

무솔리니는 8월 25일 전쟁유발 중지를 히틀러에게 종용함과 아울러 국제회의를 소집해 문제를 해결하자고 히틀러에게 제의하였다. 그리고 만일 독일이 폴란드를 공격해 전쟁이 발발하는 경우 이탈리아는 전쟁에 대한 준비가 되어 있지 않기 때문에 참전할 수 없으나 다만 독일이 무기와 1차 산품을 공급해 준다면 참전이 가능하다고 덧붙였다.

히틀러는 26일 이탈리아가 필요한 것이 무엇이냐고 질문하였다. 이에 대해 이탈리아는 독일이 수용할 수 없을 정도의 엄청난 요구를 하였다. 히틀러는 무솔리니가 참전을 회피하고 있음을 간파하였다.

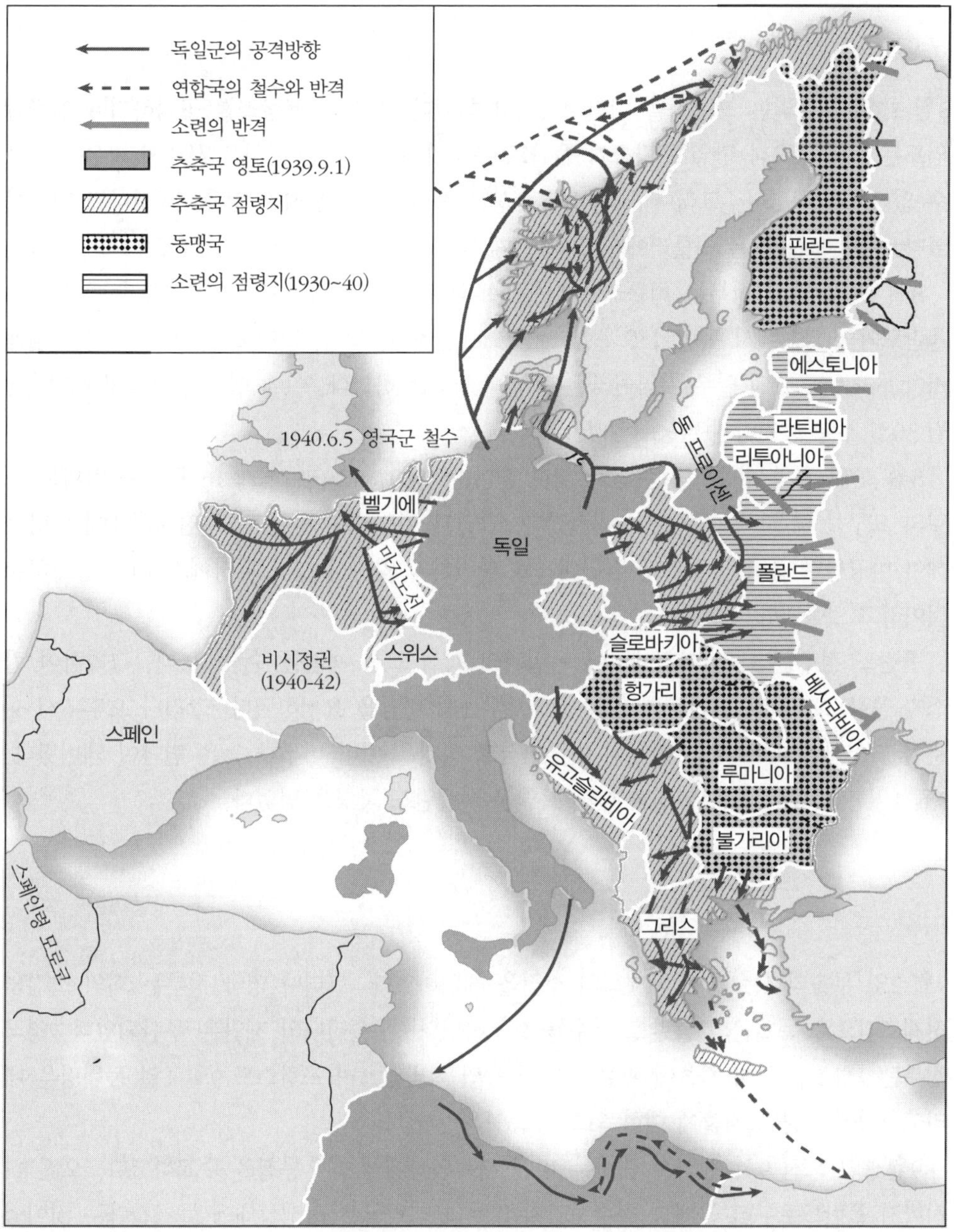
독일군의 공격방향
연합국의 철수와 반격
소련의 반격
추축국 영토(1939.9.1)
추축국 점령지
동맹국
소련의 점령지(1930~40)
핀란드
에스토니아
라트비아
리투아니아
동 프로이센
1940.6.5 영국군 철수
벨기에
독일
마지노선
폴란드
슬로바키아
스위스
비시정권
(1940-42)
헝가리
베사라비아
스페인
루마니아
유고슬라비아
불가리아
그리스
스페인령 모로코

제2차 세계대전: 유럽

독일의 폴란드 침공

8월 25일 히틀러는 프랑스를 이간시키려고 하였다. 독일은 프랑스를 공격하거나 침략할 의도는 전혀 없으나 만일 프랑스가 폴란드 분쟁에 참여한다면 독일은 끝까지 싸우지 않을 수 없다고 말하였다. 그러나 달라디에 수상은 폴란드를 지원하지 않을 수 없다고 단언하였다. 이제 모든 것은 히틀러에게 달려 있게 되었다.

8월 28일 영국 정부는 히틀러에게 폴란드와 직접 교섭할 것을 제의하였다. 히틀러는 폴란드와의 교섭에서 독일이 요구할 사항으로 단치히, 회랑, 그리고 폴란드 령 상부 실레지아Upper Silesia의 일부 지역이라는 엄청난 제시를 하였다. 이에 대한 폴란드의 대답은 8월 30일 부분 동원령의 발동이었다.

8월 30일 저녁 리벤트롭은 영국 대사 헨더슨N.M. Henderson에게 16개 항에 달하는 독일의 요구를 빠른 속도로 읽어 내려갔다. 그리고 이런 요구는 폴란드 전권대표에게 낭독해야 마땅하나 폴란드 정부가 전권대표를 파견하지 않아서 영국 대사에게 대신 통고하는 것이라고 덧붙였다.

폴란드 정부는 31일 아침에서야 독일과의 직접 교섭 제의를 수락하였다. 그리하여 립스키 폴란드 대사가 리벤트롭 외상에게 오후 1시 면담을 요청하였다. 그러나 오후 6시 30분이 되어서야 매우 짧은 면담이 이루어졌고 이것은 이미 너무나 늦은 면담이 돼버렸다. 9월 1일 새벽 4시 45분 여명과 함께 독일군은 폴란드 국경을 넘었다.

영국 · 프랑스의 최후통첩

9월 2일 무솔리니는 다시 국제회의 소집을 제의하였다. 그러나 영국 정부는 회의 소집의 전제조건으로 독일군의 폴란드 철수를 요구하였다. 무솔리니의 제안은 무산되었다. 영국 정부는 9월 1일 군비 지출에 관한 의회의 승인을 받았으며 프랑스도 9월 1일 동원령을 내리고 2일에는 군비 지출에 대한 의회의 승인을 받았다.

9월 3일 오전 9시 헨더슨 대사는 리벤트롭 외상에게 최후통첩을 수교하였다. 오전 11시까지 폴란드로부터 군대를 철수시키지 않는다면 양국은 전쟁상태에 들어간다는 것이었다. 당시의 분위기를 독일 외무성 통역관이었던 슈미트P. Schmidt는 다음과 같이 회고하고 있다.

> 내가 (히틀러의) 집무실에 들어갔을 때 히틀러는 책상에 앉아 있었고 리벤트롭은 창가에 서 있었

다. 내가 들어서자 두 사람은 결과를 기다리는 듯 나를 쳐다보았다. 나는 히틀러의 책상과 좀 떨어진 곳에 멈추어 서서 영국 정부의 최후통첩을 천천히 번역하여 읽었다. 이것이 끝나자 완전한 침묵이 흘렀다.

히틀러는 앞을 응시하면서 꼼짝하지 않고 앉아 있었다. 그는 훗날 혹자가 말하듯이 당황하지도 않았고 또 혹자가 주장하듯이 화를 내지도 않았다. 그는 완전히 침묵을 지키고 있었으며 움직이지도 않았다.

오랜 세월과도 같은 이 침묵의 시간이 끝나고 히틀러는 아직도 창가에 서 있던 리벤트롭을 향하여 사나운 눈초리로 "이제 무엇을 하지?"라고 물었다. 그의 태도는 마치 그의 외상이 영국의 가능한 반응에 대하여 잘못 판단하지 않았느냐는 것을 함축하고 있는 것 같았다.

리벤트롭은 곧 답변을 하였다. "프랑스도 한 시간 이내에 똑같은 최후통첩을 수교할 것이라고 사료됩니다."

나는 나의 임무를 마치고 나왔다. 대기실에 있던 사람들이 나에게 몰려왔다. "영국이 방금 최후통첩을 수교하였다. 두 시간 후에는 영국과 독일 사이에는 전쟁상태가 존재할 것이다"라고 나는 말하였다. 대기실에서도 이 소식은 침묵으로 이어졌다.

쿨롱드르R. Coulondre 독일 주재 프랑스 대사도 같은 날 오후 12시 30분에 같은 내용의 최후통첩을 수교하였다. 제2차 세계대전이 발발한 것이다.

4. 폴란드의 붕괴

폴란드의 붕괴

170만 명을 헤아리는 독일군 병력에 폴란드군은 4주 이상을 지탱할 수 없었다. 육군과 공군의 긴밀한 협동체제에 의한 기계화 부대 앞에서 폴란드군은 무력한 존재였다. 독일 공군에 의해 폴란드의 군사시설과 항공기는 처음부터 파괴되었다. 슈투카Stuka 급강하 폭격기의 활용, 효과적인 육 · 공군의 군사협력에 의한 전투 수행, 그리고 신속한 기계화 부대의 활동으로 서방세계는 독일군이 강력하다는 인상을 갖게 되었다. 이런 심리적인 요인이 영국과 프랑스가 폴란드 전투 중에 신속히 독일에 반격을 가하지 못한 이유 중의 하나였다.

9월 14일에 바르샤바는 이미 다른 지역으로부터 고립되었고 18일에는 소련군이 동부로부터 진입하기 시작하였다. 그리하여 독일군은 26일에 드디어 바르샤바에 입성하였다. 이로써 폴란드는 역사상 네 번째로 분할을 당하게 되었다.

독 · 소 불가침 조약의 수정(1939년 9월 28일)

전술한 바와 같이 독일과 소련의 폴란드 진주는 양국의 불가침 조약에 의해 합의된 것이었다. 그러나 두 나라 군대의 진입으로 자세한 분계선의 획정이 필요하게 되어 9월 22일 점령 분계선을 피사-나류-부크-비스툴라-산Pissa-Narew-Bug-Vistula-San 강으로 하기로 합의하였다.

그리고 폴란드 문제를 최종적으로 확정짓기 위해 리벤트롭이 9월 27일 다시 모스크바를 방문하고 28일 새로운 조약을 체결하였다. 이 조약에는 비밀 의정서가 부속되었다. 9월 22일 합의된 위의 분계선이 독일에 유리한 것이어서 8월 23일의 불가침 조약에서 독일의 영향권에 들어가기로 된 리투아니아를 소련의 영향권에 편입시키기로 하였다. 그리고 비밀 의정서는 이들 지역에 거주하는 양국 국민의 이주 문제가 합의되었다. 소련의 영향권에 속하는 지역에 살고 있는 독일인은 독일로 이주할 수 있으며 독일 영향권으로 인정된 지역에 거주하는 소련인도 소련으로 이주할 수 있도록 하였다.

이와 같은 정치적인 합의와 아울러 경제 문제에 관한 토의도 있었으나 1940년 2월에 가서야 18개월의 유효기간을 가진 무역협정이 체결되었다. 그러나 이 무역협정은 끝내 현실적으로 이행되지는 못하였다.

히틀러의 평화제의

폴란드 문제가 해결되자 히틀러는 10월 6일 영국과 프랑스에게 다시 한번 기만에 찬 평화제의를 하였다. 영국과 프랑스가 독일의 동부국경을 인정해 준다면 독일은 더 이상의 요구를 하지 않겠다는 것이다.

영국과 프랑스는 일고의 가치도 없는 것이라고 거부하였다. 양국은 이제 전시체제로 개편되었다. 체임벌린 내각은 9월 5일 개각을 단행해 처칠W. Churchill을 해군상으로 입각시켰다. 프랑스에서도 유화론자인 보네가 물러나고 달라디에 수상이 외상을 겸임하였다. 그리고 9월 12일에는 양국 사이에 군사 최고이사회가 구성되었고 프랑스의 가믈랭 원수가 서부국경을 담당토록 하였다. 10월 6일의 히틀러 제의가 받아들여질 리 없었다. 그리고 히틀러는 후술하는 바와 같이 9월 27일 이미 군부에게 서유럽 진격을 명령한 바가 있다.

거짓 전쟁Phony War(1939년 9월~1940년 4월)

독일과 소련의 폴란드 침공이 곧 전면적인 전쟁으로 확산되지는 않았다. 영국, 프랑스, 독일 사이에는 전쟁상태가 존재했으나 수개월 동안 전투가 없는 이른바 거짓 전쟁의 현상이 나타났다.

프랑스군은 독일의 폴란드 침략이 있자 곧 자르Saar, 바르트Wardt 산림지역으로 공격했으나 폴란드로부터 독일의 지원부대가 도착하자 마지노 선에서 머물게 되었다. 영국군은 아직 유럽 대륙에 도착하지 않았다.

이런 상황에서 교전국들은 서로 자기의 지위를 강화하고 프로파간다와 신경전에 몰두하였다. 자기 지위 강화의 전투적인 표현이 소련 · 핀란드 전쟁, 독일의 덴마크 · 노르웨이 침공 등이었다.

소련 · 핀란드 전쟁(1939년 11월~1940년 3월)

소련으로서는 독일과의 비밀 합의에 의한 영향권 획득을 현실로 실행시킬 수 있게 되었다. 에스토니아, 라트비아, 리투아니아 대표들이 모스크바로 소환돼 소련과의 상호원조 조약을 9월 하순~10월 초순 사이에 모두 체결하였다. 그리하여 이들 3국은 모두 소련군의 주둔권을 인정하였고 에스토니아는 해군, 공군 기지를 소련에 양여했으며 라트비아는 소련의 요새 구축을 허용하였다. 리투아니아는 소련에게 군사 요충지의 점령을 허용하였고 그 대가로 빌나Vilna를 얻게 되었다.

이들 3국과는 달리 핀란드는 소련의 요구를 거절하였다. 그러자 소련이 국경에 배치된 핀란드군의 철수를 요청하며 전쟁이 발발하였다. 핀란드군은 의외로 선전했으나 1940년 3월 드디어 주요 방어선이 붕괴되고 소련과 평화조약을 체결하였다. 이 조약으로 핀란드는 카렐리아Karelia, 비보르크Vyborg 시를 소련에 할양하였고 한고오Hangoe 반도에 소련 군사기지 건설을 허용하고 이 기지를 30년간 조차하는 데 동의하였다.

소련은 핀란드 침공으로 1939년 12월 14일 국제연맹으로부터 제명돼 축출되었다. 한편 소련군은 이 전쟁에서 의외로 고전함으로써 서방세계에서는 소련군의 전력을 과소평가하게 되었다.

독일의 덴마크, 노르웨이 침공

독일은 스웨덴의 철광을 노르웨이의 나르빅Narvik 항을 통해 수입했으며 따라서 이 항구의 장악은 전략상 중요한 문제였다. 그리하여 레더E. Raeder 제독은 1939년 10월부터 노르웨이 점령을 주장하였다. 노르웨이가 전략상 중요할 뿐 아니라 노르웨이 해역이 유보트U-Boat 작전에도 적합하다는 것이었고 만일 독일이 행동하지 않으면 영국이 점령한다는 판단에서였다. 독일은 1940년 3월 1일 노르웨이 침공을 결정하였다.

노르웨이 침공의 시기를 기다리던 독일은 영국과 프랑스가 노르웨이 영해에 기뢰를 부설했다는 통고를 받자 곧 전쟁을 실행에 옮겼다. 전술한 바와 같이 노르웨이 해안은 독일 군수물자 수송의 주요 통로였으며 영국과 프랑스는 이를 차단하기 위해 기뢰설치를 1940년 4월 8일 노르웨이 정부에 통고하였다.

노르웨이 침공은 물론 덴마크 침입도 더불어 수행되었다. 덴마크는 거의 아무런 저항 없이 굴복하였다. 노르웨이는 노르웨이 나치 지도자인 키슬링V. Quisling을 수반으로 하는 친독정부를 수립하였다.

독일의 덴마크, 노르웨이 침공은 실은 서부전선에서 전투가 개시된다는 신호였으며 서유럽에서 전투가 시작되면서 수개월 동안 존재했던 거짓 전쟁의 양상은 끝나게 되었다.

5. 독일의 전격전

황색작전Operation Yellow

히틀러는 일찍부터 서부전선의 전투 개시를 구상하였다. 1939년 9월 27일에 이미 군부에 자신의 의도를 전달한 바가 있는데 10월 9일에는 국방군 최고사령부OKW의 장관 카이텔W. Keitel 장군을 위시해 육 · 해 · 공군의 지휘관에게 장문의 각서를 전달하였다. 히틀러는 이 각서에서 서유럽 열강을 파괴하고 그 저항능력을 분쇄하기 위해 빠른 시일에 행동을 취해야 한다고 역설하였다. 그는 이 각서와 함께 「전쟁수행을 위한 명령 제6호」도 전달했는데 이 명령에서는 룩셈부르크, 네덜란드, 벨기에 침공을 지시하였다.

그리고 10월 29일에는 서유럽 침략 계획인 이른바 황색작전 계획이 수립되었다. 이 계획에 따르면 서유럽을 공격하는 독일군은 3개 군으로 편성되는데 복크F. von Bock 장군이 지휘하는 그룹 B는 네덜란드를 점령한 후 다시 벨기에로 진격하고, 룬트슈테트G. von Rundstedt 장군이 지휘하는 그룹 A는 그룹 B보다 남쪽에 위치하고 뮤즈Meuse 강을 건너 프랑스의 동 · 북부지역을 침공하며, 레브W.R. von Leeb 장군이 지휘하는 그룹 C는 마지노선 남부를 진격토록 하였다. 그리고 위 3개 군 중 주력부대는 그룹 B로 한다는 것이다.

낫베기 작전Sichelschnitt

이와 같은 황색작전의 내용은 제1차 세계대전 당시 독일의 전략과 유사한 것이며 새로운 것이 없다. 히틀러는 이 작전 계획에 불만을 표시하였다. 특히 아르덴Ardennes 지방에 탱크 부대를 투입시키는 것이 어떠냐는 의견을 제시하였다. 그러나 군부는 아르덴 지방은 산림지역이므로 탱크가 통과할 수 없다고 반대하였다.

그런데 우연하게도 그룹 A의 참모장이었던 만슈타인E. von Manstein 장군이 히틀러와 같은 의견을 피력하였다. 그는 아르덴 산림지대를 탱크가 통과하는 것이 결코 불가능한 것이 아니며 주력부대를 그룹 A에 두어 아르덴을 거쳐 급속히 동쪽으로 진격한다면 벨기에에 있는 연합군을 고립시킬 수 있다는 견해를 제시하였다. 이에 국방군 최고사령부는 그를 동부전선으로 전속시켜 버렸다. 그는 동부전선으로 떠나기에 앞서 그의 의견을 히틀러의 부관에게 전달하였다.

히틀러는 자신의 의견과 일치한 작전 구상을 가진 만슈타인을 베를린으로 소환하였고 그리하여 황색작전이 수정되어 이른바 낫베기 전략이 수립되었다. 1940년 2월 24일의 일이었다. 이 새로운 구상에 의하면 주력부대를 그룹 A에 두고 탱크가 통과할 수 없다고 연합국이 간주해 방어가 허술한 아르덴 산림지역을 일단 통과만 하면 곧 프랑스의 북부평야에 도달할 수 있다는 것이다. 그리하여 영국 해협에 즉시 도달할 수 있고 벨기에에 주둔하고 있는 연합군을 그룹 B와 그룹 A가 완전히 포위한다는 전략이었다. 이 낫베기 전략이야말로 큰 성과를 거두었으며 제2차 세계대전 중에 독일 군부의 가장 훌륭했던 전략이라고 평가받고 있다.

이와 같이 독일군이 서유럽 공격에 자세한 작전계획을 갖고 있었는 데 반하여 연합국은 이렇다 할 작전구상을 갖고 있지 못하였다. 프랑스는 1920년대부터 마지노선을 고수한다는 방어전의 구상을 갖고 있었다. 그러나 1940년에 이르러서도 마지노선은 완공되지 못하였고 측면과 후면의 공사는 예산 부족으로 건축되지도 못한 데다가 프랑스의 동북 국경지역에만 건설되고 프랑스 북부지역은 거의 무방비 상태였다. 그리고 영국은 인명을 최소한으로 희생시킨다는 가정에 입각하고 있어서 달라디에 프랑스 수상에게 약속한 26개 사단이 유럽 대륙에 파견할 수 있는 최대의 병력이었다. 뿐만 아니라 구체적인 전투계획도 수립되지 못하였다. 안트워프-나무르Antwerp-Namur 선에 프랑스군이 진입할 수 있게 하는 네덜란드와 벨기에의 군사협력체제라든가 앙베르 북부지역을 프랑스군이 장악해야 하는 작전계획이 수립되기도 전에 연합국은 1940년 5월 10일을 맞이하게 되었다.

프랑스의 패배와 휴전

이날 독일의 낫베기 작전이 실행되자 독일은 실로 대단한 승리를 거두었다. 독일의 낙하산 부대와 기갑부대들은 뮤즈 강 건너편을 공격하였고 독일 공군은 로테르담을 공습해 네덜란드의 방어는 5주를 넘길 수 없었다. 더욱이 그룹 A의 기갑부대와 장갑부대는 아르덴 산림지대를 통과해 해안으로 진격, 5월 23일에는 아브빌Abbeville 항에 이르렀다. 이렇게 되자 벨기에에 주둔하고 있던 영국과 프랑스 군대는 완전히 진로가 차단되어 던커크Dunkirk 항으로 퇴각하고 선박으로 후퇴하는 길밖에 없게 되었다.

5월 24일 독일군은 던커크 항을 눈앞에 두었는데 갑자기 연료공급 부족을 이유로 진격 정지 명령이 내려졌다. 연합군은 던커크로부터 후퇴할 시간적인 여유를 갖게 되었다. 독일군의 진격은 26일 오후에 다시 시작되었다. 독일군은 다시 프랑스 진격으로 방향을 바꾸었고 6월 6~7일 사이에 솜Somme 전선이 무너지고 말았으며 10일 프랑스 정부는 투르Tours로 옮겼고 13일에는 파리가 함락되었다.

이렇게 되자 프랑스가 취할 수 있는 길은 두 가지 중의 하나였다. 하나는 항복을 하고 정부를 북아프리카로 옮겨 독일에 대한 항전을 계속하는 길이었는데 레이노P. Reynaud, 망델G. Mandel, 에리오E. Herriot 등이 이 길을 주장하였다. 다른 하나는 페탱H.P. Pétain, 웨이강M. Weygand 등이 주장한 것인데 프랑스 정부가 독일과 휴전하고 프랑스에 남아서 프랑스 국민과 고통을 같이해야 된다는 것이었다. 영국과 미국은 물론 항전을 종용하였다. 그러나 전세는 계속 불리해져서 6월 14일에는 프랑스 정부는 투르에서 다시 보르도Bordeaux로 옮겼다. 프랑스군의 원로인 페탱은 만일 독일과 휴전하지 않는다면 자신은 사임하겠다고 선언하였다.

6월 16일은 프랑스로서는 운명의 날이었다. 그날 저녁 10시 페탱이 휴전 찬성자들로 구성된 내각을 조직하였다. 보두앵P. Baudouin이 외상으로 입각하였다. 페탱 내각이 구성된 지 한 시간 반이 지나 밤 11시 30분에 독일과의 휴전이 결정되었다. 그리하여 드골C. de Gaulle은 영국으로 건너가 독일과의 항쟁을 선언하였다.

한편 앙치제르C. Huntziger를 대표로 한 프랑스 대표단은 독일과 휴전을 교섭하기 위해

6월 20일 저녁 독일이 점령한 지역으로 넘어갔다. 그 다음날 독일군은 1918년 독일군이 항복했던 바로 그 열차를 프랑스 박물관에서 꺼내 대기시켜 놓았다. 히틀러가 그곳에서 직접 프랑스 대표단을 맞이하였다. 히틀러는 전쟁이 프랑스의 책임이라고 연설하고는 곧 퇴장하였다.

그리고는 카이텔, 요들 장군 등 독일 대표단과의 휴전교섭이 시작되었다. 휴전협정은 6월 22일 저녁 6시 50분에 타결되었다. 그런데 이 휴전교섭은 후술할 프랑스 · 이탈리아의 휴전교섭과 함께 진행됐는데 이 두 협정은 프랑스와 이탈리아에 휴전이 성립됐음을 독일이 통고받은 지 6시간 후에 효력이 발생토록 하였다. 그리하여 독일 · 프랑스의 휴전은 6월 25일 자정이 조금 지난 0시 35분에 발효되었다.

독일 · 프랑스의 휴전으로 프랑스 영토의 5분의 3에 해당되는 지역이 독일 점령지역으로 되었으며 이 점령에 따른 모든 비용은 프랑스 정부가 부담하게 되었다. 그리고 육 · 해 · 공군의 어떠한 장비도 영국이나 그 밖의 어떠한 나라에도 이전될 수 없었다. 또한 일부 프랑스 함대는 프랑스의 방어에 사용될 수 있으나 다른 모든 함정들은 기지로 돌아가서 독일군의 감시하에 무장해제한다고 규정하였다.

이탈리아의 참전과 프랑스 · 이탈리아의 휴전

제1차 세계대전의 경우와 같이 이번에도 이탈리아는 한동안 관망하는 태도를 취하였다. 무솔리니는 결국에는 독일 편에 서서 참전하게 되지만 독일의 결정적인 승전 이후에 참전하려고 하였고 차노 외상은 끝까지 중립정책을 고집하였다.

프랑스 침공을 눈앞에 둔 히틀러는 이탈리아의 참전이 반드시 필요하게 되었다. 그리하여 히틀러의 요청으로 1940년 3월 18일 히틀러와 무솔리니는 이탈리아 북부 국경지대에서 회동하였다. 히틀러는 이탈리아의 참전을 강력히 요구하였고 무솔리니는 참전은 불가피하지만 그 시기가 문제라고 답변하였다. 차노는 참전에 반대한다고 공언했으나 무솔리니는 5월에 들어서면서 참전을 결심하였다. 5월 13일자 차노 일기에는 다음과 같이 적혀 있다.

> (무솔리니는 나에게) 이 달이 가기 전에 전쟁을 선언하겠노라고 말하였다. … 오늘 나는 처음으로 대답을 하지 않았다. 이제 나는 더 이상 총통을 만류할 수 없게 되었다. 그는 행동하기로 결심하였고 행동할 것이다. 그는 독일인의 승리와 그들의 신속한 승리를 확신하고 있다.

이탈리아가 참전 쪽으로 기울자 영국과 프랑스는 당황해 수많은 양보로 회유하였다. 루스벨트 미국 대통령도 이탈리아가 요구하는 바를 영국과 프랑스에 전달하고 그런 요구가 전후에 실현되도록 미국이 보장하겠노라고 제의하였다. 제1차 세계대전 이후 윌슨의 악령을 이탈리아인으로부터 떨쳐 버리려는 것이었다. 이와 같은 접근 시도는 5월 31일까지 계속됐으나 다음날인 6월 1일 무솔리니는 히틀러에게 참전 결정을 전달하였다.

6월 10일 이탈리아는 드디어 전쟁을 선언하였다. 이런 참전은 "이미 땅에 쓰러진 사람에게 다시 비수를 찌르는 것"이라고 이탈리아 주재 프랑스 대사 프랑수아-퐁세는 비통해 하였다. 그날은 바로 프랑스 정부가 파리를 떠나 투르로 옮기던 날이었다.

그리하여 프랑스는 독일과 함께 이탈리아와도 휴전교섭을 진행해야만 하였다. 프랑스 대표들이 독일 비행기를 타고 1940년 6월 23일 로마에 도착, 24일 휴전협정을 조인했으며 양국 국경지대에 50km의 비무장 지대를 설정하였고 지중해에 있는 프랑스 기지들은 무장해제되었다.

이와 같이 프랑스가 전선에서 이탈하자 독일과 전쟁을 수행하는 국가로는 단지 영국만이 남게 되었다.

소련과 동유럽

소련은 독일의 신속한 승리에 대해 경악을 금치 못하였다. 프랑스가 패망하기까지 침묵을 지키던 소련이 중립의 대가를 요구하고 나섰다.

먼저 소련은 발트 해 국가들의 병합을 서둘렀다. 이들 국가에 주둔한 소련군의 안전을 핑계로 1940년 6월 중순 최후통첩을 보냈고 8월에는 이들 국가에 소비에트 정권이 수립되었다. 이것이 실질적인 병합임은 물론이다.

다음으로 소련은 루마니아의 베사라비아 지방의 병합을 단행하였다. 베사라비아는 독·소 불가침 조약에서 소련의 세력범위로 인정된 지역이었다. 그런데 몰로토프 외상은 1940년 6월 13일 독일 대사 슐렌부르크에게 베사라비아뿐만 아니라 독·소 불가침 조약에서는 전혀 언급되지 않았던 부코비나Bukovina 지방까지 합병하겠다는 의사를 전달하였다. 그러나 독일은 루마니아의 유전이 절대 필요한 입장이었고 따라서 루마니아가 소련의 영향권에 들어가는 것을 묵과할 수 없었다. 그리하여 독일은 소련의 부코비나 합병을 반대하였고 소련도 후퇴해 부코비나 전역이 아니고 전통적으로 우크라이나 지방과 관련이 있는 북 부코비나 지방의 할양에 만족할 수밖에 없었다. 소련은 베사라비아와 북 부코비나 지방을 합병하고 8월에는 이 지역에 몰다비아Moldavia 공화국을 건설하였다. 이로써 소련은 1914년 이전의 러시아 영토를 거의 되찾았다.

소련의 이른바 실지회복이 있게 되자 불가리아와 헝가리가 곧 뒤이어 루마니아에 영토 할양을 요구하였다. 8월 말에 루마니아는 중부 도브루자Dobrudja를 불가리아에 할양하였고 헝가리의 영토 요구에 대해서는 독일과 이탈리아의 중재에 맡기기로 하였다. 리벤트롭과 차노는 8월 말 빈에서 회동해 루마니아와 헝가리 두 나라에 트란실바니아를 분할키로 합의하였다. 한편 독일은 루마니아 유전을 보호한다는 구실로 10월 11일 루마니아를 점령하자 소련과의 긴장이 고조되었다.

바다사자Seelöwe 작전—히틀러의 영국 침공계획

히틀러는 프랑스가 붕괴되자 영국이 협상 테이블로 나오리라 생각하였다. 영국이 유럽 대륙에 무력으로 간섭할 수 있는 것은 대륙에 동맹국가를 갖고 있는 경우에만 가능하다고 확신하였다. 그런데 영국이 평화제의에 응하지 않자 히틀러는 난처하게 되었다. 그는 영국이 독일의 평화제의를 거부하는 것은 러시아가 장차 독일과의 전쟁에 참전하게 될 것을 기대하기 때문이라고 보았다. 하여간 현존하는 전세를 그대로 유지한다는 것은 소련이 석유, 곡물 등을 독일에게 공급하고 있기 때문에 독일의 소련 의존도만을 높이게 될 것이고 미국이 장차 참전하게 될 경우 독일은 더욱 곤란한 국면에 처하게 될 것이라고 판단하였다.

1940년 7월 16일 히틀러는 이런 난국을 타파하기 위해 영국침공 계획인 「명령 제16호」를 지령하였다. 이 작전을 바다사자 작전이라고 불렀다. 이 작전의 목적은 영국 본토를 기습 상륙해 영국 본토의 기지들을 파괴하고 필요하다면 영국 본토를 완전히 점령한다는 것이었다. 그리하여 히틀러는 이 작전을 준비하느라고 1940년 여름을 모두 보냈다. 그리고 괴링 공군 총사령관에게 예비작전으로 영국 공군의 섬멸을 명령하였다. 그러나 예상과는 달리 8월 말에 이르러 독일 공군이 완전히 패배하였다.

독일 공군의 패배로 히틀러는 영국 침공을 연기하지 않을 수 없었다. 10월로 계획했던 영국 침공을 1941년 봄으로 연기하였다. 그러나 1941년 1월 9일 히틀러는 이 작전을 완전히 포기하였다. 그리하여 영국은 그대로 존속하게 되었고 아울러 미국이 참전하게 됨으로써 독일의 패망을 가져오게 되었다.

영국 침공을 연기한 히틀러로서는 간접적인 방법으로 영국의 전력을 약화시키는 길밖에 없었다. 소련 침공은 계절로 보아 다음해 봄에야 시작될 수 있었다. 그리하여 지중해, 그리고 중동지역의 영국 기지들을 공략하였다. 인도와 동북아 지역으로부터 영국에 공급되는 물자공급 선박을 차단하기 위해 지중해, 북아프리카를 침공해야 된다는 전략은 특히 레더 해군 총사령관이 주장하여 온 것이었다. 그는 지브롤터, 몰타, 수에즈 운하를 공격할 뿐 아니라 북아프리카에 상륙하고 대서양을 봉쇄해야 된다고 역설하였다.

독일 · 이탈리아 · 일본의 3국 동맹(1940년 9월 27일)

독일이 지중해, 아프리카 방면으로 진출하기 위해서는 이탈리아와 프랑스의 비시Vichy 정권, 그리고 스페인과의 협력이 절대적으로 필요하였다. 그리하여 먼저 히틀러는 이탈리아 · 일본과 3국 동맹을 체결하였다. 일본은 독일과 이탈리아가 유럽에서 새로운 정치질서를 창설하는 것을 인정하고 독일과 이탈리아도 아시아에서 일본의 그런 권리를 인정하였다. 그리고 이 동맹조약은 '현재 유럽전쟁이나 중일전쟁에 참여하고 있지 않은 국가로부터 세 나라 중 한 나라가 공격을 받는 경우 다른 두 나라들은 모든 정치적 · 경제적 그리고 군사적인 방법으로 상호 원조한다' 라고 규정해 미국이나 소련을 겨냥하였다.

히틀러는 이것으로 미국을 견제한다고 생각했으나 그 결과는 그의 예상과는 정반대가 되었다. 미국은 이 동맹의 결성으로 국제 파시즘의 위협을 느끼게 되었고 루스벨트가 선거에서 3선으로 승리해 결국 미국 개입의 길을 열어 놓았다. 3국 동맹에 관해서는 일본의 외교정책과 관련해 다시 후술한다.

독일, 비시 정권, 스페인

비시 정권의 입장은 다소 미묘한 것이었으나 한동안 독자적인 노선을 견지할 수 있었다. 참전을 요구하는 독일의 요청도 거부할 수 있었다.

영국과의 관계는 한때 긴장상태였고 1940년 7월 초 영국 해군이 메르스-엘-케비르Mers-el-Kebir에 있는 프랑스 해군을 공격해 외교단절에까지 이르렀다. 그리고 영국은 런던에 있는 드골 망명정부와 긴밀한 관계를 유지했으나 9월 하순 망명정부의 다카Dakar 침공이 실패로 돌아가자 드골에 대한 일방적인 지지정책을 포기하고 비시 정권과도 잠정적인 관계를 유지하였다. 하여간 비시 정권은 1942년 4월 라발P. Laval이 수상이 될 때까지는 독일의 참전요청을 거부하고 독자노선을 걸었다.

비시 정권과의 교섭에 실패한 독일은 스페인과의 교섭에서도 성공하지 못했다. 프랑코는 엄청난 참전의 대가를 요구하였다. 경제건설을 위한 경제원조뿐만 아니라 지브롤터, 프랑스령의 모로코, 서 알제리를 요구하였고 참전의 전제조건으로 독일의 성공적인 영국 공격을 열거하였다.

그리하여 1940년 말까지 3국 동맹에 가입한 국가는 헝가리와 루마니아뿐이었고 불가리아는 1941년 3월에 가입하였다. 유고슬라비아는 가입을 결정했다가 쿠데타로 가입을 철회하자 후술하는 바와 같이 독일의 침략을 받게 되었다.

이탈리아의 그리스 침공

이탈리아는 당초 유고슬라비아와 그리스의 침공을 계획하고 유고슬라비아 침입시기를 1940년 9월 10~20일 사이로 결정했었다. 그러나 독일의 완강한 반대로 유고슬라비아 침공을 포기하였다. 이 문제로 리벤트롭이 1940년 9월 19일 로마에 도착하였다. 리벤트롭은 이탈리아의 유고슬라비아 침입은 반대했으나 그리스 침공은 흔쾌히 수락해 그리스가 이탈리아의 영향권임을 승인하였다. 그는 그리스 지역이 "이탈리아의 절대적인 이해가 관련되어 있으며 오로지 이탈리아만이 해결방법을 선택할 수 있다."고 무솔리니에게 말하였다. 10월 28일 이탈리아와 알바니아의 연합군이 그리스 침공을 개시하였다. 그러나 이탈리아군이 도리어 패퇴해 그리스군이 알바니아 영토의 5분의 1을 점령하는 사태가 발생하였다. 독일과 동등한 지위를 가져보려고 그리스 침공을 결정한 이탈리아는 반대로 독일에 예속되는 결과를 초래하였다. 히틀러는 이탈리아군을 구원하기 위해 5만의 병력을 파견하였다. 그리고 독일군은 유고슬라비아를 점령한 직후인 1941년 4월 27일 아테네에 입성하였다.

독일의 유고슬라비아 점령

독일군의 유고슬라비아 점령은 극적인 사건을 계기로 이루어졌다. 유고는 1941년 3월 25일 빈에서 3국 동맹에 가입하기로 서명했는데 이틀 후인 27일 베오그라드에서 쿠데타가 일어났고 새로운 정부는 3국 동맹의 가입을 철회하고 중립정책을 표방하였다. 이에 히틀러는 격분해 후술하는 소련 침공일자를 연기하면서 유고슬라비아 침공을 먼저 단행키로 하였다. 원래 소련 침공을 5월 15일로 정했으나 유고슬라비아 침공으로 인해 6월 22일로 연기하였다.

유고슬라비아는 결국 1941년 4월 17일 항복하였다. 그리고 유고슬라비아의 영토는 철저하게 분할되었다. 슬로베니아는 독일과 이탈리아에 분할되었고 크로아티아와 몬테네그로는 각각 독립국가로 되었으며 세르비아는 1914년 이전과 같은 소국으로 되었다. 불가리아는 마케도니아의 상당한 지역과 트레이스 지역을 회복하였고 헝가리도 다뉴브 우안(右

岸)지역을 병합해 각각 제1차 세계대전 이후 잃었던 지역을 수복하였다. 이와 같이 발칸의 정치지도는 다시 한번 완전히 개편되었다.

독일과 소련

히틀러는 1940년 10월부터 소련을 독일 · 이탈리아 · 일본의 3국 동맹에 끌어들여 소련으로 하여금 유럽으로부터 다른 곳으로 관심을 갖도록 노력하였다. 더욱이 발칸 반도를 독일과 이탈리아의 영향권으로 만들기 위해서는 소련의 동의가 필요하였다.

독일이 구상하는 4국 동맹은 세계를 4개의 영향권으로 나누는 것이었다. 독일과 이탈리아는 유럽과 아프리카를 분할하여 동 · 북아프리카는 이탈리아의, 그리고 중앙아프리카는 독일의 세력범위로 하고, 유럽에서는 독일이 맹주가 되고 이탈리아는 발칸반도의 일부 지역을 영향권으로 두고, 일본은 동북아와 동아시아를, 그리고 소련은 페르시아 만, 이란, 인도 지방을 각각 그 세력범위로 하여 영국을 고립시킨다는 것이었다.

이런 구상에 입각해 리벤트롭은 1940년 10월 13일 스탈린에게 회담개최를 제의하고 몰로토프를 초청하였다. 몰로토프는 11월 12일 베를린에 도착해 다음날까지 히틀러와 리벤트롭과 회담을 가졌다. 이 회의에서 몰로토프는 페르시아 만과 이란 방면의 진출에 대해서는 반대하지 않았으나 소련이 유럽에서도 이익을 갖고 있음을 분명히 밝혔다. 리벤트롭은 구체적인 제안을 제시하였다. ① 소련은 3국 동맹에 가입한다. ② 두 개의 의정서를 체결한다. 하나는 세력범위에 관한 것이고 다른 것은 해협의 자유통항에 관한 것이다. 그러나 몰로토프는 아무런 언질도 주지 않고 14일 베를린을 떠났다.

소련의 회답은 11월 25일 소련 주재 독일 대사 슐렌부르크에게 전달되었다. 여기에서 소련은 해협에서 육 · 해군의 기지 건설, 독일군의 핀란드 철수, 그리고 동유럽 특히 불가리아의 소련 영향권 인정 등을 요구하였다.

이런 소련의 제안에 독일은 아무런 의사도 표명하지 않았다. 유럽 국가로 머물겠다는 소련의 입장 자체가 독일로 하여금 소련과의 교섭에 흥미를 잃게 하였다.

바르바로사Barbarossa 작전—히틀러의 소련 침공계획

히틀러가 소련을 침공하려는 데에는 다음과 같은 전략적인 근거가 있었다. 영국이 독일의 평화제의를 거부하는 근본 이유는 소련이 장차 독일에 대한 전쟁에 동참할 것이라고 예상하고 있기 때문이다. 그러므로 최선의 방법은 전격전으로 소련을 붕괴시키는 길이라고 판단하였다.

히틀러의 이런 구상은 1940년 7월 31일에 개최된 한 군사회의에서 명백히 나타났다. 이 회의에 참석한 할더F. Halder의 일기에 보면 히틀러는 다음과 같이 말한 것으로 되어 있다.

> 영국의 희망은 러시아와 미국에 있다. 만일 러시아에 대한 희망이 사라진다면 미국에 대한 희망 또한 사라진다. 러시아가 제거된다면 극동에서 일본의 세력이 엄청나게 증가되기 때문이다. … 만일 러시아가 패망한다면 영국의 최후 희망은 무너지게 된다. (그리고) 독일은 유럽과 발칸의 주인이 될 것이다. … 러시아가 조속히 분쇄될수록 더욱 좋다.

이와 같은 소련 침공구상은 1940년 11월 소련과의 교섭이 실패하고 또 지중해 진출을 위한 비시 정권, 스페인과의 교섭이 성공하지 못하자 구체적으로 검토되고 확정되었다. 그리하여 1940년 12월 18일 이른바 '바르바로사 작전'이라고 불리는 소련 침공계획이 확정되었다. 다만 공격 개시일을 1941년 5월 15일로 잡았으나 전술한 유고슬라비아 침공 때문에 6월 22일로 연기되었다.

그러나 소련 침공은 당초 예상했던 것과 같이 단기전으로 끝나지 못하고 장기전으로 변하였다. 그것은 히틀러의 전쟁수행 계획에 크나큰 차질을 가져오게 하였다. 그리하여 전격전에 의한 승리는 여기에서 일단 끝나게 된다.

히틀러의 새로운 질서

1942년에 들어서면서 독일의 확장은 그 절정에 달하였다. 히틀러의 꿈이 실현될 수 있는 것같이 보였으며 그는 유럽을 새로운 질서로 개편하였다.

먼저 독일이 직접 병합한 지역은 다음과 같다. 오스트리아, 수데텐란트, 알자스-로렌, 메멜, 단치히, 테센, 오이펜Eupen, 말메디Malmédy, 룩셈부르크, 서부 폴란드, 북부 슬로베니아, 트리에스테, 그리고 티롤 등이다.

다음 독일의 보호령으로서는 보헤미아, 몰다비아이며 병합된 폴란드 이외의 폴란드 영토에는 폴란드 총독부를 설립해 보호 통치하였다.

그리고 독일은 프랑스, 벨기에, 네덜란드, 덴마크, 노르웨이, 세르비아, 그리고 그리스 등을 점령하고 점령통치를 하였다.

그 밖에 독일에 우호적인 국가로서는 스페인, 이탈리아, 헝가리, 불가리아, 루마니아,

슬로베니아, 크로아티아, 그리고 핀란드를 들 수 있으며 다만 스위스, 포르투갈, 스웨덴이 독일의 지배를 받지 않았고 아일랜드는 중립을 지켰다. 실로 나폴레옹 제국과 같은 방대한 제국을 형성하였다.

한편 점령지역의 국가들이 지불하는 점령비용은 가혹하였다. 프랑스는 하루에 4~5억 프랑을 지불하였고 벨기에와 더불어 노동력을 동원해야만 하였다. 덴마크는 식료품을, 폴란드는 석탄과 곡물을, 그리고 루마니아는 석유를 공급하였다. 물론 독일이 이룩한 이 신질서는 유태인들의 지옥이었음은 말할 필요도 없다.

추축국가들의 전시회의

위와 같은 신질서를 형성하기 위해 독일은 동맹국들과 수많은 회의를 개최했으나 이런 회의들은 후술할 연합국들의 회의가 전쟁 협력을 목적으로 한 것과는 달리 히틀러의 전쟁 목적을 수행하는 데 따라 개최된 것에 불과하였다. 1939년 9월부터 1945년 1월까지 히틀러 또는 리벤트롭이 동맹국이나 중립국의 지도자들과 회견한 횟수는 무려 270회 이상이지만 전쟁 협력이라고 부를 수 있는 회담은 10회를 넘지 못하였다. 이와 같이 전쟁 수행에 관한 협력을 토의하는 회의가 거의 없었던 이유는 3국 동맹은 동등자의 동맹이 아니라 히틀러가 지배하는 동맹이었으며 따라서 히틀러의 정책적인 목적에 따라 전시회의가 개최됐기 때문이다.

추축국들의 회의는 몇 가지 유형으로 구별될 수 있다. 먼저 독일이 참전을 종용하는 회의의 유형을 들 수 있다. 1940년 3월 18일 브레너 요충지에서 있었던 히틀러 · 무솔리니의 회의는 이탈리아의 참전을, 1940년 10월에 개최된 일련의 회의 즉 4일 히틀러 · 무솔리니 회의, 22일 히틀러 · 라발 회의, 24일 히틀러 · 페탱 회의들은 독일의 지중해, 북아프리카 진출에 대한 협력과 참전을, 그리고 1940년 11월 18일 히틀러와 스페인 외상 수네르S. Suner의 회의는 스페인의 참전을 요청하기 위해 열린 것이었다. 그리고 1940년 11월 12~13일간 베를린에서 개최된 리벤트롭 · 몰로토프 회담은 소련을 3국 동맹에 가입시키려는 회의였음은 전술한 바 있다. 같은 시기에 루마니아, 헝가리, 유고슬라비아, 불가리아와도 같은 목적의 회의들이 개최되었다.

독일이 아니라 이탈리아가 자국의 요구를 주장하기 위해 회의가 개최된 경우도 있다. 1940년 7월 7일 히틀러 · 차노의 회의는 이탈리아가 유고슬라비아와 그리스에 대한 희망사항을 피력하기 위한 모임이었다. 이런 성격의 회의는 이탈리아가 그리스 침공에서 도리어 패전한 후로는 없어지게 되었다.

진정한 의미의 전시회의는 1942년 2월 24일 독일 · 이탈리아 · 일본 3국의 베를린 회의라고 볼 수 있다. 이 회의에서는 일반위원회, 군사위원회, 경제위원회 등을 설치해 서로 협력하기로 했으나 실행에 옮겨지지는 못하였다. 같은 해 4월 29~30일 클레샤임Klessheim 성(城)에서 있었던 히틀러 · 무솔리니 회의도 전시회의의 성격을 가진 것이었다. 이 회의에서 북아프리카 공격, 몰타 침공, 그리고 이집트 진격 등이 토의되었고 대체적인 계획이 수립된 바 있었다.

그러나 3국 동맹은 히틀러가 주도한 동맹이어서 그는 동맹국들에게 아무런 정보도 주지 않았다. 이런 분위기에서 진정한 전쟁 협력을 위한 회의란 생각할 수 없었다. 그 두드러진 예가 1941년 6월 2일 브레너 요충지에서 열린 히틀러 · 무솔리니 회의이다. 이 회의에서 히틀러는 곧 있을 소련침공에 관해 아무런 언급도 하지 않았다. 이보다 얼마 전에 유럽을 여행하던 마쓰오카 요스케 외상도 히틀러로부터 아무런 얘기도 듣지 못하였다.

추축국의 회의는 전세가 불리해지면서 그들의 분열이 심화되었다. 1942년 12월 18~20일 히틀러 · 차노 회의에서 차노는 소련과의 강화를 모색해야 된다는 의견을 제시했다가 묵살당하였다. 이때부터 히틀러는 다른 동맹국들의 의견을 듣지 않게 되었다. 1943년 5월 초 클레샤임 성에서 열린 히틀러 · 무솔리니의 회의부터는 추축국의 분열이 돌이킬 수 없을 정도로 깊어졌다. 이 회의 도중 연합국은 튀니스를 탈환하였고 이탈리아는 단독으로라도 소련과 강화해야 된다고 결심하게 되었다.

1943년 7월 19일 히틀러와 무솔리니의 역사적인 회의가 페트르Fetre에서 개최되었다. 히틀러는 무솔리니가 극도로 쇠약해진 것을 알게 되었다. 회의가 시작되기 전에 이탈리아 3군 참모총장 암브로시오V. Ambrosio는 이탈리아는 이제 소련과 단독으로 강화를 모색하지 않을 수 없게 됐다는 것을 히틀러에게 말하도록 무솔리니에게 건의하였다. 그러나 무솔리니는 회의가 끝날 때까지 이에 관해서는 아무 얘기도 하지 못하였다. 회의를 마치고 로마로 돌아오면서 암브로시오는 이제 무솔리니가 물러나야 된다고 판단하였다.

6. 태평양전쟁

중국과 일본

1937년 7월 루거우차오 사건으로 발발된 중일전쟁은 전면전쟁의 양상을 띠게 되었다. 일

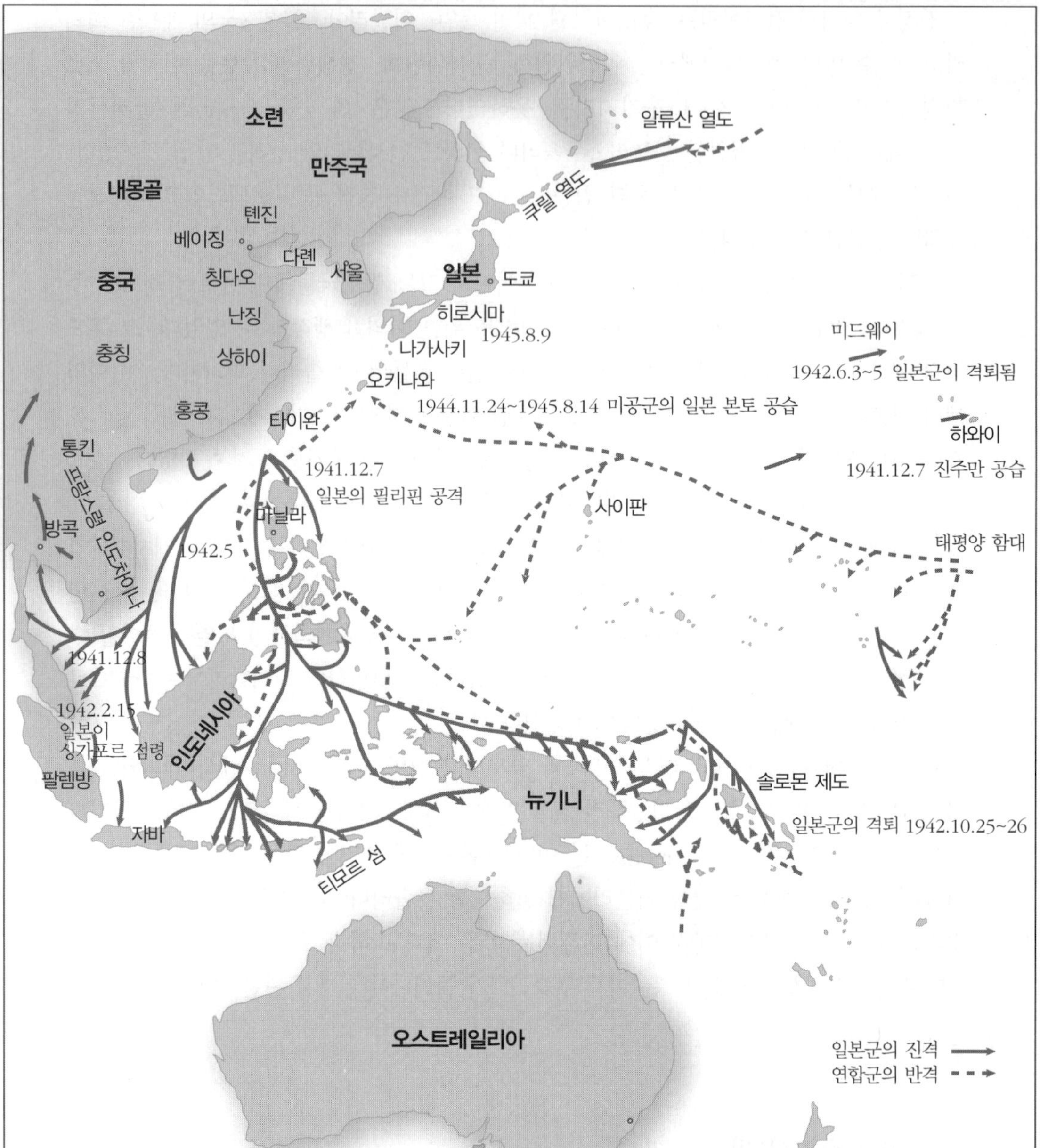

제2차 세계대전: 태평양

본군은 11월 항저우 만에 상륙하고 12월에는 난징에 입성해 난징 학살을 자행하였다. 이와 같은 군사적인 승리와 더불어 일본 여론은 더욱 호전적인 경향을 보였고 친일정권을 수립하려는 공작도 효력을 나타내 왕커민(王克敏)의 소위 중화민국임시정부(中華民國臨時政府)가 난징 함락 다음날 베이징에 수립되었다.

이런 친일정권 수립과 아울러 일본은 중국 주재 독일 대사 트라우트만O.P. Trautmann과 일본 주재 독일 대사 디르크젠H. von Dirksen을 통해 장제스(蔣介石)와의 화평 공작을 동시에 전개하였다. 그러나 일본이 제시한 조건들은 엄청난 것이었다. 만주국을 정식으로 승인할 것, 화베이 · 화중 · 내몽골의 일정한 지역에 일본의 주둔권을 인정할 것, 화베이는 특수지역으로 하고 화중에는 비무장 지대를 설정할 것, 그리고 중국은 배상을 지불할 것 등 마치 패전국에 대한 강화조건 같았다. 장제스 정권이 이것을 수용할 리가 없었다.

그리하여 1938년 1월 16일 이른바 제1차 고노에 후미마로 성명이 발표되었다. "제국정부(帝國政府)는 금후 국민정부를 상대로 하지 않고 진실로 제휴할 수 있는 신흥 정권의 성립 발전을 기대하고 이 정권과 국교를 조정하여 다시 태어나는 신지나(新支那) 건설에 협력한다."고 천명하였다. 그리고 일본 정부의 잇따른 성명에서는 일본 정부는 국민정부를 상대로 하지 않을 뿐 아니라 이 정부를 부인하고 타파한다고 발표하였다.

이런 방침 아래 일본은 중국 각지에 친일정권 창조에 몰두하였다. 그러나 이런 공작이 큰 효과를 거두지 못하고 또 일단 성립된 친일정권들에 대해 중국 국민의 지지가 희박해서 한계에 도달하였다. 그리하여 국민정부와의 화평 공작을 동시에 진행하자 일본 외무성과 신정권파(新政權派) 특히 군부와의 알력이 노출되었다. 그러나 1938년 12월 중국의 정치, 경제, 문화에 관한 문제를 전담하는 대지원(對支院, 후에 興亞院)을 설치함으로써 군부의 압력이 절대적인 것으로 되었다.

흥아원 설치 직후 소위 제2차 고노에 성명이 발표되었다. 이번의 성명은 만주국의 승인, 방공협정의 체결, 일 · 중 경제제휴 등 3원칙에 입각한 중일 국교정상화를 제의함과 아울러 '동아(東亞)의 신질서(新秩序)'를 건설하겠다고 발표해 주목을 끌었다. 이것은 대동아공영권(大東亞共榮圈)의 선구적인 표현이었다. 이후 일본은 왕자오밍(王兆銘) 괴뢰정권 수립에 주력함과 아울러 국민정부와도 여러 채널을 통한 화평 공작을 겸행하였다.

일 · 소 분쟁: 노몬한(Nomonhan, 러시아명은 Khalkhin-Gol) 사건(1939년 5~9월)

만주국이 성립되고 관동군이 북만주 지방까지 제압하게 되자 소련과 일본은 국경을 맞대고 대치하게 되었다. 더욱이 1936년 11월 독일과 일본이 반공협정을 체결한 이후로 소련과 일본의 긴장이 고조되었다. 소련은 중국의 국민정부와 1938년 8월 불가침 조약을 체결해 장제스 정권을 지원하기에 이르렀다.

이와 같은 소련·일본의 긴장관계는 국경지대에서 수차에 걸친 국경분쟁 사건으로 연결되었다. 1937년 6월 간차쯔(乾岔子) 사건, 1938년 7월 장구펑(張鼓峰) 사건이 그 두드러진 예였다. 그런데 1939년 5월에는 만주국 서북지역 외몽골과의 국경지대인 노몬한Nomonhan에서 일본군과 소련군이 일대 격전을 벌여 일본 관동군이 대패한 사건이 발생하였다. 이 사건은 일본 군부에 치명적인 영향을 주었다.

만주국이 성립되자 외몽골과 국경선이 명확히 확정되어 있지 않아서 국경 분쟁이 계속되던 중 1939년 5월 중순 일본군과 몽골군 사이에 무력충돌이 발생하였다. 당시 관동군은 소련과 몽골군의 월경(越境)을 철저히 응징한다는 방침을 결정한 직후였다. 몽골군은 무력충돌 후 소련군의 지원을 받아 반격하였고 소련군은 전면적인 반격을 개시하였다. 당시 소련군의 군단장은 제2차 대전 이후 소련의 국가적 영웅이 된 주코프G.K. Zhukov였다.

일본군은 전멸에 가까울 정도로 대패하였다. 도쿄 군부의 분쟁 국지화와 정전명령에도 불구하고 관동군은 일대 반격을 고집하였다. 그러나 독·소 불가침 조약의 체결과 유럽 정세의 급변으로 일본으로서는 소련과의 관계 정상화가 급선무가 아닐 수 없었다. 그리하여 몰로토프 외상과 도고 시게노리(東郷茂德) 일본 대사는 9월 15일 정전협정을 체결하였고 소련은 그들이 주장한 국경선을 거의 확보하였다.

이 사건을 계기로 일본 군부는 일본군 근대화의 필요성을 절감하였고 그동안 주장해 왔던 대(對)소 개전론을 포기하고 남진론으로 궤도를 수정하였다.

일본과 독·소 불가침 조약

1939년 8월 23일에 체결된 독·소 불가침 조약은 일본에게 커다란 충격을 주었다. 독일은 일본과 반공협정을 체결한 이후 계속 동맹관계 수립을 요청해 왔는데 소련은 일본의 가상 적국이었다. 제일의 우호국가와 가상 적국 사이의 제휴에 일본은 경악하지 않을 수 없었다.

1938년에 들어서면서 독일은 일본에 이탈리아와의 3국 동맹 결성을 강력히 요구하였다. 반공협정 체결 때와 같이 리벤트롭은 베를린 주재 무관 오시마 히로시(大島浩)에게 접근하였다. 독일로서는 일본과의 동맹이 필요하였다. 아시아에서 영국과 프랑스에 일본이 대항해 줄 수 있고 소련을 협공할 수 있기 때문이다. 그러나 일본은 독일과의 동맹 문제에 의견의 일치를 보지 못하였다. 일본 군부는 소련, 영국, 프랑스를 대상으로 하는 동맹이 필요하다고 주장한 반면, 외무성은 이런 동맹 조약의 체결에 반대하였다. 일본 군부의 외교정책 관여는 두드러졌다. 1938년 10월에는 무관들의 외교 관여를 비판한 도고 시게노리 독일 대사는 군부압력으로 물러나고 무관인 오시마가 후임이 되었다. 그러나 동맹의 내용에 관해서는 여전히 의견의 일치를 보지 못해 1939년 1월 고노에 내각이 퇴진하였다.

히라누마 기이치로(平沼騏一郎) 내각에서도 일본 군부 특히 육군은 소련, 영국, 프랑스에 대항하는 확고한 군사동맹 체결을 주장한 반면 외무성이 이에 반대하는 의견 대립은 여전하였다. 이런 분위기에서 독·소 불가침 조약이 체결되었던 것이다. 일본은 배신감을 느꼈다. 일본 정부는 3국 동맹 교섭을 중단할 것을 결정한 한편 독·소 불가침 조약은 반공협정에 위배된다고 독일 정부에게 강력히 항의하라고 오시마 대사에게 훈령하였다. 그리고 히라누마 수상은 "구주(歐洲)의 천지(天地)는 복잡괴기(複雜怪奇)하여서 이에 대처(對處)할 수 없다."는 소박한 선언과 동시에 내각의 총사직을 발표하였다.

아베 노부유키(阿部信行) 내각이 등장할 즈음에 유럽에서는 전쟁이 발발하였다. 아베 수상은 "금차(今次) 구주전쟁(歐洲戰爭)의 발발에 즈음하여 제국 정부는 이에 개입하지 않고 오로지 지나사변(支那事變)의 해결에 매진한다."고 발표하여 유럽 전쟁의 불개입을 천명하였다. 이와 같은 불개입 정책은 1940년 1월에 성립된 요나이 미쓰마사(米內光政) 내각에서도 견지되었다.

그러나 유럽의 전황은 독일의 계속된 승전으로 이어졌다. 더욱이 네덜란드와 프랑스가 항복하자 동아시아에서는 힘의 공백상태가 형성되었다. 프랑스령 인도차이나인 현재의 베트남, 라오스, 캄보디아, 그리고 현재의 인도네시아인 네덜란드령 인도차이나가 그런 공백상태로서 일본 육군은 무력으로 이들 남방 자원을 획득하자는 남진론을 주장하였다. 그리하여 온건한 남진론을 견지해 온 요나이 내각의 퇴진을 요구하였고 결국 내각이 물러나게 되었다. 일본 육군은 3국 동맹을 체결하고 남진해야 중국 문제가 해결된다고 주장하였다.

3국 동맹의 체결(1940년 9월 27일)

1940년 7월 제2차 고노에 내각이 성립되었고 외상에는 마쓰오카 요스케가 취임하였다. 고노에 내각은 곧 「세계정세(世界情勢)의 추이(推移)에 따른 시국처리요강(時局處理要綱)」이란 것을 결정하였다. 그 내용을 보면 다음과 같다. 일본은 중국 문제의 해결과 남진을 목적으로 하고 이를 위해 독일과 이탈리아와의 제휴를 강화하며 소련과의 국교를 비약적으로 조정한다. 그리고 미국에 대해서는 공정한 주장과 의연한 태도를 견지하면서 마찰을 회피하도록 한다. 남방 문제에 대해서는 중국 문제를 해결한 후 호기를 잡아 무력을 사용하고 중국 문제를 해결하기 이전이라도 정세에 따라 무력을 사용한다. 무력 행사의 대상은 영국에 국한시키도록 노력한다. 끝으로 이런 외교 목적을 달성하기 위해 강력 정치의 실행, 총동원법의 광범한 발동, 전시 경제 태세의 확립, 전쟁 물자의 축적, 군비의 충실 등을 도모키로 한다.

하여간 독일과 이탈리아와의 제휴를 결정한 일본은 독일에게 3국 동맹 체결을 제의하였다. 독일은 한동안 주저했으나 영국이 독일의 평화제의를 거절하고 미국도 참전할 가능성이 있게 되자 일본과의 교섭에 박차를 가하였다. 그리하여 리벤트롭의 동북아 문제 보좌역 슈타머H. Stahmer가 특사로 8월 하순 도쿄에 파견돼 양국의 동맹교섭은 급진전하게 되었다. 그리하여 베를린에서 체결된 3국 동맹의 내용은 다음과 같다.

(1) 일본은 독일과 이탈리아가 유럽에서 신질서를 건설하는 데 지도적인 지위가 있음을 인정한다.
(2) 독일과 이탈리아는 일본이 대동아(大東亞)에서 신질서를 건설하는 데 지도적인 지위가 있음을 인정한다.
(3) 세 나라 중 한 나라가 현재 유럽 전쟁이나 중일전쟁에 가담하고 있지 않은 국가로부터 공격을 받는 경우 모든 정치, 경제, 군사적인 방법으로 서로 원조한다.
(4) 이 조약의 내용은 세 나라와 소련의 관계에 하등 영향을 미치지 않는다.

이 조약을 교섭하는 과정에서 독일은 일본과 소련의 우호증진을 위한 '정직한 중개인'의 역할을 하겠다고 밝힌 바 있었다. 따라서 동맹조약 체결과 동시에 마쓰오카 외상과 오토E. Otto 독일 대사는 비밀 서한을 교환하였는데 여기에서 독일은 일 · 소의 긴밀한 관계 증진에 협력한다고 약속하였다. 그러나 독일은 이때 이미 소련 침공을 구상하고 있었을 때였다. 그리고 일본은 3국 동맹의 결성으로 미국을 견제할 수 있다고 믿었으나 결과는 정반대로 미국을 자극하게 되었다.

일본 · 소련의 중립조약(1941년 4월 13일)

독일은 소련을 3국 동맹에 가입시켜 4국 동맹을 결성하려는 구상을 갖고 있었고 소련도 3국 동맹 형성으로 불안을 느끼게 되어 독일과 1940년 11월 12~13일 베를린에서 회담이 개최된 것은 전술한 바 있다. 그러나 양국의 교섭은 결국 결렬되었고 12월 18일에는 독일의 소련침공 계획인 바르바로사 작전이 수립되었다.

이와 같은 독일과 소련의 관계 변화에 일본이 민감하지 않을 수 없었다. 이번에는 일본이 베를린과 모스크바의 조정 역할을 자청하였다. 그리하여 1941년 3월 마쓰오카 외상이 유럽 방문길에 올랐다.

먼저 모스크바에서 스탈린, 몰로토프 등과 회견한 마쓰오카는 불가침조약 체결을 제의하였다. 그는 다시 베를린에서 히틀러, 리벤트롭과 회견했는데 그 자리에서 독일은 소련과는 협력할 수 없으며 일본과 소련의 관계 정상화에도 반대한다는 입장을 분명히 하였다. 따라서 일본으로서는 독일과 소련의 무력충돌이 있는 경우 여기에 개입되는 사태를 우려하게 되었다. 소련도 독일과의 전쟁이 발발하는 경우 양면전을 피하기 위해 일본과의 중립조약이 필요하였다. 그리하여 모스크바에서 일 · 소의 중립조약이 체결되었는데 그 내용은 다음과 같다.

(1) 두 나라는 서로 평화, 우호의 관계를 유지하고 각자의 영토보전, 불가침을 존중한다.
(2) 두 나라 중 한 나라가 제3국과 전쟁을 하는 경우 다른 나라는 전쟁 기간 동안 중립을 지킨다.
(3) 유효기간은 5년으로 한다.

3국 동맹의 체결, 소련과의 중립조약 조인을 달성한 마쓰오카에게는 이제 중국문제 해결, 그리고 미국과의 분쟁 해소의 과제가 남게 되었다. 따라서 그는 충칭(重慶)과 워싱턴을 방문하려는 계획을 수립하였다.

대동아공영권

대동아공영권(大東亞共榮圈)이란 낱말은 1940년 8월 마쓰오카 요스케 외상이 최초로 사용한 이래 일본이 패망할 때까지 외교정책의 기본 표어로 사용되었다. 그러나 동아시아에 새로운 질서를 구축해야 한다는 일본의 침략적인 이데올로기는 그 전부터 형성되고 선전돼 왔었다. 그 내용은 시기에 따라 상이한데 대략 다음과 같은 세 단계를 거쳤다.

동아시아에 새로운 질서를 형성해야 된다는 최초의 구상은 1938년 11월 3일, 그리고 12월 22일 두 차례에 걸친 고노에 수상의 선언에 드러나 있다. 그러나 이 선언에서 말하는 동아신질서(東亞新秩序)란 항일전선을 붕괴시키고 일본이 중국을 배타적으로 지배하려는 구상이었다. 다시 말하자면 중국을 지배하려는 이데올로기였다.

그런데 유럽의 전황이 독일에 크게 유리하게 전개되고 1940년 봄에 이르러 프랑스와 네덜란드가 패망의 위기에 놓이게 되자 일본은 이들 국가의 식민지인 인도차이나와 인도네시아에 관해 중대한 정책적인 결정을 하지 않을 수 없었다. 프랑스령 인도차이나를 통한 장제스 원조 루트에 관해 일본은 1937년 이래로 프랑스 정부와 교섭을 계속해 왔으나 해결을 보지 못한 상태였다. 따라서 일본은 후술하는 바와 같이 육군의 강경노선에 따라 인도차이나 진주를 단행하게 되었다.

한편 네덜란드가 독일에 굴복하게 되고 영국과 미국이 네덜란드의 식민지인 인도네시아를 보장 점령하게 된다면 일본으로서는 낭패가 아닐 수 없었다. 인도네시아로부터 석유, 고무, 주석 등의 수입이 절대 필요했기 때문이다. 그리하여 아리타 하치로(有田八郎) 외상은 1940년 4월과 5월 두 차례에 걸쳐 네덜란드령 인도네시아의 영토보전과 현상유지를 도모한다는 성명을 발표하였다. 그러나 이런 평화적인 남방정책에 육군 및 일본 내의 추축파(樞軸派) 등 강경론자들이 반대하자 아리타 외상은 6월 29일 '국제정세(國際情勢)와 제국(帝國)의 입장(立場)'이란 연설에서 동남아시아 지역도 동아신질서의 범위 내에 둔다고 밝혀 경제 블록 형성을 선언하였다. 그리하여 미국과의 대립이 첨예화하게 되었다. 그러나 요나이 내각은 육군의 압력으로 물러났고 제2차 고노에 내각이 성립되자 전술한 바와 같은 「세계정세(世界情勢)의 추이(推移)에 따른 시국처리요강(時局處理要綱)」을 결정해 무력에 의한 남진론이 결정되었다.

끝으로 대동아공영권은 1941년 12월 태평양전쟁이 발발한 이후 아시아 전역은 물론 대양주까지 포함하는 방대한 지역의 일본 지배를 표방하는 이데올로기로서 선전되었다.

일본의 프랑스령 인도차이나 진주

프랑스가 패망하고 비시 정권과 독일이 휴전조약을 체결하자 일본 정부는 인도차이나 총독인 카트루G.A.J. Catroux에게 압력을 가해 장제스 원조 루트를 스스로 폐쇄토록 하였다. 그러나 일본 군부는 여기에 만족하지 않고 차제에 적어도 북부 인도차이나 지방인 통킹Tonkin 지역의 진주를 주장하고 나섰다.

그리하여 도쿄 주재 프랑스 대사 앙리C.A. Henry와 교섭이 진행되고 1940년 8월 30일 마쓰오카·앙리 협정이 체결되었다. 여기에서 일본은 인도차이나에 있어서 프랑스의 영토보전과 주권을 인정한다는 전제로 일본군의 인도차이나 통과 그리고 인도차이나에 있는 비행장을 사용할 수 있는 권리를 획득하였다. 그러나 프랑스군은 소극적인 저항을 계속해 일본 정부는 드디어 9월 19일에 최후통첩을 보냈고 22일에는 양국이 군사협정을 체결해 북부 인도차이나에 일본군이 진주하게 되었다.

이런 일본군의 남진이 미국과 영국을 자극한 것은 물론이었다. 그러나 영국은 유럽 전쟁에 몰두하여 여력이 없었고 미국은 1941년 3월 무기대여법(武器貸與法)을 성립시켜 연합국 측을 적극 지원하는 정책을 굳혔으나 일본의 남진을 실력으로 저지할 형편은 못 되었다. 다만 일본에 대한 경제제재를 강화하고 미국 군함을 태평양으로 이동시키는 한편 일본과의 외교교섭을 시도하는 데 그쳤다.

그리하여 일본 군부는 보다 더 적극적인 남진정책을 주장하게 되었다. 1941년 6월 독·소 개전을 계기로 일본은 독일 편에서 전쟁을 하느냐 아니면 남진을 계속하느냐 하는 중대 결정을 내려야 했다. 7월 2일 어전회의에서 채택된 「정세(情勢)의 추이(推移)에 따른 제국정책요강(帝國政策要綱)」에서 다음과 같은 3대 기본 원칙이 결정되었다. ① 일본은 당분간 소련에 대한 공격에 참가하지 않는다. ② 미국의 참전을 적극 저지하지만 만일 미국이 참전하는 경우 일본은 3국 동맹에 기초하여 행동한다. ③ 일본은 인도차이나 전역의 지배를 확보하고 남방진출을 계속한다.

뒤이어 일본과 비시 정권은 프랑스령 인도차이나 공동방위에 관한 교섭을 시작하고 7월 29일 공동방위 의정서가 채택돼 일본의 모든 요구가 수용되었다. 그리하여 일본군의 남부 인도차이나 진주는 8월 4일에 완료되었다.

미국은 7월 25일 일본군의 남부 인도차이나 진주에 대한 보복으로 미국에 있는 일본 자산 동결령을 발표하였고 영국과 네덜란드도 곧 같은 조치를 취하였다. 일본은 이제 전쟁을 충동질하는 역할을 담당하게 되었다.

독·소 개전과 미·일 교섭

1941년 4월 13일 일·소 중립조약을 체결한 마쓰오카 외상은 4월 22일 도쿄로 돌아와서야 자신도 모르는 사이에 미국과 이른바 제1차 미·일 양해안을 놓고 교섭이 진행된 것을 알게 되었다. 우선 이 점에 관해서 살펴보기로 한다.

1940년 7월에 성립된 제2차 고노에 내각은 미국과의 전쟁을 예방해야 된다는 기본 방침을 결정하고 미국주재 대사에 루스벨트 대통령과 친분이 있는 친미파인 노무라 기치사부로(野村吉三郎) 해군대장을 임명했으며 1941년 2월에 노무라가 부임하였다. 그리고 헐C. Hull 국무장관은 1941년 4월 16일 그동안 민간인 차원에서 작성한 미·일 양해안에 입각해 교섭을 시작하자고 노무라 대사에게 제의하였다. 7개 항으로 된 이 안의 주요 내용은 다음과 같다. ① 양국은 평화와 협력을 증진하고 양국은 서로 독자적인 권리를 보유하며 모든 문제를 평화적으로 해결한다. ② 3국 동맹은 방어적인 동맹이며 이 동맹의 군사적인 의무는 동맹국이 현재 유럽 전쟁에 참여하지 않은 국가로부터 적극적으로 공격을 받는 경우에만 발동한다고 일본 정부는 선언한다. 그리고 미국은 장차 유럽의 공격적인 동맹에 참가하지 않고 자국의 안전과 방위만을 고려한다. ③ 미국은 중국의 독립, 일본군의 중국 철수, 중국 영토의 무병합, 무배상, 문호개방, 장제스(蔣介石) 정부와 왕자오밍(汪兆銘) 정부의 합류, 중국에의 일본의 대량·집단적인 이민의 자제, 만주국(滿洲國)의 승인 등 8개 조건에 입각해 장정권(蔣政權)에게 일본과의 화평을 권고한다. ④ 양국은 상대방을 위협할 병력을 태평양 지역에 배치하지 않는다. ⑤ 양국의 통상 및 금융 관계를 발전시킨다. ⑥ 일본은 평화적으로 남태평양 지역에 진출하고 미국은 일본이 필요로 하는 이 지역의 자원을 획득할 수 있도록 협력한다. ⑦ 태평양 지역에서 영토의 할양, 병합을 승인하지 않고 필리핀의 독립을 서로 보장한다. 그리고 루스벨트와 고노에의 회담을 알래스카Alaska에서 개최한다.

이와 같은 내용에 대해 유럽 순방에서 돌아온 마쓰오카는 적극 반대하고 수정안을 제출했는데 그 수정 내용은 미국과의 교섭을 무효화시키는 것이었다. 이럴 즈음에 6월 22일 독일과 소련의 전쟁이 발발하였다. 마쓰오카는 독일편에 서서 소련과의 전쟁을 수행할 것을 강력히 주장하였다. 그러나 7월 2일의 어전회의에서 위에서 본 「정세(情勢)의 추이(推移)에 따른 제국정책요강(帝國政策要綱)」이 결정돼 마쓰오카 견해가 배척되었다.

고노에 수상은 미·일 교섭에 장애가 된 마쓰오카 외상을 퇴임시키려고 일단 총사직하고 7월 18일 제3차 고노에 내각을 출범시켰다. 외상에는 도요다 데이지로(豊田貞次郎) 해군대장을 임명하였다. 그러나 7월 23일 남부 인도차이나에 일본군 진주가 결정되자 미·일 양국 관계는 긴장되었다. 고노에는 이런 양국 관계를 정상화시키기 위해 루스벨트 대통령과의 직접회담을 제의하였다.

한편 독일은 일본의 대(對)미 교섭에 계속 항의하였고 독일이 승전을 거듭하자 일본 육군은 미·일 교섭의 중지 및 강경 정책의 채택을 주장하였다. 8월 2일 미국은 대(對)일본 석유 수출을 금지시키고 9월 3일에는 고노에 수상 제의에 대해 루스벨트가 회답하였다. 루스벨트는 정상회담 이전에 중요한 문제들, 예를 들면 3국 동맹 조약 의무의 해석 및 실행 문제, 중국 주둔의 일본군 문제, 국제통상 관계 문제 등을 먼저 해결해야 된다는 입장을 취하였다.

제3차 고노에 내각과 미·일 교섭

루스벨트와의 정상회담 제의를 거절당한 일본은 9월 6일 어전회의에서 다음과 같은 요지의 「제국국책수행요강」(帝國國策遂行要綱)을 결정하였다. ① 일본은 대(對)미 · 영전을 불사한다는 각오로 대체로 10월 하순까지 전쟁 준비를 완료한다. ② 일본은 전쟁 준비와 아울러 미 · 영에 외교 수단으로 일본의 요구 관철에 노력한다. ③ 10월 초순까지 이런 외교 수단에 의한 요구가 관철되지 않을 경우 미 · 영에 대한 개전을 결정한다.

이런 방침에 따라 고노에 내각은 6월 21일자 미국 측의 협상안에 대한 일본의 제안을 9월 25일에 제시하였다. 이런 일본 제안에 대해 미국은 장문의 헐C. Hull 각서를 일본에 전달하였다. 헐 각서는 ① 모든 국가의 영토보전 및 주권의 존중, ② 타국의 내정 불간섭, ③ 통상의 기회균등, ④ 비평화적 방법에 의한 태평양 지역에서의 현상변경의 반대 등 4개 원칙에 입각해서만 교섭을 재개한다는 내용이었다. 더욱이 헐 각서에서는 일본군의 중국 주둔이 불법적인 것이라고 일본이 인정할 것을 요구하였다. 이 점에 관해 일본 육군은 대단히 흥분하였고 도조 히데키(東條英機) 육상은 중국 주둔 문제는 결코 양보할 수 없다고 주장하였다. 이때부터 전쟁이냐 교섭이냐를 놓고 수상, 외상 및 육상이 격렬한 논쟁을 벌였고 10월 16일 고노에는 드디어 사표를 제출하였다. 고노에와 도조는 황족인 히가시쿠니 나루히코(東久邇念彦)를 수상으로 천거했으나 황족내각 형성에 반대가 있어서 돌연 도조에게 수상 직책이 돌아갔다.

도조 내각의 등장과 태평양전쟁의 발발

도조 내각의 출범은 곧 미국과의 전쟁을 의미하는 것이었다. 도조 내각은 기왕의 「제국국책수행요강」을 백지화하고 격론 끝에 11월 2일 다음과 같은 대(對)미 교섭 갑안, 을안, 그리고 새로운 「제국국책수행요령」(帝國國策遂行要領)을 결정하였다.

「제국국책수행요령」의 내용은 다음과 같다. (1) 일본은 미 · 영에 대한 전쟁을 결정하고 다음의 조치를 취한다. ① 무력 발동의 시기를 12월 초로 정하고 육 · 해군은 작전 준비를 완료한다. ② 대(對)미 교섭은 후술하는 갑, 을의 요령에 따라 행한다. ③ 독일, 이탈리아와의 제휴를 강화한다. ④ 무력 발동 직전에 태국과 긴밀한 군사관계를 수립한다. (2) 대(對)미 교섭이 12월 1일 오전 영시(零時)까지 성공하면 무력 발동은 중지한다.

「대(對)미 교섭 갑안」에서는 9월 25일자 일본의 제안을 다음과 같이 완화한다고 하였다. ① 통상무차별 문제—전 세계적으로 적용된다는 조건으로 중국을 비롯 전 태평양 지역에 적용한다. ② 3국 동맹 문제—자위권의 해석을 무리하게 확장하지는 않는다. 그러나 3국 동맹 조약의 해석은 일본 스스로 결정한다. ③ 철병 문제—중국의 화베이(華北), 몽골(蒙古) 및 신장(新疆)의 일정 지역 그리고 하이난다오(海南島)의 일본군은 중일평화 수립 이후 필요한 기간 주병(駐兵)한다. 필요 기간은 25년을 목적으로 한다. 그 밖의 지역에 주둔한 일본군은 중일평화 수립 이후 2년 이내에 철병을 완료한다. 그리고 프랑스령 인도차이나에 주둔하고 있는 일본군은 중일 문제의 해결 또는 극동에서 평화가 확립되면 철병한다.

「대(對)미 교섭 을안」의 내용은 다음과 같다. ① 미 · 일 양국은 프랑스령 인도차이나 이외의 동남아시아 및 남태평양 지역에서 무력으로 진출하지 않는다. ② 양국은 네덜란드령 인도차이나의 물자를 획득하는 데 서로 협력한다. ③ 양국은 통상관계를 자산동결 이전의 상태로 복원한다. 미국은 필요한 석유를 일본에 공급한다. ④ 미국은 중일평화의 성립을 방해하지 않는다. 참고사항—이 교섭이 성공하면 프랑스령 남부 인도차이나의 일본군은 북부로 이주(移駐)할 용의가 있음. 또 중일평화 성립 또는 극동평화가 확립되면 북부의 군대도 철병할 것을 약속해도 좋음. 필요에 따라서는 갑안 중의 통상무차별 대우 및 3국 동맹 조약의 해석과 이행의 규정을 추가해도 좋음.

노무라 대사는 11월 7일에는 갑안을, 20일에는 을안을 헐 장관에게 제시하였다. 헐 장관은 을안이 최종안이란 것을 이미 알고 있었고 이런 내용의 제안에 입각한 일본과의 교섭이 성공할 수 없다고 판단하였다. 을안을 접수한 이후 헐 장관은 우호국들과의 협의를 거쳐 11월 26일 노무라 대사에게 3통의 문서를 수교했는데 이것을 '헐 노트'라고 부르며 미국의 최후통첩과도 같은 입장을 나타낸 것이었다. 그 주요 내용은 다음과 같다. ① 미국, 일본, 영국, 네덜란드, 태국, 소련 사이에 불가침 조약을 체결한다. ② 미국, 일본, 영국, 중국, 네덜란드, 태국은 프랑스령 인도차이나의 주권을 존중한다. ③ 중국과 프랑스령 인도차이나의 일본군은 완전히 철수한다. ④ 왕자오밍(汪兆銘) 정권은 부정된다. ⑤ 중국의 치외법권은 철폐한다. ⑥ 호혜적인 미일통상 조약을 체결한다. ⑦ 자산동결은 해제한다. ⑧ 달러 · 엔의 환율을 안정시킨다. ⑨ 3국 동맹 조약을 부정한다.

일본 정부도 이 헐 노트를 미국의 최후통첩이라고 인정하고 12월 1일 어전회의에서 급기야는 미국 · 영국에 대한 개전을 결정하였다. 그리고 2일에는 12월 8일을 기하여 진주만(眞珠灣)을 공격하라는 명령이 내려졌다.

12월 6일 도고 시게노리(東鄕茂德) 외상은 미국 시간으로 7일 오후 1시를 기하여 진주만 폭격을 미국에 직접 전달하라는 전문을 미국 주재 일본 대사관에 발송하였다. 진주만 폭격 30분 이전에 알리려는 속셈이었다. 그러나 노무라 대사가 폭격 사실의 문서를 수교한 것은 미국 시간으로 오후 2시 20분으로서 진주만 폭격 이후의 일이었다.

진주만을 기습 공격한 일본은 한동안 승전을 거듭하였다. 홍콩, 보르네오, 마닐라, 싱가포르, 바타비아Batavia, 랑군을 비롯한 동남아시아는 물론 남태평양의 뉴기니 섬 일대, 북태평양의 알류샨 열도의 요충지도 점령하고 제해 · 제공권을 장악하였다.

그러나 1942년 6월 미드웨이Midway 해전에서 대패한 일본군은 태평양 지역에서 제해 · 제공권을 상실하고 패색이 짙어 갔다. 이즈음 유럽의 전세도 독일에게 불리하게 진행되고 있었다.

1943년에 들어서면서 일본군의 패전은 거의 확실하게 되었다. 2월에는 과달카날Guadalcanal로부터 후퇴하였고 5월에는 아투Attu 섬의 일본군이 전멸당하였다. 이런 상황에서 11월에는 카이로 회담이 개최돼 후술할 카이로 선언이 발표되었고 테헤란 회담에서는 소련의 대(對)일본 참전이 결정되었다.

1944년에 접어들면서 일본군은 패전을 계속하였고 도조 내각은 결국 물러나고 7월에 고이소 구니아키(小磯國昭) 내각이 성립되었다. 외상에는 시게미쓰 마모루(重光葵)가 유임되었다. 시게미쓰는 전년 4월 도조 내각의 개편 때에 외상에 취임하였었다. 고이소 내각의 임무는 일대 반격을 도모해 이를 계기로 연합국과 빨리 전쟁을 종결짓는다는 것이었다. 그러나 일본의 교섭 제의는 성공할 수 없었다. 그리하여 1945년 8월 6일에는 히로시마에, 9일에는 나가사키에 원폭(原爆)이 투하되었고 15일에 일본 천황은 포츠담 선언을 수락한다고 발표하였다. 9월 2일 도쿄 만(東京灣)에 있는 미주리the *Missouri* 항공모함에서 맥아더D. MacArthur 원수와 시게미쓰 외상 사이에 일본의 항복문서가 조인돼 제2차 세계대전은 종료되었다.

7. 연합국의 전시외교

대서양헌장(1941년 8월 12일)

독일의 유럽 신질서, 일본의 대동아공영권의 건설에 대항해 연합국은 국제연합 조직을 선언하고 그것을 전시외교의 기본 목표로 삼았다. 이런 목표의 기원이 바로 대서양헌장Atlantic Charter이었다.

루스벨트 대통령과 처칠 수상이 1941년 8월 9~12일 뉴펀들랜드Newfoundland 외양(外洋)에서 회견했을 때에는 연합국 측에게는 실로 절망적인 시기였다. 서유럽은 독일군에 의해 유린되었고 후술하는 바와 같이 독일의 침공으로 소련은 곧 패망할 것같이 보였다. 런던은 독일 공군의 공습이 계속되었고 북대서양의 수송 선박들은 유보트U-Boat의 공격을 받고 있었다.

이런 시점에 영 · 미 수뇌들이 회동해 나치즘의 종말을 예고하고 새로운 시대의 창설에 합의한 것은 크나큰 희망을 안겨 주었다. 물론 미국은 당시 중립국이었으나 1941년 3월에 무기대여법Lend Lease Act을 제정하고 미국 대통령이 중요하다고 인정하는 국가의 방어를 위해 필요한 군수물자를 판매, 대여 또는 다른 방법으로 제공할 수 있게 하였다. 이 법으로 영국과 소련이 독일에 대한 전쟁을 수행할 수 있게 되었음은 물론이다. 미국은 유럽 대륙에서 전쟁이 발발하자 1939년 9월 5일 중립을 선언하였고 10월 2일에 개최된 범미회의에서는 대서양 연안 300마일 이내 해역에서 전투행위를 금지한다고 선언하였다. 그런데 1940년 6월 프랑스가 붕괴되자 미국은 불안을 느끼고 참전 문제를 심각하게 생각하지 않을 수 없었다. 9월에 미국과 영국은 구축함과 해외 기지를 서로 협상하는 조치까지 취하였다. 즉 영국은 미국으로부터 50척의 구축함을 구입하고 그 대가로 미국은 영국의 여러 기지들을 99년간 조차하기로 하였다. 1940년 11월 대통령 선거에서 루스벨트가 3선으로 다시 대통령이 되자 영국에게 전투행위 이외의 모든 원조를 제공하게 되었다.

하여간 영 · 미 수뇌들이 합의한 대서양 헌장에서 미래의 새로운 세계질서는 다음과 같은 8개 원칙에 입각해야 된다고 천명하였다. ① 영토적인 확장을 포함한 모든 형태의 확장은 추구하지 않는다. ② 주민의 의사에 반대되는 영토변경을 추구하지 않는다. ③ 모든 국민들의 정부형태 선택권은 존중되며 박탈당한 주권을 회복하도록 한다. ④ 현존하는 의무들을 준수하며 모든 국가들이 무역과 천연자원을 획득하는 데 균등한 대우를 받는다. ⑤ 경제 분야에 있어서 모든 국가들은 서로 최대한으로 협력한다. ⑥ 나치가 멸망된 이후 평화스런 세계를 건설한다. ⑦ 공해(公海)자유 원칙을 준수한다. ⑧ 힘의 사용을 폐지한다.

워싱턴 회의(1941년 12월 22일~1942년 1월 14일)

처칠은 루스벨트와의 또 다른 회담을 희망했으나 이루어지지 않고 있다가 일본의 진주만 공격이 있자 미국이 회담 요청을 수락해 양국의 회의가 개최되었다. 양국 수뇌들이 군 · 민 보좌관들을 대동한 회의에 미국주재 소련 대사 리트비노프M.M. Litvinov도 수차에 걸쳐 참석하였다.

회의에서는 영국의 희망 사항인 유럽 전투를 최우선으로 간주키로 하고 다른 지역에서는 근본적인 이익을 보호하는 데 필요한 병력만을 투입키로 합의하였다. 그리고 만일 소련이 1942년 9월 이전에 패망하는 경우에는 북서유럽에 연합군을 상륙시킨다는 이른바 큰 해머Sledgehammer 작전을 수립하였고 카사블랑카 근처에도 상륙한다는 체육인Gymnast 작전을 수립키로 하였다. 그 후 큰 해머작전은 노르망디 상륙의 대군주Overlord

작전으로, 그리고 체육인 작전은 프랑스령 북아프리카 지역에 상륙한다는 횃불Torch 작전으로 변경되었다. 그리고 영 · 미의 군사협력을 담당할 통합 참모부Combined Chiefs of Staff를 창설키로 하였다.

이 회의 도중인 1942년 1월 1일 영 · 미를 비롯한 26개국이 대서양 헌장의 정신에 입각한 국제연합 선언Declaration of the United Nations을 발표해 추축국에 대한 공동항쟁을 약속하고 단독으로 강화하지 않겠다고 천명하였다.

몰로토프의 런던, 워싱턴 방문(1942년 5월)

스탈린은 독일의 침공 이후 계속 제2전선의 결성을 주장하였다. 이 문제에 관해 잠시 살펴보기로 하자. 1941년 6월 22일 독일은 예정대로 소련 침공을 단행하였다. 브라우히치W. von Brauchitsch 장군의 총지휘하에 3개 군으로 편성된 독일군은 처음엔 전격전에 의한 승리를 거듭하였다. 레브W.R. von Leeb 장군이 지휘하는 북부지방의 독일군은 발트 해 국가들로부터 레닌그라드를, 남부지방의 독일군은 룬트슈테트G. von Rundstedt 장군의 지휘로 키예프Kiev와 도네츠Donets 분지를, 그리고 복크F. von Bock 장군은 중앙의 독일군을 지휘해 비알리스토크Byalistock와 민스크Minsk 지방을 공격하였다. 그리하여 10월 20일에는 모스크바 부근 100km까지 진격하였다. 그러나 겨울에 들어서면서 독일군은 큰 곤경에 부딪치게 되었다. 주코프G.K. Zhukov 휘하의 소련군이 모스크바 부근에 주둔한 독일군에 반격을 시작하였다. 독일의 군부는 후퇴를 주장했으나 히틀러는 현 위치를 사수하라고 명령하자 참호전을 전개하는 수밖에 없었다. 그러나 1942년 봄에 독일군은 다시 반격에 나설 수 있었다. 6월에 독일군의 진격은 주로 세 방면으로 전개되었다. 동북방면으로는 돈Don, 보로네주Voronezh로, 동쪽으로는 스탈린그라드로, 그리고 동남쪽으로는 코카서스로 진격하였다. 따라서 소련으로서는 서부전선에서 다시 전투가 전개되는 제2전선을 결성해 독일이 동부전선으로부터 일부의 병력을 철수케 하는 것이 급선무였다. 그리하여 스탈린은 이 문제를 토의하기 위해 외상 몰로토프를 영 · 미에 파견하였다.

몰로토프는 5월 26일 런던에서 영국과 동맹조약을 체결하였다. 20년간 유효하기로 한 이 조약에서 양국은 독일에 공동으로 전쟁을 수행하고 독일과 어떤 교섭도 하지 않기로 약속하였다. 그리고 전후에는 정치 · 경제 면에서 서로 협력키로 약속하였다.

그의 워싱턴 방문은 어떤 결과를 가져오지는 못했으나 미국에게 좋은 인상을 심어주었다. 제2전선에 관해 루스벨트 대통령은 1942년 안으로 형성될 수도 있다고 말하기도 하였다. 그러나 이 문제에 대해서는 마셜G.C. Marshall 장군이나 홉킨스H.L. Hopkins가 반대해 소련의 희망은 무산되었다.

제2차 워싱턴 회의(1942년 6월 25~27일)

이 당시 영국은 북아프리카에서 롬멜E. Rommel 장군이 이끄는 아프리카 군단Afrika Korps으로 인해 고전하고 있었다. 북아프리카 전투를 잠시 보기로 하자. 독일군이 북아프리카에 개입하게 된 것은 마치 그리스 전투의 경우와 같이 패퇴한 이탈리아군을 지원하기 위해서였다. 이탈리아는 1940년 8월 영국령 소말리랜드Somaliland를, 9월에는 이집트를 진격함으로써 북아프리카의 전투가 본격화되었다. 그러나 12월 영군이 반격에 나서자 이탈리아군은 계속 후퇴하였다. 1941년 1월 소말리랜드, 에리트레아Eritrea, 그리고 리비아의 대부분 지역을 상실해 북아프리카 연안에서 영국은 강력한 기반을 갖게 되었다. 그리하여 히틀러는 이탈리아군을 지원하지 않을 수 없게 되었다. 롬멜이 이끄는 아프리카 군단은 1941년 4월 이집트에 도착하였다. 그러나 10~11월 영군의 반격으로 독일은 시레네이카Cyrenaica를 포기하였다. 1942년 5월 롬멜은 일대 반격을 개시하고 알렉산드리아Alexandria에서 100km에 위치한 엘 알라멩El Alamein까지 진격했으나 몽고메리B.L. Montgomery의 영군이 그 진격을 저지하는 데 성공하였다.

이런 상황에서 영국은 영·미군의 프랑스 본토 상륙에 반대하고 먼저 북아프리카에 상륙할 것을 주장하였다. 처칠은 이 문제를 토의하기 위해 다시 워싱턴을 방문하고 루스벨트와 회담하였다.

이 회의에서 루스벨트는 그의 참모들이 반대함에도 불구하고 북아프리카 상륙 작전인 횃불 작전에 합의하였다. 그리고 스탈린이 계속 주장한 제2전선은 연합군의 준비가 완료되는 1943년 또는 그 후로 연기키로 합의해 스탈린을 크게 실망시켰다. 또한 이 회의에서 장제스에 대한 지원도 합의해 극동 문제가 처음으로 거론되었다.

카사블랑카 회의(1943년 1월 14~24일)

1942년 11월 프랑스령 북아프리카 연안에 아이젠하워D.D. Eisenhower가 지휘하는 영·미 연합군이 상륙하는 횃불 작전이 성공하였다. 그리하여 앞으로의 전략을 위한 회의가 개최되었다. 이번에는 스탈린을 초청했으나 그는 스탈린그라드 전투 문제로 본국을 떠날 수 없다고 참석하지 않았다. 제2전선 문제로 실망해 있던 스탈린은 오랜 침묵을 깨고 처칠에게 횃불 작전의 성공을 축하하였다. 처칠은 제2전선 형성 연기를 스탈린에게 설명하기 위해 1942년 9월 해리만A. Harriman 영국주재 미국 대사와 함께 모스크바를 방문한 바 있다.

하여간 영 · 미 수뇌들은 다시 카사블랑카Casablanca 근처에 있는 안파Anfa에 모였다. 그곳에서 시실리Sicily 상륙작전인 에스키모 개Husky 작전이 수립되었다. 그리고 독일, 이탈리아, 일본의 무조건 항복이 있을 때까지 전쟁을 수행한다고 선언해 무조건 항복 unconditional surrender이란 용어를 처음으로 사용하였다. 회의 마지막 날 루스벨트는 기자들에게 다음과 같이 말하였다.

> 이들 3국의 무조건 항복이란 이들 국가의 전쟁능력을 제거하는 것을 뜻한다. 이것은 장차 세계 평화의 합리적인 보장을 뜻하는 것이다. 무조건 항복이란 독일, 이탈리아, 일본의 파괴를 뜻하는 것이 아니라, 정복과 다른 민족을 억압하려는 이들 3국의 철학을 파괴하는 것을 뜻한다.

그리고 카사블랑카 회의에서는 드골 파와 지로H. Giraud 파를 화해시키려고 영 · 미가 노력했으나 실패하였다. 당초 반(反)독일 그룹으로 드골 파와 다를랑J. F. Darlan 파가 있었다. 다를랑 제독은 비시 정권의 외상, 내상, 국방상 등을 역임하고 횃불작전 당시 비시 정권의 북아프리카 총독 겸 군 총사령관이었다. 그는 영 · 미군의 상륙이 있자 독일에 대한 협력을 거부하고 영 · 미에 협조해 영 · 미군과 휴전하였다. 그러나 다를랑 제독은 1942년 12월에 암살당하였고 그 자리를 지로가 승계하였다. 그 후 드골 파와 지로 파의 암투가 계속되었다. 1943년에 지로는 결국 프랑스 민족해방위원회에서 축출돼 드골이 유일한 프랑스 대표가 되었다.

이든A. Eden의 워싱턴 방문(1943년 3월 12~29일)

1943년에 들어서면서 영 · 미와 소련의 관계는 제2전선 문제로 극도로 악화되었다. 1942년 6월 독일군이 3개 방면으로 소련 침공을 재개한 것은 전술한 바 있다. 9월에 파울르스 F. von Paulus가 이끄는 독일 제6군은 스탈린그라드에 진주하였다. 스탈린그라드는 전략상 중요한 지역이었다. 카스피안Caspian 지역의 석유가 볼가Volga 강을 따라 그곳에 집결해 각지로 수송되는 교통 요충지였다. 그리하여 주코프가 이끄는 소련군은 스탈린그라드를 포위하고 스탈린그라드의 독일군과 두 달 동안이나 격전을 계속하였다. 이 전투는 제2차 세계대전에서 가장 치열한 격전이었다. 1943년 2월 3일 독일군은 결국 항복했는데 사망자와 포로가 된 사람들이 무려 30만 명에 달하였다.

독일군과 이처럼 격렬한 전투가 지속되고 있음에도 영 · 미가 제2전선을 형성하지 않는 것은 소련을 약화시키고 결국 파멸케 하려는 서방의 음모라고 스탈린은 흥분하였고 루스벨트는 미국이 소련에게 막대한 원조를 제공해 소련이 전쟁을 계속할 수 있는데도 그런 사실을 망각하고 있다고 비난하였다. 이런 분위기에서 영국과 미국은 세 차례에 걸쳐 주요한 회담을 개최하였다. 이든의 워싱턴 방문, 제3차 워싱턴 회의, 그리고 제1차 퀘벡Quebec 회의가 그것이다.

영국 외상 이든은 워싱턴에서 루스벨트를 비롯해 헐 국무장관, 그리고 홉킨스 등과 회견하고 주로 전후문제에 관해 의견을 교환하고 다음과 같은 중요한 문제에 합의하였다.

(1) 소련이 발트 해 국가들을 병합하는 것을 인정한다. 그리고 1914년 이전 러시아 영토였던 베사라비아의 병합도 인정한다.
(2) 폴란드와 소련의 국경은 커즌Curzon 선으로 한다.
(3) 독일은 분단하도록 한다.

제3차 워싱턴 회의(1943년 5월 11~27일)

시실리 상륙이 성공을 거두자 영 · 미는 다시 전략문제에 관해 논의하였다. 따라서 이번의 회의는 주로 군사문제가 거론되었다. 시실리 점령 이후 이탈리아 본토에 대한 공격을 계속할 것, 그리고 프랑스 본토 상륙작전인 대군주작전은 1944년 5월 1일 수행할 것 등이 합의되었다.

이 회의에서는 아시아 전선 문제가 상당히 많이 토의되었다. 그리하여 인도 전선의 워벨A. Wavell 장군, 중국 전선의 스틸웰J. W. Stilwell 장군이 회의에 참석하였다. 그러나 중국에 대한 지원을 계속한다는 일반론에만 합의하였고 태평양 전선에 일차적인 중요성을 두어야 한다는 스틸웰 장군의 의견은 받아들이지 않았다.

제1차 퀘벡 회의(1943년 8월 17~24일)

무솔리니가 물러나고 바돌리오P. Badoglio 정권이 들어서자 영 · 미는 다시 앞으로의 문제를 토의하게 되었다. 여기에서 이탈리아 문제를 잠시 보기로 한다. 북아프리카 연안을 장악한 연합군은 이제 이탈리아에 상륙할 수 있는 교두보를 확보하였다. 시실리 상륙작전은 예정대로 1943년 7월 10일에 시작돼 22일에는 시실리의 2분의 1에 해당되는 지역을 점령하였다. 전세가 이렇게 되자 7월 24일 파시스트의 대평의회Grand Council가 1939년 12월 이후 처음으로 개최되었다. 이 회의에 참석한 28명 중 19명이 무솔리니를 반대함으로써 그는 결국 사임하게 되었고 바돌리오 원수가 그 뒤를 이었다. 바돌리오 정권은 파시스트 당의 해체를 결정하고 연합국과 휴전을 교섭하기 시작하였다. 무솔리니는 로마 근교에 유폐되었다.

이런 이탈리아의 사정에 따라 개최된 루스벨트와 처칠의 회담에 동양문제도 의제였기 때문에 쑹쯔원(宋子文)도 참여하였다. 이번 회의에서는 대군주작전을 다시 확인하고 이 작전을 보다 더 확실히 하기 위해 남프랑스 지역에 상륙한다는 모루Anvil 작전을 수립하였다. 극동지역과 버마Burma 전선에도 주력한다고 합의하였고 이 지역의 사령관은 영국이 맡기로 하였다. 대군주작전의 책임을 미국에 맡겼기 때문이다. 또한 국제기구 창설에 관한 미 · 영 · 중 · 소 4개국 선언 초안이 세워졌다.

회의가 끝날 무렵 모스크바에서 3국 외상 회의를 개최하는 데 스탈린이 동의했다는 통보를 받았다.

모스크바 3상 회의(1943년 10월 18일~11월 1일)

헐 미국 국무장관, 이든 영국 외상, 몰로토프 소련 외상의 2주일에 걸친 회의는 소련이 주최하는 최초의 연합국 모임이었다. 퀘벡 회담 때에 모스크바에서 3상 회의를 개최할 것을 영국과 미국이 스탈린에게 부탁해 이뤄진 회담이었다.

이번 회의에서는 무조건 항복의 재확인, 국제기구의 창설, 유럽 자문이사회European Advisory Council의 설립, 오스트리아의 독립, 그리고 적당한 시기에 소련의 대(對)일 참전 등 주요한 사항에 합의하였다. 그리고 스탈린은 장소가 테헤란Teheran이면 3국 수뇌 회의 개최에도 찬성한다고 말해 테헤란 회담의 가능성을 확인하였다. 3국 외상의 회의로 그동안 있었던 소련의 불신이 어느 정도 불식될 수 있었다.

제1차 카이로 회담(1943년 11월 22~26일)

테헤란 회담에 참석하러 가던 도중 루스벨트와 처칠은 카이로에서 장제스와 회동하고 중국 문제를 논의하였다. 장제스가 처음으로 연합국 전쟁수행계획에 참여한 회의였다. 이 회의에서는 대(對)일 전쟁 문제 토의에 국한하였다. 3국은 일본의 침략을 응징키 위해 전투를 계속한다는 것, 영국은 독일이 패망한 이후에는 일본에 대한 전쟁을 계속한다는 것,

1894년 이래 일본이 침탈한 지역을 환원한다는 것, 즉 만주, 타이완, 평후(膨湖) 열도를 중국에 환원하고 한국은 적당한 시기에in due course 독립시킨다는 것 등이 합의되었다.

이 회의의 결과로 장제스는 영 · 미의 전적인 지지와 극동에서의 대(對)일 작전에 대한 지원을 받게 되었다.

테헤란 회의(1943년 11월 28일~12월 1일)

미 · 영 · 소 수뇌들의 최초 회의였는데 군사문제 이외에는 결정된 것이 거의 없었다. 그러나 3국 수뇌들이 같이 한자리에 모여 솔직한 의견을 나눈 것 자체가 커다란 역사적인 의의를 갖는 것이었으며 세계를 움직이는 이들의 화기에 찬 회동 모습은 연합국들에게 더없는 희망을 주었다. 11월 30일 처칠의 생일날에는 50회 이상의 건배가 있었으며 스탈린은 루스벨트와 처칠에게 전우라는 호칭을 사용하였다. 그리고 미국의 산업이 아니었다면 전쟁에 이길 수 없었다고 추켜세우기도 하였다. 무기대여법에 의한 미국의 원조를 거의 언급하지 않았던 그의 태도로 보아 이런 발언은 획기적인 분위기 변화를 뜻하는 것이었다.

군사 문제에 있어서 스탈린은 노르망디 상륙작전을 예정대로 수행할 것을 강력히 주장하였고 남프랑스 상륙작전인 모루 작전 수행에 만족하면서 대병력의 상륙을 희망하였다. 발칸 반도에 제2전선을 형성하자는 처칠의 제안에 특히 스탈린이 반대하였고 루스벨트도 스탈린의 견해에 동조하였다. 스탈린은 영 · 미군의 발칸 반도 상륙이 장차 이 지역에 대한 영 · 미의 발언권을 증진시킨다고 우려하였다.

독일의 분할에 관해서는 스탈린도 원칙적으로 찬성하였다. 그러나 어떤 방식으로 분할하느냐 하는 문제는 추후로 미루었다. 스탈린은 폴란드의 서부국경이 오데르Oder 강까지 확장돼야 한다는 견해를 밝힌 바 있었다.

전후 국제기구의 구성 문제도 추후로 미루었다. 루스벨트는 그런 국제기구는 총회, 집행위원회, 그리고 미 · 영 · 소 · 중 4개국으로 구성된 군사조치 집행기구 등 3개 요소로 구성돼야 한다는 입장을 표시하였다.

극동 문제에 관해서는 소련이 전쟁 당사국이 아니라는 이유로 거의 논의되지 않았다. 다만 영 · 미는 이 지역의 군사문제에 관한 정보를 소련이 제공해 줄 것을 희망하였다.

이란Iran 문제에 관해서는 하나의 선언을 특별히 채택했는데 전쟁이 종료되면 현재 이란에 주둔하고 있는 외국 군대는 모두 철수해 이란의 영토 보전을 보장하고 경제 원조를 제공한다고 합의하였다.

전술한 바와 같이 테헤란 회의에서는 군사 문제를 제외하고는 결정된 것이 거의 없었다. 그러나 3국의 동맹이 존재한다는 것을 국제적으로 과시해 연합국 전쟁수행에 정신적인 지주를 마련하였다. 한편 루스벨트와 처칠은 테헤란 회의를 마치고 귀국하는 길에 카이로에서 터키 대통령과 외상을 만나 터키의 참전을 요청하였다. 이것을 제2차 카이로 회의(1943년 12월 4~6일)라고 부른다. 터키의 참전은 처칠이 구상하고 있는 발칸 반도 상륙작전에 매우 중요한 역할을 할 수 있었다. 그러나 터키는 군사적인 준비가 돼 있지 않다는 이유로 참전을 거부하였다.

연합국의 승전과 정치적 갈등

연합국은 1943~1944년에 동·서 전선에서 승전을 계속하였다. 먼저 동부전선을 보자. 스탈린그라드의 항복 이후 독일군은 1943년 7월 다시 공세를 시도했으나 소련군의 반격으로 패퇴하였다. 1943년 가을부터 1944년 봄 사이에 소련군은 키예프, 우크라이나, 크림 반도를 회복하고 독일군을 1941년의 전선으로 후퇴시켰다. 그리고 1944년 8월에는 바르샤바를 눈앞에 두었고 1945년 1월에는 오데르 강까지 진격하였다.

1944년 가을 소련군은 발칸 반도로 진격해 독일의 동맹국이었던 국가들과 차례로 휴전협정을 체결하고 국경선을 확정하였다. 1944년 9월에는 루마니아, 핀란드, 불가리아와, 그리고 10월에는 헝가리와 휴전이 성립되었다. 불가리아의 경우는 좀 특이하였다. 불가리아는 서방과 전쟁상태에 있었으나 이로부터 이탈하려고 대표를 카이로에 파견해 서방과 교섭하려고 하였다. 그러나 소련은 9월 6일 불가리아에 선전(宣戰)하였고 10일에 휴전조약을 체결하였다. 헝가리의 경우를 제외하고는 이들 휴전협정에 의해 소련은 1940년 7월의 국경선을 회복하였다. 베사라비아, 북부 부코비나, 그리고 1940년 3월 핀란드 조약에서 할양키로 한 지역을 되찾았다. 그리고 루마니아는 트란실바니아 지역을 얻게 돼 1940년 8월 독일·이탈리아의 빈 결정을 무효화시켰다.

이들 국가들이 소련의 영향권으로 들어가고 유고슬라비아, 폴란드, 체코슬로바키아도 독일로부터 해방되면서 소련과 긴밀한 관계를 맺었다. 유고슬로비아는 영국과 소련의 의견이 대립되는 지역이었으나 소련군이 1944년 10월 베오그라드에 진주하였다. 소련은 1943년 4월에 폴란드 망명정부의 승인을 취소하고 대신 바르샤바 진군 직전에 폴란드 민족해방위원회를 폴란드 정부로 승인하였다. 체코 대통령 베네슈E. Beneš는 뮌헨 협정 이후로 친(親)소적인 태도를 취하였다. 그는 1943년 말 모스크바를 방문해 동맹조약을 체결하고 뮌헨 협정 이전 상태의 체코 재건에 관해 소련의 약속을 받았냈다. 하여간 소련은 이들 동유럽 지역으로부터 독일 본토를 향해 대진격을 할 수 있었다.

서부전선에서도 연합군은 승전을 계속하였다. 이탈리아에서 바돌리오 정권이 등장한 이후 연합군은 1943년 9월 2일 메시나Messina 해협을 넘어 남 이탈리아에 상륙을 개시하자 바돌리오 정부는 9월 3일 연합군과 휴전을 체결하고 무조건 항복하였다. 독일은 이것을 반역으로 규정하고 로마를 점령하고 무솔리니를 구출하였다. 무솔리니는 공화나치당을 창당하고 이탈리아 사회공화국을 건설한다고 선언하였다. 이때부터 이탈리아에는 사분오열된 상태가 계속되었다. 한편 독일군은 베로나Verona에서 무솔리니에 반대한 대평의회 구성원 19명을 재판하였고 그곳에 있던 5명을 처형하였다. 차노도 그 중의 한 사람이었다. 한편 연합군은 1944년 6월 4일 로마에 입성하였고 8월 12일에는 플로렌스Florence를 장악했으나 이탈리아의 전세는 이때부터 독일이 패망할 때까지 교착상태에 빠지게 되었다.

그러나 프랑스 전선은 사정이 달라서 연합군은 진격을 계속하였다. 연합군이 로마에 입성한 지 이틀 후에는 노르망디 상륙작전이 개시되었고 8월 15일에는 프로방스Provence 상륙이 뒤따랐다. 그리고 25일에는 드디어 연합군이 파리에 입성하였다. 9월 초에는 벨기에가 해방되었다.

프랑스가 신속하게 독일군으로부터 해방되면서 예기치 못한 정치적인 문제가 대두되었다. 영국과 미국은 드골이 이끄는 알제 프랑스 임시정부를 승인하지 않았다. 특히 루스벨트는 권위주의적인 드골의 자세를 혐오하였다. 미국과 영국은 프랑스가 다시 해방되면 연합국의 군사정부 같은 것을 구성할 계획을 갖고 있었다. 그들이 알제의 임시정부를 사실상의 정부로서 승인하지 않은 명분은 이 망명정부가 프랑스 국민의 지지를 얼마나 받고 있는지 알 수 없다는 것이었다.

드골은 연합군이 파리에 입성한 다음날인 8월 26일 국민의 절대적인 열광 속에 파리로 돌아왔다. 그리고 알제로부터 귀국한 인사들과 레지스탕스의 주요 인물들로 구성된 정부 수립을 발표하였고 국민의회 선거를 공표하였다. 레지스탕스 국민 이사회의 의장이었던 비도G. Bidault가 신정부의 외상이 되었다. 미국과 영국이 드골의 국민적인 지지를 과소평가했던 것이 판명되었다. 10월 말에 이르러 미 · 영 · 소를 비롯한 많은 국가들이 이 새로운 정부를 승인하기에 이르렀으며 11월에는 프랑스도 유럽 자문위원회의 일원이 되었다.

법적인 정부로 승인을 받은 드골과 비도는 영 · 미와 소련의 중재자적인 역할을 담당하려고 하였다. 영 · 미와 소련의 의견 충돌을 조정하기 위해 프랑스가 동 · 서와 두 개의 동맹을 체결한다는 구상이었다. 드골과 비도는 1944년 12월 2~9일 모스크바에 머물면서 이 문제를 토의한 결과 소련과 20년의 동맹조약을 체결하였다. 그 내용을 보면 다음과 같다. ① 최종적인 승리가 있을 때까지 전쟁을 수행한다. ② 독일의 새로운 모든 위험을 제거하기 위하여 양국은 모든 필요한 조치를 취한다. ③ 독일의 침략이 다시 있는 경우 양국은 서로 모든 지원과 원조를 제공한다. ④ 서로 적대하는 어떠한 동맹에도 가입하지 않으며 또 서로 모든 경제협력을 도모한다.

이와 같은 프랑스 · 소련의 동맹이 영국과 미국을 자극시킨 것은 말할 필요도 없다. 그러나 소련이 국제무대에서 프랑스의 입장을 지지할 수 없게 되자 이 동맹은 큰 국제정치적인 의미를 가질 수 없게 되었다.

연합국의 갈등은 프랑스 문제만으로 야기된 것은 아니었다. 1944년 후반기에 이르러 영국과 미국의 정책적인 대립이 나타나기 시작하였다. 특히 헐의 후임으로 국무장관이 된 스테티니어스E. Stettinius는 영국의 정책을 비판하고 나섰다. 이런 대립은 특히 벨기에, 그리스, 이탈리아와 같이 새로 정권이 수립될 국가의 정부형태와 관련해 첨예하게 나타났다.

이런 문제 이외에도 폴란드 문제, 그리고 소련의 일본에 대한 태도에 관해 열강의 토의가 필요하게 되었다. 스탈린은 전쟁수행의 이유를 들어 소련을 떠날 수 없다고 해 회담 장소는 크림 반도의 얄타Yalta로 결정되었다.

얄타 회담(1945년 2월 4~12일)

미 · 영 · 소 3국 수뇌, 외상, 그리고 군사 참모들이 참여한 이 회의는 전시회의 중 가장 중요한 모임의 하나였으며 얄타 회담의 결정에 관해서는 여러 가지 비판과 해석이 있다. 스탈린은 당시 동유럽을 석권하고 있어서 매우 유리한 입장에서 회담에 임한 반면에 미국과 영국은 아직 어려운 전쟁을 하고 있었고 특히 미국은 극동에서 일본군과 고전하고 있는 불리한 입장이었다. 따라서 루스벨트는 극동전투에 소련의 참전이 절대 필요하다고 판단하고 이것을 관철시키는 데 주력하였다. 주요한 결정 사항을 보면 다음과 같다.

(1) 국제연합: 1944년 10월의 덤버튼 옥스Dumbarton Oaks 회의에서 채택된 제안에 따라 1945년 4월 25일 샌프란시스코에서 국제연합 헌장을 채택하기 위한 회의를 개최하기로 하였다. 그리고 특히 영국과 소련이 이견을 보였던 안전보장 이사회의 실질 문제에 관한 투표 절차가 해결되었다. 상임 이사국으로서 분쟁 당사국은 안전보장 이사회에 참석하지 않는다는 영국의 제안을 수용하는 반면 거부권은 그대로 행사할 수 있다는 소련 제안을 포함하는 미국의 수정안을 채택하였다. 절차 문제에 관해서는 이사국 7개국의 찬성으로 표결키로 하였다.

(2) 독일 문제: 독일을 미 · 영 · 소 · 불, 4개국이 점령한다는 원칙에 합의하였다. 스탈린은 프랑스가 점령국이 된다는 것에 당초 반대하였고 루스벨트도 찬성하지 않았다. 그러나 유럽의 재건에는 강력한 프랑스의 존재가 필요하다는 홉킨스의 건의로 루스벨트는 결

국 찬성하였다. 스탈린도 프랑스가 점령할 지역은 영 · 미가 점령할 지역 중에서 선정한다는 영 · 미의 양보로 프랑스의 참여에 동의하였다. 그리고 배상 문제에 관해서는 독일이 배상해야 된다는 원칙에만 합의하고 구체적인 문제는 장차 구성될 연합국 위원회에서 다루기로 하였다.

(3) 폴란드 문제: 이 문제는 가장 논란의 대상이 된 주제였다. 소련이 당초 인정했던 런던의 폴란드 망명정부의 승인을 돌연 취소하고 루블린Lublin에 있는 친(親)소적인 임시정부를 지지하고 나섬으로써 문제가 복잡하게 되었다. 루블린의 단체와 런던의 임시정부와의 관계를 어떻게 설정해야 하느냐 하는 문제가 대두되었다. 결국 폴란드의 정부형태 선택은 일반 · 비밀 · 자유선거로 결정한다는 일반원칙만이 합의되었다. 그러나 스탈린은 안보상의 이유를 들어서 장차 폴란드에는 소련에 우호적인 정권이 등장해야 된다는 점을 강조하였다. 영 · 미는 폴란드 정부 수립을 위해 설치될 미 · 영 · 소 3국의 위원회에 희망을 갖고 또 자유선거에 기대를 가졌다. 그리고 '해방된 유럽의 선언'에서도 자유선거로 정부형태가 결정된다는 원칙이 합의돼 더욱 고무되었다. 그러나 그 후의 현실은 이런 영 · 미의 기대와는 정반대였다.

다음으로 폴란드의 국경선이 논쟁의 대상이 되었다. 소련 · 폴란드의 국경은 소련의 주장대로 커즌Curzon 선으로 획정키로 결정되었다. 그러나 독일 · 폴란드의 국경은 아무런 합의도 보지 못하였다. 소련은 그 후 폴란드를 점령하고 일방적으로 나이제Neisser 강을 국경선으로 획정하였다. 구소련학자들은 예전부터 폴란드 영토였던 지역을 다시 폴란드에 돌려준 것뿐이라고 옹호하였다.

(4) 소련의 대(對)일 전쟁 참여: 루스벨트의 가장 주요한 목표가 일본과의 전쟁에 소련을 참여시키는 일이었다. 스탈린은 "나는 일본이 우리나라로부터 빼앗아간 것을 단지 되찾기만을 원할 뿐"이라고 공언했으나 될수록 많은 대가를 얻어 내려고 하였다. 소련은 독일이 패망한 후 2~3개월 이내에 대(對)일전에 참가한다고 약속하였다. 그러나 그 대가에 관한 3국 수뇌들의 비밀합의는 당시에는 알려지지 않았다.

이 비밀합의는 1947년 3월 미 국무성이 발표해 세상에 알려진 것인데 소련 참전의 대가는 다음과 같다. ① 외몽골의 현상유지, 즉 몽골인민공화국을 계속 존속시킨다. ② 1904년 일본에 양여한 권리의 복구, 다시 말하자면 남부 사할린과 그 인접도서(島嶼)를 다시 찾고 다롄을 국제화하고 이 지역에서 소련의 우월한 이익을 보호한다. 뤼순 항은 소련에 조차하고 동청철도와 남만철도는 장차 설립될 소련 · 중국 합작회사가 관리한다. ③ 쿠릴 열도를 소련에 할양한다. 이 쿠릴 열도에 현재 일 · 소의 분쟁이 되고 있는 소위 북방 4소도서(小島嶼)도 포함되느냐 하는 것이 양국의 현안이었다.

하여간 이 얄타 회담의 결정에 여러 가지 비판이 있다. 소련에게 너무 많은 것을 양보해 전후의 국제정치 질서가 불안정하게 됐다는 것이 비난의 초점이다. 그리고 이런 양보를 제공한 루스벨트의 정치적인 판단에 대해서도 여러 가지 의문이 제기되고 있다. 그런가 하면 구소련에서는 자본주의 열강들이 세계분할을 시도하려는 것을 저지한 것은 바로 소련이었으며 독일의 분단도 서방측의 요구에 단순히 동의한 것이었으나 전쟁 말기에는 도리어 분단에 반대 입장을 취했다고 변명하고 있다.

유럽 전쟁의 종식(1945년 5월 7일, 8일)

1945년 3월 중순 미군은 라인 강에 도달하고 하순부터 도강(渡江)을 시작하였다. 한편 소련군의 진격도 빨라서 4월 중순 빈에 입성하고 엘베 강으로 진격해 미 · 소 양군은 드디어 4월 26일 엘베 강의 토르가우Torgau 부근에서 만나게 되었다.

5월 1일에는 히틀러의 사망이 발표되었고 되니츠K. Doenitz 제독이 그 후임이 됐으나 독일의 항복은 시간 문제였다. 5월 7일 요들A. Jodl 장군이 아이젠하워 사령부에서 무조건 항복 문서에 서명하였고 다음날에는 같은 절차가 주코프 사령부에서 있었다. 유럽 전쟁이 종식되는 역사적인 날이었다.

홉킨스H. Hopkins의 모스크바 방문(1945년 5월 26일~6월 7일)

"세계평화의 길을 향하여 훌륭한 출발을 시작하였다는 확고한 신념을 갖고 나는 크림 회담에서 돌아왔다." 루스벨트는 의회에서 그렇게 연설하였다. 그러나 그의 믿음과 기대는 곧 헛된 것이 되었다.

소련은 독일에 대한 전쟁이 승리를 거듭하자 동유럽을 그의 영향권하에 두려는 조치를 취하기 시작하였다. 1945년 2월 소련 외무차관 비신스키A.Ya. Vyshinsky가 루마니아를 방문해 공산주의자 그로자P. Groza가 내각을 구성토록 강조하였다. 미국과 영국은 이런 소련의 행동이 '해방된 유럽에 관한 선언'에 위배된다고 항의했으나 허사였다.

폴란드에 대해서도 소련은 같은 행동을 취하였다. 얄타 회담에서 합의된 루블린 그룹과 런던의 망명정부 그룹의 연합정부 구성에도 반대하고 망명정부에 소속된 사람들의 소련 방문조차 거부하였다. 루스벨트와 처칠은 강력히 항의했으나 소련은 루블린 그룹과 20년의 동맹조약을 체결하였다.

스탈린이 영 · 미에 항의하는 경우도 있었다. 이탈리아에 주둔한 연합군과 독일군이 휴전을 교섭하자 소련은 이것을 영 · 미의 단독강화라고 맹렬히 비난하였다. 이탈리아의 독일군이 대(對)소전에 동원되는 것을 우려했기 때문이다.

4월 12일 루스벨트가 사망하고 부통령인 트루먼이 대통령직을 승계하였는데 그는 위의 문제를 토의하기 위해 대통령 특별보좌관 홉킨스를 모스크바에 파견하였다. 홉킨스는 주로 폴란드, 독일, 극동 문제만 토의한다는 방침 아래 스탈린과의 회의에 임하였다. 스탈린은 우선 소련의 불만을 토로하였다. 대(對)독일 전쟁 참여를 거부했던 아르헨티나의 샌프란시스코 회의 참석 문제, 프랑스의 독일배상위원회에의 참여 문제, 무기대여법의 돌연한 종식, 그리고 폴란드 내에 반(反)소적인 요소 구축 등이 불만의 대상이었다.

아르헨티나 문제는 과거의 문제로서 다시 거론치 않겠다고 스탈린이 양보하였다. 그러나 스탈린은 영국이 폴란드에 반(反)소적인 정권을 수립하려 한다고 비난하면서 이 문제는 6월 15일 이후 베를린 지역에서 개최될 3국 회의에서 다루자고 제의해 그렇게 결정되었다.

소련은 8월 8일 대(對)일전에 참전하겠다고 약속하였다. 그러나 그 전제조건에 관한 얄타 협정의 이행을 촉구하였다. 그는 늦어도 7월 1일 이전에 중국 외상 쑹쯔원을 모스크바에서 회동하기 바란다고 말하였다. 그리고 한국을 미 · 영 · 소 · 중 4개국에 의해 신탁통치하기로 합의한 것도 이 회의였다. 소련은 일본 본토 점령에 참여할 것을 희망하고 특정한 점령지역의 관할을 요구하였다.

따라서 이런 문제들의 최종적인 결정을 위한 3국 수뇌 회담이 다시 필요하게 되었다.

포츠담Potsdam 회의(1945년 7월 17일~8월 2일)

3국 수뇌가 회동한 마지막 회담이었다. 폴란드 문제 이외의 동유럽이나 극동 문제는 거의 거론되지 않았고 주로 독일과 독일의 위성국가들에 관한 문제들이 토의되었다.

(1) 독일 문제: 독일은 미 · 영 · 불 · 소 4국이 점령하는 지역으로 분할되나 경제적으로는 하나의 공동체로 남는다는 원칙에 합의하였다. 그리고 가까운 장래에 독일에는 중앙정부를 수립치 않기로 하였다. 독일의 완전한 군비해제와 비무장화, 나치당의 해산과 나치당원의 근절, 전범의 재판, 그리고 독일 교육의 감독 등이 결정되었다.

독일 배상에 관해서는 소련에게 많은 비율이 돌아가도록 하였다. 제1차 세계대전의 경우와는 달리 얄타 회담에서는 현물로 배상한다는 원칙을 채택한 바 있다. 소련은 소련의 점령지역에 있는 생산물과 공업시설을 배상으로 획득할 뿐 아니라 영 · 미 점령지역에 있는 공장, 기계의 4분의 1에 해당되는 물자를 배상으로 제공받기로 하였다.

(2) 폴란드 영토 문제: 쾨니히스베르크Königsberg 항을 포함한 동 프로이센의 북부지역은 잠정적으로 소련에 이양되고, 단치히 시를 포함한 나머지 동 프로이센 지역은 장차 평화회의에서 최종적인 결정이 있을 때까지 폴란드에 이양하기로 하였다. 따라서 독일 · 폴란드의 국경은 오데르-나이제 선으로 합의하였다. 그리하여 독일은 1937년에 보유했던 영토의 4분의 1을 상실하게 되었고 이들 지역에 거주하는 독일인은 독일 본토로 이주하게 하였다.

(3) 외상 이사회Council of Foreign Ministers의 설치: 5개국 외상으로 구성되는 이사회를 설치해 독일의 동맹국이었던 핀란드, 루마니아, 이탈리아, 불가리아, 헝가리와의 평화조약 체결 문제를 담당토록 하였다. 이 이사회의 설치로 유럽 자문위원회는 폐지되었다.

소련은 해협의 관할을 주장했으나 받아들여지지 않았고 다만 몬트뢰Montreux 회의를 다시 소집한다는 원칙만을 확인하였다.

회의 도중인 7월 25일 처칠과 이든은 국내 선거로 인해 귀국하게 되어 회의가 잠시 중단되었다. 선거결과 노동당이 승리하여 애틀리C.R. Attlee 수상, 베빈E.L. Bevin 외상이 새로운 영국 대표로 참여하였다.

얄타 회담의 결정과 마찬가지로 포츠담 결정에 관해서도 여러 가지 비판과 해석이 있다. 일부 서방학자들은 포츠담 결정도 얄타 결정과 같이 관계 정부의 수뇌들만을 구속한 전시의 잠정 합의에 불과하다고 보는가 하면 구소련학자들은 그것을 국제법상의 조약이라고 간주하였다. 그리고 독일, 폴란드 문제 처리에 관해서도 동 · 서 간에 책임을 서로 전가하는 입장을 취하고 있음은 얄타 결정의 경우와 같다.

주요문헌

(가) 사료

1. 영국

Butler, Rohan, & E.L. Woodward, *Documents on British Foreign Policy, 1919~1939*. 1947년 이후 3개 시리즈로 나누어 발간하였음.

2. 미국

미국의 기본 외교문서 *The Foreign Relations of the United States*에 관해서는 「부록」을 볼 것. 본장에 관련된 문서로서 중요한 것은 다음과 같다.

FRUS, Japan, 1931~1941, 2 vols.

FRUS, The Soviet Union, 1933~1939, 1952.

FRUS, China, 1942, 1956.

FRUS, China, 1943, 1962.

FRUS, The Conferences at Malta and Yalta, 1945, 1955.

FRUS, The Conference of Berlin(Potsdam), 1945, 2 vols., 1960.

FRUS, The Conferences at Cairo and Teheran, 1943, 1961.

이 밖에 다음 문서집도 중요한 자료이다.

Peace and War: United States Foreign Policy, 1931~1941, 1942.

Postwar Foreign Policy Preparation, 1939~1945, 1950.

A Decade of American Foreign Policy: Basic Documents, 1941~1949, 1950.

United States and Italy, 1936~1946, 1946.

The Axis in Defeat: A Collection of Documents on American Policy toward Germany and Japan, 1946.

Hearings before the Joint Committee on the Investigation of the Pearl Harbor Attack, 40 vols., 1946~1947.

3. 프랑스

Documents Diplomatiques Français 1932~1939. 기본 외교문서집이 1961년에 이르러서야 발간되기 시작한 까닭은 1940년 5월 프랑스 문서의 상당한 분량이 소실돼 전후에 프랑스 외무성이 주요 해외공관 자료에 입각하여 소실된 문서를 재구성하였기 때문이다. Pierre Renouvin, Jean Baptiste Duroselle, Maurice Baumont과 같은 저명한 학자들이 책임 편집한 이 외교문서집은 1er Série(1932~1935)와 2éme Série(1936~1939)로 구성되어 있는데 1986년에 총 33冊으로 완간되었다.

La Délégation Française auprès de la Commission Allemande d'Armistice: Recueil de Documents Publiés par le Gouvernement Français, 5 vols. Paris, 1947~1959. 이것은 1940년 6월~1941년 12월간 독일관계의 자료집이다.

4. 독일

독일 외교문서 발간은 복잡한 형식을 취하고 있다. 전후 연합국들은 독일과 일본의 외교문서들을 런던, 워싱턴, 모스크바로 이관하여 마이크로필름으로 복사한 후 다시 반환하였다. 영국과 미국은 독일에서 압류한 문서들을 옥스퍼드 근처에 보관하면서 프랑스와 함께 관련 전문가들이 책임 편집하여 공동으로 다음과 같이 A~E, 5개 시리즈로 문서집을 발간키로 하였다.

Akten zur deutschen auswärtigen Politik. 독일 정부가 A(1919~1924), B(1925~1932), E(1942~1945)를 발간하고 있다. A, B시리즈는 본장과 직접 관련이 없는 것이어서 이에 관하여는 「부록」을 볼 것.

영국, 미국, 프랑스가 발간하는 C(1933~1937), D(1937~1941) 시리즈는 히틀러 집권 이후의 문서로서 본장에 직접 관계되는 문서들이다. C, D시리즈는 아래와 같은 4개의 판본이 있다.

Documents on German Foreign Policy, 1918~1945, from the Archives of the German Foreign Ministry, 1949년 이후 워싱턴과 런던에서 발간되는 2종.

Les Archives Secrètes de la Wilhelmstrass, 파리에서 1950년 이후에 발간되는 1종.

Akten zur deutschen auswärtigen Politik, 1918~1945, 바덴-바덴Baden-Baden에서 1950년 이래 간행되는 1종.

C시리즈는 6책으로, D시리즈는 14책(제14책은 색인임)으로 완간되었다.

이보다 앞서 미국 정부는 전후 냉전의 형성과 아울러 소련의 독일 정책을 비판할 목적으로 *Naxi-Soviet Relations, 1939~1941 Documents from the Archives of the German Foreign Ministry* (Washington, D.C., 1948)를 출간한 바 있다.

5. 구소련

일부 독일 문서를 압류해 이들을 구소련 외무성이 다음과 같이 발간하였다.

Dokumenty i materialy kanune vtoroi mirovoi voiny, 1937~1939 (제2차 세계대전 이전의 문서와 자료, 1937~1938), 2 vols., 1948, 1981(이 자료는 영어, 프랑스어로도 발간되었음).

La Politique Allemande (1936~1943): Documents Secrets du Ministère des Affaires Etrangères d'Allemagne, 3 vols., Paris, 1946~1947(소련어의 프랑스 번역본임). 이 자료는 터키, 헝가리, 스페인 3국에 대한 독일 문서들임.

그런데 구소련 외무성은 다음과 같은 제2차 세계대전 관계의 문서들을 발표하여 이 방면 연구에 반드시 참고해야 된다.

Sovetsko-Amerikanskie otnosheniya vo vremya velikoi otechestvennoi voiny, 1941~1945(대조국전쟁시기에 있어서 소련-미국관계, 1941~1945), 2책, 1984.

Sovetsko-Angliskie otnosheniya vo vremya velikoi otechestvennoi voiny, 1941~1945(대조국전쟁시기에 있어서 소련-영국관계, 1941~1945), 2책, 1983.

Sovetsko-Frantsuzskie otnosheniya vo vremya velikoi otechestvennoi voiny, 1941~1945(대조국전쟁시기에 있어서 소련-프랑스 관계, 1941~1945), 2책, 1983.

Perepiska predsedatelya Soveta Ministrov SSSR s Presidentami SShA i Premer-Ministrami Velikobritanii vo vremya velikoi otechestvennoi voiny, 1941~1945 gg.(1941~1945년, 대조국전쟁시기에 있어서 소련각료회의 의장과 미국 대통령, 영국 수상간의 서한집), 2책, 1976, 1986.

이 서한집은 다음과 같은 영역본이 있다.

Stalin's Correspondence with Churchill and Attlee, 1941~1945, N.Y., 1965.

Stalin's Correspondence with Roosevelt and Truman, 1941~1945, N.Y. 1965. 이 서한집의 일부가 *The Secret History of World War II*(London, 1987)로 영역되어 있다.

이와 더불어 구소련 외무성은 다음과 같은 일련의 전시 연합국 회의 자료들도 발간하였다.

Moskovskaya Konferentsiya Ministrov Inostrannykh Del SSSR, SShA i Velikobritanii(소련, 미국 및 영국 외상들의 모스크바 회의), 1984.

Tegeranskaya Konferentsiya rukovoditelei trekh soyuznykh derzhav–SSSR, SShA i Velikobritanii (소련, 미국, 영국 3연합국 수뇌들의 테헤란 회의), 1984.

Koferentsia predstavitelei SSSR, SShA i Velikobriatnii v Dumbarton-Okse(덤버튼 옥스에서의 소련, 미국, 영국 대표들의 회의), 1984.

Krymskaya Konferentsiya rukovoditelei trekh soyuznykh derzhav–SSSR, SShA i Velikobritanii(소련, 미국, 영국 3연합국 수뇌들의 크림 회담), 1984.

Konferentsiya Obedinennykh Natsii v San-Frantsicko(샌프란시스코 연합국 회의), 1984.

Berlinskaya(Potsdamskaya) Konferentsiya rukovoditelei trekh soyuznykh derzhav–SSSR,

SShA i Velikobritanii(소련, 미국, 영국 3연합국 수뇌들의 베를린(포츠담) 회의), 1984.

그리고 뮌헨 협정의 반(反)소적인 성격을 폭로하기 위하여 구소련 외무성과 체코 외무성이 공동으로 편집한 *Dokumenty po istorii Myunkhenskovo cgovora, 1937~1939* (뮌헨 협정 역사에 관한 문서들, 1937~1939)(Moskva, 1979)도 흥미 있는 자료집이다.

리투아니아 독립 요구 등 발트 3국의 문제와 관련해 구소련 외무성은 *SSSR i Pribaltika, 1939~1940gg. Dokumenty i materialy*(소련과 발트 연안 제국, 1939~1940년. 문서와 자료)(Moskva, 1990)를 발간하였다.

중요한 소련 외교문서들을 영역한 것으로는 Jane Degras의 문서집(*Soviet Documents on Foreign Policy*, 3 vols., London, 1951~1953)이 필수적인 참고자료이다. 또 Jane Degras의 *Calendar of Soviet Documents on Foreign Policy, 1917~1941*(N.Y., 1948)은 이 기간의 소련 외교사 연구에 있어서 없어서는 안 될 지침서이다.

7. 이탈리아

이탈리아 외무성은 역사학자들로부터 정기적으로 외교문서를 발간하고 있지 못하다는 비난을 받고 있다. 1946년에 1861~1943년에 이르는 외교문서발간을 결정한 이래 매우 간헐적으로 문서를 출간하고 있다.

이탈리아 외교문서인 *I Documenti Diplomatici Italiani*는 9개 시리즈로 발간되고 있는데 본장에 관련된 시리즈는 제7시리즈(1922~1935)와 제8시리즈(1935~1939)이다.

8. 일본

제2차 세계대전 후 미 당국이 일본의 문서를 미국으로 잠시 이관하여 마이크로필름으로 복사하고 다시 일본에 반환한 바 있다. 이 마이크로필름 전량이 서울 국회도서관에도 비치되어 있음을 지적하여 둔다. 필름의 목록은 『일본외무성 및 육해군문서』(서울, 1968)를 참조할 것.

한 가지 유념할 것은 일본의 모든 문서들을 미국 당국이 복사한 것이 아니란 점이며 이들 미간문서들은 현재 일본외무성 외교사료관에 보관되어 있다. 미국 당국이 마이크로필름에서 누락시킨 문서 중 한국관계는 필자가 그 목록을 밝힌 바 있고(「在日本韓末外交史關係未刊文書目錄」, 『韓國國際政治學會論叢』, 제11집, 1972) 이들 미간문서 중 한말외교사에 관계된 주요 자료를 50책으로 발간하였다(『韓日外交極秘未刊史料叢書』, 亞細亞文化社, 1995~1996).

이 밖에 중요한 자료로서 『現代史資料』 45冊 중 1~3, 24(조르게 사건), 7, 11(滿洲事變), 8~10, 12~13(日中戰爭), 34~36, 38~39(太平洋戰爭), 37(大本營)을 지적하여 둔다. 그리고 간편한 자료집으로는 일본 외무성이 편찬한 『日本外交文書竝年表』(2책, 東京, 1965~1966)이 편리하다.

위와 같은 국가문서 이외에 전후 戰犯裁判記錄인 *Trial of the Major War Criminals before the International Military Tribunal*(42 vols., Nuremberg, 1947~1949), 『極東國際軍事裁判速記錄』(10

권, 東京, 1968) 등이 중요한 자료임은 물론이다.

9. 개인문서

다음으로 본 장에 관련된 정치인, 외교관들의 저작물, 서한집, 회고록 중 중요한 것을 열거한다.

(1) 영국

Churchill, Winston, *The Second World War*, 6 vols., London, 1948~1953.

Eden, Anthony, *The Memoirs of Anthony Eden*, Tome 1, *Facing the Dictators, 1923~1938*, London, 1962.

Halifax, Edward W., *Confidential Dispatches: Analyses of America by the British Ambassador, 1939~1945*, ed. by Thomas E. Hachey, Evanston, 1973.

———, *Fullness of Days*, London, 1957.

Henderson, Neville M., *Failure of a Mission*, London, 1940.

———, *Water under the Bridges*, London, 1945.

Hoare, Samuel J.G., *Ambassador on Special Mission*, London, 1946.

———, *Nine Troubled Years*, London, 1954.

Simon, John A., *Retrospect*, London, 1952.

Vansittart, Robert G., *Lessons of My Life*, London, 1943.

———, *Bones of Contention*, London, 1945.

———, *Events and Shadows*, London, 1947.

———, *Even Now*, London, 1949.

———, "The Decline of Diplomacy," *Foreign Affairs*, Jan. 1950.

———, *The Mist Mission*, London, 1958.

(2) 미국

Eisenhower, Dwight D., *Crusade in Europe*, N.Y., 1948.

———, *The Papers of Dwight D. Eisenhower: The War Years*, ed. by Alfred D. Chandler, Jr. et al., 5 vols., Baltimore, 1970.

Grew, Joseph C., *Turbulent Era: A Diplomatic Record of Forty Years, 1904~1945*, 2 vols., Boston, 1952.

Harriman, Averell, *Special Envoy to Churchill and Stalin*, N.Y., 1975. Elie Abel과 공동집필.

Hopkins, Harry L., "The Inside Story of My Meeting with Stalin," *American Magazine*, Dec. 1941.

———, *Roosevelt and Hopkins: An Intimate History*(Robert E. Sherwood), N.Y., 1950.

Hull, Cordell, *The Memoirs of Cordell Hull*, 2 vols., N.Y., 1948.

Kennan, George F., *Memoirs, 1925~1950*, Boston, 1967.

———, *From Prague to München: Diplomatic Papers, 1938~1940*, Princeton, 1968.

Roosevelt, Franklin D., *For the President, Personal and Secret: Correspondence between Franklin D. Roosevelt and William C. Bullitt*, Boston, 1972.

———, *Franklin D. Roosevelt and Foreign Affairs*, First Series: 3 vols., ed. by Edgar B. Nixon, Cambridge, Mass., 1969, Second Series: 12 vols., ed. by Donald B. Schewe, N.Y., 1979.

———, *Churchill and Roosevelt: The Complete Correspondence*, 3 vols., ed. by Warren F. Kimball, Princeton, 1984. 가장 완벽한 서한집임.

———, *Roosevelt and Churchill: Their Wartime Correspondence*, ed. by Francis L. Lowenheim, Harold D. Langley, & Manfred Jonas, London, 1975.

Stettinius, Edward R., *Lend-Lease: Weapon for Victory*, N.Y., 1944.

———, *Roosevelt and the Russians: The Yalta Conference*, ed. by Walter Johnson, N.Y., 1949.

———, *Diaries of Edward R. Stettinius, Jr., 1943~1946*, ed. by Thomas M. Campbell, & George C. Herring, N.Y., 1975.

Stimson, Henry L., *On Active Service in Peace and War*, N.Y., 1948. McGeorge Bundy와 공동집필.

Truman, Harry S., *Memoirs*, 2 vols., N.Y., 1955.

(3) 프랑스

Baudouin, Paul, *Neuf mois au gouvernement*, Paris, 1948.

———, "Un Voyage à Rome," *Revue des Deux Mondes*, Mai, 1962.

Beaufre, André, *La Défaite de 1940*, Paris, 1965.

———, *La Revanche de 1945*, Paris, 1966.

———, *Mémoires*, Paris, 1969.

———, *La France combattante: 1939~1945*, Paris, 1972.

Bidault, Georges, *D'une résistance à l'Autre*, Paris, 1965.

Blum, Léon, *L'oeuvre de Léon Blum*, 6 vols., Paris, 1954~1972.

Bonnet, Georges, *Défense de la paix*, 2 vols., Paris, 1946~1948.

———, *De Munich à la guerre*, Paris, 1967. 위 책 제2권을 수정 증보한 것임.

———, "La France et la Méditerranée," *Rivista di Studi Politici Internazionali*, 17(1950).

———, "Il y a vingt ans, la seconde guerre mondiale commençait," *Historia*, 154(1959).

———, "L'Occupation de la Rhénanie en 1936," *Ecrits de Paris*, 238(1965).

———, *Vingts ans de vie politique*, Paris, 1969.

———, *Dans la tourmente, 1938~1948*, Paris, 1971.

———, "La Politique extérieure de la France avant la deuxième guerre mondiale," *Académie des sciences, belles-lettres et arts de Besançon*, 179(1972).

Chautemps, Camille, *Cahiers secrets de l'armistice(1939~1940)*, Paris, 1963.

Coulondre, Robert, *De Staline à Hitler: Souvenirs de deux ambassades, 1936~1939*, Paris, 1950.

Daladier, Edouard, "Munich: vingt-trois ans après," *Nouveau Candide*, Sépt.-Oct., 1961.

Flandin, Pierre Etienne, *Politique française, 1919~1940*, Paris, 1947.

François-Poncet, André, *Souvenirs d'une ambassade à Berlin*, Paris, 1946.

———, "Hitler et Mussolini," *Historia*, 105(1955).

———, "J'ai assisté à la conférence de Munich," *Historia*, 142(1958).

———, *Souvenirs d'une ambassade à Rome*, Paris, 1961.

Gamelin, Maurice Gustave, *Servir*, 3 vols., Paris, 1946~1947.

Gaulle, Charles de, *Mémoires de guerre*, 3 vols., Paris, 1954~1959.

Giraud, Henri, *Un seul but, La victoire: Alger, 1942~1944*, Paris, 1949.

Herriot, Edouard, *Episodes, 1940~1944*, Paris, 1950.

———, "Souvenirs d'entre deux guerres," *Conferencia: Les Annales* 15(Jan. 1950).

———, *Jadis*, 2 vols., Paris, 1952.

Laval, Pierre, *Laval parle*, Paris, 1948.

Paul-Boncour, Joseph, *Entre deux guerres*, 3 vols., Paris, 1945~1946.

Pétain, Philippe, *Quatre années au pouvoir*, Paris, 1949.

Reynaud, Paul, *Au coeur de la mêlée, 1930~1945*, Paris, 1951. 1947년에 출판된 저술(*La France a sauvé l'Europe*)의 개정판임.

———, *Mémoires*, 2 vols., Paris, 1960~1963.

Weygand, Maxime, *Mémoires. rappel au service*, Paris, 1950.

(4) 독일

Dirksen, Herbert von, *Moskau, Tokyo, London: Erinnerungen und Betrachtungen zu 20 Jahren deutscher Aussenpolitik 1919~1939*, Stuttgart, 1949.

Göring, Hermann, *Aus Görings Schreibtisch: Ein Dokumentenfund*, T.R. Emessen, ed., Berlin, 1947.

Halder, Franz, *Generalobertst Halder, Kriegstagebach*, Hans-Adolf Jacobsen, ed., 3 vols., Stuttgart, 1962~1963. 이보다 먼저 영어본 7책이 Washington에서 1950년에 출간됐음.

Hitler, Adolf, *Mein Kampf*, 2 vols., Munich, 1925~1927.

———, *Hitlers zweites Buch: Ein Dokument aus dem Jahre 1928*, Gerhard L. Weinberg, ed., Stuttgart, 1961. 영역본; *Hitler's Secret Book*, N.Y., 1961; *Hitler's Second Book*, N.Y., 2003, G.L. Weinberg는 서문에서 이 책의 집필 경위, 발간하지 않은 이유, 그리고 진위 여부에 대한 학계의 논의를 소개하고 있음.

———, *The Speeches of Adolf Hitler, Apt. 1922~Aug. 1939*, Norman H. Baynes, ed., 2 vols., Oxford, 1942.

———, *Hitler & Mussolini: Lettere & Documenti*, Milan, 1946. 프랑스어 번역은 *Les Lettres secrètes échangées par Hitler et Mussolini*(Paris, 1946)이고, 프랑수아-퐁세가 서문을 썼음.

———, *Hitler Directs His War: The Secret Records of His Daily Military Conferences*, Felix Gilbert, ed., N.Y., 1950.

———, *Hitler's Secret Conversations, 1941~1944*, N.Y., 1953, 영국에서는 H.R. Trevor-Roper가 *Hitler's Table Talk, 1941~1944*(London, 1953)이란 제목으로 편집, 출판했음. 이들 문서는 히틀러의 측근인 Martin Bormann이 히틀러의 좌담을 기록한 것임. 한동안 영어, 프랑스어로 된 것만이 있었는데 1976년에 Henry Picker가 독일어본(*Hitlers Tischgespräche im Füherhauptquartier*, Stuttgart)을 편찬하였음.

———, "Hitlers Denkschrift zum Vierjahresplan, 1936," Wilhelm Treue, ed., *Vierteljahrshefte für Zeitgeschichte*, 3, 1955.

———, "Hitler's Private Testament of May 2, 1938," Gerhard L. Weinberg ed. *Journal of Modern History*, 27, 1955.

———, *The Testament of Adolf Hitler: The Hitler-Bormann Documents, Feb.-Apv. 1945*, F. Genoud, ed., London, 1961.

———, *Hitlers Weisungen für die Kriegsführung, 1939~1945: Dokumente des Oberkommandos der Wehrmacht*, W. Hubatsch, ed., Frankfurt am Main, 1962.

———, *Hitlers Legebesprechungen: Die Protokollfragmente seiner militärischen Konferezen*, 1942~1945, H. Heiber, ed., Stuttgart, 1962.

———, *Hitler: Reden und Proklamationen, 1932~1945*, M. Domarus, ed., 2 vols., Würzburg, 1962~1963.

———, *Hitlers Tischgespräche im Führerhauptquartier, 1941~1942*, Percy E. Schramm, Andreas Hillgruber, Martin Vogt, eds., Stuttgart, 1963.

———, *Blitzkrieg to Defeat: Hitler's War Directives, 1939~1945*, H. R. Trevor-Roper, ed., N.Y., 1965.

———, *Staatsmänner und Diplomaten bei Hitler: Vertrauliche Aufzeichnungen über Unterredungen mit Vertretern des Auslandes, 1939~1941*, Andreas Hillgruber, ed., Frankfurt am Main, 1967.

———, *Deutschland Rüstung im zweiten Weltkrieg, Hitlers Konferenzen mit Albert Speer,*

1942~1945, Willi A. Boeleke, ed., Frankfurt am Main, 1969.

———, *Secret Conversations with Hitler: The Two Newly-Discovered 1931 Interviews*, N.Y., 1971.

Hossbach, Friedrich, *Zwischen Wehrmacht und Hitler, 1934~1938*, Wolfenbüttel, 1949, 증보판, Göttingen, 1965. 히틀러의 부관으로 1937년 11월 5일자 회의기록을 남긴 호스바흐의 회고록임.

Jodl, Alfred, "Das dienstliche Tagebuch des Chefs des Wehrmachtfuhrungsstabes im OKW, Generalmajor Jodl, für die Zeit vom 13.10. 1939 bis 30.1. 1940," W. Hubatsch, ed., *Die Welt als Geschichte*, 1952, 1953.

Keitel, Wilhelm, *Generalfieldmarschall Keitel. Verbrecher oder Offizier. Erinnerungen, Briefe und Dokumente des Chef OKW*, Wakter Görlitz, ed., Göttingen, 1961. David Irving 영역, *The Memoirs of Field-Marshal Keitel*, N.Y., 1966. 1979년에는 *In the Service of the Reich*로 제목 변경.

Papen, Franz von, *Der Wahrheit eine Gasse*, Munich, 1952. 영역, *Memoirs*, N.Y., 1953.

Raeder, Erich, *Mein Leben*, 2 vols., Tübingen, 1957. 영역, *My Life*, Annapolis, 1960.

Ribbentrop, Joachim von, *Zwischen London und Moskau. Erinnerungen und letzte Aufzeichungen, Aus dem Nachlass*, Annelies von Ribbentrop, ed., Leoni am Starnberger See, 1953. 영역, *The Ribbentrop Memoirs*, London, 1954.

Rommel, Erwin, *The Rommel Papers*, B.H. Liddel Hart, ed., N.Y., 1953.

Weizsäcker, Ernst von, *Erinnerungen*, Richard von Weizsäcker, ed., Munich, 1950. John Andrews 영역, *Memoirs of Ernst von Weizsäcker*, London, 1951. 이 회고록에 관한 서지학적인 연구로서는 Hill, Leonidas E., "The Genesis and Interpretation of The Memoirs of Ernst von Weizsäcker," *German Studies Review*, X-3, Oct. 1987을 볼 것.

———, *Die Weizsäcker-Papiere, 1933~1950*, Berlin, 1974; 1900~1932, 1982, Leonidas E. Hill, ed.

(5) 구소련

회고록 또는 개인 문서들이 발표되는 것은 극히 드문 일이다. 그러나 페레스토로이카 시대에 역사학계에서 활발히 진행되고 있던 주제의 하나가 바로 제2차 세계대전의 재검토인 것을 감안한다면 앞으로 개인 문헌들이 상당히 발간되리라 예측된다. 다만 세계대전에 참전한 군인들의 회고록은 이른바 사회주의적 조국애의 선전목적으로 60년대 이후 상당히 많은 분량이 발간된 바 있다. 이에 관해서는 "Soviet Historiography of the Great Patriotic War, 1970~1985," *Soviet Studies in History*, Winter, 1984~1985, "The USSR and the Defeat of Imperial Japan, 1945," *Soviet Studies in History*, Winter, 1985~1986을 참조할 것.

다음에 주요한 개인 문헌을 열거한다.

Bogomolov, A.Y., "Wartime Diplomatic Missions," *International Affairs*(Moscow), Nos. 6~8, 1961. 비시 정권에 파견된 소련 대사의 글임

Berezhkov, V.M., Tegeran(테헤란), 1943, Moskva, 1968. 구소련 외무성의 독일어 번역관으로 대전기간 중 여러 회의에 참석한 필자의 글들임.

———, Put k Potsdamu(포츠담에의 길), Moskva, 1980.

———, Tak delalas istoria(역사는 이렇게 이루어졌다), Moskva, 1982. 이 회고록은 모스크바에서 영어로 번역되었다. *History in the Making*, 1983.

———, *Stranitsy diplomaticheskoi istorii*(외교사의 몇몇 기록), Moskva, 1982.

Gromyko, Andrei Andreevich, *Pamyatnoe*(회고록), 2 vols., Moskva, 1988.

Litvinov, Maksim Maksimovich, *Notes for a Journal*, London, N.Y., 1955. 이 일기의 진위에 관해서는 논란이 있는데 E.H. Carr는 진본임을 의심하고 있다.

Podatserov, B.F., "Tegeran-Potsdam," *Diplomaticheskii vestnik*(외교통보), 1983. 포츠담 회의에 참석한 필자의 짧은 회고록임.

Voroshilov, Kliment Efremovich, *Rasskazy o zhizhni*(회고록), Moskva, 1968.

Zhukov, Georgii Konstantinovich, *Bospominaniya i razmyshleniya*(회고와 숙고), 3 vols., Moskva, 1990(제10판).

Bialer, Severyn, ed., *Stalin and His Generals: Soviet Military Memoirs of World War II*, N.Y., 1969. 구소련 관련 회고록에 관해서는 참조해야 할 중요한 자료임.

(6) 이탈리아

Badoglio, Pietro, *Italy in the Second World War: Memories and Documents*, London, 1948.

Ciano, Galeazzo, *The Ciano Diaries, 1939~1943*, Hugh Gibson, ed., N.Y., 1946.

———, *Ciano's Diplomatic Papers*, Malcolm Muggeridge, ed., London 1948.

———, *Ciano's Hidden Diary, 1937~1938,* Andreas Mayor, trans., N.Y., 1953.

Mussolini, Benito, *The Fall of Mussolini: His Own Story*, Max Ascoli, ed., N.Y., 1948.

———, *Corrispondenza inedita*, Duilio Susmel, ed., Milan, 1972.

———, *Memoirs, 1942~1943, With Documents Pertaining to the Period*, Raymon Klibansky, ed., N.Y., 1975.

———, *Opera Omnia*, 44 vols., Duilio Susmel, ed., Florence, 1956~1987.

(7) 일본

岡義武, 『近衛文麿』, 東京, 1972.

佐藤賢了, 『東條英機と太平洋戰爭』, 東京, 1960.

實松讓, 『米內光政』, 東京, 1966.

松岡洋右傳記刊行會, 『松岡洋右』, 東京, 1974.

有田八郎, 『人の目の塵を見る』, 東京, 1948.
———, 『馬鹿ハと人は言う』, 東京, 1959.
重光 葵, 『昭和の動亂』, 東京, 1952.
———, 『巣鴨日記』, 東京, 1952.
———, 『外交回想錄』, 東京, 1953.
日本ウジミナス株式會社, 『豊田貞次郎回想錄』, 東京, 1962.
野村吉三郎, 『米國に使して』, 東京, 1946.
———, 『アメリカと明日の日本』, 東京, 1947.
平沼騏一郎回想錄編纂委員會, 『平沼騏一郎回想錄』, 東京, 1955.
武者小路公共, 『濡歐八千一夜』, 東京, 1949.
———, 『道草十萬里』, 東京, 1951.
———, 『外交裏小路』, 東京, 1952.
———, 『冷戰立見席』, 東京, 1953.

(8) 기타

Beck, Jozef, *Final Report*, N,Y., 1957.
Beneš, Eduard, *Memoirs: From Munch to New War and New Victory*, Boston, 1972.
Schuschnigg, Kurt von, *Austrian Requiem*, N.Y., 1946.
———, *The Brutal Takeover*, N.Y., 1971.

(나) 주요연구

1. 제2차 세계대전에 이르는 외교사 및 전쟁 일반

이 분야의 연구 업적을 목록으로 작성해도 하나의 저서가 될 것이다. 따라서 중요한 연구들을 열거하면 다음과 같다.

Azéma, Jean-Pierre, *De Munich à la libération*, Paris, 1979.
Baumont, Maurice, *La Faillite de la Paix*, 2 vols, Paris, 1945.
Craig, Gordon A. & Felix Gilbert, eds., *The Diplomats, 1919~1939*, Princeton, 1953.
Dahms, H.G., *Geschichte des zweiten Weltkrieges*, Tübingen, 1965.
Furnia, Arthur H., *The Diplomacy of Appeasement: Anglo-French Relations and the Prelude to World War II*, Washington, 1960.
Gatzke, Hans W., ed., *European Diplomacy between Two Wars, 1919~1939*, Chicago, 1972.
Hofer, Walther, *War Premeditated 1939*, London, 1955.

Gilbert, Martin, & Richard Gott, *The Appeasers*, Boston, 1963.
Girault, René, et Robert Frank, *La Puissance en Europe 1938~1940*, Paris, 1984.
Kaiser, David E., *Economic Diplomacy and the Origins of the Second World War: Germany, Britain, France and Eastern Europe, 1930~1939*, Princeton, 1980.
Kindleberger, Charles P., *The World in Depression, 1929~1945*, London, 1977.
Kolko, Gabriel, *Century of War*, N.Y., 1994.
Lafore, Laurence, *The End of Glory: An Interpretation of the Origins of World War II*, N.Y., 1970.
Langhorne, Richard, *Diplomacy and Intelligence during the Second World War: Essays in Honour of F.H. Hinsley*, Cambridge, 1985.
Latreille, André, *La seconde guerre mondiale*, Paris, 1966.
Lee, Gerald Geunwook, "I See Dead People: Air-Raid Phobia and Britain's Behavior in the Munich Crisis," *Security Studies* Vol. 13, No. 2 , Winter 2003/2004.
Michel, Henri, *La seconde guerre mondiale*, 2 vols., Paris, 1968~1969.
Milward, A.S., *War, Economy and Society*, 1939~1945, London, 1977.
Mommsen, Wolfgang J., & Lothar Kettenakcer, eds., *The Fascist Challenge and the Policy of Appeasement*, London, 1983.
Morley, James W., ed., *Different Diplomacy, Japan, Germany and the USSR, 1935~1940*, N.Y., 1976.
Murray, William, *The Change in the European Balance of Power, 1938~1939*, Princeton, 1984.
Namier, Lewis B., *Diplomatic Prelude, 1938~1939*, London, 1950.
Ragsdale, Hugh, *The Soviets, the Munich Crisis, and the Coming of World War II*, Cambridge, 2004.
Renouvin, Pierre, *Histoire des relations internationales, Tome huitième, Les Crises du XXe Siècle, de 1929 à 1945*, Paris, 1958.
Richard, Guy, *La deuxième guerre mondiale. La guerre: 1939~1945*, Paris, 1987.
Schok, René, *Interprétations de la politique étrangère de Hitler: Une analyse de l'historiographie*, Paris, 1987.
Stern, Leo, *Der zweite Weltkrieg*, Berlin, 1970.
Taylor, A.J.P., *The Second World War: An Illustrated History*, London, 1975.
Thorne, Christopher, *The Approach of War, 1938~1939*, London, N.Y., 1968.
Toscano, Mario, *The Origins of the Pact of Steel*, Baltimore, 1967.
Arnold & Veronica Toynbee, eds., *Hitler's Europe*, London, 1954.
Vidalenc, Jean, *La seconde guerre mondiale: Caractères fondamentaux de la politique et de*

la stratégie, 2 vols., Paris, 1970.

Weinberg, Gerhard L., *A World at Arms. A Global History of World War II*, Cambridge, 1994.

Wiskemann, Elizabeth, *The Rome-Berlin Axis*, London, 1960.

Wright, Gordon, *The Ordeal of a Total War, 1939~1945*, N.Y., 1968.

2. 제2차 세계대전과 열강

제2차 세계대전 문제를 각국의 외교정책과 관련한 주요 연구들을 보면 다음과 같다.

(1) 영국

Bond, Briand, *British Military Policy between the Two World Wars*, Oxford, 1980.

Henke, Josef, E*ngland in Hitlers politischen Kalkul (1935~1939)*, Boppard am Rhein, 1973.

Hinsley F.H., et al., *British Intelligence in the Second World War*, London, 1979.

Howard, Michael, The *Continental Commitment: The Dilemma of British Defence Policy in the Era of Two World Wars*, London, 1972.

MacDonald, C.A., *The United States, Britain and Appeasement, 1936~1939*, London, 1981.

Meyers, Reinhard, *Britische Sicherheits Politik, 1934~1938*, Bonn, 1976.

Middlemas, Keith, *Diplomacy of Illusion: The British Government and Germany, 1937~1939*, London, 1972.

Newman, Simon, *March 1939. The British Guarantee to Poland*, Oxford, 1976.

Reynolds, David, *The Creation of the Anglo-American Alliance, 1937~1941*, London, 1981.

Rock, William R., *British Appeasement in the 1930s*, London, 1977.

Woodward, Llewellyn, *British Foreign Policy in the Second World War*, 3 vols., London, 1962(T.I), 1971(T.II, III).

(2) 프랑스

Adamthwaite, Anthony P., *France and the Coming of the Second World War, 1936~1939*, London, 1977.

C.N.R.S.(Paris), *Les Relations Franco-Britanniques 1935~1939*, 1975.

———, *Les Relations Franco-Allemandes, 1933~1939*, 1976.

Duroselle, Jean Baptiste, *La Décadence, 1932~1939*, Paris, 1979.

———, *L'Abîme, 1939~1944*, Paris, 1982.

Young, Robert J., *In Command of France: French Foreign Policy and Military Planning, 1933~1940*, Cambridge, Mass., 1978.

(3) 독일

Hildebrand, Klaus, *The Foreign Policy of the Third Reich*, Berkeley, 1973.

Hillgruber, Andreas, *Germany and the Two World Wars*, Cambridge, Mass., 1981.

Jäckel, Eberhard, *Hitler's World View*, Cambridge, Mass., 1981.

———, *Hitler in History*, London, 1984.

Rich, Norman, *Hitler's War Aims*, N.Y., 1973.

Robertson, Esmonde M., *Hitler's Pre-War Policy and Military Plans, 1933~1939*, London, 1963.

Laqueur, Walter, ed., *Fascism. A Reader's Guide*, London, 1976.

Weinberg, Gerhard L., *The Foreign Policy of Hitler's Germany. Diplomatic Revolution in Europe, 1933~1936*, Chicago, 1970.

Wheeler-Bennett, John W., *The Nemesis of Power. The German Army in Politics, 1918~1945*, London, 1953.

(4) 이탈리아

Cassels, A., *Mussolini's Early Diplomacy*, Princeton, 1971.

Duroselle, Jean Baptiste, & Enrico Serra, eds., *Italia e Francia, 1939~1945*, 2 vols., Milano, 1984.

Gilbert, Felix, "Ciano and His Ambassadors," in his *On History*. Cambridge, Mass. 1977.

Knox, MacGregor, *Mussolini Unleashed, 1939~1941, Politics and Strategy in Fascist Italy's Last War*, Cambridge, 1982.

Ostenc, Michel, "Historiographie du Fascisme Italien: Examen critique," *Revue d'histoire de la deuxième guerre mondiale et des conflits contemporains*, Juillet, 1985.

Palla, Marco, "L'impérialisme fasciste," *Revue d'histoire de la deuxième guerre mondiale et des conflits contemporains*, Juillet, 1985.

Robertson, Esmonde M., *Mussolini as Empire-Builder, Europe and Africa, 1932~1936*, London, 1977.

Smith, Denis Mack, *Mussolini's Roman Empire*, Harmonsworth, 1979.

———, *Mussolini*, London, 1981.

(5) 미국

미국의 외교정책에 관해서는 루스벨트 대통령과 세계대전의 발발과의 관계, 그리고 전후 냉전에 대한 미국의 책임, 두 가지 문제가 그동안 학계에서 논의된 주요 주제였다. 전자는 50년대의 주요 관심사였는데 이에 관한 연구동향은 다음을 참조할 것.

Cole, Wayne S., "American Entry into World War II: A Historiographical Appraisal,"

Mississipi Valley Historical Review, vol. 43(1956~1957).

Beard, Charles A., *American Foreign Policy in the Making, 1932~1940*, New Haven, 1946. 루스벨트 대통령과 세계대전 발발과의 관계를 다룬 고전적인 연구이다.

두 번째 주제에 관하여는 1970~80년대 소위 수정주의 논쟁과 관련하여 수많은 연구들이 있는데 주요 연구로 다음의 저서를 볼 것.

Dallek, Robert A., *Franklin D. Roosevelt and American Foreign Policy, 1932~1945*, Oxford, 1979.

Friedlander, Saul, *Hitler et les Etats-Unis, 1939~1941, Genève*, 1963.

Langer, William L., & S. Everett Gleason, *The Challenge to Isolation*, N.Y., 1952.

———, *The Undeclared War, 1940~1941*, N.Y., 1953.

Offner, A.A., *American Appeasement, United States Foreign Policy and Germany, 1933~1938*, Cambridge, Mass., 1969.

(6) 소련

AN SSSR, *Istoriya vtoroi mirovoi voiny 1939~1945 gg.*(1939~1945년 제2차 세계대전사). 12 vols., Moskva, 1973~1982. 브레즈네프 시대에 나온 통사임. 이것은 흐루시초프 시대에 나온 *Istoriya velikoi otechestvennoi voiny sovetskovo soyuza*(소련의 대조국전쟁사)(6 vols., 1962~1965)를 수정한 것임.

Beloff, Max, *The Foreign Policy of Soviet Union, 1929~1941*, 2 vols., London, 1947.

Dallin, David J., *Soviet Russia and the Far East*, New Haven, 1948.

Erickson, John, *The Soviet High Command: A Military Political History 1918~1941*, London, 1962,

———, *The Road to Stalingrad*, N.Y., London, 1975.

Mertsalov, Andrei Nikolaevich, Velikaya otechestvennaya voina i istoriografii FRG(대조국전쟁과 서독의 역사학), Moskva, 1989.

Rosenko, I.A., G.L. Sobolev, *Voprosy istorii i istoriografii velikoi otechestvennoi voiny*(대조국전쟁사와 그 역사학에 관한 제문제), Leningrad, 1989.

Sipols, Vilnis Ya, *Diplomaticheskaya borba nakanune vtoroi mirovoi voiny*(제2차 세계대전 직전 외교투쟁), 제2판, 증보판, Moskva, 1989. 제1판은 1982년에 Progress 출판사에서 영역본이 나왔음.

———, *Vneshnaya politika Sovetskovo Soyuza, 1936~1939 gg.*(소련의 대외정책, 1936~1939), Moskva, 1987.

Velikaya otechestvennaya voina 1941~1945. Slovar-spravochnik(1941~1945년 대조국전쟁: 사전-편람), Moskva, 1988

Weingartner, Thomas, *Stalin und der Aufstieg Hitlers, 1929~1934*, Berlin, 1970.

3. 동북아와 태평양전쟁

臼井勝美,『中日戰爭』, 東京, 1965.

大鷹正次郎,『第二次大戰責任論』, 東京, 1958.

大畑篤四郎,『近代の戰爭, 太平洋戰爭』, 東京, 1968.

市川恒三,『終戰外交と講和問題』, 東京, 1950.

歷史學會 編,『太平洋戰爭 · 太平洋戰爭史』, Ⅰ, Ⅱ, 東京, 1972.

歷史學硏究會 編,『太平洋戰爭史, 中日戰爭』, 東京, 1966.

日本國際政治學會,『太平洋戰爭への道』, 6책, 東京, 1962~1963. 일본의 대표적인 업적임. 이 저서는 James Morley가 주관이 되어 그 일부가 영어로 번역되었다. *Deterrent Diplomacy*, N.Y., 1976; *The Fateful Choice*, N.Y. 1980; *The China Quagmire*, N.Y., 1983; *Japan Erupts*, N.Y., 1984가 그것이다.

——,『中日戰爭の國際的對應』, 東京, 1967.

日本外交學會 編,『太平洋戰爭原因論』, 東京, 1953.

——,『太平洋戰爭終結論』, 東京, 1958.

秦郁彦,『中日戰爭史』, 東京,

Albinskii, A.M., *Sovetsko-kitaiskie otnosheniya v period yapono-kitaiskoi voiny, 1937~1945*(중일전쟁기간의 소련 · 중국관계, 1937~1945), Moskva, 1980.

Bisson, T.A., *America's Far Eastern Policy*, N.Y., 1945.

Borg, Dorothy Borothy, *The United States and the Far Eastern Crisis*, Cambridge, Mass., 1964.

Doenecke, Justus, *When the Wicked Rise*, Lewisburg, 1984.

Feis, Herbert, *The Road to Pearl Harbor*, Princeton, 1950.

Fox, John P., *Germany and the Far Eastern Crisis, 1931~1938*, Oxford, 1982.

Griswold, A.W., *The Far Eastern Policy of the United States*, N.Y., 1938.

Irye, Akira, "The Asian Factor," Gordon Martel, ed., *The Origins of the Second World War Reconsidered*, Boston, 1986

———, *The Origins of the Second World War in Asia and the Pacific*, Essex, 1987

Jones, F.C., *Japan's New Orders in East Asia: Its Rise and Fall, 1937~1945*, N.Y., 1945.

Langer,William L., & S. Everette Gleason, *The Challenge to Isolation*, N.Y., 1952.

———, *The Undeclared War*, N.Y., 1953.

Ledovsky, Andrei, *The USSR. the USA and the People's Revolution in China*, Moscow, 1979.

Lensen, Alexander, *The Strange Neutrality*, Florida, 1972.

Polz, Stephen, *The Race to Pearl Harbor*, Cambridge, Mass., 1974.

Sapozhnikow, Boris, *The China Theatre in the World War II, 1939~1945*, Moscow, 1985.

Stephan, John, *Hawaii under the Rising Sun*, Honolulu, 1984.

Utley, Jonathan, *Going to War with Japan, 1937~1941*, Knoxville, 1984.
Yurev, M.F., *Kitai v period voiny protiv yaponskoi agressii*(반일본 침략전쟁기간의 중국), Moskva, 1988.

4. 연합국들의 전시회담

Alperovitz, Gar, *Atomic Diplomacy*, London, 1966.
AN SSSR, *Yaltinskaya Konferentsiya 1945*(1945년 얄타 회담), Moskva, 1985.
———, *SSSR v borbe protiv fashistskoi agressii 1933~1945*(소련과 파시즘 침략에 대한 투쟁, 1933~1945), Moskva, 1986.
Beletskii, V.N., *Potsdam 1945, Istoriya i sovremennost*(1945년 포츠담, 역사와 시대성), Moskva, 1987.
Feis, Herbert, *Churchill, Roosevelt, Stalin: The War They Waged and the Peace They Sought*, Princeton, 1957.
———, *Between War and Peace: the Potsdam Conference*, Princeton, 1961.
Herz, Martin F., *Beginnings of the Cold War*, Bloomington, 1966.
Notter, Harley A., *Postwar Foreign Policy Preparation, 1939~1945*, Washington D.C., 1949.
Rosek, Edward J., *Allied Wartime Diplomacy: a Pattern in Poland*, N.Y., 1958.
Sipols, Vilnis, *The Road to Great Victory. Soviet Diplomacy 1941~1945*, Moscow, 1985.

5. 테일러 논쟁

제2차 세계대전의 원인에 관한 최근 논쟁은 본문에서도 길게 쓴 바와 같이 테일러 교수의 저술과 관련해 야기되었다. 그 논쟁의 주요한 것을 들면 다음과 같다.

AN SSSR, *Burzhuaznaya istoriografia vtoroi mirovoi voiny. Analiz sovermennykh tendentsii*(제2차 세계대전에 관한 부르주아 사학: 현대경향의 분석), Moskva, 1985.
Bell, P.M.H., *The Origins of the Second World War in Europe*, London, N.Y., 1986.
Dray, William, "A Controversy over Causes: A.J.P. Taylor and the Origins of the Second World War," in his *Perspectives on History*, London, 1980.
Freidel, Frank, "Who Started the War?," *Reporter*, 26:2, 1962.
Hiden, John, & John Farquharson, *Explaining Hitler's Germany: Historians and the Third Reich*, N.J., 1983.
Martel, Gordon, ed., *The Origins of the Second World War Reconsidered: The A.J.P. Taylor Debate after Twenty-Five Years*, London, 1986.
Mason, T.W., "Some Origins of the Second World War," *Past and Present*, Dec. 1964.
Morton, Louis, "From Fort Sumter to Poland: The Question of War Guilt," *World Politics*, Jan. 1962.

Reynolds, P.A., "Hitler's War?," *History*, No. 46, 1961.

Robertson, Esmonde M., ed., *The Origins of the Second World War. Historical Interpretations*, London, 1971.

Segal, E.B., "A.J.P. Taylor and History," *Review of Politics*, 26:4, 1964.

Sked, Alan, & Chris Cook, eds., *Crisis and Controversy: Essays in Honour of A.J.P. Taylor*, London, 1976. Taylor의 고희기념논문집임.

Sontag, Raymond J., Taylor(1963)의 서평, *Review of Politics*, 25:4, 1963.

Taylor, A.J.P., *The Origins of the Second World War*, London, 1961, 1963.

———, "How to Quote: Exercises for Beginners," *Encounter*, Sept. 1961. Taylor는 특히 학문적으로 적대관계에 있던 Trevor-Roper의 비판에 예민하여 Trevor-Roper는 외교문서 자체도 인용할 줄 모른다고 혹평한 글임.

———, "War Origins Again," *Past and Present*, Feb. 1965.

Trevor-Roper, H.R., "A.J.P. Taylor, Hitler and the War," *Encounter*, 17:1, 1961.

———, "A Reply," *Encounter*, Sept. 1961. 외교문서 인용 불능이란 혹평에 대한 반론임.

Wiskemann, Elizabeth, Taylor(1961, 1963)에 대한 서평, *Listener*, No. 1673, 1961.

Wrigley, C.J., *A.J.P. Taylor: A Complete Bibliography*, London, 1980.

주요 전후 문제의 처리와 냉전

국제연합

제1차 세계대전의 결과로 탄생한 국제연맹은 분쟁의 평화적 해결이나 전쟁의 예방에 대해서는 무력한 국제기구라는 것이 판명되었다. 따라서 연합국들은 보다 더 완전하고 강력한 기구를 창설해 다시는 세계대전이 발발하지 못하도록 해야 한다는 인식을 전쟁이 발발되자 곧 공유하기 시작하였다.

1941년 8월 대서양 헌장에서 일반적인 안전보장의 체제를 갖춘 국제기구 창설이 제창되었고 1942년 1월에는 국제연합 선언이 선포됐으며 1943년 10월에는 소련도 국제기구 창설에 동의하였다. 소련은 핀란드 침공으로 침략자라는 낙인을 받고 1939년 12월 국제연맹으로부터 제명당하는 불명예를 얻은 바 있어서 국제연맹의 부활에는 반대해 왔었다.

국제연합에 관한 주요 문제들은 1944년 9~10월 덤버튼 옥스Dumbarton Oaks 회의에서 결정되었다. 국제연합은 총회, 안전보장 이사회, 사무국, 국제사법재판소 그리고 경제사회 이사회 등으로 구성되며 프랑스도 안전보장 이사회의 상임 이사국이 된다는 것이 결정되었다. 다만 거부권 문제와 소련 연방국들의 회원참가 문제는 얄타 회담에서 타결되었고 1945년 4월 25일 샌프란시스코에서 국제연합 회의를 개최하도록 합의되었다. 그리고 국제연합 헌장이 이 회의에서 채택되었다.

그런데 새로운 국제기구인 국제연합은 5개 상임 이사국의 단결과 합의가 전제돼야 운영될 수 있는 조직이었다. 그러나 전쟁이 종식되자 전시에 있었던 연합국들의 단합이나 조화는 곧 사라졌고 국제연합은 미국의 압도적인 영향을 받게 되었으며 소련은 이에 대항하는 무기로서 거부권을 남발하였다. 국제연맹과 같이 국제연합도 무력한 국제기구로 전락할 위험에 직면하게 되었다.

평화조약(1947년 2월 10일)

국제연맹과는 달리 국제연합은 평화조약 문제 등 과거의 문제는 다루지 않고 단지 미래의 문제만을 취급하는 국제기구로 출발했으며 그 헌장도 평화조약의 일부는 아니었다. 얄타 회담에서 형성된 3대국 이사회와 포츠담 회담에서 결성된 5대국 외상 이사회에서 추축국들과의 평화조약 체결을 담당토록 하였다. 그리하여 이 기구가 중심이 되어 1945년 9월 런던 회의로부터 시작해 수많은 회의를 거쳐 1947년 2월 10일 파리에서 구(舊)추축국의 위성국들 즉 이탈리아, 불가리아, 루마니아, 헝가리, 핀란드와의 평화조약이 조인되었다. 이 조약은 장차 독일, 일본, 오스트리아와의 평화조약의 한 모델이 될 것이라고 기대하였으나 후술하는 바와 같이 이들 국가와의 일반적인 평화조약은 아직 체결되지 못하고 있는 실정이다. 하여간 구추축국의 위성국가들과의 평화조약 내용 중 영토관계를 보면 다음과 같다.

우선 이탈리아의 국경은 대개 1938년 1월 1일 현재의 상태로 축소됐으나 다음과 같은 변경이 있었다. 프랑스에게 알프스 국경지역의 소규모 영토를, 유고슬라비아에게는 베네치아 줄리아Venezia Giulia, 자라Zara 등을 비롯한 유고 연안의 도서들을, 그리스에게는 도데카네스 열도를 각각 할양하였다. 그리고 트리에스테Trieste는 자유시가 되었고 에티오피아와 알바니아의 독립이 확인되었다.

루마니아의 국경은 헝가리와의 국경을 제외하고는 원칙적으로 1941년 1월 1일 현재의 상태로 획정하였다. 그리하여 1940년 6월 28일자 소련-루마니아 합의 즉 소련의 베사라비아, 부코비나 점령이 승인되었다. 루마니아는 카르파도 우크라이나 Carpatho-Ukraine를 우크라이나 공화국에 편입시킨 1945년 6월 29일자 소련-체코슬로바키아의 합의를 수락하였다. 루마니아-헝가리의 국경은 1938년 1월 1일 현재로 환원되었는데 이로써 루마니아가 1940년 8월 30일 추축국들의 판결에 따라 헝가리에 넘겨준 북부 트란실바니아 지방을 되찾게 되었다.

불가리아 영토는 1941년 1월 1일 현재의 국경선으로 정하게 되어 1940년 9월 7일 루마니아로부터 받은 남부 도브루자 지방의 할양이 승인되었다.

헝가리 영토는 1938년 1월 1일 현재의 국경선으로 축소되었다. 다시 말하자면 1938~1940년간 획득한 북부 트란실바니아와 슬로바키아 국경지대의 영토를 상실하게 되었다.

핀란드 영토는 1941년 1월 1일의 국경선으로 환원되었다. 즉 1940년 3월 12일 소련-핀란드의 평화조약이 다시 확인되었다. 따라서 소련은 카렐리아Karelia 반도, 비보르크

Vyborg, 라도가Ladoga 호수의 북서지역, 리바치Rybachi, 스레드니Sredny 반도의 일부지역, 동부 메르캐르비Merkärvi 지역 등을 획득하였다.

폴란드의 국경

제1차 세계대전 이후 다시 독립된 폴란드의 국경선을 어떻게 확정하느냐 하는 문제는 유럽 국제정치의 핵심 문제가 되어 왔다. 그것은 폴란드 자체가 중요해서라기보다는 유럽 정치의 중심인 독일, 소련 문제와 밀접히 관련돼 있기 때문이다.

폴란드의 국경은 포츠담 회담에서 원칙적으로 합의되었고 소련과 폴란드는 이 합의에 기초하여 1945년 8월 17일 모스크바에서 국경선 획정에 관한 조약을 체결하였다.

포츠담 회담에서 합의된 폴란드의 서부 국경선은 이른바 오데르-나이제Oder-Neisse 선이었다. 즉 "스위네문데Swinemunde 서쪽의 발트 해로부터 오데르 강을 따라 서부 나이제 강의 합류점과 서부 나이제 강을 따라 체코슬로바키아 국경에 이르는 동북지역의 전(前) 독일영토는 폴란드의 행정구역에 편입되며 따라서 소련의 점령지역으로 간주되지 않는다"고 합의하였다. 그러나 폴란드 서부국경의 최종적인 해결은 평화조약에서 이루어진다고 유보하였다. 그런데 소련과 폴란드는 전술한 모스크바 합의에서 포츠담의 이 합의를 최종적인 국경선으로 확정하였다.

폴란드의 동부국경은 모스크바 합의에서 대체로 1919년 이른바 커즌Curzon 선에 따라 확정하였다. 갈리시아 지방에서 폴란드는 쉐미슬Przemysl 지방을 보유하였고 우크라이나는 라와-루스카Rawa-Ruska를 합병하였다. 동부 프로이센 지방은 소련과 폴란드 두 나라에 분할되었다. 쾨니히스베르크Königsberg를 포함한 북부지방은 소련에, 그리고 남부지역은 폴란드에 편입되었다.

이와 같이 폴란드는 542km에 달하는 발트 해의 연안, 포메라니아, 실레지아, 그리고 오데르 강과 비스툴라Vistula의 하구를 보유하게 되었다. 폴란드의 이런 확장은 서방세력이 잠정적인 성격을 가졌다고 여기는 포츠담 합의에 기초하고 있다는 사실이 장차의 문제로 되었다. 그러나 독일이 통일된 후 1990년 11월 통일 독일과 폴란드의 합의로 폴란드의 이 서부 국경선은 다시 확인되었다.

독일의 점령

1880년대 이후 오늘날까지 유럽의 국제정치 문제가 곧 독일 문제라고 해도 과언이 아니다. 그만큼 독일 문제가 중요한 것이었으며 전쟁 중에도 연합국들은 장차 독일 문제를 어떻게 처리하느냐가 가장 큰 현안 중의 하나였다.

전술한 바와 같이 연합국은 1943년 1월 카사블랑카 회의에서 독일에 무조건 항복을 요구키로 하여 독일점령을 결정하였고 1945년 2월 얄타 회담에서는 프랑스도 독일 점령에 참여할 수 있다고 결정하였다. 이때부터 독일 점령 지역을 어떻게 분할하느냐 하는 복잡한 문제로 4국간에는 수차에 걸친 협상을 거쳐 1945년 6월 5일 4개국 선언으로 최종 합의되었고 이 합의는 다시 포츠담 회담에서 확인되었는데 그 주요 내용은 다음과 같다.

(1) 평화조약 체결 시까지 독일은 4개 점령지역으로 구분한다. 베를린은 특수한 지위를 갖는 지역으로 하며 쾨니히스베르크 지방은 소련이, 오데르-나이제 선 이동(以東)지역은 폴란드가 시정을 담당한다.
(2) 오데르-나이제 선 이동에 거주하는 독일인은 그 이서(以西)지역으로 이주시킨다.
(3) 모든 나치조직을 근절하고 독일을 비무장화한다.
(4) 카르텔, 트러스트, 신디케이트의 해체, 군수산업의 해체 등 독일 산업을 점령당국이 감독한다.
(5) 지방이건 중앙이건 독일 당국의 결정은 점령 당국의 감독하에 둔다.

그러나 4개 점령국은 독일의 장래에 관하여 곧 의견이 대립하게 되었다. 1946년 10월 23일 스탈린의 기자회견에서 보듯이 소련의 희망은 독일이 비록 통일되더라도 약화되고 4개국의 통제를 받는 비무장된 국가로 머물러 있어야 한다는 것이었다.

미국은 1946년 9월 번즈J.F. Byrnes가 슈투트가르트Stuttgart에서 발표하였듯이 경제적인 통일을 먼저 촉구하면서 통일된 정부의 선거를 주장하였다. 영국은 미국의 견해와 유사하였으며 점령비용 지출을 계속하는 데 난색을 표명하였다. 프랑스가 통일 독일에 대하여 위구심을 갖는 것은 당연한 일이었으며 1947년 1월 미국과 영국이 점령 지역을 통합하는 데에 반대하였다. 그러나 소련이 프랑스-자르 지역의 관세 통합에 반대하자 프랑스도 영·미의 점령지역과의 통합에 동의하게 되었다.

하여간 4국은 독일 문제 토의를 위하여 1946년 11월 뉴욕에서 회담을 개최했으나 아무런 결론에 도달하지 못하고 1947년 3월 후술하는 모스크바 회의에서 토의하기로 겨우 합의하였다. 그러나 1947년 4월 트루먼 선언이 발표됨으로써 동·서 냉전시대에 들어가게 되었고 독일 점령 지역은 곧 정치적인 분계선으로 되어 버렸다.

일본의 점령

독일과는 달리 일본에 대한 전쟁은 주로 미국이 단독으로 담당하였고 따라서 전후 미국이 일본을 단독으로 점령하게 되어 일본은 분단을 모면할 수 있게 되었다. 전쟁의 종결을 눈앞에 둔 미국은 전후 일본 정책에 관한 구상과 연구를 한 바 있으나 1945년 4월 루스벨트 사망 이후에는 일본에게 어느 정도 온건한 입장을 취하는 견해가 우세하게 되었고 이것이 9월 6일 '항복 후에 있어서 미국의 초기 대(對)일정책' 이란 선언에 구현되었다. 이 선언은 비무장화, 비군사화, 민주적 개혁을 핵심 내용으로 하고 민주적 개혁의 기본 방향으로 정치적 자유의 회복, 전범의 처벌, 재벌 해체 등을 정하였다.

이보다 앞서 미국은 관계 국가들에게 8월 22일 극동자문위원회를 설치할 것을 제의하였고 9월부터 개최된 제1차 미·영·프·중·소 5개국 외상 회의에서 그 설치에 합의하였다. 그러나 이 회의에서 몰로토프 소련 외상은 맥아더의 일본 정책을 비난하였고 스탈린도 같은 항의를 미국에 제출해 모스크바 3상 회의에서 다시 거론키로 하였다.

1945년 12월 27일에 발표된 모스크바 선언에서는 일본 문제와 관련하여 극동위원회the Far Eastern Commission와 연합국 대일(對日)이사회the Allied Council for Japan의 설치가 합의되었다. 미국, 영국, 프랑스, 소련, 중국, 네덜란드, 필리핀, 뉴질랜드, 인도, 캐나다, 오스트레일리아 등의 대표로 구성될 극동위원회는 대(對)일정책을 수립할 임무가 주어졌으나 실제로는 매우 제한된 권한만 갖게 되었다. 연합국 대일이사회는 최고 사령관, 소련 대표, 중국 대표, 그리고 영국, 오스트레일리아, 뉴질랜드, 인도 4국을 대표하는 1인으로 구성되며 점령정책에 관하여 최고 사령관을 보좌하는 기능을 갖도록 하였다. 따라서 실제로는 일본의 점령정책은 미국이 전담하게 되었다.

미국의 점령 통치에 들어간 일본 영토는 카이로 회담과 얄타 회담에서 이미 획정된 바 있음은 전술한 바 있다. 카이로 선언에서는 만주와 타이완이 중국에 반환되며 한국은 적당한 시기에 독립되도록 하였고 얄타 회담에서는 소련은 중국의 동의를 전제로 1905년 이전의 다음과 같은 권리를 되찾는다고 합의되었다. 즉 남부 사할린의 획득, 상공업 항구인 다롄(大連)을 국제화하고 군사항구 뤼순(旅順)은 소련에 귀속된다. 그리고 러시아·일본 전쟁 이전에 일본이 점령한 쿠릴 열도는 소련에 병합되고 외몽골(外蒙古)의 현상유지는 계속되며 동청(東淸)철도와 남만(南滿)철도는 중·소 합작회사에 의하여 운영된다.

하여간 연합국 대일이사회에서는 이와 같은 일본 영역에 대한 미국의 점령정치에 관하여 특히 미국과 소련의 대립이 1945~1947년간 계속되었다.

소련은 미국이 일본 점령을 단독으로 운영하는 것에 반대하였고 영국과 중국도 간혹 이런 반대를 제기하기도 하였다. 이런 미·소의 대립은 1947년 7월 미국이 대일평화조약을 극동위원회에서 3분의 2 과반수로 결정해야 된다고 발표한 이후 더욱 첨예화되었다. 소련은 물론 이런 평화조약 교섭은 외상 회의에서 만장일치로 결정되어야 한다는 입장이었다. 이때는 벌써 후술할 트루먼 선언이 발표된 이후로서 동·서의 냉전이 나타나기 시작하였고 미국은 일본을 전체주의에 대항하는 하나의 보루로서 육성한다는 정책으로 전환할 시점에 있었다.

중·소 우호동맹(1945년 8월 14일)

중국이 상실한 자국의 권익을 회복하기 위해서는 무엇보다 소련과의 협의가 급선무가 아닐 수 없었다. 그리하여 쑹쯔원(宋子文)이 모스크바에 파견되어 이른바 중·소 우호동맹 조약이 체결되었다. 대일전(對日戰)의 공동수행과 더불어 양국의 우호협력을 다짐한 이 동맹조약에는 창춘(長春) 철도, 다롄(大連), 뤼순(旅順)에 관한 3개 협정과 만주(滿洲), 신장(新疆), 외몽골(外蒙古)에 관한 교환공문이 부속되었다. 그 주요 내용은 다음과 같다.

(1) 동청, 남만철도를 중국 창춘(中國長春) 철도라고 칭하고 중·소가 공동 운영하며 30년 후에 무상으로 중국에 반환한다.
(2) 군사항구으로서의 뤼순은 중·소가 공동으로 해군기지로 사용하며 민간 행정은 중국이, 방위는 소련이 각각 담당한다. 다롄은 국제항으로 하되 소련은 면세의 혜택을 받으며 항구 행정에 참여한다.
(3) 만주와 신장 성은 중국의 주권하에 둔다. 외몽골의 향방은 국민투표로 결정하되 독립을 원하는 경우 중국은 현재의 국경을 인정한다.

그러나 중국은 전후에 곧 내전으로 들어가게 되어 위의 조약이 실효를 거둘 수 없었다. 만주에 진주한 소련군은 현지의 군사시설을 전리품으로 간주하여 소련으로 반입하였고 만주는 곧 국민군과 공산군의 각축장이 되었다. 1945년 11월 특사로 파견된 마셜G. Marshall의 중재에 의하여 국·공의 타협이 일단 이루어졌으나 미국의 불확실한 대(對)중정책과 국·공의 비타협적인 태도로 말미암아 모두 실패로 돌아가고 1948년에 들어서면서 국민군은 패퇴하기 시작하였다.

트루먼 독트린(1947년 3월 12일)

전후에 연합국 간에는 마찰과 대립이 생기기 시작했으나 세계가 곧 동 · 서 진영으로 구분되지는 않았다. 무엇보다 미국과 소련이 확실한 세계정책을 수립하지 못했기 때문이다. 그런 가운데 연합국들은 그리스, 아제르바이젠Azerbeaijan 등지의 분쟁, 국제연합 안전보장이사회에서의 대립, 그리고 인도차이나 분쟁으로 1946년을 보냈다.

이런 분쟁 중에도 그리스 문제가 가장 심각하게 부상하였다. 동지중해 당시까지 영국의 관할에 속하는 영역이었다. 그런데 1947년 2월 영국 정부는 그리스에 대한 원조와 동지중해 방어를 미국에 의뢰하지 않을 수 없게 되었다. 전후에 성립된 그리스의 보수 정권은 유고슬라비아 등 인접 국가들의 지원을 받고 있던 좌익 게릴라의 활동을 저지하는 데 전력을 기울이게 되었고 경제 발전에는 관심조차 가질 수 없게 되었다. 그리스는 영국에 원조를 요청했으나 영국은 자국의 재정 압박으로 그런 요청에 부응할 수 없게 되자 미국에게 다시 그리스 원조를 의뢰하게 된 것이었다.

이에 트루먼 대통령은 1947년 3월 12일 양원 합동회의에 나아가 그리스와 터키에 대한 경제 원조를 역설하였다. 터키도 당시 해협 문제로 소련의 압력을 받고 있었다. 트루먼은 그리스와 터키가 전체주의의 지배를 받게 된다면 중동 전체가 위험하게 되고 이것은 곧 서유럽 세계에 중대한 영향을 미치게 된다고 역설하였다. 그리고 최근 수개월 동안 몇몇 국가에서 전체주의 체제가 강요되었다고 말하면서 폴란드, 불가리아, 루마니아에서 일어난 일들을 방지했어야 했다고 동유럽 현실을 비판하였다. 트루먼은 이제 세계는 자유세계와 전체주의 세계로 나누어져 있으며 미국은 전체주의 세력에 대항하여 싸우는 모든 자유스런 국민들을 원조하지 않으면 안 된다고 주장하였다. 미국 의회는 곧 그리스와 터키에 대한 경제 원조를 승인하였다.

세계는 자유, 공산 양대 진영으로 분리됐다는 트루먼 선언은 소련과의 대립을 천명한 것이었다. 3월 10일부터 모스크바에서 개최되고 있던 미 · 영 · 소 · 프 4국 외상 회의가 아무런 합의 없이 무산된 것은 물론이었다. 이때부터 세계는 냉전의 단계로 접어들게 되었다.

마셜 플랜Marshall Plan

1947년 6월 5일 미 국무장관 마셜은 하버드 대학에서 중대한 연설을 하였다. 전 세계의 사태는 중대한 시련에 직면하고 있으며 특히 유럽 대륙은 전쟁의 피해로부터 복구할 능력을 상실하여 정치 · 경제 · 사회적인 붕괴에 직면하게 되었다고 선언하였다. 따라서 유럽의 재건을 위하여 미국의 원조가 불가피해졌는데 이런 원조는 일반적인 원조의 차원을 넘어선 대규모 원조여야 하며 특정한 일부 국가를 대상으로 하는 원조가 아니라 유럽 전체의 부흥을 목적으로 하는 전반적인 원조여야 한다고 강조하였다. 그리고 어떠한 내용과 규모의 원조가 필요한 것인지 유럽 열강들 자신이 결정한 계획에 입각하여 미국의 원조가 수립되어야 하며 따라서 유럽 열강간의 협력이 선행조건이라고 천명하였다.

이런 마셜 장관의 제안에 따라 6월 27일부터 7월 2일까지 파리에서 유럽 열강들의 회의가 개최되어 마셜 계획에 따른 유럽 경제부흥을 논의하였다. 비도G.A. Bidault 프랑스 외상은 스페인을 제외하고 전쟁 중 중립국은 물론 구(舊)적국들을 포함한 모든 유럽 국가들이 마셜 원조의 혜택을 받아야 한다고 주장하고 경제의 모든 분야에 있어서 어떠한 원조가 필요한지 계획을 수립하며 집행할 위원회를 설치하여 종합 검토하자고 제의하였다. 베빈E.L. Bevin 영국 외상은 프랑스 제안에 동의했으나 몰로토프 소련 외상은 집행위원회 설치 자체에 반대하였고 독일에 대한 원조는 배상 문제와 양립되지 않는다고 비난하면서 회의의 탈퇴를 선언하였다.

그러나 영국 · 프랑스는 마셜 계획의 심의를 위한 회의 개최를 관계 국가들에 제안하였는데 8개 동유럽 공산국가들이 회의 참석을 거부하고 16개국이 참여하여 마셜 계획에 입각한 원조계획 수립에 곧 착수하게 되었다.

소련은 1947년 9월 코민포름Kominform을 창설함으로써 마셜 계획에 대항하였다. 코민포름의 소련 대표 주다노프A.A. Zhdanov는 이제 세계는 제국주의, 자본주의 진영과 반(反)제국주의, 반(反)자본주의 진영으로 분열되었다고 천명하였다. 이런 분위기에서 1947년 11~12월 런던에서 개최된 연합국 외상 회의는 독일 · 오스트리아의 평화조약 문제에 관하여 합의점을 찾을 수 없었다. 이 런던 회의는 마지막 외상 회의가 되었다. 이와 같이 제2차 세계대전의 전후처리는 1947년 2월 5개 평화조약을 제외하고는 연합국 간의 잠정적인 합의가 그대로 고정되면서 냉전시대로 접어들어 분쟁을 잉태하였다.

역사의 흐름은 다른 방향에서 냉전의 분쟁을 재현하고 있다. 독일은 통일되었고 2005년 5월에는 구공산권 국가를 포함한 동유럽 국가들이 유럽 연합에 가입해 유럽은 하나가 되었고 구소련의 와해로 냉전은 종식되어 탈냉전 시대로 접어들었지만 탈냉전이 탈전쟁을 의미하는 것은 아니다. 전쟁이 사라진 것이 아니라 더 참혹한 무력 충돌이 난무하고 있다. 그리고 소위 세계화라는 웅변에도 불구하고 너무나 많은 국제정치적인 적들이 양산되고 있다. 이 모든 현상은 폭력을 기반으로 한 유럽정치의 세계 확산에서 유래된 것이다. 세계 외교사를 다시 조망하는 이유가 여기에 있다.

부록

부록 1 국제조약

1) 용어

국제조약은 세계외교사 연구의 중요한 사료이다. 조약은 국제 사회의 행위자들 사이의 권리와 의무를 발생시키는 문서에 의한 합의인데 이런 합의에는 역사적으로 여러 가지 명칭들이 사용되어 왔다. 그러나 자의적으로 용어들이 남용되지는 않았다. 특정한 명칭은 일정한 종류의 합의를 대개 지칭한다.

국제 사회의 기본 문제들을 다룬 다변 조약을 규약covenant, 헌장charter, 협정 혹은 조약pact, 그리고 규정(規程)statute이라고 부른다. 국제연맹은 규약, 국제연합은 헌장, 1928년 파리조약은 조약Pact of Paris, 그리고 국제사법재판소는 규정이라는 명칭을 갖고 있다.

조약treaty은 국제 사회 행위자들 사이의 기본적인 관계나 중요한 사항을 엄격한 형식에 의해 합의한 문서를 가리킨다. 이것은 좁은 의미의 조약인데 모든 합의를 일반적으로 조약이라고 부르는 넓은 의미의 조약과는 구별된다.

좁은 의미의 조약은 기본적인 합의이기 때문에 여기에 부속된 합의들은 다른 명칭으로 부른다. 예를 들면 국교 수립과 같은 중요한 문제에 관한 합의는 당연히 조약이라고 부르고 영사재판 제도라든가 관세 문제라든가 하는 부속된 합의는 협약 또는 협정convention이라는 명칭이 사용된다.

이에 관한 두드러진 경우를 보자. 1925년 로카르노Locarno 조약은 독일의 동부와 서부 지역에 관한 여러 합의로 구성되어 있다. 그런데 프랑스와 독일, 벨기에와 독일 사이의 중재 재판에 관한 합의는 협약convention이라고 부르고 독일과 폴란드, 독일과 체코 사이의 같은 합의는 조약treaty이라고 부르고 있다. 독일 서부 지역의 중재 합의는 라인란트Rheinland 비무장에 관한 조약treaty에 종속된 합의였고 동부 지역에 대해서는 이런 기본 합의가 없었기 때문이다.

제2차 세계대전 이후에는 국제기구가 마련한 다변 조약은 반드시 협약이라고 부르고 있다. 국제연합이 주도해 마련한 조약법 조약에 관한 빈 협약이라든가 해양법 협약을 생각하면 된다. 또 조약에 부속된 비밀 사항을 추가 조항additional clauses, avenant이라고 불러 왔다. 그리고 조약보다는 덜 중요하고 영구적이지 않은 사항에 관한 합의를 합의agreement, arrangement, accord 등의 명칭을 사용하여 왔다.

그리고 국제회의가 종료된 이후 회의 기간 중 이루어진 여러 합의들을 요약하거나 그런 합의들의 해석이나 적용 범위에 관한 합의를 최종 의정서acte final, 일반 의정서acte général라고 부른다. 1815년 6월 9일 빈 회의의 최종 의정서, 1925년 10월 1일 로카르노 회의의 최종 의정서, 1885년 2월 26일 베를린 회의의 일반 의정서가 그것이다.

의정서protocol의 명칭을 쓰는 경우가 있다. 어떤 문제에 관한 교섭이 장기화되어 그동안의 교섭 과정을 요약해 합의할 경우 이런 합의를 의정서라고 칭한다. 그리고 기본 조약의 적용 범위나 해석에 관한 합의도 의정서라고 부른다. 국제연맹 규약 중 분쟁의 평화적 해결에 관한 규정을 보완하려는 1924년 10월 2일 제네바 의정서가 여기에 해당된다. 그리고 교섭 과정이 장기화됐으나 어떤 문제에 관해서는 합의가 먼저 이루어지고 이 합의를 장차 있을 최종적인 합의 문서에 삽입시키기로 합의하는 경우 이런 합의를 예비합의pactum de contrahendo라고 부른다.

외교 대표와 그가 주재하는 국가의 외교 책임자 사이의 일상적인 합의 형식을 각서 교환exchange of note이라고 호칭한다. 그리고 기존 합의 사항에 관한 기간의 연장 또는 일시적인 묵인에 관한 합의는 잠정 합의modus vivendi라고 부른다. 어떤 문제를 중재 재판에 회부하기로 한 합의는 반드시 중재 합의compromis d'arbitrage라고 하고 교황청의 합의들은 concordat라고 한다.

그런데 기억해야 할 것은 어떤 명칭을 가졌든 적법한 절차를 거친 국가들의 합의라면 그 효력에는 아무런 차이가 없다는 점이다. 다만 무엇이 적법한 절차인가 하는 문제에 관해서는 심각한 의견 차가 있다. 이런 점에서 1969년 조약법 조약에 관한 빈 협약은 획기적인 합의였다. 조약에 관한 국제법에 있어서는 1969년을 하나의 시기 구분으로 삼아 그 이전을 구(舊)조약법 시대, 그리고 그 이후를 신(新)조약법 시기로 잡고 있다. 1969년 이후 국가들 사이에 체결된 조약들의 해석에 관해서는 그 이전의 시기에 비해 그래도 문제가 발생하지 않는다. 더욱이 제1차 세계대전 이전에 체결된 조약들의 해석이나 효력에 관해서는 확립된 원칙을 찾아볼 수 없다. 다만 조약 체결 담당자에 대한 신체적인 압박이나 부패에 의해 성립된 합의는 당연히 무효라고는 당시에도 모두 인정하고 있었다.

확실한 것은 어떤 시기의 조약이든 그 시기의 법적 확신 또는 법적 관념에 따라 해석해야 한다는 기준이다. 이것을 시제법(時際法)intertemporal law이라고 부른다. 이 기준은 1928년 팔머스 사건 Island of Palmas Case에서 후버M. Huber 판사가 제기한 이래 확립된 국제법 원칙이다. 그러나 그런 법적 확신이 19세기 유럽 공법에 입각하고 있는 한 그것은 유럽의 세계 팽창을 뒷받침한 몰(沒) 윤리적인 신념이란 사실을 염두에 두어야 한다. 19세기 유럽 공법의 이론들을 비유럽 문제에 원용하는 것은 매우 위험한 결론에 도달하지 않을 수 없는 일이다. 법적인 견지에서 볼 때 문명권의 충돌은 법적 확신의 충돌이다. 19세기 유교권의 법적 확신이 무엇이었는지 규명해야 한다. 예(禮) 연구의 중요성이 바로 여기에 있다.

그러면 국제 조약들이 어떻게 발간되어 왔는지 살펴보기로 한다. 편의상 조약집 발간을 개인에 의한 발간, 국가기관, 국제기구에 의한 발간으로 나누어 서술키로 한다.

2) 개인에 의한 조약집 발간

조약의 발간은 외교 문서의 그것보다 훨씬 오랜 역사를 지니고 있다. 먼저 개인에 의하여 조약집들이 발간되었는데 엄격한 의미의 조약집은 시플레J.J. Chifflet가 17세기에 발간한 것이다.

Chifflet, Jean Jacques, *Recueil des traités, trêves et neutralité entre les couronnes d'Espagnes et de France*, Antwerp, 1643. 이것은 프랑스와 교섭하는 스페인 전권대표들을 위해 1526~1611년 프랑스와 스페인이 체결한 조약들을 편찬한 것이다.

30년 전쟁 이후 국제 관계가 빈번하게 되자 열강은 자국 외교관들에게 이에 관한 정보의 제공이 필요하게 되었다. 그리고 군주들은 자신의 정책을 선전하기 위해 학자들로 하여금 문서고에 있는 조약들을 발표토록 하였다. 자크 베르나르J. Bernard의 말대로 "정치는 유행의 과학"이었다. 이 시기에 발간된 중요한 조약집을 들면 다음과 같다.

Bernard, Jacques, *Recueil des traités de paix, de trêves, de neutralité...*, 4 vols., Amsterdam, 1700.

Leibnitz, Gottfried Wilhelm Freiheer von, *Codex juris gentium diplomaticus...*, Hanover, 1693.

Léonard, Frédéric, *Recueil de tous les traités modernes entre les potentats de l'Europe...*, Paris, 1683.

Rymer, Thomas, *Foedera, Conventiones, literae...*, 17 vols., London, 1704~1717.

특히 베르나르의 문서집은 수록된 조약의 양도 방대하고 그 구성도 과학적이어서 당시 사람들은 이것을 대 선집grand recueil이라고 부를 정도였다. 그런데 시간이 지나면서 베르나르의 책을 보완할 필요가 있게 되었고 듀몽J. Dumont이 오랜 연구 끝에 불후의 업적을 펴냈다.

Dumont, Jean, *Corps universel diplomatique de droit des gens...*, 8 vols., Amsterdam, 1726~31. 이 책은 800~1730년 사이에 있었던 조약들을 망라한 귀중한 자료집으로서 지금도 인용하는 문헌이다.

당시의 학자들은 듀몽의 조약집을 이제 능가할 수 없다고 생각하게 되었다. 그래서 이 조약집 이후로는 여기에 누락된 조약들, 그리고 그 후에 맺은 조약들을 보완하는 작업에 치중하였다. 이런 보완 작업으로 유명한 것이 함부르크 태생의 저명한 국제법 학자였던 마르텐스G.F. von Martens가 편찬한 다음의 세 가지 조약집이다.

Martens, Georg Friedrich von, (1) *Recueil des principaux traités d'alliance, de paix, de trêves, de neutralité, de commerce, de limites, d'echanges, etc., conclus par les Puissances de l'Europe tant entre elles qu'avec les Puissances et Etats dans d'autres parties du monde depuis 1761 jusqu'à présent...*, 7 vols., Göttingen, 1791~1801. Bernard 조약집 발간 이후의 조약들을 모아 놓은 것임.

———— (2) *Supplément...*, 4 vols., Göttingen, 1802~1808. 이 보완집은 Dumont 조약집에 누락된 1700~1808년 사이의 조약들을 편집한 것임.

———— (3) *Recueil de traités d'alliance, de paix, de neutralité, de commerce, de limites, d'echange...*, 8, vols., Göttingen, 1817~1835. 위 (1)의 증보판임.

————, *Primae lineae juris gentium Europaearum practici*, 1785. *Précis du droit des gens moderne de l'Europe, fondé sur les traités et l'usage*, 1789. *Einleitung in das positive europäeische Völkerrecht*, 1796. *The Law of Nations; being the science of national law, covenants, power, etc. Founded upon the treaties and customs of modern nations in Europe*, 1796.

마르텐스는 『외교 지침: 외교관과 영사들의 권리와 기능의 개요』*Guide diplomatique: Pécis des droits et des fonctions des agents diplomatiques et consulaires*(1832)를 집필한 마르텐스Karl von Martens의 숙부였다. 이 책은 훗날 마틴W.A.P. Martin이 『성초지장』(星軺指掌)이라고 번역하여 동양 3국에 큰 영향을 미친 책이었다.

마르텐스의 조약집은 최근 패리C. Parry의 방대한 조약집이 나올 때까지 개인에 의한 최후의 결정적인 문서집이었다. 물론 그의 조카인 마르텐스와 큐시F. de Cussy, 게프켄F.H. Geffcken, 트리펠H. Triepel 등 여러 학자들에 의해 보완작업이 있었고 후술하는 바같이 국가 기관에 의한 여러 조약집이 나왔으나 마르텐스의 조약집은 지금도 학자들이 널리 이용하는 귀중한 문서집이다. 그의 후학들이 보완 편집해 놓은 것들 중 중요한 것을 들면 다음과 같다.

Un Nouveau Recueil, 16 vols., Göttigen, 1817~1842. 이것은 1808년 이후의 조약집을 증보한 것임.

Murhard, Friedrich Wilhelm August, *Nouveaux Suppléments...*, 3 vols., Göttingen, 1839~1842.

Nouveau Recueil..., 20 vols., Göttingen, 1843~1875.

Nouveau Recueil..., 35 vols., Deuxième Série, Göttingen, 1876~1908.

Triepel, Heinrich, *Nouveau Recueil...*, Troisième Série, Leipzig, 1909~1942.

그러나 마르텐스의 문서집은 1760년 이후 유럽 열강들이 체결한 조약에 국한되어 있다. 따라서 1648년 베스트팔렌Vestphalen/Westphalia 조약으로부터 시작하여 후술할 국제연맹 조약집 발간 이전까지의 조약들을 망라하는 방대한 작업이 패리 교수의 책임편집 아래 진행되었다. 10여 년의 작업 끝에 1980년에 231책으로 이루어진 다음의 조약집이다.

Parry, Clive, *The Consolidated Treaty Series (1648~1918)*, London, 1969~1980. 이제 국제연맹의 조약집, 국제연합 조약집과 더불어 외교사 연구에 있어서 없어서는 안 될 귀중한 자료집이 되었다.

마르텐스의 조약집과 같이 일반적인 대조약집이 아니라 특수한 문제에 관한 조약집들이 19세기 이후 개인에 의해 발간되었다. 먼저 남미에 관해서는 저명한 아르헨티나의 국제법 학자 칼보 Carlos Calvo의 두 조약집을 지적할 수 있다.

Recueil Complet..., 11 vols., Paris, 1862~1868.

Recueil Historique..., 5 vols., Paris, 1864~1867.

그리고 오토만 제국 관계의 조약집으로는 다음의 것들이 있다.

Hurewitz, J.C. *Diplomacy in the Near and Middle East: A Documentary Record, 1535~1956*, 2 vols., Princeton, 1956.

Noradounghian, Gabriel Effendi, *Recueil d'actes internationaux de l'Empire Ottoman,...*, 4 vols., Paris, 1897~1903.

Testa, Igatz von, *Recueil des Traités*..., 11 vols., Paris, 1864~1911.

망명 폴란드 사람인 앙즈베르그 경Comte d'Angeberg(원명은 Leonard Borejko Chozdko)이 편찬한 빈 회의에 관련된 조약집은 제1장의 주요문헌을 볼 것.

19세기에 발간된 개인의 조약집 중에서 특히 주목해야 할 자료는 영국 외무성 문서국에서 근무했던 허츨렛의 문서집이다.

Hertslet, Edward, *The Map of Europe by Treaty: Showing the Various Political and Territorial Changes since the General Peace of 1814*, 4 vols., London, 1875~1891. 특히 이 자료집은 외교사 연구에 필수적이며 영토획정을 나타내는 여러 지도들은 매우 유익한 자료이다.

————, *The Map of Africa by Treaty*, 3 vols., London, 1895, 1909(증보판).

그리고 아프리카의 영토획정에 관하여는 다음을 참조할 것.

Brownlie, Ian, *Basic Documents on African Affairs*, Oxford, 1971.

제1차 세계대전 이후 국제연맹의 조약집들이 있으나 정치 문제에 관한 조약들의 묶음으로는 다음의 자료가 훌륭한 것으로 평가받고 있다.

Bruns, Viktor, *Politische Vertträge*, 5 vols., Berlin, 1936~1942.

베스팔렌 조약 이후의 조약의 역사에 관하여는 다음을 참조할 것.

Guillaume Laurent de Garden, Histoire générale des traités de paix et autres transactions principales entre tous les Puissances de l'Europe depuis la Paix de Westphalie..., 15 vols., Paris, 1848~1887.

위에서 보아 온 방대한 조약집과는 달리 간편한 조약집 또는 조약편람 등이 19세기 이래로 상당히 출간되었는데 중요한 것만을 들면 다음과 같다.

Albin, Pierre, *Les grands traités politiques: Recueil des principaux textes diplomatiques depuis 1815 jusqu'au nos jours, avec des commentaires et des notes*, Paris, 1911.

Colliard, Claude A., & Aleth Manin, *Droit international et histoire diplomatique: Documents choisis*, 3 vols., Paris, 1970~1971; 2 vols., Paris, 1975, 1979.

Day, Alan J., *Border and Territorial Disputes*, London, 1982.

———, *Treaties and Alliances of the World*, London, 1981.

Ghillany, Friedrich, *Diplomatisches Handbuch, Sammlung der wichtigen europaeischen Friedenschlusse, Congressacten, und sonstigen Staatsurkunden von Westphaelischen Frieden bis auf die neueste Zeit*, 3 vols., Nördlingen, 1855~1868.

Goldblat, Jozef, *Agreements for Arms Control: A Critical Survey*, London, 1982.

Mowat, Robert B., *Select Treaties and Documents to Illustrate the Development of the Modern European States-System*, Oxford, 1915.

——— & August M. Oakes, *The Great European Treaties of the Nineteenth Century*, Oxford, 1918.

Roberts, Adam & Richard Guelff, *Documents on the Laws of War*, Oxford, 1982.

Schindler, Dietrich, *The Laws of Armed Conflicts: A Collection of Conventions, Resolutions and Other Documents*, Alphen, 1981.

3) 국가 기관에 의한 조약집 발간

다음으로 국가 기관에 의한 조약집 발간을 살펴보자. 국가 기관에 의한 조약집 발간도 외교 문서의 경우와 같이 영국 정부가 먼저 시작하였다. 외무성 사서(司書)였던 허츨렛L. Hertslet이 편집 책임을 맡아 1832년부터 조약들을 발간한 이래 현재까지 계속되고 있다. 『영국 및 외국 국가 문서』 *British and Foreign State Papers*가 그것이다.

프랑스 외무성은 클레르크Alexandre de Clercq의 편집으로 조약집 발간을 시작하였다.

Clercq, Alexandre de, & Etienne de Clercq, *Recueil des traités de la France, publié sous les auspices du Ministère des Affaires Etrangères*, 23 vols., Paris, 1864~. 이 조약집은 1713~1910년간의 조약들의 모음이다.

저명한 국제법 학자 Jules Basdevant이 편집한 다음의 조약집도 공공기관에 의한 조약집이다.

Traités et conventions en vigueur entre la France et les Puissances étrangères, 4 vol., Paris, 1918~1920

프랑스 외무성은 또 1962년 이후 매년 *Recueil des traités et accords de la France*를 발간하고 있다.

러시아 외무성은 저명한 국제법 학자인 마르텐스에 의뢰해 다음의 훌륭한 조약집을 발간하였다.

Martens, Feodor Fedorovich, *Recueil des traités et conventions conclus par la Russie avec les Puissances étrangères, publié d'ordre du Ministère des Affaires Etrangères,*

15 vols., St. Petersburg, 1874~1909. 1648~1906년간의 조약들을 수록하고 있음.

이탈리아 외무성도 1865년 이후 다음과 같은 조약집을 계속 발간하고 있다.

Raccolta dei Trattati e delle convenzioni concluse tra il Regno d'Italia ed i Governi esteri. 1951년에 조약집 명칭을 *Trattati e convenzioni tra l'Italia e gli altri stati*로 개칭.

미국 국무성은 1908년 이후 *Treaty Series*를 발간하고 있으며 그 이전의 문서집으로서는 다음을 참조하면 된다.

Miller, David H., *Treaties and Other International Acts of the United States of America*, 8 vols., Washington, D.C., 1931~1948.

1912년에 수립된 베이징 정부는 중국의 조약을 공간하였는데 이들 조약집은 타이베이에서 1963~1964년에 다음과 같은 4책으로 간행되었다.

『淸初及中期對外交涉條約輯』, 『淸末對外交涉條約輯, 同治』, 『淸末對外交涉條約輯, 光緖』, 『淸末對外交涉條約輯, 宣統』. 그리고 현재 중국정부가 1957년 이후 발간하고 있는 『中華人民共和國條約集』은 1949년 이후의 조약집이다.

일본 외무성은 1921~1922년 워싱턴 조약부터 시작된 조약집을 1922년 이후 계속 발간하고 있으며 그 이전 조약으로는 1930년에 발간하기 시작한 구 조약집이 있다.

한국의 경우 외교 문서 발간이나 조약집 발간의 현실이 개탄스럽다.

통리교섭통상사무아문(統理交涉通商事務衙門) 편, 『각국약장합편』(各國約章合編), 1890. 당시의 사정으로 보아 그래도 훌륭한 조약집이다.

일본 통감부(統監府) 편, 『한국조약유찬』(韓國條約類纂), 1908. 아직도 사용하지 않을 수 없는 것이 학문적인 현실이다.

한국 국회도서관 편, 『구한국조약휘찬』(舊韓國條約彙纂), 2책, 1964~1965. 내용이나 조약 번역에 문제점이 많아서 사용에 주의해야 한다.

4) 국제연맹과 국제연합

국제연맹 규약 제18조는 모든 조약들은 연맹 사무국에 등록해야만 효력이 발생토록 규정하였다. 제1차 세계대전이 비밀 외교로 인하여 발발했다는 인식 때문이다. 국가의 조약들이 특정한 국제기구에 등록돼야 효력이 발생한다고 규정한 것은 이것이 처음이다. 그리하여 연맹 사무국은 다음과 같은 거의 완벽한 조약집을 발간하였다.

Recueil des traités et des engagements internationaux registrés par le Secretariat de la Société des Nations, 205 책, 1920~1946.

국제연합 헌장 제102조도 조약의 연합 사무국에의 등록을 규정하고 있으나 연맹 규약과는 달리 미등록 조약이라도 효력을 갖고 있으나 단지 국제연합의 기관들에게 그 조약을 원용할 수 없도록 규정하고 있다. 연합 사무국은 다음의 조약집을 계속 발간하고 있다.

United Nations Treaties Series: Treaties and International Agreements Registered or Filed and Recorded with the Secretariat of the United Nations.
이런 방대한 조약집들의 검색을 위해서는 다음의 책이 편리하다.
Rohn, Peter H., *World Treaty Index*, Oxford, 1974.
Bowman, M.J., & D.J. Harris, eds., *Multilateral Treaties. Index and Current Status*, London, 1984.

부록 2 외교문서

1) 외교문서의 뜻

외교 문서의 뜻은 좁은 의미와 넓은 의미로 사용되고 있다. 좁은 의미의 외교 문서는 정부의 토의 문서와 훈령, 교섭 담당자들의 교섭과정 문서documents préparatoires, 그들의 왕복 서류, 본국 정부에 발송한 보고문들, 그리고 국제 조약을 가리킨다. 그리고 넓은 의미의 외교 문서에는 이 밖에도 교섭 담당자들의 회고록이나 문집을 비롯한 개인 문서들이 포함된다. 이런 외교 문서의 발간은 19세기 초 이래 긴 역사를 지니고 있다.

그런데 외교 문서의 발간은 그 자체가 국제 정치적인 성격을 지니고 있다는 데에 주의해야 된다. 외교 문서를 발간하는 동기 자체가 정치적이다. 그뿐만이 아니다. 어떤 문서들을 수록해 공개하느냐에 관한 판단이 매우 정치적이다.

19세기에 접어들면서 영국이 먼저 기사본말체(紀事本末體) 형식으로 칼라 북스colour books라는 형식의 외교 문서집을 공개하기 시작하였다. 칼라 북스라는 명칭은 각국이 독특한 색채의 표지로 된 책자로 발간하기 때문이었다. 예를 들면 영국은 청색의 표지로 된 문서집이어서 청서Blue Books, 프랑스는 황서Yellow Books, 독일 · 미국 등은 백서White Books, 러시아는 적황서 Orange Books, 이탈리아는 녹서Green Books라는 명칭의 외교정책 문서를 발간하고 있다.

이런 문서 발간의 효시는 영국의 의회제도와 밀접한 연관을 갖고 있다. 즉 나폴레옹 전쟁을 계기로 영국 정부가 의회의 반대자들에게 전쟁 참여의 명분을 알리기 위하여 문서들을 공표할 필요가 있었다. 영국의 청서에 관해서는 다음의 훌륭한 연구가 있다.

Temperley, Harold, & Lillian M. Penson, *A Century of Diplomatic Blue Books, 1814~1914*, Cambridge, 1938.

이런 영국의 관례를 열강들이 모방하여 하나의 관례가 되었다. 특히 국민 여론이 외교문제에 크게 영향을 미치게 된 19세기 후반 이후로는 각국이 특정한 외교 문제에 대한 자국의 입장을 선전,

변호할 필요성에서 이런 칼라 북스의 발간은 하나의 유행이 되었다. 그러나 칼라 북스는 정책적인 목적에서 선별되고 편집된 문서집으로서 열강들이 자국의 정책적인 입장을 선전하려는 의도를 가진 책자라는 점에서 외교문서집과는 크게 구별된다고 볼 수 있다. 물론 외교문서집 자체도 이와 같은 정책적인 목적이 전무한 것은 아니다. 이런 점에서 깊이 있는 외교사 연구를 위해서는 기간문서의 검색뿐만 아니라 미간의 자료들을 검토해야 할 필요성이 있는 것이다. 열강의 미간자료에 관해서는 다음과 같은 안내서가 있다.

Thomas, Daniel H., & Lynn M. Case, eds., *The New Guide to the Diplomatic Archives of Western Europe*, Pens., 1959.

National Historical Publications and Records Commission, *A Guide to the National Archives of the United States*, Washington, D.C., 1974.

————, *Directory of Archives and Manuscript Repositories in the United States*, Washington, D.C., 1978.

Glavnoe arkhivnoe upravlenie pri Sovete Ministrov SSSR(소련 각료회의 산하 주요문서관리국), *Gosudarstvennye arkhivy SSSR* (소련의 국가문서들), 2 vols., Moskva, 1989.

제1차 세계대전 이후 본격적으로 외교문서집이 발간되기 이전에도 체계적인 문서의 발간이 있었다. 먼저 독일에서 1850~1858년간 만토이펠O.T. Manteuffel 외상의 문서를 포함한 자료집(*Preussen auswärtige Politik, 1850~1858*, H. von Poschinger 편, Berlin, 1902)이 나왔다. 그러나 이것은 독일 외무성이 발간한 공식적인 외교문서집은 아니었다.

제1차 세계대전 이전 문서 발간에 획기적인 공헌을 한 것은 프랑스 외무성이었다. 프랑스 외무성은 1910년부터 프랑스-프로이센 관계의 방대한 외교문서집(*Les origines diplomatiques de la guerre de 1870~1871*, 29 vols., Paris, 1910~1930)을 발간한 바 있다. 이 문서집은 미국의 경우를 제외하고는 당시 유일한 종합적인 외교문서집이라고 볼 수 있다.

외교 문서 발간의 이와 같은 초기 형태를 벗어나 본격적인 외교 문서들이 발표되기 시작하였다. 이제 이들 문서의 발간 현황을 나라별로 보도록 하자.

2) 제1차 세계대전 이후 열강의 외교문서 발간

(1) 소련

소련의 경우를 먼저 열거하는 이유는 소련이 1917년 혁명 직후 제정 러시아의 미공개 외교문서들을 공표함으로써 열강에게 큰 충격을 주었고 이에 따라 열강들이 외교문서 발간에 박차를 가하였기 때문이다. 소련으로서는 세계대전은 자본주의 열강간의 투쟁의 산물이란 것을 선전함으로써 세계혁명을 촉진시킬 필요가 있었으며 또한 국내에서도 그들의 정치적인 지반을 확고히 하고 전쟁을 조속히 종식시킬 목적에서 미간문서들을 발간하기 시작하였다. 그리고 제정 러시아의 문서뿐만 아니라 러시아 외무성이 보관하고 있던 열강들의 문서도 공포함으로써 열강들을 더욱 곤혹스럽게 만들었다.

소련 당국은 먼저 잡지나 신문을 통하여 미간문서들을 발표하기 시작하였다. 그 중에서도 가장 중요한 것은 다음의 잡지이다.

Pokrovsky, Mikhail Nikolaevich, red., *Krasny Arkhiv*(붉은 문서), 106책, 1922~1941. 이 잡지는 상당한 분량의 미간문서, 일기, 회고록 등을 발표하였는데 그 색인과 해설에 관해서는 다음의 지침서가 있다.

Rubinchek, L.S., *A Digest of the Krasnyi Arkhiv*, vol. 1-30. Clevelane, 1947.

Eisele, L.W., *A Digest of the Krasnyi Arkhiv*, vol. 31-106.

Maksakov, V.V., red., *Krasnyi Arkhiv: Istoricheskii zhurnal 1922~1941. Annotirovennyi ukazatel soderzhaniya sostavil R. Ya. Everev*(붉은 문서: 역사 잡지, 1922~1941. 내용의 주석 부친 색인은 Everev가 작성), Moskva, 1960. 1970년에 Krauss Reprint에서 복간.

김용구 편, 『中蘇國際法理論 및 러시아 · 소련의 韓末外交史研究: 文獻目錄』, 서울, 1979. 여기에 이 잡지 논문 중 한국 외교사 관계 목록이 수록되어 있다.

그런데 편집자인 포크로프스키는 그의 여러 역사적인 관점에 대해 비판을 받았는데 『붉은 문서』 편집 방향도 예외는 아니었다. 후술하는 바같이 이 잡지는 1941년 폐간되었다.

『붉은 문서』의 자료들은 외교사 연구에 중요한 사료들이다. 현재 러시아 정부가 추진하고 있는 19세기의 외교 문서집이 아직도 1830년대 문서들 수록에 머물고 있기 때문에 더욱 그러하다. 『붉은 문서』 전체의 내용을 여기에 소개할 수 없지만 러시아 동북아 정책에 관한 중요한 문서들의 목록을 작성해 독자들이 쉽게 찾아볼 수 있게 한 바 있다. 김용구, 『외교사란 무엇인가』(인천, 2002), pp. 133-136 참조.

한편 이 잡지의 문서 중 장팅푸(蔣廷黻)가 영어로 번역한 몇 편의 문서들은 국내 학계에서는 러시아 문서의 유일한 출처로 오해될 정도로 널리 이용되어 왔다. 그리고 『붉은 문서』라는 명칭 때문에 국내 학계에서는 오랫동안 이 잡지가 소련 당국이 발표한 일종의 문서집으로 오해되었다.

그 후 소련 당국은 신문, 잡지를 통한 문서 공표의 형식을 바꾸어 다음과 같은 단행본의 문서집을 발간하였다.

Materialy po istorii Franko-Russkikh otnoshenii 1910~1914(1910~1914년 프랑스-러시아 관계사에 관한 자료들), Moskva, 1922.

Un Livre Noir, 6책, Paris, 1923~1932. 위 문서집을 보완해 프랑스어로 번역한 것임.

Tsarskaya Rossiya v mirovoi voine(세계대전에 있어서 제정 러시아), Leningrad, 1925.

Das zaristische Russland im Weltkriege, Berlin, 1927. 위 문서집의 독일어 번역으로 완역임.

Documents diplomatiques secrets russes 1914~1917, Paris, 1928. 위 문서집의 프랑스어 번역으로 초역임.

Adamov, E.A., *Evropeiskie derzhavy i Gretsiya v epokhu mirovoi voini*(세계대전 기간 중 유럽 열강과 그리스), Moskva, 1922. *Die europäischen Mächte und Griechenland während des Weltkrieges*(Dresden, 1932)은 독일어 번역임.

————, *Europeiskie derzhavy i Turtsiya vo vremya mirovoi voiny: Razdel aziatskoi Turtsii*(세계대전 시기에 있어서 유럽 열강과 터키: 아시아지역 터키의 분할), Moskva, 1924. *Die europäischen Mächte und die Türkei während des Weltkrieges: Die Aufteilung der asiatischen Türkei*(Dresden, 1932)는 독일어 번역임.

————, *Evropeiskie derzhavy i Turtsiya vo vremiya mirovoi voiny: Konstantinopol i prolivy*(세계대전 기간에 있어서 유럽 열강과 터키: 콘스탄티노플과 해협), 2 vols., Moskva, 1925~1926. *Die europäischen Mächte und die Türkei während des Weltkrieges: Konstantinopel und die Meerenger*(4 vols., Dresden, 1930~1932)과 *Constantinople et les Détroits*(2 vols., Paris, 1930)는 각각 독일어, 프랑스어 번역임.

1928년에는 포크로프스키M.N. Pokrovsky를 위원장으로 하는 문서발간 위원회가 구성되어 1878년 베를린 회의에서 1917년 러시아 혁명에 이르는 방대한 외교문서집 발간의 계획을 수립해 1931년부터 발표하기 시작하였다.

Pokrovsky, Mikhail Nikolaevich, *Mezhdunarodnye otnosheniya v epokhu imperializma*(제국주의 시대에 있어서 국제관계). 3개 시리즈로 나누어 출간하려고 하였는데 현재까지 세상에 나온 것은 매우 불완전하다. 제1시리즈는 발간되지 않았고 제2시리즈의 제17~21책(1911년 5월~1912년 11월)과 제3시리즈의 제1~10책(1914년 1월~1916년 3월) 등이다. 이 문서집이 제2차 세계대전 이전에 나온 외교문서집 중 가장 중요한 것이라고 볼 수 있다.

그러나 소련 당국은 이 문서집 발간 이후 곧 문서를 공표하지 않으려는 정책으로 돌변하였다. *Krasny Arkhiv*의 편집장 포크로프스키는 1940년 제100호의 동 잡지에 실린 E. Yaroslavsky의 권두 논문 "ocherednye zadachi zhurnala 'Krasnyi Arkhiv'"("'붉은 문서' 잡지의 당면한 과제들")에서 그동안 너무나 많은 러시아 문서들을 공표하였다고 비판받았다. 이 잡지는 1941년에 폐간되었다.

제2차 세계대전 이후에도 소련은 한동안 외교문서를 공표하지 않았다. 그러나 열강들이 세계대전에 관한 자료들을 계속 발간하여 계속 침묵을 지킬 수는 없는 일이었다. 그리하여 1957년 그로미코A.A. Gromyko를 위원장으로 하는 위원회가 구성돼 두 종류의 방대하고 체계적인 외교문서집을 발간키로 결정하였다.

Vneshnaya politika Rossii: XIX i nachala XX beka(러시아의 대외정책: 19세기와 20세기 초)로서 1960년부터 발간되기 시작하였다. 제1시리즈(1801~1815년)는 8책으로 완간되었고 제2시리즈(1815~1830년)는 1830년경 문서까지 발간되었다.

Dokumenty vneshnei politiki SSSR(소련 대외정책 문서)인데 1957년부터 발간되기 시작하여 1938년 말까지의 문서들이 총 22책으로 발간되어 있다.

소련 외무성은 이런 본격적인 문서집 발간과 더불어 다음과 같은 스탈린의 서한집과 뮌헨 협정에 관한 문서들을 출간하였었다.

Perepiska predsedatelya Soveta Ministrov SSSR I.V. Stalina s Presidentom SShA F. Ruzveltom, Presidentom SShA G. Trumemenom, s Premer-Ministrom Velikobritanii U. Cherchillem i Premer-Ministrom Velikobritanii K. Ettli (소련 각료회의 의장 I.V. 스탈린과 미국 대통령 루스벨트, 트루먼 그리고 영국 수상 처칠, 애틀리 간의 서한집), Moskva, 1957.

Perepiska predsedatelya Soveta Ministrov SSSR s Presidentami SShA i Premer-Ministrami Velikobritanii (소련 각료회의 의장과 미국 대통령들 및 영국 수상들 간의 서한집), Moskva, 1976. 이것은 위 문서집의 제목을 바꾸어 2책으로 복간한 것임.

Stalin's Correspondence with Roosevelt and Truman, 1941~1945, N.Y., 1965.

Stalin's Correspondence with Churchill and Attlee, 1941~1945, N.Y. 1965. 위 문서집의 영역임.

The Secret History of the World War II: The Ultra-Secret Wartime Cables and Letters of Churchill, Roosevelt and Stalin, London, 1987. 위 문서집 일부의 영역임.

그리고 소련 외무성과 체코 외무성은 뮌헨 협정에 관한 61개의 문서들만을 1958년에 발간한 바 있는데 1979년 양국 외무성은 *Dokumenty po istorii Myunkhenskogo cgovora*, 1937~1939(뮌헨 협정 역사에 관한 문서들, 1937~1939)라는 제목으로 269개에 달하는 문서들을 발간하였다.

소련 외무성은 다음과 같은 제2차 세계대전에 관한 일련의 문서들을 발간하였는데, 이 방면 연구에 반드시 참고해야 할 자료가 되었으며 타국의 문서들과 비교 검토해야 될 것이다.

Sovetsko-Angliskie otnosheniya vo vremya velikoi otechestvennoi voiny, 1941~1945 (대조국전쟁시기에 있어서 소련-영국 관계, 1941~1945), 2책, Moskva, 1983.

Sovetsko-Frantsuzskie otnosheniya vo vremya velikoi otechestvennoi voiny, 1941~1945(대조국전쟁시기에 있어서 소련-프랑스 관계, 1941~1945), 2책, Moskva, 1983.

Sovetsko-Amerikanskie otnosheniya vo vremya otechestvennoi voiny, 1941~1945(대조국전쟁시대에 있어서 소련-미국 관계, 1941~1945), 2책, Moskva, 1984.

그리고 소련 외무성은 전시 연합국 회의에 관한 다음과 같은 일련의 자료들을 1984년에 발표하였다.

Moskovskaya Konferentsiya Ministrov Innostrannykh Del SSSR, SShA i Velikobritanii (소련, 미국, 영국, 외상들의 모스크바 회의).

Tegeranskaya Konferentsiya rukovoditelei trekh soyuzhnykh derzhav—SSSR, SShA i Velikobritanii (소련, 미국, 영국 3연합국 수뇌들의 테헤란 회의).

Konferentsiya predstavitelei SSSR, SShA i Velikobritanii v Dumbarton-Okse(덤버튼 옥스에서의 소련, 미국, 영국 대표들의 회의).

Krymskaya Konferentsiya rukovoditelei trekh soyuzhnykh derzhav SSSR, SShA i Velikobritanii (소련, 미국, 영국 3연합국 수뇌들의 크림 회의).

Konferentsiya Obedenennykh Natsii v San-Frantsisko(샌프란시스코 연합국 회의).

Berlinskaya (Potsdamskaya) Konferentsiya rukovoditelei trekh soyuzhnykh derzhav— SSSR, SShA i Velikobritanii(소련, 미국, 영국 3연합국 수뇌들의 베를린(포츠담) 회의).

그리고 리투아니아의 독립요구 등 발트 3개국 문제가 국제정치의 현안 문제로 등장하자 소련 외무성은 이들 국가와의 관계 문서를 다음과 같이 발간하였다.

SSSR i Pribaltika, 1939~1940 gg. Dokumenty i materialy(소련과 발트 연안제국, 1939~1940년. 문서와 자료), 1990.

최근 다음과 같은 러시아 문서의 색인과 한국 관련 문서들의 요약집이 발간돼 연구에 도움을 주고 있다.

Russko-yaponskie diplomaticheskie otnosheniya(1850-1917 gg.): Katalog dokumentov (1850~1917년 러일 외교 관계: 문서 목록), Chikharu Inaba(稲葉千晴), ed., Tokio, 1997.

『러시아 國立文書保管所 所藏 韓國關聯文書 要約集』, 朴鍾涍 編譯, 서울, 2002.

러시아 미간 문서의 소재와 한국 관련 문서들의 현황은 후술한다.

I.Yu. Kim, "Perechen ryada rossiiskikh arkhivnykh materialov po istorii rossiisko-koreiskikh otnoshenii kontsa XIX-nachala XX vv.(19세기~20세기 초 러시아-조선 관계사에 관한 일련의 러시아 문서 자료 목록)," *Vopros Istorii Korei*(조선사의 제문제), 2004, pp. 198-269.

(2) 독일

다음으로 외교 문서집 발간에 결정적인 계기를 마련한 것은 제1차 세계대전 이후 독일 정부의 문서 발간이었다. 제1차 세계대전의 모든 책임을 독일 정부에게 돌린 베르사유 조약 제231조는 독일 민족의 자존심을 송두리째 말살한 규정이었다. 러시아 혁명 직후 구소련 당국이 미간 문서들을 공표하자 전쟁을 도발했다고 비난받고 있던 독일 정부가 먼저 이에 대처하지 않을 수 없었다. 러시아 황제도 전쟁 발발에 일단의 책임이 있다는 것을 선전할 필요성이 있었다. 그리하여 1914년 6월 28일의 사라예보 사건부터 7월 위기 동안의 문서를 먼저 공개하였다.

Kautsky, Karl, ed., *Die deutschen Dokumente zum Kriegsausbruch*, 4 vols., Charlottenburg, 1919~1920.

The Outbreak of the World War, Washington, D.C., 1924. 위 문서집의 영역임.

이와 더불어 독일연방 국가들인 바바리아, 바덴, 색스니, 뷔르템베르크의 베를린 주재대표들 문서들이 다음과 같이 2책으로 출간되어 7월의 위기 동안 베를린 정부의 태도를 밝히는 데 공헌하였다.

Dirr, Pius, ed., *Bayerische Dokumente zum Kriegsausbruch und zum Versailler Schuldspruch*, Munich, Berlin, 1922.

Bach, August, ed., *Deutsche Gesandschaftsberichte zum Kriegsausbruch 1914*, Berlin, 1937.

이와 같은 전쟁발발에 관한 문서와 더불어 휴전, 평화조약의 체결에 관한 문서집 3종이 발표되었다.

Amtliche Urkunden zur Vorgeschichte des Waffenstillstandes, Berlin, 1919. *The Preliminary History of the Armistice* (N.Y., 1924)는 이 문서집의 영역본이다.

Der Waffenstillstand, 1918~1919, 3 vols., Berlin, 1928.

Materialen betreffend die Friedensver handlungen, Charlottenburg, 1919.

그러나 7월의 위기에 국한된 이러한 단편적인 문서들은 세계대전 원인에 대한 종합적인 분석을 위해서는 불충분한 것이며 또한 베르사유 조약의 독일 책임론을 반박하기에도 미흡한 것이었다. 따라서 독일 정부는 종합적이고 체계적인 다음의 외교문서 발간에 착수하게 되었다.

Thimme, Friedrich, Johannes Lepsius, Albrecht Mendelssohn-Bartholay, *Die grosse Politik der europäischen Kabinette, 1871~1914*, 40권 54책, 1922~1926. 이 외교문서집은 획기적인 것이며 미국의 *The Foreign Relations of the United States*를 제외하고는 역사상 최초의 체계적인 외교문서집이라고 볼 수 있다. 이 문서집 중 매우 중요한 문서만을 선별해 영역한 것도 있다.

Dugdale, E.T.S. *German Diplomatic Documents, 1871~1914*, 4 vols., N.Y., London, 1931.

그런데 제2차 세계대전이 끝나자 전승국들은 패전국의 국가 문서들을 인수하여 마이크로필름으로 복사하였다. 역사상 처음 있는 일이었다. 독일 문서의 경우 미국과 영국은 그들 점령 지역에 있던 외무성, 육군성, 그리고 해군성의 문서들을 옥스퍼드로, 구소련은 모스크바로 이관하여 복사하였다.

이 문서들이 발표되기 이전에 이 문서들을 원용한 특수한 문서집이 세상에 나오기도 하였다.

Zeman, Z.A.B., ed., *Germany and the Revolution in Russia 1915~1918: Documents from the Archives of the German Foreign Ministry*, London, 1958.

Scherer, André, & Jacques Grünewald, eds., *L'Allemagne et les problèmes de la paix pendant la Première Guerre Mondiale*, Paris, 1962.

전후 냉전의 단계로 접어들자 미국은 이들 문서를 이용해 소련이 나치와 밀접한 관계가 있었다는 사실을 세상에 알림으로써 소련을 비판하였다.

Nazi-Soviet Relations, 1939~1941: Documents from the Archives of the German Foreign Ministry, 1948.

Seidel, Alfred, ed., *Die Beziehungen zwischen Deutschland und der Sowjetunion, 1939~1941: Dokumente des auswärtigen Amtes*, Tübingen, 1949.

이에 소련이 침묵을 지킬 수 없었다. 소련도 그들이 복사한 독일 문서에 입각해 문서집을 발표하였다.

Dokumenty i materialy kanune vtoroi mirovoi voiny, 1937~1939 (제2차 세계대전 이전의 문서와 자료, 1937~1939), 2 vols., 1948. 1981년에 다시 복간.

La Politique Allemande(1936~1943): Documents secrets du Ministère des Affaires Etrangères d'Allemagne, 3 vols., Paris, 1946~1947. 독일의 터키, 헝가리, 스페인 3국에 대한 자료인데 소련 문서의 프랑스 번역임.

이와 더불어 소련 외무성은 로카르노 회의가 원래 반(反)소적인 목적에서 소집되었다는 것을 독일문서들을 원용해 증명하려고 *Lokarnskaya konferentsiya*(로카르노 회의)(Moskva, 1959)도 발간한 바 있다.

영국과 미국은 독일로부터 가져온 문서들을 프랑스와 함께 공동 편찬하기로 하였고 독일 정부도 문서 발간에 동참하기로 하였다. 문서 발간은 다음과 같이 5개 시리즈로 구분하고 각국이 발간을 분담하였다.

A(1919~1924): 독일 정부가 발간. 제목: *Akten zur deutschen auswärtigen Politik.*

B(1925~1932): 독일 정부가 발간. 제목은 위와 같고 현재 21책으로 완결.

C(1933~1937): 미국, 영국, 프랑스가 발간. 미국과 영국이 발간하는 문서집 제목은 *Documents on German Foreign Policy, 1918~1945: From the Archives of the German Foreign Ministry* (Washington D.C., London, 1949)로 현재 6책으로 완결되었고, 프랑스가 발간하는 문서집 제목은 *Les Archives Secrètes de la Wilhelmstrasse* (Paris, 1950)이다.

D(1937~1941): 미국, 영국, 프랑스 발간 담당. 제목은 위와 같고 현재 14책으로 완결.

E(1942~1945): 독일 발간. 제목 위와 같음.

그러나 전승국들이 모든 문서들을 복사한 것은 아니었다. 따라서 현재 독일 외무성이 보관하고 있는 본래의 문서들과 비교 검토할 필요가 있을 것이다. 이 문제에 관한 일본의 경우는 다음에 자세히 고찰한다.

(3) 영국

독일이 문서를 공개하자 영국이 곧 이에 대처하였다. 1919~1920년 독일에서 카우츠키K. Kautsky의 문서집이 나오자 영국 외무성도 문서 공개의 원칙을 결정하고 1898년부터 제1차 세계대전이 발발한 1914년까지의 문서를 공표하기로 하였다. 1898년은 영국이 '영예로운 고립' Splendid Isolation을 포기한 해였다.

Gooch, G.P., & H. Temperley, *British Documents on the Origins of the War, 1898~*

1914, 11권 13책, 1926~1938.

Butler, R., & E.L. Woodward, *Documents on British Foreign Policy, 1919~1939*, 1947~.

그런데 1989년부터 영국 외무성 문서 중 비밀 출판물Confidential Print에서 중요 문서들을 발췌해 다음의 문서집을 발간하고 있다.

Bourne, K., & D.C. Watt, eds., *British Documents on Foreign Affairs*.

이 문서집은 7개 지역과 4개 특별 주제로 구성되어 있다. 제정 러시아와 구소련, 근동과 중동, 북아메리카, 라틴 아메리카, 아시아, 유럽 그리고 아프리카로 나누고 각 지역은 다시 19세기 중엽부터 제1차 세계대전까지를 다룬 Part I과 제1차 대전에서 제2차 세계대전 발발까지 취급한 Part II로 구분되어 있다. 제1차 세계대전, 파리 평화회의, 국제연맹, 그리고 경제-문화 등 4개 문제에 대한 주제별 문서가 있다.

현재도 발간이 계속되고 있는 이 문서집은 이제 반드시 이용해야 할 자료임에는 틀림없다. 그러나 그것이 후술하는 외무성 문서 중 '비밀 출판물' 항목에 국한되어 있고 그것도 편집자들이 문서들을 선별하지 않을 수 없었다는 점에 유의해야 한다. '비밀 출판물' 전체를 만일 인쇄한다면 수천 권에 이르러서 선별은 불가피한 일이다. 그런데 '아시아' Part I, 1860~1914의 문서는 모두 10책으로 되어 있는데 이 중 조선 문제에 관한 문서들을 검토해 보면 편집자들이 다른 지역에 비하여 조선을 상당히 경시한 편집 태도를 취하고 있음을 알 수 있다.

그런데 최근 국내의 동광출판사에서 다음의 자료집을 출간하였다.

『韓英外交史關係資料集』, 45冊, 서울, 1997. 영국 문서고Public Record Office에 있는 문서의 마이크로필름을 입수하여 한국 관련 문서들을 모두 45책으로 출간하였다. 그러나 이 자료집은 1875년 이전의 자료들을 싣고 있지 않다는 점에 먼저 유의해야 한다. 그리고 이 문서집은 주로 중국 관계 문서인 F. O. 405, 일본 관계 문서인 F. O. 410, 371, 조선 관계 문서인 F. O. 523 중 한국 관계 문서들을 무분별하게 수록하고 있어서 이용에 주의해야 한다. 또 위의 *British Documents on Foreign Affairs*와 상당한 부분에서 중복되고 있다는 점도 염두에 두어야 한다.

(4) 프랑스

제1차 세계대전에 참전한 강대국 중 프랑스가 제일 늦게 외교문서를 발간하였다. 물론 대전 직후 3종의 칼라 북을 발표했으나 그 사료적인 가치는 높지 않다.

L'Alliance franco-russe. Origines de l'alliance 1890~1893. Convention militaire, 1892~1899 et convention navale, 1912, Paris, 1918.

Les accords franco-italiens de 1900~1902, Paris, 1920.

Les affaires balkaniques 1912~1914, Paris, 1921.

프랑스 외무성은 1928년에 가서야 제1차 세계대전 문서를 공표하기로 결정하였다.

Documents diplomatiques français 1871~1914, 42책, 1929~1955.

제2차 세계대전에 관한 문서 발간에도 프랑스 외무성은 큰 곤란을 겪었다. 1940년 5월 파리 점령 직전에 상당한 분량의 외교문서를 소각하였기 때문이다. 1961년에 르누뱅Pierre Renouvin을 위원장으로 하는 편찬위원회를 결성하여 소각된 문서들을 기존 문서들에 입각하여 재구성하는 작업에 착수하였다. 르누뱅 교수 이외에 Jean Baptiste Duroselle, Maurice Baumont 등 저명한 역사학자들이 이 작업에 참여해 다음의 문서집을 발간하였다.

Documents diplomatiques français 1932~1939, 33책, 1961~1986. 제1시리즈(1932~1935년), 제2시리즈(1936~1939)로 구성되어 있음.

프랑스 외무성은 이보다 앞서 1940년 6월~1941년 12월간 독일과 비시 정권의 관계에 관해 *La délégation française auprès de la commission allemande d'armistice: Recueil de documents publiés par le gouvernement français* (5 vols., Paris, 1947~1959)를 발표한 바 있었다.

제2차 세계대전과 관련해 프랑스 문헌으로서 참고해야 할 점은 비시 정권 핵심인물에 대한 재판 자료이다. 몇 가지 예를 들면 다음과 같다.

Le Procès Pétain: Compte rendu sténographique, 2 vols., Paris, 1945.

Le Procès Laval: Compte rendu sténographique, Paris, 1945.

Le Procès Flandin devant la Haute Cour de Justice, 23~26 Juillet, 1946, Paris, n.d.

(5) 미국

미국이 세계 최초로 외교 문서집을 발간했을 뿐 아니라 공표한 문서의 양에 있어서도 단연 최대의 규모라고 할 수 있다. 미국의 외교 문서집인 『미국 대외관계 문서』*Papers relating to the Foreign Relations of the United States*는 1861년 12월 미국 의회에 제출된 링컨A. Lincoln 대통령의 연두교서 일부가 외교 문서의 형식으로 발표된 것이 그 효시였다. 1895년까지는 그 전년에 있었던 외교 문제에 관한 문서들이 발간되었고 그 후로는 수년 후에야 공개되는 관례가 성립되었다. 현재는 원칙상 '30년 기준'을 따르고 있다. 그리고 1932년부터는 총론, 지역별 문제로 구분하여 발간되고 있다.

그런데 이 문서집은 19세기 동북아 문제에 관해서는 매우 제한된 양의 문서만을 수록하고 있다. 조선 문제에 관해서는 더욱 그러하다. 더욱이 수록된 문서들도 본래의 문서를 자의적으로 편집하여 놓은 것들도 있다. 이런 공백을 채워 준 것이 데이비즈가 편찬한 다음의 문서집이다.

Davids, Jules, *The Treaty System and the Taiping Revolution, 1842-1860*, 21 vols., Wilmington, 1973.

————, *The United States, China, and Imperial Rivalries, 1861-1893*, 18 vols., 1979.

————, *The Sino-Japanese War to the Russo-Japanese War, 1894-1905*, 14 vols.,

1981.

한국 외교사 연구에 없어서는 안 될 미국 문서의 귀중한 자료집은 맥퀸이 처음 3개 시리즈로 계획한 것이었다.

McCune, George M. & John A. Harrison, *Korean-American Relations. Documents pertaining to the Far Eastern Diplomacy of the United States. Volume 1, The Initial Period, 1883~1886*, Berkeley, 1951. Krauss Reprint, 1970.

Palmer, Spencer J., *Korean-American Relations. Documents pertaining to the Far Eastern Diplomacy of the United States. Volume 2, The Period of Growing Influence, 1887~1895*, Berkeley, 1963.

Burnett, Scott S., *Korean-American Relations. Documents Pertaining to the Far Eastern Diplomacy of the United States. Volume 3, The Period of Diminishing Influence, 1896~1905*, Honolulu, 1989.

맥퀸은 1937년 조선왕조실록의 연구를 위해 서울에 오게 되었는데 이때에 서울 주재 미국 영사관에 소장되어 있던 1883~1905년간 서울과 워싱턴의 왕복 문서들을 사진으로 복사하게 되었다. 맥퀸이 카메라로 찍은 것을 그의 장인이 혹시 일본 당국이 알아차리지나 않을까 하여 당시 연희전문학교 실험실에서 인화(印畫)하였다. 이 인화지는 1951년 맥퀸의 첫번째 자료집이 세상에 나올 때까지는 전혀 알려지지 않았었다. 맥퀸의 사망으로 3책의 구상은 지연되었다. 그 후 위에 들은 파머와 버넷이 맥퀸의 필름을 미 국무성의 자료들과 비교하면서 자료집을 완간하였다.

(6) 중국

외교사를 연구하는 데에 가장 고통스러운 작업 중의 하나가 중국 문서들을 검토하는 일이다. 공산당 정권이 들어서기 이전 중국 중앙 정부의 대외 관련 문서들은 고궁 박물원(故宮博物院) 문헌관(文獻館)에 소장되어 있었는데 1949년 장제스(蔣介石) 정권이 상당한 양의 문서를 갖고 타이완으로 물러나 근대사 연구소에 기탁하였다. 물론 모든 문서를 갖고갈 수는 없었고 베이징에 남은 방대한 문서들은 제1역사 당안관(歷史檔案館)이 관장하여 지금 자금성 서화문(西華門) 안쪽 건물에 비치되어 있다.

따라서 중국의 대외 문서들은 1949년 이전 고궁 박물원이 발간한 자료들, 타이완의 근대사 연구소가 발표한 자료들, 그리고 베이징의 제1역사 당안관 자료들을 발간한 자료집들로 구성되어 있다. 이 중 중요한 자료집을 들면 다음과 같다.

먼저 고궁 박물원이 발행한 가장 중요한 것은 다음의 문서집이다.

『籌辦夷務始末』, 文慶이 1856년에 편한 道光朝(1821~1849), 賈禎이 1867년에 편한 咸豊朝(1851~1861), 그리고 寶鋆이 1880년에 편한 同治朝(1862~1874)의 문서들을 고궁 박물원이 펴낸 것임. 臺灣 國風出版社가 傍點을 붙여 7冊으로 발간하였고 베이징 대학도 1981년에 9冊으로 발간하였는데 이 중 제1책은 색인임. 그런데 이 자료집은 외국과의 왕복 문서를 중국 기관들의 상주문에 부속 문건으로 첨부하고 있어서 정확한 문서의 날짜들을 알 수 없으므로 주의해야 한다.

『清季外交史料』, 1932~1935년에 걸쳐 王彦威와 王亮이 1875~1911년간의 외교문서들을 편집한 것을 1963년에 文海出版社가 9책으로 발간하였음. 우선 문서의 양이 적을 뿐 아니라 편집에도 문제가 있어 주의를 요함.

『清光緒朝中日交涉史料』, 故宮博物院 文獻館 編, 1932, 2책, 文海出版社, 臺灣, 1963.

『清宣統朝中日交涉史料』, 위와 같음. 이 두 문서집은 동북아 국제 정치사 연구에 필수적인 문서집인데 색인이 없어 이용에 불편함. 문서의 양도 방대하고 당시로서는 비밀에 속하던 많은 역사적인 사건에 대해 중요한 문서들을 공개한 자료집임.

다음으로 타이완의 중앙연구원 근대사 연구소에서 다음과 같은 중요한 문서집들을 발간하였다.

『清季中日韓關係史料』, 11책, 1972. 동북아 국제 관계사 연구에 필수적인 자료집이다. 이 문서집이 발간되자 그동안 풍부하다고 여긴 『中日交涉史料』도 문서들을 매우 선택하여 편집한 것을 알 수 있다. 그러나 문서 편집에 문제점이 없는 것은 아님.

『中美關係史料』, 光緒, 5册, 1988~1989. 고궁 박물원이 소장하였던 조회문이 주류를 이루고 있고 내용도 매우 사무적인 것들임.

『中美關係史料』, 嘉慶, 道光, 咸豊, 1册, 1968.

『中美關係史料』, 同治, 2册, 1968.

『中法越南交涉檔案』(1875~1911), 7册, 1962.

『中俄(蘇)關係史料』(1917~1921), 13册, 1959~1975.

이들 문서집 이외에도 이 연구소는 『海防檔』, 『鑛務檔』, 『四國檔案』, 『道光咸豊兩朝籌辦夷務始末補遺』, 『清季教務教案』 등도 발간하였다.

고궁 박물원의 문서들을 인계한 제1역사 당안관이 자체 소장하고 있다는 조선 관련 문서들을 발간하였다.

『清代中朝關係檔案史料滙編』, 1996.

『속편(續編)』, 1998.

이들 문서집을 검토해 보면 이미 발표한 문서들 이외에 새로운 문서들을 거의 발견할 수 없다. 따라서 이들 두 문서집은 조선에 관련된 미간 문서들을 철저히 조사해 발간된 자료집은 아닌 듯하다.

끝으로 중국 문서들은 대개 색인이 없어 불편한데 동북아 관계 문서들에 관한 간편한 색인으로는 다음의 것이 있다.

李毓澍 編輯, 『清季中日韓關係資料三十種綜合分類目錄』, 2册, San Francisco, 1977.

(7) 日本

막말 유신 초기의 외교문서로는 도쿄 대학 사료편찬소가 1910년 이후 계속 발간하고 있는 『大日本古文書, 幕末外國關係文書』가 있다.

『日本外交文書』. 일본의 기본 외교 자료로 그 어떤 나라의 문서집보다 잘 편집되어 있음. 1933년 일본 외무성은 조사과를 설치해 1868년 메이지(明治) 원년의 문서부터 발간하기로 결정. 1912년까지의 메이지 시기 문서 73책을 1963년에 완간. 일본 정부는 그 후 계속 다이쇼(大正), 쇼와(昭和) 시대의 문서들을 발간하고 있음.

전술한 바와 같이 제2차 세계대전 이후 전승국들인 연합국들은 패전국 독일, 일본의 국가 문서인 외교 문서들을 인수하여 마이크로필름으로 복사하였다. 일본 외무성 문서의 복사는 1948년 말부터 1951년 여름 사이에 도쿄 근처에서, 그리고 육군성과 해군성 문서의 일부는 종전 직후 워싱턴으로 이송해 그곳에서 1957~1958년 사이에 복사하였다. 그리하여 외무성 문서는 2,116릴reel, 육군성, 해군성 문서는 163릴의 마이크로필름이 완성되었다. 이들 필름은 한국 국회도서관도 소장하고 있다.

그런데 미 당국의 기본 태도는 태평양전쟁을 유발시킨 사건에 관계되는 문서들을 선택해 복사한다는 것이었다. 따라서 주로 1900년 이후 문서에 국한하고 필요한 경우에는 그 이전 문서들도 복사한다는 방침을 취하였다. 그러나 같은 사항이나 사건에 관계되는 문서들이라도 중국에 관한 문서들은 복사했으면서도 조선에 관한 문서들을 복사하지 않았다는 점에 유의할 필요가 있다. 예를 들어 문서번호 1-7-1-2 「차관관계」나 1-7-5-1 「광산관계」와 같은 중요한 문서철을 보더라도 '청국(清國)' 이라고 표시된 문서철은 모두 복사했으면서도 '조선(朝鮮)' 이라고 표시된 바로 옆의 문서철은 복사하지 않았다는 것이다. 조선 문서들을 경시한 태도를 알 수 있다.

필자는 1971~72년 동안 일본 외교사료관에 소장되어 있는 외무성 기록을 검색하면서 『日本外交文書』에도 누락되어 있고 미 당국이 마이크로필름 복사에서도 제외시킨 조선 관련 문서들을 필름으로 복사하였고 최근 이들 문서를 다음과 같이 발간하였다.

김용구 편, 『韓日外交未刊極秘史料叢書』, 50册, 서울, 1995~1996. 이들 문서집의 발간 경위에 관해서는 김용구, 「韓日外交未刊極秘史料叢書: 자료해제」, 『동북아』, 1996, 3집, pp. 277-301, 4집, pp. 289-296을 참조할 것.

따라서 한국 외교사 연구에 국한시켜 볼 때 일본의 국가 문서로서는 (1) 『日本外交文書』, (2) 미국의 마이크로필름, (3) 『韓日外交未刊極秘史料叢書』를 참조하면 충분할 것이다.

(8) 한국

한국의 외교문서 발간 현황은 어떠한가? 이 문제 하나만 보더라도 우리의 문화적인 수준을 가늠할 수 있다. 1948년 성립된 한국 정부가 사대질서나 교린질서의 문서들은 고사하고 조선이 19세기 중엽 이질 문명권들과 만난 이후의 외교 문서들을 하나도 발간하지 않고 있다.

정조(正祖)에 관해서는 최근 우리 국사학계에서 재조명하여 우수한 연구들이 나오고 있다. 그런데 정조의 위대성은 외교 문서 발간에서도 잘 나타나 있다.

『동문휘고(同文彙考)』. 초편(初編) 60책과 속편(續編) 36책으로 구성되어 있다. 초편의 편찬은 1784년(정조 8년) 정조의 명으로 시작하여 1788년에 완성되었다. 중국에 관한 문서들이 상당히 없어지고 승문원(承文院)의 등본(謄本)도 정비되어 있지 않아서 이들 사대 문서들을 모두 정리하려는 방대한 계획이었다. 사대문서뿐 아니라 일본 관계의 교린 문서도 정비하였다. 초편은 원편(原編), 별편(別編), 보편(補編), 부편(附編)으로 나누어져 있다. 원편은 1644년 청 나라가 중국에 들어간 이후 조선과 중국의 문서들이고 별편은 그 이전의 문서들, 보편은 연행사들의 문견록(聞見錄)을, 그리고 부편은 교린 문서들을 싣고 있다.

정조의 명으로 이루어진 이 문서집은 실로 역사적인 위업이다. 1788년 현재 사대-교린 문서들을 한데 묶어 놓은 자료집은 중국이나 일본에서도 찾아볼 수 없는 것이다. 당시 조선에는 『고사촬요』(攷事撮要), 『통문관지』(通文館志), 『증정교린지』(增正交隣志)와 같은 사대-교린에 관한 책들이 있었으나 이들은 관련 규정이나 중요 사항에 관한 해설에 불과한 것이다. 이에 비하여 『동문휘고』는 원 문서를 모두 수록한 방대한 문서집이며 보편의 문견록은 연행록(燕行錄)이나 해행록(海行錄)과 더불어 중요한 개인 문서들이다. 속편은 초편이 완성된 이후 매 3년마다 그동안에 있었던 사대-교린 문서들을 보완하는 문서집이다. 이 보완 작업은 고종 18년(1881)까지 90여 년에 걸쳐 10여 차례의 보완이 이루어져 모두 36책으로 구성되어 있다.

규장각(奎章閣)에 보존되어 온 이 자료를 1936~1937년에 다보하시 기요시(田保橋潔) 교수가 교열하여 초편의 원편 권 17~50에 해당하는 문서를 2책으로 출간하였다. 원래 계획은 11책으로 완결하려 했으나 무산되었다. 중일전쟁의 발발로 이런 방대한 작업이 진행될 수 없었을 것이라고 추측할 수 있다. 그런데 다보하시 교수가 발간한 위 2책은 모든 문서들에 자세한 제목을 부치고 구두점을 찍어 이용에 편리하도록 하였다.

『동문휘고』 속편이 1881년에 그친 것도 애석한 일이나 현재까지 한국의 그 어느 정권도 이에 관한 문제의식도 없었다는 사실은 실로 부끄러운 일이다. 다만 1978년에 국사편찬위원회에서 4책으로 『동문휘고』 영인본이 나온 것은 그래도 다행한 일이다. 따라서 19세기 조선의 대외 관계사 연구에는 『승정원일기』, 『일성록』, 『고종실록』, 『비변사등록』과 같은 기본 사료의 이용이 불가피하다. 이 밖에 조선과 각국 사이의 왕복 문서인 규장각 소장의 각국안(各國案)을 『구한국외교문서』 24책으로 발간하였으나 그 내용은 일상적이고 행정적인 문서들이 대종을 이루고 있다.

부록 3 열강의 미간 문서와 한반도

독창적인 외교사 연구를 위해서는 열강의 문서고에 있는 미간 문서의 검색이 필수적이다. 위에서 본 바와 같이 문서의 공표 자체가 정치적인 성격을 갖고 있기 때문이다. 따라서 문서고에 있는 미발표 외교 문서들은 발표할 가치가 없는 것들이 있는가 하면 발표하기에는 너무나 중요한 문서들로 구성되어 있다. 30년이 지난 문서는 공개되는 것이 원칙이지만 이 원칙이 언제나 지켜지는 것은 아니다. 그리고 미간 문서의 열람이 영국이나 미국과 같이 제도상 잘 정비되어 있는 경우도 있으나 러시아의 경우처럼 현실적으로 많은 문제점을 갖고 있어서 연구자들이 곤욕을 치르는 예도 있다. 열강의 미간 문서 상황 전체를 여기에 소개할 수는 없다. 그러나 한국 외교사에 관련되는 미간 문서들의 현황을 살펴보면 그 전체 윤곽을 알 수 있을 것이다.

(1) 영국

영국의 미간 문서들이 중요한 것은 말할 필요가 없다. 특히 19세기 문제를 연구하는 데에는 더욱 그러하다. 영국이 세계 국가였기 때문에 당연한 일이다. 따라서 한국 외교사 연구에는 영국 문서 검색이 절대적으로 필요하다. 영국의 문서고인 국립 공문서관Public Record Office(이하 PRO로 약칭)에 소장된 외무성 문서들을 철저히 조사해야 할 것이다. PRO는 외무성 문서뿐 아니라 모든 부처의 문서들을 보관하고 있다. 따라서 연구할 문제에 따라서는 F.O.로 시작하는 외무성 문서 이외에 타 부처 문서들도 검색해야 한다. F.O.의 외무성 문서들의 대부분은 '일반 문서' General Correspondence와 '공사 및 영사 문서' Embassy and Consular Archives 두 분류의 문서들이고 나머지는 '조약', '비밀 출판물' Confidential Print, '1919~1920년, 1939~1945년 평화 회의', '위원회 문서', '잡문서', '개인 문서집' 의 항목으로 분류되어 있다. 이와 같이 외무성 문서 중 중국 관계나 조선 관련 자료만을 열람하면 불충분하다. 조선에서 어떤 중대한 문제가 제기되는 경우 영국 외무성은 러시아, 프랑스 등 관계되는 여러 국가들에 주재하고 있던 자국 공사관들의 의견을 들었을 뿐 아니라 외무성 내에서 이에 관해 토의를 거쳤기 때문에 이들 토의 문서들을 검열해야 된다. 조선 문제에 관련된 외무성 문서들의 소재는 김용구, 『외교사란 무엇인가』(인천, 2002) 부록 (2)를 참조할 것.

영국 외무성 문서와 관련하여 하기바라 노부토시(萩原延壽, 1926~2001)의 업적을 지적하지 않을 수 없다. 1959년 런던의 국립 공문서관에서 1894년 중일전쟁 시기 영국의 문서들을 조사하고 있던 하기바라는 한 영국 직원으로부터 "사토우 문서라고 하는 재미있는 자료가 있는데 잠깐 보시지 않겠습니까?"라는 말을 듣게 된다. 이때부터 하기바라는 사토우와의 긴 인연이 시작되었다.

사토우E. Satow(1843~1929)는 19세기 동북아 국제정치에 막강한 영향을 미친 외교관이었다. 유니버시티 컬리지University College를 졸업하기 직전인 1861년에 외무성이 파견하는 극동통역관 시험에 합격한 후 다음해 18세에 일본에 부임한 이래 1883년까지 일본에서 근무하였다. 이 동안 그의 직위는 영국 공사관 부속 통역생Student Interpreter, 통역관Interpreter, 그리고 일본어 서기관Japanese Secretary으로 승진하였다. 일본어 서기관은 공사관의 서기관Secretary of Legation 다음의 직책이었다. 그리고 한동안 중남미 지역에서 외교관 생활을 하다가 1895년에 드디어 일본 주재 공사로 부임하였고 1900~1906년간 중국 주재 공사로 그의 오랜 외교관 생활을 마치었다. 그는 일본어는 물론이고 조선어에도 조예가 깊을 뿐 아니라 장서 수집가로도 유명하다.

하기바라는 사토우가 남긴 65년간의 방대한 일기를 노트에 적어 넣기 시작하였고 1976년부터 1990년까지 아사히 신문(朝日新聞)에 장장 1,947회에 걸쳐 "머나먼 단애(遠い崖)"란 제목으로 연재하였다. 그리고 이 연재물을 그는 다시 보완하여 1998년부터 단행본으로 발간하기 시작하여 그가 타계하기 직전인 2001년 10월에 14책으로 완결하였다. 그의 업적은 사토우 일기만을 정리한 것은 아니었다. 미국, 프랑스의 미간 문서를 비롯하여 관련 연구들을 총망라하여 사토우의 눈을 통해 본 1862~1883년간의 동북아 국제정치를 분석하였다.

사토우가 한국 외교사와 관련하여 중요한 인물이었음은 물론이다. 그와 이동인(李東仁), 그리고 김옥균, 박영효와 같은 초기 개화파 인사들과의 관계에 관해서는 이미 필자가 밝힌 바 있다(『세계관 충돌과 한국외교사, 1866~1882』, 서울, 2001). 그러나 하기바라의 저서를 면밀히 검토해보면 한반도 문제와 관련해서는 사토우 문서Satow Collection를 비롯하여 PRO의 관련 문서들을 더 조사해야 되는 것을 알게 된다. 그리고 1895~1900년간 사토우가 일본 공사로 재임하던 기간의 미간 일기는 자세한 역주를 달아 일본어로 번역되어 있어서 이용에 편리하다. 長岡祥三, 『アーネスト・サトウ 公使日記』, 2冊, 東京, 1989~1991.

영국의 미간 문서와 관련해 지적할 것은 1982년에 박일근 교수가 발간한 문서집에는 중요한 자료들이 포함되어 있는데도 연구자들이 그동안 널리 인용하지 않고 있다는 점이다. 특히 이 문서집에 수록된 F. O. 405, Part IV 조선 관련 자료들은 한국 외교사 연구에 필수적인 사료들이다. 이들 문서들은 필자도 오래 전에 PRO에서 문서를 검색하면서 복사한 자료의 하나인데 마침 박 교수가 세상에 알리어 다행한 일이다. 그런데 놀라운 일은 1880년 초반의 문서들 중 열람할 수 없는 자료가 있다는 사실이다. 나는 F. O. 228-691b, 1881-4, Corea(Confidential Print)를 열람할 수 없었다. 공개보류retain되어 있었기 때문이다.

물론 영국의 미간 문서는 PRO 문서에 국한되어 있지 않다. 영국 전역에 산재하고 있는 동북아 문제에 관한 미간 문서들의 소재에 관해서는 피어슨J.D. Pearson이 편집한 *A Guide to*

Manuscripts and Documents in the British Isles relating to the Far East (Oxford, 1977)에 자세히 소개되어 있다. 이 중 19세기 한국과 관련해서는 그린위치에 있는 국립해양박물관National Maritime Museum에 소장된 중국 연안에 파견된 함대들의 항해 일지를 검토해야 할 것이다. 다음 캠브리지 대학 도서관에 소장되어 있는 매디슨 회사Jardine & Matheson Company의 문서들이다. 이 회사는 특히 묄렌도르프P.G. von Möllendorff와 깊은 관계를 갖고 있어서 필자도 오래 전에 이 문서들을 검색한 바 있다. 중요 부분들은 추후 발간될 필자의 저서에 소개할 예정이다.

(2) 러시아

다음으로 러시아의 미간 문서가 중요하다. 그러나 러시아의 미간 문서를 검색한다는 것은 그 어느 나라의 경우보다 곤란한 실정이다. 이미 오래 전에 그림스테드P.K. Grimsted 교수가 구소련 내의 미간 문서들의 소재를 세상에 알리는 글을 발표하였다. 구소련 당국이 여러 문서 보관소들의 현황을 발표한 것을 보면 국가 문서들은 각 지방의 여러 기관에 분산 비치되어 있으며 각 기관마다 각자의 규칙과 원칙을 갖고 있고 열람 허락 여부도 통일되어 있지 않았다. 이런 문서 보관소들의 난맥상은 소련 붕괴 이후 제도 개편이 있은 이후에도 마찬가지이다. 이런 상황에서 한국 외교사나 동북아 문제에 관한 미간 문서들의 자세한 색인들이 있을 수 없었다. 그리고 구소련의 몇몇 연구를 제외하고는 러시아 문서고들을 직접 검열한 서방 학자들의 연구는 거의 전무한 상태였다. 따라서 위에 든 「붉은 문서」에 실린 문서들, 로마노프B.A. Romanov, 나로츠니츠키A.L. Narochnitsky, 박B. Pak의 연구들에 의존해 왔다. 그러나 이제 이런 초보적인 단계를 뛰어넘어야 할 것이다.

구소련이 붕괴된 이후 러시아에서는 문서 관리에 제도적인 개혁이 있었다. 먼저 주목할 일은 공산당 문서를 포함한 모든 국가 문서들은 새로 만들어진 로스콤아르히프Roskomarkhiv(러시아 연방정부 문서 문제 위원회Komitet po delam arkhivov pri pravitelstve Rossiskoi Federatsii) 산하에 두게 되었다는 점이다. 물론 이런 제도적인 개혁이 있으나 기왕의 문제점들이 일거에 없어진 것은 아니다. 또한 문서들이 모두 공개된 것도 아니다. 특히 공산당 문서들의 열람이 제한되어 있다. 그러나 원칙으로는 '30년 기준'을 천명하고 있다.

19세기 한국 외교사에 관한 러시아 미간문서의 현황을 알기 위해서는 러시아 문서보관소의 현황을 잠시 언급할 필요가 있다. 1991년 8월 옐친B. Yeltsin은 쿠데타를 일으키면서 소련의 모든 국가 문서들을 새로 설립한 러시아 연방 정부의 문서문제위원회Kommitet po delam arkhivov pri pravitelstve Rossisikoi Federatsii(약칭 Roskomarkhiv, 현재)에 이관토록 명령하였다. 그러나 현재까지도 모든 국가문서들이 이 위원회의 지휘를 받고 있는 것은 아니다. 현재 이 위원회에 소속된 문서보관소들은 모스코바와 상트 페테르부르크에 있는 16곳의 문서들이다.

가. Roskomarkhiv가 관할하는 문서보관소 중 조선에 관련된 곳을 보면 다음과 같다.

① 러시아연방 국가문서보관소Gosudarstvennii arkhiv Rossiskoi Federatsii(약칭 GARF): 이 문서보관소는 1957년에 성립한 러시아-소비에트 연방 사회주의 공화국 국립중앙 문서보관소 Tsentralnii gosudarstvennii arkhiv RSFSR(약칭 TsGA RSFSR)와 1961년에 설립된 10월 혁명,

국가권력 고위 기관 및 소련 국가행정 기관들의 국립 중앙 문서보관소Tsentralnii gosudarstvennii arkhiv Oktiabrskoi Revolyutsii, vysshikh organov gosudarstvennoi vlasti i organov gosudartvennogo upravleniya SSSR(약칭 TsGAOR SSSR), 두 기관을 1992년에 통합해 창립되었다.

이 문서보관소에 소장된 문서 중 조선 관련 부분에 대해서는 박종효의 간단한 해제(p. 873)와 킴I Yu. Kim의 목록(p. 873)이 있다.

② 러시아 군사(軍史) 국가문서보관소Rossiskii gosudarstvennii voenno-istoricheskii arkhiv(약칭 RGVIA): 이 문서보관소는 1941년에 설립된 소련 군사 중앙국립문서보관소 Tsentralnii gosudarstvennii voenno-istoricheskii arkhiv SSSR(약칭 TsGVIA SSSR)를 1992년에 계승한 기관이다.

③ 러시아 해군 국가문서보관소Rossiskoi gosudarstvennii arkhiv Voenno-Mosrkogo Flota: 1941년에 성립된 소련 해군 중앙 국가문서 보관소를 1992년에 계승한 기관이다. 킴I. Yu. Kim에 따르면 이 문서보관소 중 특히 서가fond 410, 417, 510에는 조선 관련 문서들을 소장하고 있다.

④ 러시아 역사 국가문서보관소Rossiskii gosudarstvennii istoricheskii arkhiv(약칭 RGIA): 1941년에 창립되고 1961년에 소련 중앙 국가 문서보관소Tsentralnii gosudarstvenii istoricheskii arkhiv SSSR(약칭 TsGIA SSSR)로 개칭한 기관을 1992년에 계승한 기관이다.

킴I. Yu. Kim의 목록에 보면 상당한 조선관련 문서들을 소장하고 있다.

나. Roskomarhiv의 관할을 받지 않는 문서보관소

① 러시아 대외정책 문서보관소Arkhiv vneshnei politiki Rossii(약칭 AVPR): 러시아 외무성 산하의 이 문서보관소는 제정러시아의 대외관계에 관한 문서들을 소장한 가장 기본적이고 중요한 기관이다. 1946년에 창립되었는데 구소련이 붕괴한 1989년 말부터 문서들을 일반에 공개하였다. 이 문서보관소가 소장하고 있는 방대한 문서들의 현황은 이나바의 목록(p. 873)을 살피면 곧 알 수 있다. 이나바는 1997년에 1850~1917년 사이 러시아와 일본 관계의 문서들을 379페이지 달하는 방대한 목록으로 작성한 바 있다.

(3) 프랑스

프랑스 미간 문서들도 한국 외교사 연구에 중요한 것은 물론이다. 현재 한국과 프랑스 사이의 현안인 이른바 외규장각 도서 반환 문제 하나만 보아도 그 중요성을 알 수 있다. 1866년 프랑스의 조선 침략에 관해 프랑스 미간 문서를 철저히 검색한 연구가 국내의 학계에서 그동안 이루어졌는지 매우 의심스럽다. 프랑스 미간 문서의 경우도 해군성과 외무성 두 문서고의 문서들이 중요하다. 프랑스의 외교적인 관행은 국교가 없는 지역의 문제는 해군성이 제1차적인 책임을 지고 관할하였다. 한반도 지역도 예외는 아니다.

따라서 파리의 벵센느Vincennes에 소장돼 있는 해군성 문서들이 1886년 조선과 프랑스 사이에 수호 조약이 체결되기 이전의 문제들에 관해서는 매우 중요하다. 다행히 최석우 신부가 1986년에

문서집을 발간해 해군성 미간 문서들의 내용을 알 수 있어서 조선과 프랑스의 관계를 연구하는 데에 도움이 되고 있다. 그러나 이 문서집은 해군성 문서 중 조선 관계 문서를 망라한 것은 아니다.

프랑스 외무성의 문서도 중요한 것은 말할 필요도 없다. 갑신정변 직전 일본의 정책 변화에 관한 프랑스 역할을 둘러싼 야마베 겐타로(山邊健太郞)와 펑더저우(彭澤周) 간에 있었던 1962~1963년 논쟁을 보면 프랑스 미간 문서 검색이 중요함을 알 수 있다. 프랑스 외무성의 문서들은 신 시리즈 série nouvelle와 구 시리즈série ancienne로 구분되어 보관되어 있다. 신 시리즈 문서 중 조선 관련 문서들은 1897~1917년간의 문건으로서 내정, 궁정 문제, 외국의 이권 등 주제별로 분류되어 총 24책에 달하고 있다. 구 시리즈의 조선 관계 문서들은 조선과 수호 조약을 체결한 1886년으로부터 시작하여 1896년까지의 문서들인데 정치적인 문서 6책, 무역 관계 2책으로 되어 있다. 따라서 수호 조약 체결 이전의 조선 문제에 관한 문서들은 중국과 일본 관련 문서 속에 포함되어 있다. 1840~1896년간 중국 관련 정치적인 문서들은 총 96책, 1854~1896년간 일본 관련 정치적인 문서들은 총 46책에 달하고 있다. 이 밖에 중국, 일본 각지에 파견되어 있었던 영사 보고문 속에도 조선 관련 문서들이 있어서 이들도 검색의 대상이 된다. 이들 모든 미간 문서의 자세한 목록을 오랑쥬M. Orange 교수가 앞으로 4책으로 완간할 예정으로 있다.

(4) 미국

미국 국무성의 미간 문서들은 국립 문서 보관소National Archives에 소장돼 있는데 그 어떤 나라의 경우보다 연구자들의 열람에 가장 편리하게 그리고 체계적으로 구분되어 있다. 따라서 19세기 조선 문제에 관한 미국의 미간 문서들은 그 어떤 나라의 문서들보다 잘 검색되어 있다. 다시 말하자면 미간 문서를 철저히 뒤진 연구들이 많다는 것이다. 중요한 공문서들은 물론 국무성과 해군성의 미간 문서들이다. 미국의 관행은 미수교(未修交) 국가들에 관한 사항은 국무성과 해군성이 동시에 관할하였었다. 이런 관행은 1882년 조선과 미국의 수호 조약 체결로 끝나게 된다.

현재 워싱턴에 있는 국립 문서 보관소에는 해군성 문서가 소장되어 있다. 여기에는 아시아 함대의 서한집을 비롯해 함대들의 항해 일지들이 있다. 해군성 문서 중 중요한 것은 데이비즈J. Davids가 편집한 문서집에 수록돼 있으나 조선 관계에 관해서는 더 조사할 필요가 있다고 생각한다. 그러나 워싱턴에 있는 국무성 문서들 중 19세기 조선에 관련된 것들은 이미 잘 알려진 문서들의 마이크로 필름만을 보유하고 있다.

국무성의 주요 미간 문서들은 컬리지 파크College Park에 위치한 국립 문서 보관소에 소장되어 있다. 이 자료는 미국의 한 회사Scholarly Resources Inc.가 마이크로필름으로 보급한 바 있는데 이 중 조선 관련 문서들은 국내에서 영인된 바 있다.

개인 문서들도 상당히 조사해 연구되어 있다. 미 국회도서관에 소장돼 있는 슈펠트R.W. Shufeldt 문서에 관련해서는 문서들을 철저히 조사한 연구가 있어서 크게 도움되고 있다. 또 하나 지적할 것은 한국 외교사 연구에 필수 자료인 알렌H.N. Allen과 폴크G. Foulk 문서는 뉴욕 공립 도서관New York Public Library에 소장되어 있지만 오래 전부터 서울의 한미재단 도서실에 마이크로필름으로 보관되어 있다는 사실이다.

물론 개인 문서들도 더 검색해야 할 여지가 있음은 물론이다. 예를 하나 들자. 미국 국무성 장관 수워드W.S. Seward가 1867년 3월 프랑스에게 조선에 대하여 공동 침략을 제의한 바 있었는데 이에 관한 문서가 미국의 국립 문서 보관소에서는 찾아볼 수가 없었다. 이 문제와 관련된 미국측 문서를 발견한 것은 1973년 파올리노E. N. Paolino 교수의 연구였다. 파올리노 교수는 수워드 개인 문서를 보관하고 있는 로체스터Rochester대학에서 수워드의 문서를 찾아냈었다.

(5) 중국

중국의 미간 문서들도 더 철저히 검색해야 한다고 생각한다. 먼저 고궁 박물원의 문서들을 인계한 제1역사 당안관이 자체 소장하고 있다는 조선 관련 문서들을 1996년과 1998년에 두 책으로 발간한 바 있다고 지적한 바 있다. 그러나 이들 문서집은 조선에 관련된 미간 문서들을 철저히 조사해 발간한 자료집은 아니다. 예를 들어 1894년 중일전쟁에 관한 문서만도 6,000여 책에 달한다고 하는데 현재 이 당안관이 정리 중에 있다. 그리고 이 당안관이 소장하고 있는 자료에 관해서는 Endymion Wilkinson의 *Chinese History: A Manual* (Cambridge, Mass., 1998; Revised and Enlarged, 2000)과 같은 훌륭한 업적이 자세히 전하고 있다.

다음으로 주목해야 될 자료가 상하이(上海) 도서관에 보관되어 있는 리훙장(李鴻章) 자료들이다. 1985년 이래 이 도서관에 소장된 자료들을 『리훙장전집』(李鴻章全集)이란 제목으로 발간하고 있다. 그런데 이 전집의 편집자들 말에 의하면 기왕의 『李文忠公全集』은 많은 자료들을 누락시켜 발간하지 않아서(密存不刻) 전집(全集)이 아니라 선집(選集)에 불과하다는 것이다. 위에 들은 것은 한두 가지 예에 불과하다.

(6) 일본

일본의 경우 좁은 의미의 외교 문서들 중 미간 자료들은 연구자들이 용이하게 접근할 수 있다. 미 당국이 복사한 마이크로필름과 필자가 발간한 50책의 문서집으로 미간 외교 문서의 내용을 알 수 있기 때문이다. 또한 일본 외교 사료관(日本外交史料館)이 외무성 기록(外務省記錄)에 관한 총 목록을 3책으로 출간하여 연구자들은 외무성이 소장하고 있는 모든 미간 문서들의 소재를 곧 파악할 수 있게 되었다. 한국과 관련된 주요 미간 문서들에 관해서는 필자가 이미 자세히 소개한 바 있다.

외무성 기록은 사건이나 사항별로 편찬되어 있다. 예를 들어 문서 번호 1-7-1-2 '한국차관관계 잡찬'(韓國借款關係雜纂)은 1882년에서 1910년까지의 모든 문서들이 망라되어 있다. 『일본외교문서』가 편년체에 입각한 사건, 사항별 문서로 편찬되어 있는 방식과 구별된다.

외무성 기록은 신, 구 두 가지 방법으로 분류되어 있다. 메이지(明治)와 다이쇼(大正) 시대 문서들은 구 방법을 채택하고 있다. 구 방법은 문서들을 문(門)-류(類)-항(項)-호(號)로 분류하고 있다. 모든 문서들은 ① 정치, ② 조약, ③ 통상, ④ 사법 및 경찰, ⑤ 군사, ⑥ 인사, ⑦ 문서 및 도서, 그리고 ⑧ 회계 등 8개의 문으로 분류되어 있고 다시 이들을 류-항-호로 세분하고 있다. 예를 들어 문서 번호 1-1-2-3인 '대한정책관계잡찬'(對韓政策關係雜纂)은 정치 문(門) 중 1류, 2항, 3호를 지칭하는 것이다.

쇼와(昭和) 전전기(戰前期)의 문서들은 모든 자료들을 16개의 문(門), 즉 A에서 O까지 그리고 Z의 문으로 분류하는 신방법을 따르고 있다. 제2차 세계대전 이후 미국이 일본 문서들을 마이크로필름으로 복사하면서 채택한 분류 방식도 이 분류 기호였다. 다만 메이지-다이쇼 문서는 MT를, 쇼와 문서는 S를 문서 번호 앞에 표시하고 있다.

그런데 외무성 기록은 1942년 1월 외무성 화재와 1945년 5~8월의 미국 공습으로 소실된 문서들이 있었다. 서고 안의 문서들은 안전하였으나 각 과에서 대출 중의 문서들이 재난을 당하였다. 또 전후 미국이 마이크로필름으로 복사하는 과정에서 그리고 극동 국제 재판소가 문서들을 접수하는 과정에서 상당량의 문서들이 분실되었다고 한다. 이를 일부 보완한 것이 이른바 마쓰모토 문서(松本文書)이다. 1937~1939년간 외무성 정무 차관을 지낸 마쓰모토 다다오(松本忠雄)가 재직시에 필사하여 놓은 문서들을 그 유족들이 전후에 외무성에 기증한 문서들이다.

한국 외교사 연구의 경우 일본의 개인 문서들이 더욱 중요하다. 일본의 국가 문서들은 그 자체가 어떤 침략적인 의도를 함축하고 있기 때문이다. 그래서 개인 문서를 중시하여 한일 관계를 연구한 대표적인 학자가 바로 야마베 겐타로(山邊健太郎)이다. 일본의 중요한 개인 문서들은 국회도서관 6층에 자리잡고 있는 헌정자료실(憲政資料室)에 소장되어 있다. 헌정자료실이라는 명칭은 1938년 의회 개설 50주년을 맞아 헌정사를 편찬하기로 일본 의회가 결정한 데서 비롯된다. 헌정자료실에 소장된 문서들은 ① 헌정 편찬회가 수집한 문서, 그리고 ② 정치인, 군인, 경제인들의 개인 문서 두 가지로 구성되어 있다. ①의 문서 중 한국 외교사 연구에 중요한 것은 톈진 조약 관계 문서, 하라 다카시(原敬)의 조선 의견서, 그리고 니시 도쿠지로(西德二郎)의 대담을 들 수 있다.

헌정자료실 문서의 대종은 개인 문서들이다. 개인 문서들은 다시 서류와 서한으로 구분되어 있다. 이들 개인 문서들에 관한 목록으로 발표된 것은 단지 16종에 이르고 있을 뿐이다. 이들 16종 중 한국 외교사 연구에 관련되는 문서 목록으로는 이토 미요지(伊東已代治), 가쓰라 다로(桂太郎), 무쓰 무네미쓰(陸奧宗光), 삿사 도모후사(佐左友房), 데라우치 마사타케(寺內正毅), 산조(三條) 가(家) 문서, 이노우에 가오루(井上馨), 그리고 마키노 노부아키(牧野伸顯)의 문서들이다.

이 밖에도 중요한 개인 문서들이 각지에 분산되어 있다. 요시다 기요나리(吉田淸成) 문서는 교토 대학(京都大學) 국사학과에 소장되어 있는데 이 중 한국 외교사 관련 문서들은 필자가 발간한 문서집에 수록되어 있다. 이노우에 고와시(井上毅) 문서는 고쿠가쿠인(國學院) 대학에, 오쿠마 시게노부(大隈重信) 문서는 와세다(早稻田) 대학에 각각 소장되어 있는데 모두 마이크로 필름으로 복사되어 있다. 도쿄 도리쓰(東京都立) 대학에 소장된 하나부사 요시모토(花房義質) 문서는 그 일부가 서울대학교와 국사편찬위원회에도 비치되어 있다.

그리고 헌정자료실(憲政資料室) 소장의 개인 문서를 비롯하여 각 도서관에 산재하고 있는 개인 문서들을 도서출판 북천사(北泉社)가 마이크로 필름으로 복사하여 배포하고 있어서 이들 자료들을 검색해야 할 것이다.

찾아보기

인명

ㄷ

ㄹ

ㅁ

ㅂ

ㅅ

ㅇ

ㅈ

ㅊ

ㅋ

ㅎ

지명

ㄷ

ㄹ

ㅇ

ㅈ

ㅊ

ㅋ

ㅎ

사항

ㄴ

ㄷ

ㄹ

ㅅ

ㅇ

ㅈ

ㅌ

ㅍ

ㅎ

저자 약력

김용구(金容九)

서울대학교 문리과대학 외교학과 졸업
서울대학교 대학원 외교학과 졸업(정치학 석사, 정치학 박사)
서울대학교 문리과대학 교수
서울대학교 사회과학대학 외교학과 교수
한국국제정치학회장, 외무 · 행정고시전형위원
한림대학교 한림과학원 원장 겸 특임교수
서울대학교 사회과학대학 정치외교학부 명예교수
대한민국학술원 회원

論著: 『루소의 전쟁과 평화』(편역)(을유문화사, 1972)
『소련국제법이론연구』(일지사, 1979)
『중 · 소 국제법이론 및 러시아-소련의 한말외교사연구: 문헌목록』(서울대학교출판부, 1979)
『러시아 국제법사』(번역)(박영사, 1982)
『러시아 국제법』(서울대학교출판부, 1994)
『韓日外交未刊極秘史料叢書』 50책(편)(아세아문화사, 1995~96)
『러시아 국제법학의 전통』(집문당, 1996)
『한말외교사연구』(공편)(나남출판사, 1996)
『춤추는 회의: 비엔나 회의 외교』(나남출판사, 1997)
『세계관 충돌과 국제정치학』(나남출판사, 1997)
『세계관 충돌의 한국 외교사, 1866~1882)』(문학과지성사, 2001)
『장 자크 루소와 국제정치』(도서출판 원, 2004)
『외교사란 무엇인가』(도서출판 원, 2002)
The Five Years' Crisis, 1866-1871: Korea in the Maelstrom of Western Imperialism(Publisher CIRCLE, 2001)
『임오군란과 갑신정변: 사대질서의 변형과 한국 외교사』(도서출판 원, 2004)
Korea and Japan: The Clash of Worldviews, 1868-1876(Publisher CIRCLE, 2006)
『만국공법』(소화, 2008)
『거문도와 블라디보스토크』(서강대학교출판부, 2009)
『近代韓國外交文書』 제1권~제5권(공편)(동북아역사재단, 2009~2012)
『近代韓國外交文書』 제6권~제11권(공편)(서울대학교출판문화원, 2013~2015)
『약탈제국주의와 한반도: 세계외교사 흐름 속의 병인 · 신미양요』(원, 2013)
『世界觀衝突的國際政治學: 東洋之禮與西洋公法』(中國社會科學出版社, 2013)
『러시아의 만주 · 한반도 정책사, 17-19세기』(푸른역사, 2018)
『김용구 연구 회고록: 한국 국제정치학 발전을 위한 60년의 사색』(연암서가, 2021)
이 외에 비교국제사회법, 소련외교정책, 한국 외교사 관계 논문 다수

세계외교사

초판 1쇄 발행 2006년 5월 25일
초판 23쇄 발행 2025년 11월 21일

지은이 김용구

펴낸곳 서울대학교출판문화원
주소 08826 서울 관악구 관악로 1
도서주문 02-889-4424, 02-880-7995
홈페이지 www.snupress.com
페이스북 @snupress1947
인스타그램 @snupress
이메일 snubook@snu.ac.kr
출판등록 제15-3호

ISBN 978-89-521-1383-2 93340